Access 2010

+ kompakt +++ komplett +++ kompetent +++ kompakt +++

MAGNUM

Access 2010

MICHAEL KOLBERG

Markt+Technik

Bibliografische Information der Deutschen Nationalbibliothek
Die Deutsche Nationalbibliothek verzeichnet diese Publikation in der Deutschen Nationalbibliografie; detaillierte bibliografische Daten sind im Internet über http://dnb.d-nb.de abrufbar.

10 9 8 7 6 5 4 3 2 1

12 11 10

ISBN 978-3-8272-4550-2

ein Imprint der Pearson Education Deutschland GmbH,
Martin-Kollar-Straße 10–12, D-81829 München/Germany

Covergestaltung: Thomas Arlt, tarlt@adesso21.net
Lektorat: Brigitte Bauer-Schiewek, bbauer@pearson.de
Fachlektorat: Georg Weiherer
Korrektorat: Sandra Gottmann
Herstellung: Elisabeth Prümm, epruemm@pearson.de
Satz: Reemers Publishing Services GmbH, Krefeld
Druck und Verarbeitung: Kösel, Krugzell (www.KoeselBuch.de)
Printed in Germany

Im Überblick

Inhaltsverzeichnis

Einführung

Willkommen zu Microsoft Access 2010. Wer ein Buch zu diesem Thema zur Hand nimmt, hat sicherlich eine gewisse Ahnung davon, was man mit diesem Datenbankprogramm machen kann. Wir können uns also einen Überblick über den allgemeinen Leistungsumfang von Access ersparen und gleich zum Inhalt dieses Buches kommen. Sie finden darin alles, was Sie für die Arbeit mit der aktuellen Version dieses Programms wissen müssen. Es ist in sechs Teile gegliedert:

» Im ersten Teil des Buches wollen wir uns mit einigen Aspekten beschäftigen, die Sie kennen sollten, bevor Sie sich an die Arbeit mit den einzelnen Objekten einer Datenbank machen. Sie finden darin eine Einführung in die Arbeit mit den Elementen der neuen Programmoberfläche - insbesondere dem seit der Version 2007 neuen Menüband -, die grundlegenden Techniken der Verwaltung - wie das Erstellen neuer Datenbanken und das Öffnen bereits vorhandener und die Einstellungen des Sicherheitscenters. Wir liefern Ihnen auch einen Überblick über die Neuheiten des Programms in der Version 2010 und sagen Ihnen, wo in diesem Buch Sie die Detailinformationen dazu finden.

» In den folgenden beiden Teilen beschäftigen wir uns mit allen Objekten, die Sie zum Aufbau einer Datenbankanwendung benötigen werden - den Tabellen, Abfragen, Formularen und Berichten. Wir gehen auf alle diese Objekte im Detail ein und zeigen Ihnen, wie man damit wirkungsvoll umgeht. Besonders herausgestellt werden wieder die jeweiligen Neuheiten darin.

» Es folgt ein Teil, in dem wir die Verwaltungsaufgaben für die Datenbank als Ganzes behandeln. Dazu gehören sowohl die Arbeit mit externen Daten als auch die Freigabe der Datenbank und die gemeinsame Nutzung durch mehrere Anwender.

» Dann wollen wir uns den Möglichkeiten zur Automatisierung von Access zuwenden. Wir gehen auf das Arbeiten mit dem neuen Makrogenerator und die neuen Datenmakros ein und liefern ausführliche Hinweise zur Programmierung von Access mit VBA. Außerdem finden Sie in diesem Teil auch ein Kapitel, das sich mit der benutzerdefinierten Gestaltung des Menübands auf Datenbankebene mithilfe von Systemtabellen und XML beschäftigt.

» In letzten Teil des Buches haben wir einige Referenzinformationen zusammengestellt. Die in diesen Kapiteln zusammengefassten Aspekte sind auch mehr zum gelegentlichen Nachschlagen geeignet. Sie finden darin Kapitel zur Installation und zur Einrichtung sowie eine Zusammenfassung der wichtigsten Funktionen und im Programm nutzbaren Tastenkombination.

Zu den Softwarevoraussetzungen

Wenn Sie die in diesem Buch beschriebenen Hinweise selbst am Rechner nachvollziehen wollen, sollten Sie über Microsoft Office in der Version 2010, zumindest aber über Access 2010 verfügen. Wir haben für dieses Buch *Windows 7* als Betriebssystem verwendet und empfehlen dieses Betriebssystem auch Ihnen. Auf einige Unterschiede zum Betrieb unter *Windows Vista* oder *Windows XP* gehen wir aber an den entsprechenden Stellen ein.

Über den Autor

Michael Kolberg 1984 ist als Berater und Autor selbstständig. Er hat etwa 150 Bücher bei verschiedenen Verlagen - insbesondere zu Themen im Bereich der Microsoft Office-Programme und deren Anwendung im betriebswirtschaftlichen Bereich - geschrieben. Davor studierte er Musik, Luft- und Raumfahrttechnik sowie Betriebswirtschaft, arbeitete für sieben Jahre für die Unternehmensberatungsfirma McKinsey & Co., Inc. und war für einige Zeit leitender Controller bei einem großen deutschen Einzelhandelskonzern.

Die Beispiele zum Buch

Unter *http://www.mut.de/magnum/* finden Sie die Beispiele zum Buch. Sie können diese zum Experimentieren verwenden und müssen die erforderlichen Daten nicht mehr selbst eingeben. Die Dateien dafür sind in Unterordnern organisiert, die als Namen die jeweilige Kapitelnummer tragen.

Schreiben Sie uns!

Autor und Verlag sind immer bemüht, Ihnen, unseren Kunden und Lesern, die optimale Information zum Thema zu bieten. Scheuen Sie sich deshalb nicht, uns über Fehler und andere Ärgernisse zu informieren. Nur so können wir laufend an der Verbesserung unserer Bücher arbeiten. Aber auch Lob, Erfolgserlebnisse und Ihre Ergebnisse interessieren uns. Schreiben Sie uns unter *autoren@mut.de*, Ihre Mails werden sofort an den Autor weitergeleitet!

Ihr Markt+Technik-Buchlektorat und der Autor dieses Buches

Brigitte Alexandra Bauer-Schiewek

Michael Kolberg

Teil 1
Grundlagen und Neuheiten

In diesem ersten Teil des Buches wollen wir Sie mit einigen Grundlagen der Arbeit mit Microsoft Access 2010 und den Neuheiten in diesem Programm bekannt machen.

Kapitel 1: Die neue Programmoberfläche

Zunächst einmal wollen wir Sie mit der Oberfläche vertraut machen, die praktisch allen Office-Programmen der Generation 2010 gemein ist. Wenn Sie direkt von Office 2003 auf die aktuelle Version umsteigen, wird Ihnen dabei vieles neu sein. Aber auch wenn Sie schon Erfahrungen mit Access 2007 gemacht haben, gibt es einige Neuerungen. Da viele Feinheiten der neuen Oberfläche erst nach dem Öffnen einer Datenbank in voller Pracht sichtbar sind, wollen Ihnen zuerst auch zeigen, wie man eine neue Datenbank anlegt, und dann auch gleich auf die neuen Elemente zur Steuerung des Programms eingehen. Außerdem liefern wir Ihnen noch einen Überblick über die sonstigen Neuerungen im Programm mit Verweisen auf die Stellen, an denen wir diese Dinge im Buch intensiver behandeln.

Kapitel 2: Datenbankobjekte und Standardbefehle

Nachdem Sie sich mit den Elementen der neuen Oberfläche von Access 2010 bekannt gemacht haben, wollen wir jetzt einen Schritt weiter gehen: Wir werden Sie mit den Methoden der Navigation innerhalb einer Access-Datenbank vertraut machen und Ihnen anschließend zeigen, mit welchen Datenbankobjekten Sie in Access arbeiten werden. Zu diesen Objekten gehören Tabellen, Abfragen, Formulare und Berichte. Dann werden wir uns den Befehlen im Programm zuwenden, die Sie in (fast) allen Bereichen des Programms auf dieselbe oder zumindest fast dieselbe Weise einsetzen können. Damit wir uns bei der Behandlung dieser Dinge nicht andauernd wiederholen müssen, wollen wir zumindest einen Teil davon in diesem Kapitel abhandeln, bevor wir in die Details der Arbeit mit den einzelnen Objekten gehen.

TIPP Viele Anwender werden dieses Buch wohl erst zur Hand nehmen, nachdem sie Office 2010 – und damit Access – installiert haben. Sollten Sie diese Installation noch nicht durchgeführt haben, finden Sie zu diesem Themenbereich Hinweise im Referenzteil dieses Buches (→ Kapitel 19). Mit dem Thema Installation hängen auch andere Aspekte – wie die Programmpflege, die Erweiterung des Programms durch Zusätze und die Behandlung von Updates – zusammen. Außerdem verfügt Windows über eine Reihe von Methoden, die Ihnen das Öffnen von Programmen erleichtern können. Dazu gehören beispielsweise Verknüpfungen oder das automatische Starten.

Kapitel 1

Die neue Programmoberfläche

In diesem ersten Kapitel werden Sie mit den Grundlagen der Arbeit mit Microsoft Access 2010 vertraut gemacht. Im Vergleich zu der Version 2003 verfügt Access – wie alle Programme der Office-Familie – über eine vollständig neue Benutzeroberfläche. Diese wurde bereits bei Office 2007 eingeführt und jetzt noch leicht abgeändert. Die neue Benutzeroberfläche von Microsoft Access und der Mehrzahl der anderen Programme in Microsoft Office ist – nach Aussage von Microsoft – *das Ergebnis umfangreicher Recherchen und ausgiebiger Tests zur Benutzerfreundlichkeit, und sie wurde so konzipiert, dass Sie benötigte Befehle leichter finden können*. Darüber kann man geteilter Meinung sein. Auf jeden Fall entsprechen die zur Programmsteuerung notwendigen Techniken denen bei anderen Programmen von Office 2010 und ähneln nur noch bedingt jenen, die Sie vielleicht von früheren Versionen von Microsoft Access her kennen.

» Wir beginnen mit einer Art von Vorspann, in dem wir Ihnen wichtigsten Neuheiten von Access in der aktuellen Version 2010 vorstellen (→ Abschnitt 1.1).

» Dann fahren wir mit einigen einfachen Dingen fort – wie dem *Starten* des Programms – und liefern einen Überblick über die wichtigen Elemente der automatisch angezeigten Registerkarte *Datei* (→ Abschnitt 1.2).

» Die Elemente der neuen Oberfläche zeigen sich erst dann vollständig, wenn bereits eine neue Datenbank erstellt oder eine bereits vorhandene geöffnet wurde. Damit Sie unsere Hinweise gleich an Ihrem Rechner nachvollziehen können, wollen wird Ihnen zunächst zeigen, wie man eine Datenbank anlegt (→ Abschnitt 1.3). Dazu können Sie von einer zunächst vollständig leeren Datenbank ausgehen oder eine der mit dem Programm ausgelieferten oder über das Internet beziehbaren Vorlagen benutzen. Wir zeigen Ihnen, wie man dabei vorgeht.

» Dann können wir uns intensiver mit den Elementen der neuen Oberfläche beschäftigen: Dazu gehört zunächst einmal das Menüband mit den unterschiedlichen Registerkarten (→ Abschnitt 1.4). Sie sollten sich gleich am Anfang der Arbeit mit Access 2010 mit dessen wesentlichsten Elementen vertraut machen.

» Wie jedes Programm der Office-Familie verfügt auch Microsoft Access über eine Vielzahl von Optionen, um das Programm an Ihre persönlichen Vorstellungen anpassen können (→ Abschnitt 1.5). Da wir häufig auf die Auswirkungen von unterschiedlichen Einstellungen in diesen Optionen eingehen werden, sollten Sie sich gleich zu Anfang einen ersten Überblick darüber verschaffen.

» Denken Sie bei Problemen während Ihrer Arbeit mit Access immer daran, dass das Programm über ein

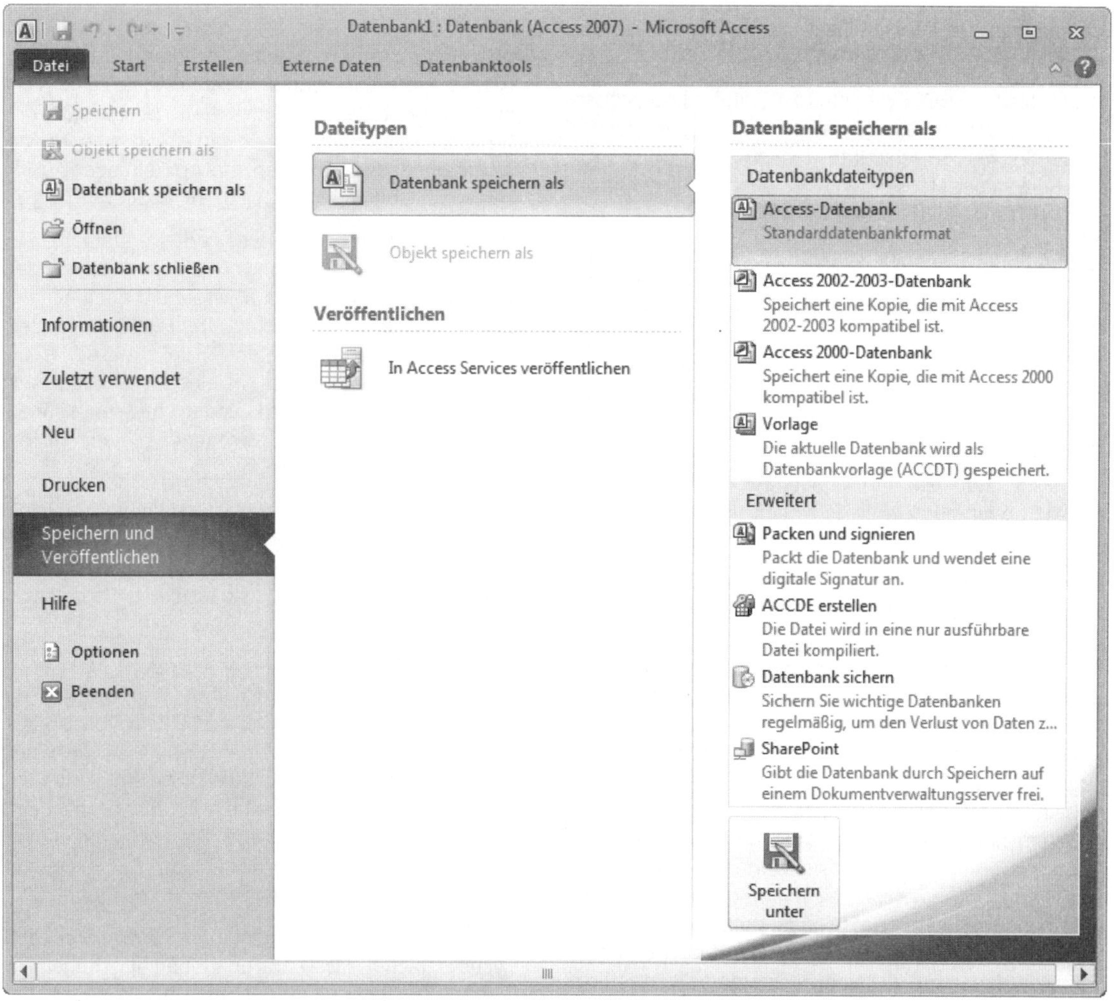

Abbildung 1.1 Der Inhalt der Registerkarte *Datei* wird auch als *Backstage-Ansicht* der Datenbank bezeichnet.

umfangreiches Hilfesystem verfügt, das Sie jederzeit aufrufen können (→ Abschnitt 1.6). Dieses Hilfesystem wurde in der Version 2010 verbessert, und wir zeigen Ihnen, wie man damit arbeitet.

1.1 Die Neuheiten im Überblick

Wie wollen dieses erste Kapitel mit einem Überblick über die wichtigsten Neuheiten beginnen, die Microsoft Access gegenüber seinem direkten Vorgänger aus der Version 2007 liefert. Wir sagen Ihnen auch gleich, wo Sie in diesem Buch weitere Hinweise zu diesen Elementen finden. Leser, die das Programm nur aus der Version 2003 – oder aus noch früheren Varianten – her kennen, können diesen Abschnitt überfliegen; sie sollten sich dann aber mit den nachfolgenden Details beschäftigen.

1.1.1 Neuheiten bei Office 2010 allgemein

Die Neuheiten der Version 2010 kann man in zwei Gruppen einteilen: solche, die man bei allen oder fast allen

Programmen des Office-Pakets findet, und solche, die speziell bei Access 2010 auftauchen:

- » Die in Office 2007 eingeführte Multifunktionsleiste trägt jetzt den einprägsamen Namen *Menüband*, und Sie werden schnell feststellen, dass Sie bedeutend weniger Mausklicks benötigen, um eine Aktion durchzuführen (→ unten).
- » Eine Sonderrolle im Menüband von Access 2010 nimmt die Registerkarte *Datei* ein (→ Abbildung 1.1). Diese löst die Schaltfläche *Office* der Programmversion 2007 ab. Wenn Sie darauf klicken, wird bei allen Programmen der Microsoft Office 2010-Familie die sogenannte Backstage-Ansicht angezeigt. Diese Ansicht dient zum Verwalten von Dateien und dateispezifischen Daten. Kurz gesagt, führen Sie in dieser Ansicht Aufgaben mit Dateien, aber nicht innerhalb der Dateien aus. Natürlich finden Sie darin alle Befehle, die Sie zum Speichern, Öffnen, Schließen und dem Anlegen von neuen Office-Dateien benötigen.
- » Beachten Sie auf der Registerkarte *Datei* gleich den Bereich *Speichern und Veröffentlichen*. Dieser fasst alle Werkzeuge zusammen, die irgendwie mit der Verteilung von Dokumenten in elektronischer Form zusammenhängen (→ Kapitel 13). Dabei kommen wichtige Aspekte ins Spiel, die sowohl die Sicherheit als auch andere Dinge betreffen. Sie finden darin beispielsweise sowohl die Befehle für die Ablage auf einem Server als auch zum Ändern des Dateiformats.

1.1.2 Neuheiten bei Access 2010 im Speziellen

Auch Access 2010 selbst beinhaltet die eben genannten Änderungen und Erweiterungen in der Benutzeroberfläche. Zusätzlich gibt es aber bei diesem Programm noch weitere Neuerungen. Hier folgen die wichtigsten:

- » Sie können Webdatenbanken erstellen, die auf einem *SharePoint*-Server bereitgestellt werden, auf dem *Access Services* ausgeführt wird. Die Inhalte einer solchen Webdatenbank können über einen Webbrowser eingesehen werden, Access selbst ist nicht erforderlich (→ Kapitel 13).
- » Zusätzlich zum Verknüpfen mit externen Datenquellen wie Excel-Arbeitsmappen und SharePoint-Listen können Sie nun eine Verbindung mit Daten von Websites erstellen, die eine Webdienstschnittstelle bereitstellen. Sie können beispielsweise eine Verknüpfung mit Daten auf der Website eines Online-Händlers einrichten und anschließend eine eigene Anwendung zum Anzeigen von Artikeln oder Auslösen von Bestellungen erstellen (→ Kapitel 11).
- » Das Erstellen von Tabellen wurde vereinfacht: Sie können ohne die Definition von Feldern gleich mit der Eingabe von Daten in einem Datenblatt beginnen (→ Kapitel 3). Der bestmögliche Datentyp für die einzelnen Felder wird dann automatisch ermittelt. Wenn Sie den Datentyp oder das Anzeigeformat eines neuen oder vorhandenen Felds ändern müssen, können Sie dazu die Befehle auf dem Menüband auf der Registerkarte *Felder* verwenden.
- » Mit dem neuen Datentyp *Berechnet* können Sie in einer Tabelle ein Feld erstellen, das auf einer Berechnung anderer Felder in derselben Tabelle basiert (→ Kapitel 3). Sie benötigen dazu also keine separate Abfrage mehr.
- » Access 2010 verfügt über einen neuen Makro-Generator mit einern überarbeitete und einfacheren Oberfläche (→ Kapitel 14). Außerdem können Sie jetzt auch Makros direkt den Ereignissen in einer Tabelle zuordnen lassen: Damit können Sie Aktionen ausführen lassen, wenn ein Datensatz geändert, eingefügt oder gelöscht wird. Diese Makros dienen beispielsweise zum Überprüfen der Gültigkeit von Daten oder zum Durchführen von Berechnungen.
- » Mit *Anwendungsparts* können Sie einer Datenbank recht einfach zusätzliche Funktionen hinzufügen (→ Kapitel 7). Dabei handelt es sich um Vorlagen, die einen Teil einer Datenbank beinhalten – beispielsweise eine vorformatierte Tabelle oder eine Tabelle mit einem zugeordneten Formular oder Bericht.
- » Mit Access 2010 können Sie Daten in das PDF-Dateiformat oder in das XPS-Dateiformat exportieren, um die Daten zu drucken, bereitzustellen und per E-Mail zu verteilen.

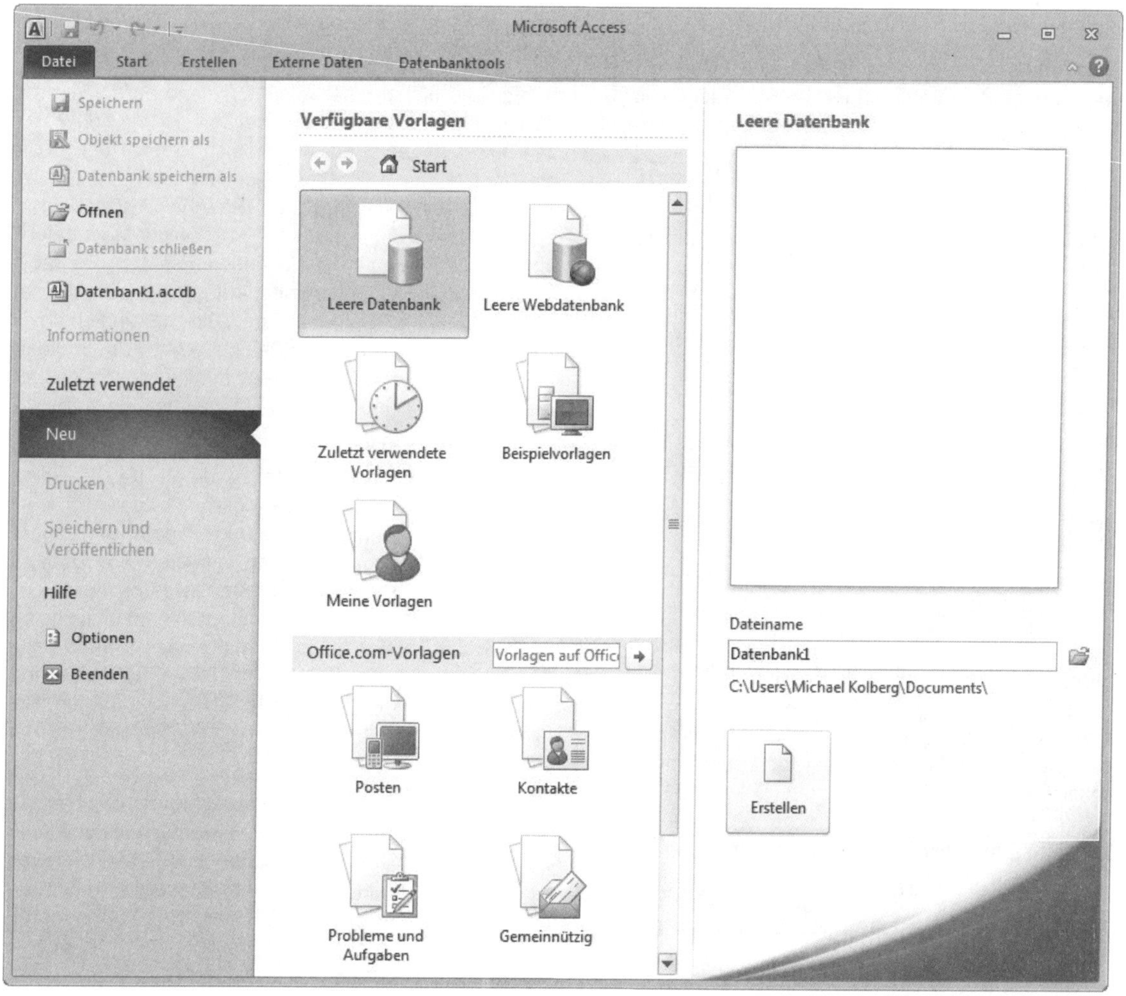

Abbildung 1.2 Nach dem Starten des Programms ist noch keine Datenbank vorhanden. Sie müssen erst eine neue anlegen oder eine vorhandene öffnen.

1.2 Erste Tätigkeiten mit Access

Wir werden jetzt mit einigen Trivialitäten fortfahren - wie dem Starten des Programms. Dann werden wir aber dann gleich auf die Registerkarte *Datei* des Menübands eingehen, die nach dem Starten automatisch eingeblendet wird. Mit weiteren Details zu diesem Menüband werden wir uns dann etwas später beschäftigen.

1.2.1 Access starten

Die Methoden zum Öffnen von Microsoft Access vom Windows-Desktop aus entsprechen denen, die auch sonst bei unter Microsoft Windows laufenden Anwendungen üblich sind.

Über das Windows-Startmenü aufrufen

Typischerweise starten Sie Microsoft Access - wie alle Anwendungsprogramme - über das Startmenü von Windows.

» Klicken Sie zuerst auf die Schaltfläche *Start* in der Taskleiste, um das Startmenü zu öffnen.

» Klicken Sie dann auf *Alle Programme*, um die auf dem System installierten Programme anzuzeigen.

» Durch einen Klick auf die Gruppe *Microsoft Office* blenden Sie ein Untermenü mit den Namen der auf Ihrem Rechner installierten Microsoft Office-Programme ein.

» Klicken Sie in dieser Liste auf den Eintrag *Microsoft Access 2010*, um das Programm zu starten.

TIPP Beim ersten Starten nach der Installation eines Office-Programms müssen Sie noch einige andere Dinge erledigen. Darauf gehen wir im letzten Teil dieses Buches ein (→ Kapitel 19).

Eine Verknüpfung zum Starten verwenden

Wenn Sie das Programm häufiger benutzen, lohnt es sich, dafür eine Verknüpfung auf den Desktop anzulegen. Sie können dann das Programm durch einen Doppelklick auf dieses Symbol starten (→ Kapitel 19).

1.2.2 Der Bereich *Neu* auf der Registerkarte *Datei*

Microsoft Access verhält sich nach dem Aufruf etwas anders als die meisten anderen Mitglieder der Office-Familie wie beispielsweise Word oder Excel. Nach dem Öffnen des Programms wird nämlich nicht automatisch eine neue Datenbank angelegt. Nach dem Starten des Programms müssen Sie also erst die zu bearbeitende Datenbank wählen. Darum wird nach dem Start der Bereich *Neu* auf der Registerkarte *Datei* des Programms angezeigt (→ Abbildung 1.2). Dies ersetzt das Fenster *Erste Schritte bei Microsoft Office Access* der Version 2007 oder den gleichnamigen Aufgabenbereich der Version 2003. Sie können darüber neue Datenbanken - entweder individuell oder durch Verwendung des Zugriffs auf eine Bibliothek mit professionellen Datenbankvorlagen - anlegen oder bereits vorhandene Datenbanken öffnen.

Werfen Sie gleich einen Blick auf den oberen Bereich dieses Fensters. Wenn Sie bisher mit der Version 2003 gearbeitet haben, sind Sie vielleicht überrascht, denn die übliche Leiste mit den aufklappbaren Menüs ist verschwunden. Wie Sie weiter unten in diesem Kapitel noch sehen werden, wurde die Funktion der Menübefehle durch das sogenannte *Menüband* ersetzt. Auch darin können Sie Befehle auswählen. Auch von der manchmal größeren Zahl von Symbolleisten, über deren Schaltflächen Sie früher bestimmte Befehle schnell durch einen Mausklick aufrufen konnten, ist nur eine übrig gebliebenen, die standardmäßig auch nur wenige Elemente enthält.

Gleich noch ein paar Worte zu dieser Registerkarte *Datei*. Damit wird bei allen Programmen der Microsoft Office-Familie die sogenannte *Backstage*-Ansicht angezeigt. Diese Ansicht dient zum Verwalten von Dateien und dateispezifischen Daten. Kurz gesagt, führen Sie in dieser Ansicht Aufgaben mit Dateien, aber nicht innerhalb der Dateien aus. Natürlich finden Sie darin alle Befehle, die Sie zum Speichern, Öffnen, Schließen und dem Anlegen von neuen Datenbanken benötigen. Bei Access finden Sie hier aber einige Besonderheiten, die Sie gleich beachten sollten:

» Bei anderen Office-Programmen finden Sie hier die Schaltfläche *Speichern unter*, die dort das gleichnamige Dialogfeld anzeigt, über das Sie beispielsweise das Dokument unter einem anderen Namen, an einem anderen Ort oder in einem anderen Dateiformat speichern können. Diese gibt es bei Access nicht. Den Namen, den Speicherort und das Format müssen Sie bereits beim Erstellen einer Datenbank festlegen (→ unten).

» Der Befehl *Datenbank speichern als* erlaubt es, eine Kopie einer aktuell geöffneten Datenbank zu erstellen. Im Dialogfeld *Speichern unter* können Sie dann einen Namen, einen Speicherort und ein Dateiformat angeben.

» Sie sollten auch gleich wissen, dass Änderungen im Datenbestand einer Datenbank automatisch gespeichert werden - im Allgemeinen dann, wenn Sie die Eingaben zu einem Datensatz abgeschlossen haben. Es gibt aber in einer Datenbank Elemente - wie Tabellen, Abfragen, Berichte usw. -, die man tatsächlich selbst speichern muss. Dazu können Sie unter anderem den Befehl *Objekt speichern als* benutzen. Dieser zeigt ein Dialogfeld *Speichern unter* an, das sich aber jeweils auf ein bestimmtes Element bezieht, nicht auf die Datenbank, und somit auch anders aussieht.

» *Öffnen* zeigt das gleichnamige Dialogfeld an, über das Sie eine bereits gespeicherte Datenbank auswählen und öffnen können.

» *Datenbank schließen* schließt die aktuell geöffnete Datenbank. Hatten Sie vorher Änderungen am Design einer Tabelle, Abfrage, eines Berichts usw. durchgeführt und diese noch nicht gesichert, werden Sie gefragt, ob Sie diese jetzt speichern wollen.

» Der Bereich *Informationen* bietet bei Office 2010 allgemein beispielsweise einige neue Funktionen, die das gemeinsame Bearbeiten von Dateien vereinfachen. So lassen sich hier etwa andere Dokumente aus dem gleichen Kontext auffinden oder zu einem Projekt gehörende Dokumente nach Datum durchforsten. Bei Access finden Sie hier spezielle Befehle zum Verwalten von Datenbanken (→ Kapitel 13).

» Unter *Zuletzt verwendet* haben Sie einen schnellen Zugriff auf die Datenbanken, die Sie kürzlich im Programm geöffnet hatten. Damit müssen Sie nicht mehr das Dokument suchen oder den entsprechenden Speicherort einstellen.

» Über *Neu* können Sie eine neue Datenbank erstellen. Bei Access wird - wie bei allen Programmen der Office 2010-Familie - ein Fenster angezeigt, über das Sie eine Vorlage oder ein vollständig leeres Dokument auswählen können.

» Der Bereich *Drucken* erlaubt es, alle Druckaufgaben - inklusive der für den Ausdruck wichtigen Seiteneinstellungen - von einer zentralen Stelle her anzusprechen.

» Über den Bereich *Speichern und Veröffentlichen* haben Sie Zugang auf alle Befehle, die Sie zum gemeinsamen Bearbeiten Ihrer Dateien mit anderen Personen benötigen. Dazu gehört beispielsweise das Speichern im Web, aber auch die Möglichkeit zum Wechsel des Dateiformats.

» Auch die *Optionen*, mit denen Sie das Programm an Ihre Vorlieben anpassen können, können Sie über diese Backstage-Ansicht ansprechen.

» *Beenden* schließt das Office-Programm.

TIPP Auf alle Bereiche der Registerkarte *Datei* gehen wir an anderen Stellen in diesem Buch noch intensiv ein: Hinweise zum Bereich *Informationen* sowie zum Speichern, Öffnen, Schließen und zum Anlegen neuer Datenbanken und zu den damit zusammenhängenden Optionen finden Sie in Kapitel 2. Über das *Drucken* reden wir in Kapitel 12, über das *Speichern und Veröffentlichen* in Kapitel 13. Auf den Bereich *Optionen* kommen wir weiter unten in diesem Kapitel und in Kapitel 20 noch zu sprechen.

1.3 Eine Datenbank erstellen

Die Elemente der neuen Oberfläche zeigen sich erst dann vollständig, wenn bereits eine neue Datenbank erstellt oder eine bereits vorhandene geöffnet wurde. Damit Sie unsere Hinweise gleich an Ihrem Rechner nachvollziehen können, wollen wird Ihnen zunächst zeigen, wie man eine Datenbank anlegt. Dazu können Sie von einer zunächst vollständig leeren Datenbank ausgehen oder eine der mit dem Programm ausgelieferten oder über das Internet beziehbaren Vorlagen benutzen.

1.3.1 Eine neue, leere Datenbank anlegen

Wenn Sie von Grund auf neu beginnen wollen, müssen Sie eine neue, leere Datenbank anlegen. Eine solche Vorgehensweise erstellt eine Datenbank, in der noch (fast) keine Objekte enthalten sind.

» 

Falls die Registerkarte *Datei* gerade nicht angezeigt wird - beispielsweise weil Sie gerade mit einer anderen Datenbank arbeiten -, klicken Sie auf die Schaltfläche *Datei* links oben im Programmfenster und anschließend auf den Bereich *Neu*.

» 

Sorgen Sie dafür, dass in diesem Fenster im Bereich *Verfügbare Vorlagen* die Schaltfläche *Leere Datenbank* markiert ist. Das ist aber standardmäßig nach dem Aufruf des Programms der Fall.

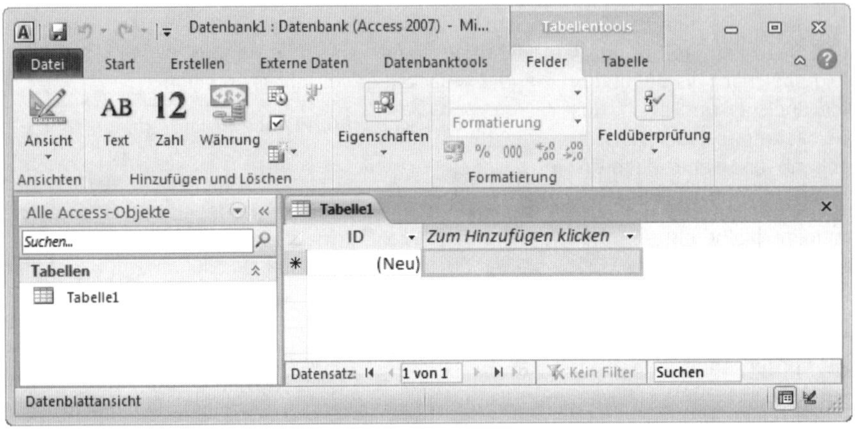

Abbildung 1.3
Die neu angelegte Datenbank beinhaltet bereits eine Tabelle mit einem ID-Feld.

» Im Feld *Dateiname* rechts im Fenster wird der Name der Datenbank - beispielsweise *Datenbank1* oder *Database1* - angezeigt. Die Zahl hinter dem Namensbestandteil *Datenbank* wird automatisch ermittelt. Hatten Sie beispielsweise bereits eine Datenbank mit dem Namen *Datenbank1* im aktuell eingestellten Ordner angelegt, liefert Access als Namensvorschlag für die Datei die Bezeichnung *Datenbank2*. Wenn Sie einen anderen Namen wünschen, tippen Sie ihn dort ein. Falls Sie keine Dateinamenerweiterung angeben, wird sie von Access automatisch hinzugefügt, aber nicht angezeigt.

»  Der Ort, an dem die neue Datenbank angelegt wird, wird unterhalb des Felds *Dateiname* angezeigt. Um beim Erstellen der Datenbank den Speicherort der Datenbank nicht beim Standardverzeichnis zu belassen, klicken Sie auf die Schaltfläche *Nach einem Speicherort für die Datenbank suchen* neben dem Feld *Dateiname*, navigieren zum neuen Speicherort und klicken dann auf *OK* (→ unten).

» 

Klicken Sie auf *Erstellen*. Die Datenbank wird erstellt. In Access wird die Datenbank mit einer leeren Tabelle namens *Tabelle1* erstellt, und *Tabelle1* wird in der Datenblattansicht geöffnet (→ Abbildung 1.3). Der Cursor wird in die erste leere Zelle in der Spalte *Neues Feld hinzufügen* gesetzt.

TIPP Sie könnten jetzt direkt mit der Eingabe von Daten beginnen. Auf Details dazu werden wir in den Kapiteln 3 und 4 eingehen.

× Wenn Sie die Tabelle nicht benötigen oder sich erst später mit dem Anlegen von Tabellen in dieser neuen Datenbank beschäftigen wollen, klicken Sie auf die Schaltfläche *Schließen* im Fenster. Die Tabelle wird dann aus der Datenbank entfernt.

Regeln für Dateinamen

Bei der Namensvergabe für eine neue Datei müssen Sie sich an verschiedene Regeln halten, damit Windows den neuen Namen akzeptiert:

» Der komplette Dateiname darf bis zu 255 Zeichen lang sein.

» Leerzeichen im Dateinamen sind erlaubt.

» Die folgenden Zeichen sind in Dateinamen nicht erlaubt: /, \, >, < ,* ,? ,«, :, ; und |.

» Im Namen sind alle Buchstaben und Zahlen sowie die folgenden Zeichen erlaubt: _, $, !, -,& ,# , %, ~, ^ und @.

» Folgende Ausdrücke dürfen für Dateinamen nicht verwendet werden: *CON*, *AUX*, *COM1*, *COM2*, *COM3*, *COM4*, *LPT1*, *LPT2*, *LPT3*, *PRN* und *NUL*.

Dateiformate

Mit Office Access 2007 wurden neue Dateierweiterungen eingeführt. Wichtig ist hier besonders, dass das bei den Vorgängerversionen übliche Format *.mdb* mit der

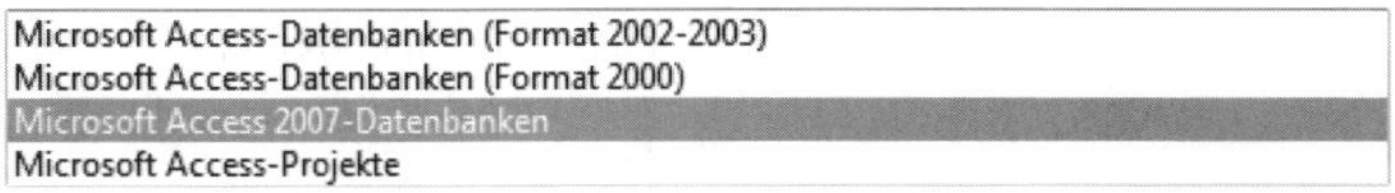

Abbildung 1.4
Mehrere Formate stehen zum Anlegen der Datenbank zur Verfügung.

Version 2007 durch das Format *.accdb* ersetzt wurde. Wenn Sie also eine in der Version 2010 erstellte Datenbank in einer Vorgängerversion – noch vor Access 2007 – weiter bearbeiten wollen, sollten Sie sie in einem dafür geeigneten Format speichern. Dies erreichen Sie durch die Auswahl der entsprechenden Option im Listenfeld *Dateityp* (→ Abbildung 1.4). Wählen Sie aber besser nur dann eines der Formate *Microsoft Access-Datenbanken (Format 2002-2003)* oder *Microsoft Access-Datenbanken (Format 2000)*, wenn wirklich die Notwendigkeit dazu besteht. Sie sollten aber dabei beachten, dass Ihnen eine große Zahl der Möglichkeiten von Access 2010 in diesem Fall nicht mehr zur Verfügung steht.

Lassen Sie sich auch nicht durch die Bezeichnung *Microsoft Access 2007-Datenbanken* verwirren. Dieses Format ist auch das Standardformat für Access 2010. Es ist empfehlenswert, zunächst immer in diesem Standardformat zu arbeiten und bei Bedarf später eine Konvertierung in das Format einer Vorgängerversion durchzuführen.

TIPP Wie man Datenbanken in andere Formate konvertiert, erklären wir später (→ Kapitel 13).

Da wir gerade über Dateiformate reden: Mit Access 2010 wurden – im Vergleich zur Version 2003 – noch einige andere neue Formate eingeführt, auf die wir später noch zurückkommen werden (→ Tabelle 1.1).

Format	**Beschreibung**
ACCDB	Die Dateierweiterung für das neue Office Access 2010-Dateiformat. Sie wird anstelle der *.mdb*-Dateierweiterung verwendet.
ACCDE	Die Dateierweiterung für Office Access 2010-Dateien, die sich in einem Modus befinden, in dem nur bestimmte Elemente ausgeführt werden. Aus *.accde*-Dateien wurde sämtlicher VBA-Quellcode entfernt. Ein Benutzer einer *.accde*-Datei kann VBA-Code ausführen, ihn jedoch nicht bearbeiten. Das *.accde*-Format wird anstelle des früheren *.mde*-Formats verwendet.
ACCDT	Die Dateierweiterung für Access-Datenbankvorlagen (→ unten).
ACCDR	Ist eine neue Dateierweiterung, mit deren Hilfe Sie eine Datenbank im Laufzeitmodus öffnen können. Sie können die Dateierweiterung einer Datenbank einfach von *.accdb* in *.accdr* ändern und so eine gesperrte Version der Office Access 2010-Datenbank erstellen. Sie können die Dateierweiterung wieder in *.accdb* ändern, um die vollständige Funktionalität wiederherzustellen.

Tabelle 1.1 Weitere neue Dateiformate seit Access 2007

Datenbank schließen

Access kann immer nur eine Datenbank geöffnet halten. Wenn Sie eine andere verwenden wollen, sollten Sie die aktuelle geöffnete vorher schließen.

» 

Klicken Sie auf die Registerkarte *Datei*, und wählen Sie dann die Option *Datenbank schließen*.

» Falls die noch geöffnete Datenbank Objekte enthält, die geändert und noch nicht gespeichert wurden, wird nachgefragt, ob diese Änderungen vor dem Schließen gespeichert werden sollen (→ Abbildung 1.5).

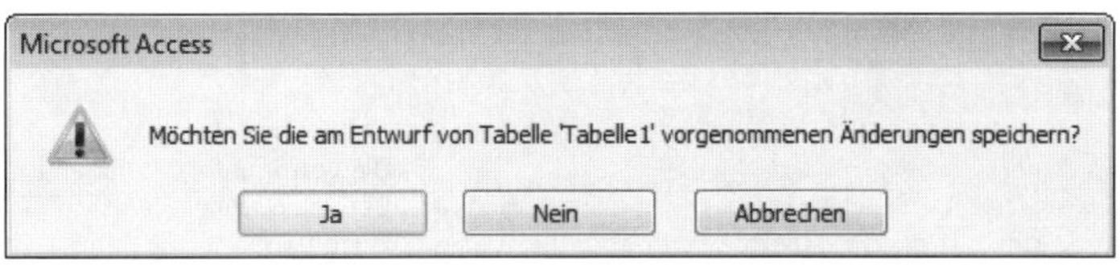

Abbildung 1.5
Wollen Sie die Änderungen übernehmen?

» Nach der Bestätigung wird die Datei geschlossen und die Registerkarte *Datei* wieder angezeigt.

TIPP Wenn Sie eine andere Datenbank öffnen oder eine neue erstellen, wird die aktuell geöffnete automatisch geschlossen. Auch hier erscheint aber die Frage nach dem Speichern der Änderungen.

Datenbank umbenennen

Wenn der Name einer Datenbank unpassend ist, können Sie sie umbenennen. Dabei gehen Sie genau so vor, wie Sie es vom Umbenennen anderer Dateien unter Windows her kennen:

» Sorgen Sie dafür, dass die Datenbank geschlossen ist, und wechseln Sie zum Windows-Desktop.

» Doppelklicken Sie auf die Verknüpfung für Ihren persönlichen Ordner. Wechseln Sie in den Ordner, der die gewünschte Datenbank enthält.

» Klicken Sie die Datei, die Sie umbenennen wollen, mit der rechten Maustaste an.

» Wählen Sie im Kontextmenü den Befehl *Umbenennen*. Der Bearbeitungsmodus für den Namen wird aktiviert.

» Tippen Sie den neuen Namen ein, oder editieren Sie den vorhandenen. Bestätigen Sie den neuen Namen mit [↵].

» Schließen Sie den vorher geöffneten Ordner wieder.

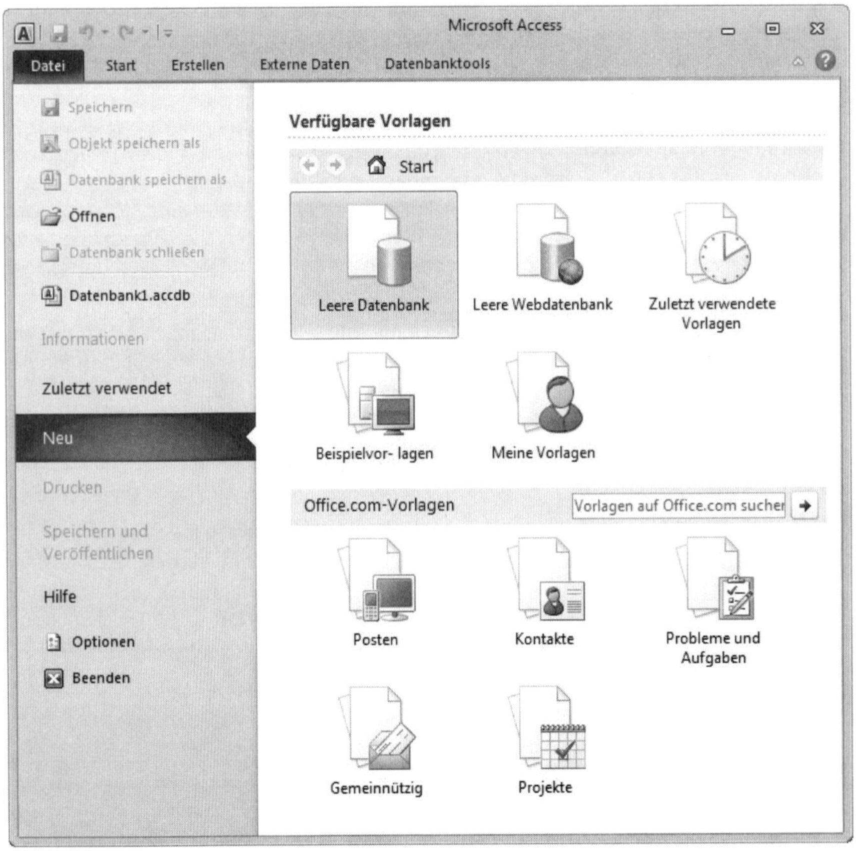

Abbildung 1.6
Die verfügbaren Vorlagen im Bereich *Neu* der Registerkarte *Datei*

1.3.2 Datenbank auf Basis einer Vorlage erstellen

Wenn Sie häufig Datenbanken mit derselben Grundstruktur erstellen müssen - beispielsweise bei monatlichen Abrechnungen -, sollten Sie für diesen Zweck Vorlagen verwenden, in denen die konstant bleibenden Elemente - wie beispielsweise die Feldnamen der Tabellen - bereits eingegeben sind. Auf diese Weise brauchen Sie solche Elemente nicht immer vollständig neu zu erstellen.

Mit Microsoft Access werden bereits einige Vorlagen ausgeliefert, die Ihnen einen Teil der Arbeit beim Erstellen von typischen Geschäftsdokumenten - wie beispielsweise die Verwaltung von Kontakten - abnehmen. Diese Vorlagen sind ohne Änderungen sofort einsetzbar, damit Sie schnell mit Ihrer Arbeit beginnen können. Andernfalls können Sie die Vorlage als Ausgangsbasis zum Erstellen einer Datenbank verwenden, die Ihre speziellen Anforderungen erfüllt.

Sie finden diese Vorlagen neben der Option *Leere Datenbank* im Bereich *Neu* der Registerkarte *Datei* (→ Abbildung 1.6).

Beachten Sie auch gleich die neuen Navigationsmöglichkeiten in diesem Fenster:

»  Nachdem Sie die Ebene gewechselt haben - beispielsweise nachdem Sie auf eine Vorlagengruppe geklickt haben -, können Sie über den nach links weisenden Pfeil wieder zur vorher gewählten Ebene zurück wechseln.

»  Danach können Sie die vorher besuchte Ebene wieder ansteuern, indem Sie auf den nach rechts weisenden Pfeil klicken.

» 

Ein Klick auf *Start* bringt Sie zur Startseite des Bereichs *Neu* - das ist jene, die beim Aufruf des Bereichs angezeigt wird.

Eine leere Webdatenbanken benutzen

Mithilfe von *Access Services* können Sie eine Datenbank innerhalb Ihrer Firma oder über das Internet freigeben. Dabei werden alle Datenbankobjekte mit den Daten in SharePoint-Listen zu dieser Website verschoben. Andere Personen können dann über einen Webbrowser auf die Daten zugreifen. Entsprechend den Berechtigungen, die diese Besucher für die SharePoint-Website haben, können sie entweder Daten- und Entwurfsänderungen vornehmen, nur Datenänderungen durchführen oder nur die Daten lesen.

Es gibt aber einige Funktionen, die Sie für eine lokale Datenbank einsetzen können, nicht aber für eine Webdatenbank. Wenn Sie eine für den Betrieb auf dem lokalen Rechner entwickelte Datenbank im Web freigeben möchten, sollten Sie darum vor der Veröffentlichung eine Kompatibilitätsprüfung durchführen (→ Kapitel 13). Dabei werden die Datenbankobjekte auf Probleme überprüft, die der Verwendung auf SharePoint im Wege stehen. Wenn Sie von vornherein sicherstellen möchten, dass Sie beim Entwurf keine Elemente verwenden, die nicht webkompatibel sind, sollten Sie die Vorlage *Leere Webdatenbank* verwenden. Damit sind die nicht verträglichen Funktionen abgeschaltet und können beim Entwurf nicht verwendet werden. Sie können aber eine solche Webdatenbank auch problemlos lokal betreiben.

Die Beispielvorlagen für Webdatenbanken

Einige weitere Vorlagen werden bereits bei der Installation von Office auf Ihren Rechner abgelegt. Sie finden diese nach einem Klick auf die Schaltfläche *Beispielvorlagen* im Bereich *Neu* der Registerkarte *Datei* (→ Abbildung 1.7 und Tabelle 1.2). Sie finden darin Vorlagen für mehrere lokale Datenbanken und für Webdatenbanken.

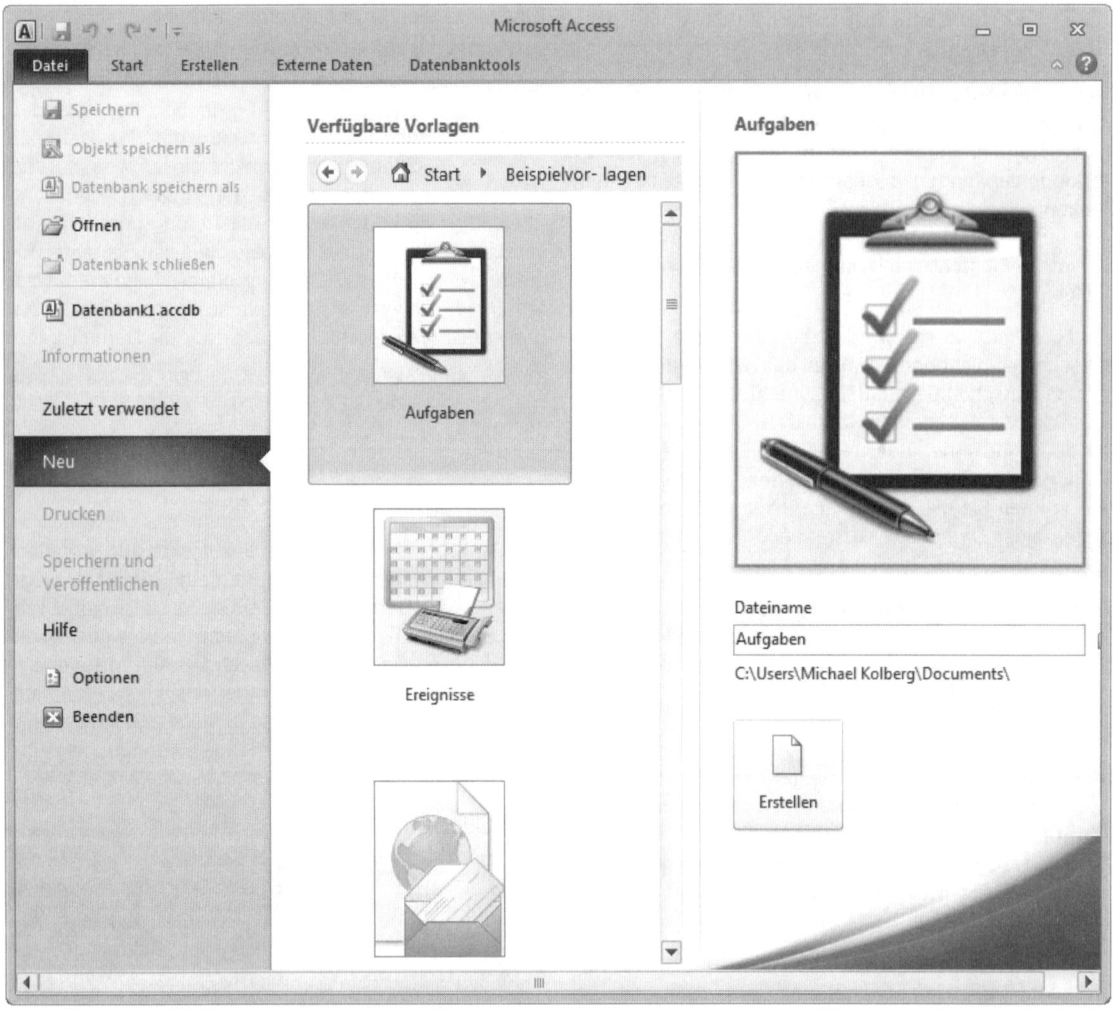

Abbildung 1.7 Die Beispielvorlagen enthalten Strukturen, die für Sie unter Umständen interessant sein könnten.

Der Begriff *Webdatenbank* zeigt an, dass die Datenbank so konzipiert ist, dass sie auf einem SharePoint-Server veröffentlicht werden kann (→ Kapitel 13). Sie können eine solche webkompatible Datenbank aber auch als Standardclientdatenbank auf dem lokalen Rechner verwenden, die Webdatenbanken sind also für alle Anforderungen geeignet.

Die Vorlagen auf Office.com

Im Abschnitt unterhalb der Überschrift *Office.com-Vorlagen* des Bereichs *Neu* auf der Registerkarte *Datei* finden Sie mehrere Gruppen von Vorlagen, die Sie über das Internet herunterladen können. Klicken Sie auf eine solche Gruppenüberschrift - beispielsweise auf *Belege* -, um die darin verfügbaren Inhalte anzuzeigen (→ Abbildung 1.6).

Datenbank	Beschreibung
Posten-Webdatenbank	Verwalten Sie Aktivposten einschließlich bestimmter Aktivpostendetails und Eigentümer. Kategorisieren und dokumentieren Sie die Zustände von Aktivposten, wann sie erworben wurden, wo sie sich befinden usw.
Gemeinnützige Spenden-Webdatenbank	Wenn Sie für eine Organisation arbeiten, die gemeinnützige Spenden entgegennehmen kann, können Sie diese Vorlage dazu verwenden, die Spendensammlungsaktionen nachzuverfolgen. Sie können mehrere Kampagnen nachverfolgen und Berichte zu den Spenden erstellen, die für jede Kampagne eingegangen sind. Dokumentieren Sie Spender, kampagnenbezogene Veranstaltungen sowie ausstehende Aufgaben.
Kontakte-Webdatenbank	Verwalten Sie Informationen zu den Personen, mit denen Sie oder Ihr Team zusammenarbeiten, z. B. Kunden und Partner. Sie können Namen und Adressdaten, Telefonnummern und E-Mail-Adressen nachverfolgen und sogar Bilder, Dokumente oder sonstige Dateien anhängen.
Probleme-Webdatenbank	Erstellen Sie eine Datenbank, um verschiedene Probleme zu verwalten (beispielsweise Wartungsaufgaben, die ausgeführt werden müssen). Weisen Sie Probleme zu, legen Sie Prioritäten für Probleme fest, und verfolgen Sie den Status eines Problems über den gesamten Verlauf.
Projekte-Webdatenbank	Verwalten Sie mehrere Projekte sowie die dazugehörigen Aufgaben. Weisen Sie Aufgaben bestimmten Personen zu, und überwachen Sie den Prozentsatz der Erledigung.

Tabelle 1.2 Die Inhalte einiger Webvorlagen

Die zuletzt verwendeten Vorlagen

Nachdem Sie eine Vorlage zum Erstellen einer Datenbank verwendet haben, können Sie diese wieder schnell zum Erstellen einer weiteren Datenbank benutzen, indem Sie auf *Zuletzt verwendete Vorlagen* klicken. Alle bereits benutzten Vorlagen – sowohl die vom lokalen Rechner als auch die von *Office.com* heruntergeladenen – werden dann aufgelistet. Das ermöglicht auch den Zugriff auf *Office.com*-Vorlagen, wenn eine Internet-Verbindung gerade nicht zur Verfügung steht. Markieren Sie die Vorlage, und bestätigen Sie dann über *Erstellen*, oder führen Sie einen Doppelklick auf dem Symbol aus.

Eigene Vorlagen erstellen und benutzen

Sie können auch selbst Vorlagen kreieren. Zunächst müssen Sie als Grundlage eine normale Datenbank erstellen. Geben Sie in einer solchen Datenbank die konstant bleibenden Elemente ein, und lassen Sie alle speziellen Daten weg. Speichern Sie dieses Dokument dann unter einem geeigneten Namen mit dem Dateityp *Access-Vorlage*, der die Namenerweiterung *.accdt* benutzt. Dazu navigieren Sie zum Bereich *Speichern und Veröffentlichen* auf der Registerkarte *Datei* und verwenden dort den Befehl *Vorlage* unter *Datenbankdateitypen*. Anschließend können Sie diese selbst erstellte Vorlage genauso benutzen wie die standardmäßig mitgelieferten, indem Sie unter *Neu* die Schaltfläche *Meine Vorlagen* benutzen.

1.3.3 Den Speicherort festlegen

Wir hatten es oben bereits kurz angesprochen: Um beim Erstellen der Datenbank den Speicherort der Datei nich t beim Standardverzeichnis zu belassen, klicken Sie auf die Schaltfläche *Nach einem Speicherort für die Datenbank suchen* neben dem Feld *Dateiname*, navigieren zum neuen Speicherort und klicken dann auf *OK* (→ Abbildung 1.8).

Wie man mit diesem oder damit verwandten Dialogfeldern in Windows im Detail umgeht, ist eigentlich eine Frage zu einem Buch über dieses Betriebssystem. Die nachfolgenden Ausführungen beziehen sich auf die Arbeit mit dem Betriebssystem Windows 7. Bei Vista ergeben sich kaum Abweichungen davon, bei XP allerdings schon.

Über den Navigationsbereich navigieren

Standardmäßig wird links im Dialogfeld *Speichern unter* ein Navigationsbereich angezeigt (→ Abbildung 1.9). Sollte er ausgeblendet sein, können Sie ihn über *Organisieren/Layout/Navigationsbereich* wieder sichtbar machen. Über diese Liste können Sie die Speicherorte in einer hierarchischen Struktur anzeigen lassen. Beachten Sie für die Arbeit damit die folgenden Punkte:

» Der Behälter, dessen Inhalt gerade im Hauptbereich des Dialogfelds angezeigt wird, ist im Navigationsbereich unterlegt. Wollen Sie den Inhalt eines anderen Behälters anzeigen lassen, sorgen Sie über die Pfeil-

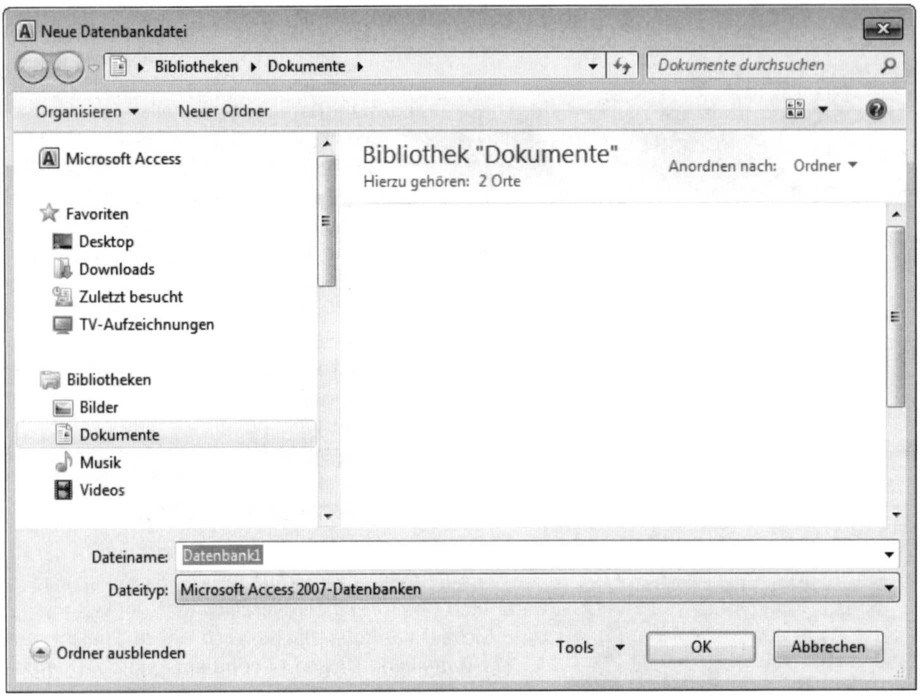

Abbildung 1.8
Sie können andere Speicherorte auswählen.

spitzen dafür, dass die gewünschte Ebene angezeigt wird, und klicken Sie diese dann an. Der Inhalt wird dann im Hauptbereich des Dialogfelds wiedergegeben.

» Wenn Sie den Mauszeiger in den Bereich des Navigationsfensters bewegen, werden darin Symbole mit kleinen Pfeilspitzen angezeigt. Die Eintragungen mit einer nach rechts zeigenden weiß eingefärbten Pfeilspitze verfügen über Unterordner. Sie können diese aktuell machen, indem Sie auf die entsprechende Zeile klicken. Eine so geöffnete Ebene wird durch eine nach rechts unten weisende schwarze Pfeilspitze gekennzeichnet. Durch einen Klick darauf können Sie die Unterelemente wieder ausblenden.

» Wenn in dem gerade angezeigten Ordner weitere Unterordner angezeigt werden, können Sie einen solchen aktuell machen, indem Sie darauf doppelklicken. Dasselbe gilt für die einzelnen Laufwerkssymbole auf der Ebene *Computer*.

ACHTUNG Eine Schaltfläche für den gerade übergeordneten Ordner – wie etwa bei Windows XP – finden Sie bei Windows 7 – wie schon bei Windows Vista – nicht mehr.

Über die Titelleiste navigieren

Sie können auch über die Eintragungen in der Titelleiste des Dialogfelds navigieren. Die Techniken dazu sind vielleicht für die früheren Anwender von XP etwas gewöhnungsbedürftig, aber durchaus interessant. Beachten Sie dazu die nachfolgend genannten Punkte:

» Die Ebene, auf der Sie sich gerade befinden, wird oben links im Ordnerfenster angezeigt. Nach dem Öffnen von *Computer* finden Sie beispielsweise hier die Bezeichnung *Computer* (→ Abbildung 1.10). Durch einen Klick auf die links vor dieser Bezeichnung stehende Pfeilspitze öffnen Sie eine Liste mit weiteren wesentlichen Speicherorten. Ist beispielsweise die Ebene *Computer* gerade aktuell, werden darin Orte wie *Desktop*, *Papierkorb* oder der persönliche Ordner des Benutzers angezeigt. Wenn Sie zu einem die-

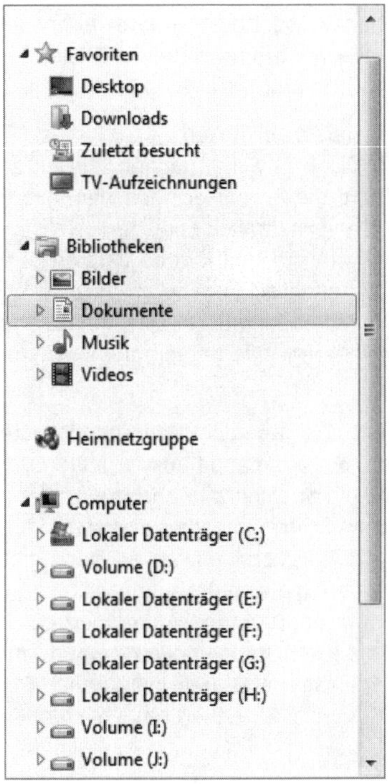

Abbildung 1.9 Der Navigationsbereich links im Dialogfeld erlaubt einen schnellen Wechsel zu anderen Speicherorten.

se Orte wechseln wollen, klicken Sie in dieser Liste darauf. Der Inhalt dieses Speicherorts wird dann im Ordnerfenster angezeigt.

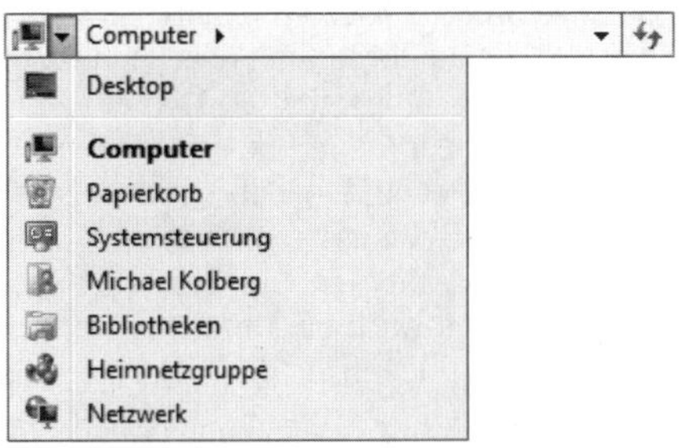

Abbildung 1.10 Ein Klick auf die Pfeilspitze links vom aktuell eingestellten Speicherort zeigt weitere wichtige Elemente an.

» Wenn Sie auf die Pfeilspitze rechts vom aktuellen Speicherort klicken, werden die zum aktuellen Ort vorhandenen Unterelemente angezeigt. Das sind dieselben, die auch im Hauptbereich des Fensters in größerer Form dargestellt werden. Auf der Ebene *Computer* finden Sie hier beispielsweise die einzelnen Laufwerke (→ Abbildung 1.11). Auch hier können Sie zu einer dieser Ebenen wechseln, indem Sie nach dem Öffnen der Liste auf die entsprechende Zeile klicken.

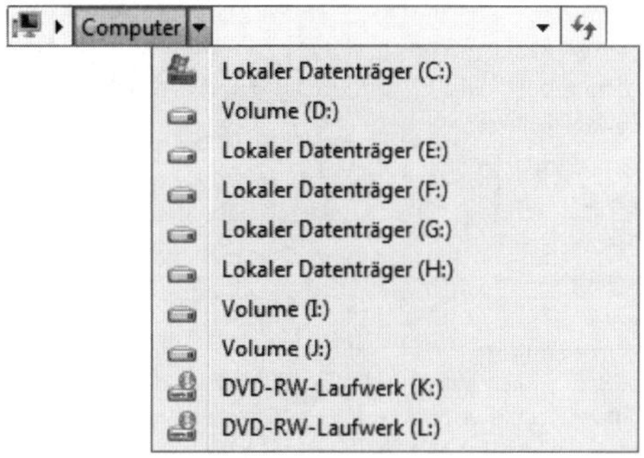

Abbildung 1.11 Ein Klick auf die Pfeilspitze rechts vom aktuell eingestellten Speicherort zeigt die Unterebenen dazu an.

» Nachdem Sie zu einem Unterelement gewechselt haben, wird in dieser Zeile der gesamte Pfad angezeigt. Sind Sie beispielsweise von der Ebene *Computer* ausgegangen und haben Sie von dort aus *Lokaler Datenträger (C:)* gewählt, werden diese beiden Bezeichnungen als Pfad angezeigt (→ Abbildung 1.12). Wiederum gilt, dass Sie durch einen Klick auf die Pfeilspitze rechts vom aktuellen Speicherort die nun vorhandenen Unterelemente anzeigen lassen können.

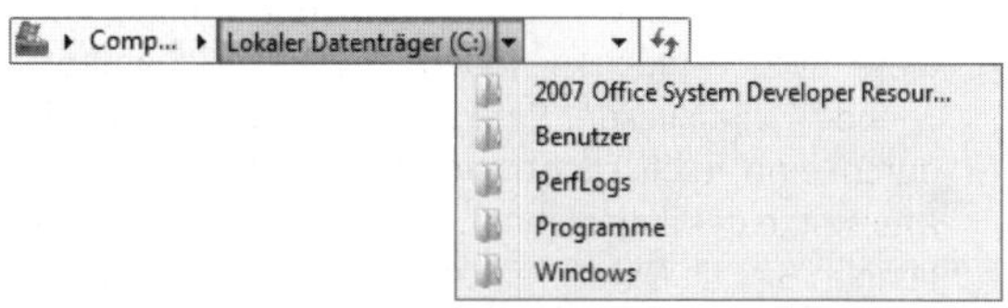

Abbildung 1.12 Auf der Ebene eines Datenträgers liefert ein Klick auf die Schaltfläche rechts davon die einzelnen Unterordner.

» Wenn Sie auf dieser Weise fortfahren und sich damit immer tiefer in die Ordnerhierarchie bewegen, reicht irgendwann der in der Zeile vorhandene Platz nicht mehr aus, um den vollständigen Pfad anzeigen zu lassen. Dies merken Sie daran, dass links in der Zeile eine doppelte Pfeilspitze erscheint. Wenn Sie auf dieses Symbol klicken, werden in der dazugehörenden Liste die Ebenen wiedergegeben, die nicht mehr in die Zeile passen (→ Abbildung 1.13).

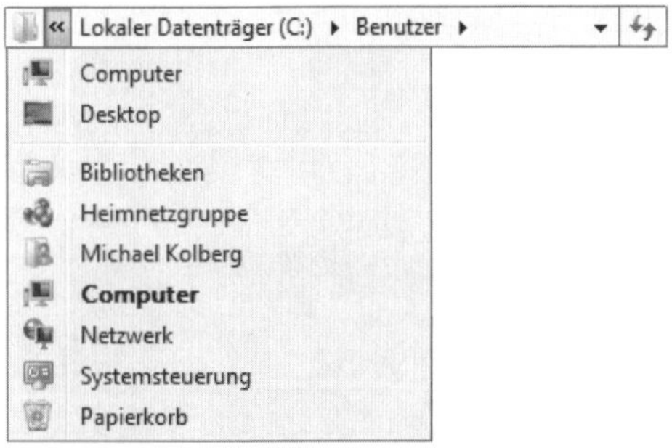

Abbildung 1.13 Ein Klick auf eine doppelte Pfeilspitze zeigt übergeordnete Speicherorte an.

» Sie können auch auf jedes der Pfeilsymbole in der Mitte zwischen zwei Angaben rechts von einem Element klicken, um die zu diesem Element vorhandenen Unterebenen anzeigen zu lassen (→ Abbildung 1.14).

Abbildung 1.14 Auch ein Wechsel zu den jeweiligen Zwischenebenen ist jederzeit möglich.

Zurück und wieder vorwärts

Nachdem Sie im Dialogfeld die Ebene gewechselt haben, können Sie mithilfe der beiden blauen Pfeilsymbole in der linken oberen Fensterecke vor- und zurückschalten. Der nach links zeigende Pfeil zeigt die vorher gewählte Ebene wieder an. Danach können Sie durch einen Klick auf den nach rechts zeigenden Pfeil wieder zurückspringen. Ein Klick auf das Symbol rechts von den beiden Pfeilen öffnet eine Liste mit den Ebenen der Hierarchie, innerhalb derer Sie sich gerade bewegen.

In Windows XP

Die Arbeit zur Navigation zwischen den Speicherorten bei Windows Vista entspricht der eben für Windows 7 vorgestellten Vorgehensweise. Etwas andere Techniken benutzen Sie, wenn Sie noch mit Windows XP als Betriebssystem arbeiten.

» In der Umgebungsleiste im linken Bereich des Dialogfeldes finden Sie fünf Schaltflächen, die einen schnellen Zugriff auf die Ordner ermöglichen, in denen Sie Dokumente vornehmlich speichern werden. Standardmäßig wird der Ordner *Eigene Dateien* zum Speichern von Dokumenten angeboten. Wünschen Sie einen anderen Ordner, müssen Sie ihn zuerst auswählen, indem Sie auf das entsprechende Symbol klicken.

» Der standardmäßig oder über die Umgebungsleiste zum Speichern der Arbeitsmappe ausgewählte Ordner wird auch im Feld *Speichern in* angezeigt. Wenn Sie einen anderen Ordner als diesen verwenden wollen, müssen Sie ihn zuerst anwählen. Dazu gibt es mehrere Methoden, die sich darin unterscheiden, ob Sie zu einem untergeordneten, einem übergeordneten oder einem neuen Ordner oder zu einem anderen Laufwerk wechseln wollen. Dabei können Sie sich in der vorhandenen Ordnerhierarchie nach oben oder nach unten bewegen und auch einen neuen Ordner erstellen.

1.4 Die neue Programmsteuerung

Nachdem Sie jetzt wissen, wie man eine neue Datenbank anlegt, können wir uns jetzt etwas intensiver mit den Elementen der neuen Programmoberfläche von Access beschäftigen. Bis zur Version 2003 fanden Sie die wichtigsten Elemente zur Steuerung eines Microsoft Office-Programms in den Menüs und den Symbolleisten. Um eine Aktion auszuführen, mussten Sie oft eine Reihe von Stellen mit der Maus anklicken: Sie mussten zuerst Menü öffnen und darin oft noch ein Untermenü anzeigen lassen. Dann sollten Sie einen Befehl wählen. Die gewünschten Einstellungen mussten Sie in einem Dialogfeld festlegen, das oft über mehrere Registerkarten verfügte. Schließlich mussten Sie diese Angaben bestätigen. Das hat sich seit der Version 2007 geändert

1.4.1 Das Menüband

Mit der Programmversion 2007 wurde dieses System durch die *Multifunktionsleiste* abgelöst. Diese Technik

Abbildung 1.15
Das Menüband mit geöffneter Registerkarte *Start*

wurde in der aktuellen Version 2010 konsequent weiterentwickelt. Die Multifunktionsleiste trägt jetzt den einprägsamen Namen *Menüband*, und Sie werden schnell feststellen, dass Sie bedeutend weniger Mausklicks benötigen, um eine Aktion durchzuführen. Nachdem Sie eine Datenbank neu erstellt oder geöffnet haben, wird dieses Menüband oben im Fenster angezeigt. Es stellt nun die wichtigste Befehlschnittstelle in Access 2010 und anderen Programmen dieser Familie dar (→ Abbildung 1.15).

Am oberen Rand des Menübandes finden Sie mehrere Registerkarten vor. Jede davon bezieht sich auf eine bestimmte Art von Aktivität – beispielsweise liefert die Registerkarte *Einfügen* alle Werkzeuge, die Sie zum Einfügen von Elementen benötigen. Innerhalb einer Registerkarte sind die einzelnen Elemente in Gruppen zusammengefasst.

» Der Hauptvorteil der Arbeit mit dem Menüband besteht wohl darin, dass sie die Aufgaben und Einstiegspunkte vereint, die früher über verschiedene Menüs, Symbolleisten, Aufgabenbereiche und andere Komponenten der Benutzeroberfläche angezeigt werden mussten. Diese werden jetzt in Registerkarten und Gruppen darin zusammengefasst. Nun müssen Sie nur noch an einer einzigen Stelle nach Befehlen suchen und nicht mehr an verschiedenen Orten.

» Der wesentliche Nachteil dieser neuen Idee von Microsoft besteht darin, dass wohl jeder Anwender einige Zeit brauchen wird, bis er sich in dieser neuen Struktur so gut zurechtfindet, dass er keine Zeit mehr mit dem Suchen nach bestimmten Befehlen und Funktionen verbringen muss. Nach einiger Zeit der Arbeit mit den Programmen der Office-Generation 2010 stellt sich aber ein intuitives Verständnis ein.

ACHTUNG Es ist übrigens nicht möglich, das Menüband zu löschen oder durch die Symbolleisten und Menüs aus den früheren Versionen von Microsoft Office zu ersetzen. Sie müssen sich mit dieser neuen Oberfläche abfinden oder die Generation 2010 vergessen.

TIPP Sie können das Menüband und seine Elemente aber an Ihre Vorstellungen anpassen (→ unten und Kapitel 18).

1.4.2 Die Registerkarten für Befehle

Am oberen Rand des Menübands finden Sie die Laschen für mehrere Registerkarten. Klicken Sie darauf, um die jeweiligen Inhalte anzuzeigen. Jede Registerkarte bezieht sich auf eine Art von Aktivität – beispielsweise liefert in Access die Registerkarte *Erstellen* alle Werkzeuge, die Sie zum Erstellen von Datenbankobjekten benötigen. Von Vorteil für den Anwender ist, dass er bei allen Office-Programmen oft dieselben Befehle findet (→ Abbildung 1.16). Einen Überblick mit Beispielen für mögliche Aktionen finden Sie anschließend (→ Tabelle 1.3).

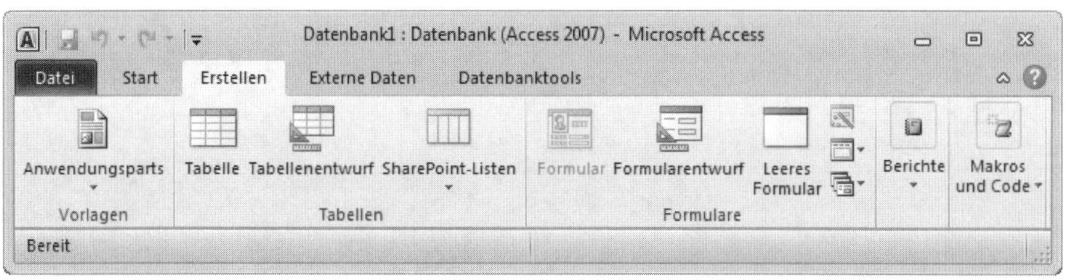

Abbildung 1.16
Die Registerkarte *Erstellen* bei Access beinhaltet alle Befehle, die Sie zum Erstellen von Datenbankobjekten benötigen.

Registerkarte	Mögliche Aktionen
Start	Auswählen einer anderen Ansicht.
	Kopieren und aus der Zwischenablage einfügen.
	Festlegen der aktuellen Schriftmerkmale.
	Festlegen der aktuellen Schriftartausrichtung.
	Zuweisen der Rich-Text-Formatierung an ein Memo-Feld
	Arbeiten mit Datensätzen (Aktualisieren, Neu, Speichern, Summen, Rechtschreibung, Mehr).
	Sortieren und Filtern von Datensätzen.
	Suchen von Datensätzen.
Erstellen	Erstellen einer neuen Tabelle.
	Erstellen einer neuen Tabelle über eine Tabellenvorlage.
	Erstellen einer Liste auf einer SharePoint-Website und einer Tabelle in der aktuellen Datenbank, die mit der neu erstellten Liste verknüpft wird.
	Erstellen einer neuen leeren Tabelle in der Entwurfsansicht.
	Erstellen eines neuen Formulars auf der Basis einer aktiven Tabelle oder Abfrage.
	Erstellen einer neuen PivotTable oder eines neuen PivotChart.
	Erstellen eines neuen Berichts basierend auf der aktiven Tabelle oder Abfrage.
	Erstellen einer neuen Abfrage, eines Makros, eines Moduls oder eines Klassenmoduls.
Externe Daten	Importieren oder Verknüpfen externer Daten.
	Exportieren von Daten.
	Erfassen und Aktualisieren von Daten per E-Mail.
	Erstellen gespeicherter Importe und Exporte.
	Ausführen des Tabellenverknüpfungs-Managers.
Datenbanktools	Verschieben einiger oder aller Datenbankabschnitte auf eine neue oder vorhandene SharePoint-Website.
	Starten des Visual Basic-Editors oder Ausführen eines Makros.
	Erstellen und Anzeigen von Tabellenbeziehungen.
	Ein- und Ausblenden von Objektabhängigkeiten.
	Ausführen des Datenbankdokumentierers und Analysieren der Leistung.
	Verschieben von Daten in Microsoft SQL Server oder in eine Access-Datenbank (nur Tabellen).
	Verwalten von Add-Ins für Access.
	Erstellen oder Bearbeiten eines VBA-Moduls (Visual Basic für Applikationen).

Tabelle 1.3 Beispiele für mögliche Aktionen auf den einzelnen Registerkarten

Die Gruppen

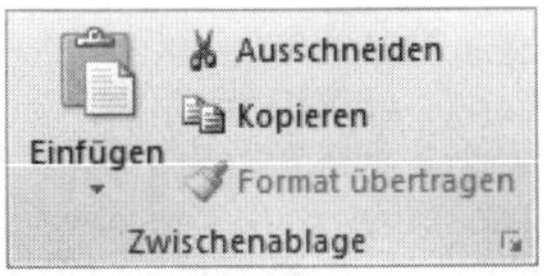

Innerhalb einer Registerkarte sind die einzelnen Elemente in *Gruppen* zusammengefasst. Das sind die Bereiche innerhalb des Menübandes, die durch senkrechte Trennstriche voneinander abgesetzt sind. Diese verfügen über eine Gruppenbezeichnung - beispielsweise *Zwischenablage* auf der Registerkarte *Start* von Access. Microsoft ist der Meinung, dass diese Gruppenbildung das Auffinden der einzelnen Werkzeuge erleichtert, da diese Gruppen immer bestimmte Aufgabentypen zusammenfassen. Das stimmt unserer Meinung nach nur bedingt: Oft gibt es auch Gruppen, die Elemente zusammenfassen, die nirgendwo sonst hereingepasst haben.

Die Befehle

Was sich innerhalb einer Gruppe befindet, wird von Microsoft als *Befehle* oder *Befehlsschaltflächen* bezeichnet. Viele dieser Elemente verfügen über dieselbe Funktionsweise wie die von den Vorversionen bekannten Schaltflächen der Symbolleisten:

- » 

Bei einigen dieser Befehle handelt es sich um Umschalter, die durch einen Klick darauf ein- und ausgeschaltet werden können. Beispielsweise finden Sie in der Gruppe *Textformatierung* der Registerkarte *Start* bei fast allen Programmen die Schaltfläche *Fett*, mit der Sie eine Darstellung des gerade markierten Bereichs in Fettdruck bewirken oder diese wieder abschalten können. Eine unterschiedliche Farbgebung kennzeichnet den jeweiligen Zustand.
- »  Andere Befehlsschaltflächen bewirken die Durchführung eine Aktion oder leiten diese zumindest ein. Beispielsweise können Sie durch einen Klick auf die Schaltfläche *Kopieren* in der Gruppe *Zwischenablage* der Registerkarte *Start* bewirken, dass ein vorher im Dokument markierter Bereich in die Windows-Zwischenablage kopiert wird.
- » 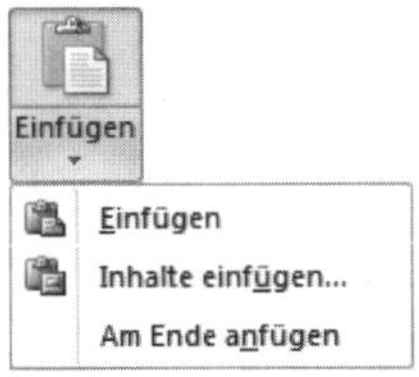

Andere Befehlsschaltflächen erlauben es, eine Liste mit weiteren Optionen aufzuklappen. Sie erkennen diese Typen daran, dass sie mit einer meist nach unten zeigenden kleinen Pfeilspitze ausgestattet sind. Ein Beispiel dafür finden Sie in der Gruppe *Zwischenablage* der Registerkarte *Start* in der Schaltfläche *Einfügen*. Sie lassen diese Liste anzeigen, indem Sie auf die Pfeilspitze klicken. Anschließend können Sie eine der in der Liste angezeigten Optionen auswählen, indem Sie darauf klicken.
- » 

Beachten Sie aber, dass einige der Befehlsschaltflächen mit Pfeilspitzen auch über eine einfache Einschalt- oder Umschaltfunktion verfügen, die Sie ansprechen können, indem Sie auf eine Stelle in der Schaltfläche außerhalb der Pfeilspitze klicken. Eine unterschiedliche Farbgebung weist Sie darauf hin, ob Sie die Liste der Optionen aufklappen oder die Schaltfläche direkt ansprechen wollen.

Die Kataloge

Einige Befehlsschaltflächen verfügen über eine Katalogfunktion. Diese ermöglichen eine Auswahl aus mehreren Alternativen. Es gibt mehrere Typen von Katalogen:

- » Allgemein bekannt dürften die Schaltflächen sein, bei denen Sie durch einen Klick auf eine nach unten weisende Pfeilspitze eine Liste von Alternativen anzeigen lassen können. Typische Beispiele dafür sind bei der Mehrzahl der Programme die Listen zu den Schaltflächen *Schriftart* und *Schriftgrad* der Gruppe *Textformatierung* (→ Abbildung 1.17).

Abbildung 1.17 Über die Listenfelder können Sie die Schriftart und den Schriftgrad einstellen.

» Andere Kataloge sind bereits in die Gruppen einer Registerkarte integriert. Wenn Sie in Access ein Formular erstellt haben, wird eine Registerkarte *Formularentwurfstools/Entwurf* angezeigt, in der Sie in der Gruppe *Steuerelemente* einen Katalog mit Formatvorlagen (→ Abbildung 1.18) vorfinden. Von diesen Vorlagen sind im Menüband aber zunächst nur wenige Alternativen sichtbar.

» Sie können einen solchen Katalog aufklappen, indem Sie auf die Schaltfläche *Weitere* klicken – das ist die Schaltfläche mit der kleinen nach unten weisen Pfeilspitze mit dem darüber liegenden Strich. Dann werden Ihnen weitere Alternativen angezeigt, aus denen Sie die jeweils gewünschte durch einen Klick auswählen können (→ Abbildung 1.19).

Der Zugang zu den Dialogfeldern

Aber auch die aus früheren Versionen her bekannten Dialogfelder sind nicht völlig von den Oberflächen der Programme verbannt worden. Viele Gruppen verfügen rechts neben der Gruppenbezeichnung über eine kleine Schaltfläche mit einem nach rechts unten weisenden Pfeil. Wenn Sie darauf klicken, wird ein Dialogfeld angezeigt, in dem Sie meist alle Befehle finden, die Sie auch über die Befehlsschaltflächen der Gruppe finden (→ Abbildung 1.20). In vielen Fällen finden Sie darin noch zusätzliche Optionen. Bei Access zeigen Sie beispielsweise über die Schaltfläche zur Gruppe *Textformatierung* auf der Registerkarte *Start* das Dialogfeld *Datenblatt formatieren* an, in dem Sie eine Reihe weiterer Parameter zum Design einstellen können. Manche dieser Dialogfelder verfügen – wie auch bei den früheren Programmversionen – über mehrere Registerkarten.

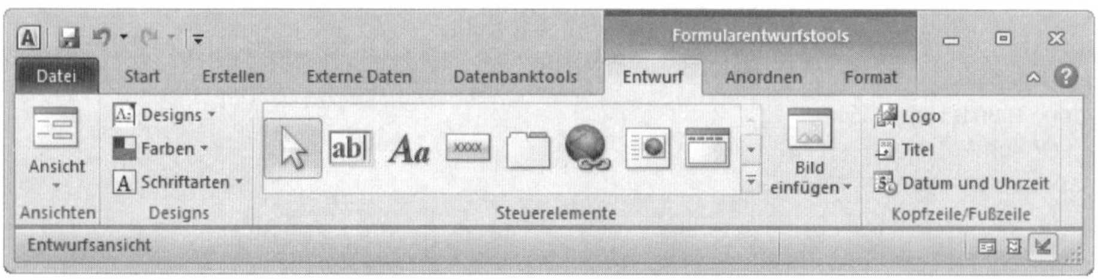

Abbildung 1.18 Einige Kataloge sind in die Gruppen des Menübandes integriert – hier beispielsweise die Steuerelemente.

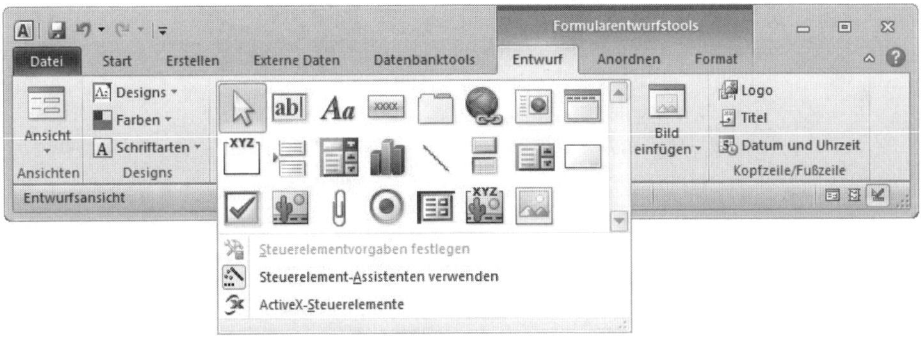

Abbildung 1.19 Solche Kataloge können Sie aufklappen und erhalten dann Zugriff auf viele weitere Alternativen.

Abbildung 1.20 Das Dialogfeld zum Formatieren eines Datenblatts ermöglicht viele Feinheiten zur Einstellung.

1.4.3 Die kontextbezogenen Registerkarten

Wir hatten es schon angedeutet: zusätzlich zu den eben erwähnten standardmäßigen Registerkarten verwendet Office 2010 noch ein weiteres Element - die sogenannten kontextbezogenen Registerkarten. Diese werden je nach Kontext - also je nachdem, an welchem Objekt Sie arbeiten oder welche Aufgabe Sie gerade ausführen - neben den standardmäßigen Registerkarten angezeigt. Eine Registerlasche dafür zeigt sich oberhalb der anderen. Wenn Sie beispielsweise in Access eine Tabelle erstellt haben, werden zusätzlich die kontextbezogenen Registerkarten *Tabellentools/Felder* und *Tabellentools/Tabelle* angezeigt (→ Abbildung 1.21 und Abbildung 1.22). Diese Registerkarten stehen nur zur Verfügung, solange das jeweilige Objekt - beispielsweise die Tabelle - markiert ist.

1.4.4 Das Arbeiten mit dem Menüband

Um sich schnell an die Arbeit mit dem neuen Menüband zu gewöhnen, sollten Sie sich die folgenden Punkte merken:

» Standardmäßig wird beim Öffnen eines Dokuments meist die Registerkarte *Start* angezeigt. Sie können zu einer anderen Registerkarte wechseln, indem Sie auf die dazugehörende Lasche klicken. Auch Tastenkombinationen stehen Ihnen dafür zu Verfügung (→ unten).

» Wenn Schaltflächen im Menüband in abgeblendeter Form angezeigt werden, bedeutet das, dass dieser Befehl in der aktuellen Situation nicht ausgeführt werden kann.

» Bei einer geringeren Breite des Programmfensters werden die Befehlsschaltflächen in den weniger wichtigen Gruppen ausgeblendet und nur noch die Gruppennamen selbst angezeigt. Wenn Sie in einem solchen Zustand einen Befehl aus eine solchen Gruppe aufrufen wollen, müssen Sie diese erst öffnen, indem Sie auf die dann angezeigte Pfeilspitze unter der Gruppenbezeichnung klicken (→ Abbildung 1.23).

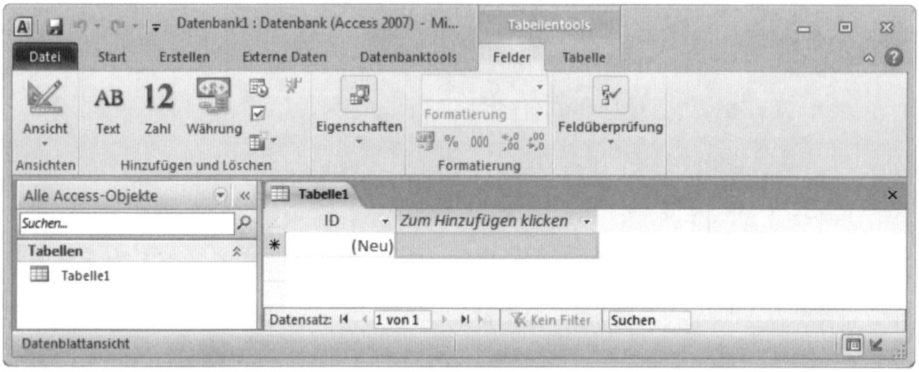

Abbildung 1.21
Die kontextbezogene Registerkarte *Tabellentools/Felder* wird geöffnet, wenn eine Tabelle markiert ist.

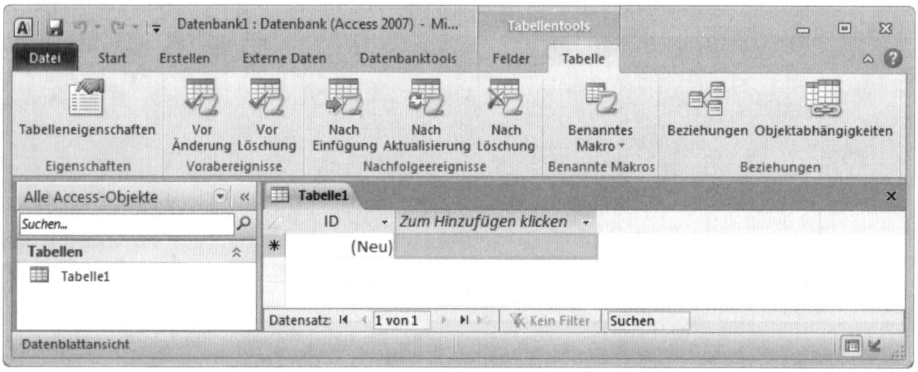

Abbildung 1.22
Dasselbe gilt für die Registerkarte *Tabellentools/Tabelle*.

» Manche der Steuerelemente im Menüband sind beschriftet, andere nicht. Welche Elemente beschriftet sind, hängt auch von der Breite des Anwendungsfensters ab. Wenn Sie diese verringern, verschwinden einige der Beschriftungen, und es werden nur noch die Schaltflächensymbole angezeigt.

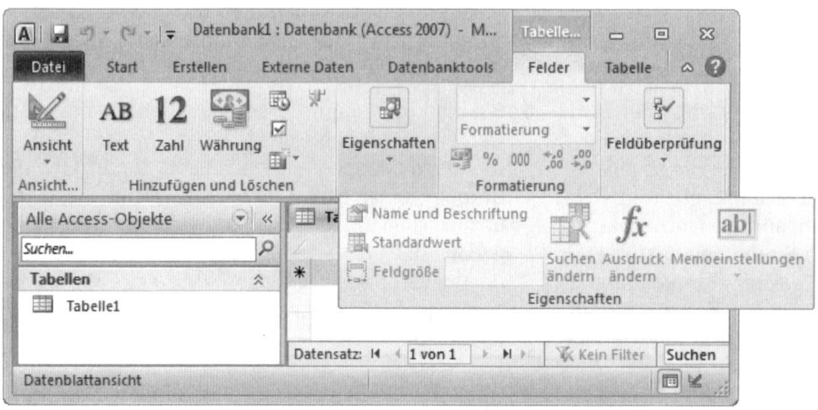

Abbildung 1.23
Bei einer geringeren Breite des Programmfensters müssen Sie Gruppen erst aufklappen (hier gezeigt am Beispiel der Gruppe *Eigenschaften*).

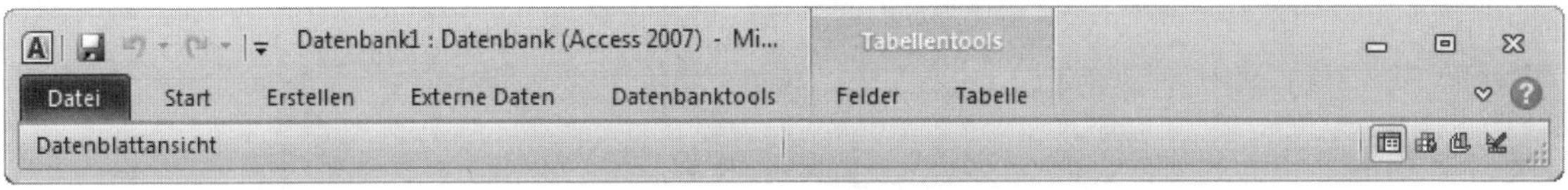

Abbildung 1.24 Im minimierten Zustand sind nur die Namen der Registerkarten sichtbar.

Minimieren des Menübandes

Wenn Sie mehr Platz auf dem Bildschirm benötigen, können Sie das Menüband auch minimieren.

» Dazu klicken Sie auf die Schaltfläche *Menüband minimieren* rechts im Fenster auf Höhe der Registerkartennamen. Dies hat zur Folge, dass nur noch die Namen der Registerkarten angezeigt werden, nicht mehr deren Inhalte (→ Abbildung 1.24).

» Aus dem minimierten Zustand heraus können Sie die Befehle des Menübands verwenden, indem Sie auf die gewünschte Registerkarte klicken. Die Inhalte werden dann angezeigt, und Sie können den gewünschten Befehl wählen. Nach dieser Wahl wird das Menüband wieder minimiert.

» Wenn Sie zur normalen Darstellung zurückkehren wollen, klicken Sie auf die Schaltfläche *Menüband erweitern* auf der Höhe der Registerkartennamen. Das Menüband wird dann wieder vollständig angezeigt.

TIPP Sie können auch die Tastenkombination [Strg]+[F1] benutzen, um das Menüband zu minimieren oder wiederherzustellen.

Das Verwenden der Tastatur zur Steuerung

Für den Fall, dass Sie lieber die Tastatur als die Maus verwenden, bieten die Programme mit Menüband eine Reihe von Tastenkombinationen an, mit denen Sie Aufgaben schnell auch ohne die Maus erledigen können. Dabei spielt es keine Rolle, an welcher Stelle im Programm Sie sich befinden. Sie können diese Tastenkombinationen verwenden, auch wenn das Menüband minimiert ist. Die Menüzugriffstasten der früheren Versionen der Programme wurden durch das Tastenzugriffssystem ersetzt. Alle anderen Tastenkombinationen aus früheren Versionen funktionieren aber auch weiterhin.

» Drücken Sie die Taste [Alt] und lassen Sie sie wieder los. Die Information zu den Zugriffstasten der obersten Ebene wird angezeigt (→ Abbildung 1.25). Kleine Indikatoren zeigen an, durch welche Tasten Sie Zugriff zu den einzelnen Elementen erhalten.

» Drücken Sie den Buchstaben bzw. die Kombination, der/die als Zugriffstasteninfo über dem gewünschten Element angezeigt wird. Je nach dem gedrückten Buchstaben können weitere Zugriffstasteninfos angezeigt werden (→ Abbildung 1.26). Wenn beispielsweise die Registerkarte *Start* aktiv ist, werden die Zugriffstasteninfos für die Gruppen und Befehle dieser Registerkarte angezeigt.

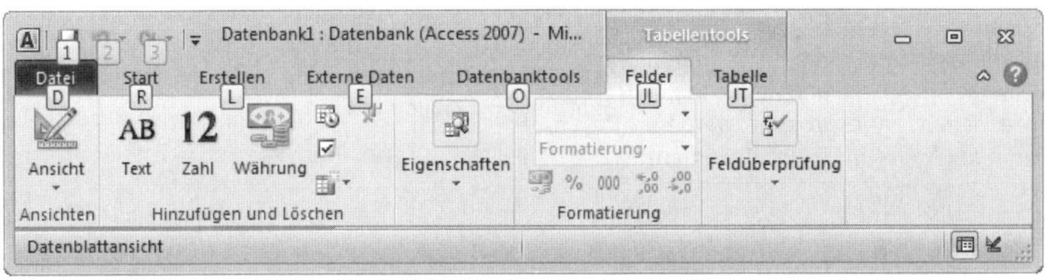

Abbildung 1.25 Die Zugriffstasten auf der ersten Ebene zeigen die Codes zum Auswählen der Registerkarten.

Abbildung 1.26 Die Zugriffstasten für die zweite Ebene beziehen sich auf die einzelnen Befehle innerhalb einer Registerkarte.

» Drücken Sie so lange Buchstaben, bis Sie den Buchstaben des gewünschten Befehls oder der gewünschten Option drücken. Unter Umständen müssen Sie zunächst den Buchstaben der Gruppe drücken, in der der Befehl enthalten ist.

» Wenn Sie die Auswahlaktion abbrechen wollen, drücken Sie nochmals die `Alt`-Taste, und lassen Sie sie dann wieder los. Die Zugriffstasteninfos werden dann wieder ausgeblendet.

1.4.5 Die Symbolleiste für den Schnellzugriff

Links oben in bzw. über dem Menüband befindet sich noch eine kleine Symbolleiste, die mit *Symbolleiste für den Schnellzugriff* bezeichnet wird. Das ist die einzige übrig gebliebene Symbolleiste. Diese Symbolleiste beinhaltet bei den meisten Programmen standardmäßig vier Schaltflächen (→ Tabelle 1.4). Sie finden darin die Möglichkeit für den sofortigen Zugriff auf die am häufigsten verwendeten Befehle – wie beispielsweise *Speichern* und *Rückgängig*. Einige davon können aber nur angesprochen werden, wenn bereits Eingaben oder Änderungen im Dokument vorgenommen wurden.

Symbol	Name und Wirkung
	*Speichern:* speichert das aktuell geöffnete Element. Wenn es bisher noch nicht gespeichert wurde, wird das Dialogfeld *Speichern unter* angezeigt, in dem Sie dem Datenbankobjekt einen Namen zuweisen können.
	*Rückgängig:* macht einen gerade gewählten Befehl oder eine Eingabe wieder rückgängig.
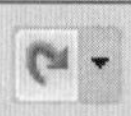	*Wiederherstellen:* ein Rückgängig gemachter Befehl oder eine Eingabe wird wieder hergestellt.
	*Symbolleiste für den Schnellzugriff anpassen:* erlaubt es, weitere Befehle in der Symbolleiste anzeigen zu lassen.

Tabelle 1.4 Die Schaltflächen in der Symbolleiste für den Schnellzugriff

Sie können die *Symbolleiste für den Schnellzugriff* anpassen, damit diese jene Befehle enthält, die Sie persönlich häufig verwenden. Sie können auch die Position ändern, an der die Symbolleiste angezeigt wird. Dazu klicken Sie auf die Schaltfläche *Symbolleiste für den Schnellzugriff anpassen*. Eine Liste mit Optionen wird geöffnet (→ Abbildung 1.27).

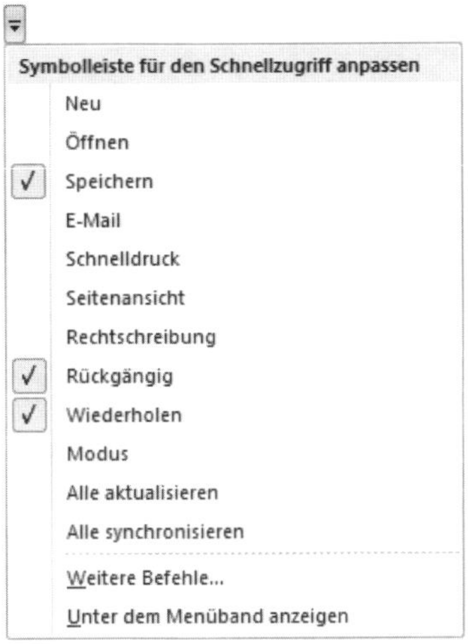

Abbildung 1.27 Die Symbolleiste kann angepasst werden.

Die mit einem Häkchen versehenen Optionen in der Liste werden in der Symbolleiste angezeigt. Klicken Sie auf eine Option, um Sie in die Symbolleiste aufzunehmen oder wieder daraus zu entfernen.

TIPP Auf weitere Möglichkeiten zur Anpassung dieser Symbolleiste werden wir weiter unten in diesem Kapitel noch zu sprechen kommen, wenn wir die Programmoptionen näher betrachten.

Die Symbolleiste verschieben

Die Symbolleiste für den Schnellzugriff kann sich an zwei Positionen befinden: Die Standardposition ist oben links; außerdem kann sie unterhalb des Menübands angezeigt werden. Sie ist damit näher am eigentlichen Arbeitsbereich. Zum Einstellen der Position benutzen Sie die Option *Unter dem Menüband anzeigen*.

1.4.6 Die Kontextmenüs

Als Element der Programmsteuerung beibehalten wurden die Kontextmenüs. Dies sind Listen der wichtigsten Befehle für eine bestimmte Stelle auf der Oberfläche. Auch die mit der Programmversion 2007 eingeführte Minisymbolleiste ist noch vorhanden. Auf die Inhalte dieser Minisymbolleiste werden wir noch eingehen. Sie zeigt meist automatisch bestimmte Formatierungsoptionen an.

Sie lassen ein Kontextmenü anzeigen, indem Sie auf eine bestimmte Stelle mit der rechten Maustaste klicken (→ Abbildung 1.28). Welche Befehle darin dann aufgelistet werden, ist eine Frage der Stelle, auf die Sie geklickt haben. Wenn Sie beispielsweise im Programm Access auf eine Stelle im Hauptbereich einer Tabelle klicken, liefert Ihnen das Kontextmenü beispielsweise Befehle zum Filtern und zum Einfügen von Elementen. Dies sind auch genau die Dinge, die Sie wahrscheinlich am häufigsten an einer solchen Stelle tun werden.

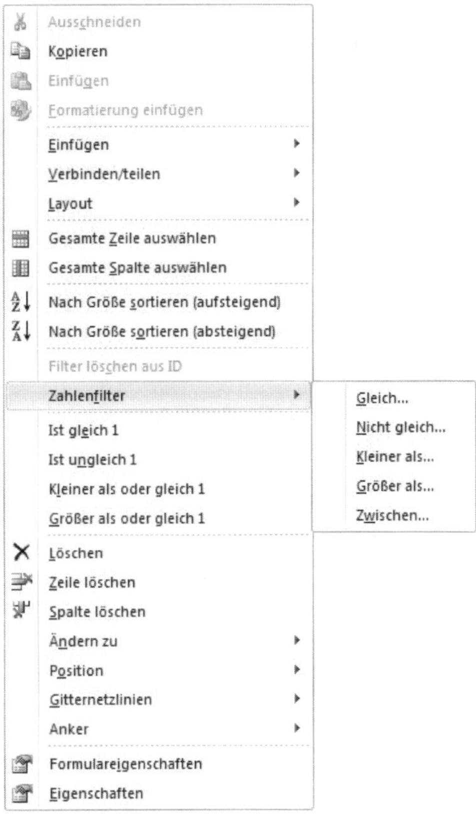

Abbildung 1.28 Ein Klick mit der rechten Maustaste zeigt ein Kontextmenü an.

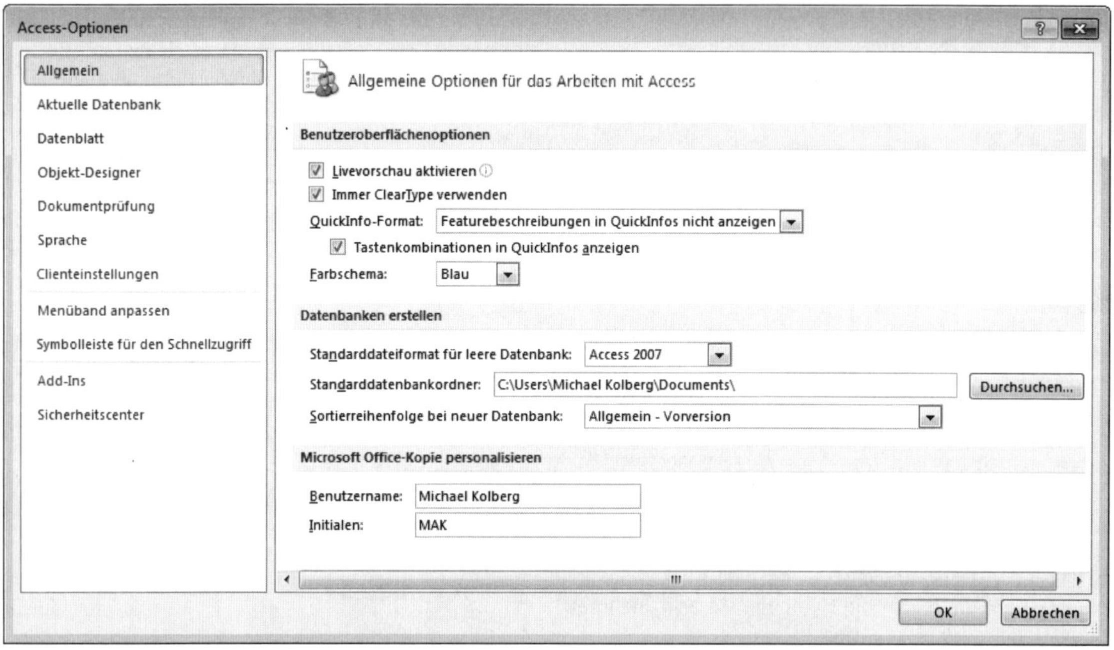

Abbildung 1.29 Die Kategorie *Allgemein* zeigt die wichtigsten Optionen zur Programmeinstellung an.

1.5 Die Programmoptionen kennenlernen

Wie jedes Programm der Office-Familie verfügt auch Microsoft Access über eine Vielzahl von Optionen, über die Sie viele Einstellungen an Ihre persönlichen Vorstellungen anpassen können. In früheren Versionen von Microsoft Office konnten Sie die bevorzugten Einstellungen für die Ansicht, Anzeige und Bearbeitung im Dialogfeld *Access-Optionen* festlegen. Im Rahmen der Neugestaltung der Benutzeroberfläche ist der Befehl zum Aufruf jetzt an einer anderen Position verfügbar. Sie finden ihn jetzt unter dem Befehl *Optionen* auf der Registerkarte *Datei*. Im dann angezeigten Fenster *Access-Optionen* wählen Sie zuerst im linken Bereich die entsprechende Kategorie aus und nehmen anschließend die Einstellungen vor. Haben Sie Änderungen vorgenommen und möchten diese speichern, schließen Sie das Dialogfeld mit *OK*.

TIPP Wir wollen in diesem Kapitel zunächst auf die Elemente unter den Programmoptionen eingehen, die Sie möglicherweise häufiger benötigen. Auf weitere wichtige Bereiche gehen wir in den nachfolgenden Kapiteln ein. Einige der Optionen darin beziehen sich auf die jeweils aktuell geöffnete Datenbank und nicht auf das Programm als Ganzes. Beachten Sie darunter besonders die Anmerkungen zum Sicherheitscenter (→ Kapitel 2). Eine zusammenfassende Darstellung der Access-Optionen finden Sie im Referenzteil zu diesem Buch (→ Kapitel 20).

1.5.1 Die Kategorie *Allgemein*

In der ersten Kategorie finden Sie eine Zusammenfassung der Optionen, die der typische Anwender am häufigsten ändern möchte (→ Abbildung 1.29).

Die Benutzeroberflächenoptionen

Die oberste Gruppe der Optionen der Kategorie *Allgemein* fasst Einstellungen zusammen, die viele Anwender meist ändern werden (→ Abbildung 1.29 oben):

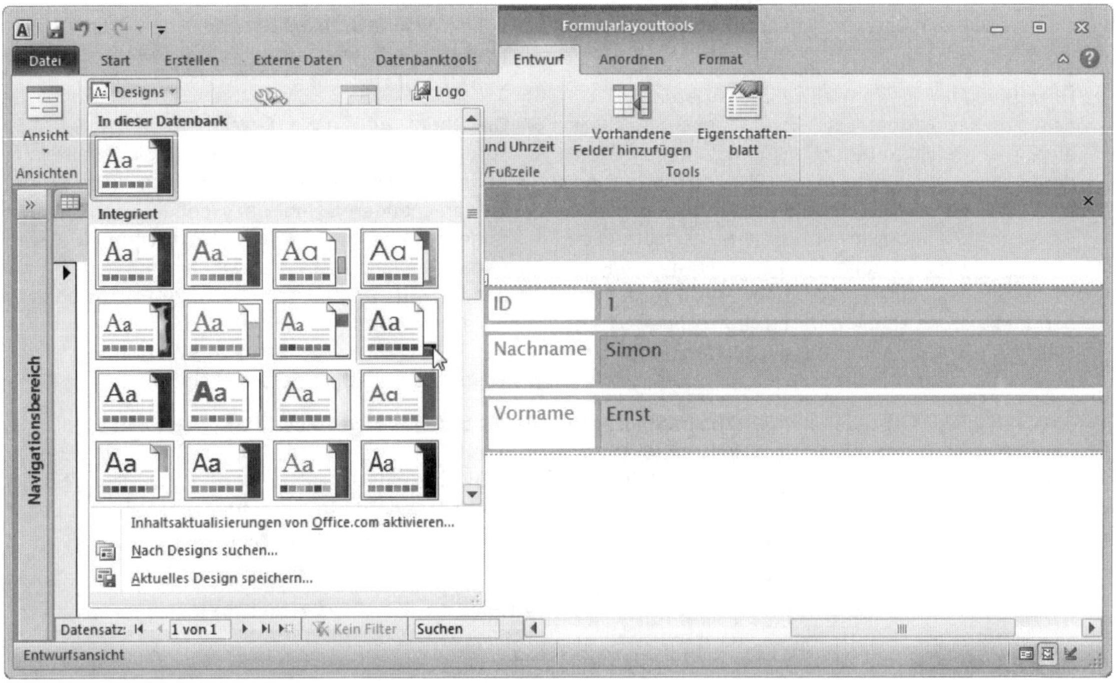

Abbildung 1.30 Die zu erwartenden Ergebnisse einer Option werden direkt angezeigt - hier bei Wahl eines Designs.

» Ein Einschalten von *Livevorschau aktivieren* bewirkt, dass die Auswirkungen eines Befehls direkt im Dokument angezeigt werden, wenn Sie den Mauszeiger nur auf die entsprechende Befehlsschaltfläche im Menüband bewegen. Haben Sie beispielsweise ein Element markiert und bewegen Sie den Mauszeiger auf eine Option in einem Katalog im Menüband, wird die Auswirkung dieser Auswahl direkt im Text angezeigt (→ Abbildung 1.30). Damit haben Sie die Möglichkeit, die eventuellen Auswirkungen zu kontrollieren, bevor Sie wirklich auf die Befehlsschaltfläche klicken.

» Mit dem Kontrollkästchen *Immer ClearType verwenden* starten oder beenden Sie die *ClearType*-Darstellung. *ClearType* ist eine Software-Technik, die von Microsoft entwickelt wurde, um die Lesbarkeit von Schriftarten auf LCD-Bildschirmen zu verbessern. Auch bei CRT-Bildschirmen wird die Lesbarkeit etwas erhöht. Testen Sie aus, welche Einstellung Ihnen mehr zusagt. Wenn Sie diese Einstellung ändern, müssen Sie Access 2010 neu starten, damit diese Einstellung wirksam wird. Die *ClearType*-Einstellung gilt auch für andere Office-Programme.

» Unter *QuickInfo-Format* können Sie angeben, welche Form der Anzeige von *QuickInfos* Sie wünschen. *QuickInfos* sind die kleinen Hinweisfenster, die angezeigt werden, wenn Sie den Mauszeiger auf eine Schaltfläche bewegen. Sie können in den QuickInfos auch Tastenkombinationen anzeigen lassen.

» 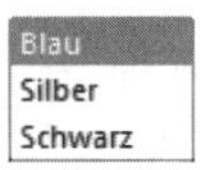

Das Listenfeld *Farbschema* legt das Windows-Farbschema als Standardschema für die Oberfläche de Programms fest. Änderungen in einem Office-Programm darin betreffen alle Office 2010-Programme.

Datenbanken erstellen

Im Abschnitt *Datenbanken erstellen* können Sie beispielsweise festlegen, mit welchem Dateiformat und an welchen Ort neue Datenbanken gespeichert werden sollen. Die festgelegte Option wird erst wirksam, nachdem Sie die aktuelle Datenbank geschlossen und wieder geöffnet haben.

- Über *Standarddateiformat für leere Datenbank* regeln Sie das Format, das Access beim Speichern einer neu erstellten Datenbank benutzen soll. Standardmäßig wird auch bei Access 2010 das Format *Access 2007* verwendet. Ein Ändern dieser Einstellung ist eigentlich nur sinnvoll, wenn Sie sicherstellen wollen, dass Ihre Datenbanken ohne vorherige Konvertierung mit älteren Versionen des Programms geöffnet werden können. Wir hatten schon erwähnt: Mehrere bei Access 2010 mögliche Werkzeuge sind dann nicht mehr verwendbar.
- Der *Standarddatenbankordner* wird beim Speichern neuer Datenbanken und Dateien verwendet. Standardmäßig ist dies bei Windows Vista oder Windows 7 der Unterordner *Dokumente* im persönlichen Ordner des aktuellen Benutzers und bei Windows XP der Ordner *Eigene Dateien*. Geben Sie den Ordnernamen manuell ein, oder klicken Sie auf *Durchsuchen*, um den Ordner zu suchen.
- Die Option für die *Sortierreihenfolge bei neuer DB* legt fest, nach welcher Reihenfolge die Inhalte in einer neuen Datenbank sortiert werden, wenn Sie den entsprechenden Befehl dazu geben. Diese Reihenfolge ist abhängig von der Sprachregion. Die Standardeinstellung ist *Allgemein*. Sie müssen Sie nur ändern, wenn Sie Datenbanken für einen anderen Sprachraum erstellen wollen.

Microsoft Office-Kopie personalisieren

Die Angaben in den Feldern im unteren Abschnitt der Kategorie *Allgemein* werden bei der Installation festgelegt. Sie personalisieren Ihre Kopie von Microsoft Office insgesamt. Ändern Sie hier gegebenenfalls den *Benutzernamen* und/oder die *Initialen*.

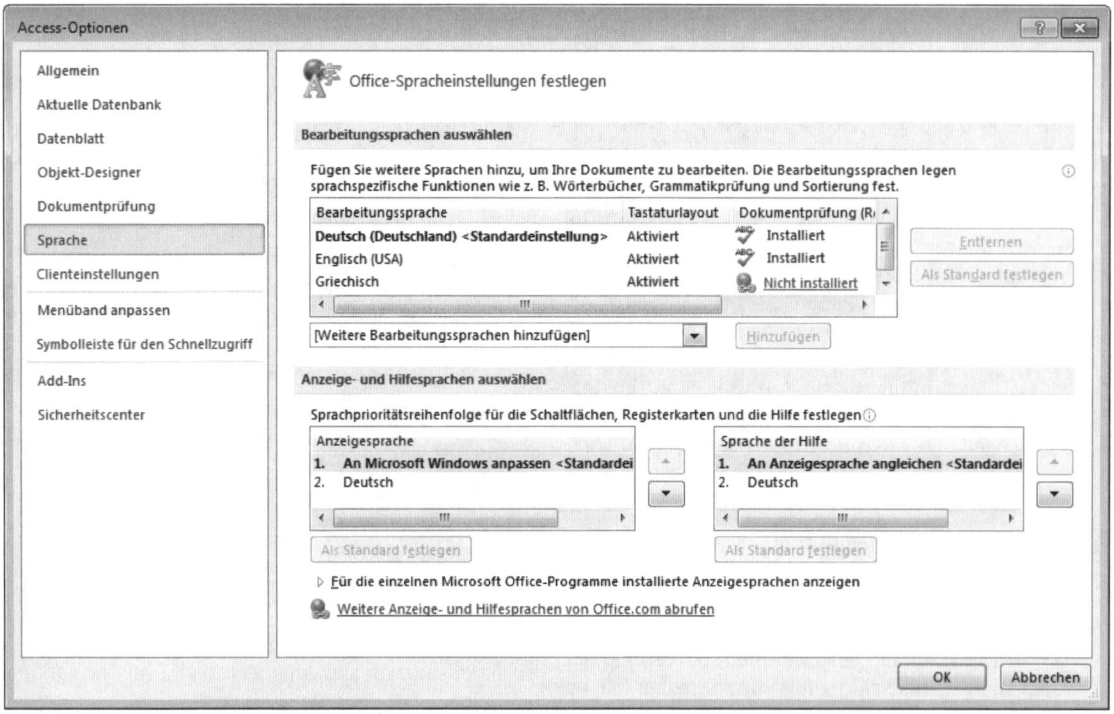

Abbildung 1.31 Sie können in Microsoft Office mit mehreren Benutzersprachen arbeiten.

1.5.2 Die Spracheinstellungen

Nach Auswahl der Kategorie *Sprache* in den Access-Optionen können Sie die Standardbearbeitungssprache für Microsoft Office 2010 festlegen (→ Abbildung 1.31). Die bereits aktivierten Bearbeitungssprachen werden im Fenster in der Liste rechts angezeigt. Standardmäßig werden nur die Sprachen *Deutsch (Deutschland)* und *Englisch (USA)* installiert.

Zu einer Bearbeitungssprache gehören das Tastaturlayout und die Korrekturhilfen für die jeweilige Sprache. Die Korrekturhilfen umfassen sprachspezifische Werkzeuge wie Wörterbücher für die Rechtschreib- und Grammatikprüfung oder Schaltflächen für die Absatzrichtung.

ACHTUNG Wenn Sie mit einer weiteren Bearbeitungssprache arbeiten wollen, müssen Sie zunächst dafür sorgen, dass diese im Betriebssystem aktiviert ist. Dann können Sie diese Sprache auch in einem Office-Programm benutzen

Aktivieren einer Sprache in Windows 7

Öffnen Sie die Windows-Systemsteuerung, und wählen Sie darin das Element *Region und Sprache*. Im gleichnamigen Dialogfeld wählen Sie die Registerkarte *Tastaturen und Sprachen*. Nach einem Klick auf die Schaltfläche *Tastaturen ändern* auf der Registerkarte *Tastaturen und Sprachen* können Sie die installierten Tastaturen kontrollieren und weitere hinzufügen (→ Abbildung 1.32). Regeln Sie gegebenenfalls zunächst die Einstellung für die Standardeingabesprache. Diese wird beim Starten von Windows automatisch benutzt. Im Bereich darunter werden zusätzlich installierte Sprachen angezeigt.

Sie können über die Schaltfläche *Hinzufügen* im Dialogfeld *Eingabesprache hinzufügen* weitere Sprach-Tastatur-Kombinationen hinzufügen (→ Abbildung 1.33). Wählen Sie in der Liste zunächst die *Sprache* und darunter das dazu gewünschte *Tastaturlayout* aus. Nach einem Klick auf *Vorschau* können Sie die Belegung der Tasten für das *Tastaturlayout* anzeigen lassen.

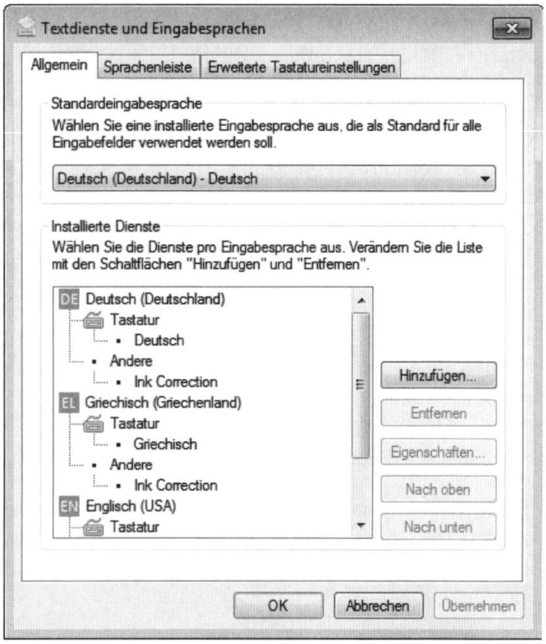

Abbildung 1.32 Eine neue Benutzersprache muss zuerst über das Betriebssystem installiert werden.

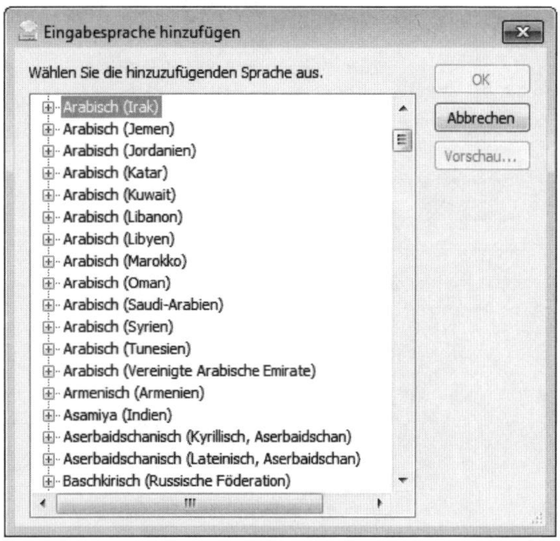

Abbildung 1.33 Mit Windows haben Sie einen Vielzahl von Sprachen zu Verfügung.

Schließen Sie dann alle zur Systemsteuerung gehörenden Dialogfelder durch Klicks auf die Schaltflächen *OK*.

Einstellen einer Sprache zu einem Office-Programm

Nachdem Sie die zu verwendende Bearbeitungssprache über das Betriebssystem installiert haben, können Sie diese in einem Office-Programm einsetzen. Klicken Sie in der Kategorie *Sprachen* der Access-Optionen auf den Pfeil mit dem Feld, das standardmäßig mit *Weitere Bearbeitungssprachen hinzufügen* beschriftet ist, und wählen Sie die hinzuzufügende Sprache aus. Klicken Sie dann auf *Hinzufügen*. Die Sprache erscheint dann in der Liste. Bestätigen Sie die Einstellungen über *OK*. Nachdem Sie die Standardsprache geändert haben, müssen Sie alle Office 2010-Programme schließen und anschließend erneut öffnen, damit die vorgenommene Änderung wirksam wird.

ACHTUNG Wenn der Computer nicht ordnungsgemäß für die hinzugefügte Bearbeitungssprache konfiguriert ist, wird in der Spalte *Tastaturlayout* oder *Dokumentprüfung* möglicherweise *Nicht aktiviert* bzw. *Nicht installiert* angezeigt.

Die Reihenfolge der Anzeige- und Hilfesprachen

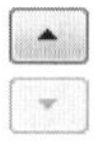

Die Reihenfolge der Sprachen im Abschnitt *Anzeige- und Hilfesprachen auswählen* entspricht der Reihenfolge, in der die Sprachen in Microsoft Office verwendet werden. Ein Eintrag mit dem Namen *An Microsoft Windows anpassen* darin bedeutet, dass die Sprache benutzt wird, die auch das Betriebssystem verwendet. Wenn Sie die Reihenfolge ändern wollen, klicken Sie auf die Sprache, die Sie als Standardsprache festlegen möchten, und klicken Sie dann auf den Pfeil, bis die Sprache oben in der Liste mit dem Zusatz *<Standardeinstellung>* hinter dem Namen angezeigt wird.

Nachdem Sie die Standardsprache geändert haben, müssen Sie alle Office 2010-Programme schließen und anschließend erneut öffnen, damit die vorgenommene Änderung wirksam wird.

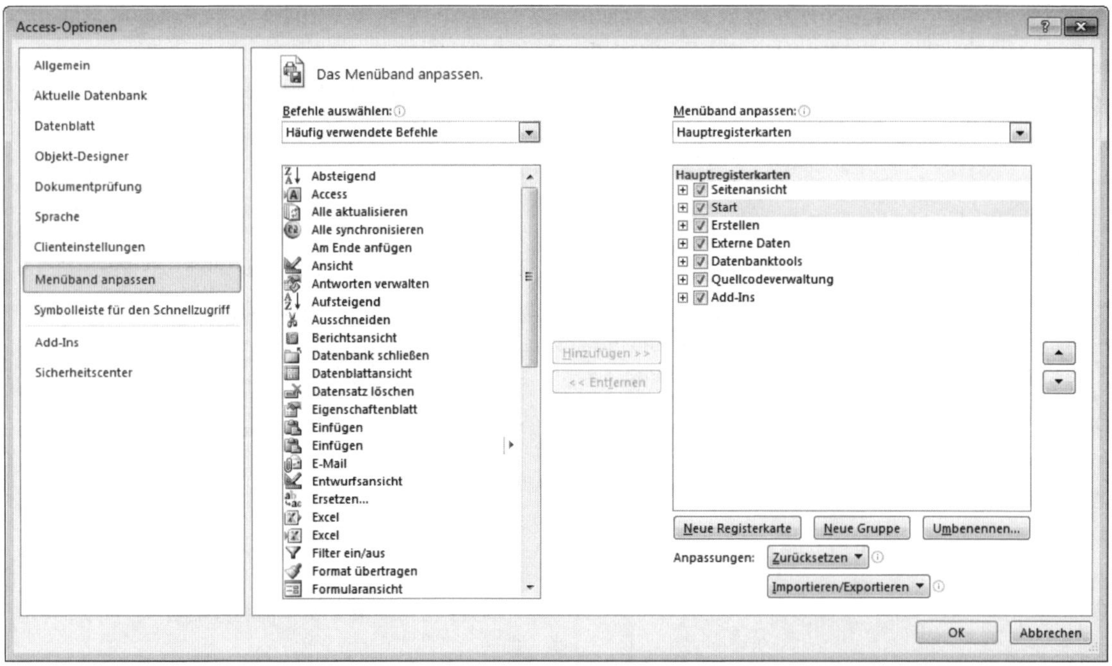

Abbildung 1.34 Das Menüband eines Programms kann beliebige Befehle aufnehmen – auch solche, die man selten verwendet.

Die QuickInfo-Sprache

QuickInfos sind kleine Popup-Fenster, in denen eine kurze kontextbezogene Hilfe eingeblendet wird, wenn Sie mit dem Mauszeiger auf ein Anzeigeelement wie eine Schaltfläche, eine Registerkarte, ein Steuerelement in einem Dialogfeld oder ein Menü zeigen. Sie können die dafür zu verwendende Sprache ändern. Wenn die gewünschte Sprache nicht in der Liste vorhanden ist, müssen Sie gegebenenfalls weitere Sprachdienste hinzufügen. Klicken Sie auf den Link *Weitere Anzeige- und Hilfesprachen von Office.com abrufen*, und folgen Sie den anschließend angezeigten Download- und Installationsanweisungen. Wenn Sie die QuickInfo-Sprache in einem Microsoft Office-Programm festlegen, wird sie für alle Microsoft Office-Programme festgelegt.

1.5.3 Das Menüband anpassen

Die Programme der Office-Version 2010 liefern die Möglichkeit, die Registerkarten des Menübandes und deren Inhalte an Ihre Wünsche anzupassen. Sie können neue Registerkarten mit eigenen Namen erstellen, diese mit Gruppen versehen und in diesen Gruppen Befehle ansiedeln. Die Werkzeuge dazu finden Sie in der Kategorie *Menüband anpassen* der Access-Optionen (→ Abbildung 1.34).

» 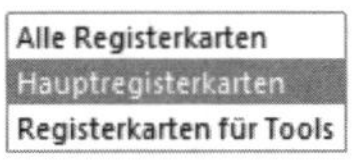

Im rechten Listenfeld finden Sie die bereits vorhandenen Registerkarten des jeweiligen Office-Programms. Welche Typen von Registerkarten in der Liste angezeigt werden, können Sie über das Listenfeld darüber regeln. In der Grundeinstellung werden hier die *Hauptregisterkarten* angezeigt. Sie können aber auch mit *Registerkarten für Tools* die kontextbezogenen Registerkarten anzeigen lassen oder die Einstellung *Alle Registerkarten* wählen. Beachten Sie auch, dass Sie durch einen Klick auf die kleine Schaltfläche mit dem Pluszeichen die Namen der einzelnen Gruppen in den jeweiligen Registerkarten anzeigen lassen können.

» Das Listenfeld auf der linken Seite zeigt die im Programm verfügbaren Befehle. Beachten Sie hier, dass beim Aufruf des Bereichs *Menüband anpassen* in der Liste zunächst nur *Häufig verwendete Befehle* aufgelistet werden. Weitere Befehle finden Sie, wenn Sie eine andere Option über *Befehle auswählen* einstellen (→ Abbildung 1.35). Beispielsweise können Sie hier die Einstellung *Alle Befehle* benutzen und haben dann Zugriff auf alle im Programm vorhandenen Befehle. Darunter befinden Sie auch solche, die Sie vielleicht noch nie kennengelernt haben.

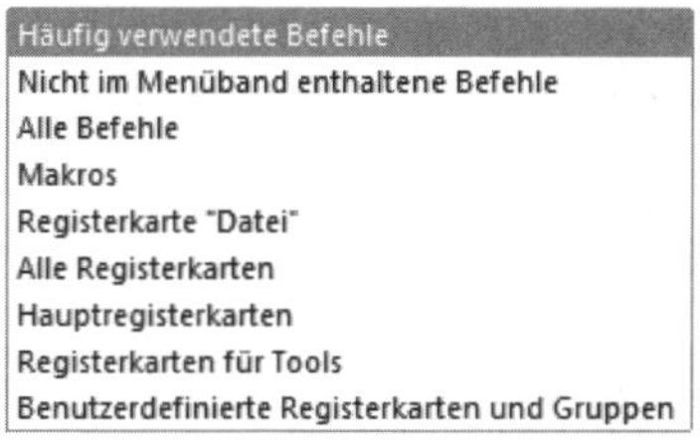

Abbildung 1.35 Über die Liste zu *Befehle auswählen* haben Sie Zugriff auf alle im Programm vorhandenen Befehle.

Wir wollen Ihnen in den folgenden Abschnitten zeigen, über welche Möglichkeiten dieser Bereich verfügt.

Vorhandene Registerkarten ein- und ausblenden

Die bereits in einem Programm standardmäßig vorhandenen Registerkarten können Sie ausblenden (→ Abbildung 1.36). Dazu müssen Sie nur das Kontrollkästchen vor dem Namen der Registerkarte deaktivieren. Wenn Sie die Registerkarte später wieder anzeigen lassen wollen, aktivieren Sie das Kontrollkästchen erneut.

Eine neue Registerkarte erstellen

Um eine neue Registerkarte zu erstellen, markieren Sie im rechten Listefeld zunächst die bereits vorhandene

Abbildung 1.36 Bis auf die Registerkarte *Start* wurden sämtliche Registerkarten ausgeblendet.

Abbildung 1.37 Eine neue Registerkarte und eine neue Gruppe

Registerkarte, nach der die neu zu erstellende angezeigt werden soll. Klicken Sie dann auf *Neue Registerkarte*. Eine neue Karte wird mit einer ersten Gruppe erstellt. Sie trägt zunächst den Namen *Neue Registerkarte (Benutzerdefiniert)* und beinhaltet auch schon eine Gruppe mit dem Namen *Neue Gruppe (Benutzerdefiniert)* (→ Abbildung 1.37 links).

Eine weitere Gruppe hinzufügen

Sie können sowohl den bereits vorhandenen als auch den von Ihnen selbst erstellten Registerkarten neue Gruppen hinzufügen. Überladen Sie die Registerkarten aber nicht, sonst wird die Arbeit damit unübersichtlich. Wenn Sie einer Registerkarte eine weitere Gruppe hinzufügen wollen, markieren Sie die Gruppe, nach der die neue erstellt werden soll, und klicken Sie auf *Neue Gruppe*. Eine neue Gruppe wird erstellt. Sie trägt wieder den Namen *Neue Gruppe (Benutzerdefiniert)* (→ Abbildung 1.37 rechts).

Registerkarten und Gruppen benennen

Sie können sowohl den standardmäßig vorhandenen Elementen – also Registerkarten und Gruppen – als auch den von Ihnen hinzugefügten einen anderen Namen geben. Markieren Sie das Element in der Liste, klicken Sie dann auf die Schaltfläche *Umbenennen*, geben Sie dem Element den gewünschten Namen, und bestätigen Sie durch einen Klick auf *OK* (→ Abbildung 1.38).

Abbildung 1.38 Ein Element umbenennen

Befehle zu einer Gruppe hinzufügen

Der eigentliche Sinn beim Hinzufügen neuer Registerkarten und Gruppen besteht natürlich darin, einen Raum im Menüband zu schaffen, in dem Sie Befehlsschaltflächen ansiedeln können. Um einen Befehl hinzuzufügen, markieren Sie zunächst die Gruppe, die den Befehl beinhalten soll. Markieren Sie dann im linken Listenfeld den Befehl, den Sie hinzufügen wollen. Klicken Sie auf die Schaltfläche *Hinzufügen* zwischen den beiden Listen. Der Befehl erscheint als Unterpunkt zur Gruppe (→ Abbildung 1.39).

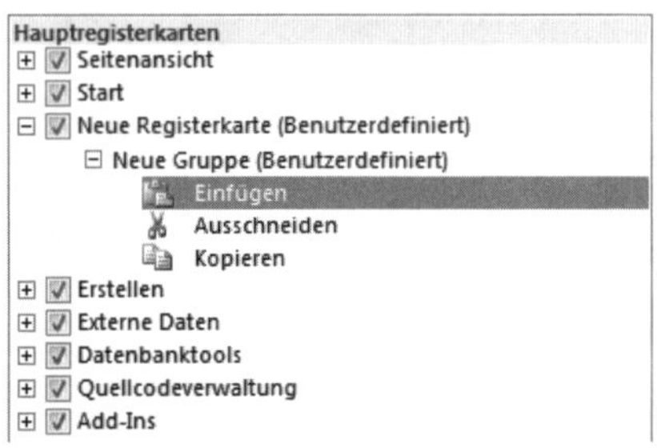

Abbildung 1.39 Eine neue Registerkarte mit einer neuen Gruppe und drei Befehlen darin

Die Reihenfolge der Elemente festlegen

Wenn Sie die Reihenfolge der Elemente im Menüband ändern wollen, markieren Sie das zu verschiebende Element – also die Registerkarte, die Gruppe oder den Befehl – und benutzen die beiden Schaltflächen mit den Pfeilspitzen rechts im Fenster.

Die Anpassungen exportieren

Wenn Sie sich die Mühe gemacht haben, ein eigenes Menüband mit neuen Registerkarten, Gruppen und Befehlen darin zu erstellen, möchten Sie dieses vielleicht auch auf anderen Rechnern benutzen. Dazu klicken Sie auf die Schaltfläche *Importieren/Exportieren* rechts unten im Bereich *Menüband anpassen* und wählen den Befehl *Alle Anpassungen exportieren* aus. Dieser Befehl heißt so, weil damit nicht nur die Anpassungen des Menübandes exportiert werden, sondern auch die der Symbolleiste für den Schnellzugriff. Weisen Sie im Dialogfeld *Datei speichern* der Exportdatei einen Namen zu, und bestätigen Sie über *Speichern*.

Übertragen Sie die Datei auf einen anderen Rechner, öffnen Sie die Kategorie *Menüband anpassen* in den Access-Optionen, klicken Sie auf *Importieren/Exportieren* und wählen Sie *Anpassungsdatei importieren*. Navigieren Sie im Dialogfeld *Datei öffnen* zum Ordner, in dem die Anpassungsdatei abgelegt ist, und öffnen Sie sie.

Die Anpassungen zurücksetzen

Wenn Sie benutzerdefinierte Anpassungen wieder entfernen möchten, klicken Sie auf die Schaltfläche *Zurücksetzen*. Wählen Sie im zugehörigen Drop-down-Menü den Befehl *Alle Anpassungen zurücksetzen* aus, und bestätigen Sie nochmals.

1.5.4 Die Symbolleiste für den Schnellzugriff anpassen

Über die Kategorie *Symbolleiste für den Schnellzugriff* in den Access-Optionen können Sie dieser Symbolleiste weitere Befehle und Schaltflächen hinzufügen (→ Abbildung 1.40).

» In dem großen Feld auf der linken Seite finden Sie eine Liste der Befehle, die Sie der Symbolleiste für den Schnellzugriff hinzufügen können. Wenn Sie das tun wollen, markieren Sie den Befehl und klicken auf die Schaltfläche *Hinzufügen* in der Mitte zwischen den beiden Listen.

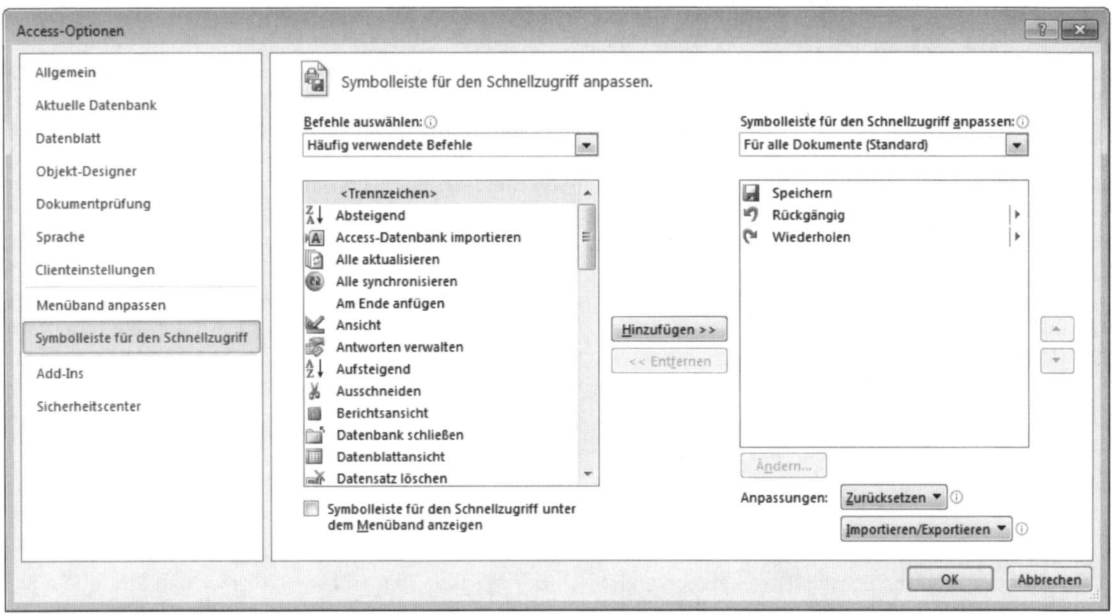

Abbildung 1.40 Das Anpassen der Symbolleiste für den Schnellzugriff

» Beachten Sie wieder, dass beim Aufruf dieses Bereichs in der Liste zunächst nur *Häufig verwendete Befehle* aufgelistet werden. Weitere Befehle finden Sie, wenn Sie eine andere Option über *Befehle auswählen* einstellen (→ Abbildung 1.41). Beispielsweise können Sie hier die Einstellung *Alle Befehle* benutzen und haben dann Zugriff auf alle im Programm vorhandenen Befehle. Darunter befinden sich auch solche, die Ihnen vermutlich vollkommen unbekannt sind und die Sie noch nie benutzt haben.

Abbildung 1.41 Über die Liste *Befehle auswählen* haben Sie Zugriff auf sämtliche im Programm vorhandenen Befehle.

» Ähnlich gehen Sie vor, wenn Sie einen in der Symbolleiste angezeigten Befehl aus dieser entfernen möchten. Markieren Sie ihn in der Liste auf der rechten Seite, und klicken Sie auf *Entfernen*.

» Über die beiden Schaltflächen am rechten Rand des Fensters können Sie die Reihenfolge der Anzeige der Befehle in der Leiste ändern. Markieren Sie vorher den Befehl, den Sie in der Liste verschieben wollen, und klicken Sie – gegebenenfalls mehrfach – auf eine der beiden Schaltflächen mit den Pfeilspitzen, um ihn nach oben oder unten zu verschieben.

Klicken Sie auf *OK*, nachdem Sie alle gewünschten Befehle hinzugefügt haben.

Befehle aus dem Menüband übernehmen

Sie können der Symbolleiste für den Schnellzugriff auch direkt über die im Menüband angezeigten Befehle einen Befehl hinzufügen. Dazu klicken Sie im Menüband auf die entsprechende Registerkarte oder Gruppe, um die Befehle anzuzeigen, die Sie der Symbolleiste für den Schnellzugriff hinzufügen möchten. Klicken Sie dann mit der rechten Maustaste auf den Befehl, und klicken Sie im Kontextmenü auf *Zu Symbolleiste für den Schnellzugriff hinzufügen* (→ Abbildung 1.42).

ACHTUNG Die Inhalte der meisten Kataloge, wie die Werte für den Einzug und den Abstand sowie einzelne Formatvorlagen, die ebenfalls im Menüband angezeigt werden, können der Symbolleiste für den Schnellzugriff aber nicht hinzugefügt werden.

1.6 Die Programmhilfen verstehen

Denken Sie bei Problemen während Ihrer Arbeit mit Access immer daran, dass das Programm über ein umfangreiches Hilfesystem verfügt, das Sie jederzeit aufrufen können. Dieses Hilfesystem wurde in der Version 2010 verbessert: Im Gegensatz zu früheren Versionen von Access bietet die aktuelle Version im selben Hilfefenster einen einfachen Zugriff auf Endbenutzerhilfe und Entwicklerhilfe. Die neue Hilfe wurde als Reaktion auf Benutzerfeedback umgestaltet. Sie können auf Wunsch die Suche problemlos auf die Entwicklerhilfe beschränken, und der gesamte Inhalt der Endbenutzer- und Entwicklerhilfe ist auf *Office.com* verfügbar.

1.6.1 Der Zugang zur Hilfe

Um schnell zu den gewünschten Informationen zu gelangen, sollten Sie die folgenden Methoden zum Aufruf der Hilfe kennen:

» Den Zugang zur Hilfe erreichen Sie, indem Sie auf die Schaltfläche mit dem Fragezeichen in der rechten oberen Ecke des Menübandes klicken.

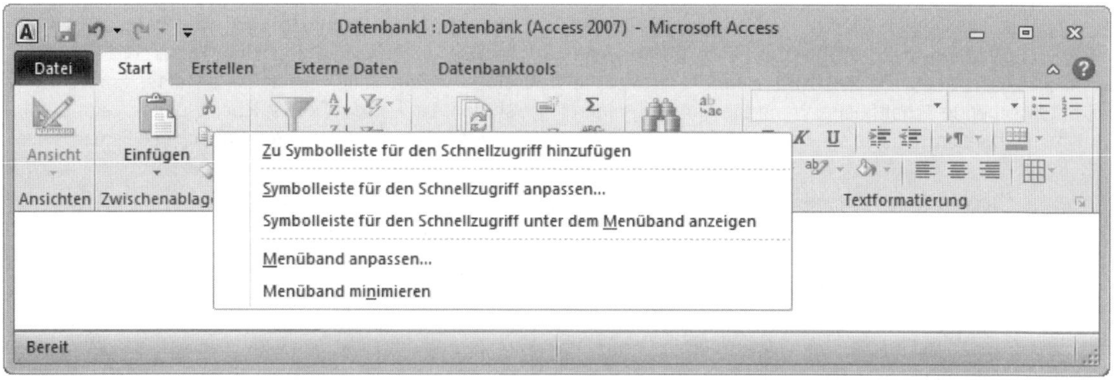

Abbildung 1.42 Befehle aus dem Menüband können direkt in die Symbolleiste für den Schnellzugriff übernommen werden.

Denselben Effekt erreichen Sie, indem Sie [F1] drücken. Daraufhin wird die Startseite der Hilfe angezeigt (→ Abbildung 1.43). Jedes Programm in Microsoft Office weist eine eigene Hilfehomepage auf, auf der Sie sich eine Übersicht über ein Programm verschaffen können.

»  Die Mehrzahl der Dialogfelder verfügt über eine eigene Schaltfläche für den Zugang zur Hilfe. Wenn Sie darauf klicken, sollte automatisch eine Hilfeseite zu den Optionen im aktuell geöffneten Dialogfeld angezeigt werden. Wenn für das Dialogfeld kein Hilfethema verfügbar ist, wird die Startseite der Hilfe angezeigt.

» Auch die Hilfe zu vielen Steuerungselementen im Menüband können Sie auf diese Weise gezielt ansprechen. Setzen Sie den Mauszeiger auf das entsprechende Element, und drücken Sie [F1].

1.6.2 Arbeiten mit der Startseite

Auf der Startseite können Sie zu speziellen Hilfethemen navigieren:

» Benutzen Sie die Optionen im rechten Bereich des Fensters unter der Überschrift *Access 2010-Support durchsuchen*, um zu bestimmten Themenbereichen weitere Unterpunkte anzuzeigen (→ Abbildung 1.44). Sie können sich damit stufenweise durch die Hierarchie des Hilfesystems zum gewünschten Thema vorarbeiten.

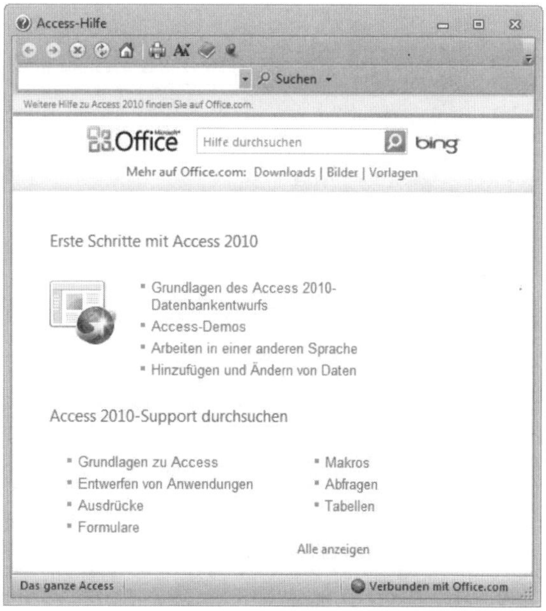

Abbildung 1.43 Die Startseite zur Hilfe für Microsoft Access. Klicken Sie zur Anzeige der nächsten Ebenen auf einen der darin angezeigten Links.

» Ebenso können Sie das Inhaltsverzeichnis der Hilfe verwenden (→ Abbildung 1.45). Zur Anzeige klicken Sie in der Symbolleiste des Hilfefensters auf die entsprechende Schaltfläche. Wenn Sie dann auf einen Themenbereich - beispielsweise auf *Abfragen* - klicken, werden die Unterpunkte dazu eingeblendet. Navigieren Sie weiter nach unten in der Hierarchie, bis Sie auf eine Textzeile mit einem davor gestellten Fragezeichen stoßen. Ein Klick auf ein solches Element zeigt den Inhalt des Themas im rechten Bereich des Fensters an.

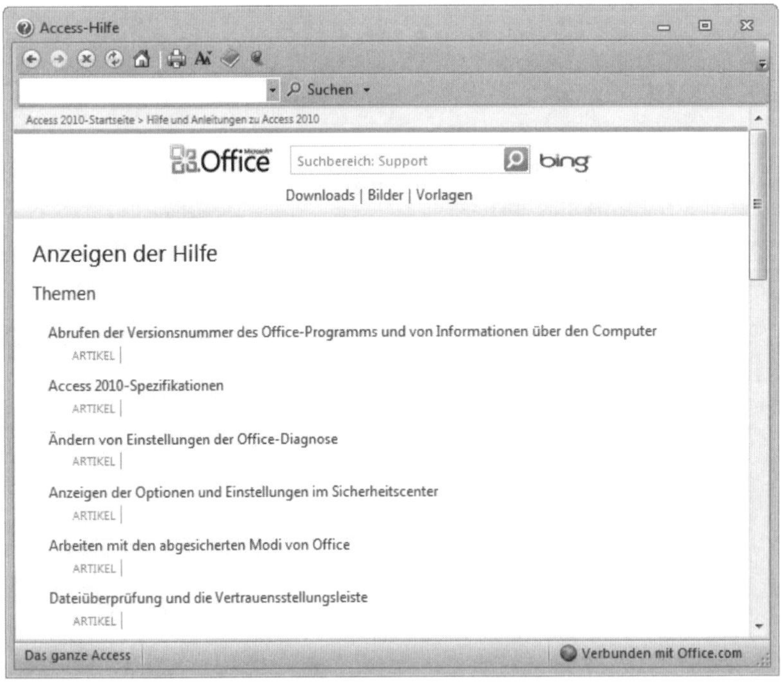

Abbildung 1.44
Die nächste Stufe in der Hierarchie.

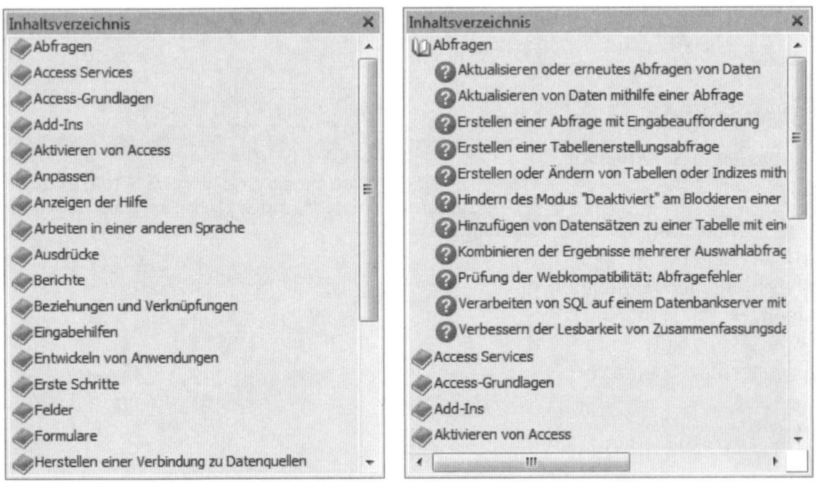

Abbildung 1.45
Das Inhaltsverzeichnis zur Hilfe. Unterhalb von geöffneten Buchsymbolen werden die Titel der einzelnen Hilfeseiten angezeigt.

» 

Sie können auch zu anderen Themen navigieren oder nach Themen suchen, indem Sie die Frage in das Suchen-Feld eingeben und anschließend über die Taste [↵] oder durch einen Klick auf *Suchen* bestätigen.

1.6.3 Offline- und Online-Inhalte

Sie können auswählen, welche Version der Microsoft Office-Hilfethemen angezeigt werden soll: Sie können einerseits die auf dem Computer im Rahmen von Microsoft Office installierten Hilfethemen verwenden oder die auf Microsoft Office Online verfügbaren Hilfethemen.

» Welche Version gerade benutzt wird, erfahren Sie durch die Anzeige in der unteren rechten Ecke des Hilfefensters. Hier finden Sie beispielsweise eine der Anzeigen *Verbunden mit Office.com* oder *Offline*.

» Zur generellen Wahl der Version öffnen Sie im Hilfefenster die mit *Verbindungsstatus* bezeichnete Liste zu dieser Schaltfläche und wählen die gewünschte Option (→ Abbildung 1.46). Jedes Mal, wenn Sie nun ein Hilfefenster in einem beliebigen Microsoft Office-Programm öffnen, wird im Hilfefenster der Inhalt von der ausgewählten Quelle angezeigt.

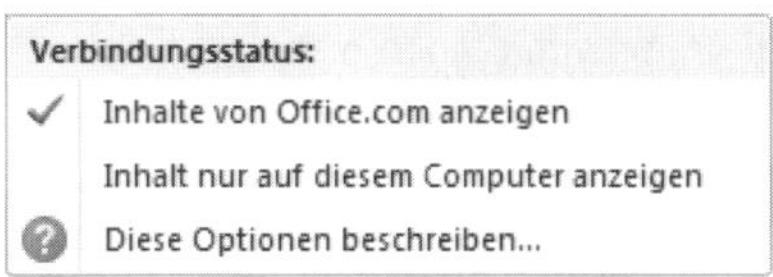

Abbildung 1.46 Entscheiden Sie zwischen *Online*- und *Offline*-Hilfe.

In den meisten Fällen ist *Inhalte von Office.com anzeigen* die optimale Option. In manchen Situationen können Sie jedoch *Inhalt nur auf diesem Computer anzeigen* auswählen – beispielsweise wenn keine Internet-Verbindung besteht oder wenn der Microsoft Office.com-Server nicht verfügbar ist.

Es kann vorkommen, dass Sie vorübergehend Hilfeinhalt online durchsuchen oder suchen möchten. Dazu ändern Sie die Option in der Liste *Suchen* und geben an, welcher Inhalt gesucht und durchsucht werden soll (→ Abbildung 1.47).

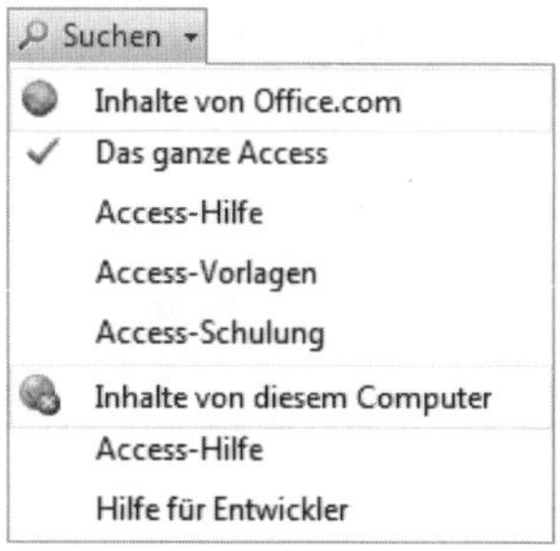

Abbildung 1.47 Die Optionen zur Schaltfläche *Suchen*

TIPP Für einige Aktionen im Hilfefenster stehen Ihnen auch Tastenkombinationen zur Verfügung (→ Tabelle 1.5).

Zweck	Tastenkombination
Auswählen des nächsten ausgeblendeten Textes oder Hyperlinks bzw. Auswählen von *Alle anzeigen* oder *Alle ausblenden* am Anfang eines Themas	[Tab]
Auswählen des vorherigen ausgeblendeten Texts oder Hyperlinks oder der Schaltfläche *Browseransicht* im oberen Bereich eines Artikels auf einer Microsoft Office-Website	[⇧]+[Tab]
Ausführen der Aktion, je nachdem, ob *Alle anzeigen, Alle ausblenden*, verborgener Text oder ein Hyperlink ausgewählt ist	[↵]
Wechseln zum vorherigen Hilfethema	[Alt]+[←]
Wechseln zum nächsten Hilfethema	[Alt]+[→]
Öffnen des Dialogfelds *Drucken*	[Strg]+[P]
Ausführen eines Bildlaufs in dem momentan angezeigten Hilfethema nach unten und oben in kleinen Schritten	[↑] und [↓]
Ausführen eines Bildlaufs in dem momentan angezeigten Hilfethema nach unten und oben in größeren Schritten	[Bild-↑] und [Bild-↓]
Aktivieren der Symbolleiste im Hilfefenster zur Auswahl der Symbole über die Pfeiltasten. Hierfür muss sich der aktive Fokus im Hilfefenster befinden	[F10]

Tabelle 1.5 Tastenkombinationen zur Verwendung im Hilfefenster

1.6.4 Die Symbolleiste im Hilfefenster

Beachten Sie auch die Schaltflächen in der Symbolleiste des Hilfefensters (→ Tabelle 1.6).

Symbol	Name und Wirkung
	*Zurück:* zeigt die vorher angezeigt Seite der Hilfe wieder an. Ist nur verfügbar, wenn die Seite vorher gewechselt wurde.
	*Weiter:* schaltet nach der Wahl von *Zurück* wieder zur vorher angezeigten Seite.
	*Anhalten:* stoppt das Herunterladen der Hilfeinhalte aus dem Internet.
	*Aktualisieren:* lädt die aktuelle Hilfeseite nochmals herunter.
	*Start:* zeigt die Startseite des Hilfesystems wieder an.
	*Drucken:* druckt den Inhalt der aktuellen Hilfeseite.
	*Schriftgrad ändern:* öffnet eine Liste mit Optionen, über die Sie die gewünschte Schriftgröße einstellen können.
 	*Inhaltsverzeichnis anzeigen* bzw. *Inhaltsverzeichnis ausblenden:* blendet das Inhaltverzeichnis auf der linken Seite aus und ein.
 	*Im Vordergrund anzeigen:* ist eine Umschaltfläche. Ist sie aktiviert, befindet sich das Hilfefenster immer im Vordergrund. Sie können dann keine Eingaben in Access vornehmen, solange das Fenster angezeigt wird. Durch einen Klick auf die Schaltfläche können Sie das ändern.

Tabelle 1.6 Die Schaltflächen im Hilfefenster

TIPP Mit der Einstellung *Im Vordergrund anzeigen* wird das Hilfefenster ausschließlich im Vordergrund von Microsoft Office-Programmen angezeigt. Diese Einstellung hat keine Auswirkung auf andere Anwendungen, die nicht Bestandteil von Microsoft Office sind.

1.6.5 Der Bereich *Hilfe* auf der Registerkarte *Datei*

Den Zugang zur den Programmhilfen haben Sie auch noch über den Bereich *Hilfe* auf der Registerkarte *Datei* (→ Abbildung 1.48).

Die Links im zentralen Bereich dieses Fensters bewirken keine wesentlich neuen Aktionen:

» Durch einen Klick auf *Microsoft Office-Hilfe* lassen Sie das Hilfefenster anzeigen (→ oben).

» *Erste Schritte* führt Sie zu einer Webseite mit einem Artikel zu speziellen Aufgaben und Funktionen des Programms. Sie finden darin auch Links zu den Neuheiten.

» *So erreichen Sie uns* verbindet Sie mit der Seite *Microsoft Hilfe und Support* im Internet.

» Über *Optionen* lassen Sie die Programmoptionen anzeigen (→ oben).

» *Auf Updates prüfen* zeigt eine Information über Sinn und Zweck der Updates an und öffnet außerdem den Bereich *Windows-Updates* aus der Systemsteuerung, über den Sie auch die Frage der Aktualisierung von Office-Programmen einstellen können.

Wenn Sie Ihre Programmkopie noch nicht aktiviert haben, können Sie das über dieses Fenster tun. Klicken Sie dazu auf *Product Key ändern* im rechten Bereich. Das zeigt ein Dialogfeld mit der Überschrift *Product Key eingeben* an. Wir hatten es bereits erwähnt: Zur Aktivierung erstellt das Programm aus der Seriennummer der erworbenen Software und unbedenklichen Informationen zur eingesetzten Hardware - das sind einige typische Merkmale der Hardware Ihres Systems - eine sogenannte *Identifikationsnummer*. Diese beiden Angaben werden bei Microsoft gespeichert und sollen sicherstellen, dass Ihre Seriennummer des Produkts nicht auf weiteren Rechnern installiert und aktiviert werden kann.

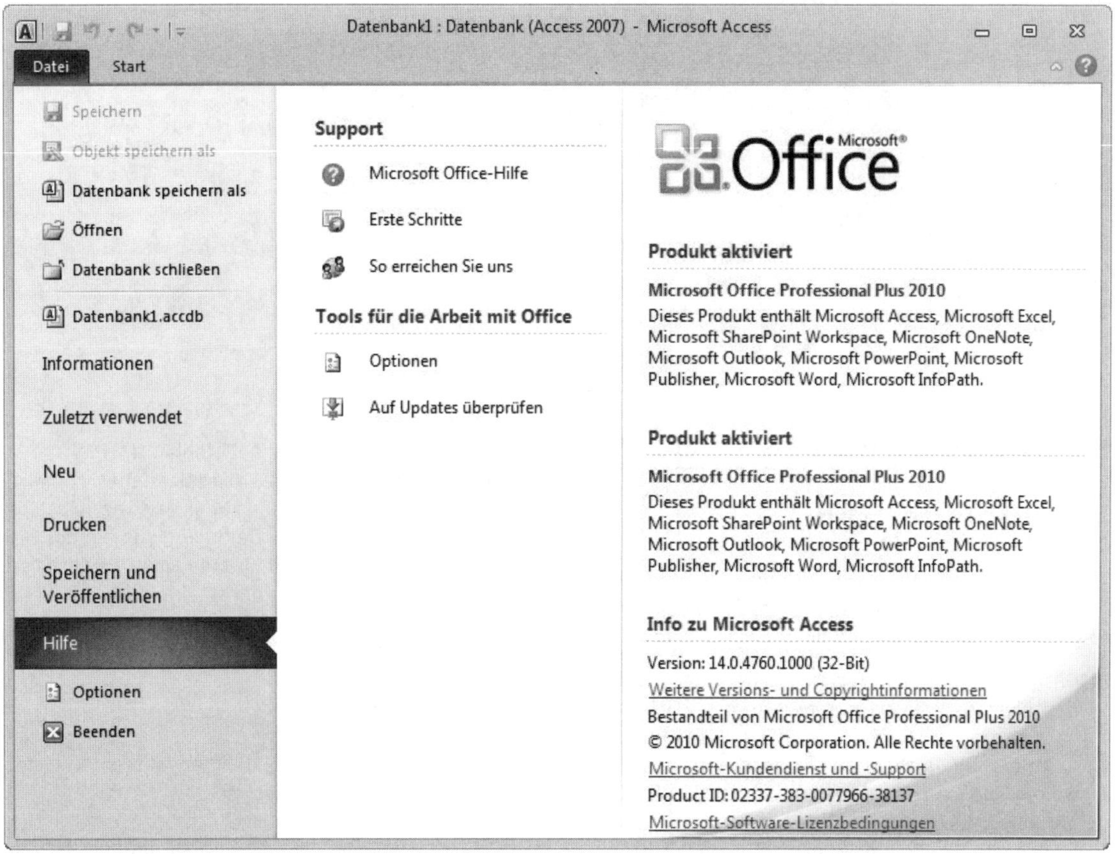

Abbildung 1.48 Auch der Bereich *Hilfe* in der Registerkarte *Datei* liefert den Zugang zur Programmhilfe.

1.7 Access beenden

Um Microsoft Access zu beenden, stehen die unter Windows üblichen Verfahren zur Verfügung: Klicken Sie auf die *Schließen*-Schaltfläche ganz rechts in der Titelleiste des Microsoft Access-Fensters, oder öffnen Sie das Menü *Datei*, und klicken Sie auf *Beenden* unten links im Fenster.

TIPP Falls die vorher geöffnete Datenbank Objekte enthält, die geändert und noch nicht gespeichert wurden, werden Sie gefragt, ob diese Änderungen vor dem Schließen gespeichert werden sollen (→ Abbildung 1.49). Weitere Informationen zum Speichern finden Sie in den folgenden Kapiteln.

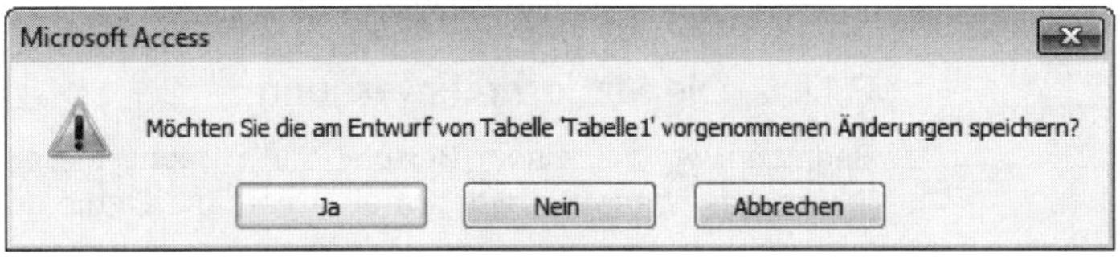

Abbildung 1.49
Wollen Sie die Änderungen übernehmen?

Kapitel 2

Datenbankobjekte und Standardbefehle

Nachdem wir Sie im vorherigen Kapitel mit den Elementen der neuen Oberfläche von Access 2010 bekannt gemacht haben, wollen wir jetzt einen Schritt tiefer gehen:

» Das erste Ziel dieses Kapitels besteht darin, Sie mit den einzelnen Objekten einer Access 2010-Datenbank vertraut zu machen. Wenn Sie diese Anmerkungen gleich am Rechner austesten wollen, müssen Sie wissen, wie man eine Datenbank in Microsoft Access öffnet (→ Abschnitt 2.1). Wie bei den früheren Versionen des Programms können Sie eine Datenbank über das Dialogfeld *Öffnen* in den Speicher laden. Es gibt aber bei der Version einige Neuheiten zu diesem Themenbereich, die für Sie interessant sein könnten

» Da Ihnen beim Öffnen einer Datenbank bestimmt einige Sicherheitswarnungen begegnen werden, wollen wir Ihnen aber vorher noch sagen, wie man damit umgeht, und in diesem Zusammenhang auch gleich auf das neue Sicherheitscenter eingehen (→ Abschnitt 2.2).

» Dann wollen wir Sie mit den Methoden der Navigation innerhalb einer Access-Datenbank vertraut machen und Ihnen zeigen, mit welchen Datenbankobjekten Sie in Access arbeiten werden. Zu diesen Objekten gehören Tabellen, Abfrage, Formulare und Berichte (→ Abschnitt 2.3).

» Dann werden wir uns den Befehlen im Programm zuwenden, die Sie in (fast) allen Bereichen des Programms auf dieselbe oder zumindest fast dieselbe Weise einsetzen können. Damit wir uns bei der Behandlung dieser Dinge nicht andauernd wiederholen müssen, wollen wir zumindest einen Teil davon in diesem Kapitel abhandeln, bevor wir in die Details der Arbeit mit den einzelnen Objekten gehen (→ Abschnitt 2.4).

WWW Wenn Sie unsere Ausführungen zu den Datenbankobjekten an Ihrem Rechner praktisch kontrollieren wollen, sollten Sie das Beispiel *Datenbank2* aus dem Ordner *02* öffnen. Beachten Sie, dass diese Datenbank Objekte enthält, die das Sicherheitscenter in seiner Grundeinstellung dazu bewegt, eine Warnmeldung auszugeben (→ Abbildung 2.1 und unten)!

2.1 Die Sicherheit

Wenden wir uns zunächst einem wichtigen Aspekt zu, der Ihnen beim Öffnen von nicht selbst erstellten Datenbanken häufiger begegnen wird - der Frage der Sicherheit. Microsoft hat es geschafft, dafür eine akzeptable Lösung bereitzustellen, die Sie bei fast allen Office-Programmen der Version 2010 in ähnlicher Form finden.

2.1.1 Die Sicherheitswarnung

Beginnen wir mit einem Beispiel zur Wirkung dieses Werkzeugs: Wenn Sie eine Datei öffnen, die Elemente

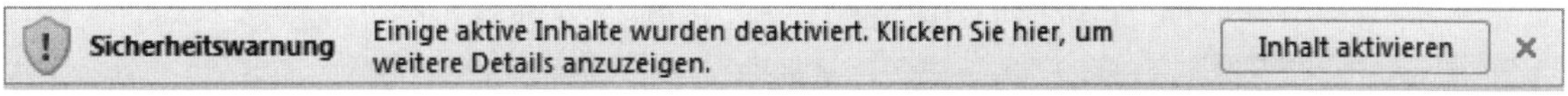

Abbildung 2.1 Eine Sicherheitswarnung taucht beim Öffnen auf, wenn die Datenbank Bestandteile enthält, die gefährlich sein könnten.

enthält, die bestimmten Anforderungen nicht entsprechen, wird in Office 2010 eine Meldung unterhalb des Menübandes angezeigt, die bereits einige Angaben zur Natur der Bedrohung enthält (→ Abbildung 2.1). Der Bereich, in dem diese Meldung angezeigt wird, trägt den etwas unglücklich gewählten Namen *Statusleiste*. Verwechseln Sie also in den nachfolgenden Bemerkungen diese Statusleiste nicht mit der Statusleiste unten im Programmfenster.

Wenn diese Meldung auftaucht, sind zunächst die möglicherweise gefährlichen Elemente – wie Makros oder anderer VBA-Code – zunächst deaktiviert. Dann können Sie entscheiden, ob diese Elemente trotzdem ausführbar sein sollen. Klicken Sie dazu auf *Inhalt aktivieren*. Sie sollten das aber nur tun, wenn Sie sicher sind, dass das Element aus einer vertrauenswürdigen Quelle stammt.

Wenn Sie weitere Informationen zu dieser Meldung wünschen, klicken Sie in dieser Leiste auf die angezeigte Meldung – beispielsweise auf *Einige aktive Inhalte wurden deaktiviert* ... Dadurch wird der Bereich *Informationen* auf der Registerkarte *Datei* angezeigt, in dem Sie unter *Sicherheitswarnung* weitere Hinweise zur Art der Gefährdung erhalten (→ Abbildung 2.2).

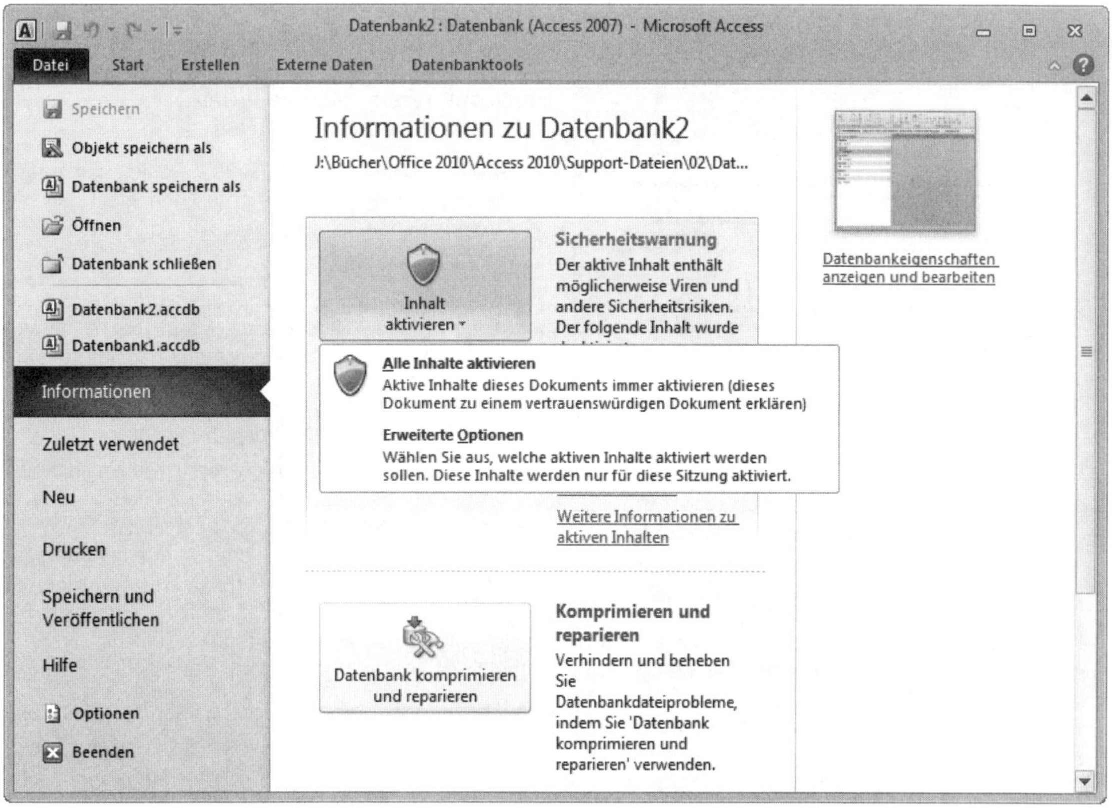

Abbildung 2.2 Die Optionen zur Sicherheitswarnung finden Sie im Bereich *Informationen* der Registerkarte *Datei*.

Ein Klick auf die Schaltfläche *Inhalt aktivieren* liefert mindestens zwei Optionen:

» 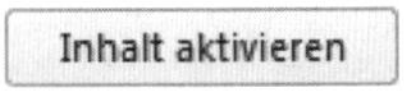

Alle Inhalte aktivieren bewirkt, dass die bisher gesperrten Dinge wirksam werden. Beispielweise können Makros und VBA-Code ausgeführt werden. Diese Option können Sie auch durch einen Klick auf die Schaltfläche *Inhalt aktivieren* in der Statusleiste mit der Warnung auswählen. Sie sollten das nur tun, wenn Sie sicher sind, dass das Element aus einer vertrauenswürdigen Quelle stammt

» Wenn Sie stattdessen auf *Erweiterte Optionen* klicken, wird ein Dialogfeld angezeigt, in dem Sie auch entscheiden können, ob Sie den Inhalt für die momentane Sitzung aktivieren wollen (→ Abbildung 2.3).

Abbildung 2.3 Die erweiterten Optionen zur Sicherheitswarnung

2.1.2 Das Sicherheitscenter

Verantwortlich für diesen Mechanismus ist das Sicherheitscenter, das allen Office 2010-Programmen zu eigen ist. Bei der Version 2007 wurde dafür noch der etwas krause Name *Vertrauensstellungscenter* verwendet. Die Möglichkeiten zu Einstellen dafür finden Sie über die Kategorie *Sicherheitscenter* unter den *Access-Optionen*. Die Anwahl dieser Kategorie zeigt zunächst ein Übersichtsfenster an (→ Abbildung 2.4).

Details liefert ein Klick auf die darin befindliche Schaltfläche *Einstellungen für das Sicherheitscenter*. Sie öffnen damit ein separates Fenster, das auf seiner linken Seite über mehrere Schaltflächen verfügt, über die Sie einzelne Bereiche anzeigen lassen können.

Der Bereich *Vertrauenswürdige Herausgeber*

Unter einem *Herausgeber* versteht Microsoft einen Entwickler, der ein Makro, ein *Add-In* oder eine andere Erweiterung erstellt hat, die von Ihnen und von anderen Personen verwendet werden kann. *Vertrauenswürdige Herausgeber* sind Entwickler, die das Projekt mit einer digitalen Signatur signiert haben. Diese digitale Signatur muss gültig und aktuell sein - also nicht abgelaufen -, und das Zertifikat, das der digitalen Signatur zugeordnet ist, muss von einer vertrauenswürdigen Zertifizierungsstelle ausgestellt sein.

Die Daten eines solchen Herausgebers werden im Bereich *Vertrauenswürdige Herausgeber* im *Sicherheitscenter* angezeigt.

» Sie können einen Eintrag auf der Registerkarte *Vertrauenswürdige Herausgeber* löschen, indem Sie die entsprechende Zeile markieren und dann auf *Entfernen* klicken.

» Klicken Sie in der Liste *Vertrauenswürdige Herausgeber* auf den Namen des Herausgebers, dessen Zertifikat Sie anzeigen möchten, und klicken Sie dann auf *Anzeigen*.

Der Bereich *Vertrauenswürdige Speicherorte*

Ein vertrauenswürdiger Speicherort ist normalerweise ein Ordner auf der Festplatte oder auf einer Netzwerkfreigabe. Jede Datei, die Sie an einem vertrauenswürdigen Speicherort ablegen, kann ohne eine Überprüfung durch das Sicherheitscenter geöffnet werden. Im Bereich *Vertrauenswürdige Speicherorte* innerhalb des *Sicherheitscenters* können Sie diese Speicherorte einrichten und kontrollieren (→ Abbildung 2.5).

Ein vertrauenswürdiger Speicherort kann also ein Ordner auf der Festplatte oder auf einer Netzwerkfreigabe sein:

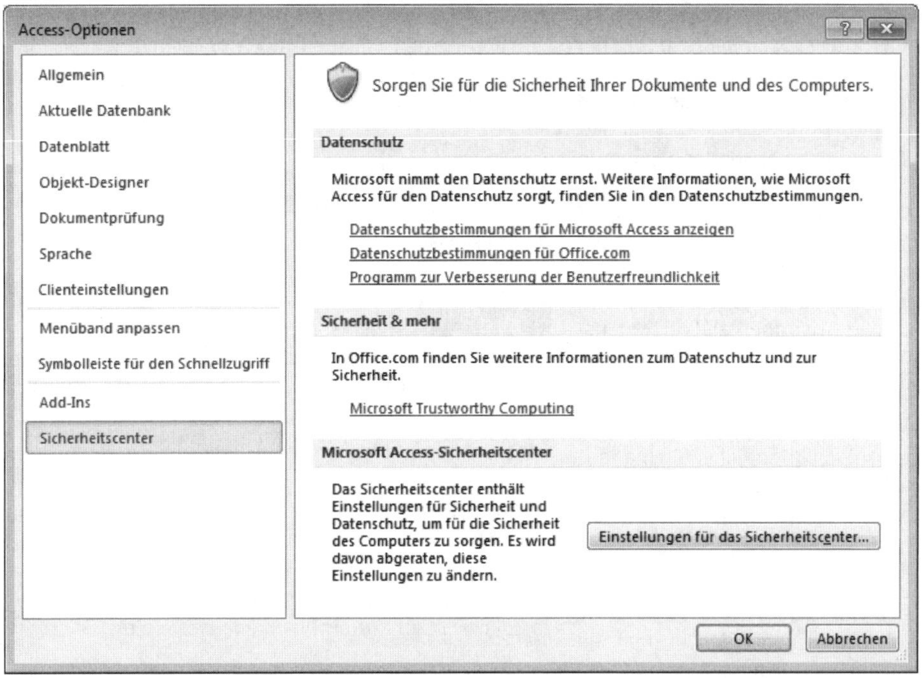

Abbildung 2.4
Die Kategorie *Sicherheitscenter* unter den *Access-Optionen* zeigt zunächst nur eine Übersicht dazu an.

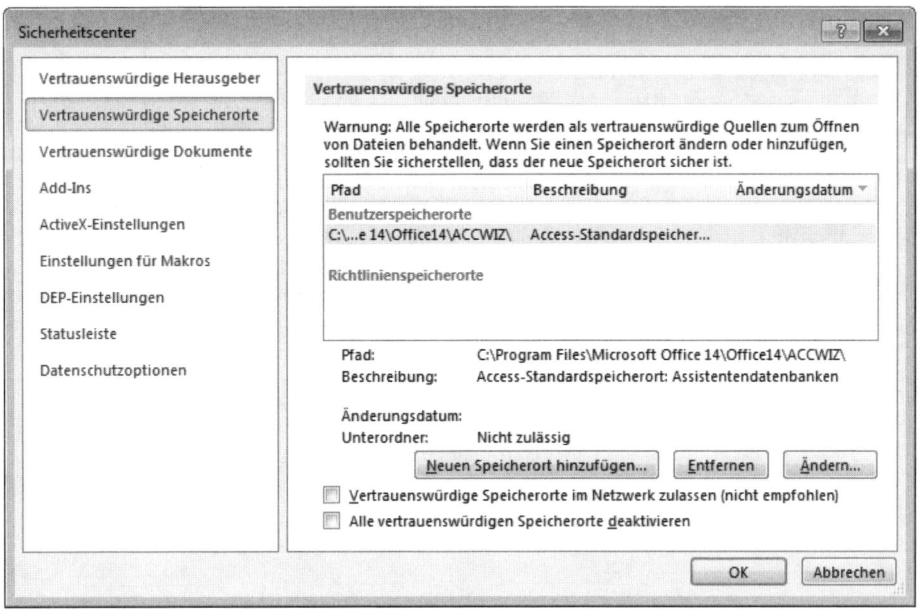

Abbildung 2.5
Der Bereich *Vertrauenswürdige Speicherorte*

- Es ist immer sicherer, einen lokalen Ordner wie einen Unterordner im Ordner *Dokumente* unter Microsoft Windows 7 bzw. Vista oder in *Eigene Dateien* unter Microsoft Windows XP zu verwenden, sofern Sie ein Anmeldekennwort für Microsoft Windows zum Schutz des Computers verwenden. Bei dem Kennwort sollte es sich um ein sicheres Kennwort handeln. Sie sollten aber nicht den gesamten Ordner *Dokumente* oder *Eigene Dateien* als vertrauenswürdigen Speicherort vorsehen. Erstellen Sie einen Unterordner in *Dokumente* oder *Eigene Dateien*, und bestimmen Sie nur diesen Ordner als vertrauenswürdigen Speicherort.
- Speicherorte, die sich nicht auf Ihrem Computer befinden – beispielsweise Netzwerkordner –, sind weniger sicher. Sie sollten keinen öffentlichen Ordner auf einer Netzwerkfreigabe zum vertrauenswürdigen Speicherort für Ihre Dateien bestimmen.

Um einen neuen vertrauenswürdigen Speicherort zu erstellen, klicken Sie im Bereich *Vertrauenswürdige Speicherorte* des *Sicherheitscenters* auf *Neuen Speicherort hinzufügen*. Ein Dialogfeld wird angezeigt, in dem Sie den Ort definieren können (→ Abbildung 2.6).

Abbildung 2.6 Einen neuen vertrauenswürdigen Speicherort können Sie hinzufügen.

- Geben Sie in das Feld *Pfad* den Namen des Ordners ein, den Sie als vertrauenswürdigen Speicherort verwenden möchten, oder klicken Sie auf *Durchsuchen*, um den Ordner zu bestimmen.
- Wenn Sie Unterordner als vertrauenswürdige Speicherorte einschließen möchten, aktivieren Sie das Kontrollkästchen *Unterordner dieses Speicherorts sind ebenfalls vertrauenswürdig*.
- In das Feld *Beschreibung* können Sie einen beliebigen Text als Beschreibung für den Zweck des vertrauenswürdigen Speicherorts eingeben.
- Klicken Sie auf *OK*.

ACHTUNG Wenn Sie einen vertrauenswürdigen Speicherort erstellen möchten, der sich nicht auf Ihrem Computer befindet, aktivieren Sie im Bereich *Vertrauenswürdige Speicherorte* das Kontrollkästchen *Vertrauenswürdige Speicherorte im Netzwerk zulassen*. Das ist aber nicht zu empfehlen.

ACHTUNG Wenn Sie einen solchen Speicherort als nicht mehr vertrauenswürdig zurückstufen möchten, markieren Sie ihn unter *Pfad* im Bereich *Vertrauenswürdige Speicherorte* des *Sicherheitscenters*, klicken auf *Entfernen* und bestätigen mit *OK*.

Der Bereich *Vertrauenswürdige Dokumente*

Vertrauenswürdige Dokumente sind Dateien, die aktive Inhalte aufweisen und die ohne Anzeige der Warnungen in der Statusleiste geöffnet werden, wenn Sie die aktiven Inhalte in diesen Dokumenten aktivieren. Ein typischer Fall ist, dass Sie eine Datenbank aus einem Netzwerkspeicherort öffnen. Sie werden dann über das Dialogfeld *Sicherheitswarnung* gefragt, ob Sie das Dokument zu einem vertrauenswürdigen Dokument machen wollen (→ Abbildung 2.7). Nachdem ein Dokument als vertrauenswürdig eingestuft wurde, wird es nicht mehr in der geschützten Ansicht geöffnet. Die Aufforderung in der Statusleiste erscheint jedoch wieder, wenn die Datei, nachdem sie zuletzt als vertrauenswürdig eingestuft wurde, verschoben wird.

Die generellen Einstellungen zu diesem Sicherheitsbereich nehmen Sie unter *Vertrauenswürdige Dokumente* innerhalb des Sicherheitscenters vor (→ Abbildung 2.8).

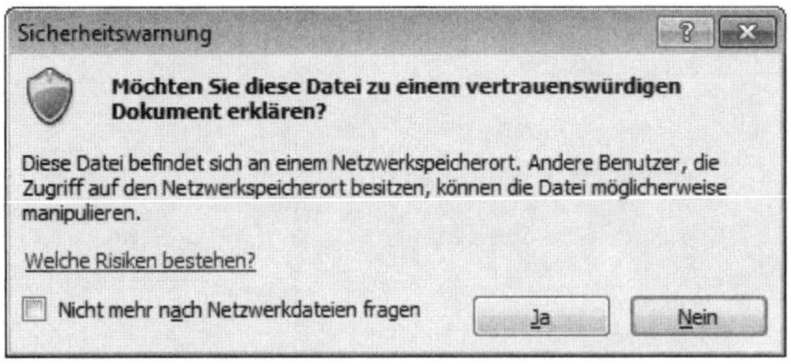

Abbildung 2.7 Das Dialogfeld *Sicherheitswarnung* beim Öffnen eines Dokuments aus einem Netzwerkspeicherort

» Wenn *Vertrauenswürdigkeit von Dokumenten in einem Netzwerk zulassen* aktiviert ist, wird das Dialogfeld *Sicherheitswarnung* nicht mehr für Dateien an Netzwerkspeicherorten angezeigt.

» Mit *Vertrauenswürdige Dokumente deaktivieren* wird das Dialogfeld *Sicherheitswarnung* bei jedem Öffnen von Dateien angezeigt.

» Durch einen Klick auf *Bereinigen* löschen Sie die Liste der Dokumente, die zuvor als vertrauenswürdig eingestuft wurden. Die Statusleiste wird dann wieder für diese Dokumente angezeigt.

Die Kategorie *Add-Ins*

Ähnlich wie Makros (→ Kapitel 14) können Add-Ins von Hackern ausgenutzt werden, um umfangreiche Schäden anzurichten, wie beispielsweise das Verbreiten eines Virus. Da es viele verschiedene Add-Ins gibt, die nicht von Microsoft stammen, müssen bestimmte Kriterien erfüllt werden, bevor ein Add-In als vertrauenswürdig eingestuft wird. Über die Kategorie *Add-Ins* im Dialogfeld *Sicherheitscenter* können Sie die Einstellungen für Add-Ins allgemein regeln (→ Abbildung 2.9). Aktivieren Sie hier die gewünschten Optionen. Standardmäßig sind sie alle abgeschaltet. Änderungen darin werden erst nach dem Beenden und erneuten Starten des Programms wirksam.

» Aktivieren Sie das Kontrollkästchen *Anwendungs-Add-Ins müssen von einem vertrauenswürdigen Herausgeber signiert sein*, wenn das Sicherheitscenter überprüfen soll, ob eine digitale Signaturdatei, die das Add-In enthält, vorhanden ist. Ist der Herausgeber nicht vertrauenswürdig, wird das Add-In vom Office-Programm nicht geladen. In der Statusleiste wird eine Benachrichtigung angezeigt, dass das Add-In deaktiviert wurde.

» Das Kontrollkästchen *Benachrichtigung für nicht signierte Add-Ins deaktivieren (Code bleibt deaktiviert)* ist nur verfügbar, wenn Sie das erste Kontrollkästchen aktiviert haben. In bestimmten Situationen ist die *DLL*-Datei, die das Add-In enthält, möglicherweise nicht signiert. In diesen Fällen werden von einem vertrauenswürdigen Herausgeber signierte Add-Ins aktiviert, während nicht signierte Add-Ins im Hintergrund deaktiviert werden.

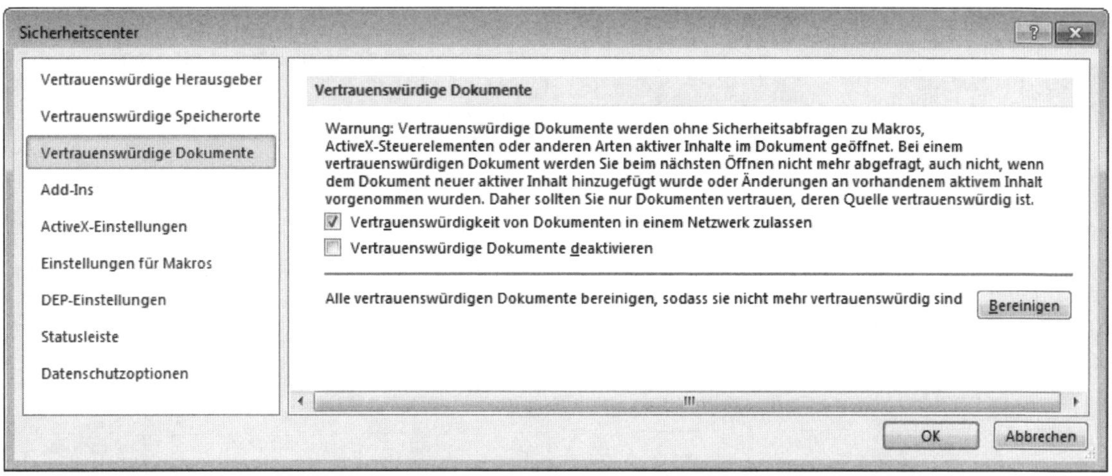

Abbildung 2.8 Die Einstellungen für *Vertrauenswürdige Dokumente*

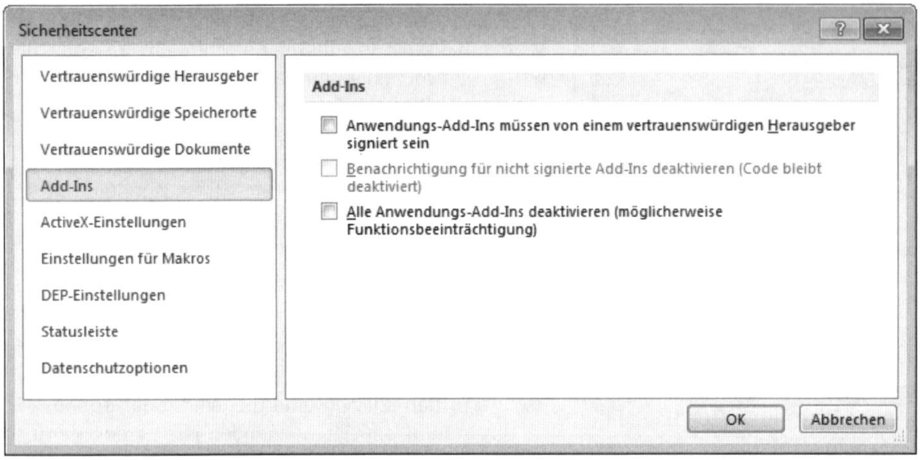

Abbildung 2.9
Die Kategorie *Add-Ins* im Dialogfeld *Sicherheitscenter*

» Benutzen Sie *Alle Anwendungs-Add-Ins deaktivieren (möglicherweise Funktionsbeeinträchtigung)*, wenn Sie Add-Ins grundsätzlich nicht vertrauen. Alle Add-Ins werden ohne Benachrichtigung deaktiviert, und alle anderen Kontrollkästchen für Add-Ins stehen nicht mehr zur Verfügung.

Der Bereich *Einstellungen für Makros*

Der Zweck eines Makros besteht darin, häufig auszuführende Aufgaben zu automatisieren (→ Kapitel 14). Dahinter verbergen sich oft leistungsfähigere VBA-Programme, die einen Code verwenden, mit dem viele Befehle auf einem Computer ausgeführt werden können. Aus diesem Grund stellen Makros ein potenzielles Sicherheitsrisiko dar. Hacker können ein bösartiges Makro durch ein Dokument einschleusen, das nach dem Öffnen des Dokuments ausgeführt wird und möglicherweise einen Virus auf dem Computer verbreitet.

Die Gefahr geht dabei besonders von sogenannten *AutoMakros* aus, die automatisch in bestimmten Situationen – etwa beim Öffnen einer Datenbank – ausgeführt werden. Deswegen kann ein Makro standardmäßig in einer Datenbank erst aktiviert werden, nachdem das *Sicherheitscenter* die folgenden Punkte überprüft hat:

» Das Makro wurde vom Entwickler mit einer digitalen Signatur signiert, und die digitale Signatur ist gültig und aktuell – also nicht abgelaufen.

» Das der digitalen Signatur zugeordnete Zertifikat wurde von einer bekannten Zertifizierungsstelle ausgestellt.

» Der Entwickler, der das Makro signiert hat, ist ein vertrauenswürdiger Herausgeber.

Erkennt das Sicherheitscenter ein Problem bei einer dieser Voraussetzungen, wird das Makro standardmäßig deaktiviert und ein Dialogfeld angezeigt, um Sie auf ein potenziell unsicheres Makro hinzuweisen. Sie sollten das Makro nur aktivieren, wenn Sie sicher sind, dass es aus einer vertrauenswürdigen Quelle stammt. Je nach dem darin angezeigten Hinweis können unterschiedliche Verfahrensweisen notwendig sein.

Sie haben im Bereich *Einstellungen für Makros* des Sicherheitscenters die Möglichkeit, diese Standardverhaltensweise zu ändern. Vier Optionen stehen zur Verfügung (→ Abbildung 2.10):

» Aktivieren Sie *Alle Makros ohne Benachrichtigung deaktivieren*, wenn Sie Makros nicht vertrauen. Alle Makros sowie Sicherheitshinweise zu Makros werden deaktiviert. Dokumente mit nicht signierten Makros, die Sie für vertrauenswürdig halten, können Sie an einen vertrauenswürdigen Speicherort verschieben (→ vorherige Abschnitte). Diese werden dann ohne Überprüfung durch das Sicherheitssystem des Sicherheitscenters ausgeführt.

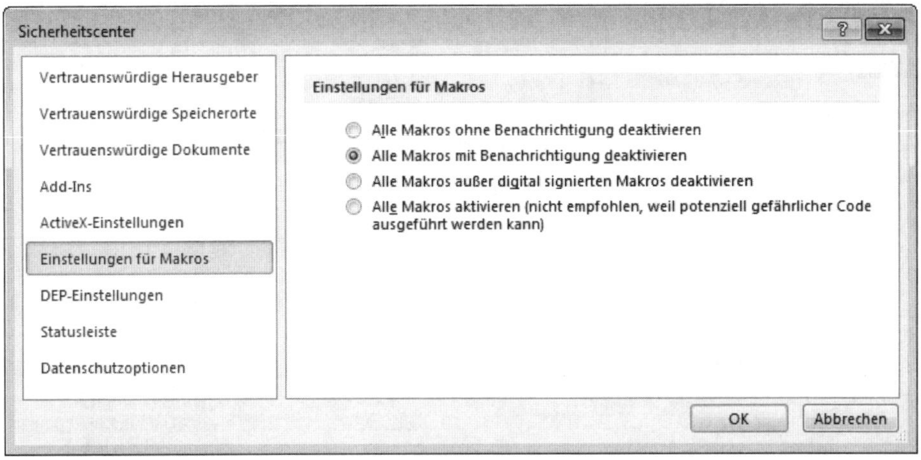

Abbildung 2.10
Der Bereich *Einstellungen für Makros*

- Die Option *Alle Makros mit Benachrichtigung deaktivieren* ist die Grundeinstellung. Wählen Sie sie, wenn Makros deaktiviert werden sollen, Sie jedoch benachrichtigt werden möchten, falls Makros vorhanden sind.
- Die Einstellung *Alle Makros außer digital signierten Makros deaktivieren* ist mit der Option *Alle Makros mit Benachrichtigung deaktivieren* identisch, außer dass das Makro ausgeführt werden kann, wenn es von einem vertrauenswürdigen Herausgeber signiert wurde, dem Sie bereits vertrauen. Wenn Sie den Herausgeber nicht als vertrauenswürdig eingestuft haben, werden Sie benachrichtigt. So können Sie auswählen, ob Sie die signierten Makros aktivieren oder dem Herausgeber vertrauen möchten. Alle nicht signierten Makros werden ohne Benachrichtigung deaktiviert.
- Wählen Sie die Option *Alle Makros aktivieren (nicht empfohlen, weil potenziell gefährlicher Code ausgeführt werden kann)*, um die Ausführung aller Makros zuzulassen. Bei dieser Einstellung ist der Computer für Angriffe durch potenziell bösartigen Code gefährdet, deshalb ist sie nicht zu empfehlen.

ACHTUNG Wenn Sie die Makroeinstellungen im Sicherheitscenter ändern, werden sie ausschließlich für das Office-Programm geändert, das Sie derzeit verwenden. Die Makroeinstellungen für andere Office-Programme werden nicht geändert.

Der Bereich *Statusleiste*

In der Statusleiste werden Sicherheitshinweise angezeigt, wenn potenziell unsichere, aktive Inhalte in dem von Ihnen geöffneten Dokument enthalten sind (→ oben). So kann das Dokument beispielsweise ein nicht signiertes Makro oder ein signiertes Makro mit einer ungültigen Signatur enthalten. Um Sie auf das Problem hinzuweisen, wird in solchen Fällen standardmäßig ein von Microsoft als *Statusleiste* bezeichnetes Element eingeblendet. Verwechseln Sie dies nicht mit der auch als Statusleiste bezeichneten Leiste am unteren Rande des Anwendungsfensters. Wenn Sie keine solchen Benachrichtigungen erhalten möchten, können Sie die Statusleiste deaktivieren. Dazu dient der Bereich *Statusleiste* im Sicherheitscenter (→ Abbildung 2.11).

- Standardmäßig ist *Statusleiste in allen Anwendungen anzeigen, ...* aktiviert. Benachrichtigungen der Statusleiste werden also angezeigt, sobald potenziell unsicherer Inhalt deaktiviert wurde. Das Optionsfeld ist übrigens nicht aktiviert, wenn Sie im *Sicherheitscenter* unter *Einstellungen für Makros* das Optionsfeld *Alle Makros ohne Benachrichtigung deaktivieren* aktiviert haben. Sie erhalten dann keine Benachrichtigungen der Statusleiste, was dann aber auch nicht notwendig ist.

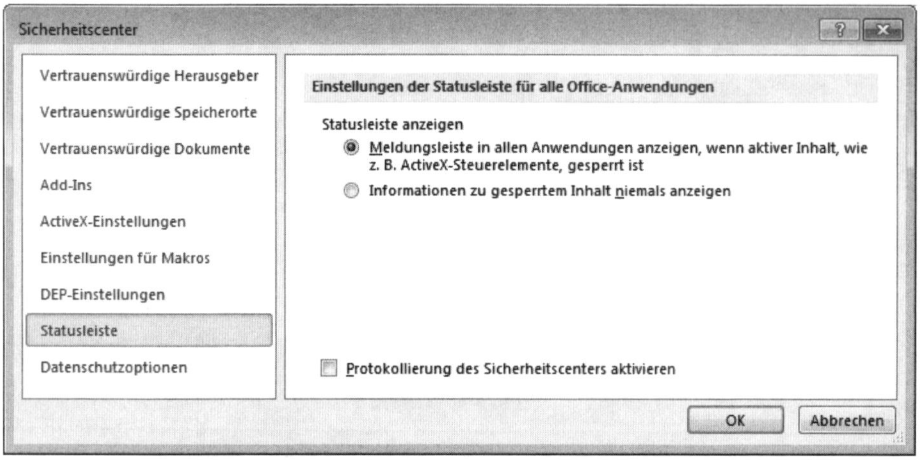

Abbildung 2.11
Die Einstellungen zu Statusleiste

» Mithilfe von *Informationen zu gesperrtem Inhalt niemals anzeigen* wird die Statusleiste deaktiviert. Unabhängig von den Sicherheitseinstellungen im Sicherheitscenter erhalten Sie keine Benachrichtigungen bei möglichen Sicherheitsproblemen.

Der Bereich *Datenschutzoptionen*

Über den Bereich *Datenschutzoptionen* des Sicherheitscenters regeln Sie den für Sie im Allgemeinen unsichtbaren Kommunikationsfluss zwischen Ihrem Rechnersystem und Microsoft über das Internet (→ Abbildung 2.12). Extrem auf Sicherheit bedachte Anwender sehen vielleicht auch hierin ein mögliches Risiko. Auf jeden Fall hat Microsoft damit eine zusammenfassende Stelle geschaffen, über die diese Kommunikation kontrolliert werden kann.

Sie finden darin mehrere Optionen, die für Sie interessant sein könnten. Die Einstellungen, die Sie hier vornehmen, gelten für alle bzw. die Mehrzahl der Office 2010-Programme.

» Wenn Sie das Kontrollkästchen *Verbindung mit Microsoft Office.com herstellen* ... aktivieren, werden die aktuellsten Hilfeinhalte auf Ihren Computer he-

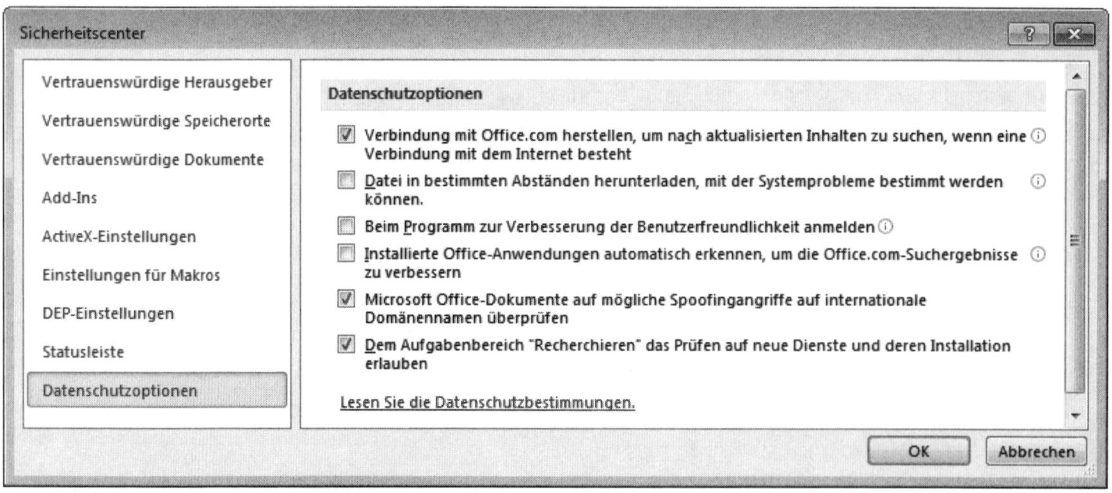

Abbildung 2.12 Die Kategorie *Datenschutzoptionen*

runtergeladen. Sie müssen mit dem Internet verbunden sein, um die Downloads empfangen zu können. Es wird nicht das gesamte Hilfesystem heruntergeladen, sondern nur der Artikel in der Hilfe, auf den Sie im Feld mit den Suchergebnissen klicken.

» Das Aktivieren von *Datei in bestimmten Abständen herunterladen* bewirkt, dass eine Datei auf den Rechner heruntergeladen wird, damit bei instabilem Verhalten oder einem Absturz des Computers automatisch das Tool Microsoft Office-Diagnose ausgeführt wird. Sie werden in einem solchen Fall von Microsoft gefragt, ob Fehlerberichte für bestimmte Arten von Fehlermeldungen gesendet werden sollen.

» Wenn Sie das Kontrollkästchen *Beim Programm zur Verbesserung der Benutzerfreundlichkeit anmelden* aktivieren, sammelt Microsoft automatisch Informationen von Ihrem Computer, einschließlich der Fehlermeldungen, die von der Software generiert werden, des Zeitpunkts, zu dem die Fehlermeldungen generiert werden, der Art der verwendeten Computerausstattung, etwaiger Schwierigkeiten Ihres Computers beim Ausführen von Microsoft-Software und ob die Hardware bzw. Software erwartungsgemäß und schnell reagiert. Alle an Microsoft gesendeten Informationen sind aber angeblich anonym.

» Durch Aktivieren von *Installierte Office-Anwendungen automatisch erkennen ...* wird die Suche in Office.com auf Ergebnisse zu den auf Ihrem Computer installierten Office-Programmen konzentriert.

» Ist *Microsoft Office-Dokumente auf mögliche Spoofingangriffe auf internationale Domänennamen überprüfen* aktiviert, haben Sie die Erkennung gefälschter Websites zum Schutz vor Phishingschemata eingeschaltet. Falls eine Verknüpfung mit einer Website mit einem gefälschten Domänennamen erkannt wird, werden Sie in einem Sicherheitshinweis benachrichtigt.

» Mit *Dem Aufgabenbereich ‚Recherchieren' das Prüfen auf neue Dienste und deren Installation erlauben* ermöglichen Sie den Programmen, automatisch auf neue Recherchedienste zu prüfen und diese zu installieren.

Abschalten der Statusleiste

Sie können auch das Einblenden der Statusleiste über die Registrierung deaktivieren. Wenn Sie danach eine Datenbank mit unsicheren Inhalten öffnen, wird anstelle der Statusleiste eine Reihe von Dialogfeldern angezeigt.

ACHTUNG Sie sollten die nachfolgend beschriebenen Änderungen in der Registrierung wirklich nur dann durchführen, wenn Sie über ausreichende Erfahrungen auf diesem Gebiet verfügen. Fehler können dazu führen, dass Windows nicht mehr funktioniert. Auf jedem Fall ist es angebracht, die Registrierungsdatenbank vorher zu sichern!

» Rufen Sie den Registrierungs-Editor auf, indem Sie *regedit* in dem standardmäßig mit *Programme/Dateien durchsuchen* beschriebenen Feld des Windows-Startmenüs eingeben. Doppelklicken Sie auf die Zeile *regedit*.

» Navigieren Sie über den Bereich auf der linken Seite des Fensters zu der Ebene *HKEY_CURRENT_USER\Software\Microsoft\Office*. Sie finden darin mehrere Unterebenen. Die Zahlen stehen für die einzelnen vorhandenen Office-Versionen: *11.0* steht für Office 2003, *12.0* steht für Office 2007 und *14.0* steht für Office 2010.

» Navigieren Sie weiter nach unten zur Ebene *14.0\Access\Security*.

» Fügen Sie einen neuen *DWord*-Schlüssel hinzu. Dazu klicken Sie mit der rechten Maustaste im rechten Fensterbereich, wählen *Neu* und dann *DWord-Wert*. Achten Sie darauf, ob Sie mit einem 32-Bit- oder einem 64-Bit-System arbeiten.

» Benennen Sie den neuen *DWord*-Schlüssel mit *ModalTrustDecisionOnly*.

» Doppelklicken Sie auf den Namen des Schlüssels, und geben Sie den Wert *1* ein. Bestätigen Sie und verlassen Sie den Registrierungs-Editor.

Um zum ursprünglichen Verhalten zurückzukehren, geben Sie anstelle des Werts *1* den Wert *0* ein.

2.1.3 Der Sandkastenmodus

Access verfügt über einen sogenannten Sandkastenmodus. Das ist ein Betriebsmodus, in dem Access alle Ausdrücke, die Gefahren beinhalten könnten, blockiert. Diese Gefahren beziehen sich vordringlich auf Elemente des VBA-Codes - beispielsweise könnten Funktionen wie *Kill* und *Shell* eingesetzt werden, um Daten und Dateien auf einem Computer zu beschädigen. Wegen der Bedeutung dieses Elements wollen wir es auch gleich jetzt ansprechen.

Access 2010 aktiviert den Sandkastenmodus standardmäßig. Der Modus bleibt auch aktiviert, wenn Sie über die Sicherheitswarnung alle Inhalte einer Datenbank einschalten. Wenn Sie also einer Datenbank so weit vertrauen, dass Sie auch die Ausführung der möglicherweise unsicheren Ausdrücke zulassen möchten, müssen Sie den Sandkastenmodus separat abschalten. Dazu müssen Sie einen Registrierungsschlüssel ändern. Voraussetzung ist, dass sich die Datenbank entweder an einem vertrauenswürdigen Speicherplatz befindet oder dass sie eine gültige Vertrauenssignatur trägt. Wenn Sie nicht zuerst den Inhalt in der Datenbank aktivieren, bleiben aber alle unsicheren Ausdrücke deaktiviert.

ACHTUNG Sie sollten die nachfolgend beschriebenen Änderungen in der Registrierung wirklich nur dann durchführen, wenn Sie über ausreichende Erfahrungen auf diesem Gebiet verfügen. Fehler können dazu führen, dass Windows nicht mehr funktioniert. Auf jedem Fall ist es angebracht, die Registrierungsdatenbank vorher zu sichern!

Möchten Sie die Einstellung für den Sandkastenmodus ändern, führen Sie die nachstehend beschriebenen Schritte aus. Wenn Sie diese befolgen, können unsichere Ausdrücke auf allen Instanzen von Access für alle Benutzer auf dem Computer ausgeführt werden!

» Schließen Sie alle Instanzen von Access.

» Rufen Sie den Registrierungseditor auf, indem Sie *regedit* in dem standardmäßig mit *Programme/Dateien durchsuchen* beschriebenen Feld des Windows-Startmenüs eingeben. Doppelklicken Sie auf die Zeile *regedit*.

» Navigieren Sie über den Bereich auf der linken Seite des Fensters zu der Ebene *HKEY_LOCAL_MACHINE*. Navigieren Sie dann weiter zu *\SOFTWARE\Microsoft\Office\14.0\Access Connectivity Engine\Engines* (→ Abbildung 2.13). Die Zahlen stehen übrigens für die einzelnen vorhandenen Office-Versionen: *11.0* steht für Office 2003, *12.0* steht für Office 2007 und *14.0* steht für Office 2010. *13.0* wurde wegen der Bedeutung als Unglückszahl übersprungen.

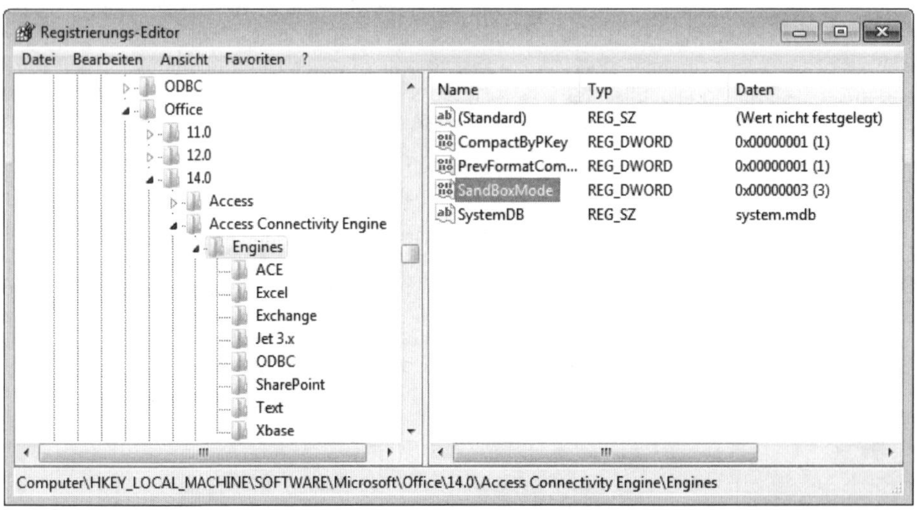

Abbildung 2.13
Die Ebene *Engines* im Registrierungseditor

» Doppelklicken Sie im rechten Bereich des Registrierungs-Editors unter Name auf *SandboxMode*. Das Dialogfeld *DWORD-Wert bearbeiten* wird angezeigt (→ Abbildung 2.14).

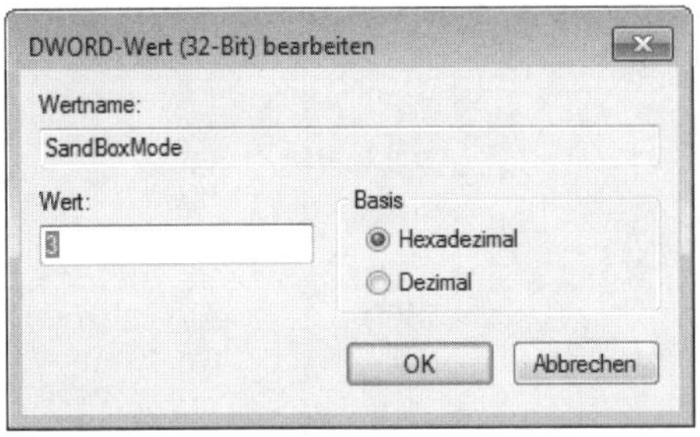

Abbildung 2.14 Den Wert für *SandBoxMode* ändern. Seien Sie vorsichtig damit!

» Ändern Sie im Feld *Wert* den Wert von *3* in *2*, und klicken Sie dann auf *OK*.

» Schließen Sie den Registrierungs-Editor.

Sie können den Registrierungseintrag auf einen Wert zwischen *0* und *3* festlegen, *0* räumt die meisten Berechtigungen und *3* die wenigsten Berechtigungen ein (→ Tabelle 2.1).

Einstellung	Beschreibung
0	Sandkastenmodus ist zu allen Zeiten deaktiviert.
1	Sandkastenmodus wird für Access verwendet, aber für keine anderen Programme als Access.
2	Sandkastenmodus wird nicht für Access verwendet, aber für andere Programme als Access.
3	Sandkastenmodus wird zu allen Zeiten verwendet. Dies ist der Standardwert, der bei der Installation von Access festgelegt wird.

Tabelle 2.1 Die möglichen Einstellungen für *SandboxMode*

2.2 Eine Access-Datenbank öffnen

Die wesentlichen Aspekte zur Sicherheit sollten damit klar sein. In den auf diesen Abschnitt folgenden Ausführungen wollen wir Sie mit den einzelnen Objekten einer Access 2010-Datenbank vertraut machen. Wenn Sie diese Anmerkungen gleich am Rechner austesten wollen, müssen Sie wissen, wie man eine Datenbank in Microsoft Access öffnet. Wie bei den früheren Versionen des Programms können Sie das Öffnen einer Datenbank über das Dialogfeld *Öffnen* erreichen. Es gibt aber bei der Version einige Neuheiten zu diesem Themenbereich, die für Sie interessant sein könnten.

2.2.1 Das Dialogfeld *Öffnen*

Wir sagten es gerade: Zum Aufruf dieses Dialogfeldes *Öffnen* (→ Abbildung 2.15) verwenden Sie bei der Version 2010 den gleichnamigen Befehl auf der Registerkarte *Datei*.

Hinsichtlich Speicherort und Dateityp finden Sie hier viele Ähnlichkeiten zu den Möglichkeiten in Dialogfeld *Speichern unter* (→ Kapitel 1).

» Standardmäßig wird nach dem ersten Aufruf des Dialogfeldes - wie beim Speichern - der Inhalt des Standardordners angezeigt. Bei Windows 7 wird die Bibliothek *Dokumente* benutzt. Bei Vista ist das der Unterordner *Dokumente* im persönlichen Ordner des Benutzers, bei Windows XP der Ordner *Eigene Dateien*. Möchten Sie einen anderen Ordner nutzen, müssen Sie ihn zuerst auswählen (→ Kapitel 1). Auch die übrigen Schaltflächen in diesem Dialogfeld dienen zum großen Teil der Navigation zwischen den einzelnen Ordnern und haben meist dieselbe Funktion wie im Dialogfeld *Speichern unter*.

» Im Hauptbereich des Dialogfeldes werden die im aktuell eingestellten Ordner vorhandenen Unterordner und solche Dateien angezeigt, die der Angabe im Listenfeld zum Dateityp entsprechen. Der Standarddateityp des jeweiligen Programms ist hier die Voreinstellung für den Dateityp. Damit werden alle Typen von Dateien angezeigt, die mit Microsoft Access geöffnet werden können - mit Ausnahme der als Dateiexport erstellten Fremdformate (→ Abbildung 2.16 links). Letztere können Sie durch Wahl eines anderen Dateityps anzeigen lassen. Das brauchen Sie aber nur zu tun, wenn Sie eine Datei aus einer anderen Anwendung importieren oder die unterschiedlichen Typen von Dateien einschränken wollen.

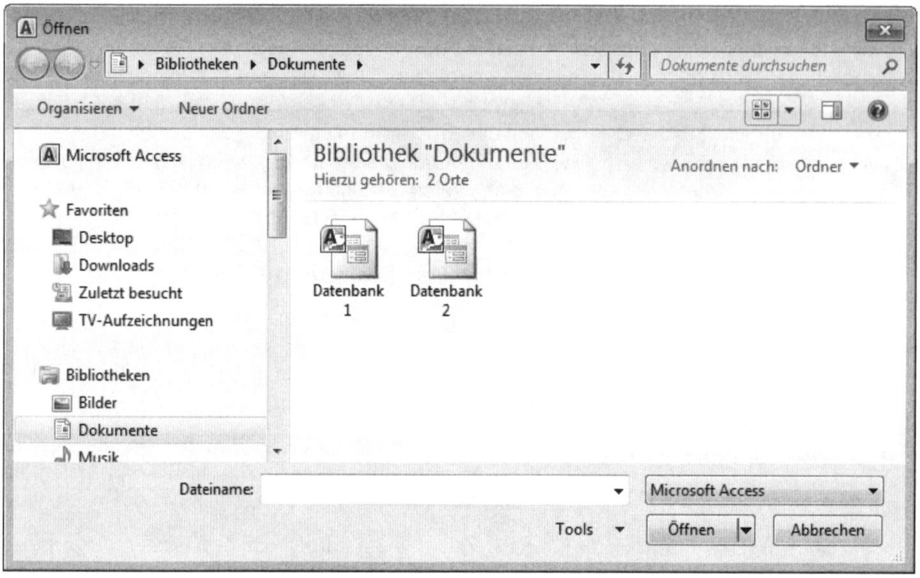

Abbildung 2.15
Hier finden Sie die vorher angelegten Datenbanken.

Öffnen

Um eine Datenbank zu öffnen, markieren Sie sie und führen dann einen Doppelklick auf der Markierung aus, oder klicken Sie nach dem Markieren auf die Schaltfläche *Öffnen*. Alternativ können Sie auch im Feld *Dateiname* den gewünschten Dateinamen eingeben und dann auf die Schaltfläche *Öffnen* klicken. Sobald Sie in diesem Feld die ersten Buchstaben eingeben, wird der Rest des Namens vom Programm ergänzt, wenn sich eine Datei mit diesen Anfangsbuchstaben im aktuellen Ordner befindet.

Die Schaltfläche *Öffnen* im Dialogfeld verfügt über ein Drop-down-Menü. Mithilfe der Befehle in diesem Menü können Sie eine Datenbank auf unterschiedliche Arten öffnen (→ Abbildung 2.16 rechts).

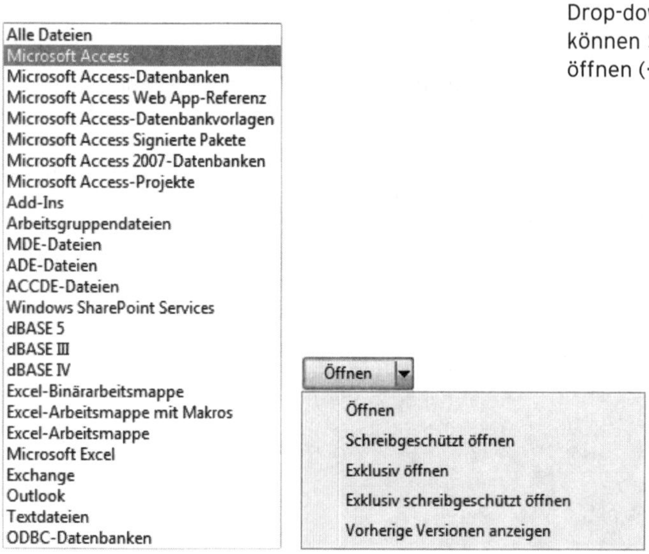

Abbildung 2.16
Die Dateiformate und die Optionen zur Schaltfläche *Öffnen*. Sie finden darin verschiedene Optionen.

» *Öffnen* öffnet die markierte Datenbank regulär.

» *Schreibgeschützt öffnen* öffnet die Datei so, dass Änderungen nicht in derselben Datei gespeichert werden können.

» *Exklusiv öffnen* wird wichtig, wenn Sie eine Datenbank öffnen wollen, die in einem Netzwerk gemeinsam genutzt werden kann. Wenn Sie eine Datenbank im exklusiven Modus öffnen, hindern Sie andere am Öffnen der Datenbank.

» *Exklusiv schreibgeschützt öffnen* kombiniert die beiden vorher genannten Optionen. Benutzen Sie diese Variante, um die Datenbank schreibgeschützt zu öffnen und gleichzeitig zu verhindern, dass andere Benutzer diese Datenbank ebenfalls öffnen.

» *Vorherige Version anzeigen* werden Sie bei Access seltener verwenden können. Vorherige Versionen sind entweder von der Windows-Sicherung erstellte Kopien von Dateien und Ordnern oder aber Kopien von Dateien und Ordnern, die von Windows automatisch im Rahmen eines Wiederherstellungspunkts gespeichert werden.

Ansichten im Dialogfeld

Über das Menü zur Schaltfläche *Ansicht ändern* im Dialogfeld können Sie zwischen unterschiedlichen Darstellungsformen wählen. Damit können Sie eine geeignete Darstellung der Dateien im Hauptbereich des Dialogfeldes *Öffnen* einstellen, die Ihnen die Suche nach der gewünschten Datei erleichtern kann. Standardmäßig werden die Datei bei Windows 7 mit der Option *Kleine Symbole* angezeigt. Interessant ist hier auch die Ansicht *Details*, in der Sie die Anzeige der Dateien nach mehreren Kriterien sortieren lassen können. Welche Einstellung hier Sinn macht, ist auch abhängig von der gewählten Bildschirmauflösung. Am besten testen Sie sie selbst am Rechner aus.

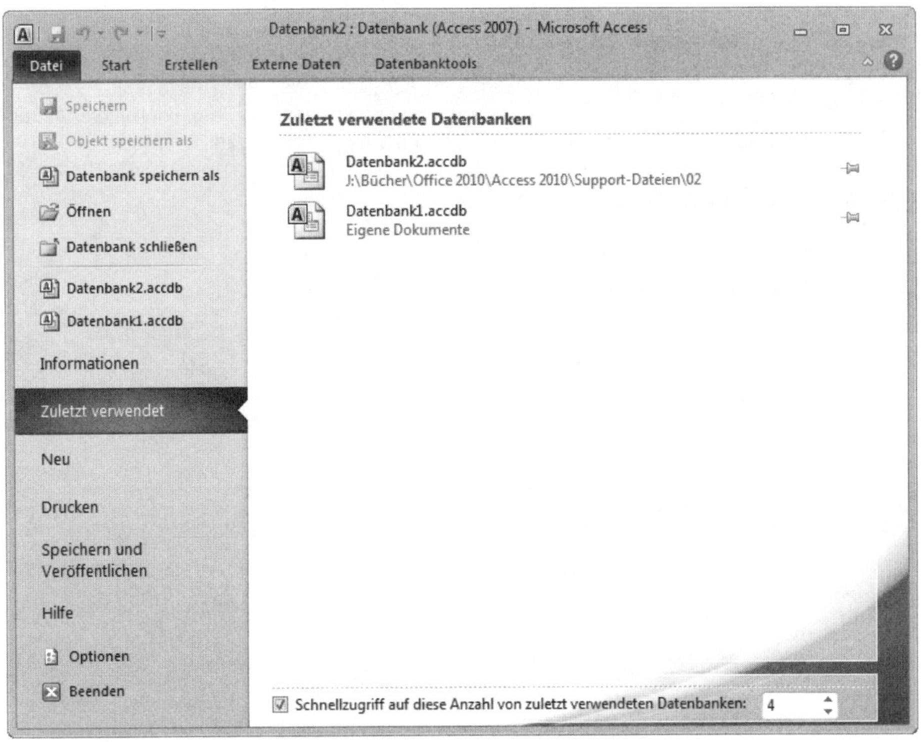

Abbildung 2.17
Über den Bereich *Zuletzt verwendet* der Registerkarte *Datei* haben Sie einen schnellen Zugriff auf die kürzlich verwendeten Datenbanken.

2.2.2 Die zuletzt verwendeten Datenbanken

Auf der Registerkarte *Datei* finden Sie bei fast allen Office-Programmen auch einen Bereich mit dem Namen *Zuletzt verwendet* (→ Abbildung 2.17). Dieser wird beim Öffnen dieser Registerkarte auch immer gleich automatisch angezeigt, nachdem Sie einmal eine Datei mit dem jeweiligen Programm gespeichert hatten. Darin werden die zuletzt von Ihnen geöffneten Dateien aufgelistet - bei Access also Ihre Datenbanken.

Um eine der hier gezeigten Datenbanken wieder zu öffnen, klicken Sie auf dessen Namen.

Die Pinnsymbole

Beachten Sie auch die kleinen Symbole mit den Pinnadeln rechts neben den Namen der Dokumente:

»  Standardmäßig finden Sie neben den Einträgen in diesem Fenster ein kleines Symbol für einen liegenden Pinn. Das deutet an, dass die Datei nur so lange im Bereich *Zuletzt verwendet* angezeigt wird, bis dieser voll ist. Wenn Sie nach einiger Zeit viele Dateien geöffnet hatten, wird der jeweils älteste Eintag aus der Liste entfernt und durch einen neuen ersetzt.

»  Wenn Sie auf ein Symbol mit einem liegenden Pinn klicken, wechselt das Symbol zu einem eingesteckten Pinn. Das deutet an, dass das Dokument auch dann immer im Bereich *Zuletzt verwendet* angezeigt wird, wenn die Liste so groß wird, dass Dokumente mit liegenden Pinns durch andere ersetzt werden.

TIPP Wenn Sie also auf bestimmte Dokumente immer wieder schnell zugreifen wollen, sorgen Sie dafür, dass diese mit einem Symbol für einen eingesteckten Pinn ausgestattet sind.

Wir sagten es gerade: In diesem Bereich werden alle zuletzt von Ihnen geöffneten Dateien aufgelistet. Wenn Sie eine Datenbank in dieser Liste nicht mehr wünschen, können Sie sie über das Kontextmenü daraus verschwinden lassen. Wählen Sie dazu den Befehl *Aus Liste entfernen*. Sie finden in diesem Kontextmenü auch die Befehle, die Sie über die Pinns in der Liste ansprechen können (→ oben).

Der Schnellzugriff

Unten im Bereich *Zuletzt verwendet* finden Sie ferner ein Kontrollkästchen mit der Bezeichnung *Schnellzugriff auf diese Anzahl von zuletzt verwendeten Datenbanken* mit der - manchmal abgeblendeten - Standardeinstellung *4* dahinter. Darüber regeln Sie, dass eine bestimmte Anzahl der zuletzt verwendeten Dokumente als separate Eintragungen im linken Bereich der Registerkarte *Datei* angezeigt werden sollen. Durch Aktivieren dieser Option sorgen Sie zunächst dafür, dass die Namen der Dokumente angezeigt werden. Anschließend können Sie deren Anzahl festlegen. Ein Deaktivieren blendet die Namen der Dokumente wieder aus.

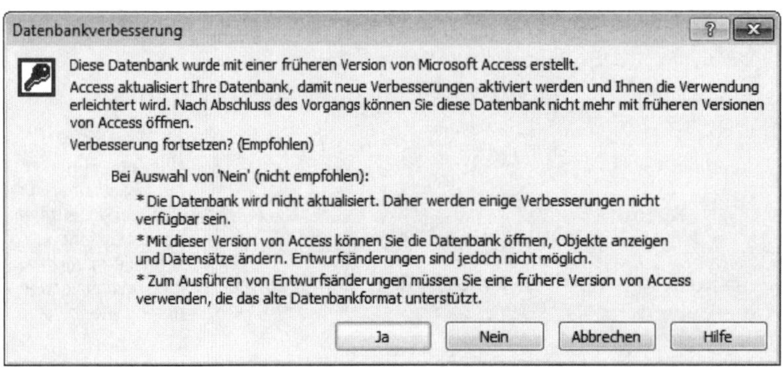

Abbildung 2.18
Die Meldung beim Versuch des Öffnens einer *.mdb*-Datenbank

2.2.3 Zusätzliche Informationen zum Öffnen

Beachten Sie auch die folgenden zusätzlichen Punkte zum Öffnen einer Datenbank.

Öffnen von Datenbanken aus der Vorversion

Auch Datenbanken aus einer früheren Version als 2007 können in Office Access 2010 geöffnet werden. Gegebenenfalls - aber nicht immer - wird beim Öffnen das Dialogfeld *Datenbankverbesserung* angezeigt (→ Abbildung 2.18).

Wenn Sie mit *Ja* bestätigen, wird die Datenbank auf das Dateiformat aktualisiert, das derzeit als Standarddateiformat festgelegt ist. Das ist in der Regel das *.accdb*-Format, es sei denn, Sie haben die Einstellung unter den Access-Optionen geändert. Wenn Sie nicht vorhaben, die Datenbank mit früheren Access-Versionen als Access 2007 weiter zu verwenden, sollten Sie diese Konvertierung vornehmen. Danach können Sie die Datenbank aber nicht mehr mit einer früheren Access-Version als Access 2007 öffnen.

Wenn dieses Dialogfeld nicht auftaucht oder wenn Sie die Abfrage darin mit *Nein* bestätigen, wird die Datenbank im Format der Vorversion geöffnet. Dies erkennen Sie an der Angabe in der Titelleiste (→ Abbildung 2.19). Sie können dann die Datenbank mit der Funktionalität der Vorgängerversion bearbeiten. Einige für Access 2010 typische Befehle sind in diesem Modus natürlich nicht verfügbar.

» Die Objekte aus einer mit der Access-Vorgängerversion erstellten Datenbank werden - wie üblich - im Navigationsbereich aufgelistet, nicht in dem für Access 2003 noch typischen Datenbankfenster.

» Geöffnete Datenbankobjekte werden als überlappende Fenster angezeigt (→ unten).

» Wenn Sie in dieser Datenbank außerdem benutzerdefinierte Symbolleisten oder Menüleisten erstellt haben, werden diese auf der Registerkarte *Add-Ins* als eine oder mehrere Gruppen angezeigt. Jede Gruppe verwendet den ursprünglich der benutzerdefinierten Symbolleiste oder Menüleiste zugewiesenen Namen. Sie können verwendet werden, wenn dies sinnvoll erscheint. Wenn Ihre Datenbank keine benutzerdefinierte Symbolleiste enthält, bleibt die Registerkarte *Add-Ins* ausgeblendet.

Sie können eine mit einer Access-Vorgängerversion erstellte Datenbank nach dem Öffnen in das *.accdb*-Format konvertierten. Benutzen Sie in der Registerkarte *Datei* den Bereich *Speichern und Veröffentlichen* (→ Kapitel 13).

ACHTUNG Anwender, die mit der Version 2003 oder einer früher Version von Access gearbeitet haben, kennen sicher den Begriff der Sicherheit auf Benutzerebene. Dieses Element steht in Datenbanken mit einem der neuen Dateiformate nicht zur Verfügung. Sie können aber die Sicherheit auf Benutzerebene weiterhin in Datenbankdateien mit einem früheren Access-Dateiformat verwenden. Von Microsoft wird dies aber nur empfohlen, wenn Sie bereits eine Sicherheitslösung auf Benutzerebene eingerichtet haben, die Sie auch weiterhin nutzen möchten. Sie sollten also eine Datenbank, die Sie in einem Format einer Vorversion angelegt haben, nicht in eines der neuen Dateiformate umwandeln, wenn Sie weiterhin die Sicherheit auf Benutzerebene nutzen möchten.

Abbildung 2.19 Eine *.mdb*-Datenbank wurde in Access 20120 geöffnet.

Datenbank von einem Netzwerkordner her öffnen

Wenn Sie eine Datenbank von einem Netzwerkordner aus öffnen, erscheint eine zusätzliche Sicherheitswarnung, die Sie auch über die Natur der Gefahr aufklärt (→ oben).

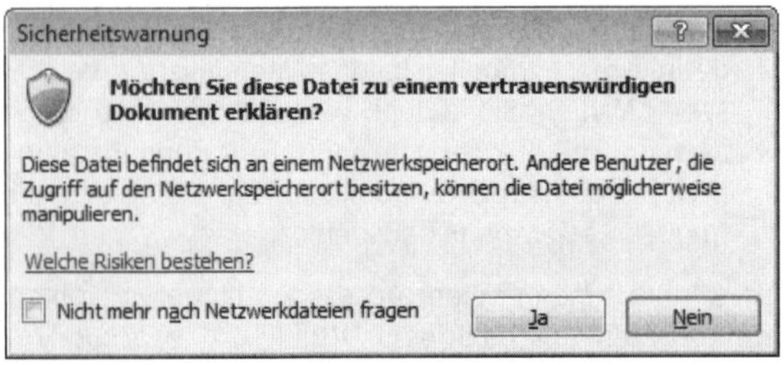

Abbildung 2.20 Eine Datenbank vom Netzwerkordner her öffnen

Wenn Sie diese Warnung mit *Ja* bestätigen, machen Sie die Datenbank zu einem vertrauenswürdigen Dokument (→ Kapitel 1).

Umgehung von Startoptionen

An dieser Stelle ist vielleicht noch ein weiterer Punkt wichtig: Sie können bestimmte Aktionen festlegen, die automatisch ausgeführt werden, wenn Sie eine Datenbank öffnen - beispielsweise können Sie für eine Datenbank im Dialogfeld *Access-Optionen* festlegen, dass ein *AutoExec*-Makro abläuft oder eine Ereignisprozedur ausgeführt wird. Wenn Sie solche Einstellung gewählt haben, können Sie unter Umständen nicht mehr auf alle Objekte in der Datenbank vollständig zugreifen.

Deswegen kann ein Öffnen unter Umgehen dieser Startoptionen mitunter nützlich sein. Dazu halten Sie die [⇧]-Taste gedrückt, während Sie die Datenbank öffnen. Sie müssen diese Taste für einige Zeit gedrückt halten, bis Sie die Sicherheitsmeldungen geschlossen haben, da die Startoptionen ansonsten nicht umgangen werden! Je nach den Sicherheitseinstellungen für die Datenbank werden beim Start möglicherweise eine oder mehrere Sicherheitsmeldungen angezeigt. Der Erfolg zeigt in den folgenden Punkten:

» Makros, die beim Öffnen der Datenbank normalerweise automatisch ausgeführt werden sollen, werden dann nicht ausgeführt (→ Kapitel 14).

» Auch entsprechende Ereignisprozeduren werden nicht ausgeführt (→ Kapitel 16).

» Damit werden aber auch einige der Einstellungen umgangen, die Sie gegebenenfalls im Bereich *Aktuelle Datenbank* des Dialogfelds *Access-Optionen* festgelegt haben (→ Tabelle 2.2 und Kapitel 20).

Einstellung zu	Beim Umgehen der Startoptionen
Anwendungstitel	Der benutzerdefinierte Anwendungstitel wird nicht angezeigt.
Anwendungssymbol	Das benutzerdefinierte Anwendungssymbol wird nicht angezeigt.
Formular anzeigen	Das vorgesehene Formular wird nicht angezeigt, und es werden keine Ereignisprozeduren des Formulars ausgeführt.
Webanzeigeformular	Nur verfügbar, wenn ein vorgesehenes Webformular vorhanden ist. Falls verfügbar, wird das vorgesehene Formular nicht angezeigt, und es werden keine Ereignisprozeduren des Formulars ausgeführt.
Navigationsbereich anzeigen	Selbst wenn diese Option nicht ausgewählt ist, wird der Navigationsbereich angezeigt.
Name des Menübands	Das vorgesehene benutzerdefinierte Menüband wird nicht angezeigt (→ Kapitel 18).
Vollständige Menüs zulassen	Alle Standardregisterkarten des Menübands werden unabhängig von der Einstellung angezeigt.
Standardkontextmenüs zulassen	Alle Standardkontextmenüs werden unabhängig von einer individuellen Einstellung angezeigt (→ Kapitel 18).

Tabelle 2.2 Einige Einstellungen werden beim Öffnen ohne Startoptionen umgangen.

2.2.4 Die Optionen zur aktuellen Datenbank

Es gibt eine Reihe von Optionen für die aktuell geöffnete Datenbank, von denen Sie die wichtigsten gleich jetzt kennenlernen sollten, um keine Überraschungen zu erleben. Um diese Einstellungen zu kontrollieren oder zu ändern, öffnen Sie die Registerkarte *Datei*, und wählen Sie *Optionen*. Die Optionen in der Kategorie *Aktuelle Datenbank* in diesem Fenster gelten lediglich für die aktuell geöffnete Datenbank (→ Abbildung 2.21). Öffnen Sie vor dem Festlegen also zuerst die gewünschte Datei. Damit eine Änderung in diesem Bereich wirksam werden kann, muss – bis auf wenige Ausnahmen – die aktuelle Datenbank geschlossen und erneut geöffnet werden.

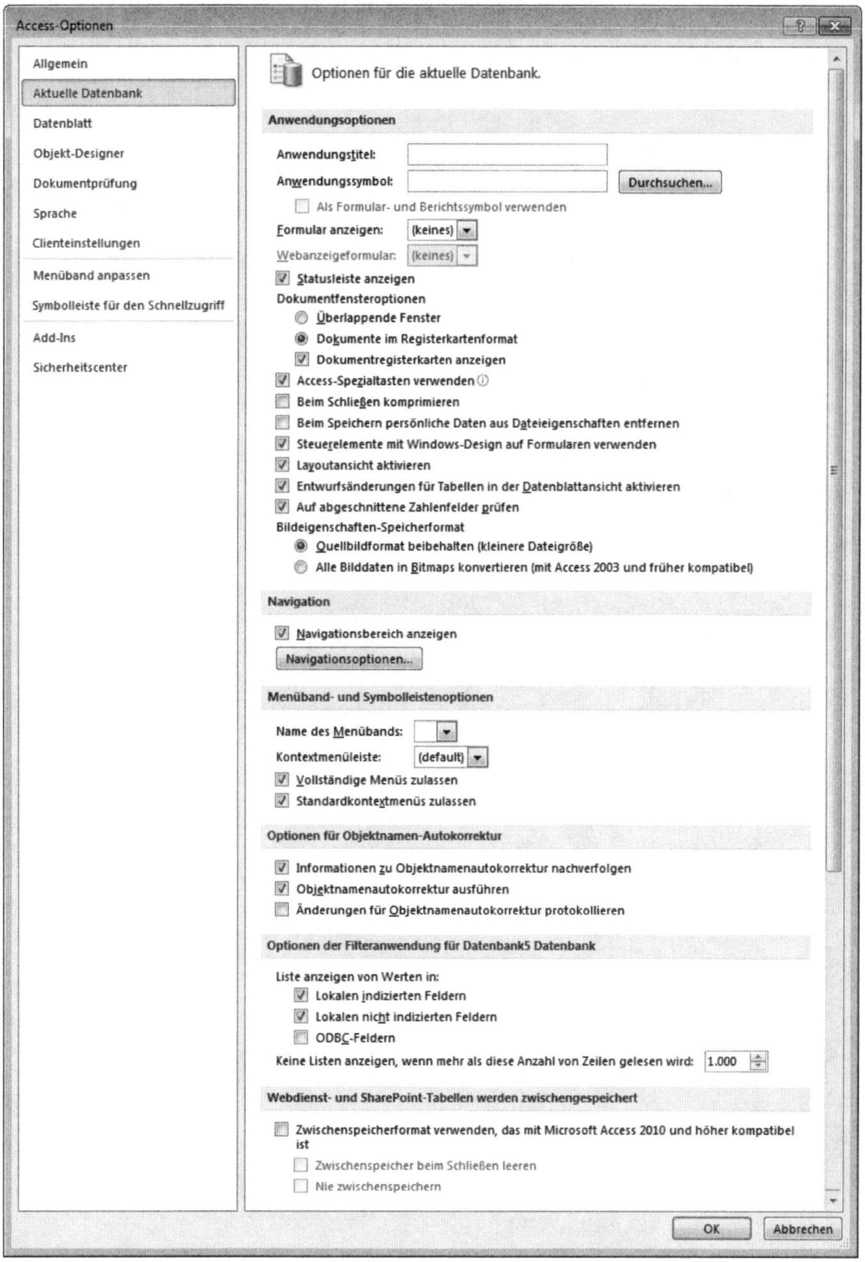

Abbildung 2.21
Die Optionen für die aktuelle Datenbank

Anwendungsoptionen

Unter der Überschrift *Anwendungsoptionen* finden Sie eine Reihe von allgemeinen Optionen:

» Unter *Anwendungstitel* können Sie einen Namen für Ihre Datenbank eingeben. Der Name wird statt des Dateinamens in der Titelleiste von Windows angezeigt.

» Sie können auch den Namen einer Bitmap- oder Symboldatei als *Anwendungssymbol* verwenden. Ein solches Symbol wird in der Titelleiste der Access-Datenbank angezeigt. Geben Sie den Namen der Grafikdatei ein, oder klicken Sie auf *Durchsuchen*, um das Dialogfeld *Anwendungssymbol* anzuzeigen. Wenn Sie die zusätzliche Option *Als Formular- und Berichtssymbol verwenden* aktivieren, wird das Symbol auch oben in den Formularen und Berichten der aktuell geöffneten Datenbank aufgenommen.

» Über *Formular anzeigen* legen Sie fest, dass beim Öffnen der Datenbank automatisch ein bestimmtes Formular angezeigt wird. In einem solchen Formular können Sie dann beispielsweise Schaltflächen mit

Abbildung 2.22 *Überlappende Fenster* in der Datenbank

zugeordneten Makros eingeben, die die Navigation in der Datenbank erleichtern. Soll kein Formular geöffnet werden, wählen Sie hier *(keines)* aus. Die Datenbank muss geschlossen und neu geöffnet werden, damit die angegebene Option wirksam wird.

» *Statusleiste anzeigen* sorgt dafür, dass die Statusleiste im unteren Bereich des Access-Fensters ein- oder ausgeschaltet wird. Auch hier muss die Datenbank geschlossen und neu geöffnet werden, damit die angegebene Option wirksam wird.

» Über die drei Alternativen unter *Dokumentfensteroptionen* können Sie steuern, wie verschiedene Objekte im Access-Anwendungsfenster angezeigt werden: *Überlappende Fenster* ermöglicht das Öffnen und Anzeigen mehrerer Fenster für die einzelnen Objekte (→ Abbildung 2.22). Wenn Sie zusätzlich den Navigationsbereich ausblenden, entspricht das am ehesten der klassischen Ansicht der Vorversion des Programms. *Dokumente im Registerkartenformat* ist die Standardeinstellung. Hierbei wird immer nur ein einzelnes Objekt angezeigt. Über *Dokumentregisterkarten anzeigen* werden Registerkarten benutzt, die oben in jedem geöffneten Datenbankobjekt angezeigt werden.

» Die Option *Access-Spezialtasten* erlaubt die Verwendung von bestimmten Zugriffstasten (→ Tabelle 2.3):

Tasten	Wirkung
F11	Blendet den Navigationsbereich ein oder aus.
Strg+G	Zeigt das Direktfenster im Visual Basic-Editor an.
Alt+F11	Startet den Visual Basic-Editor.
Strg+Untbr	Beim Arbeiten mit einem Office Access 2010-Projekt werden durch Drücken dieser Tastenkombination keine Datensätze mehr vom Server abgerufen.

Tabelle 2.3 Zusätzliche Zugriffstasten

» Wenn Sie *Beim Schließen komprimieren* aktivieren, wird die Datenbank automatisch beim Schließen komprimiert und repariert.

» Über *Beim Speichern persönliche Daten aus Dateieigenschaften entfernen* werden persönliche Informationen automatisch aus den Dateieigenschaften entfernt, wenn Sie die Datei speichern. Dazu gehören beispielsweise Angaben auf der Registerkarte *Details* im Dialogfeld zu den *Eigenschaften* der Datei.

» Wenn Sie *Steuerelemente mit Windows-Design auf Formularen verwenden* eingeschaltet lassen, wird das Design der Windows-Steuerelemente auf Formularen und Berichten verwendet. Diese Einstellung wird nur wirksam, wenn Sie ein anderes Windows-Design als das Standarddesign verwenden. Benutzen Sie die Möglichkeiten zur Einstellung im Bereich *Anzeige* der Windows-Systemsteuerung.

» Über *Layoutansicht für diese Datenbank aktivieren* schalten Sie die Anzeige der Schaltfläche *Layoutansicht* auf der Access-Statusleiste ein. Denken Sie auch daran, dass die Layoutansicht für einzelne Datenbankobjekte deaktiviert werden kann. Deshalb wird sie möglicherweise auch dann nicht immer angezeigt, wenn Sie diese Option aktivieren.

» Wenn Sie *Entwurfsänderungen für Tabellen in der Datenblattansicht aktivieren* einschalten, können Sie Änderungen in der Tabellen vornehmen, während Sie in der Datenblattansicht arbeiten.

» Ist *Auf abgeschnittene Zahlenfelder prüfen* aktiviert, werden die Zahlen in der Form ##### angezeigt, wenn die Spalte zu schmal ist, um den gesamten Wert anzuzeigen. Ist die Option deaktiviert, werden nur Teile des Zahlenwertes angezeigt.

» Unter den beiden Alternativen für *Bildeigenschaften-Speicherformat* können Sie wählen, wie eingefügte Bilddateien gespeichert werden sollen: Mit *Quellbildformat beibehalten (kleinere Dateigröße)* werden Bilder im Originalformat gespeichert. Das reduziert meist die Größe der Datenbank. Über *Alle Bilddaten in Bitmaps konvertieren (mit Access 2003 und früher kompatibel)* wird eine Kopie der ursprünglichen Bilddatei in einem Bitmapformat erstellt.

Navigation

Wie Sie vielleicht wissen, benutzt Access seit der Version 2007 kein Datenbankfenster mehr. Dazu dient jetzt der Navigationsbereich links im Anwendungsfenster (→ Kapitel 1). Die Optionen unter der Überschrift *Navigation* erlauben einige Einstellungen dafür – sie gelten für die aktuelle Datenbank:

- *Navigationsbereich anzeigen* blendet den standardmäßig Navigationsbereich ein oder aus. Wenn der Bereich versehentlich ausgeblendet wird, drücken Sie [F11], um ihn anzuzeigen.
- Nach einem Klick auf die Schaltfläche *Navigationsoptionen* wird das gleichnamige Dialogfeld angezeigt. Verwenden Sie es, um die Kategorien und Gruppen zu ändern, die im Navigationsbereich angezeigt werden.

Sie können auch verschiedene globale Optionen im Navigationsbereich festlegen oder ändern:

- *Ausgeblendete Objekte anzeigen* bewirkt, dass ausgeblendete Objekten als halbtransparente, deaktivierte Symbole wiedergegeben werden. Deaktivieren Sie diese Option, wenn Sie Objekte vollständig ausblenden möchten.
- *Systemobjekte anzeigen* zeigt auch Systemobjekte - wie beispielsweise Systemtabellen - an.
- Über die beiden Optionen *Einfaches Klicken* und *Doppelklicken* regeln Sie, wie Objekte aus dem Navigationsbereich heraus geöffnet werden sollen.

TIPP Weitere Informationen zum Festlegen der Optionen für den Navigationsbereich finden Sie weiter unten in diesem Kapitel.

Menüband- und Symbolleistenoptionen

Über den Abschnitt *Menüband- und Symbolleistenoptionen* können Sie die Anzeige von benutzerdefinierten Multifunktionsleisten und Symbolleisten regeln, die Sie in einer Vorversion von Access erstellt hatten. Sie regeln damit auch Einstellungen zu den in der aktuellen Programmversion erstellten Elemente des Menübands (→ Kapitel 18). Dazu sind vielleicht noch einige einführende Bemerkungen notwendig:

- Die Dateiformate *.mdb*, *.mde* und *.mda* der Vorversion von Microsoft Access werden auch als *Legacyformate* bezeichnet. Legacy ist das englische Wort für Vermächtnis oder auch Altlast. Wenn Sie in einer solchen Datei aus einer Vorversion von Microsoft Access benutzerdefinierte Symbolleisten oder benutzerdefinierte Menüleisten definiert haben, bleiben diese erhalten, wenn Sie diese Datenbank in Access 2010 öffnen. Diese Elemente werden dann als Gruppen auf der Registerkarte *Add-Ins* angezeigt. Jede Gruppe auf der Registerkarte entspricht einer benutzerdefinierten Symbolleiste, und jede Gruppe verwendet den der ursprünglichen Symbolleiste zugewiesenen Namen. Die Symbolleisten müssen jedoch vorher in der Legacy-Datenbank sichtbar sein, da sie andernfalls nicht auf der Registerkarte angezeigt werden.
- Damit ein in der aktuellen Programmversion erstelltes, angepasstes Menüband für die gesamte Datenbank verwendet wird, verwenden Sie die Option *Name des Menübands*. Sie finden sie in den *Access-Optionen* in der Kategorie *Aktuelle Datenbank* im Abschnitt *Menüband- und Symbolleistenoptionen*. Wenn Sie in der Datenbank eine geeignete Systemtabelle angelegt hatten, finden Sie im Listenfeld zu *Namen des Menübands* den oder die Werte aus dem Feld *RibbonName* der Systemtabelle. Wählen Sie hier den Namen aus.

Für diese Fälle können Sie über den Bereich *Menüband- und Symbolleistenoptionen* einige weitere Optionen festlegen:

- Über *Name des Menübands* wählen Sie den Namen einer benutzerdefinierten Menüleistengruppe aus der Liste aus.
- Mit *Kontextmenüleiste* legen Sie die Standardmenüleiste für Kontextmenüs fest, oder ändern Sie die Menüleiste.
- Ist die Option *Vollständige Menüs zulassen* eingeschaltet, werden vollständige Menüs angezeigt statt nur der am häufigsten verwendeten Befehle.
- Wenn Sie *Standardkontextmenüs zulassen* aktivieren, werden Kontextmenüs angezeigt, wenn Sie mit der rechten Maustaste auf ein Datenbankobjekt im Navigationsbereich oder auf ein Steuerelement in einem Formular oder einem Bericht klicken.

Optionen zur Objektnamen-Autokorrektur

Die Einstellungen unter *Optionen für Objektnamen-Autokorrektur* können wichtig werden, wenn Sie die Namen von Objekten in der Datenbank ändern und garantieren wollen, dass Bezüge nach einer solchen Änderung noch funktionieren.

» Wenn *Änderungen für Objektnamenautokorrektur protokollieren* aktiviert ist, werden die zum Beheben von Namensfehlern erforderlichen Informationen von Access gespeichert. Fehler werden jedoch erst behoben, wenn Sie die Option *Objektnamenautokorrektur ausführen* auswählen.

» Mit *Objektnamenautokorrektur ausführen* werden Namensfehler von Access behoben, sobald sie auftreten. Wenn Sie die Option *Änderungen für Objektnamenautokorrektur protokollieren* ausgewählt haben, nicht jedoch diese Option, werden Fehlerdaten gespeichert, bis Sie die Option auswählen.

» Über *Änderungen für Objektnamenautokorrektur protokollieren* zeichnet das Programm die Änderungen auf, die an einer Datenbank vorgenommen werden, wenn Namensfehler korrigiert werden. Die Daten werden in einer Tabelle mit der Bezeichnung *AutoCorrect.log* gespeichert.

Optionen der Filteranwendung für Datenbankname

Die Optionen im Abschnitt *Optionen der Filteranwendung ...* steuern verschiedene Elemente: beispielsweise den Umfang der Wertelisten, die für ein bestimmtes Feld im Fenster *Formularbasierter Filter* angezeigt werden. Je mehr Optionen ausgewählt werden, umso mehr Wertetypen werden in den Filteroperationen verwendet.

» Über die drei Kontrollkästchen unter der Überschrift *Liste anzeigen von Werten in* regeln Sie, welche Werte in die Wertelisten eingeschlossen werden sollen, die im Fenster *Formularbasierter Filter* angezeigt werden.

» Unter *Keine Listen anzeigen, wenn mehr als diese Anzahl von Zeilen gelesen wird* geben Sie die maximale Anzahl an Datensätzen ein, die gelesen werden sollen, während die Werteliste für einen formularbasierten Filter erstellt wird. Es wird keine Werteliste angezeigt, wenn die Anzahl der Datensätze, die für die Liste erforderlich sind, die von Ihnen angegebene Anzahl übersteigt. Alle Wertelisten enthalten lediglich eindeutige Werte, auch wenn die Felder nicht indiziert sind. Die Standardeinstellung ist *1000*.

2.3 Die Datenbankobjekte

Wenden wir uns nun einem weiteren der Hauptthemen dieses Kapitel zu – dem Kennenlernen der einzelnen Objekte in einer Access-Datenbank.

WWW Wenn Sie unsere Ausführungen an Ihrem Rechner praktisch kontrollieren wollen, sollten Sie hierzu das Beispiel *Datenbank2* aus dem Ordner *02* öffnen. Beachten Sie, dass diese Datenbank Objekte enthält, die das Sicherheitscenter in seiner Grundeinstellung dazu veranlasst, einen Warnhinweis anzuzeigen (→ Abbildung 2.23 und oben)!

TIPP Wenn Sie die in diesem und in den folgenden Kapiteln beschriebenen Beispiele selbst am Rechner durchführen wollen, sollten Sie die Beispieldateien von der Webseite in einen Unterordner des von Access verwendeten Standard-Arbeitsordners kopieren. Unter Windows 7 ist das die Bibliothek *Dokumente*. Bei der Arbeit unter Windows Vista ist das der Ordner *Dokumente* unterhalb Ihres persönlichen Ordners. Bei Windows XP benutzt Access den Ordner *Eigene Dateien*.

2.3.1 Der Navigationsbereich

Nach dem Öffnen einer Datenbank wird links im Anwendungsfenster der *Navigationsbereich* für die geöffnete Datenbank angezeigt, in dem die einzelnen Datenbankobjekte aufgelistet werden (→ Abbildung 2.24). Dieser Navigationsbereich ersetzt das *Datenbankfenster* aus früheren Versionen von Access. Er ist das zentrale Element in Microsoft Access, vom dem aus Sie zu allen Teilbereichen einer Datenbank - Tabellen, Abfragen, Formularen usw. – navigieren und auch neue Objekte darin anlegen können. Auch die Objekte in Datenbanken, die in früheren Versionen von Access erstellt wurden, werden über diesen Navigationsbereich angezeigt. Natürlich werden hierin immer nur solche Elemente wiedergegeben, die die aktuelle Datenbank beinhaltet.

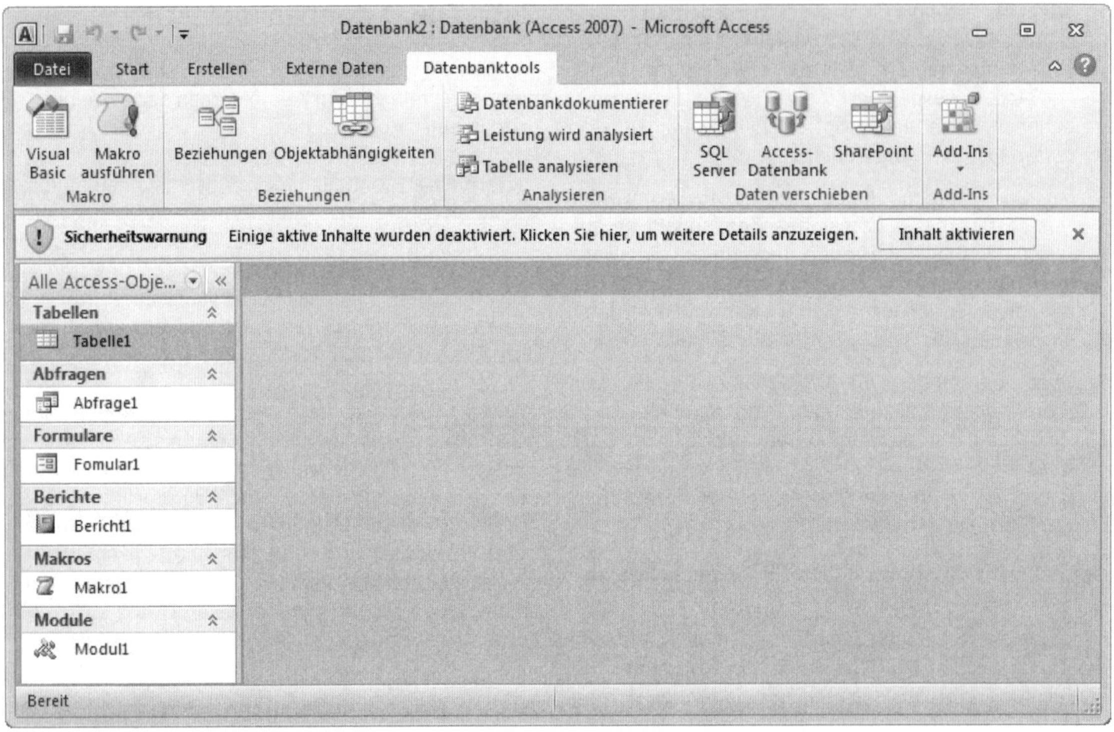

Abbildung 2.23 *Datenbank2* wurde geöffnet - beachten Sie die Sicherheitswarnung.

Abbildung 2.24
Im Navigationsbereich finden Sie mehrere Objekte.

TIPP Wir wollen Ihnen anschließend nur die wichtigsten Techniken zur Bedienung des Navigationsbereichs zeigen. Weitere Details zur Arbeit damit finden Sie im Referenzteil dieses Buches.

Navigationsbereich ein- oder ausblenden

Wenn Sie den vom Navigationsbereich eingenommenen Platz für andere Zwecke benötigen, klicken Sie auf die *Schaltfläche zum Öffnen/Schließen der Verkleinerungsleiste* in der Titelleiste des Navigationsbereichs, oder drücken Sie F11. Damit reduzieren Sie den Bereich zu einer senkrechten Leiste am linken Fensterrand. Ein Klick auf die Schaltfläche in dieser Leiste zeigt ihn wieder voll an.

TIPP Wenn Sie eine standardmäßige Anzeige des Navigationsbereichs für die aktuelle Datenbank nicht wünschen, öffnen Sie die Registerkarte *Datei*, und wählen Sie den Befehl *Optionen*. Klicken Sie im linken Bereich auf *Aktuelle Datenbank*, und deaktivieren Sie das Kontrollkästchen *Navigationsbereich anzeigen* unter *Navigation*. Bestätigen Sie über *OK*.

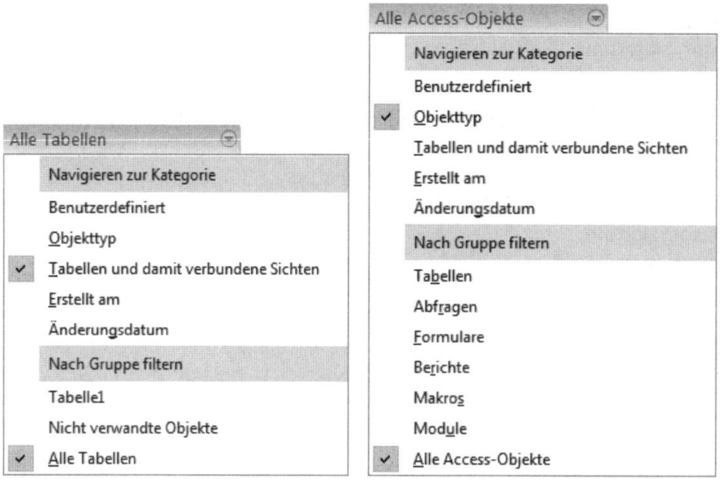

Abbildung 2.25
Die Optionen für den Navigationsbereich – die im unteren Bereich angezeigten Optionen ändern sich je nach Ihrer Wahl im oberen Bereich.

Anzeigeoptionen im Navigationsbereich

Der Navigationsbereich verfügt über eine Vielzahl von Optionen, über die Sie die Form der Anzeige der Objekte regeln können. Wir werden diese später noch ausführlich behandeln(→ Kapitel 20). Einige wichtige Elemente davon sollten Sie aber schon gleich kennenlernen, um von der Anzeige nicht überrascht zu werden: Der Navigationsbereich unterteilt die Datenbankobjekte in *Kategorien*, und diese Kategorien enthalten *Gruppen*. Diese Gruppen wiederum enthalten weitere *Datenbankobjekte* – beispielsweise *Tabellen*, *Formulare* und *Berichte*. Einige Kategorien und Gruppen sind vordefiniert, aber Sie können auch Ihre eigenen benutzerdefinierten Gruppen erstellen. Standardmäßig wird in einer neuen Datenbank die Kategorie *Tabellen und damit verbundene Sichten* verwendet. Mit dieser Option wird in Access eine Gruppe mit der Bezeichnung *Alle Tabellen* erstellt, und diese Gruppe wird in der Titelleiste des Navigationsbereichs angezeigt. Bei dieser Kategorie werden im Bereich darunter die Objekte in einer Datenbank nach der Tabelle gruppiert, mit der sie verbunden sind. Dies bedeutet, dass für jede Tabelle eine Kategorie angezeigt wird, unterhalb derer sowohl die Tabelle selbst als auch daraus abgeleitete Abfragen, Formulare und Berichte angezeigt werden.

Sie können aber auch andere Formen der Darstellung einstellen. Diese Einstellung wird beim Schließen der Datenbank gespeichert und nach einem erneuten Öffnen wieder verwendet. Wenn Sie in der Titelleiste des Navigationsbereichs auf den nach unten weisenden Pfeil klicken, werden Ihnen die Optionen zur Darstellung aufgelistet (→ Abbildung 2.25).

Der obere Abschnitt der Liste enthält Kategorien, der untere Abschnitt enthält Gruppen. Die gerade ausgewählte Gruppe wird auch in der Titelleiste das Navigationsbereichs angezeigt. Wenn Sie eine andere Darstellungsform einstellen wollen, sollten Sie zuerst die gewünschte Kategorie auswählen, denn die verfügbaren Gruppen ändern sich, wenn Sie andere Kategorien auswählen.

Möchten Sie die Objekte anders gruppieren, können Sie auch mit der rechten Maustaste auf die Titelleiste des Navigationsbereichs klicken. Über das Kontextmenü haben Sie die Möglichkeit, die Kategorie und die Gruppierung zu wechseln (→ Abbildung 2.26).

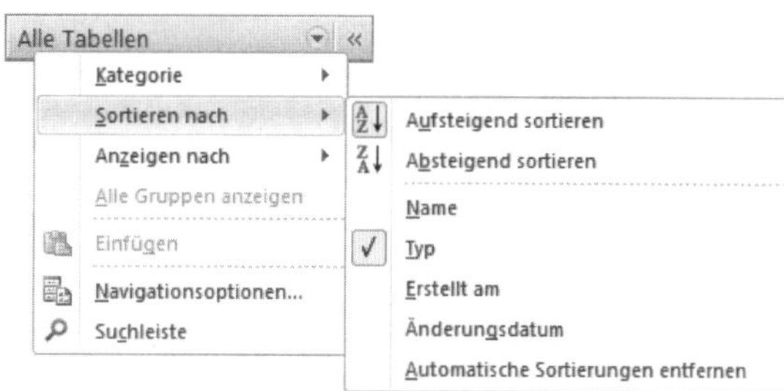

Abbildung 2.26 Das Kontextmenü zum Navigationsbereich

Diese Liste der Darstellungsoptionen zeigt zunächst die vordefinierten Kategorien an, die zum Lieferumfang von Access gehören. Sie können aber auch eigene Kategorien erstellen. Dazu wählen Sie im Kontextmenü den Befehl *Navigationsoptionen* aus. Das gleichnamige Dialogfeld aus den Access-Optionen wird angezeigt (→ Kapitel 20).

Für die wichtigsten Aktionen im Navigationsbereich stehen Ihnen auch Tastenkombinationen zur Verfügung (→ Tabelle 2.4 und Tabelle 2.5).

Zweck	Tastenkombination
Umbenennen eines ausgewählten Objekts	F2
Eine Zeile nach unten	↓
Ein Fenster nach unten	Bild-ab
Zum letzten Objekt	Ende
Eine Zeile nach oben	↑
Ein Fenster nach oben	Bild-auf
Zum ersten Objekt	Pos1

Tabelle 2.4 Tasten für Aktionen im Navigationsbereich

Zweck	Tastenkombination
Öffnen der ausgewählten Tabelle oder Abfrage in der Datenblattansicht	↵
Öffnen des ausgewählten Formulars oder Berichts	↵
Ausführen des ausgewählten Makros	↵
Öffnen der ausgewählten Tabelle, Abfrage des Formulars, Berichts oder des Moduls in der Entwurfsansicht	Strg + ↵
Anzeigen des Direktfensters im Visual Basic-Editor	Strg + G

Tabelle 2.5 Tasten zum Öffnen von Objekten

Den Navigationsbereich einstellen

Falls Sie bei der Arbeit im vorigen Abschnitt die Einstellungen im Navigationsbereich geändert haben sollten, wäre es empfehlenswert, wenn Sie zu den ursprünglichen Einstellungen dieser Datenbank zurückkehren würden.

» Klicken Sie in der Titelleiste des Navigationsbereichs auf den nach unten weisenden Pfeil. Die Optionen zur Darstellung werden aufgelistet. Klicken Sie unterhalb von *Navigieren zu Kategorie* auf die Option *Objekttyp*.

» Öffnen Sie nochmals die Liste der Optionen zur Darstellung, und wählen Sie unter *Nach Gruppe filtern* die Option *Alle Access-Objekte*.

Sie haben damit eine Darstellungsform gewählt, die alle Objekte der Datenbank nach Objekttyp gruppiert (→ Abbildung 2.27).

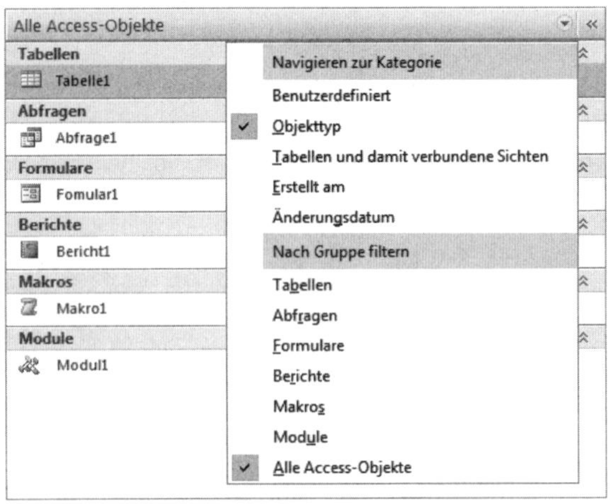

Abbildung 2.27 Der Navigationsbereich in der gewünschten Form

2.3.2 Die Objekte in der Datenbank kennenlernen

Vom Navigationsbereich her können Sie auf alle Objekte einer Datenbank - wie beispielsweise *Tabellen*, *Abfragen*, *Berichte* und *Formulare* - zugreifen und diese verwalten. Die Methoden dafür sind für alle Objekte dieselben:

» Wenn Sie ein vorhandenes Objekt ausführen wollen, wählen Sie es im Navigationsbereich aus, und doppelklicken Sie darauf. Alternativ dazu können Sie das Objekt oder die Objekte auf den Arbeitsbereich in Access ziehen. Sie können auch mehrere Objekte gleichzeitig auswählen, indem Sie beim Markieren die [Strg]-Taste gedrückt halten und diese dann gemeinsam ausführen lassen. Sie können im Dialogfeld *Navigationsoptionen* auch eine Option festlegen, mit der Objekte durch einen einzigen Klick geöffnet werden (→ Abbildung 2.28).

» Wenn Sie am Entwurf eines Objektes etwas ändern wollen, klicken Sie im Navigationsbereich mit der rechten Maustaste auf das gewünschte Datenbankobjekt, und dann klicken Sie dann auf *Entwurfsansicht* (→Abbildung 2.28). Stattdessen können Sie das Objekt auch einfach markieren und [Strg]+[↵] drücken.

Sie können über das Kontextmenü eines Datenbankobjekts im Navigationsbereich dieses öffnen oder einen Befehl auf ein Datenbankobjekt anwenden. Die Befehle im Kontextmenü ändern sich je nach Objekttyp.

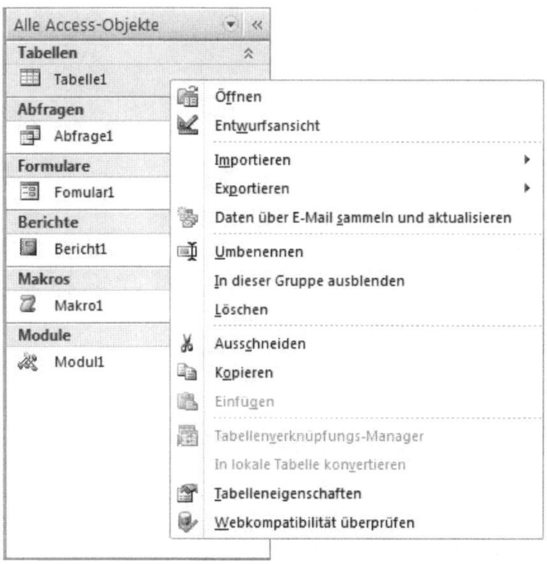

Abbildung 2.28 Das Kontextmenü zu einem Objekt im Navigationsbereich

Mit diesem Wissen wollen wir Ihnen in den folgenden Abschnitten die wichtigsten Objekte einer Datenbank - die *Tabellen*, *Abfragen*, *Formulare* und *Berichte* - an einem Beispiel vorstellen. Gehen Sie dazu immer vor, wie gerade beschrieben: Sie markieren im Navigationsbereich das gewünschte Objekt, und öffnen Sie es dann.

Die Datenblattansicht einer Tabelle anzeigen

Tabellen bilden die Grundlage einer jeden Microsoft Access-Datenbank. In Tabellen werden die eigentlichen Daten abgelegt. Erst nachdem Sie eine Tabelle definiert haben, können Sie auch Abfragen, Formulare oder Berichte erstellen, da diese auf den Daten in den Tabellen basieren. Eine in der Datenbank vorhandene Tabelle können Sie aus dem Datenbankfenster her öffnen.

» Öffnen Sie - falls noch notwendig - die Gruppe *Tabellen* in der Objektspalte links im Navigationsbereich.

» Doppelklicken Sie auf das im Navigationsbereich angezeigte Symbol *Tabelle1*, oder markieren Sie es nur, und ziehen Sie es auf den Arbeitsbereich in Access. Der Inhalt der Tabelle wird angezeigt (→ Abbildung 2.29). Eine solche Tabelle ist eine Liste mit Zeilen und Spalten, die an den Block eines Buchhalters oder an ein Excel-Arbeitsblatt erinnern. Eine Tabelle beinhaltet mehrere *Felder* (mindestens eines), deren Namen in den Spaltenüberschriften wiedergegeben werden. In den darunter liegenden Zeilen werden Eintragungen zu diesen Feldern angezeigt. Die Summe der Eintragungen in einer Zeile wird als *Datensatz* bezeichnet.

»  Schließen Sie das Fenster durch einen Klick auf die übliche Schaltfläche in der Titelleiste des Tabellenfensters.

REFERENZ Mit Tabellen - ihrer Definition und der Eingabe von Daten - werden wir uns in den Kapitel 3, 4 und 5 beschäftigen.

Das Registerkartenformat

In den neuen Versionen von Access - 2007 und 2010 - werden Datenbankobjekte standardmäßig als Dokumente im Registerkartenformat anstelle von übereinander angeordneten Fenstern angezeigt. Bei Datenbanken, die mit einer früheren Version von Access erstellt wurden, werden standardmäßig überlappende Fenster verwendet.

Wenn Sie die klassische Anzeige vorziehen, können Sie die Darstellung ändern. Öffnen Sie die Registerkarte *Datei*, und klicken Sie anschließend auf *Optionen*. Im

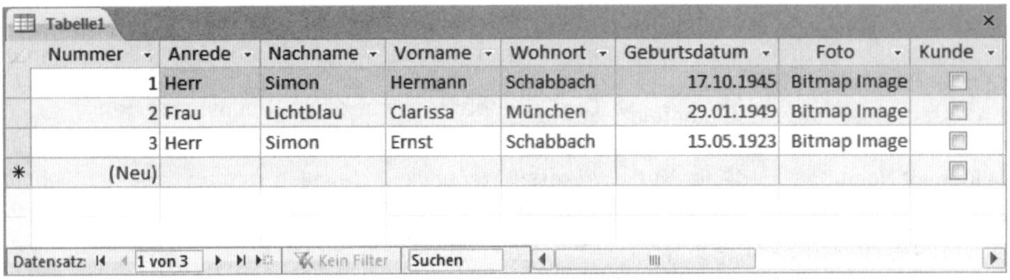

Abbildung 2.29
Die Daten in Tabellen sind nach Feldern und Datensätzen organisiert.

Dialogfeld *Access-Optionen* klicken Sie in der Kategorienliste auf *Aktuelle Datenbank*. Unter den *Anwendungsoptionen* können Sie über die *Dokumentfensteroptionen* die Darstellungsform einstellen. Access 2010 verwendet hier standardmäßig die Einstellung *Dokumente im Registerkartenformat*. Wenn Sie stattdessen die Alternative *Überlappende Fenster* benutzen, werden die geöffneten Datenbankobjekte in Unterfenstern im Anwendungsfenster angezeigt (→ Abbildung 2.30). Sie können dann auf der Arbeitsfläche frei bewegt oder maximiert und minimiert werden. Beide Formen der Darstellung haben ihre Vor- und Nachteile.

Nachdem Sie die Einstellung für *Dokumentregisterkarten anzeigen* geändert haben, müssen Sie die Datenbank schließen und wieder öffnen, damit die Änderungen wirksam werden. Die Einstellung gilt jeweils für die aktuelle Datenbank. Sie muss – oder kann – also für jede Datenbank separat festgelegt werden.

Den Entwurf zu einer Tabelle anzeigen

Bevor Sie Daten in eine Tabelle eingeben können, müssen Sie die Struktur der Tabelle definiert haben. Dazu können Sie eine spezielle Entwurfsansicht benutzen. In dieser können Sie später auch Änderungen an der Tabellenstruktur vornehmern.

» Öffnen Sie – falls noch nicht geschehen – die Gruppe *Tabellen* in der Objektspalte links im Navigationsbereich.

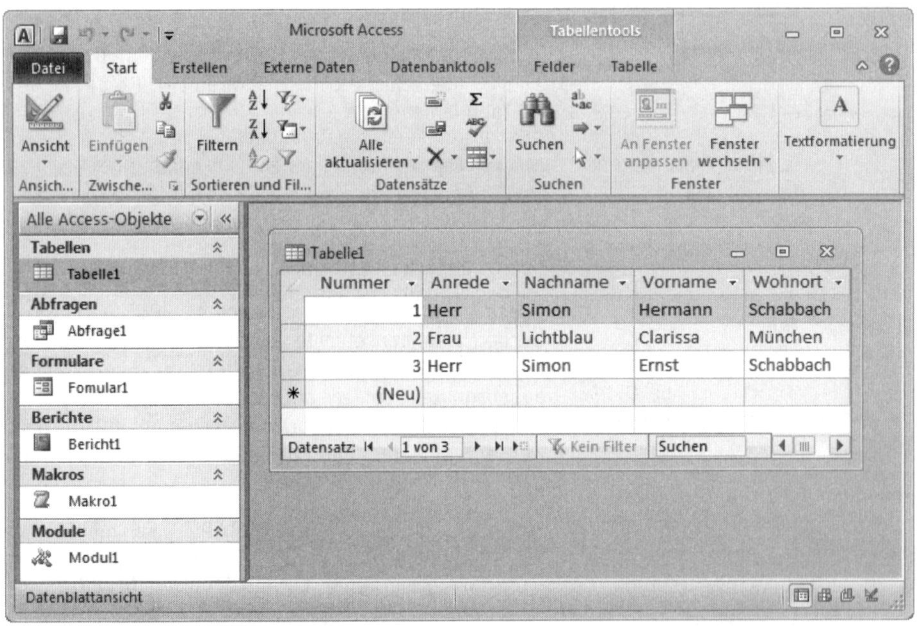

Abbildung 2.30
Eine Tabelle in der Darstellungsform *Überlappende Fenster*

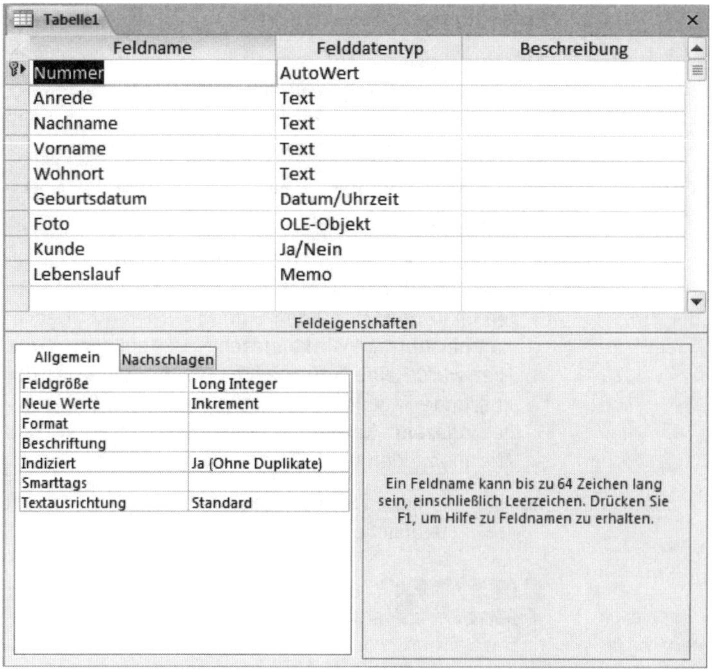

Abbildung 2.31
In der Entwurfsansicht definieren Sie die Struktur der Tabelle.

» Klicken Sie mit der rechten Maustaste auf das im Navigationsbereich angezeigte Symbol *Tabelle1*. Wählen Sie dann *Entwurfsansicht*. Stattdessen können Sie das Objekt auch einfach markieren und [Strg]+[↵] drücken. Die Entwurfsansicht der Tabelle wird angezeigt (→ Abbildung 2.31).

»  Schließen Sie das Fenster durch einen Klick auf die übliche Schaltfläche in der Titelleiste des Tabellenfensters.

REFERENZ Mit der Definition von Tabellen werden wir uns in Kapitel 3 beschäftigen.

Das Umschalten zwischen den Ansichten

Wie Sie eben gesehen haben, verfügt eine Tabelle zumindest über zwei Ansichten – die *Datenblattansicht* und die *Entwurfsansicht*. Das ist auch der Fall bei anderen Access-Objekten – wie *Abfragen, Formularen* oder *Berichten*. Sie können eine Ansicht über die eben beschriebenen Methoden öffnen. Wenn Sie dann zu einer anderen Ansicht wechseln wollen, klicken Sie auf die Schaltfläche *Ansicht* in der Gruppe *Ansichten*. Sie finden die Gruppe auf mehreren Registerkarten – beispielsweise ganz links in der Registerkarte *Start*.

Die Schaltfläche *Ansicht* verfügt auch über einen Katalog, den Sie anzeigen lassen können, indem Sie auf die nach unten weisende Schaltfläche unterhalb der Bezeichnung *Ansicht* klicken. Bei jedem Datenbankobjekt werden Ihnen die darin verfügbaren Ansichten aufgelistet. Die gerade eingestellte ist durch einen kleinen zusätzlichen Rahmen markiert. Das gilt für Tabellen und auch die weiteren Datenbankobjekte, auf die wir gleich anschließend eingehen werden (→ Abbildung 2.32).

Nachdem eine Ansicht angezeigt wird, können Sie auch einige Elemente in der *Statusleiste* am unteren Rand des Fensters benutzen, um zwischen den zur Verfügung stehenden Ansichten wechseln.

»  Mithilfe der Steuerelemente im rechten Bereich der Statusleiste können Sie schnell für das aktive Fenster zwischen den verfügbaren Ansichten umschalten. Je nachdem, welche Art von Datenbankobjekt gerade aktiv ist, finden Sie hier unterschiedliche Optionen.

Abbildung 2.32
Der Katalog zeigt die verfügbaren Ansichten an - hier für Tabellen, Formulare und Berichte.

» Bei der Anzeige eines Objekts, das variable Zoomfunktionen unterstützt - wie beispielsweise der *Seitenansicht* -, können Sie unter Verwendung des Zoomreglers in der Statusleiste die vergrößerte oder die verkleinerte Anzeige als Zoommodus festlegen.

TIPP Die Statusleiste kann aktiviert oder deaktiviert werden: Öffnen Sie die Registerkarte *Datei*, und klicken Sie anschließend auf *Optionen*, um das Dialogfeld *Access-Optionen* anzuzeigen. Klicken Sie im linken Bereich auf *Aktuelle Datenbank*. Aktivieren oder deaktivieren Sie unter *Anwendungsoptionen* das Kontrollkästchen *Statusleiste anzeigen*, und bestätigen Sie mit *OK*.

Eine Abfrage anzeigen

Abfragen basieren auf den Daten einer oder mehrerer Tabellen. Mit Abfragen veranlassen Sie Microsoft Access dazu, spezielle Daten aus den zugrunde liegenden Tabellen abzurufen, mit denen Sie arbeiten wollen.

» Klicken Sie auf die Schaltfläche *Abfragen* in der Objektspalte des Navigationsbereichs.

» Doppelklicken Sie auf das Symbol *Abfrage1*, oder klicken Sie mit der rechten Maustaste darauf und wählen im Kontextmenü den Eintrag *Öffnen* aus. Der Inhalt der Abfrage wird angezeigt (→ Abbildung 2.33). Hier wurde eine Abfrage so gestaltet, dass aus der zugrunde liegenden *Tabelle1* nur noch die Datensätze angezeigt werden, in denen der Eintrag im Feld *Nachname* den Wert *Simon* hat.

»  Schließen Sie das Fenster durch einen Klick auf die übliche Schaltfläche.

REFERENZ Abfragen sind ein wesentlicher Bestandteil von Access. Wir werden uns damit ausführlich in Kapitel 6 beschäftigen.

Ein Formular anzeigen

Formulare ermöglichen unter anderem eine bequeme Art der Eingabe und Bearbeitung von Daten, die in einer dem Formular zugrunde liegenden Tabelle abgelegt werden. Ein Vorteil gegenüber der Bearbeitung der Daten in Tabellen selbst besteht dabei darin, dass Sie hier zusätzlich Tabellen, Grafiken, Bilder, Töne und Videos anzeigen können. Ein Formular ist also ein Datenbankobjekt, mit dem Sie Daten aus einer Tabelle oder einer Abfrage entweder eingeben, bearbeiten oder anzeigen können. Bestimmte Benutzer müssen beispielsweise

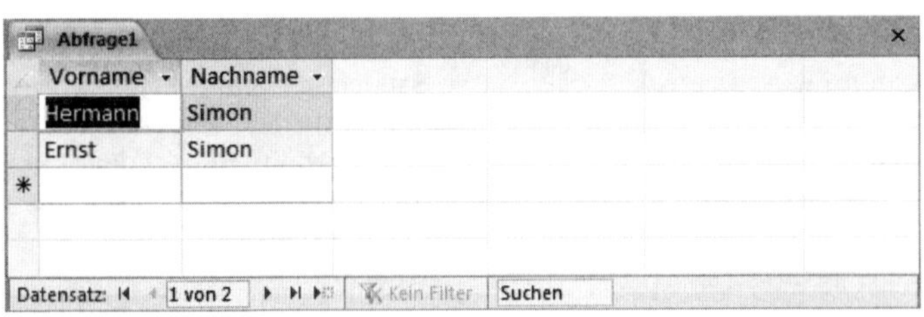

Abbildung 2.33
Abfragen liefern eine Auswahl aus den Daten einer Tabelle.

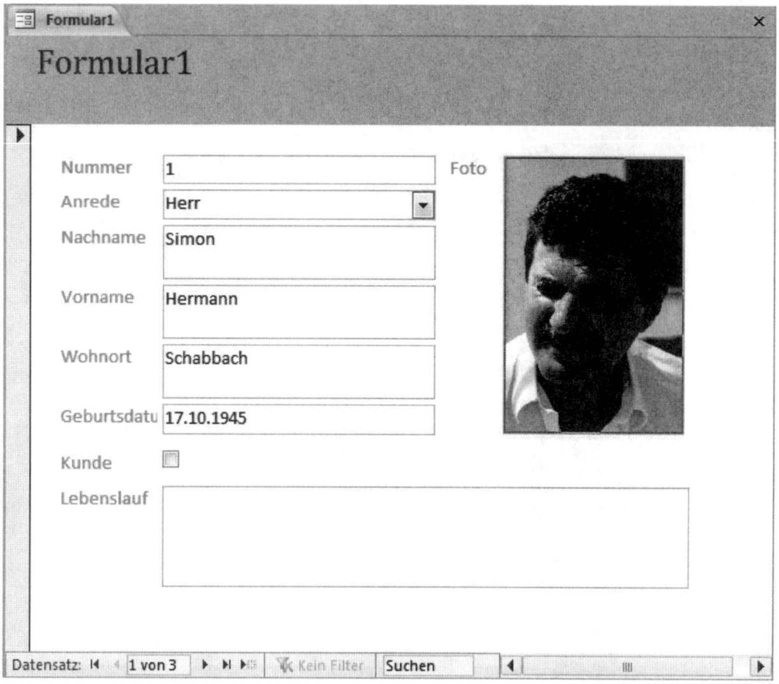

Abbildung 2.34
Auch Bilder können in Formulare aufgenommen werden.

nur einige Felder in einer Tabelle mit vielen Feldern anzeigen können. Wenn Sie diesen Benutzern ein Formular bereitstellen, das nur diese Felder enthält, erleichtern Sie ihnen den Umgang mit der Datenbank. Sie können einem Formular auch Schaltflächen und andere Funktionalitäten hinzufügen, um häufig ausgeführte Aktionen zu automatisieren.

» Klicken Sie auf die Schaltfläche *Formulare* in der Objektspalte des Navigationsbereichs.

» Doppelklicken Sie auf das im Navigationsbereich angezeigte Symbol *Formular1*. Der Inhalt des Formulars wird anschließend angezeigt (→ Abbildung 2.34).

» × Schließen Sie das Fenster durch einen Klick auf die übliche Schaltfläche.

REFERENZ Auf die Arbeit mit Formularen werden wir in den Kapiteln 7 bis 10 eingehen.

Einen Bericht anzeigen

Über Berichte fassen Sie die Daten verschiedener Datensätze zusammen und werten sie gemeinsam aus. So erkennen Sie beispielsweise Strukturen und Trends in Ihren Daten.

» Klicken Sie auf die Schaltfläche *Berichte* in der Objektspalte des Navigationsbereichs.

» Doppelklicken Sie auf das im Navigationsbereich angezeigte Symbol *Bericht1*. Der Inhalt des Berichts wird abschließend angezeigt (→ Abbildung 2.35).

» × Schließen Sie das Fenster durch einen Klick auf die übliche Schaltfläche.

REFERENZ Hinweise zur Arbeit mit Berichten erhalten Sie in den Kapiteln 7 bis 9.

Ein Makro ausführen oder anzeigen

Mit *Makros* lassen sich Arbeitsabläufe in der Microsoft Access-Datenbank automatisieren.

» Klicken Sie auf die Schaltfläche *Makros* in der Objektspalte des Navigationsbereichs.

» Doppelklicken Sie auf das im Navigationsbereich angezeigte Symbol *Makro1*. Als Erfolg wird wieder das

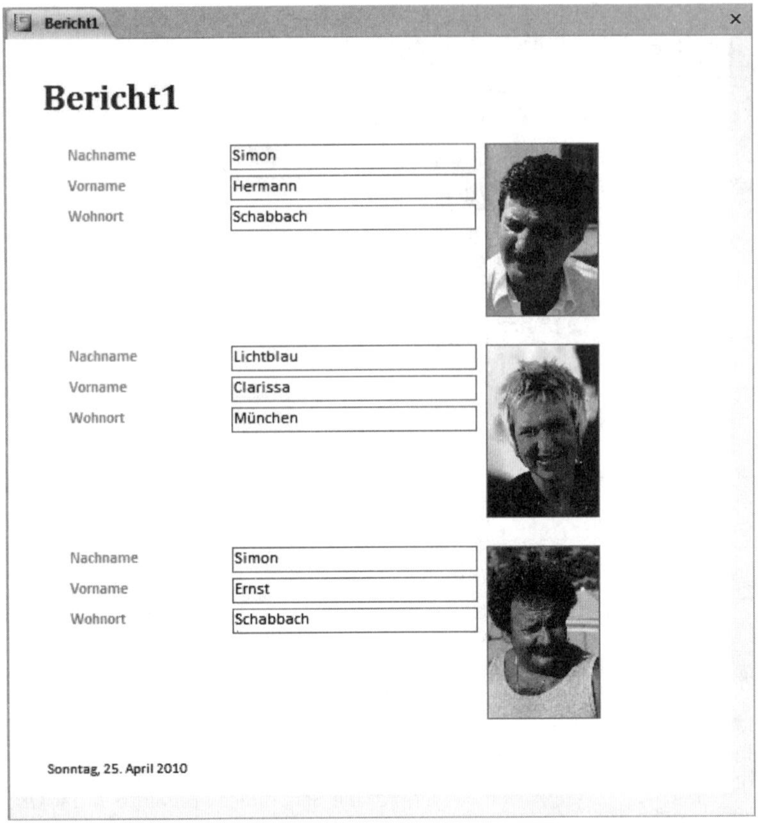

Abbildung 2.35
Berichte fassen die Daten zusammen.

schon bekannte Objekt *Formular1* angezeigt – diesmal aber als Folge der Automatik.

» Öffnen Sie das Kontextmenü zum Symbol *Makro1*, und wählen Sie die Option *Entwurfsansicht*. Die Definition des Makros wird abschließend angezeigt (→ Abbildung 2.36).

» × Schließen Sie die geöffneten Fenster durch einen Klick auf die übliche Schaltfläche *Schließen*.

REFERENZ Auf die Arbeit mit Makros wird in Kapitel 14 eingegangen.

Module zur Automatisierung anzeigen

Komplexe Verfahren zur Automatisierung können Sie in Microsoft Access mit *Visual Basic for Applications* – abgekürzt mit *VBA* – aufbauen. Die einzelnen Programmelemente legen Sie in den *Modulen* ab.

» Klicken Sie auf die Schaltfläche *Module* in der Objektspalte des Navigationsbereichs.

» Doppelklicken Sie auf das im Navigationsbereich angezeigte Symbol *Modul1*. Der VBA-Editor wird geöffnet, und der Code des Moduls darin angezeigt (→ Abbildung 2.37).

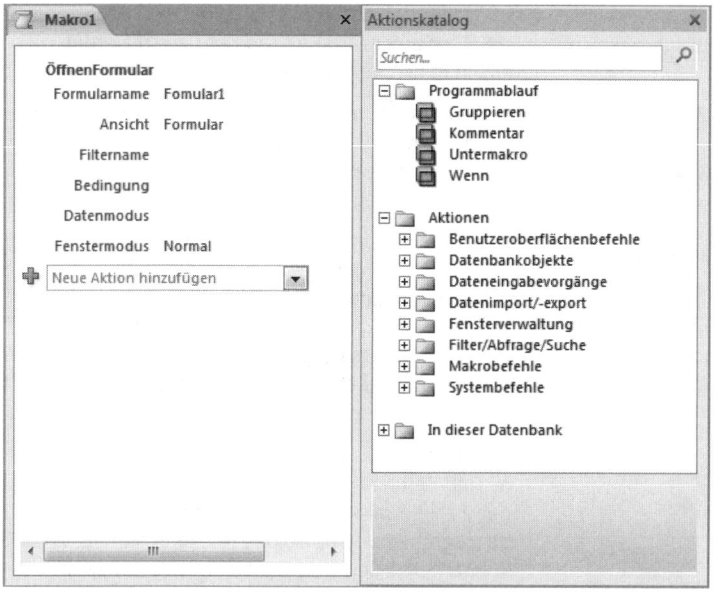

Abbildung 2.36
Der Inhalt von *Makro1* im Editor

» Setzen Sie die Einfügemarke innerhalb des Codefensters im Hauptbereich der Anwendung an eine beliebige Stelle im Code, der mit *Public Sub ...* beginnt und mit *End Sub* endet. Eine solche vorherige Markierung ist notwendig! Klicken Sie dann auf die Schaltfläche *Sub/UserForm ausführen* in der Symbolleiste, oder drücken Sie einfach die F5-Taste. Als Erfolg wird der Code ausgeführt und ein kleines Dialogfeld angezeigt (→ Abbildung 2.38). Dieses Beispiel ist zwar etwas trivial, aber es demonstriert das Prinzip.

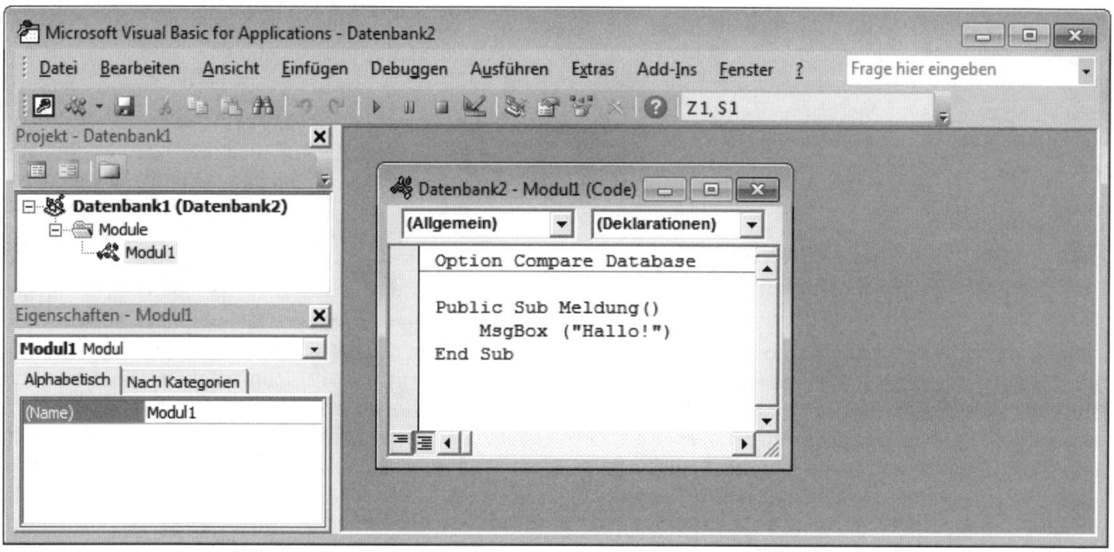

Abbildung 2.37 Das *Modul1* im VBA-Editor

Abbildung 2.38
Das Modul lässt eine kleine Meldung anzeigen.

» Bestätigen Sie den Empfang der Meldung durch einen Klick auf *OK*.

»  Schließen Sie das Fenster durch einen Klick auf die übliche Schaltfläche *Schließen*.

REFERENZ Mit den Techniken der Programmierung mit VBA werden wir uns in den Kapiteln 15 bis 17 beschäftigen.

Datenzugriffsseiten

Access 2010 unterstützt keine *Datenzugriffsseiten* mehr. Wenn Sie ein Dateneingabeformular über das Web bereitstellen und die über das Formular eingegebenen Daten in Access speichern möchten, können Sie Ihre Datenbank auf einem SharePoint-Server bereitstellen und die Werkzeuge verwenden, die SharePoint Workspace 2010 anbietet. Auf das Arbeiten mit solchen Freigaben gehen wir später ein (→ Kapitel 13).

ACHTUNG Wenn Sie eine Datenbank öffnen, die mit einer früheren Version von Access erstellt wurde, und die Datenbank Datenzugriffsseiten enthält, können Sie die Seiten im Internet Explorer anzeigen. Sie können diese Seiten jedoch nicht bearbeiten.

2.4 Programmübergreifende Standardbefehle

Damit kommen wir zum letzten Abschnitt dieses Kapitels. Viele Befehle können Sie in allen Programmen der Office-Familie auf dieselbe oder zumindest fast dieselbe Weise einsetzen. Das gilt zum großen Teil auch bei den einzelnen Datenbankobjekten innerhalb von Access. Damit wir uns bei der Behandlung dieser Dinge nicht andauernd wiederholen müssen, wollen wir zumindest einen Teil davon in diesem Kapitel abhandeln, bevor wir in die Details der Arbeit mit den einzelnen Programmen gehen. Etwas mehr erfahrenen Benutzern werden diese bereits zum größten Teil bekannt sein:

» In allen Programmen finden Sie beispielsweise allgemeine Korrekturfunktionen – wie die Rechtschreib- oder Grammatikprüfung und diverse Möglichkeiten zum Nachschlagen und Übersetzen.

» Bei der Eingabe kommt es häufig vor, dass Textpassagen oder Zahlenwerte von einer Stelle an eine andere verschoben oder dorthin kopiert werden müssen. Dafür gibt es unter Windows Standardmethoden für die Vorgehensweise, bei den Office-Programmen können aber noch zusätzliche Techniken eingesetzt werden.

» Daneben gibt es noch eine Reihe weiterer Werkzeuge und Befehle, die im Prinzip bei allen Programmen der Familie Microsoft Office vorhanden sind. Dazu gehören beispielsweise das Rückgängigmachen und Wiederherstellen von Befehlen und Eingaben, die Einstellung der Vergrößerung auf dem Bildschirm, das Verwenden von Symbolzeichen in einem Dokument oder das Arbeiten mit Farben.

Wir wollen uns in diesem Abschnitt zunächst auf die Dinge konzentrieren, die Ihnen bereits bei der Dateneingabe und -bearbeitung in den einzelnen Objekten begegnen werden. Auf andere objektübergreifende Funktionen – wie beispielsweise das Drucken oder Freigeben – gehen wir später ein.

2.4.1 Die Rechtschreibprüfung

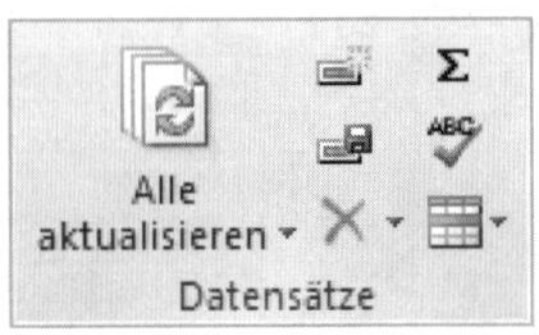

Beim Einsatz in Datenbanken sind die allgemeinen Korrekturfunktionen vielleicht nicht so wichtig. Deren Haupteinsatzbereich ist ja vordringlich in der Textverarbeitung zu sehen. Sie sind aber auch bei Access hilfreich, obwohl sie hier nur in einer funktionsreduzierten Form zur Verfügung stehen. Mit der Rechtschreibprüfung können Sie das gesamte Dokument oder einen markierten Bereich auf Fehler hinsichtlich der Rechtschreibung untersuchen und gegebenenfalls korrigieren lassen. Für die Rechtschreibprüfung stellt Microsoft Office interne Wörterbücher zur Verfügung. Diese Wörterbücher sind bei allen Programmen der Familie dieselben. Sie können aber auch eigene Wörterbücher verwenden, in die Sie Einträge einfügen können, die nicht bekannt sind. Den Zugriff dazu finden Sie bei mehreren Datenbankobjekten in der Gruppe *Datensätze* der Registerkarte *Start*.

Die Durchführung der Prüfung

Zum Starten der Prüfung öffnen Sie das gewünschte Datenbankobjekt und wählen auf der Registerkarte *Start* in der Gruppe *Datensätze* die Schaltfläche *Rechtschreibung*. Wenn Sie nur einen bestimmten Bereich prüfen wollen, markieren Sie diesen zuerst. Dem Wörterbuch nicht bekannte Wörter und Konstruktionen werden dann im Dialogfeld *Rechtschreibung* gemeldet. Sie können die Korrekturen direkt in diesem Dialogfeld vornehmen (→ Abbildung 2.39).

- » Unter *Vorschläge* wird ein Vorschlag oder eine Liste mit Vorschlägen für die Korrektur angezeigt. Wählen Sie hier die korrekte Schreibweise des Wortes aus, oder korrigieren Sie das Wort im darüber liegenden Feld manuell.
- » Ein Klick auf *Ignorieren* behält die Schreibweise bei diesem Wort bei, meldet aber bei einem weiteren Auftreten die Schreibweise erneut als Fehler.
- » Mit *Alle ignorieren* legen Sie fest, dass die Schreibweise des Wortes innerhalb des gesamten Bereichs beibehalten und nicht mehr als Fehler gemeldet wird.
- » Falls das Wort tatsächlich korrekt geschrieben wurde, es dem Programm aber unbekannt ist, können Sie es über die Schaltfläche *Hinzufügen* in das aktuelle Wörterbuch aufnehmen.
- » *Ändern* korrigiert das Wort entsprechend Ihrer Auswahl im Feld *Vorschläge* beziehungsweise entsprechend Ihrer Korrektur im Feld *Nicht im Wörterbuch*.
- » Bei einer Bestätigung über *Alle ändern* wird sowohl das aktuell hervorgehobene als auch jedes weitere Auftreten dieses Wortes entsprechend Ihrer Auswahl im Feld *Vorschläge* beziehungsweise entsprechend Ihrer Korrektur im Feld *Nicht im Wörterbuch* geändert.
- » *AutoKorrektur* übernimmt die fehlerhafte und die korrekte Schreibweise in die *AutoKorrektur* (→ unten).

TIPP Als Besonderheit bei der Anwendung der Rechtschreibprüfung bei Access finden Sie im Dialogfeld auch die Schaltfläche *Feld ... ignorieren*. Wenn Sie darauf klicken, wird das aktuelle Feld im Datenbankobjekt bei der Prüfung nicht mehr berücksichtigt. Das ist beispielsweise dann sinnvoll, wenn sich im Feld Nachnamen oder Abkürzungen befinden, die das Wörterbuch nicht kennt und auch nicht kennen muss.

Die Einstellungen zur Dokumentprüfung

Nach einem Klick auf *Optionen* im Dialogfeld *Rechtschreibung* werden die Optionen zur Dokumentprüfung angezeigt. Sie können dieses Fenster auch auf den Bildschirm bringen, indem Sie die Registerkarte *Datei* öffnen und dann den Bereich *Dokumentprüfung* unter den *Optionen* wählen. Im Fenster werden die Optionen zur Einstellung für dieses Werkzeug in mehreren Bereichen angezeigt (→ Abbildung 2.40).

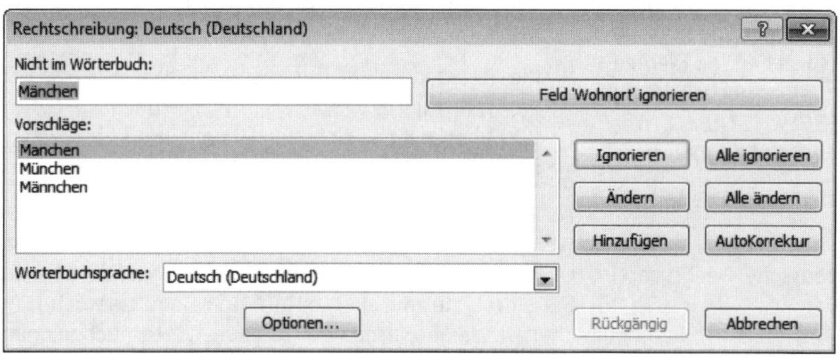

Abbildung 2.39
Rechtschreibfehler werden im Dialogfeld angezeigt.

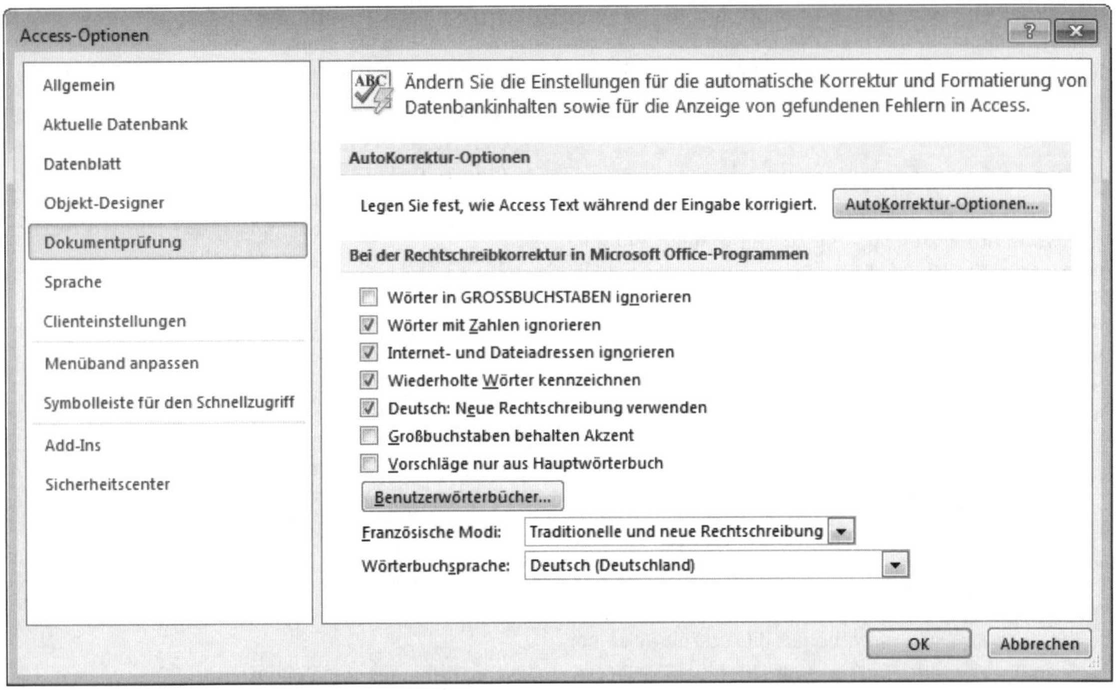

Abbildung 2.40 Die Optionen zur Prüfung finden Sie im Bereich *Dokumentprüfung* der *Access-Optionen*.

Die Rechtschreibprüfung ist seit der Office 2007-Generation hinweg einheitlicher geworden. Einige der Optionen für die Rechtschreibprüfung sind nun global verfügbar. Wenn Sie eine dieser Optionen in einem Office-Programm ändern, wird diese Änderung auch für alle anderen Office-Programme übernommen. Im Bereich *Dokumentprüfung* unter den *Optionen* sind das diejenigen, die unter *Bei der Rechtschreibkorrektur in Microsoft Office-Programmen* zusammengefasst sind:

» Sind Optionen aktiviert, deren Bezeichnung mit ... *ignorieren* endet, werden die entsprechenden Elemente bei der Rechtschreibprüfung nicht berücksichtigt - dies betrifft *Wörter in GROSSBUCHSTABEN*, *Wörter mit Zahlen* sowie *Internet- und Dateiadressen*.

» *Wiederholte Wörter kennzeichnen* macht genau das, was es sagt.

» Sie können ferner die neue deutsche Rechtschreibung ein- oder ausschalten.

» *Großbuchstaben behalten Akzent* weist Sie auf Großbuchstaben mit Akzent hin, denen der Akzent fehlt. Wenn Sie die französische Sprache verwenden, ist diese Option standardmäßig immer aktiviert, da das Wörterbuch für diese Sprache Großbuchstaben mit Akzent umfasst.

» Ist *Vorschläge nur aus Hauptwörterbuch* aktiviert, werden gegebenenfalls vorhandene Vorschläge aus geöffneten Benutzerwörterbüchern nicht mit angezeigt.

» Die Rechtschreibprüfung enthält seit Office 2007 das reformierte *Französisch*-Wörterbuch. In Office 2003 handelte es sich hierbei um ein *Add-In*, das separat installiert werden musste.

Auch die Eintragungen in die Benutzerwörterbücher werden für alle Office-Programme gemeinsam geregelt. Über die Schaltfläche *Benutzerwörterbücher* können Sie eine Liste mit allen geöffneten Benutzerwörterbüchern anzeigen lassen sowie neue Wörterbücher anlegen (→ Abbildung 2.41). Wenn Sie mehrere davon er-

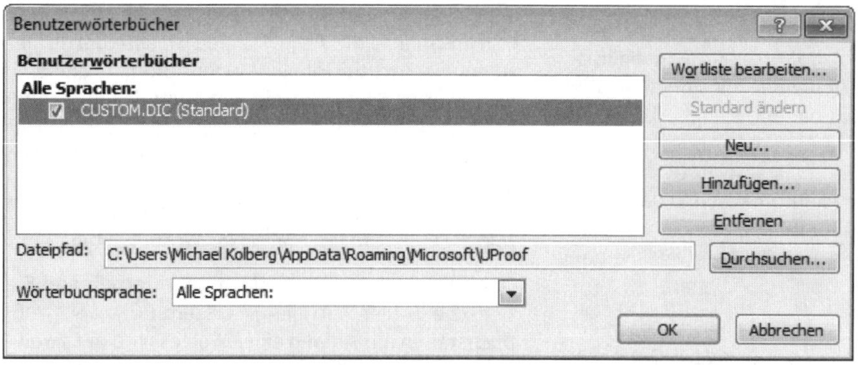

Abbildung 2.41
Die Benutzerwörterbücher

stellt haben, wählen Sie hier das Wörterbuch aus, in das bestimmte Schreibweisen aufgenommen werden sollen.

» Über *Wortliste bearbeiten* können Sie die vorhandenen Einträge in dem vorher markierten Wörterbuch kontrollieren, editieren, erweitern oder löschen (→ Abbildung 2.42). Sie finden hier beispielsweise alle Ergänzungen, die Sie über die Schaltfläche *Zum Wörterbuch hinzufügen* im Dialogfeld *Rechtschreibung und Grammatik* in das aktuelle Wörterbuch aufgenommen haben. Falls Sie versehentlich ein falsch geschriebenes Wort aufgenommen haben, können Sie es markieren und löschen. Über das Feld *Wort/Wörter* können Sie auch neue Wörter hinzufügen. Um ein Wort zu bearbeiten, löschen Sie es zuerst, und fügen Sie es dann in der gewünschten Schreibweise hinzu.

Abbildung 2.42 Der Inhalt eines Benutzerwörterbuchs

» Wenn Sie viel mit Fachausdrücken zu tun haben, können Sie dafür spezielle Wörterbücher anlegen. Um ein neues Wörterbuch anzulegen, klicken Sie im Dialogfeld *Benutzerwörterbücher* auf *Neu*. Geben Sie im Feld *Dateiname* den Namen des neuen Benutzerwörterbuches ein, und klicken Sie auf *Speichern*. Neue Wörterbücher müssen Sie aktivieren: Überprüfen Sie im Dialogfeld *Benutzerwörterbücher*, ob das Kontrollkästchen neben dem Namen des betreffenden Wörterbuches aktiviert ist. Außerdem deaktivieren Sie auf der Registerkarte *Rechtschreibung und Grammatik* das Kontrollkästchen *Vorschläge nur aus Hauptwörterbuch*.

» Im Dialogfeld *Benutzerwörterbücher* sind alle Wörterbücher aufgelistet, die für die Rechtschreibprüfung in Word zur Verfügung stehen. Wenn Sie ein Wörterbuch von einem Drittanbieter erworben und auf dem Computer installiert haben, müssen Sie es hier verfügbar machen. Wenn das gewünschte Wörterbuch im Dialogfeld *Benutzerwörterbücher* nicht angezeigt wird, klicken Sie auf *Hinzufügen*, öffnen den Ordner, der das gewünschte Benutzerwörterbuch enthält, und doppelklicken auf die Wörterbuchdatei.

» Möchten Sie ein Wörterbuch als Standardwörterbuch verwenden, klicken Sie auf den Namen des Wörterbuches und dann auf *Standard ändern*.

2.4.2 Die AutoKorrektur

Simon ®

Über die *AutoKorrektur* können Sie typische Tippfehler, die Ihnen häufiger unterlaufen, automatisch bei der Eingabe korrigieren lassen. Aber auch andere Eingaben können umgewandelt werden: Wenn Sie beispielsweise die drei Zeichen *(r)* eingeben, wird das automatisch in das Symbol ® geändert. Das Programm führt diese Korrekturen unmittelbar durch, nachdem Sie die [Leer]-Taste gedrückt haben, um ein neues Wort zu beginnen.

Wie dieses Werkzeug arbeiten soll, können Sie nach einem Klick auf die Schaltfläche *AutoKorrektur-Optionen* im Bereich *Dokumentprüfung* im Fenster für die *Optionen* regeln. Das ruft ein Dialogfeld auf den Bildschirm, das - je nach Programm - über eine unterschiedliche Zahl von Registerkarten verfügt.

Die Registerkarte *AutoKorrektur*

Bei Access finden Sie in diesem Bereich nur die Registerkarte *AutoKorrektur* vor. Damit können Sie die generellen Einstellungen zum Ersetzen bestimmen (→ Abbildung 2.43).

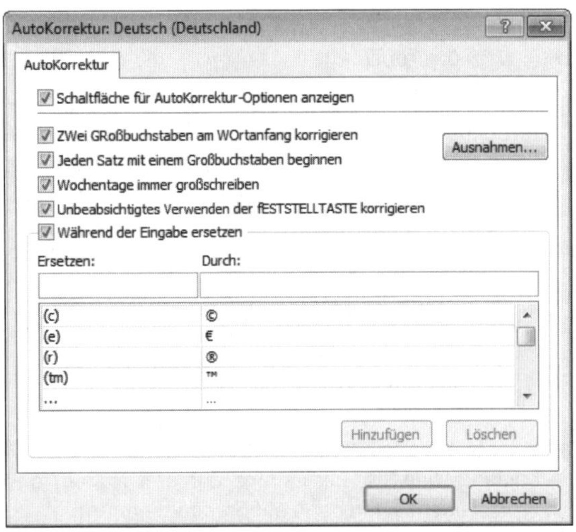

Abbildung 2.43 Die Registerkarte *AutoKorrektur* ermöglicht das Einstellen der Grundfunktionen.

» Ist ganz oben auf der Registerkarte das Kontrollkästchen *Schaltfläche für AutoKorrektur-Optionen anzeigen* aktiviert, wird zunächst ein kleiner blauer Balken angezeigt, wenn Sie den Mauszeiger in der Nähe von Text positionieren, der automatisch korrigiert wurde. Dieser Balken wird zum Schaltflächensymbol *AutoKorrektur-Optionen*, wenn Sie darauf zeigen. Durch einen Klick auf dieses Symbol können Sie aus mehreren Optionen auswählen - beispielsweise die Korrektur rückgängig machen oder die *AutoKorrektur*-Funktion für dieses Wort deaktivieren.

» Über die Optionen im Bereich darunter können Sie typische Fehler korrigieren lassen: Bei zwei Großbuchstaben am Anfang eines Wortes wird der zweite automatisch in einen Kleinbuchstaben umgewandelt, der erste Buchstabe eines Satzes, einer Tabellenzelle und Wochentage werden großgeschrieben. *Unbeabsichtigtes Verwenden der fESTSTELLTASTE korrigieren* schaltet die [⇩]-Taste ab und korrigiert die Eingabe automatisch, wenn diese Taste eingeschaltet war und Sie ein Wort mit einem Kleinbuchstaben begonnen und anschließend Großbuchstaben eingegeben haben.

» Im Listenfeld im unteren Bereich werden automatische Ersetzungsvorschriften angezeigt. Wenn Sie beispielsweise die drei Zeichen *(r)* eingeben, wird das automatisch in das Symbol ® umgewandelt. Weitere automatisch zu ersetzende Eingaben können Sie selbst definieren. Sie können diesen Bereich auch dazu benutzen, für Sie typische Tippfehler - sogenannte Buchstabendreher - automatisch korrigieren zu lassen. Wenn Sie beispielsweise dazu neigen, statt des Wortes *München* häufig das Wort *Müchen* zu tippen, geben Sie in den Feldern *Ersetzen* und *Durch* die falsche und die korrekte Schreibweise hierfür ein und klicken dann auf die Schaltfläche *Hinzufügen*. Sobald Ihnen nach dem Schließen des Dialogfeldes bei der nächsten Eingabe dieser Fehler unterläuft, wird er automatisch korrigiert. Wollen Sie einen Eintrag aus der *AutoKorrektur*-Liste entfernen, markieren Sie ihn in der Liste und klicken dann auf die Schaltfläche *Löschen*.

» Wenn Sie generell verhindern wollen, dass während der Eingabe die in der *AutoKorrektur*-Liste aufgeführten Rechtschreibfehler automatisch korrigiert und Wörter ersetzt werden, deaktivieren Sie oberhalb der Felder *Ersetzen* und *Durch* das Kontrollkästchen *Während der Eingabe ersetzen*.

Abbildung 2.44 Die Ausnahmen zur AutoKorrektur

Ausnahmen definieren

Durch einen Klick auf die Schaltfläche *Ausnahmen* öffnen Sie ein Dialogfeld, über das sich Ausnahmen für die auf der Registerkarte *AutoKorrektur* festgelegten Ersetzungsregeln definieren lassen:

» Auf der Registerkarte *Erster Buchstabe* legen Sie die Ausnahmen für das Unterdrücken der Großschreibung nach Abkürzungen fest. Viele Abkürzungen sind bereits vorhanden. Der Eintrag *bzw.* in dieser Liste bewirkt, dass nach Eingabe von *bzw.* das folgende Wort nicht automatisch großgeschrieben wird.

» Entsprechend legen Sie auf der Registerkarte *WOrtanfang GRoß* die Ausnahmen für bestimmte technische Bezeichnungen fest.

Zum Hinzufügen einer Ausnahme geben Sie im Textfeld die Ausnahme ein und bestätigen über *Hinzufügen*.

2.4.3 Verschieben oder Kopieren

Bei der Eingabe kommt es häufig vor, dass Textpassagen oder Zahlenwerte von einer Stelle an eine andere verschoben oder dorthin kopiert werden müssen. Bei der Mehrzahl der Office-Programme können Sie dafür mit der Maus über Drag&Drop arbeiten, bei Access aber nur in Ausnahmefällen. Stattdessen müssen Sie die entsprechenden Befehle der Zwischenablage benutzen. Wie üblich gelten diese Aktionen nur für den markierten Bereich.

Mit Elementen der Gruppe *Zwischenablage*

Wenn Sie das Verschieben oder Kopieren über Elemente des Menübandes abwickeln wollen, müssen Sie die Wirkung von drei Funktionen kennen, mit denen Sie diese Aktionen durchführen können: Ausschneiden, Kopieren und Einfügen. Sie finden diese bei praktisch allen Programmen in der Gruppe *Zwischenablage* auf der Registerkarte *Start*.

»  Wenn Sie einen markierten Bereich ausschneiden, wird dieser aus dem Dokument entfernt und in der Zwischenablage abgelegt.

»  Auch beim Kopieren wird der markierte Bereich in die Zwischenablage verschoben, verbleibt aber auch – im Gegensatz zum Ausschneiden – an seiner ursprünglichen Stelle im Dokument.

» 

Wenn sich durch ein vorheriges Ausschneiden oder Kopieren ein Element in der Zwischenablage befindet, können Sie es an einer beliebigen Stelle im selben oder in einem anderen Dokument wieder einfügen. *Einfügen* steht nur zur Verfügung, wenn sich ein Element in der Zwischenablage befindet.

Durch Einsatz einer Kombination dieser Funktionen können Sie Bereiche verschieben oder kopieren. In jedem Fall müssen Sie den Bereich vor einer Aktion markieren. Wenn Sie an der Zielstelle vor dem Einfügen einen Bereich markieren, wird der im Bereich markierte Text durch den kopierten/verschobenen Text ersetzt.

- Um ein Element zu verschieben, wählen Sie nach dem Markieren den Befehl *Ausschneiden*. Das Element verschwindet daraufhin vom Bildschirm. Setzen Sie dann die Einfügemarke an die Stelle, an die das Element verschoben werden soll. Wählen Sie nun den Befehl *Einfügen*. Das Element erscheint daraufhin an der gewählten Stelle.
- Um ein Element zu kopieren, markieren Sie es und wählen den Befehl *Kopieren*. Klicken Sie dann auf die Stelle, an der das kopierte Element erscheinen soll, und wählen Sie *Einfügen*. Daraufhin wie eine Kopie des markierten Bereichs an der aktuellen Cursorposition eingefügt.

TIPP Sie können auch die üblichen Tastenkürzel zum Kopieren, Ausschneiden und Einfügen verwenden (→ Kapitel 22).

Die Einfügeoptionen

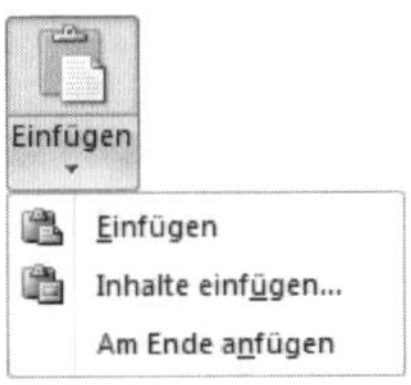

Beachten Sie auch, dass die Schaltfläche *Einfügen* über Optionen verfügt, die Sie anzeigen lassen können, indem Sie nicht direkt auf das eigentliche Schaltflächensymbol klicken, sondern auf die darunter angezeigte Pfeilspitze klicken. Sie können dann wählen, wie eingefügt werden soll.

Inhalte einfügen

Wenn Sie unter den *Einfügeoption* den Befehl *Inhalte einfügen* wählen, haben Sie noch mehr Möglichkeiten (→ Abbildung 2.45). Was Ihnen im Dialogfeld angeboten wird, hängt davon ab, was für ein Element sich momentan in der Zwischenablage befindet. Bei Text in der Ablage finden Sie beispielsweise andere Optionen als bei einer Grafik.

Die Office-Zwischenablage

Wie schon vorher erwähnt, wird das zuletzt kopierte oder ausgeschnittene Element immer in der Systemzwischenablage von Microsoft Windows abgelegt. Zusätzlich verfügen die Programme der Office-Familie auch über eine eigene Zwischenablage. Diese *Microsoft Office-Zwischenablage* verfügt über eine Funktion, die es ermöglicht, bis zu 24 unterschiedliche Inhalte abzulegen.

Zur Arbeit mit diesen Inhalten dient der Aufgabenbereich *Zwischenablage*. Dieser kann – je nach Konfiguration – automatisch angezeigt werden, sobald Sie mehr als ein Element kopiert oder ausgeschnitten haben. Auf jeden Fall können Sie ihn aber auf den Bildschirm bringen, nachdem Sie auf die kleine Schaltfläche mit dem nach unten rechts weisenden Pfeil neben der Gruppenbezeichnung *Zwischenablage* geklickt haben (→ Abbildung 2.46).

- In der Titelleiste wird angezeigt, wie viele Inhalte bereits in der Zwischenablage abgelegt sind. Sind in dieser Zwischenablage bereits 24 Elemente vorhanden, wird bei einem weiteren Kopieren oder Ausschneiden das Element, das als Erstes dort eingefügt wurde, wieder daraus entfernt.
- Nachdem Sie eines der im Listenfeld angezeigten Elemente markiert und auf den nach unten zeigenden Pfeil geklickt haben, können Sie über ein kleines

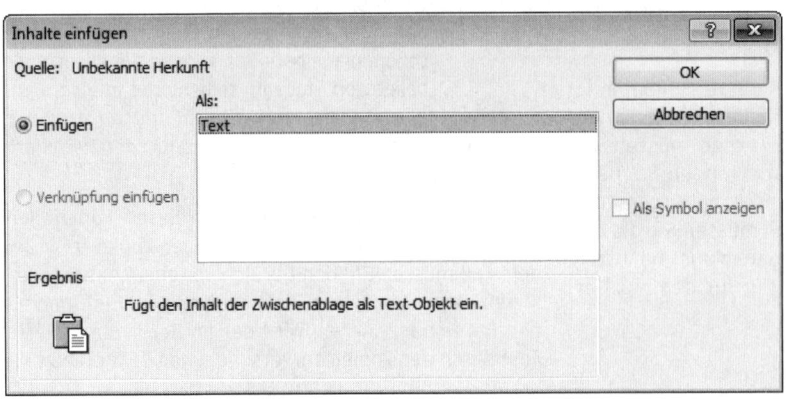

Abbildung 2.45
Über *Inhalte einfügen* haben Sie oft noch eine größere Auswahl.

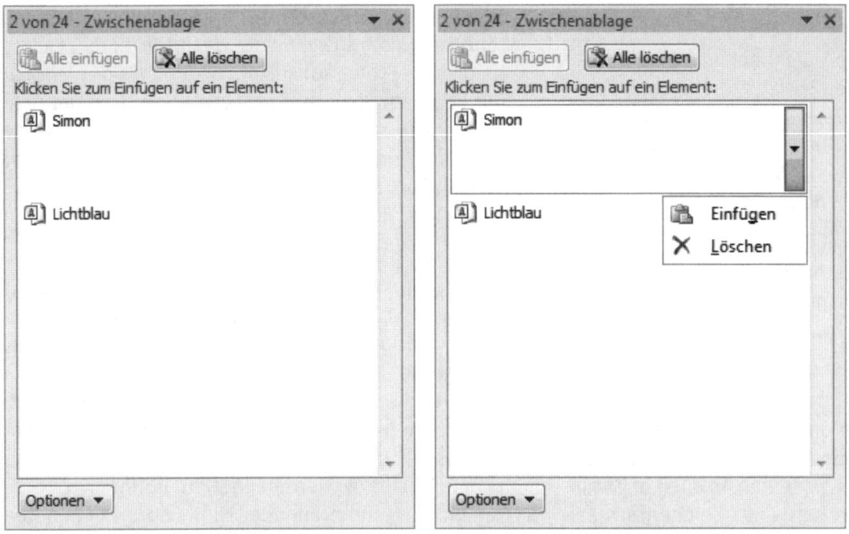

Abbildung 2.46
Über die Office-Zwischenablage können Sie mehrere Elemente ablegen und diese bei Bedarf wieder einfügen.

Menü wählen, ob Sie dieses Element an der aktuell markierten Stelle einfügen wollen oder ob es aus der Zwischenablage entfernt werden soll.

» Über die Schaltflächen oberhalb des Listenfeldes können Sie außerdem alle Elemente der Zwischenablage an der aktuellen Cursorposition einfügen oder die Zwischenablage leeren.

» Über die Schaltfläche *Optionen* ganz unten im Aufgabenbereich öffnen Sie ein Menü, mit dessen Befehlen Sie das Verhalten der Zwischenablage steuern können (→ Abbildung 2.47).

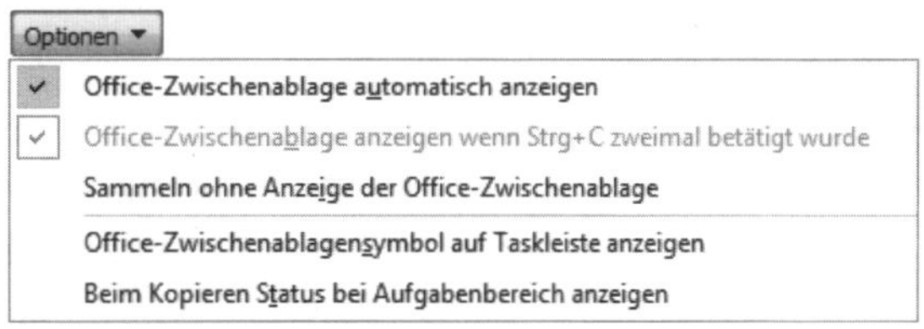

Abbildung 2.47 Das Verhalten der Office-Zwischenablage können Sie individuell steuern.

Befehl	Beschreibung
Office-Zwischenablage automatisch anzeigen	Die Zwischenablage wird automatisch angezeigt, wenn zwei Ausschneide-/Kopierbefehle ohne eine Eingabe dazwischen aufeinanderfolgen.
Office-Zwischenablage anzeigen wenn Strg+C zweimal betätigt wurde	Die Zwischenablage wird über die entsprechende Tastenkombination auf den Bildschirm gebracht.
Sammeln ohne Anzeige der Office-Zwischenablage	Alle ausgeschnittenen oder kopierten Elemente werden in der Zwischenablage gesammelt, ohne dass diese angezeigt wird.
Office-Zwischenablagensymbol auf Taskleiste anzeigen	Ein Symbol für die Zwischenablage wird in der Taskleiste angezeigt. Die Steuerung kann dann über das Kontextmenü zu diesem Symbol erfolgen. Das funktioniert auch bei Nicht-Office-Programmen.
Beim Kopieren Status bei Aufgabenbereich anzeigen	Beim Kopieren wird eine QuickInfo zum Symbol in der Taskleiste angezeigt, in der die Anzahl der Elemente in der Zwischenablage angegeben wird.

Tabelle 2.6 Die Optionen der Zwischenablage

2.4.4 Die Formatierung

Eine weitere Funktionsgruppe, die Ihnen in fast allen Bereichen von Access begegnen wird, ist die Gruppe *Textformatierung*. Sie finden diese Gruppe beispielsweise rechts in der Registerkarte *Start*, und die Elemente darin dienen – wie den Name schon dezent andeutet – zum Formatieren von Text (→ Abbildung 2.48).

Für die Darstellung einzelner oder mehrerer Zeichen (Buchstaben, Ziffern usw.) können Sie die Schriftart, deren Größe, den Schriftstil (normal, fett, unterstrichen usw.) sowie die Farbe und einige weitere Effekte festlegen.

Bevor Sie einen Formatbefehl für die Schrift auswählen, müssen Sie zunächst den zu formatierenden Textbereich markieren. Wollen Sie das Zeichenformat für ein ganzes Wort festlegen, genügt es, die Einfügemarke an eine beliebige Stelle im Wort zu setzen. In allen anderen Fällen müssen Sie zum Zuweisen eines Zeichenformats den gesamten zu formatierenden Bereich markieren.

Schriftart, Schriftgrad und Schriftschnitt

Die wichtigsten Parameter einer Schrift sind deren Art und Größe:

» Die beiden wesentlichen Arten von Schriften sind die *Serifenschriften*, auch *Antiqua* – englisch *roman* – genannt, und die serifenlosen, auch *Grotesk* – oder englisch *modern* – genannt. *Serifen* sind bei einer Schrift die geschwungenen oder rechteckigen Enden der Striche, auch Endstriche genannt. *Serifenlose* Schriften werden vielfach als modern empfunden und zunehmend auch in umfangreichen Texten eingesetzt. Man sollte jedoch beachten, dass bei größeren Texten Serifenschriften für die meisten Menschen eine bessere Lesbarkeit mit sich bringen. Eine Schrift, bei der die Zeichen verschiedene Zeichenbreiten (diese werden als Dickten bezeichnet) haben, nennt man *Proportionalschrift*. Dies ist für die meisten Druckschriften heute der Standard. Schriften, die im Gegensatz dazu für jedes Zeichen die gleiche Breite aufweisen, werden als *dicktengleiche* – oder englisch *monospaced* – Schriften bezeichnet. Kennzeichnend für *Schreibschriften* ist, dass die Zeichen in einem Wort fast oder konkret aneinander anschließen, sodass das Bild einer handgeschriebenen Schrift entsteht. *Symbolschriften* ermöglichen die Darstellung von grafischen Symbolen.

» Schriftgrößen werden in Punkt gemessen. *1 Punkt* entspricht *0,351 mm* oder *1/72 Zoll*. Eine Serifenschrift zwischen 8 und 10 Punkt ist gut lesbar. Bei Dokumenten, die mit normalem Abstand zwischen Augen und Papier gelesen werden, sollte die Grundschrift einen Schriftgrad zwischen 8 und 12 Punkt aufweisen. Für Informationen, die aus größerer Entfernung gelesen werden, gelten natürlich andere Regeln. Für Anmerkungen, Hinweise und Fußnoten empfehlen sich Schriftgrade von 6 bis 10 Punkt. Sie sollten jedenfalls ein bis zwei Punkt kleiner als der Schriftgrad der Grundschrift sein. Überschriften – beispielsweise für verschiedene Abschnitte in einem Formular – müssen Unterpunkte gliedern und eine schnelle Suche im Dokument erleichtern, deshalb sollten sie sich vom Grundtext abheben. Die hierfür zu verwendende Schriftgröße ist sehr stark von der Art des Dokuments abhängig.

Um die Schriftart und -größe für einen bestimmten Textbereich festzulegen, markieren Sie diesen und wählen die gewünschten Parameter aus den Listenfeldern *Schriftart* und *Schriftgrad* aus.

» 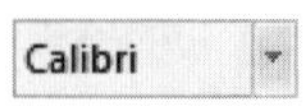

Die Einstellung der *Schriftart* nehmen Sie über das entsprechende Listenfeld vor (→ Abbildung 2.49 links). Bei den Schriften mit dem vorangestellten doppelten *T* handelt es sich um sogenannte *TrueType-Schriften*. Diese wer-

Abbildung 2.48
Die Gruppe *Textformatierung* finden Sie rechts in der Registerkarte *Start*.

den mit Windows mitgeliefert und können auf jedem grafikfähigen Drucker gedruckt werden. Schriften mit dem vorangestellten Druckersymbol sind Schriften, die Ihnen der festgelegte Drucker zur Verfügung stellt; sie ändern sich also je nach verwendetem Drucker.

» 

Über das Listenfeld *Schriftgrad* in diesem Bereich legen Sie die Größe der Schrift fest (→ Abbildung 2.49 rechts). Schriftgrößen werden in Punkt gemessen. *1 Punkt* entspricht *0,351 mm* oder *1/72 Zoll*.

Wählen Sie einen *Schriftschnitt*, um den vorher markierten Teil des Textes hervorzuheben.

» 

Eine **fette** Darstellung benutzt man häufig zum Hervorheben von Begriffen etc., die nicht übersehen werden sollten.

» 

Die *kursive* Darstellung ist dezenter und eignet sich besser für die Hervorhebung längerer Passagen.

» 

Zum Unterstreichen können Sie bei Access nur eine Option benutzen. Bei anderen Office-Programmen können Sie zwischen mehrere Linienarten und der zu verwendenden Farbe wählen.

Farbgebung

Zur Farbgebung der Schrift stehen Ihnen zwei weitere Parameter zur Verfügung.

» 

Im Listenfeld *Schriftfarbe* wählen Sie die Farbe der Schrift aus (→ Abbildung 2.50 links). Mit *Automatisch* wird die Standardtextfarbe unter Windows verwendet. Darunter stehen Ihnen mehrere *Designfarben* und noch weiter unten einige *Standardfarben* zu Verfügung.

» 
Wenn Sie innerhalb eines Textbereichs einen Abschnitt farblich besonders hervorheben wollen, benutzen Sie das Werkzeug *Texthervorhebungsfarbe* (→ Abbildung 2.50 rechts). Damit wird der Hintergrund hinter dem vorher markierten Textbereich eingefärbt.

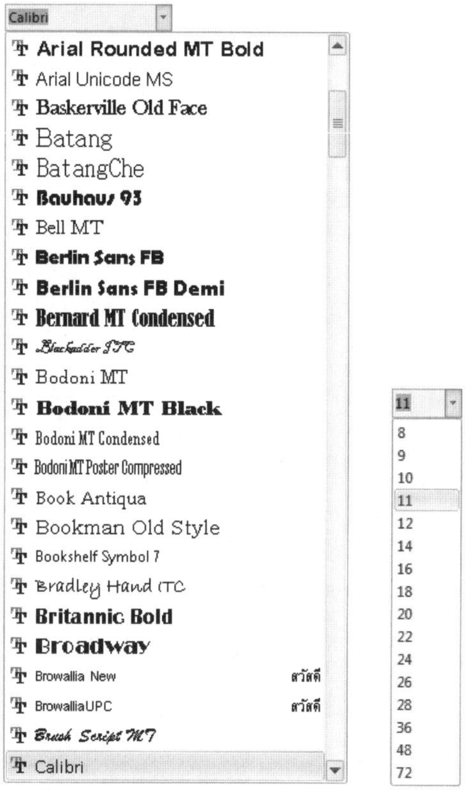

Abbildung 2.49 Schriftart und Schriftgrad

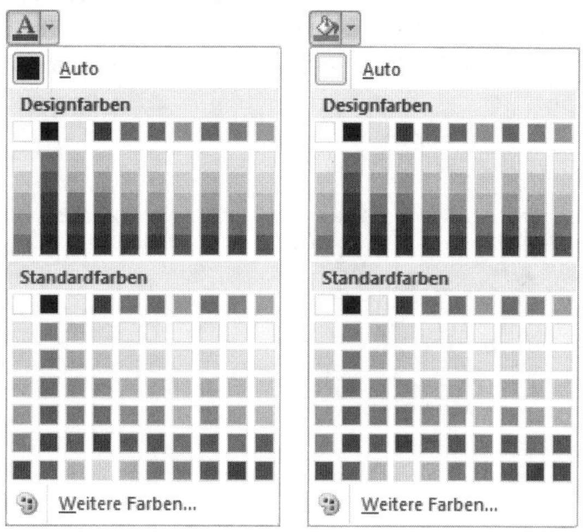

Abbildung 2.50 Schriftfarbe und Texthervorhebungsfarbe

Zusätzliche Farben

Wenn Ihnen die in der Liste angezeigten Farben nicht ausreichen, können Sie neue Farben mischen. Das erreichen Sie über das Dialogfeld *Farben*, das Sie über die Schaltfläche *Weitere Farben* in der Liste zur Farbwahl anzeigen lassen. Markieren Sie aber vor dem Aufruf im Dialogfeld *Neues Farbschema erstellen* das Feld mit der Schemafarbe, die Sie ersetzen wollen. Sie können hier entweder die Auswahl über die verfügbaren Basisfarben vornehmen oder die Farben vollkommen frei mischen (→ Abbildung 2.51). Dafür stehen Ihnen mehrere Farbmodelle zur Verfügung.

» Über die Registerkarte *Standard* können Sie die vorher im Dialogfeld *Neues Farbschema erstellen* markierte Farbe durch eine andere austauschen (→ Abbildung 2.51 links). Klicken Sie in dem Farbsechseck auf eine Basisfarbe, um diese statt der vorher markierten Farbe für das Schema zu übernehmen. Rechts unten im Dialogfeld finden Sie dann die Felder *Neu* und *Aktuell*, in denen die bisherige und die neue Farbe verglichen werden können. Zum Vergleich reicht es aus, dass Sie den Mauszeiger auf einer Farbe ruhen lassen.

» Über die Registerkarte *Benutzerdefiniert* können Sie eine Farbe aus den Basisfarben selbst mischen wollen (→Abbildung 2.51 rechts). Durch Verschieben der Marke im Feld können Sie die Farbe ändern. Durch Änderung in der Horizontalen wechseln Sie den Farbton, durch Verschieben in der Vertikalen die Sättigung.

» Alternativ zum Verschieben der Marke über die Maus können Sie die Farbe auf der Registerkarte *Benutzerdefiniert* auch durch Eingabe von Zahlenwerten festlegen. Wählen Sie dazu zuerst ein Farbmodell aus. Wenn Sie das Farbmodell *HSL* gewählt haben, können Sie die Farbparameter *Farbton, Sättigung* und *Intensität* auch durch Eingabe der Werte oder über die Drehfelder regeln. Haben Sie das Farbmodell *RGB* gewählt, können Sie die Farbparameter auch über die Intensitäten der drei Elementarfarben *Rot*, *Grün* und *Blau* regeln. Über das Modell *CMYK* können Sie die Farbparameter über die Intensitäten der vier Elementarfarben *Cyan*, *Magenta*, *Gelb* und *Schwarz* regeln.

Nach der Bestätigung wird die von Ihnen definierte Farbe in der Liste unter *Zuletzt verwendete Farben* angezeigt und kann wie die anderen Farben verwendet werden.

Formatierung ändern

Microsoft Office stellt verschiedene Verfahren zur Verfügung, die im markierten Bereich verwendeten Forma-

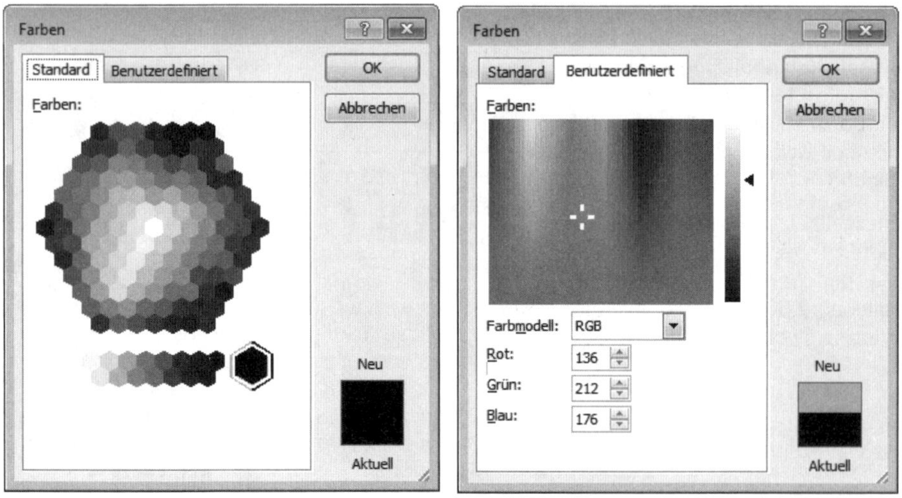

Abbildung 2.51
Eine neue Farbe erstellen Sie über das Dialogfeld.

te zu ändern. Zur Korrektur können Sie entweder die einzelnen Formatierungen individuell ändern oder bestimmte Formatierungen durch andere ersetzen.

Um eine zugewiesene Formatierung zu ändern, können Sie genauso wie beim ursprünglichen Formatieren vorgehen: Markieren Sie das zu formatierende Element, und legen Sie die Parameter des Formats über die entsprechenden Dialogfelder oder die Werkzeuge in der Gruppe *Textformatierung* neu fest. Denken Sie daran, dass einige der Schaltflächen in der Gruppe *Schriftart* als Umschalter wirken. Um beispielsweise ein fett formatiertes Wort wieder normal darzustellen, markieren Sie das Wort und klicken dann auf die aktiviert dargestellte Schaltfläche *Fett*.

Sie können auch ein für ein Textelement festgelegtes Format auf ein anderes übertragen:

» Dazu markieren Sie zunächst das Element, dessen Format Sie übertragen möchten. Bei einem Zeichenformat reicht es aus, wenn Sie die Einfügemarke an eine beliebige Stelle in den so formatierten Textbereich setzen.

»  Klicken Sie dann auf die Schaltfläche *Format übertragen* in der Gruppe *Zwischenablage* der Registerkarte *Start*.

» Markieren Sie abschließend das Element, auf das das Format übertragen werden soll.

Wenn Sie auf der Schaltfläche *Format übertragen* einen Doppelklick ausführen, bleibt die Funktion nach dem Übertragen auf das Zielelement aktiviert. Sie können dann anschließend weitere Elemente anklicken, um auch diesen das Format zuzuweisen. Ein Drücken der [Esc]-Taste oder ein erneuter Klick auf die Schaltfläche *Format übertragen* schaltet die Funktion wieder aus

2.4.5 Befehle und Eingaben rückgängig machen

Das Programm merkt sich während der Arbeit an einem Dokument Ihre durchgeführten Aktionen und Eingaben. Das bedeutet, dass Sie die meisten Eingaben und Befehle auch wieder rückgängig machen und auch anschließend wiederherstellen können:

»  Falls Sie also einen Befehl irrtümlich aufgerufen oder eine falsche Eingabe vorgenommen haben, können Sie dies durch einen Klick auf die Schaltfläche *Rückgängig* in der Symbolleiste für den Schnellzugriff widerrufen. Die zuletzt durchgeführte Aktion wird dann rückgängig gemacht.

» 

Über das Listenfeld zu dieser Schaltfläche können Sie auch mehrere nacheinander ausgeführte Befehle oder Eingaben in einem Arbeitsschritt widerrufen. Mehrere hintereinander durchgeführte Aktionen können nur insgesamt als Kette von Eingaben widerrufen werden. Es ist also beispielsweise nicht möglich, lediglich die fünftletzte Aktion zu widerrufen; Sie müssen in diesem Fall alle fünf zuletzt getätigten Aktionen rückgängig machen.

»  Auch beim Rückgängigmachen kann man sich irren. Um den zuletzt rückgängig gemachten Befehl wieder gültig zu machen, klicken Sie auf die Schaltfläche *Wiederherstellen* in der Symbolleiste für den Schnellzugriff.

» 

Wie beim Rückgängigmachen können Sie über das Listenfeld zu dieser Schaltfläche mehrere rückgängig gemachte Befehle in einem Schritt wiederherstellen.

Außerdem stehen Ihnen für diese Aufgaben auch Tastenkombinationen zur Verfügung (→ Tabelle 2.7).

Tasten	Beschreibung
[Strg]+[Z]	Aktion rückgängig machen
[Strg]+[Y]	Rückgängig gemachte Aktion wiederherstellen

Tabelle 2.7 Tastenkürzel zum Rückgängigmachen und Wiederherstellen

TIPP Der Speicher, in dem die Informationen zum Rückgängigmachen abgelegt werden, wird gelöscht, sobald Sie das aktuelle Dokument speichern. Nach dem Speichern können Sie also keine der vorher durchgeführten Aktionen mehr rückgängig machen!

Teil 2
Tabellen und Abfragen

Wie Sie in Kapitel 2 gesehen haben, bilden Tabellen und Abfragen die eigentliche Grundlage jeder Datenbank. In Tabellen werden bei Access die eigentlichen Daten abgelegt, auf die sich alle anderen Access-Datenbankobjekte beziehen. Die wesentlichste Aufgabe einer Abfrage besteht darin, bestimmte Datensätze oder Teile davon aus Tabellen herauszufiltern und das Ergebnis nach bestimmten Kriterien zu sortieren. Mit diesen beiden Objekten wollen wir uns in diesem zweiten Teil des Buches beschäftigen.

Kapitel 3: Tabellen anlegen

Tabellen müssen in einer Datenbank zunächst einmal erstellt werden. Wie die meisten anderen Access-Objekte verfügen Tabellen über zwei Modi: die Entwurfsansicht und die Datenblattansicht. Bevor Sie mit einer Tabelle arbeiten können, müssen Sie - beispielsweise in der Entwurfsansicht - die Struktur der Tabelle definieren - also die Namen und Eigenschaften der Felder in der Tabelle festlegen. Access 2010 erlaubt es aber auch, viele dieser Aufgaben direkt in der Datenblattansicht durchzuführen.

Kapitel 4: In Tabellen arbeiten

Auch im folgenden Kapitel werden wir uns mit Tabellen beschäftigen - jetzt aber mit der Datenblattansicht einer Tabelle. Im Prinzip geht es darum, die Tabelle mit Daten zu füllen und die so erzeugten Datensätze zu bearbeiten. Die Techniken dazu sind einfach zu beherrschen, und Sie müssen nur einige Besonderheiten beachten, die in diesem Kapitel angesprochen werden.

Kapitel 5: Grundlagen des Datenbankentwurfs

Nachdem wir uns jetzt nicht mehr um grundlegende Fragen der programmtechnischen Vorgehensweise bei der Arbeit mit Tabellen kümmern müssen, können wir uns jetzt etwas zurücklehnen und uns fragen, nach welchen generellen Prinzipien man Tabellen in einer Datenbank organisiert. Sie erfahren in diesem Kapitel, wie Sie entscheiden, welche Informationen benötigt werden, wie Sie diese Informationen auf die entsprechenden Tabellen und Spalten aufteilen und wie sich diese Tabellen aufeinander beziehen. Wir werden diesen Aspekt erst so spät behandeln, weil dafür ein Grundwissen vorausgesetzt wird, das Ihnen zunächst über die vorhergehenden Kapitel vermittelt wird. Lesen Sie dieses Kapitel, bevor Sie Ihre erste größere Datenbank erstellen.

Kapitel 6: Abfragen formulieren

Anschließend geht es um Abfragen. Die Grundaufgabe einer Abfrage besteht darin, bestimmte Datensätze oder Teile davon aus Tabellen herauszufiltern und das Ergebnis nach bestimmten Kriterien zu sortieren. Man spricht dabei von einer Auswahlabfrage. Sie können dieses Aufgabenspektrum noch erweitern und außerdem über diverse Aktionsabfragen bestimmte Datensätze aktualisieren oder löschen oder auch neue Tabellen darüber erstellen lassen.

Kapitel 3

Tabellen anlegen

Wie Sie bereits aus dem vorherigen Kapitel wissen, bilden Tabellen die Grundlage einer jeden Microsoft Access-Datenbank. Darin werden die eigentlichen Daten abgelegt, auf die sich alle anderen Access-Datenbankobjekte beziehen. Eine einfache Datenbank enthält möglicherweise nur eine einzige Tabelle. Für die meisten Datenbanken werden jedoch mehrere Tabellen benötigt. Sie wissen auch schon, dass die in den Tabellen gespeicherten Daten in Feldern und Datensätzen organisiert sind. Ein Datensatz besteht also aus den Eingaben in mehreren – für alle Datensätze gleichen – Feldern, die nur einen bestimmten Typ von Information enthalten dürfen.

Wie die meisten anderen Access-Objekte verfügen Tabellen über zwei Modi: die *Entwurfsansicht* und die *Datenansicht*. Bevor Sie mit einer Tabelle arbeiten können, müssen Sie in der Entwurfsansicht die Struktur der Tabelle definieren – also die Namen und Eigenschaften der Felder in der Tabelle festlegen. In diesem Kapitel werden wir uns zunächst mit dieser Definitionsphase beschäftigen.

» Zur Definition der Struktur einer Tabelle müssen Sie in Microsoft Access mehrere Aufgaben erledigen: Sie müssen eine neue leere Tabelle anlegen, in dieser Feldnamen bestimmen und sie anschließend speichern. Dafür gibt es verschiedene Möglichkeiten, und Sie sollten diese kennen, um je nach Situation die beste davon benutzen zu können (→ Abschnitt 3.1).

» Nachdem Sie eine Tabelle angelegt haben, werden Sie oft feststellen, dass Sie Änderungen daran vornehmen wollen. Dafür können Sie mit den Methoden arbeiten, die Ihnen in der *Entwurfsansicht* der Tabelle zur Verfügung stehen (→ Abschnitt 3.2). Auch hier sollten Sie alle wichtigen Techniken beherrschen. Dazu werden wir auf die unterschiedlichen *Felddatentypen*, *Feldeigenschaften*, *Indizes* und *Primärschlüssel* eingehen. Durch die Wahl des Felddatentyps entscheiden Sie beispielsweise, welche Eingaben in diesem Feld akzeptiert werden.

» Einige dieser Editieraufgaben können Sie in der *Datenblattansicht* der Tabelle vornehmen (→ Abschnitt 3.2.6). Das ist meist bequemer, allerdings steht Ihnen hier nur ein Teil der Möglichkeiten zur Verfügung.

TIPP Wenn Sie die in diesem Kapitel beschriebenen Tätigkeiten auf dem Rechner selbst nachvollziehen wollen, sollten Sie dafür die Beispieldatei *Datenbank3* aus dem Ordner *03* auf der Webseite öffnen. Die Datei im Unterordner *Material* darin enthält noch keine Inhalte, da wir uns hier mit den ersten Grundlagen nach dem Erstellen einer Datenbank beschäftigen. Einige Resultate der Arbeit finden Sie in der gleichnamigen Datei im Unterordner *Ergebnisse*.

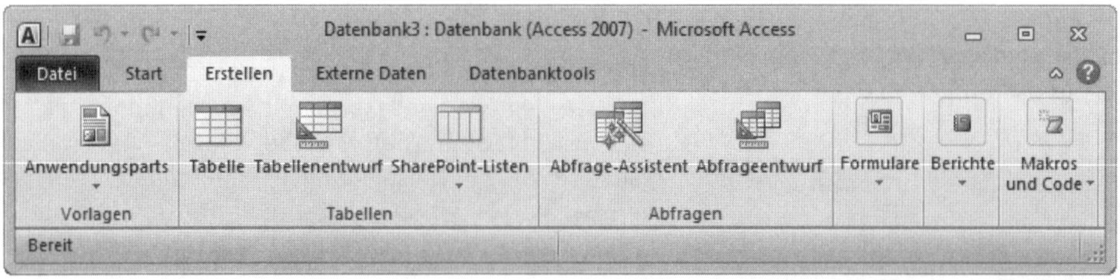

Abbildung 3.1 Die Werkzeuge zum Anlegen von Tabellen finden Sie in der Gruppe *Tabellen* der Registerkarte *Erstellen*.

3.1 Tabellen definieren

Zur Definition der Struktur einer Tabelle müssen Sie in Microsoft Access mehrere Aufgaben erledigen: Sie müssen eine neue leere Tabelle anlegen, in dieser Feldnamen bestimmen und sie anschließend speichern.

Bevor Sie eine Tabelle definieren können, muss natürlich eine Datenbank geöffnet sein, die diese Tabelle aufnehmen kann (→ Kapitel 1 und 2). Wenn Sie eine neue Datenbank anlegen, wird dabei standardmäßig auch immer eine neue Tabelle erstellt. Sie können diese direkt für die Eingabe der Daten verwenden oder aber gleich nach dem Erstellen der Datenbank schließen und damit löschen. Wenn Sie dann später eine oder weitere Tabellen anlegen wollen, benutzen Sie die Optionen in der Gruppe *Tabellen* auf der Registerkarte *Erstellen* im Menüband (→ Abbildung 3.1 und Tabelle 3.1).

Sie können sich darüber mehrerer Vorgehensweisen bedienen: Einerseits können Sie eine leere Tabelle direkt in der Datenblattansicht erstellen und anschließend darin Feldnamen und Feldinhalte eingeben. Andererseits können Sie eine der mit ausgelieferten *Tabellenvorlagen* benutzen, in denen die Feldnamen bereits festgelegt sind. Als dritte Möglichkeit können Sie den *Tabellenentwurf* verwenden, der eine Vielfalt von zusätzlichen Möglichkeiten liefert.

Um diese Möglichkeiten kennenzulernen, sollten Sie die nachfolgend erwähnten Aufgaben der Reihe nach durchführen.

Symbol	Name und Wirkung
	*Tabelle:* erstellt eine neue Tabelle in der *Datenblattansicht*. Sie können darin direkt mit der Eingabe von Inhalten beginnen.
	*Tabellenentwurf:* erstellt eine neue Tabelle in der Entwurfsansicht. Sie müssen darin die Feldnamen und die Datentypen angeben. Anschließend können Sie zur *Datenblattansicht* umschalten und dann die Inhalte eingeben.
	*SharePoint-Listen:* erstellt eine Tabelle in der Datenbank, die aus einer *SharePoint*-Liste importiert wird oder die mit dieser verknüpft ist (→ unten und Kapitel 13).

Tabelle 3.1 Die Alternativen zum Erstellen von Tabellen

3.1.1 Eine neue Tabelle in der Datenblattansicht anlegen

Sie können also einerseits Tabellen in der Ansicht definieren, in der Sie später auch die Daten anzeigen werden. Die Methode eignet sich vor allem dann, wenn Sie als Feldinhalte nur Textinhalte eingeben wollen und sich nicht mit der etwas aufwendigeren *Entwurfsansicht* herumplagen möchten.

» Falls notwendig, wählen Sie in der bereits geöffneten Datenbank die Registerkarte *Erstellen*.

» 

Klicken Sie auf dieser Registerkarte in der Gruppe *Tabellen* auf *Tabelle*. Als Erfolg wird im Arbeitsbereich des Programms eine neue Tabelle angelegt (→ Abbildung 3.2). Einen vorläufigen Namen dafür erstellt das Programm automatisch. Hatten Sie in der Datenbank vorher noch keine Tabelle erstellt, lautet dieser beispielsweise *Tabelle1*. Automatisch wird eine erste Feldspalte mit der Bezeichnung *ID* erstellt, deren Inhalte als Zähler für die Datensätze dienen. In ein solches Feld können Sie keine Eingaben eingeben, diese werden automatisch generiert (→ unten).

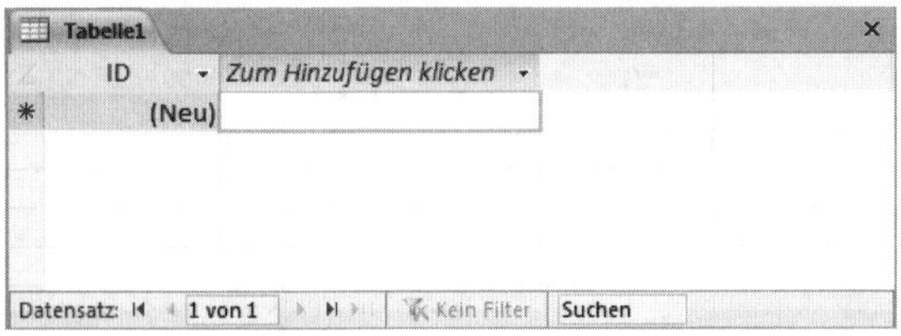

Abbildung 3.2 Eine fast leere Tabelle in der Datenblattansicht

» Die Einfügemarke ist automatisch in der ersten Zeile der zweiten Feldspalte positioniert. Sie können dort in der Tabelle direkt mit der Eingabe von Feldinhalten beginnen. Wenn Sie die Tabelle zum Speichern von Daten zu Personen benutzen wollen, können Sie hier beispielsweise einen Nachnamen eintragen.

» Sobald Sie die Eingabe im ersten Feld abgeschlossen haben, wird das Feld automatisch benannt. Als Name wird *Feld1* verwendet. Außerdem wird ein weiterer leerer Datensatz erzeugt.

» Benutzen Sie die Taste [↵] oder die Taste [⇆], um zum nächsten Feld zu wechseln. Sie können zur Navigation in der Tabelle auch die Pfeiltasten verwenden. Geben Sie in dieses Feld beispielsweise einen Vornamen ein (→ Abbildung 3.3).

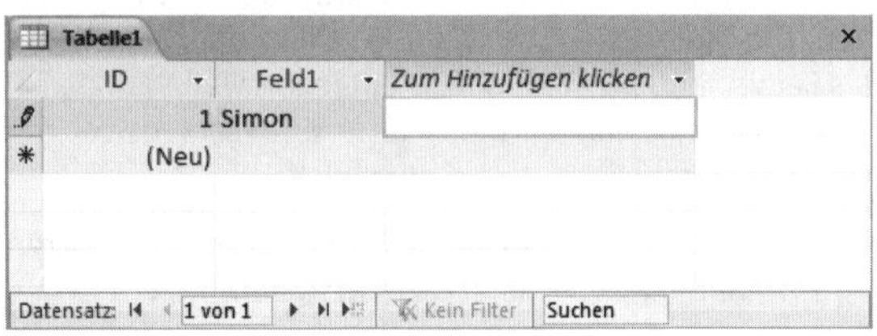

Abbildung 3.3 Die Tabelle enthält zwei Felder mit je einem Eintrag.

TIPP Weitere Informationen zur Eingabe von Feldinhalten finden Sie im folgenden Kapitel 4.

Das Feld benennen

Felder werden bei der gerade beschriebenen Form des Erstellens einer Tabelle automatisch benannt – *Feld1*, *Feld2* usw. Meist werden Sie aber diese Namen selbst festlegen wollen – Beispielsweise mit *Nachname*, *Vorname* usw. Sie können in der Datenblattansicht die automatisch vergebenen Feldnamen ändern, indem Sie auf den Namen doppelklicken und den bisherigen Namen überschreiben oder editieren (→ Abbildung 3.4).

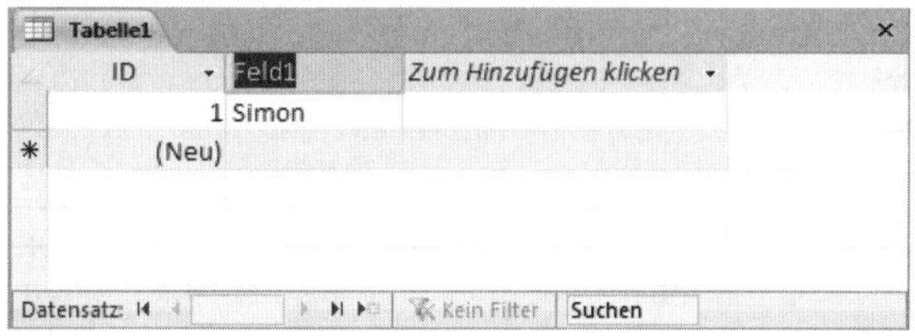

Abbildung 3.4 Der Feldname ist markiert. Er kann jetzt geändert werden.

ACHTUNG In Microsoft Access vergebene Namen dürfen bis zu 64 Zeichen lang sein und können aus einer – mit einigen Einschränkungen – beliebigen Kombination von Buchstaben, Zahlen, Leerzeichen und Sonderzeichen bestehen. Nicht zugelassen sind die Zeichen . (Punkt), ! (Ausrufezeichen), ` (Akzentzeichen), [sowie] (eckige Klammern) und die Steuerzeichen (ASCII-Werte 0 bis 32). Außerdem dürfen Namen nicht mit einem Leerzeichen beginnen.

ACHTUNG Es gibt bei Access auch einige reservierte Wörter, die Sie nicht für Feldnamen verwenden sollten. Wenn Sie eines davon benutzen, werden Sie darauf hingewiesen (→ Abbildung 3.5). Wenn Sie einen solchen Feldnamen beibehalten, funktioniert die Eingabe zwar weiterhin, oft tauchen aber dann in der Datenbank Erscheinungen auf, die nicht einfach nachzuvollziehen sind. Vermeiden Sie also solche Namen.

Die Feldtypen wählen

Alle Felder einer Tabelle sind mit einem Felddatentyp versehen: Dieser entscheidet, welche Eingaben in diesem Feld akzeptiert werden. In der Standardeinstellung wird automatisch zunächst der Felddatentyp *Text* ver-

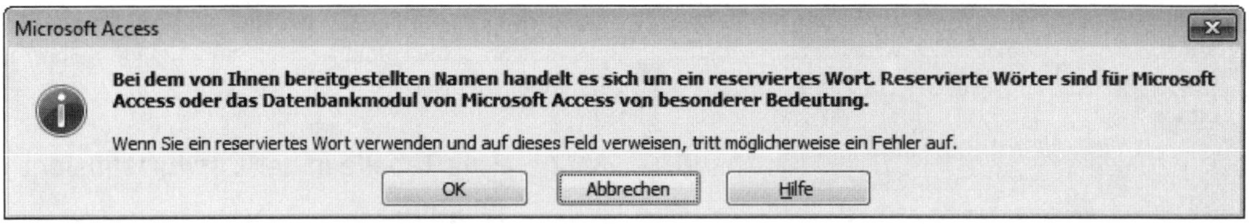

Abbildung 3.5 Vermeiden Sie reservierte Wörter für Feldnamen.

wendet. Wenn Sie aber als erste Eintragung in einem Feld einen Zahlenwert eingeben, legen Sie damit den Datentyp dieses Feldes auf *Zahl* fest. Sie können aber auch vor jeder Eintragung eines Feldwertes den Felddatentyp selbst festlegen. Klicken Sie dazu auf die Pfeilspitze rechts neben *Neues Feld hinzufügen*, und wählen Sie den Typ (→ Abbildung 3.6).

ACHTUNG Nachdem Sie einen Feldwert eingetragen haben, kann der Felddatentyp in dieser Ansicht nicht mehr geändert werden. Benutzen Sie dazu dann die Entwurfsansicht der Tabelle (→ unten).

REFERENZ Mehr zu den einzelnen Felddatentypen erfahren Sie weiter unten in diesem Kapitel.

TIPP Den Standarddatentyp für Felder in neuen Tabellen oder für Felder, die Sie zu vorhandenen Tabellen hinzufügen, können Sie in der Kategorie *Objekt-Designer* unter den *Access-Optionen* einstellen.

Die Eingaben speichern

Wir wollen uns aber zunächst mit weiteren Arbeiten zur Definition der Tabellenstruktur beschäftigen. Für diese weiteren Arbeiten müssen Sie die Tabelle zuerst speichern.

» Klicken Sie auf die Schaltfläche *Speichern* in der *Symbolleiste für den Schnellzugriff*. Das Dialogfeld *Speichern unter* wird angezeigt (→ Abbildung 3.7).

» Geben Sie einen endgültigen Namen für die Tabelle ein. Für diese Übung können Sie es bei der Voreinstellung *Tabelle1* belassen. Bestätigen Sie über *OK*. Der Entwurf der Tabelle ist jetzt zusammen mit den bereits eingegebenen Feldinhalten gespeichert.

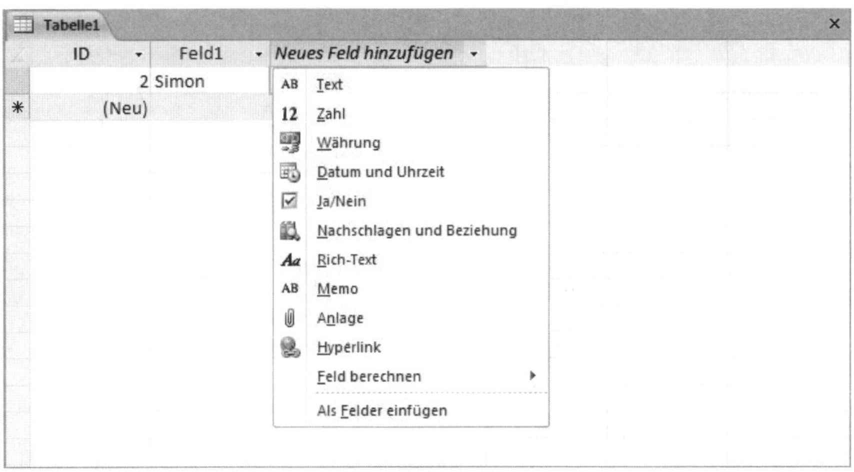

Abbildung 3.6 Felddatentypen können gewählt werden – das funktioniert aber nur vor der Eingabe von Feldwerten.

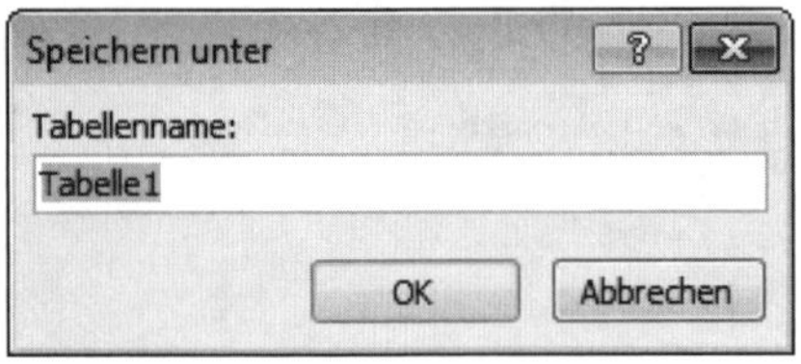

Abbildung 3.7 Weisen Sie der Tabelle einen Namen zu.

Um eine geöffnete Tabelle aus dem Arbeitsbereich des Programms zu entfernen, klicken Sie auf die Schaltfläche *Schließen* rechts oben im Arbeitsbereich. Wurde die Tabelle vorher gespeichert, kann sie später über den Navigationsbereich wieder geöffnet werden.

ACHTUNG Auch für die Vergabe von Namen für Datenbankobjekte gilt: Es gibt einige reservierte Wörter, die Sie ebenfalls nicht für die Namen von Datenbankobjekten verwenden sollten. Wenn Sie eines davon benutzen, werden Sie darauf hingewiesen (→ Abbildung 3.5). Falls Sie einen solchen Feldnamen beibehalten, funktioniert die Eingabe zwar weiterhin, oft tauchen aber dann in der Datenbank Erscheinungen auf, die nicht einfach nachzuvollziehen sind. Vermeiden Sie also solche Namen, um keine unangenehmen Überraschungen zu erleben.

3.1.2 Eine Tabelle in der Entwurfsansicht anlegen

Etwas komplizierter, aber ungleich vielfältiger ist die Möglichkeit, zur Definition einer Tabelle die *Entwurfsansicht* zu verwenden. Sie haben hierin aber die Möglichkeit, für die einzelnen Felder bestimmte Namen festzulegen und auch einzelne Datentypen für die Inhalte zu fordern.

Das Prinzip der Arbeit in der Entwurfsansicht

Wir beschreiben zunächst nur das Prinzip der Vorgehensweise; auf Details dazu gehen wir später ein.

» Falls notwendig, wählen Sie im Menüband der bereits geöffneten Datenbank die Registerkarte *Erstellen*.

» 

Klicken Sie auf dieser Registerkarte in der Gruppe *Tabellen* auf *Tabellenentwurf*. Als Erfolg wird im Arbeitsbereich das Fenster für den Tabellenentwurf

Abbildung 3.8
Der - noch leere - Tabellenentwurf

angezeigt (→ Abbildung 3.8). Hierbei werden noch keine Feldbezeichnungen oder andere Eingaben automatisch vorgegeben. Alle diese Dinge müssen - oder können - Sie selbst festlegen. Zur dieser Definition der Struktur gehören zwingend das Festlegen der *Feldnamen* und die dazugehörenden *Felddatentypen* und *Feldeigenschaften*. Optional ist eine zusätzliche Beschreibung für die einzelnen Felder.

» Beginnen Sie sinnvollerweise mit Ihrem Eintrag in der Spalte *Feldname*. Geben Sie für das erste Feld als Namen die Bezeichnung *Nachname* ein.

» Wechseln Sie dann in derselben Zeile zur Spalte *Felddatentyp*. Einen schnellen Wechsel dorthin bewirken Sie mit [⇆] oder - in der Grundeinstellung des Programms - mit [↵]. Hier müssen Sie für jedes Feld einen geeigneten Typ festlegen (→ Abbildung 3.9 und unten). In der Standardeinstellung wird automatisch zunächst der Felddatentyp *Text* verwendet. Belassen Sie es für diese Aufgabe dabei.

» Wechseln Sie mit [⇆] oder [↵] zur Spalte *Beschreibung*. In dieser Spalte können Sie eine zusätzliche Erklärung zu Bedeutung des Feldnamens eingeben. Das lohnt sich beispielsweise dann, wenn Sie für die Feldnamen weniger verständliche Abkürzungen verwendet haben.

Abbildung 3.9
Die Optionen zum Felddatentyp

» Geben Sie auf dieselbe Weise eine weitere Feldzeile mit dem Namen *Vorname* ein. Verwenden Sie auch hier als Felddatentyp die Voreinstellung *Text*. Zur jeweils nächsten Zeile können Sie von der Spalte *Beschreibung* wieder mit [⇆] oder [↵] springen. Als Ergebnis haben Sie eine Tabelle mit zwei Feldern definiert (→ Abbildung 3.10).

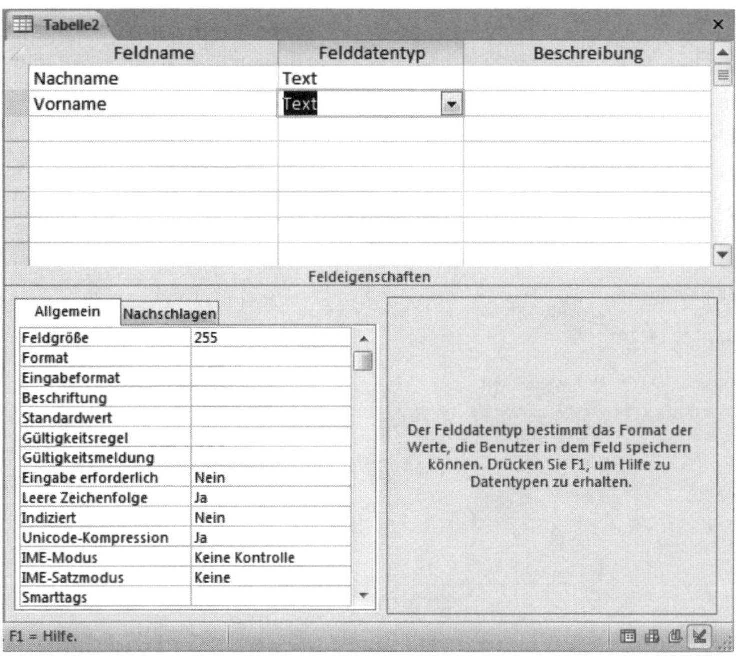

Abbildung 3.10
Diese Tabelle beinhaltet zwei Felder.

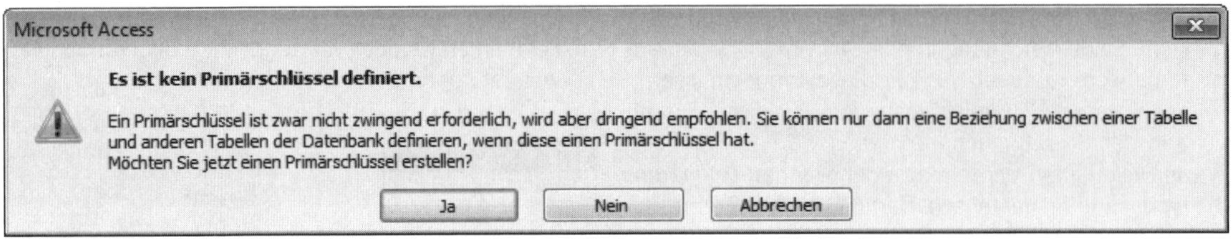

Abbildung 3.11 Es wurde noch kein Schlüssel definiert.

»  Für weitere Arbeiten müssen Sie die Tabelle zuerst speichern. Klicken Sie auf die Schaltfläche *Speichern* in der *Symbolleiste für den Schnellzugriff*. Geben Sie den endgültigen Namen *Tabelle3* für die Tabelle ein, und bestätigen Sie über *OK*.

» Eine Warnung wird angezeigt, die Sie darauf hinweist, dass Sie noch keinen *Primärschlüssel* definiert haben (→ Abbildung 3.11). Darauf werden wir noch später eingehen. Für diese Aufgabe bestätigen Sie mit *Nein*.

Zwischen den Ansichten umschalten

Spätestens nach dieser letzten Aufgabe haben Sie gemerkt, dass eine Tabelle über zumindest zwei Ansichten verfügt - die *Entwurfsansicht* and die *Datenblattansicht*. Zwischen diesen beiden Ansichten können Sie schnell über die Gruppe *Ansichten* umschalten. Sie finden die Gruppe beim Arbeiten mit Tabellen auf mehreren Registerkarten im Menüband - beispielsweise auf den Registerkarten *Start*, *Datenblatt*, *Entwurf* und *Tabellentools*.

» 

Um das vorläufige Ergebnis der Arbeit in der Entwurfsansicht zu kontrollieren, können Sie die Tabelle in der Datenblattansicht anzeigen lassen. Klicken Sie dazu in der Gruppe *Ansichten* der eingeblendeten Registerkarte auf die Schaltfläche *Ansicht*. Die Datenblattansicht der neuen Tabelle wird angezeigt (→ Abbildung 3.12).

» 

Um zurück zum Entwurf der Tabelle zu wechseln, klicken Sie abermals in der Gruppe *Ansichten* der eingeblendeten Registerkarte auf die Schaltfläche *Ansicht*.

»  Schließen Sie die Tabelle durch einen Klick auf die übliche Schaltfläche in der Titelleiste. Wenn Sie nach dem Speichern keine weiteren Änderungen vorgenommen haben, geschieht das kommentarlos.

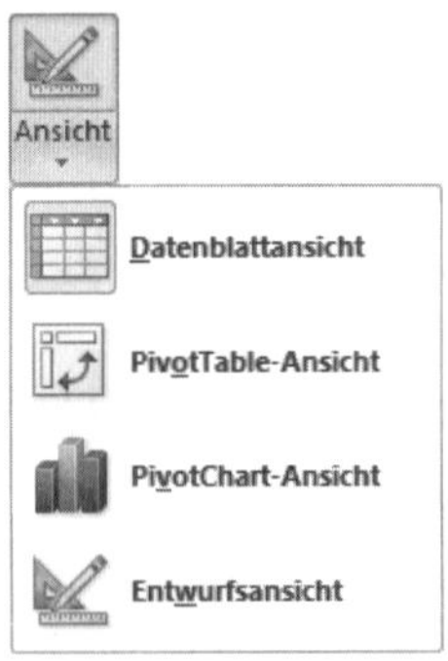

Die Schaltfläche *Ansicht* verfügt auch über ein zusätzliches Listenfeld, über das Sie die gerade gewünschte Ansicht einstellen können. Auf die weiteren Optionen in dieser Liste werden wir noch später zu sprechen kommen. Außerdem finden Sie in der rechten unteren Ecke eine Tabellenfensters mehrere kleine Schaltflächen, die ebenfalls den Wechsel zu unterschiedlichen Ansichten ermöglichen.

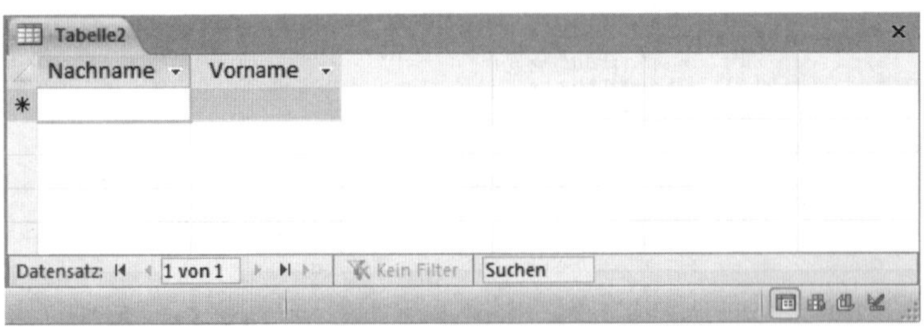

Abbildung 3.12
Die Tabelle in der Datenblattansicht

3.1.3 Tabelle auf Basis einer SharePoint-Liste

Sie können auch eine Tabelle in der Datenbank erstellen, in die aus einer SharePoint-Liste importiert wird oder die mit dieser verknüpft ist. Die Liste kann bereits vorhanden sein, sodass Sie aus ihr importieren oder eine Verknüpfung mit ihr erstellen können, oder Sie können eine neue benutzerdefinierte Liste oder eine neue auf einer vordefinierten Vorlage basierende Liste erstellen. Mit den *SharePoint* sonst noch betreffenden Fragen werden wir uns noch in Kapitel 13 beschäftigen, hier wollen wir nur das Prinzip des Anlegens von Tabellen erklären:

» 

Öffnen Sie zuerst die Datenbank, in der Sie die Tabelle erstellen möchten. Klicken Sie auf der Registerkarte *Erstellen* in der Gruppe *Tabellen* auf *SharePoint-Listen*. Über die Liste zu dieser Schaltfläche können Sie entweder eine Vorlage wählen oder eine benutzerdefinierte Liste anlegen (→ Abbildung 3.13).

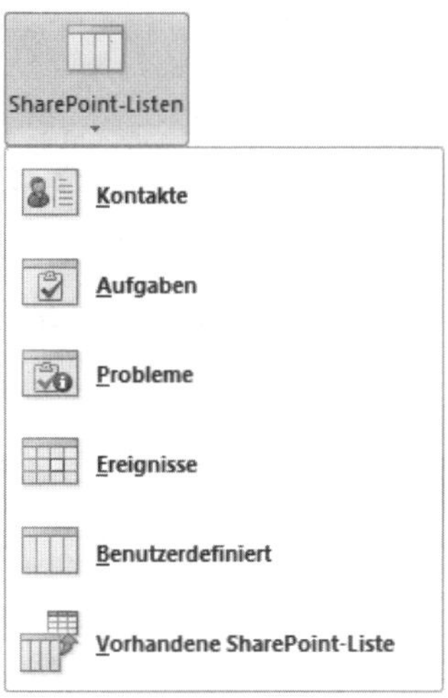

Abbildung 3.13 Die Optionen zur Schaltfläche *SharePoint-Listen*

Eine Vorlage verwenden

Wenn Sie eine Vorlage benutzen wollen, verwenden Sie dann die folgenden Schritte:

» Wählen Sie in der Liste zur Schaltfläche *SharePoint-Listen* die gewünschte Vorlage aus. Klicken Sie beispielsweise auf *Kontakte*, *Aufgaben*, *Probleme* oder *Ereignisse*.

» Geben Sie in das Dialogfeld *Neue Liste erstellen* die URL der SharePoint-Website ein, in der sich die Liste befinden soll (→ Abbildung 3.14). Legen Sie außerdem den Namen und die Beschreibung der neuen SharePoint-Liste fest.

  » Eine gültige Websiteadresse beginnt mit *http://*, dann folgen der Name des Servers und dann der Pfad zu der speziellen Website auf dem Server.

  » Stellen Sie sicher, dass Sie die erforderlichen Berechtigungen zum Erstellen einer Liste auf einer SharePoint-Website besitzen. Wenden Sie sich gegebenenfalls an den Serveradministrator, wenn Sie bezüglich der Berechtigungen nicht sicher sind.

» Wenn die verknüpfte Tabelle nach dem Erstellen geöffnet werden soll, schalten Sie das Kontrollkästchen *Nach Fertigstellen Liste öffnen* ein. Klicken Sie abschließend auf *OK*.

Erstellen einer neuen benutzerdefinierten Liste

Wenn Sie eine benutzerdefinierte Liste definieren wollen, verwenden Sie die folgenden Schritte:

» Klicken Sie auf *Benutzerdefiniert*.

» Geben Sie in das Dialogfeld *Neue Liste erstellen* die URL für die SharePoint-Website ein, in der sich die Liste befinden soll (→ ähnlich Abbildung 3.14). Geben Sie außerdem den Namen und die Beschreibung der neuen SharePoint-Liste ein.

» Wenn die verknüpfte Tabelle nach dem Erstellen geöffnet werden soll, sorgen Sie dafür, dass das standardmäßig aktivierte Kontrollkästchen *Nach Fertigstellen Liste öffnen* eingeschaltet ist. Andernfalls deaktivieren Sie das Kontrollkästchen.

» Klicken Sie auf *OK*.

Importieren der Daten aus einer vorhandenen Liste

Wollen Sie eine vorhandene SharePoint-Liste benutzen, gehen Sie folgendermaßen vor:

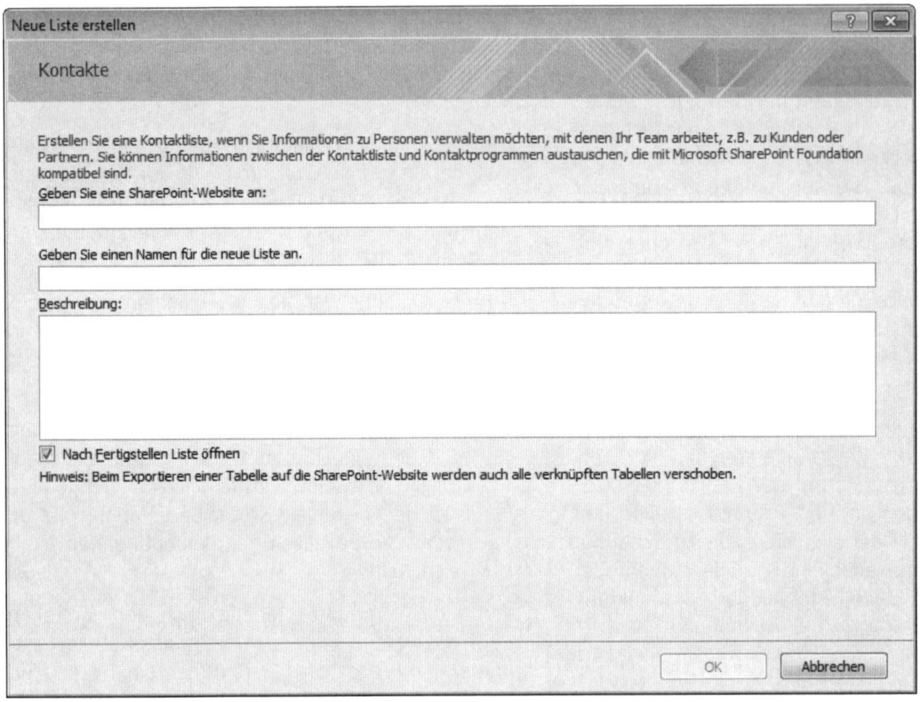

Abbildung 3.14
Geben Sie die Adresse ein.

- Klicken Sie auf *Vorhandene SharePoint-Liste*.
- Tippen Sie im Dialogfeld *Externe Daten abrufen* die URL für die SharePoint-Website ein, die die Liste enthält.
- Klicken Sie auf *Importieren Sie die Quelldaten in eine neue Tabelle in der aktuellen Datenbank* und dann auf *Weiter*.
- Aktivieren Sie das Kontrollkästchen neben allen SharePoint-Listen, die Sie importieren möchten.
- Beenden Sie den Import mit *OK*.

3.2 Das Editieren in der Entwurfsansicht

Die Ausführungen im vorherigen Abschnitt haben Ihnen die beiden wesentlichsten Methoden dafür gezeigt, wie man in Microsoft Access Tabellen anlegt. Nachdem Sie diese Grundtechniken kennen, können wir uns mit Details zu diesem Themenbereich beschäftigen. Einige Editieraufgaben können Sie in der *Datenblattansicht* der Tabelle vornehmen (→ unten). Ungleich vielfältiger sind jedoch die Möglichkeiten, die Ihnen in der *Entwurfsansicht* der Tabelle zur Verfügung stehen.

In der *Entwurfsansicht* können Sie die Namen der vorhandenen Felder ändern, weitere Felder hinzufügen oder deren Reihenfolge ändern. Machen Sie sich mithilfe der folgenden Hinweise und Aufgaben mit den grundsätzlichen Möglichkeiten zum Editieren in der Ansicht *Tabellenentwurf* vertraut. Zum Editieren müssen Sie die Tabelle wieder in der Entwurfsansicht anzeigen lassen.

- Wenn die Tabelle noch nicht geöffnet ist, klicken Sie im Navigationsbereich mit der rechten Maustaste auf die gewünschte Tabelle und wählen im Kontextmenü den Eintrag *Entwurfsansicht*. Stattdessen können Sie das Objekt auch einfach markieren und [Strg]+[↵] drücken. Öffnen Sie auf diese Weise die *Tabelle3*.

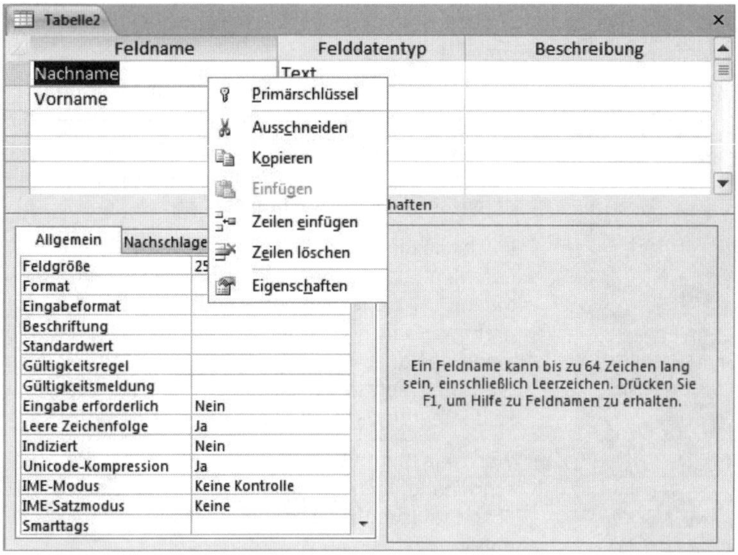

Abbildung 3.15
Die Entwurfsansicht einer Tabelle

» 

Ist die Tabelle bereits in der Datenblattansicht geöffnet, klicken Sie in der Gruppe *Ansichten* der eingeblendeten Registerkarte auf die Schaltfläche *Ansicht*.

Die Feldzeilen verfügen über ein Kontextmenü, das Sie durch einen Klick mit der rechten Maustaste auf eine beliebige Stelle einer Zeile aufrufen können (→ Abbildung 3.15). Die Befehle darin gelten für die gerade angesprochene Zeile.

Beachten Sie gleich einige Einschränkungen, die Sie beim Entwurf von Tabellen beachten müssen (→ Tabelle 3.2).

3.2.1 Die Grundstruktur ändern

Wichtig zum Editieren sind die Werkzeuge der Gruppe *Tools* auf der Registerkarte *Tabellentools/Entwurf* im Menüband (→ Abbildung 3.16).

Einen Feldnamen ändern

Um den Namen einer Feldspalte zu ändern, können Sie ihn einfach in der Spalte *Feldname* markieren und dann editieren. Jedes Feld einer Microsoft Access-Tabelle muss einen eindeutigen Namen erhalten; der Versuch, einen Feldnamen zweimal zu vergeben, führt zu einer Fehlermeldung. Denken Sie wieder daran: In Microsoft Access vergebene Namen dürfen bis zu 64 Zeichen lang sein und können aus einer – mit einigen Einschränkungen – beliebigen Kombination von Buchstaben, Zahlen, Leerzeichen und Sonderzeichen bestehen. Nicht zugelassen sind die Zeichen . (Punkt), *!* (Ausrufezeichen), *´* (Akzentzeichen), *[* sowie *]* (eckige Klammern) und die Steuerzeichen (ASCII-Werte 0 bis 32). Außerdem dürfen Namen nicht mit einem Leerzeichen beginnen.

ACHTUNG Wie hatten es bereits erwähnt: Es gibt auch einige reservierte Wörter, die Sie nicht für Feldnamen verwenden sollten. Wenn Sie eines davon benutzen, werden Sie darauf hingewiesen (→ Abbildung 3.5). Wenn Sie einen solchen Feldnamen beibehalten, funktioniert die Eingabe zwar weiterhin, oft tauchen aber dann in der Datenbank Erscheinungen auf, die nicht einfach nachzuvollziehen sind. Vermeiden Sie also solche Namen.

Attribut	Maximum
Anzahl der Zeichen in einem Tabellennamen	64
Anzahl der Zeichen in einem Feldnamen	64
Anzahl der Felder in einer Tabelle	255
Anzahl der geöffneten Tabellen	2.048. Dieser Grenzwert schließt von Access intern geöffnete Tabellen ein.
Tabellengröße	2 Gigabyte (GB) abzüglich des erforderlichen Speicherplatzes für die Systemobjekte
Anzahl der Zeichen in einem Feld vom Datentyp *Text*	255
Anzahl der Zeichen in einem Feld vom Datentyp *Memo*	65.535, wenn Daten auf der Benutzeroberfläche eingegeben werden. 2 GB Zeichenspeicher, wenn Daten programmgesteuert eingegeben werden.
Größe eines Felds vom Datentyp OLE-Objekt	1 GB
Anzahl der Indizes in einer Tabelle	32
Anzahl der Felder in einem Index	10
Anzahl der Zeichen in einer Gültigkeitsmeldung	255
Anzahl von Zeichen in einer Gültigkeitsregel	2.048
Anzahl der Zeichen in einer Tabellen- oder Feldbeschreibung	255
Anzahl der Zeichen in einem Datensatz (wobei Memo-Felder und OLE-Objekte ausgeschlossen sind), wenn die *Unicode-Kompression*-Eigenschaft der Felder auf *Ja* festgelegt ist	4.000
Anzahl der Zeichen in der Eigenschafteneinstellung eines Felds	255

Tabelle 3.2 Einige Einschränkungen für Access 2010-Tabellen

Felder am Ende hinzufügen

Um ein weiteres Feld am Ende der Liste hinzuzufügen, markieren Sie zunächst die erste freie Zeile in der Liste und gehen dann genauso vor, wie oben beim Definieren von Feldern beschrieben:

» Beginnen Sie sinnvollerweise mit der Eintragung in der Spalte *Feldname*. Beachten Sie dabei wieder die gerade erwähnten Randbedingungen zur Vergabe von Namen. Fügen Sie beispielsweise ein Feld mit dem Namen *Geburtsdatum* ein.

» Wechseln Sie dann in derselben Zeile zur Spalte *Felddatentyp*. Einen schnellen Wechsel dorthin bewirken Sie mit [Tab] oder - in der Grundeinstellung des Programms - mit [Enter]. Hier müssen Sie für jedes Feld einen geeigneten Typ festlegen (→ unten). Wählen Sie für ein Feld zur Anzeige des Geburtsdatums den Felddatentyp *Datum/Uhrzeit*.

» Wechseln Sie mit [Tab] oder [Enter] zur Spalte *Beschreibung*. In dieser Spalte können Sie eine zusätzliche Erklärung zur Bedeutung des Feldnamens eingeben.

» Fügen Sie noch einige weitere Felder hinzu: *PLZ* und *Wohnort* - jeweils mit dem Datentyp *Text* und ein Feld mit dem Namen *Foto* und dem Datentyp *OLE-Objekt*. Ihre Tabelle würde damit sechs Felder enthalten (→ Abbildung 3.17).

» 

Kontrollieren Sie nochmals die Tabelle in der *Datenblattansicht*, und schalten Sie dann zurück zur *Entwurfsansicht*.

Ein Feld zwischendurch einfügen

Wie Sie wahrscheinlich schon erkannt haben, regelt die Reihenfolge der Felder in der Entwurfsansicht auch die Reihenfolge den Feldspalten in der Datenblattansicht. Wenn Sie eine neue Zeile zwischen zwei bereits vorhandenen einfügen wollen, müssen Sie dafür zunächst eine neue Zeile einfügen.

» Markieren Sie die Zeilen, vor der Sie leere Zeilen einfügen wollen, oder setzen Sie die Einfügemarke in die Zeile, vor der nur eine leere Zeile eingefügt werden soll. Markieren Sie auf diese Weise das erste Feld im Entwurf.

» 
Klicken Sie auf der Registerkarte *Tabellentools/Entwurf* in der Gruppe *Tools* auf die Schaltfläche *Zeilen einfügen*. Oder wählen Sie den gleichnamigen Befehl aus dem Kontextmenü. An der mar-

Abbildung 3.16 Über die Registerkarte *Tabellentools/Entwurf* können Sie den Entwurf von Tabellen editieren.

kierten Stelle wird eine Zeile eingefügt (→ Abbildung 3.18).

» Anschließend müssen Sie die Felddaten dafür eingeben. Geben Sie beispielsweise als Feldnamen die Bezeichnung *ID* ein, benutzen Sie den Datentyp *AutoWert*. Gehen Sie dazu wie oben geschrieben vor.

» Nachdem Sie Änderungen an einer Tabelle durchgeführt haben, müssen Sie diese speichern, um sie nicht zu verlieren.

Eine Feldzeile kopieren

In einigen Fällen lohnt es sich, Feldzeilen zu kopieren. Das ist beispielsweise dann der Fall, wenn Sie für ein Feld komplizierte Eintragungen unter den weiter unten beschriebenen Felddateneigenschaften vorgenommen haben und diese auch für ein weiteres Feld verwenden möchten.

» Markieren Sie die Zeile, die Sie kopieren wollen, und wählen Sie im Kontextmenü zu dieser Zeile den Eintrag *Kopieren* aus.

» Setzen Sie die Markierung auf eine leere Zeile. Fügen Sie notfalls eine leere Zeile an der gewünschten Stelle ein. Wählen Sie im Kontextmenü zu dieser Zeile den Eintrag *Einfügen* aus.

» Denken Sie aber daran, dass eine doppelte Verwendung eines Namens in einer Tabelle nicht zulässig ist. Nach dem Kopieren müssen Sie also den Namen

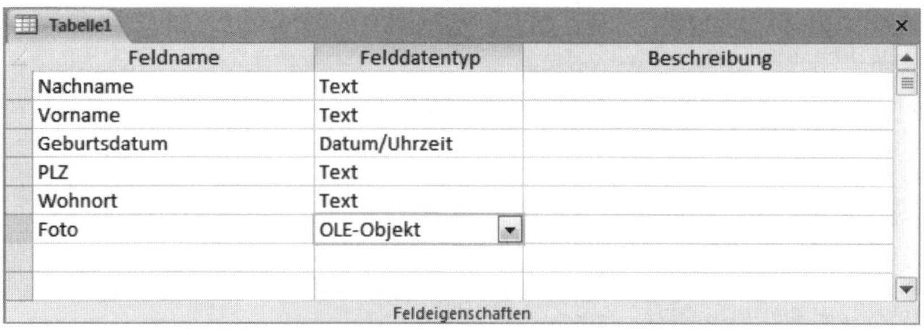

Abbildung 3.17 Die Tabelle beinhaltet sechs Felder.

Abbildung 3.18 Ein Feld wurde am Anfang eingefügt.

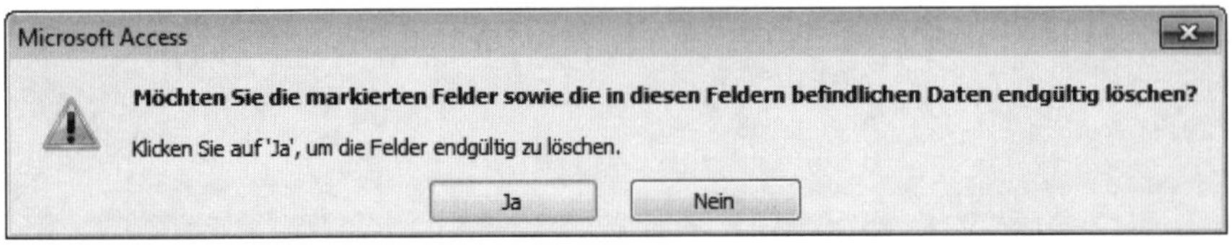

Abbildung 3.19
Beachten Sie den Warnhinweis.

eines der beiden Felder ändern. Anderenfalls können Sie die Änderung in der Tabelle nicht speichern.

Eine Feldzeile löschen

In der Tabelle nicht benötigte Felder können Sie wieder entfernen:

»  Markieren Sie die gewünschte Feldzeile, und klicken Sie auf die Schaltfläche *Zeilen löschen* in der Gruppe *Tools* der Registerkarte *Tabellentools/Entwurf* des Menübandes. Oder wählen Sie im zugehörigen Kontextmenü den gleichnamigen Befehl aus.

» Bestätigen Sie ggf. den Warnhinweis (→ Abbildung 3.19). Die Zeile wird aus der Liste entfernt. Bereits in der Datenblattansicht der Tabelle eingegebene Daten werden ebenfalls gelöscht. Diese Aktion können Sie nicht wieder rückgängig machen!

Zeilenreihenfolge ändern

Um die Reihenfolge der Zeilen in der Tabelle zu ändern, können Sie mit der Maus per Drag&Drop arbeiten:

» Klicken Sie auf den entsprechenden Zeilenmarkierer - das ist das kleine Feld links vor der Spalte *Feldname*.

» 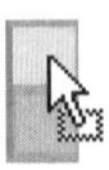 Belassen Sie den Mauszeiger auf dem Markierer, und drücken Sie die Maustaste. Verschieben Sie den Mauszeiger bei gedrückt gehaltener Maustaste an die Stelle, an die die Zeile verschoben werden soll. Lassen Sie dort die Maustaste los.

ACHTUNG Wenn Sie für diese Aufgabe über die für andere Stellen klassische Methode des Ausschneidens und Einfügens arbeiten, werden beim Ausschneiden von Zeilen in der Entwurfsansicht der Tabelle die in diesem Feld in der Datenblattansicht bereits eingegebenen Daten gelöscht. Seien Sie sich dessen bewusst, wenn Sie die Technik des Ausschneidens und Einfügens auf die Zeilen des Tabellenentwurfs anwenden. Benutzen Sie sie nur, wenn noch keine Dateninhalte eingegeben wurden.

3.2.2 Datentypen verstehen

Wir müssen Ihnen noch einige Hinweise zu den Felddatentypen liefern. Durch die Wahl eines solchen Felddatentyps entscheiden Sie, welche Eingaben in diesem Feld akzeptiert werden. In der Standardeinstellung wird automatisch zunächst der Felddatentyp *Text* verwendet. Andere Typen lassen sich in dem Listenfeld auswählen, das Sie zu diesem Feld öffnen können (→ Abbildung 3.20 und Tabelle 3.3).

Abbildung 3.20 Die Optionen zum Felddatentyp

Nach der Auswahl eines Felddatentyps ändern sich die Angaben in dem mit *Feldeigenschaften* überschriebenen unteren Teil des Fensters für den Tabellenentwurf Sie können hierin bestimmte Eigenschaften des oben definierten Felddatentyps festlegen (→ unten).

Datentyp	Anwendungsbereich
Text	Verwenden Sie diesen Felddatentyp für kürzere Texteingaben oder Zahlenwerte, mit denen Sie später nicht rechnen wollen – beispielsweise Telefonnummern, Postleitzahlen oder Ähnliches. Bis zu 255 Zeichen können pro Feld eingegeben werden. Niedrigere Werte erhöhen die Verarbeitungsgeschwindigkeit.
Memo	Der Felddatentyp *Memo* dient zur Eingabe längerer Texte. Bis zu 65.535 Zeichen können in solche Felder eingegeben werden.
Zahl	Verwenden Sie diesen Typ von Feldern für Daten, mit denen Sie auch rechnen wollen – also für Zahlenwerte. Welches Format hier benutzt werden soll, regeln Sie über die zugehörenden Feldeigenschaften (siehe unten). Beachten Sie, dass für Zahlenangaben mit Währungskennzeichen ein eigenes Format zur Verfügung steht.
Datum/Uhrzeit	Dieser Typ eignet sich für die Anzeige von Inhalten im Datums- und Uhrzeitformat. Sie können für die Anzeige im Bereich *Feldeigenschaften* zwischen verschiedenen Formaten wählen.
Währung	Verwenden Sie diesen Felddatentyp für die Anzeige einer Zahl zusammen mit einem Währungskennzeichen.
AutoWert	Bei Wahl dieses Typs setzt Microsoft Access für jeden Datensatz automatisch eine Zahl in das Feld ein. Standardmäßig wird fortlaufend nummeriert, und die Nummerierung beginnt bei *1*. Es ist immer nur ein *AutoWert*-Feld in einer Tabelle erlaubt.
Ja/Nein	Verwenden Sie diesen Felddatentyp für logische Werte wie *Ja/Nein*, *Wahr/Falsch*, *Ein/Aus* bzw. alle sonstigen Felder, die einen von zwei möglichen Werten enthalten.
OLE-Objekt	Verwenden Sie diesen Felddatentyp in Fällen, in denen in anderen Programmen erstellte Objekte in ein Formular oder einen Bericht eingefügt werden sollen. Dazu gehören beispielsweise Grafiken, Fotos, Klänge, aber auch Excel-Tabellen und Word-Dokumente.
Hyperlink	Hiermit können Sie Text oder Kombinationen aus Text und Zahlen eingeben, die als Text abgespeichert und als Hyperlinkadresse verwendet werden können. Das empfiehlt sich für die Darstellung von Webadressen in der Datenbank.
Anlage	Dient zum Speichern von Bildern, Grafiken, Office-Dateien oder einem beliebigen Dateityp. Dieser Datentyp ist neu seit der Version 2007.
Berechnet	In Access 2010 können Sie diesen Datentyp zum Erstellen eines berechneten Felds in einer Tabelle verwenden. Dadurch kann das Ergebnis der Berechnung wesentlich einfacher angezeigt und in der Datenbank verwendet werden.
Nachschlage-Assistent	Erstellt ein Feld, das Ihnen ermöglicht, einen Wert aus einer anderen Tabelle oder aus einer Liste von Werten mithilfe eines Listenfelds oder eines Kombinationsfelds zu wählen. Mit dieser Option wird der *Nachschlage-Assistent* gestartet (→ unten).

Tabelle 3.3 Viele Datentypen stehen zur Verfügung.

TIPP Den Standarddatentyp für Felder in neuen Tabellen oder für Felder, die Sie zu vorhandenen Tabellen hinzufügen, können Sie in der Kategorie *Objekt-Designer* unter den *Access-Optionen* einstellen.

Wenn Sie bereits mit einer der früheren Versionen von Access vertraut sind, sollten Sie die folgenden Neuerungen beachten:

» In *Memo*-Feldern gibt es keine Beschränkung mehr auf *Nur-Text*. Sie können Formatierungen auf einzelne Abschnitte im Text anwenden – beispielsweise eine Fett- oder Kursivformatierung, andere Schriftarten und verschiedene Farben.

» Mit dem seit Access 2007 neuen Datentyp *Anlage* können Sie auf einfache Weise alle Arten von Dokumenten und binären Dateien in Ihrer Datenbank speichern, ohne die Datenbank unnötig aufzublähen. Anlagen werden automatisch komprimiert, wenn sich dadurch der Speicherplatz optimieren lässt. Sie können damit beispielsweise Word 2010-Dokumente oder eine Reihe von Digitalbildern in den Datensätzen einer Datenbank speichern. Anlagen vereinfachen diese Aufgaben erheblich. Sie können auch mehrere Anlagen an einen einzigen Datensatz anfügen.

» Über *mehrwertige Felder* können Sie ein Feld erstellen, das mehrere Werte enthält. Angenommen, Sie möchten eine Liste von Kategorien speichern, denen Sie ein Element zugewiesen haben. In den meisten Datenbank-Managementsystemen und in früheren Versionen von Access müssen Sie eine *m:n*-Beziehung modellieren, damit dieser Vorgang ordnungsgemäß ausgeführt wird (→ Kapitel 5). In Access 2010 wird für Sie der schwierigste Teil erledigt, wenn Sie ein mehrwertiges Feld auswählen.

» Wenn Sie in früheren Versionen von Access einen Wert berechnen wollten, musste die Berechnung in einer Abfrage, einem Steuerelement, einem Makro oder in VBA-Code erfolgen. In Access 2010 können Sie den Datentyp *Berechnet* zum Erstellen eines berechneten Felds in einer Tabelle verwenden. Dadurch kann das Ergebnis der Berechnung wesentlich einfacher angezeigt und in der Datenbank verwendet werden. Access aktualisiert berechnete Felder immer dann, wenn ein Datensatz bearbeitet wird, sodass das Feld stets den aktuellen und korrekten Wert enthält.

3.2.3 Feldeigenschaften verstehen

Im unteren Bereich des Fensters lassen sich nach Wahl des Typs zusätzliche Eigenschaften für das gerade aktuelle Feld festlegen (→ Abbildung 3.21). Mit der F6-Taste können Sie übrigens relativ schnell zwischen dem oberen und dem unteren Fensterabschnitt wechseln. Sie müssen mehrfach drücken.

TIPP Eine kurze Hilfe zu den Feldeigenschaften wird rechts unten im Dialogfeld angezeigt, nachdem Sie das Feld markiert haben.

Die wichtigen Feldeigenschaften

Diese Parameter sind teilweise für die einzelnen Felddatentypen unterschiedlich:

» Die Eigenschaft *Feldgröße* dient beim Felddatentyp *Text* zum Festlegen der maximalen Anzahl von Zeichen im Feld. Bei Datentypen für Zahlen – beispielsweise bei den Typen *Zahl* oder *Währung* – regeln Sie hierüber die Größe und den Typ der Zahlen, die im Feld eingegeben werden können (→ Abbildung 3.22 oben). Die gebräuchlichsten Einstellungen sind *Double* und *Long Integer*.

» Über das Feld *Format* bestimmen Sie für Zahlenfelder das Ausgabeformat – also wie der eingegebene Wert im Feld angezeigt werden soll (→ Abbildung 3.22 Mitte).

» Das *Eingabeformat* beschreibt ein Muster für alle Daten, die in dieses Feld eingegeben werden können. Ein Klick auf die Schaltfläche dazu startet den Eingabeformat-Assistenten (→ unten).

» Für den Typ *Zahl* steht zusätzlich die Eigenschaft *Dezimalstellenanzeige* zur Verfügung (→ Abbildung 3.22 unten). Hiermit regeln Sie die Anzahl der Stellen rechts vom Dezimalzeichen. Die Option *Automatisch* regelt die Anzahl durch die Angabe im Feld *Format*.

» Beim Felddatentyp *AutoWert* legen Sie über *Neue Werte* fest, wie neue Werte für das *AutoWert*-Feld erstellt werden sollen.

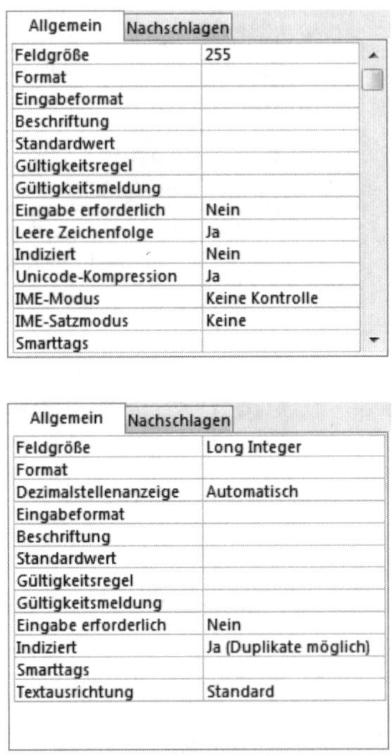

Abbildung 3.21
Die Eigenschaften ändern sich je nach Felddatentyp.

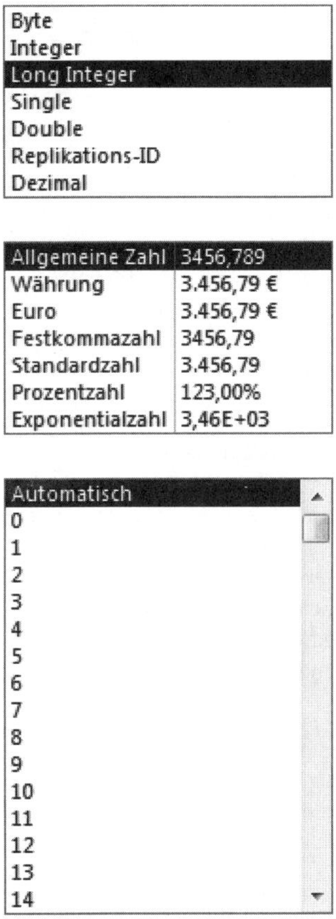

Abbildung 3.22
Wählen Sie die Feldgröße, das Eingabeformat und die Anzahl der Dezimalstellen.

» 

In Feldern vom Typ *Memo* legen Sie die neue *Textformat*-Eigenschaft auf *Rich-Text* oder *Nur-Text* fest. *Rich-Text* erlaubt eine weitergehende Zeichenformatierung im Feld.

Viele Eigenschaften treffen aber auch auf mehrere oder sogar alle Felddatentypen zu:

» Die *Beschriftung* regelt die Bezeichnung des Felds in einem Formular. Wenn Sie keine Beschriftung eingeben, wird der in der Tabelle festgelegte Feldname verwendet.

» Der *Standardwert* wird in neuen Datensätzen automatisch hinzugefügt. Ein Klick auf die Schaltfläche startet den Ausdrucks-Editor.

» Über die *Gültigkeitsregel* können Sie einen Ausdruck eingeben, der die Werte, die Sie im Feld eingeben können, einschränkt. Ein Klick auf die Schaltfläche startet den Ausdrucks-Generator.

» Mit der *Gültigkeitsmeldung* können Sie die Fehlermeldung eingeben, die erscheinen soll, wenn der eingegebene Wert nicht der Gültigkeitsregel entspricht.

» Die Eigenschaft *Eingabe erforderlich* regelt, ob im Feld eine Eingabe erfolgen muss oder dieses leer bleiben darf.

» Mit *Indiziert* geben Sie an, ob und wie das Feld indiziert werden soll. Ein Index beschleunigt eine Suche oder Sortierung, verlangsamt aber das Aktualisieren. Die Wahl von *Ja (Ohne Duplikate)* verbietet die Eingabe von bereits vorhandenen Werten.

Der Eingabeformat-Assistent

Wenn Sie im Feld *Eingabeformat* auf die Schaltfläche mit den drei Auslassungspunkten am rechten Rand klicken, wird der Eingabeformat-Assistent gestartet. Über diesen können Sie ein Muster für alle Daten angeben, die in dieses Feld eingegeben werden können (→ Abbildung 3.23).

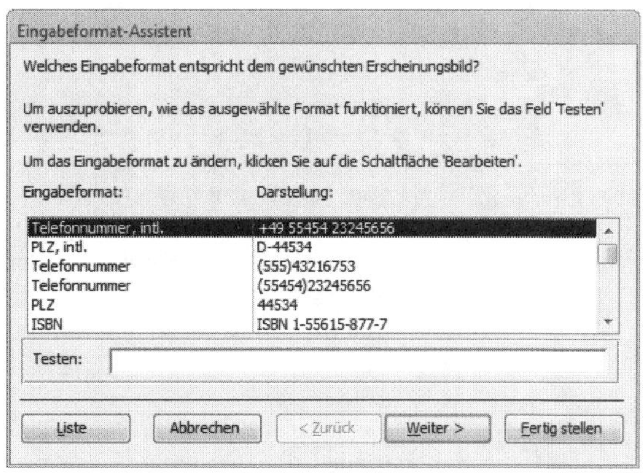

Abbildung 3.23 Der Eingabeformat-Assistent – wählen Sie zunächst das gewünschte Format.

» Markieren Sie die Feldzeile, die Sie vorher mit *PLZ* benannt haben, und klicken Sie auf die Schaltfläche mit den drei Auslassungspunkten in der Zeile *Eingabeformat* unter den Feldeigenschaften.

» Wählen Sie im Dialogfeld für den Eingabeformat-Assistenten die Option *PLZ*.

» 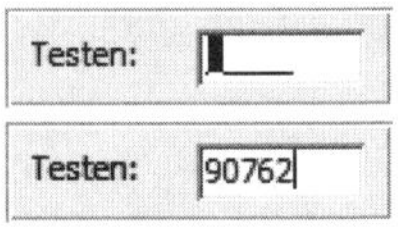

Wenn Sie dann in den Bereich *Testen* klicken, erscheint in diesem Feld ein in diesem Fall durch fünf Unterstriche beschriebenes Muster, das das Format für eine Postleitzahl in Deutschland beschreibt. Sie können die Wirkung austesten, indem Sie darin eine Postleitzahl eingeben.

» Bestätigen Sie dann über *Weiter*. Auf der Folgeseite des Assistenten können Sie das Eingabeformat noch ändern und die Platzhalterzeichen festlegen, die vor einer Eingabe im Feld angezeigt werden sollen (→ Abbildung 3.24).

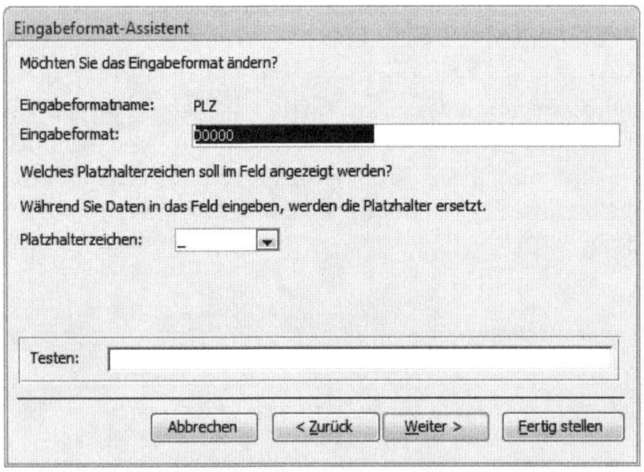

Abbildung 3.24 Die zweite Seite des Eingabeformat-Assistenten

» Bestätigen Sie die Angaben zum Eingabeformat durch einen Klick auf *Fertig stellen*. Das gewählte Eingabeformat wird unter den Feldeigenschaften symbolisch angezeigt.

TIPP Alle Assistenten verfügen über einige Tastenkombinationen, mit deren Hilfe Sie schnell darin navigieren können (→ Tabelle 3.4).

Zweck	Tastenkombination
Wechseln zum nächsten Steuerelement des Assistenten	Tab
Wechseln zur nächsten Seite des Assistenten	Alt+W
Wechseln zur vorherigen Seite des Assistenten	Alt+Z
Abschließen des Assistenten	Alt+F

Tabelle 3.4 Navigationsmöglichkeiten in Assistenten

Ein Nachschlagefeld erstellen

Statt später die Feldinhalte in die Tabelle über die Tastatur manuell eintragen zu müssen, haben Sie auch die Möglichkeit, diese aus einer Liste von vorher definierten Elementen auszuwählen. Eine solche Technik werden Sie insbesondere für jene Fälle benutzen, in denen Sie dem Benutzer nur die Verwendung bestimmter Eintragungen vorschreiben möchten. Ein typisches Beispiel dafür wäre ein Feld, in dem Sie zur Angabe der Anrede einer Person zwischen den Werten *Frau* oder *Herr* wählen könnten.

Zum Aufbau einer solchen Liste bietet sich der Felddatentyp *Nachschlage-Assistent* an. Er erlaubt das Erstellen eines Kombinations- oder Listenfelds, bei dem der Benutzer den Inhalt aus mehreren vorgegebenen Werten auswählen muss.

» Sorgen Sie dafür, dass die *Tabelle3* in der *Entwurfsansicht* angezeigt wird.

» Fügen Sie in die Tabelle hinter dem Feld *ID* eine leere Feldzeile ein. Geben Sie hier den Feldnamen *Anrede* ein.

» Wählen Sie dann den Felddatentyp *Nachschlage-Assistent* aus. Nach der Wahl dieses Felddatentyps wird der Assistent gestartet (→ Abbildung 3.25). Folgen Sie zum Erstellen den Hinweisen in den einzelnen Seiten des Assistenten. Bestätigen Sie die Eingaben auf der jeweiligen Seite mit *Weiter*.

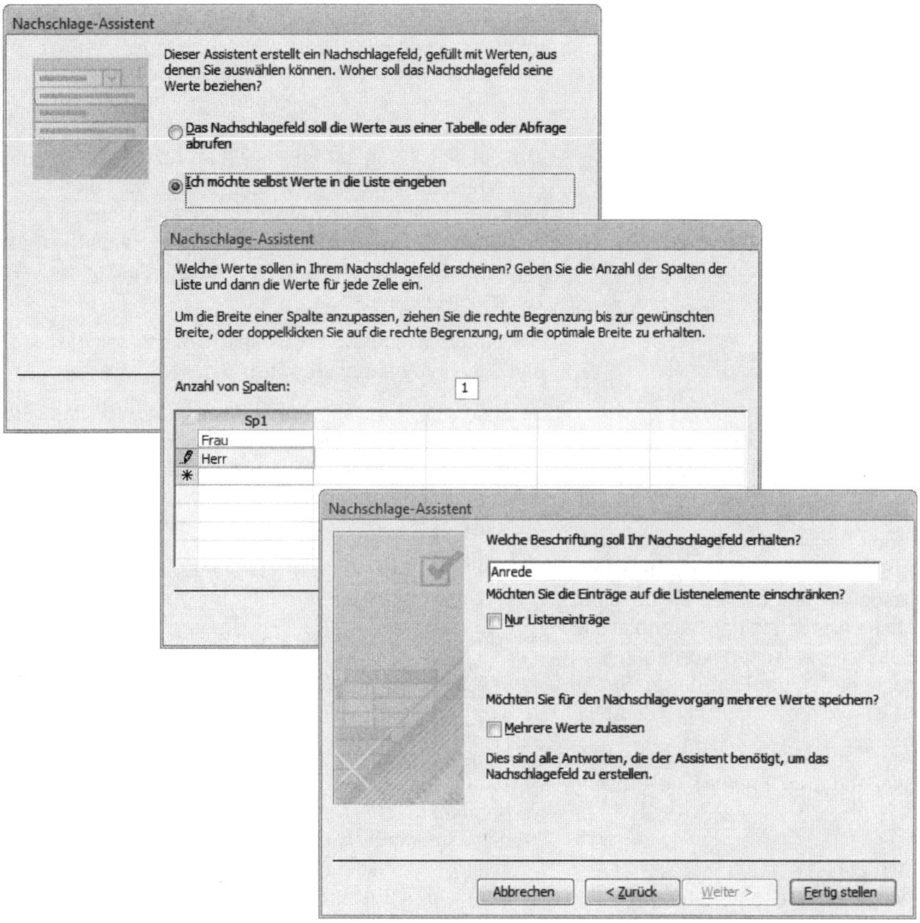

Abbildung 3.25
Die Seiten des Nachschlage-Assistenten

» Wählen Sie auf der ersten Seite die Option *Ich möchte selbst Werte in die Liste eingeben.*

» Auf der zweiten Seite können Sie die einzelnen Auswahlmöglichkeiten formulieren. Geben Sie untereinander die Ausdrücke *Frau* und *Herr* in die Spalte ein. Bei Eingabe eines Eintrags wird immer eine neue Zeile hinzugefügt.

» Auf der folgenden Seite können Sie jetzt noch eine weitere Beschriftung für das Nachschlagefeld eingeben. Belassen Sie es bei der Voreinstellung *Anrede*.

» Schließen Sie die Arbeit mit dem Assistenten durch einen Klick auf *Fertig stellen* ab. Auf der Registerkarte *Nachschlagen* der Feldeigenschaften sehen Sie das Ergebnis der Arbeit mit dem Assistenten (→ Abbildung 3.26).

Allgemein	Nachschlagen
Steuerelement anzeigen	Kombinationsfeld
Herkunftstyp	Wertliste
Datensatzherkunft	"Frau";"Herr"
Gebundene Spalte	1
Spaltenanzahl	1
Spaltenüberschriften	Nein
Spaltenbreiten	2,54cm
Zeilenanzahl	16
Listenbreite	2,54cm
Nur Listeneinträge	Nein
Mehrere Werte zulassen	Nein
Wertlistenbearbeitung zu	Ja
Bearbeitungsformular fü	
Nur Datensatzherkunftsw	Nein

Abbildung 3.26 Der Assistent hat die erforderlichen Daten festgelegt.

» Klicken Sie auf *Speichern* in der Symbolleiste für den Schnellzugriff, um die Änderungen zu speichern.

» Ansicht Um das Ergebnis dieser Arbeit zu kontrollieren, können Sie die Tabelle in der Datenblattansicht anzeigen lassen. Klicken Sie dazu auf die Schaltfläche *Ansicht*. In der Datenblattansicht kann der Benutzer zwischen vorgegebenen Werten wählen, nachdem er ein Feld dieser Spalte markiert und das Listenfeld geöffnet hat (→ Abbildung 3.27).

» Kehren Sie anschließend zum Entwurf der Tabelle zurück.

TIPP Wenn Sie den Zahlenwert im Feld *Spaltenanzahl* der zweiten Seite des Assistenten erhöhen, können Sie mehr als eine Spalte mit Daten versehen.

Nachschlagewerte direkt einstellen

Statt den eben beschriebenen Nachschlage-Assistenten zu benutzen, können Sie ein solches Verhalten von Feldern auch direkt über die Registerkarte *Nachschlagen* unter den *Feldeigenschaften* einstellen. Sie können darüber entweder ein *Listenfeld* oder ein *Kombinationsfeld* erstellen. Das Listenfeld kennen Sie schon aus der vorherigen Übung. Bei einem Kombinationsfeld handelt es sich um eine Kombination aus einem Textfeld und einem Listenfeld. Sie können darin einen Text selbst direkt eingeben oder einen Wert aus der dazugehörenden Liste auswählen. Sie finden in diesem Fall dieselben festzulegenden Eigenschaften wie beim Listenfeld sowie drei zusätzliche Optionen.

Um die Nachschlagewerte selbst einzustellen, verwenden Sie die folgenden Schritte:

» Legen Sie *Feldname* und *Felddatentyp* für das Feld fest. Benutzen Sie hierbei nicht den Datentyp *Nachschlage-Assistent*, sondern einen anderen, der zum gewünschten Inhalt des Feldes passt – also beispielsweise *Text* oder *Zahl*.

» Wechseln Sie unter den *Feldeigenschaften* zur Registerkarte *Nachschlagen*.

» Textfeld / Listenfeld / Kombinationsfeld — Standardmäßig ist im Feld *Steuerelement anzeigen* die Option *Textfeld* gewählt. Benutzen Sie diese Option nur, wenn Sie kein Nachschlagen ermöglichen wollen. Zum Nachschlagen öffnen Sie die Liste zu diesem Feld und wählen entweder *Listenfeld* oder *Kombinationsfeld*. Die Parameter zum Feld werden dann im unteren Bereich der Registerkarte angezeigt (→ Abbildung 3.28). Listenfeld und Kombinationsfeld benutzen zum Teil unterschiedliche Optionen.

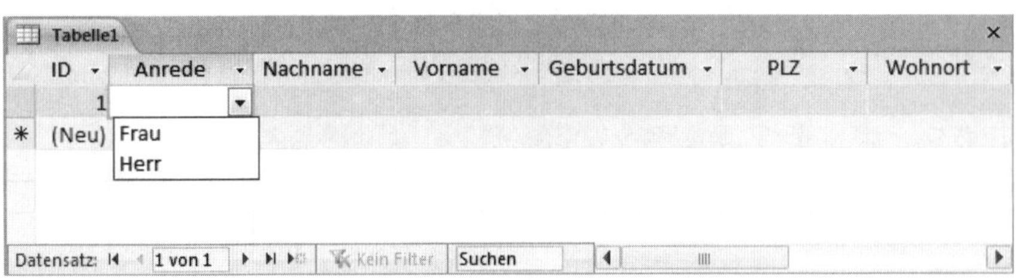

Abbildung 3.27 Der Benutzer kann in der Datenblattansicht zwischen vorgegebenen Werten wählen.

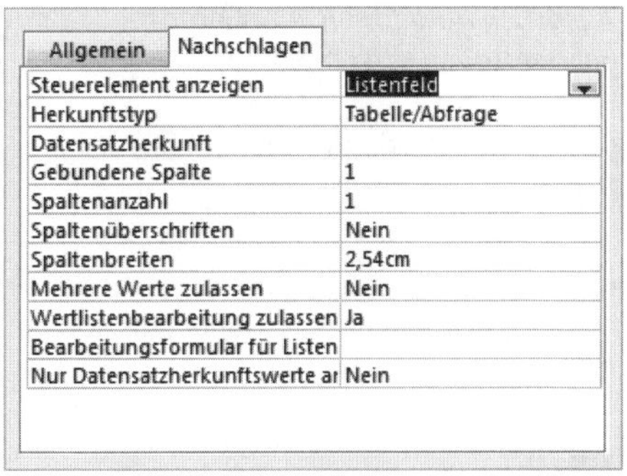

Abbildung 3.28 Kombinationsfeld (oben) und Listenfeld (unten)

» 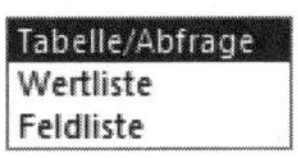

Über die Eigenschaft *Herkunftstyp* können Sie dann festlegen, woher die Nachschlagewerte stammen sollen. Das Listenfeld enthält dazu die drei Optionen *Tabelle/Abfrage*, *Werteliste* und *Feldliste*.

» Über die Option *Tabelle/Abfrage* können Sie eine andere Tabelle oder Abfrage angeben, die die Werte zur Auswahl enthält. Wenn Sie diese Optionen wählen, können Sie die Tabelle oder Abfrage über das darunter liegende Feld *Datensatzherkunft* festlegen.

» Wenn Sie *Werteliste* wählen, müssen Sie eine festgelegte Anzahl von Werten fest eingeben. Eine Werteliste sollte nur für Werte verwendet werden, die sich nicht sehr oft ändern und nicht in einer separaten Tabelle gespeichert werden müssen. Eine Liste für ein Feld, in dem unterschiedliche Anreden enthalten sind, bietet sich als Werteliste an. Beim Auswählen eines Werts aus einer Werteliste wird der Wert im Datensatz gespeichert. Es wird jedoch keine Verbindung zu einer verknüpften Tabelle hergestellt. Aus diesem Grund werden spätere Änderungen der ursprünglichen Werte in der Werteliste nicht in den Datensätzen widergespiegelt, die vor der Änderung eingefügt wurden.

» Bei der Wahl von *Feldliste* können Sie die Daten entsprechend einer Liste von Feldnamen einer Tabelle oder Abfrage anlegen, die über die Einstellung der Eigenschaft *Datensatzherkunft* festgelegt wurden.

» Nach Wahl von *Herkunftstyp* können Sie die restlichen Eigenschaften für das Feld festlegen.

» Über die Eigenschaft *Datensatzherkunft* legen Sie fest, woher die anzuzeigenden Daten stammen sollen. Die Optionen hierfür unterscheiden sich je nach der Einstellung für die Eigenschaft *Herkunftstyp*. Haben Sie dort *Tabelle/Abfrage* oder *Feldliste* gewählt, können Sie das zu verwendende Objekt aus der Liste auswählen. Haben Sie *Wertliste* benutzt, geben Sie die Werte direkt im Feld für die Eigenschaft ein.

» Über *Gebundene Spalte* teilen Sie Microsoft Access mit, welche Spaltenwerte als Wert für das Steuerelement verwendet werden sollen. Das hat nur bei der Anzeige mehrerer Spalten einen Sinn.

» Mit *Spaltenanzahl* können Sie bewirken, dass mehrere Spalten angezeigt werden.

» Sie können auch die Anzeige von *Spaltenüberschriften* bewirken. Das empfiehlt sich besonders, wenn Sie mehrere Spalten anzeigen lassen.

» Die Eigenschaft *Spaltenbreiten* können Sie zur Einstellung der Breite jeder Spalte in einem mehrspaltigen Listenfeld verwenden.

» Bei einem Kombinationsfeld finden Sie mit *Zeilenanzahl* auch eine Option zur Beschränkung der Werte.

» Außerdem können Sie bei einem Kombinationsfeld über die Eigenschaft *Nur Listeneinträge* eine Eingabebeschränkung vornehmen. Bei Wahl von *Ja* können nur Daten eingegeben werden, die einem der aufgelisteten Einträge entsprechen. Bei *Nein* akzeptiert Microsoft Access jede Eingabe.

Berechnete Felder

Es mag Sie überraschen, aber Access 2010 erlaubt bereits in Tabellen das Berechnen von Feldern. Wenn Sie in früheren Versionen von Access einen Wert berechnen wollten, musste die Berechnung in einer Abfrage, einem Steuerelement, einem Makro oder über VBA-Code erfolgen. In Access 2010 können Sie den Datentyp *Berechnet* zum Erstellen eines berechneten Felds in einer Tabelle verwenden. Dadurch kann das Ergebnis der Berechnung wesentlich einfacher angezeigt und in der Datenbank verwendet werden. Access aktualisiert berechnete Felder immer dann, wenn ein Datensatz bearbeitet wird, sodass das Feld stets den ordnungsgemäßen Wert enthält.

Um ein berechnetes Feld in der Entwurfsansicht zu erstellen, erwirken Sie eine neue Feldzeile, indem Sie einen Feldnamen eingeben. Wählen Sie als *Felddatentyp* die Option *Berechnet*. Nach dieser Wahl wird automatisch der *Ausdrucks-Generator* angezeigt (→ Abbildung 3.29). Dieses Werkzeug wird Ihnen innerhalb von Access noch häufiger begegnen. Für die Arbeit an einem berechneten Feld in einer Tabelle sind darin nur wenige Schritte notwendig.

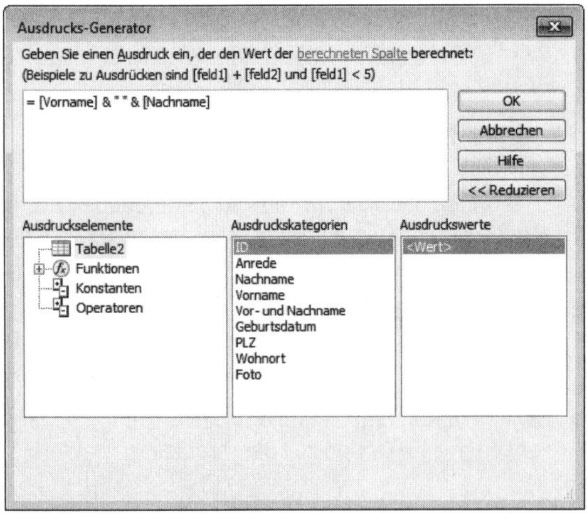

Abbildung 3.29 Der Ausdrucks-Generator

Die Berechnungsvorschrift geben Sie im Feld oben ein. Sie können den dafür zu verwendenden Ausdruck darin selbst eintippen oder aber auch die in den Feldern darunter angezeigten *Ausruckselemente*, *Ausdruckskategorien* und *Ausdruckswerte* übernehmen.

Wenn Sie beispielsweise in der Tabelle ein Feld *Vor- und Nachname* definiert haben, in dem die Eintragungen aus den auch vorhandenen Feldern *Vorname* und *Nachname* zusammengefasst werden sollen, könnten Sie das durch die Eingabe *= [Vorname] & „ „ & [Nachname]* über die Tastatur erreichen. Sie können die zu verwendenden Feldnamen aber auch erzeugen, indem Sie den Feldnamen unter *Ausdruckskategorien* markieren und dann unter *Ausdruckswerte* auf *‹Wert›* doppelklicken.

REFERENZ Mehr zum Berechnen von Ergebnissen aus Feldwerten liefern Ihnen die Kapitel 9 und 21.

In der Datenblattansicht werden dann die Ergebnisse eines berechneten Feldes angezeigt. Eingaben können darin nicht vorgenommen werden (→ Abbildung 3.30).

REFERENZ Weitere Details zu Ausdrücken und zum eben angesprochen Ausdrucks-Generator finden Sie im Referenzteil dieses Buches (→ Kapitel 21).

3.2.4 Die Eigenschaften einer Tabelle

Sie können Eigenschaften festlegen, die für eine gesamte Tabelle und gesamte Datensätze gelten. Öffnen Sie die Tabelle in der Entwurfsansicht, und klicken Sie auf der Registerkarte *Tabellentools/Entwurf* in der Gruppe *Einblenden/Ausblenden* auf *Eigenschaftenblatt*. Das Eigenschaftenblatt der Tabelle wird angezeigt (→ Abbildung 3.31). Klicken Sie auf das Feld rechts neben der Eigenschaft, die Sie festlegen möchten, und geben Sie dann eine Einstellung für die Eigenschaft ein (→ Tabelle 3.5).

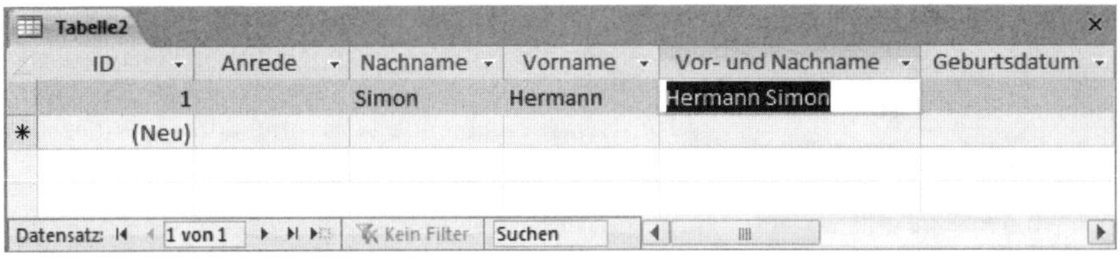

Abbildung 3.30 Berechnete Felder zeigen nur die Ergebnisse an.

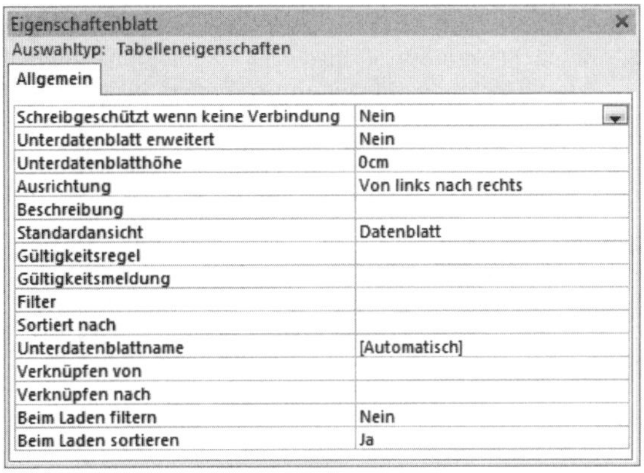

Abbildung 3.31 Das Eigenschaftenblatt zu einer Tabelle

Eigenschaft	Aktion
Schreibgeschützt, wenn keinen Verbindung	Gibt an, ob Ansichten, die auf der Tabelle basieren, auf einer SharePoint-Website angezeigt werden können.
Unterdatenblatt erweitert	Legt fest, ob alle Unterdatenblätter beim Öffnen der Tabelle erweitert werden sollen.
Unterdatenblatthöhe	Wenn Sie möchten, dass das Unterdatenblattfenster zum Anzeigen aller Zeilen erweitert wird, belassen Sie diese Eigenschaft auf 0 cm. Wenn Sie die Höhe des Unterdatenblatts festlegen möchten, geben Sie die gewünschte Höhe in Zentimeter ein.
Ausrichtung	Legen Sie die Ansichtsausrichtung in Abhängigkeit davon fest, ob die Sprache von links nach rechts oder von rechts nach links gelesen wird.
Beschreibung	Geben Sie eine Beschreibung der Tabelle ein, die in QuickInfos für die Tabelle angezeigt wird.
Standardansicht	Legen Sie Datenblatt, PivotTable oder PivotChart als Standardansicht beim Öffnen der Tabelle fest.
Gültigkeitsregel	Geben Sie einen Ausdruck ein, der wahr sein muss, wenn Sie einen Datensatz hinzufügen oder ändern.
Gültigkeitsmeldung	Geben Sie eine Meldung ein, die angezeigt wird, wenn ein Datensatz gegen den Ausdruck in der Eigenschaft Gültigkeitsprüfungsregel verstößt.
Filter	Definieren Sie Kriterien, um nur übereinstimmende Zeilen in der Datenblattansicht anzuzeigen.
Sortiert nach	Wählen Sie ein oder mehrere Felder zum Angeben der Standardsortierreihenfolge von Zeilen in der Datenblattansicht aus.
Unterdatenblattname	Geben Sie an, ob ein Unterdatenblatt in der Datenblattansicht angezeigt werden soll und durch welche Tabelle oder Abfrage ggf. die Zeilen im Unterdatenblatt bereitgestellt werden sollen.
Verknüpfen von	Listen Sie die Felder in der für das Unterdatenblatt verwendeten Tabelle oder Abfrage auf, die der Eigenschaft *Verknüpfen nach* dieser Tabelle entsprechen.
Verknüpfen nach	Listen Sie die Felder in der Tabelle auf, die der Eigenschaft *Verknüpfen von* dieser Tabelle entsprechen.
Beim Laden filtern	Wenden Sie beim Öffnen der Tabelle in der Datenblattansicht automatisch die Filterkriterien in der Eigenschaft *Filter* an (durch Festlegen auf *Ja*).
Beim Laden sortieren	Wenden Sie beim Öffnen der Tabelle in der Datenblattansicht automatisch die Sortierkriterien in der Eigenschaft *Sortiert nach* an (durch Festlegen auf *Ja*).

Tabelle 3.5 Verfügbare Tabelleneigenschaften

3.2.5 Arbeiten mit Indizes

Ein Index kann das Suchen und Sortieren von Datensätzen in Microsoft Access erheblich beschleunigen. Access verwendet Indizes in einer Tabelle, vergleichbar mit einem Index in einem Buch: Zum Lokalisieren von Daten sucht Access im Index nach dem Speicherort der Daten. Sie können Indizes auf der Basis eines einzelnen Feldes oder mehrerer Felder erstellen.

Es empfiehlt sich, die Felder zu indizieren, in denen Sie häufig suchen, die Sie sortieren oder die Sie in Abfragen mit Feldern in anderen Tabellen verknüpfen. Sie sollten aber keine Felder indizieren, in denen voraussichtlich viele verschiedene Werte gespeichert werden. Anderenfalls können Abfragen verlangsamt werden. Sie können keine Felder vom Datentyp *Memo*, *Hyperlink*, *Berechnet* oder *OLE-Objekt* indizieren.

Einen einfachen Index erstellen

Ein indiziertes Feld kann entweder eindeutige oder nicht eindeutige Werte enthalten. Sie würden beispielsweise in einer Artikeltabelle einen eindeutigen Index für ein Feld *Artikelnummer* erstellen, da Artikelnummern in einer solchen Tabelle jeweils nur einmal auftauchen sollen. In einer Tabelle, in der Sie Adressen verwalten, können Sie das Feld *Nachname* als nicht eindeutig indizieren. Dies erlaubt die Eingabe von Personendaten mit gleichem Nachnamen.

Um einen einfachen Index zu erstellen, verwenden Sie die folgenden Schritte:

» Sorgen Sie dafür, dass die Tabelle in der Entwurfsansicht angezeigt wird.

» Markieren Sie im oberen Teil des Entwurfsfensters das Feld, für das Sie einen Index erstellen möchten.

» 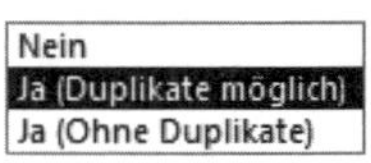

Öffnen Sie im unteren Teil des Fensters das Listenfeld zur Eigenschaft *Indiziert*, und wählen Sie dann *Ja (Duplikate möglich)* oder *Ja (Ohne Duplikate)*.

Einen zusammengesetzten Index erstellen

Wenn Sie davon ausgehen, dass Sie häufig in zwei oder mehr Feldern gleichzeitig suchen oder diese gleichzeitig sortieren müssen, können Sie einen Index erstellen, der beide Felder kombiniert. Mithilfe von Indizes über mehrere Felder können Sie zwischen Datensätzen unterscheiden, die im ersten Feld identische Werte enthalten – beispielsweise könnten Sie einen Index definieren, der nach *Nachnamen* und *Vornamen* unterscheidet.

Indizes für mehrere Felder erstellen Sie mithilfe des Fensters *Indizes*:

» Sorgen Sie dafür, dass die Tabelle in der Entwurfsansicht angezeigt wird.

» 

Klicken Sie auf die Schaltfläche *Indizes* in der Gruppe *Einblenden/Ausblenden* der Registerkarte *Tabellentools/Entwurf*. Das Fenster *Indizes* wird angezeigt (→ Abbildung 3.32).

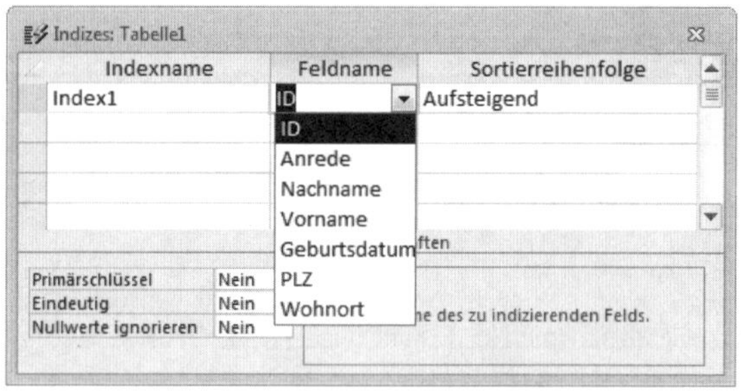

Abbildung 3.32 Das Dialogfeld *Indizes*

» Geben Sie in der ersten leeren Zeile der Spalte *Indexname* einen Namen für den Index ein. Sie können den Index nach einem der Indexfelder benennen oder einen beliebigen anderen Namen benutzen.

» Wechseln Sie zur Spalte *Feldname*, öffnen Sie die Liste dazu, und wählen Sie das Feld für den ersten Index aus.

» Die *Sortierreihenfolge* ist standardmäßig *Aufsteigend*. Wählen Sie die Option *Absteigend* aus, wenn Sie die Daten im entsprechenden Feld in absteigender Reihenfolge sortieren möchten.

» Markieren Sie in der nächsten Zeile der Spalte *Feldname* das zweite Feld für den Index, und wählen Sie das Feld für den zweiten Index aus. Das Feld in der Spalte *Indexname* lassen Sie leer. Wiederholen Sie diesen Schritt, bis Sie alle Felder markiert haben, die Sie indizieren möchten. Sie können beliebig viele Indizes erstellen. Die Indizes werden erstellt, wenn Sie den Tabellenentwurf speichern, und werden automatisch aktualisiert, wenn Sie Datensätze verändern oder hinzufügen. Sie können Indizes jederzeit in der Tabellenentwurfsansicht hinzufügen oder löschen.

Einen Primärschlüssel setzen

Um eine eindeutige Kennung der Datensätze in der Tabelle zu erleichtern, setzen Sie einen *Primärschlüssel* ein. Da sich die Werte in dem für den Primärschlüssel gewählten Feld in den einzelnen Datensätzen unterscheiden müssen, verhindert das Setzen eines solchen Schlüssels beispielsweise die Eingabe von doppelten Datensätzen. Auch wenn Tabellen miteinander verknüpft werden sollen - darauf werden wir später noch eingehen -, muss die Tabelle ein Datenfeld enthalten, in dem niemals identische Inhalte gespeichert werden dürfen.

Da die Bedingung des eindeutigen Inhalts manchmal nur schwierig zu erfüllen ist, zum Beispiel bei Namen, die ja durchaus mehrfach vorkommen können, werden häufig *AutoWert*-Felder als Schlüssel eingesetzt, bei denen der Inhalt von Access automatisch weitergezählt wird. Für das Schlüsselfeld wird von Microsoft Access automatisch ein Index angelegt, d.h., die Inhalte werden sortiert, um einen schnellen Zugriff auf die Daten zu gewährleisten.

Testen Sie diese Tätigkeit einmal aus:

» Sorgen Sie dafür, dass die *Tabelle3* in der *Entwurfsansicht* angezeigt wird.

» Klicken Sie auf den Datensatzmarkierer für das Feld, das Sie als Primärschlüsselfeld benutzen wollen. Markieren Sie für diese Übung das erste Feld *ID*.

» 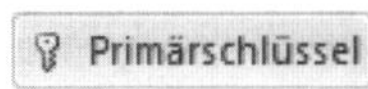

Klicken Sie in der Gruppe *Tools* der Registerkarte *Tabellentools/Entwurf* auf die Schaltfläche *Primärschlüssel*. Das für den Primärschlüssel gewählte Feld wird durch ein Schlüsselsymbol gekennzeichnet (→ Abbildung 3.33).

» Beachten Sie, dass durch das Setzen eines Primärschlüssels automatisch auch die Feldeigenschaft *Indiziert* auf die Einstellung *Ja (Ohne Duplikate)* gesetzt wird. Das bedeutet, dass Sie im Feld bei verschieden Datensätzen keine identischen Inhalte eingeben können. Bei einem Feld vom Datentyp *Au-*

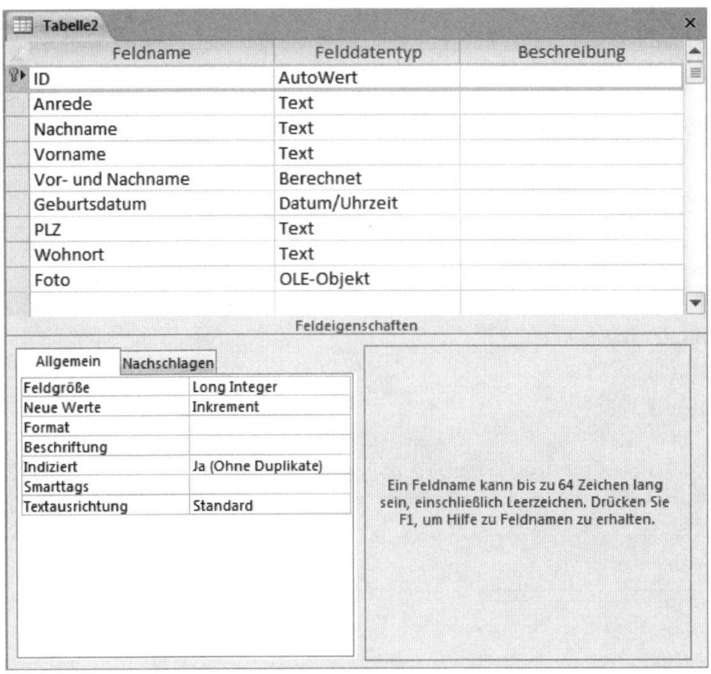

Abbildung 3.33
Ein Symbol zeigt das Schüsselfeld an.

toWert ist das sowieso nicht möglich. Wenn Sie aber ein Feld mit einem anderen Datentyp als Primärschlüsselfeld verwenden würden, könnten Sie auch Duplikate zulassen.

» Speichern Sie die Änderungen in der Tabelle.

TIPP Wenn beim Entwurf der Tabelle kein Schlüsselfeld angegeben wurde, wird beim Speichern abgefragt, ob ein solcher Schlüssel gesetzt werden soll. Hatten Sie bei der Felddefinition ein Feld vom Typ *AutoWert* eingefügt, wird der Primärschlüssel automatisch auf dieses Feld gesetzt. Andernfalls wird automatisch ein Schlüsselfeld mit dem Namen *ID* vom Datentyp *AutoWert* eingefügt.

REFERENZ Mehr über die Vergabe von Indizes erfahren Sie später in diesem Buch (→ Kapitel 5). Im folgenden Kapitel wollen wir uns zunächst damit beschäftigen, die eben erstellten Tabellen mit Daten zu versehen und damit zu arbeiten.

3.2.6 Die Standardeinstellungen für Tabellen

Sie können für neu zu erstellende Tabellen einige Standardeinstellungen festlegen. Dazu verwenden Sie die Kategorie *Objekt-Designer* unter den *Access-Optionen*. Die Tabellen betreffenden Optionen finden Sie darin im Abschnitt *Entwurfsansicht für Tabellen* (→ Abbildung 3.34). Diese Optionen gelten für neue Tabellen, die Sie mit der aktuellen Instanz von Access erstellen. Sie gelten aber auch, wenn Sie einer vorhandenen Tabelle neue Felder hinzufügen.

» *Standardfeldtyp* legt den Datentyp für Felder fest, *Standardtextfeldgröße* bestimmt die maximale Anzahl von Zeichen, die Sie in Felder mit dem Datentyp *Text* eingeben können. Sie dürfen die maximale Anzahl von *255* Standardzeichen nicht überschreiten. Über *Standardzahlenfeldgröße* bestimmen Sie die Größe für Felder mit dem Datentyp *Zahl*.

» Im Feld *AutoIndex beim Importieren/Erstellen* geben Sie die ersten oder letzten Zeichen eines Feldnamens ein. Beim Importieren von Feldern aus einer externen Datei oder beim Hinzufügen von Feldern zu einer Tabelle werden alle Felder, deren Namen mit den hier eingegebenen Zeichen übereinstimmen, automatisch von Access indiziert. Trennen Sie die Zeichenfolgen durch ein Semikolon. Wenn Sie beispielsweise *name;ort* eingeben, werden Felder mit dem Namen *Nachname* und *Wohnort* von Access indiziert.

» Über das Kontrollkästchen *Schaltfläche ‚Optionen für Eigenschaften aktualisieren' anzeigen* können Sie die Anzeige der Schaltfläche *Aktualisieren* der *Eigenschaft*-Optionen ein- und ausschalten. Diese Schaltfläche wird angezeigt, wenn Sie eine Eigenschaft eines Felds in einer Tabelle ändern.

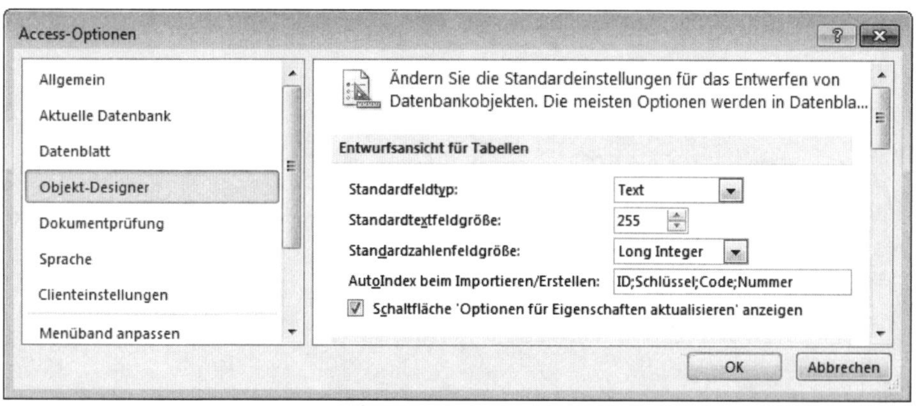

Abbildung 3.34 Der Abschnitt *Entwurfsansicht für Tabellen* in der Kategorie *Objekt-Designer*

3.3 Das Editieren in der Datenblattansicht

Nachdem Sie jetzt die wesentlichen Elemente zum Verfeinern von Tabellen - über die Entwurfsansicht - kennengelernt haben, wollen wir uns jetzt noch den Möglichkeiten zuwenden, die wir dafür in der Datenblattansicht haben. Die Version 2010 von Access verfügt in der *Datenblatt*-Ansicht einer Tabelle über zwei neue kontextbezogene Registerkarten. Das sind die Registerkarten *Tabellentools/Felder* und *Tabellentools/Tabelle* (→ Abbildung 3.35 und Abbildung 3.36).

» Über die Befehle der Registerkarte *Tabellentools/Felder* können Sie die Tabelle in der Datenblattansicht erweitern oder editieren (→ Abbildung 3.35).

» Die Registerkarte *Tabellentools/Tabelle* enthält - bis auf die Gruppe *Eigenschaften* - im wesentlichen Befehle, mit deren Hilfe Sie über Makros Automatisierungen für die Dateneingabe durchführen können (→ Abbildung 3.36). Mit dem Thema Makros werden wir uns später beschäftigen (→ Kapitel 14)

3.3.1 Allgemeine Einstellungen

Teilweise wissen Sie es schon aus den Bemerkungen, die Sie zu Anfang dieses Kapitels gemacht haben: Einfache Aufgaben wie das Hinzufügen neuer Felder oder das Löschen von bereits vorhandenen können Sie schnell über die Datenblattansicht der Tabelle erledigen.

3.3.2 Felder hinzufügen oder entfernen

Zum Hinzufügen neuer Felder oder Entfernen von bereits vorhandenen können Sie bei Access 2010 jetzt auch in der Datenblattansicht mit erweiterten Funktionen arbeiten. Benutzen Sie dazu die Elemente der Gruppe *Hinzufügen und Löschen* auf der Registerkarte *Tabellentools/Felder* (→ Abbildung 3.37).

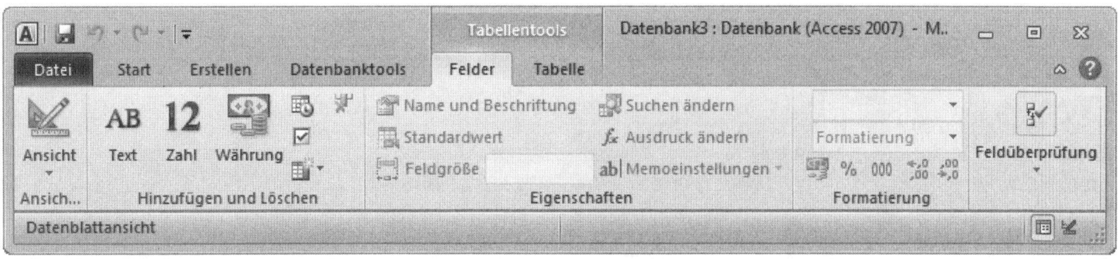

Abbildung 3.35 Die Registerkarte *Tabellentools/Felder*

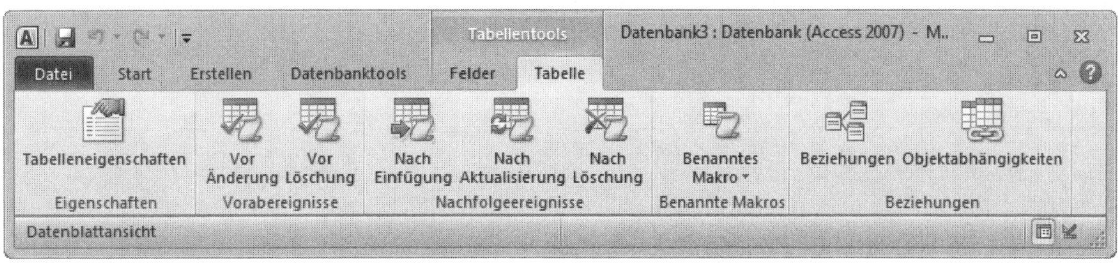

Abbildung 3.36 Die Registerkarte *Tabellentools/Tabelle*

Abbildung 3.37
Die Gruppe *Hinzufügen und Löschen* auf der Registerkarte *Tabellentools/Felder*

Felder hinzufügen

Dabei haben Sie die Möglichkeit, gleich einen Datentyp für das neue Feld festzulegen. Markieren Sie zunächst die Feldspalte, nach der Sie ein neues Feld einfügen wollen, und klicken Sie dann auf in der Gruppe *Hinzufügen und Löschen* der Registerkarte *Tabellentools/Felder* die Schaltfläche für den Felddatentyp, den Sie verwenden wollen (→ Tabelle 3.6).

Datentyp	Anwendungsbereich
AB Text	Verwenden Sie diesen Felddatentyp für kürzere Texteingaben oder Zahlenwerte, mit denen Sie später nicht rechnen wollen - beispielsweise Telefonnummern, Postleitzahlen oder Ähnliches. Bis zu 255 Zeichen können pro Feld eingegeben werden. Niedrigere Werte erhöhen die Verarbeitungsgeschwindigkeit.
12 Zahl	Verwenden Sie diesen Typ von Feldern für Daten, mit denen Sie auch rechnen wollen - also für Zahlenwerte. Welches Format hier benutzt werden soll, regeln Sie über die zugehörenden Feldeigenschaften (→ oben). Beachten Sie, dass für Zahlenangaben mit Währungskennzeichen ein eigenes Format zur Verfügung steht.
Währung	Verwenden Sie diesen Felddatentyp für die Anzeige einer Zahl zusammen mit einem Währungskennzeichen.
Datum und Uhrzeit	Dieser Typ eignet sich für die Anzeige von Inhalten im Datums- und Uhrzeitformat. Sie können für die Anzeige im Bereich *Feldeigenschaften* zwischen verschiedenen Formaten wählen.
Ja/Nein	Verwenden Sie diesen Felddatentyp für logische Werte wie *Ja/Nein*, *Wahr/Falsch*, *Ein/Aus* bzw. alle sonstigen Felder, die einen von zwei möglichen Werten enthalten.
Weitere Felder	Der Katalog zu dieser Schaltfläche beinhaltet viele weitere Datentypen (→ unten).

Tabelle 3.6 Mehrere Datentypen stehen in der Ansicht *Datenblatt* zur Verfügung.

Über den Katalog zur Schaltfläche *Weitere Felder* in dieser Gruppe können Sie auch zusätzliche Feldtypen auswählen und auch gleich einige Feineinstellungen vornehmen (→ Abbildung 3.38). In der Entwurfsansicht zur Tabelle müssten Sie dazu die Feldeigenschaften bemühen.

Abbildung 3.38
Der Katalog zu dieser Schaltfläche beinhaltet viele weitere Datentypen.

Felder löschen

Um ein vorhandenes Feld zu entfernen, markieren Sie die gewünschte Feldspalte und wählen auf der Registerkarte *Tabellentools/Felder* in der Gruppe *Hinzufügen und Löschen* die Schaltfläche *Löschen*. Oder Sie wählen im zugehörigen Kontextmenü den Befehl *Feld löschen* aus. Bestätigen Sie den Warnhinweis. Die Spalte wird aus der Tabelle entfernt. Bereits in das Feld eingegebene Daten werden natürlich ebenfalls gelöscht. Diese Aktion kann nicht rückgängig gemacht werden!

3.3.3 Spalten und Zeilen

Machen Sie sich in den folgenden Abschnitten zunächst mit den grundsätzlichen Möglichkeiten zum Editieren vertraut. Im Anschluss daran können Sie diese Techniken ausprobieren.

- 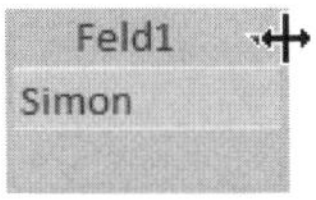

Der Befehl *Spaltenbreite* im Kontextmenü zum Feldnamen regelt die Breite der Feldspalte (→ Abbildung 3.39 links). Sie können das Maß selbst eingeben und anschließend bestätigen. *Anpassen* regelt die Breite der Spalte so, dass der längste Feldeintrag vollständig angezeigt wird. Die Breite einer Spalte können Sie auch direkt über die Maus regeln: Setzen Sie den Mauszeiger auf den rechten Rand des betreffenden Spaltkopfs. Er wird als Doppelpfeil angezeigt. Verschieben Sie dann die Maus in die gewünschte Richtung.
- 

Auf dieselbe Weise können Sie auch die Höhe der Zeilen regeln. Im Gegensatz zur Spaltenbreite ändern Sie hier aber die Höhe für alle Zeilen der Tabelle. Für exakte Einstellungen können Sie das Dialogfeld zum Befehl *Zeilenhöhe* aus dem Kontextmenü zu einer markierten Zeile verwenden (→ Abbildung 3.39 rechts).
- Über *Spalten ausblenden* im Kontextmenü des Feldnamens können Sie ganze Feldspalten aus der Ansicht entfernen, ohne dass damit die bereits eingegebenen Feldinhalte gelöscht werden. *Spalten einblenden* zeigt ein Dialogfeld an, in dem die aktuell eingeblendeten Spalten durch ein Häkchen gekennzeichnet sind (→ Abbildung 3.40). Durch einen Klick auf das Kästchen können Sie den Zustand der Anzeige ändern, beispielsweise momentan ausgeblendete Spalten wieder einblenden.

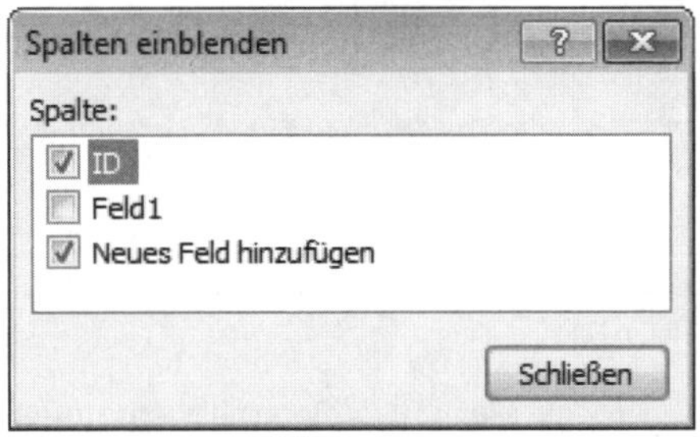

Abbildung 3.40 Spalten können aus- und wieder eingeblendet werden.

3.3.4 Feldeinstellungen in der Datenblattansicht

Mit der Version 2010 von Access können Sie aber auch weitergehende Tätigkeiten am Entwurf der Tabelle direkt in der Datenblattansicht vornehmen. Dazu gehören Dinge wie das Ändern der Feldnamen, das Festlegen eines Standardwertes für ein Feld oder das Einstellen von Formaten für die Anzeige der im Feld eingegebenen Daten.

Feldnamen

Zum Ändern des Feldnamens können Sie – wie anfangs in diesem Kapitel bereits erwähnt – auf den Namen doppelklicken und dann den Namen überschreiben

Abbildung 3.39 Stellen Sie die Spaltenbreite und die Zeilenhöhe ein.

oder editieren. Weitere Möglichkeiten stehen Ihnen zur Verfügung, nachdem Sie die Feldspalte markiert und auf die Schaltfläche *Name und Beschriftung* in der Gruppe *Eigenschaften* der Registerkarte *Tabellentools/ Felder* geklickt haben (→ Abbildung 3.41).

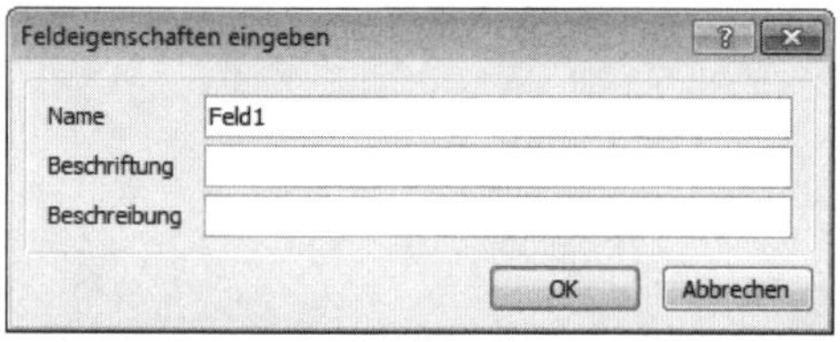

Abbildung 3.41 Ein Feld benennen

» Der Eintrag im Feld *Name* ist der interne Name, unter dem das Feld im Programm verwaltet wird. Manchmal wird man hier auch Abkürzungen verwenden. Diese können zwar schneller eingetippt werden, sind aber für andere Benutzer oft unverständlich.

» Die Eingabe im Feld *Beschriftung* wird in der Datenblattansicht in der Namenzeile angezeigt. Hier sollten Sie einen Ausdruck verwenden, der anderen Benutzern die Bedeutung der Eintragungen klarmacht. Wenn hier kein Eintrag vorgenommen wurde, wird in der Datenblattansicht der Ausdruck unter *Name* verwendet.

» Über *Beschreibung* können Sie zusätzlich einen Kommentar eingeben. Dieser wird auch in der Entwurfsansicht in der dritten Spalte angezeigt.

Den Standardwert festlegen

Den Standardwert ist der Wert, der bei einem neuen Datensatz automatisch im Feld erscheint. Wenn Sie beispielsweise erwarten, dass die Mehrzahl der Eintragungen in einem Feld *Wohnort* den Eintrag *München* haben wird, können Sie *München* als Standardwert festlegen. Das spart Arbeit beim Eingeben neuer Datensätze. Sie können diesen Standardwert dann so belassen oder überschreiben.

Zum Eingabe eines Standardwerts markieren Sie die gewünschte Feldspalte und klicken auf der Registerkarte *Tabellentools/Felder* in der Gruppe *Eigenschaften* auf *Standardwert*. Das zeigt den Ausdrucks-Generator an (→ Abbildung 3.42).

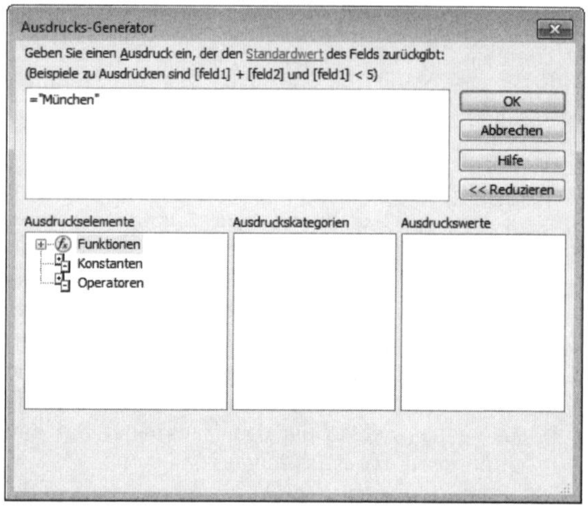

Abbildung 3.42 Verwenden Sie den Ausdrucks-Generator zum Festlegen eines Standardwertes.

» Für einen festen Standardwert können Sie im Feld oben im Generator den gewünschten Text nach dem Gleichheitszeichen eintippen - beispielsweise in der Form *=»München«*.

» Sie können aber auch einen komplexeren Ausdruck verwenden. Wenn Sie beispielsweise in einem Datumsfeld den Ausdruck = *Jetzt()* benutzen, erscheint beim Erstellen eines neuen Datensatzes in diesem Fall immer das gerade aktuelle Datum. Weitere Funktionen dieser Art finden Sie, nachdem Sie im Generator unter *Ausdruckselemente* auf *Funktionen* geklickt haben.

Berechnete Felder

Wir hatten es bereits erwähnt: In Access 2010 können Sie den Datentyp *Berechnet* zum Erstellen eines berechneten Felds in einer Tabelle verwenden. Dadurch kann das Ergebnis der Berechnung wesentlich einfacher angezeigt und in der Datenbank verwendet werden.

Markieren Sie zunächst die Feldspalte, nach der die neue Spalte erscheinen soll. Öffnen Sie dann auf der Registerkarte *Tabellentools/Felder* in der Gruppe *Hinzufügen und Löschen* den Katalog zur Schaltfläche *Weitere Felder*, und klicken Sie auf den Befehl *Feld berechnen*. Im Untermenü dazu müssen Sie dann noch angeben, welchen Datentyp das neue Feld haben soll. Dann erscheint wieder der Ausdrucks-Generator auf dem Bildschirm (→ Abbildung 3.42). Die Berechnungsvorschrift geben Sie im Feld oben ein. Sie können den dafür zu verwendenden Ausdruck darin selbst eintippen oder aber auch die in den Feldern darunter angezeigten *Ausruckselemente*, *Ausdruckskategorien* und *Ausdruckswerte* verwenden.

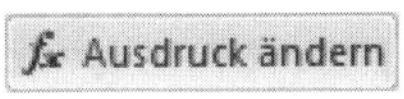

Wenn Sie einen Ausdruck später ändern wollen, markieren Sie die Spalte, die den Ausdruck benutzt, und klicken auf der Registerkarte *Tabellentools/Felder* in der Gruppe *Eigenschaften* auf *Ausdruck ändern*. Anschließend wird der Ausdruck im Ausdrucks-Generator angezeigt (→ Abbildung 3.43), und Sie können ihn darin editieren.

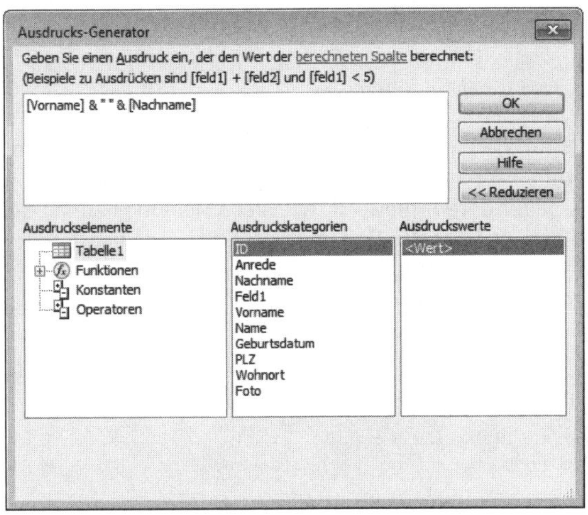

Abbildung 3.43 Der verwendete Ausdruck

Die Feldgröße festlegen

Die maximal erlaubte Länge der Eintragungen in einem Feld stellen Sie über *Feldgröße* in der Gruppe *Feldeigenschaften* ein.

Den Felddatentyp und das Format einstellen

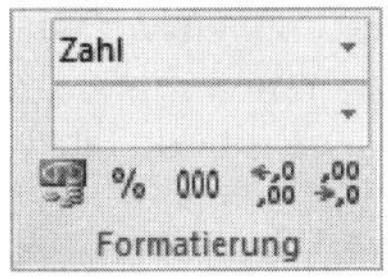

Wenn Sie den Datentyp eines Feldes später ändern wollen, benutzen Sie das Listenfeld oben in der Gruppe *Formatierung* auf der Registerkarte *Tabellentools/Felder*. Markieren Sie die entsprechende Feldspalte, und wählen Sie in dieser Gruppe den Datentyp aus. Beachten Sie aber, dass Sie nach der Eingabe von Daten in einem Feld nicht mehr zu einem beliebigen anderen Felddatentyp wechseln können. Hatten Sie beispielsweise Textdaten in ein Feld eingegeben, können Sie nicht mehr zum Felddatentyp *Zahl* wechseln.

Einige Datentypen – beispielsweise *Zahl* – erlauben die Wahl eines Ausgabeformats für das Feld. Welche Alternativen Ihnen hier zur Verfügung stehen, hängt allerdings vom vorher eingestellten Felddatentyp ab (→ Abbildung 3.44).

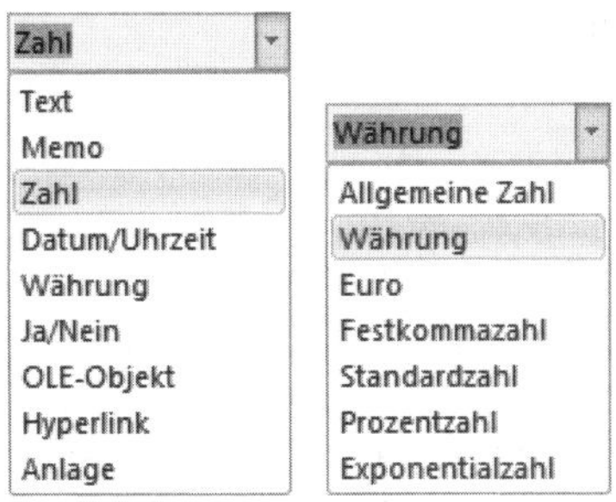

Abbildung 3.44 Die Alternativen für das Format hängen vom Felddatentyp ab.

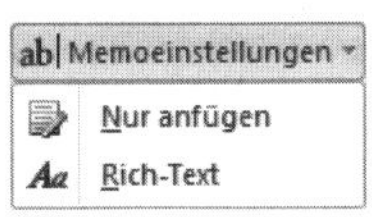

Felder vom Datentyp *Memo* verfügen mit den Optionen zur Schaltfläche *Memoeinstellungen* noch über eine weitere Möglichkeit, das Format zu beeinflussen. Der Befehl *Rich-Text* darin erlaubt es, einzelne Textabschnitte im Text dieses Feldes mit speziellen Zeichenformaten zu versehen. Dies ist aber erst bei de Darstellung der Feldinhalte in einem Formular möglich.

3.3.5 Die Feldüberprüfung

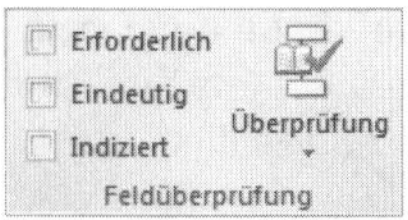

Über die Befehle der Gruppe *Feldüberprüfung* auf der Registerkarte *Tabellentools/Felder* können Sie weitere Forderungen zum Feldeintrag vornehmen. Über die drei Kontrollkästchen links in der Gruppe können Sie Einstellungen vornehmen, die Sie bei der Vorversion des Programms nur über die Feldeigenschaften in der Entwurfsansicht der Tabelle regeln konnten: *Erforderlich* bewirkt dasselbe wie die Einstellung *Ja* unter *Eingabe erforderlich*. Auch *Indiziert* finden Sie unter den Feldeigenschaften in der Entwurfsansicht. Eindeutig entspricht der Einstellung *Ja (Ohne Duplikate)*.

Die Optionen zu Schaltfläche *Feldüberprüfung* leisten aber mehr. Hiermit können Sie einerseits für die Eingaben in einzelnen Feldern als auch für die Summen der Eintragungen aller Felder in einem Datensatz bestimmte Forderungen aufstellen (→ Abbildung 3.45).

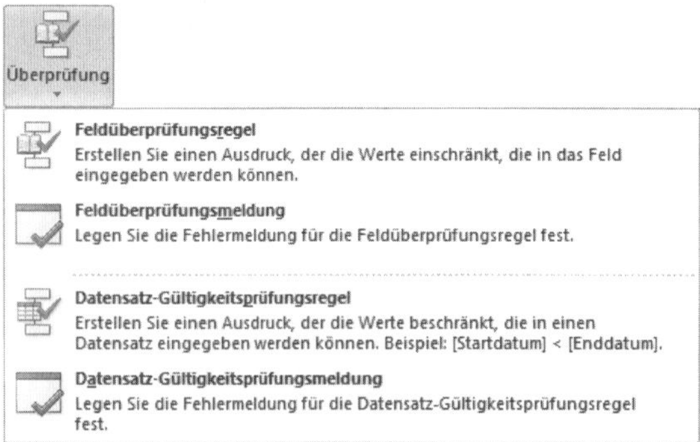

Abbildung 3.45 Die Optionen zur Überprüfung

Feldüberprüfungsregeln

Nach der Wahl des Befehls *Feldüberprüfungsregel* wird wieder einmal der Ausdrucks-Generator angezeigt (→ Abbildung 3.44). Hier können Sie die Prüfbedingungen für ein Feld festlegen. Beispielsweise lässt sich mit *»Feld3«<Now()* fordern, dass eine Datumseingabe im *Feld3* in der Vergangenheit liegen muss.

Wenn Sie einen Vergleich mit festen Datumswerten vornehmen wollen, müssen Sie diesen Wert mit Rautenzeichen # umgeben. Access verarbeitet einen in Rautenzeichen gesetzten Wert als Datentyp vom Typ *Datum/Uhrzeit*. Wenn Sie beispielsweise möchten, dass ein Datum nicht vor dem 01.01.2010 liegt, erreichen Sie das über den Ausdruck *>=#01.01.2010#*. Wenn Sie bei einem Datumsfeld nur Werte zulassen wollen, die zwischen dem *1.1.2010* und dem *01.01.2011* liegen, geben Sie für dieses Feld den Ausdruck *Zwischen #01.01.2010# Und #01.01.2011#* ein.

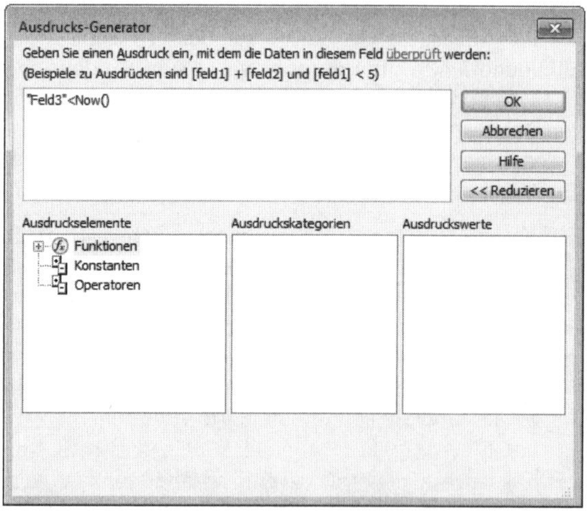

Abbildung 3.46 Über den Ausdrucks-Generator legen Sie Forderungen zu den Feldinhalten fest.

Wenn die Eingabe in einen Feld die Prüfung nicht besteht, kann eine Meldung angezeigt werden, die den Bearbeiter darauf hinweist. Wie diese Meldung lauten soll, legen Sie über das Dialogfeld fest, das Sie über den Befehl *Feldüberprüfungsmeldung* im Katalog zur Schaltfläche *Überprüfung* eingeben können (→ Abbildung 3.44). Geben Sie hier beispielsweise den Text *Das Datum muss in der Vergangenheit liegen!* ein.

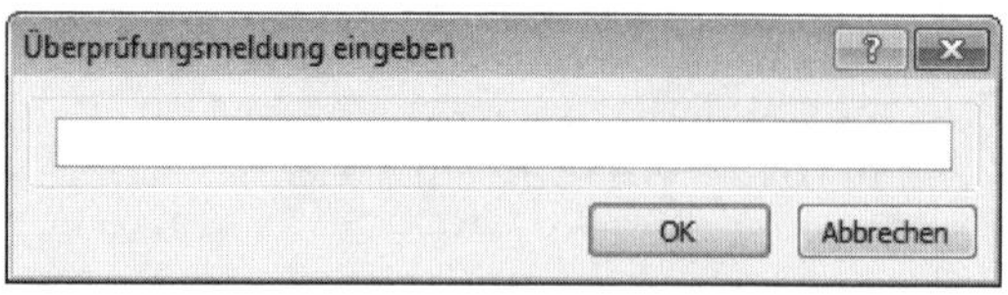

Abbildung 3.47 Die auszugebende Meldung können Sie selbst festlegen.

TIPP Durch Festlegen einer Gültigkeitsprüfungsregel für ein Tabellenfeld wird die Regel in der gesamten Datenbank unabhängig davon erzwungen, wo das Feld geändert wird. Dagegen wird beim Festlegen einer Gültigkeitsprüfungsregel für ein Steuerelement auf einem Formular die Regel nur erzwungen, wenn das jeweilige Formular verwendet wird (→ Kapitel 10). Das für Tabellenfelder und Steuerelemente auf Formularen getrennte Festlegen von Gültigkeitsprüfungsregeln kann nützlich sein, wenn Sie verschiedene Gültigkeitsprüfungsregeln für unterschiedliche Benutzer einrichten möchten.

Datensatz-Gültigkeitsprüfungsregeln

Die Datensatz-Gültigkeitsprüfungsregeln im zweiten Abschnitt des Katalogs zur Schaltfläche *Überprüfung* funktionieren im Prinzip genauso. Allerdings wird diese Art der Prüfung vorgenommen, nachdem Sie alle Felder im Datensatz eingegeben haben bzw. wenn der Datensatz gespeichert wird. Im Ausdrucks-Generator, den Sie hier durch einen Klick auf den Befehl *Datensatz-Gültigkeitsprüfungsregel* auf den Bildschirm bringen, können Sie eine Bedingung formulieren, die die Werte in zwei oder mehreren Feldern vergleicht. Beispielsweise können Sie fordern, dass für bereits in der Datenbank vorhandene Kunden auch die Kundennummer eingegeben werden muss (→ Abbildung 3.48).

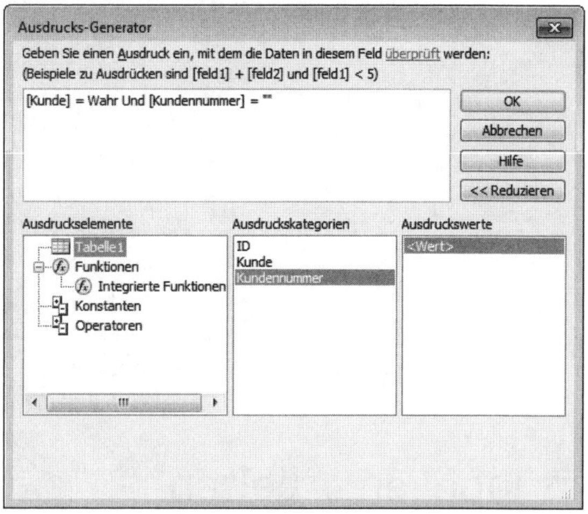

Abbildung 3.48 Im Ausdrucks-Generator legen Sie die Prüfung für den Datensatz fest.

Auch hier kann eine Meldung angezeigt werden, die den Bearbeiter darauf hinweist, dass die für den Datensatz eingegebenen Daten die Prüfung nicht bestanden haben. Benutzen Sie dazu den Befehl *Datensatz-Gültigkeitsprüfungsmeldung*.

Kapitel 4

In Tabellen arbeiten

Nachdem Sie - wie in Kapitel 3 beschrieben - die Struktur einer Tabelle erstellt haben, können Sie sich daranmachen, die Tabelle mit Daten zu füllen. Daten geben Sie in der *Datenblattansicht* der Tabelle ein. Die Techniken dazu sind einfach zu beherrschen, und Sie müssen nur einige Besonderheiten beachten, die in diesem Kapitel angesprochen werden. Denken Sie aber daran, dass Sie über die Verwendung von Formularen eine in den meisten Fällen weit bequemere Möglichkeit haben, Ihre Daten in eine Tabelle einzugeben (→ Kapitel 7 bis Kapitel 10).

» In der Datenblattansicht der Tabelle können Sie die Felddaten eingeben und eingegebene Felddaten korrigieren. Diverse zusätzliche Werkzeuge stehen Ihnen über die Schaltflächen in der Gruppe *Datensätze* der Registerkarte *Start* des Menübandes zur Verfügung (→ Abschnitt 4.1).

» Mehrere Bearbeitungsvorgänge betreffen alle Felder eines Datensatzes. Sie können beispielsweise Datensätze kopieren oder aus der Tabelle löschen (→ Abschnitt 4.2). Auch andere Datensatzaktionen sind möglich.

» Eine typische Aufgabe in der Tabelle einer Datenbank ist das Sortieren der Datensätze oder das Filtern nach bestimmten Kriterien. Die Werkzeuge dafür finden Sie in der Gruppe *Sortieren und Filtern* der Registerkarte *Start* des Menübandes (→ Abschnitt 4.3).

» Wenn Sie - statt an später vorgestellten Formularen - gern direkt mit den Daten der Tabellen arbeiten, können Sie Access-Tabellen hinsichtlich der Schriftattribute, der Zeilenhöhe und der Spaltenbreite formatieren (→ Abschnitt 4.4). Außerdem können Sie Spalten ausblenden und Spalten als Titel auf dem Bildschirm fixieren lassen.

» Mithilfe von *PivotTables* und *PivotCharts* können Sie die Struktur der Daten einer Tabelle analysieren (→ Abschnitt 4.5). Manchen Anwendern sind diese Begriffe - wohl schon aufgrund der Namen - etwas unheimlich. Was sich dahinter verbirgt und über welche Leitungsfähigkeit diese Elemente verfügen, erfahren Sie im letzten Abschnitt dieses Kapitels.

WWW Sie können die Beispieldatei *Datenbank4* aus dem Ordner *04* auf der Webseite öffnen. Im Unterordner *Material* finden Sie die Datenbank, mit der Sie die beschriebenen Tätigkeiten selbst nachvollziehen können. Diese Datenbank entspricht in vielen Fällen jener, die Sie mit den im vorherigen Kapitel beschriebenen Tätigkeiten erstellt haben.

4.1 Felddaten eingeben und korrigieren

In der Datenblattansicht der Tabelle können Sie die Felddaten eingeben und eingegebene Felddaten korrigieren. Als zusätzliche Werkzeuge dienen die Schaltflächen in der Gruppe *Datensätze* auf der Registerkarte *Start* des Menübandes (→ Tabelle 4.1).

Gruppe	Aufgaben
	Erlaubt die Wahl der Ansicht der Tabelle. Neben den schon bekannten Formen stehen Ihnen hierin noch spezielle Formen der Ansicht zur Verfügung.
	Beinhaltet die typischen Werkzeuge zum Arbeiten mit der Windows- und der Office-Zwischenablage - also beispielsweise die Instrumente zu Ausschneiden, Kopieren und Einfügen von Elementen.
	Die Befehle dieser Gruppe erlauben ein Sortieren und/oder Filtern der Eintragungen in der Tabelle.
	Hier finden Sie mehrere Werkzeuge zum Bearbeiten von Datensätzen als Ganzes. Sie können damit beispielsweise einen neuen Datensatz erstellen.
	Die Gruppe *Suchen* beinhaltet neben dem Suchen auch die Funktion *Ersetzen*, *Gehe zu* und *Markieren*.
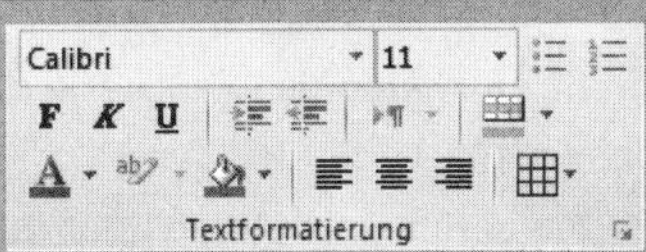	Über diese Befehlsgruppe können Sie die Tabelle mit den gewünschten Zeichenformaten - wie Schriftart, Schriftgröße usw. - versehen. Alle diese Optionen zur Formatierung regeln das Format für das gesamte Datenblatt. Außerdem können Sie bei einigen Felddatentypen einen vorher markierten Bereich mit den gewünschten Absatzformaten - beispielsweise Ausrichtung, Einzüge oder farbiger Hintergrund - versehen.

Tabelle 4.1 Die Befehlsgruppen der Registerkarte *Start* in der Datenansicht einer Tabelle

TIPP Unter Umständen verfügen Sie über Daten, die in einem anderen Programm gespeichert sind und die Sie in Access importieren möchten. Oder Sie arbeiten beispielsweise mit Personen zusammen, die ihre Daten in anderen Programmen aufbewahren und die Sie in Access bearbeiten möchten. In beiden Fällen ist das Importieren von Daten aus anderen Quellen mit Access sehr einfach. Sie können Daten aus einem Excel-Arbeitsblatt, aus einer Tabelle in einer anderen Access-Datenbank, aus einer SharePoint-Liste oder aus einer Vielzahl anderer Quellen importieren. Darauf werden wir später in diesem Buch näher eingehen (→ Kapitel 11).

4.1.1 Eine Tabelle zur Dateneingabe öffnen

Öffnen Sie die gewünschte Tabelle in dieser Ansicht. Die *Tabelle1* beinhaltet in etwa die Struktur, die Sie in Kapitel 3 festgelegt haben.

» Öffnen Sie - falls notwendig - die Gruppe *Tabellen* in der Objektspalte links im Navigationsbereich.

» Doppelklicken Sie auf den im Navigationsbereich angezeigten Eintrag *Tabelle1*, oder markieren Sie ihn nur und ziehen ihn auf den Arbeitsbereich in Access.

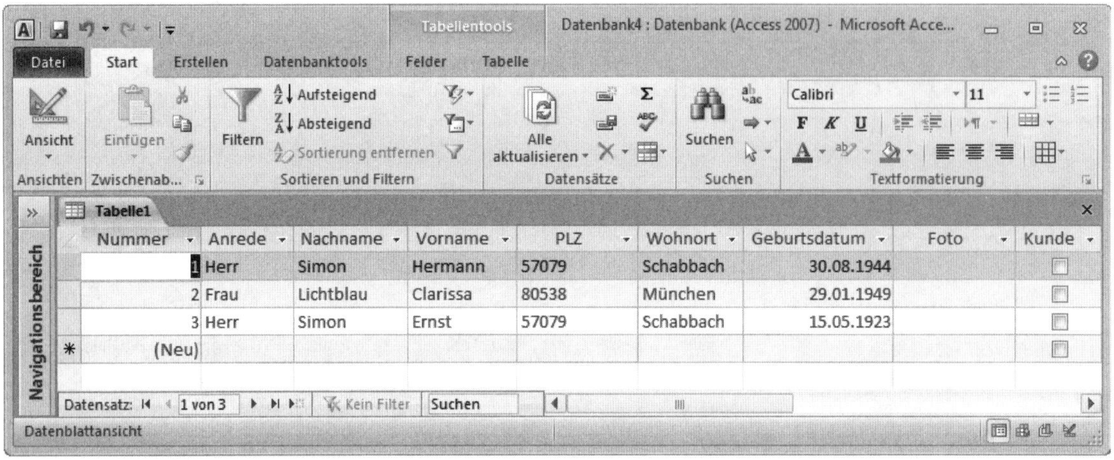

Abbildung 4.1 Die Beispieltabelle *Tabelle1* in der Datenblattansicht. Einige Daten wurden bereits eingegeben.

Der Inhalt der Tabelle wird angezeigt (→ Abbildung 4.1). Einige Daten wurden bereits eingegeben.

Nach dem Öffnen einer Tabelle in der Datenblattansicht ist automatisch immer das erste Feld im ersten Datensatz markiert. Wenn Sie Daten in eine noch leere Tabelle eingeben wollen, können Sie also sofort damit beginnen.

4.1.2 Einen neuen Datensatz anlegen

Sind bereits Datensätze in der Tabelle vorhanden, müssen Sie zunächst den Datensatz markieren, in dem Sie mit der Eingabe beginnen wollen. Im Allgemeinen werden Sie die Daten in der ersten freien Zeile der Tabelle einsetzen. Diese Zeile ist zusätzlich auch durch den Datensatzmarkierer an linken Rand der Tabelle markiert. Klicken Sie mit der Maus auf diesen Datensatz. Der neue Datensatz wird daraufhin markiert, und die Einfügemarke erscheint im ersten Feld dieses Satzes (→ Abbildung 4.2).

Daneben gibt es noch weitere Methoden zum Anlegen eines neuen Datensatzes, die Sie kennen sollten. Suchen Sie sich diejenige aus, die Ihnen am meisten liegt:

» 

Sie können auf das Steuerelement *Neu* in der Gruppe *Datensätze* der Registerkarte *Start* im Menüband klicken.

» 
In der Zeile zur Navigation am unteren Rand des Fensters können Sie auf die Schaltfläche *Neuer (leerer) Datensatz* klicken (→ unten).

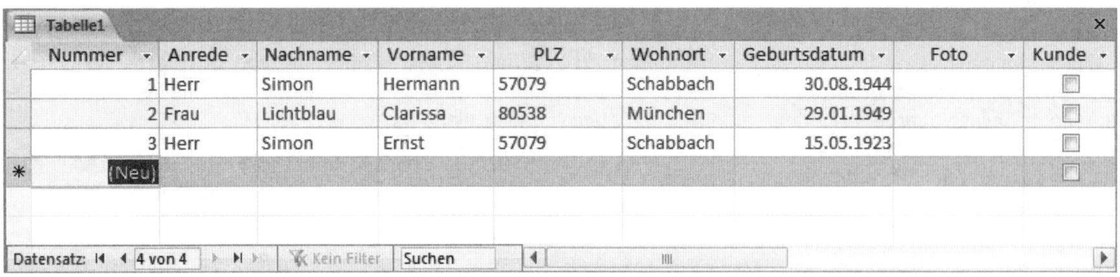

Abbildung 4.2 Die Tabelle ist bereit zur Eingabe eines neuen Datensatzes.

» 

Auch über die Optionen der Liste zur Schaltfläche *Gehe zu* in der Gruppe *Suchen* der Registerkarte *Start* im Menüband können Sie durch Wahl von *Neu* einen neuen Datensatz erzeugen.

» Sie können zum Markieren eines neuen Datensatzes auch die Tastenkombination [Strg]+[+] drücken oder einfach das erste Feld der letzten Zeile anklicken.

4.1.3 Daten eingeben

Nach dem Markieren eines Feldes können Sie die Daten eingeben. Ansonsten benutzen Sie die Tastatur wie bei der Textverarbeitung. Nach der ersten Eingabe in einem Feld wird der Datensatz durch ein Schreibstiftsymbol in der Markierungsspalte gekennzeichnet. Außerdem wird gleich noch ein neuer leerer Datensatz erstellt. Um von einem Feld zum nächsten zu wechseln, benutzen Sie die Tasten [↵], [⇆] oder [→]. Nachdem Sie die Eingaben an einem Datensatz abgeschlossen haben, kommen Sie mit diesen Tasten zum ersten Feld eines neuen Datensatzes.

TIPP Über die Kategorie *Erweitert* in den *Access-Optionen* können Sie einstellen, welche Wirkung eine Betätigung der [↵]-Taste hat. Ebenso können Sie hier das Standardverhalten einiger weiterer Tasten definieren.

Beachten Sie für die Eingabe in spezielle Felder noch die folgenden Hinweise:

» In einem *AutoWert*-Feld können keine Eingaben durchgeführt werden. Diese Werte werden von Microsoft Access automatisch eingefügt.

» In Nachschlagefeldern können Sie nach einem Klick auf die Pfeilspitze oder Drücken von [F4] einen der eingestellten Werte auswählen. Sie können auch zusätzliche Daten über die Tastatur eingeben. Dies ist aber nur möglich, wenn die Eigenschaft *Nur Listeneinträge* für dieses Feld auf *Nein* geschaltet ist.

» Hatten Sie vereinbart, dass für ein Nachschlagefeld mehrere Werte zugelassen werden sollen, werden für die Optionen zu diesem Feld Kontrollkästchen angezeigt (→ Abbildung 4.3 links). Sie können Elemente in der Liste aktivieren oder deaktivieren und dann auf *OK* klicken, um die Optionen zu übernehmen. Die ausgewählten Elemente werden im Mehrfachwertfeld gespeichert und jeweils durch Kommas getrennt angezeigt.

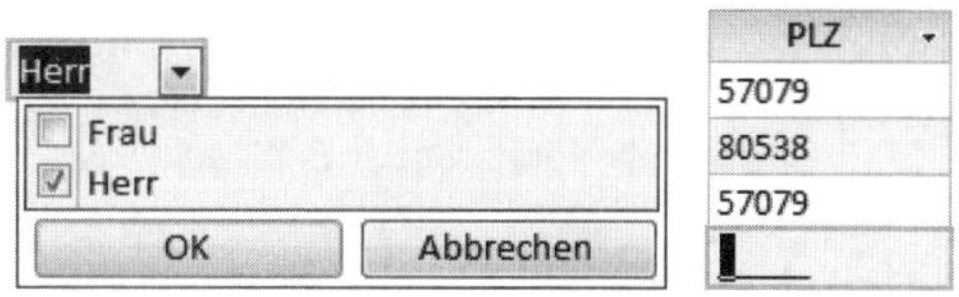

Abbildung 4.3 Ein Nachschlagefeld (links) mit mehreren Werten ermöglicht eine Auswahl, ein Eingabeformat (rechts) schränkt beispielsweise die Anzahl der Zeichen ein.

» Wenn Sie ein Eingabeformat definiert haben - beispielsweise für die Eingabe einer Postleitzahl oder einer Telefonnummer -, werden die Möglichkeiten zur Eingabe durch die Anzeige von Unterstrichen oder anderen Zeichen eingeschränkt (→ Abbildung 4.3 rechts). Nur Eingaben in den so gekennzeichneten Bereichen sind möglich.

» Wenn Sie die Einfügemarke in ein Feld mit dem Datentyp *Datum/Uhrzeit* setzen, taucht rechts von diesem Feld eine kleine Kalenderschaltfläche auf. Wenn Sie darauf klicken, wird ein Kalenderfenster geöffnet, über das Sie einen Datumswert auswählen können (→ Abbildung 4.4). Der Kalender kann für ein Feld oder ein Steuerelement mithilfe einer Eigenschaft optional deaktiviert werden.

Abbildung 4.4 Über das Kalendersteuerelement brauchen Sie nur auf ein Datum zu klicken, um es in Feld einzutragen.

» 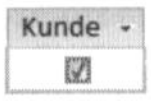 Felder mit dem Datentyp *Ja/Nein* zeigen in der Datenblattansicht ein Kontrollkästchen. Klicken Sie darauf, um es ein- oder auszuschalten. Sie können den Wert eines Kontrollkästchens in einem Feld nach dem Markieren auch durch Betätigung der [Leer]-Taste umschalten.

» 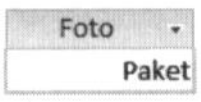 Felder vom Typ *OLE-Objekt* können Sie auch in der Datenansicht der Tabelle mit Daten füllen, indem Sie die Option *Objekt einfügen* aus dem Kontextmenü zu einem solchen Feld benutzen. Grafische Inhalte können aber in dieser Ansicht nicht angezeigt werden. Wir werden deshalb erst im Kapitel über die Eingaben in Formularen darauf zu sprechen kommen (→ Kapitel 7 und 10).

» Felder vom Typ *Memo* sind meist dafür gedacht, längere Texte zu beinhalten. Zur Eingabe von Daten in ein solches Feld eignet sich das Fenster *Zoom*. Sie rufen es nach dem Markieren des Feldes über die Tastenkombination [⇧]+[F2] auf den Bildschirm (→ Abbildung 4.5). Geben Sie darin den gewünschten Text ein, und bestätigen Sie über *OK*. Der Text wird dann in das Feld übertragen.

Mithilfe spezieller Tastenkombinationen können Sie die Eingabe von bestimmten Feldinhalten beschleunigen (→ Tabelle 4.2).

Tastenkürzel	Wirkung
[Strg]+[;]	Einfügen des aktuellen Datums.
[Strg]+[:]	Einfügen der aktuellen Uhrzeit.
[Strg]+[Alt]+[Leer]	Einfügen des Standardwerts für ein Feld.
[Strg]+[,]	Einfügen des Werts aus dem vorherigen Datensatz.

Tabelle 4.2 Tastenkürzel für bestimmte Feldinhalte

 Gerade vorgenommene Änderungen können Sie rückgängig machen. Klicken Sie dazu auf die Schaltfläche *Rückgängig* in der *Symbolleiste für den Schnellzugriff*. Wenn Sie den Befehl vor dem Wechsel zu einem anderen Datensatz benutzen, wird die letzte Eingabe rückgängig gemacht. Nach einer vorher durchgeführten vollständigen Eingabe eines neuen Datensatzes wird immer der gesamte Datensatz entfernt.

4.1.4 Daten speichern

Um das Speichern der in der Datenansicht eingegebenen Elemente brauchen Sie sich eigentlich nicht zu kümmern. Sobald Sie die Eingabe in einem Datensatz abschließen und einen anderen Datensatz markieren, werden die neu eingegebenen Daten automatisch in die Tabelle geschrieben.

 Wenn Sie bei umfangreichen Eingabearbeiten innerhalb eines Datensatzes die Daten zwischendurch speichern wollen, wählen Sie *Speichern* in der Gruppe *Datensätze* der Registerkarte *Start* im Menüband, oder drücken Sie die Tastenkombination [⇧]+[↵].

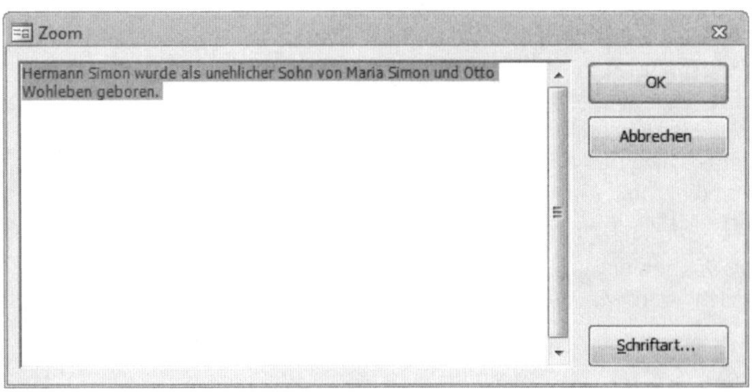

Abbildung 4.5
Das Dialogfeld *Zoom* eignet sich zum Eintragen längerer Feldinhalte - beispielsweise bei einem Felddatentyp *Memo*.

4.1.5 Daten korrigieren

Bereits eingegebene Daten können Sie nachträglich korrigieren. Haben Sie beispielsweise einen Fehler entdeckt, klicken Sie die entsprechende Stelle mit der Maus an und führen die Korrekturen durch. Wenn Sie gern mit der Tastatur navigieren, sollten Sie zwei zusätzliche Modi kennenlernen:

» Mit der Taste F2 können Sie zwischen dem *Bearbeitungsmodus* und dem *Navigationsmodus* umschalten. Die Pfeiltasten haben in diesen beiden Modi eine unterschiedliche Wirkung. Im Navigationsmodus bewirken sie einen Sprung zu anderen Feldern der Tabelle. Im Bearbeitungsmodus verschieben Sie damit die Einfügemarke innerhalb eines Feldes.

» Einen Erweiterungsmodus schalten Sie über die Taste F8 ein und aus. Bei eingeschaltetem Erweiterungsmodus erscheint rechts unten in der Statusleiste die Anzeige *Erweiterte Auswahl*. Wenn der Erweiterungsmodus eingeschaltet ist, können Sie durch wiederholtes Drücken von F8 die Markierung auf das ganze Wort, das Feld, den Datensatz oder alle Datensätze erweitern. Die Tasten zur Bewegung der Einfügemarke dienen im Erweiterungsmodus zur Erweiterung der Markierung.

Die Rechtschreibprüfung

Mit der Rechtschreibprüfung können Sie Ihre Eingaben hinsichtlich Rechtschreibung untersuchen und – gegebenenfalls – korrigieren lassen. Das macht bei Access natürlich vordringlich Sinn, wenn Sie in einem Feld richtige – und meist längere – Texte abgelegt haben. Beispielsweise eignet sich dieses Instrument für die Anwendung in Feldern vom Datentyp *Memo*. Für die Rechtschreibprüfung stellt Microsoft Office ein internes Wörterbuch zur Verfügung, das auch von anderen Microsoft Office-Programmen benutzt wird. Sie können aber auch eigene Wörterbücher verwenden, in die Sie Einträge einfügen, die dem Programm nicht bekannt sind.

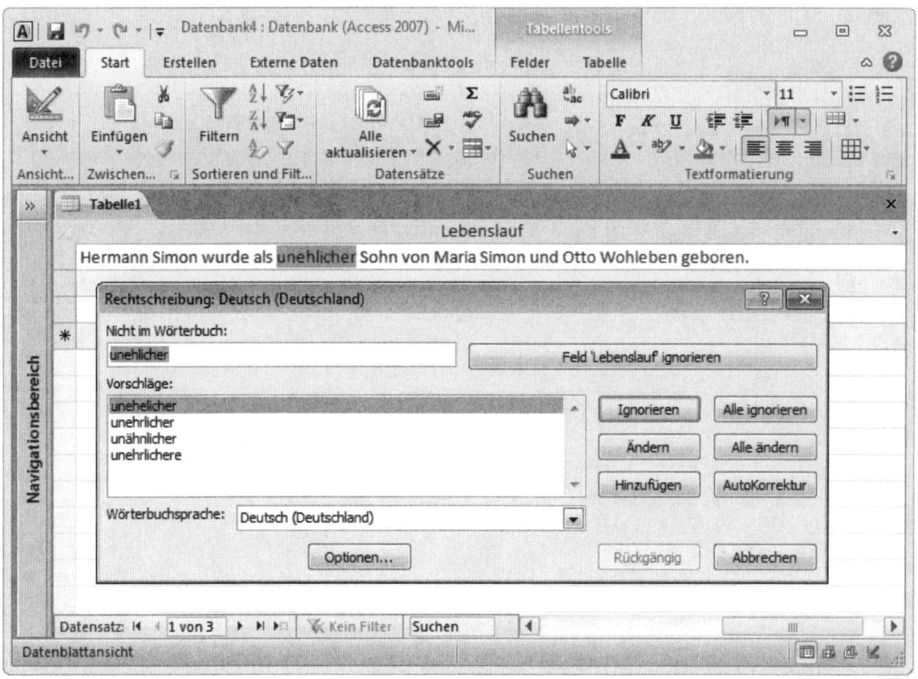

Abbildung 4.6
Die Rechtschreibprüfung in einem Feld vom Datentyp *Memo*

Zum Starten der Prüfung klicken Sie die Schaltfläche *Rechtschreibung* in der Gruppe *Datensätze* der Registerkarte *Start*. Wenn Sie nur einen bestimmten Bereich prüfen wollen, markieren Sie diesen zuerst. Dem Wörterbuch nicht bekannte Wörter und Konstruktionen werden dann im Dialogfeld *Rechtschreibung* gemeldet. Sie können die Korrekturen direkt in diesem Dialogfeld vornehmen (→ Abbildung 4.6).

TIPP In Access besteht nicht die Möglichkeit, die Rechtschreibung während der Eingabe zu überprüfen. Auch die Grammatikprüfung ist nur in Microsoft Outlook und Microsoft Word verfügbar.

REFERENZ Weitere Hinweise zur Durchführung der Rechtschreibprüfung haben wir bereits im ersten Teil dieses Buches geliefert (→ Kapitel 2).

4.2 Datensätze bearbeiten

Mehrere Bearbeitungsvorgänge betreffen alle Felder eines Datensatzes. Sie können beispielsweise Datensätze kopieren oder aus der Tabelle löschen. Ein Verschieben von Datensätzen ist zwar möglich, macht aber in Datenbanken wenig Sinn, da die Reihenfolge der Eintragungen in einer Tabelle praktisch keine Bedeutung hat. Auch andere Datensatzaktionen sind möglich.

Die Werkzeuge zum Bearbeiten von Datensätzen finden Sie auf der Registerkarte *Start* innerhalb der Gruppe *Datensätze* (→ Tabelle 4.3).

Symbol	Name und Wirkung
Alle aktualisieren	*Alle aktualisieren:* aktualisiert die Daten in den Datensätzen. Das ist nur wichtig, wenn die Daten auf einer Verknüpfung zu externen Quellen beruhen (→ Kapitel 11).
Neu	*Neu:* erstellt einen neuen Datensatz in der Tabelle.
Speichern	*Speichern:* speichert während der Eingabe von Daten in einem neuen Datensatz die bisher eingegebenen Inhalte.
Löschen	*Löschen:* entfernt einen vorher markierten Datensatz.
Σ Summen	*Summen:* zeigt im Anschluss an die Datensätze eine *Summenzeile* an, in der Sie eine Summe, eine Anzahl oder andere Daten berechnen können (→ unten).
Rechtschreibung	*Rechtschreibung:* startet die Rechtschreibprüfung für die Inhalte der Tabelle.
Weitere	*Weitere:* ermöglicht zusätzliche Aktionen wie das Ändern der Zeilenhöhe oder das Ausblenden von Spalten.

Tabelle 4.3 Die Optionen in der Gruppe *Datensätze*

4.2.1 Datensatz markieren

Bevor Sie einen Datensatz als Ganzes bearbeiten, müssen Sie ihn als Einheit markieren:

» Beim Arbeiten mit der Maus klicken Sie dazu den entsprechenden Datensatzmarkierer am linken Rand des Tabellenfensters an (→ Abbildung 4.7). Der gerade markierte Datensatz wird optisch hervorgehoben.

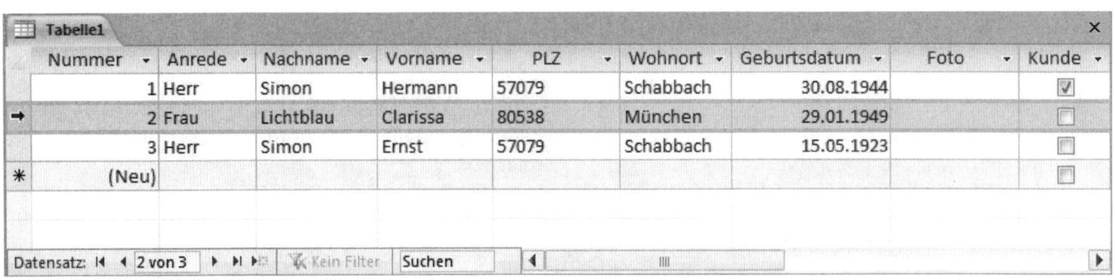

	Nummer	Anrede	Nachname	Vorname	PLZ	Wohnort	Geburtsdatum	Foto	Kunde
	1	Herr	Simon	Hermann	57079	Schabbach	30.08.1944		☑
→	2	Frau	Lichtblau	Clarissa	80538	München	29.01.1949		☐
	3	Herr	Simon	Ernst	57079	Schabbach	15.05.1923		☐
*	(Neu)								☐

Abbildung 4.7 Der zweite Datensatz wurde markiert und ist farblich hervorgehoben.

» 

Wenn sich die Einfügemarke bereits in einem Feld des Datensatzes befindet, den Sie markieren wollen, können Sie auch die Liste zum Steuerelement *Markieren* in der Gruppe *Suchen* öffnen und darin die Option *Markieren* auswählen.

Zwischen markierten Datensätzen können Sie schnell wechseln. Dazu stehen mehrere Methoden zur Verfügung. An bequemsten geht es über die Navigationsschaltflächen am unteren Rand des Formularfensters (→ Abbildung 4.8 und Tabelle 4.4).

Abbildung 4.8 Die Werkzeuge zur Navigation zwischen den Datensätzen

Sie können die Nummer des gewünschten Datensatzes hier auch direkt in dieser Leiste eingeben. Klicken Sie in das Feld, in dem normalerweise die Anzahle der Datensätze angezeigt werden, und geben Sie die Nummer des auszuwählenden Datensatzes ein. Bestätigen Sie mit der Taste [↵].

Symbol	Tasten	Wirkung
	Strg + Pos1	Zum ersten Datensatz
	Strg + ↑	Zum jeweils vorherigen Datensatz
	Strg + ↓	Zum jeweils nächsten Datensatz
	Strg + Ende	Zum letzten Datensatz
	Strg + +	Zu einem neuen Datensatz
2		Zum Datensatz mit der vorher eingegebenen Zahl.

Tabelle 4.4 Die Schaltflächen zur Navigation

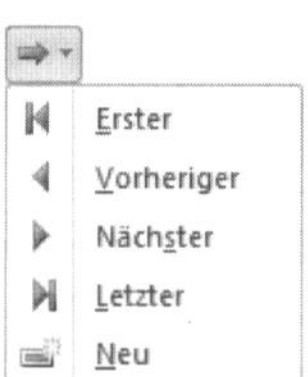

Auch über die Optionen der Liste zur Schaltfläche *Gehe zu* in der Gruppe *Suchen* der Registerkarte *Start* im Menüband können Sie zwischen bestimmten Datensätzen wechseln.

Andere Elemente markieren

Bestimmte Aktionen verlangen, dass Sie einzelne Elemente in der Tabelle separat markieren (→ Tabelle 4.5).

Auswahl	Aktion
Alle Daten in einem Feld	Klicken Sie an den Anfang der Auswahl, und ziehen Sie den Mauszeiger über die Daten.
Ein vollständiges Feld	Klicken Sie auf den linken Rand des Felds in einem Datenblatt. Der Mauszeiger nimmt dabei die Form eines Kreuzes an.
Aneinandergrenzende Felder	Klicken Sie auf den linken Rand eines Felds, und ziehen Sie den Mauszeiger, um die Auswahl zu erweitern. Sie können auch die Taste [⇧] gedrückt halten und dann in eine andere Zelle klicken.
Eine Spalte	Klicken Sie auf den Namen des Feldes in der Überschriftzeile der Tabelle.
Aneinandergrenzende Spalten	Klicken Sie auf den Namen des Feldes in der Überschriftzeile, und ziehen Sie den Mauszeiger, um die Auswahl zu erweitern.
Ein Datensatz	Klicken Sie auf den Datensatzmarkierer.
Mehrere Datensätze	Klicken Sie auf den Datensatzmarkierer des ersten Datensatzes, und ziehen Sie den Mauszeiger, um die Auswahl zu erweitern.
Alle Datensätze	Öffnen Sie die Liste zum Steuerelement *Markieren* in der Gruppe *Suchen*, und wählen Sie darin *Alles markieren*

Tabelle 4.5 Aktionen zum Markieren

Klicken Sie in ein beliebiges Feld in der Tabelle, um die Auswahl von Zellen aufzuheben.

4.2.2 Einen Datensatz löschen

Nicht mehr benötigte Datensätze können Sie löschen. Da diese Aktion nicht rückgängig gemacht werden kann, sollten Sie damit vorsichtig sein. Dazu gehen Sie wie folgt vor:

» Setzen Sie die Einfügemarke in den entsprechenden Datensatz, oder markieren Sie den gewünschten Datensatz.

» 

Öffnen Sie die Gruppe *Datensätze* der Registerkarte *Start*, und klicken

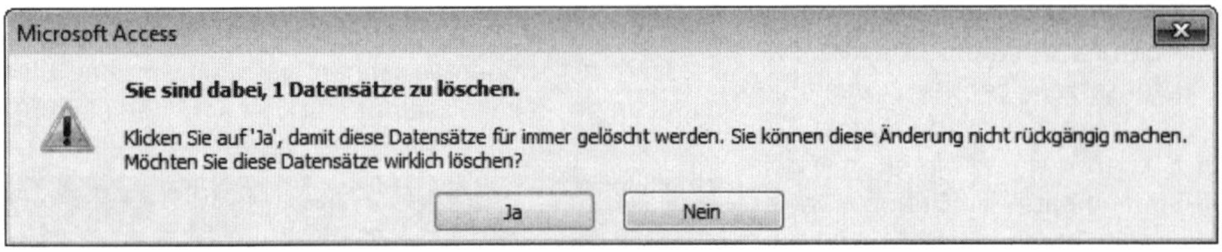

Abbildung 4.9
Das Löschen müssen Sie bestätigen. Sie können den Vorgang nicht rückgängig machen!

Sie auf die Schaltfläche *Löschen*. Auch die Tastenkombination Strg+- startet den Löschvorgang, wenn der Datensatz vorher als Ganzes markiert war. In allen Fällen wird ein Warnhinweis angezeigt (→ Abbildung 4.9).

» Wenn Sie den Datensatz wirklich löschen wollen, bestätigen Sie durch einen Klick auf *Ja*.

Wenn Sie vorher nicht den gesamten Datensatz, sondern nur ein Feld darin markiert hatten, können Sie zum Löschen des Datensatzes den Befehl *Datensatz löschen* in der Liste der Unterbefehle zur Schaltfläche *Löschen* in der Gruppe *Datensätze* der Registerkarte *Start* verwenden. Die Wahl der Option *Löschen* entfernt nur die aktuelle Markierung innerhalb eines Feldes.

ACHTUNG Die Anzeige der oben angesprochenen Warnung vor dem Löschen eines Datensatzes können Sie über die Registerkarte *Erweitert* im Dialogfeld zu den *Access-Optionen* regeln (→ Kapitel 20).

4.2.3 Datensätze kopieren oder verschieben

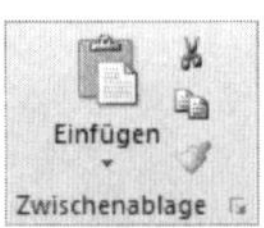

Zum Kopieren oder Verschieben von Datensätzen benutzen Sie die Schaltflächen in der Gruppe *Zwischenablage* auf der Registerkarte *Start* im Menüband.

Einen Datensatz kopieren

Das Kopieren eines Datensatzes ist beispielsweise dann sinnvoll, wenn sich zwei Datensätze nur in wenigen Feldinhalten voneinander unterscheiden.

» Markieren Sie den zu kopierenden Datensatz.

» Klicken Sie auf die Schaltfläche *Kopieren* in der Gruppe *Zwischenablage* auf der Registerkarte *Start* im Menüband, oder betätigen Sie die Tastenkombination Strg+C. Damit legen Sie die Daten in der Zwischenablage ab.

» Wählen Sie dann den Datensatz, der die Kopie aufnehmen soll. Wenn Sie die Kopie am Ende der Liste einfügen wollen, klicken Sie beispielsweise auf *Neuer (leerer) Datensatz*.

» Klicken Sie auf die Schaltfläche *Einfügen* in der Gruppe *Zwischenablage* auf der Registerkarte *Start* im Menüband, oder betätigen Sie die Tastenkombination Strg+V.

Ein neuer Datensatz wird erstellt, der eine Kopie des anfangs markierten enthält. Führen Sie anschließend die notwendigen Änderungen durch.

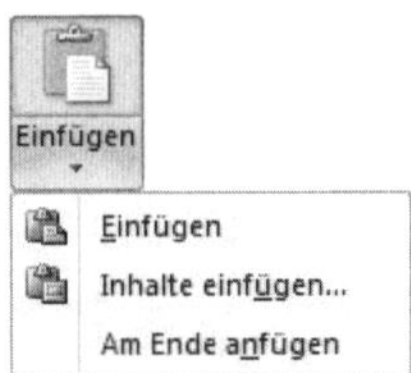

Wenn Sie den kopierten Datensatz am Ende die Liste der bereits vorhandenen Datensätze einfügen wollen, können Sie sich den Arbeitsschritt des vorherigen Markierens ersparen, indem Sie *Am Ende anfügen* in der Liste der Unterbefehle zur Schaltfläche *Einfügen* in der Gruppe *Zwischenablage* der Registerkarte *Start* verwenden.

Einen Datensatz verschieben

Das Verschieben eines Datensatzes ist im Allgemeinen nicht notwendig. Wir erwähnen es hier nur der Vollständigkeit halber.

» Markieren Sie den zu verschiebenden Datensatz.

» Klicken Sie auf die Schaltfläche *Ausschneiden* in der Gruppe *Zwischenablage* auf der Registerkarte *Start* im Menüband, oder betätigen Sie die Tastenkombination Strg+X. Damit legen Sie die Daten in der Zwischenablage ab und entfernen sie gleichzeitig aus der Tabelle.

» Wählen Sie dann den Datensatz, in den Sie die Daten verlagern wollen. Wenn die Daten am Ende der Liste einfügt werden sollen, klicken Sie beispielsweise in der Navigationszeile auf *Neuer (leerer) Datensatz*.

» Klicken Sie auf die Schaltfläche *Einfügen* in der Gruppe *Zwischenablage* auf der Registerkarte *Start* im Menüband, oder betätigen Sie die Tastenkombination [Strg]+[V].

Ein neuer Datensatz wird erstellt, der die Daten des anfangs entfernten enthält.

Die Office-Zwischenablage

Wie schon vorher erwähnt, wird das zuletzt kopierte oder ausgeschnittene Element immer in der Systemzwischenablage von Microsoft Windows abgelegt. Zusätzlich verfügen die Programme der Office-Familie auch über eine eigene Zwischenablage (→ Kapitel 2). Wenn Sie mehrere Editierarbeiten über die Zwischenablage durchführen müssen, empfiehlt es sich, deren Inhalt sichtbar zu machen. Klicken Sie dazu auf die kleine Schaltfläche rechts neben der Gruppenbezeichnung *Zwischenablage* auf der Registerkarte *Start*. Die Inhalte der Zwischenablage werden dann eingeblendet.

Weitere Optionen

Die Option *Inhalte einfügen* in der Liste zur Schaltfläche *Einfügen* öffnet ein Dialogfeld, über das Sie bestimmen können, in welchem Format Sie den Inhalt der Zwischenablage einfügen wollen (→ Abbildung 4.10). Welche Optionen innerhalb dieses Dialogfelds angezeigt werden, hängt vom aktuellen Inhalt der Zwischenablage ab.

4.2.4 Summen und andere statistische Auswertungen

Neu in der Datenblatt ansicht ist eine *Summenzeile*, in der Sie eine Summe, eine Anzahl, einen Mittelwert, einen Maximum- oder Minimumwert, eine Standardabweichung oder eine Varianz hinzufügen können.

Die Summenzeile anzeigen

Zum Erstellen einer solchen Zeile verwenden Sie die folgenden Schritte:

» Öffnen Sie die gewünschte Tabelle in der Datenblattansicht. Zum Austesten können Sie die *Tabelle2* aus der Beispieldatei *Datenbank4* verwenden.

» [Σ Summen] Klicken Sie auf das Steuerelement *Summen* auf der Registerkarte *Start* innerhalb der Gruppe *Datensätze*. Unterhalb des vorhandenen Datenbestandes in der Tabelle wird eine neue Zeile eingeblendet (→ Abbildung 4.11).

Die Auswertungsfunktionen einstellen

Nachdem die Zeile angezeigt ist, können Sie die gewünschten Auswertungsfunktionen für die einzelnen Feldspalten einstellen. Markieren Sie nacheinander die Felder in der Summenzeile, für die Auswertungen zum Datenbestand in dieser Zeile angezeigt werden sollen. Öffnen Sie dazu die Liste durch einen Klick auf den nach unten zeigenden Pfeil.

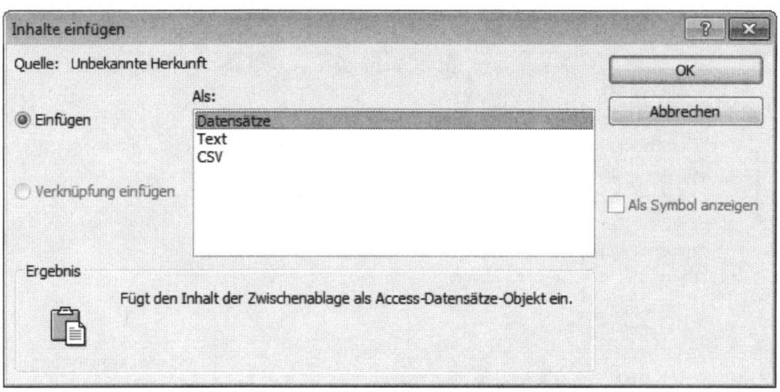

Abbildung 4.10
Über das Dialogfeld *Inhalte einfügen* können Sie festlegen, in welchem Format Sie den Inhalt der Zwischenablage einfügen wollen.

Abbildung 4.11 Die Summenzeile wird unterhalb der Datensätze angezeigt.

» Handelt es sich bei dem entsprechenden Feld um ein Textfeld, können Sie darin nur auswählen, ob in der Summenzeile die Anzahl der Datensätze oder kein Eintrag angezeigt werden soll (→ Abbildung 4.12 links).

Abbildung 4.12 Die Optionen zur Auswertung

» Bei numerischen Feldern können Sie hier zwischen zusätzlichen Optionen wählen (→ Abbildung 4.12 rechts). Typisch wären hier wohl Auswertungen für die *Summe*, den *Mittelwert* oder die *Anzahl* der Eintragungen in diesem Feld. Zum Auswählen zeigen Sie mit der Maus und klicken auf die gewünschte Option.

Nach dieser Wahl werden die Daten in der Summenzeile angezeigt (→ Abbildung 4.13). Wenn Sie weitere Datensätze eingeben oder die Daten in vorhandenen ändern, werden die Angaben in der Summenzeile automatisch aktualisiert.

Durch einen weiteren Klick auf die Schaltfläche *Summen* wird die Zeile ausgeblendet. Ein erneuter Klick blendet sie wieder ein. Die vorher vorgenommenen Einstellungen hinsichtlich der Art der Auswertung bleiben dabei erhalten.

Abbildung 4.13 Die Auswertungen werden in der Summenzeile angezeigt.

4.2.5 Optionen zur Bearbeitung

Wenn die eben angesprochene Methoden zur Bearbeitung von Datensätzen und Feldeintragungen nicht wie beschrieben funktionieren, sollten Sie die Vorgaben in der Kategorie *Clienteinstellungen* unter den *Access-Optionen* prüfen und gegebenenfalls anpassen (→ Abbildung 4.14).

Unter der Überschrift *Bearbeiten* finden Sie beispielsweise Optionen, die Fragen der Wirkung bestimmter Tasten zur Steuerung und viele weitere Aspekte betreffen:

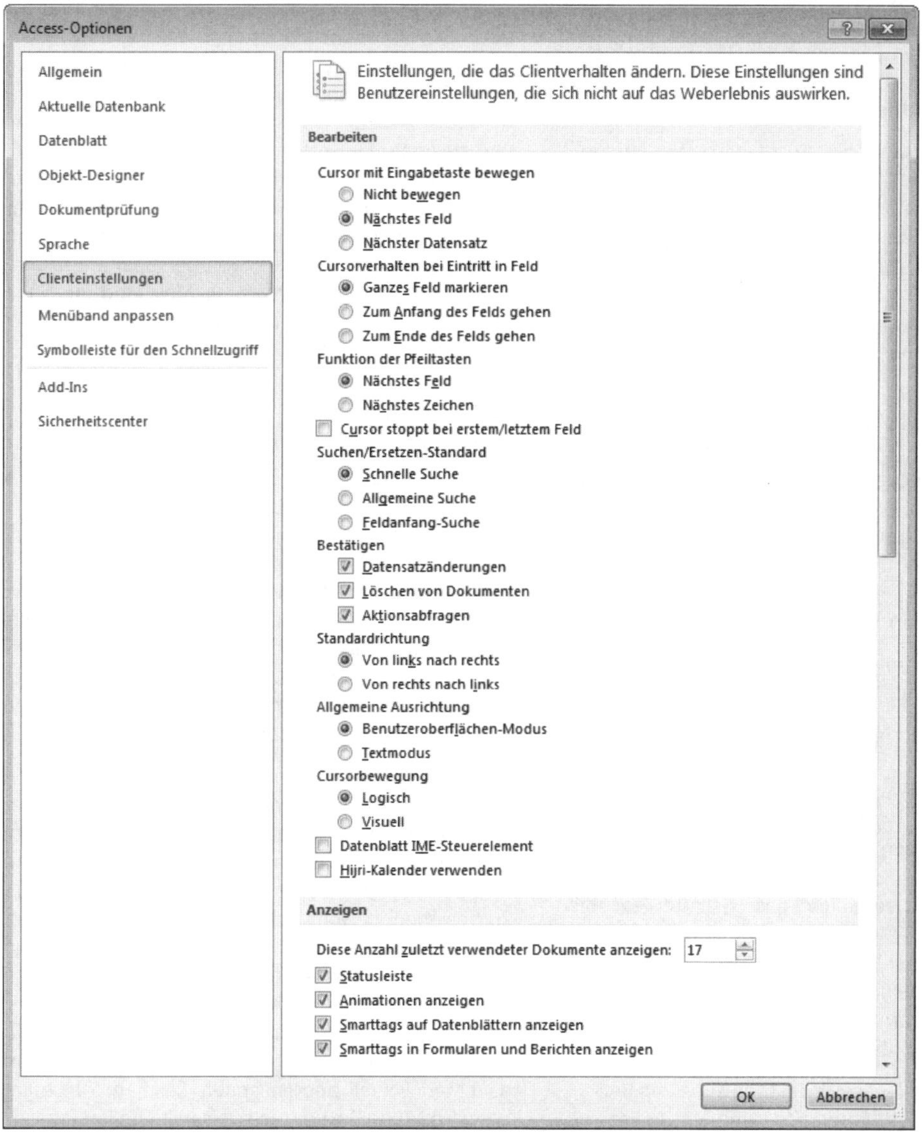

Abbildung 4.14
Der obere Bereich der Kategorie *Clienteinstellungen* unter den *Access-Optionen*

» Die Wahl einer der drei Optionen unter *Cursor mit Eingabetaste bewegen* bestimmt, wie sich die Einfügemarke bewegen soll, wenn Sie [↵] drücken: Mit *Nicht bewegen* bleibt der Cursor im aktuellen Feld. Mit *Nächstes Feld* wechselt der Cursor zum nächsten Feld. Das nächste Feld befindet sich standardmäßig je nach Einstellung der Textrichtung rechts oder links vom aktuellen Feld. Bei *Nächster Datensatz* wird zum aktuellen Feld des nächsten Datensatzes gewechselt. Der nächste Datensatz befindet sich direkt unter dem aktuellen Datensatz.

» Die Optionen im Abschnitt *Cursorverhalten bei Eintritt in Feld* beeinflussen das Verhalten der Tasten [↵], [⭾] und der Pfeiltasten, wenn mit diesen Tasten die Einfügemarke zwischen Feldern in Formularen und Datenblättern verschoben wird. Sie können darüber entweder das gesamte Feld markieren lassen, die Einfügemarke an den Anfang des Felds oder an das Ende des Felds setzen.

» Unter *Funktion der Pfeiltasten* können Sie entweder mit *Nächstes Feld* dafür sorgen, dass der Cursor nach dem Drücken von [→] oder [←] in das nächste Feld gesetzt wird. Drücken Sie [F2], um den Cursor bei dieser Einstellung zwischen den Zeichen eines ausgewählten Felds zu verschieben. Oder Sie benutzen *Nächstes Zeichen*. Das verschiebt den Cursor nach dem Drücken von [→] oder [←] zum nächsten oder vorherigen Zeichen.

» *Cursor stoppt beim ersten/letzten Feld* verhindert, dass der Cursor mit [→] oder [←] vom ersten oder letzten Feld zum vorherigen oder nächsten Datensatz verschoben wird.

» Die Optionen im Abschnitt *Suchen/Ersetzen-Standard* steuern das Verhalten von Such- und Suchen/Ersetzen-Vorgängen im Programm und sind global in Access wirksam: *Schnelle Suche* durchsucht das aktuelle Feld und vergleicht das gesamte Feld mit dem Suchbegriff. *Allgemeine Suche* durchsucht alle Felder und vergleicht jeden Teil eines Feldes mit dem Suchbegriff. *Feldanfang-Suche* durchsucht das aktuelle Feld und vergleicht die ersten Zeichen eines Felds mit dem Suchbegriff.

» Unter *Bestätigen* legen Sie fest, ob zusätzliche Dialogfelder bei bestimmten Operationen angezeigt werden sollen. *Datensatzänderungen* zeigt bei jeder Änderung eines Datensatzes eine Bestätigungsmeldung an. *Löschen von Dokumenten* zeigt bei jedem Löschen eines Datenbankobjekts eine Bestätigungsmeldung an. *Aktionsabfragen* zeigt bei jedem Ausführen einer Anfüge-, Aktualisierungs-, Lösch- oder Tabellenerstellungsabfrage eine Bestätigungsmeldung an.

» Über *Standardrichtung* bestimmen Sie, in welcher Richtung neue Elemente - beispielsweise Felder in einer Tabelle - angezeigt werden. *Von links nach rechts* legt neue Objekte mit einer für englische und europäische Sprachbenutzer bekannten Schreibrichtung von links nach rechts fest. In dieser Einstellung wird beispielsweise das erste Feld in einer Tabelle beginnend in der linken Spalte angezeigt, neue Felder werden rechts von der Spalte hinzugefügt und das Datensatznummernfeld und die Navigationsschaltflächen in der Datenblattansicht in der unteren linken Ecke positioniert.

» Unter der Überschrift *Allgemeine Ausrichtung* können Sie festlegen, wie die Zeichen innerhalb eines Feldes erscheinen. Die Optionen sind nur interessant, wenn Sie neben dem bei uns üblichen Textfluss von links nach rechts auch andere Formen verwenden: Mit Schnittstellenmodus wird die Zeichenanzeige mit der auf der Benutzeroberfläche verwendeten Sprache vereinheitlicht. Wenn bei der Sprache - wie im Deutschen - die Schreibrichtung von links nach rechts verläuft, werden die Zeichen links ausgerichtet. Mit Textmodus können Sie fordern, dass der angezeigte Text gemäß der Richtung des ersten sprachspezifischen Zeichens ausgerichtet wird.

» Wenn Sie unter *Cursorbewegung* die Option *Logisch* eingestellt haben, bewegt sich die Einfügemarke gemäß der Sprachrichtung. Wenn Sie beispielsweise die Pfeiltasten verwenden, um sich im arabischen und dann im englischen Text in dem gleichen Satz zu bewegen, bewegt sich die Einfügemarke im arabischen Text von rechts nach links und startet dann ganz links ab dem ersten Zeichen des englischen Worts in der Schreibrichtung von links nach rechts. Mit *Visuell* legen Sie die Cursorbewegung so fest, dass innerhalb eines bidirektionalen Texts zum nächsten visuell angrenzenden Zeichen fortgefahren wird. Wenn Sie beispielsweise die Pfeiltasten verwenden, um sich von rechts nach links im arabischen und dann im englischen Text in dem gleichen Satz zu bewegen, zeigt die Einfügemarke im arabischen Text von rechts nach links und setzt den Vorgang dann ganz links bei dem Zeichen des englischen Worts in der Schreibrichtung von links nach rechts fort.

» Mit *Datenblatt IME-Steuerelement* wählen Sie bei der Eingabe von Daten in ein Tabellendatenblatt den ostasiatischen *IME-Modus*. Das wird Sie wahrscheinlich weniger interessieren.

» Standardmäßig verwendet eine Datenbank den gregorianischen Kalender. Durch Aktivieren von *Hijri-Kalender verwenden* können Sie dafür sorgen, dass für Datumsverweise der islamische Mondkalender verwendet wird.

4.3 Filtern und Sortieren

Eine typische Aufgabe in der Tabelle einer Datenbank ist das Sortieren der Datensätze oder das Filtern nach bestimmten Kriterien. Die Werkzeuge dafür finden Sie in der Gruppe *Sortieren und Filtern* auf der Registerkarte *Start* im Menüband (→ Tabelle 4.6).

Symbol	Name und Wirkung
	*Filtern:* öffnet zum aktuell markierten Feld eine Liste, über die Sie diverse Filterkriterien für das Feld festlegen können. Auch ein Sortieren ist über diese Liste möglich.
	*Auswahl:* öffnet eine Liste, über die Sie den gerade markierten Feldinhalt zur Markierung nutzen können.
	*Erweiterte Filteroptionen:* öffnet eine Liste mit erweiterten Filteroptionen.
	*Filter ein/aus:* schaltet einen bereits festgelegten Filter ein oder aus.
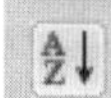	*Aufsteigend:* sortiert die Datensätze so, dass die Inhalte im aktuellen Feld in aufsteigender Reihenfolge angezeigt werden.
	*Absteigend:* sortiert die Datensätze so, dass die Inhalte im aktuellen Feld in absteigender Reihenfolge angezeigt werden.
	*Sortierung entfernen:* entfernt alle festgelegten Sortierungen und zeigt die Datensätze wieder in der ursprünglichen Reihenfolge an.

Tabelle 4.6 Die Schaltflächen in der Gruppe *Sortieren und Filtern*

4.3.1 Datensätze sortieren

Sie können die Datensätze einer Tabelle auch nach den Einträgen in einem bestimmten Feld sortieren lassen. Beachten Sie, dass sich diese Aufgabe auch auf mehrere Felder beziehen kann. Wenn eine Tabelle beispielsweise Felder für den *Vornamen* und den *Nachnamen* von Kontaktpersonen enthält, werden Sie meist nach den Nachnamen und – bei Fällen mit gleichen Nachnamen – nach den Vornamen sortieren wollen. In einem solchen Fall müssen Sie die Sortierarbeit in umgekehrter Reihenfolge vornehmen: Sortieren Sie die Tabelle zuerst nach den Vornamen und dann nach den Nachnamen. Der jeweils letzte Sortiervorgang ist immer der dominante.

Nach einem Feld sortieren

Zum Sortieren der Datensätze nach den Eintragungen in einer Feldspalte gehen Sie in den folgenden Schritten vor:

» Lassen Sie die Tabelle in der *Datenblatt*-Ansicht anzeigen. Für diese Aufgabe können Sie die *Tabelle1* der Beispieldatei *Datenbank4* benutzen.

» Setzen Sie die Einfügemarke in ein beliebiges Feld der Spalte, nach deren Inhalten die Datensätze sortiert werden sollen, oder markieren Sie die gesamte Spalte.

»  Wenn Sie die Datensätze nach den Inhalten dieser Feldspalte aufsteigend sortieren lassen wollen, klicken Sie auf die Schaltfläche *Aufsteigend* in der Gruppe *Sortieren und Filtern* auf der Registerkarte *Start* im Menüband. Ein Klick auf *Absteigend* zeigt eine umgekehrte Reihenfolge an. Sie können diese Befehle auch aus dem Kontextmenü zur Titelleiste der Spalte wählen (→ Abbildung 4.15).

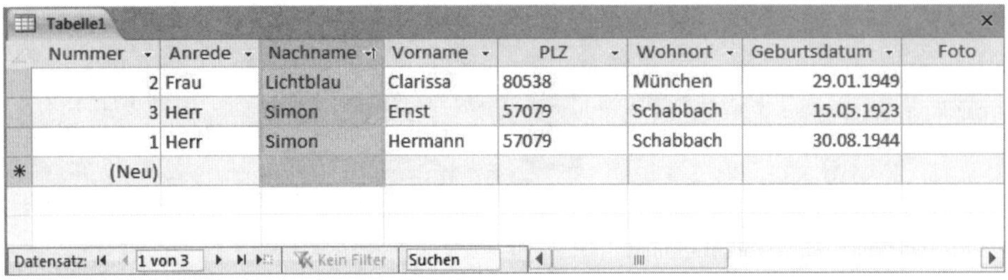

Abbildung 4.15 Die Datensätze wurden aufsteigend nach dem Nachnamen sortiert. Beachten Sie den Pfeil rechts neben dem Feldnamen *Nachname*.

Beachten Sie, dass die Richtung der Sortierung durch einen kleinen Pfeil neben den Namen des Feldes in der Zeile der Überschriften angezeigt wird.

Sie können aber auch die Werte sortieren, indem Sie die Optionen aus dem Kontextmenü zu einer Feldspalte verwenden. Die darin angezeigten Optionen unterscheiden sich je nach Datentyp des Feldes.

Die Sortierung ausschalten

Um die Wirkung einer Sortierungsaktion wieder anzuschalten und zur originalen Reihenfolge der Datensätze zurückzukehren, klicken Sie auf *Sortierung entfernen* in der Gruppe *Sortieren und Filtern* auf der Registerkarte *Start*.

4.3.2 Datensätze filtern

Über einen Filter können Sie sehr einfach die Anzeige auf Datensätze beschränken, die in einem Feld bestimmte Inhalte haben. Access verfügt über mehrere Filterfunktionen. Da Sie später wahrscheinlich Ihre Datensätze vordringlich in einem Formular bearbeiten werden, werden wir diese Funktionen erst dort intensiver behandeln.

Nach einem Feldinhalt filtern

Eine typische Aufgabe besteht darin, in der Tabelle nur noch solche Datensätze anzeigen zu lassen, die in einem Feld einen bestimmten Inhalt haben. Beispielsweise könnten Sie wünschen, dass in eine Tabelle mit Kontakten nur noch solche mit einem bestimmten Nachnamen gezeigt werden.

» Lassen Sie die Tabelle in der *Datenblatt*-Ansicht anzeigen. Verwenden Sie wieder die *Tabelle1* der Beispieldatei *Datenbank4*.

» Setzen Sie die Einfügemarke in ein beliebiges Feld der Spalte, deren Inhalte zum Filtern benutzt werden sollen. Wenn Sie beispielsweise eine Spalte *Nachname* benutzen, können Sie Eintragungen mit einem bestimmten Nachnamen herausfiltern.

» 

Klicken Sie auf die Schaltfläche *Filtern* in der Gruppe *Sortieren und Filtern* auf der Registerkarte *Start*. Für die Spalte wird ein zusätzliches Fenster geöffnet, in dessen unterem Bereich alle in dieser Spalte vorhandenen Feldinhalte aufgelistet werden. Ein Häkchen vor einem solchen Eintrag bedeutet, dass Datensätze mit diesem Inhalt in der Tabelle angezeigt werden (→ Abbildung 4.16).

» Deaktivieren Sie die Anzeige für die Feldinhalte, die herausgefiltert werden sollen, indem Sie die Anzeige des Häkchens durch einen Klick darauf abschalten. Bei vielen Elementen in der Liste geht das am einfachsten, indem Sie zuerst die Option *(Alle auswählen)* deaktivieren. Das schaltet die Kontrollkästchen für alle Elemente in der Liste ab. Aktivieren Sie dann das Element, nach dem gefiltert werden soll.

» Bestätigen Sie die Auswahl durch einen Klick auf *OK*. Die Datensätze, die dem Filterkriterium nicht entsprechen, werden aus der Tabelle ausgeblendet (→ Abbildung 4.17). Unten in der Tabelle wird durch die Anzeige *Gefiltert* der Zustand vermerkt.

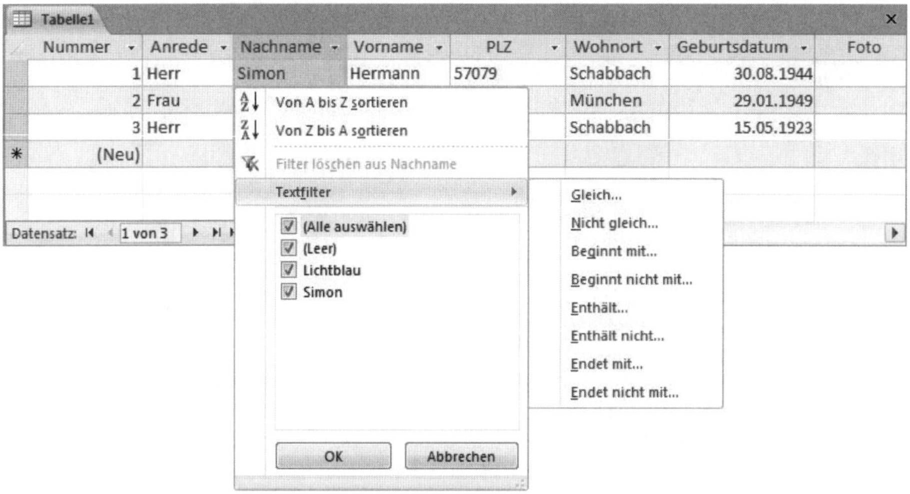

Abbildung 4.16
Standardmäßig werden alle Datensätze angezeigt. Das erkennen Sie an den aktivierten Kontrollkästchen.

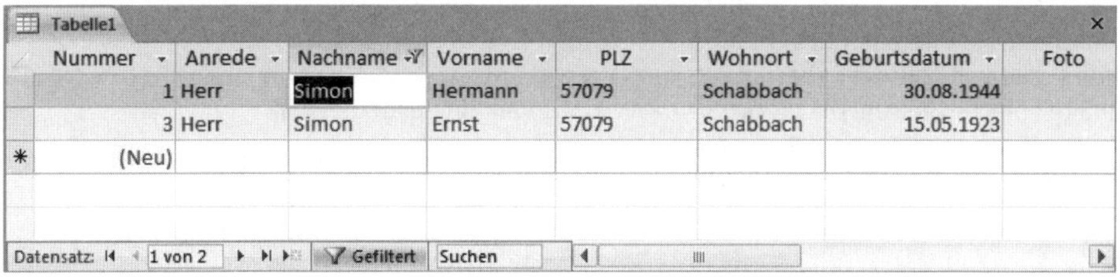

Abbildung 4.17
Die Tabelle wurde gefiltert. Beachten Sie das Filtersymbol rechts neben dem Feldnamen *Nachname* und die Markierung *Gefiltert* unten.

Wenn ein Filter definiert wurde, können Sie schnell zwischen dem gefilterten und dem ungefilterten Zustand hin und her schalten. Klicken Sie dazu auf die Schaltfläche *Filter ein/aus* in der Gruppe *Sortieren und Filtern* auf der Registerkarte *Start*.

Den Filter entfernen

Um wieder alle Sätze anzuzeigen, klicken Sie auf die Schaltfläche *Filter ein/aus* in der Gruppe *Sortieren und Filtern* auf der Registerkarte *Start*.

Weitere Filtermethoden

Alternativ können Sie auch eine Methode verwenden, die bei mehreren Datensätzen in der Tabelle oft schneller Ergebnisse liefert.

» 

Setzen Sie die Einfügemarke diesmal in ein beliebiges Feld mit dem Inhalt, den Sie zum Filtern verwenden wollen. Wenn Sie beispielsweise nach einem bestimmten Nachnamen filtern wollen, setzen Sie sie in ein Feld mit diesem Namen.

» 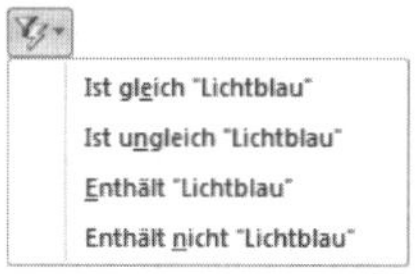

Klicken Sie auf die Schaltfläche *Auswahl* in der Gruppe *Sortieren und Filtern* auf der Registerkarte *Start*. In der Liste finden Sie mehrere Alternativen zur Filterung. Wählen Sie hier den gewünschten Eintrag aus. Wenn Sie beispielsweise *Ist gleich »Lichtblau«* wählen, werden nur noch Datensätze angezeigt, die diesen Namen als Inhalt der Spalte aufweisen (→ Abbildung 4.18).

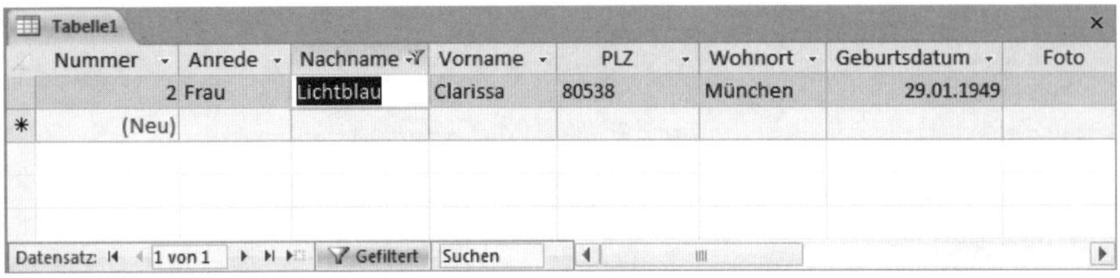

Abbildung 4.18
Die Tabelle wurde gefiltert. Sie erkennen das an der Markierung unten und am Filtersymbol neben dem Feldnamen.

Sie können in einer Tabelle auch andere Techniken zum Filtern einsetzen. Beispielsweise können Sie die Optionen zur Schaltfläche *Erweitert - Formularbasierender Filter* oder *Spezialfilter/-sortierung* - in der Gruppe *Sortieren und Filtern* auf der Registerkarte *Start* verwenden. Auf diese Möglichkeit werden wir eingehen, wenn wir uns mit den Filteraufgaben in einem Formular beschäftigen (→ Kapitel 9).

4.3.3 Suchen und Ersetzen

Sie können in der Tabelle nach bestimmten Feldinhalten suchen und sie bei Bedarf durch andere Inhalte ersetzen lassen. Die Werkzeuge dazu finden Sie in der Gruppe *Suchen* auf der Registerkarte *Start* im Menüband (→ Tabelle 4.7).

Symbol	Name und Wirkung
	*Suchen:* erlaubt das Suchen nach bestimmten Feldinhalten.
	*Ersetzen:* ersetzt Inhalte in Feldern durch andere Inhalte.
	*Gehe zu:* bietet eine Möglichkeit zur schnellen Navigation.
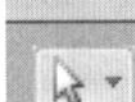	*Markieren:* kann zum Markieren einzelner Datensätze oder aller Datensätze verwendet werden.

Tabelle 4.7 Die Schaltflächen in der Gruppe *Suchen*

Diese Aufgaben können Sie aber ebenfalls in Formularen erledigen, und wahrscheinlich ist das auch der Ort, an dem Sie es später vordringlich tun werden. Wir werden deshalb auf diese Aktionen noch einmal in Kapitel 10 zurückkommen.

Daten suchen

Um in Tabellen nach bestimmten Einträgen suchen zu lassen, gehen Sie in den folgenden Schritten vor:

» Setzen Sie die Einfügemarke in ein beliebiges Feld, in dem gesucht werden soll. Wollen Sie in der gesamten Tabelle suchen lassen, markieren Sie die gesamte Tabelle.

» 

Wählen Sie *Suchen* in der Gruppe *Ersetzen* auf der Registerkarte *Start* im Menüband. Das Dialogfeld *Suchen* wird angezeigt (→ Abbildung 4.19). Nehmen Sie darin die gewünschten Einstellungen vor.

  » Geben Sie im Feld *Suchen nach* die Zeichenfolge ein, nach der gesucht werden soll. Geben Sie für diese Übung den Wert *Simon* ein.

  » Über das Feld *Suchen in* können Sie festlegen, in welchen Bereichen gesucht werden soll. Hatten Sie vorher ein Feld markiert, können Sie die Suche darauf einschränken. Sie können die Markierung auch bei einem geöffneten Dialogfeld ändern.

  » Das Feld *Vergleichen* erlaubt es, die Lage des Suchbegriffs innerhalb des Feldes einzuschränken. Wählen Sie *Ganzes Feld*, wenn außer dem Suchbegriff keine weiteren Zeichen im Feld mehr vorhanden sein dürfen. Dagegen erfolgt bei *Teil des Feldinhaltes* auch eine Meldung, wenn noch weitere Zeichen im Feld vorhanden sind. Bei *Anfang des Feldinhaltes* muss der Suchbegriff am Anfang in Feld stehen.

  » Im Feld *Suchen* bestimmen Sie die Suchrichtung. Mit *Abwärts* gelangen Sie beispielsweise zum nächsten Datensatz, in dem der Suchbegriff auftaucht.

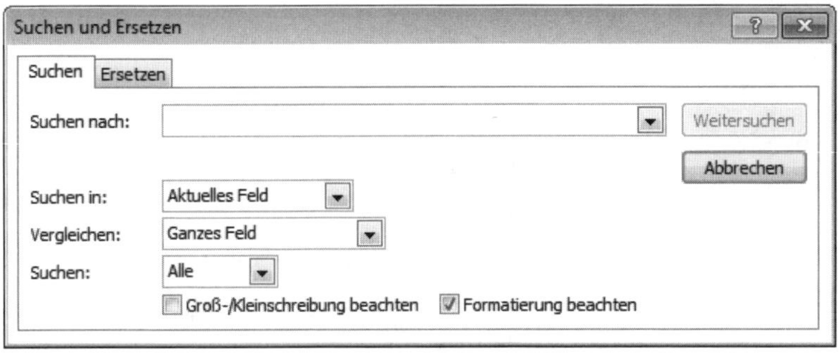

Abbildung 4.19
Geben Sie im Feld *Suchen nach* den Suchbegriff ein.

» Bestätigen Sie über die Schaltfläche *Weitersuchen*. Die erste Fundstelle in der Tabelle wird gekennzeichnet.

» Das Dialogfeld *Suchen und Ersetzen* bleibt weiterhin geöffnet, und Sie können durch ein erneutes Anklicken von *Weitersuchen* nach einer weiteren Fundstelle suchen lassen. Sie beenden die Suche über die Schaltfläche *Abbrechen*.

Platzhalter verwenden

Sie können bei der Formulierung des Suchbegriffs Platzhalter verwenden: *?* steht für ein beliebiges einzelnes Zeichen, * steht für eine beliebige Zeichenfolge, *[ ]* entspricht einem einzelnen Zeichen innerhalb der eckigen Klammern, *[!]* steht für ein einzelnes beliebiges Zeichen, das in der eckigen Klammer nicht enthalten ist, *[-]* entspricht einem einzelnen beliebigen Zeichen innerhalb des angegebenen Bereichs und # einem einzelnen numerischen Zeichen.

Andere Methoden zum Suchen

Access hält auch noch einen schnelleren Weg zur Suche bereit. Geben Sie den Suchbegriff im standardmäßig mit *Suchen* bezeichneten Feld in der Navigationszeile unten in der Tabelle ein, nach dem Sie suchen. Nach der Bestätigung über die Taste [↵] wird das erste Feld markiert, das diesen Begriff enthält (→ Abbildung 4.20). Bei jeder erneuten Betätigung von [↵] wird eine weitere Fundstelle markiert.

Daten ersetzen

Sie können bestimmte Zeichenfolgen in der Tabelle durch andere ersetzen lassen. Gehen Sie dazu in den folgenden Schritten vor:

» Setzen Sie die Einfügemarke in ein beliebiges Feld, in der ersetzt werden soll, oder markieren Sie die gesamte Spalte.

» Wählen Sie *Ersetzen*, oder klicken Sie auf die Schaltfläche *Suchen* in der Symbolleiste, und wechseln Sie dann im Dialogfeld zur Registerkarte *Ersetzen* (→ Abbildung 4.21).

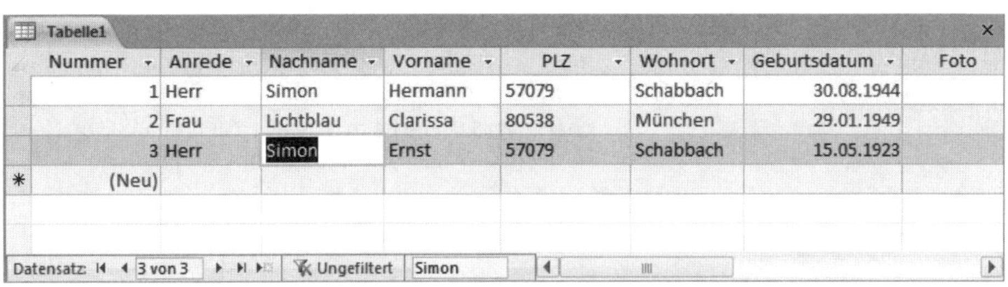

Abbildung 4.20
Auch hier wird nach *Simon* gesucht. Beachten Sie den Eintrag unten in der Navigationszeile und die Markierung im Datensatz.

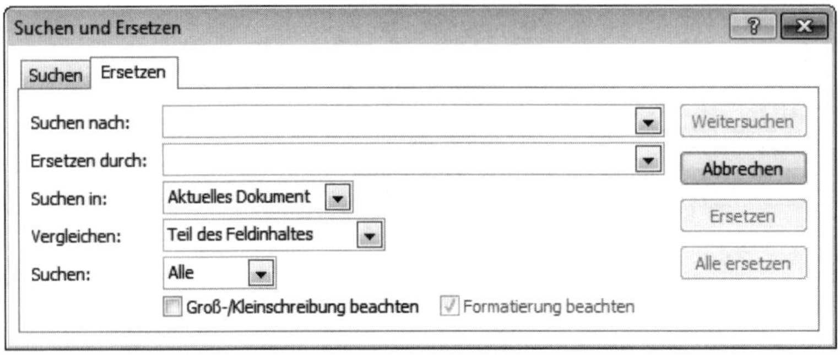

Abbildung 4.21
Die Registerkarte *Ersetzen*. Verwenden Sie die Felder *Suchen nach* und *Ersetzen durch*.

» Nehmen Sie im Dialogfeld die entsprechenden Einstellungen vor. Diese entsprechen denen, die Sie schon vom Dialogfeld *Suchen* her kennen.

» Wie ersetzt werden soll, regeln Sie über die Schaltflächen auf der rechten Seite des Dialogfelds:

  » Wenn Sie zuerst den Suchbegriff anzeigen lassen wollen, bestätigen Sie über *Weitersuchen*. Die erste Fundstelle wird markiert.

  » Um den Begriff an dieser Fundstelle auszutauschen, klicken Sie auf *Ersetzen*.

  » Um bei allen im angegebenen Bereich vorhandenen Fundstellen einen Austausch durchzuführen, klicken Sie auf *Alle ersetzten*.

» Schließen Sie danach das Dialogfeld, indem Sie auf die Schaltfläche *Abbrechen* klicken.

TIPP Über die Kategorie *Erweitert* im Dialogfeld *Access-Optionen* können Sie das Standardverhalten für *Suchen/Ersetzen*-Operationen regeln (→ Kapitel 20): Die Option *Schnelle Suche* durchsucht das aktuelle Feld und meldet nur Felder, in denen der gesamte Feldinhalt dem Suchbegriff entspricht. Mit der Option *Allgemeine Suche* werden alle Felder durchsucht und die Felder gefunden, in denen ein Teil des Feldinhalts dem Suchbegriff entspricht. Über *Feldanfang-Suche* wird das aktuelle Feld durchsucht, und es werden alle Felder gefunden, in denen der Anfang des Feldinhalts dem Suchbegriff entspricht.

4.4 Tabellen formatieren

Sie können Microsoft Access-Tabellen hinsichtlich der Schriftattribute, der Zeilenhöhe und der Spaltenbreite formatieren. Außerdem können Sie Spalten ausblenden und Spalten als Titel auf dem Bildschirm fixieren lassen.

Die Werkzeuge dazu finden Sie in der Gruppe *Textformatierung* auf der Registerkarte *Start* im Menüband (→ Abbildung 4.22).

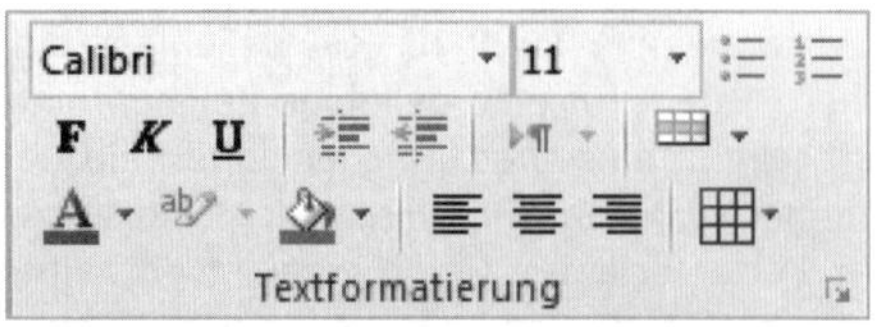

Abbildung 4.22 Die Gruppe *Textformatierung* auf der Registerkarte *Start* ermöglicht das Formatieren.

Alle diese Optionen zur Formatierung einer Tabelle regeln das Format für das gesamte Datenblatt! Mit Ausnahme von Inhalten eines Feldes vom Typ *Memo* ist es nicht möglich, einzelne Feldspalten oder individuelle Feldinhalten mit einem Format zu versehen, das von dem für das gesamte Datenblatt gewählten abweicht.

Alle Einstellungen zum Format in der Datenblattansicht bleiben nur erhalten, wenn Sie abschließend auf die Schaltfläche *Speichern* in der *Symbolleiste für den Schnellzugriff* klicken. Haben Sie nicht gespeichert, werden Sie beim Schließen der Tabelle vor einem Verlust der Änderungen gewarnt (→ Abbildung 4.23).

Abbildung 4.23
Wollen Sie die Formate speichern? Wenn nicht, gehen sie beim Schließen der Tabelle verloren.

4.4.1 Schrift- und Farbformate

Eine große Zahl von Schaltflächen dient zur Einstellung der Zeichenformate der Texte in den Feldern (→Tabelle 4.8).

Symbol	Name und Wirkung
Calibri	*Schriftart:* zeigt die aktuelle Schriftart an. Über die Liste können Sie eine andere Schriftart auswählen.
11	*Schriftgrad:* zeigt die aktuelle Schriftgröße an. Über die Liste können Sie eine andere Größe auswählen.
F K U	*Fett, Kursiv* und *Unterstrichen:* regeln den Schriftschnitt. Ein Klick auf eine Schaltfläche schaltet die Option ein, ein weiterer Klick schaltet sie wieder aus. Sie können mehrere Optionen gleichzeitig benutzen: beispielsweise *Fett* und *Kursiv*.
A ab	*Schriftfarbe, Texthervorhebungsfarbe* und *Hintergrundfarbe:* regelt die Farbe der Schrift und der Hintergrundes. *Texthervorhebungsfarbe* kann nur in Memofeldern eingesetzt werden.

Tabelle 4.8 Die Schaltflächen zur Zeichenformatierung in der Gruppe *Textformatierung*

Über die Schaltflächen *Schriftart* und *Schriftgrad* können Sie Listen anzeigen lassen, über die Sie die Parameter bezüglich der Schriftgestaltung für die gesamte Tabelle einstellen können.

TIPP Die Standardeinstellungen für die Schriftart, den Schriftschnitt und den Schriftgrad neuer Datenblätter können Sie über die Registerkarte *Datenblatt* im Dialogfeld *Access-Optionen* regeln (→ Kapitel 20).

4.4.2 Formate zur Ausrichtung

Andere Schaltflächen in der Gruppe *Textformatierung* dienen zur Ausrichtung der Eintragungen im Feld (→Tabelle 4.9).

Symbol	Name und Wirkung
	Text linksbündig ausrichten, Zentriert und *Text rechtsbündig ausrichten:* regelt die Ausrichtung der Inhalte im Feld. Standardmäßig werden Texte linksbündig und Zahlenwerte rechtsbündig angezeigt.
	Aufzählungszeichen und *Nummerierung:* erlaubt bei Feldern vom Datentyp Memo den Einsatz von Aufzählungszeichen. Sinnvoller können diese Möglichkeiten aber in Formularen eingesetzt werden.
	Listenebene erhöhen und *Listenebene verringern:* kann ebenfalls nur in Memofeldern eingesetzt werden. Die Optionen erhöhen oder verringern den Einzug im Feld.
	Textrichtung: erlaubt die Wahl einer Richtung der Eingabe in einem Memofeld.

Tabelle 4.9 Die Schaltflächen für die Ausrichtung in der Gruppe *Textformatierung*

4.4.3 Formate für die ganze Tabelle

Die Optionen zu zwei Schaltflächen in der Gruppe *Textformatierung* stellen das Erscheinungsbild der ganzen Tabelle ein.

» Standardmäßig werden die einzelnen Felder in einem Datenblatt durch die Linien eines Gitternetzes voneinander getrennt. Über die Schaltfläche *Gitternetzlinien* können Sie Alternativen für die Anzeige des Gitternetzes in der Tabelle wählen (→ Abbildung 4.24 links).

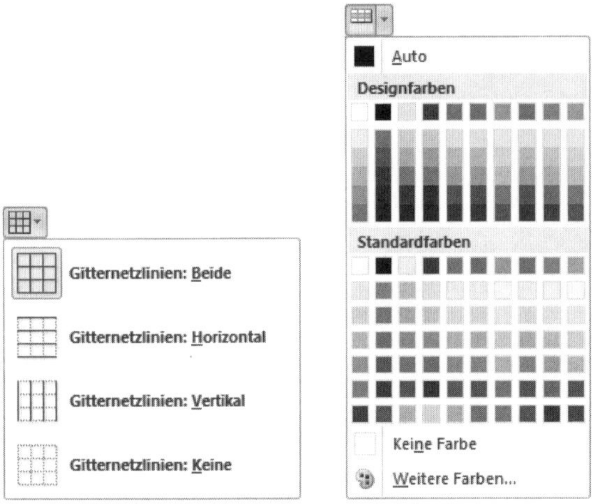

Abbildung 4.24 Die Optionen für das Gitternetz und für die alternative Zeilenfarbe

Über die Optionen zu *Alternative Zeilenfarbe* können Sie dafür sorgen, dass jeder zweiten Zeile eine andere Farbe zugewiesen wird (→ Abbildung 4.24 links und Abbildung 4.25).

Zur gemeinsamen Anzeige der im aktuellen Datenblatt eingestellten Formate klicken Sie auf die kleine Schaltfläche rechts neben der Gruppenbezeichnung *Textformatierung* auf der Registerkarte *Start* im Menüband. Das Dialogfeld *Datenblatt formatieren* wird angezeigt (→ Abbildung 4.26). Die Möglichkeiten zur Einstellung darin beinhalten einerseits die gerade vorgestellten Optionen *Hintergrundfarbe*, *Alternative Hintergrundfarbe* und *Rahmenlinienfarbe* sowie – unter *Rahmen- und Linienarten* – die Einstellungen für das Gitternetz.

Abbildung 4.26 Das Dialogfeld *Datenblatt formatieren* liefert zusätzliche Optionen.

Zusätzlich sind noch einige Einstellmöglichkeiten vorhanden. Unter *Zelleffekt* finden Sie beispielsweise drei Optionen, mit deren Hilfe Sie festlegen können, wie die einzelnen Zellen auf dem Datenblatt dargestellt werden sollen. Die Unterschiede sind nur für geübte Augen erkennbar (→ Abbildung 4.27).

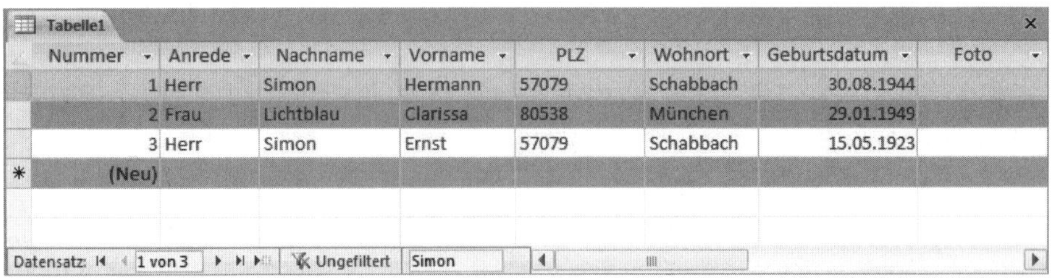

Abbildung 4.25 Eine alternative Zeilenfarbe wurde eingesetzt. Das macht es für das Auge einfacher, die Eintragungen in einem Datensatz zu verfolgen.

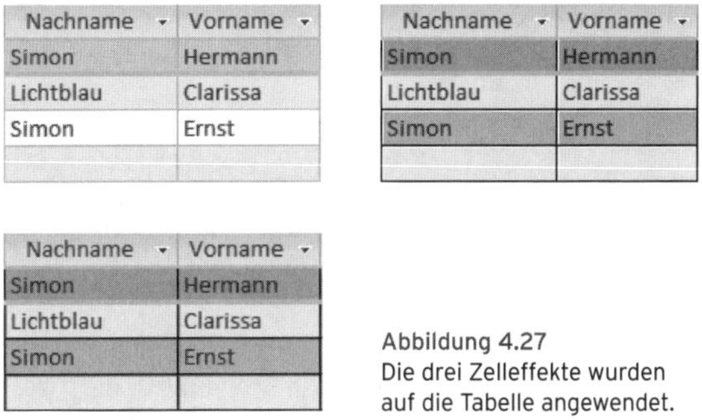

Abbildung 4.27
Die drei Zelleffekte wurden auf die Tabelle angewendet.

Symbol	Name und Wirkung
	Texthervorhebungsfarbe: regelt die Farbe des Hintergrundes.
	Aufzählungszeichen und *Nummerierung:* erlaubt bei Feldern vom Datentyp *Memo* den Einsatz von Aufzählungszeichen. Sinnvoller können diese Möglichkeiten aber in Formularen eingesetzt werden.
	Listenebene erhöhen und *Listenebene verringern:* erhöht oder verringert den Einzug im Feld.
	Textrichtung: erlaubt die Wahl einer Richtung der Eingabe in einem Memofeld.

Tabelle 4.10 Die Schaltflächen für die Arbeit in einem Memofeld

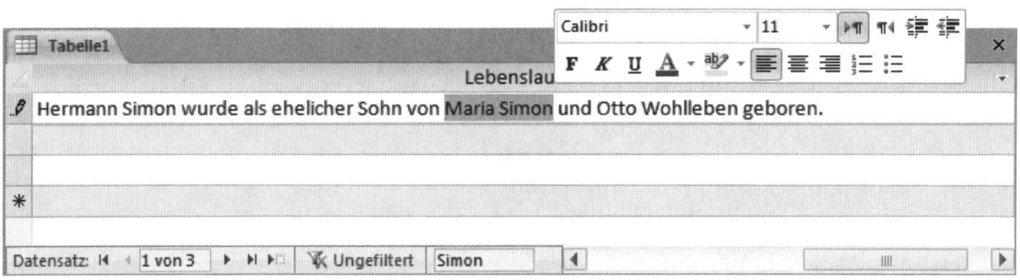

Abbildung 4.28
Auch die Minisymbolleiste ermöglicht das Formatieren.

4.4.4 Besonderheiten für *Memo*-Felder

Wenn Sie bei der Definition eines Feldes vom Typ *Memo* als Feldeigenschaft die Option *Rich-Text* eingestellt haben, können Sie Formatierungen auf die darin enthaltenen Textelemente anwenden. Beispielsweise können Sie eine Fett- oder Kursivformatierung anwenden, andere Schriftarten und Farben auswählen sowie weitere gängige Formatierungsoptionen einsetzen. Text im *Rich-Text*-Format wird in einem Feld vom Datentyp *Memo* in einem HTML-basierten Format gespeichert, das mit dem *Rich-Text*-Datentyp in Windows SharePoint Services kompatibel ist.

Sobald Sie einen Bereich innerhalb eines *Memo*-Feldes markieren, wird über dem markierten Text eine *Minisymbolleiste* angezeigt, in der Sie Schaltflächen zur Formatierung finden (→ Abbildung 4.28).

Andere spezielle Formate für Memofelder hatten wir bereits erwähnt (→ Tabelle 4.10).

4.4.5 Spalten und Zeilenformate

Weitere Formate für Spalten und Zeilen finden Sie in der Liste zur Schaltfläche *Weitere* in der Gruppe *Datensätze* der Registerkarte *Start* (→ Abbildung 4.29).

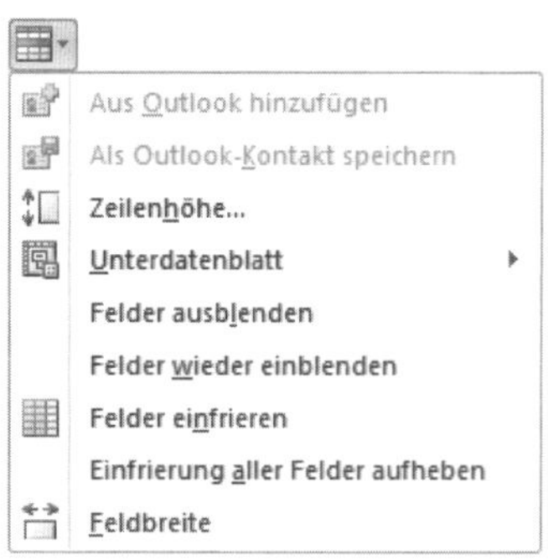

Abbildung 4.29 Die Befehlsliste zur Schaltfläche *Weitere*

Zeilenhöhe

Die Zeilenhöhe der Tabelle wird standardmäßig automatisch an die gewählte Schriftgröße angepasst. Sie können sie aber auch unabhängig davon regeln. Dazu wählen Sie die Option *Zeilenhöhe* in der Liste zur Schaltfläche *Weitere* in der Gruppe *Datensätze* und geben im Dialogfeld die Zeilenhöhe in Punkt ein (→ Abbildung 4.30). Wenn Sie das Kontrollkästchen *Standardhöhe* aktivieren, wird die Standardeinstellung des Programms wieder aktiv. Bestätigen Sie anschließend über *OK*. Die Einstellung gilt dann für die gesamte Tabelle, eine spezielle Zeile müssen Sie also nicht markieren.

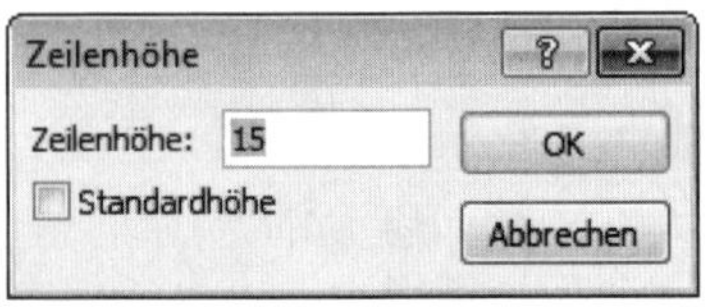

Abbildung 4.30 Das Dialogfeld *Zeilenhöhe* eignet sich zum Einstellen der Höhe von Zeilen.

Sie können die Zeilenhöhe auch mit der Maus ändern:

» Setzen Sie den Mauszeiger auf die Trennlinie zwischen zwei Zeilenköpfen. Drücken Sie die Maustaste, und halten Sie sie gedrückt.

» Verschieben Sie die Trennlinie zwischen den Zeilen bei gedrückt gehaltener Maustaste nach oben bzw. nach unten. Eine durchgezogene Linie zeigt die neue Zeilenhöhe an. Lassen Sie die Maustaste los, sobald die Zeile die gewünschte Höhe erreicht hat.

Spaltenbreite

Die Spaltenbreite können Sie für jede Spalte individuell einstellen. Dazu setzen Sie die Einfügemarke in ein Feld der Spalte, die Sie ändern wollen, und wählen in der Liste zur Schaltfläche *Weitere* in der Gruppe *Datensätze* den Eintrag *Spaltenbreite* aus(→ Abbildung 4.31). Geben Sie dann die Breite im Feld *Spaltenbreite* an, und bestätigen Sie über *OK*.

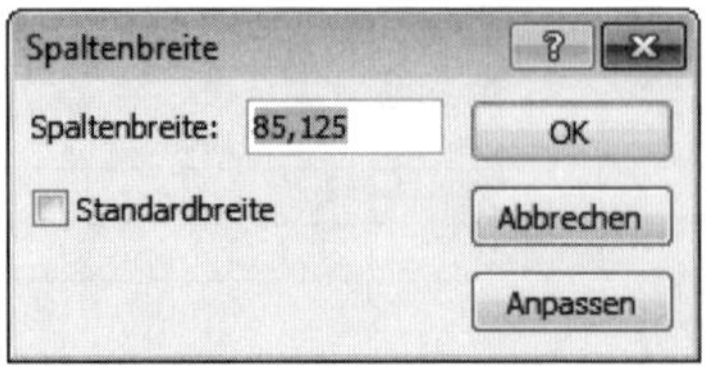

Abbildung 4.31 Das Dialogfeld *Spaltenbreite*

Auch die Spaltenbreite können Sie mit der Maus ändern:

» Setzen Sie den Mauszeiger auf die Trennlinie hinter der Spaltenüberschrift, deren Breite Sie ändern wollen. Drücken Sie die Maustaste, und halten Sie sie gedrückt.

» Verschieben Sie die Trennlinie zwischen den Spalten bei gedrückt gehaltener Maustaste nach rechts bzw. nach links. Eine durchgezogene Linie zeigt die neue Spaltenbreite an. Lassen Sie die Maustaste los, sobald Sie die gewünschte Breite eingestellt haben.

TIPP Ein Doppelklick auf die Trennlinie zwischen zwei Spalten passt die links liegende Spalte der Länge der Feldinhalte an. Das Gleiche bewirkt auch die Schaltfläche *Anpassen* im Dialogfeld *Spaltenbreite*.

Spalten aus- und einblenden

Momentan nicht benötigte Spalten in der Tabelle können Sie aus dem Datenblatt ausblenden:

» Markieren Sie die Spalte, die Sie ausblenden wollen, oder setzen Sie die Einfügemarke in ein Feld der Spalte. Wollen Sie mehrere nebeneinanderliegende Spalten ausblenden, markieren Sie sie gemeinsam.

» Wählen Sie die Option *Felder ausblenden* in der Liste zur Schaltfläche *Weitere* in der Gruppe *Datensätze* der Registerkarte *Start*. Die Spalten werden nicht mehr angezeigt.

» Um Spalten wieder einzublenden, wählen Sie *Felder wieder einblenden* in derselben Liste. Aktivieren Sie im Dialogfeld *Spalten einblenden* die Kontrollkästchen der gewünschten Spalten (→ Abbildung 4.32).

Abbildung 4.32 Das Dialogfeld *Spalten einblenden*. Hier sind alle Spalten eingeblendet.

» Schließen Sie das Dialogfeld.

Spalten fixieren

Sie können dafür sorgen, dass beim Durchführen eines Bildlaufs bestimmte Spalten permanent auf dem Bildschirm angezeigt werden. Diese Technik eignet sich besonders zum Arbeiten mit Tabellen mit vielen Spalten.

» Setzen Sie die Einfügemarke in die Spalte, die permanent angezeigt werden soll, oder markieren Sie diese Spalte. Wollen Sie mehrere nebeneinanderliegende Spalten fixieren, markieren Sie sie gemeinsam.

» Wählen Sie *Felder einfrieren* in der Liste zur Schaltfläche *Weitere* in der Gruppe *Datensätze* der Registerkarte *Start*.

» Wiederholen Sie evtl. diese Schritte und für weitere, nicht nebeneinanderliegende Spalten, die permanent angezeigt werden sollen.

Die so gewählten Spalten bleiben im linken Teil der Tabelle permanent angezeigt (→ Abbildung 4.33). Dies können Sie testen, indem Sie weiter nach rechts in der Tabelle navigieren. Durch die Wahl vom *Einfrierung aller Felder aufheben* in der Liste zur Schaltfläche *Weitere* können Sie zur Grundeinstellung zurückkehren.

4.4.6 Die Standardeinstellungen zum Tabellenformat

Über die Kategorie *Datenblatt* unter den *Access-Optionen* können Sie die Standardeinstellungen für diverse Formatangaben regeln (→ Abbildung 4.34).

Unter *Gitternetzlinien und Zelleffekte* bestimmen Sie, in welcher Form Zellen in Datenblättern und Abfrageergebnissen standardmäßig angezeigt werden sollen:

» Mit *Standardgitternetzlinien* legen Sie fest, welche Gitternetzlinien angezeigt werden sollen. Über *Horizontal* und *Vertikal* können Sie die beiden Bestandteile wahlweise ein- oder ausblenden lassen.

» Der *Standardzelleffekt* regelt das Layout für Zellen in Datenblättern und Abfrageergebnissen. Sie finden dafür die Alternativen *Flach*, *Erhöht* und *Vertieft*.

» Über die *Standardspaltenbreite* legen Sie die Standardbreite der Spalten in Datenblättern und Abfrageergebnissen fest. Geben Sie je nach dem in den Einstellungen von Windows angegebenen Maßsystem eine Maßeinheit in Zentimetern oder Zoll ein.

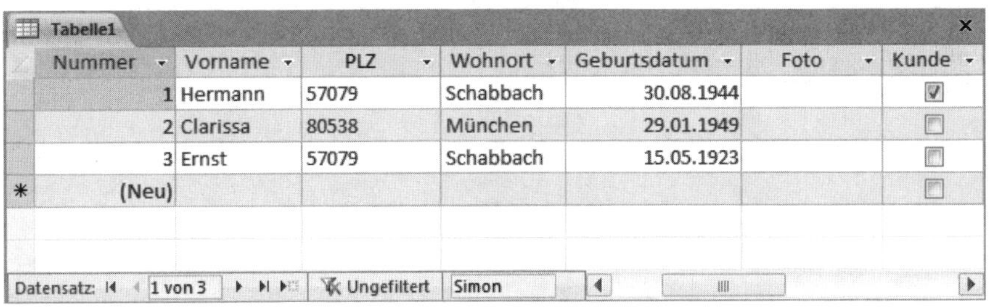

Abbildung 4.33 Die erste Spalte *Nummer* wurden fixiert. Wenn Sie in der Tabelle nach rechts navigieren, bleibt diese Spalte immer sichtbar.

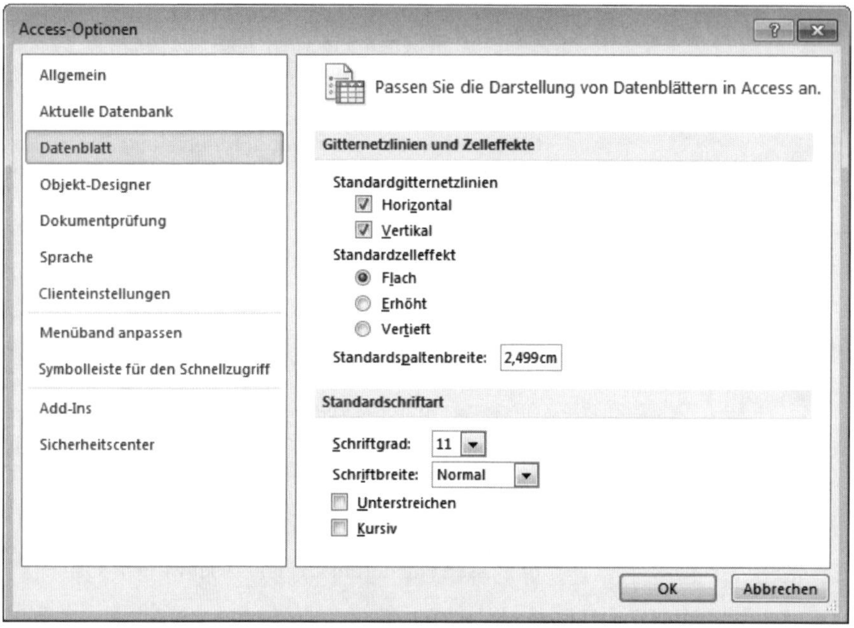

Abbildung 4.34
Die Kategorie *Datenblatt* unter den *Access-Optionen*

Die Optionen unter *Standardschriftart* bestimmen den *Schriftgrad*, die *Schriftbreite* und andere Formate für Text, der in Datenblättern und Abfrageergebnissen angezeigt wird. Beachten Sie, dass im Allgemeinen kursiver Text auf einem Computerbildschirm schlechter zu lesen ist.

4.5 PivotTables und PivotCharts

Mithilfe von *PivotTables* und *PivotCharts* können Sie die Struktur der Daten einer Tabelle analysieren. Manchen Anwendern sind diese Begriffe - wohl schon aufgrund der Namen - etwas unheimlich. Dabei handelt es sich hierbei um sehr aussagekräftige und auch recht einfach zu bedienende Werkzeuge. Stellen Sie sich vor, Sie verfügen über eine Tabelle, in der alle Ihre Kunden vermerkt sind. Die Tabelle beinhaltet die *Kundennummer*, den *Namen* und den *Wohnsitz* des Kunden, die *Branche*, in der der Kunde tätig ist, und den mit Ihnen getätigten *Jahresumsatz*. Sie finden eine solche Struktur in *Tabelle3* der Beispieldatenbank (→ Abbildung 4.35).

Über eine *PivotTable* zu dieser Tabelle können Sie dann interessante Informationen aus diesen Daten ableiten: Sie können beispielsweise bestimmen, welchen Umsatz Sie mit welchen Branchen oder welchen Standorten abwickeln. Diese - auch als *Kreuztabelle* bekannte - Vorgehensweise erzeugt also Informationen von hoher Wichtigkeit.

Tabelle3

ID	Nachname	Vorname	Ort	Branche	Umsatz	Zum Hinzufügen klicken
1	de Burgh	Hubert	München	Maschinenbau	234,00 €	
2	Clarence	Thomas	Bruxelles	Chemie	2.556,00 €	
3	Falstaff	Johann	Schnaittenbach	EDV	44,00 €	
4	Beaufort	Heinrich	Bruxelles	Automobil	453,00 €	
5	Mortimer	Hugh	München	Handel	33,00 €	
6	March	Eduard	München	Hoch/Tief	679,00 €	
7	Butts	Richard	München	Sonstiges	5.557,00 €	
8	Percy	Heinrich	München	Maschinenbau	34,00 €	
9	Aumerle	von	München	Chemie	445,00 €	
10	Vaux	Nikolas	Schnaittenbach	Maschinenbau	45,00 €	
11	Heinich	Bolligbroke	München	EDV	579,00 €	
12	Bigot	Robert	München	Automobil	34,00 €	
13	Gaunt	Johann	Unterschleißheim	Handel	238,00 €	
14	Lancester	Johann	München	Hoch/Tief	77,00 €	
15	von Valois	Katharina	München	Maschinenbau	124,00 €	
16	Richmond	Heinrich	Ismaning	EDV	567,00 €	
17	Gloster	Richard	Otterfing	Automobil	56,00 €	
18	Mortimer	Edmond	München	Sonstiges	24,00 €	
19	Sands	Wilhelm	München	EDV	67,00 €	
20	Plantagenet	Eduard	Rottach-Egern	Sonstiges	45,00 €	
21	d'Arc	Jeanne	München	Hoch/Tief	986,00 €	
22	Mortimer	Roger	München	Chemie	6,00 €	

Datensatz: 1 von 47 · Kein Filter · Suchen

Abbildung 4.35 Eine Kundendatenbank in der Datenblattansicht ermöglicht noch keine Auswertungen.

4.5.1 PivotTables

Eine *PivotTable* erzeugt eine Ansicht, in der Daten in einem Datenblatt oder Formular zusammengefasst und analysiert werden. Sie können verschiedene Detailebenen anzeigen oder Daten anordnen, indem Sie die Felder und Elemente ziehen oder Elemente in den Drop-down-Listenfeldern für die entsprechenden Felder ein- oder ausblenden.

Eine PivotTable erstellen

Verwenden Sie zum Erstellen einer *PivotTable* die folgenden Schritte:

» Öffnen Sie die Tabelle, für deren Inhalte Sie eine Analyse durchführen wollen, in der Datenblattansicht. Für diese Aufgabe können Sie die oben angesprochene *Tabelle3* aus der Beispieldatei *Datenbank4* benutzen.

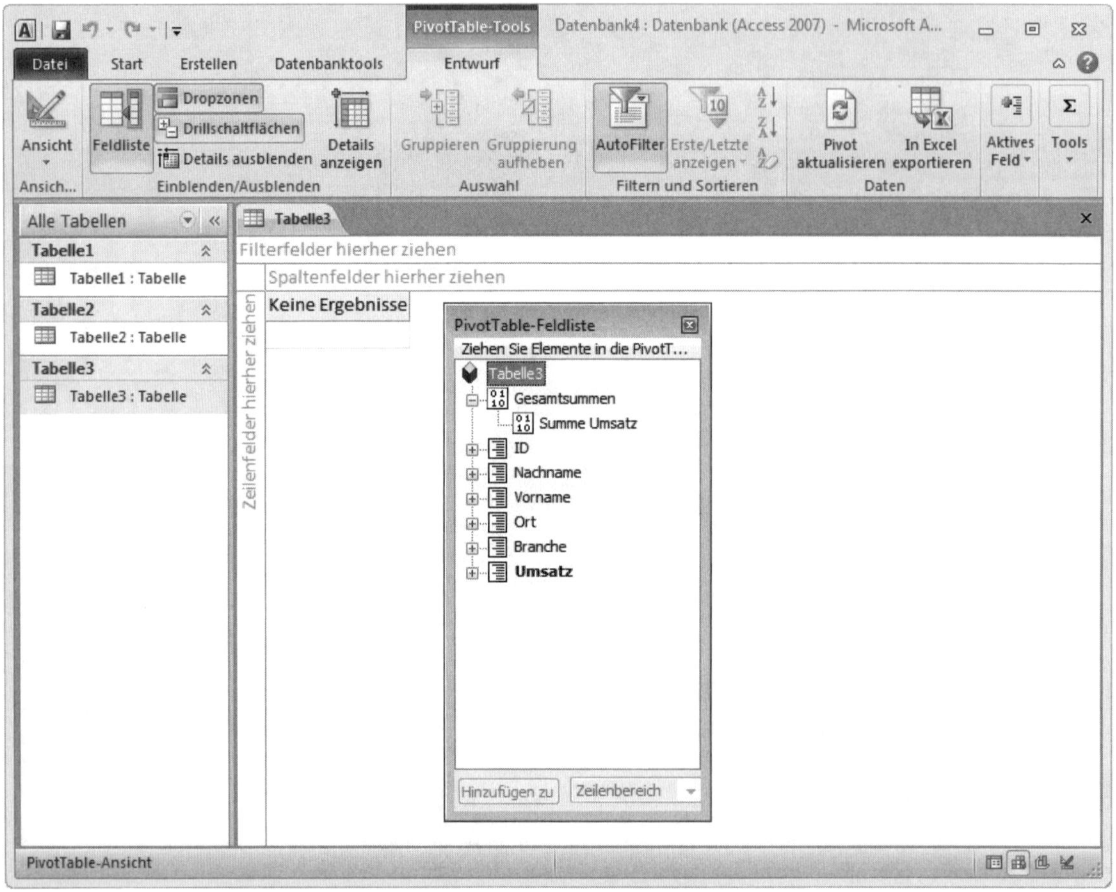

Abbildung 4.36 Der noch leere Rahmen für eine PivotTable und die *PivotTable-Feldliste*

» 

Wählen Sie über die Liste zur Schaltfläche *Ansicht* die Option *PivotTable-Ansicht*. Im Fenster wird zunächst der noch leere Rahmen für die Kreuztabelle erstellt (→ Abbildung 4.36). Außerdem wird ein mit *PivotTable-Feldliste* benanntes Fenster eingeblendet, in dem alle Feldnamen der Tabelle aufgelistet werden.

Ziehen Sie dann mit der Maus Felder aus der Feldliste in die beschrifteten Bereiche der Kreuztabelle – die sogenannten *Dropzonen*. Meist benutzt man dabei zumindest drei dieser Bereiche – die *Spaltenfelder*, die *Reihenfelder* und die *Gesamtsummen*: Ziehen Sie das Feld *Branche* in den Bereich *Spaltenfelder hierher ziehen*, ziehen Sie das Feld *Ort* in den Bereich *Zeilenfelder hierher ziehen*, und ziehen Sie das Feld *Umsatz* in den Bereich *Gesamtsummen oder Detailfelder hierher ziehen*. Die in der Tabelle verwendeten Felder werden in der Feldliste fett angezeigt. In der PivotTable wird die Struktur der

Tabelle3

Filterfelder hierher ziehen

	Branche						
	Automobil	Chemie	EDV	Handel	Hoch/Tief	Landwirtschaft	Maschinenbau
Ort	Umsatz	Umsatz	Umsatz	Umsatz	Umsatz	Umsatz	Umsatz
Bonn							835,00 €
Bruxelles	453,00 €	2.556,00 €					
Drentwede							
Freising		89,00 €					
Garching							
Gladbeck	794,00 €						
Ismaning			567,00 €				
Marquartstein						89,00 € 567,00 €	
München	34,00 €	445,00 € 6,00 € 89,00 € 56,00 €	579,00 € 67,00 € 77,00 €	33,00 € 777,00 € 35,00 € 67,00 €	679,00 € 77,00 € 986,00 €	555,00 € 77,00 € 45,00 €	234,00 € 34,00 € 124,00 € 56,00 € 56,00 € 57,00 €
Nörvenich							321,00 €
Otterfing	56,00 €						
Rottach-Egern							
Schnaittenbach			44,00 €				45,00 €
Singen					45,00 €		
Taufkirchen			45,00 €				
Unterschleißheim				238,00 €			
Weilheim							

Abbildung 4.37 Eine Datenstruktur in der PivotTable. Hier finden Sie eine Aufteilung nach Orten und Branchen.

Daten wieder gegeben (→ Abbildung 4.37). In diesem Beispiel werden die *Orte* in Zeilen, die *Branchen* in Spalten und im Zentrum der Tabelle die jeweiligen *Umsätze* angezeigt. Sie können darin beispielsweise ablesen, welchen Umsatz Sie mit Kunden einer bestimmten Branche an einem bestimmten Ort getätigt haben.

Das Layout der PivotTable ändern

Das Layout einer PivotTable-Ansicht muss nicht alle Felder enthalten, die in der zugrunde liegenden Datenquelle verfügbar sind. Sie können auch Felder, die nicht mehr angezeigt werden sollen, aus dem Layout der PivotTable-Ansicht entfernen.

Sie können die anfangs festgelegte Grundstruktur der PivotTable auch durch Anpassen des Layouts schnell abändern. Ein anderes Layout ermöglicht es Ihnen, zusammengefasste Werte für verschiedene Elemente in den Daten zu berechnen und zu vergleichen oder Zusammenfassungen für eine Teilmenge der Daten anzuzeigen.

Beachten Sie die folgenden Hinweise:

» Wie bei der oben beschriebenen ersten Definition des Layouts können Sie dieses ändern, indem Sie die schon verwendeten Felder in andere Dropbereiche im Arbeitsbereich der PivotTable-Ansicht verschie-

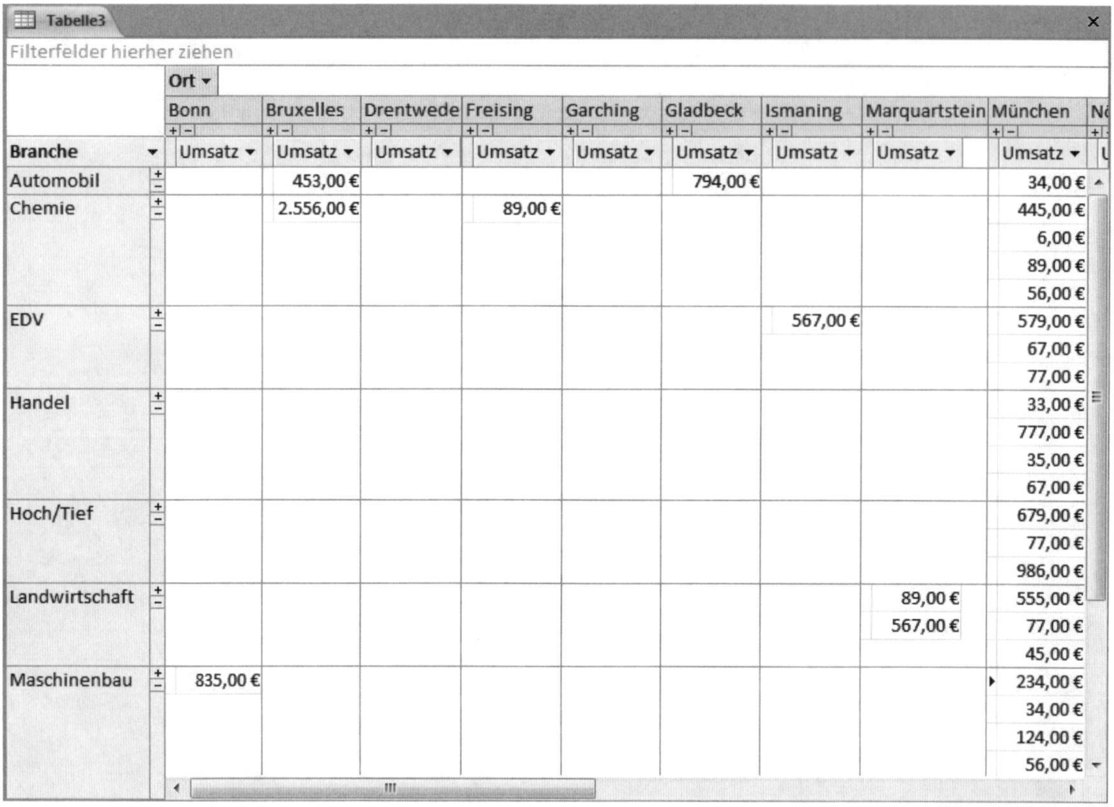

Tabelle3

Filterfelder hierher ziehen

Ort

Branche	Bonn	Bruxelles	Drentwede	Freising	Garching	Gladbeck	Ismaning	Marquartstein	München
	Umsatz	Umsatz	Umsatz	Umsatz	Umsatz	Umsatz	Umsatz	Umsatz	Umsatz
Automobil		453,00 €				794,00 €			34,00 €
Chemie		2.556,00 €		89,00 €					445,00 €
									6,00 €
									89,00 €
									56,00 €
EDV							567,00 €		579,00 €
									67,00 €
									77,00 €
Handel									33,00 €
									777,00 €
									35,00 €
									67,00 €
Hoch/Tief									679,00 €
									77,00 €
									986,00 €
Landwirtschaft								89,00 €	555,00 €
								567,00 €	77,00 €
									45,00 €
Maschinenbau	835,00 €								234,00 €
									34,00 €
									124,00 €
									56,00 €

Abbildung 4.38 Spalten- und Zeilenfelder wurden vertauscht.

ben (→ Abbildung 4.38). Wenn Sie ein Feld in den Zeilenbereich verschieben, werden die eindeutigen Datenelemente des Feldes in den Zeilen der PivotTable-Ansicht angezeigt. Wenn Sie ein Feld in den Spaltenbereich verschieben, werden die eindeutigen Datenelemente in den Spalten angezeigt. Verschieben Sie die Felder in den Detailbereich, um die Gesamt- oder Detaildaten aus der zugrunde liegenden Datenquelle anzuzeigen.

» Ein solches Verschieben kann aber zu unübersichtlichen Zwischenergebnissen führen. Wenn Sie Felder verschieben wollen, empfiehlt es sich darum, zuerst alle zu ändernden Felder aus dem Arbeitsbereich zu entfernen. Das erreichen Sie, indem Sie das Feld mit der Maus wieder in die Feldliste ziehen. Anschließend können Sie die Felder wieder neu einfügen.

» Sie können auch in den Zeilen und Spalten der PivotTable jeweils mehrere Felder verwenden. Wenn Sie weitere Felder in bereits besetzte Dropbereiche ziehen, können Sie eine mehrstufige Struktur erzeugen. Wenn es in einer Ansicht mehrere Zeilen- und Spaltenfelder gibt, werden die Felder in nächster Nähe zu den Detaildaten als innere Felder bezeichnet. Die anderen Felder werden als äußere Felder bezeichnet. Die inneren und äußeren Felder können ausgetauscht werden. Es empfiehlt sich, dabei eine sinnvolle Ordnung einzuhalten. Wenn Sie beispielsweise Felder wie *Land* und *Ort* verwenden, sollten diese beiden gemeinsam entweder im Zeilenbereich oder im Spaltenbereich eingesetzt werden.

» Mithilfe des *Filterbereichs* können Sie die Daten in der PivotTable filtern, also die Ansicht auf einen bestimmten Teil der verfügbaren Daten einschränken.

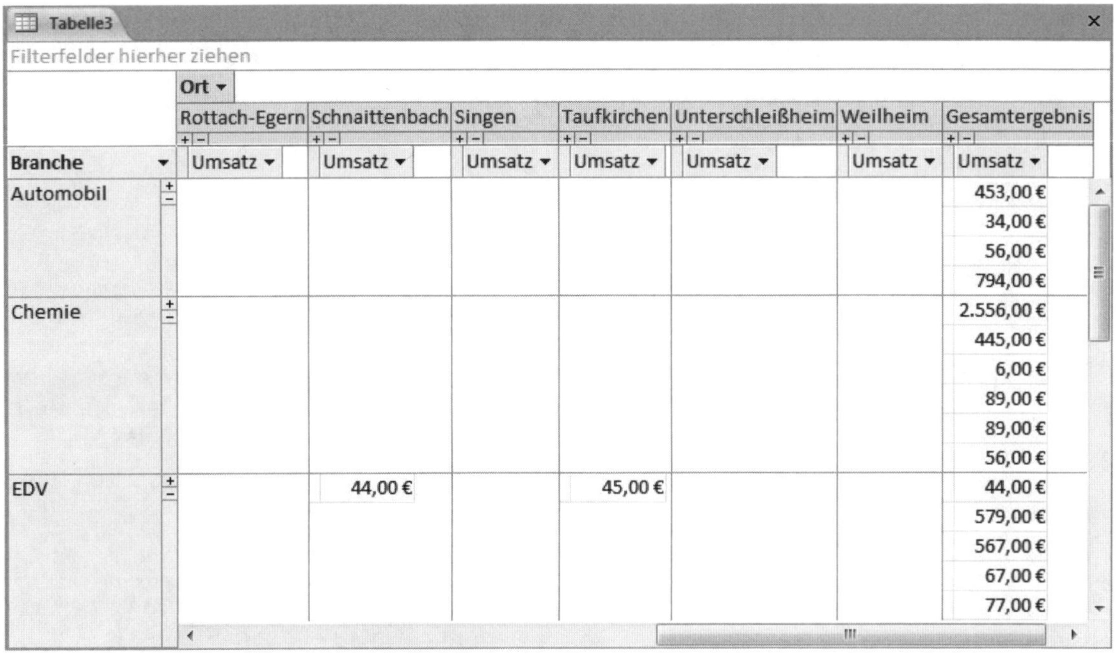

Abbildung 4.39 Die Daten für das Gesamtergebnis werden angezeigt.

Wenn Sie beispielsweise in der zugrunde liegenden Tabelle über die Felder *Ort* und *Land* verfügen, können Sie Daten für jeweils ein Land anzeigen. Sie erstellen einen solchen Filter, indem Sie das zu verwendende Feld in der Dropzone *Filterfelder hierher ziehen* anlegen. Unterhalb eines solchen Filterfeldes wird angegeben, welche Elemente in der Tabelle angezeigt werden. Standardmäßig finden Sie hier zunächst die Option *Alle*. Durch einen Klick auf den Pfeil im Filterfeld können Sie die Wirkung festlegen. Deaktivieren Sie die Anzeige für die Feldinhalte, die herausgefiltert werden sollen, indem Sie die Anzeige des Häkchens durch einen Klick darauf abschalten. Bei vielen Elementen in der Liste geht das am einfachsten, indem Sie zuerst die Option *(Alle)* deaktivieren. Das schaltet die Kontrollkästchen für alle Elemente in der Liste ab. Aktivieren Sie dann das Element, nach dem gefiltert werden soll. Die Wirkung zeigt sich in den Daten im Arbeitsbereich.

Weitere Möglichkeiten zum Editieren

Die Vielfalt der Möglichkeiten zur weiteren Änderung der Anzeige ist sehr groß. Die wichtigsten davon sollten Sie kennen.

- » [+/−] Über die beiden *Drillschaltflächen* mit dem Plus- und dem Minuszeichen unter den Zeilenüberschriften oder rechts neben den Zeilenbezeichnungen können Sie die Anzeigen im Detailbereich zu dieser Zeile oder Spalte ein- und ausblenden. Klicken Sie beispielsweise in der Spalte *Gesamtergebnis* auf das Pluszeichen, um die Daten für diese Spalte anzeigen zu lassen. Oder klicken Sie auf das Minuszeichen neben den einzelnen Orten, um die Details zu den Orten auszublenden (→ Abbildung 4.39).
- » Über die Listen zu den Feldern mit den Bezeichnungen für Zeilen- und Spalteninhalte – hier beispielsweise *Branche* und *Ort* – können Sie regeln, welche der in der zugrunde liegenden Tabelle vorhandenen Feldinhalte in den Spalten der PivotTable benutzt werden sollen (→ Abbildung 4.40). Benutzen Sie nur

Abbildung 4.40
Regeln Sie die Anzeige der Spalten und Zeilen.

die für Sie interessanten Inhalte. Damit verbessern Sie die Übersicht.

» Entsprechend können Sie auf der nächsten – tieferen – Ebene regeln, welche Details berücksichtigt werden sollen. Öffnen Sie die Liste, und schalten Sie die gewünschten Elemente ein oder aus.

» Gesamte Feldspalten oder Feldzeilen können Sie über die Maus verschieben und so die Reihenfolge ihrer Anzeige ändern.

Interessant sind auch die Zusammenfassungsfunktionen im Katalog zu *AutoBerechnen* in der Gruppe *Tools* der Registerkarte *PivotTable-Tools/Entwurf* (→Tabelle 4.11).

Funktion	Beschreibung
Summe	Berechnet die Summe der Werte.
Anzahl	Kontrolliert die Anzahl der Werte. Leere Werte, wie etwa leere Zeichenfolgen (Zeichenfolgen ohne Zeichen), sind in der Anzahl enthalten, Nullwerte (Werte, die auf fehlende oder unbekannte Daten hinweisen) jedoch nicht.
Min	Gibt den kleinsten Wert in dem Feld zurück, das zusammengefasst wird.
Max	Gibt den größten Wert in dem Feld zurück, das zusammengefasst wird.
Durchschnitt	Gibt den Durchschnitt der Werte in dem Feld zurück, das zusammengefasst wird.
Standardabweichung	Gibt die Standardabweichung der Werte in dem Feld zurück, das zusammengefasst wird, wobei angenommen wird, dass es sich bei den Werten um eine Stichprobe aus einer größeren Gesamtmenge handelt.
Standardabweichung (Stichprobe)	Gibt die Standardabweichung der Werte in dem Feld zurück, das zusammengefasst wird, wobei angenommen wird, dass es sich bei den Werten um die Gesamtmenge handelt.
Varianz	Gibt die Varianz der Werte in dem Feld zurück, das zusammengefasst wird, wobei angenommen wird, dass es sich bei den Werten um eine Stichprobe aus einer größeren Gesamtmenge handelt.
Varianz (Stichprobe)	Gibt die Varianz der Werte in dem Feld zurück, das zusammengefasst wird, wobei angenommen wird, dass es sich bei den Werten um die Gesamtmenge handelt.

Tabelle 4.11 Die Zusammenfassungsfunktionen

ACHTUNG Die Zusammenfassungsfunktionen, die für ein Feld zur Verfügung stehen, hängen vom Datentyp im Feld ab. Wenn ein Feld beispielsweise Text enthält, können Sie die Funktionen *Summe*, *Min* oder *Max* nicht verwenden, doch ist die *Anzahl*-Funktion für dieses Feld verfügbar.

Editieren der Ansichten

Zum Editieren der Ansicht eine PivotTable stehen Ihnen die Werkzeuge der Registerkarte *PivotTable-Tools/Entwurf* zur Verfügung (→ Abbildung 4.41).

Über die Liste der Optionen zur Schaltfläche *Ansicht* in der Gruppe *Ansichten* können Sie zwischen den einzelnen Ansichten wählen. Beachten Sie, dass einfache Klicks auf den oberen Teil dieser Schaltfläche wie üblich nur zwischen der *Datenblattansicht* und der *Entwurfsansicht* der Tabelle umschalten.

Über die Schaltflächen in der Gruppe *Einblenden/Ausblenden* können Sie die Anzeige einzelner Elemente in der PivotTable an- und abschalten (→ Tabelle 4.12).

Symbol	Name und Wirkung
Feldliste	*Feldliste* - zeigt die Feldliste an oder blendet sie aus.
Dropzonen	*Dropzonen* - zeigt die noch nicht mit einem Feld versehenen Dopzonen an oder blendet sie aus.
Drillschaltflächen	*Drillschaltflächen* - zeigt die Schaltflächen zum Ein- und Ausblenden von Details an.
Details ausblenden	*Details ausblenden* - blendet die Details im Hauptteil der Tabelle aus.
Details anzeigen	*Details anzeigen* - blendet die Details im Hauptteil der Tabelle ein.

Tabelle 4.12 Die Optionen der Gruppe *Einblenden/Ausblenden*

Zum Auswählen von Elementen stehen Ihnen in der PivotTable auch eine Vielzahl von Tastenkombinationen zu Verfügung (→ Tabelle 4.13).

Zweck	Tastenkombination
Verschieben der Auswahl von links nach rechts und dann nach unten	⇥
Verschieben der Auswahl von oben nach unten und dann nach rechts	↵
Auswählen der Zelle links. Wenn die aktuelle Zelle die Zelle äußerst links ist, wird durch ⇧+⇥ die letzte Zelle in der vorhergehenden Zeile ausgewählt.	⇧+⇥
Auswählen der Zelle über der aktuellen Zelle. Wenn die aktuelle Zelle die Zelle an oberster Position ist, wird durch ⇧+↵ die letzte Zelle in der vorhergehenden Spalte ausgewählt.	⇧+↵
Auswählen der Detailzellen für das nächste Element im Zeilenbereich	Strg+↵
Auswählen der Detailzellen für das vorhergehende Element im Zeilenbereich	⇧+Strg+↵
Verschieben der Auswahl in Pfeilrichtung. Ist ein Zeilen- oder Spaltenfeld ausgewählt, drücken Sie ↓, um zum ersten Datenelement im Feld zu gehen, und drücken Sie dann eine Pfeiltaste, um zum nächsten oder vorhergehenden Element oder zurück zum Feld zu gehen. Ist ein Detailfeld ausgewählt, drücken Sie ↓ oder Rechts, um zur ersten Zelle im Detailbereich zu gehen.	↑, ↓, ←, →
Erweitern oder Reduzieren der Auswahl in Pfeilrichtung	⇧+ ↑, ↓, ←, →
Verschieben der Auswahl zur letzten Zelle in Pfeilrichtung	Strg-↑, ↓, ←, →
Verschieben des ausgewählten Elements in Pfeilrichtung	⇧+Alt+↑, ↓, ←, →
Auswählen der Zelle äußerst links in der aktuellen Zeile	Pos1

Tabelle 4.13 Tasten zum Auswählen von Elementen in der PivotTable

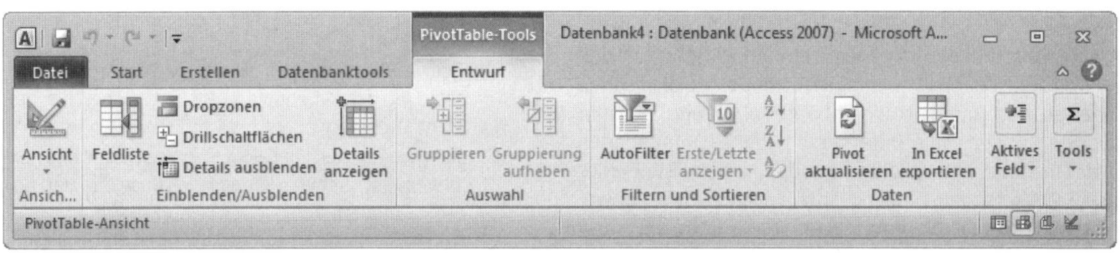

Abbildung 4.41 Die Registerkarte *PivotTable-Tools/Entwurf* für die PivotTable

Zweck	Tastenkombination
Auswählen der Zelle äußerst rechts in der aktuellen Zeile	Ende
Auswählen der Zelle äußerst links in der ersten Zeile	Strg + Pos1
Auswählen der letzten Zelle in der letzten Zeile	Strg + Ende
Erweitern der Auswahl auf die Zelle äußerst links in der ersten Zeile	⇧ + Strg + Pos1
Erweitern der Auswahl auf die letzte Zelle in der letzten Zeile	⇧ + Strg + Ende
Auswählen des Felds für das zurzeit ausgewählte Datenelement, die Summe oder den Detailbereich	Strg + Leer
Auswählen der gesamten Zeile mit der zurzeit ausgewählten Zelle	⇧ + Leer
Auswählen der gesamten PivotTable-Ansicht	Strg + A
Anzeigen des nächsten Bildschirms	Bild ↓
Anzeigen des vorherigen Bildschirms	Bild ↑
Erweitern der Auswahl um einen Bildschirm nach unten	⇧ + Bild ↓
Reduzieren der Auswahl um einen Bildschirm	⇧ + Bild ↑
Anzeigen des nächsten Bildschirms rechts	Alt + Bild ↑
Anzeigen des vorherigen Bildschirms links	Alt + Bild ↓
Erweitern der Auswahl auf die Seite rechts	⇧ + Alt + Bild ↓
Erweitern der Auswahl auf die Seite links	⇧ + Alt + Bild ↑

Tabelle 4.13 Tasten zum Auswählen von Elementen in der PivotTable (Fortsetzung)

4.5.2 PivotCharts

PivotCharts funktionieren ähnlich wie *PivotTables* und dienen zum Erstellen einer Ansicht mit einer grafischen Analyse der Daten in einem Datenblatt oder Formular. Sie können wiederum verschiedene Detailebenen anzeigen oder das Layout angeben, indem Sie Felder und Elemente ziehen oder Elemente in den Drop-down-Listenfeldern für die entsprechenden Felder ein- oder ausblenden.

Eine PivotChart erstellen

Verwenden Sie zum Erstellen eines PivotCharts die folgenden Schritte:

» Öffnen Sie die Tabelle, für deren Inhalte Sie eine Analyse durchführen wollen, in der Datenblattansicht. Für diese Aufgabe können Sie die schon vorher benutzte *Tabelle3* der Beispieldatei *Datenbank4* benutzen.

» 

Wählen Sie über die Liste zur Schaltfläche *Ansicht* die Option *PivotChart-Ansicht*. Wenn Sie für die zugrunde liegende Tabelle vorher noch keine PivotTable erstellt hatten, wird im Fenster zunächst der noch leere Rahmen für ein Diagramm erstellt (→ Abbildung 4.42). Ansonsten werden die für die PivotTable benutzten Einstellungen – zumindest zum Teil – übernommen. Außerdem wird ein mit *Diagramm-Feldliste* benanntes Fenster eingeblendet, in dem alle Feldnamen der Tabelle aufgelistet werden.

» Ziehen Sie dann mit der Maus wieder Felder aus der Feldliste in die *Dropzonen* des Diagrammbereichs. Sie finden hier *Rubrikenfelder*, *Reihenfelder* und *Datenfelder*.

  » Ein *Rubrikenfeld* ist ein Feld, das im Rubrikenbereich der PivotChart-Ansicht angezeigt wird. Die Elemente eines Rubrikenfeldes werden als Beschriftungen auf der Rubrikenachse angezeigt.

  » Ein *Reihenfeld* ist ein Feld, das im Serienbereich eines Diagramms angezeigt wird und Serienelemente enthält. Eine Serie ist eine Gruppe zusammengehöriger Datenpunkte.

  » In den *Datenfeldern* werden zusammengehörige Datenpunkte in einem Diagramm angezeigt. Jede Datenreihe in einem Diagramm besitzt eine eindeutige Farbe bzw. ein eindeutiges Muster. In einem Diagramm können eine oder mehrere Datenreihen dargestellt werden.

  » Zur Demonstration können Sie hier einmal dieselbe Struktur benutzen, die Sie vorher bei der PivotTable verwendet haben: Ziehen Sie das Feld *Branche* in den Bereich *Rubrikenfelder hierher ziehen*, und ziehen Sie das Feld *Umsatz* in den Bereich *Datenfelder hierher ziehen*. Sie erhalten eine Darstellung der Umsatzwerte über die Branchen (→ Abbildung 4.43).

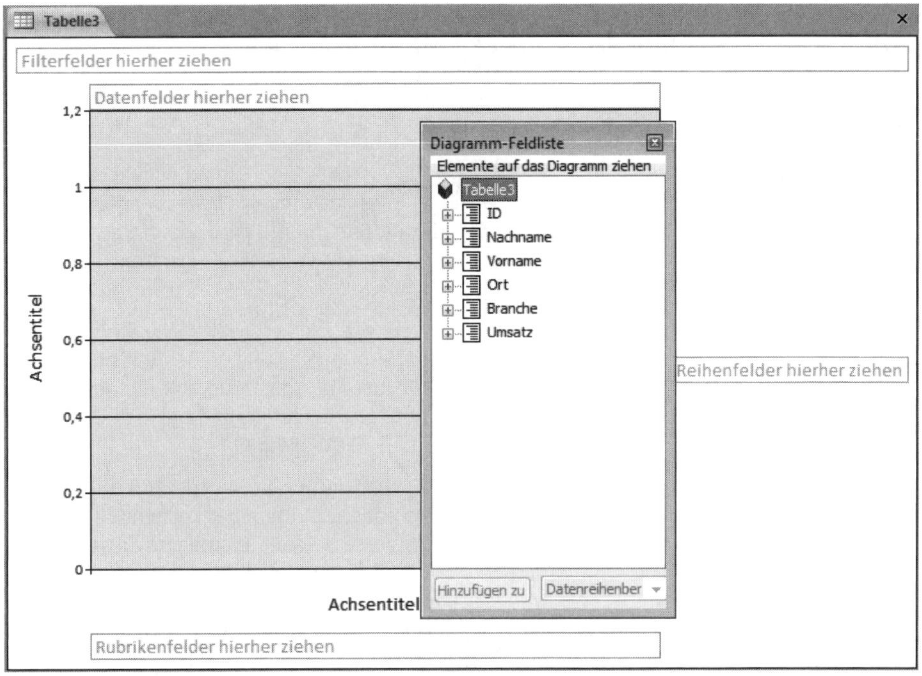

Abbildung 4.42
Der Diagrammbereich für eine PivotChart vor dem Festlegen der Struktur

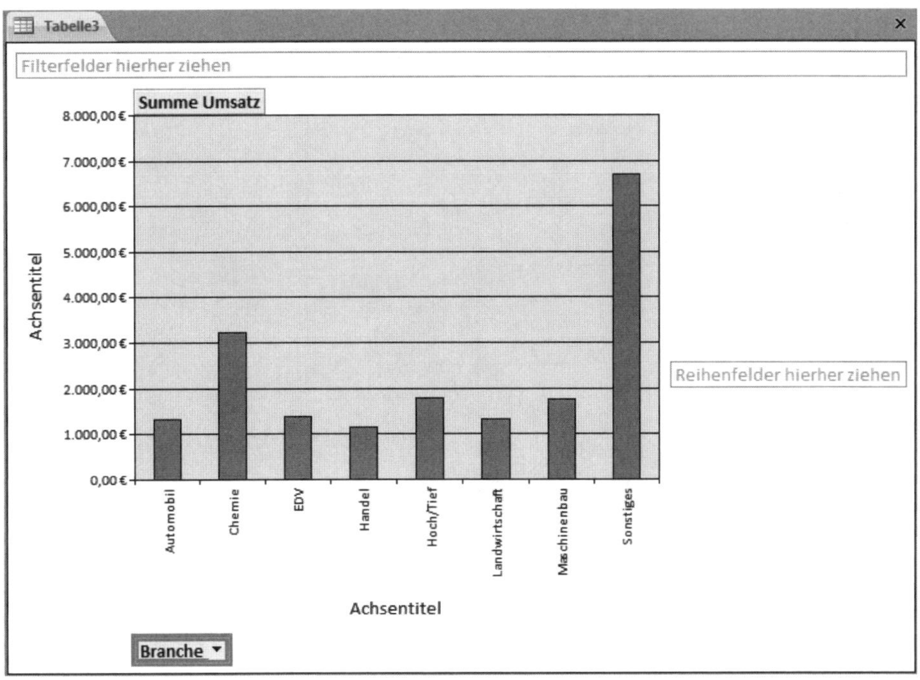

Abbildung 4.43
Die Umsätze wurden über den Branchen angezeigt.

» Ziehen Sie dann noch das Feld *Ort* in den Bereich *Reihenfelder hierher ziehen* Im Diagramm wird die Struktur der Daten in einer bestimmten Form der Datendarstellung wieder gegeben (→ Abbildung 4.44).

» Hierbei handelt es sich um einen Balken, einen Bereich, einen Punkt, ein Segment oder ein anderes Symbol in einem Diagramm, das einen einzelnen Datenpunkt oder Wert darstellt. Zusammengehörige Datendarstellungen in einem Diagramm bilden eine Datenreihe.

Das Diagramm editieren

Über die Steuerelemente der Registerkarte *PivotChart-Tools/Entwurf* können Sie Änderungen im Diagramm durchführen. Die Mehrzahl der Optionen darin entspricht denen, die Sie schon von der Arbeit mit einer PivotTable her kennen (→ Abbildung 4.45).

Es gibt darin aber auch einige Unterschiede und zusätzliche Optionen:

» 

Wie bei einer PivotTable können Sie auch bei einem PivotChart die Felder zwischen dem Rubriken- und dem Datenreihenbereich verschieben und so unterschiedliche Formen der Darstellung erzeugen. Über die Schaltfläche *Zeile/Spalte wechseln* in der Gruppe *Aktives Feld* haben Sie hier aber auch eine einfache Möglichkeit, die Rubriken- und die Datenfelder miteinander zu vertauschen.

» 

Mithilfe der Schaltfläche *Legende* in der Gruppe *Einblenden/Ausblenden* können Sie dafür sorgen, dass die Bedeutung der für die Datenfelder verwendeten Farben mit angezeigt wird.

Neu ist auch die Schaltfläche *Diagrammtyp ändern* in der Gruppe *Typ*, mit deren Hilfe Sie den Typ des Diagramms ändern können. Ein Klick darauf zeigt das Dialogfeld *Eigenschaften* an (→ Abbildung 4.46).

Standardmäßig wird nach dem Aufruf zunächst die Registerkarte *Typ* angezeigt. Hierüber können Sie den Diagrammtyp einstellen. Je nach Diagrammtyp werden die Dropbereiche anders angezeigt. Für ein Kreisdiagramm wird beispielsweise keine *Datenreihen*-Dropzone angezeigt, da Kreisdiagramme nur aus einer Datenreihe bestehen. Wenn Sie mehrere Diagramme zeichnen, wird eine Dropzone für Mehrfachdiagrammfelder angezeigt. Dieser Dropzonentyp wird für Einfachdiagramme nicht angezeigt.

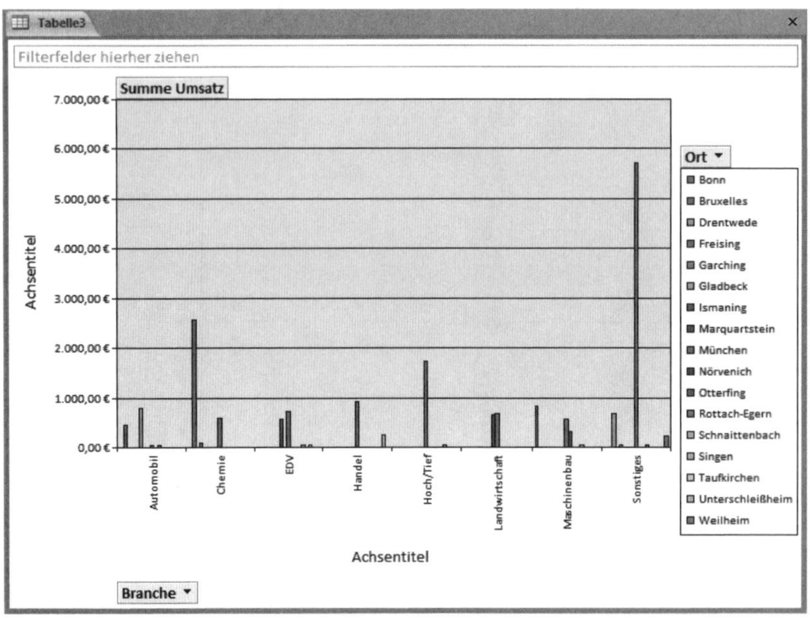

Abbildung 4.44
Eine PivotChart mit Umsätzen für Branchen und Orte

Abbildung 4.45 Die Registerkarte *Entwurf* für ein PivotChart

Das Dialogfeld *Eigenschaften*

Sie können mithilfe des Dialogfeldes *Eigenschaften* häufig vorkommende Aufgaben ausführen, wie z. B. das Filtern von Daten, Formatieren von Text und Anzeigen bzw. Ausblenden von Elementen.

» Öffnen Sie ein Datenblatt in der Ansicht *PivotTable* oder *PivotChart*.

» 

Markieren Sie den Bereich in der PivotTable oder dem PivotChart, zu dem Sie die Eigenschaften ändern wollen, und klicken Sie auf das Steuerelement *Eigenschaftenblatt* in der Gruppe *Tools*. Sie können auch die Tastenkombination [Alt]+[↵] benutzen oder die Option *Eigenschaften* im Kontextmenü wählen. Das Dialogfeld *Eigenschaften* wird angezeigt (→ Abbildung 4.47). Die im Dialogfeld angezeigten Registerkarten ändern sich, wenn unterschiedliche Elemente ausgewählt werden.

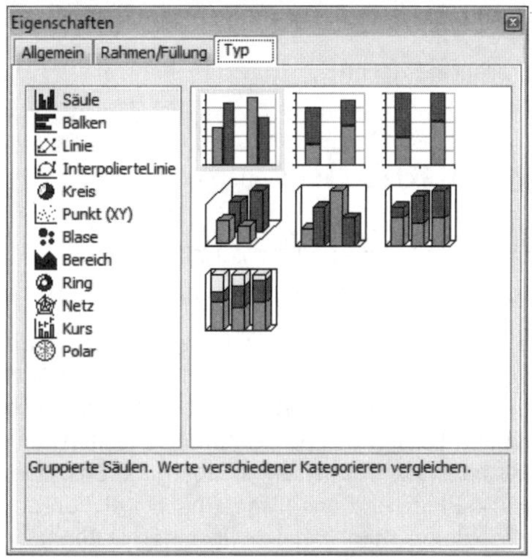

Abbildung 4.46 Die Eigenschaften für ein Diagramm. Hierüber können Sie einen anderen Typ und Untertyp auswählen.

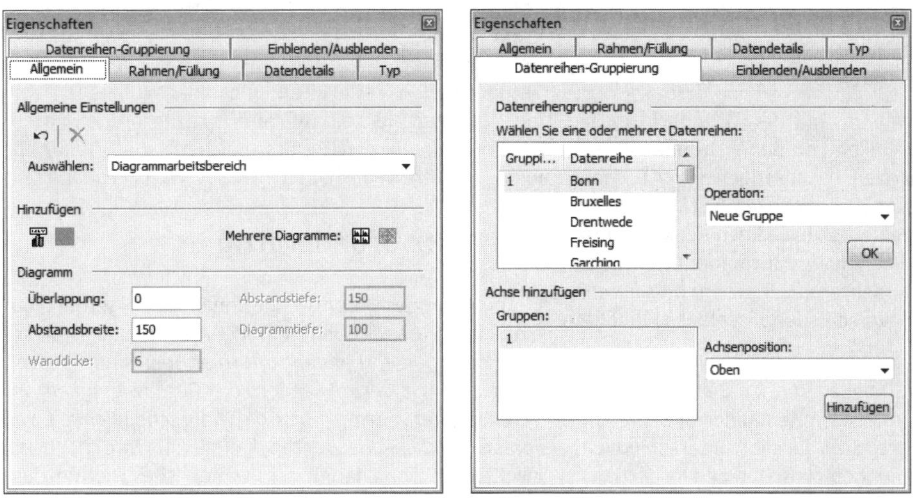

Abbildung 4.47
Einige Eigenschaften

Kapitel 5

Grundlagen des Datenbankentwurfs

Das Prinzip des Anlegens von Tabellen in Microsoft Access haben wir in Kapitel 3 intensiv behandelt. Auch wie man Daten in Tabellen eingibt, wissen Sie schon aus Kapitel 4. Nachdem wir uns jetzt nicht mehr um diese grundlegenden Fragen der programmtechnischen Vorgehensweise kümmern müssen, können wir uns jetzt etwas zurücklehnen und uns fragen, nach welchen generellen Prinzipien man Tabellen in einer Datenbank organisiert. Sie erfahren in diesem Kapitel, wie Sie entscheiden, welche Informationen benötigt werden, wie Sie diese Informationen auf die entsprechenden Tabellen und Spalten aufteilen und wie sich diese Tabellen aufeinander beziehen. Lesen Sie dieses Kapitel, bevor Sie Ihre erste richtige Datenbank erstellen.

» Zunächst wollen wir uns mit den Grundprinzip der Schlankheit der Tabellen und den sich daraus ergebenden Konsequenzen beschäftigen (→ Abschnitt 5.1): In einem guten Datenbankentwurf beinhaltet jede Tabelle nur die für den jeweiligen Verwendungszweck absolut notwendigen Informationen. Da eine Datenbank meist mehreren Zwecken diesen soll, werden Sie darin verschiedene schlanke Tabellen verwenden.

» Die Inhalte dieser Tabellen können Sie dann – wenn notwendig oder sinnvoll – miteinander in Beziehung setzen (→ Abschnitt 5.2). Es gibt unterschiedliche Formen von Beziehungen zwischen den Feldern verschiedener Tabellen. Sie sollten diese kennen, um nicht von den Ergebnissen Ihrer Arbeit überrascht zu werden.

» Im letzten Abschnitt dieses Kapitels wollen wir noch auf einen Aspekt eingehen, der sich *Mit referentieller Integrität* nennt (→ Abschnitt 5.3). Dabei handelt es sich um ein Regelsystem, das Microsoft Access verwendet, um zu kontrollieren, wie Beziehungen zwischen Datensätzen in verknüpften Tabellen nach Änderungs- oder Löschoperation geregelt werden sollen. Wenn Sie dieses benutzen, vermeiden Sie, dass sich in miteinander verknüpften Tabellen verwaiste Datensätze ansammeln.

WWW Sie können für die Arbeit an diesem Kapitel die Beispieldatei *Datenbank5* aus dem Verzeichnis *05* auf der Webseite öffnen. Wenn Sie die beschriebenen Tätigkeiten selbst nachvollziehen wollen, benutzen Sie die Datenbank im Unterordner *Material*. Die Mehrzahl der Resultate dieser Arbeit finden Sie in der gleichnamigen Datei im Verzeichnis *Ergebnisse*.

5.1 Das Grundprinzip

Für ein richtiges Datenbankdesign gibt es eigentlich nur ein Prinzip, das Sie verinnerlichen sollten, und dieses lautet: *Doppelt vorhandene Informationen sind schlecht, da diese Platz verschwenden, die Geschwindigkeit der Verarbeitung abnimmt und die Wahrscheinlichkeit von Fehlern und Inkonsistenzen steigt.* Oft wird noch ein zweites Prinzip genannt. Dem gemäß ist es wichtig, dass die Informationen richtig und vollständig sind. Wir halten das aber eher für trivial.

5.1.1 Daten in Tabellen aufteilen

Wenn man das oben genannte Prinzip beherzigt, ergibt sich daraus die Konsequenz, dass man die in der Datenbank vorhandenen Informationen so in Tabellen aufteilt, dass darin immer nur die absolut notwendigen Informationen vorhanden sind. Bei einfachen Datenbeständen spielt das keine große Rolle: Wenn Sie beispielsweise nur eine einfache Adressdatenbank erstellen möchten, kommen Sie meist mit einer einzigen Tabelle aus, die beispielsweise Feldnamen wie *Nachname*, *Vorname*, *Straße*, *Hausnummer* usw. enthält. Wenn eine Datenbank umfangreichere Aufgaben erledigen muss, werden Sie meist mit noch mehr Tabellen arbeiten. Beispielsweise könnte man die Aufgaben für die Kundenverwaltung und für die Auftragsverwaltung auf mehrere Tabellen verteilen:

» Eine erste Tabelle enthält beispielsweise nur die Namen der Personen und zusätzlich ein Identifikationselement - eine *Kundennummer*, die diesen Personendaten zugeordnet ist (→ Abbildung 5.1). Beachten Sie, dass bei solchen Tabellenkonfigurationen jeder Kunde nur ein einziges Mal in der Tabelle auftaucht soll.

Tabelle1

Kundennummer	Nachname	Vorname	*Zum Hinzufügen klicken*
1	Simon	Hermann	
2	Lichtblau	Clarissa	
3	Simon	Ernst	
5	Wohlleben	Otto	
* (Neu)			

Datensatz: 1 von 4 Kein Filter Suchen

Abbildung 5.1 Die Liste der Kunden

» In welcher Branche ein Kunde sein Geschäft betreibt, ist für die Ablauforganisation vielleicht weniger wichtig, aber für bestimmte statistische Auswertungen interessant. Diese Daten könnten Sie daher in einer separaten Tabelle ablegen (→ Abbildung 5.2). Wenn Sie bereits über eine Tabelle mit den Namen der Kunden verfügen, brauchen Sie darin zur eindeutigen Zuordnung nur noch die eine Feldspalte für die Kundennummer zu benutzen.

Tabelle2

Kundennummer	Branche	*Zum Hinzufügen klicken*
1	Maschinenbau	
2	Maschinenbau	
3	Chemie	
4	Landwirtschaft	
* (Neu)		

Datensatz: 1 von 4 Kein Filter Suchen

Abbildung 5.2 Die Zuordnung der Branchen

» Die Adressdaten der Kunden könnten Sie in einer weiteren Tabelle abgelegen (→ Abbildung 5.3). Diese Daten könnten Sie beispielsweise dazu verwenden, Informationsmaterial an Ihre Kunden zu senden. Wiederum muss hier ein Identifikationsfeld vorhanden sein, sodass man weiß, welcher Person die jeweilige Adresse zuzuordnen ist. Für Kunden, die über zwei oder mehrere Adressen verfügen, ist der Inhalt dieses Identifikationsfelds in dieser Tabelle identisch.

Wenn Sie eine solche Struktur in die Praxis umsetzen wollen, müssen Sie also mit drei Tabellen arbeiten:

» In der ersten befinden sich die Felder für den Namen und eine Identifikation. Letztere sollte eindeutig sein, damit sie immer eine einzelne Kombination aus *Nachname* und *Vorname* identifiziert. Bei Fällen, in

Tabelle3

Kundennummer	Strasse	Hausnummer	PLZ	Wohnort
1	Thierschstrasse	11	80538	München
1	Hauptstrasse	17	57079	Schabbach
3	Hauptstrasse	3	57079	Schabbach
2	Liebherrstrasse	5	80538	München
*				

Datensatz: 1 von 4 Kein Filter Suchen

Abbildung 5.3 Die Adressdaten der Kunden. Ein Kunde verfügt über zwei Adressen.

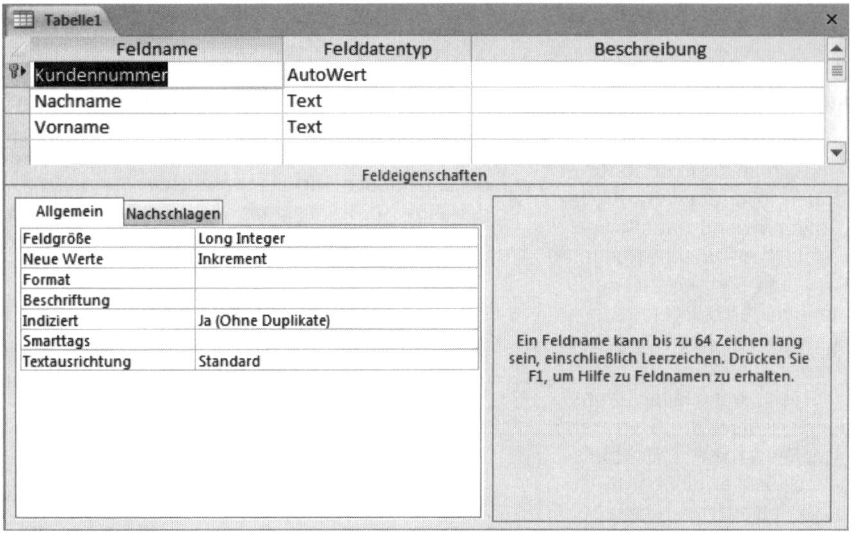

Abbildung 5.4
Die Tabelle mit den Namen

denen zwei verschiedene Personen mit identischen Vor- und Nachnamen in der Datenbank austauschen sollten, muss sich die Identifikationsnummer unterscheiden. Das erreichen Sie am einfachsten, indem Sie diesem Element den Datentyp *AutoWert* zuordnen und dafür sorgen, dass die Feldeigenschaft *Indiziert* auf *Ja (Ohne Duplikate)* gesetzt ist (→ Abbildung 5.4). Sie sollten diesem Feld einen Primärschlüssel zuordnen.

» In der Tabelle mit den Informationen für die Branche gehen Sie ähnlich vor (→ Abbildung 5.5). Jedem Kunden sollte eine Branche zugeordnet werden. Dafür reicht hier aber die Angabe der *Kundennummer*,

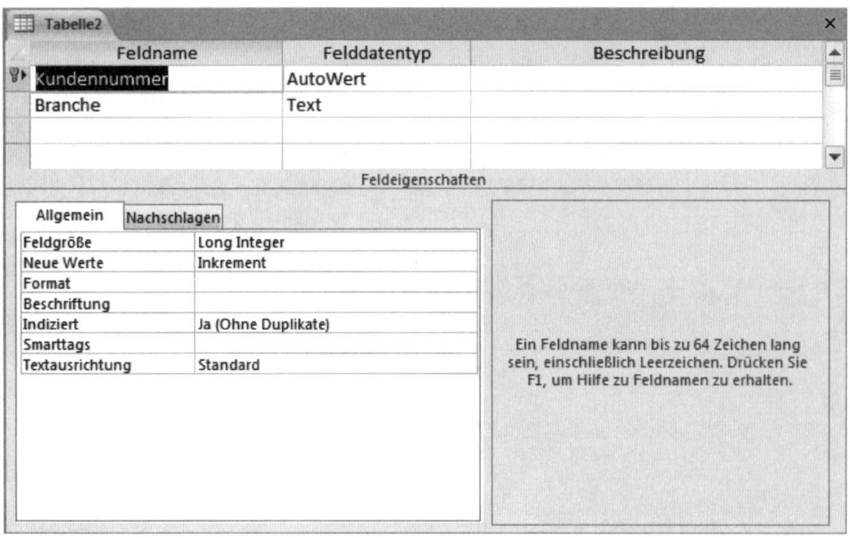

Abbildung 5.5
Die Tabelle für die Branchendaten

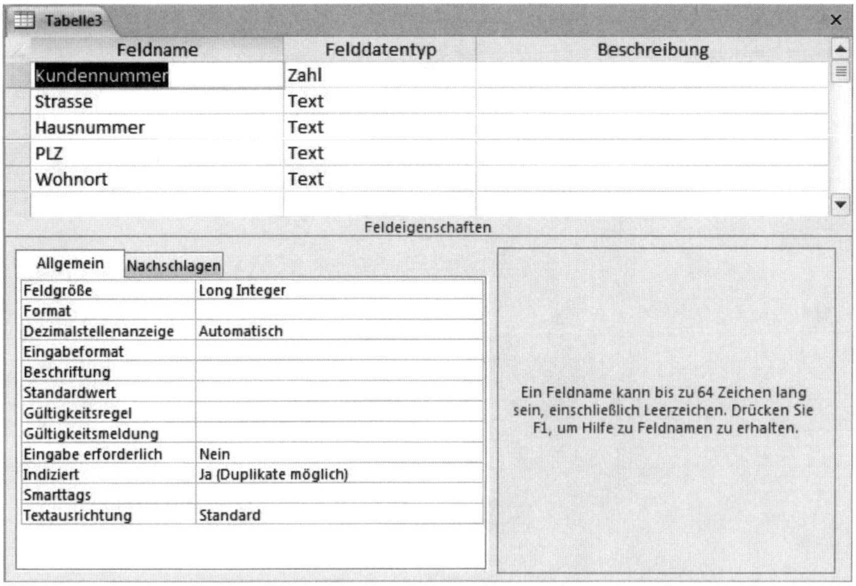

Abbildung 5.6
Die Tabelle mit den Adressen

die wiederum nur einmal in der Tabelle auftauchen sollte.

» Die dritte Tabelle beinhaltet die verschiedenen Adressen. Auch hier muss die Identifikationsnummer vorhanden sein, damit Adressdatensätze einem Namen zugeordnet werden können (→ Abbildung 5.6). Wenn Sie auch die Möglichkeit haben wollen, einem Kunden mehrere Adressen zuzuordnen, sollten Sie hier keinen Datentyp *AutoWert* verwenden.

Eine solche Aufteilung hält die Datenbestände für verschiedene betriebswirtschaftliche Bereiche schlank.

REFERENZ Später im Buch werden wir noch einmal auf dieses Prinzip der Schlankheit zurück kommen (→ Kapitel 13). Mithilfe von drei Optionen in der Gruppe *Analysieren* auf der Registerkarte *Datenbanktools* im Menüband können Sie die Leistung der aktuell geöffneten Datenbank testen und gegebenenfalls verbessern. Wenn Ihre Microsoft Access-Datenbank über eine Tabelle verfügt, die viele Informationen in einem oder mehreren Feldern mehrfach enthält, können Sie den Tabellenanalyse-Assistenten verwenden, um die Daten in Detailtabellen aufzuteilen und sie damit effizienter zu speichern. Dieser Vorgang wird auch als *Normalisierung* bezeichnet. Dieser Tabellenanalyse-Assistent teilt eine Tabelle mit wiederholten Informationen in getrennte Tabellen auf, in denen jeder Informationstyp nur einmal gespeichert ist. Auf diese Weise wird die Datenbank kleiner, effizienter und lässt sich leichter aktualisieren. Nachdem der Assistent die Daten aufgeteilt hat, erstellt er eine Abfrage, damit Sie die Daten weiterhin anzeigen und damit arbeiten können.

5.1.2 Die Vergabe von Primärschlüsseln

Wenn Sie die Abbildungen zu den vorherigen Bespieltabellen genau betrachtet haben, ist es Ihnen wahrscheinlich schon aufgefallen: Ein wichtiger Punkt beim Datenbankentwurf ist die Vergabe von Primärschlüsseln. Jede Tabelle sollte eine Spalte oder eine Gruppe von Spalten enthalten, durch die die einzelnen in der Tabelle gespeicherten Zeilen eindeutig identifiziert werden. Dies ist oft eine eindeutige Identifizierungsnummer – beispielsweise eine *Artikelnummer* oder eine *Kundennummer*. In Access werden Primärschlüsselfelder verwendet, um schnell Daten aus mehreren Tabellen zuzuordnen und zu kombinieren (→ unten).

Einzelne Felder als Primärschlüssel

Sehr oft verwendet eine Tabelle nur ein einziges Primärschlüsselfeld. Beachten Sie die folgenden Richtlinien,

Abbildung 5.7
Ein Primärschlüsselfeld wurde gesetzt.

die auch die Wirkungsweise eines Primärschlüssels weiter verdeutlichen:

» Wenn Sie bereits ein eindeutiges Datenfeld in der Tabelle benutzen, können Sie dieses als Primärschlüssel verwenden. Beispielsweise haben Artikelnummern meist diese Eigenschaft: Jeder Artikel hat eine Nummer, und zu jeder Nummer gibt es einen Artikel.

» Ein Wert eines Primärschlüsselfelds darf in einer Tabelle nicht mehrfach vorkommen. Beachten Sie also, dass Sie solche Artikelnummern nur dann als Primärschlüsselfeld in einer Tabelle verwenden können, wenn die Werte in dieser Spalte immer für jeden Datensatz unterschiedlich sind. Aus diesem Grund sollten Sie meist auch keine Namen - wie die von Artikeln oder Personen - als Primärschlüssel verwenden, da diese oft nicht eindeutig sind. Es ist beispielsweise leicht möglich, dass in der Tabelle zwei Personen mit dem gleichen Namen vorhanden sind.

» Ein Primärschlüsselfeld muss immer einen Wert haben. Wenn zu irgendeinem Zeitpunkt die Zuweisung des Werts in dieser Spalte aufgehoben werden kann, kann er nicht als Komponente eines Primärschlüssels verwendet werden.

» Aus den vorher genannten Gründen sollten Sie auch immer ein Feld für den Primärschlüssel auswählen, dessen Wert nicht geändert wird. Sollte eine solche Änderung passieren, muss sie überall dort durchgeführt werden, wo auf dieses Feld Bezug genommen wird, und das kann leicht zu Komplikationen führen.

Wenn Sie in einer Tabelle kein Feld finden, das die eben genannten Kriterien erfüllt, sollten Sie ein neues Feld für die Primärschlüsselfunktion erstellen. Beispielsweise können Sie jeder Bestellung eine eindeutige *Bestellnummer* zuweisen (→ Abbildung 5.7). Access setzt dabei die Feldeigenschaft *Indiziert* auf *Ja (Ohne Duplikate)*. Abgesehen von dieser Nummer enthält ein solches Feld keine Fakten und keine sachlichen Informationen zum Beschreiben der durch ihn dargestellten Zeile. Der einzige Zweck der Bestellnummer besteht darin, eine Bestellung zu identifizieren.

Wenn Sie dafür den Datentyp *AutoWert* verwenden, wird von Access automatisch ein Wert zugewiesen. Wie Sie später noch sehen werden, können in einem solchen Feld keine manuellen Eingaben vorgenommen werden. Die zugewiesene Zahl wird nie geändert.

Mehrere Felder als Primärschlüssel

In manchen Fällen möchten Sie möglicherweise zwei oder mehr Felder verwenden, durch die gemeinsam der Primärschlüssel einer Tabelle bereitgestellt wird. In die-

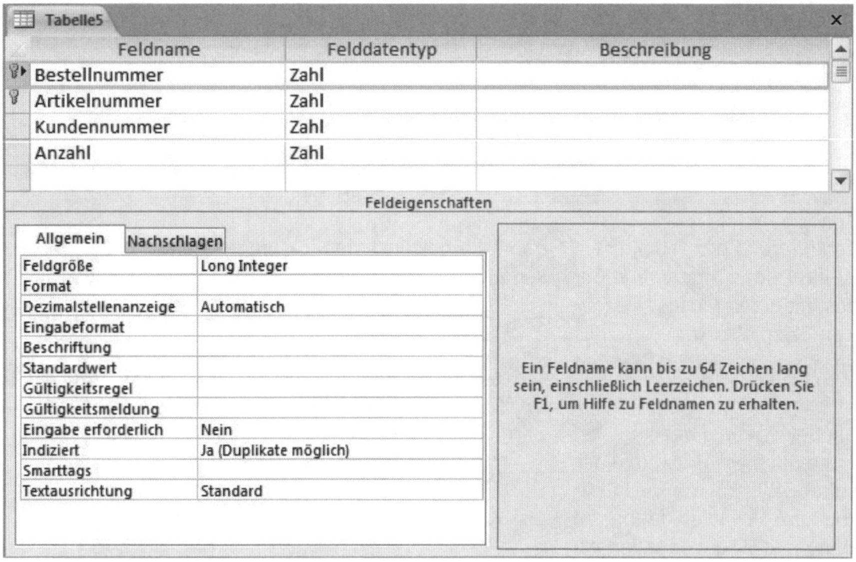

Abbildung 5.8
Auch mehrere Felder können als gemeinsamer Primärschlüssel gesetzt werden.

sem Fall müssen Sie dafür sorgen, dass die Kombination der Inhalte den oben genannten Kriterien entspricht.

Beispielsweise könnten Sie eine Tabelle anlegen, in der alle Bestelldetails vermerkt sind. Diese Tabelle könnte neben der Spalte *Kundennummer* die zusätzlichen Spalten *Bestellnummer*, *Artikelnummer* und *Anzahl* beinhalten (→ Abbildung 5.8). Eine bestimmte *Artikelnummer* kann bei verschiedenen *Bestellnummern* auftauchen, und eine *Bestellnummer* kann mehrfach vorkommen, wenn ein Kunde bei einer Bestellung mehrere Artikel bestellt. Die Kombination von *Artikelnummer* und *Bestellnummer* kann aber immer nur einmal vorhanden sein. Wenn von einem Primärschlüssel mehrere Spalten genutzt werden, wird er auch als zusammengesetzter Schlüssel bezeichnet.

Zusätzliche Hinweise

Erstellen Sie Indizes für Felder, die sortiert, verknüpft oder für die Kriterien eingestellt werden. Sie erzielen wesentliche Verbesserungen der Geschwindigkeit von Abfragen, indem Sie die Felder auf beiden Seiten der Verknüpfungen indizieren oder indem Sie eine Beziehung zwischen den Feldern definieren und alle Felder indizieren, die zum Einstellen von Kriterien für die Abfrage verwendet werden. Das Suchen von Datensätzen funktioniert ebenfalls wesentlich schneller, wenn Sie in einem indizierten Feld suchen.

Indizes sind jedoch nicht in allen Fällen sinnvoll. Sie vergrößern die Datenbank, beeinträchtigen in Mehrbenutzeranwendungen das Zusammenwirken – also die Fähigkeit, mehreren Benutzern gleichzeitig das Modifizieren einer Seite zu erlauben – und verschlechtern die Leistung beim Aktualisieren von Daten in indizierten Feldern und beim Hinzufügen oder Löschen von Datensätzen. Es ist sinnvoll zu experimentieren, um herauszufinden, welche Felder indiziert sein sollten. Das Hinzufügen eines Indexes beschleunigt möglicherweise eine Abfrage um eine Sekunde, verlangsamt jedoch das Hinzufügen einer Datenzeile um zwei Sekunden und verursacht Sperrungsprobleme. Es kann auch zu unwesentlichen Verbesserungen führen, je nachdem, welche anderen Felder indiziert sind. Wenn Sie beispielsweise einen Index zu einem Feld *PLZ* hinzufügen, erreichen Sie nur eine sehr geringe Leistungsverbesserung, wenn die Felder *Nachname* und *Vorname* in der Tabelle bereits indiziert sind.

5.1.3 Tabellen verknüpfen

Wenn Sie anschließend Daten, die Sie in verschiedenen Tabellen abgelegt haben, gemeinsam darstellen wollen,

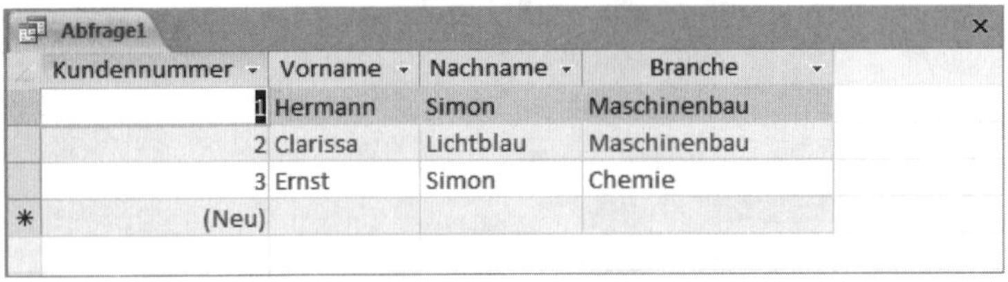

Kundennummer	Vorname	Nachname	Branche
1	Hermann	Simon	Maschinenbau
2	Clarissa	Lichtblau	Maschinenbau
3	Ernst	Simon	Chemie
(Neu)			

Abbildung 5.9
Das Ergebnis einer Abfrage liefert den Namen und die Branche aus verschiedenen Tabellen.

können Sie das über eine *Verknüpfung* der Tabellen erreichen. Notwendig dafür ist ein Feld, mit dem eine Beziehung zwischen den Datensätzen der Tabellen hergestellt werden kann. In unseren Beispielen wäre dies das Feld *Kundennummer*, das in allen Tabellen vorhanden ist.

Zum Definieren einer solchen Beziehung gibt es mehrere Methoden. Einerseits können Sie diese direkt in einer Abfrage deklarieren (→ Kapitel 6). Wenn Sie beispielsweise eine Beziehung zwischen zwei Tabellen definieren und anschließend eine Abfrage mit diesen Tabellen erstellen, wählt Access automatisch die übereinstimmenden Standardfelder aus, die auf den in der Beziehung angegebenen Feldern basieren. Als Ergebnis einer solchen Abfrage werden die zusammenhängenden Daten in einer Tabelle aufgelistet. Beispielsweise könnten Sie den Namen und die Branche der Kunden in einer gemeinsamen Ansicht anzeigen lassen (→ Abbildung 5.9).

Auf die Frage, wie solche Abfragen definiert werden, werden wir noch später eingehen (→ Kapitel 6). Dann werden auch die Auswirkungen des Einsatzes unterschiedlicher Formen der Beziehungen klarer werden. Sie müssen aber solche Zusammenhänge zwischen den Feldern nicht unbedingt über eine Abfrage definieren. Sie können sie auch unabhängig davon angeben. Bei der gemeinsamen Verwendung von so verknüpften Tabellen – beispielsweise in einer Abfrage – sind die Beziehungen dann schon definiert und brauchen nicht extra angegeben zu werden. Eine solche Vorgehensweise ist auch sinnvoll, wenn Sie mit Formularen und Unterformularen arbeiten wollen, ohne vorher eine Abfrage formulieren zu wollen.

Eine Beziehung definieren

Wenn Sie Tabellen definieren, werden Sie bei dieser Tätigkeit meist auch schon wissen, welche Beziehungen zwischen den Elementen der Tabellen vorhanden sein sollen. Nach der Definition der Tabellen können Sie dann die gewünschten Zusammenhänge zwischen diesen auch über ein separates Dialogfeld festlegen.

» 

Klicken Sie auf die Schaltfläche *Beziehungen* in der gleichnamigen Gruppe der Registerkarte *Datenbanktools*. Ein spezielles Datenbankobjekt muss dafür nicht geöffnet sein. Das Dialogfeld *Tabelle anzeigen* wird eingeblendet (→ Abbildung 5.10).

Abbildung 5.10 Über das Dialogfeld *Tabelle anzeigen* wählen Sie die Tabellen aus.

» 

Sollte das Fenster *Tabelle anzeigen* nicht automatisch eingeblendet werden, klicken Sie in der jetzt vorhandenen Registerkarte *Beziehungstools/Entwurf* in der Gruppe *Beziehungen* auf die Schaltfläche *Tabelle anzeigen*.

» Markieren Sie nacheinander die Tabellen, zwischen denen Sie Beziehungen definieren möchten, und klicken Sie auf die Schaltfläche *Hinzufügen*. Fügen Sie für diese Übung die Tabellen *Tabelle1* und *Tabelle2* hinzu. Beenden Sie die Arbeit mit dem Dialogfeld durch einen Klick auf *Schließen*. Das Fenster *Beziehungen* wird angezeigt, in dem die Feldnamen der Tabellen wiedergegeben werden (→ Abbildung 5.11).

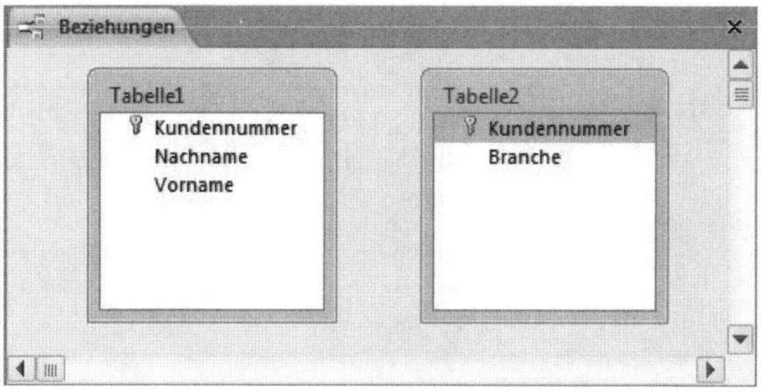

Abbildung 5.11 Die zu verknüpfenden Tabellen werden angezeigt. Noch sind keine Beziehungen definiert.

» Um beispielsweise eine Beziehung zwischen den Feldern *Kundennummer* in *Tabelle1* mit dem Feld *Kundennummer* in *Tabelle2* herzustellen, ziehen Sie eines dieser Felder auf das andere. Automatisch wird das Dialogfeld *Beziehungen bearbeiten* angezeigt, in dem Sie die Form der Beziehung regeln können (→ Abbildung 5.12).

Abbildung 5.12 Hier wird eine Beziehung zwischen den Feldern definiert. Der Beziehungstyp wird unten angegebenen.

» Beachten Sie die Anzeige zu *Beziehungstyp* unten im Dialogfeld. Bei diesem Beispiel wird hier als Typ *1:1* angegeben. Wenn Sie den Typ der Beziehung ändern wollen, klicken Sie auf die Schaltfläche *Verknüpfungstyp*. Sie finden im dann angezeigten Dialogfeld drei Optionen, über die Sie angeben können, welche Datensätze angezeigt werden sollen (→ Abbildung 5.13). Darauf werden wir gleich noch eingehen.

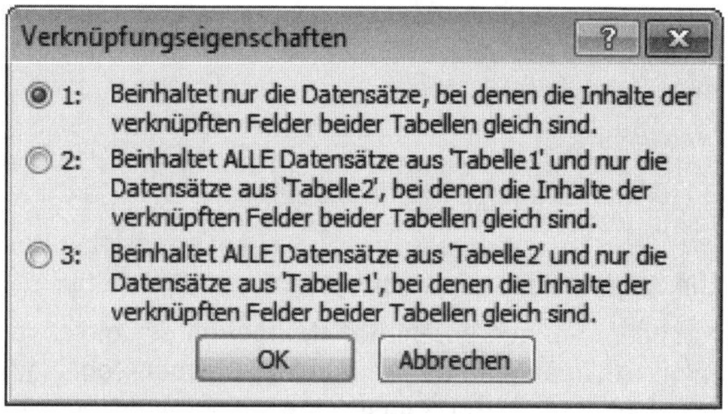

Abbildung 5.13 Das Dialogfeld *Verknüpfungseigenschaften* – es erlaubt das Festlegen der anzuzeigenden Daten.

» Falls Sie das Dialogfeld *Verknüpfungseigenschaften* angezeigt hatten, schließen Sie es. Klicken Sie dann im Dialogfeld *Beziehungen bearbeiten* auf die Schaltfläche *Erstellen*. Im Fenster *Beziehungen* wird die Verknüpfung durch eine Verbindungslinie symbolisiert (→ Abbildung 5.14).

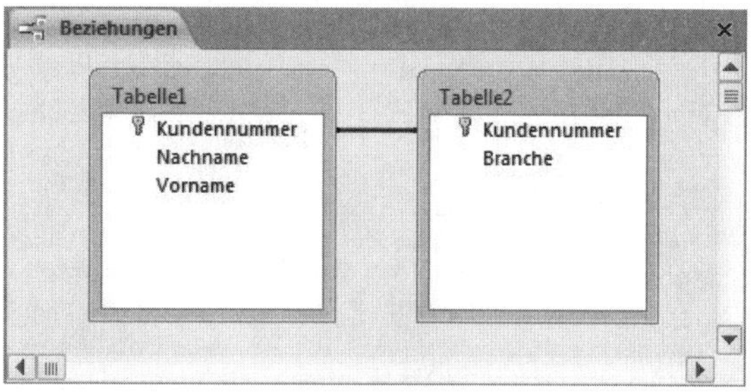

Abbildung 5.14 Eine Beziehung zwischen den Tabellen wurde erstellt.

» Schließen Sie das Fenster *Beziehungen* durch einen Klick auf *Schließen* in der Gruppe *Beziehungen* der Registerkarte *Beziehungstools/Entwurf*.

» Beantworten Sie die Frage nach dem Speichern durch einen Klick auf *Ja*.

Damit haben Sie eine Verknüpfung definiert, die auch automatisch angezeigt wird, wenn Sie mit diesen Tabellen eine gemeinsame Abfrage gestalten.

TIPP Wenn Sie weitere vorhandene Tabellen oder Abfragen hinzufügen wollen, arbeiten Sie wieder über das Dialogfeld *Tabelle anzeigen*. Klicken Sie dazu im Fenster *Beziehungen* mit der rechten Maustaste auf einen freien Bereich, und wählen Sie im Kontextmenü den Eintrag *Tabelle anzeigen* aus. Alternativ klicken Sie bei geöffnetem Fenster *Beziehungen* auf der Registerkarte *Beziehungstools/Entwurf* in der Gruppe *Beziehungen* auf die Schaltfläche *Tabelle anzeigen*.

Die Registerkarte *Beziehungstools*

Nachdem Sie den Befehl *Beziehungen* in der gleichnamigen Gruppe der Registerkarte *Datenbanktools* gewählt hatten, wird automatisch die kontextbezogenen Registerkarte *Beziehungstools* eingeblendet. Sie finden darin zwei Gruppen, deren Befehle Sie bei der Arbeit mit Beziehungen unterstützen. Machen Sie sich mit der Bedeutung der Befehle kürz vertraut. Auf einige Details dazu werden wir anschließend eingehen.

» In der Gruppe *Tools* finden Sie einige Befehle zum Bearbeiten der Beziehung (→ Tabelle 5.1):

Befehl	Wirkung
Beziehungen bearbeiten	Öffnet das Dialogfeld *Beziehungen bearbeiten*. Wenn Sie eine Beziehungslinie auswählen, können Sie auf *Beziehungen bearbeiten* klicken, um die Tabellenbeziehung zu ändern. Sie können dazu auch auf die Beziehungslinie doppelklicken.
Layout löschen	Hiermit werden alle Tabellen und Beziehungen aus der Anzeige im Fenster *Beziehungen* gelöscht. Beachten Sie, dass mit diesem Befehl Tabellen und Beziehungen lediglich ausgeblendet und nicht gelöscht werden,
Beziehungsbericht	Erstellt einen Bericht, der die Tabellen und Beziehungen in Ihrer Datenbank anzeigt. Im Bericht werden lediglich die Tabellen und Beziehungen angezeigt, die im Fenster Beziehungen nicht ausgeblendet sind.

Tabelle 5.1 Die Befehle in der Gruppe *Tools*

» Die Befehle in der Gruppe *Beziehungen* dienen zum großen Teil zum Anzeigen verschiedener Elemente (→ Tabelle 5.2):

Befehl	Wirkung
Tabelle anzeigen	Öffnet das Dialogfeld *Tabelle anzeigen*, sodass Sie weitere Tabellen und Abfragen zur Anzeige im Fenster *Beziehungen* auswählen können.
Tabelle ausblenden	Blendet die ausgewählte(n) Tabelle(n) im Fenster *Beziehungen* aus. Das kann bei vielen definierten Beziehungen die Übersicht erhöhen.
Direkte Beziehungen	Zeigt alle Beziehungen und verknüpften Tabellen für die ausgewählte Tabelle im Fenster *Beziehungen* an, wenn diese nicht bereits angezeigt werden.
Alle Beziehungen	Zeigt alle Beziehungen und verknüpften Tabellen Ihrer Datenbank im Fenster *Beziehungen* an. Die ausgeblendeten Tabellen (Tabellen, für die das Kontrollkästchen *Ausgeblendet* im Dialogfeld *Eigenschaften* der Tabelle deaktiviert wurde) und die zugehörigen Beziehungen werden nur angezeigt, wenn im Dialogfeld *Navigationsoptionen* das Kontrollkästchen *Ausgeblendete Objekte anzeigen* aktiviert ist. Sie können dieses Dialogfeld beispielsweise über *Navigationsoptionen* im Kontextmenü zur Überschrift des Navigationsbereichs anzeigen lassen.
Schließen	Schließt das Fenster *Beziehungen*. Wenn Sie Änderungen am Layout des Fensters vorgenommen haben, werden Sie gefragt, ob Sie die Änderungen speichern möchten.

Tabelle 5.2 Die Befehle in der Gruppe *Beziehungen*

Das Löschen einer Tabellenbeziehung

Um eine Tabellenbeziehung zu entfernen, müssen Sie die Beziehungslinie im Fenster *Beziehungen* löschen. Positionieren Sie den Mauszeiger so, dass dieser auf die Beziehungslinie zeigt, und klicken Sie dann darauf. Wenn die Linie markiert ist, wird sie breiter angezeigt. Drücken Sie die Taste [Entf], solange die Beziehungslinie markiert ist. Sie müssen Ihre Absicht noch bestätigen.

TIPP Wenn eine der an der Tabellenbeziehung beteiligten Tabellen bereits geöffnet ist oder anders verwendet wird, kann die Beziehung nicht gelöscht werden. Sie müssen zuerst sämtliche Objekte schließen, in denen diese Tabellen verwendet werden, bevor Sie die Beziehung entfernen können.

ACHTUNG Wenn Sie die Beziehung entfernen, geht die Unterstützung der *referenziellen Integrität* für diese Beziehung verloren, sofern diese aktiviert ist (→ unten). Access kann dann nicht mehr automatisch verhindern, dass auf der n-Seite einer Beziehung verwaiste Datensätze entstehen.

Das Ändern einer Tabellenbeziehung

Eine Tabellenbeziehung können Sie ändern, indem Sie sie im Fenster *Beziehung* markieren und dann bearbeiten. Zeigen Sie mit dem Mauszeiger auf die Beziehungslinie, und klicken Sie dann darauf, um sie zu markieren. Doppelklicken Sie bei ausgewählter Beziehungslinie auf diese, oder klicken Sie auf der Registerkarte *Beziehungstools/Entwurf* in der Gruppe *Tools* auf *Beziehungen bearbeiten*. Das Dialogfeld *Beziehungen bearbeiten* wird geöffnet (→ Abbildung 5.12). Nehmen Sie hier Ihre Änderungen vor

Sie können die Tabellen oder Abfragen auf einer Seite der Beziehung oder die Felder auf einer Seite ändern. Sie können zudem den Verknüpfungstyp festlegen oder referenzielle Integrität erzwingen und eine Weitergabeoption auswählen. Weitere Informationen zum Verknüpfungstyp sowie zum Festlegen des Verknüpfungstyps finden Sie im Abschnitt *Festlegen des Verknüpfungstyps*. Weitere Informationen zum Erzwingen der referenziellen Integrität und zum Auswählen einer Weitergabeoption finden Sie im Abschnitt *Erzwingen der referenziellen Integrität*.

Festlegen des Verknüpfungstyps

Einer der Werte, die Sie für eine Beziehung festlegen können, ist der *Verknüpfungstyp*. Anhand dieses Parameters erkennt Access, welche Datensätze in ein Abfrageergebnis aufgenommen werden sollen. Zum Festlegen des Verknüpfungstyps lassen Sie das Dialogfeld *Beziehungen bearbeiten* anzeigen (→ Abbildung 5.15 oben). Beim Anlegen einer neuen Verknüpfung erscheint es – wie oben beschrieben – automatisch auf dem Bildschirm. Hatten Sie bereits eine Verknüpfung festgelegt, doppelklicken Sie im Fenster *Beziehungen* auf die angezeigte Verbindungslinie, oder wählen Sie auf der Registerkarte *Entwurf* in der Gruppe *Tools* den Befehl *Beziehungen bearbeiten*. Klicken Sie in diesem Dialogfeld auf die Schaltfläche *Verknüpfungstyp*. Das Dialogfeld *Verknüpfungseigenschaften* wird angezeigt (→ Abbildung 5.15 unten).

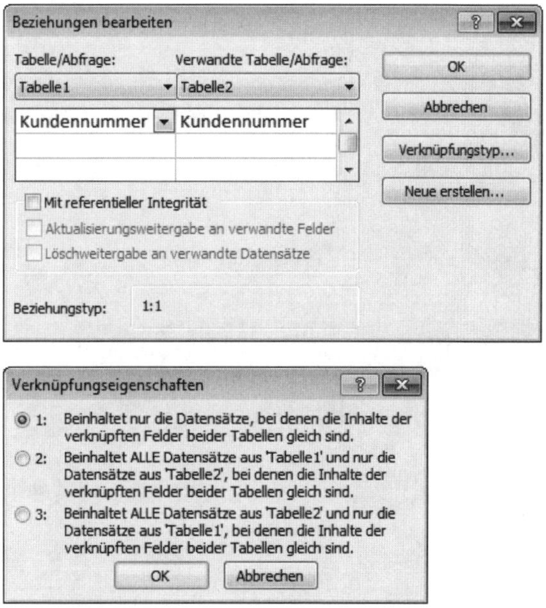

Abbildung 5.15 Beziehungen bearbeiten und Verknüpfungseigenschaften festlegen.

» Gehen wir noch einmal von den oben gezeigten Beispiel aus, in dem die Tabelle mit den Kundennamen und die mit den Branchen anhand der gemeinsamen Felder *Kundennummer* verknüpft wurden. Mit dem Standardverknüpfungstyp *1* – der auch als innere Verknüpfung bezeichnet wird – gibt eine solche Verknüpfung nur die Zeilen wieder, bei denen die gemeinsamen Felder übereinstimmen.

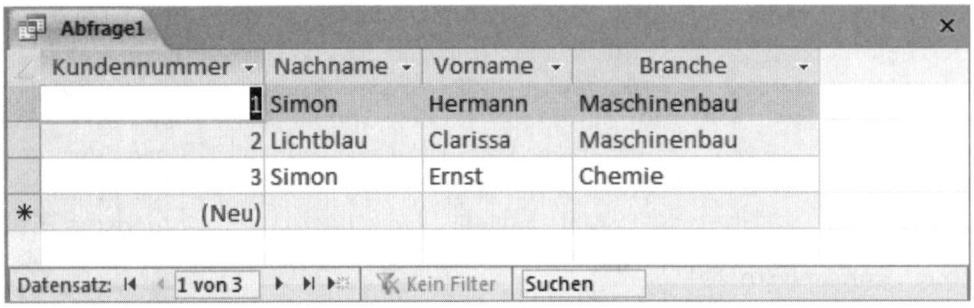

Abfrage1

Kundennummer	Nachname	Vorname	Branche
1	Simon	Hermann	Maschinenbau
2	Lichtblau	Clarissa	Maschinenbau
3	Simon	Ernst	Chemie
(Neu)			

Datensatz: 1 von 3 · Kein Filter · Suchen

Abbildung 5.16
Das Ergebnis einer inneren Verknüpfung. Nur Datensätze werden angezeigt, bei denen die gemeinsamen Felder übereinstimmen.

Abfrage2

Kundennummer	Nachname	Vorname	Branche
1	Simon	Hermann	Maschinenbau
2	Lichtblau	Clarissa	Maschinenbau
3	Simon	Ernst	Chemie
5	Wohlleben	Otto	
(Neu)			

Datensatz: 1 von 4 · Kein Filter · Suchen

Abbildung 5.17
Eine *linke äußere Verknüpfung*. Alle Datensätze aus der Tabelle der Kunden werden angezeigt.

Abfrage3

Kundennummer	Nachname	Vorname	Branche
1	Simon	Hermann	Maschinenbau
2	Lichtblau	Clarissa	Maschinenbau
3	Simon	Ernst	Chemie
			Landwirtschaft
(Neu)			

Datensatz: 1 von 4 · Kein Filter · Suchen

Abbildung 5.18
Eine *rechte äußere Verknüpfung*. Alle Datensätze aus der Tabelle der Branchen werden angezeigt.

» Angenommen, Sie möchten alle Kunden einschließen, auch diejenigen, für die noch keine Branche angegeben worden ist. Hierzu müssen Sie den Verknüpfungstyp von einer *inneren Verknüpfung* in eine sogenannte *linke äußere Verknüpfung* ändern, indem Sie den Typ *2* aktivieren. Eine solche *linke äußere Verknüpfung* gibt alle Zeilen aus der Tabelle auf der linken Seite der Beziehung und nur diejenigen Zeilen zurück, die mit der Tabelle rechts übereinstimmen (→ Abbildung 5.17).

» Eine *rechte äußere Verknüpfung* gibt alle Zeilen auf der rechten Seite und nur diejenigen Zeilen zurück, die mit der Tabelle links übereinstimmen (→ Abbildung 5.18).

Bestätigen Sie abschließend über *OK*. Wenn Sie eine der Optionen *2* oder *3* auswählen, wird auf der Beziehungslinie ein Pfeil angezeigt (→ Abbildung 5.19). Dieser Pfeil zeigt auf die Seite der Beziehung, die nur übereinstimmende Zeilen anzeigt.

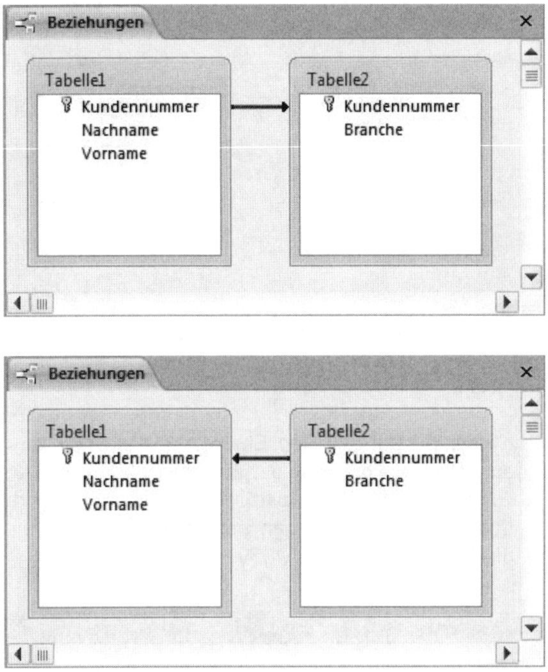

Abbildung 5.19 Eine linke und eine rechte äußere Verknüpfung. Beachten Sie die Richtung der Pfeile.

5.2 Beziehungen zwischen Tabellen

An den eben gezeigten Beispielen wurde auch gleich klar, dass es unterschiedliche Formen derartiger Beziehungen gibt: Wenn ein Kunde bereits mehrere Aufträge vergeben hat, existieren zu jedem Kundendatensatz mehrere Auftragsdatensätze. Einen solchen Fall bezeichnet man als *1:n-Beziehung*. Wenn hingegen jedem Datensatz einer Tabelle nur genau ein Datensatz einer anderen Tabelle zugeordnet werden kann, spricht man von einer *1:1-Beziehung*.

5.2.1 Die 1:1-Beziehung

Bei der einfachsten Form der Verknüpfung werden Tabellen über in allen Tabellen vorhandene Felder mit gleichen, eindeutigen Inhalten in Beziehung gesetzt. Diese Beziehung zwischen den Tabellen wird *1:1-Beziehung* genannt, da für jeden Datensatz in einer Tabelle ein Datensatz in einer anderen Tabelle vorhanden ist. Zum Beispiel könnte eine Tabelle eine nur einmal vorkommende Kundennummer und die Namen der Kunden enthalten. Eine zweite Tabelle könnte die Kundennummer und zusätzliche Angaben zur Branchen enthalten. Durch eine Verknüpfung dieser beiden Tabellen über die Kundennummer ist eine Abfrage möglich, bei der alle Daten dieser beiden Tabellen zusammengefügt werden (→ oben).

TIPP Damit die Eindeutigkeit der Zuordnung garantiert ist, sollten Sie Tabellen über Felder verknüpfen, bei denen in beiden Fällen die Feldeigenschaft *Indiziert* auf *Ja (Ohne Duplikate)* eingestellt ist. Dies erreichen Sie am einfachsten, indem Sie die Felder mit einem Primärschlüssel versehen.

5.2.2 Die 1:n-Beziehung

Anders verhält es sich bei einer *1:n-Beziehung*, bei der die zur Verknüpfung der Tabellen verwendeten Felder keine eindeutige, sondern eine mehrdeutige Beziehung zulassen. Das ist beispielsweise dann der Fall, wenn eine der Tabellen zwar über ein eindeutiges Primärschlüsselfeld *Kundennummer* verfügt, in einer zweiten Tabelle die einzelnen Kundennummern mehrfach auftauchen – beispielsweise im Zusammenhang mit verschiedenen Adressen, über die ein Kunde verfügt. In einer Abfrage würden Kunden, die über mehrere Adressen verfügen, mehrfach auftauchen (→ Abbildung 5.20).

Abfrage4

Kundennummer	Nachname	Vorname	Strasse	Hausnummer	PLZ	Wohnort
1	Simon	Hermann	Hauptstrasse	17	57079	Schabbach
1	Simon	Hermann	Thierschstrasse	11	80538	München
2	Lichtblau	Clarissa	Liebherrstrasse	5	80538	München
3	Simon	Ernst	Hauptstrasse	3	57079	Schabbach
(Neu)						

Datensatz: 1 von 4 Kein Filter Suchen

Abbildung 5.20 Eine *1:n*-Beziehung in einer Abfrage. Kunden mit mehreren Adressen tauchen mehrfach auf.

Wenn Sie feststellen, dass Sie eine 1:1-Beziehung in der Datenbank benötigen, überlegen Sie, ob Sie die Informationen aus den beiden Tabellen zusammen in einer Tabelle speichern können. Für den Fall, dass Sie das aus einem bestimmten Grund nicht tun möchten, z. B. weil dadurch viel freier Platz entstehen würde, sehen Sie in der folgenden Liste, wie Sie die Beziehung im Entwurf darstellen können:

Wenn die beiden Tabellen das gleiche Thema haben, können Sie wahrscheinlich die Beziehung unter Verwendung des gleichen Primärschlüssels in beiden Tabellen einrichten.

Wenn die beiden Tabellen unterschiedliche Themen mit unterschiedlichen Primärschlüsseln haben, wählen Sie eine der Tabellen (beliebig) aus, und fügen Sie ihren Primärschlüssel als Fremdschlüssel in die andere Tabelle ein.

Eine 1:n-Beziehung definieren

Auch eine solche Beziehung können Sie bereits nach dem Erstellen der Tabellen definieren.

» 

Öffnen Sie das Fenster *Beziehungen* durch einen Klick auf die gleichnamige Schaltfläche in der Gruppe *Beziehungen* der Registerkarte *Datenbanktools*. In diesem Fenster werden die bereits definierten Beziehungen wieder angezeigt.

» 

Wenn Sie eine neue Beziehung hinzufügen wollen, klicken Sie auf die Schaltfläche *Tabelle anzeigen* in der Gruppe *Beziehungen* der kontextbezogenen Registerkarte *Beziehungstools/Entwurf*. Das Dialogfeld *Tabelle anzeigen* wird angezeigt.

» Markieren Sie darin die *Tabelle3*, und klicken Sie auf *Hinzufügen*. Anschließend können Sie auf *Schließen* klicken. Das Fenster zeigt die vorher ausgewählten Tabellen an.

» Ziehen Sie das Feld *Kundennummer* aus der *Tabelle1* auf das Feld *Kundennummer* in der *Tabelle3* (oder umgekehrt). Das Dialogfeld *Beziehungen bearbeiten* wird angezeigt, in dem unten bereits den *Beziehungstyp* mit *1:n* vermerkt ist (→ Abbildung 5.21).

Abbildung 5.21 Eine *1:n*-Beziehung bearbeiten. Der Beziehungstyp wird unten angegeben.

» Klicken Sie auf *Erstellen*. Eine Verbindungslinie wird angezeigt, die die Form der Beziehung kennzeichnet (→ Abbildung 5.22). Sollte die Linie durch andere überlappt werden, können Sie das ändern, indem Sie die Tabellensymbole etwas verschieben.

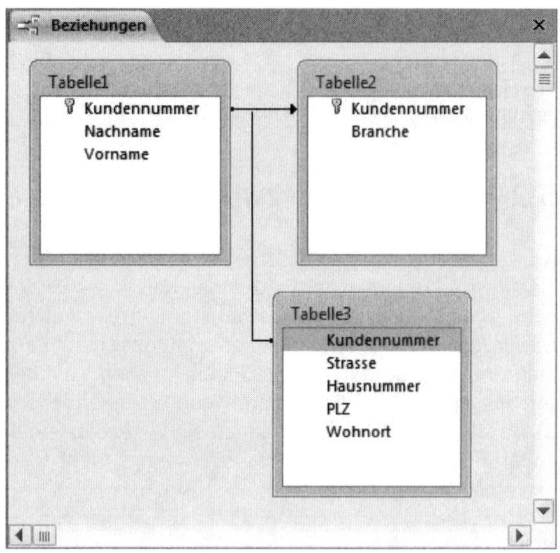

Abbildung 5.22 Die Linien kennzeichnen die Beziehungen. Beachten Sie auch wieder die Pfeilspitze.

» Sie können dann das Fenster *Beziehungen* schießen. Speichern Sie die eventuell vorgenommenen Änderungen.

TIPP Auch in diesem Fall können Sie die gerade erstellte Verknüpfung kontrollieren und gegebenenfalls modifizieren (→ Abbildung 5.23). Die automatisch gewählte Option *Beinhaltet nur die Datensätze, bei denen die Inhalte der verknüpften Felder beider Tabellen gleich sind* bewirkt hier beispielsweise, dass Kunden, für die noch keine Adresse eingegeben wurde, nicht mit angezeigt werden.

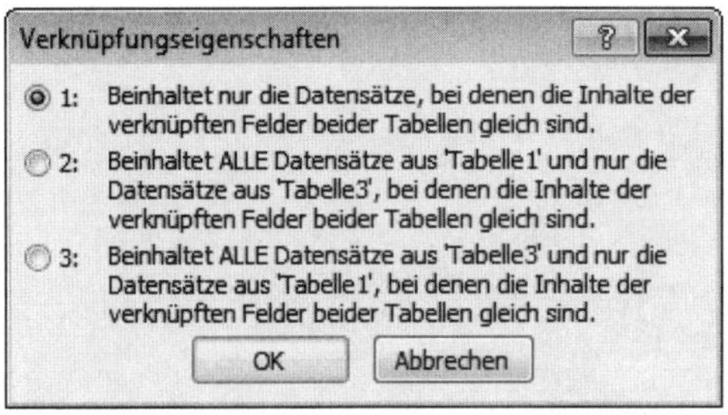

Abbildung 5.23 Der Verknüpfungseigenschaften. Die Option 1 bewirkt, dass nur Datensätze angezeigt werden, bei denen die gemeinsamen Felder übereinstimmen.

Untertabellen anzeigen

Nachdem Sie eine Verknüpfung zwischen Tabellen über das Dialogfeld *Beziehungen* festgelegt haben, wird in der Datenansicht der Tabelle, die die *1*-Seite der *1:n*-Beziehung bildet, am linken Rand eine zusätzliche Spalte eingeblendet, die anzeigt, dass zu den Datensätzen darin Unterdaten existieren. Wenn Sie auf eines dieser Pluszeichen klicken, werden diese Unterdaten angezeigt.

» Öffnen Sie die *Tabelle1* über den Navigationsbereich in der Datenblattansicht. In der Datenblattansicht werden die Daten der beiden Tabellen miteinander verknüpft (→ Abbildung 5.22).

» Sie können die dazugehörenden Adressdaten anzeigen lassen, indem Sie auf das Pluszeichen vor einem Datensatz klicken.

» Schließen Sie dann die *Tabelle1* wieder.

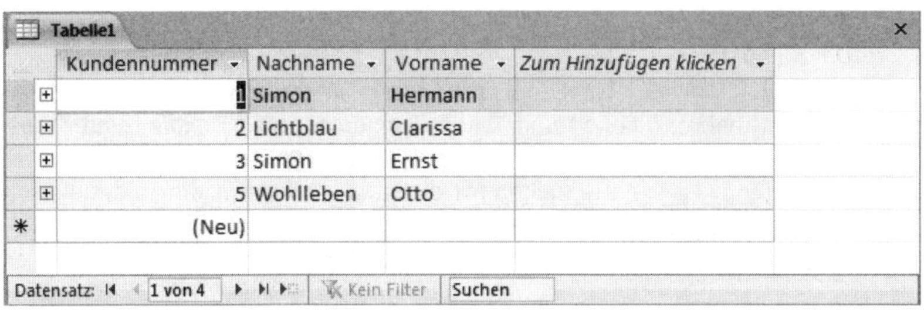

Abbildung 5.24
Die Tabelle ist mit einer anderen verknüpft. Beachten Sie die Pluszeichen links.

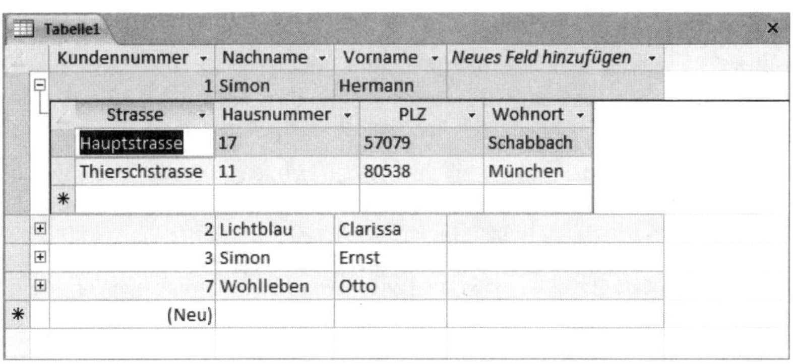

Abbildung 5.25
Die Adressen werden angezeigt, nachdem Sie auf das Pluszeichen klicken.

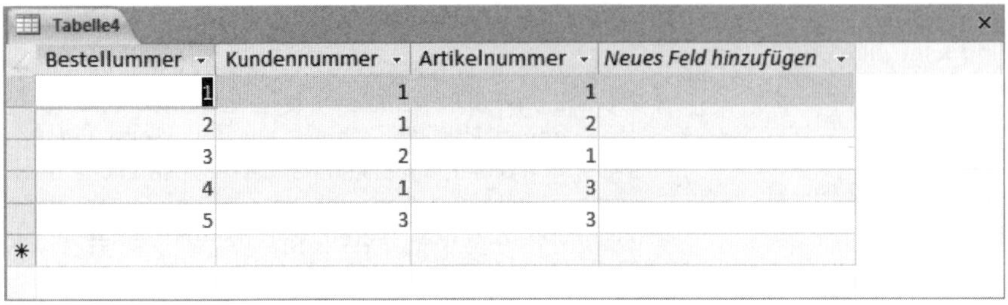

Tabelle4

Bestellummer	Kundennummer	Artikelnummer	Neues Feld hinzufügen
1	1	1	
2	1	2	
3	2	1	
4	1	3	
5	3	3	
*			

Abbildung 5.26
Die Tabelle4 für die Bestellungen verknüpft Bestellnummer, Kundennummern und Artikelnummern.

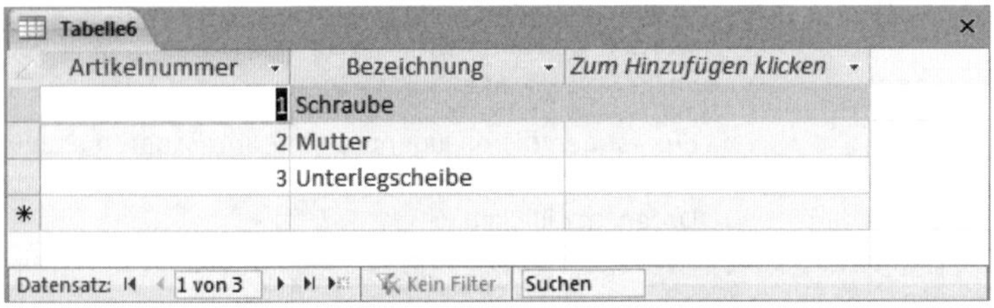

Tabelle6

Artikelnummer	Bezeichnung	Zum Hinzufügen klicken
1	Schraube	
2	Mutter	
3	Unterlegscheibe	
*		

Datensatz: 1 von 3 Kein Filter Suchen

Abbildung 5.27
Die Tabelle6 für die Artikel verknüpft die Artikelnummer mit der Bezeichnung des Artikels.

5.2.3 Die m:n-Beziehung

Es kann aber auch noch komplizierter werden. Betrachten Sie die Beziehung zwischen den beiden Tabellen *Tabelle4* und *Tabelle6* (→ Abbildung 5.22 und Abbildung 5.27). Dabei handelt es sich zunächst um zwei eigenständige Tabellen, in denen Bestellnummern und Artikelnummern vermerkt sind.

Eine einzelne Bestellung kann aber einerseits mehrere Artikel enthalten. Andererseits kann ein einzelner Artikel in vielen Bestellungen enthalten werden. Also besteht zwischen den Inhalten dieser beiden Tabellen eine logische Verbindung, die nach der Definition einer Beziehung schreit.

Zur Lösung dieses Problems bietet sich möglicherweise an, in *Tabelle4* ein weiteres Feld *Artikelnummer* einzufügen und dieses dann mit *Tabelle6* mittels einer *1:n*-Verknüpfung in Beziehung zu setzen. Damit eine Bestellung mehrere Artikel enthalten kann, benötigen Sie dann in *Tabelle4* mehrere Datensätze pro Bestellung. In diesem Fall wiederholen Sie die Bestellungsinformationen für jede Zeile, die sich auf eine einzelne Bestellung bezieht, und das ergibt einen ineffizienten Entwurf, der zu unpräzisen Daten führen könnte. Das gleiche Problem würde auftreten, wenn Sie in *Tabelle6* ein Feld *Bestellnummer* einfügen würden, da diese Tabelle dann für jeden Artikel mehrere Datensätze enthalten würde.

Die Antwort besteht im Erstellen einer dritten Tabelle, die oft als *Verknüpfungstabelle* bezeichnet wird und die die *m:n*-Beziehung in zwei *1:n*-Beziehungen aufteilt. Sie fügen die Primärschlüsselfelder *Artikelnummer* und *Bestellnummer* aus einer der beiden Tabellen in die dritte Tabelle ein (→ Abbildung 5.28).

Anschließend definieren Sie zwischen den Tabellen *Tabelle4* und *Tabelle5* einerseits und *Tabelle5* und *Tabelle6* andererseits jeweils eine *1:n*-Beziehung. Ein Beispiel dafür zeigen wir gleich anschließend. Ein so definierter Beziehungstyp zwischen den Tabellen *Tabelle4* und *Tabelle6* wird als *m:n*-Beziehung oder *Viele-zu-viele*-Beziehung bezeichnet, da für einen Artikel viele Bestellungen und für jede Bestellung viele Artikel vorhanden sein können.

Eine m:n-Beziehung definieren

Auch eine solche Beziehung können Sie bereits nach dem Erstellen der Tabellen definieren.

» 

Öffnen Sie das Fenster *Beziehungen* durch einen Klick auf die gleichnamige Schaltfläche in der Gruppe *Beziehungen* der Registerkarte *Datenbanktools*. In diesem Fenster werden die bereits definierten Beziehungen wieder angezeigt.

Tabelle5

Bestellnummer	Artikelnum	Kundennummer	Anzahl
1	1	1	12
1	2	1	3
1	3	1	17
1	2	1	12
2	3	2	128
2	3	2	1
3	2	3	1
4	3	1	21
4	2	1	15
4	1	1	15
5	1	2	60
5	2	2	15

Abbildung 5.28
Eine Verknüpfungstabelle stellt den Zusammenhang zwischen den Elementen her.

» Klicken Sie auf die Schaltfläche *Tabelle anzeigen* in der Gruppe *Beziehungen* der kontextbezogenen Registerkarte *Beziehungstools/Entwurf*. Das Dialogfeld *Tabelle anzeigen* wird angezeigt.

» Markieren Sie darin nacheinander die Tabellen *Tabelle4*, *Tabelle5* und *Tabelle6*, und klicken Sie jeweils auf *Hinzufügen*. Anschließend können Sie auf *Schließen* klicken. Das Fenster *Beziehungen* zeigt die vorher ausgewählten Tabellen an.

» Ziehen Sie das Feld *Bestellnummer* aus der *Tabelle4* auf das Feld *Bestellnummer* in der *Tabelle5* (oder umgekehrt). Das Dialogfeld *Beziehungen bearbeiten* wird angezeigt, in dem unten bereits den *Beziehungstyp* mit *1:n* vermerkt ist (→ Abbildung 5.21). Bestätigen Sie über *Erstellen*.

» Ziehen Sie das Feld *Artikelnummer* aus der *Tabelle5* auf das Feld *Artikelnummer* in der *Tabelle6* (oder umgekehrt). Bestätigen Sie auch hier die Einstellungen im Dialogfeld *Beziehungen bearbeiten* über *Erstellen*.

In der Datenbank sind damit die Tabellen *Tabelle4* – für die Bestellungen – und *Tabelle6* – für die Artikel – nicht *direkt* miteinander verwandt. Stattdessen sind sie indirekt durch die *Tabelle5* – in der Bestellungen und Artikel vermerkt sind – verwandt. Die *m:n*-Beziehung zwischen Bestellungen und Artikeln wird in der Datenbank also mithilfe von zwei *1:n*-Beziehungen dargestellt (→ Abbildung 5.29):

» Zwischen den Tabellen *Tabelle4* und *Tabelle5* besteht eine *1:n*-Beziehung. Jede Bestellung kann mehrere verschiedene Artikel enthalten, aber jede Bestellung geht nur an einen Kunden.

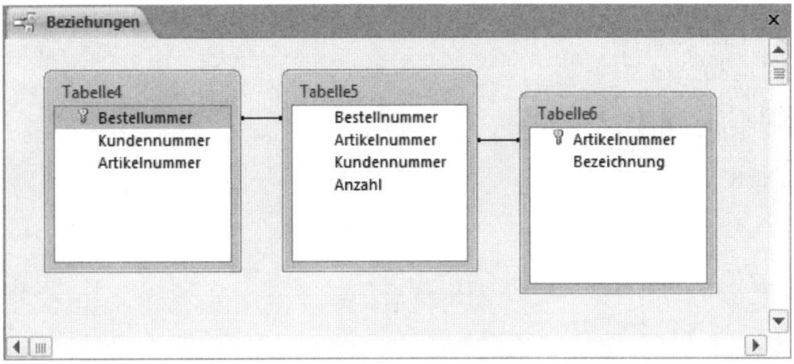

Abbildung 5.29
Eine *m:n*-Beziehung zwischen *Tabelle4* und *Tabelle6*

Tabelle5

Bestellnummer	Artikelnummer	Kundennummer	Anzahl
1	1	1	12
4	1	1	15
5	1	2	60

Abbildung 5.30
Nach Artikelnummer *1* wurde gefiltert. Angezeigt werden alle Vorgänge, die den Artikel *1* beinhalten.

Tabelle5

Bestellnummer	Artikelnummer	Kundennummer	Anzahl
1	1	1	12
1	2	1	3
1	3	1	17
1	2	1	12

Abbildung 5.31
Nach Bestellnummer *1* wurde gefiltert.

» Auch zwischen den Tabellen *Tabelle5* und *Tabelle6* besteht eine *1:n*-Beziehung. Jeder Artikelnummer taucht nur einmal auf, kann aber bei verschiedenen Bestellungen benutzt werden.

TIPP Sie können ein Weiteres tun und einen Primärschlüssel für die Tabelle vergeben. Dieser muss aber aus zwei Feldern bestehen – *Artikelnummer* und *Bestellnummer*. Die Verwendung von *Bestellnummer* allein eignet sich nicht als Primärschlüssel für diese Tabelle, da eine Bestellung viele Posten umfassen kann. Die Bestellnummer wird für jeden Posten einer Bestellung wiederholt, sodass das Feld keine eindeutigen Werte enthält. Die Verwendung von *Artikelnummer* allein eignet sich ebenfalls nicht, da ein Artikel in vielen verschiedenen Bestellungen angezeigt werden kann. Von beiden Feldern zusammen jedoch wird immer ein eindeutiger Wert für jeden Datensatz erzeugt.

Arbeiten mit m:n-Beziehungen

Beachten Sie auch die nachfolgenden Einzelheiten, die sich nach dem Erstellen einer solchen *m:n*-Beziehung ergeben. *Tabelle5* beinhaltet alle Bestelldetails. Sie können darin alle Artikel in einer bestimmten Bestellung ermitteln oder auch bestimmen, in welche Bestellungen ein bestimmter Artikel geflossen ist.

» Das können Sie beispielsweise erreichen, indem Sie den Inhalt der Tabelle nach einer bestimmten Artikelnummer filtern (→ Abbildung 5.30).

» Sie können auch nach einer bestimmten Bestellnummer filtern, um zu sehen, welche Artikel darin enthalten sind (→ Abbildung 5.31).

Das wäre aber nicht Besonderes für *1:n*-Beziehungen, die sich hinter den beiden einzelnen Beziehungen zwischen *Tabelle5* und den beiden Tabellen *Tabelle4* und *Tabelle6* verbergen. Das eigentlich Interessante an der *m:n*-Beziehung ist aber, dass durch eine solche Beziehungsdefinition jede der beiden Tabellen *Tabelle4* und *Tabelle6* auch Hinweise auf die damit verknüpften Datensätze der anderen enthält:

» Die *Tabelle4* für die Bestellungen enthält Untertabellen, in denen Sie anzeigen lassen können, welche Artikelnummern mit einer Bestellnummer verbunden sind (→ Abbildung 5.32).

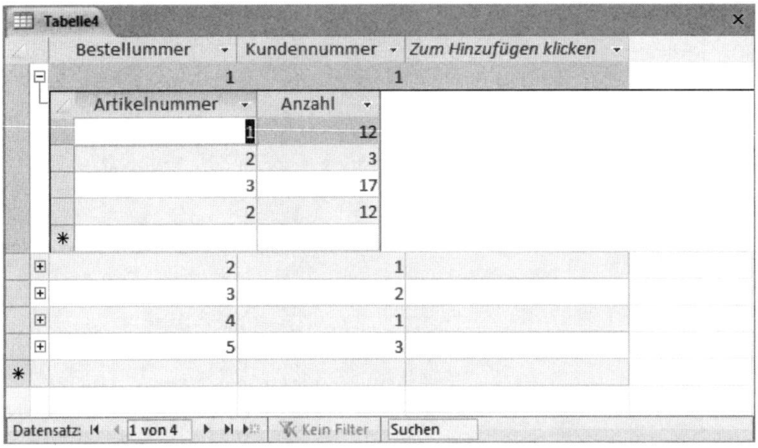

Abbildung 5.32
Für eine Bestellnummer werden Untertabellen für Artikelnummern angezeigt.

» *Tabelle6* beinhaltet Untertabellen, die angeben, welche Bestellnummern mit einer Artikelnummer verknüpft sind (→ Abbildung 5.33).

5.2.4 Beziehungsberichte

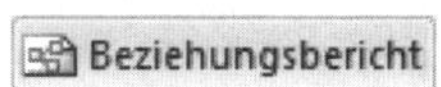

Wenn Sie komplexere Formen von Beziehungen zwischen mehreren Tabellen erstellt haben, können Sie diese zusammenfassend in einem Bereich anzeigen lassen. Wählen Sie dazu auf der Registerkarte *Beziehungstools/Entwurf* in der Gruppe *Tools* die Befehlsschaltfläche *Beziehungsbericht*. Automatisch wird ein Bereich erstellt und in der Seitenansicht angezeigt (→ Abbildung 5.34).

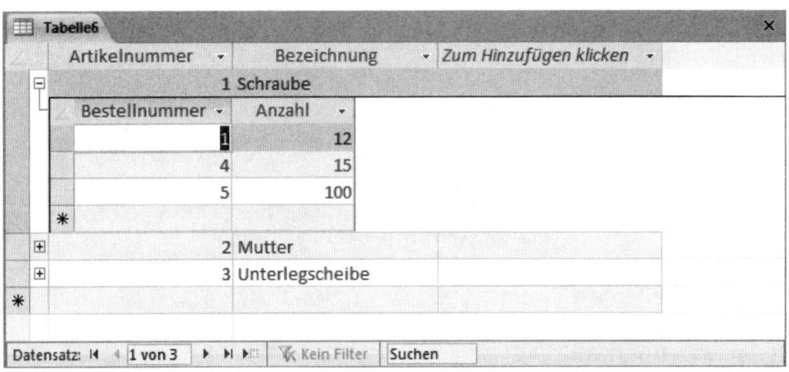

Abbildung 5.33
Für eine Artikelnummer werden Untertabellen für Bestellnummern angezeigt.

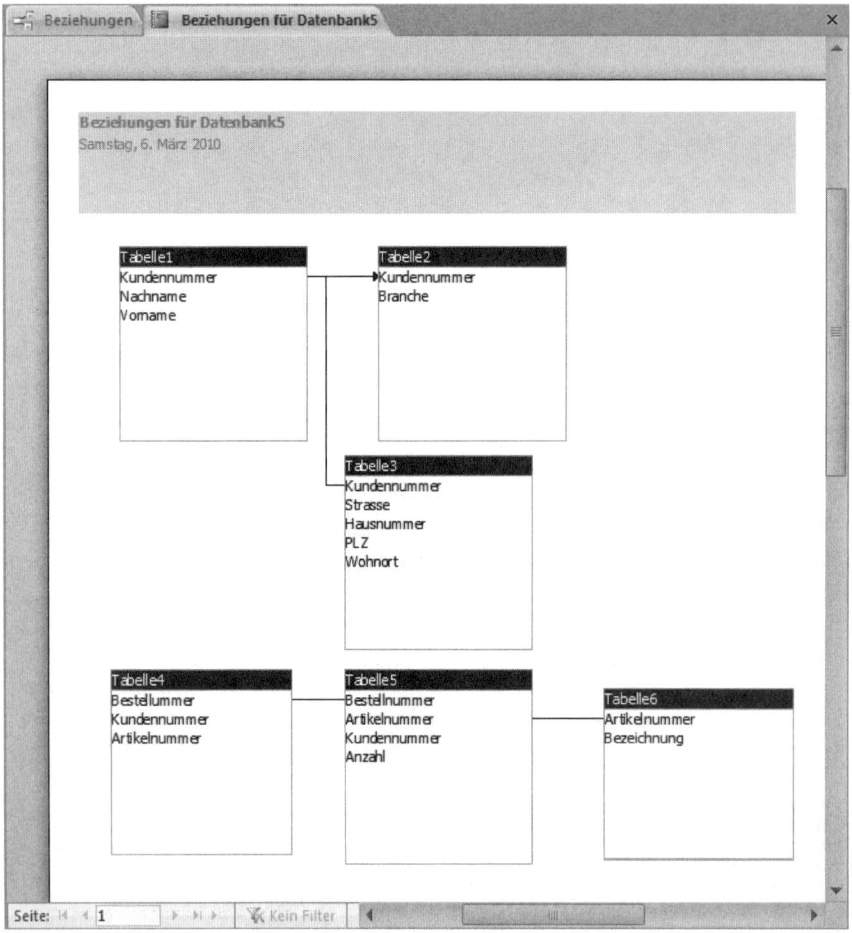

Abbildung 5.34
Ein einfacher Beziehungsbericht zeigt die Beziehungen zwischen den Tabellen in der Datenbank.

5.3 Die referenzielle Integrität

Im Dialogfeld *Beziehungen bearbeiten* finden Sie im unteren Bereich ein Kontrollkästchen mit dem Namen *Mit referentieller Integrität* (→ Abbildung 5.35). Das ist ein Regelsystem, das Microsoft Access verwendet, um zu kontrollieren, wie Beziehungen zwischen Datensätzen in verknüpften Tabellen nach Änderungs- oder Löschoperation geregelt werden sollen. Sie können diese Option dann aktivieren, wenn das Feld aus der Primärtabelle über einen Primärschlüssel oder über einen eindeutigen Index verfügt und die verknüpften Felder denselben Datentyp haben.

Abbildung 5.35 Das Dialogfeld *Beziehungen bearbeiten*. Beachten Sie hier das Kontrollkästchen mit dem Namen *Mit referentieller Integrität*.

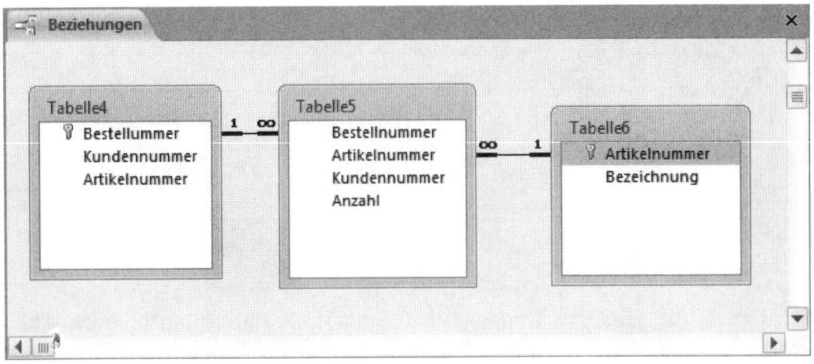

Abbildung 5.36
Symbole für referenzielle Integrität

Nach dem Aktivieren stehen Ihnen zwei weitere Optionen zur Verfügung, die auch den Sinn dieses Instruments verdeutlichen:

» Wenn Sie die Option *Aktualisierungsweitergabe an verwandte Felder* aktivieren, werden bei jedem Ändern eines Primärschlüsselwerts in der Primärtabelle automatisch auch die entsprechenden Werte in der verknüpften Tabelle mit aktualisiert. Haben Sie beispielsweise den Wert im Primärschlüsselfeld geändert, werden damit auch die entsprechenden Werte in der verknüpften Tabelle geändert. Wenn Sie verhindern möchten, dass Änderungen an einem Primärschlüsselfeld in der Primärtabelle vorgenommen werden können, wenn es in der verknüpften Tabelle verknüpfte Datensätze gibt, wählen Sie *Mit referentieller Integrität*, und deaktivieren Sie dann *Aktualisierungsweitergabe an verwandte Felder*.

» Beim Aktivieren von *Löschweitergabe an verwandte Datensätze* werden bei jedem Löschen eines Datensatzes in der Primärtabelle automatisch die verknüpften Datensätze in der verknüpften Tabelle gelöscht. Wenn Sie in unserem Beispiel einen Kunden in *Tabelle1* löschen, werden damit auch die Aufträge des Kunden in *Tabelle3* gelöscht. Wenn Sie verhindern möchten, dass Datensätze aus der Primärtabelle gelöscht werden können, wenn es in der verknüpften Tabelle verknüpfte Datensätze gibt, aktivieren Sie nur *Mit referentieller Integrität*, lassen aber *Löschweitergabe an verwandte Datensätze* deaktiviert.

Wenn Sie das Kontrollkästchen *Mit referentieller Integrität* aktiviert haben, werden die beiden darunter gezeigten Optionen freigegeben. Mit den beiden nachfolgenden Aufgaben können Sie die Wirkung dieser beiden wichtigen Elemente austesten. Diese setzen voraus, dass Sie die vorherigen Aufgaben in diesem Kapitel bereits durchgeführt haben.

Aktualisierungsweitergabe an verwandte Felder

Testen Sie zunächst einmal die Aktualisierungsweitergabe aus.

» 

Öffnen Sie das Fenster *Beziehungen* durch einen Klick auf die gleichnamige Schaltfläche in der Gruppe *Beziehungen* der Registerkarte *Datenbanktools*. In diesem Fenster werden die bereits definierten Beziehungen wieder angezeigt.

» Doppelklicken Sie auf die Beziehungslinie zwischen den Tabellen *Tabelle4* und *Tabelle5*, die die Felder mit dem Namen *Bestellnummer* in Verbindung setzen. Das Dialogfeld *Beziehungen bearbeiten* wird angezeigt (→ Abbildung 5.35).

» Aktivieren Sie das Kontrollkästchen *Mit referentieller Integrität* und anschließend das Kontrollkästchen *Aktualisierungsweitergabe an verwandte Felder*.

» Führen Sie dieselbe Änderung für die Beziehung zwischen den Tabellen *Tabelle5* und *Tabelle6* über das Feld mit dem Namen *Artikelnummer* durch. Die Tatsache, dass Sie die referenzielle Integrität eingeschaltet haben, wird im Fenster *Beziehungen* symbolisch durch ein zusätzliches ∞-Zeichen angezeigt (→ Abbildung 5.36).

» Öffnen Sie *Tabelle4*, und ändern Sie die Eintragung für eine *Bestellnummer* (→ Abbildung 5.38).

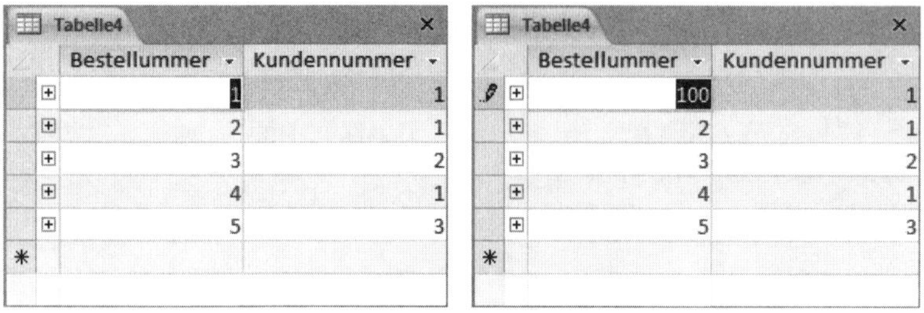

Tabelle4

Bestellummer	Kundennummer
1	1
2	1
3	2
4	1
5	3

Tabelle4

Bestellummer	Kundennummer
100	1
2	1
3	2
4	1
5	3

Abbildung 5.37
Tabelle4 vor und nach der Änderung

» Schließen Sie die Tabelle *Tabelle4*, und öffnen Sie *Tabelle5*. Die Änderungen in der verknüpften Tabelle werden automatisch übernommen (→ Abbildung 5.38). Die Bezeichnung im Feld *Bestellnummer* wurde geändert.

» Schließen Sie anschließend alle geöffneten Tabellen.

Genauso können Sie jetzt in *Tabelle6* eine Artikelnummer ändern. Die Änderung wird von *Tabelle5* übernommen.

Löschweitergabe an verwandte Datensätze

Ähnlich funktioniert es mit der *Löschweitergabe an verwandte Datensätze*.

» 

Öffnen Sie das Fenster *Beziehungen* durch einen Klick auf die gleichnamige Schaltfläche in der Gruppe *Beziehungen* der Registerkarte *Datenbanktools*. In diesem Fenster werden die bereits definierten Beziehungen wieder angezeigt.

» Doppelklicken Sie auf die Beziehungslinie zwischen den Tabellen *Tabelle4* und *Tabelle5*, die die Felder mit dem Namen *Bestellnummer* in Verbindung setzen. Das Dialogfeld *Beziehungen bearbeiten* wird angezeigt (→ Abbildung 5.35).

» Aktivieren Sie das Kontrollkästchen *Mit referentieller Integrität* und anschließend das Kontrollkästchen *Löschweitergabe an verwandte Datensätze*.

» Führen Sie dieselbe Änderung für die Beziehung zwischen den Tabellen *Tabelle5* und *Tabelle6* über das Feld mit dem Namen *Artikelnummer* durch.

» Öffnen Sie *Tabelle4*, und löschen Sie einen Datensatz - beispielsweise den, dessen *Bestellnummer* Sie vorher geändert haben. Bestätigen Sie die Löschung, und schließen Sie die Tabelle wieder (→ Abbildung 5.38).

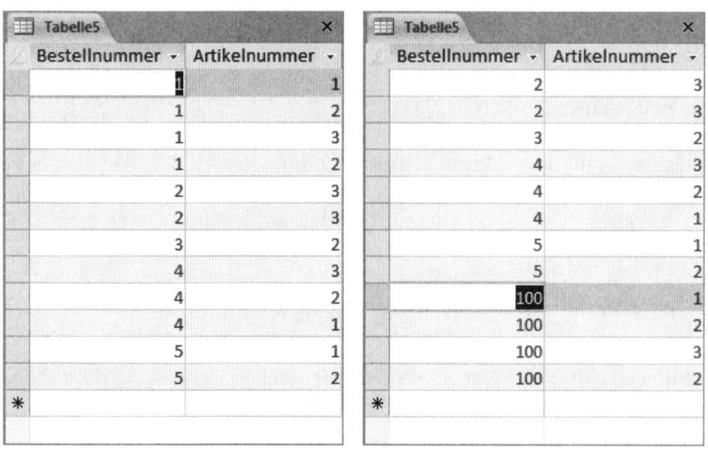

Tabelle5

Bestellnummer	Artikelnummer
1	1
1	2
1	3
1	2
2	3
2	3
3	2
4	3
4	2
4	1
5	1
5	2

Tabelle5

Bestellnummer	Artikelnummer
2	3
2	3
3	2
4	3
4	2
4	1
5	1
5	2
100	1
100	2
100	3
100	2

Abbildung 5.38
Tabelle5 vor und nach der Änderung in *Tabelle4*

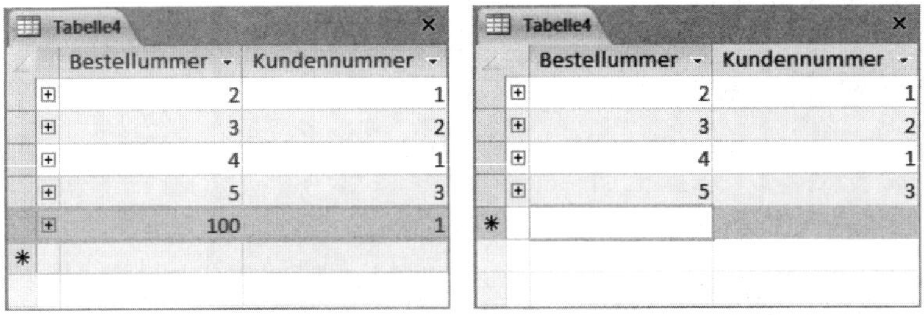

Tabelle4 (vorher)

Bestellummer	Kundennummer
2	1
3	2
4	1
5	3
100	1

Tabelle4 (nachher)

Bestellummer	Kundennummer
2	1
3	2
4	1
5	3

Abbildung 5.39
Tabelle4 vor und nach dem Löschen eines Datensatzes

» Öffnen Sie *Tabelle5*. Die Datensätze, die sich vorher in *Tabelle4* auf die jetzt gelöschte Bestellnummer bezogen haben, wurden automatisch gelöscht (→ Abbildung 5.38). So werden verwaiste Eintragungen vermieden.

» Schließen Sie anschließend alle geöffneten Tabellen.

Genauso können Sie jetzt in *Tabelle6* eine Artikelnummer löschen. Die Änderung wird von *Tabelle5* übernommen.

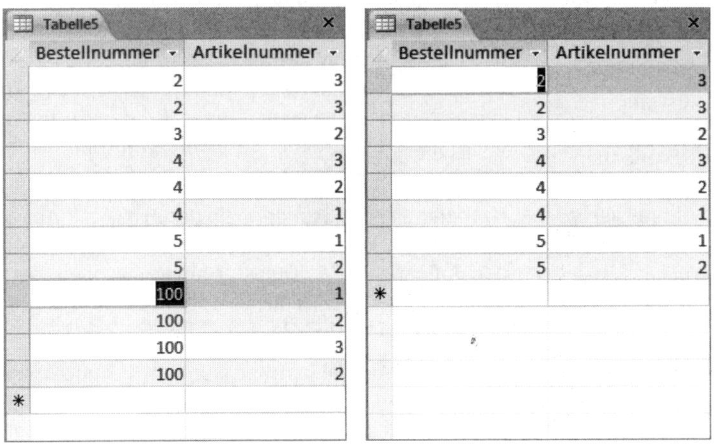

Tabelle5 (vorher)

Bestellnummer	Artikelnummer
2	3
2	3
3	2
4	3
4	2
4	1
5	1
5	2
100	1
100	2
100	3
100	2

Tabelle5 (nachher)

Bestellnummer	Artikelnummer
2	3
2	3
3	2
4	3
4	2
4	1
5	1
5	2

Abbildung 5.40
Tabelle5 vor und nach der Änderung in *Tabelle4*

Kapitel 1

Abfragen formulieren

Die Grundaufgabe einer *Abfrage* besteht darin, bestimmte Datensätze - oder Teile davon - aus Tabellen herauszufiltern und das Ergebnis dieser Auswahl nach bestimmten Kriterien zu sortieren. Man spricht dabei von einer *Auswahlabfrage*. Sie können dieses Aufgabenspektrum noch erweitern und außerdem über diverse *Aktionsabfragen* bestimmte Datensätze aktualisieren oder löschen oder auch neue Tabellen darüber erstellen lassen.

» Wir beginnen mit einer Darstellung der Methoden zum Erstellen einer Abfrage. Um in einer Datenbank eine neue Abfrage zu erstellen, benötigen Sie zumindest eine Tabelle in der Datenbank, deren Daten als Grundlage für die Arbeit dienen können. Dann können Sie zur Definition einer Abfrage verschiedene Techniken einsetzen (→ Abschnitt 6.1).

» Was Beziehungen zwischen Tabellen bedeuten, sollten Sie schon wissen, wenn Sie das Kapitel über die Grundlagen des Datenbankentwurfs gelesen haben (→ Kapitel 5). Wenn Sie - wie dort beschrieben - Beziehungen zwischen Tabellen definiert haben und diese Tabellen in den Entwurf einer Abfrage übernehmen, wenden die Beziehungen mit übernommen und als Verbindungslinien zwischen den Feldern angezeigt. Sie können aber auch im Abfrageentwurf direkt neue Beziehungen zwischen Feldern definieren (→ Abschnitt 6.1.4).

» Oben haben wir es schon angesprochen: Wenn es darum geht, bestimmte Datensätze oder Teile davon aus Tabellen herauszufiltern und das Ergebnis nach bestimmten Kriterien zu sortieren, spricht man von einer *Auswahlabfrage*. Auf die unterschiedlichen Feinheiten eines solchen Typs - wie das Sortieren oder Filtern der Ergebnisse - werden wir im folgenden Abschnitt eingehen (→ Abschnitt 6.3).

» Nachdem Sie das Grundprinzip der Arbeit mit Abfragen kennen, können wir uns einer weiteren wichtigen Aufgabe dieser Objektgruppe zuwenden: dem *Berechnen* von Daten aus den Grunddaten einer Tabelle (→ Abschnitt 6.4).

» Neben der Auswahlabfrage können Sie noch eine Reihe von *Aktionsabfragen* einsetzen. Sie können damit beispielsweise neue Datensätze in eine Tabelle erstellen oder bestimmte andere löschen (→ Abschnitt 6.5). Einige dieser Abfragetypen ändern also die Daten in den zugrunde liegenden oder anderen Tabellen. Es handelt sich hierbei also um recht gefährliche Werkzeuge!

WWW Sie können für die Arbeit an diesem Kapitel die Beispieldatei *Datenbank6* aus dem Verzeichnis *06* auf der Webseite öffnen. Wenn Sie die beschriebenen Tätigkeiten selbst nachvollziehen wollen, benutzen Sie die Datenbank im Unterordner *Material*. Die Mehrzahl der Resultate der Arbeit an diesem Kapitel finden Sie in der gleichnamigen Datei im Verzeichnis *Ergebnisse*.

6.1 Abfragen erstellen

Um in einer Datenbank eine neue Abfrage zu erstellen, benötigen Sie zumindest eine Tabelle in der Datenbank, deren Daten als Grundlage für die Arbeit dienen können. Wenn Sie bereits Abfragen definiert haben, können Sie auch den damit erzeugten Datenbestand als Grundlage für eine weitere - darauf aufbauende - Abfrage benutzen. Beispielsweise können Sie in einer ersten Abfrage die zu einem bestimmten Kunden gehörenden Datensätze herausfiltern und dann nochmals einen Filter einsetzen, der die Daten aus dem laufenden Monat herausfiltert.

Eine Abfrage erstellen Sie über die bereits bekannte Registerkarte *Erstellen* im Menüband. Sie benutzen hier die Gruppe *Makros und Code* (→ Tabelle 6.1). Sie können darüber direkt zum Entwurf einer Abfrage wechseln oder eine Abfrage über einen Assistenten erstellen.

Symbol	Name und Wirkung
	Startet den *Abfrage-Assistenten*, mit dessen Hilfe Sie diverse Formen von Abfragen erstellen können.
	Erstellt eine neue, leere Abfrage in der Entwurfsansicht.

Tabelle 6.1 Die Elemente der Gruppe *Abfragen*

6.1.1 Eine Abfrage über den Entwurf anlegen

Beginnen wir gleich mit der Arbeit über den *Abfrageentwurf*. Diese Vorgehensweise ist zwar etwas komplizierter, schafft aber gleich das notwendige Verständnis der Grundlagen für den Einsatz dieses Objekttyps. Wenn Sie eine Abfrage über den Abfrageentwurf erstellen wollen, müssen Sie zumindest in drei Schritten vorgehen: Sie müssen zunächst die zu verwendende(n) Tabelle(n) auswählen. Dann müssen Sie die in der Abfrage zu verwendenden Felder festlegen und schließlich das Ergebnis anzeigen lassen. Wir wollen uns im folgenden Abschnitt zunächst nur mit den Grundgedanken zum Erstellen der Abfrage beschäftigen. Auf spezielle Aufgaben und Typen von Abfragen werden wir anschließend eingehen.

Den Entwurf für eine neue Abfrage erstellen

Der erste Schritt besteht darin, die in der Abfrage zu verwendende(n) Tabelle(n) festzulegen. Dazu verwenden Sie die folgende Vorgehensweise:

» 

Wechseln Sie zur Registerkarte *Erstellen*, und klicken Sie in der Gruppe *Abfragen* auf die Schaltfläche *Abfrageentwurf*. Das Dialogfeld *Tabelle anzeigen* erscheint (→ Abbildung 6.1).

Abbildung 6.1 Hier werden alle bereits definierten Tabellen aufgeführt. Wählen Sie die für die Abfrage benötigten aus.

» Da die in einer Abfrage definierten Vorschriften auf den Daten einer oder mehrerer Tabellen oder anderer Abfragen basieren, müssen Sie in diesem Dialogfeld entscheiden, welche Tabellen oder - wenn bereits vorhanden - sonstige Abfragen Sie als Grundlage für die neue Abfrage verwenden möchten. Wählen Sie für diese Übung den Eintrag *Tabelle1*, und bestätigen Sie über *Hinzufügen*.

» Das Dialogfeld bleibt geöffnet und erlaubt so das Hinzufügen weiterer Tabellen. Da Sie für diese Aufgabe keine weiteren benötigen, beenden Sie die Auswahl durch einen Klick auf *Schließen*.

Wenn Sie das Dialogfeld später wieder benötigen - beispielsweise um eine weitere Tabelle zur Abfrage hinzuzufügen -, können Sie es durch einen Klick auf die Schaltfläche *Tabelle anzeigen* in der Gruppe *Abfragesetup* auf der Registerkarte *Abfragetools/Entwurf* wieder einblenden lassen.

Die Entwurfsansicht der Abfrage wird angezeigt (→ Abbildung 6.2). Der Bildschirm zeigt ein aus zwei Teilen bestehendes Fenster. Im oberen Teil werden in individuellen Listen die in den ausgewählten Tabellen und Abfragen vorhandenen Feldnamen angezeigt. Der untere Teil wird als *Entwurfsbereich* bezeichnet. In diesem Bereich können Sie die Regeln der Abfrage mit der Maus zusammenstellen.

Nachdem Sie den ersten Schritt zur Erstellung der Abfrage vorgenommen haben, wird oben die kontextbezogene Registerkarte *Abfragetools/Entwurf* angezeigt. Machen Sie sich mit den Aufgaben der Gruppen in dieser Registerkarte kurz vertraut. Auf Details zu den Befehlen darin werden wir anschließend eingehen.

» Über die Gruppe *Ergebnisse* können Sie zwischen den Ansichten der Abfrage wechseln. Standardmäßig wechselt ein Klick auf die Befehlsschaltfläche *Ansicht* darin zwischen der Entwurfs- und der Datenblattansicht.

» Mehrere Typen von Abfragen stehen zur Verfügung. Standardmäßig wird mit der eben beschriebenen Vorgehensweise zunächst eine *Auswahlabfrage* erstellt.

» Die Befehle der Gruppe *Abfragesetup* dienen zum Editieren des Abfrageentwurfs. Sie können darüber beispielsweise weitere Spalten einfügen oder solche entfernen.

» *Einblenden/Ausblenden* beinhaltet mehrere zusätzliche Parameter. Beispielweise können Sie über Ta-

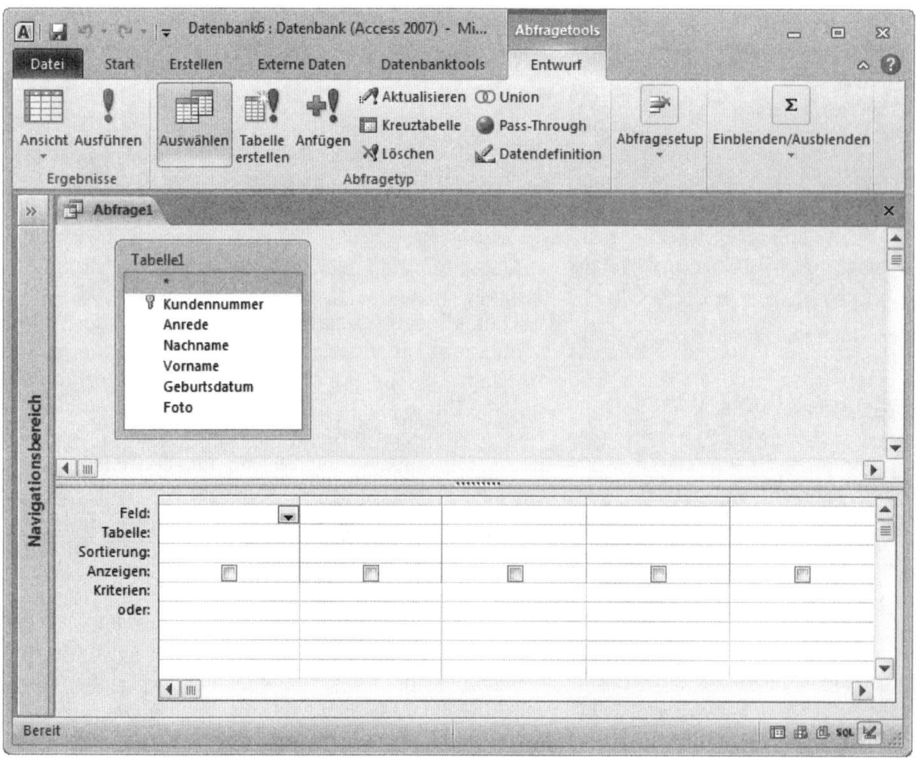

Abbildung 6.2
Im Entwurfsbereich definieren Sie die Abfrage. Ziehen Sie die gewünschten Tabellenfelder nach unten in den Definitionsbereich.

Abbildung 6.3
Das Dialogfeld *Zoom* eignet sich besonders für die Definition längerer Ausdrücke.

bellennamen die Namen der verwendeten Tabellen ein- und ausblenden lassen.

Navigation im Abfrageentwurf

Zur Navigation in der Entwurfsansicht für die Abfrage können Sie die Maus oder die Tastatur verwenden. Wollen Sie die Tastatur benutzen, müssen Sie zwischen dem Navigations- und dem Bearbeitungsmodus unterscheiden, bei denen einige Tasten unterschiedliche Bedeutungen haben. Im Navigationsmodus können Sie die Pfeiltasten und entsprechenden Tastenkombinationen zur Bewegung zwischen den Feldern verwenden. Im Bearbeitungsmodus können Sie diese Tasten und Kombinationen dazu verwenden, innerhalb eines Feldinhalts zwischen den Zeichen zu navigieren. Über die Taste [F2] wechseln Sie zwischen dem Bearbeitungsmodus und dem Navigationsmodus.

Zoom

Für umfangreichere Eingaben in einem Feld können Sie sich der Zoom-Funktion bedienen, die Sie über [⇧]+[F2] aufrufen. Sie öffnen damit das Dialogfeld *Zoom*, das die Eingabe in mehreren Zeilen erlaubt (→ Abbildung 6.3).

Felder in die Abfrage übernehmen

Um den Inhalt einer Felds in der Abfrage anzeigen zu lassen, müssen Sie den Feldnamen aus der Feldliste in den Entwurfsbereich übernehmen. Dazu gehen Sie in den folgenden Schritten vor:

» Markieren Sie den Namen des zu übernehmenden Felds - verwenden Sie beispielsweise das Feld *Nachname* in der Liste der Felder der *Tabelle1*.

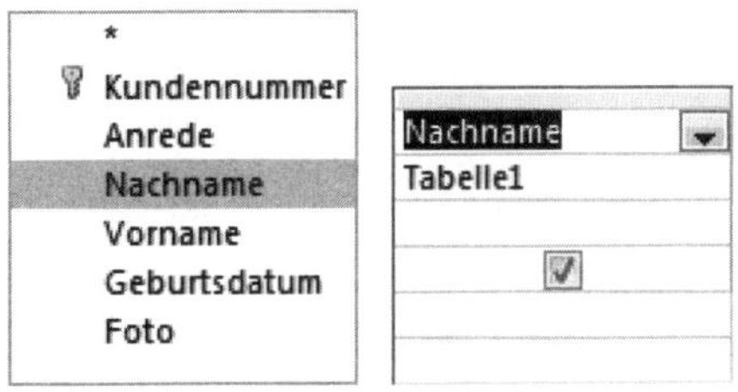

Abbildung 6.4 Die anzuzeigenden Felder müssen erst übernommen werden.

» Drücken Sie die Maustaste, halten Sie sie gedrückt, und verschieben Sie den Feldnamen in die Zeile *Feld* im Entwurfsbereich. Lassen Sie die Maustaste los. Der Name wird in der Feldzeile angezeigt (→ Abbildung 6.4). Die Zeile darunter zeigt die Herkunftstabelle an. Das aktivierte Kontrollkästen zwei Zeilen tiefer bedeutet, dass dieses Feld später in der Datenblattansicht angezeigt wird.

» Fügen Sie auf dieselbe Weise noch das Feld *Vorname* der Abfrage hinzu. Benutzen Sie dafür die nächste Spalte im Entwurfsbereich, und markieren Sie diesen. Sie können hier einmal anders vorgehen und den Inhalt über die Liste auswählen, die Sie durch einen Klick auf den Pfeil in der Zeile *Feld* anzeigen lassen (→ Abbildung 6.5).

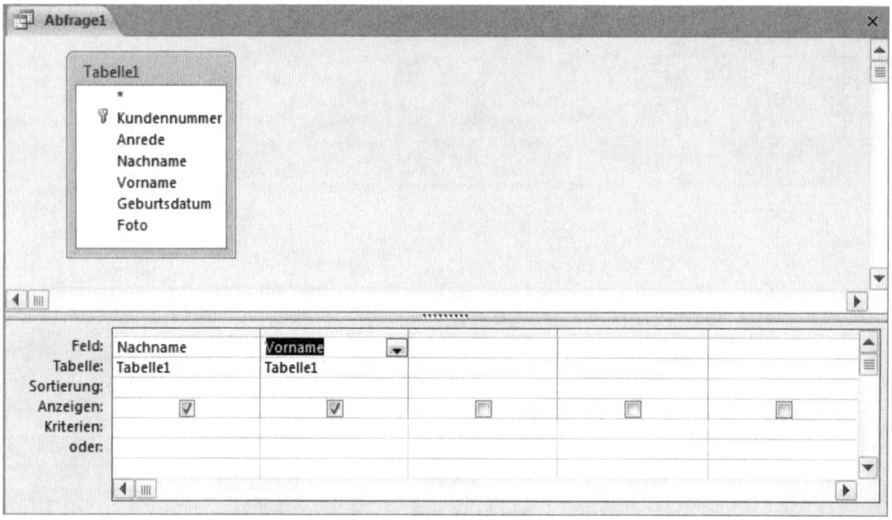

Abbildung 6.5
Die zu übernehmenden Felder werden im Entwurfsbereich der Abfrage angezeigt.

Zwischen Ansichten wechseln

Anders als beim Erstellen einer Tabelle, können Sie bei der Abfrage zwischen Entwurfs- und Datenblattansicht hin- und herschalten, ohne die Struktur der Abfrage vorher speichern zu müssen. Mindestens ein Zielfeld muss dabei in der Abfrage bereits definiert sein.

» 

Zum Wechseln zwischen den Ansichten klicken Sie auf die Schaltfläche *Ansicht* in der Gruppe *Ergebnisse* auf der Registerkarte *Abfragetools/Entwurf*. Standardmäßig schalten Sie damit von der *Entwurfsansicht* zur *Datenblattansicht* um. In der Datenblattansicht werden die Ergebnisse der Abfrage angezeigt (→ Abbildung 6.6).

» 

Um zur Entwurfsansicht zurück zu schalten, klicken Sie wieder auf die Schaltfläche *Ansicht*. Sie könnten dann weitere Felder hinzufügen oder Änderungen an der Definition durchführen.

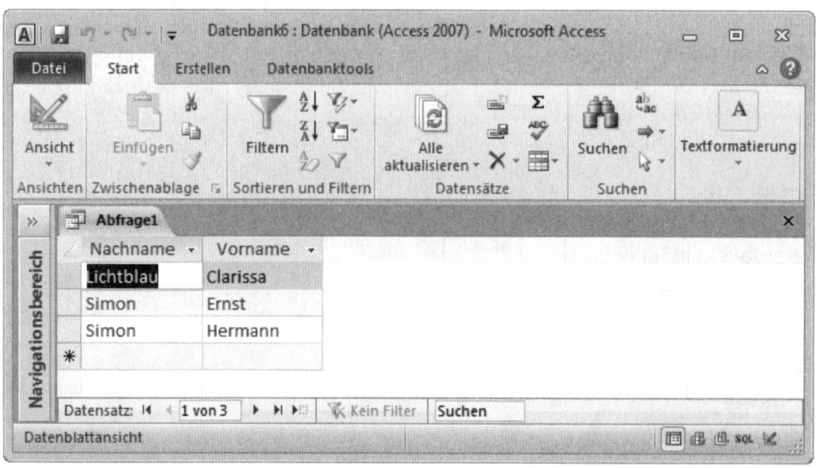

Abbildung 6.6
Nur die ausgewählten Felder werden angezeigt

Abfrage speichern und schließen

Wenn Sie die Abfrage zu einem späteren Zeitpunkt wieder verwenden wollen, müssen Sie sie speichern:

»  Klicken Sie auf die Schaltfläche *Speichern* in der *Symbolleiste für den Schnellzugriff*. Das schon bekannte Dialogfeld *Speichern unter* wird angezeigt (→ Abbildung 6.7).

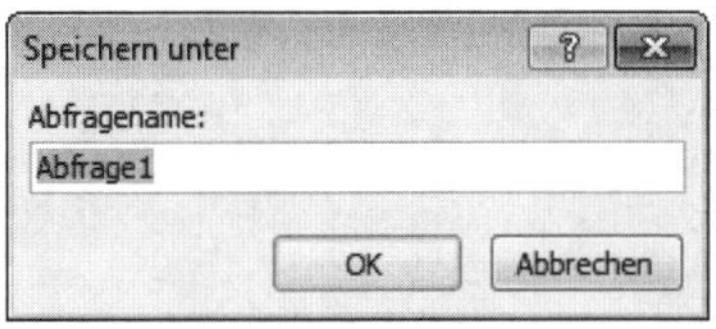

Abbildung 6.7 Einen endgültigen Namen für die Abfrage festlegen

» Geben Sie einen Namen für die Abfrage ein, und bestätigen Sie über die Schaltfläche *OK*.

»  Schließen Sie die Abfrage durch einen Klick auf die übliche Schaltfläche in der Titelleiste. Ein Symbol für die neu erstellte Abfrage wird im Navigationsbereich angezeigt. Von dort aus können Sie sie - wie üblich - entweder in der *Entwurfs-* oder der *Datenblattansicht* öffnen. Beachten Sie, dass in der Standardansicht des Navigationsbereichs eine Abfrage in derselben Gruppe wie die zugrunde liegende Tabelle angezeigt wird.

ACHTUNG Wie hatten es in den vorherigen Kapiteln bereits erwähnt: Es gibt auch einige reservierte Wörter, die Sie nicht für Datenbankobjekte verwenden sollten. Wenn Sie eines davon benutzen, werden Sie darauf hingewiesen. Vermeiden Sie also solche Namen.

Alle Felder übernehmen

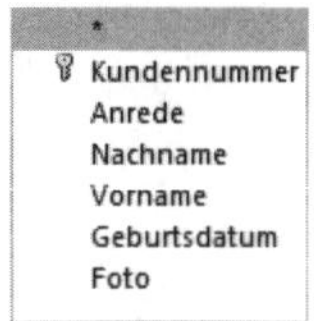

Um alle vorhandenen Feldnamen einer Tabelle in den Abfrageentwurfsbereich zu übernehmen, können Sie das in der Liste der Feldnamen angezeigte Symbol mit dem Sternchen verwenden und dieses Element in die Spalte *Feld* schieben. Eine solche Aktion sorgt zwar für die Darstellung aller Inhalte, Sie können aber mit einer solchen zusammenfassenden Übernahme keine der nachfolgend beschriebenen Filter setzen oder Auswahlaktionen durchführen (→ Abbildung 6.8).

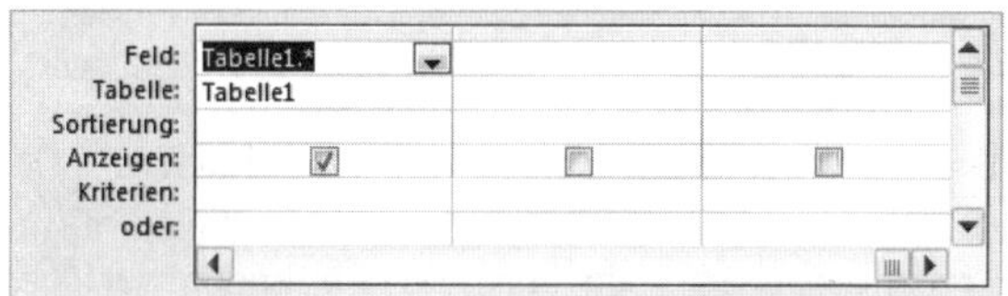

Abbildung 6.8 Alle Felder werden in den Entwurfsbereich der Abfrage übernommen.

6.1.2 Die Abfrage-Assistenten benutzen

Wenn Sie sich nicht der - bei umfangreichen Abfragen - etwas mühevollen Arbeit der Definition von Abfragen unterwerfen wollen, benutzen Sie zum Erstellen einer Abfrage einen der *Abfrage-Assistenten*. Die Grundtechniken für diese Arbeit kennen Sie schon vom Einsatz des Tabellen-Assistenten her.

Access stellt hier vier Assistenten bereit, und den Zugang zu diesen erhalten Sie immer auf dieselbe Weise. Wählen Sie die Registerkarte *Erstellen* im Menüband, und klicken Sie auf die Schaltfläche *Abfrage-Assistent* in der Gruppe *Abfragen*. Das Dialogfeld *Neue Abfrage* wird angezeigt, über das Sie den gewünschten Assistenten auswählen können (→ Abbildung 6.9).

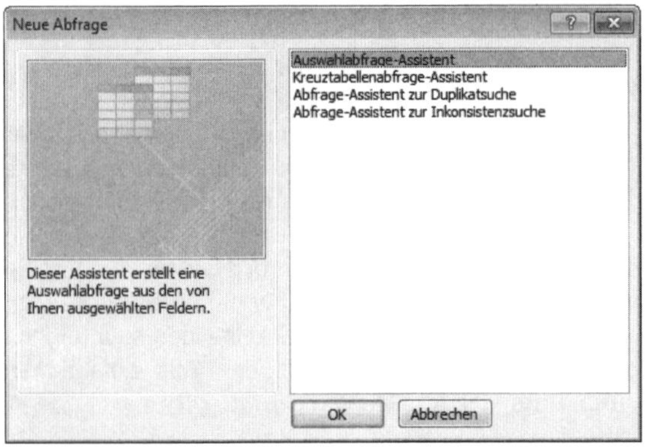

Abbildung 6.9 Die Abfrage-Assistenten liefern mehrere Typen von Abfragen.

Den Auswahlabfrage-Assistenten verwenden

Der *Auswahlabfrage-Assistent* liefert dieselbe Form von Ergebnis wie die oben über den Abfrageentwurf beschriebene Vorgehensweise.

» Wählen Sie nach der Wahl von *Abfrage-Assistent* im Dialogfeld *Neue Abfrage* die Option *Auswahlabfrage-Assistent*, und klicken Sie auf *OK*. Der Assistent wird gestartet. Auf der ersten Seite müssen Sie zunächst über das Feld *Tabelle/Abfrage* festlegen, welche Tabelle oder bereits vorhandene Abfrage als Grundlage für die neue Abfrage dienen soll. Im Listenfeld dazu werden alle vorhandenen Tabellen und Abfragen aufgelistet (→ Abbildung 6.10). Verwenden Sie beispielsweise wieder *Tabelle1*.

» Legen Sie das bzw. die in der Abfrage zu verwendenden Felder fest. Übernehmen Sie dazu die Felder aus dem Bereich *Verfügbare Felder* in den Bereich *Ausgewählte Felder* (→ Tabelle 6.2). Für diese Aufgabe können Sie beispielsweise die Felder *Anrede*, *Vorname* und *Nachname* übernehmen – in dieser Reihenfolge.

Symbol	Wirkung
>	Übernimmt das in der Liste *Verfügbare Felder* markierte Feld in die Liste *Ausgewählte Felder*.
>	Übernimmt alle Felder der Liste *Verfügbare Felder* in die Liste *Ausgewählte Felder*.
<	Entfernt das in der Liste *Ausgewählte Felder* markierte Feld aus dieser Liste.
<<	Entfernt alle Felder aus der Liste *Ausgewählte Felder*.

Tabelle 6.2 Die Schaltflächen zur Übernahme

» Klicken Sie auf *Weiter*. Geben Sie der neuen Abfrage einen Namen (→ Abbildung 6.11). Beachten Sie dabei die Regeln zur Namensgebung. Benutzen Sie *Abfrage2*. Legen Sie auch fest, was als Nächstes getan werden soll.

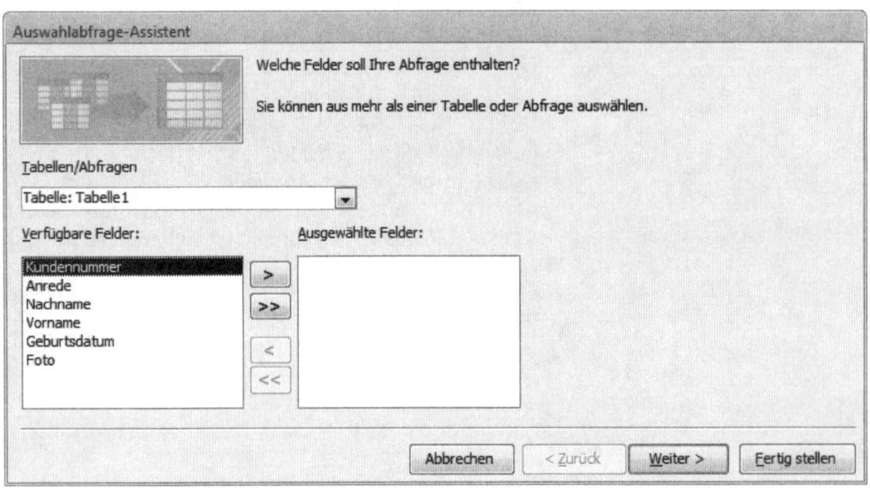

Abbildung 6.10 Legen Sie die Datengrundlage und die Felder fest.

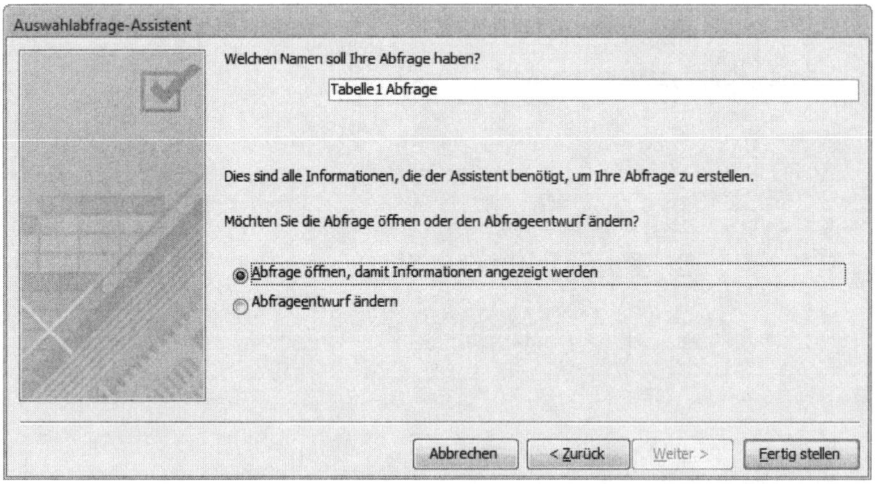

Abbildung 6.11
Geben Sie abschließend der Abfrage einen Namen.

» Wählen Sie zum Abschluss der Arbeit mit dem Assistenten die Schaltfläche *Fertig stellen*. Die Abfrage wird in der vorher gewählten Ansicht angezeigt (→ Abbildung 6.12). Sie ist bereits gespeichert.

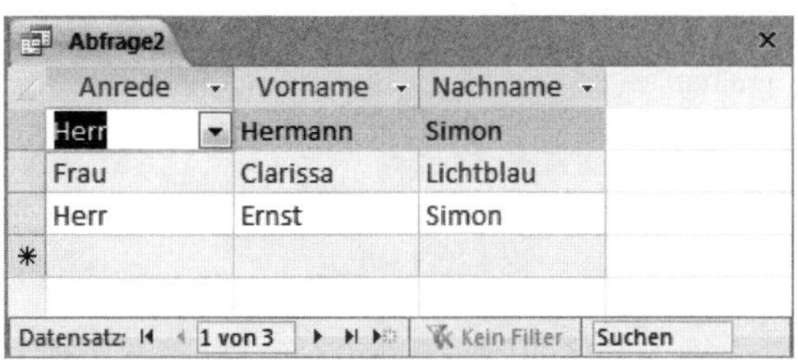

Abbildung 6.12 Über den Assistenten erstellte Abfragen werden sofort in der Datenblattansicht angezeigt.

Den Kreuztabellenabfrage-Assistenten verwenden

Mithilfe eine *Kreuztabellenabfrage* können Sie beispielsweise Daten einer Tabelle in Form einer Matrix organisieren lassen. Eine solche Kreuztabelle zeigt zusammengefasste Werte – beispielsweise Summen, Anzahl und Durchschnittswerte – für ein Feld an und gruppiert diese nach einer Reihe von Kategorien, die untereinander auf der linken Seite des Datenblatts als Zeilenbeschriftungen erscheinen, sowie nach einer anderen Reihe von Kategorien, die am oberen Rand des Datenblatts als Spaltenüberschriften angezeigt werden. Sie erzeugen damit also im Prinzip das, was Sie schon im Zusammenhang mit der *PivotTable* kennengelernt haben (→ Kapitel 4).

» Wählen Sie im Dialogfeld *Neue Abfrage* die Option *Kreuztabellenabfrage-Assistent*, und klicken Sie auf *OK*. Der Assistent wird gestartet. Auf der ersten Seite müssen Sie zunächst über das Feld *Tabelle/Abfrage* festlegen, welche Tabelle oder bereits vorhandene Abfrage als Grundlage für die neue Abfrage dienen soll (→ Abbildung 6.13). Im Listenfeld dazu werden alle vorhandenen Tabellen und Abfragen aufgelistet. Verwenden Sie hier *Tabelle2*.

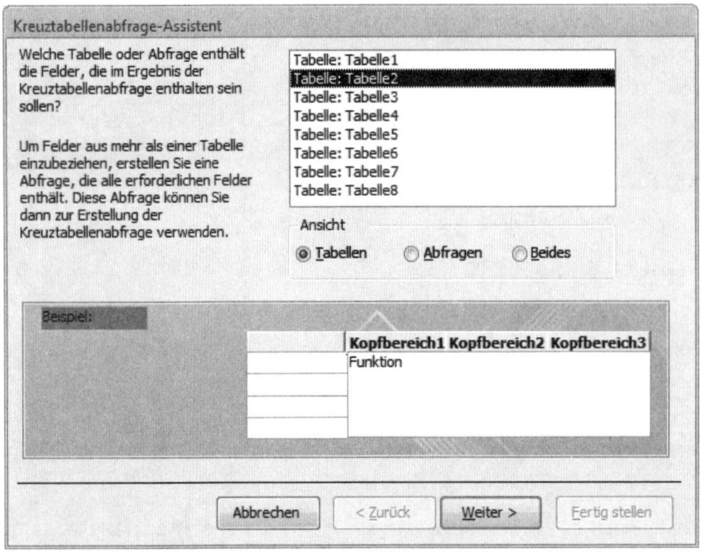

Abbildung 6.13
Wählen Sie die Tabelle oder Abfrage.

» Klicken Sie auf *Weiter*. Geben Sie an, welche Felder Sie als Zeilenüberschriften wünschen (→ Abbildung 6.14). Sie können bis zu drei Felder benutzen. Für diese Aufgabe benutzen Sie nur das Feld *Ort*.

» Klicken Sie wieder auf *Weiter*. Wählen Sie dann, welche Felder Sie für die Spaltenüberschriften vorsehen wollen. Benutzen Sie hier einmal das Feld *Branche*.

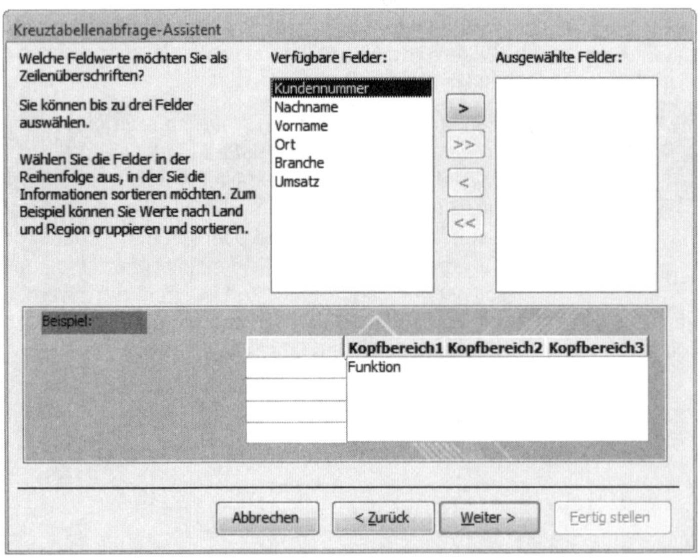

Abbildung 6.14
Wählen Sie die Zeilenüberschriften.

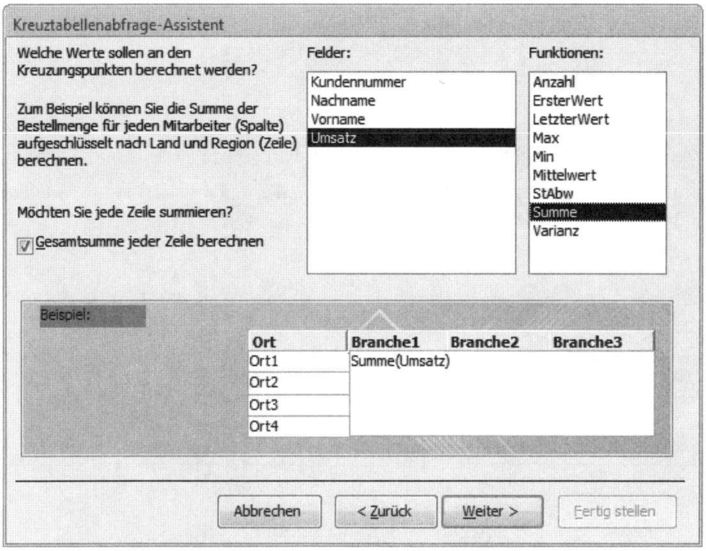

Abbildung 6.15
Die Felder wurden festgelegt.

» Klicken Sie auf *Weiter*. Entscheiden Sie dann, welches Feld an den Kreuzungspunkten der Tabelle benutzt werden soll (→ Abbildung 6.15). Benutzen Sie hier das Feld *Umsatz* und die Funktion *Summe*.

» Klicken Sie auf *Weiter*. Geben Sie der neuen Abfrage einen Namen. Benutzen Sie *Abfrage3*. Beachten Sie dabei die Regeln zur Namensgebung. Legen auch Sie fest, was als Nächstes getan werden soll. Benutzen Sie die Option *Die Abfrageergebnisse anzeigen*.

» Klicken Sie zum Abschluss der Arbeit mit dem Assistenten auf die Schaltfläche *Fertig stellen*. Das Ergebnis wird angezeigt (→ Abbildung 6.16). Die Abfrage wird in der vorher gewählten Ansicht angezeigt. Sie ist bereits gespeichert.

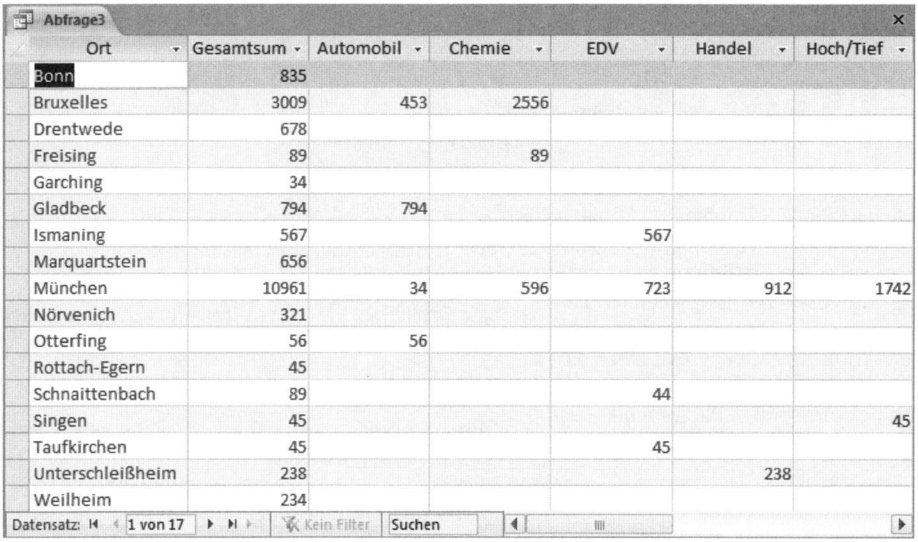
Abfrage3

Ort	Gesamtsum	Automobil	Chemie	EDV	Handel	Hoch/Tief
Bonn	835					
Bruxelles	3009	453	2556			
Drentwede	678					
Freising	89		89			
Garching	34					
Gladbeck	794	794				
Ismaning	567			567		
Marquartstein	656					
München	10961	34	596	723	912	1742
Nörvenich	321					
Otterfing	56	56				
Rottach-Egern	45					
Schnaittenbach	89			44		
Singen	45					45
Taufkirchen	45			45		
Unterschleißheim	238				238	
Weilheim	234					

Datensatz: 1 von 17 Kein Filter Suchen

Abbildung 6.16
Die Kreuztabelle als Ergebnis

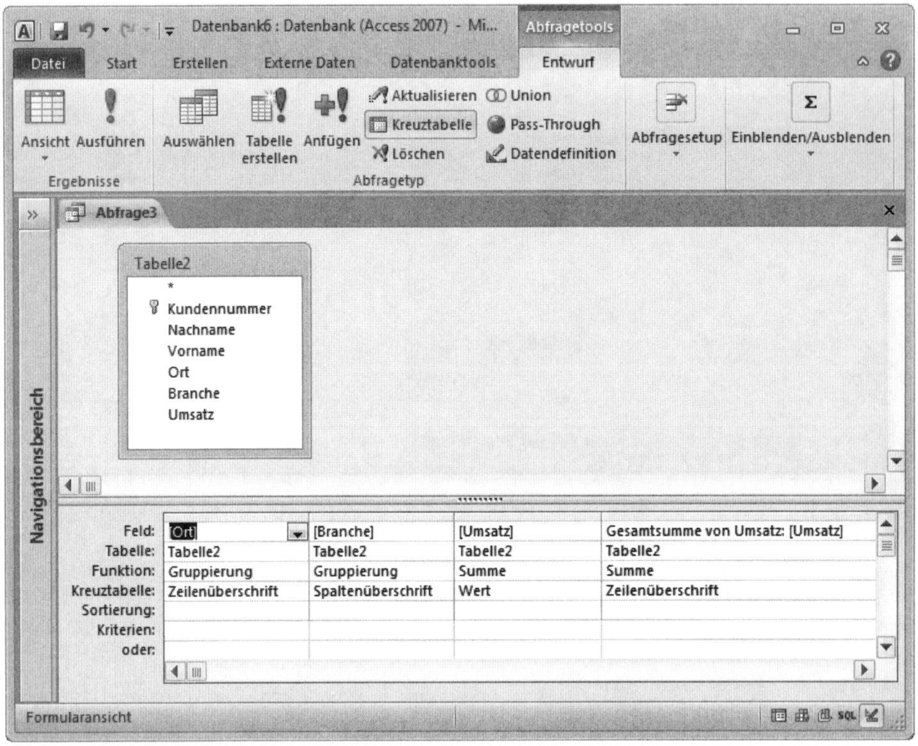

Abbildung 6.17 Der Entwurf zur Kreuztabelle. Beachten Sie die Eintragungen in den Zeilen *Kreuztabelle* und *Funktion*.

» 

Wenn Sie wissen wollen, wie das funktioniert, wechseln Sie zur *Entwurfsansicht* (→ Abbildung 6.17). Beachten Sie die Eintragungen in der Zeile *Kreuztabelle*. Hier wird mit *Zeilenüberschrift*, *Spaltenüberschrift* und *Wert* festgelegt, an welche Stellen der Kreuztabelle die einzelnen Felder gesetzt werden sollen.

» Sie können in dieser Ansicht auch nachträglich Änderungen in der Kreuztabelle vornehmen. Um beispielsweise die Auswahl für die Spalten oder Zeilen zu ändern, benutzen Sie die Eintragungen in der Zeile *Kreuztabelle*. Interessanter ist vielleicht die Zeile *Funktion* für die Spalten *[Umsatz]* und *Gesamtsumme von Umsatz: [Umsatz]*. Sie können über das Listenfeld zu diesen Elementen regeln, welche Funktionen für die zusammenfassenden Daten in der Tabelle benutzt werden sollen (→ Abbildung 6.18).

Abbildung 6.18 Die Optionen zur Zeile *Funktion*

» 
Schließen Sie die Abfrage durch einen Klick auf die übliche Schaltfläche in der Titelleiste.

Den Assistenten zur Duplikatsuche verwenden

Der *Abfrage-Assistent zur Duplikatsuche* liefert eine ähnliche Form von Ergebnissen, nur dass hier die Datensätze herausgefiltert werden, in denen bei von Ihnen wählbaren Feldern identische Feldinhalte auftauchen.

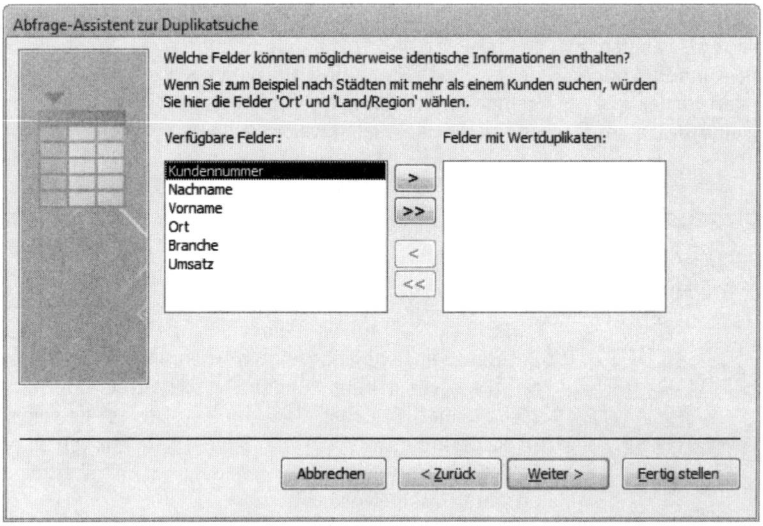

Abbildung 6.19
Legen Sie die Felder zur Suche fest.

» Wählen Sie im Dialogfeld *Neue Abfrage* die Option *Abfrage-Assistent zur Duplikatsuche*, und klicken Sie auf *OK*. Der Assistent wird gestartet. Auf der ersten Seite müssen Sie über das Feld *Tabelle/Abfrage* festlegen, welche Tabelle oder bereits vorhandene Abfrage Sie benutzen wollen. Im Listenfeld dazu werden alle vorhandenen Tabellen und Abfragen aufgelistet. Verwenden Sie beispielsweise wieder *Tabelle2*.

» Klicken Sie auf *Weiter*. Legen Sie dann fest, welche Felder möglicherweise Duplikate enthalten könnten (→ Abbildung 6.19). Wählen Sie für dieses Beispiel die Felder *Branche* und *Ort*.

» Nach einem Klick auf *Weiter* können Sie angeben, welche Felder außerdem in der Abfrage benutzt werden sollen. Benutzen Sie hier beispielsweise das Feld *Kundennummer*.

» Klicken Sie auf *Weiter*. Geben Sie der neuen Abfrage einen Namen. Beachten Sie dabei die Regeln zur Namensgebung. Sie können *Abfrage4* benutzen. Legen auch Sie fest, was als Nächstes getan werden soll. Benutzen Sie die Option *Die Abfrageergebnisse anzeigen*.

» Klicken Sie zum Abschluss der Arbeit mit dem Assistenten auf die Schaltfläche *Fertig stellen*, um das Ergebnis anzuzeigen (→ Abbildung 6.20).

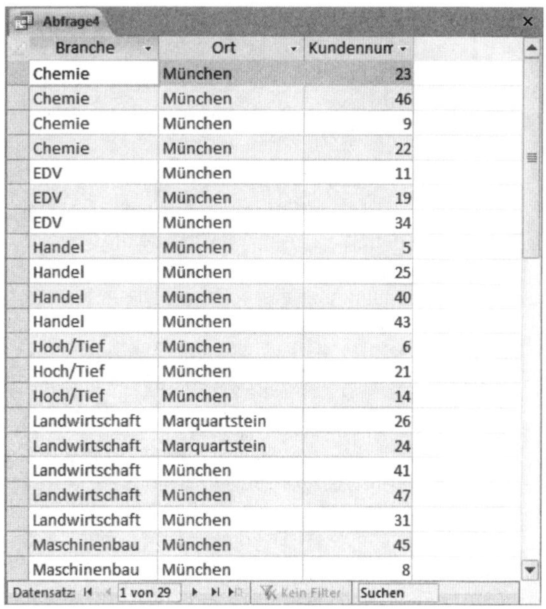
Abfrage4

Branche	Ort	Kundennum
Chemie	München	23
Chemie	München	46
Chemie	München	9
Chemie	München	22
EDV	München	11
EDV	München	19
EDV	München	34
Handel	München	5
Handel	München	25
Handel	München	40
Handel	München	43
Hoch/Tief	München	6
Hoch/Tief	München	21
Hoch/Tief	München	14
Landwirtschaft	Marquartstein	26
Landwirtschaft	Marquartstein	24
Landwirtschaft	München	41
Landwirtschaft	München	47
Landwirtschaft	München	31
Maschinenbau	München	45
Maschinenbau	München	8

Datensatz: 1 von 29 Kein Filter Suchen

Abbildung 6.20 Das Ergebnis der Duplikatsuche

Den Assistenten zur Inkonsistenzsuche verwenden

Der *Abfrage-Assistent zur Inkonsistenzsuche* verwendet als Grundlage zwei Tabellen. Sie können damit Datensätze in der ersten Tabelle aufspüren, die in keiner Beziehung zu den Datensätzen der zweiten Tabelle stehen. Beinhaltet die erste Tabelle beispielsweise Kundennamen und die zweite die Umsätze mit Kunden, können Sie mit diesem Assistenten die Kunden in der ersten Tabelle anzeigen lassen, mit denen keine Umsätze getätigt wurden.

6.1.3 Editieren in der Entwurfsansicht

Einen - wie eben beschrieben erstellten - Abfrageentwurf können Sie natürlich nachtäglich ändern. Wechseln Sie dazu - wenn noch notwendig - zur *Entwurfsansicht*, und verwenden Sie die Befehlsschaltflächen in der Gruppe *Abfragesetup* (→ Tabelle 6.3).

Symbol	Name und Wirkung
Tabelle anzeigen	*Tabelle anzeigen* - zeigt das Dialogfeld *Tabelle anzeigen* wieder an (→ Abbildung 6.1). Sie können hierüber weitere Tabellen in den Abfrageentwurf mit einbeziehen (→ unten).
Zeilen einfügen	*Zeilen einfügen* - fügt eine zusätzliche Zeile in den Bereich *Kriterien* ein.
Zeilen einfügen	*Zeilen löschen* - löscht die vorher markierte Zeile aus dem Bereich *Kriterien*.
Generator	*Generator* - ruft den Ausdrucks-Generator auf den Bildschirm, über den Sie komplexe Formen von Berechnungen formulieren können.
Spalten einfügen	*Spalten einfügen* - fügt links von einer markierten Spalte eine leere Spalte in den Entwurfsbereich ein.
Spalten löschen	*Spalten löschen* - entfernt die vorher im Entwurfsbereich markierte Spalte.
Alle	*Hohe Werte* - ermöglicht die Beschränkung der in der Datenblattansicht angezeigten Daten (→ unten). Standardmäßig werden alle Ergebnisse angezeigt.

Tabelle 6.3 Die Schaltflächen in der Gruppe *Abfragesetup*

Spalten markieren

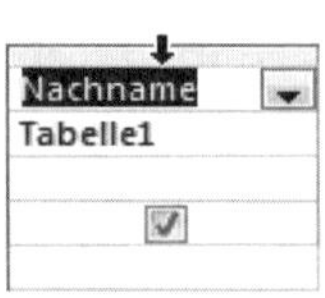

Wenn Sie ein bereits übernommenes Feld wieder aus der Abfrage entfernen wollen, markieren Sie die gesamte Spalte durch einen Klick auf den Bereich oberhalb der Details zum Entwurf. Wenn der Mauszeiger die Form eines nach unten gerichteten Pfeils annimmt, merken Sie, dass Sie an der richtigen Stelle sind. Nach dem Klick ist die Feldspalte markiert. Sie können sie dann beispielsweise löschen oder links davon eine weitere Spalte einfügen.

Spalten ausblenden

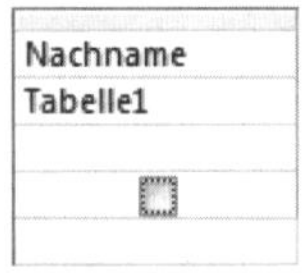

Wenn Sie ein neues Feld im Entwurfsbereich einfügen, wird dabei auch automatisch das Kontrollkästchen in der Zeile *Anzeigen* aktiviert. Das sorgt dafür, dass die Inhalte dieses Feldes in der Datenblattansicht angezeigt werden. Durch Deaktivieren dieses Kästchens können Sie die Anzeige der entsprechenden Feldspalte verhindern. Das ist beispielsweise dann notwendig, wenn Sie mit den Inhalten eines Feldes Berechnungen durchführen, es aber selbst nicht anzeigen lassen wollen.

Weitere Formen der Ansicht

Standardmäßig wird bei einer Abfrage durch einen Klick auf die Schaltfläche *Ansicht* immer zwischen Entwurfsansicht und Datenblattansicht umgeschaltet. Ein Abfrageobjekt verfügt aber noch über drei weitere Ansichten, zu denen Sie über die Liste zur Schalfläche *Abfrage* umschalten können (→ Abbildung 6.21).

Abbildung 6.21 Der Katalog zu Schaltfläche *Ansicht* liefert die Alternativen.

- Die *PivotTable-Ansicht* stellt das Ergebnis der Abfrage in einer Pivot-Tabelle dar.
- Die *PivotChart-Ansicht* stellt das Abfrageergebnis in einer Pivot-Grafik dar.
- Die *SQL-Ansicht* stellt eine Möglichkeit bereit, Abfragen in der Sprache SQL zu formulieren.

Im Listenfeld zur Schaltfläche *Ansicht* können Sie beispielsweise über die *SQL-Ansicht* eine Abfrage unter Verwendung der Abfragesprache SQL im SQL-Fenster erstellen oder zumindest anzeigen lassen (→ Abbildung 6.22). Änderungen, die im SQL-Fenster vorgenommen werden, erscheinen automatisch auch in der Abfrageentwurfsansicht und umgekehrt. Wenn Sie beispielsweise im SQL-Fenster ein Feld hinzufügen, erscheint dieses Feld auch im Abfrageentwurfsbereich. Hinweise zur Arbeit in der SQL-Ansicht finden Sie im Hilfesystem unter dem Stichwort *SQL*.

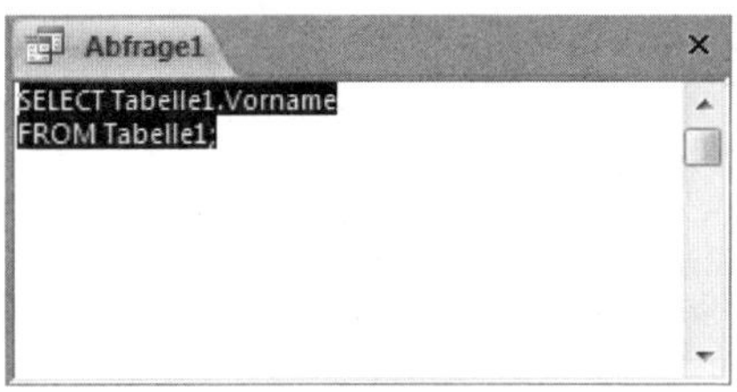

Abbildung 6.22 Eine Abfrage in der SQL-Ansicht

Abfrageeigenschaften

Die für eine Abfrage definierten Parameter sind im Fenster *Abfrageeigenschaften* zusammengestellt. Sie können sie hierin kontrollieren, ändern und ergänzen. Um die Abfrageeigenschaften anzuzeigen, wählen Sie den Befehl *Eigenschaftenblatt* in der Gruppe *Einblenden/Ausblenden* der Registerkarte *Abfragetools* (→ Abbildung 6.23).

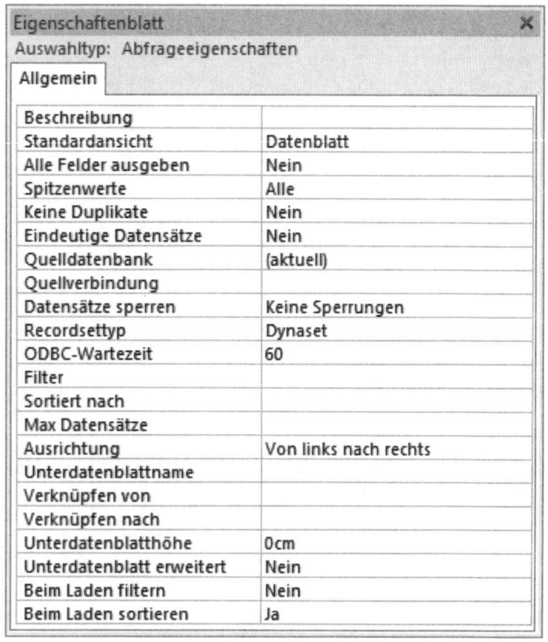

Beschreibung	
Standardansicht	Datenblatt
Alle Felder ausgeben	Nein
Spitzenwerte	Alle
Keine Duplikate	Nein
Eindeutige Datensätze	Nein
Quelldatenbank	(aktuell)
Quellverbindung	
Datensätze sperren	Keine Sperrungen
Recordsettyp	Dynaset
ODBC-Wartezeit	60
Filter	
Sortiert nach	
Max Datensätze	
Ausrichtung	Von links nach rechts
Unterdatenblattname	
Verknüpfen von	
Verknüpfen nach	
Unterdatenblatthöhe	0cm
Unterdatenblatt erweitert	Nein
Beim Laden filtern	Nein
Beim Laden sortieren	Ja

Abbildung 6.23 Einige Abfrageeigenschaften

Einige Eigenschaften sind hier von besonderem Interesse:

- Wenn Sie *Alle Felder ausgeben* auf *Ja* schalten, werden in der Datenblattansicht der Abfrage immer sämtliche Felder der Tabelle wiedergegeben - unabhängig davon, welche Feldsymbole Sie im Abfragebereich benutzen.
- Sie können die Eigenschaft *Keine Duplikate* verwenden, wenn Sie Datensätze ausschließen möchten, die mehrfach vorkommende Daten in den in der Datenblattansicht angezeigten Feldern enthalten.
- Über *Max Datensätze* können Sie einen Zähler eingeben, der die Anzahl der angezeigten Datensätze beschränkt.

Zusätzliche Hinweise zu diesen und weiteren Eigenschaften finden Sie anschließend.

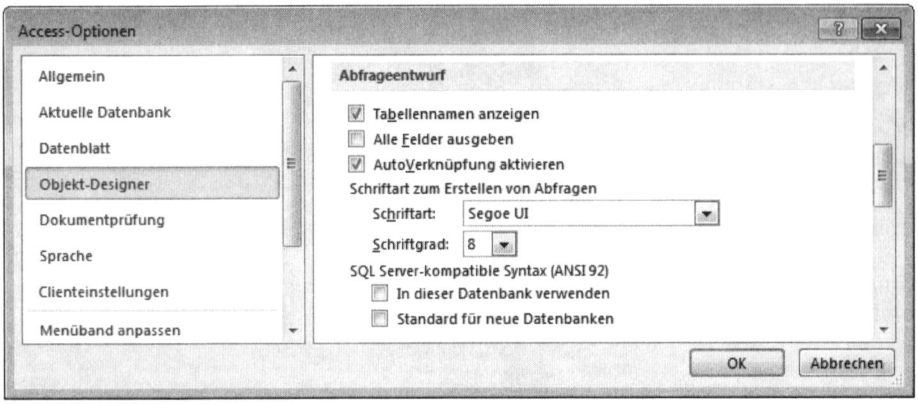

Abbildung 6.24
Der Abschnitt *Abfrageentwurf* in der Kategorie *Objekt-Designer*

6.1.4 Standardeinstellungen für Abfragen

Sie können für neu zu erstellende Abfragen einige Standardeinstellungen festlegen. Dazu verwenden Sie die Kategorie *Objekt-Designer* unter den *Access-Optionen*. Die die Abfragen betreffenden Optionen finden Sie darin im Abschnitt *Abfrageentwurf* (→ Abbildung 6.24). Diese Optionen gelten nur für neue Abfragen, die Sie mit der aktuellen Instanz von Access erstellen.

» Die Option *Tabellennamen anzeigen* zeigt die Zeile *Tabelle* im Abfrageentwurfsbereich an oder blendet sie aus. Wählen Sie diese Option aus, wenn Sie die Quellen von Feldern in einer auf mehreren Tabellen basierenden Abfrage kontrollieren müssen.

» Wenn die Option *Alle Felder ausgeben* ausgewählt ist, fügt Access den Abfragen eine *Select* *-Anweisung hinzu. Diese Anweisung ruft dann alle Felder in den zugrunde liegenden Tabellen oder Abfragen für eine bestimmte Abfrage ab. Sie sollten dieses Kontrollkästchen deaktiviert lassen, wenn Sie nur die Felder anzeigen möchten, die Sie mithilfe des Abfrage-Designers hinzufügen.

» *AutoVerknüpfung aktivieren* sorgt dafür, dass eine innere Verknüpfung zwischen zwei Tabellen automatisch erstellt wird, wenn Sie den Abfrage-Designer verwenden. Dafür müssen beide Tabellen ein Feld mit demselben Namen und Datentyp verwenden, und eines dieser Felder muss ein Primärschlüssel sein. Deaktivieren Sie dieses Kontrollkästchen, wenn Sie die Beziehung manuell definieren möchten.

» Unter *Schriftart zum Erstellen von Abfragen* können Sie Schriftart und Schriftgrad für den Abfrage-Designer festlegen (→ oben).

» Die beiden Optionen unter *SQL Server-kompatible Syntax (ANSI92)* sind nur dann wichtig, wenn Sie Abfragen in Microsoft SQL Server-Datenbanken ausführen möchten. Sie können entweder die ANSI-92-Syntax für alle Abfragen verwenden oder nur für alle neuen Datenbanken. Beachten Sie, dass bei Wahl der ersten Option vorhandene Abfragen, die mithilfe des älteren ANSI-89-Standards geschrieben wurden, möglicherweise nicht ausgeführt werden können, oder sie geben unerwartete Ergebnisse zurück.

6.2 Beziehungen zwischen Tabellen

Was Beziehungen zwischen Tabellen bedeuten, sollten Sie schon wissen, wenn Sie das Kapitel über die Grundlagen des Datenbankentwurfs gelesen haben (→ Kapitel 5). Wenn Sie – wie dort beschrieben – Beziehungen zwischen Tabellen definiert haben und diese Tabellen in den Entwurf einer Abfrage übernehmen, werden die Beziehungen mit übernommen und als Verbindungslinien zwischen den Feldern angezeigt. Sie können aber im Abfrageentwurf direkt auch neue Beziehungen zwischen Feldern definieren.

6.2.1 Die Grundeinstellung

Wenn Sie mehrere Tabellen innerhalb einer Abfrage kombinieren, verwendet Access – wie nachfolgend beschrieben – einige Standardeinstellungen. Sie können diese anfänglichen Standardwerte in der Abfrage außer Kraft setzen, die von der Beziehung bereitgestellten Werte stellen sich jedoch häufig als die richtigen heraus. Da Daten – außer in den einfachsten – in allen Datenbanken häufig aus mehreren Tabellen verglichen und zusammengebracht werden, kann es zeitsparend und von Vorteil sein, durch Erstellen von Beziehungen Standardwerte festzulegen.

Eine 1:1-Beziehung definieren

Bei der einfachsten Form der Verknüpfung können Tabellen über in allen Tabellen vorhandene Felder mit gleichen, eindeutigen Inhalten in Beziehung gesetzt werden.

» 

Wählen Sie die Registerkarte *Erstellen*, und klicken Sie auf die Schaltfläche *Abfrageentwurf* in der Gruppe *Andere*. Das Dialogfeld *Tabelle anzeigen* erscheint.

» Übernehmen Sie nacheinander *Tabelle1* und *Tabelle3* in den Abfrageentwurf. Schließen Sie dann das Dialogfeld *Tabelle anzeigen*. Die Entwurfsansicht der Abfrage wird angezeigt (→ Abbildung 6.25 oben).

» Um beispielsweise eine Beziehung zwischen den Feldern *Kundennummer* in *Tabelle1* mit dem Feld *Kundennummer* in *Tabelle3* herzustellen, ziehen Sie eines dieser Felder auf das andere. Die Verknüpfung wird durch eine Verbindungslinie symbolisiert (→ Abbildung 6.25 unten).

Bestimmen Sie dann wieder, welche Felder in der Abfrage angezeigt werden sollen. Ziehen Sie beispielsweise die Felder *Kundenummer* und *Nachname* aus *Tabelle1* und das Feld *Branche* aus *Tabelle3* in den Definitionsbereich.

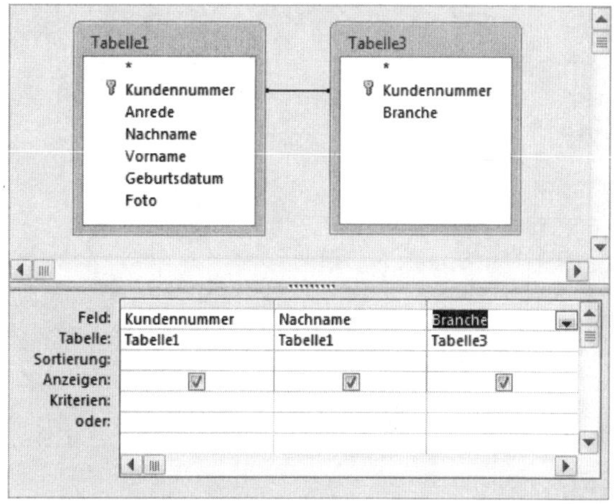

Abbildung 6.25 Die Felder werden verknüpft.

» 

Zum Wechseln zwischen den Ansichten klicken Sie auf die Schaltfläche *Ansicht* in der Gruppe *Ergebnisse* der Registerkarte *Abfragetools/Entwurf*. In der *Datenblattansicht* werden die Ergebnisse der Abfrage angezeigt (→ Abbildung 6.26).

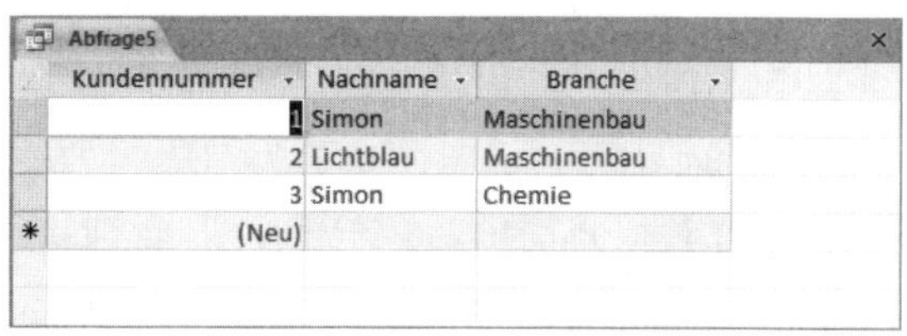

Abbildung 6.26 Eine *1:1*-Verknüppfung wurde erstellt und in einer Abfrage dargestellt.

Beachten Sie, dass die Tabellen, aus denen Sie die jeweiligen Felder übernommen haben, mit im Entwurfsbereich angezeigt werden. Sie können dies durch einen Klick auf die Schaltfläche *Tabellennamen* in der Gruppe *Einblenden/Ausblenden* unterbinden. Ein nochmaliger Klick auf diese Schaltfläche blendet die Tabellennamen wieder ein.

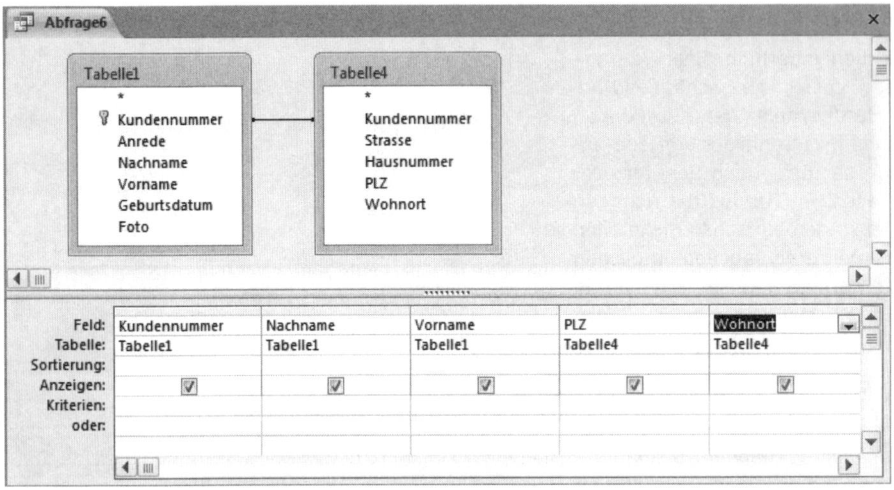

Abbildung 6.27
Die Verknüpfung wird automatisch erstellt.

Eine 1:n-Beziehung definieren

Anders verhält es sich bei einer *1:n-Beziehung*, bei der die zur Verknüpfung der Tabellen verwendeten Felder keine eindeutige, sondern eine mehrdeutige Beziehung zulassen. Das ist beispielsweise dann der Fall, wenn eine der Tabellen zwar über ein eindeutiges Primärschlüsselfeld *Kundennummer* verfügt, in einer zweiten Tabelle die einzelnen Kundennummern mehrfach auftauchen - beispielsweise im Zusammenhang mit verschiedenen Adressen, über die ein Kunde verfügt.

» Wählen Sie die Registerkarte *Erstellen*, und klicken Sie auf die Schaltfläche *Abfrageentwurf* in der Gruppe *Andere*. Das Dialogfeld *Tabelle anzeigen* erscheint.

» Übernehmen Sie nacheinander *Tabelle1* und *Tabelle4* in den Abfrageentwurf. Schließen Sie dann das Dialogfeld *Tabelle anzeigen*. Die Entwurfsansicht der Abfrage wird angezeigt. Beachten Sie, dass hier automatisch eine Verknüpfung zwischen den beiden Feldern mit dem Namen *Kundennummer* angezeigt wird, obwohl diese von Ihnen in der Abfrage noch nicht definiert wurde (→ Abbildung 6.27).

» Übernehmen Sie wieder die in der Abfrage anzuzeigenden Felder in den Entwurfsbereich. Sie könnten hier *Kundennummer*, *Nachname* und *Vorname* aus *Tabelle1* und die Adressdaten aus *Tabelle4* benutzen.

» 

Zum Wechseln zwischen den Ansichten klicken Sie auf die Schaltfläche *Ansicht* in der Gruppe *Ergebnisse* auf der Registerkarte *Abfragetools/Entwurf*. In der *Datenblattansicht* werden die Ergebnisse der Abfrage angezeigt (→ Abbildung 6.26). Kunden, die über mehrere Adressen verfügen, tauchen mehrfach auf.

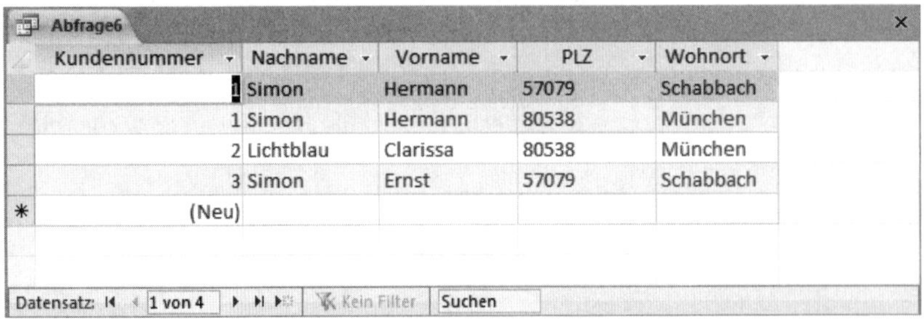

Abbildung 6.28
Eine *1:n*-Verknüppfung wird erstellt, und die Ergebnisse werden in der Abfrage angezeigt.

6.2.2 Die Form der Verknüpfung ändern

Wie oben schon angesprochen, können Sie diese anfänglichen Standardwerte in der Abfrage außer Kraft setzen, die von der Beziehung bereitgestellten Werte stellen sich jedoch häufig als die richtigen heraus. Da Daten, außer in den einfachsten, in allen Datenbanken häufig aus mehreren Tabellen verglichen und zusammengebracht werden, kann es zeitsparend und von Vorteil sein, durch Erstellen von Beziehungen Standardwerte festzulegen.

» 

Wechseln Sie – falls notwendig – zur Entwurfsansicht der Abfrage, indem Sie auf die Schaltfläche *Ansicht* in der Gruppe *Ergebnisse* auf der Registerkarte *Abfragetools/Entwurf* klicken.

» Doppelklicken Sie auf die Verbindungslinie zwischen den Feldern, die die Verknüpfung symbolisiert. Sie finden im daraufhin angezeigten Dialogfeld drei Optionen, über die Sie angeben können, welche Datensätze angezeigt werden sollen (→ Abbildung 6.29). Auf die Details dazu sind wir schon eingegangen (→ Kapitel 5).

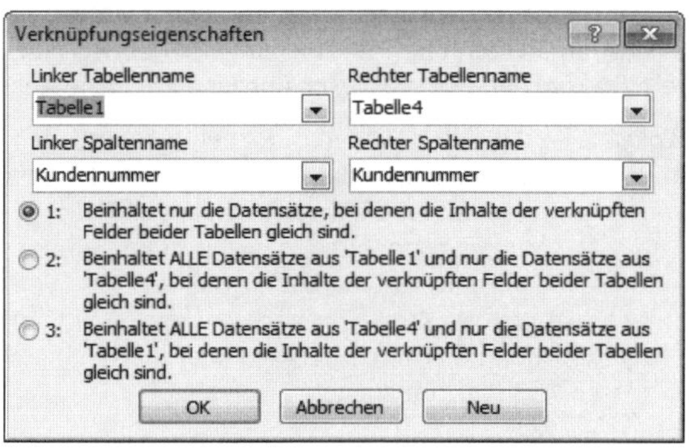

Abbildung 6.29 Das Dialogfeld *Verknüpfungseigenschaften* beschreibt die Form der Verknüpfung.

» Nehmen Sie die gewünschten Änderungen vor, und bestätigen Sie über *OK*.

6.3 Aktionen in Auswahlabfragen

Oben haben wir es schon angesprochen: Die im vorherigen Abschnitt beschriebene Abfrage ist die Standardform der Abfrage – die *Auswahlabfrage*. Das erkennen Sie auch an der Markierung in der Gruppe *Abfragetyp*. Verwenden Sie diese in Fällen, in denen es beispielsweise darum geht, nur bestimmte Felder einer Tabelle anzeigen zu lassen, alle Felder einer Tabelle darzustellen, den Namen eines Feldes zu ändern, die Daten einer Tabelle nach bestimmten Kriterien zu filtern oder zu sortieren und Kombinationen dieser genannten Fälle zu realisieren.

6.3.1 Einfache Aktionen

Mit einer solchen Auswahlabfrage können Sie eine Vielzahl von einfachen Aktionen durchführen: Sie können beispielsweise die Daten sortieren lassen, die Namen der Felder ändern oder Spitzenwerte anzeigen lassen. Sie können die Daten auch filtern. Mit dieser wichtigen Funktion wollen wir uns im folgenden Abschnitt beschäftigen.

Daten sortieren

Eines der wesentlichsten Einsatzgebiete von Abfragen besteht darin, die Werte in der zugrunde liegenden Tabelle nach bestimmten Kriterien zu sortieren. Dazu verwenden Sie die Möglichkeiten der Einstellung im Feld *Sortierung* im Entwurfsbereich.

» Erstellen Sie die gewünschte Abfrage. Für die Übung können Sie die bereits definierte *Abfrage1* in der Entwurfsansicht öffnen.

» 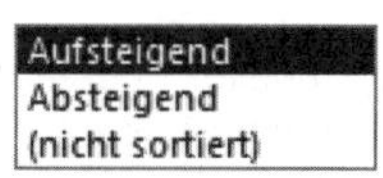

Geben Sie an, was sortiert werden soll, indem Sie in der entsprechenden Spalte in das Feld der Zeile *Sortierung* klicken. Benutzen Sie für diese Übung die Feldspalte *Nachname*.

» Wählen Sie die Form der Sortierung über das Listenfeld zu dieser Zeile aus (→ Abbildung 6.30). Nehmen Sie beispielsweise *Aufsteigend*.

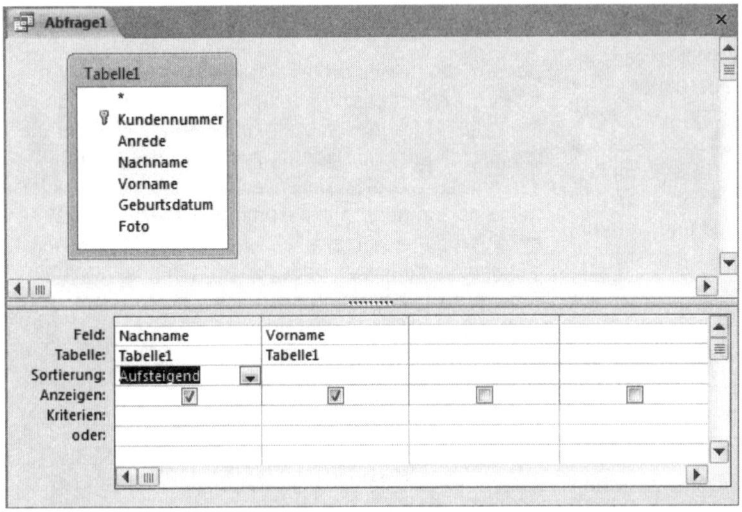

Abbildung 6.30
Hier wird die Richtung der Sortierung gewählt. Die Eintragungen im Feld *Nachname* werden aufsteigend sortiert.

» 

Schalten Sie zur Kontrolle zur Datenblattansicht (→ Abbildung 6.31). Die Datensätze werden nach den Inhalten des Feldes *Nachname* aufsteigend sortiert.

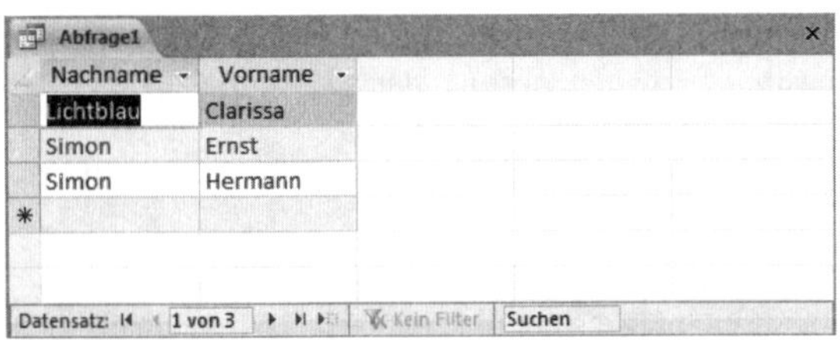

Abbildung 6.31 Die Datensätze werden aufsteigend nach dem Feld *Nachname* sortiert.

» 

Wechseln Sie zurück zur Entwurfsansicht, und schalten Sie die Sortierung durch Wahl von *(nicht sortiert)* wieder ab.

Nach mehreren Feldern sortieren

Wollen Sie nach mehreren Feldern sortieren lassen, bestimmt die Reihenfolge der Feldnamen im Entwurfsbereich die Sortierreihenfolge (→ Abbildung 6.32).

Wollen Sie mit einer anderen Reihenfolge arbeiten, müssen Sie zusätzliche Felder einfügen und diese dann von der Anzeige ausschalten (→ Abbildung 6.33).

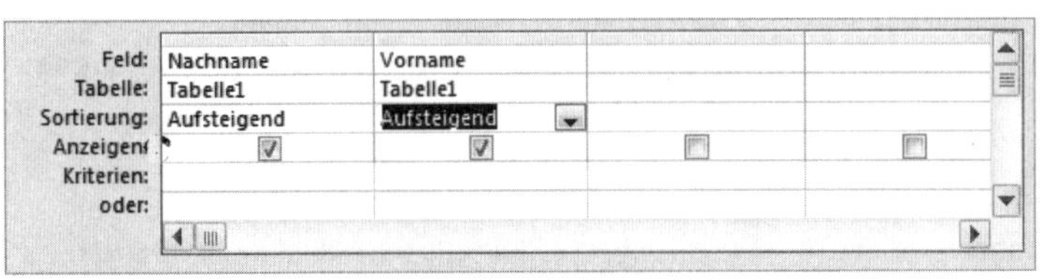

Abbildung 6.32
Nach mehreren Feldern sortieren

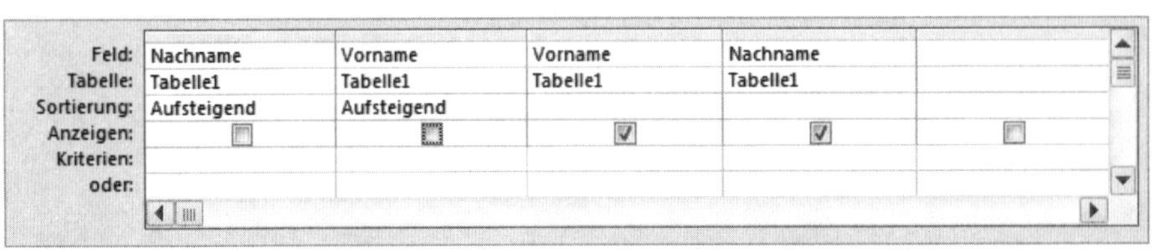

Abbildung 6.33
Nach mehreren Feldern in anderer Reihenfolge sortieren

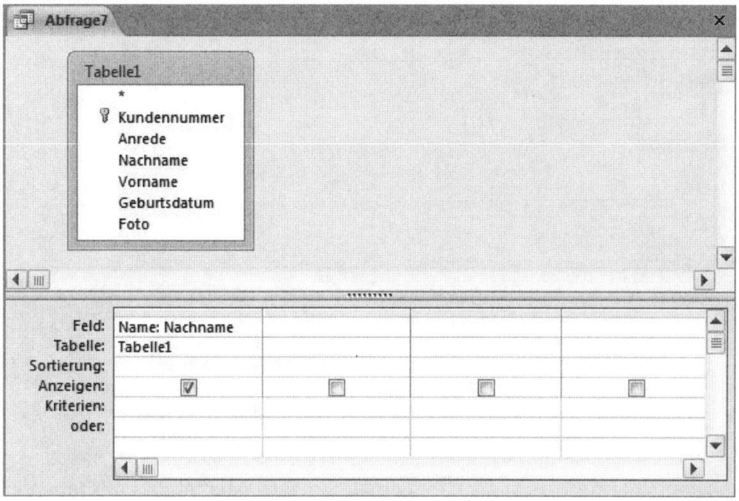

Abbildung 6.34
Ein Feld wurde umbenannt – beachten Sie den Ausdruck in der Zeile *Feld*.

Felder umbenennen

Sie können den angezeigten Namen des Felds ändern. Dazu geben Sie im Entwurfsbereich in der Zeile *Feld* einen entsprechenden Ausdruck in der Form *Neuer Feldname: Alter Feldname* ein.

» Erstellen Sie eine neue Abfrage auf der Basis von *Tabelle1*.

» Geben Sie in der ersten Spalte der Zeile *Feld* den Ausdruck *Name: Nachname* ein (→ Abbildung 6.34). Der Eintrag in der Zeile *Tabelle* wird in diesem Fall automatisch hinzugefügt. Wenn die Abfrage auf mehreren Tabellen basiert, die über identische Feldnamen verfügen, müssen Sie den Eintrag selbst wählen.

» 

Schalten Sie um zur Datenblattansicht. In der Datenblattansicht werden die Daten dann unter der neuen Spaltenüberschrift angezeigt (→ Abbildung 6.35).

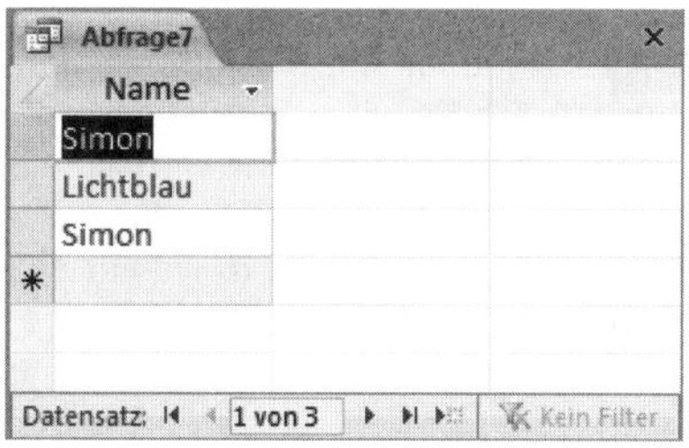

Abbildung 6.35 Die neue Spaltenüberschrift wird in der Datenblattansicht angezeigt.

» Speichern Sie die Abfrage unter dem Namen *Abfrage7*, und schließen Sie sie.

Spitzenwerte anzeigen

Sie können in einer Abfrage die Spitzenwerte in einem Feld anzeigen lassen. Führen Sie ggf. zuerst eine Sortierung in der Abfrage durch, um die Datensätze in die gewünschte Reihenfolge zu bringen.

» Erstellen Sie eine Auswahlabfrage wie oben beschrieben. Benutzen Sie als Basis diesmal die bereits vorhandene *Tabelle5*. Diese beinhaltet Felder für *Auftrag*, *Kunde* und *Rechnungsbetrag* (→ Abbildung 6.36).

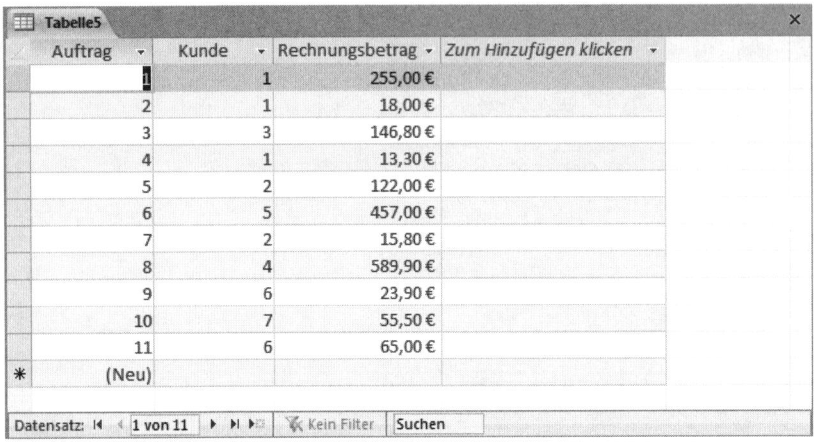

Abbildung 6.36
Aus der zugrunde liegenden Tabelle sollen die Spitzenwerte ausgewählt werden.

» Fügen Sie in den Entwurfsbereich je eine Spalte für die Tabellenfelder *Kunde* und *Rechnungsbetrag* hinzu.

» 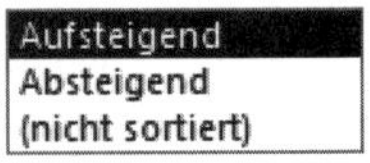

Geben Sie an, was sortiert werden soll, indem Sie in der entsprechenden Spalte in das Feld der Zeile *Sortierung* klicken. Benutzen Sie für diese Übung die Feldspalte *Rechnungsbetrag*. Wählen Sie die Form der Sortierung über das Listenfeld zu dieser Zeile aus. Wählen Sie *Absteigend* (→ Abbildung 6.37).

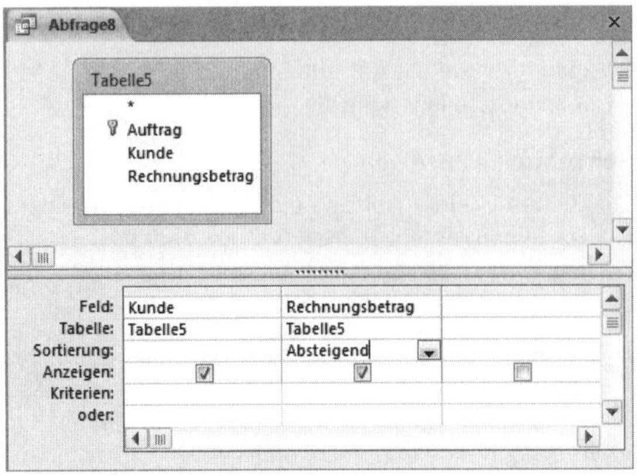

Abbildung 6.37 Es wird absteigend sortiert.

» 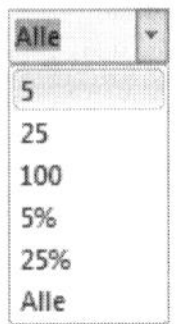

Öffnen Sie das Listenfeld *Zurückgeben* in der Gruppe *Abfragesetup*. Wählen Sie darin entweder, wie viele Datensätze angezeigt werden sollen, oder bestimmrn Sie, welcher Prozentsatz der Datensätze angezeigt werden soll. Sie können die Anzahl der Datensätze oder den Prozentsatz auch direkt eingeben. Wählen Sie für dieses Beispiel die Option 5.

» Schalten Sie zur Kontrolle zur Datenblattansicht. Fünf Datensätze mit den höchsten Werten im Feld *Rechnungsbetrag* werden angezeigt (→ Abbildung 6.38).

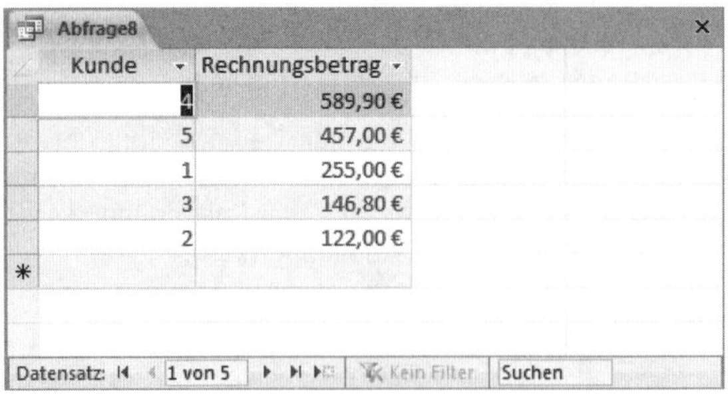

Abbildung 6.38 Nur die fünf höchsten Werte werden zurückgegeben.

» Speichern Sie die Abfrage unter dem Namen *Abfrage8*, und schließen Sie sie.

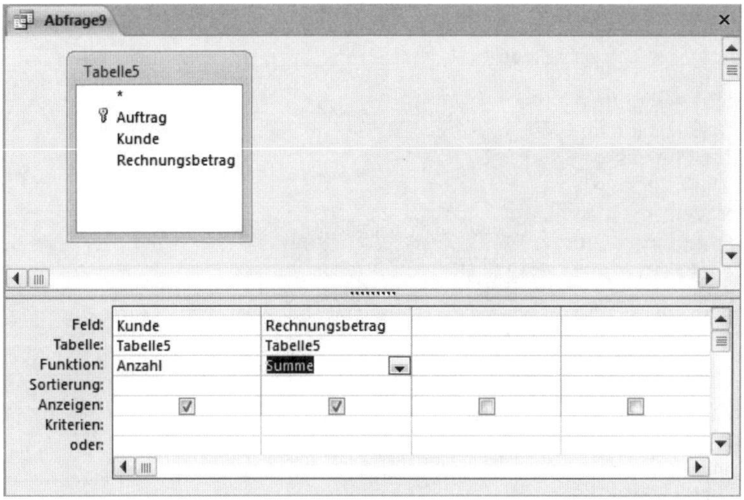

Abbildung 6.39
Hier werden die Funktionen angezeigt. In der Zeile *Funktion* wurden *Anzahl* und *Summe* verwendet.

Um die Auswahl wieder abzuschalten, wählen Sie über das Listenfeld *Zurückgeben* die Option *Alle*. In der Abfrage werden wieder alle Werte angezeigt.

TIPP Wenn Sie beispielsweise das Gegenteil erreichen wollen – also die geringsten Werte einer Tabelle anzeigen wollen –, sortieren Sie das entsprechende Feld in aufsteigender Reihenfolge.

Zusammenfassende Funktionen einsetzen

Sie können anstelle der Feldinhalte für die Datenfelder auch zusammenfassende Auswertungen – wie die Summe oder die Anzahl, das Minimum, das Maximum oder andere statistische Kenngrößen – anzeigen lassen.

» Erstellen Sie eine neue Abfrage. Benutzen Sie als Basis wieder die gerade schon einmal benutzte *Tabelle5*. Fügen Sie wieder in den Entwurfsbereich je eine Spalte für die Tabellenfelder *Kunde* und *Rechnungsbetrag* hinzu.

» 

Klicken Sie auf die Schaltfläche *Summen* in der Gruppe *Einblenden/Ausblenden* im Menüband. Im Entwurfsbereich wird eine neue Zeile mit dem Namen *Funktion* eingefügt. Standardmäßig ist hier die Funktion *Gruppierung* eingestellt. Das bedeutet, dass in der Abfrage die Datensätze der zugrunde liegenden Tabelle aufgelistet werden.

» 

Markieren Sie die Spalte *Kunde* im Entwurfsbereich. Wählen Sie in der Spalte *Funktion* die Funktion aus, die Sie zur Auswertung benutzen wollen. Beispielsweise können Sie durch Wahl von *Anzahl* die Zahl der Datensätze anzeigen lassen.

» Wählen Sie auf dieselbe Weise für die Feldspalte *Rechnungsbetrag* die Funktion *Summe* (→ Abbildung 6.39).

» 

Schalten Sie zur Kontrolle zur Datenblattansicht. Hier werden dann die Ergebnisse angezeigt. Sie finden hier die Anzahl der Kunden und die Summe der Rechnungsbeträge (→ Abbildung 6.40).

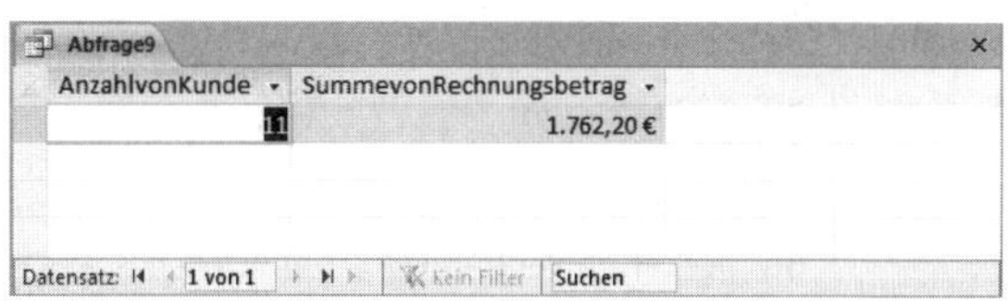

Abbildung 6.40 Die Anzahl und die Summe werden angezeigt. Die Einzelwerte erscheinen nicht.

» Speichern Sie die Abfrage unter dem Namen *Abfrage9*, und schließen Sie sie.

TIPP Die Wirkung der Funktion können Sie durch einen nochmaligen Klick auf die *Funktionen* wieder abschalten. Ein weiterer Klick schaltet die gewählte Funktion wieder ein. Wenn Sie für ein Feld mehrere verschiedene Funktionen benutzen wollen - beispielsweise die typischen statistischen Kenngrößen *Anzahl* und *Mittelwert* -, führen Sie dieses Feld mehrfach in die Abfrage ein und benutzen für die einzelnen Spalten die gewünschten Funktionen.

6.3.2 Filtern der Ergebnisse

Eine weitere wichtige Aufgabe von Auswahlabfragen liegt im Filtern der Daten. Sie können dabei ein einzelnes oder mehrere Kriterien einsetzen. Bei mehreren Kriterien können Sie diese durch *UND* oder *ODER* miteinander verknüpfen - die Kriterien also gemeinsam oder alternativ einsetzen. Dazu verwenden Sie die Zeilen *Kriterien* im Entwurfsbereich.

Ein einfaches Filterkriterium einsetzen

Wenn Sie beispielsweise dafür sorgen wollen, dass nur Datensätze mit einem bestimmten Inhalt als Ergebnis angezeigt werden sollen, benutzen Sie diesen Inhalt der Zeile *Kriterien*.

» Erstellen oder öffnen Sie die Abfrage wie gewohnt. Für diese Übung können Sie die bereits definierte *Abfrage1* benutzen.

» Geben Sie in der Zeile *Kriterien* die Filterbedingung ein. Sie können beispielsweise einfach einen in der Tabelle verwendeten Feldinhalt eingeben - beispielsweise den Namen *Simon*. Access setzt die erforderlichen Anführungszeichen davor und danach, wenn Sie sie nicht selbst eingeben.

» 

Schalten Sie um zur Datenblattansicht der Abfrage. Darin werden dann nur diejenigen Datensätze angezeigt, die den Filterbedingungen entsprechen (→ Abbildung 6.41).

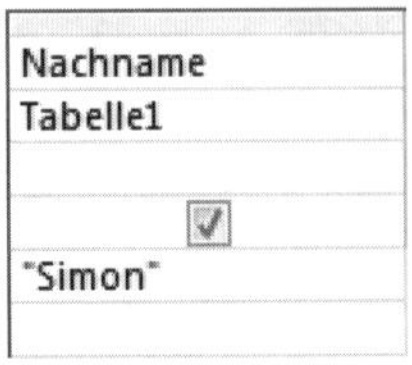

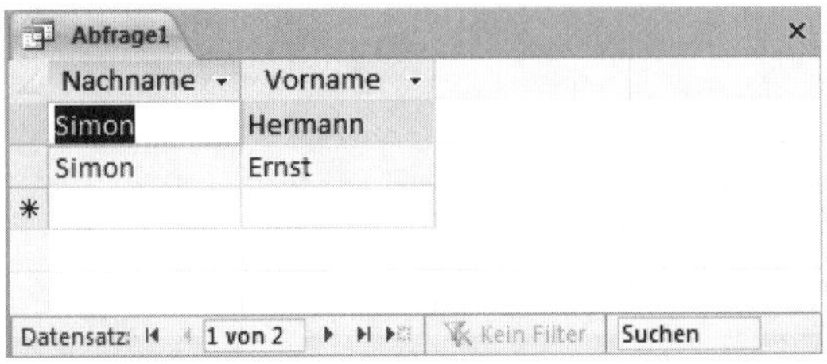

Abbildung 6.41 Hier lautet der Filter *Simon*.

» Schalten Sie dann den Filter wieder aus. Wechseln Sie zurück zur Entwurfsansicht und löschen den Eintrag in der Zeile *Kriterien*.

Mehrere Kriterien zum Filtern verwenden

Sie können beim Filtern mehrere Kriterien verwenden und diese entweder über eine *UND*- oder eine *ODER*-Bedingung verknüpfen. Eine *UND*-Verknüpfung zeigt nur Daten an, die beiden Kriterien genügen, bei *ODER* muss mindestens ein Kriterium zutreffen.

» Kriterien für eine *UND*-Verknüpfung von Filterbedingungen werden in andere Spalten in derselben Zeile im Entwurfsbereich eingegeben (→ Abbildung 6.42).

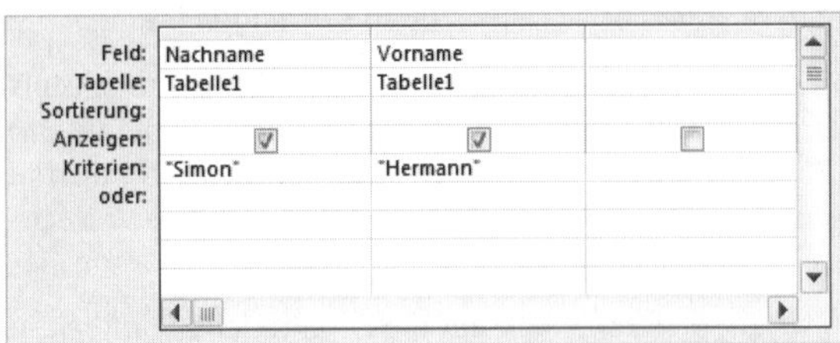

Abbildung 6.42 Eine *UND*-Verknüpfung

» Kriterien für eine *ODER*-Verknüpfung von Filterformeln werden in weitere Zeilen derselben Spalte im Entwurfsbereich eingegeben (→ Abbildung 6.43).

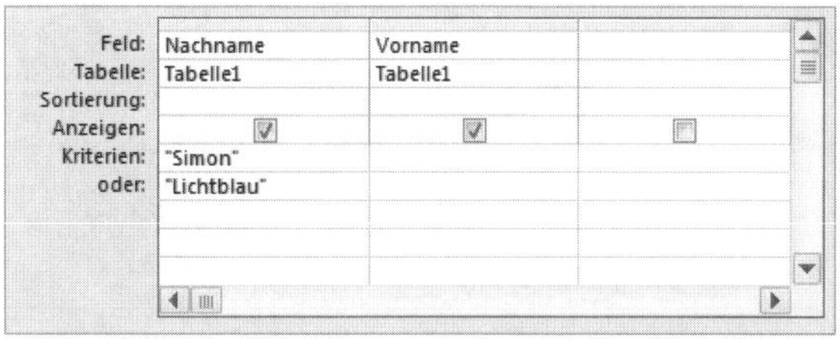

Abbildung 6.43 *UND*-Verknüpfung und *ODER*-Verknüpfung

» Sie können auch einen Mix von *UND* und *ODER* verwenden (→Abbildung 6.44).

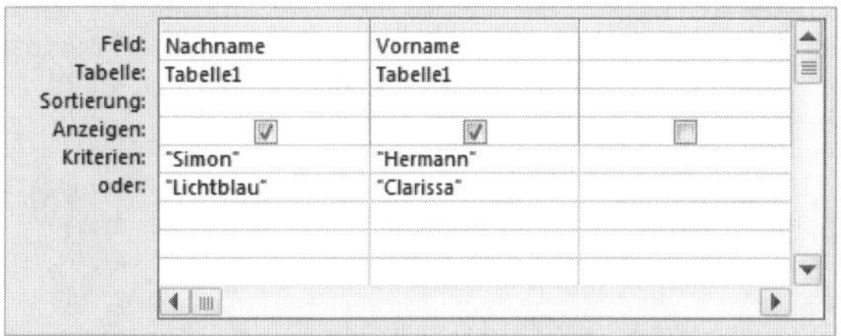

Abbildung 6.44 Ein Mix von *UND* und *ODER*

Für die Reihenfolge der Filterbedingungen gilt, dass die Kriterien von oben nach unten bzw. von links nach rechts ausgewertet werden. Das bedeutet, dass zuerst alle mit *ODER* verknüpften Kriterien eines Felds verarbeitet werden, bevor die mit *UND* verknüpften Bedingungen für dieses Feld zum Tragen kommen.

Datumswerte

Beachten Sie, dass die Datumswerte im Ausdruck mit Rautenzeichen # umgeben werden. Access verarbeitet einen in Rautenzeichen gesetzten Wert als Datentyp vom Typ *Datum/Uhrzeit*. Da diese Werte als *Datum/Uhrzeit*-Daten verarbeitet werden, können Sie Berechnungen auf diese Werte anwenden und beispielsweise ein Datum von einem anderen subtrahieren. Wenn Sie beispielsweise wünschen, dass in der Abfrage nur Datensätze angezeigt werden sollen, bei denen die Eintragungen in einem Datumsfeld zwischen dem *1.1.2010* und dem *31.12.2010* liegen, geben Sie in der Kriterienzeile für dieses Feld den Ausdruck *ZWISCHEN #1.1.2010# UND #31.12.2010#* ein.

Platzhalter in Filterkriterien

Sie können bei der Formulierung der Filterkriterien *Platzhalter* verwenden (→ Tabelle 6.4). Beispielsweise steht das Zeichen *?* für ein beliebiges einzelnes Zeichen, und das Zeichen * steht für eine beliebige Kette von Zeichen. Nachdem Sie die Eingabe bestätigt haben, wird dieser Ausdruck in der internen Syntax des Programms mit dem vorangestellten *Wie* versehen.

Beispiel	Wirkung für
Wie »A«*	Alle Einträge, die mit *A* beginnen
*Wie »*A«*	Alle Einträge, die mit *A* enden
Wie »A« Oder »B*«*	Alle Einträge, die mit *A* oder *B* beginnen
Wie »[A-C]«*	Alle Einträge, die mit *A*, *B* oder *C* beginnen

Tabelle 6.4 Platzhalter für den Filter

Andere Filterkriterien

Wollen Sie nach Einträgen filtern, die nicht einem Kriterium entsprechen, sondern kleiner, größer oder einfach nur anders sind als der als Kriterium verwendete Wert, müssen Sie mit logischen Vergleichsoperatoren arbeiten (→ Tabelle 6.5). Auf diese Weise können Sie beispielsweise nur solche Einträge anzeigen lassen, in denen die Zahlenwerte über einem bestimmten Betrag liegen.

Beispiel	Wirkung
= *20*	Alle Einträge, die *20* lauten
<> *20*	Alle Einträge, die nicht *20* lauten
> *20*	Alle Einträge, die größer sind als *20*
< *20*	Alle Einträge, die kleiner sind als *20*
> = *20*	Alle Einträge, die größer oder gleich *20* sind
< = *20*	Alle Einträge, die kleiner oder gleich *20* sind

Tabelle 6.5 Vergleichkriterien für den Filter

Sie können diese Operatoren nicht nur für Zahlenwerte, sondern auch für Texteinträge einsetzen (→ Tabelle 6.6).

Beispiel	Wirkung
< *»Simon«*	Alle Einträge, die im Alphabet vor *Simon* stehen
< = *»Simon«*	*Simon* und alle Einträge, die im Alphabet vor *Simon* stehen
> *»Simon«*	Alle Einträge, die im Alphabet nach *Simon* stehen
> = *»Simon«*	*Simon* und alle Einträge, die im Alphabet nach *Simon* stehen
= *»Simon«*	Alle Einträge, die *Simon* lauten
<> *»Simon«*	Alle Einträge, die nicht *Simon* lauten

Tabelle 6.6 Vergleichskriterien für Textfelder

Zusätzlich können Sie noch mit anderen Formen arbeiten (→ Tabelle 6.7).

Kriterien	Auswirkung
>=*»Simon«*	Gibt alle Datensätze ab *Simon* bis zum Ende des Alphabets zurück.
Zwischen #2.2.2010# Und #1.12.2010#	Gibt Daten zwischen dem 2. Februar 2010 und dem 1. Dezember 2010 (ANSI-89) zurück. Wenn in der Datenbank ANSI-92-Platzhalterzeichen verwendet werden, verwenden Sie einfache Anführungszeichen (,) anstelle der Nummernzeichen (#). Beispiel: Zwischen ,2.2.2010' Und ,1.12.2010'
Nicht »Deutschland«	Findet alle Datensätze, in denen die genauen Inhalte des Felds nicht *Deutschland* entsprechen. Durch das Kriterium werden Datensätze zurückgegeben, die neben *Deutschland* noch weitere Zeichen enthalten, beispielsweise *Deutschland (Ost)* oder *Europa (Deutschland)*.
Nicht »Z«*	Findet alle Datensätze, die nicht mit dem Buchstaben *Z* beginnen. Fügen Sie anstelle des Sternchens das Prozentzeichen % ein, wenn in der Datenbank ANSI-92-Platzhalterzeichen verwendet werden.
*Nicht »*X«*	Findet alle Datensätze, die nicht auf *X* enden. Verwenden Sie das Prozentzeichen anstelle des Sternchens, wenn Ihre Datenbank den ANSI-92-Platzhalter-Zeichensatz verwendet.
In(Kanada,GB)	Findet in einer Liste alle Datensätze, die »Kanada« oder »GB« enthalten.
*Wie »*Si*«*	Ruft alle Datensätze ab, die die Buchstabenfolge *Si* enthalten.
Wie »Ernst Sim??«	Findet alle Datensätze, die mit *Ernst* beginnen und eine zweite aus fünf Buchstaben bestehende Zeichenfolge enthalten, deren erste drei Buchstaben *Sim* lauten und deren letzte beiden Buchstaben unbekannt ist. Wenn in der Datenbank *ANSI-92*-Platzhalterzeichen verwendet werden, verwenden Sie den Unterstrich anstelle des Fragezeichens.
#2.2.2010#	Findet alle Datensätze für den *2. Februar 2010*. Schließen Sie das Datum in einfache Anführungszeichen anstelle von Nummernzeichen # ein, wenn in der Datenbank ANSI-92-Platzhalterzeichen verwendet werden.
< *Datum() - 30*	Verwendet die Funktion *Datum*, um alle Datumsangaben zurückzugeben, die älter als 30 Tage sind (→ unten).
Datum()	Verwendet die Funktion *Datum*, um alle Datensätze zurückzugeben, die das heutige Datum enthalten (→ unten).
Zwischen Datum() Und DatAdd(»M«, 3, Datum())	Verwendet die Funktionen *Datum* und *DatAdd*, um alle Datensätze zwischen dem heutigen Datum und dem Datum in drei Monaten ab heute zurückzugeben.
Ist Null	Gibt alle Datensätze zurück, die einen (leeren oder nicht definierten) *NULL*-Wert enthalten.
Ist Nicht Null	Gibt alle Datensätze zurück, die einen Wert enthalten.
»«	Gibt alle Datensätze zurück, die eine leere Zeichenfolge enthalten. Leere Zeichenfolgen verwenden Sie, wenn Sie einem erforderlichen Feld einen Wert hinzufügen müssen, Sie aber diesen Wert noch nicht kennen.

Tabelle 6.7 Weitere Beispiele für Kriterien

6.3.3 Parameterabfragen

Eine *Parameterabfrage* ist kein eigener Abfragetyp, sondern sie erweitert die Flexibilität von Abfragen. Mittels einer solchen Parameterabfrage können Sie erreichen, dass beim Öffnen einer Abfrage zunächst nach dem Wert eines Parameters gefragt wird. Nachdem Sie diesen eingegeben und bestätigt haben, werden in der Abfrage nur noch Datensätze ausgegeben, die diesem Wert entsprechen.

TIPP Sie können Parameter auch in einem Bericht

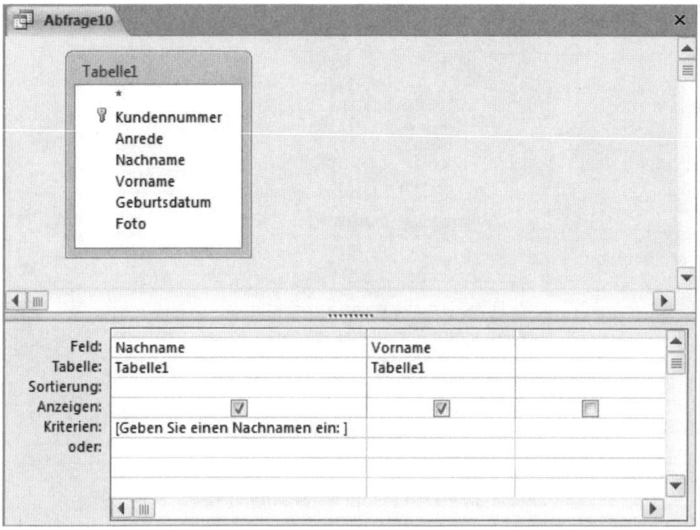

Abbildung 6.45
Das Kriterium wurde in der entsprechenden Zeile eingegeben.

erstellen, sodass Sie beim Ausführen des Berichts dazu aufgefordert werden, Kriterien anzugeben. Sie können Formulare verwenden, um das Auflisten und Übergeben von Abfrage- und Berichtsparametern auf folgende Weise zu verbessern.

Eine einfache Parameterabfrage benutzen

Sie können eine einfache Parameterabfrage benutzen, die Sie bei jedem Ausführen zur Angabe eines Werts auffordert, nachdem die Datensätze gefiltert werden.

Das Ergebnis einer solchen Aufgabe finden Sie im Objekt *Abfrage10* in der Datei *Datenbank6*. Wenn Sie die Aufgabe selbst nachvollziehen wollen, verwenden Sie die folgenden Schritte:

» Erstellen Sie eine Abfrage auf Basis von *Tabelle1*. Übernehmen Sie die Felder *Nachname* und *Vorname*.

» Geben Sie in der Zeile *Kriterien* einen Text ein, der bei der Ausführung der Abfrage als Eingabeaufforderung erscheinen soll – beispielsweise den Text *Geben Sie den Nachnamen ein:* Setzen Sie diese Aufforderung in eckige Klammern (→ Abbildung 6.45). Diese können Sie über die Tastenkombinationen [Alt]+[9][1] und [Alt]+[9][3] (die Zahlen auf der Zehnertastatur) erzeugen.

» 

Führen Sie die Abfrage aus. Oder schalten Sie um zur Datenblattansicht. Die definierte Eingabeaufforderung wird eingeblendet (→Abbildung 6.46).

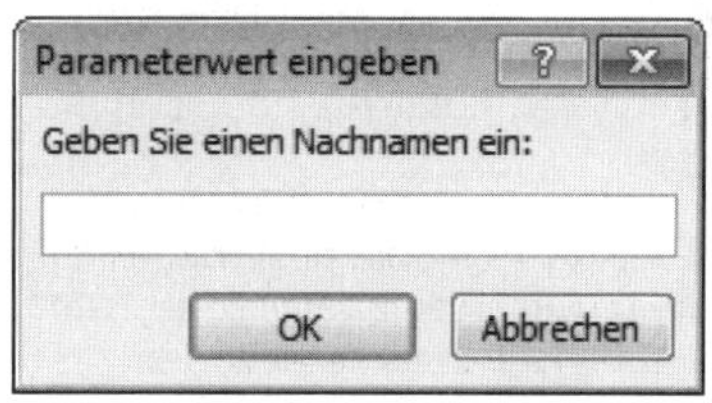

Abbildung 6.46 Das Dialogfeld *Parameterwert eingeben*. Beachten Sie, dass der Text dem aus der Zeile *Kriterien* entspricht.

» Geben Sie das Kriterium ein, für das die Abfrage durchgeführt werden soll. Geben Sie hier einen der in der Tabelle vorhandenen Einträge – beispielsweise *Simon* – ein. Sie müssen hierbei keine Anführungszeichen tippen.

» Bestätigen Sie über die Schaltfläche *OK*. Die Datensätze, die dem Kriterium *Simon* entsprechen, werden in der Datenblattansicht angezeigt (→ Abbildung 6.47).

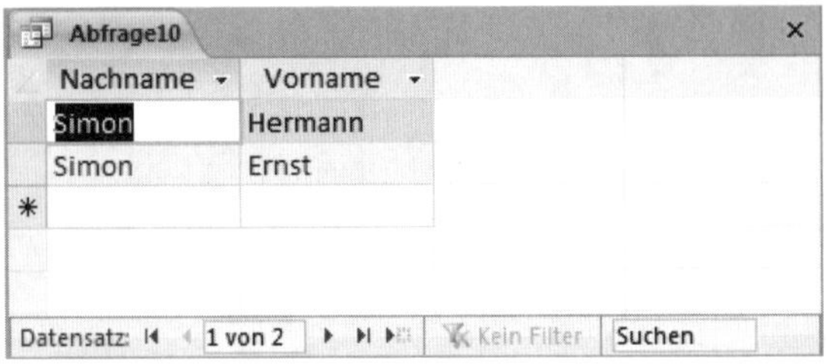

Abbildung 6.47 Die Daten wurden mit dem Parameter *Simon* gefiltert.

» Speichern Sie die Abfrage unter dem Namen *Abfrage10*, und schließen Sie sie zuletzt.

TIPP Sie können einen solchen Parameter auch für mehrere Feldspalten eingeben. Die Aufforderungen werden dann bei der Ausführung der Abfrage nacheinander eingeblendet.

Vergleichen anhand von ungleichen Werten

Möglicherweise möchten Sie einen Parameter auflisten, die Abfrage soll jedoch keine Zeilen mit einem übereinstimmenden Wert, sondern Zeilen zurückgeben, für die andere Vergleichskriterien gelten. Sie können damit beispielsweise die Datensätze anzeigen lassen wollen, bei denen der Umsatz mit den Kunden eine bestimmte Grenze überschreitet.

» Erstellen Sie eine Abfrage auf Basis von *Tabelle2*. Übernehmen Sie die Felder *Kundennummer* und *Umsatz*.

» Geben Sie in der Zeile *Kriterien* der Spalte *Umsatz* das Kriterium für die Auswahl ein. Wenn Sie nach einem Minimalumsatz abfragen wollen, könnten Sie hier den Ausdruck *>[Minimalumsatz]* eingeben (→ Abbildung 6.48). Setzen Sie die Aufforderung wieder in eckige Klammern.

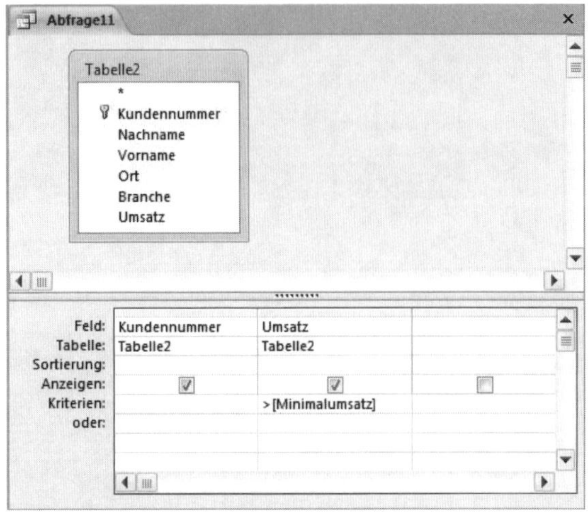

Abbildung 6.48 Das Kriterium wurde eingegeben.

» 

Führen Sie die Abfrage aus. Oder schalten Sie um zur Datenblattansicht. Die definierte Eingabeaufforderung wird eingeblendet (→ Abbildung 6.49).

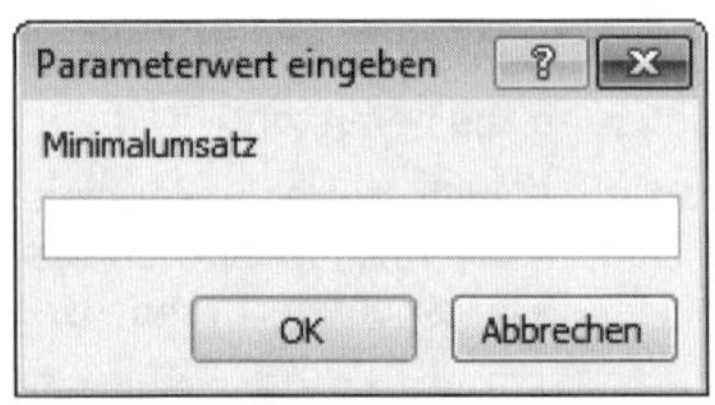

Abbildung 6.49 Das Dialogfeld *Parameterwert eingeben.* Beachten Sie wieder, dass der Text dem aus der Zeile *Kriterien* entspricht.

» Geben Sie das Kriterium ein, für das die Abfrage durchgeführt werden soll. Geben Sie hier einen Wert – beispielsweise *1000* – ein. Bestätigen Sie über die Schaltfläche *OK*. Die Datensätze, die dem Kriterium entsprechen, werden in der Datenblattansicht angezeigt (→ Abbildung 6.50).

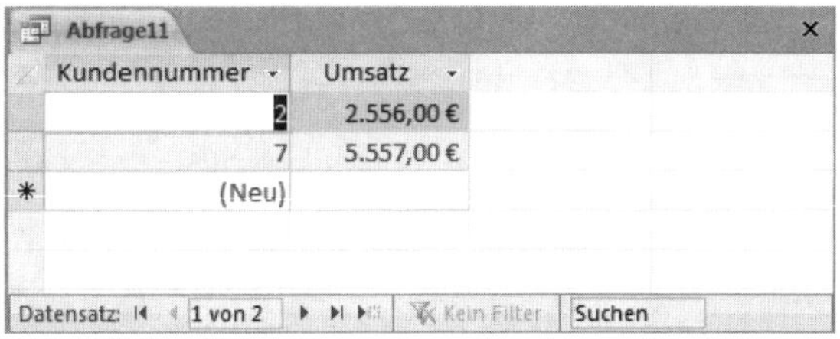

Abbildung 6.50 Die Datensätze mit einem Umsatz über 1.000 € werden angezeigt.

» Speichern Sie die Abfrage unter dem Namen *Abfrage11*, und schließen Sie sie abschließend.

Parameterzeichenfolge für Teilzeichenfolgen

Es kann vorkommen, dass Sie die Art und Weise, wie die Abfrage einen Parameter zuweist, etwas variieren möchten. Möglicherweise möchten Sie, dass beispielsweise eine Abfrage eine Textzeichenfolge akzeptiert und diese mit einem Teil eines Felds vergleicht. Verwenden Sie hierzu das *Like*-Schlüsselwort zusammen mit Platzhalterzeichen. Stattdessen können Sie auch den deutschen Ausdruck *Wie* verwenden.

» Erstellen Sie eine Auswahlabfrage auf Basis von *Tabelle6*. Übernehmen Sie das Feld *Bank* und – wenn Sie wollen – auch die anderen Felder der Tabelle.

» Geben Sie für die Spalte *Bank* in der Zeile *Kriterien* des Felds einen Aufruf ein, den Text, der als Abfrage verwendet und dem ein Parameter zugewiesen werden soll. Benutzen Sie beispielsweise *Like »*«&[Feld beinhaltet:]&»*«* oder *Wie »*«&[Feld beinhaltet:]&»*«* (→ Abbildung 6.51).

» 

Wenn Sie die Parameterabfrage ausführen, wird die Eingabeaufforderung im Dialogfeld ohne eckige Klammern sowie ohne das *Like*-Schlüsselwort und ohne das Platzhalterzeichen angezeigt (→ Abbildung 6.52).

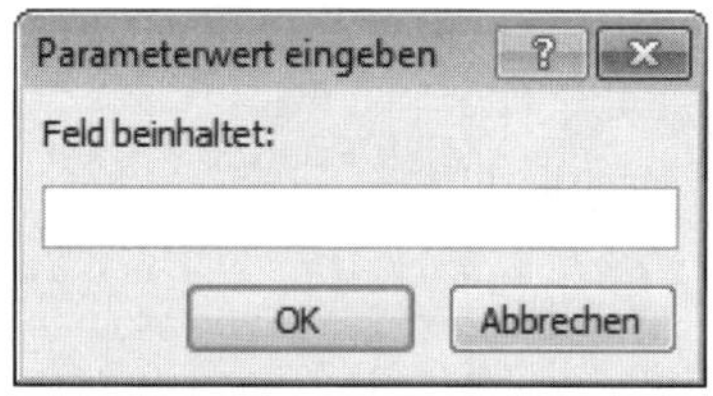

Abbildung 6.52 Das Dialogfeld *Parameterwert eingeben*. Es benutzt wieder den Text aus der Zeile *Kriterien*.

» Wenn die Abfrage den Parameter akzeptiert, vergleicht sie Werte, die die Parameterzeichenfolge enthalten. Die Parameterzeichenfolge *Bank* vergleicht beispielsweise Datensätze, bei denen dieser Ausdruck im Feld auftaucht (→ Abbildung 6.53).

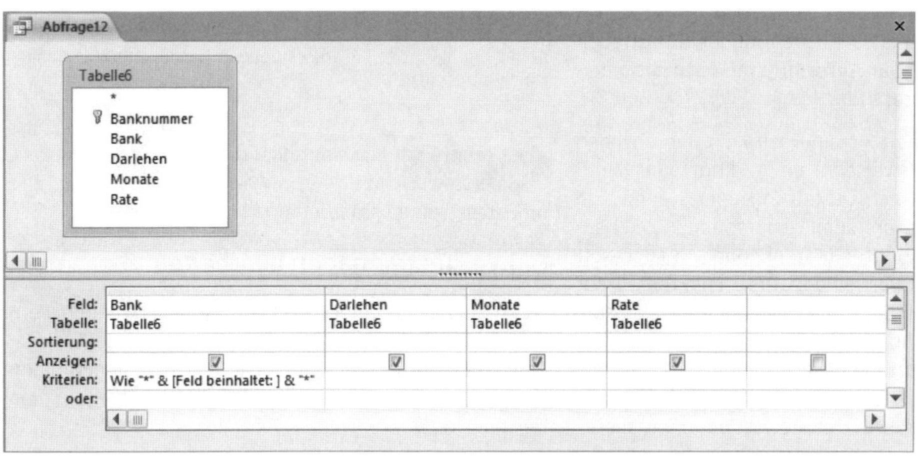

Abbildung 6.51 Das Kriterium wurde formuliert.

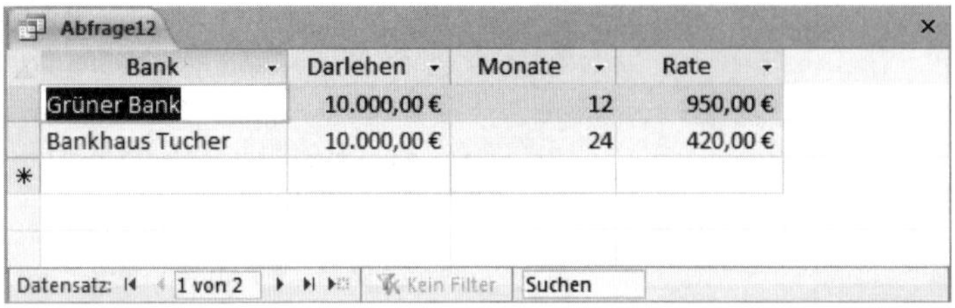

Abbildung 6.53
Die Datensätze werden angezeigt.

TIPP Sie können mit dem *Like*-Schlüsselwort und Platzhalterzeichen auch angeben, dass ein Parameter den Anfang oder das Ende eines Feldwerts vergleichen soll. Um den Anfang eines Feldwerts zu vergleichen, lassen Sie die Anführungszeichen, das Platzhalterzeichen und das kaufmännische *Und*-Zeichen (&) vor der öffnenden eckigen Klammer weg. Um das Ende eines Feldwerts zu vergleichen, lassen Sie das kaufmännische *Und*-Zeichen, die Anführungszeichen und das Platzhalterzeichen nach der schließenden eckigen Klammer weg.

6.4 Feldinhalte berechnen

Nachdem Sie jetzt das Grundprinzip der Arbeit mit Abfragen kennen, können wir uns einer weiteren wichtigen Aufgabe dieser Objektgruppe zuwenden: dem Berechnen von Daten aus den Grunddaten einer Tabelle. Innerhalb einer Tabelle können Sie eine solche Aufgabe in der Version 2010 auch erledigen, vorher war das nicht möglich. Meist ist es aber zu empfehlen, diese Funktionalität einer Abfrage zu überlassen. Statt über Abfragen zu arbeiten, können Sie Berechnungen aber auch in den später beschriebenen Formularen oder Berichten durchführen (→ Kapitel 9).

Zum Berechnen können Sie einerseits mit den üblichen Operatoren – beispielsweise für die Addition oder Multiplikation – arbeiten. Auch Verkettungsoperationen sind möglich, die zwei Zeichenfolgen zu einer neuen Zeichenfolge kombinieren. Außerdem steht Ihnen in Microsoft Access eine Vielzahl von eingebauten Funktionen zur Verfügung, von denen Sie zumindest einige kennen sollten. Sie können darüber beispielsweise arithmetische oder finanzmathematische Berechnungen durchführen, Zeichenfolgen bearbeiten, Kalkulationen mit Datums- und Zeitwerten ermitteln, Formate festlegen und mehr.

Wenn Sie sich in der Syntax noch nicht so gut auskennen, sollten Sie zur Definition der Ausdrücke den Ausdrucks-Generator benutzen, den Sie – nach dem Markieren der gewünschten Spalte im Definitionsbereich – durch Drücken [⇧]+[F2] aufrufen können (→ Abbildung 6.55).

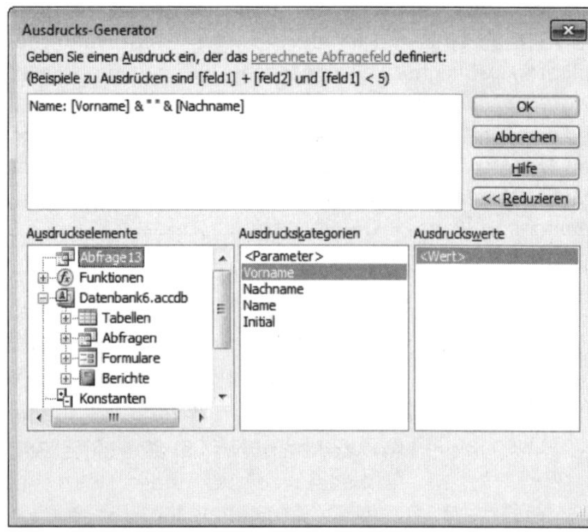

Abbildung 6.54 Der Ausdrucks-Generator dient zur Definition komplexerer Ausdrücke.

REFERENZ Umfangreichere Hinweise zur Arbeit mit diesem Werkzeug finden Sie im Referenzteil zu diesem Buch (→ Kapitel 21).

6.4.1 Texteingaben bearbeiten

Wenn Sie Zeichenfolgen als Feldinhalte verwenden, können Sie diese über Operatoren und geeignete Funktionen ändern lassen und daraus auch neue Zeichenfolgen erstellen. Die nachfolgenden Abschnitte liefern einige Beispiele dafür.

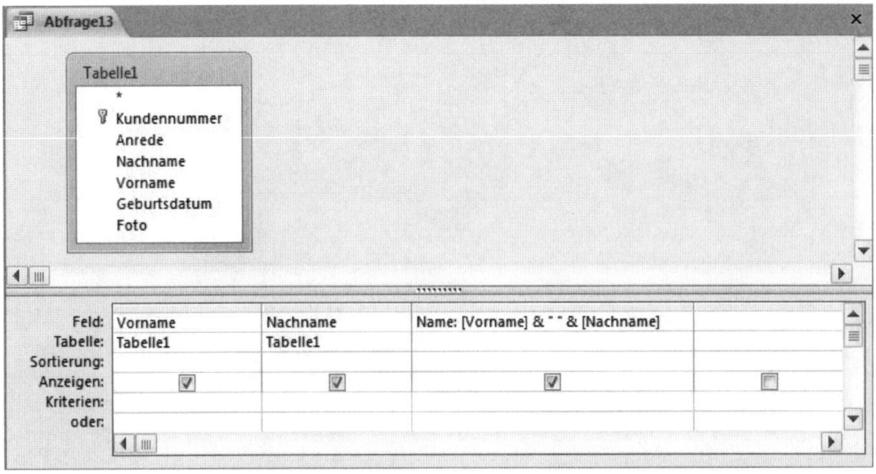

Abbildung 6.55 In der dritten Spalte wird die Berechnung durchgeführt. Hier werden Texte aus zwei Feldern verknüpft.

Texte verknüpfen

Sie können die vorhandenen Daten beispielsweise miteinander verknüpfen. Beispielsweise können Sie die Eintragungen in zwei Feldern *Vorname* und *Nachname* zu einem Feld *Name* zusammenführen. Dazu können Sie den Verkettungsoperator *&* benutzen.

» Erstellen Sie eine neue Abfrage auf Basis von *Tabelle1* in der Entwurfsansicht. Übernehmen Sie dafür die Felder *Vorname* und *Nachname* in den Entwurfsbereich.

» Definieren Sie im Entwurfsbereich ein neues Feld *Name*, in dem die Inhalte dieser Felder - getrennt durch ein Leerzeichen - zusammengefasst werden. Wenn Sie in solchen Ketten neben den Feldinhalten auch mit festen Daten - dazu gehören auch Leerzeichen - arbeiten wollen, müssen Sie diese in Anführungszeichen setzen. Verwenden Sie beispielsweise den Ausdruck *Name: [Vorname] & „ „ & [Nachname]* (→ Abbildung 6.55). Die eckigen Klammern können Sie bei der Eingabe auch weglassen. Access setzt sie automatisch, nachdem Sie die Eingabe abgeschlossen haben.

» 

Schalten Sie zur Kontrolle um zur Anzeige der Ergebnisse. Dazu können Sie auf die Schaltfläche *Ausführen* klicken. Die Kombination der beiden Bestandteile wird mit angezeigt (→ Abbildung 6.56).

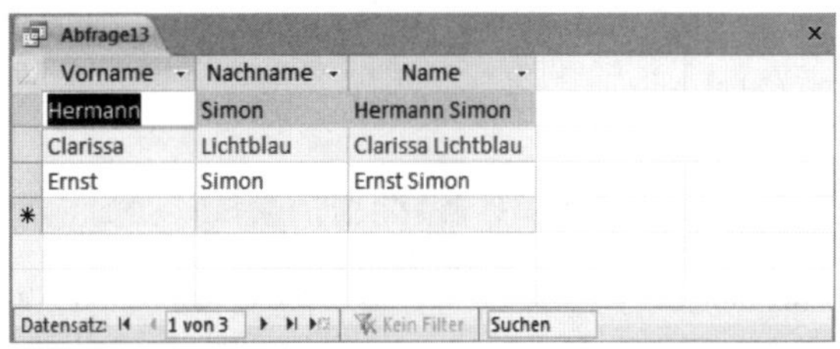

Abbildung 6.56 Die Bestandteile des Namens werden kombiniert.

» Speichern Sie die Abfrage unten dem Namen *Abfrage13*, und schließen Sie sie durch einen Klick auf die übliche Schaltfläche in der Titelleiste.

Textfunktionen einsetzen

Eine große Zahl von Funktionen erleichtert Ihnen das Arbeiten mit Texten. Beispielsweise liefert die Funktion *Links* eine bestimmte Anzahl von Zeichen am Anfang einer Zeichenkette. Das könnten Sie einsetzen, um aus den Inhalten von *Vorname* und *Nachname* die Initialen der Person abzuleiten.

» Öffnen Sie die eben erstellte *Abfrage13* wieder in der Entwurfsansicht.

» Definieren Sie im Entwurfsbereich ein neues Feld *Initial*, in dem die Anfangsbuchstaben der Inhalte dieser Felder zusammengefasst werden. Verwenden Sie dazu den Ausdruck *Initial: Links([Vorname];1) & Links([Nachname];1)* (→ Abbildung 6.57).

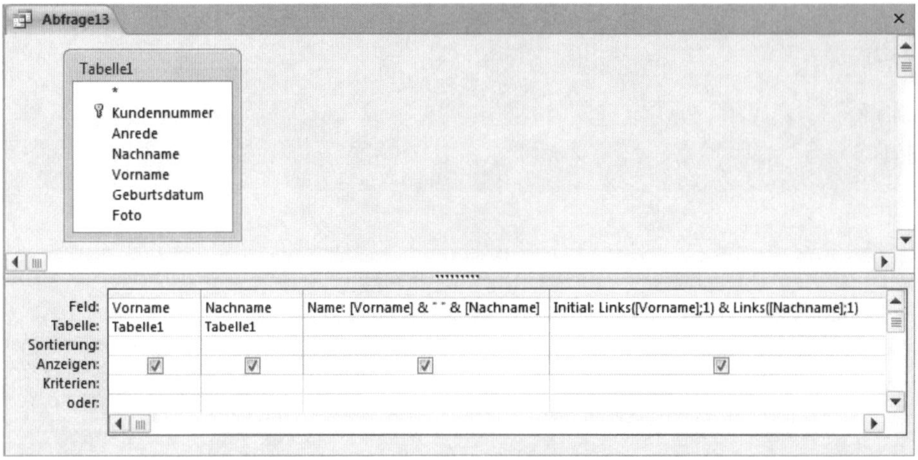

Abbildung 6.57
Hier werden die Initialen bestimmt.

» 

Klicken Sie auf *Ausführen*. Die Initialen der beiden Bestandteile werden mit angezeigt (→ Abbildung 6.58).

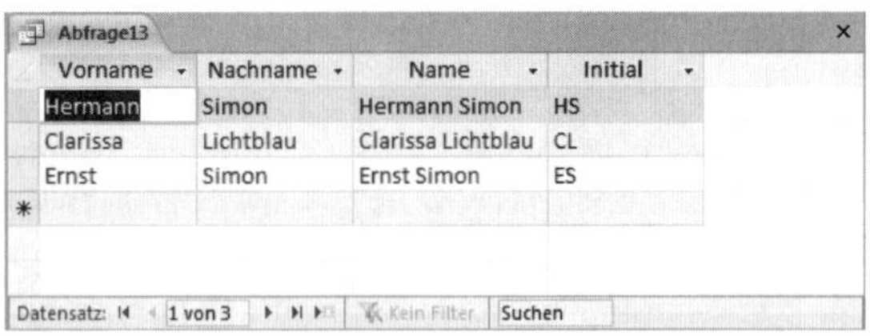

Abbildung 6.58 Die Initialen werden angezeigt.

» Speichern und schließen Sie die Abfrage durch einen Klick auf die übliche Schaltfläche in der Titelleiste.

Weitere Funktionen zur Bearbeitung von Texten

Einige weitere Funktionen aus diesem Bereich sind vielleicht von Interesse:

» Die Funktion *StrReverse* kehrt die Reihenfolge der eingegeben Zeichenkette um.

» Mithilfe der *StrVgl*-Funktion können Sie zwei Zeichenfolgen vergleichen. Diese Funktion gibt eine Ganzzahl zurück: Ein positiver Ergebniswert weist darauf hin, dass die erste Zeichenfolge größer als die zweite ist. Ein negatives Ergebnis zeigt an, dass die erste Zeichenfolge kleiner ist. *0* bedeutet, dass beide Zeichenfolgen übereinstimmen.

» Sie können die gesamte Zeichenfolge mithilfe der Funktionen *Großbst* und *Kleinbst* in Groß- bzw. Kleinbuchstaben konvertieren.

» Die Funktion *Rechts* ermittelt eine bestimmte Anzahl von Zeichen am Ende einer Zeichenkette. Wie viele Zeichen extrahiert werden sollen, müssen Sie über ein zusätzliches Argument angeben.

» Die *Länge*-Funktion gibt die Anzahl der Zeichen in der Folge zurück.

» In einigen Situationen ist es notwendig, nachstehende oder führende Leerzeichen aus einer Zeichenfolge zu entfernen. Das können Sie mithilfe der *Glätten*-Funktion erreichen.

REFERENZ Eine mehr detaillierte Darstellung der wichtigsten Funktionen für die Bearbeitung von Texten finden Sie im Referenzteil dieses Buches (→ Kapitel 21).

6.4.2 Berechnungen mit Zahlenwerten

Berechnungen führen Sie wahrscheinlich meist mit Zahlenwerten durch. Bei einer einfachen arithmetischen Berechnung werden die Werte mithilfe von *arithmetischen Operatoren* miteinander verknüpft (→ Tabelle 6.8).

Operator	Verwendung
+	Addiert zwei Werte.
-	Subtrahiert einen Wert von einem anderen.
*	Multipliziert zwei Werte.
/	Dividiert einen Wert durch einen anderen.
\	Dividiert, gibt aber nur eine ganze Zahl zurück.
^	Erhebt einen Wert zum Exponenten eines anderen Wertes.
Mod	Gibt den Rest einer Division zurück.

Tabelle 6.8 Arithmetische Operatoren

» Die Operatoren +, -, * und / bedürfen wohl keiner weiteren Erklärung.

» Der Operator ^ ermöglicht Berechnungen mit Exponenten. Beispielsweise quadriert *X^2* den Wert von *X*. Wenn Sie für den Exponenten eine Zahl kleiner als *1* verwenden, können Sie damit Wurzeln ziehen. *X^(1/2)* berechnet beispielsweise die Quadratwurzel aus *X*, der Ausdruck *X^(1/3)* die dritte Wurzel. Die Basis kann nur einen negativen Wert haben, wenn der Exponent eine ganze Zahl ist.

» Mithilfe des Operators \ können Sie den ganzzahligen Wert einer Division ermitteln. Mit diesem Operator können nur ganzzahlige Werte verwendet werden. Der Ausdruck *5\2* liefert beispielsweise das Ergebnis *2*.

» Den verbleibenden Rest der Division können Sie über *Mod* ermitteln. *Mod* steht für *Modulo* und gibt den Rest an, der bei einer Division eines *Dividenden* - der Zahl über dem Bruchstrich - durch einen *Divisor* - der Zahl unter dem Bruchstrich - übrig bleibt. Der Ausdruck *5 Mod 2* ergibt beispielsweise *1*.

Sie können mehrere Operatoren in einer Anweisung verwenden und so zu etwas komplizierten Berechnungen kommen. Solche komplexen Ausdrücke können viele verschiedene Typen von Operatoren enthalten. Bei rein numerischen Ausdrücken folgen die Operatoren einem exakten Vorrangsmuster:

» Generell gilt zunächst die alte Regel *Punktrechnung vor Strichrechnung* - was bedeutet, dass in einer Berechnungskette zuerst die Verknüpfungen mit den Operatoren * (für Multiplikation) und / (für Division) durchgeführt werden müssen und dann die Verknüpfungen über + (für Addition) und - (für Subtraktion). Eine Berechnungskette wie *5+4*3-2/1* ergibt also *15*, denn *4*3=12*, *2/1=2* und *5+12-2=15*, weil die Operatoren * und / eine höhere Priorität haben als die Operatoren + und -.

» Der Vorrang und die Orientierung können mit *Klammerausdrücken* gesteuert werden. Wenn Sie einen Ausdruck in Klammern setzen, erzwingen Sie damit, dass dieser Ausdruck ungeachtet des Operatorvorrangs zuerst ausgewertet wird. Wenn also zwei Werte miteinander addiert und das Ergebnis mit einem dritten Wert multipliziert werden soll, müssen Sie die zuerst zu addierenden Werte in Klammern setzen, bevor Sie die Multiplikation durchführen. Beispielsweise ergibt die Anweisung *(5+4)*3* den Wert *27*, denn *5+4=9* und *9*3=27*. Entsprechendes gilt beispielsweise für eine Subtraktion vor einer Division.

Die Mehrwertsteuer berechnen

Beispielsweise können Sie mithilfe solcher einfacher Operatoren aus einem Nettobetrag die Mehrwertsteuer und den Bruttobetrag berechnen.

» Erstellen Sie eine Abfrage auf Basis von *Tabelle7*. Übernehmen Sie die Felder *Artikelnummer* und *Preis*. Sorgen Sie dafür, dass die Abfrage in der Entwurfsansicht angezeigt wird.

» Definieren Sie im Entwurfsbereich ein neues Feld *MwSt*, in dem die Mehrwertsteuer zu den Inhalten dieses Feldes berechnet wird. Verwenden Sie dazu den Ausdruck *MwSt: 0,19*[Preis]*.

» Definieren Sie ein weiteres Feld *Preis+ MwSt*, in dem die Felder *Preis* und *MwSt* addiert werden. Verwenden Sie dazu den Ausdruck *Preis+ MwSt: [Preis]+[MwSt]* (→ Abbildung 6.59).

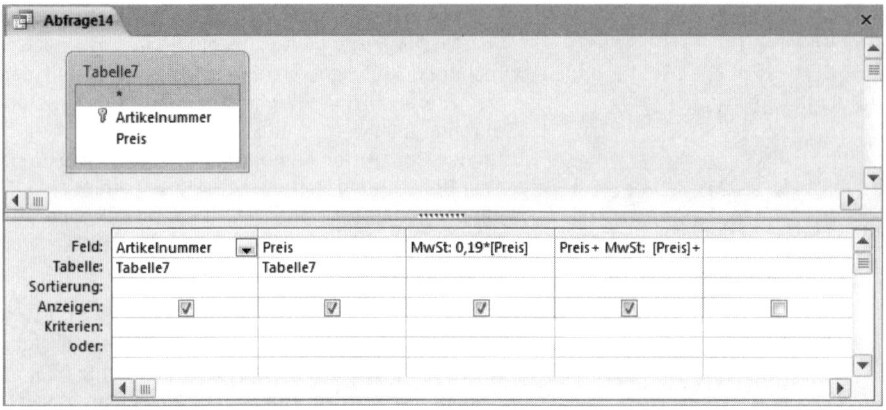

Abbildung 6.59
Hier wird die Mehrwertsteuer berechnet und auch gleich zum Preis addiert.

» 

Damit die so berechneten Zahlenwerte auch gleich im richtigen Format angezeigt werden, lassen Sie das *Eigenschaftenblatt* durch einen Klick auf die gleichnamige Schaltfläche in der Gruppe *Einblenden/Ausblenden* anzeigen (→ Abbildung 6.60). Markieren Sie dann nacheinander die neu erstellten Spalten, und wählen Sie für diese in der Zeile *Format* des Eigenschaftenblatts die Option *Euro*.

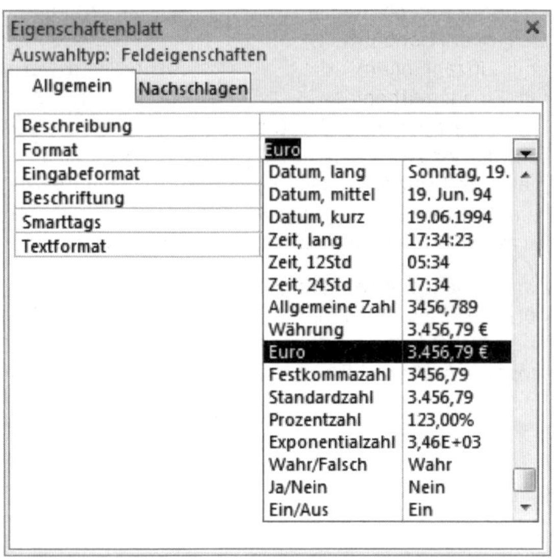

Abbildung 6.60 Wählen Sie das Format *Euro* zur Anzeige der Ergebnisse.

» Schließen Sie das *Eigenschaftenblatt* durch einen Klick auf die übliche Schaltfläche in der Titelleiste.

» 

Klicken Sie auf *Ausführen*. Das Ergebnis der Berechnung wird angezeigt (→ Abbildung 6.61).

» Speichern Sie die Abfrage unter *Abfrage14*, und schließen Sie sie durch einen Klick auf die übliche Schaltfläche in der Titelleiste.

Weitere mathematische Funktionen

Wenn Sie ein wenig von Mathematik verstehen, wird Ihnen der Einsatz einiger anderer mathematischer Funktionen schnell verständlich sein:

» Mit der Funktion *Abs* wird der absolute Wert einer Zahl - also der Wert ohne Vorzeichen - berechnet. Beispielsweise ergibt *Abs(14,7)* den Wert *14,7*, *Abs(-3,1)* erzeugt *3,1*.

» Das Vorzeichen eines Zahlenwertes können Sie über *Vorzchn* bestimmen. Der Rückgabewert ist entweder *+1* oder *-1*. Beispielsweise liefert *Vorzchn(14,7)* den Wert *1*, *Vorzchn(-3,1)* erzeugt *-1*.

» Mit der *QWurzel*-Funktion berechnen Sie die Quadratwurzel einer Zahl. Beispielsweise liefert *QWurzel(4)* den Wert *2*. Höhere Wurzeln können Sie auch über den Operator ^ bestimmen.

» Die Funktion *Logarithmus* errechnet den natürlichen Logarithmus einer Zahl. Der natürliche Logarithmus ist der Logarithmus zur Basis e. Die Konstante e ent-

Abfrage14

Artikelnummer	Preis	MwSt	Preis+ MWS
1	133,02 €	25,2738	158,29 €
2	80,70 €	15,333	96,03 €
3	768,58 €	146,0302	914,61 €
4	253,24 €	48,1156	301,36 €
5	607,38 €	115,4022	722,78 €
6	349,38 €	66,3822	415,76 €
7	364,49 €	69,2531	433,74 €
8	778,87 €	147,9853	926,86 €
9	833,19 €	158,3061	991,50 €
10	691,41 €	131,3679	822,78 €
11	833,22 €	158,3118	991,53 €
12	252,49 €	47,9731	300,46 €
13	235,91 €	44,8229	280,73 €
14	175,75 €	33,3925	209,14 €
15	10,97 €	2,0843	13,05 €
16	24,60 €	4,674	29,27 €
17	653,80 €	124,222	778,02 €
18	28,51 €	5,4169	33,93 €
19	823,94 €	156,5486	980,49 €
20	2,94 €	0,5586	3,50 €

Datensatz: 1 von 240 Kein Filter Suchen

Abbildung 6.61
Die Mehrwertsteuer wird berechnet und zum Preis addiert.

spricht ungefähr dem Wert *2,718282*. Das erforderliche Argument muss ein positiver Wert sein.

» Mit *Exponential* wird eine Potenz zur Basis e zurückgegeben. Die Umkehrung – den natürlichen Logarithmus – berechnen Sie über die Funktion *Logarithmus*.

» Zum Runden eines Zahlenwertes auf die nächste ganze Zahl benutzen Sie die Funktion *Runden*. Beispielsweise liefert *Runden(2,8)* den Wert *2*.

» Zur Berechnung von trigonometrischen Funktionen benutzen Sie Funktionen wie *Sin*, *Cos* und *Tan*. Den Kotangens können Sie als reziproken Wert des Tangens ermitteln. In allen Fällen müssen Sie den Radianten des Winkels benutzen. Wenn Sie also einen Winkel in *Grad* vorliegen haben, müssen Sie ihn erst in *Rad* umrechnen.

REFERENZ Eine mehr detaillierte Darstellung der wichtigsten mathematischen Funktionen finden Sie im Referenzteil dieses Buches (→ Kapitel 21).

Einen Zinssatz berechnen

Diverse Funktionen stehen Ihnen auch für finanzmathematische Berechnungen zur Verfügung. Als Argumente dieser Funktionen werden Cashflows (regelmäßige Aus- und Einzahlungen) sowie weitere Bestimmungswerte der Finanzmathematik – Zinssatz, Abschreibungswert und andere – verwendet. Diese Funktionen sind etwas schwieriger zu verstehen als die der normalen Mathematik. Im Prinzip handelt es sich aber dabei immer darum, mehrere Zahlungen sowie Anfangs- und Endbeträge mit einem Zinssatz ins Gleichgewicht zu bringen.

Ein typisches Anwendungsbeispiel wäre die Berechnung des Zinssatzes für den Fall, dass Sie ein Darlehen mit monatlichen Raten über eine bestimmte Anzahl von Monaten zurückzahlen müssen.

» Erstellen Sie eine neue Abfrage auf der Basis der vorhandenen *Tabelle6*. Sie finden darin unter anderem die Felder *Darlehen* (für die Höhe des Darlehens), *Raten* (die Höhe der Rückzahlungsraten) und *Monate* (die Anzahl der Rückzahlungen). Übernehmen Sie alle Felder einzeln.

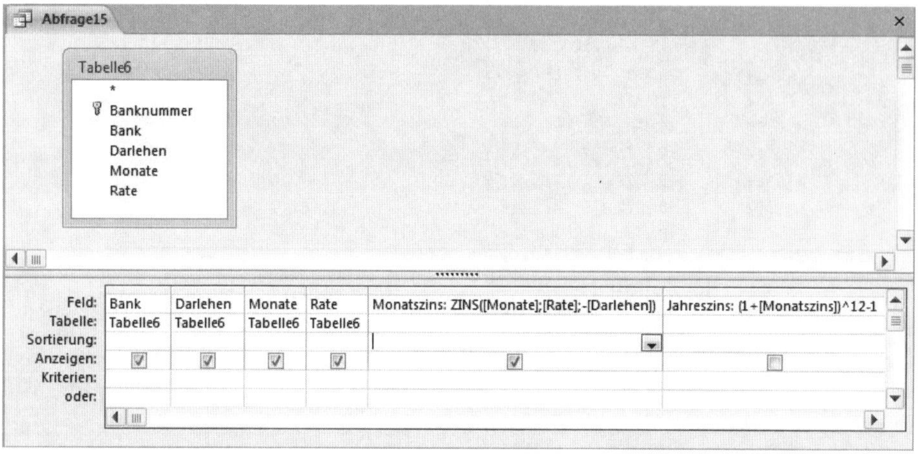

Abbildung 6.62
Hier werden die Zinsen berechnet.

- » Definieren Sie im Entwurfsbereich ein neues Feld *Monatszins*, in dem die effektive Zinsrate zu den Eingaben berechnet wird. Verwenden Sie dazu den Ausdruck *Monatszins: ZINS([Monate];[Rate];-[Darlehen])*. Beachten Sie, dass die finanzmathematischen Funktionen die Richtung der Zahlungsströme durch ein entsprechendes Vorzeichen kennzeichnen. Im konkreten Fall muss entweder das Argument *Rate* oder – wie hier geschehen – das Argument *Darlehen* negativ eingegeben werden.
- » Da es sich bei den eingegebenen Rückzahlungsraten und deren Anzahl um Monatswerte handelt, ist das Ergebnis von *Zins* auch eine monatliche Zinsrate. Sie können diese mit einer normalen mathematischen Funktion auf das Jahr hochrechnen. Dazu definieren Sie ein weiteres Feld *Jahreszins* mit dem Ausdruck *Jahreszins: (1+[Monatszins])^12-1* (→ Abbildung 6.62).
- » Zinswerte werden üblicherweise im Prozentformat angegeben. Lassen Sie das *Eigenschaftenblatt* durch einen Klick auf die gleichnamige Schaltfläche in der Gruppe *Einblenden/Ausblenden* anzeigen. Markieren Sie dann nacheinander die neu erstellten Spalten, und wählen Sie für diese in der Zeile *Format* des Eigenschaftenblatts die Option *Prozentzahl*. Schließen Sie das *Eigenschaftenblatt* dann wieder durch einen Klick auf die übliche Schaltfläche in der Titelleiste.
- » 

Klicken Sie auf *Ausführen*. Das Ergebnis der Berechnung wird angezeigt (→ Abbildung 6.63).
- » Speichern Sie die Abfrage unter dem Namen *Abfrage15*, und schließen Sie sie durch einen Klick auf die übliche Schaltfläche in der Titelleiste.

REFERENZ Eine mehr detaillierte Darstellung der wichtigsten finanzmathematischen Funktionen finden Sie im Referenzteil dieses Buches (→ Kapitel 21).

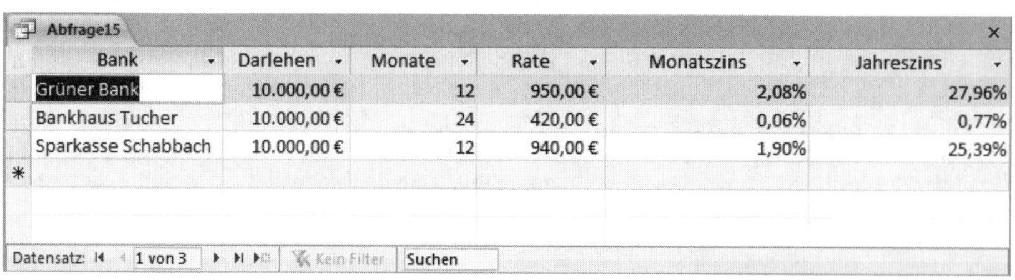

Bank	Darlehen	Monate	Rate	Monatszins	Jahreszins
Grüner Bank	10.000,00 €	12	950,00 €	2,08%	27,96%
Bankhaus Tucher	10.000,00 €	24	420,00 €	0,06%	0,77%
Sparkasse Schabbach	10.000,00 €	12	940,00 €	1,90%	25,39%

Abbildung 6.63
Monats- und Jahreszins werden berechnet und angezeigt.

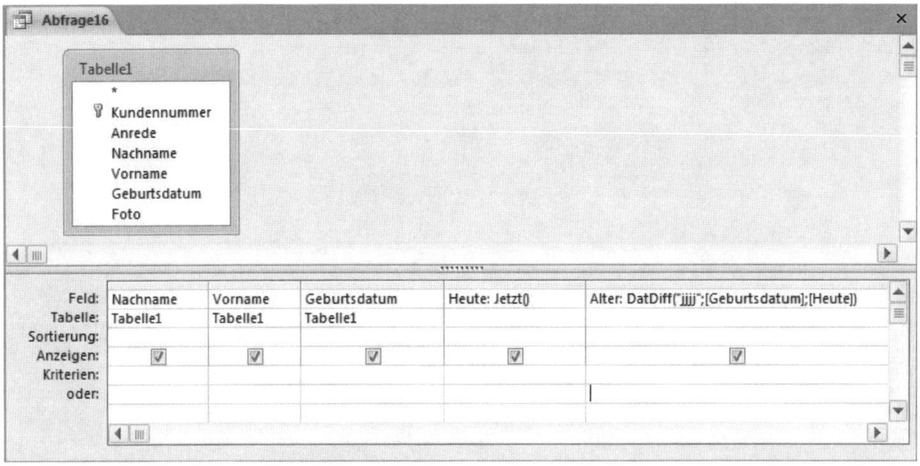

Abbildung 6.64
Hier wird das aktuelle Datum ermittelt.

6.4.3 Datumswerte berechnen

Mithilfe diverser Funktionen können Sie auch an Feldern mit Datums- und Uhrzeitangaben Berechnungen durchführen.

Datumsdifferenzen bilden

Mit der Funktion *DatDiff* können Sie die Differenz zwischen zwei Datumsangaben in Jahren, Monaten oder Tagen bestimmen. Ein typisches Beispiel dafür wäre die Bestimmung des Alters einer Person.

» Erstellen Sie eine neue Abfrage auf Basis von *Tabelle1*, und übernehmen Sie die Namensfelder und das Feld *Geburtsdatum*. Sorgen Sie dafür, dass die *Abfrage* in der Entwurfsansicht angezeigt wird.

» Definieren Sie im Entwurfsbereich ein neues Feld mit dem Namen *Heute*, in dem das aktuelle Datum angegeben wird. Benutzen Sie dafür den Ausdruck *Heute: Jetzt()*.

» Definieren Sie ein weiteres Feld *Alter*, in dem die Differenz zwischen *Heute* und *Geburtsdatum* bestimmt wird. Verwenden Sie dazu den Ausdruck *Alter: DatDif f(»jjjj«;[Geburtsdatum];[Heute])* (→ Abbildung 6.64). Der erste Parameter *»jjjj«* sorgt dafür, dass die Differenz in Jahren angezeigt wird. Sie können stattdessen *»m«* für Monate oder *»t«* für Tage verwenden. Es stehen aber auch andere Einheiten zu Verfügung.

» Damit im Feld *Heute* nur das Datum in einer kurzen Form angezeigt wird, müssen Sie wieder das *Eigenschaftenblatt* für diese Spalte bemühen. Lassen Sie es durch einen Klick auf die gleichnamige Schaltfläche in der Gruppe *Einblenden/Ausblenden* anzeigen. Markieren Sie dann die Spalte *Heute*, und wählen Sie in der Zeile *Format* des Eigenschaftenblatts die Option *Datum, kurz*. Schließen Sie das *Eigenschaftenblatt* dann wieder durch einen Klick auf die übliche Schaltfläche in der Titelleiste.

» 

Klicken Sie auf *Ausführen*. Die Ergebnisse der Berechnung werden mit angezeigt (→ Abbildung 6.65).

» Speichern Sie die Abfrage unter dem Namen *Abfrage16*, und schließen Sie die Abfrage durch einen Klick auf die übliche Schaltfläche in der Titelleiste.

Weitere Funktionen zum Rechnen mit Datumsangaben

Zwei weitere Funktionen zur Berechnung von Datumswerten könnten von Interesse sein:

» Die Funktion *Wochentagsname* ermittelt aus einem Integer-Wert den Namen eines Wochentages. Standardmäßig liefert *Wochentagsname(1)* beispielsweise den Text *Montag*. Welcher Tag der Woche als erster Tag gelten soll, können Sie über zusätzliche Argumente angeben.

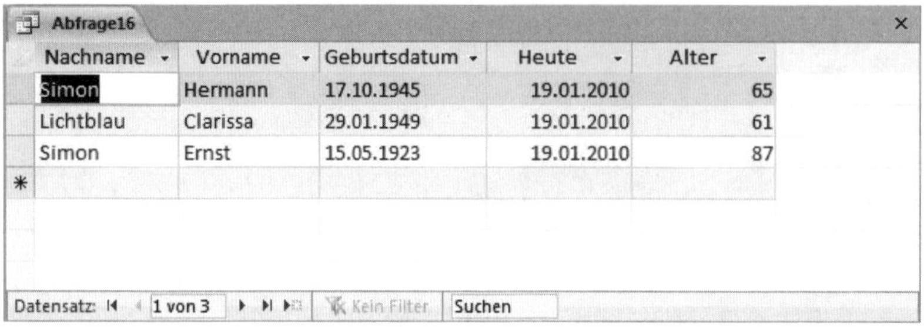

Abbildung 6.65
Das Alter wird ermittelt.

» Mit der Funktion *DatAdd* können Sie Zeitintervalle zu einem Datum addieren. Die Syntax ist *DatAdd(Intervall, Anzahl, Datum)*, wobei zu einem *Datum* eine bestimmte *Anzahl* von *Intervallen* - Jahren, Monaten Tagen oder anderem - hinzugefügt wird. Als Code dient hier wieder derselbe, den Sie schon von der Funktion *DatDiff* her kennen. Ist *Anzahl* negativ, so werden die Intervalle abgezogen.

REFERENZ Eine mehr detaillierte Darstellung der wichtigsten Funktionen für die Bearbeitung von Datumsangaben in einer Datenbank finden Sie im Referenzteil dieses Buches (→ Kapitel 21).

6.4.4 Domänenaggregatfunktionen

Unter einer Domäne versteht man eine Gruppe von Datensätzen, die beispielsweise durch eine Abfrage definiert wird. *Domänenaggregatfunktionen* geben statistische Informationen zu einer bestimmten Domäne oder einer Gruppe von Datensätzen zurück. Alle vorhandenen Funktionen dieser Art benutzen dieselbe Form von Syntax. Die lautet *Domänenaggregatfunktion (Ausdruck, Domäne, Kriterien)*. Die ersten beiden Kriterien sind erforderlich, das dritte ist optional (→ Tabelle 6.9).

Sie können eine solche Domänenaggregatfunktion beispielsweise in der Zeile *Kriterien* oder in einem berechnenden Feld einer Auswahlabfrage verwenden, um die Ergebnisse auf Datensätze zu beschränken, in denen bestimmte Kriterien zutreffen.

Argument	Beschreibung
Ausdruck	Ein Ausdruck, der das Feld mit den numerischen Daten identifiziert. Meist können Sie hierfür einfach den Namen des Feldes verwenden.
Domäne	Ein Zeichenfolgenausdruck, der die Datensätze identifiziert, die die Domäne bilden. Es kann sich um einen Tabellennamen oder um einen Abfragenamen für eine Abfrage handeln, die keinen Parameter erfordert.
Kriterien	Ein Zeichenfolgenausdruck zur Beschränkung des Datenbereichs, für den die *DAvg*-Funktion ausgeführt wird. Wenn dieses Argument nicht angegeben wird, wertet die *DAvg*-Funktion für die gesamte Domäne aus. Ein in Kriterien angegebenes Feld muss auch in der Domäne enthalten sein.

Tabelle 6.9 Die Argumente der Domänenaggregatfunktionen

Außerdem können Sie sie in einem Modul für Visual Basic für Applikationen (VBA), einem Makro, einem Abfrageausdruck oder einem berechneten Steuerelement in einem Formular oder in einem Bericht einsetzen (→ Tabelle 6.10). Es ist empfehlenswert, sich generell an die englischsprachige Schreibweise zu gewöhnen, denn diese funktioniert auch in VBA. Wenn Sie diese im Abfrageentwurf einsetzen, wird der Ausdruck nach der Bestätigung der Eingabe in die deutschsprachige umgewandelt; die Eingabe *DAvg* wechselt dann zu *DomMittelwert*.

Funktion	Beschreibung
DAvg	Sie können die *DAvg*-Funktion verwenden, um den Mittelwert einer Wertemenge in einer angegebenen Datensatzgruppe zu bestimmen. Sie können in einem berechneten Feldausdruck einer Berechnungsabfrage entweder die *DAvg*-Funktion oder die *Avg*-Funktion verwenden. Wenn Sie die *DAvg*-Funktion verwenden, wird für die Werte vor dem Gruppieren der Daten ein Mittelwert berechnet. Beim Verwenden der *Avg*-Funktion werden die Daten zunächst gruppiert, bevor für die Werte im Feldausdruck ein Mittelwert berechnet wird. Wenn es sich beim Datentyp des Felds, von dem *Ausdruck* abgeleitet wird, um eine Zahl handelt, gibt die *DAvg*-Funktion den Datentyp *Double* zurück.
DCount	Verwenden Sie die *DCount*-Funktion, um die Anzahl der Datensätze in einer Domäne zu zählen, wenn die einzelnen Werte nicht relevant sind. Das Argument *Ausdruck* kann zwar eine Berechnung für ein Feld durchführen, aber die *DCount*-Funktion hält einfach die Anzahl der Datensätze fest. Der Wert einer von *Ausdruck* ausgeführten Berechnung ist nicht verfügbar.
DFirst und *DLast*	Sie können die Funktionen *DFirst* und *DLast* verwenden, damit ein zufällig ausgewählter Datensatz aus einem bestimmten Feld in einer Tabelle oder einer Abfrage zurückgegeben wird, wenn Sie einfach irgendeinen Wert aus diesem Feld benötigen. Wenn der erste oder letzte Datensatz in einer Datensatzgruppe zurückgegeben werden soll, sollten Sie eine auf- oder absteigend sortierte Abfrage erstellen und die *TopValues*-Eigenschaft auf *1* festlegen.
DLookup	Sie können die *DLookup*-Funktion verwenden, um den Wert eines bestimmten Felds aus einer angegebenen Datensatzgruppe abzurufen. Die Funktion gibt einen einzelnen Feldwert zurück, der auf den unter *Kriterien* angegebenen Informationen basiert. Obwohl das Argument *Kriterien* optional ist, gibt die *DLookup*-Funktion einen zufällig abgerufenen Wert in der Domäne zurück, wenn Sie keinen Wert für *Kriterien* angeben. Wenn kein Datensatz die Bedingungen unter *Kriterien* erfüllt oder wenn *Domäne* keine Datensätze enthält, gibt die *DLookup*-Funktion einen Nullwert zurück.
DMin und *DMax*	Sie können die Funktionen *DMin* und *DMax* verwenden, um die Mindest- und Höchstwerte in einer bestimmten Datensatzgruppe zu ermitteln. Die Funktionen geben jeweils den Mindest- und den Höchstwert zurück, der die Bedingungen unter *Kriterien* erfüllt. Wenn *Ausdruck* numerische Daten identifiziert, geben die Funktionen numerische Werte zurück. Wenn *Ausdruck* Zeichenfolgendaten identifiziert, geben die Funktionen die alphabetisch erste bzw. letzte Zeichenfolge zurück. Die Funktionen ignorieren Nullwerte in dem Feld, auf das *Ausdruck* verweist. Wenn jedoch kein Datensatz die Bedingungen unter *Kriterien* erfüllt oder wenn *Domäne* keine Datensätze enthält, geben die Funktionen *DMin* und *DMax* einen Nullwert zurück.
DStDev und *DStDevP*	Um die Standardabweichung von Werten in einer angegebenen Domäne zu schätzen, können Sie die *DStDev*- und die *DStDevP*-Funktionen verwenden. Verwenden Sie die *DStDevP*-Funktion, um eine Population auszuwerten, und die *DStDev*-Funktion, um ein Stichprobe der Population auszuwerten. Wenn sich *Domäne* auf weniger als zwei Datensätze bezieht oder wenn weniger als zwei Datensätze die angegebenen *Kriterien* erfüllen, geben die *DStDev*- und *DStDevP*-Funktionen einen Nullwert aus, was darauf hinweist, dass keine Standardabweichung berechnet werden kann.
DSum	Um die Summe einer Wertemenge in einer angegebenen Datengruppe zu berechnen, können Sie die *DSum*-Funktionen verwenden. Wenn kein Datensatz das Argument *Kriterien* erfüllt oder wenn Domäne keine Datensätze enthält, gibt die *DSum*-Funktion einen Nullwert zurück.
DVar und *DVarP*	Um die Varianz von Werten in einer angegebenen Datensatzgruppe zu schätzen, können Sie die *DVar*- und die *DVarP*-Funktionen verwenden. Verwenden Sie die *DVarP*-Funktion, um die Varianz für eine Population zu berechnen, und die *DVar*-Funktion, um die Varianz für eine Stichprobe einer Population zu berechnen. Wenn sich *Domäne* auf weniger als zwei Datensätze bezieht oder wenn weniger als zwei Datensätze *Kriterien* erfüllen, geben die Funktionen einen Nullwert aus, was darauf hinweist, dass keine Varianz berechnet werden kann.

Tabelle 6.10 Die wichtigsten Domänenaggregatfunktionen

6.5 Arbeiten mit Aktionsabfragen

Neben der Auswahlabfrage können Sie noch eine Reihe anderer Abfragetypen einsetzen. Zum Einstellen des gewünschten Typs benutzen Sie die Schaltflächen in der Gruppe *Abfragetyp* im Menüband (→ Tabelle 6.11).

Symbol	Auswahltyp
Auswählen	*Auswählen:* erstellt die in den vorherigen Abschnitten intensiv beschriebene Auswahlabfrage.
Tabelle erstellen	*Tabelle erstellen:* liefert eine Abfrage, mit deren Hilfe Sie neue Tabellen erstellen können.
Anfügen	*Anfügen:* fügt Datensätze aus einer Tabelle an die einer anderen Tabelle hinzu.
Aktualisieren	*Aktualisieren:* ändert die Datensätze in einer Tabelle anhand von Ihnen bestimmbarer Kriterien.
Kreuztabelle	*Kreuztabelle:* erstellt eine Kreuztabelle, eine *PivotTable*, auf Basis einer Tabelle.
Löschen	*Löschen:* entfernt Datensätze aus der zugrunde liegenden Tabelle.
Union	*Union:* eine Abfrage, die den *UNION*-Operator verwendet, um die Ergebnisse zweier oder mehrerer Auswahlabfragen zu kombinieren.
Pass-Through	*Pass-Through:* eine SQL-Abfrage zum Senden von Befehlen direkt an einen ODBC-Datenbankserver. Mithilfe solcher Abfragen arbeiten Sie direkt mit den Tabellen auf dem Server, anstatt die Daten durch das Microsoft Jet-Datenbankmodul zu verarbeiten.
Datendefinition	*Datendefinition:* eine *SQL*-spezifische Abfrage, die *DDL*-Anweisungen (für *Data Definition Language*) enthält. Mit diesen Anweisungen können Sie Objekte in der Datenbank erstellen oder ändern.

Tabelle 6.11 Die Optionen in der Gruppe *Abfragetyp*

Standardmäßig ist hier der Typ *Auswahlabfrage* aktiv. Wenn Sie einen anderen Typ verwenden wollen, klicken Sie darauf.

6.5.1 Sicherheitsüberlegungen

Einige Abfragetypen ändern die Daten in den zugrunde liegenden oder anderen Tabellen. Es handelt sich hierbei also um recht gefährliche Werkzeuge. Wenn Sie eine der *Aktionsabfragen* aktiviert haben, werden Sie darum bei der Ausführung einer solchen Abfrage vor den möglichen Konsequenzen gewarnt. Erst wenn Sie in dieser Warnung auf *Ja* klicken, werden die Daten in der Tabelle geändert.

Da Sie die Ergebnisse einer Aktualisierungsabfrage nicht rückgängig machen können, sollten Sie die Datenbank sichern, bevor Sie eine Aktualisierungsabfrage ausführen. Indem Sie eine Sicherung erstellen, garantieren Sie, dass Sie die Änderungen wieder zurücknehmen können.

Die Datenbank sichern

Um die aktuell geöffnete Datenbank zu sichern, verwenden Sie die folgenden Schritte:

» Öffnen Sie das Menü *Datei*, und wählen Sie darin die Kategorie *Speichern und Veröffentlichen*. Markieren Sie in der Mitte des Fensters gegebenenfalls die Option *Datenbank speichern als*, und klicken Sie dann rechts auf *Datenbank sichern* (→ Abbildung 6.66).

» Geben Sie im Dialogfeld *Speichern unter* einen Namen sowie einen Speicherort für die Sicherungskopie an, und klicken Sie dann auf *Speichern*.

» Die ursprüngliche Datei wird von Access geschlossen, eine Sicherungskopie wird erstellt, und die ursprüngliche Datei wird wieder geöffnet.

» Schließen Sie die ursprüngliche Datei, wenn Sie eine Sicherung wiederherstellen möchten, und benennen Sie sie um, damit für die Sicherungskopie der Name der ursprünglichen Version verwendet werden kann. Weisen Sie der Sicherungskopie den Namen der ursprünglichen Version zu, und öffnen Sie dann die umbenannte Sicherungskopie in Access.

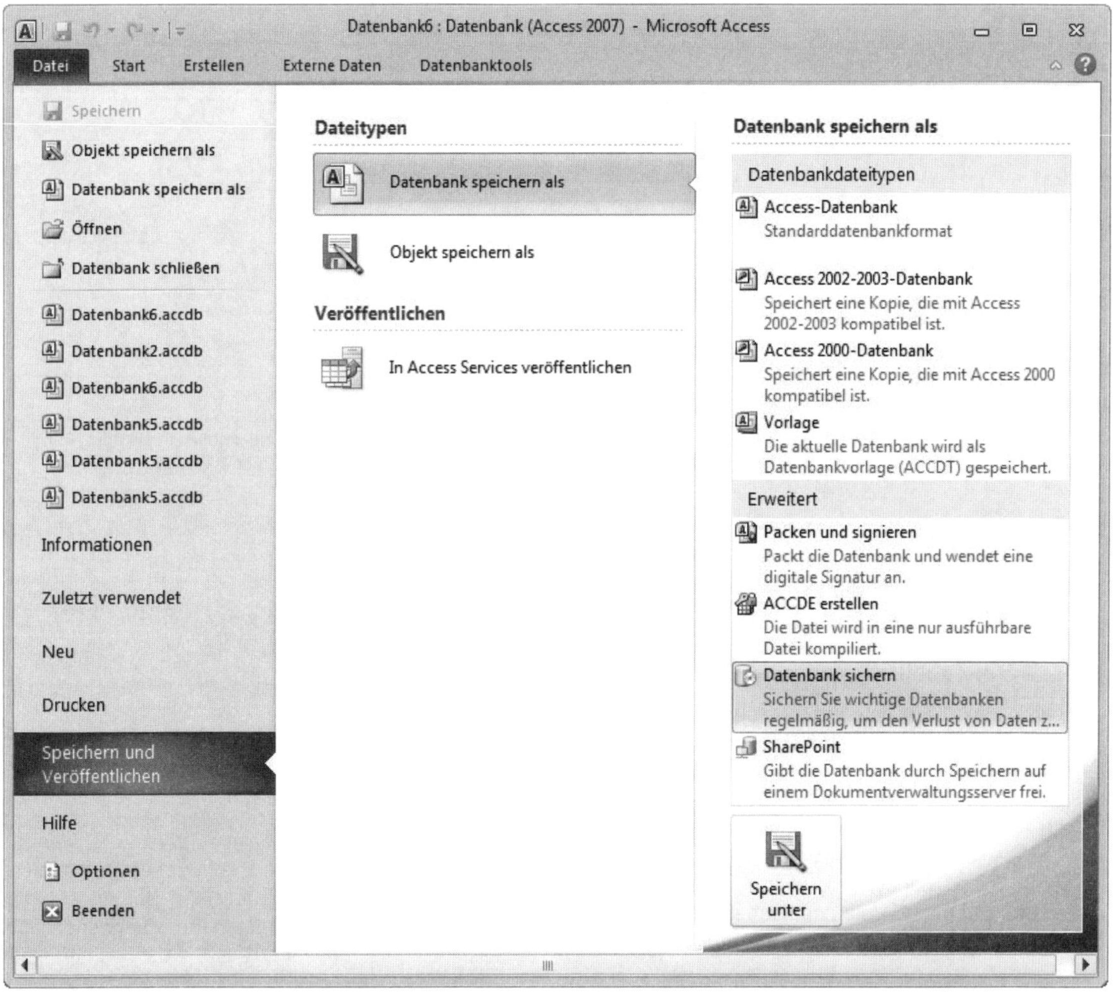

Abbildung 6.66 Der Bereich *Speichern und Veröffentlichen* im Menü *Datei*

TIPP Standardmäßig sind in Access alle Aktionsabfragen – also beispielsweise Aktualisierungs-, Anfüge-, Lösch- oder Tabellenerstellungsabfragen – deaktiviert, sofern sich die Datenbank nicht an einem vertrauenswürdigen Speicherort befindet oder die Datenbank nicht signiert und nicht vertrauenswürdig ist. Wenn Sie keine dieser Aktionen ausgeführt haben, können Sie trotzdem die Abfrage für die aktuelle Datenbanksitzung nur aktivieren, indem Sie in der Statusleiste auf *Inhalt aktivieren* klicken.

Eine Auswahlabfrage vor einer Aktionsabfrage durchführen

Die sicherste Methode der Verwendung einer Auswahlabfrage ist das vorherige Erstellen einer Auswahlabfrage, mit der Ihre Auswahlkriterien getestet werden. Angenommen, Sie möchten bestimmte Datensätze aktualisieren. Dazu können Sie zunächst einer *Auswahlabfrage* Kriterien hinzufügen, bis alle Datensätze wie gewünscht zurückgegeben werden. Wenn Sie sicher sind, dass die Abfrage die richtigen Datensätze erstellt,

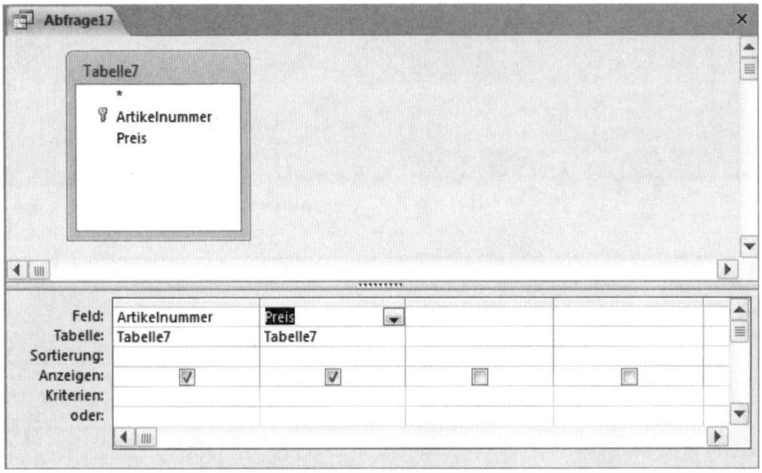

Abbildung 6.67
Diese Felder sollen in die neue Tabelle übernommen werden.

können Sie die *Auswahlabfrage* in eine Aktualisierungsabfrage *konvertieren*, die Aktualisierungskriterien eingeben und anschließend die Abfrage zum Ändern der ausgewählten Werte ausführen.

6.5.2 Die Tabellenerstellungsabfrage

Über den Befehl *Tabellenerstellungsabfrage* können Sie die über die Abfrage erstellten Datenkombinationen in einer neuen Tabelle ablegen lassen. Das empfiehlt sich beispielsweise auch, wenn Sie die Daten aus mehreren Tabellen in einer neuen Tabelle zusammenfassen möchten. Das Risiko beim Arbeiten mit einer solchen Abfrage ist gering, da vorhandene Datenbankobjekte nicht geändert werden und Sie die neue Tabelle später wieder löschen können.

Eine Tabellenerstellungsabfrage durchführen

Beginnen wir mit einem einfachen Beispiel. Die in der vorhandenen *Tabelle7* vorhandenen Daten sollen in einer neuen Tabelle abgelegt werden.

» Erstellen Sie eine neue Abfrage auf der Basis von *Tabelle7*, und fügen Sie nacheinander die Felder *Artikelnummer* und *Preis* in einzelnen Feldspalten hinzu (→ Abbildung 6.67).

» 

Wählen Sie in der Gruppe *Abfragetyp* im Menüband den Abfragetyp *Tabelle erstellen*. Das Dialogfeld *Neue Tabelle erstellen* wird angezeigt (→ Abbildung 6.68).

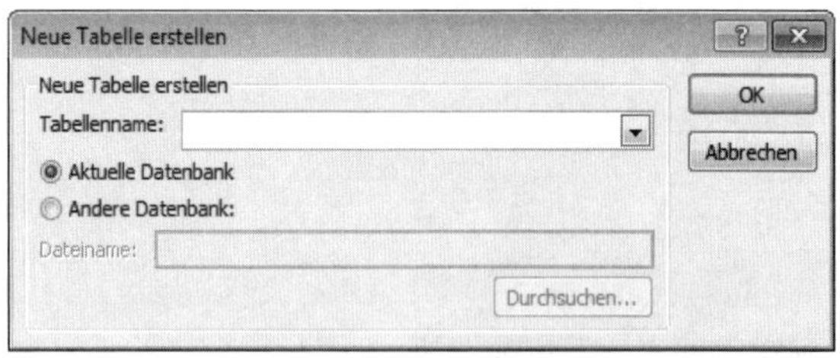

Abbildung 6.68 Das Dialogfeld *Neue Tabelle erstellen*. Geben Sie der neuen Tabelle einen Namen.

» Legen Sie im Dialogfeld *Neue Tabelle erstellen* die gewünschten Parameter fest. Geben Sie für diese Übung unter *Tabellenname* einen Namen ein, den Sie nicht schon verwendet haben. Verwenden Sie beispielsweise *Tabelle10*. Falls Sie den Namen einer bereits verwendeten Tabelle angeben, werden deren Inhalte durch die neue Tabelle überschrieben. Im unteren Bereich des Dialogfeldes können Sie auch bestimmen, dass die neue Tabelle in einer anderen Datenbank erstellt werden soll. Bestätigen Sie über die Schaltfläche *OK*.

» 

Sie können die Abfrage direkt aus der Entwurfsansicht heraus ausführen. Klicken Sie dazu auf die Schaltfläche *Ausführen*. Eine Meldung wird angezeigt, in der Sie auf die Wirkung der Abfrage hingewiesen werden (→ Abbildung 6.69).

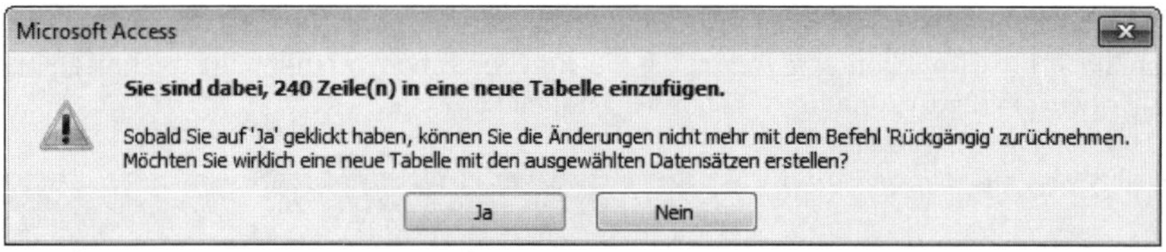

Abbildung 6.69
Die Warnung ist hier nicht so wichtig, da Sie die Tabelle später wieder löschen können.

» Wenn Sie in diesem Dialogfeld *Ja* wählen, wird die neue Tabelle erstellt. Das Ergebnis können Sie durch Öffnen der neu erstellten Tabelle über den Navigationsbereich kontrollieren (→ Abbildung 6.70).

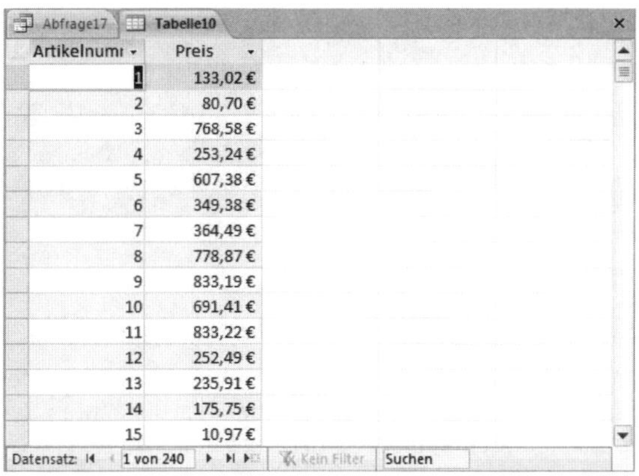

Artikelnumi	Preis
1	133,02 €
2	80,70 €
3	768,58 €
4	253,24 €
5	607,38 €
6	349,38 €
7	364,49 €
8	778,87 €
9	833,19 €
10	691,41 €
11	833,22 €
12	252,49 €
13	235,91 €
14	175,75 €
15	10,97 €

Abbildung 6.70 Der Inhalt der neuen Tabelle

» Speichern Sie die Abfrage als *Abfrage17*, und schließen Sie die Abfrage.

6.5.3 Die Aktualisierungsabfrage

Eine *Aktualisierungsabfrage* verwenden Sie dann, wenn Sie die Daten einer zugrunde liegenden Tabelle abändern lassen wollen. Beispielsweise könnten Sie die Preise in Ihren Rechnungen automatisch um einen bestimmten Faktor erhöhen. Sie können damit aber einer Datenbank keine neuen Datensätze hinzuzufügen oder vollständige Datensätze daraus löschen. Neue Datensätze können Sie mit einer *Anfügeabfrage* hinzufügen, und vollständige Datensätze können Sie mit einer *Löschabfrage* löschen. Allerdings können Sie mit einer Aktualisierungsabfrage die Daten in einem oder mehreren Feldern auf einen Nullwert festlegen.

TIPP Sie können eine Aktualisierungsabfrage nicht für Felder benutzen, die sich aus Berechnungen ergeben, denn die Werte in berechneten Feldern befinden sich nicht dauerhaft in Tabellen. Außerdem nicht auf Primärschlüsselfeldern, die Bestandteile von Tabellenbeziehungen sind, sofern Sie nicht festlegen, dass die Beziehungen Aktualisierungen automatisch an Schlüsselfelder und verknüpfte Felder weitergeben. Wenn Aktualisierungen weitergegeben werden, aktualisiert Access automatisch alle Fremdschlüsselwerte in einer untergeordneten Tabelle, wenn Sie den Primärschlüsselwert in einer übergeordneten Tabelle ändern.

Eine Aktualisierung durchführen

Beispielsweise könnten Sie die Preise in einer Artikeltabelle automatisch um einen bestimmten Faktor erhöhen.

» Sichern Sie gegebenenfalls die aktuell geöffnete Datenbank.

» Erstellen Sie eine neue Abfrage auf der Basis der eben erstellten *Tabelle10*. Doppelklicken Sie auf die Felder, die Sie aktualisieren möchten. Fügen Sie zumindest das Feld *Preis* hinzu. Die ausgewählten Felder werden in der Zeile *Feld* im *Abfrageentwurfsbereich* angezeigt.

» Optional können Sie mindestens ein Kriterium in die Zeile *Kriterien* des Abfrageentwurfsbereichs eingeben. Damit können Sie dafür sorgen, dass nur diejenigen Datensätze aktualisiert werden, die dem Kriterium entsprechen. Beispielsweise können Sie so dafür sorgen, dass nur Datensätze aktualisiert werden, die einen *Preis* von mehr als *10* aufweisen.

» Klicken Sie auf der Registerkarte *Abfragetools/Entwurf* in der Gruppe *Ergebnisse* auf *Ausführen*. Überprüfen Sie, ob die Abfrage die Datensätze zurückgibt, die Sie aktualisieren möchten.

» 

Ist diese Prüfung zufriedenstellend verlaufen, klicken Sie auf der Registerkarte *Abfragetools/Entwurf* in der Gruppe *Abfragetyp* auf *Aktualisieren*. Dabei wird dem Abfrageentwurfsbereich die Zeile *Aktualisieren* hinzugefügt.

» Geben Sie in diese Zeile die Aktualisierungsvorschrift ein. Sie können hier jeden gültigen Ausdruck verwenden. Beispielsweise können Sie dafür sorgen, dass in den ausgewählten Datensätzen der Preis um den Faktor *1,1* - also *10%* - erhöht wird (→ Abbildung 6.71).

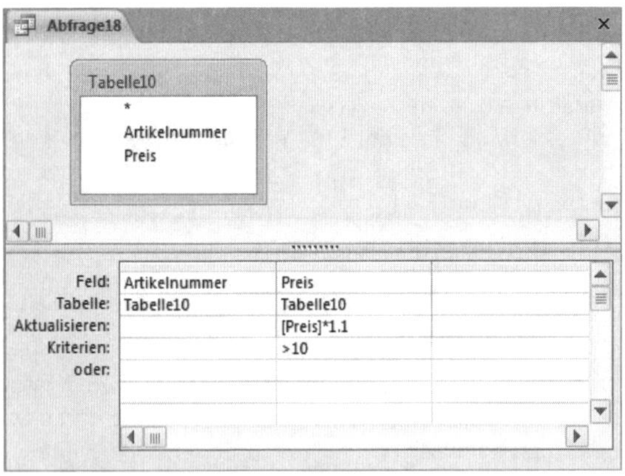

Abbildung 6.71 Das Feld *Preis* soll aktualisiert werden.

» 

Klicken Sie auf der Registerkarte *Abfragetools/Entwurf* in der Gruppe *Ergebnisse* auf *Ausführen*. Eine Warnmeldung wird angezeigt (→ Abbildung 6.72).

» Klicken Sie auf *Ja*, um die Abfrage auszuführen und die Daten zu aktualisieren (→ Abbildung 6.73).

Sie können zum Aktualisieren viele Methoden verwenden, die Sie zum Teil schon von den Filtertechniken her kennen (→ Tabelle 6.12).

Ausdruck	Ergebnis
»Artikel«	Ändert in einem Feld vom Datentyp *Text* alle Eintragungen in *Artikel*.
#10.8.07#	Ändert in einem Feld vom Datentyp *Datum/Uhrzeit* einen bestimmten Datumswert.
Ja	Ändert in einem Feld vom Datentyp *Ja/Nein* einen Wert *Nein* in Ja.
»AN« & [Artikelnummer]	Fügt *AN* am Anfang jeder angegebenen Artikelnummer an.
*[Einzelpreis] * [Menge]*	Multipliziert die Werte in Feldern namens *Einzelpreis* und *Menge*.
*[Preis] * 1,5*	Erhöht die Werte in einem Feld namens *Preis* um *50 %*.

Tabelle 6.12 Beispiele für Aktualisierungen

Aktualisieren mit den Daten einer anderen Tabelle

Wenn Sie die Daten in einer Tabelle mit den Daten einer anderen Tabelle aktualisieren möchten, beachten Sie, dass die Datentypen der Quell- und Zielfelder entweder übereinstimmen oder kompatibel sein müssen. Wenn Sie die Daten in einer Tabelle mit den Daten einer anderen aktualisieren und kompatible statt übereinstimmende Datentypen verwenden, werden von Access die Datentypen dieser Felder in der Zieltabelle konvertiert. Deshalb sind einige Daten in der Zieltabelle möglicherweise abgeschnitten.

Zum Aktualisieren von Daten in einer Tabelle mit den Daten einer anderen Tabelle sind im Wesentlichen die folgenden Schritte erforderlich:

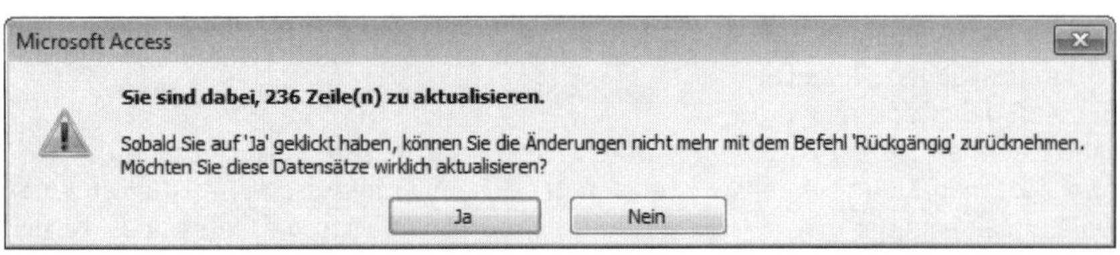

Abbildung 6.72
Hier sollten Sie die Warnmeldung auf jeden Fall beachten. Wenn Sie fortfahren, werden die Daten in der Tabelle geändert.

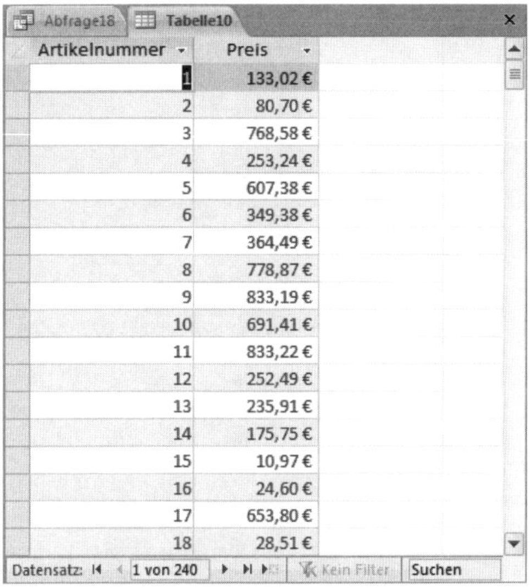

Artikelnummer	Preis
1	133,02 €
2	80,70 €
3	768,58 €
4	253,24 €
5	607,38 €
6	349,38 €
7	364,49 €
8	778,87 €
9	833,19 €
10	691,41 €
11	833,22 €
12	252,49 €
13	235,91 €
14	175,75 €
15	10,97 €
16	24,60 €
17	653,80 €
18	28,51 €

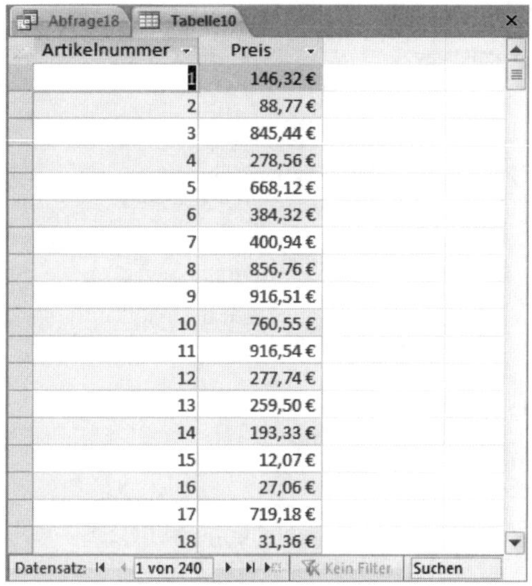

Artikelnummer	Preis
1	146,32 €
2	88,77 €
3	845,44 €
4	278,56 €
5	668,12 €
6	384,32 €
7	400,94 €
8	856,76 €
9	916,51 €
10	760,55 €
11	916,54 €
12	277,74 €
13	259,50 €
14	193,33 €
15	12,07 €
16	27,06 €
17	719,18 €
18	31,36 €

Abbildung 6.73 Die Daten vor und nach der Aktualisierung

» Erstellen Sie eine Aktualisierungsabfrage, und fügen Sie der Abfrage die Quell- und die Zieltabellen hinzu.

» Verknüpfen Sie die Tabellen in den Feldern, die die verwandten Informationen enthalten.

» Fügen Sie der Zeile *Feld* des Abfrageentwurfsbereichs die Namen der Zielfelder hinzu.

» Fügen Sie der Zeile *Aktualisieren* des Abfrageentwurfsbereichs die Namen der Quellfelder hinzu. Verwenden Sie dabei die Syntax *[Quelltabelle].[Quellfeld]*.

6.5.4 Die Anfügeabfrage

Mithilfe einer *Anfügeabfrage* können Sie weitere Datensätze am Ende einer anderen Tabelle einfügen. Sie können dabei dieselben Feldnamen verwenden. Die Felder in der Quelltabelle der festgelegten Datentypen müssen mit den für die Felder in der Zieltabelle festgelegten Datentypen kompatibel sein. Die Quell- und die Zieltabellen befinden sich in der Regel in derselben Datenbank, dies muss aber nicht zwangsläufig so sein. Denken Sie daran, dass Sie mit Anfügeabfragen nicht die Daten in einzelnen Feldern in vorhandenen Datensätzen ändern können. Für diese Art Aufgaben müssen Sie eine *Aktualisierungsabfrage* verwenden. Mit Anfügeabfragen können Sie lediglich Zeilen mit Daten hinzufügen.

Denken Sie auch daran, dass die Ergebnisse einer Anfügeabfrage nicht rückgängig gemacht werden können. Sie sollten deshalb vorsichtig sein.

Abbildung 6.74
Eine Tabelle mit neuen Kundendaten

Eine Anfügeabfrage durchführen

Um eine Anfügeabfrage durchzuführen, verwenden Sie die folgenden Schritte:

» Erstellen Sie eine neue Auswahlabfrage auf Basis der Tabelle, die die anzufügenden Daten enthält. Für dieses Beispiel können Sie *Tabelle8* verwenden. Diese enthält einige neue Kundendaten (→ Abbildung 6.74).

» Übernehmen Sie die Felder, die Sie anfügen möchten. Die ausgewählten Felder werden in der *Feld*-Zeile im Entwurfsbereich angezeigt. Wenn Sie nur einen Teil der in der Tabelle vorhandenen Datensätze einer anderen Tabelle hinzufügen wollen, können Sie optional mindestens ein Kriterium in die *Kriterien*-Zeile des Entwurfsbereichs für eine weitere Spalte mit diesem Feld eingeben. Die Anzeige dieses Feldes können Sie deaktivieren, müssen es aber nicht (→ Abbildung 6.75).

» 

Klicken Sie auf der Registerkarte *Abfragetools/Entwurf* in der Gruppe *Ergebnisse* auf *Ausführen*. Überprüfen Sie, ob die Abfrage die Datensätze zurückgegeben hat, die Sie aktualisieren möchten (→ Abbildung 6.76).

» 

Kehren Sie dann zur Entwurfsansicht zurück. Wenn das Ergebnis der Kontrolle zufriedenstellend war, können Sie die Auswahlabfrage in eine Anfügeabfrage konvertieren. Klicken Sie auf der Registerkarte *Abfragetools/Entwurf* in der Gruppe *Abfragetyp* auf *Anfügen*. Das Dialogfeld *Anfügen* wird angezeigt (→ Abbildung 6.77). Hier können

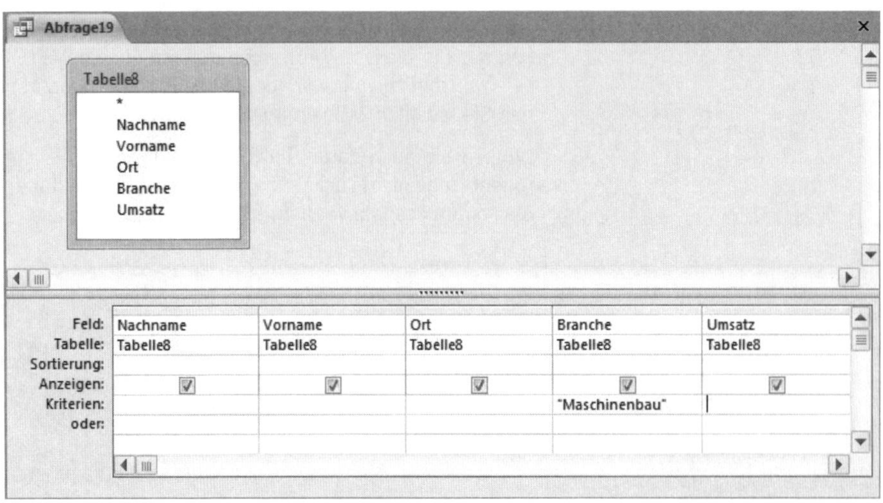

Abbildung 6.75
Nur die Branche *Maschinenbau* wird hinzugefügt.

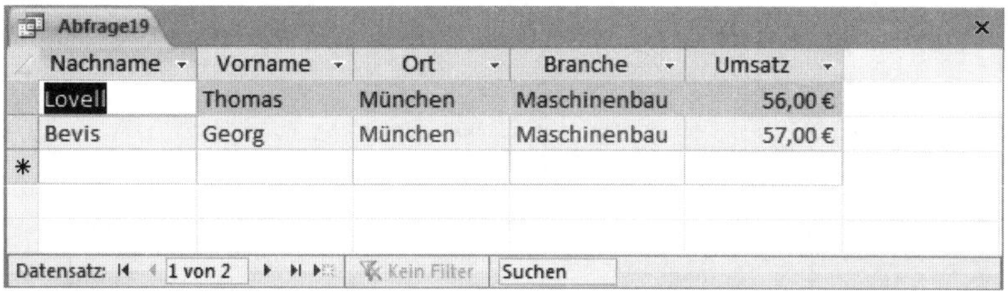

Abbildung 6.76
Kontrollieren Sie die Auswahl.

Sie nun auswählen, ob Datensätze aus einer Tabelle zu einer vorhandenen Tabelle in derselben Datenbank oder einer vorhandenen Tabelle in einer anderen Datenbank angefügt werden sollen. Wählen Sie die gewünschte Option. Für dieses Beispiel können Sie *Tabelle2* der aktuellen Datenbank verwenden.

Abbildung 6.77 Das Dialogfeld *Anfügen*

» Bestätigen Sie über *OK*. Das angezeigte Ergebnis hängt davon ab, wie Sie die Auswahlabfrage erstellt haben (→ Abbildung 6.78):

  » Wenn Sie alle Felder aus der Quelltabelle hinzugefügt haben, werden nun alle Felder in der Zieltabelle der *Anfügen an*-Zeile im Entwurfsbereich hinzugefügt.

  » Wenn Sie in der Abfrage einzelne Felder hinzugefügt haben und die Feldnamen in den Quell- und Zieltabellen übereinstimmen, werden die Namen der Zielfelder der *Anfügen an*-Zeile automatisch von Access hinzugefügt.

  » Wenn Sie einzelne Felder hinzugefügt haben, und es stimmen Namen in der Quell- und Zieltabelle nicht überein, lässt Access diese

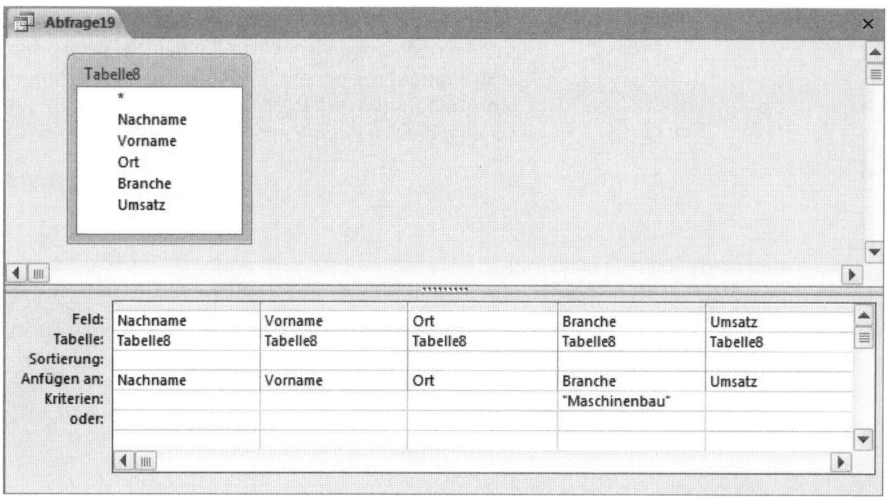

Abbildung 6.78
Den Entwurf zum Anfügen von Datensätzen

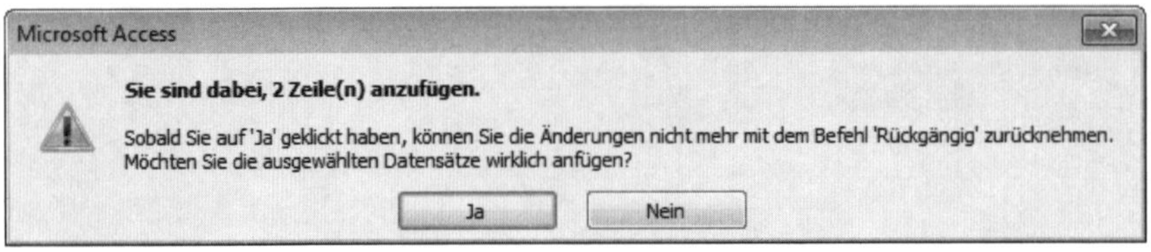

Abbildung 6.79
Bestätigen Sie das Anfügen. Auch hier sollten Sie sich überlegen, ob Sie bestätigen.

Felder leer. Sie können auf eine Zelle in der *Anfügen an*-Zeile klicken und ein Zielfeld auswählen. Wenn Sie das Zielfeld leer lassen, fügt die Abfrage dem Feld keine Daten an.

» 

Klicken Sie dann auf *Ausführen*, um die Datensätze anzufügen. Wenn Sie zum Bestätigen des Vorgangs aufgefordert werden, klicken Sie auf *Ja* (→ Abbildung 6.79).

Anfügen an eine Tabelle in einer anderen Datenbank

Wenn Sie die Datensätze an eine Tabelle einer anderen Datenbank hinzufügen möchten, klicken Sie zuerst im Dialogfeld *Anfügen* auf *Andere Datenbank*. Geben Sie dann in das Feld *Dateiname* den Speicherort und den Namen der Zieldatenbank ein, oder klicken Sie auf *Durchsuchen*, und verwenden Sie das nächste Dialogfeld *Anfügen*, um nach der Zieltabelle zu suchen. Nachdem Sie die Zieldatenbank ausgewählt haben, geben Sie in das Kombinationsfeld *Tabellenname* den Namen der Zieltabelle ein, und klicken Sie dann auf *OK*.

6.5.5 Die Löschabfrage

Über eine *Löschabfrage* können Sie Datensätze aus der oder den zugrunde liegenden Tabelle(n) entfernen lassen. Sie müssen für mindestens ein Feld der Tabelle ein Kriterium eingeben, das die Datensätze beschreibt, die gelöscht werden sollen.

Eine Löschabfrage durchführen

Um eine Löschabfrage durchzuführen, verwenden Sie die folgenden Schritte:

» Erstellen Sie zunächst eine Auswahlabfrage für die Tabelle, in der Sie Datensätze löschen wollen. Für diese Aufgabe können Sie wieder die eben schon verwendete *Tabelle2* benutzen. Doppelklicken Sie auf das Sternchen *, um dem Entwurfsbereich alle Tabellenfelder hinzuzufügen. Nur wenn alle Tabellenfelder hinzugefügt wurden, kann die Löschabfrage ganze Datensätze aus der Tabelle entfernen.

» Fügen Sie denn zusätzlich die Tabellenfelder hinzu, in die Sie die Kriterien für die zu löschenden Datensätze eingeben können. Wenn Sie beispielsweise alle Eintragungen für einen Kunden mit einer bestimmten *Kundennummer* löschen wollen, geben Sie zusätzlich das Feld *Kundennummer* ein.

» Welche Datensätze gelöscht werden, formulieren Sie in der Zeile *Kriterien* im Entwurfsbereich ein. Wenn Sie hier keinen Eintrag machen, entfernt die Löschabfrage später alle Datensätze in der Tabelle. Geben Sie beispielsweise die *Kundennummer* des Kunden ein (→ Abbildung 6.80).

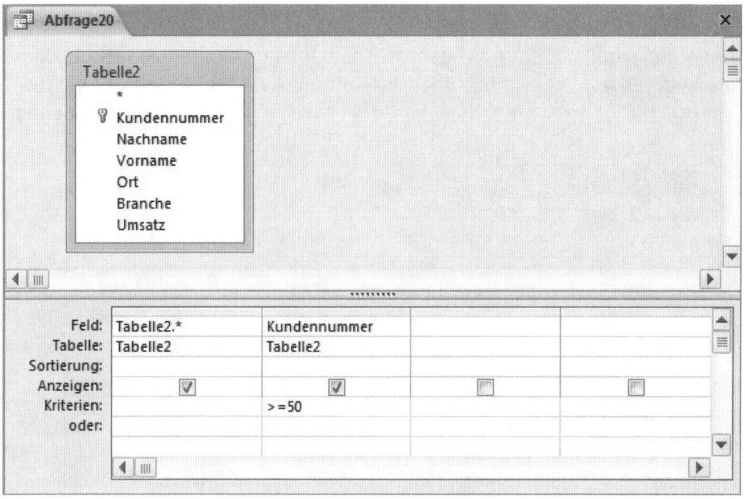

Abbildung 6.80
Die Abfragekriterien

» 

Stellen Sie sicher, dass das Kontrollkästchen *Anzeigen* für jedes Kriterienfeld aktiviert ist, und klicken Sie auf der Registerkarte *Abfragetools/Entwurf* in der Gruppe *Ergebnisse* auf *Ausführen*. Überprüfen Sie, ob die Abfrage die Datensätze zurückgibt, die Sie löschen möchten (→ Abbildung 6.81). Wählen Sie dann wieder die Entwurfsansicht.

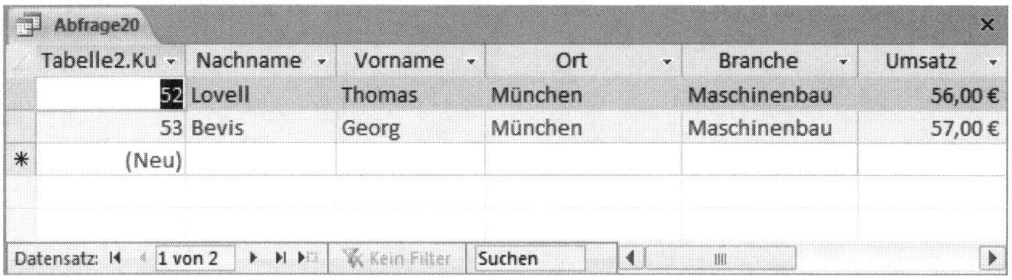

Abbildung 6.81
Datensätze mit der Kundennummer 50 und höher werden ausgewählt.

» 

Wenn diese Prüfung zufriedenstellende Ergebnisse geliefert hat, können Sie die Auswahlabfrage in eine Löschabfrage konvertieren. Dazu klicken Sie auf der Registerkarte *Abfragetools/Entwurf* in der Gruppe *Abfragetyp* auf *Löschen*. Die Zeile *Anzeigen* wird im unteren Teil des Entwurfsbereichs ausgeblendet, und die Zeile *Löschen* wird hinzugefügt. Stellen Sie sicher, dass in der Zeile *Löschen* der Spalte für alle Felder * der Wert *Von* angezeigt wird. Der Begriff *Bedingung* sollte in allen Kriterienspalten angezeigt werden (→ Abbildung 6.82).

» 

Stellen Sie sicher, dass Sie diese Daten tatsächlich löschen möchten, und klicken Sie dann auf *Ausführen*. Sie werden aufgefordert, den Löschvorgang zu bestätigen (→ Abbildung 6.83).

» Klicken Sie auf *Ja*, um die Daten zu löschen.

6.5.6 Der Abfragetyp *Kreuztabelle*

Den Abfragetyp *Kreuztabelle* kennen Sie schon vom Abschnitt über die Abfrage-Assistenten am Anfang dieses Kapitels. Im Gegensatz zu den eben beschriebenen

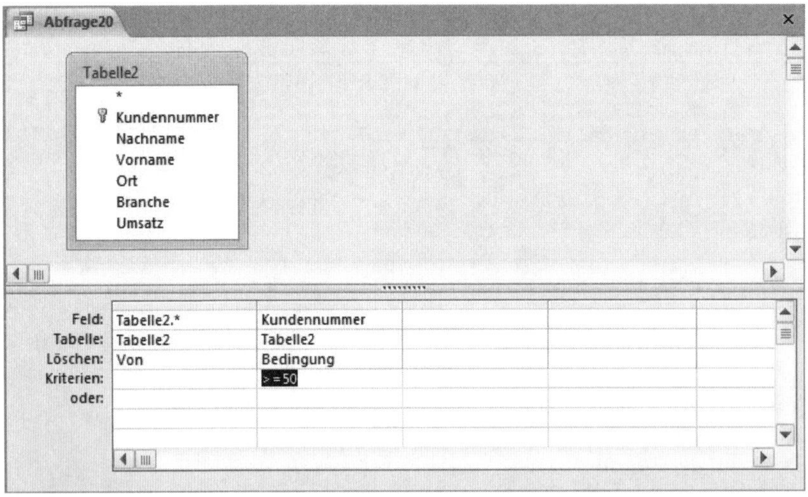

Abbildung 6.82
Der Entwurf der Löschabfrage

Abbildung 6.83
Die Löschung müssen Sie bestätigen. Die Aktion kann nicht rückgängig gemacht werden.

Aktionsabfragen führt dieser Typ keine Änderungen an Tabellen durch. Die Arbeit damit beinhaltet also keinerlei Gefahren.

» Erstellen Sie zunächst eine Auswahlabfrage für die Tabelle, deren Inhalte Sie in einer Kreuztabelle anzeigen lassen wollen. Wenn Sie dieses Beispiel durchführen wollen, benutzen Sie wieder einmal die *Tabelle2*.

» Da Sie für jedes zu verwendende Feld angeben müssen, welche Funktion es in der Kreuztabelle haben soll, müssen Sie die Felder einzeln in den Entwurfsbereich hinzufügen. Doppelklicken Sie also nicht auf das Sternchen *, um dem Entwurfsbereich alle Tabellenfelder hinzuzufügen.

» 

Klicken Sie auf der Registerkarte *Abfragetools/Entwurf* in der Gruppe *Abfragetyp* auf *Kreuztabelle*. Im Entwurfsbereich wird die Zeile Kreuztabelle hinzugefügt.

» 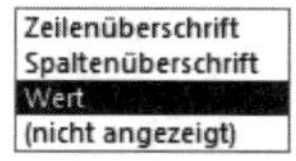

Geben Sie darin an, welche Felder der zugrunde liegenden Tabelle welche Orte in der Kreuztabelle belegen sollen. Stellen Sie sicher, dass mindestens immer ein Feld als *Zeilenüberschrift*, *Spaltenüberschrift* und *Wert* festgelegt wird.

» 

In der Zeile *Funktion* belassen Sie es bei den Feldern für die *Zeilenüberschrift* und die *Spaltenüberschrift* bei der Option *Gruppierung*. Bei dem Feld für den Wert können Sie zwischen verschiedenen Optionen wählen, nicht aber *Gruppierung*, *Ausdruck* oder *Bedingung*. Benutzen Sie beispielsweise *Summe* oder *Anzahl* (→ Abbildung 6.84).

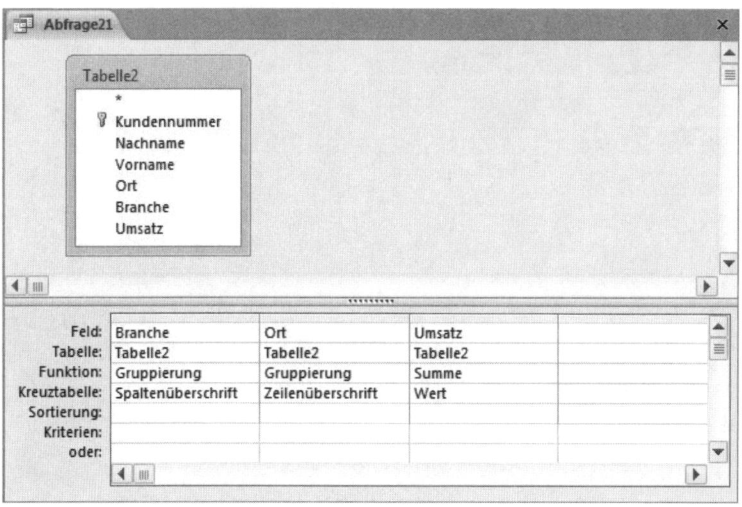

Abbildung 6.84
Der Entwurfsbereich für die Kreuztabelle

» 

Klicken Sie dann auf *Ausführen*. Die Kreuztabelle wird wie definiert angezeigt (→ Abbildung 6.85).

Abfrage21

Ort	Automobil	Chemie	EDV	Handel	Hoch/Tief	Landwirtsch
Bonn						
Bruxelles	453	2556				
Drentwede						
Freising		89				
Garching						
Gladbeck	794					
Ismaning			567			
Marquartstein						656
München	34	596	723	912	1742	677
Nörvenich						
Otterfing	56					
Rottach-Egern						
Schnaittenbach			44			
Singen					45	
Taufkirchen			45			
Unterschleißheim				238		
Weilheim						

Datensatz: 1 von 17 Kein Filter Suchen

Abbildung 6.85
Die Kreuztabelle

6.5.7 SQL-spezifische Abfragen

Die Abfragetypen *Pass-Through*, *Union* und *Datendefinition* sind SQL-spezifischen Abfragen (→ Tabelle 6.13).

Symbol	Auswahltyp
Union	*Union:* eine Abfrage, die den *UNION*-Operator verwendet, um die Ergebnisse zweier oder mehrerer Auswahlabfragen zu kombinieren.
Pass-Through	*Pass-Through:* eine SQL-Abfrage zum Senden von Befehlen direkt an einen ODBC-Datenbankserver. Mithilfe solcher Abfragen arbeiten Sie direkt mit den Tabellen auf dem Server, anstatt die Daten durch das Microsoft Jet-Datenbankmodul zu verarbeiten.
Datendefinition	*Datendefinition:* eine SQL-spezifische Abfrage, die DDL-Anweisungen (für *Data Definition Language*) enthält. Mit diesen Anweisungen können Sie Objekte in der Datenbank erstellen oder ändern.

Tabelle 6.13 Zusätzliche Optionen in der Gruppe *Abfragetyp*

- Bei *Union-Abfragen* werden Daten aus mindestens zwei Tabellen kombiniert, jedoch nicht in der gleichen Weise wie bei anderen Abfragen. Bei den meisten Abfragen werden Daten durch Verketten von Zeilen kombiniert, wohingegen bei Union-Abfragen Daten durch Anfügen von Zeilen kombiniert werden. Union-Abfragen unterscheiden sich von Anfügeabfragen insofern, als dass die zugrunde liegenden Tabellen nicht geändert werden. Bei Union-Abfragen werden die Zeilen in einem Recordset angefügt, das nach Schließen der Abfrage nicht fortbesteht.
- *Pass-Through*-Abfragen werden nicht von dem Datenbankmodul verarbeitet, das im Lieferumfang von Access enthalten ist, sondern an einen Remotedatenbankserver weitergeleitet, der die Verarbeitung ausführt und die Ergebnisse dann an Access zurückleitet.
- *Datendefinitionsabfragen* sind ein spezieller Abfragetyp, bei dem keine Daten verarbeitet, sondern andere Datenbankobjekte (Datenbankobjekte: Eine Access-Datenbank enthält Objekte wie Tabellen, Abfragen, Formulare, Berichte, Seiten, Makros und Module. Ein Access-Projekt enthält Objekte wie Formulare, Berichte, Seiten, Makros und Module.) erstellt, gelöscht oder geändert werden.

SQL-spezifische Abfragen können nicht in der Entwurfsansicht geöffnet werden. Sie können nur in der SQL-Sicht geöffnet oder ausgeführt werden. Mit Ausnahme von Datendefinitionsabfragen werden sie durch Ausführen einer SQL-spezifischen Abfrage in der Datenblattansicht geöffnet.

Teil 3
Formulare und Berichte

Mit den im vorherigen Teil des Buches angesprochenen Techniken haben Sie mit den Tabellen und Abfragen diejenigen Objekte erstellen können, die die Eingaben der Datenbank beherbergen und diese auf bestimmte Weise manipulieren. Auf dieser Basis können Sie jetzt darangehen, für diese Daten Formulare und Berichte zu entwickeln.

» Ein Formular ist ein Microsoft Access-Datenbankobjekt, das die Eingabe, Ansicht und Änderung von in Tabellen gespeicherten Daten ermöglicht. Es besteht im Wesentlichen aus einer Arbeitsfläche, auf der verschiedene Typen von Steuerelementen angeordnet werden können. In diesen Steuerelementen werden die vorhandenen Feldinhalte einer Tabelle angezeigt.

» Über Berichte fassen Sie die Daten verschiedener Datensätze zusammen und werten sie aus. So erkennen Sie beispielsweise Strukturen und Trends in Ihren Daten. Sie können in einem solchen Bericht praktisch jede Information wie gewünscht darstellen.

Kapitel 7: Formulare und Berichte erstellen

Wie alle Objekte in Access müssen auch Formulare und Berichte erst einmal definiert werden. Diese beiden Objekttypen erfüllen zwar grundsätzlich unterschiedliche Aufgaben, die Techniken zum Erstellen sind aber im Wesentlichen identisch, und mit diesen wollen wir beginnen. Wie bei den im vorherigen Teil angesprochenen Tabellen und Abfragen verfügen auch Formulare und Berichte über eine Entwurfs- und eine bzw. mehrere Datenansichten. Sie können diese verwenden, um die Objekte in der gewünschten Form aufzubauen. Access stellt Ihnen Standardformen und Assistenten zu Verfügung, die Ihnen diese Arbeit einfach machen.

Kapitel 8: Ansichten, Layouts und Steuerelemente

Etwas komplizierter wird es, wenn Sie über die Standardvorlagen für Formulare und Berichte hinausgehen und eigene Formen der Gestaltung realisieren wollen. Aber auch hier stehen mit der Entwurfsansicht oder aber der seit der Version 2007 neuen Layoutansicht Werkzeuge zur Verfügung, die das Verfeinern hinsichtlich Optik und Funktionalität vereinfachen. Die Grundprinzipien dieser Arbeit sind wiederum für beide Objekttypen fast identisch, allerdings gibt es auch einige Unterschiede.

Kapitel 9: Berechnen, Sortieren und Filtern

Besondere Methoden müssen Sie benutzen, wenn das Formular oder der Bericht gleich bestimmte Aktionen hinsichtlich der Auswahl bestimmter Daten oder deren Reihenfolge durchführen soll - also die Datensätze gleich filtern oder sortieren soll. Diese wollen wir Ihnen in diesem Kapitel vorstellen. Außerdem wollen wir auf Verfahrensweise zum Berechnen von Feldinhalten in diesen beiden Objekttypen eingehen.

Kapitel 10: In Formularen arbeiten

Auch das letzte Kapitel dieses Teils bezieht sich auf Formulare. Nachdem Sie das Formular definiert haben, können Sie in der Datenansicht des Formulars die in der zugrunde liegenden Tabelle oder Abfrage vorhandenen Daten kontrollieren, bearbeiten oder weitere Datensätze eingeben. Das ist meist einfacher und bequemer als die Arbeit in der Tabelle selbst, da im Formular die einzelnen Felder eines Datensatzes zusammenhängend und in einer ansprechenden Form präsentiert werden können. Dafür stehen Ihnen mehrere Ansichten zur Verfügung, von denen Sie je nach Aufgabe die am meisten geeignete wählen können.

Kapitel 7

Formulare und Berichte erstellen

Formulare und Berichte sind wohl die Objekte einer Microsoft Access-Datenbank, die Sie nach der Definition der Tabellen und Abfragen am häufigsten verwenden werden. Diese beiden Typen von Datenbankobjekten verfügen über viele Gemeinsamkeiten. Wir wollen Ihnen in diesem Kapitel zunächst einmal zeigen, mit welchen Werkzeugen des Programms man schnell einfache Formulare und Berichte erstellen kann. Oft reichen diese aus, um die gewünschten Ergebnisse zu erhalten. Auf die etwas komplexeren Aufgaben des manuellen Erstellens und Verfeinerns diese Objekte gehen wir dann anschließend ein (→ Kapitel 8).

» Ein Formular zeigt die Inhalte einer Tabelle oder Abfrage - meist auf separaten Seiten - an. Sie können die Daten darin einsehen, ändern oder erweitern (→ Abschnitt 7.1). Im Prinzip tun Sie damit also nicht viel mehr, als Sie auch in der zugrunde liegenden Tabelle tun würden. Sie können es aber damit auch weniger erfahrenen Anwendern einfach machen, mit einer Access-Datenbank zu arbeiten, indem Sie ihnen die Bearbeitung über ein Formular ermöglichen.

» Ein Bericht besteht aus Informationen, die aus Tabellen oder Abfragen abgerufen werden, sowie aus Informationen, die mit dem Berichtsentwurf gespeichert werden, wie Beschriftungen, Überschriften und Grafiken (→ Abschnitt 7.2). Über Berichte fassen Sie die Daten verschiedener Datensätze zusammen und werten sie aus. So erkennen Sie beispielsweise Strukturen und Trends in Ihren Daten. Sie können in einem solchen Bericht praktisch jede Information wie gewünscht darstellen.

» Neu bei Access 2010 sind die Anwendungsparts (→ Abschnitt 7.3). Dies sind Vorlagen, die einen bestimmten Teil einer Datenbank beinhalten. Auch diese erstellen - neben Tabellen - auch Formulare und Berichte. Sie können damit Gruppen von beliebigen Datenbankobjekten in die Datenbank einfügen - beispielsweise können Sie damit mit einem einzigen Mausklick eine komplette Adressverwaltung in eine Datenbank integrieren.

WWW Sie können für die Arbeit an diesem Kapitel die Beispieldatei *Datenbank7* aus dem Verzeichnis *07* auf der Webseite öffnen. Wenn Sie die beschriebenen Tätigkeiten selbst nachvollziehen wollen, benutzen Sie die Datenbank im Unterordner *Material*. Die Mehrzahl der Resultate der Arbeit an diesem Kapitel finden Sie in der gleichnamigen Datei im Verzeichnis *Ergebnisse*.

7.1 Formulare

Ein Formular ist ein Datenbankobjekt, das die Eingabe, Ansicht und Änderung von in Tabellen gespeicherten Daten ermöglicht. Sie können sich Formulare wie Fenster vorstellen, durch die Benutzer die Datenbank sehen und auf die Datenbank zugreifen. Ein solches Formular besteht im Wesentlichen aus einer Arbeitsfläche, auf

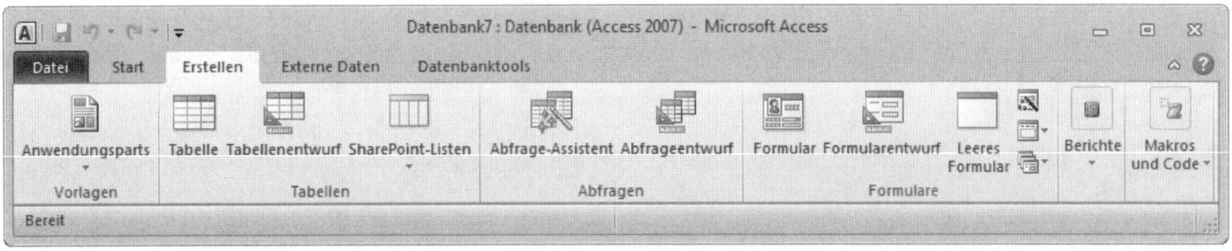

Abbildung 7.1 Beachten Sie die Gruppe *Formulare* der Registerkarte *Erstellen*.

der verschiedene Typen von Steuerelementen angeordnet werden können. In diesen Steuerelementen werden die vorhandenen Feldinhalte einer Tabelle angezeigt. Wenn Sie dort neue Inhalte eingeben oder vorhandene ändern, werden diese Daten in der zugrunde liegenden Tabelle gespeichert. Je nach Steuerelement gibt es verschiedene Optionen, wie die darin angezeigten Objekte im Formular manipuliert werden können. Formulare bieten Ihnen die Möglichkeit, zusätzlich zu den Textdaten der Tabelle die Datenbank mit Bildern, Grafiken, Tabellen, Klängen und Videos zu versehen. Da Sie zu jeder Tabelle mehrere Formulare erstellen können, haben Sie die Möglichkeit, immer nur die gerade benötigten Daten auf dem Bildschirm anzeigen zu lassen.

Mit einem leistungsfähigen Formular wird der Umgang mit der Datenbank beschleunigt, da die Benutzer weniger suchen müssen. Ein optisch ansprechendes Formular macht die Arbeit mit der Datenbank darüber hinaus angenehmer und produktiver. Zudem kann so verhindert werden, dass falsche Daten eingegeben werden.

Symbol	Name und Wirkung
 Formular	*Formular:* erstellt ein einfaches Formular, in dem jeweils ein Datensatz angezeigt wird. Als Ergebnis werden alle in einer Tabelle oder Abfrage vorhandenen Felder im Formular angezeigt.
 Formularentwurf	*Formularentwurf:* erstellt ein neues leeres Formular in der Entwurfsansicht. Inhalt und Form der darin anzuzeigenden Daten müssen Sie anschließend mithilfe von Steuerelementen selbst festlegen.
 Leeres Formular	*Leeres Formular:* erstellt ein leeres Formular in der Layoutansicht.
	*Formular-Assistent:* erlaubt das Erstellen eine Formulars mithilfe eine Assistenten, in dem Sie die zu verwendenden Tabellen bzw. Abfragen und Felder auswählen können.
	*Navigation:* beinhaltet mehrere Alternativen zum Erstellen von Navigationsformularen, die dazu dienen, für den Benutzer den Aufruf einzelner Datenbankobjekte zu vereinfachen.
	*Weitere Formulare:* öffnet eine Liste mit weiteren Optionen zum Erstellen von Formularen.

Tabelle 7.1 Die Schaltflächen in der Gruppe *Formulare*

7.1.1 Ein Formular erstellen

Beim Entwurf eines Formulars beginnt man entweder mit einer leeren Arbeitsfläche und fügt darin von Hand alle gewünschten Steuerelemente ein. Oder man lässt mithilfe des *Formular-Assistenten* bzw. mit einem der AutoFormulare ein Formular entwerfen, das möglichst nahe an die eigenen Vorstellungen herankommt. Die Werkzeuge dafür finden Sie in der Gruppe *Formulare* auf der Registerkarte *Erstellen* (→ Abbildung 7.1 und Tabelle 7.1).

In einigen Fällen müssen Sie die dem Formular zugrunde liegende Tabelle oder Abfrage vorher im Navigationsbereich markieren.

Beachten Sie auch gleich die Inhalte der Kataloge zu den Befehlsschaltflächen *Navigation* und *Weitere Formulare* (→ Abbildung 7.2). Über den Katalog zu *Navigation* haben Sie die Möglichkeit, ein Formular zu erstellen, das Schaltflächen zum Öffnen einzelner Datenbankobjekte bereitstellt. Damit können Sie auch Benutzern, die sich mit dem Navigationsbereich von Access nicht auskennen, eine einfach zu bedienende Oberfläche bereitstellen (→ unten).

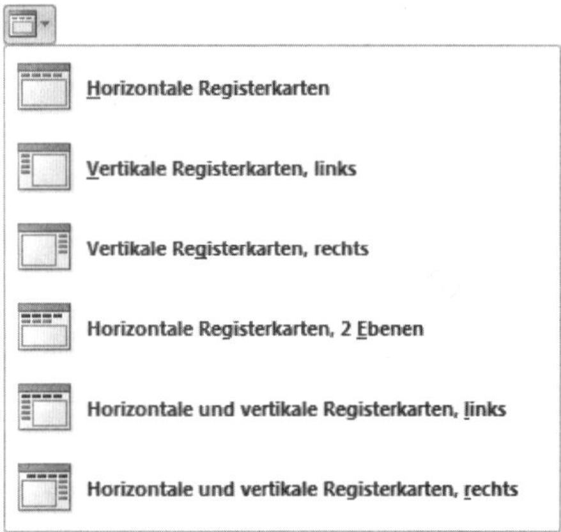

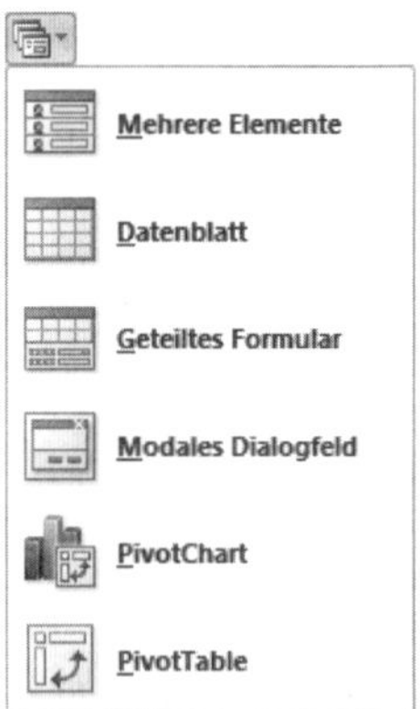

Abbildung 7.2 Die Kataloge zu den Befehlsschaltflächen *Navigation* und *Weitere Formulare*

Im Katalog zu *Weitere Formulare* können Sie unterschiedliche Formulare mit speziellen Eigenschaften erzeugen:

» *Mehrere Elemente*: erstellt ein Formular, in dem mehrere Datensätze mit einem Datensatz pro Zeile angezeigt werden.

» *Datenblatt*: erzeugt ein Formular, das der zugrunde liegenden Tabelle ähnelt. Es handelt sich hierbei aber um ein Formular, nicht um die Tabelle selbst

» *Geteiltes Formular*: erstellt ein geteiltes Formular, das im oberen Teil ein Datenblatt zeigt, im unteren Teil ein Eingabeformular.

» *PivotChart*: erstellt ein PivotChart auf der Basis der Tabellendaten.

Erstellen eines einfachen Formulars

Beginnen wir damit, ein einfaches Formular zu erstellen, das alle der in einer Tabelle definierten Felder benutzt. Das ist meist die schnellste Methode, um ein brauchbares Formular zu erzeugen. Nicht benötigte Felder können Sie später löschen. Verwenden Sie zum anfänglichen Erstellen die folgenden Schritte:

» Markieren Sie im Navigationsbereich die Tabelle oder Abfrage, deren Inhalte im Formular angezeigt werden soll. Für diese Aufgabe können Sie *Tabelle1* in der Beispieldatenbank verwenden.

» 

Klicken Sie auf der Registerkarte *Erstellen* in der Gruppe *Formulare* auf *Formular*. Als Ergebnis wird das Formular in der Layoutansicht angezeigt (→ Abbildung 7.3). In dieser Ansicht können Sie Entwurfsänderungen am Formular vornehmen, während Daten bereits angezeigt werden. Beispielsweise können Sie die Größe der Textfelder an die Daten anpassen (→ unten).

» Beachten Sie auch gleich, dass die Felder der verwendeten Tabelle – oder Abfrage – automatisch in einer als *Layout* bezeichneten Struktur angezeigt werden. Dieses Layout ist in dieser Ansicht durch einen umgebenden gestrichelten Rahmen gekennzeichnet. Oben links neben diesem Rahmen finden Sie eine kleine Schaltfläche mit einem Vierfachpfeil. Wenn Sie darauf klicken, wird das gesamte Layout markiert.

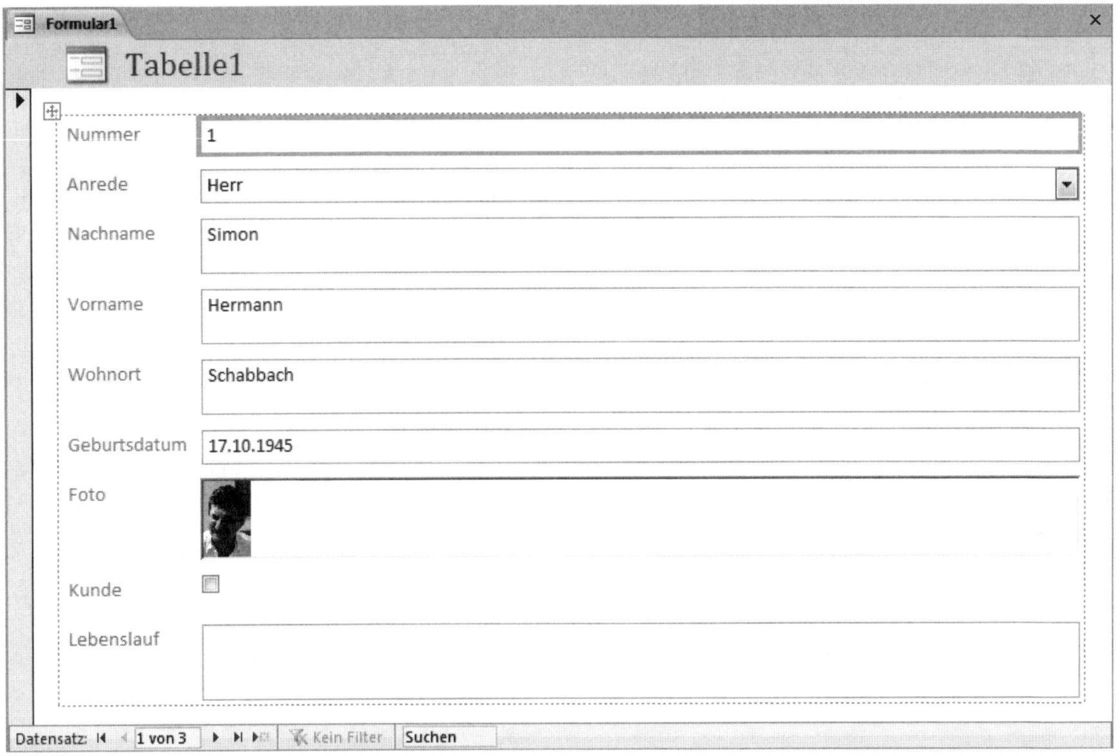

Abbildung 7.3 Ein einfaches Formular in der Layoutansicht

» Speichern Sie das Formular (→ Abbildung 7.4). In der Grundeinstellung enthält es zunächst den Namen der zugrunde liegenden Tabelle oder Abfrage. Sie können einen anderen Namen verwenden - beispielsweise *Formular1*.

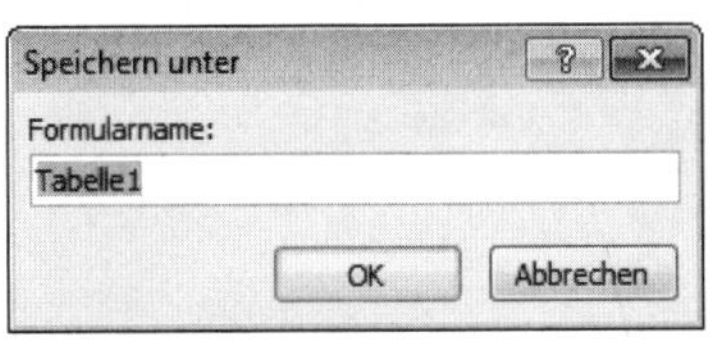

Abbildung 7.4 Geben Sie dem Formular einen Namen. Standardmäßig wird der Name der zugrunde liegenden Tabelle oder Abfrage verwendet.

» Wenn Sie das Formular nicht mehr benötigen, können Sie es schließen. Sie finden es in der Standardeinstellung im Navigationsbereich unterhalb der Tabelle, auf die sich die Daten beziehen.

ACHTUNG Auch hier gilt: Es gibt auch einige reservierte Wörter, die Sie auch nicht für die Namen von Datenbankobjekten verwenden sollten. Wenn Sie eines davon benutzen, werden Sie darauf hingewiesen (→ Kapitel 3). Wenn Sie einen solchen Feldnamen beibehalten, funktioniert die Eingabe zwar weiterhin, oft tauchen aber dann in der Datenbank Erscheinungen auf, die nicht einfach nachzuvollziehen sind. Vermeiden Sie also solche Namen.

Erstellen eines geteilten Formulars

Die Option *Geteiltes Formular* ist neu seit Access 2007. Damit wird ein Formular in der Layoutansicht erstellt, in dem die Daten gleichzeitig in zwei Ansichten angezeigt werden - in der *Formularansicht* und in der *Datenblatt-*

ansicht. In dieser doppelten Ansicht können Sie beispielsweise mit dem Datenblattteil des Formulars einen Datensatz schnell finden und diesen anschließend mit dem Formularteil anzeigen oder bearbeiten. Gehen Sie in den folgenden Schritten vor:

» Markieren Sie im Navigationsbereich die Tabelle oder Abfrage, die im Formular angezeigt werden soll. Verwenden Sie für diese Aufgabe wieder *Tabelle1*. Oder öffnen Sie diese Datengrundlage in der Datenblattansicht.

» Öffnen Sie in der Registerkarte *Erstellen* in der Gruppe *Formulare* den Katalog zur Schaltfläche *Weitere Formulare*, und wählen Sie dort *Geteiltes Formular* (→ Abbildung 7.2 rechts). Das Formular wird erstellt und in der Layoutansicht angezeigt (→ Abbildung 7.5). Es zeigt die Daten in zwei Ansichten an: Oben finden Sie die Daten in einer Formularansicht, in der jeweils nur ein Datensatz gezeigt wird. Darunter finden Sie eine Datenblattansicht für die zusammenfassende Anzeige der Datensätze. Die beiden Ansichten sind mit derselben Datenquelle verbunden und werden ständig miteinander synchronisiert. Wenn Sie ein Feld in einem Teil des Formulars markieren, wird dasselbe Feld auch im anderen Teil des Formulars markiert. Daten können in beiden Teilen hinzugefügt, bearbeitet oder gelöscht werden.

» Speichern Sie das Formular. In der Grundeinstellung erhält es wieder den Namen der zugrunde liegenden Tabelle oder Abfrage. Speichern Sie es beispielsweise unter dem Namen *Formular2*.

» Wenn Sie das Formular nicht mehr benötigen, können Sie es schließen. Sie finden es im Navigationsbereich unterhalb von *Tabelle2*.

Ein Formular mit einer *1:n*-Beziehung

Wie Sie später sehen werden, sind die Vorteile des gerade angesprochenen geteilten Formulars nicht zu unterschätzen. Eine solche Form von Formular zeigt sich auch, wenn Sie als Basis für ein Formular eine Tabelle benutzen, die über eine *1:n*-Beziehung mit einer ande-

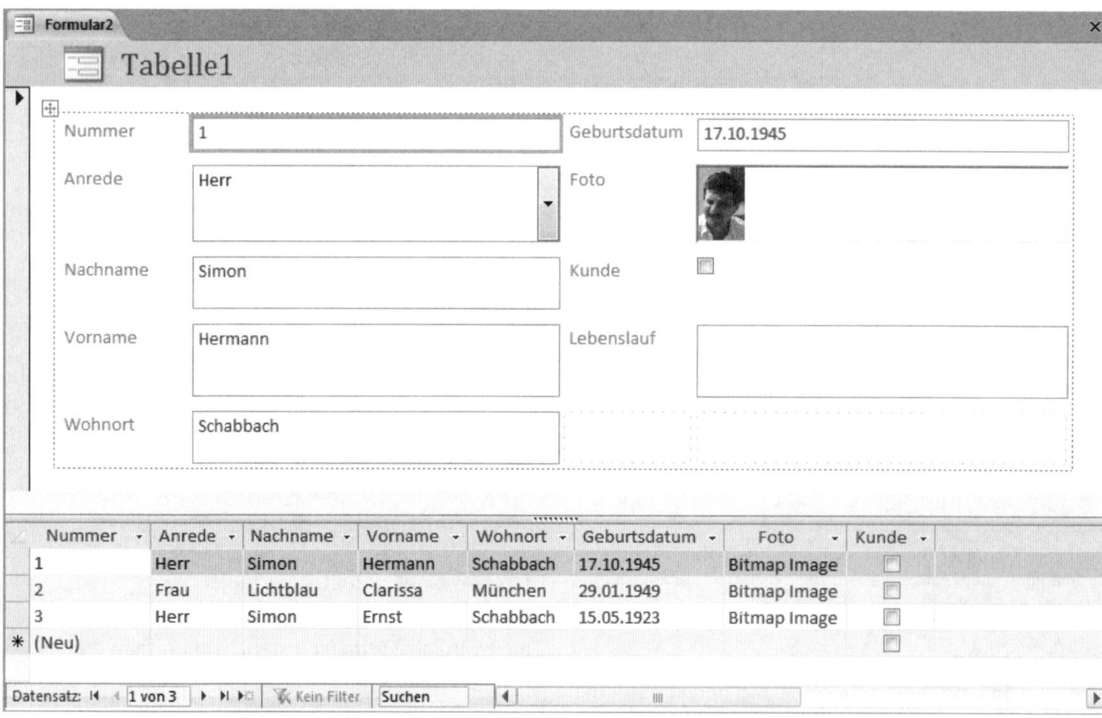

Abbildung 7.5 Ein geteiltes Formular in der Layoutansicht

ren Tabelle oder Abfrage verbunden ist. Dann wird in Access dem Formular ein Datenblatt hinzugefügt, das die Daten auf der verknüpften Tabelle oder Abfrage mit anzeigt.

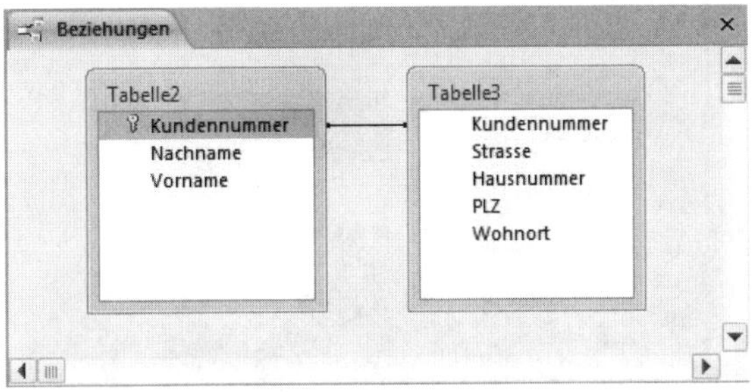

Abbildung 7.6 Eine *1:n*-Beziehung zwischen zwei Tabellen

REFERENZ Wie man Beziehungen zwischen Tabellen definiert, haben wir bereits angesprochen, als wir über den Datenbankentwurf gesprochen haben (→ Kapitel 5).

Wenn Sie beispielsweise ein einfaches Formular erstellen, das auf einer Tabelle mit Namen basiert, für die eine *1:n*-Beziehung zu den zugehörenden Adressen definiert ist, werden im Datenblatt alle Datensätze der Tabelle für die Adressen mit angezeigt (→ Abbildung 7.6). Verwenden Sie die folgenden Schritte:

» Markieren Sie im Navigationsbereich die Tabelle oder Abfrage, deren Inhalte im Formular angezeigt werden soll. Benutzen Sie für diese Aufgabe *Tabelle2*, die mit *Tabelle3* verknüpft ist.

» 

Klicken Sie auf der Registerkarte *Erstellen* in der Gruppe *Formulare* auf *Formular*. Sie brauchen nicht die Option *Geteiltes Formular* zu benutzen! Das Formular wird erstellt und in der Layoutansicht angezeigt (→ Abbildung 7.7). Im Beispiel der Anwendung auf *Tabelle2* werden oben in der Formularansicht die Datensätze aus dieser Tabelle angezeigt. Das darunter gezeigte Datenblatt zeigt die damit verknüpften Adressen aus *Tabelle3*. Hat ein Kunde mehrere Adressen, wird das hier gezeigt.

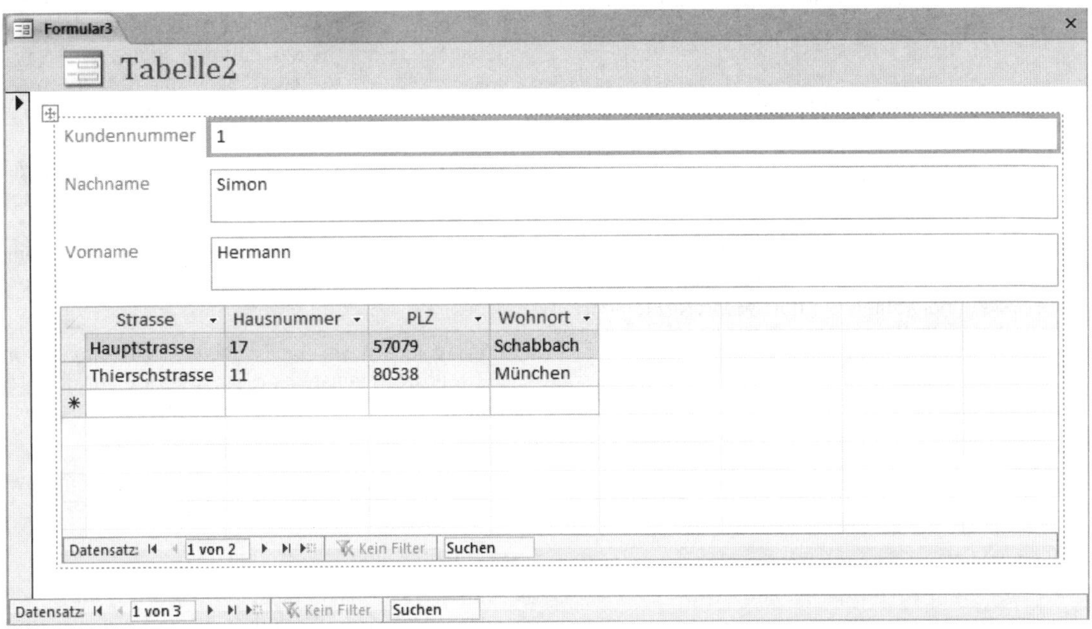

Abbildung 7.7 Ein Formular für eine verknüpfte Tabelle

» Speichern Sie das Formular. In der Grundeinstellung enthält es den Namen der zugrunde liegenden Tabelle oder Abfrage. Verwenden Sie beispielsweise den Namen *Formular3*.

» Wenn Sie das Formular nicht mehr benötigen, können Sie es schließen.

TIPP Sie können das Datenblatt aus dem Formular löschen, wenn Sie feststellen, dass Sie es nicht benötigen. Übrigens: Wenn mehrere Tabellen mit einer *1:n*-Beziehung in der Tabelle vorhanden sind, mit der Sie das Formular erstellt haben, werden in Access keine separaten Datenblätter erstellt.

Erstellen eines Formulars mit mehreren Datensätzen

Wenn Sie ein Formular vorziehen, das mehrere Datensätze gleichzeitig auf dem Bildschirm anzeigt, sollten Sie die Option *Mehrere Elemente* verwenden. Das Ergebnis gleicht insofern einem Datenblatt, als die Daten in Zeilen und Spalten angeordnet sind, und es werden mehrere Datensätze gleichzeitig angezeigt. Diese Form bietet jedoch mehr Anpassungsoptionen als ein Datenblatt. So können Sie beispielsweise grafische Elemente, Schaltflächen und andere Steuerelemente hinzufügen (→ unten).

Gehen Sie dafür in den folgenden Schritten vor:

» Markieren Sie im Navigationsbereich die Tabelle oder Abfrage, die im Formular angezeigt werden soll. Benutzen Sie für diese Aufgabe *Tabelle5*.

» Öffnen Sie in der Registerkarte *Erstellen* in der Gruppe *Formulare* den Katalog zur Schaltfläche *Weitere Formulare*, und wählen Sie dort *Mehrere Elemente* (→ Abbildung 7.2 rechts). Das Formular wird erstellt und in der Layoutansicht angezeigt (→ Abbildung 7.8).

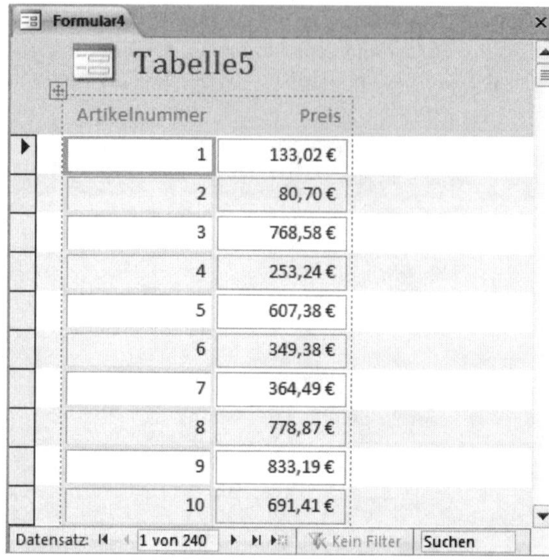

Abbildung 7.8 Ein Formular vom Typ *Mehrere Elemente* in der Layoutansicht

» Beachten Sie, dass auch in diesem Fall automatisch ein Layout erstellt wird, dass sich an dem umgebenden gestrichelten Rahmen und an der links oben vorhandenen Schaltfläche mit dem Vierfachpfeil zeigt. In diesem Fall benutzt das Layout gleich zwei Bereiche: Die Feldnamen werden oben in einem als *Formularkopf* bezeichneten Bereich wiedergegeben, die Feldinhalte selbst im *Detailbereich* darunter. Der Vorteil ist, dass die Feldnamen in der Formularansicht auch dann immer angezeigt werden, wenn Sie die Felder weiter unten im Detailbereich markiert haben.

» Speichern Sie das Formular als *Formular4*. In der Grundeinstellung erhält es wieder den Namen der zugrunde liegenden Tabelle oder Abfrage.

» Wenn Sie das Formular nicht mehr benötigen, können Sie es schließen. Sie finden es im Navigationsbereich unterhalb von *Tabelle5*.

Erstellen eines leeren Formulars

Sie können auch ein Formular von Grund auf neu erstellen. Das kann sich -- besonders wenn Sie nur wenige Felder in das Formular einbeziehen möchten - als sehr schnelle Methode erweisen. Sie brauchen dann die nicht erwünschten Felder nicht mehr zu löschen.

» 

Klicken Sie auf der Registerkarte *Erstellen* in der Gruppe *Formulare* auf *Leeres Formular*. Eine Tabelle oder Abfrage brauchen Sie in diesem Fall nicht auszuwählen. Ein leeres Formular wird in der Layoutansicht angezeigt (→ Abbildung 7.9).

» Außerdem wird mit der *Feldliste* ein Fenster angezeigt, in dem alle Tabellen und alle Felder darin aufgelistet werden können. Wenn die Tabellen nicht bereits angezeigt werden, klicken Sie auf den Link *Alle Tabellen anzeigen* (→ Abbildung 7.10).

» Die Felder einer Tabelle können Sie ein- und ausblenden, indem Sie auf die links vor dem Tabellennamen stehenden Plus- oder Minuszeichen klicken.

» Um Felder in das Formular einzufügen, gibt es mehrere Methoden. Nur die einfachste davon wollen wir Ihnen an dieser Stelle vorstellen. Ziehen Sie jedes Feld einzeln mit der Maus aus der Feldliste auf die Formularfläche (→ Abbildung 7.11). Sie können diese auch mit gedrückt gehaltener Strg-Taste gemein-

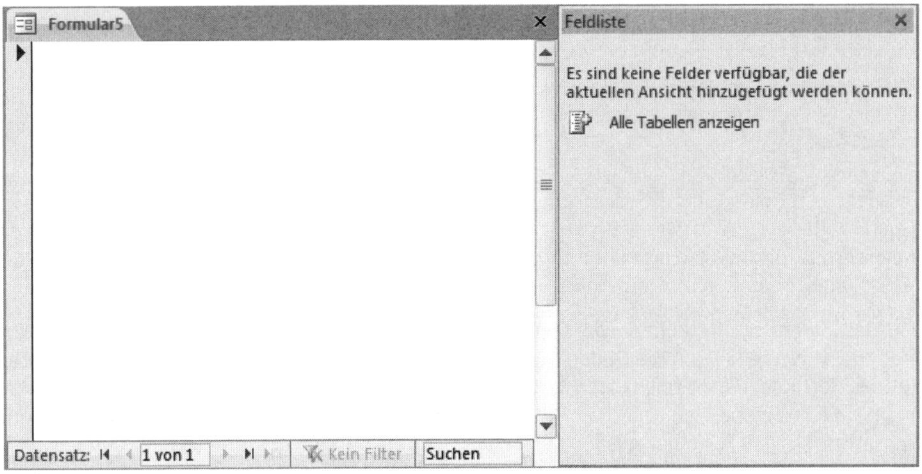

Abbildung 7.9
Ein leeres Formular in der Layoutansicht

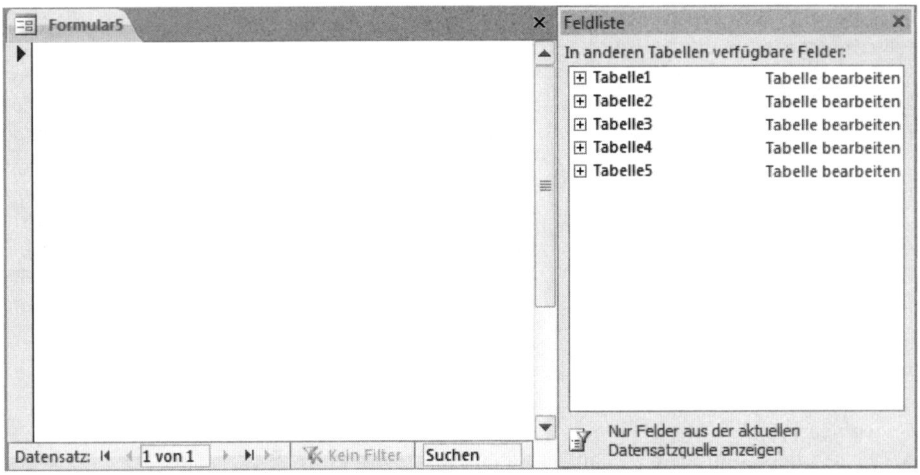

Abbildung 7.10
Die vorhandenen Tabelle werden aufgelistet.

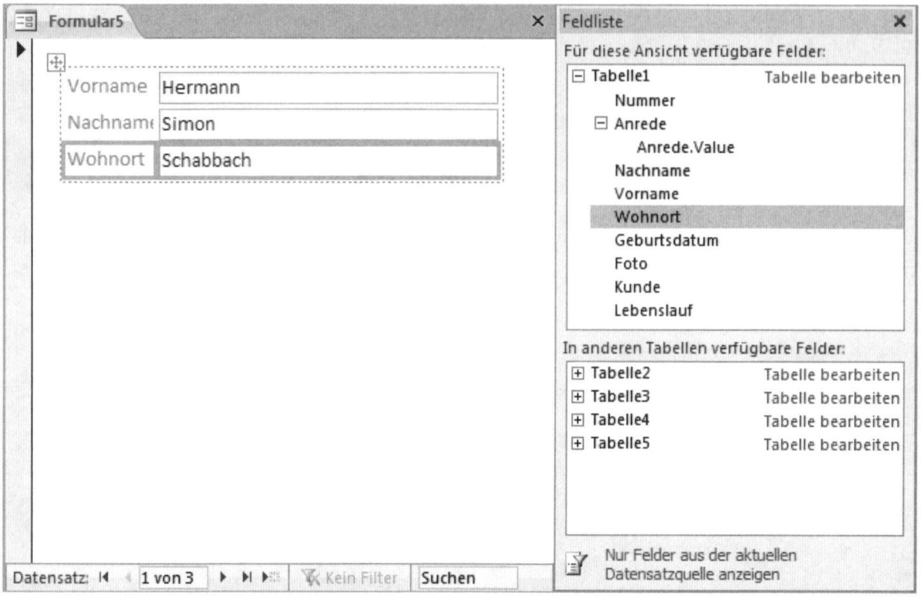

Abbildung 7.11
Drei Felder wurden in das Formular eingefügt.

sam markieren und dann gleichzeitig auf das Formular ziehen.

» Speichern Sie das Formular. Sie können den Namen *Formular5* verwenden. Wenn Sie Felder aus der *Tabelle1* in das Formular eingefügt hatten, finden Sie es dann im Navigationsbereich unterhalb von dieser Tabelle. Hatten Sie das Formular gespeichert, ohne Felder aus einer Tabelle einzufügen, wird es in der Gruppe *Nicht verwandte Objekte* im Navigationsbereich angezeigt, da es mit keiner Tabelle oder Abfrage verbunden ist.

» Wenn Sie das Formular nicht mehr benötigen, können Sie es schließen.

REFERENZ Auf weitere Details zum Gestalten eines Formulars auf dieser Basis werden wir später eingehen (→ Kapitel 8).

Verwenden des Formular-Assistenten

Um genauer festzulegen, welche Felder auf dem Formular angezeigt werden, können Sie anstelle der eben beschriebenen Werkzeuge auch den *Formular-Assistenten* verwenden. Damit können Sie definieren, wie die Daten gruppiert und sortiert werden sollen, und Sie können Felder aus mehreren Tabellen oder Abfragen verwenden, sofern Sie die Beziehungen zwischen den Tabellen und Abfragen zuvor angegeben haben.

» Markieren Sie im Navigationsbereich das Objekt *Tabelle1*. Klicken Sie auf der Registerkarte *Erstellen* in der Gruppe *Formulare* auf *Formular-Assistent*. Die erste Seite des Assistenten wird angezeigt (→ Abbildung 7.12).

» Wählen Sie im Listenfeld *Tabellen/Abfragen* die Datengrundlage aus. Die vorher markierte Tabelle wird als Voreinstellung angezeigt, kann aber noch geändert werden. Benutzen Sie hier die *Tabelle1*.

» Bestimmen Sie dann, welche Felder Sie in das Formular übernehmen wollen (→ Abbildung 7.13). Übernehmen Sie die Felder in der Reihenfolge, in der sie später im Bericht vorkommen sollen (→ Tabelle 7.2). Markieren Sie dazu das Feld in der Liste *Verfügbare Felder*, und klicken Sie auf die Schaltfläche mit dem nach rechts zeigenden Pfeil. Der Feldname wird dann im Bereich *Ausgewählte Felder* angezeigt.

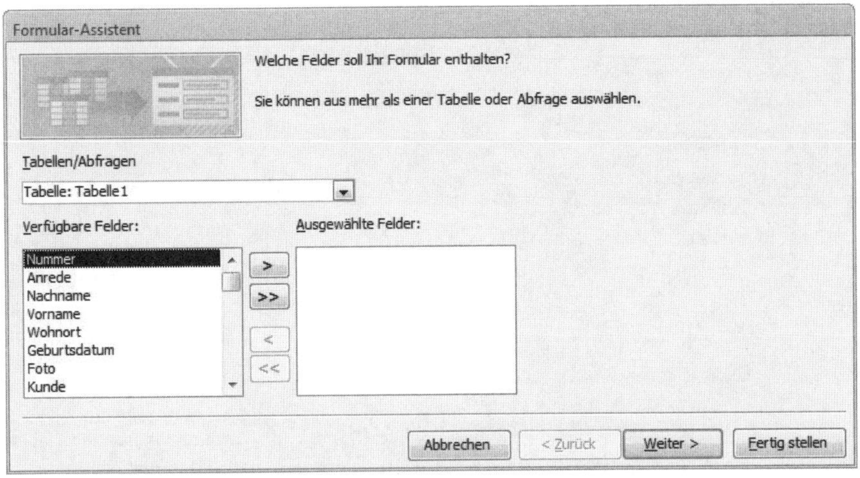

Abbildung 7.12
Die erste Seite des Formular-Assistenten – wählen Sie hier die Tabelle/Abfrage und die Felder.

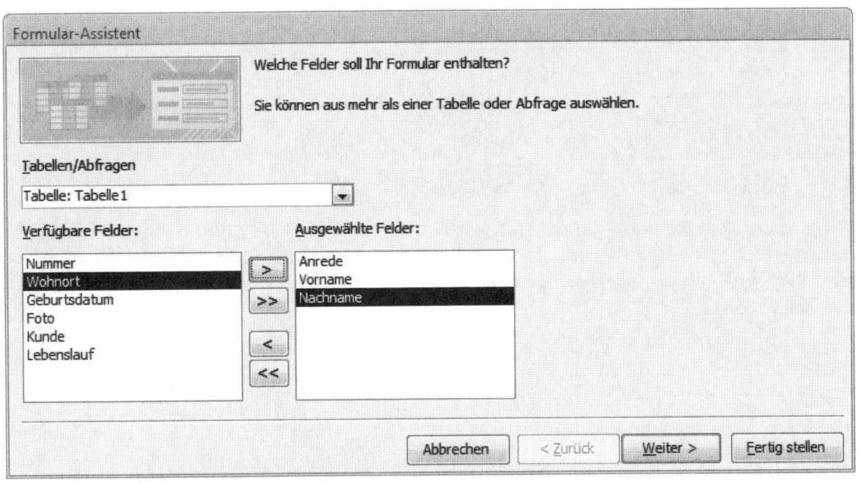

Abbildung 7.13
Drei Felder wurden ausgewählt.

Symbol	Wirkung
>	Übernimmt das in der Liste *Verfügbare Felder* markierte Feld in die Liste *Ausgewählte Felder.*
>>	Übernimmt alle Felder der Liste *Verfügbare Felder* in die Liste *Ausgewählte Felder.*
<	Entfernt das in der Liste *Ausgewählte Felder* markierte Feld aus dieser Liste.
<<	Entfernt alle Felder aus der Liste *Ausgewählte Felder.*

Tabelle 7.2 Die Schaltflächen zur Übernahme von Feldern

» Klicken Sie nach der Auswahl der Felder auf *Weiter*, und wählen Sie das Layout für Ihr Formular aus. Das gewählte Layout wird links im Fenster skizziert (→ Abbildung 7.14).

» Klicken Sie auf *Weiter*, und legen Sie dann noch das Format für das Formular fest – der jeweils markierte Stil wird links in einer Vorschau skizziert.

» Geben Sie abschließend dem Formular einen Namen – beispielsweise *Formular6* –, und entscheiden Sie dann, was als Nächstes getan werden soll (→ Abbildung 7.15).

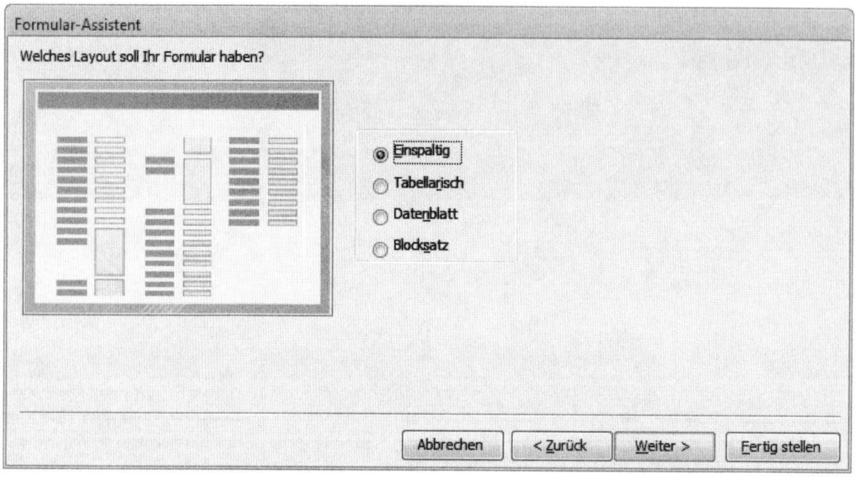

Abbildung 7.14
Die zweite Seite des Formular-Assistenten – legen Sie das Layout fest.

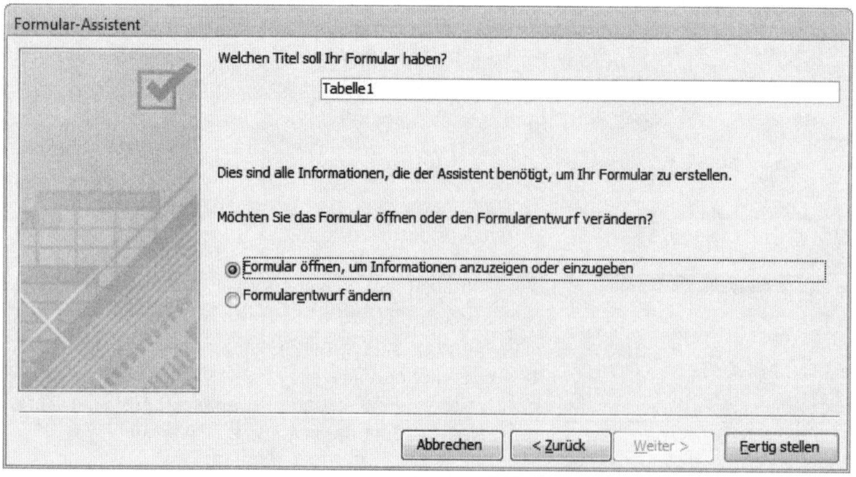

Abbildung 7.15
Die dritte Seite des Formular-Assistenten – geben Sie dem Formular einen Namen.

» Bestätigen Sie über die Schaltfläche *Fertig stellen*. Das Formular wird erstellt und in der gewählten Ansicht geöffnet (→ Abbildung 7.16). Wenn Sie auf der letzten Seite des Assistenten die Option *Formular öffnen, um Informationen anzuzeigen oder einzugeben* gewählt hatten, wird die *Formularansicht* angezeigt.

» Speichern brauchen Sie das Formular nicht mehr. Wenn Sie es nicht mehr benötigen, können Sie es schließen.

TIPP Falls das Formular Felder aus verschiedenen Tabellen und Abfragen enthalten soll, klicken Sie weder auf *Weiter* noch auf *Fertig stellen*, nachdem Sie die Felder aus der ersten Tabelle oder Abfrage auf der ersten Seite des Formular-Assistenten ausgewählt haben. Wiederholen Sie stattdessen die Schritte zum Auswählen einer Tabelle oder Abfrage, und klicken Sie auf weitere Felder, die Sie in das Formular einfügen möchten. Klicken Sie dann auf *Weiter* oder *Fertig stellen*, um den Vorgang fortzusetzen.

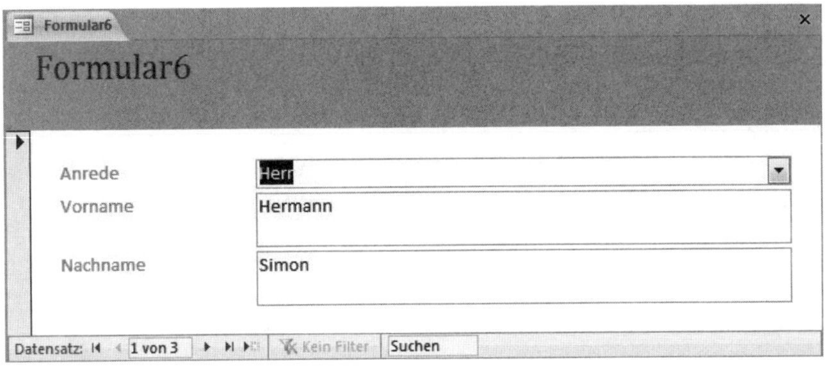

Abbildung 7.16
Das Ergebnis in der Layoutansicht.

Navigationsformulare benutzen

Navigationsformulare dienen dazu, dem Benutzer den Aufruf einzelner Datenbankobjekte zu vereinfachen. Sie finden dazu im Katalog in der Registerkarte *Erstellen* mehrere Alternativen, die alle ein Navigationsformular erzeugen. Die Unterschiede zeigen sich nur in der Anordnung der Elemente darin (→ Abbildung 7.17).

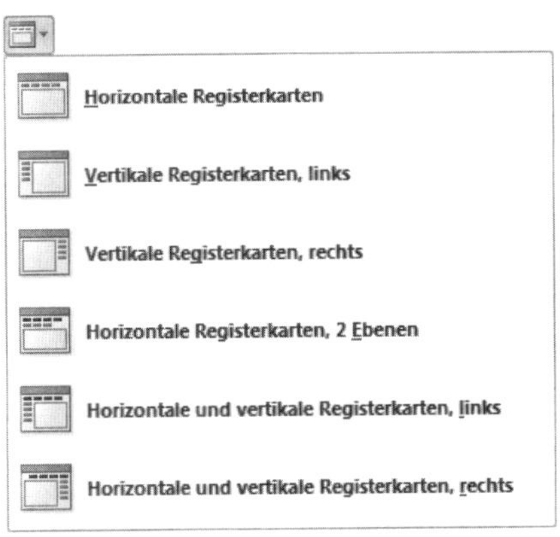

Abbildung 7.17 Der Katalog zur Befehlsschaltfläche *Navigation*

Zum Erstellen eines solchen Formulartyps wählen Sie eine davon. Das erstellt ein mit Navigationsformular bezeichnetes Element (→ Abbildung 7.18).

Sorgen Sie dann dafür, dass auch der Inhalt des Navigationsbereichs angezeigt wird. Ziehen Sie daraus mithilfe der Maus nacheinander die Datenbankobjekte auf den Bereich *Neues hinzufügen*, die als Elemente des Navigationsformulars erscheinen sollen (→ Abbildung 7.19).

Sie erzeugen damit ein übergeordnetes Formular, in dem Sie über die Register am oberen Rand Zugriff zu anderen Datenbankobjekten haben. Wenn Sie zur *Formularansicht* wechseln, wird das Feld *Neues hinzufügen* ausgeblendet. Um zusätzliche Registerkarten für weitere Datenbankobjekte zu erstellen, müssen Sie zur *Layoutansicht* zurückschalten.

Weitere Formulartypen

In der Liste zu *Weitere Formulare* finden Sie noch andere Alternativen, die Sie für spezielle Zwecke benutzen können. Markieren Sie vor der Wahl einer dieser Optionen die zugrunde liegende *Tabelle* oder *Abfrage* in Navigationsbereich.

» *Datenblatt* erzeugt ein Formular, das der zugrunde liegenden Tabelle ähnelt. Es handelt sich hierbei aber um ein Formular, nicht um die Tabelle selbst (→ Abbildung 7.20).

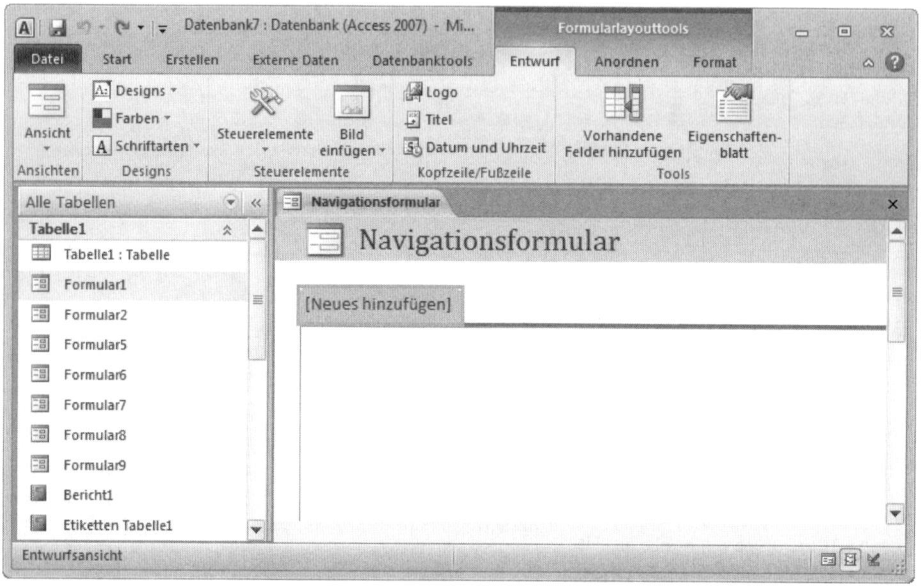

Abbildung 7.18
Ein noch leeres Navigationsformular

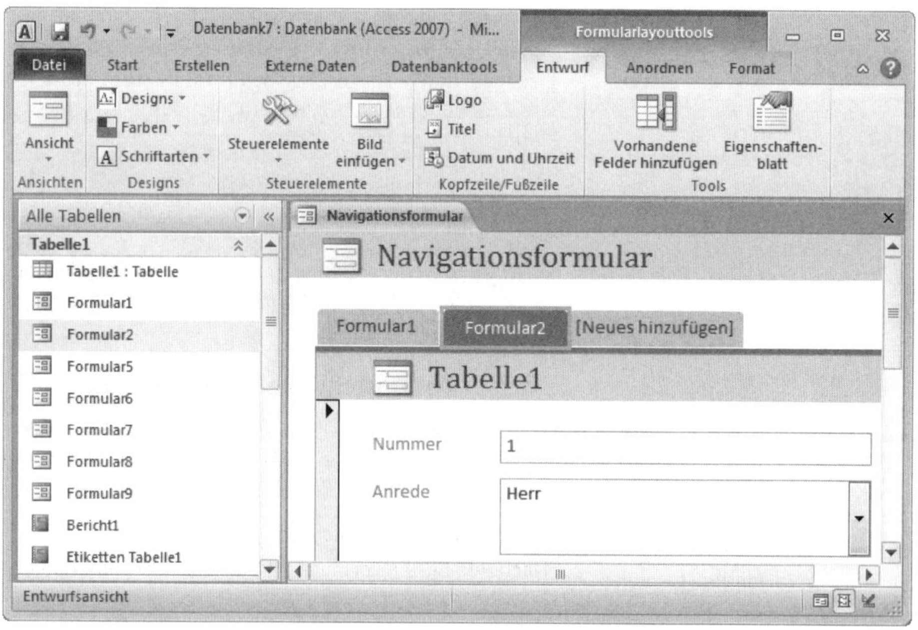

Abbildung 7.19
Zwei Formulare in der Titelleiste des Navigationsformulars

» *Modales Dialogfeld* erzeugt ein Formular, das über der Ebene der Arbeitsfläche der Datenbank angezeigt wird. Der Befehl bewirkt zunächst die Anzeige in der Entwurfsansicht, in der Sie die gewünschten Steuerelemente erst eingeben müssen (→ Kapitel 8). Nachdem Sie zur Formularansicht wechseln, wird

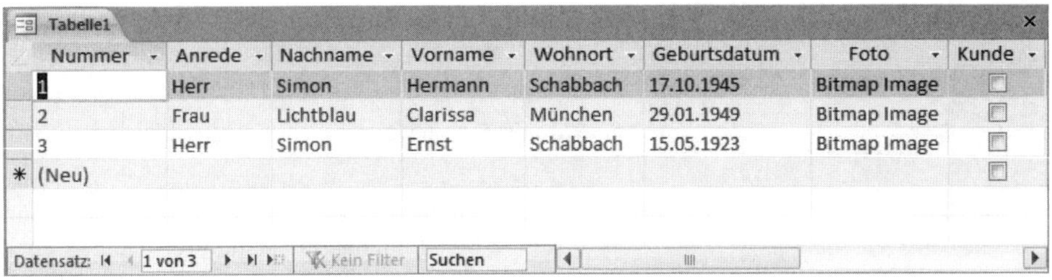

Nummer	Anrede	Nachname	Vorname	Wohnort	Geburtsdatum	Foto	Kunde
1	Herr	Simon	Hermann	Schabbach	17.10.1945	Bitmap Image	
2	Frau	Lichtblau	Clarissa	München	29.01.1949	Bitmap Image	
3	Herr	Simon	Ernst	Schabbach	15.05.1923	Bitmap Image	
(Neu)							

Abbildung 7.20 Ein Formular vom Typ *Datenblatt*

das Dialogfeld angezeigt (→ Abbildung 7.21). Es beinhaltet bereits die Schaltflächen *OK* und *Abbrechen*.

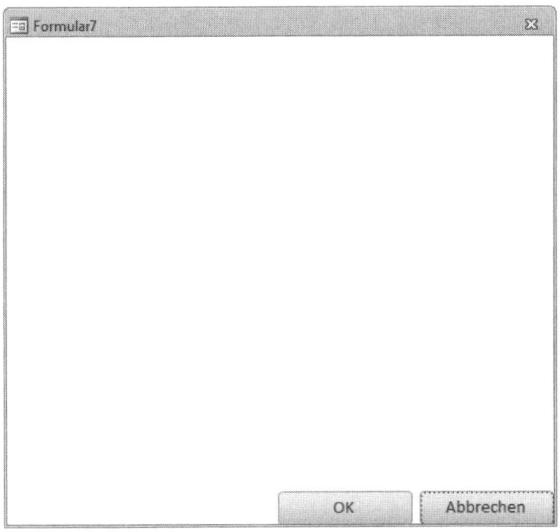

Abbildung 7.21 Ein modales Dialogfeld ohne Inhalte

» *PivotTable* erstellt eine Pivot-Tabelle (→ Kapitel 4).

Ein Formular in der Entwurfsansicht erstellen

Eine Option muss zum Erstellen eines Formulars noch erwähnt werden – der *Formularentwurf*. Das ist die aufwendigste, aber auch die vielseitigste Vorgehensweise.

» 

Klicken Sie auf der Registerkarte *Erstellen* in der Gruppe *Formulare* auf *Formularentwurf*. Die Entwurfsansicht für ein neues Formular wird angezeigt (→ Abbildung 7.22). Alle im Formular anzuzeigenden Elemente müssen Sie anschließend noch selbst manuell einfügen und ausrichten.

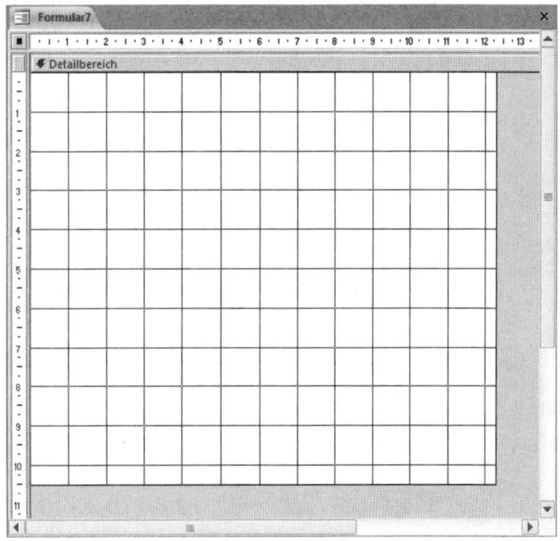

Abbildung 7.22 Ein neues Formular in der Entwurfsansicht

»  Speichern Sie das Formular unter dem Namen *Formular7*. Wenn Sie es nicht mehr benötigen, können Sie es schließen.

7.1.2 Die Ansichten eines Formulars

Wie Sie beim Erstellen der Formulare über die unterschiedlichen Werkzeuge gesehen haben, verfügen die Objekte über verschiedene Ansichten.

Die verfügbaren Ansichten

Nachdem Sie ein Formular erstellt oder geöffnet haben, können Sie zwischen diesen Ansichten schnell wechseln (→ Abbildung 7.23 links).

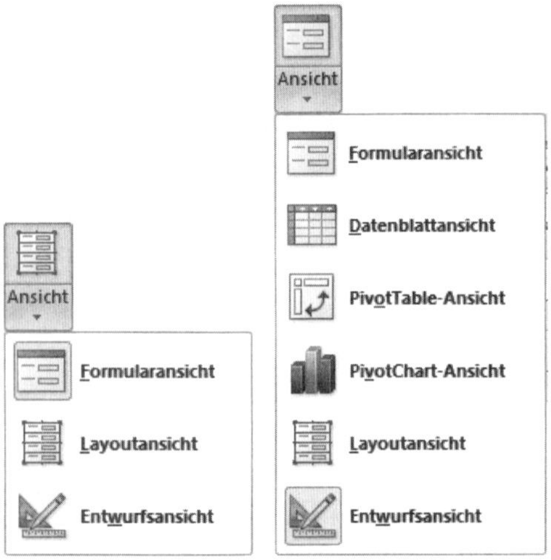

Abbildung 7.23 Der Katalog zu Schaltfläche *Ansicht* bei einem Formular

» Wenn notwendig, öffnen Sie das Formular - beispielsweise *Formular1* - durch einen Doppelklick auf dessen Symbol im Navigationsbereich.

» Öffnen Sie in der Gruppe *Ansichten* auf der Registerkarte *Start* im Menüband das Listenfeld zur Schaltfläche *Ansicht*.

» Wählen Sie die gewünschte Ansicht aus der Liste aus.

Auch durch einen Klick auf eine der kleinen Schaltflächen in der unteren rechten Ecke des Formularfensters können Sie zwischen diesen Ansichten wechseln.

Weitere Ansichten

Standardmäßig sind übrigens nur einige Ansichten für ein Formular über die Schaltfläche *Ansicht* anwählbar. Welche das sind, hängt auch von der Methode ab, mit der Sie das Formular erstellt haben. Über die Registerkarte *Format* zu den Eigenschaften des Formulars können Sie einstellen, welche Formen zugelassen sein sollen. Haben Sie hier die Ansichten erlaubt, können Sie sie auch über die Schaltfläche *Ansicht* einstellen (→ Abbildung 7.23 rechts).

Abbildung 7.24 Die Formularansicht eines Formulars. Diese Ansicht eignet sich am besten zur Darstellung der Daten.

Die Ansichten im Überblick

Bevor wir im nächsten Abschnitt auf Details zum Arbeiten mit Berichten eingehen, wollen wir die wesentlichsten Aspekte zu den einzelnen Ansichten eines Formulars noch einmal zusammenfassen:

» Die *Formularansicht* ist die Ansicht, in der Sie später das fertige Formular meist benutzen werden (→ Abbildung 7.24). In dieser Ansicht können Sie Daten kontrollieren oder neue eingeben. Änderungen im Erscheinungsbild sind darin nicht möglich.

» Die *Layoutansicht* ist die intuitivste Ansicht für Formularänderungen und kann für fast alle Änderungen verwendet werden, die Sie an einem Access 2010-Formular vornehmen möchten (→ Abbildung 7.25). In der Layoutansicht wird das Formular tatsächlich ausgeführt, sodass Sie die Daten fast genau so sehen, wie sie in der Formularansicht angezeigt werden. Sie können jedoch in dieser Ansicht auch Änderungen am Formularentwurf vornehmen. Da die Daten beim Ändern des Formulars angezeigt werden, ist diese Ansicht zum Festlegen der Größe von Steuerelementen oder zum Durchführen nahezu jeder anderen Aufgabe sehr hilfreich, die sich auf die Darstellung und Benutzerfreundlichkeit des Formulars auswirkt.

» Bestimmte Aufgaben können in der Layoutansicht nicht durchgeführt werden. Für diese Aufgaben müssen Sie in die *Entwurfsansicht* wechseln (→ Abbildung 7.26). Diese bietet eine Ansicht der Struktur des Formulars mit einem höheren Detailgrad. Sie können den Kopfzeilen-, Detail- und Fußzeilenbereich für das Formular anzeigen. Das Formular wird nicht ausgeführt, wenn es in der Entwurfsansicht angezeigt wird, sodass Sie die zugrunde liegenden Daten nicht sehen können, während Sie Änderungen am Entwurf vornehmen.

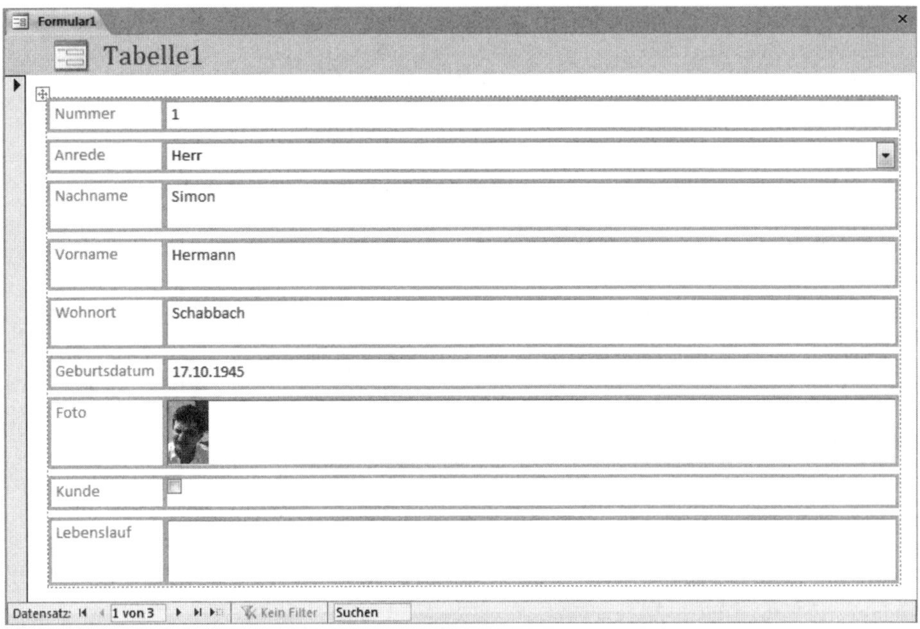

Abbildung 7.25
Die Layoutansicht eines Formulars. Das gesamte Layout können Sie durch einen Klick auf das Rechteck mit dem Vierfachpfeil in der oberen linken Ecke markieren.

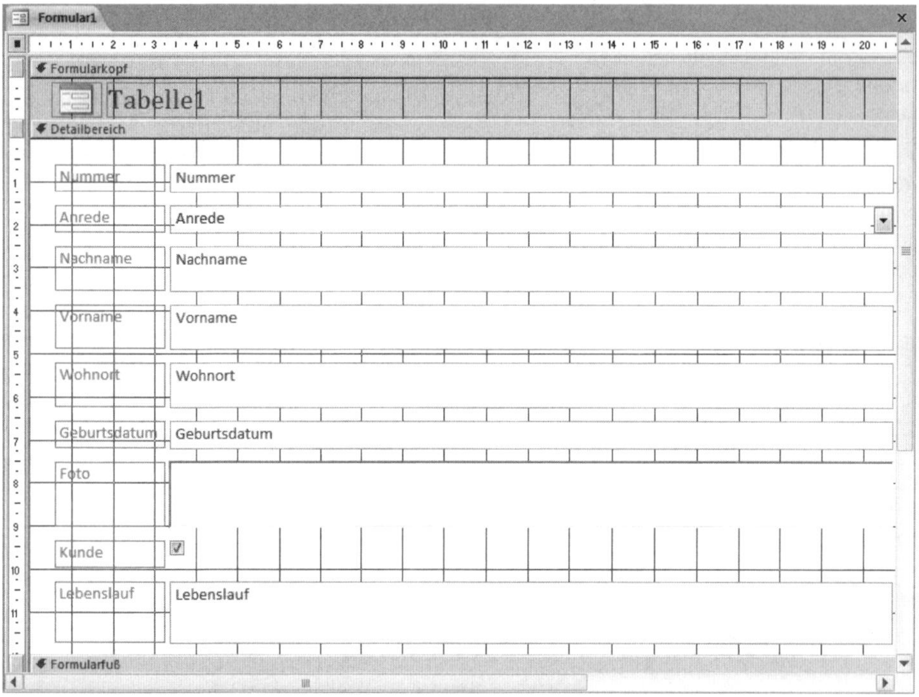

Abbildung 7.26
Die Entwurfsansicht eines Formulars

» In der *Datenblattansicht* eines Formulars werden die Inhalte ähnlich wie in einer Tabelle angezeigt. Auch auf das Arbeiten mit dieser Ansicht werden wir im nächsten Kapitel eingehen.

7.1.3 Die Bindung an Tabellen oder Abfragen

Mit den beim Erstellen des Formulars durchgeführten Aktionen haben Sie bereits die wesentlichen Eigenschaften des Formulars festgelegt. Sie haben es wahrscheinlich schon gemerkt: Wenn Sie ein Formular oder einen Bericht gezielt auf der Basis einer Tabelle oder Abfrage erstellt haben, werden damit auch automatisch die Daten in diesem zugrunde liegenden Datenobjekt angezeigt. Anders ist das, wenn Sie beispielsweise zum Erstellen eine der Optionen *Formularentwurf*, *Leeres Formular*, *Berichtsentwurf* oder *Leerer Bericht* benutz haben. Hier erstellt Access zunächst ein noch vollständig leeres Datenbankobjekt, das noch an keine Tabelle oder Abfrage gebunden ist. Welche Tabelle oder Abfrage das sein soll, müssen Sie erst angeben. Mit denselben Methoden können Sie unter bestimmten Voraussetzungen auch die zugrunde liegende Datenbasis ändern.

Diese Eigenschaften können Sie über ein Dialogfeld einsehen und - bei Bedarf - ändern. Beispielsweise könnten Sie darüber eine andere Tabelle als Grundlage wählen.

» Markieren Sie - falls notwendig - das Formular als Ganzes, indem Sie auf den Formularmarkierer in der oberen linken Ecke des Formularentwurfs klicken. Dass Sie das Formular als Ganzes markiert haben, erkennen Sie an dem schwarzen Punkt in diesem Feld.

» 

Klicken Sie dann auf *Eigenschaftenblatt* in der Gruppe *Tools*, oder drücken Sie [F4]. Das Fenster *Eigenschaftenblatt* zeigt die für das gesamte Formular definierten Eigenschaften auf mehreren Registerkarten an (→ Abbildung 7.27). Besonders wichtig sind hier die Eigenschaften auf der Registerkarte *Daten*. Darauf werden wir gleich noch eingehen.

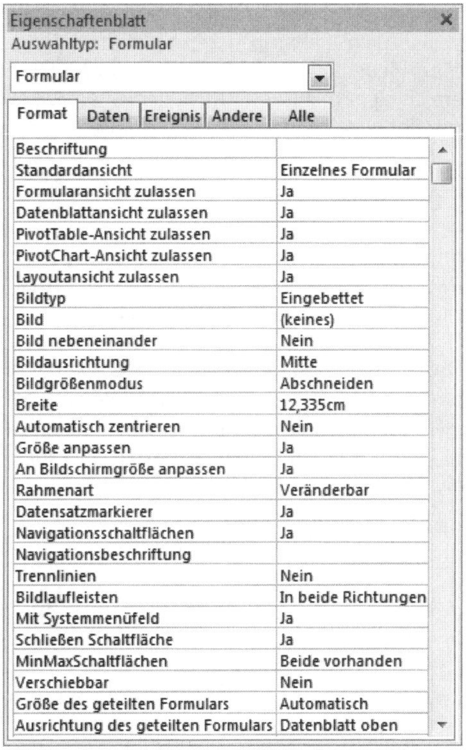

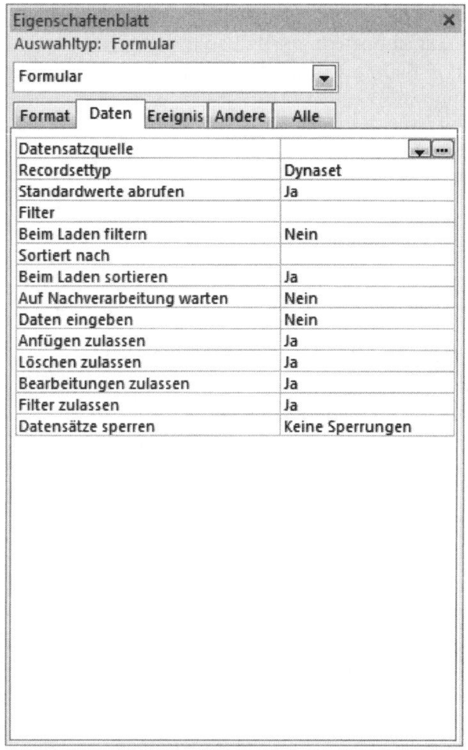

Abbildung 7.27 Die Eigenschaften des Formulars

» 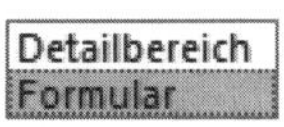

Achten Sie auf die Anzeige *Auswahltyp* im oberen Bereich dieses Fensters. Damit legen Sie fest, welche Eigenschaften im Fenster angezeigt werden sollen. Bei einem noch leeren Formular können Sie hier über die beiden Optionen *Formular* und *Detailbereich* wechseln. Hatten Sie bereits Steuerelemente in das Formular eingefügt, finden Sie hier noch mehr Elemente.

» Wenn Sie keine Änderungen an den Eigenschaften vornehmen wollen, schließen Sie das Dialogfeld durch einen Klick auf die Schaltfläche in der Titelleiste.

Wichtige Eigenschaften auf der Registerkarte *Daten*

Besonders wichtig sind einige Eigenschaften auf der Registerkarte *Daten*.

» 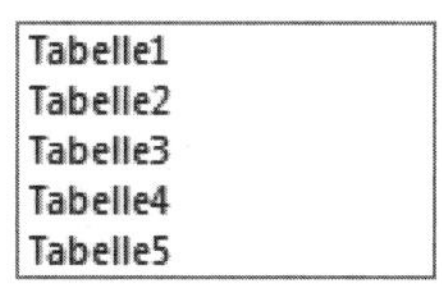

Über die Eigenschaft *Datensatzquelle* können Sie festlegen, mit welcher Datengrundlage das Formular verbunden sein soll. Im Listenfeld zu dieser Eigenschaft finden Sie alle in der Datenbank vorhandenen Tabelle und Abfragen.

» Beachten Sie auch die Eigenschaften im Bereich darunter – besonders die Eigenschaft *Daten eingeben* oder diejenigen, die auf das Wort *zulassen* enden. Hiermit regeln Sie, welche Tätigkeiten Sie im Formular durchführen können.

Wichtige Eigenschaften auf der Registerkarte *Format*

Auch einige Eigenschaften auf der Registerkarte *Format* sind schon gleich am Anfang interessant:

» Über *Standardansicht* können Sie regeln, in welcher Form das Formular angezeigt werden soll, wenn Sie von der Ansicht *Entwurf* zur Ansicht *Formular* wechseln (→ Abbildung 7.28).

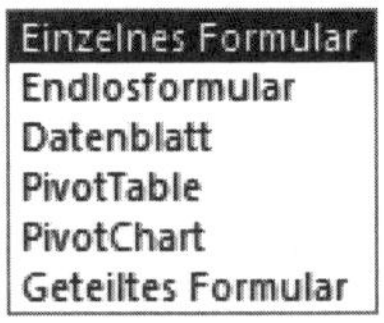

Abbildung 7.28
Die Optionen für die Standardansicht

» Auch die Eigenschaften darunter, die auf das Wort *zulassen* enden, sind wichtig (→ Abbildung 7.27 links). Damit regeln Sie, welche Ansichten über die Optionen in der Schaltfläche für das aktuelle Formular eingestellt werden können.

Ein Formular an eine Tabelle binden

Wie Sie eben gesehen haben, werden Formulare an Tabellen oder Abfragen gebunden, damit die Daten darin angezeigt werden können. Bei einigen der anfangs in diesem Kapitel vorgestellten Methoden zum Erstellen von Formularen wird noch keine solche Bindung festgelegt. Sie erreichen sie über die Eigenschaft *Datensatzquelle* des Formulars.

» Öffnen Sie das gewünschte Formular in der Entwurfsansicht. Zum Austesten können Sie *Formular7* benutzen, das nach dem Erstellen an keine Tabelle gebunden wurde.

» 

Lassen Sie das *Eigenschaftenblatt* anzeigen, und stellen Sie sicher, dass als *Auswahltyp* die Option *Formular* eingestellt ist.

» Lassen Sie die Registerkarte *Daten* anzeigen, und wählen Sie im Listenfeld *Datensatzquelle* die Tabelle *Tabelle1* aus.

»  Speichern Sie das Formular. Wenn Sie das Formular nicht mehr benötigen, können Sie es schließen. Beachten Sie, dass es jetzt im Navigationsbereich nicht mehr unter *Nicht verwandte Objekte* angezeigt wird, sondern unter *Tabelle1*.

7.2 Berichte

Ein Bericht besteht aus Informationen, die aus Tabellen oder Abfragen abgerufen werden, sowie aus Informationen, die mit dem Berichtsentwurf gespeichert werden, wie Beschriftungen, Überschriften und Grafiken. Über Berichte fassen Sie die Daten verschiedener Datensätze zusammen und werten sie aus. So erkennen Sie beispielsweise Strukturen und Trends in Ihren Daten. Sie können in einem solchen Bericht praktisch jede Information wie gewünscht darstellen.

7.2.1 Einen Bericht erstellen

Um einen Bericht zu erstellen, benötigen Sie – wie bei einem Formular – einen zugrunde liegenden Datenbestand. Dabei kann es sich um eine Tabelle mit den Originaldaten oder um eine Abfrage handeln. Auf dieser Basis können Sie den Bericht erstellen, den Sie anschließend speichern müssen. Die Werkzeuge zum Erstellen finden Sie in der Gruppe *Berichte* auf der Registerkarte *Erstellen* im Menüband.

Zum Anlegen eines Berichts gehen Sie ähnlich wie schon von anderen Objekten her gewohnt vor: Sie verwenden die Schaltflächen der Registerkarte *Erstellen* im Menüband – diesmal die in der Gruppe *Berichte* (→ Abbildung 7.29).

Sie haben darüber die Möglichkeit, einen Bericht auf verschiedene Weisen zu erstellen (→ Tabelle 7.3).

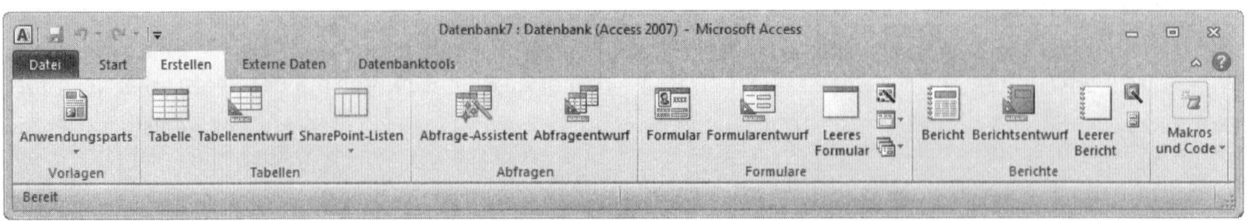

Abbildung 7.29 Beachten Sie die Gruppe *Berichte* der Registerkarte *Erstellen*.

Symbol	Name und Wirkung
Bericht	*Bericht:* erstellt einen Bericht auf der Basis der aktuell geöffneten oder in der Navigationsleiste markierten Tabelle oder Abfrage. Alle Felder der Datengrundlage werden in den Bericht übernommen.
Berichtsentwurf	*Berichtsentwurf:* erstellt einen Bericht in der Entwurfsansicht. Sie müssen anschließend die Eingaben für die Elemente des Berichts selbst vornehmen.
Leerer Bericht	*Leerer Bericht:* erstellt ein leeres Berichtsformular, in dem Sie die erforderlichen Steuerelemente selbst einfügen müssen.
	Berichts-Assistent: startet einen Assistenten, über den Sie einen Bericht selbst definieren können.
	Etiketten: startet einen Assistenten zum Erstellen von Etiketten.

Tabelle 7.3 Die Schaltflächen in der Gruppe *Berichte*

7.2.2 Automatische Berichte erstellen

Anfänger in Sachen Berichterstellung legen einen Bericht in der Regel am einfachsten mit dem *Berichts-Assistenten* an. Dieser stellt eine Reihe von Fragen und erstellt anhand Ihrer Antworten einen Bericht. Oder Sie verwenden die Schaltfläche *Bericht*, um alle in der Tabelle oder Abfrage vorhandenen Felder in den Bericht zu übernehmen. Auf diese beiden Methoden wollen wir zuerst eingehen.

Einen Basisbericht erstellen

Am schnellsten kann ein Bericht über die Schaltfläche *Bericht* auf der Registerkarte *Erstellen* im Menüband erstellt werden, da das Generieren umgehend ohne Eingabeaufforderungen erfolgt. Da diese Abfragen wegfallen, kommt man schneller zu einem Ergebnis. Im Bericht werden alle Felder aus einer zugrunde liegenden Tabelle oder Abfrage angezeigt. Das hat auch einige Nachteile, da hier nicht die Möglichkeit besteht, einen bestimmten Stil zu wählen oder einen Titel festzulegen. Solche Größen müssen Sie dann anschließend festlegen.

Verwenden Sie dafür die folgenden Schritte:

» Markieren Sie im Navigationsbereich die Tabelle oder Abfrage, auf der der Bericht basieren soll, oder öffnen Sie diese Datenquelle. Verwenden Sie beispielsweise *Tabelle1*.

» Bericht Holen Sie die Registerkarte *Erstellen* im Menüband in den Vordergrund. Klicken Sie in der Gruppe *Berichte* auf *Bericht*. Der Bericht wird sofort erstellt und in der Layoutansicht angezeigt (→ Abbildung 7.30). Die gestrichelten Linien darin kennzeichnen die Seitenumbrüche.

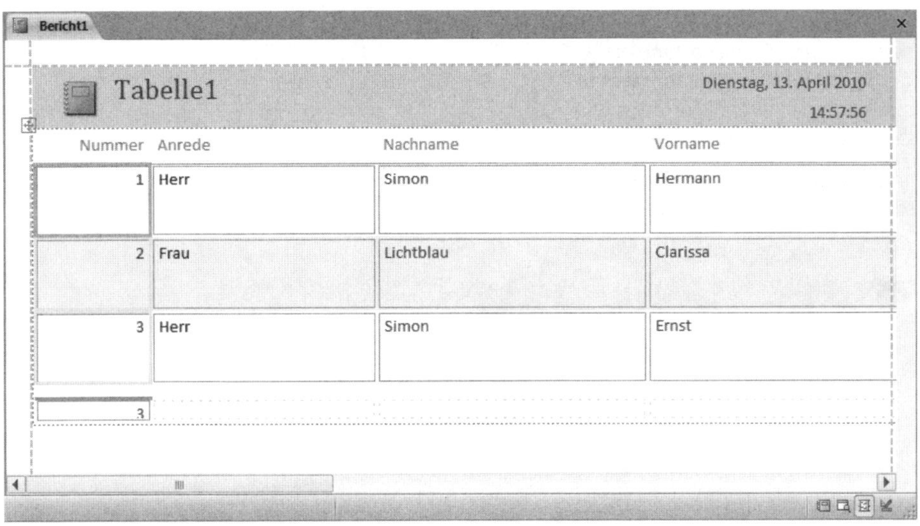

Abbildung 7.30 Der Bericht in der Layoutansicht. Die gestrichelten Linien symbolisieren Ränder und den Seitenumbruch.

»  Klicken Sie auf die Schaltfläche *Speichern* in der *Symbolleiste für den Schnellzugriff*. Das Dialogfeld *Speichern unter* wird angezeigt (→ Abbildung 7.31).

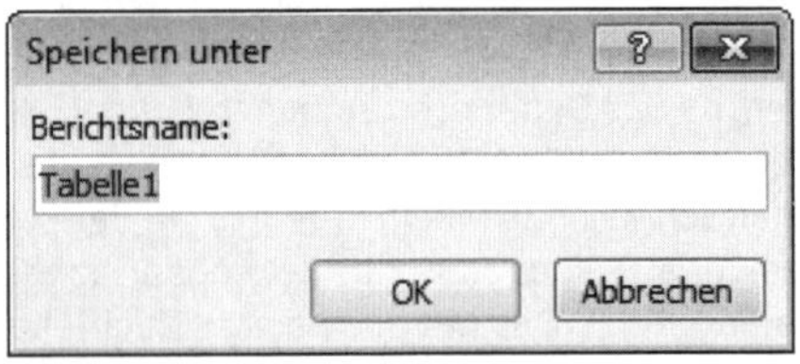

Abbildung 7.31 Das Dialogfeld *Speichern unter*

» Geben Sie dem Bericht den Namen *Bericht1*, und bestätigen Sie über *OK*.

»  Wenn Sie den Bericht gerade nicht benötigen, können Sie ihn schließen. Beim nächsten Öffnen des Berichts werden die aktuellsten Daten aus der Datensatzquelle erneut angezeigt.

ACHTUNG Auch hier gilt: Es gibt einige reservierte Wörter, die Sie auch nicht für die Namen von Datenbankobjekten verwenden sollten. Wenn Sie eines davon benutzen, werden Sie darauf hingewiesen (→ Kapitel 3). Wenn Sie einen solchen Feldnamen beibehalten, funktioniert die Eingabe zwar weiterhin, oft tauchen aber dann in der Datenbank Erscheinungen auf, die nicht einfach nachzuvollziehen sind. Vermeiden Sie also solche Namen.

Den Berichts-Assistenten verwenden

Mit dem *Berichts-Assistenten* können Sie die im Bericht angezeigten Felder präziser auswählen. Außerdem können Sie angeben, wie die Daten gruppiert und sortiert werden sollen, und Sie können Felder aus mehreren Tabellen oder Abfragen verwenden, sofern Sie die Beziehungen zwischen den Tabellen und Abfragen zuvor angegeben haben.

»  Klicken Sie auf der Registerkarte *Erstellen* in der Gruppe *Berichte* auf *Berichts-Assistent*. Der Assistent wird gestartet. Er führt Sie nacheinander durch die einzelnen Schritte zur Erstellung des Berichts.

» Legen Sie im oberen Bereich auf der ersten Seite fest, welche der vorhandenen Tabellen oder Abfragen als Grundlage für den Bericht dienen soll (→ Abbildung 7.32). Standardmäßig ist bereits das aktuell geöffnete oder gerade markierte Objekt gewählt. Alle sonst noch in der Datenbank vorhandenen Elemente dieser Art werden im Listenfeld *Tabellen/Abfragen* aufgelistet und können von dort aus gewählt werden. Verwenden Sie für diese Aufgabe die *Tabelle2*.

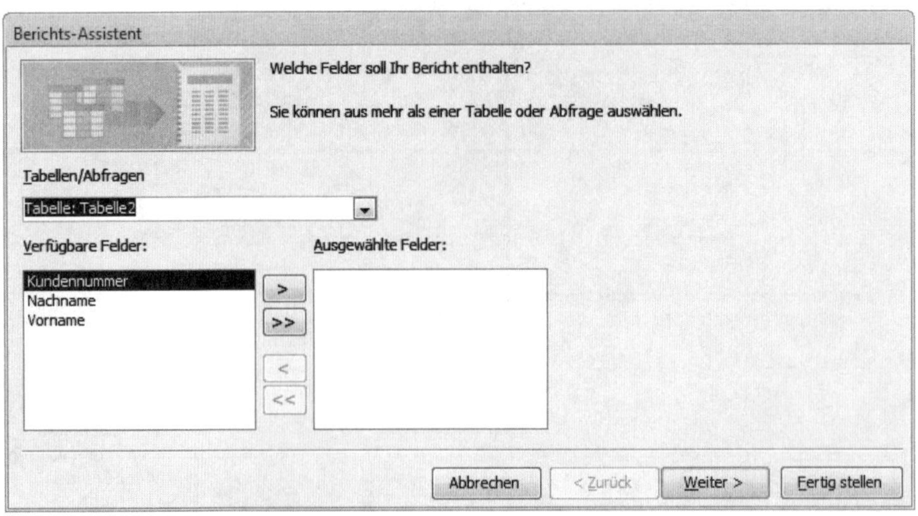

Abbildung 7.32 Die erste Seite des Berichts-Assistenten

» Nach dieser Wahl werden die in der Datengrundlage vorhandenen Felder in der Liste *Verfügbare Felder* angezeigt. Bestimmen Sie, welche Felder Sie in den Bericht übernehmen wollen (→ Tabelle 7.4). Übernehmen Sie die Felder in der Reihenfolge, in der Sie später im Bericht vorkommen sollen. Markieren Sie dazu das Feld in der Liste *Verfügbare Felder*, und klicken Sie auf die Schaltfläche mit dem nach rechts zeigenden Pfeil. Der Feldname wird dann im Bereich *Ausgewählte Felder* angezeigt.

Symbol	Wirkung
>	Übernimmt das in der Liste *Verfügbare Felder* markierte Feld in die Liste *Ausgewählte Felder*.
>>	Übernimmt alle Felder der Liste *Verfügbare Felder* in die Liste *Ausgewählte Felder*.
<	Entfernt das in der Liste *Ausgewählte Felder* markierte Feld aus dieser Liste.
<<	Entfernt alle Felder aus der Liste *Ausgewählte Felder*.

Tabelle 7.4 Die Schaltflächen zur Übernahme von Feldern

» Wechseln Sie über die Schaltfläche *Weiter* zur nächsten Seite des Assistenten. Wenn Sie stattdessen auf *Fertig stellen* klicken, werden die folgenden Schritte des Assistenten übersprungen, und der Assistent benutzt seine Grundeinstellungen.

» Legen Sie dann fest, nach welchen Feldern gruppiert werden soll. Wenn gruppiert werden soll, wählen Sie das gewünschte Feld in der Liste links, und klicken Sie auf die Schaltfläche mit dem nach rechts zeigenden Pfeil (→ Abbildung 7.33 und Tabelle 7.5).

» Wenn Sie nach mehreren Feldern gruppieren, können Sie die Reihenfolge diese Gruppierung über die Schaltflächen *Priorität* ändern.

Symbol	Wirkung
>	Übernimmt das in der Liste markierte Feld als Gruppierfeld.
<	Entfernt das Gruppierfeld.
▲	Stuft das Feld um eine Ebene nach oben.
▼	Stuft das Feld um eine Ebene nach unten.

Tabelle 7.5 Die Schaltflächen zur Übernahme

» Legen Sie nach einem Klick auf *Weiter* fest, nach welchen Feldern sortiert werden soll (→ Abbildung 7.34). Wählen Sie über die erste Liste das Feld aus, nach dessen Inhalten die Datensätze zuerst sortiert werden sollen. Über die nachfolgenden Felder können Sie innerhalb dieser Sortierung nach anderen Inhalten sortieren lassen. Standardmäßig wird im-

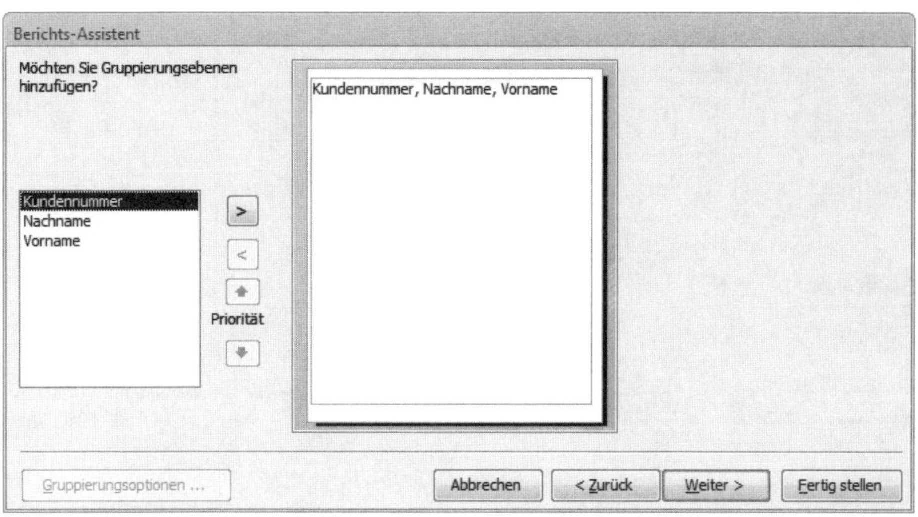

Abbildung 7.33 Die zweite Seite des Berichts-Assistenten - hier können Sie eine Gruppierung festlegen.

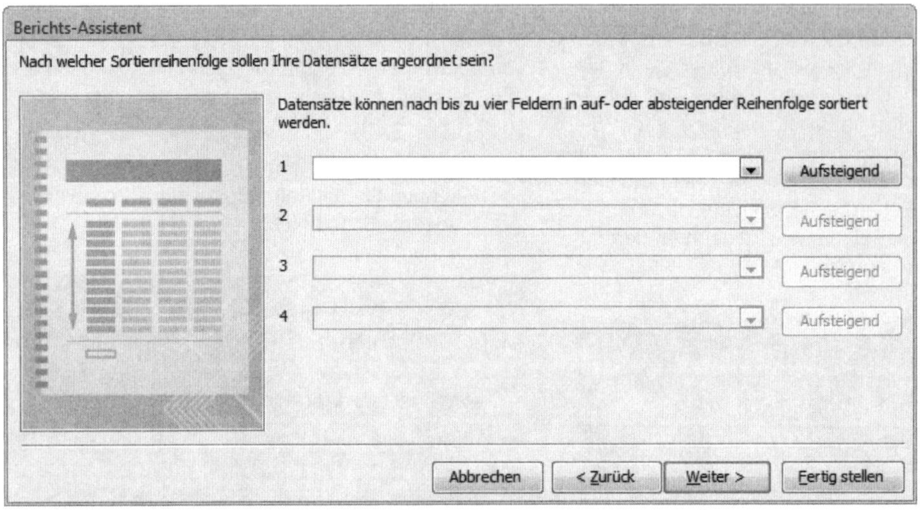

Abbildung 7.34
Die Form der Sortierung festlegen

mer aufsteigend sortiert. Durch einen Klick auf *Aufsteigend* schalten Sie für dieses Feld auf eine absteigende Reihenfolge um.

» Klicken Sie auf *Weiter*, und wählen Sie das Layout für Ihren Bericht aus (→ Abbildung 7.35). Wählen Sie für diese Aufgabe die Option *Einspaltig*.

» Klicken Sie auf *Weiter* und geben Sie abschließend dem Bericht einen Namen - beispielsweise *Bericht2* -, und entscheiden Sie dann, was als Nächstes getan werden soll (→ Abbildung 7.36).

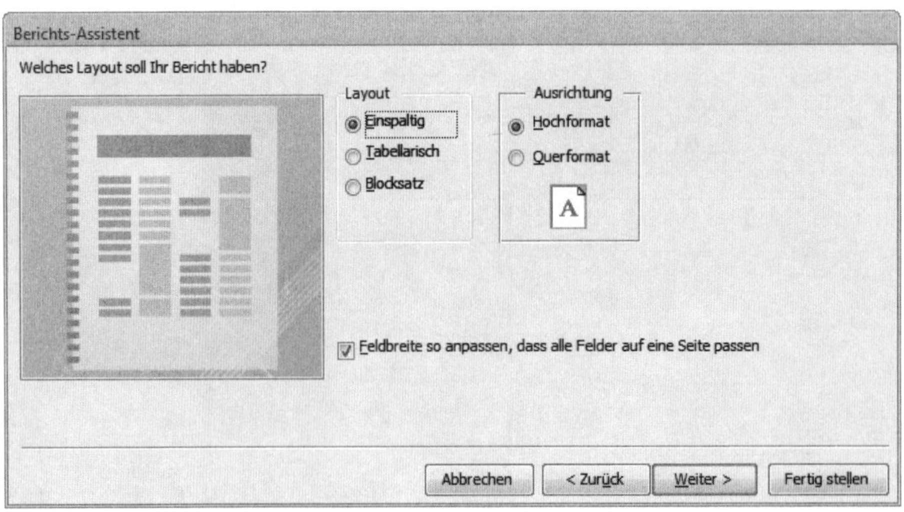

Abbildung 7.35
Das Layout bestimmen

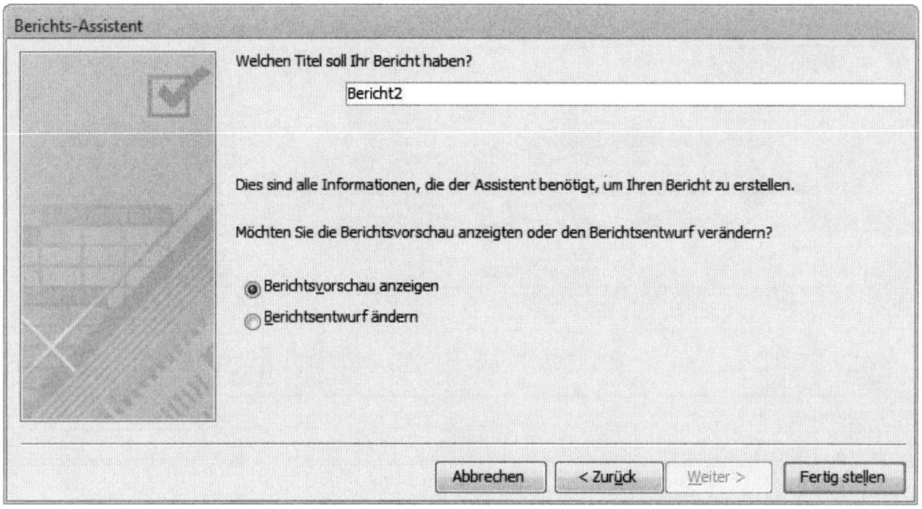

Abbildung 7.36
Den Namen festlegen

» Bestätigen Sie über die Schaltfläche *Fertig stellen*. Der Bericht wird erstellt und in der gewählten Ansicht geöffnet. Hatten Sie die *Berichtsvorschau anzeigen* gewählt, wird der Bereich in der Seitenansicht angezeigt (→ Abbildung 7.37).

» Hatten Sie *Berichtsentwurf ändern* ausgewählt, wird nach einem Klick auf *Fertig stellen* der Bericht erstellt und in der Ansicht *Berichtsentwurf* dargestellt (→ Abbildung 7.37).

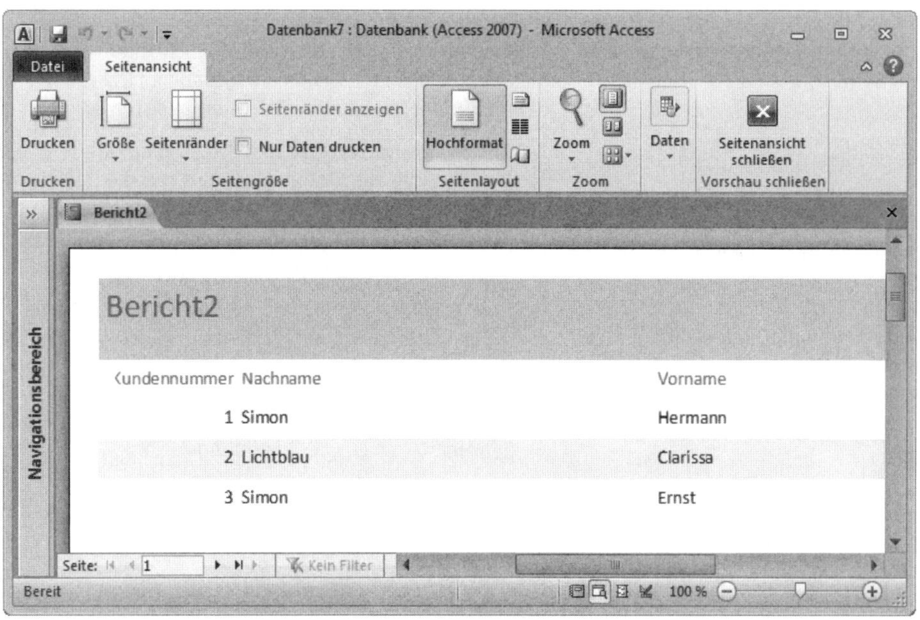

Abbildung 7.37
Der Bericht in der Seitenansicht

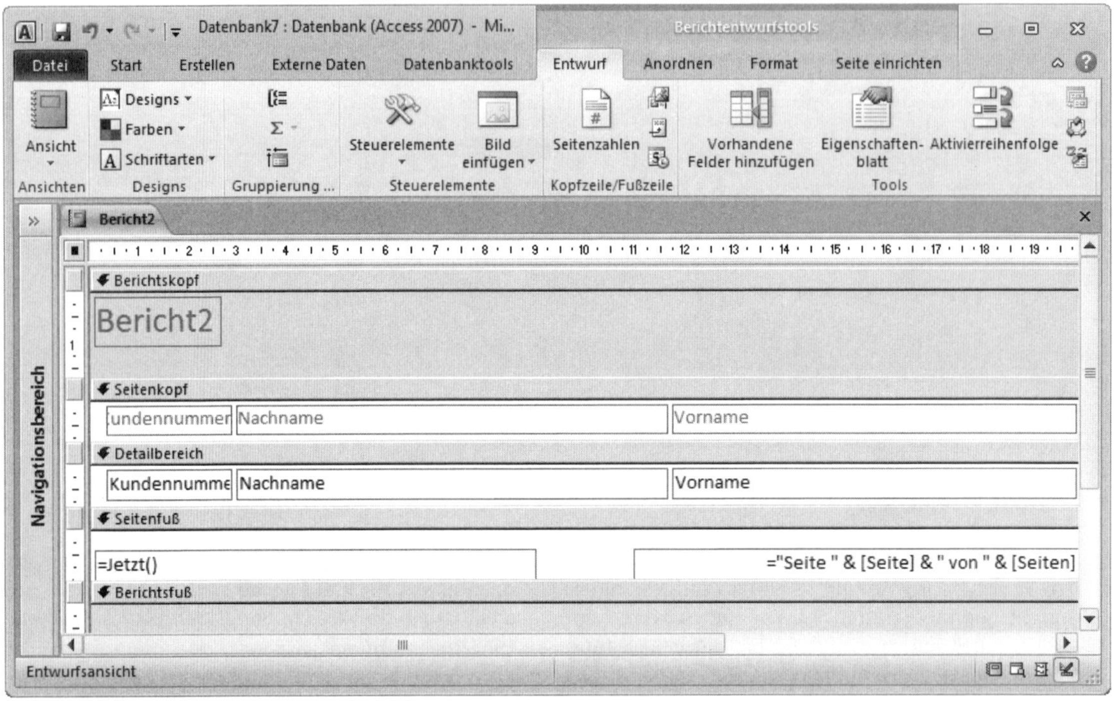

Abbildung 7.38 Der Bericht in der Ansicht *Entwurf*

»  Speichern brauchen Sie den Bericht nicht mehr. Anschließend können Sie ihn schließen.

TIPP Wenn Sie Felder aus mehreren Tabellen oder Abfragen in einen Bericht einfügen möchten, klicken Sie nach dem Auswählen der Felder aus der ersten Tabelle oder Abfrage auf der ersten Seite des Berichts-Assistenten nicht auf *Weiter* oder *Fertig stellen*. Wiederholen Sie stattdessen die beschriebenen Schritte, um eine weitere Tabelle oder Abfrage auszuwählen. Klicken Sie auf die Felder, die Sie in den Bericht einbeziehen möchten. Klicken Sie dann erst auf *Weiter* oder *Fertig stellen*, um fortzufahren.

Erstellen von Etiketten

Wenn die zugrunde liegende Tabelle Namen und Adressdaten enthält, können Sie mit diesen Daten Adressetiketten erstellen. Gegebenfalls müssen Sie die Anzahl der Datensätze vorher über eine Abfrage einschränken. Sie haben dann verschiedene Möglichkeiten. Am einfachsten ist das Erstellen und Drucken von Etiketten aus einem Bericht mithilfe des Etiketten-Assistenten.

» Öffnen Sie im Navigationsbereich die Tabelle oder Abfrage, die als Datensatzquelle für die Etiketten dienen soll, indem Sie darauf doppelklicken. Zum Testen der Verfahrensweise können Sie wieder *Tabelle1* benutzen.

»  Klicken Sie auf der Registerkarte *Erstellen* in der Gruppe *Berichte* auf *Etiketten*. Der Assistent wird gestartet. Auf der ersten Seite können Sie das Format der Etiketten festlegen. Wählen Sie am besten hier zunächst im Feld *Nach Hersteller filtern* den Hersteller aus (→ Abbildung 7.39).

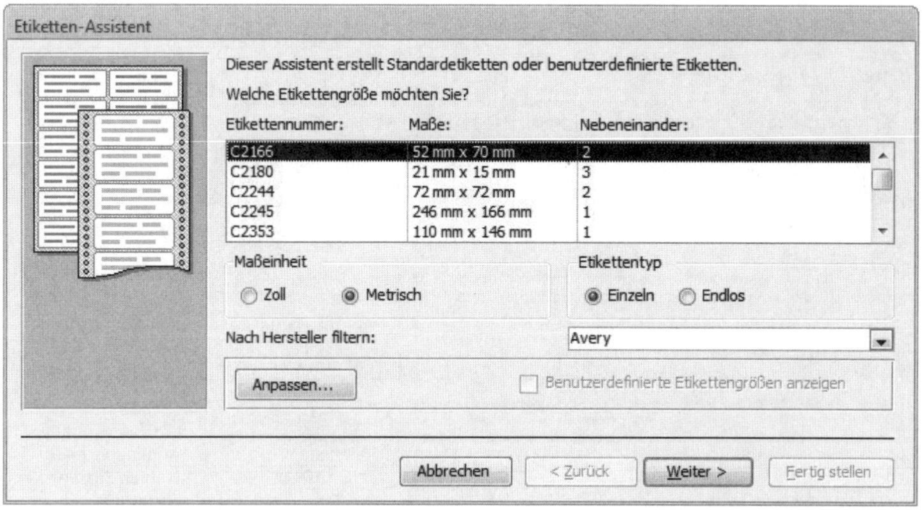

Abbildung 7.39
Wählen Sie das Etikettenformat.

- Nach einem Klick auf *Weiter* bestimmen Sie dann die Schriftart, die Schriftgröße, die Schriftattribute und die Textfarbe für die Anzeige (→ Abbildung 7.40).
- Klicken Sie wieder auf *Weiter*, und wählen Sie dann die Daten aus der Liste *Verfügbare Felder* aus, indem Sie sie nacheinander markieren und auf die Schaltfläche mit der nach rechts zeigenden Schaltfläche klicken (→ Abbildung 7.41). Verwenden Sie die Reihenfolge, in der die Daten später auf dem Etikett erscheinen sollen. Setzen Sie die gewünschten Sonderzeichen zwischen die Feldnamen – beispielsweise [↵] für einen Zeilenwechsel. Sie können auch weiteren Text eingeben, der auf den Etiketten gedruckt werden soll.

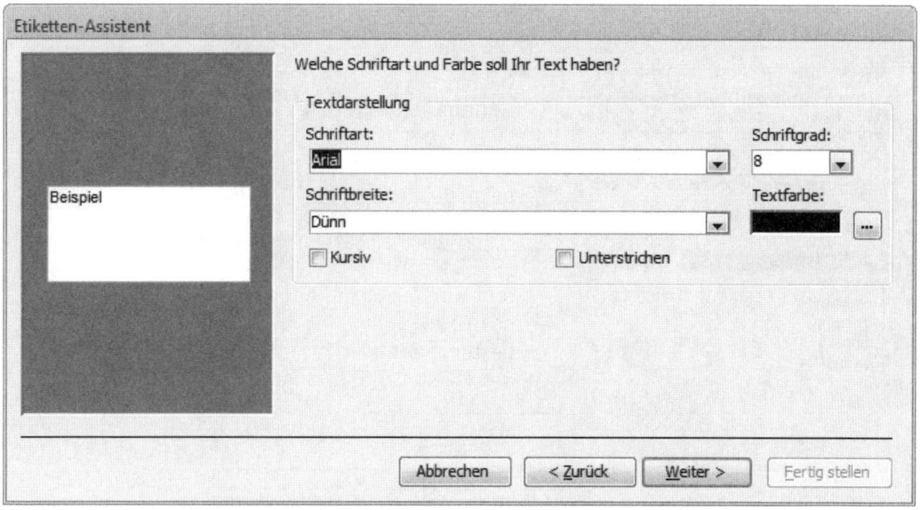

Abbildung 7.40
Bestimmen Sie die Schriftart, Schriftbreite und Textfarbe.

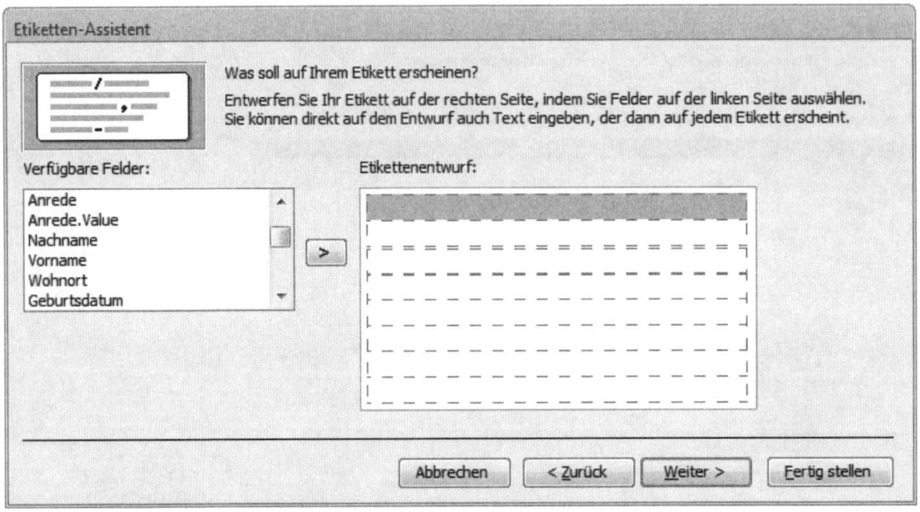

Abbildung 7.41 Wählen Sie die Felder aus.

» Legen Sie fest, nach welchen Kriterien die Datensätze sortiert werden sollen. Benutzen Sie hierfür dieselben Techniken wie beim normalen Berichts-Assistenten (→ Abbildung 7.42).

» Geben Sie dem Bericht einen Namen, und entscheiden Sie, was Sie als Nächstes tun möchten. Auch dieser Schritt entspricht dem normalen Berichts-Assistenten.

» Klicken Sie dann auf *Fertig stellen*. Die Etiketten werden erstellt und in der Seitenansicht angezeigt, sodass Sie sehen, wie sie gedruckt werden (→ Abbildung 7.43). Mithilfe des Schiebereglers in der Statusleiste von Access können Sie Details vergrößern.

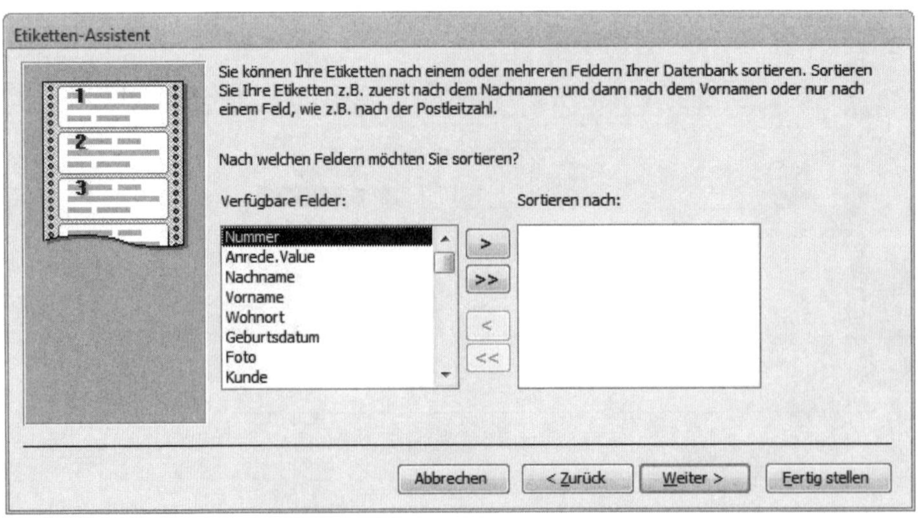

Abbildung 7.42 Führen Sie eine Sortierung durch.

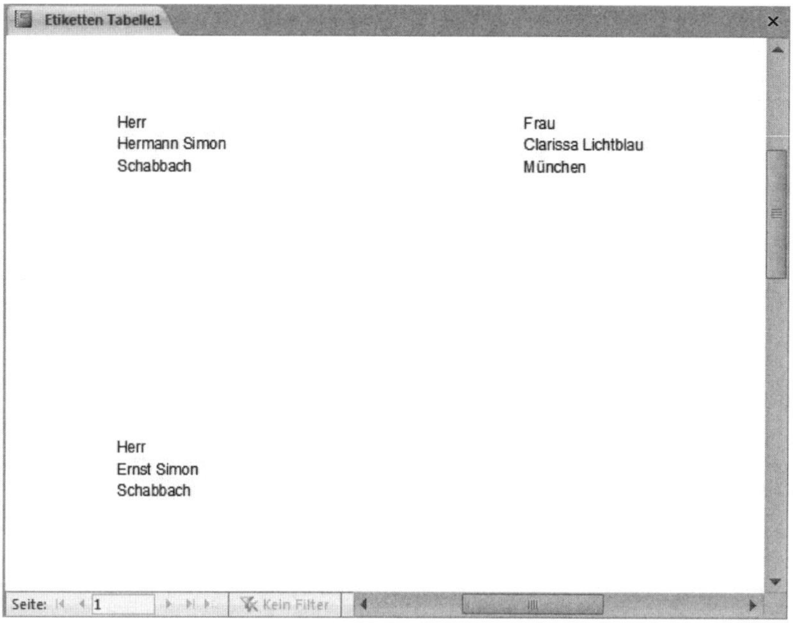

Abbildung 7.43
Ein Bericht in Etikettenform

Wenn Sie auf *Seitenansicht schließen* klicken, wird der Bericht in der Entwurfsansicht angezeigt (→ Abbildung 7.44). Bei dem mit *=Glätten* beginnenden Ausdruck darin handelt es sich um eine Textfunktion, die eventuell in den Feldern Vorname und Nachname vorhandene zusätzliche Leerzeichen entfernt. Sie können diese Ansicht verwenden, um den Bericht zu ändern (→ Kapitel 8).

Eigene Etikettenformate definieren

Wenn Sie unter den angebotenen Formaten keines finden, das Ihren Anforderungen entspricht, können Sie ein eigenes definieren.

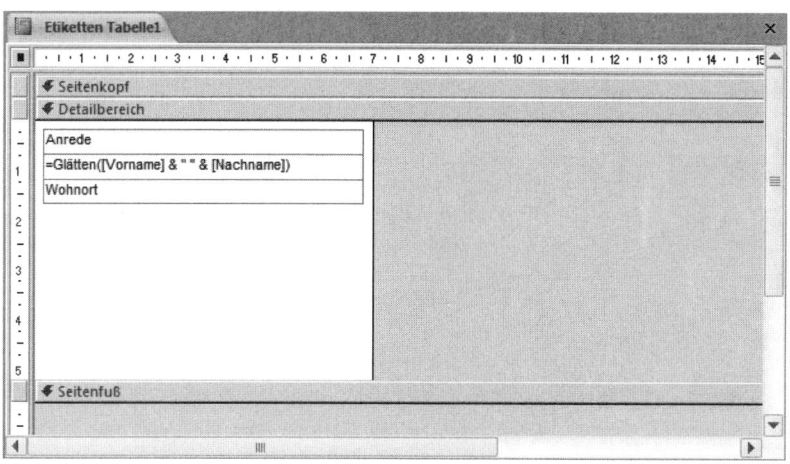

Abbildung 7.44
Der Bericht zum Etikettendruck in der Entwurfsansicht

» Dazu klicken Sie auf der ersten Seite des Etiketten-Assistenten auf die Schaltfläche *Anpassen*. Es empfiehlt sich, vorher ein bereits vorhandenes Format auszuwählen, das dann als Voreinstellung für das neue Format dient. Das Dialogfeld *Neue Etikettengröße* wird angezeigt, in dem die selbst erstellten Formate aufgelistet werden (→ Abbildung 7.45).

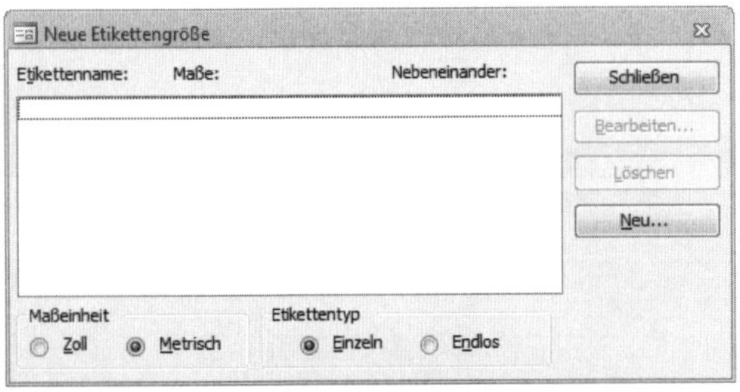

Abbildung 7.45 Das Dialogfeld *Neue Etikettengröße*

» Klicken Sie auf *Neu*, und legen Sie im Dialogfeld *Neues Etikett* die Abmessungen fest (→ Abbildung 7.46).

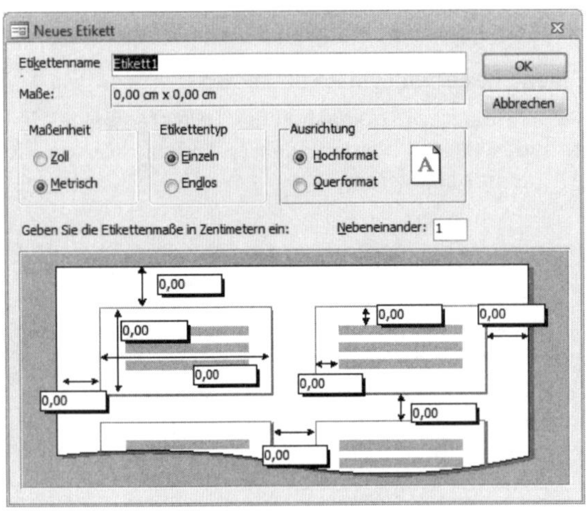

Abbildung 7.46 Das Dialogfeld *Neues Etikett*

» Bestätigen Sie über *OK*, und schließen Sie das Dialogfeld *Neue Etikettengröße*.

7.2.3 Berichte manuell anlegen

Wenn Sie die Werkzeuge *Bericht* oder *Berichts-Assistent* nicht verwenden möchten, können Sie den Bericht über *Leerer Bericht* oder *Berichtsentwurf* völlig neu erstellen. Das kann sich, besonders wenn Sie nur wenige Felder in den Bericht einbeziehen möchten, als sehr schnelle Methode erweisen, erfordert aber bei Berichten mit vielen Feldern denselben Aufwand wie das manuelle Erstellen von Formularen. Es ist auch die bessere Möglichkeit, wenn Sie spezielle Anforderungen an die Optik des Berichts haben.

Von einem leeren Bericht ausgehen

Beim Erstellen eines leeren Berichts spielt es im Prinzip keine Rolle, welche Tabelle oder Abfrage schon geöffnet oder gerade im Navigationsbereich markiert ist.

» 

Klicken Sie auf der Registerkarte *Erstellen* in der Gruppe *Berichte* auf *Leerer Bericht*. Ein leerer Bericht wird in der Layoutansicht angezeigt (→ Abbildung 7.47). Außerdem wird mit der *Feldliste* ein Fenster angezeigt, das alle Tabellen und Abfragen auflistet.

» Die Felder einer Tabelle oder Abfrage können Sie ein- und ausblenden, indem Sie auf die links vor dem Objektnamen befindlichen Plus- oder Minuszeichen klicken.

» Um Felder in den Bericht einzufügen, ziehen Sie jedes Feld einzeln auf die Berichtsfläche. Gehen Sie genau so vor, wie vorher für das Erstellen von Formularen beschrieben. Sie können auch mit gedrückt gehaltener Strg-Taste gemeinsam markieren und dann gleichzeitig auf den Bericht ziehen. Sie können es sich auch einfacher machen, indem Sie auf die Feldbezeichnung in der Feldliste einen Doppelklick ausführen. Das entsprechende Feld wird dann automatisch auf die Berichtsfläche übertragen. Es wird dort gegebenenfalls nach der gerade markierten Feldbezeichnung eingefügt. Gehen Sie also am besten in der Reihenfolge vor, in der die Felder später im Bericht erscheinen sollen.

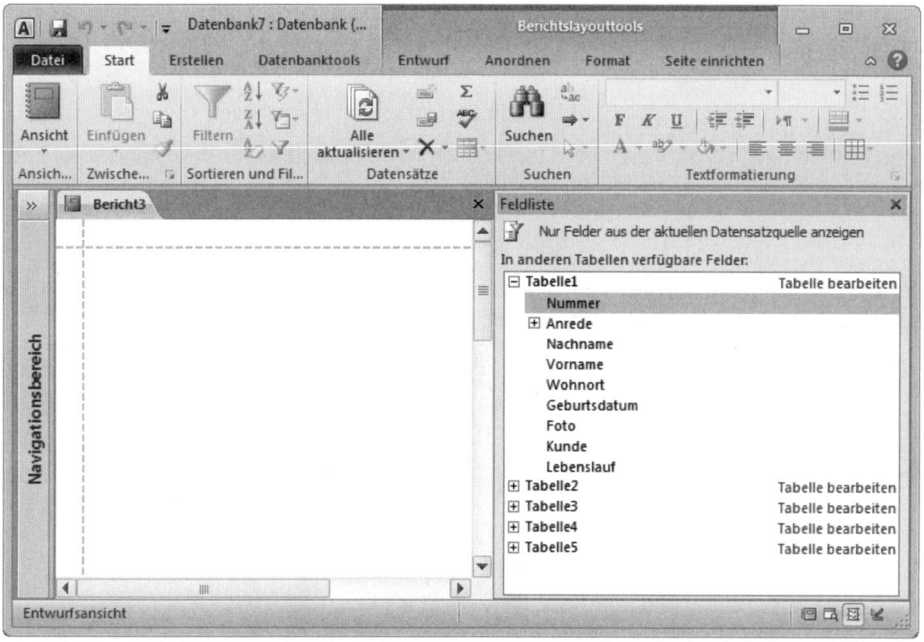

Abbildung 7.47
Ein leerer Bericht in der Layoutansicht

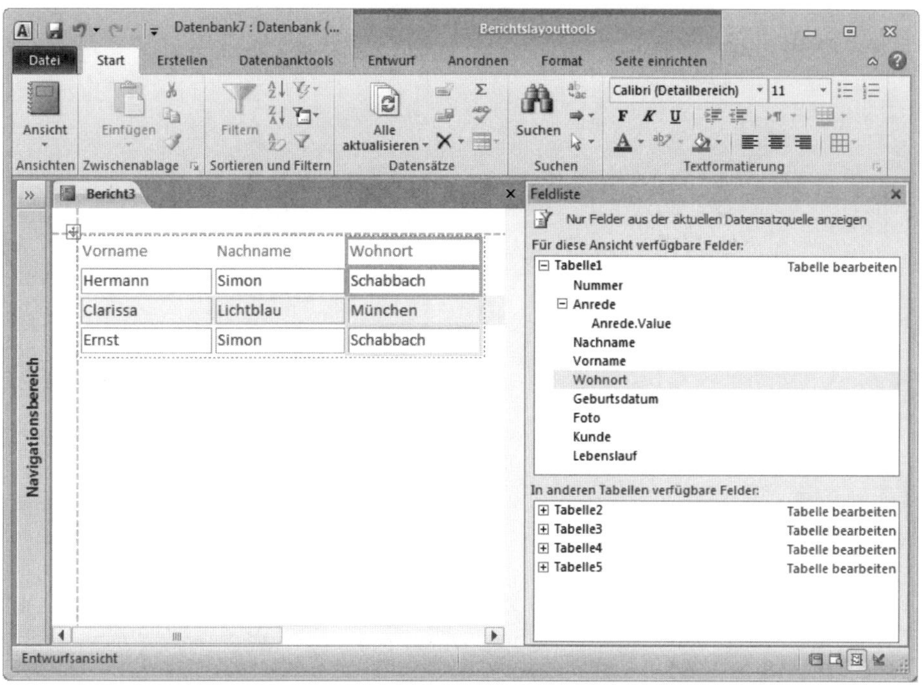

Abbildung 7.48
Die Felder im Bericht

» Wenn Sie den Bericht später weiter verwenden wollen, müssen Sie ihn speichern – beispielsweise unter *Bericht4*. Anschließend können Sie ihn schließen.

REFERENZ Wie man die Anzeigen in der Layoutansicht editiert oder erweitert, erfahren Sie später (→ Kapitel 8). Verwenden Sie beispielsweise die Werkzeuge der Gruppe *Steuerelemente* auf der Registerkarte *Berichtslayouttools/Format*, um dem Bericht ein Logo, einen Titel, Seitenzahlen oder das Datum und die Uhrzeit hinzuzufügen.

Einen Berichtsentwurf erstellen

Sie können in Access 2010 auch komplexe Berichte erstellen. Dazu verwenden Sie am besten die Entwurfsansicht des Berichts.

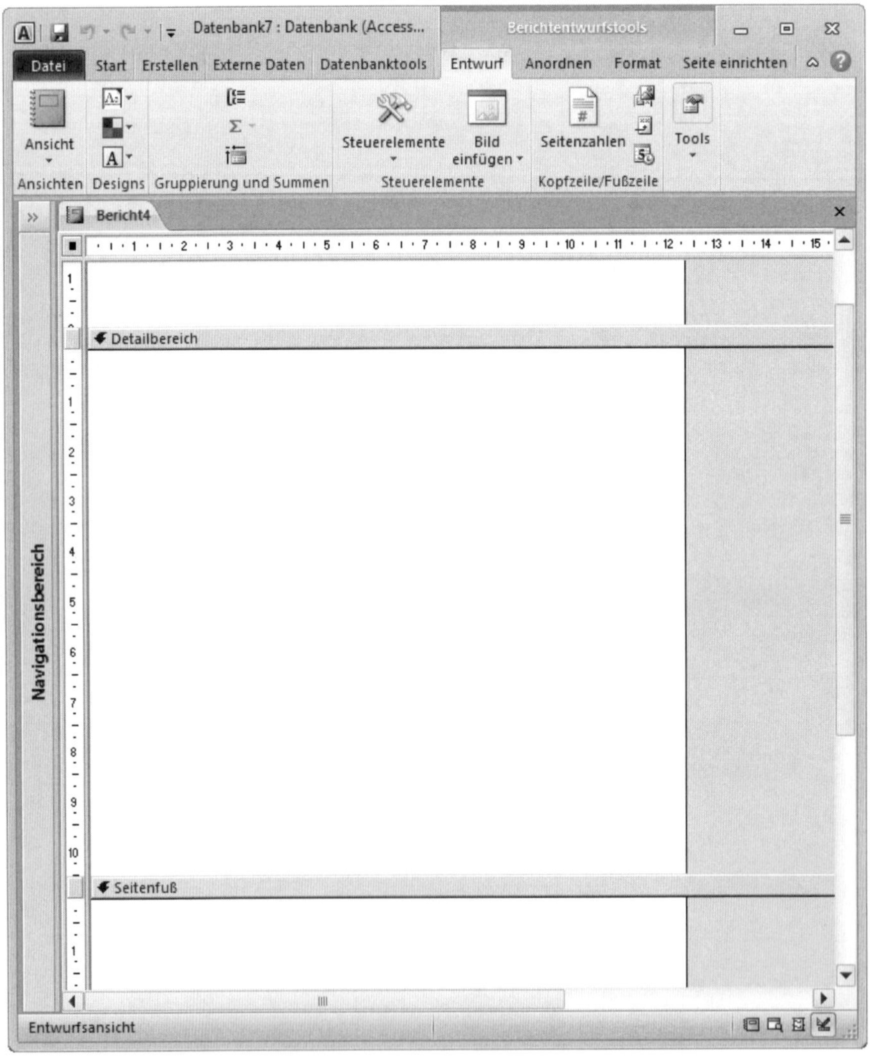

Abbildung 7.49
Der leere Bericht im Berichtsentwurf verfügt über drei Bereiche.

» 

Um in einer bereits geöffneten Datenbank den Entwurf für einen neuen Bericht zu erstellen, wählen Sie die Gruppe *Berichte* auf der Registerkarte *Erstellen* im Menüband. Klicken Sie dann auf die Schaltfläche *Berichtsentwurf*. Die Entwurfsansicht für den neuen Bericht wird angezeigt (→ Abbildung 7.49).

In diesem Entwurf gehen Sie ähnlich vor wie bei dem vorher vorgestellten Formularentwurf. Sie müssen alle Steuerelemente selbst erstellen. Wir werden später darauf eingehen (→ Kapitel 8).

7.2.4 Die Berichtsansichten

Sie haben eben wahrscheinlich gemerkt, dass bereits beim Erstellen des Berichts unterschiedliche Ansichten als Ergebnis der Arbeit auftauchen. Alle Berichte können aber in allen Ansichten angezeigt werden. Aktivieren Sie dazu die entsprechende Option in der Liste zur Schaltfläche *Ansicht* (→ Abbildung 7.50). Sie finden diese auf der Registerkarte *Start* in der Gruppe *Ansichten*. Aber auch andere Registerkarten verfügen über diese Gruppe mit dieser Schaltfläche – beispielsweise die Registerkarte *Berichtslayouttools/Entwurf* oder die Registerkarte *Berichtentwurfstools/Entwurf*. Standardmäßig finden Sie darin vier Formen der Ansicht. Beachten Sie gleich, dass durch einen einfachen Klick auf diese Schaltfläche standardmäßig immer zwischen der Berichtsansicht und der Layoutansicht hin- und her geschaltet wird. Die anderen Formen der Ansicht müssen Sie aus der Liste zur Schaltfläche auswählen.

Abbildung 7.50
Der Katalog zur Schaltfläche *Ansicht* bei einem Bericht

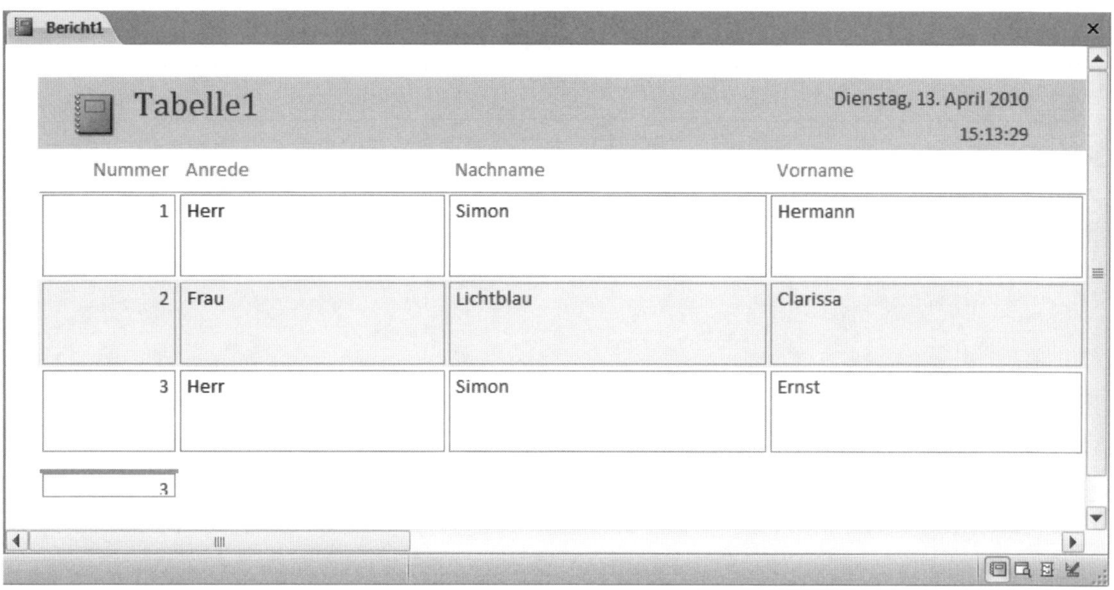

Abbildung 7.51 Ein Bericht in der *Berichtsansicht*

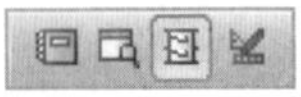

Diese vier Ansichten können Sie auch über die vier kleinen Schaltflächen im rechten Bereich der Statusleiste ansteuern.

Die Berichtsansicht

Die seit der Version 2007 neue *Berichtsansicht* ermöglicht eine aussagekräftige, präzise Darstellung von Berichten, ohne dass diese gedruckt oder in der Vorschau angezeigt werden müssen (→ Abbildung 7.37). Sie dient zum Arbeiten mit Berichtsergebnisse am Bildschirm. Um Details zu bestimmten Datensätzen zu erhalten, können Sie die schon vorher beschriebenen Filtertechniken verwenden (→ Kapitel 4). Diese Ansicht eignet sich beispielsweise auch dafür, bestimmte Ergebnisse mit dem Kopierbefehl in der Zwischenablage zu erfassen und in andere Anwendungen einzufügen.

Die Layoutansicht

Mit der *Layoutansicht* können Sie Entwurfsänderungen vornehmen, während Sie gleichzeitig die Daten anzeigen lassen (→ Abbildung 7.52). Beispielsweise können Sie ein Feld hinzufügen, indem Sie dieses aus dem neuen Bereich Feldliste ziehen, oder aber Eigenschaften mithilfe des Eigenschaftenblatts ändern. Die Layoutansicht unterstützt die neuen gestapelten und tabellarischen Layouts – also Steuerelementgruppen, die Sie als Ganzes bearbeiten können, damit Felder, Spalten, Zeilen oder ganze Layouts problemlos neu angeordnet werden kön-

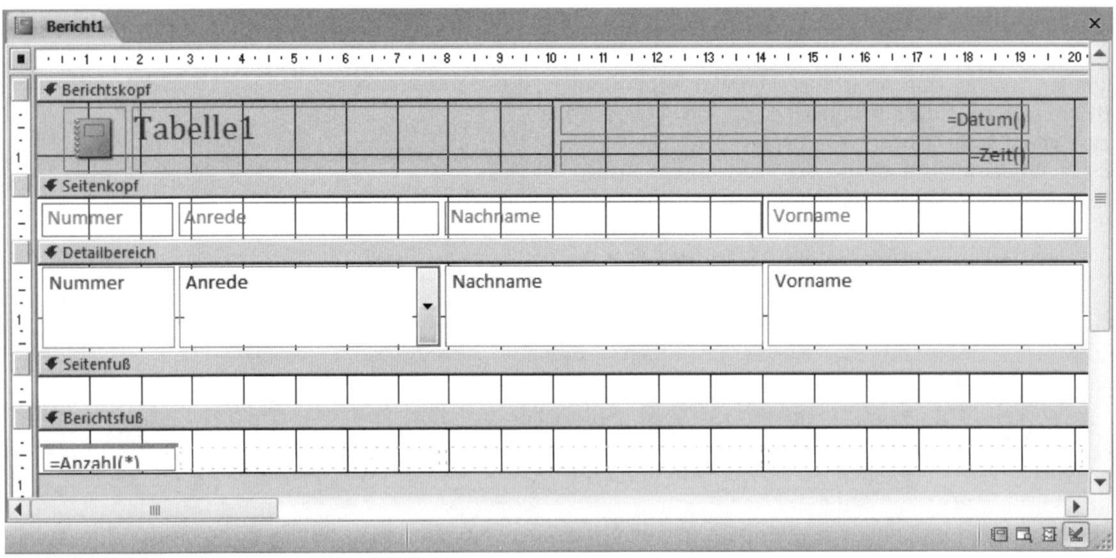

Abbildung 7.52 Ein Bericht in der *Entwurfsansicht*

nen. In der Layoutansicht können Sie außerdem ein Feld entfernen oder Formatierungen hinzufügen.

Die Entwurfsansicht

Eine noch größere Zahl von Möglichleiten zum Editieren finden Sie in der *Entwurfsansicht* des Berichts. Sie können darin dem Bericht neue Steuerelemente und Felder hinzufügen (→ Abbildung 7.53). Das Eigenschaftenblatt ermöglicht Ihnen, auf zahlreiche Eigenschaften zuzugreifen, mit denen Sie den Bericht anpassen können. Standardmäßig besteht ein solcher Berichtsentwurf zunächst aus drei Abschnitten – dem *Seitenkopf*, dem *Detailbereich* und dem *Seitenfuß*. Es können aber noch weitere Bereiche darin auftauchen.

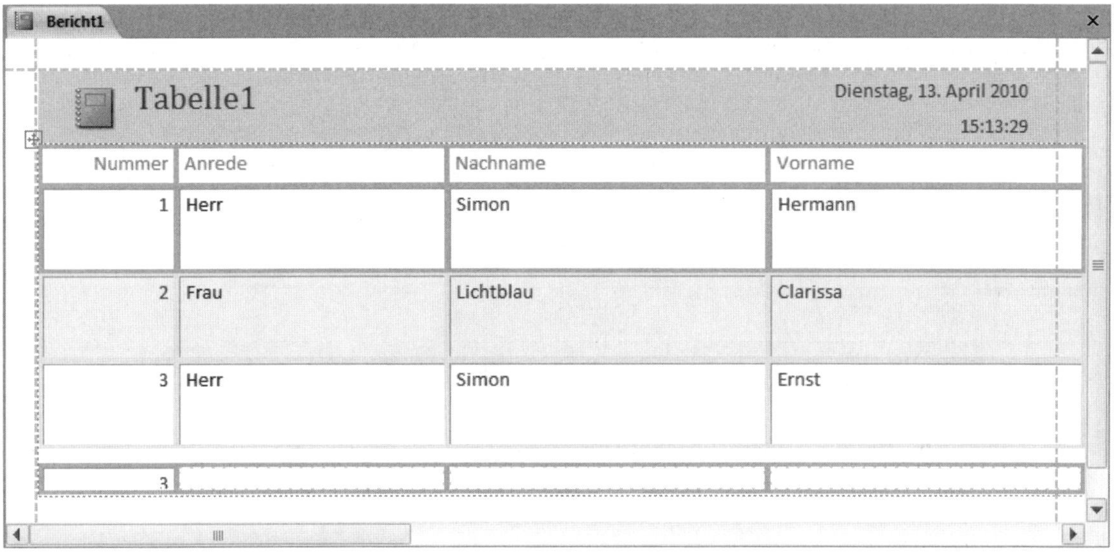

Abbildung 7.53 Ein Bericht in der *Layoutansicht*

Die Seitenansicht

Die *Seitenansicht* stellt den Bericht so dar, wie er beim Ausdruck erscheinen würde. Die Ansicht wird auch durch die Einstellungen für den standardmäßig oder in Access gewählten Drucker beeinflusst (→ Abbildung 7.54). Sie verfügt im Menüband über die Registerkarte *Seitenansicht*, über deren Gruppen Sie das Layout der Berichtsseiten für den Ausdruck beeinflussen können (→ Kapitel 12).

7.3 Anwendungsparts

Neu bei Access 2010 sind *Anwendungsparts*. Dies sind Vorlagen, die einen bestimmten Teil einer Datenbank beinhalten. Sie können damit Gruppen von beliebigen Datenbankobjekten in die Datenbank einfügen - beispielsweise können Sie damit mit einem einzigen Mausklick eine komplette Adressverwaltung in eine Datenbank integrieren. Ein Anwendungspart kann einfach nur eine einzelne Tabelle sein, kann aber auch mehrere zusammengehörige Objekte umfassen - wie beispielsweise eine Tabelle und ein gebundenes Formular.

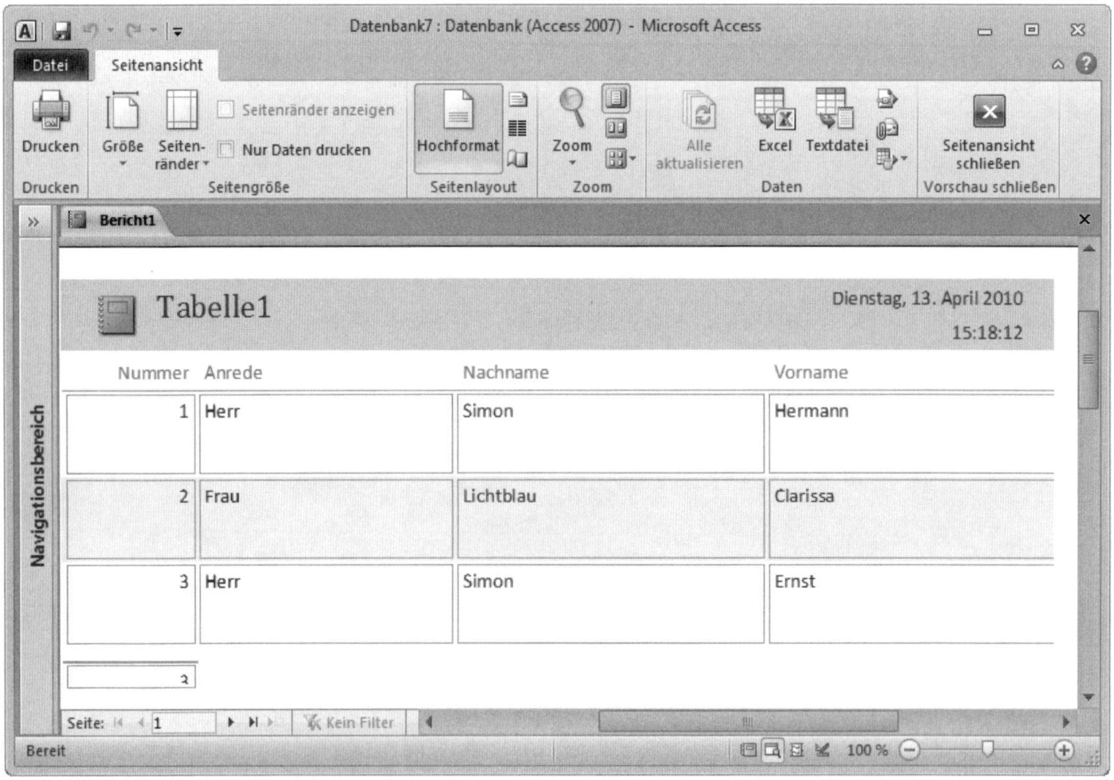

Abbildung 7.54 Ein Bericht in der *Seitenansicht*

7.3.1 Hinzufügen eines Anwendungsparts

Anwendungsparts sind eigenständige Objekte, und zum Erstellen eines solchen müssen Sie vorher kein anderes Objekt markieren. Sie können ein Anwendungspart jeder Datenbank ohne Änderungen oder minimal angepasst hinzufügen.

» Zum Einfügen öffnen Sie die Datenbank, der Sie ein Anwendungspart hinzufügen möchten.

» Klicken Sie auf die Registerkarte *Erstellen*, und öffnen Sie den Katalog zur Schaltfläche *Anwendungsparts* in der Gruppe *Vorlagen* (→ Abbildung 7.55).

Abbildung 7.55 Der Katalog zu *Anwendungsparts*

» Klicken Sie auf das Anwendungspart, das Sie hinzufügen möchten. Was Sie als Erfolg sehen können, hängt vom gewählten Anwendungspart ab.

7.3.2 Die Anwendungsparts unter *Schnellstart*

Wenn Sie sich mit den Möglichkeiten, die Ihnen diese Anwendungsparts bieten, vertraut machen möchten, sollten Sie zuerst mit den Optionen im Bereich *Schnellstart* beginnen. Diese erstellen selbstständig Tabelle, Formulare und Berichte für bestimmte Tätigkeiten. Wir zeigen Ihnen nachfolgend zwei Beispiele dafür:

Aufgaben

Das Anwendungspart *Aufgaben* in der Gruppe *Schnellstart* erstellt eine Tabelle und zwei Berichte (→ Abbildung 7.56).

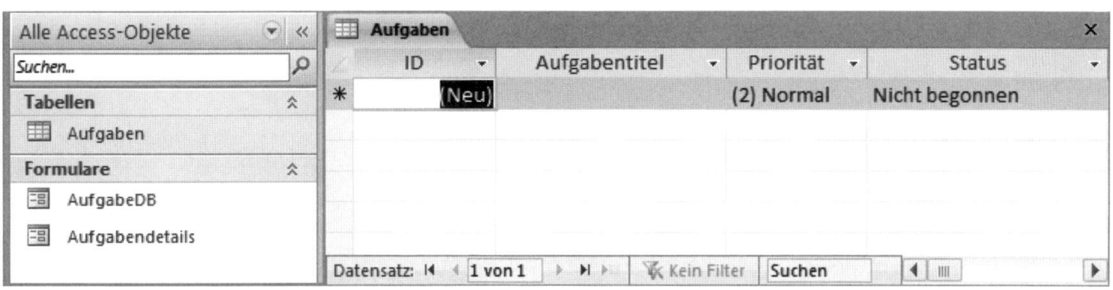

Abbildung 7.56 Die Aufgaben mit der Tabelle

» Über das Formular *Aufgabendetails* können Sie die Daten zu einer Aufgabe eingeben (→ Abbildung 7.57). Die mit dem kleinen roten Sternchen versehenen Felder müssen ausgefüllt werden. Die Datumsfelder verfügen über eine Navigatorschaltfläche. Klicken Sie nach der Eingabe auf *Speichern und Schließen*, wenn Sie die Eingabe abschließen wollen, oder auf *Speichern und neuer Eintrag*, wenn Sie gleich eine weitere Aufgabe hinzufügen wollen. Die Daten werden in der Tabelle *Aufgaben* abgelegt.

» Das Formular *AufgabeDB* listet die eingegebenen Aufgaben in der Datenblattansicht auf (→ Abbildung 7.58). Sie können die Eingaben darin beispielsweise nach bestimmten Kriterien sortieren lassen (→ Kapitel 10).

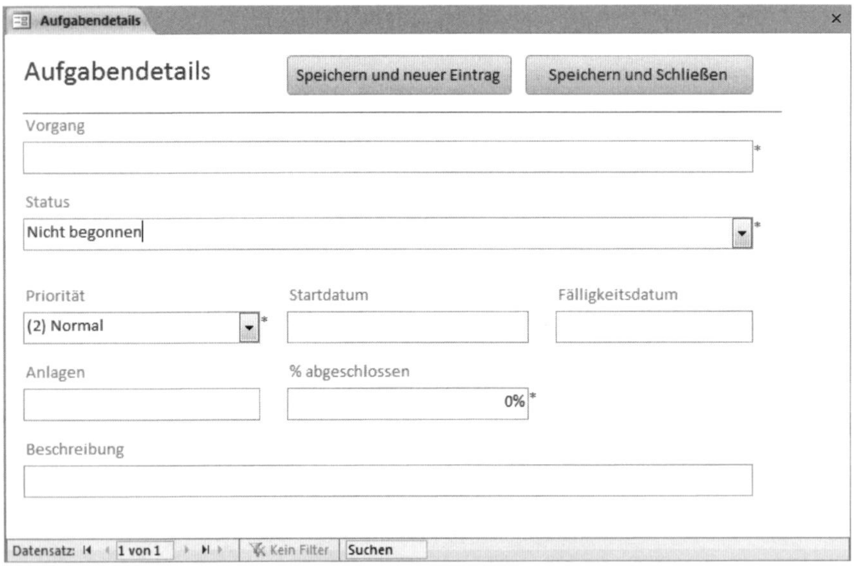

Abbildung 7.57
Das Formular *Aufgabendetails* erlaubt die Eingabe der Daten.

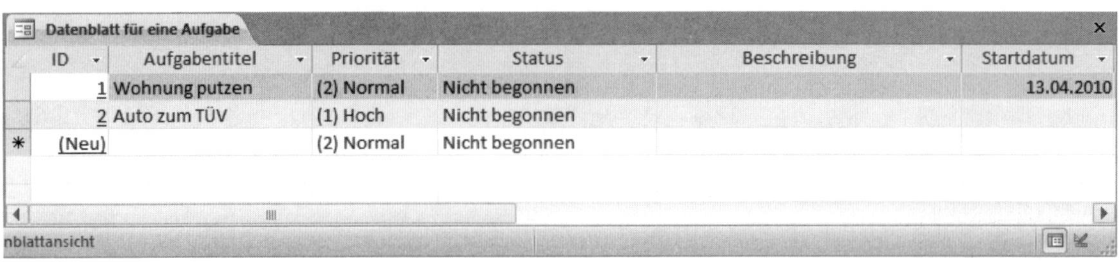

Abbildung 7.58 Die Aufgaben werden aufgelistet.

Kontakte

Das Anwendungspart *Kontakte* unter *Schnellstart* erstellt eine Datenbank mit einer Tabelle, einer Abfrage und mehreren Formularen und Berichten (→ Abbildung 7.59).

» Die Tabelle *Kontakte* darin nimmt die Daten zu Ihren Kontakten auf.

» Zur Eingabe neuer Daten können Sie das Formular *Kontaktdetails* benutzen (→ Abbildung 7.60).

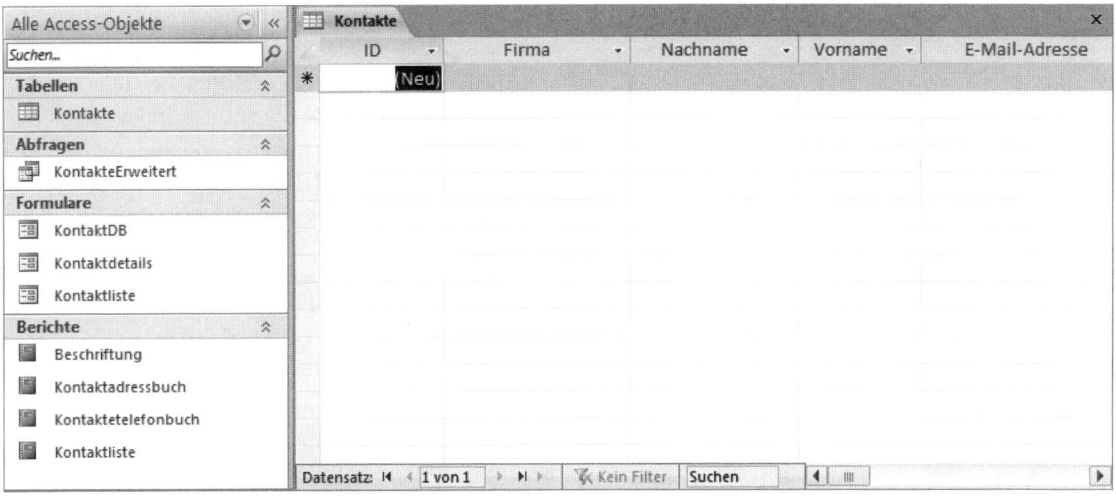

Abbildung 7.59 Die Wirkung des Anwendungsparts *Kontakte* und die Tabelle dazu

Abbildung 7.60
Das Formular zu den Kontaktdetails

» Um ein Foto hinzuzufügen, klicken Sie mit der rechten Maustaste auf das dafür vorgesehene Feld und wählen *Anlagen verwalten* aus dem Kontextmenü. Im dann angezeigten Dialogfeld klicken Sie auf *Hinzufügen* und wählen dann die gewünschte Bilddatei aus (→ Abbildung 7.61).

Abbildung 7.61 Fotos können Sie über das Dialogfeld *Anlagen* hinzufügen.

» Über die automatisch erstellten Schaltflächen *Speichern und neuer Eintrag* oder *Speichern und Schließen* können Sie die Eingabe eines Datensatzes abschließen.

» Über die sonstigen automatisch erstellten Formulare und Berichte erhalten Sie zusammenfassende Darstellungen der Daten für Ihre Kontakte.

7.3.3 Blankoformulare

Etwas anders ist das bei den Elementen in der oberen Gruppe *Blankoformulare*. Diese erzeugen - wie der Name schon andeutet - alle nur ein Formular, das Sie noch spezifizieren müssen. Die Unterschiede zwischen den einzelnen Anwendungsparts zeigen sich im Design der damit erzeugten Formulare.

Das Anwendungspart *1 Oben* erzeugt beispielsweise ein einspaltiges Formular mit Bezeichnungen über den Feldern (→ Abbildung 7.62).

Inhalte sind noch nicht definiert, sondern müssen erst noch festgelegt werden. Dazu öffnen Sie das so erstellte Formular aus dem Navigationsbereich heraus in der Entwurfsansicht.

7.3.4 Anwendungsparts selbst erstellen

Um ein Anwendungspart selbst zu erstellen, verwenden Sie die folgenden Schritte:

» Erstellen Sie eine Datenbank, die alle Komponenten enthält, über die das Abwendungspart verfügen soll. Meist wird es sich dabei über Objekte ohne Daten handeln, notwendig ist das aber nicht.

» Öffnen Sie die Registerkarte *Datei*, und wählen Sie den Bereich *Speichern und Veröffentlichen*.

» Wählen Sie unter *Dateitypen* die Option *Datenbank speichern als* und dann rechts unter *Datenbankda-*

Abbildung 7.62
Die Anwendung von *1 Oben*

teitypen die Option *Vorlage*. Klicken Sie dann auf die Schaltfläche *Speichern unter*. Anschließend öffnet sich das Dialogfeld *Neue Vorlage aus dieser Datenbank erstellen* (→ Abbildung 7.63).

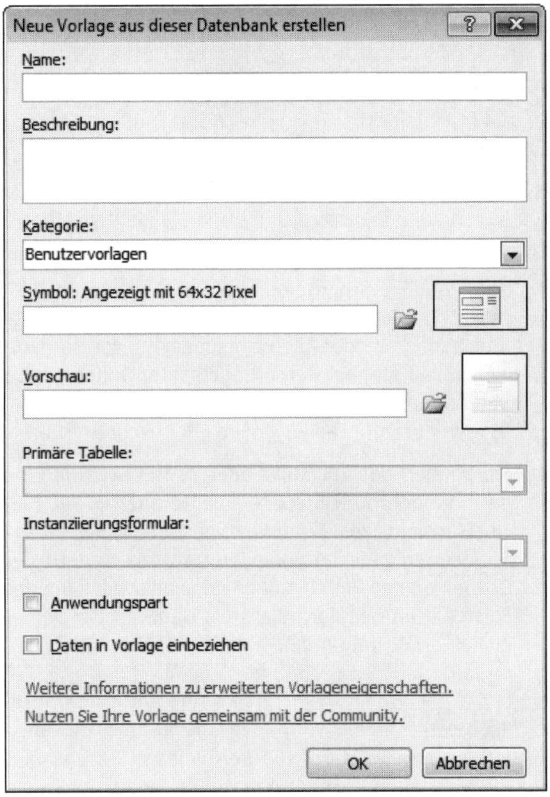

Abbildung 7.63 Eine neue Vorlage erstellen

» Wenn die Datenbank als Anwendungspart im Menüband verfügbar sein soll, müssen Sie unten im Dialogfeld das Kontrollkästchen *Anwendungspart* aktivieren.

» Bestätigen Sie über *OK*.

Anschließend finden Sie im Katalog zu *Anwendungsparts* eine neue Option, über die Sie alle vorher definierte Objekte in jede weitere Datenbank einfügen können (→ Abbildung 7.64).

Abbildung 7.64 Selbst erstellte Anwendungsparts finden Sie unten im Katalog im Abschnitt *Benutzervorlagen*.

TIPP Wenn Sie ein so erstelltes Anwendungspart wieder aus dem Katalog entfernen wollen, öffnen Sie den Katalog, klicken mit der rechten Maustaste auf das dazugehörende Symbol und wählen im Kontextmenü den Eintrag *Vorlagenteil aus Katalog löschen* aus.

Kapitel 8

Ansichten, Layouts und Steuerelemente

Welche Möglichkeiten Ihnen zur Verfügung stehen, Formulare und Berichte auf der Basis von Tabellen oder Abfragen im Access zu erstellen, haben Sie bereits erfahren (→ Kapitel 7). Die Werkzeuge dazu erzeugen - mehr oder minder automatisch - schnell die gewünschten Datenbankobjekte. Wenn Ihnen die damit produzierten Ergebnisse für Ihre Zwecke nicht ausreichen, müssen Sie sich etwas tiefer mit Möglichkeiten des Entwurfs dieser Objekte beschäftigen. Mit den Vorgehensweisen dazu beschäftigt sich dieses Kapitel.

» Sie können dazu von einem bestehenden Formular oder Bericht ausgehen oder aber auch dieses Datenbankobjekt von Grund auf neu entwerfen. In beiden Fällen können Sie sowohl in der *Entwurfsansicht* oder aber auch in der *Layoutansicht* arbeiten. Wir wollen Ihnen zunächst einen Überblick über diese Werkzeuge liefern (→ Abschnitt 8.1).

» Die wohl wichtigste Aufgabe beim Überarbeiten von Formularen und Berichten besteht wohl im Einfügen, Kontrollieren und Anpassen der darin angezeigten Steuerelemente. Steuerelemente sind die Objekte, die Daten anzeigen, Aktionen ausführen und Ihnen das Anzeigen und Bearbeiten von Information zum Optimieren der Benutzeroberfläche - wie Bezeichnungsfelder und Bilder - ermöglichen (→ Abschnitt 8.2).

» Nachdem Sie Steuerelemente zur Anzeige der einzelnen Feldinhalte im Formular oder Bericht eingefügt haben, werden Sie wahrscheinlich vor der Notwendigkeit stehen, deren Lage später ändern, neue Steuerelemente hinzuzufügen oder andere Änderungen durchführen zu wollen (→ Abschnitt 8.3).

» Sie können das Formular oder den Bericht und die darin eingefügten Steuerelemente aber in der Entwurfsansicht des Formulars gestalten. Bei diesen Tätigkeiten geht es vor allem um das Ändern der Größe und der Position der Felder, aber auch um das Formatieren des Formulars als Ganzes oder seiner einzelnen Bestandteile (→ Abschnitt 8.4).

WWW Wenn Sie die in diesem Kapitel angesprochenen Aufgaben selbst nachvollziehen wollen, sollten Sie dafür die Beispieldatei *Datenbank8* aus dem Verzeichnis *08* öffnen. Sie finden darin alle Objekte, die für die Arbeit vorausgesetzt werden.

8.1 Die Werkzeuge im Überblick

Wir sagten es gerade: Sie können zum Entwurf eines Formulars oder Berichts von einem bestehenden Datenbankobjekt ausgehen oder aber auch dieses Datenbankobjekt von Grund auf neu entwerfen. In beiden Fällen können Sie sowohl in der *Entwurfsansicht* oder aber auch in der *Layoutansicht* arbeiten. Die Grundwerkzeuge sind in beiden Fälle dieselben, allerdings liefert die *Entwurfsansicht* noch einige zusätzliche Möglichkeiten, die Ihnen in der *Layoutansicht* nicht zur Verfügung stehen. Sie finden sie in mehreren Registerkarten, die eingeblendet werden, wenn Sie mit dem Formular oder Bericht zur *Entwurfsansicht* oder zur *Layoutansicht* wechseln. In allen Fällen werden die drei Registerkarten *Entwurf*, *Anordnen* und *Format* angezeigt. Beachten Sie, dass viele Befehle in den Registerkarten identisch sind.

8.1.1 Die Registerkarte *Entwurf*

Am wichtigsten ist vielleicht die Registerkarte *Entwurf* (→ Abbildung 8.1 bis Abbildung 8.4).

Abbildung 8.1 Die Registerkarte *Formularentwurfstools/Entwurf*

Abbildung 8.2 Die Registerkarte *Formularlayouttools/Entwurf*

Abbildung 8.3 Die Registerkarte *Berichtentwurfstools/Entwurf*

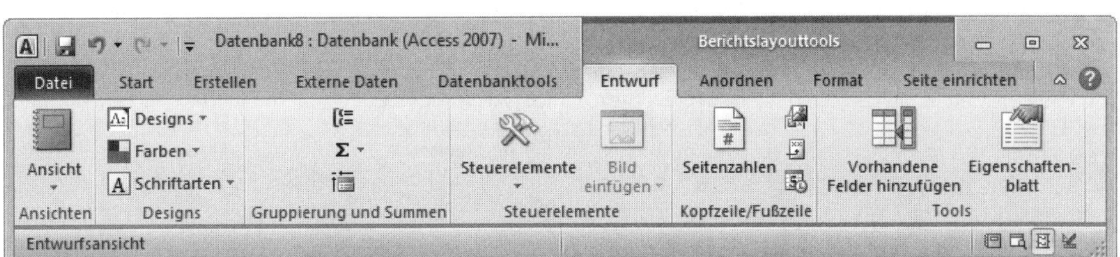

Abbildung 8.4 Die Registerkarte *Berichtslayouttools/Entwurf*

» Links finden Sie in allen Registerkarten die Schaltfläche *Ansicht*, über die Sie zu den verschiedenen Darstellungsformen des Datenbankobjektes wechseln können.

» Die Gruppe *Designs* rechts daneben erlaubt es, ein Design auf das Formular oder den Bericht anzuwenden. In einem Design sind jeweils Kombinationen von Designschriftarten und Designfarben zusammengefasst. Markieren Sie die gewünschte Gestaltungsvorlage über den Katalog zur Befehlsschaltfläche *Designs*. Die Wirkung einer Alternative können Sie direkt im Dokument kontrollieren, indem Sie den Mauszeiger auf einer der Optionen ruhen lassen. Sie können auch die einzelnen Elemente eines solchen integrierten Designs separat ansprechen. Dazu benutzen Sie die Schaltflächen *Farben* oder *Schriftarten* in der Gruppe *Designs*.

» Über die wichtige Gruppe *Steuerelemente* können Sie weitere Steuerelemente im Formular oder Bericht ansiedeln. Steuerelemente sind Objekte, die Daten anzeigen, Aktionen ausführen und Ihnen das Anzeigen und Bearbeiten von Information zum Optimieren der Benutzeroberfläche - wie Bezeichnungsfelder und Bilder - ermöglichen. Das am häufigsten verwendete Steuerelement ist das Textfeld, das zur Anzeige von Feldinhalten benutzt wird. Es gibt jedoch auch andere Steuerelemente, wie beispielsweise Bezeichnungsfelder, Kontrollkästchen und Unterformulare/Unterberichte.

» Die Befehle der Gruppe *Kopfzeile/Fußzeile* erlauben es, Elemente in diese Zeilen einzufügen oder bereits vorhandene zu ändern, ohne dass Sie vorher eine Markierung im Formular durchführen müssen.

» In der Gruppe *Tools* finden Sie zwei wichtige Schaltflächen: *Vorhandene Felder hinzufügen* erlaubt es, weitere Felder aus der zugrunde liegenden Tabelle oder Abfrage in das Formular oder den Bericht einzufügen. Ein Klick darauf zeigt die *Feldliste* an, in der Sie die Auswahl treffen können (→ Abbildung 8.5 links). Die Schaltfläche *Eigenschaftenblatt* bewirkt die Anzeige einer Liste, in der alle Eigenschaften des gerade markierten Elements aufgelistet werden (→ Abbildung 8.5 rechts).

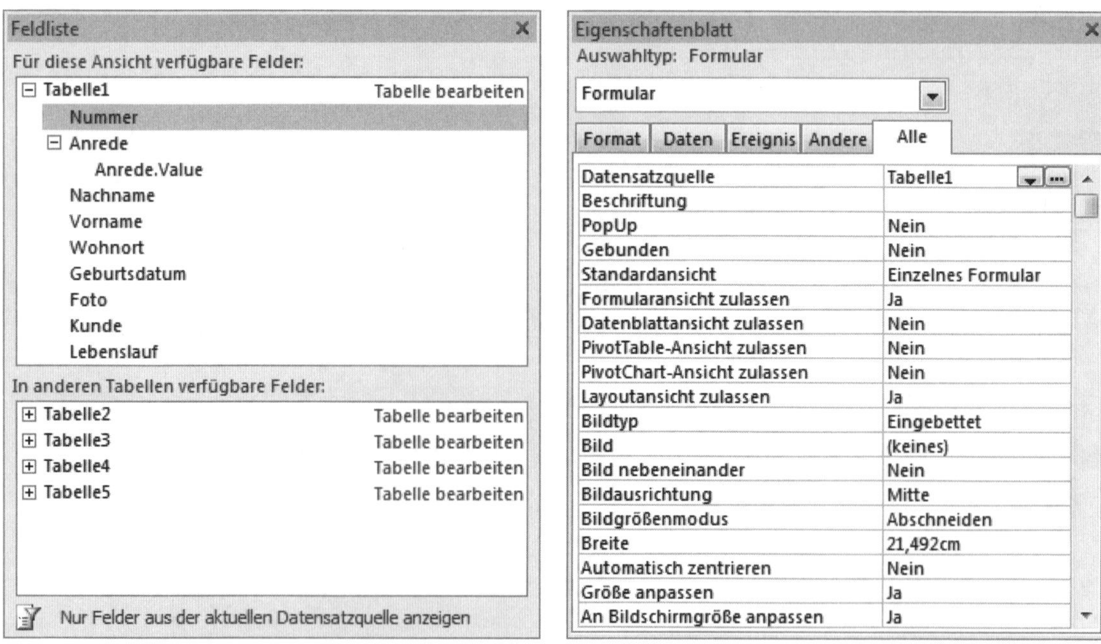

Abbildung 8.5 Die Feldliste und das Eigenschaftenblatt

8.1.2 Die weiteren Registerkarten

Auch die weiteren kontextbezogenen Registerkarten in den Ansichten *Layout* oder *Entwurf* des Formulars oder Berichts verwenden Sie, um das jeweilige Objekt zu verfeinern. Sie werden auch hier bemerken, dass Sie viele Dinge in beiden Ansichten einstellen oder ändern können - einige Spezialitäten sind aber der Ansicht *Entwurf* vorbehalten.

Die Registerkarte *Anordnen*

Die Befehle in der Registerkate *Anordnen* setzten Sie ein, wenn Sie im Bericht oder im Formular mit einen Layout arbeiten wollen (→ Abbildung 8.6 bis Abbildung 8.9). Sie können darüber das zugrunde liegende Layout ändern und zusätzliche Elemente hinzufügen oder löschen. Mit einigen Ausnahmen finden Sie bei Berichten und Formularen in den Ansichten *Entwurf* und *Layout* identische Befehle.

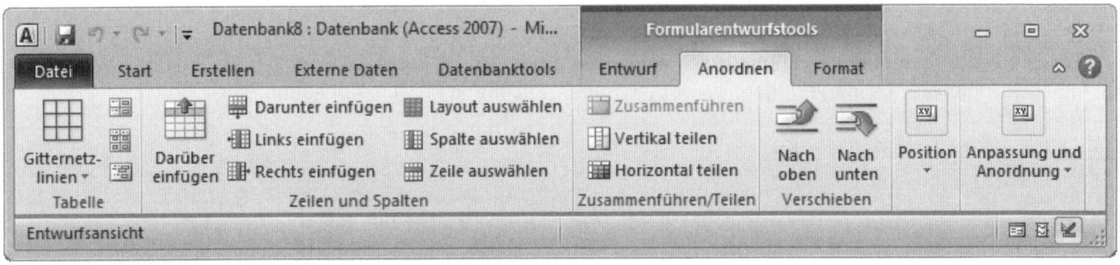

Abbildung 8.6 Die Registerkarte *Formularentwurfstools/Anordnen*

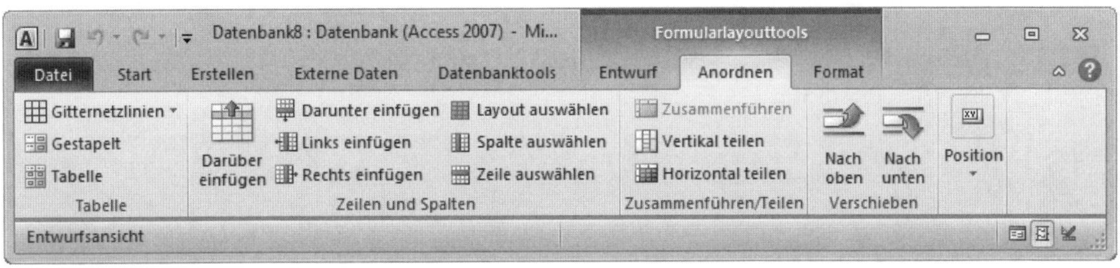

Abbildung 8.7 Die Registerkarte *Formularlayouttools/Anordnen*

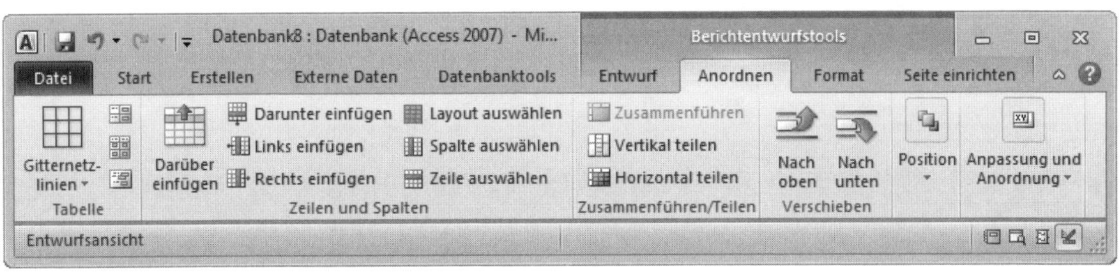

Abbildung 8.8 Die Registerkarte *Berichtentwurfstools/Anordnen*

Abbildung 8.9 Die Registerkarte *Berichtslayouttools/ Anordnen*

Die Registerkarte *Format*

Die Registerkarte *Format* in den kontextbezogenen Registerkarten beinhaltet - Sie vermuten es schon - die Werkzeuge zum Formatieren von Steuerelementen (→ Abbildung 8.10 bis Abbildung 8.13).

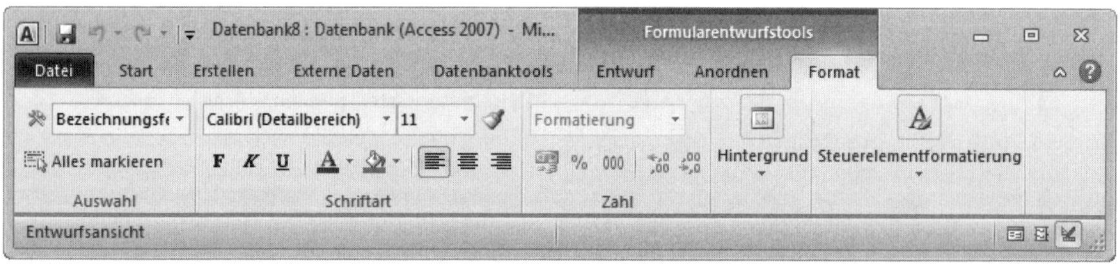

Abbildung 8.10 Die Registerkarte *Formularentwurfstools/Format*

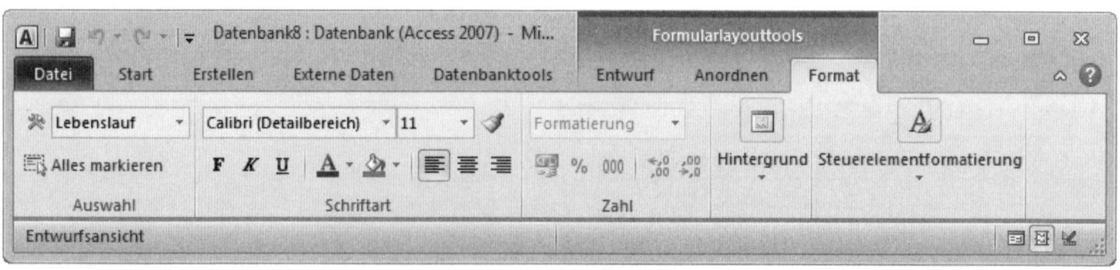

Abbildung 8.11 Die Registerkarte *Formularlayouttools/Format*

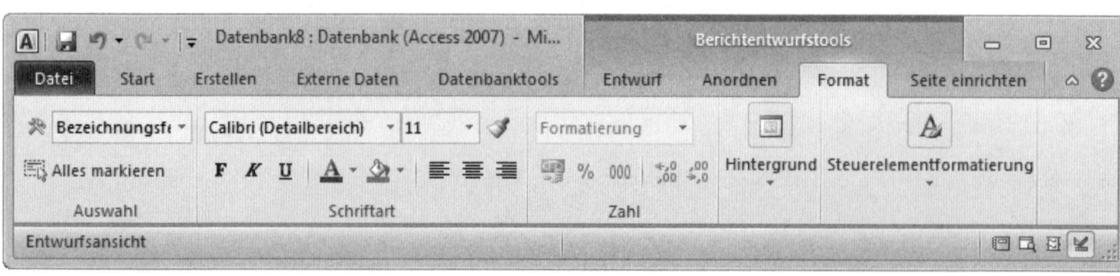

Abbildung 8.12 Die Registerkarte *Berichtentwurfstools/Format*

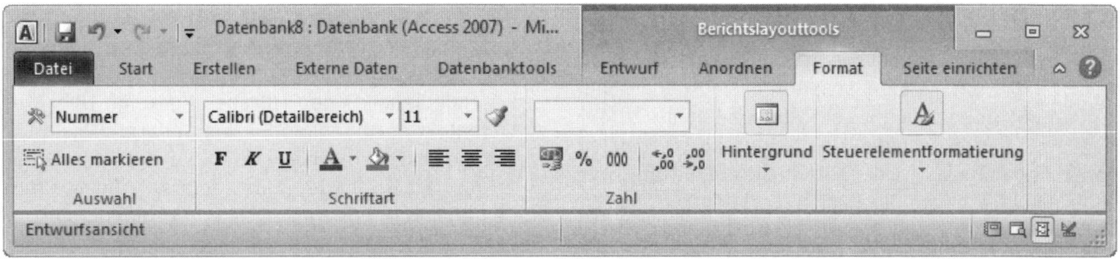

Abbildung 8.13 Die Registerkarte *Berichtslayouttools/Format*

» Für den Einstieg wichtig ist hier besonders die Gruppe *Auswahl*. Mit dem Listenfeld oben darin können Sie unter den bereits im Formular oder Bericht eingefügten Steuerelementen eines zu Bearbeitung auswählen. Ein Klick auf die Schaltfläche *Alles markieren* in dieser Gruppe sorgt dafür, dass alle eingefügten Steuerelemente gemeinsam markiert werden.

» Mithilfe der Schaltflächen in der Gruppe *Schriftart* können Sie den vorher markierten Steuerelementen im Formular diverse Formate – wie Schrift- oder Absatzparameter – zuweisen.

» Die Gruppe *Zahl* beinhaltet Elemente zum Einstellen von Zahlenformaten – beispielsweise die Anzahl der Dezimalstellen bei der Anzeige von Währungssymbolen.

Die Registerkarte *Seite einrichten*

Bei Berichten finden Sie noch zusätzlich die Registerkarte *Seite einrichten* (→ Abbildung 8.14 und Abbildung 8.15). Die Befehle darin dienen vordringlich zu Gestaltung der Seite für einen nachfolgenden Ausdruck, haben aber auch für die Gestaltung auf dem Bildschirm Bedeutung.

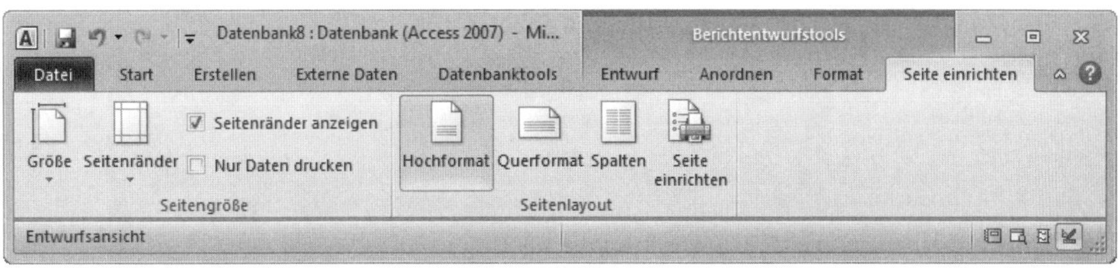

Abbildung 8.14 Die Registerkarte *Berichtentwurfstools/Seite einrichten*

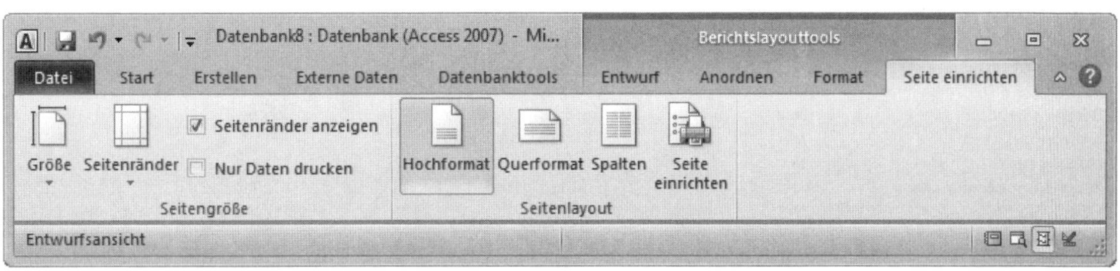

Abbildung 8.15 Die Registerkarte *Berichtslayouttools/Seite einrichten*

8.1.3 Das Eigenschaftenblatt

Verwenden Sie das *Eigenschaftenblatt*, um die Eigenschaften des Formulars und der zugehörigen Steuerelemente zu ändern. Um das Eigenschaftenblatt anzuzeigen, drücken Sie [F4]. Oder klicken Sie auf die gleichnamige Schaltfläche auf der Registerkarte *Entwurf*.

Das Eigenschaftenblatt ist in zwei Bereiche unterteilt:

» 

Oben verfügt es über ein aufklappbares Listenfeld, über dessen Inhalte Sie festlegen können, für welchen Bestandteil des Formulars sie die Eigenschaften anzeigen lassen wollen. Der gerade gewählte Auswahltyp wird unterhalb der Titelleiste des Eigenschaftenblatts angezeigt. Außerdem wird in der Layoutansicht des Formulars der entsprechende Bereich markiert.

» Die Liste im Bereich darunter zeigt die Eigenschaften an, die Sie für den oben eingestellten Bereich einstellen können. Sie finden darin vier Registerkarten für einzelne Gruppen von Eigenschaften und eine, in der *Alle* Eigenschaften zusammengefasst werden.

» Besonders interessant sind die Parameter auf der Registerkarte *Daten* (→ Abbildung 8.16 links): In der Eigenschaft *Datenherkunft* wird die zugrunde liegende Tabelle oder Abfrage angezeigt. Über das Listenfeld dazu können Sie ein anderes Objekt als Datengrundlage wählen. Über die darunter angezeigten Eigenschaften *Filter zulassen, Bearbeitungen zulassen, Löschen zulassen, Anfügen zulassen* usw. können Sie regeln, ob diese Aktionen bei der Arbeit im Formular erlaubt werden sollen.

» Die Registerkarte *Format* zeigt eine Vielzahl von Formateinstellungen an (→ Abbildung 8.16 rechts). Sie können hierüber beispielsweise über *Beschriftung* regeln, welcher Text in der Titelleiste des Formulars in der Datenansicht angezeigt werden soll. Sie können hier auch die Farbgebung festlegen.

» Alle Eigenschaften des Formulars werden auf der Registerkarte *Alle* nochmals zusammengefasst.

8.1.4 Zusätzliche Bereiche anzeigen

Wenn Sie bereits mehrere Formulare und Berichte erstellt haben, werden Sie gemerkt haben, dass diese Datenbankobjekte über mehrere Bereiche verfügen können. Das sind beispielsweise der *Detailbereich* und die Bereiche *Seitenkopf/-fuß* und *Formularkopf/-fuß* bzw. *Formularkopf/-fuß*. Je nachdem, welche Methode Sie

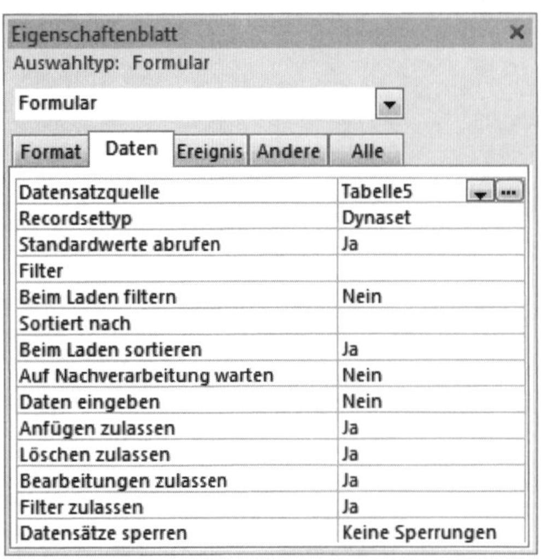
Eigenschaftenblatt
Auswahltyp: Formular
Formular
Format | Daten | Ereignis | Andere | Alle

Datensatzquelle	Tabelle5
Recordsettyp	Dynaset
Standardwerte abrufen	Ja
Filter	
Beim Laden filtern	Nein
Sortiert nach	
Beim Laden sortieren	Ja
Auf Nachverarbeitung warten	Nein
Daten eingeben	Nein
Anfügen zulassen	Ja
Löschen zulassen	Ja
Bearbeitungen zulassen	Ja
Filter zulassen	Ja
Datensätze sperren	Keine Sperrungen

Eigenschaftenblatt
Auswahltyp: Formular
Formular
Format | Daten | Ereignis | Andere | Alle

Beschriftung	
Standardansicht	Endlosformular
Formularansicht zulassen	Ja
Datenblattansicht zulassen	Nein
PivotTable-Ansicht zulassen	Nein
PivotChart-Ansicht zulassen	Nein
Layoutansicht zulassen	Ja
Bildtyp	Eingebettet
Bild	(keines)
Bild nebeneinander	Nein
Bildausrichtung	Mitte
Bildgrößenmodus	Abschneiden
Breite	11,598cm
Automatisch zentrieren	Nein

Abbildung 8.16 Das Eigenschaftenblatt – hier mit den Registerkarten *Daten* und *Format*

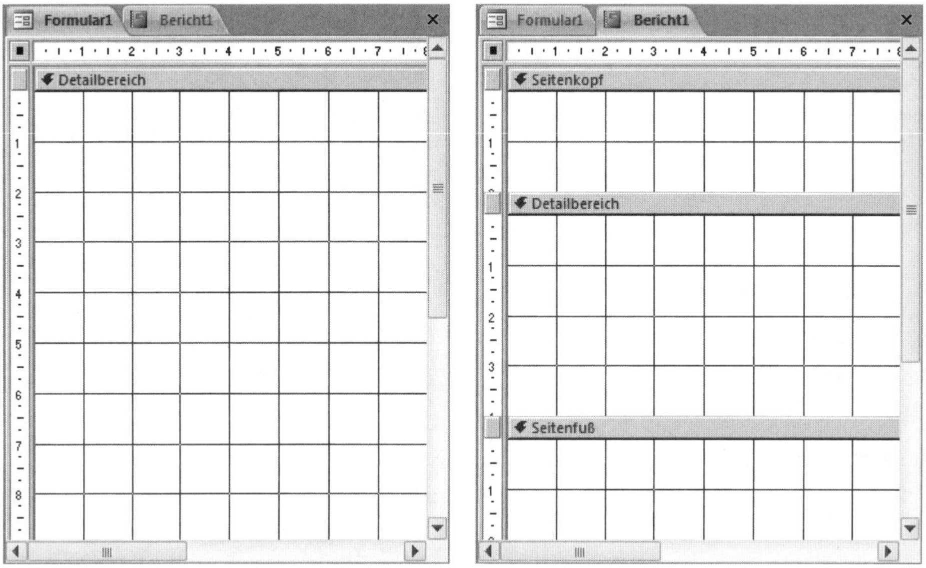

Abbildung 8.17 Bereiche beim Erstellen im Entwurf

zum Erstellen benutzt haben, werden die bereits angezeigt oder auch nicht. Haben Sie zum Erstellen eines Formulars den Befehl *Formularentwurf* verwendet, finden Sie nur einen *Detailbereich* (→ Abbildung 8.17 links). Beim Berichtsentwurf werden Ihnen gleich der *Seitenkopf*, der *Detailbereich* und der *Seitenfuß* angezeigt (→ Abbildung 8.17 rechts).

Bereiche anzeigen und ausblenden

Angezeigt werden diese Bereiche in allen Ansichten, eingestellt werden können sie aber nur über die Ansicht *Entwurf*. Sie können die anzuzeigenden Bereiche über das Kontextmenü regeln, das Sie durch einen Klick auf eine leere Stelle im Entwurf anzeigen lassen (→ Abbildung 8.18). Bei einem Formular finden Sie darin die Be-

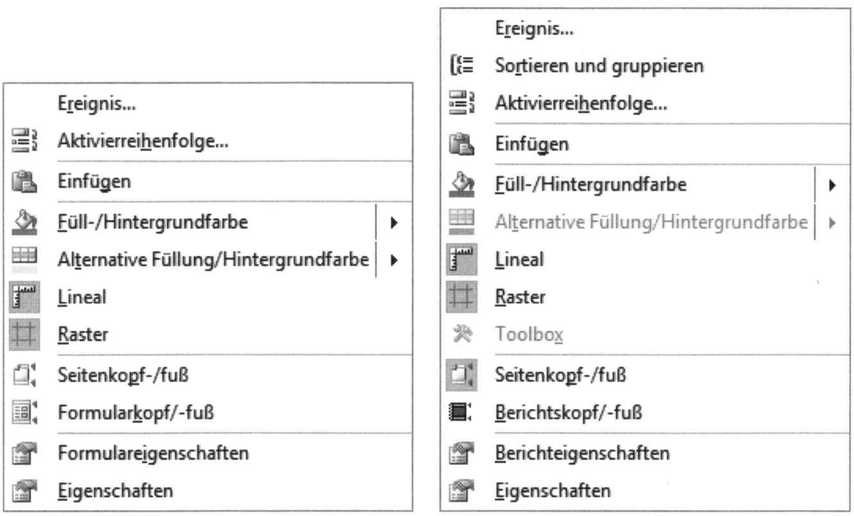

Abbildung 8.18
Die Kontextmenüs zum Formular- und zum Berichtsentwurf

fehle *Seitenkopf/-fuß* und *Formularkopf/-fuß*, bei einem Bericht die Befehle *Seitenkopf/-fuß* und *Berichtskopf/-fuß*.

In allen Fällen können Sie die gewünschten Bereiche hier ein- und ausschalten (→ Abbildung 8.19).

ACHTUNG Durch Abschalten von *Seitenkopf/-fuß* schalten Sie die Anzeige der Bereiche *Seitenkopf* und *Seitenfuß* ein und aus. Dadurch werden aber auch gleichzeitig alle bereits in diesen Bereichen vorgenommenen Eingaben gelöscht!

Die Aufgaben der Bereiche

Sie sollten wissen, über welche Aufgaben diese Bereiche verfügen:

- Den Detailbereich benutzen Sie zur Anzeige der einzelnen Daten. Hier fügen Sie wohl den Großteil der Steuerelemente ein.
- Die in den Bereichen *Seitenkopf* und *Seitenfuß* eingegebenen Daten erscheinen in den Datenansichten und beim Drucken auf jeder Seite. Sie können hier also Spaltenüberschriften und zusammenfassende Informationen unterbringen. Bei Formularen, die ja meist auf dem Bildschirm benutzt werden, sind diese Bereiche meist überflüssig.
- Die Bereiche *Formularkopf* bzw. *Berichtskopf* erscheinen als Überschriften auf dem Bildschirm und beim Ausdruck auf der ersten Seite. Der *Formularfuß* und der *Berichtsfuß* werden am Ende des Formulars oder Berichts – beim Ausdruck auf der letzten Seite – angezeigt. Hier können Sie zusammenfassende Er-

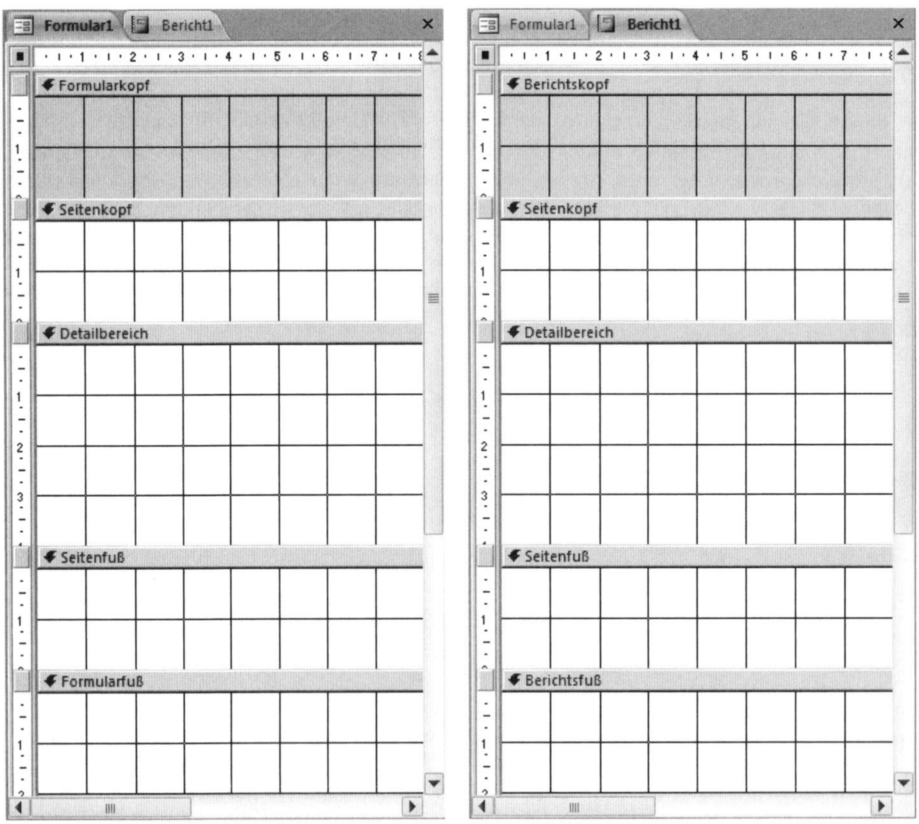

Abbildung 8.19
Alle verfügbaren Bereich werden angezeigt – hier bei einem Formular und bei einem Bericht.

gebnisse – wie beispielsweise Summen oder andere statistische Auswertungen – für die Daten im Formular oder Bericht darstellen (→ Kapitel 9).

Platz schaffen

Um den Raum festzulegen, den Sie im Formular oder Bericht für die einzelnen Bereiche zur Verfügung stellen wollen, verschieben Sie die entsprechenden Begrenzungslinien. Setzen Sie dazu den Mauszeiger auf die einen Bereich abschließende Begrenzungslinie, und verschieben Sie diese mit gedrückt gehaltener Maustaste.

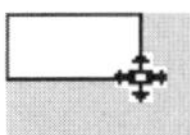

Die gesamte Breite bzw. Höhe eines Formulars oder Berichts in der Datenansicht regeln Sie, indem Sie in der Entwurfsansicht die helle Hintergrundfläche vergrößern oder verkleinern. Verschieben Sie dazu die Begrenzungslinien über die Maus. Beim Verkleinern der Breite sollten Sie beachten, dass bereits eingefügte Steuerelemente damit nicht ausgeblendet werden können. Sie können also die Entwurfsfläche immer nur so weit verkleinern, dass diese Elemente noch angezeigt werden.

8.1.5 Das Ergebnis kontrollieren

Immer dann, wenn Sie einen wesentlichen Teil im Entwurf eines Formulars oder Berichts abgeschlossen haben, sollten Sie das Aussehen dieses Objekts über eine Datenansicht kontrollieren. Wie schon von den Abfragen her gewohnt, können Sie Ansichten übrigens auch benutzen, ohne die Eingaben vorher gespeichert zu haben.

» Klicken Sie zur Anzeige der Standarddatenansicht auf die Schaltfläche *Ansicht*, und wählen Sie aus der Liste die Option *Formularansicht*. Das Formular wird mit den Daten des ersten Datensatzes der Tabelle angezeigt.

» Um zum Entwurf zurückzukehren, wählen Sie in der Liste zur Schaltfläche *Ansicht* die Option *Entwurfsansicht*.

8.1.6 Die Standardeinstellungen für den Entwurf

Sie können einige Standardeinstellungen für neu zu erstellende Formulare und Berichte festlegen. Dazu benutzen Sie die Kategorie *Objekt-Designer* unter den *Access-Optionen* (→ Abbildung 8.20).

Entwurfsansicht für Formulare/Berichte

Die Optionen unter der Überschrift *Formulare/Berichte* definieren das Markierungsverhalten, wenn Sie beim Entwerfen eines Formulars oder eines Berichts ein

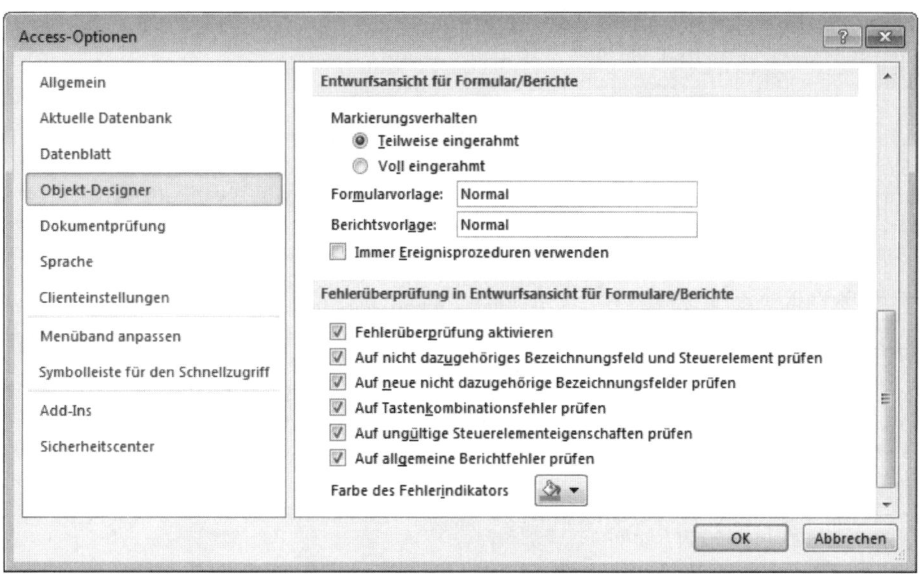

Abbildung 8.20 Die Einstellungen für Formulare und Berichte in der Kategorie *Objekt-Designer*

Rechteck zum Auswählen von Steuerelementen ziehen. Die Optionen sind für alle offenen und geschlossenen Access-Datenbanken sowie für alle künftig erstellten Datenbanken wirksam.

» Unter *Markierungsverhalten* legen Sie fest, wie Sie das Auswahlrechteck ziehen müssen: Mit *Teilweise eingerahmt* reicht es aus, wenn das Auswahlrechteck einen Teil eines Steuerelements oder einer Steuerelementgruppe mit einschließt, bei *Voll eingerahmt* muss das Auswahlrechteck ein Steuerelement oder eine Steuerelementgruppe vollständig einschließen.

» Im Feld *Formularvorlage* geben Sie den Namen eines vorhandenen Formulars ein. Dieses Formular wird dann zur Vorlage für alle neuen Formulare. Die neuen Formulare erhalten dieselben Bereichs- und Steuerelementeigenschaften wie die Vorlage. Die Standardvorlage ist *Normal*.

» Entsprechendes gilt für die Option *Berichtsvorlage*. Geben Sie den Namen eines vorhandenen Berichts ein. Dieser Bericht wird zur Vorlage für alle neuen Berichte.

» Wenn Sie *Immer Ereignisprozeduren verwenden* einschalten, wird der Visual Basic-Editor gestartet statt das Dialogfeld *Generator auswählen* anzuzeigen.

Fehlerüberprüfung

Access platziert *Fehlerindikatoren* in Steuerelementen, die einen oder mehrere Fehlertypen aufweisen. Die Indikatoren werden je nach festgelegter Textrichtung in der oberen linken oder oberen rechten Ecke des Steuerelements als Dreiecke dargestellt. Die Standardfarbe eines Indikators ist Grün. Sie können die Farbe jedoch Ihren Anforderungen entsprechend ändern. Unten im Bereich *Objekt-Designer* finden Sie einige Optionen für die Anzeige und Wirkung dieser *Fehlerüberprüfung*:

» *Fehlerüberprüfung aktivieren* aktiviert oder deaktiviert die Fehlerüberprüfung in Formularen und Berichten. Die Fehlerüberprüfung ist standardmäßig aktiviert.

» Die Bezeichnung *Auf nicht dazugehöriges Bezeichnungsfeld und Steuerelement prüfen* beschreibt schon die Wirkung: Wenn Sie ein Steuerelement und ein Bezeichnungsfeld auswählen, wird von Access geprüft, ob die ausgewählten Objekte zusammengehören. Wird ein Fehler festgestellt, wird die Schaltfläche *Spur zum Fehler* anstelle des üblichen Fehlerindikators angezeigt. Die Schaltfläche *Spur zum Fehler* wird auch dann angezeigt, wenn das Bezeichnungsfeld oder das Steuerelement zu einem anderen Objekt gehört.

» Ähnlich funktioniert *Auf neue nicht dazugehörige Bezeichnungsfelder prüfen*. Das Programm überprüft alle neuen Bezeichnungsfelder, um sicherzustellen, dass sie zu einem Steuerelement gehören. Diese Einstellung gilt nur für Formulare.

» *Auf Tastenkombinationsfehler prüfen* bewirkt, dass nach doppelten Tastenkombinationen und ungültigen Tastenkombinationen - beispielsweise Leerzeichen - gesucht und eine Liste mit Alternativen angezeigt wird. Diese Einstellung gilt nur für Formulare.

» Mit *Auf ungültige Steuerelementeigenschaften prüfen* werden die Steuerelemente auf ungültige Einstellungen in den Eigenschaften überprüft - beispielsweise ungültige Ausdrücke oder Feldnamen.

» Wenn Sie *Auf allgemeine Berichtfehler prüfen* einschalten, werden Ihre Berichte auf allgemeine Fehler überprüft, wie beispielsweise ungültige Sortierreihenfolgen oder nicht dem ausgewählten Papierformat entsprechende Breiten. Diese Einstellung gilt nur für Berichte.

» Mit der Schaltfläche *Farbe des Fehlerindikators* legen Sie die Farbe des dreieckigen Fehlerindikators fest.

8.2 Steuerelemente einfügen

Die wohl wichtigste Aufgabe beim Überarbeiten von Formularen und Berichten besteht wohl im Einfügen, Kontrollieren und Anpassen der darin angezeigten Steuerelemente. Steuerelemente sind die Objekte, die Daten anzeigen, Aktionen ausführen und Ihnen das Anzeigen und Bearbeiten von Information zum Optimieren der Benutzeroberfläche - wie Bezeichnungsfelder und Bilder - ermöglichen. Das am häufigsten verwendete Steuerelement ist das Textfeld. Es gibt jedoch auch andere Steuerelemente, wie beispielsweise Bezeichnungsfelder, Kontrollkästchen und Unterformulare/Unterberichte.

Wie oben bereits erwähnt, können Sie diese Elemente sowohl über die Layout- als auch über die Entwurfsansicht einfügen und bearbeiten. Das gilt sowohl für Formulare als auch für Berichte.

8.2.1 Die prinzipiellen Methoden zum Einfügen

Wir hatten es gerade schon angesprochen: Die wichtigste Tätigkeit bei der Arbeit in der Entwurfsansicht besteht im Einfügen von Steuerelementen. Voraussetzung ist fast immer, dass das Formular oder der Bericht bereits an eine Tabelle oder Abfrage gebunden ist, in der die Daten enthalten sind, die im Steuerelement angezeigt werden sollen. Dann können Sie sich zum Einfügen im Prinzip immer einer von zwei Methoden bedienen: Sie können die Feldliste benutzen und daraus eines der vorhandenen Felder in den Entwurf ziehen, oder Sie können sich der Befehlsschaltflächen in der Gruppe *Steuerelemente* auf der Registerkarte *Entwurf* im Menüband bedienen.

Wir wollen Ihnen in diesen Abschnitt zunächst einmal das Prinzip des Einfügens vorstellen und auch beschreiben, auf welche Unterschiede Sie bei den einzelnen Ansichten und Layouts achten müssen. Auf weitere wichtige Details zum Einfügen von Elementen werden wir später noch eingehen.

8.2.2 Die Bedeutung des Layouts

Wir hatten es bei unseren Bemerkungen zum Erstellen von Formularen und Berichten schon angesprochen (→ Kapitel 7): Viele der Werkzeuge auf der Registerkarte *Erstellen* des Menübandes erzeugen Formulare oder Berichte, die bereits über ein Layout verfügen. Die Layouts für Steuerelemente sind Führungslinien, mit denen die Steuerelemente horizontal und vertikal angeordnet werden, um Ihrem Formular ein einheitliches Aussehen zu verleihen. Sie können sich ein Steuerelementlayout als eine Tabelle vorstellen, in der jede Tabellenzelle ein Steuerelement enthält. Steuerelementlayouts liegen in zwei Varianten vor: *gestapelt* (→ Abbildung 8.21) und *tabellarisch* (→ Abbildung 8.22).

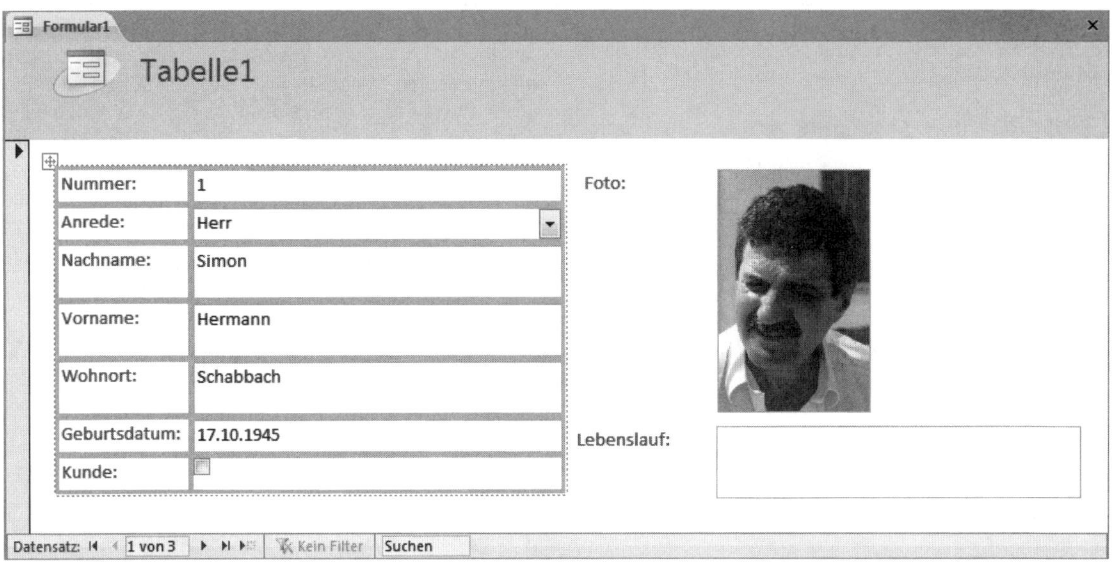

Abbildung 8.21 Ein Formular in einem gestapelten Layout – Feldbezeichnungen und Feldinhalte befinden sich im Detailbereich.

Abbildung 8.22 Ein Formular in einem tabellarischen Layout – Feldbezeichnungen befinden sich im Formularkopf, Feldinhalte im Detailbereich.

Das Arbeiten über die Feldliste

In der Feldliste werden die Tabellen und Abfragen und deren Felder angezeigt, die Sie zum Aufbau eines Formulars oder Berichts benutzen können. Die Anzeige dieser Liste erreichen Sie durch einen Klick auf die Schaltfläche *Vorhandene Felder hinzufügen* in der Gruppe *Tools* oder durch Drücken von [Alt]+[F8].

» Hatten Sie das Formular oder den Bericht noch nicht an eine Tabelle oder Abfrage gebunden, werden in der Liste zunächst nur die möglichen Datengrundlagen angezeigt (→ Abbildung 8.23 links). Durch einen Klick auf das Pluszeichen vor einer Tabelle oder Abfrage können Sie die darin verfügbaren Felder anzeigen lassen (→ Abbildung 8.23 rechts).

» Wenn Sie das Formular oder den Bericht bereits an eine Tabelle oder Abfrage gebunden hatten, werden in der Feldliste nur die Felder aus dieser Datengrundlage angezeigt (→ Abbildung 8.24). Gegebenenfalls werden aber unten in der Feldliste auch mögliche Verknüpfungen zu anderen Datenbehältern angezeigt.

TIPP Ein Klick auf den Link *Tabelle bearbeiten* oder *Abfrage bearbeiten* öffnet die entsprechende Tabelle oder Abfrage in der Datenblattansicht.

Zum Einfügen eines Feldes in Form eines Steuerelements setzen Sie den Mauszeiger auf das gewünschte Feld in der Feldliste, halten die Maustaste gedrückt und verschieben es in den Entwurf des Formulars oder Berichts. Welche Freiheiten Sie dann bei der Positionierung des Elements haben, hängt davon ab, ob das Formular oder der Bericht bereits über ein Layout verfügt oder nicht. Ob ein Layout vorhanden ist, wird auch durch die Methode geregelt, die Sie zum Erstellen des Formulars oder Berichts gewählt haben. Fast alle Befehle zum Erstellen erzeugen bereits ein Layout.

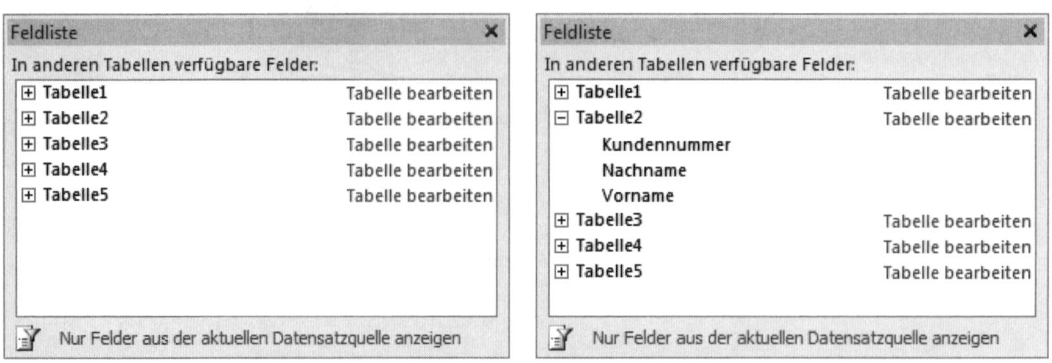

Abbildung 8.23 Die Feldliste ohne Verknüpfung

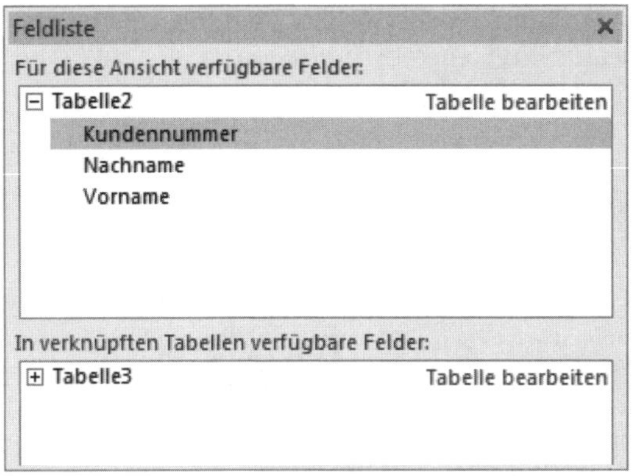

Abbildung 8.24 Die Feldliste bei einer bereits verknüpften Tabelle

» Wenn Sie die Felder in ein sonst noch vollständig leeres Formular oder einen solchen Bericht einfügen, können Sie in der *Entwurfsansicht* das Feld frei nach Ihren Wünschen positionieren (→ Abbildung 8.25 oben). In der *Layoutansicht* wird das Feld zunächst im gestapelten Layout eingefügt, über eine Optionsschaltfläche können Sie aber zu einem tabellarischen Layout wechseln (→ Abbildung 8.25 unten).

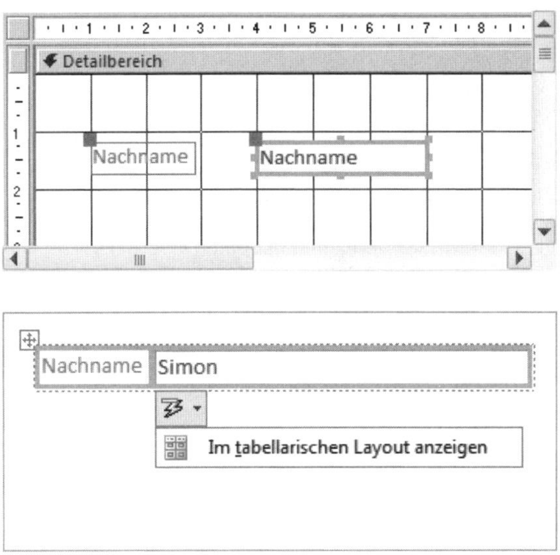

Abbildung 8.25 Das Einfügen in der *Entwurfsansicht* und in der *Layoutansicht*

» Wenn bereits Felder im Formular oder Felder vorhanden sind, regelt in der Ansicht *Layout* das bereits vorhandene Layout die Möglichkeiten der Positionierung. War ein gestapeltes Layout eingestellt, können Sie in dieser Ansicht neue Felder nur in der damit vorgegebenen Form einfügen (→ Abbildung 8.26).

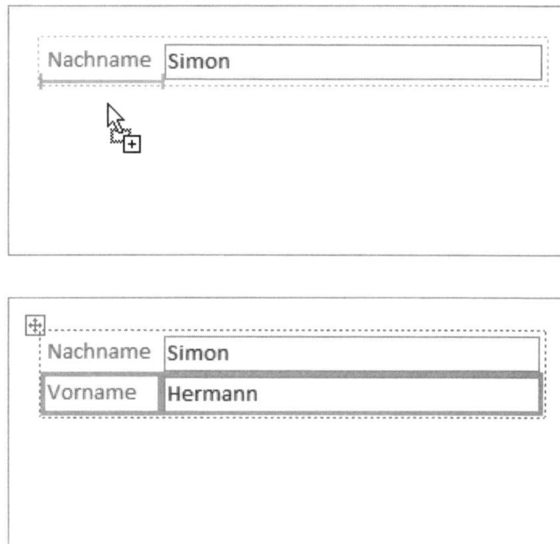

Abbildung 8.26 Das Hinzufügen eines Feldes bei einem gestapelten Layout

» Entsprechendes gilt für ein tabellarisches Layout (→ Abbildung 8.27).

» In der Ansicht *Entwurf* können Sie aber neue Felder auch dann frei positionieren, wenn bereits Felder und ein Layout vorhanden sind. Die neu eingefügten Felder werden dem Layout nicht hinzugefügt, Sie können das aber später noch ändern.

Auf weitere wichtige Details zum Einfügen von Elementen aus der Feldliste werden wir später noch eingehen.

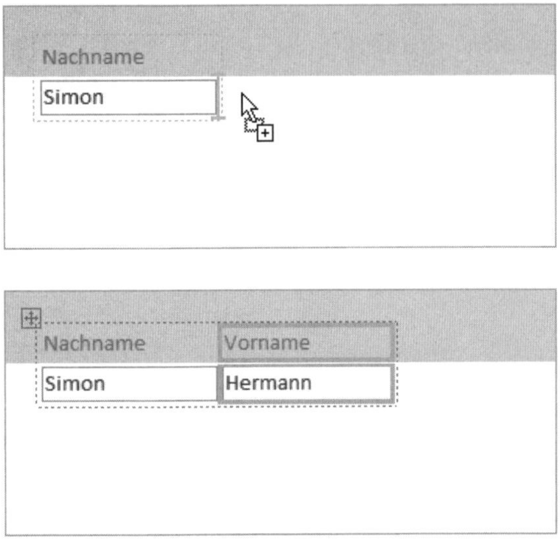

Abbildung 8.27 Das Hinzufügen eines Feldes bei einem tabellarischen Layout

Das Arbeiten über die Gruppe *Steuerelemente*

Die zweite Methode zum Einfügen von Steuerelementen in ein Formular oder in einen Bericht besteht darin, die Schaltflächen in der Gruppe *Steuerelemente* auf der Registerkarte *Entwurf* im Menüband zu benutzen. Welche Befehle in dieser Gruppe verfügbar sind, hängt davon ab, ob Sie ein Formular oder einen Bericht entwerfen und ob Sie dafür die Ansicht *Layout* oder die Ansicht *Entwurf* benutzen.

» Bei einem Formular finden Sie in der Ansicht *Entwurf* mehr Steuerelemente als in der Ansicht *Layout* (→ Abbildung 8.28).

Abbildung 8.28 Der Katalog zu *Steuerelemente* für ein Formular - in den Ansichten *Entwurf* und *Layout*

» Dasselbe finden Sie bei einem Bericht (→ Abbildung 8.29). Stellen Sie also vor dem Einfügen immer zunächst eine geeignete Ansicht ein.

Verschaffen Sie sich zunächst einen Überblick über die darin vorhandenen Elemente (→ Tabelle 8.1):

Abbildung 8.29
Der Katalog zu *Steuerelemente* für einen Bericht - in den Ansichten *Entwurf* und *Layout*

Symbol	Name und Wirkung
	Auswählen: ist standardmäßig aktiviert. Damit hat der Mauszeiger die Funktion des Zeigens und der Auswahl.
	Textfeld: ein Textfeld dient zur Anzeige von Texten und Zahlenwerten.
	Bezeichnung: ein Bezeichnungsfeld wird meist zur Beschriftung anderer Steuerelemente verwendet. Der darin angezeigte Text ist für alle Datensätze identisch
	Schaltfläche: dient zum Einfügen einer Befehlsschaltfläche. Oft benutzt man diese zum Starten eines Makros oder eines Codeabschnitts.
	Registersteuerelement: fügt ein Registersteuerelement in das Formular ein. Damit können Sie mehrseitige Formulare gestalten.
	Hyperlink einfügen: fügt einen Hyperlink in das Formular ein. Den Typ müssen Sie über ein Dialogfeld noch auswählen.
	Webbrowsersteuerelement: ermöglicht das Erstellen eines Hyperlinks zu einer Webadresse. Im Feld wird dann der Inhalt der Webseite angezeigt.
	Navigationssteuerelement: erstellt ein Steuerelement, mit dem Sie Navigationsaufgaben vereinfachen. Diese Steuerelemente werden beispielsweise auch von Navigationsformularen genutzt (→ Kapitel 7).
	Optionsgruppe: fügt eine Optionsgruppe ein, innerhalb der Sie andere Steuerelemente ansiedeln können.
	Seitenumbruch einfügen: markiert einen Seitenumbruch - eine Stelle, an der das Formular beim Ausdruck die Seite wechselt.
	Kombinationsfeld: erstellt ein Kombinationsfeld. Darüber können Daten entweder eingegeben oder aus einer Dropdown-Liste ausgewählt werden
	Diagramm: ermöglicht das Einfügen eines Diagramms oder eines anderen Objekts.
	Linie: erstellt eine Linie. Sie können diese zur optischen Aufwertung benutzen.
	Umschaltfläche: dient zum Erstellen einer Umschaltfläche.
	Listenfeld: fügt ein Listenfeld ein. Daten werden daraus aus einer Liste ausgewählt.
	Rechteck: erstellt ein Rechteck. Sie können dieses zur optischen Aufwertung benutzen.
	Kontrollkästchen: fügt ein Kontrollkästchen ein. Das benutzen Sie, um festzulegen, dass ein bestimmter Sachverhalt zutrifft.
	Ungebundenes Objektfeld: erstellt ein (ungebundenes) Objektfeld, in dem Sie beispielsweise Grafiken anzeigen lassen können, die für alle Datensätze identisch sind.
	Anlage: erstellt ein Steuerelement zur Darstellung eines Feldes von Datentyp *Anlage*.
	Optionsfeld: fügt ein Optionsfeld ein.
	Unterformular/-bericht: fügt ein Unterformular in das Formular ein.
	Gebundenes Objektfeld: erstellt ein gebundenes Objektfeld, das für die Datensätze unterschiedliche Objekte, wie beispielsweise Fotos, aufnehmen kann.
	Bild: ermöglicht das Einfügen eines *Bildes* oder eines anderen Objekts.

Tabelle 8.1 Der mittlere Bereich der Schaltflächen für die Steuerelemente

8.2.3 Die Details zum Einfügen von Steuerelementen

Bei den Details zur Eingabe von Steuerelementen in einem Formular oder einen Bericht stehen Ihnen mehrere unterschiedliche Verfahren zur Verfügung, deren Verwendung wir mit den folgenden Ausführungen demonstrieren wollen.

Gebundene und ungebundene Steuerelemente

Die Steuerelemente, die Sie in ein Formular oder einen Bericht einfügen, können gebunden, ungebunden oder berechnet sein:

» Ein *gebundenes Steuerelement* ist eines, dessen Datenquelle ein Feld in einer vorhandenen Tabelle oder Abfrage ist. Sie verwenden gebundene Steuerelemente zum Anzeigen von Werten, die aus den Feldern in der Tabelle oder Abfrage stammen.

» Ein *ungebundenes Steuerelement* ist ein Steuerelement ohne Datenquelle. Mit ungebundenen Steuerelementen zeigen Sie Informationen, Linien, Rechtecke und Bilder an. Beispielsweise ist ein Bezeichnungsfeld, das den Titel eines Berichts anzeigt, ein ungebundenes Steuerelement.

» Ein *berechnetes Steuerelement* ist ein Steuerelement, dessen Datenquelle kein Feld, sondern ein Ausdruck ist. Sie geben den Wert an, der im Steuerelement als Datenquelle verwendet werden soll, indem Sie einen Ausdruck definieren. Ein Ausdruck kann eine Kombination aus Operatoren, Steuerelementnamen, Feldnamen, Funktionen und konstanten Werten sein. Ein Ausdruck kann Daten aus einem Feld in der zugrunde liegenden Tabelle oder Abfrage des Formulars oder Daten aus einem anderen Steuerelement im Formular verwenden.

» Wenn Sie ein Formular oder einen Bericht über die Ansicht *Entwurf* komplett neu erstellen, ist es wohl am effizientesten, zunächst alle gebundenen Steuerelemente hinzuzufügen und anzuordnen, besonders dann, wenn die meisten Steuerelemente im Formular gebundene Steuerelemente sind. Anschließend können Sie die ungebundenen und berechneten Steuerelemente hinzufügen, um den Entwurf fertigzustellen.

Ein gebundenes Steuerelement einfügen

Sie können gleich beim Erstellen dafür sorgen, dass das neue Steuerelement an ein bestimmtes Feld der zugrunde liegenden Tabelle oder Abfrage gebunden ist. Damit ersparen Sie die nachträgliche Zuweisung der Bindung (→ unten). Die Daten in diesem Feld werden dann im Steuerelement angezeigt.

Beginnen Sie mit der Eingabe eines gebundenen Textfeldes. Ein solches Textfeld ermöglicht die Anzeige und Eingabe von Daten, die in einer Tabelle oder Abfrage gespeichert sind oder sich durch Berechnung ergeben.

» Stellen Sie zunächst sicher, dass das Formular in der Ansicht *Entwurf* angezeigt wird. Wenn Sie die Aufgabe selbst durchführen wollen, verwenden Sie *Formular7*, das Sie vorher an *Tabelle1* gebunden hatten.

» 

Sorgen Sie dafür, dass die Feldliste auf dem Bildschirm angezeigt wird (→ Abbildung 8.30). Dies erreichen Sie durch einen Klick auf die Option *Vorhandene Felder hinzufügen* in der Gruppe *Tools* oder durch Drücken von [Alt]+[F8]. Wenn Sie das Formular bereits an eine Tabelle oder Abfrage gebunden hatten, werden in der Feldliste nur die Felder aus dieser Datengrundlage angezeigt.

Abbildung 8.30 Die Feldliste

» 

Wählen Sie dann die Form des Steuerelements aus. Dazu klicken Sie zunächst auf die Schaltfläche für das gewünschte Steuerelement in der Gruppe *Steuerelemente* – beispielsweise auf die Schaltfläche *Textfeld*.

» Markieren Sie dann den Namen des Feldes in der Feldliste, für das Sie ein Steuerelement im Formular erstellen wollen. Benutzen Sie beispielsweise das Feld *Nachname*. Verschieben Sie den Feldnamen bei gedrückt gehaltener Maustaste an die Stelle im Formular, an der das gebundene Textfeld erscheinen soll. Lassen Sie die Maustaste los. Ein Textfeld wird erstellt, das an den gewählten Feldnamen gebunden ist (→ Abbildung 8.31). Die Bindung erkennen Sie an der Angabe im Feld. Beachten Sie bei der Wahl der Stelle im Formular, dass links vom neuen Steuerelement automatisch ein Bezeichnungsfeld mit eingefügt wird. Positionieren Sie also den Mauszeiger beim Einfügen an die Stelle, an der das Steuerelement selbst erscheinen soll.

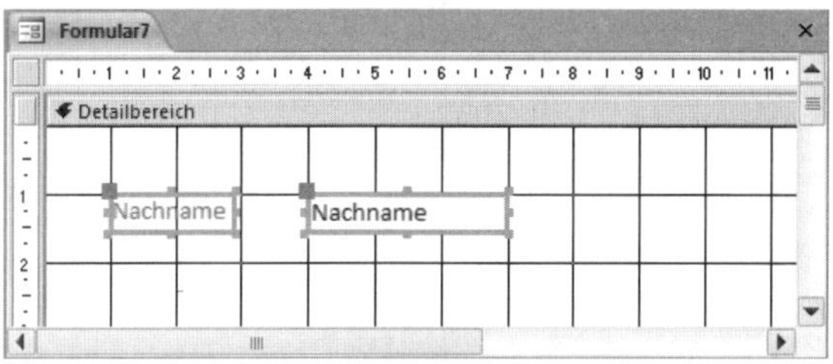

Abbildung 8.31 Ein gebundenes Textfeld – standardmäßig wird der Feldname in Textfeld und im Bezeichnungsfeld angezeigt.

» Auf dieselbe Weise können Sie weitere Steuerelemente dem Formular hinzufügen.

Die Einstellung der Größe der Steuerelemente überlassen Sie bei dieser Vorgehensweise der Programmautomatik. Später können Sie dann – falls notwendig – Korrekturen daran vornehmen (→ unten). Auch die einmal festgelegte Bindung an den Feldnamen können Sie ändern.

TIPP Um ein einzelnes Feld hinzuzufügen, können Sie auch darauf in der Feldliste doppelklicken, ohne danach den Mauszeiger in das Formular zu bewegen. Die Positionierung im Formular überlassen Sie bei dieser Vorgehensweise dem Programm. Um mehrere Felder gleichzeitig hinzuzufügen, halten Sie die `Strg`-Taste gedrückt und klicken auf die Felder, die Sie hinzufügen möchten. Ziehen Sie dann die markierten Felder in das Formular.

Eigenschaften von Steuerelementen kontrollieren

Alle für ein Steuerelement vorgenommenen Einstellungen können Sie über das *Eigenschaftenblatt* kontrollieren und – bei Bedarf – verändern.

» 

Doppelklicken Sie in das Steuerelement. Sie können es auch nur markieren und anschließend auf die Schaltfläche *Eigenschaftenblatt* im Menüband klicken. Die Eigenschaften werden – wie schon oben für das Formular umfassend beschrieben – in mehreren Registerkarten aufgelistet.

  » Für alle Steuerelemente interessant sind hier die Eigenschaften auf der Registerkarte *Daten*: Die Eigenschaft *Steuerelementinhalt* gibt an, an welches Feld der zugrunde liegenden Tabelle oder Abfrage das Steuerelement gebunden ist (→ Abbildung 8.32 links). Über das Listenfeld können Sie hier auch ein anderes Feld wählen.

  » Die Registerkarte *Format* im Eigenschaftenblatt zeigt eine Vielzahl von Formateinstellungen an (→ Abbildung 8.32 rechts). Sie können hierüber beispielsweise über *Sichtbar* regeln, ob das Steuerelement zu sehen sein soll. Für Zahlenwerte können Sie hier auch das Format und die Anzahl der Dezimalstellen regeln.

  » Alle Eigenschaften des Steuerelements werden auf der Registerkarte *Alle* des Eigenschaftenblatts nochmals zusammengefasst. Falls notwendig, können Sie hier die gewünschten Änderungen durchführen.

» Nach Abschluss der Arbeit an einem Steuerelement können Sie das Eigenschaftenblatt schließen oder ein anderes Steuerelement markieren, um dessen Eigenschaften zu bearbeiten.

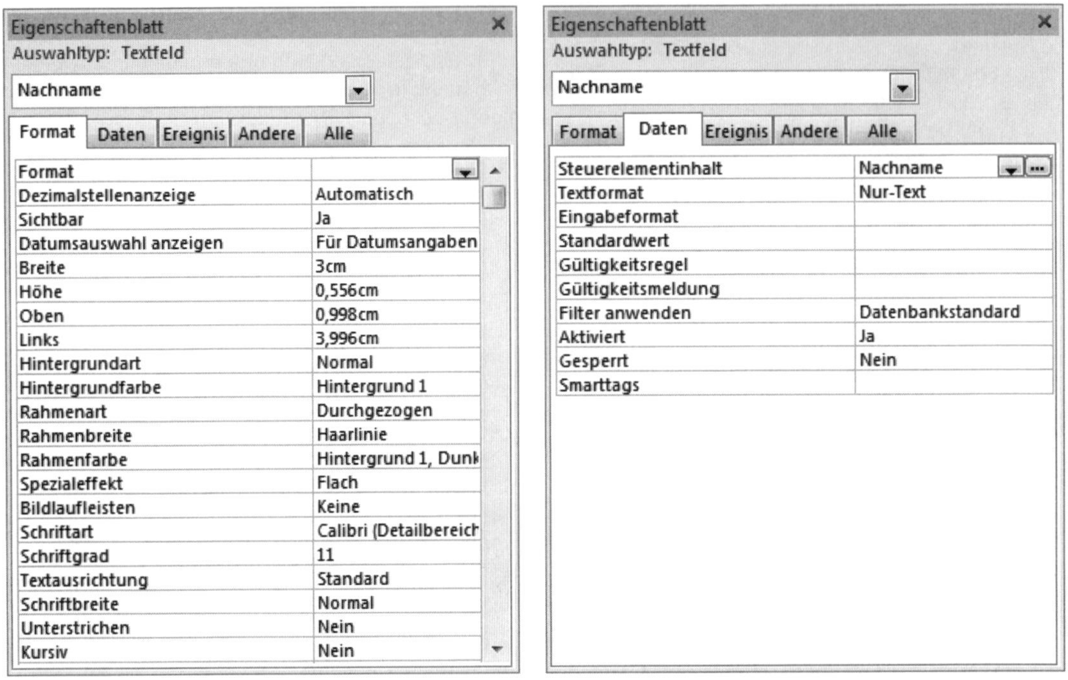

Abbildung 8.32 Die Eigenschaften für ein Steuerelement – hier die Registerkarten *Format* und *Daten*

Die Größe beim Erstellen festlegen

Bei der oben vorgestellten Technik haben Sie die Einstellung der Größe des Steuerelements der Programmautomatik überlassen. Sie können ein neues Steuerelements direkt beim Erstellen auf bestimmte – vom Programmstandard abweichende – Maße einstellen.

» 

Klicken Sie auch hierbei zunächst auf die Schaltfläche für das gewünschte Steuerelement in der Gruppe *Steuerelemente* – beispielsweise auf die Schaltfläche *Gebundenes Objektfeld*. Lassen Sie sich von der Bezeichnung *gebunden* nicht irritieren, damit wird nur angedeutet, dass Sie es erst noch an ein Tabellenfeld binden müssen, damit im Steuerelement Daten angezeigt werden.

» Setzen Sie den Mauszeiger an die gewünschte Stelle im Formular oder Bericht, drücken Sie die Maustaste, und halten Sie sie gedrückt. Ziehen Sie bei gedrückt gehaltener Maustaste einen Rahmen in der Größe des zu erstellenden Felds auf. Erstellen Sie so einen Rahmen mit etwa quadratischen Abmessungen. Lassen Sie dann die Maustaste los. Das Steuerelement erscheint in der vorher markierten Größe (→ Abbildung 8.33).

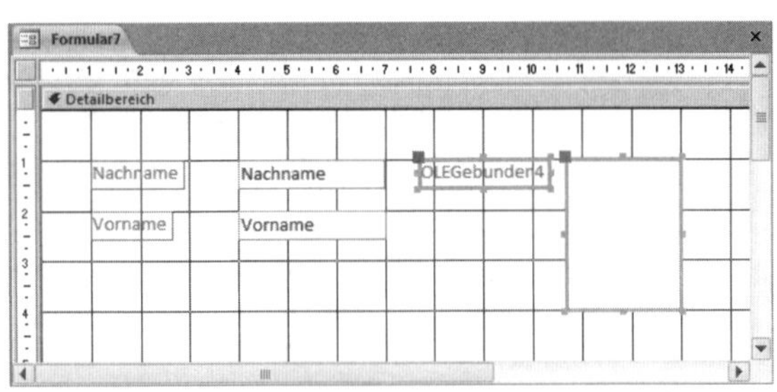

Abbildung 8.33 Die Größe wurde durch Ziehen mit der Maus gleich bei der Eingabe eingestellt.

Ein ungebundenes Steuerelement binden

Wenn Sie den Anweisungen in der vorherigen Aufgabe gefolgt sind, ist das so eingefügte Steuerelement noch nicht an ein Feld der Tabelle gebunden. Eine solche Bindung können Sie auch nachträglich über die Eigenschaften zum Steuerelement einstellen.

» Markieren Sie das im Formular eingegebene Steuerelement, für das Sie die Bindung festlegen oder ändern wollen. Benutzen Sie für diese Übung das gerade eingefügte Objektfeld.

» 

Lassen Sie die Eigenschaften für dieses Feld anzeigen (→ Abbildung 8.34). Das tun Sie entweder über einen Klick auf *Eigenschaftenblatt* in der Gruppe *Tools* oder im Kontextmenü zum Feld.

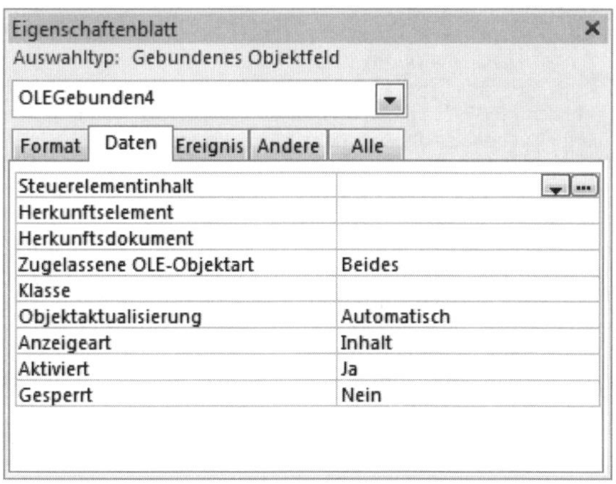

Abbildung 8.34 Das Eigenschaftenblatt zum Feld

» 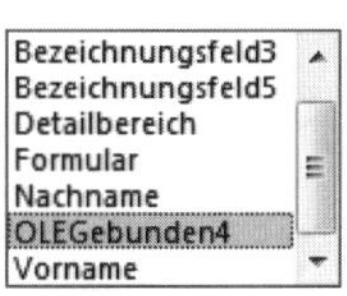

Beachten Sie wieder die Anzeige *Auswahltyp* im oberen Bereich dieses Fensters. Damit legen Sie fest, für welches Steuerelement die Eigenschaften im Fenster angezeigt werden sollen. Hatten Sie bereits Steuerelemente im Formular angesiedelt, finden Sie diese hier vermerkt. Sie können hierüber einstellen, für welches Steuerelement Sie die Eigenschaften festlegen wollen.

» Lassen Sie im Dialogfeld die Registerkarte *Daten* anzeigen, und wählen Sie unter *Steuerelementinhalt* den gewünschten Feldnamen aus. Wählen Sie dafür das Feld *Foto*.

Durch die Bindung des Textfelds an ein Tabellenfeld ist sichergestellt, dass die Daten dieses Feldes angezeigt und dass Änderungen sofort in die betreffende Tabelle übernommen werden. Die Verwendung des Bereichs *Feldliste* ist aus zwei Gründen das optimale Verfahren zum Erstellen eines gebundenen Steuerelements:

» Access fügt den Namen des Felds automatisch in das angefügte Bezeichnungsfeld des Steuerelements ein. Sie müssen das Bezeichnungsfeld des Steuerelements also nicht selbst eingeben.

» Das Programm legt anhand der Eigenschaften des Felds in der zugrunde liegenden Tabelle oder Abfrage – beispielsweise die Eigenschaften *Format*, *Dezimalstellen* und *Eingabeformat* – für viele Eigenschaften des Steuerelements automatisch die geeigneten Werte fest.

TIPP Sie können ein Feld auch an ein Steuerelement binden, indem Sie den Feldnamen direkt in das Steuerelement eingeben.

Den Inhalt eines Objektfeldes anpassen

Da wir uns gerade mit den Eigenschaften eines Objektfeldes beschäftigen, sollten wir gleich noch auf eine weitere davon eingehen, die für die Darstellung von Bildern besonders wichtig ist. Im Eigenschaftenblatt finden Sie auf der Registerkarte *Format* im Listenfeld zur Eigenschaft *Größenanpassung* drei Optionen vor, über die Sie die Darstellung eines Bildes in der Datenansicht des Formulars einstellen können (→ Tabelle 8.2).

Beispiel	Einstellung und Wirkung
	Die Standardeinstellung *Abschneiden* bewirkt, dass die Darstellung in der Originalgröße der Bilddatei erfolgt. Große Bilder werden nur teilweise dargestellt - standardmäßig der Bereich in der oberen linken Ecke. Kleine Bilder füllen den Rahmen des Feldes nur teilweise aus.
	*Dehnen* bewirkt, dass der durch das Feld vorgegebene Rahmen voll ausgefüllt wird. Wenn die Proportionen von Bild und Feldrahmen nicht übereinstimmen, sind Verzerrungen die Folge. Benutzen Sie diese Form dann, wenn alle Bilder gleich groß sind und der Rahmen an diese Größe angepasst ist.
	Mit *Zoomen* erreichen Sie, dass das Bild so vergrößert oder verkleinert dargestellt wird, dass es in der Breite oder der Höhe den Rahmen ausfüllt, aber keine Verzerrungen zeigt. Der Rahmen ist dann natürlich nicht vollständig ausgefüllt, wenn sich die Proportionen unterscheiden.

Tabelle 8.2 Die Optionen zur Größenanpassung

» Zum Einstellen dieser Eigenschaft wechseln Sie im Eigenschaftenblatt zum Objektfeld auf die Registerkarte *Format* (→ Abbildung 8.35).

» 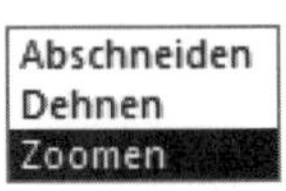

Öffnen Sie das Listenfeld im Feld *Größenanpassung*. Eine verzerrungsfreie und vollständige Darstellung von Bildern mit unterschiedlichen Proportionen erreichen Sie, indem Sie die Einstellung *Zoomen* wählen.

» Schließen Sie danach das Eigenschaftenblatt.

Abbildung 8.35 Die Eigenschaften zum Objektfeld - wichtig ist hier beispielsweise die Eigenschaft *Größenanpassung*.

Ein Bezeichnungsfeld ändern

Wie Sie gesehen haben, fügt Microsoft Access beim Einfügen von Steuerelementen automatisch Bezeichnungsfelder hinzu. Die darin benutzten Eingaben werden in allen Datensätzen angezeigt und können im Entwurf direkt oder über das Eigenschaftenblatt geändert werden.

» Markieren Sie das automatisch eingefügte Bezeichnungsfeld *OLEGebunden*, indem Sie darauf klicken.

» Doppelklicken Sie nochmals auf das Feld. Der vorhandene Text ist damit markiert.

» Überschreiben Sie den Text mit dem neuen Text *Foto:*.

Diese automatisch erzeugten Bezeichnungsfelder können gelöscht werden, ohne die Funktionsfähigkeit des Formulars oder Berichts zu beeinträchtigen.

Sie können aber auch separate Bezeichnungsfelder einfügen und diese zur Eingabe von festen Texten im Formular verwenden - beispielsweise zur Angabe von Hinweisen oder zur Beschriftung anderer Steuerelemente. Nach der Auswahl in der Gruppe *Steuerelemente* und dem Klick auf das Formular können Sie den gewünschten Text direkt eingeben. Der eingegebene Text bestimmt auch, auf welche Breite das Feld erweitert wird. Dabei kann mit [Strg]+[↵] ein Zeilenumbruch erzeugt werden.

Den Steuerelement-Assistenten verwenden

Für die Arbeit mit den Schaltflächen in der Gruppe *Steuerelemente*, die in ihrer Funktion etwas schwieriger zu handhaben sind, können Sie sich außerdem des Steuerelement-Assistenten bedienen. Wenn Sie beispielsweise Steuerelemente wie ein Kombinationsfeld oder ein Listenfeld auf die eben beschriebenen Methoden in das Formular einfügen, müssen Sie meist nachträglich mehrere Eigenschaften einstellen. Diese Tätigkeit können Sie sich bei Verwendung des Assistenten sparen.

In dieses Beispiel können Sie den Assistenten zur Eingabe eines Kombinationsfelds kennenlernen. In einem solchen Feld können Daten entweder wie in einem Textfeld eingegeben oder aus einer Drop-down-Liste ausgewählt werden. Als Herkunft der Daten für die Drop-down-Liste werden hauptsächlich Tabellen, Abfragen oder Einträge aus dem Feld *Datensatzherkunft* im Eigenschaftenfenster zum Kombinationsfeld verwendet.

» Öffnen Sie den Katalog zum Befehl *Steuerelemente*, und schalten Sie die Funktion des Steuerelement-Assistenten ein, indem Sie auf die Schaltfläche *Steuerelement-Assistenten verwenden* klicken.

»  Klicken Sie auf die Schaltfläche *Kombinationsfeld* im Katalog *Steuerelemente*, und klicken Sie dann die Stelle im Formularentwurf an, an der Sie das Steuerelement einfügen wollen. Der Assistent wird gestartet. Nehmen Sie auf den einzelnen Seiten die notwendigen Angaben vor, und klicken Sie anschließend jeweils auf *Weiter*.

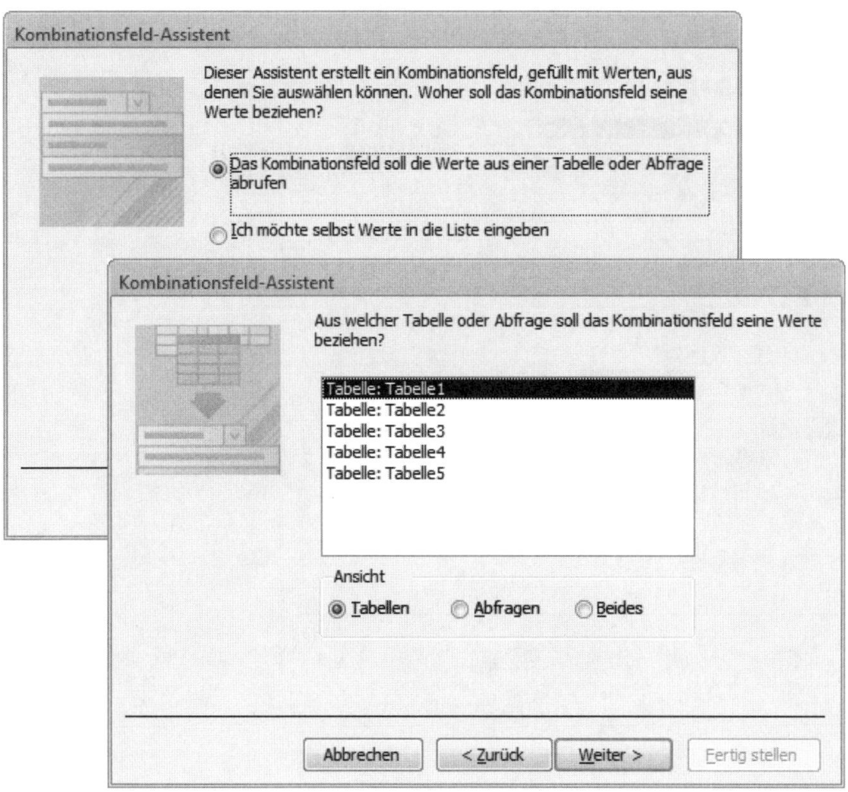

Abbildung 8.36
Die ersten beiden Seiten des Assistenten

» Geben Sie an, woher das Kombinationsfeld seine Werte beziehen soll. Wählen Sie für diese Übung *Das Kombinationsfeld soll die Werte aus einer Tabelle oder Abfrage abrufen* (→ Abbildung 8.36).

» Geben Sie an, welche Tabelle oder Abfrage verwendet werden soll. Benutzen Sie die *Tabelle1.*

» Wählen Sie dann, welches Feld der Tabelle benutzt werden soll. Benutzen Sie hier das Feld *Wohnort* (→ Abbildung 8.37).

» Sie können anschließend angeben, in welcher Reihenfolge die Liste sortiert werden soll.

» Sie können auch die Breite des Listenfeldes bestimmen (→ Abbildung 8.38).

» Bei der Frage nach dem Speichern des Wertes sollten Sie hier die Option *Wert speichern in Feld* wählen und als Feld *Wohnort* benutzen.

» Als Beschriftung für das Feld können Sie es bei der jetzt vorhandenen Voreinstellung *Wohnort* belassen.

» Klicken Sie abschließend auf *Fertig stellen.* Ein Kombinationsfeld wird mit den vorgenommenen Einstellungen erstellt (→ Abbildung 8.39).

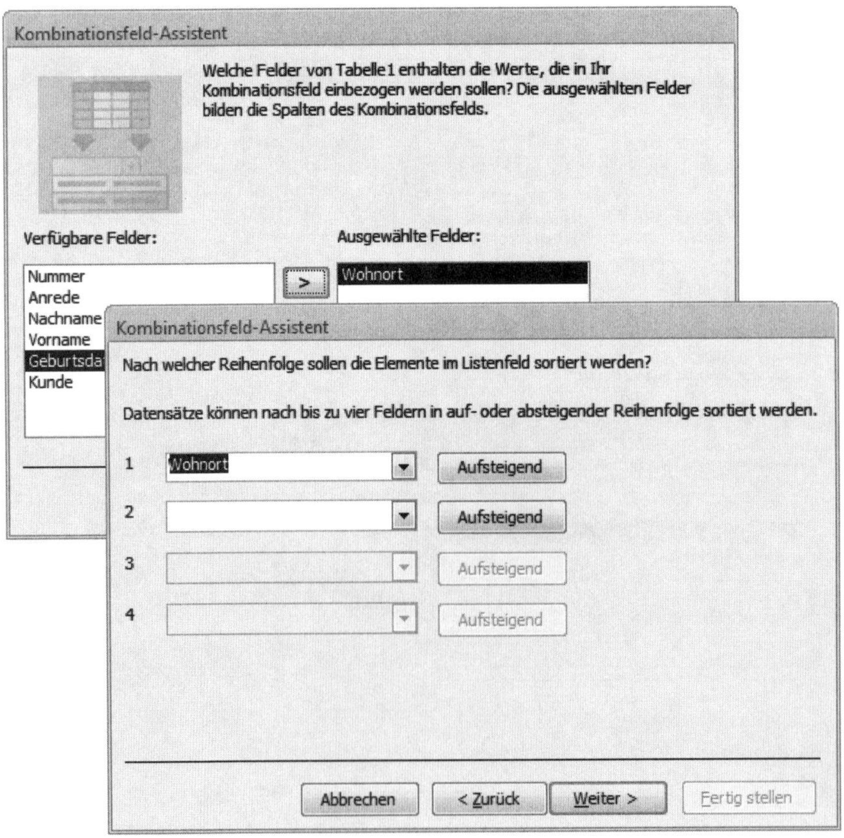

Abbildung 8.37
Die dritte und die vierte Seite des Assistenten

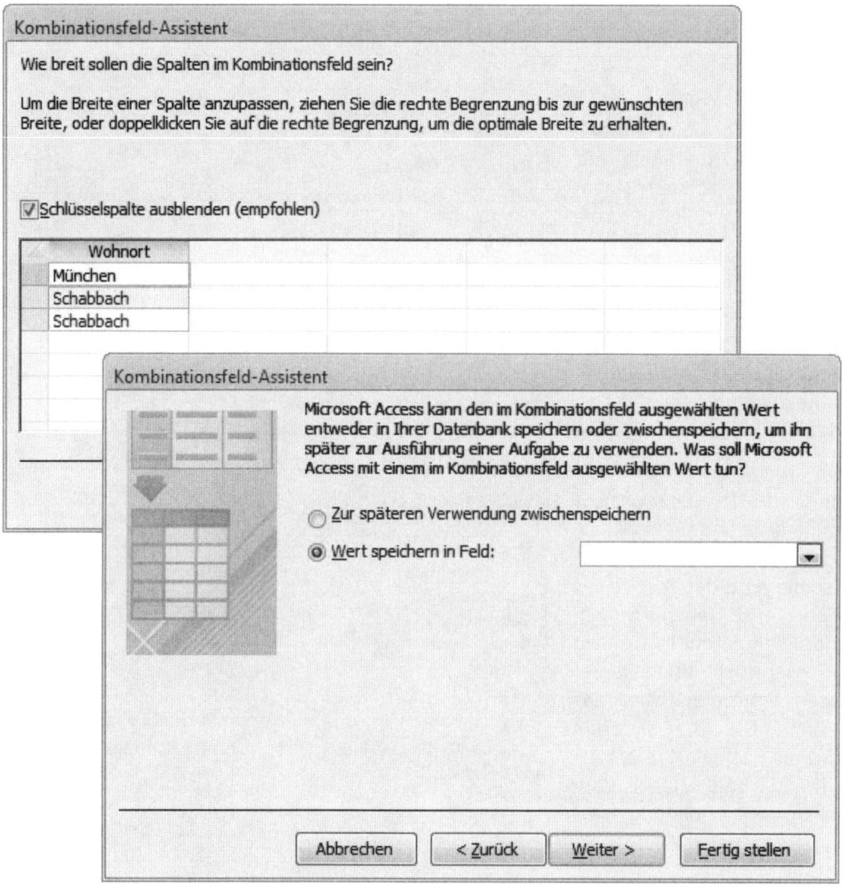

Abbildung 8.38
Die folgenden Seiten des Assistenten

TIPP Über die Option *Nur Listeneinträge* auf der Registerkarte *Daten* im Eigenschaftenfenster zum Kombinationsfeld wird bestimmt, ob nur Einträge aus der Drop-down-Liste gewählt oder auch andere Eingaben über die Tastatur vorgenommen werden dürfen.

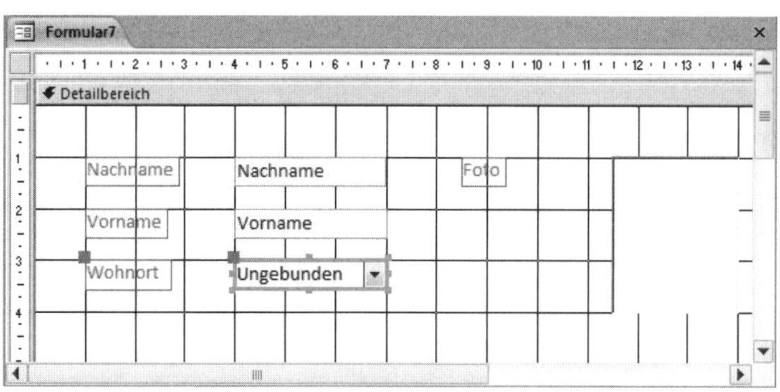

Abbildung 8.39
Der Assistent hat ein Kombinationsfeld erstellt.

8.2.4 Besonderheiten weiterer Steuerelemente

Die Vielzahl der im Programm verfügbaren Steuerelemente macht das Arbeiten an einem Formular interessanter als die Arbeit in Tabellen. Wir können nicht auf alle diese Werkzeuge intensiv eingehen; die nachfolgenden Ausführungen liefern aber einen Überblick über die wichtigsten Aspekte.

Neben den in den bisherigen Übungen benutzten Steuerelementen stehen Ihnen noch weitere Typen zur Verfügung. Die Eingabe dieser Instrumente erfolgt wie oben beschrieben. Die Mehrzahl wird nach der Eingabe mit einem dazugehörenden Bezeichnungsfeld versehen, dessen Text Sie entweder direkt oder über seine Eigenschaften ändern können.

»  *Kontrollkästchen* können in der Datenansicht angeklickt werden, um anzuzeigen, dass ein bestimmter Sachverhalt zutrifft. In der dem Formular zugrunde liegenden Tabelle wird der Status des Kästchens als Zahlenwert vermerkt. Haben Sie sinnvollerweise das Feld mit dem Felddatentyp *Ja/Nein* versehen, werden diese Zahlenwerte auch in der Tabelle als Kontrollkästchen angezeigt. Über das Eigenschaftenblatt dazu können Sie unter anderem regeln, ob ein dreifacher Status - aktiviert, nicht aktiviert oder unbestimmt - erlaubt und welcher Standardwert benutzt werden soll (→ Abbildung 8.40 oben).

»  Auch ein *Optionsfeld* wird angeklickt, um anzuzeigen, dass ein bestimmter Sachverhalt zutrifft. Die Funktion von Optionsfeldern ist im Prinzip dieselbe wie die von Kontrollkästchen. Das Ergebnis eines angeklickten Optionsfelds ist eine Zahl, die im verbundenen Tabellenfeld gespeichert wird. Auch hier können Sie über das Eigenschaftenblatt dazu unter anderem regeln, ob ein dreifacher Status - aktiviert, nicht aktiviert oder unbestimmt - erlaubt und welcher Standardwert benutzt werden soll (→ Abbildung 8.40 unten).

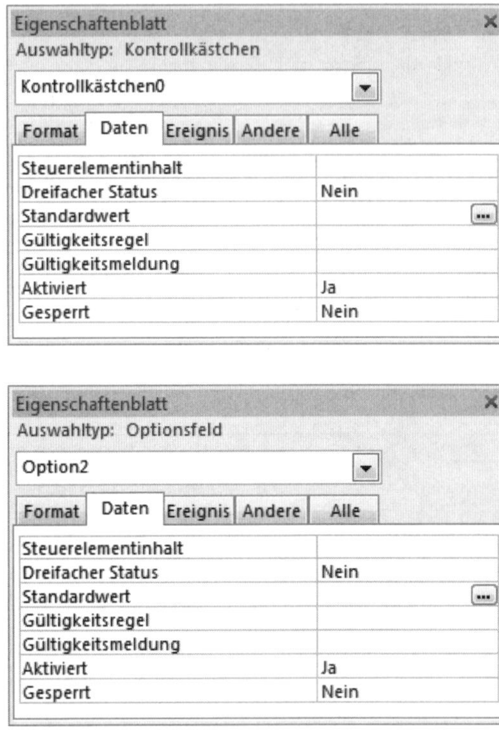

Abbildung 8.40 Das Eigenschaftenblatt für Kontrollkästchen und Optionen

»  Eine *Umschaltfläche* erfüllt dieselbe Aufgabe. Auch sie wird angeklickt, um anzuzeigen, dass ein bestimmter Sachverhalt zutrifft. Das Ergebnis einer angeklickten Umschaltfläche ist eine Zahl, die im verbundenen Tabellenfeld gespeichert wird. Nach dem Einfügen einer Umschaltfläche wird ein leeres Steuerelement ohne Bezeichnungsfeld eingefügt. Im Allgemeinen werden Sie eine Bezeichnung direkt in die Schaltfläche schreiben. Klicken Sie dazu in das Steuerelement, und tippen Sie den Text ein, oder benutzen Sie das *Eigenschaftenblatt* zur Eingabe. Meist müssen Sie die Breite der Schaltfläche vergrößern, um den gesamten Text anzuzeigen.

»  Eine *Optionsgruppe* dient zur Aufnahme mehrerer Steuerelemente vom Typ *Kontrollkästchen*, *Optionsfeld* oder *Umschaltfläche*, die alle denselben Sachverhalt betreffen. Innerhalb einer Optionsgruppe mit Optionsfeldern kann jeweils nur ein Steuerelement aktiviert sein; die damit gegebenen Alternativen schließen sich also gegenseitig aus. Nach dem Einfügen einer Optionsgruppe wird zunächst nur ein Rahmen mit einem oben links angezeigten Bezeichnungsfeld angezeigt. Die Bezeichnung können Sie direkt oder über das Eigenschaftenblatt ändern. Fügen Sie anschließend die gewünschten Optionsfelder, Kontrollkästchen oder Umschaltflächen ein. Tragen Sie die erforderliche Anzahl von Schaltflächen in die Optionsgruppe ein. Durch Anklicken der in der Optionsgruppe enthaltenen Elemente wird eine Auswahl getroffen, die als Zahl in dem mit der Optionsgruppe verbundenen Tabellenfeld gespeichert wird.

» In einem *Listenfeld* werden Daten immer aus einer Liste ausgewählt. Anders als bei Kombinationsfeldern ist die Liste stets geöffnet. Für die Herkunft der Daten in der Liste werden vornehmlich Tabellen, Abfragen oder Einträge im Feld *Datensatzherkunft* im Eigenschaftenblatt zum Listenfeld verwendet. Die Vorgehensweise beim Erstellen von Listenfeldern ist etwas komplizierter als die beim Erstellen der vorher beschriebenen Steuerelemente. Benutzen Sie deshalb den Steuerelement-Assistenten.

» Eine *Befehlsschaltfläche* löst, wenn sie angeklickt wird, ein Makro oder eine Ereignisprozedur aus. Zur Verdeutlichung der Bedeutung der Schaltfläche kann sie mit Text oder einer Grafik versehen werden. Ein Beispiel dafür, wie man Befehlsschaltflächen für das Ausführen von Makros einsetzen kann, finden Sie in Kapitel 14.

» Ein *Ungebundenes Objektfeld* zeigt Objekte an, die nicht mit einem bestimmten Datensatz verbunden sind. Auf allen Datensätzen wird also dasselbe Objekt angezeigt. Im Gegensatz zu gebundenen Objektfeldern werden Sie bei diesem Typ vom Steuerelement bereits bei der Eingabe aufgefordert, das anzuzeigende Objekt anzugeben. Die Technik dazu entspricht dem Zuordnen von Objekten zu einem gebundenen Objektfeld und wird im folgenden Abschnitt angesprochen.

» Mit den beiden Steuerelementen *Linie* und *Rechteck* können Sie Ihre Formulare optisch aufbereiten. Über die *Linie*-Schaltfläche fügen Sie eine Linie in ein Formular ein: Positionieren Sie den Mauszeiger nach der Auswahl des Steuerelements im Formular an einem Endpunkt der geplanten Linie. Drücken Sie die Maustaste, halten Sie sie gedrückt, und ziehen Sie den Mauszeiger auf den anderen Endpunkt der Linie. Lassen Sie dann die Maustaste wieder los. Über die *Rechteck*-Schaltfläche erstellen Sie ein Rechteck in einem Formular: Ziehen Sie nach der Auswahl über die Gruppe *Steuerelemente* bei gedrückter Maustaste das Rechteck in der gewünschten Größe an der entsprechenden Position im Formular auf. Formatangaben - wie beispielsweise die Strichstärke oder Farbe - regeln Sie über die Registerkarte *Format* im Eigenschaftenblatt zum Steuerelement.

» Die Schaltfläche *Seitenumbruch* in der Gruppe *Steuerelemente* dient dazu, einen Seitenwechsel an der gewünschten Stelle in einzelne Formulare einzufügen. Diese Schaltfläche kommt beim Ausdruck zur Wirkung (→ Kapitel 12).

Eine Optionsgruppe erstellen

Wir haben es eben schon erwähnt: Eine Optionsgruppe erstellen Sie am einfachsten mithilfe eines Assistenten.

» Stellen Sie sicher, dass die Option *Steuerelement-Assistenten verwenden* in der Gruppe *Steuerelemente* aktiviert ist.

» Wählen Sie das Steuerelement *Optionsgruppe* aus, und klicken Sie im Formular auf die Stelle, an der die Optionsgruppe erscheinen soll. Der Assistent wird automatisch gestartet.

» Auf der ersten Seite müssen Sie angeben, welche Bezeichnungen die einzelnen Optionen haben sollen (→ Abbildung 8.41). Möchten Sie beispielsweise die beiden Formen der Anrede *Frau* und *Herr* über ein Optionsfeld einstellen, geben Sie diese in zwei untereinander liegenden Zeilen ein. Bestätigen Sie über *Weiter*.

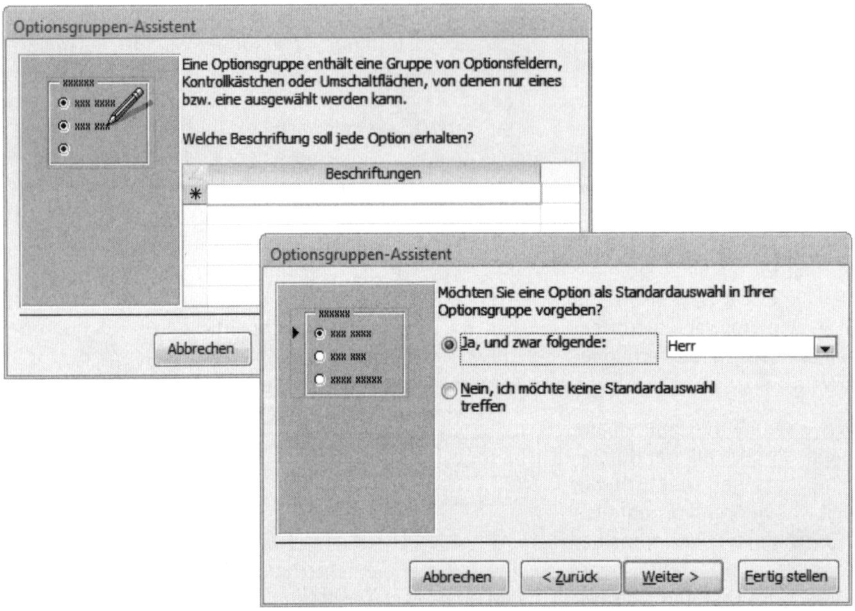

Abbildung 8.41
Geben Sie die Beschriftungen ein und wählen Sie einen Standardwert aus.

» Dann können Sie angeben, ob in der Optionsgruppe bei einem neuen Datensatz ein Standardwert gesetzt werden soll. Wenn Sie sich dafür entscheiden, können Sie wählen, welche der vorher eingegebenen Optionen dafür benutzt werden soll.

» Im nächsten Schritt können Sie angeben, welche Werte mit der Wahl einer Option verbunden werden sollen. Sie können hier beliebige Zahlenwerte benutzen, die sich aber voneinander unterscheiden müssen (→ Abbildung 8.42).

» Auf der Folgeseite können Sie festlegen, ob der so eingestellte Wert im Formular oder in der zugrunde liegenden Tabelle gespeichert werden soll. In der Mehrzahl der Fälle empfiehlt sich die Option *Den Wert hier speichern*.

» Die nächste Seite regelt die Form der Anzeige. Sie können einerseits wählen, ob die Optionen als *Optionsfelder*, *Kontrollkästchen* oder als *Umschaltflächen* angezeigt werden sollen, andererseits können Sie den *Stil* der Anzeige regeln (→ Abbildung 8.43).

» Anschließend können Sie die Gruppe benennen.

Hyperlinks einfügen

Hyperlinks dienen zum Navigieren zwischen den einzelnen Bestandteilen der Nachricht sowie zu Webseiten, Dokumenten etc. Sie können sowohl Text als auch jedes andere in die Nachricht eingefügte Objekt als Hyperlink formatieren. Text-Hyperlinks sind in der Regel an einer bestimmten Farbe und/oder an der Unterstreichung zu erkennen. Um in einem Formular einen Hyperlink zu erstellen, klicken Sie auf die Schaltfläche *Hyperlink* in der Gruppe *Steuerelemente*. Im Dialogfeld *Hyperlink einfügen* legen Sie zuerst über die mit *Link zu* überschriebene Leiste fest, welche Art von Hyperlink eingefügt werden soll, und bestimmen dann das konkrete Hyperlinkziel.

Wenn Sie einen Hyperlink einfügen wollen, der einen Sprung zu einer bestimmten Webseite oder einer Datei bewirken soll, wählen Sie in der Leiste *Link zu* am linken Rand des Dialogfeldes die Option *Datei oder Webseite* (→ Abbildung 8.44).

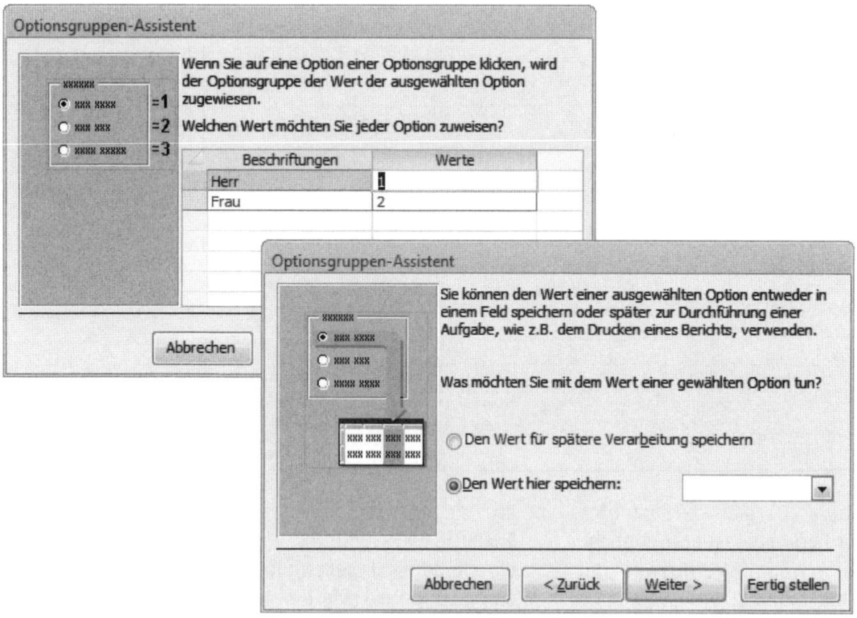

Abbildung 8.42
Legen Sie den Wert und den Speicherort für den Feldinhalt fest.

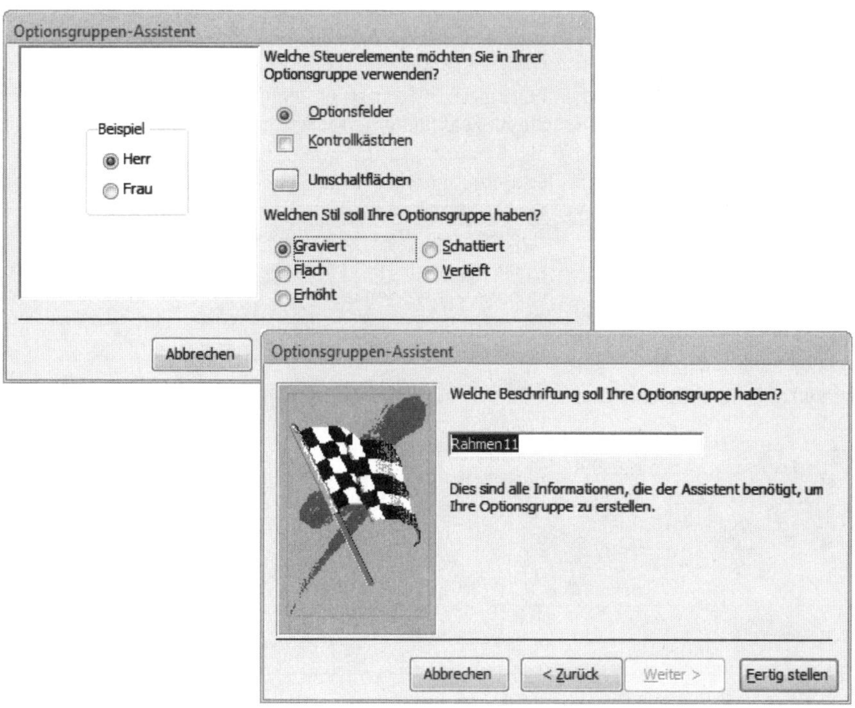

Abbildung 8.43
Legen Sie die Optik fest, und benennen Sie die Gruppe.

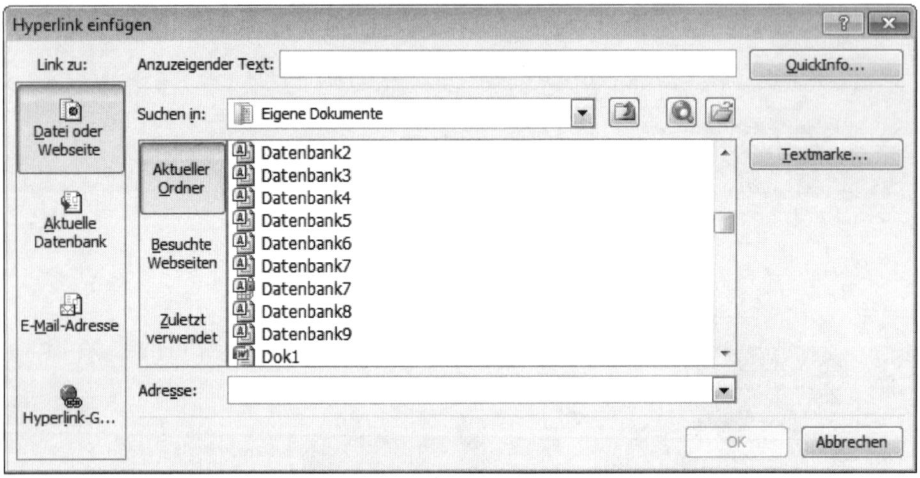

Abbildung 8.44 Hyperlinks können zu einer Datei oder Webseite führen.

Über die zweite Leiste im inneren Bereich des Dialogfeldes können Sie mit *Aktueller Ordner*, *Besuchte Webseiten* und *Zuletzt verwendet* eine weitere Vorauswahl der im Listenfeld angezeigten Ziele treffen.

» Wählen Sie das gewünschte Ziel im Listenfeld aus, oder geben Sie im Feld *Adresse* die Seite oder Datei an, zu der der Sprung erfolgen soll. Über das Dropdown-Listenfeld *Suchen in* können Sie – wie in den Dialogfeldern *Speichern unter* und *Öffnen* – den Ordner wählen, dessen Inhalt im Listenfeld darunter angezeigt werden soll.

» Im Feld *Anzuzeigender Text* geben Sie an, welcher Text für den Hyperlink verwendet werden soll. Hier wird in der Grundeinstellung die gewählte Zieladresse beziehungsweise der in der Nachricht markierte Textbereich verwendet. Zum Ersetzen der Zieladresse können Sie einen beliebigen Text angeben.

Mit der Option *E-Mail-Adresse* in der Leiste *Link zu* erstellen Sie einen Hyperlink, der den E-Mail-Editor des Benutzers öffnet (→ Abbildung 8.46). Die Adresse, die Sie im Feld *E-Mail-Adresse* festlegen, wird dann im Mail-

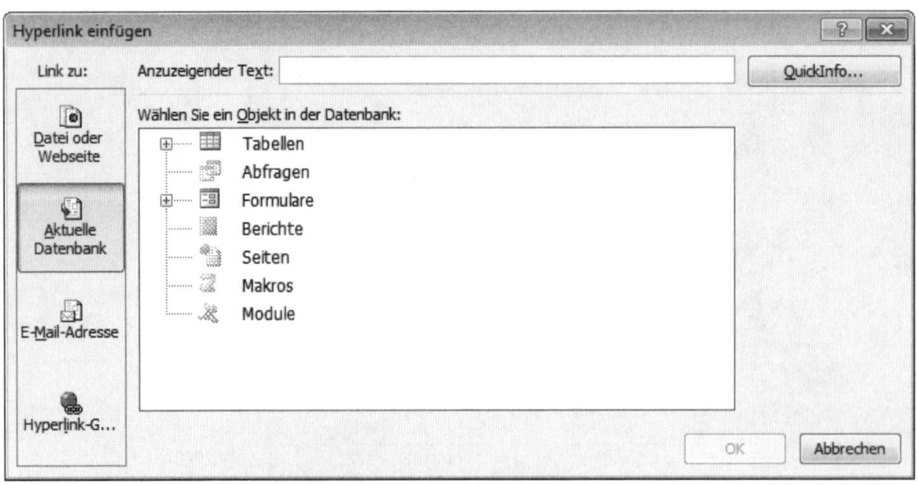

Abbildung 8.45 Auch eine Navigation im aktuellen Dokument ist möglich.

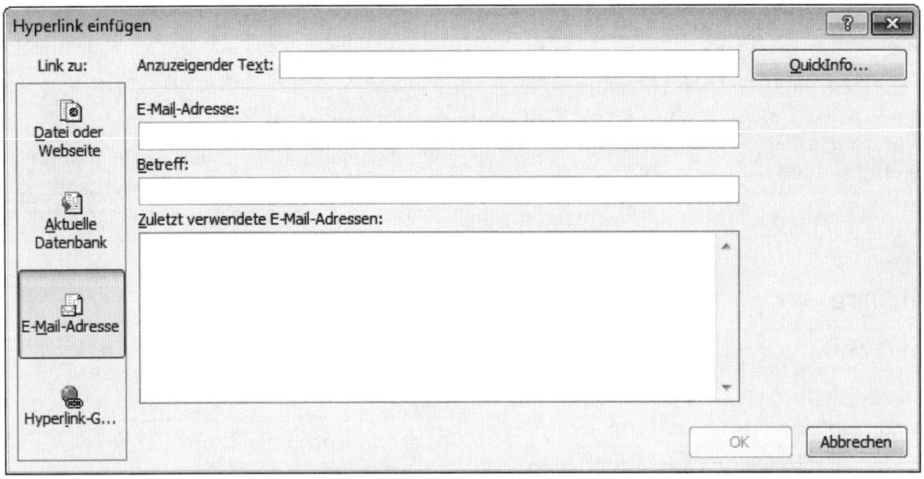

Abbildung 8.46
Ein Hyperlink kann auch das Formular für eine E-Mail-Nachricht öffnen.

formular bereits angezeigt. Beispielsweise können Sie hier Ihre eigene Adresse angeben, wenn Sie dem Betrachter Ihrer Nachricht eine bequeme Möglichkeit bieten wollen, mit Ihnen Kontakt aufzunehmen. Sie können auch gleich einen *Betreff* vorgeben.

» Über die Schaltfläche *Textmarke* können Sie darüber hinaus zu einer bestimmten Stelle in der Nachricht springen. Dazu müssen Sie entweder bereits Textmarken im Zieldokument eingefügt oder die Standardvorlagen für die Überschriften benutzt haben. Sie können dann im Dialogfeld *Stelle in der Nachricht auswählen* zwischen den so gekennzeichneten Stellen die gewünschte Sprungmarke bestimmen. Standardmäßig erfolgt ein Sprung zum Anfang der Nachricht.

TIPP Wenn Sie einen eingefügten Hyperlink bearbeiten möchten, markieren Sie zunächst das als Hyperlink formatierte Element in der Nachricht und wählen dann nochmals *Hyperlink* im Bereich *Hyperlinks*.

Mit der Option *Aktuelle Datenbank* in der Leiste *Link zu* können Sie ein Sprungziel innerhalb der aktuellen Datenbank festlegen (→ Abbildung 8.45).

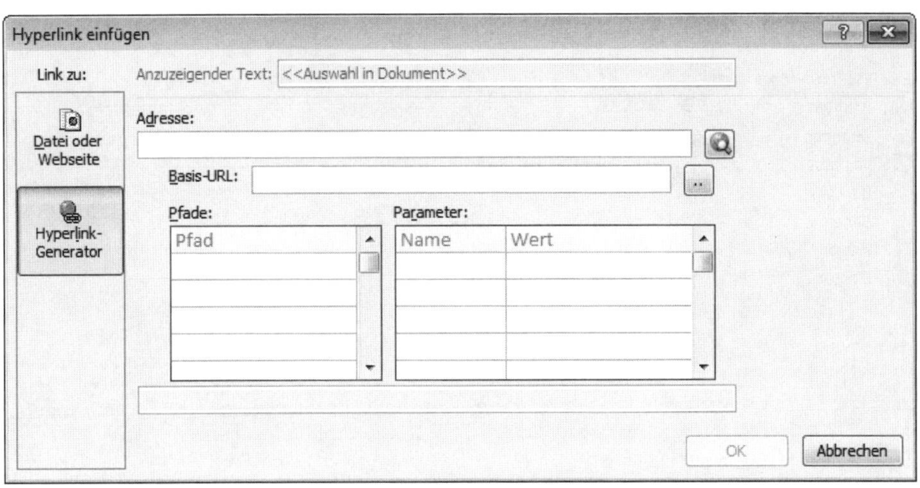

Abbildung 8.47
Ein *Webbrowser-Steuerelement* festlegen

Webseiten anzeigen lassen

Sie können auch einen Hyperlink zu einer Webadresse erstellen. Nach dem Einfügen eines solchen Steuerelements müssen Sie zunächst die Parameter für den Hyperlink festlegen (→ Abbildung 8.47). Auch Unterparameter können hier gesetzt werden.

Nach der Rückkehr zu Datenansicht wird im so festgelegten Feld dann der Inhalt der Webseite angezeigt.

8.2.5 Unterformulare

Das Steuerelement *Unterformular* dient zur Aufnahme eines untergeordneten eingebetteten Formulars. Das ist dann sinnvoll, wenn Sie die Daten von über eine *1:n-Beziehung* miteinander verknüpften Tabellen in einem Formular darstellen wollen. Über die Bedeutung dieser Beziehung haben wir schon in den vorherigen Kapiteln ausführlicher gesprochen. Sie können aber auch beim Erstellen eines Unterformulars eigene Beziehungen erstellen.

Ein Unterformular erstellen

Ein typisches Beispiel hierfür ist die Anzeige von Namen im Hauptformular und die Anzeige aller zu diesen Personen gehörenden Adressen in einem eingebetteten Unterformular.

» Zum Einfügen eines Unterformulars benutzen Sie am besten den *Steuerelement-Assistenten*. Aktivieren Sie – wenn notwendig – die entsprechende Schaltfläche in der Gruppe *Steuerelemente*.

»  Wählen Sie dann die Schaltfläche *Unterformular/-bericht* in der Gruppe *Steuerelemente*

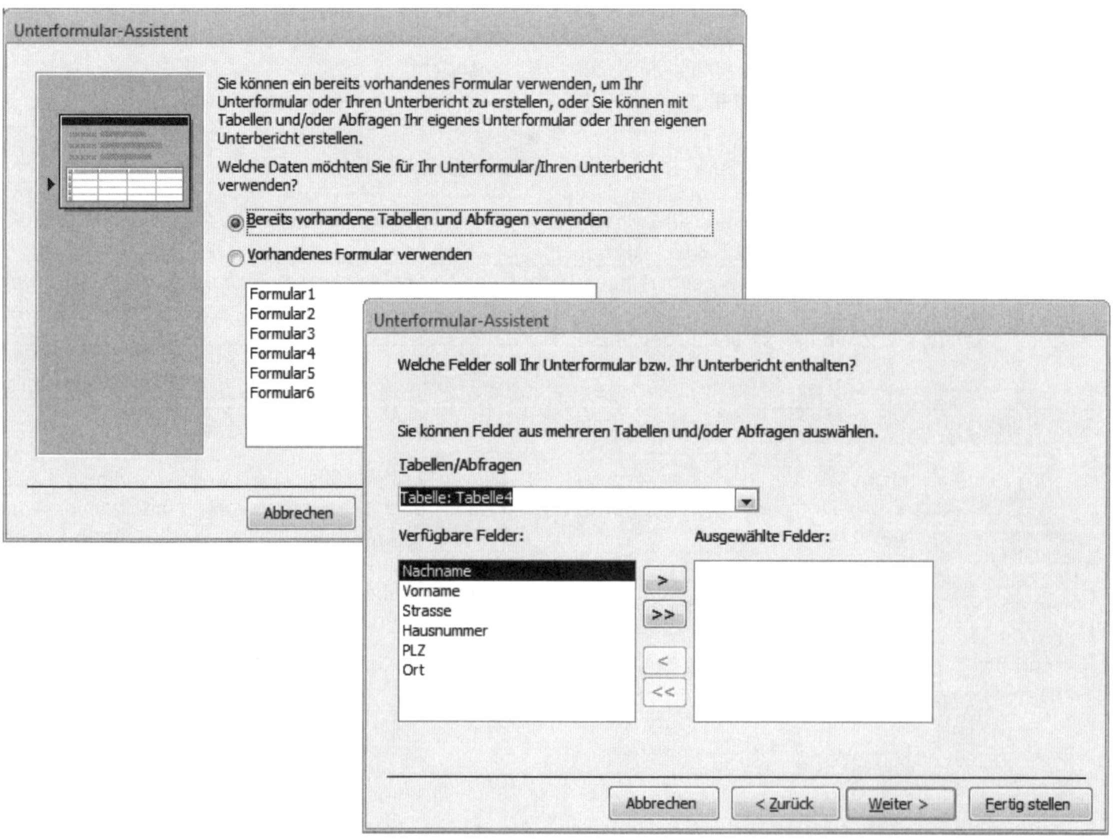

Abbildung 8.48 Die ersten beiden Seiten des Assistenten

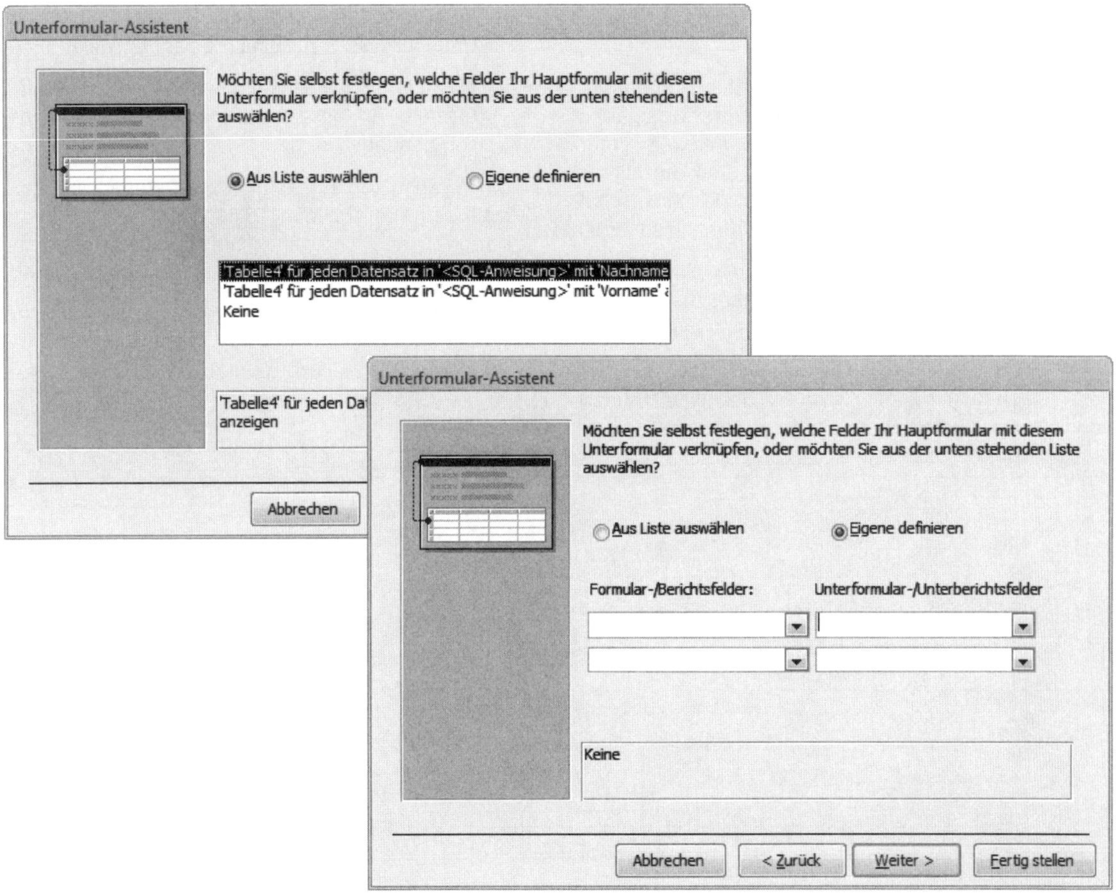

Abbildung 8.49 Definieren Sie die Verknüpfungen im Assistenten.

und klicken anschließend auf die Stelle im Formularentwurf, an der das Unterformular eingefügt werden soll. Der Assistent wird gestartet.

» Wählen Sie, ob Sie das Unterformular aus vorhandenen Tabellen und Abfragen erstellen möchten oder ob dafür ein bereits existierendes Formular eingesetzt werden soll. Wählen Sie für dieses Beispiel die erste Option, und klicken Sie auf *Weiter* (→ Abbildung 8.48).

» In diesem Fall müssen Sie dann wie beim Formular-Assistenten wieder die zu verwendende Tabelle und die anzuzeigenden Felder auswählen. Benutzen Sie die *Tabelle4*, und verwenden Sie alle darin enthaltenen Felder.

» Legen Sie dann fest, über welche Feldinhalte das Haupt- und das Unterformular miteinander verknüpft werden sollen. Wählen Sie die Option *Eigene definieren*, und verbinden Sie die beiden Teile des Formulars über die Felder *Nachname* und *Vorname* (→ Abbildung 8.49).

» Geben Sie dem Unterformular noch einen Namen. Verwenden Sie dafür den Text *Adressen*.

» Klicken Sie auf die Schaltfläche *Fertig stellen*. Das Unterformular wird als Steuerelement im Hauptformular angezeigt (→ Abbildung 8.50). Beachten Sie auch, dass zur *Tabelle4* ein weiteres Formular erstellt wird, das den Namen trägt, den Sie eben für das Unterformular benutzt haben.

» Durch die Arbeit mit dem Assistenten sind die Verknüpfungen zwischen Haupt- und Unterformular definiert und im Dialogfeld *Eigenschaften* zum Unterformular gespeichert. Das können Sie kontrollieren, indem Sie die Registerkarte *Daten* des Eigenschaftenblatts für dieses Steuerelement anzeigen lassen (→ Abbildung 8.51).

  » Im Feld *Herkunftsobjekt* wird angegeben, welches Objekt als Unterformular verwendet wird.

  » *Verknüpfen von* beschreibt, welches Element des Unterformulars zur Bindung benutzt wird.

  » *Verknüpfen nach* gibt das Element im Hauptformular an, an das das Element in *Verknüpfen von* gebunden wird.

» Die Wirkung können Sie über die Datenansicht kontrollieren (→ Abbildung 8.52). Markieren Sie das Hauptformular, und wählen Sie über die Schaltfläche *Ansicht* auf der Registerkarte *Formularentwurfstools/Entwurf* die *Formularansicht*.

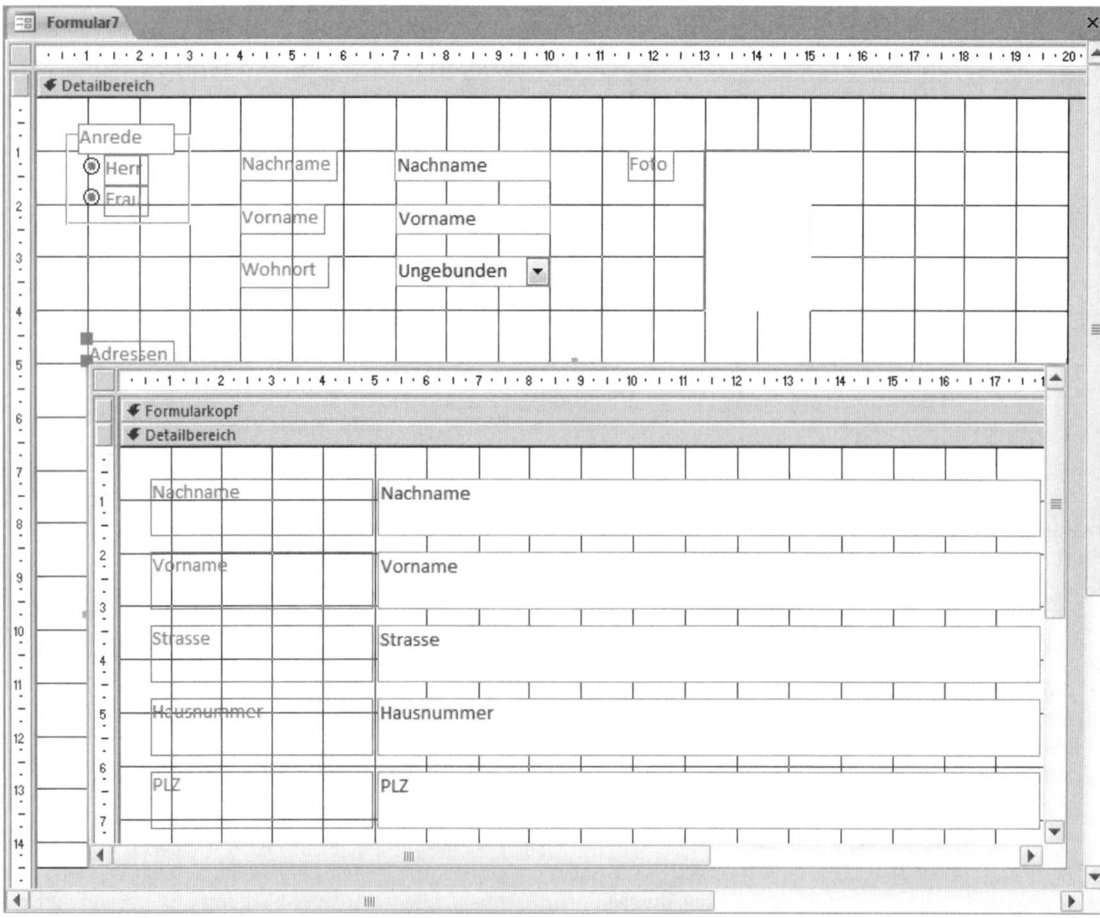

Abbildung 8.50 Im Unterformular werden die dafür definierten Elemente angezeigt.

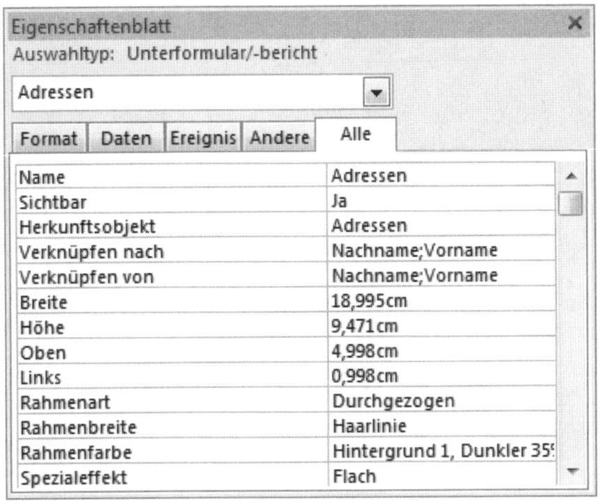

Abbildung 8.51 Die Eigenschaften des Unterformulars – hier die Registerkarte *Alle*.

Arbeiten am Unterformular

Wenn Sie Änderungen am so erstellten Unterformular durchführen wollen, sollten Sie das Hauptformular schließen und das automatisch erstellte Unterformular – in diesem Beispiel das Formular *Adressen* – in der Formularansicht öffnen.

Sie könnten hier beispielsweise die im Haupt- und Unterformular vorhandenen doppelten Angaben von *Nachname* und *Vorname* ausblenden. Wählen Sie dazu *Felder ausblenden* aus dem Kontextmenü zur Spaltenüberschrift. Sie können dann auch die Spaltenbreite an die Bedürfnisse anpassen. Speichern Sie die Änderungen, und schließen Sie das Formular anschließend. Die Änderungen sehen Sie dann auch nach einem erneuten Öffnen im Hauptformular (→ Abbildung 8.54).

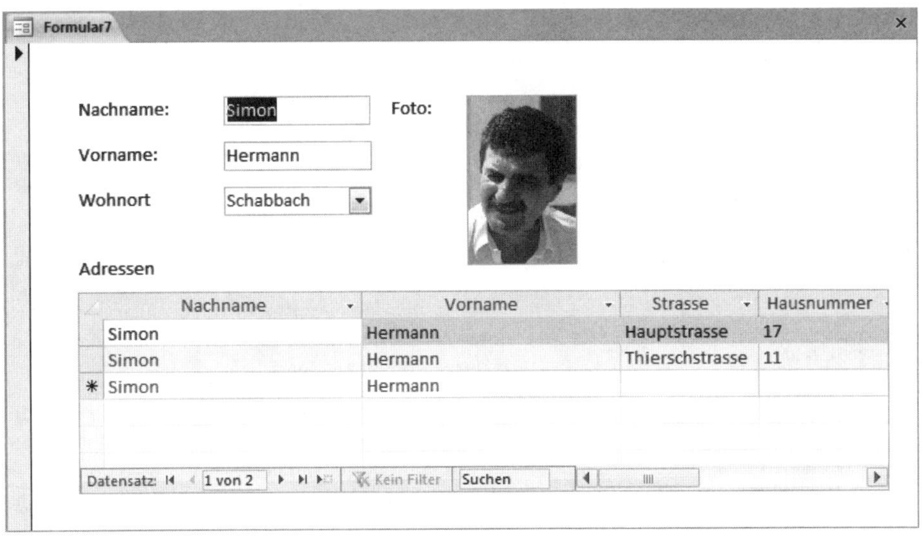

Abbildung 8.52 Das Formular mit dem Unterformular

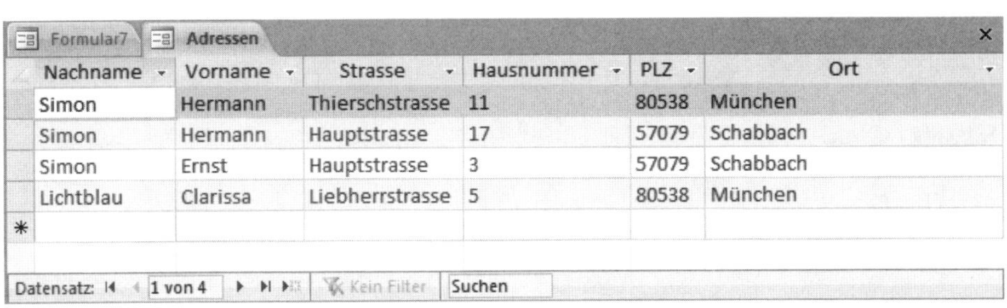

Abbildung 8.53 Das Unterformular in der Formularansicht

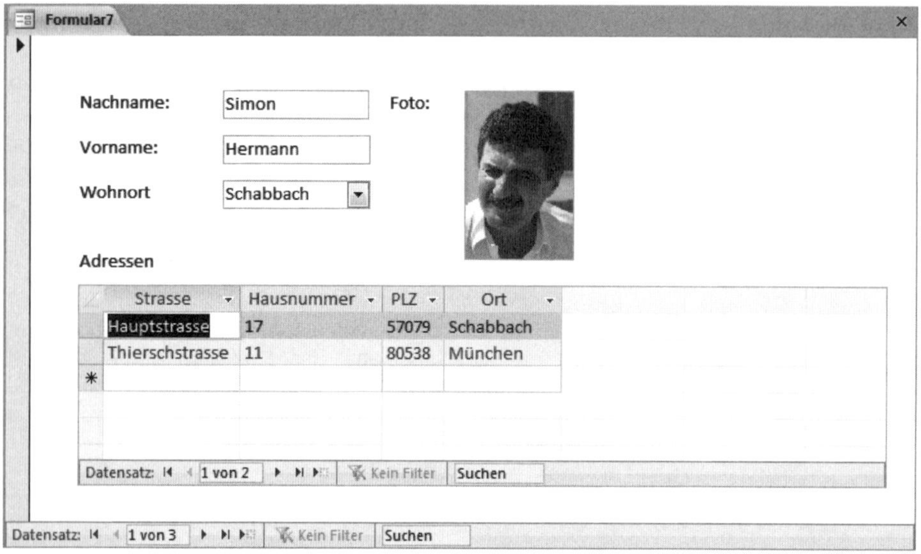

Abbildung 8.54 Das Unterformular wurde modifiziert - die ersten Spalten wurden ausgeblendet.

8.2.6 Eingaben in Kopfzeile und Fußzeile

Die Befehle der Gruppe *Kopfzeile/Fußzeile* in der Registerkarte *Entwurf* erlauben es, Elemente in diesen Zeilen einzufügen oder solche des Formulars oder Berichts oder bereits vorhandene zu ändern, ohne dass Sie vorher eine spezielle Markierung durchführen müssen.

Symbol	Name und Wirkung
Logo	*Logo:* ermöglicht eine Änderung des links oben im Formular oder Bericht angezeigten Logos. Sie können es durch eine andere Grafikdatei ersetzen.
Titel	*Titel:* fügt einen Titel zum Formular oder Bericht hinzu oder erlaubt eine Änderung desselben.
Datum und Uhrzeit	*Datum und Uhrzeit:* fügt dem Objekt die aktuellen Daten von Datum und Uhrzeit hinzu.
Seitenzahlen	*Seitenzahlen:* Nur in einem Bericht können Sie Seitenzahlen anzeigen lassen. Da Formulare üblicherweise auf dem Bildschirm angezeigt werden, erübrigt sich das bei diesen Objekten.

Tabelle 8.3 Die Elemente der Gruppe *Kopfzeile/Fußzeile*

Ein Logo einfügen

Das standardmäßig oben links in der Layoutansicht eines Formulars angezeigte Bild können Sie durch Ihr eigenes Logo ersetzen. So können Sie Ihre Formulare personalisieren. Verwenden Sie die folgenden Schritte:

» Logo Öffnen Sie das Formular in der Layoutansicht, und klicken Sie in der Gruppe *Kopfzeile/Fußzeile* der Registerkarte *Formularlayouttools/Entwurf* auf *Logo*. Das Dialogfeld *Grafik einfügen* wird angezeigt (→ Abbildung 8.55).

» Navigieren Sie zu dem Ordner, der die Grafikdatei mit dem Logo enthält, markieren Sie sie, und klicken Sie auf *Öffnen*. Der Inhalt der Datei wird dann in der Layoutansicht anstelle des bisherigen Logos angezeigt.

Die Größe des Logos können Sie über die Maus direkt ändern (→ unten). Beachten Sie, dass Sie größere Bilder - wie bei einem üblichen Steuerelement vom Typ *Bild* - gegebenenfalls anpassen müssen.

Abbildung 8.55
Das Dialogfeld *Grafik einfügen* entspricht in der Struktur dem bekannten Dialogfeld *Öffnen*.

Den Titel ändern

Wenn Sie das Formular oder den Bericht nicht gerade über die Optionen *Leeres Formular* oder *Formularentwurf* - bzw. *Leerer Bericht* oder *Berichtsentwurf* - erstellt haben, trägt das Formular oder der Bericht standardmäßig immer den Namen der ihm zugrunde liegenden Tabelle oder Abfrage als Titel. Wenn Sie diesen ändern wollen, verwenden Sie die folgenden Schritte.

» [Titel] Öffnen Sie das Formular in der Layout- oder Entwurfsansicht, und klicken Sie in der Gruppe *Kopfzeile/Fußzeile* der Registerkarte *Entwurf* auf *Titel*. Der Bereich der Titelzeile wird markiert. Sie können nun den Titel ändern (→ Abbildung 8.56).

Abbildung 8.56 Der Bereich der Titelzeile ist markiert.

» Klicken Sie an eine andere Stelle im Formular oder Bericht, um den Prozess abzuschließen.

TIPP Zum Editieren können Sie auch einfach einen Doppelklick auf den gerade vorhandenen Titel ausführen.

Datum und Uhrzeit

[Datum und Uhrzeit] Ein Klick auf den Befehl *Datum und Uhrzeit* in der Gruppe *Kopfzeile/Fußzeile* öffnet das gleichnamige Dialogfeld, in dem Sie das gewünschte Format der Anzeige einstellen können (→ Abbildung 8.57).

Abbildung 8.57 Datum und/oder Uhrzeit einfügen. Beachten Sie die unterschiedlichen Formate.

Nach der Bestätigung über *OK* wird die Angabe rechts in der Titelleiste des Formulars oder Berichts eingefügt.

Seitenzahlen

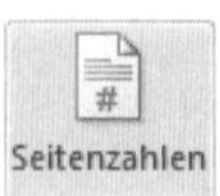

Nur bei Berichten können Sie in der Kopf- oder Fußzeile auch Seitenzahlen hinzufügen. Da Formulare üblicherweise auf dem Bildschirm angezeigt werden, erübrigt sich das bei diesen Objekttypen. Klicken Sie dazu in der Gruppe *Kopfzeile/Fußzeile* der Registerkarte *Entwurf* auf *Seitenzahlen*. Über das gleichnamige Dialogfeld können die Art der Anzeige festlegen (→ Abbildung 8.58).

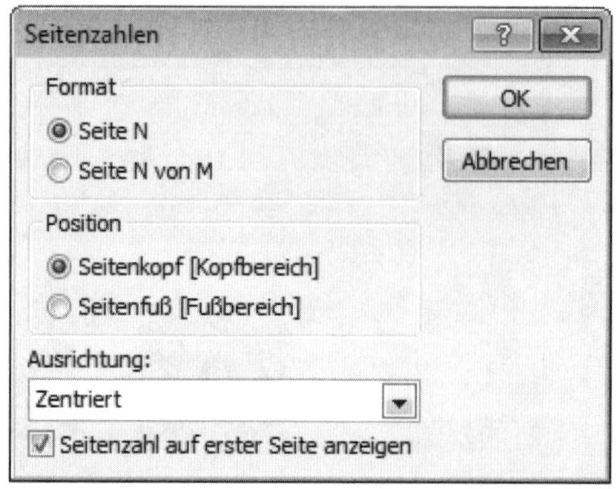

Abbildung 8.58 Seitenzahlen in Berichten einfügen. Beachten Sie die unterschiedlichen Formen und die Optionen zur Position.

» Unter *Format* geben Sie an, welche Angabe erscheinen soll. Mit *Seite N* erscheint auf der ersten Seite eines Berichts die Anzeige »Seite 1«. Wenn Sie für einen fünfseitigen Bericht die Option *Seite N von N* gewählt haben, erscheint auf der ersten Seite der Ausdruck »Seite 1 von 5«.

» Über *Position* können Sie zwischen *Seitenkopf* und *Seitenfuß* wählen.

» *Ausrichtung* erlaubt das Einstellen der Position in der Kopf- oder Fußzeile.

8.3 Die Steuerelemente anordnen

Nachdem Sie Steuerelemente zur Anzeige der einzelnen Feldinhalte im Formular oder Bericht eingefügt haben, werden Sie wahrscheinlich vor der Notwendigkeit stehen, deren Lage später ändern zu wollen, neue Steuerelemente hinzuzufügen oder andere Änderungen

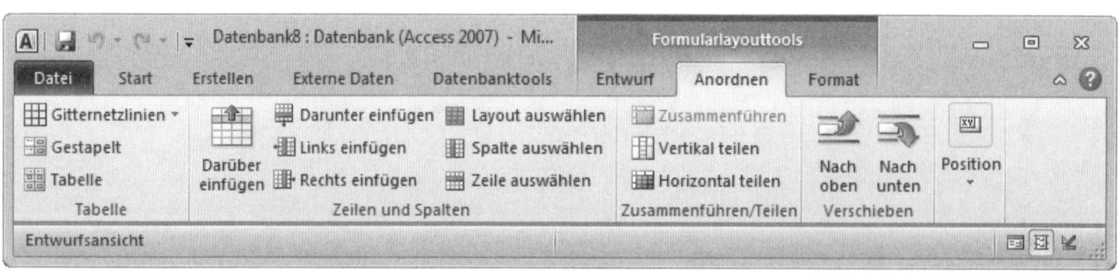

Abbildung 8.59 Die Registerkarte *Formularlayouttools/Anordnen*

durchführen zu wollen. Für derartige Aufgaben helfen Ihnen die Befehle der Registerkarte *Anordnen* (→ Abbildung 8.59).

8.3.1 Die Anordnung ohne Layout

Solange Sie noch kein Layout eingesetzt haben, sind Sie in der Entwurfsansicht hinsichtlich der Anordnung der Steuerelemente im Formular oder Bericht völlig frei. Die Position und die Große eines vorhandenen Steuerelements können Sie direkt über die Maus ändern. Das funktioniert bei Formularen und Berichten in den Ansichten *Layout* und *Entwurf*.

Wählen Sie zuerst das Steuerelement aus, indem Sie darauf klicken. Ein ausgewähltes Element wird mit einem farbigen Rahmen versehen. Sie können auch gleich mehrere Steuerelemente auswählen, indem Sie die ⇧-Taste gedrückt halten und die Elemente nacheinander anklicken.

Elemente verschieben

Sie können das im Formular markierte Steuerelement einfach an andere Positionen verschieben. Dabei müssen Sie unterscheiden, ob das zugehörende Bezeichnungsfeld mit vorschoben werden soll oder nicht. Diese Unterscheidung regeln Sie durch den Ansatzpunkt für die Maus:

- Wenn das Bezeichnungsfeld mit verschoben werden soll, setzen Sie den Mauszeiger auf eine beliebige Stelle des Feldrahmens - nicht aber auf einen der Ziehpunkte. Der Mauszeiger zeigt das Symbol eines Vierfachpfeils an (→ Abbildung 8.60 links).
- Soll nur das Feld selbst - nicht aber das Bezeichnungsfeld - verschoben werden, setzen Sie den Mauszeiger auf den linken oberen Eckpunkt im Feld (→ Abbildung 8.60 Mitte). Der Zeiger ändert sich zum Symbol eines Vierfachpfeils.
- Entsprechend können Sie auch nur das Bezeichnungsfeld verschieben. Setzen Sie den Mauszeiger auf den linken oberen Eckpunkt im Bezeichnungsfeld (→ Abbildung 8.60 rechts). Der Zeiger ändert sich wieder zum Symbol eines Vierfachpfeils.

Drücken Sie dann an der gewählten Stelle die Maustaste, halten Sie sie gedrückt, und verschieben Sie das Element an die gewünschte Position im Formular. Lassen Sie die Maustaste wieder los.

Größe ändern

Die Größe eines Elements können Sie ebenfalls einfach über die Maus ändern. Markieren Sie dazu das gewünschte Steuerelement durch einen Klick darauf. Daraufhin wird es mit Ziehpunkten umgeben. Bewegen Sie den Mauszeiger auf einen der Ziehpunkte.

- 

Benutzen Sie einen der mittleren Ziehpunkte an den Seiten des Rahmens, um entweder die Breite oder die Größe zu verändern. Der Mauszeiger nimmt die Form eines senkrecht oder waagerecht ausgerichteten Doppelpfeils an.
- 

Verwenden Sie einen der Ziehpunkte in einer Ecke, um die Größe und Breite in einem Arbeitsgang zu ändern. Der Mauszeiger hat die Form eines diagonal ausgerichteten Doppelpfeils.

Drücken Sie in allen Fällen die Maustaste, halten Sie sie gedrückt, und verschieben Sie den Ziehpunkt, bis die gewünschte Größe erreicht ist.

Abbildung 8.60 Beachten Sie die unterschiedlichen Möglichkeiten zur Markierung.

Hilfsmittel zur Ausrichtung

Zum freien Ausrichten von Steuerelementen in der Ansicht *Entwurf* stehen Ihnen zwei Hilfsmittel zu Verfügung, die Sie über das Kontextmenü zu einer freien Stelle im Entwurfsfenster anzeigen lassen können (→ Abbildung 8.61).

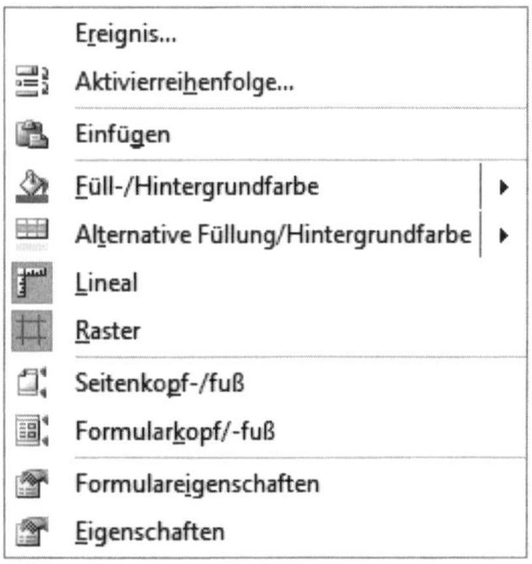

Abbildung 8.61 Das Kontextmenü zu einer freien Stelle im Entwurfsfenster

» Über *Lineal* können Sie eine horizontale und eine vertikale Linealleiste einblenden lassen. Während Sie ein Steuerelement verschieben oder dessen Größe ändern, werden darin seine Abmessungen markiert.

» Mit *Raster* können Sie ein solches anzeigen lassen. Auch dieses kann Ihnen beim Positionieren helfen.

Außerdem gibt es noch ein unsichtbares Raster, das bewirkt, dass beim Verschieben oder Ändern der Größe eines Steuerelements immer nur bestimmte Positionen und Größen möglich sind. Sie finden die Möglichkeit zur Einstellung dafür im Eigenschaftenblatt für das aktuelle Formular oder den Bericht unten auf der Registerkarte *Format* unter *Raster X* und *Raster Y*.

Raster X regelt die Einstellung in der Waagerechten, *Raster Y* die in der Senkrechten. Der bei beiden Eigenschaften standardmäßig eingestellte Wert *10* bedeutet, dass eine Änderung von Größe und Position nur in Schritten von $^1/_{10}$ *cm* - also *1 mm* - möglich ist. Wollen Sie erreichen, dass nur Änderungen in Schritten von *0,5 cm* möglich sein sollen, stellen Sie hier den Wert *2* ein - für $^1/_2$ *cm*. Wenn Sie eine möglicht freie Beweglichkeit wünschen, benutzen Sie die Einstellung *64*. Das ist das erlaubte Maximum für diesen Parameter.

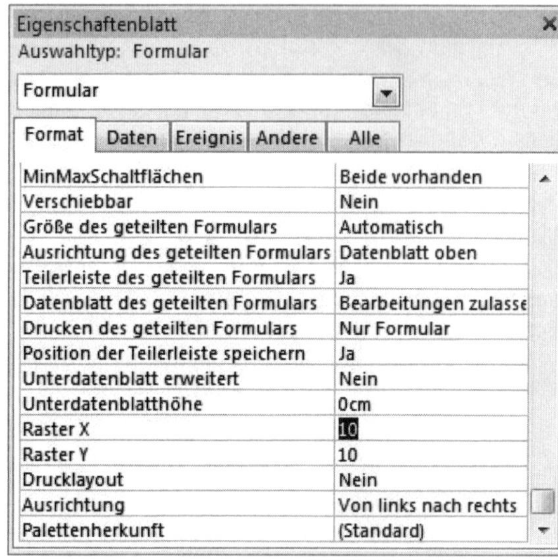

Abbildung 8.62 Die Einstellung zum unsichtbaren Raster - beachten Sie die Eigenschaften *Raster X* und *Raster Y*.

ACHTUNG Eine Änderung der Werte für *Raster X* und *Raster Y* wirkt sich erst auf die Lage und Größe bereits eingefügter Steuerelemente aus, wenn Sie sie verschieben oder vergrößern bzw. verkleinern. Die Werte wirken aber sofort auf neu einzufügende Steuerelemente.

Die Feineinstellung über die Eigenschaften

Sie können zum Einstellen von Lage und Größe eines Steuerelements auch das *Eigenschaftenblatt* nutzen. Markieren Sie das oder die Steuerelement(e), die Sie einstellen wollen, und klicken Sie auf der Registerkarte *Entwurf* auf *Eigenschaftenblatt*. Die für Lage und Größe wichtigen Eigenschaften finden Sie auf der Registerkarte *Format* (→ Abbildung 8.63). Mit *Oben* und *Links* stellen Sie die Entfernung der oberen linken Ecke des Steuerelements vom linken oberen Rand ein. Über *Breite* und *Höhe* regeln Sie die Größe des Steuerelements. Mit diesen Eigenschaften können Sie auch Werte einstellen, die nicht denen entsprechen, die über *Raster X* und *Raster Y* gefordert werden.

Abbildung 8.63 Die Lage und die Größe über die Eigenschaften regeln

8.3.2 Das Layout benutzen

Über die Bedeutung des Layouts hatten wir schon gesprochen. Die Layouts für Steuerelemente sind Führungslinien, mit denen die Steuerelemente horizontal und vertikal angeordnet werden, um Ihrem Formular ein einheitliches Aussehen zu verleihen.

Die Alternativen für das Layout

Wenn Sie in der Entwurfsansicht von einem leeren Formular ausgehen und darin Steuerelemente einfügen, wird dabei zunächst keines der programmeigenen Layouts verwendet. Sie können die Steuerelemente nach Belieben im Formular anordnen. Auch etwas extravagantere Darstellungen sind in dieser Form möglich, aber nicht unbedingt immer sinnvoll (→ Abbildung 8.64).

Wenn Sie jetzt ein Layout auf die Steuerelemente anwenden, zwingen Sie sie damit in ein bestimmtes Raster. Markieren Sie zuerst die Elemente gemeinsam, für die das Layout gelten soll, und wählen Sie dann einen der Befehle *Gestapelt* oder *Tabelle* in der Gruppe *Tabelle* der Registerkarte *Anordnen*.

»  Wenn Sie die Option *Gestapelt* verwenden, werden die Steuerelemente vertikal angeordnet, wie auf einem Papierformular, mit einer Beschriftung links neben dem Steuerelement (→ Abbildung 8.65). Gestapelte Layouts sind immer in einem Formularabschnitt enthalten. Beachten Sie, dass nach der Anwendung dieses Befehls im Entwurf ein Gitternetz um die Steuerelemente gesetzt wird.

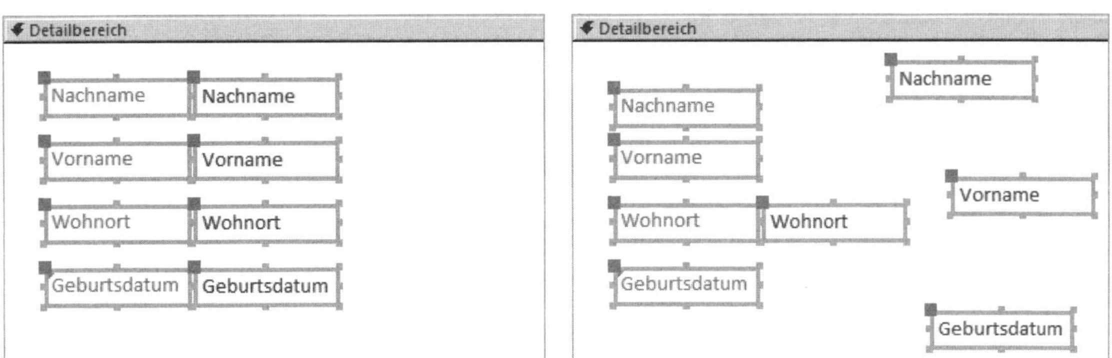

Abbildung 8.64 Ohne Layout können Steuerelemente frei positioniert werden.

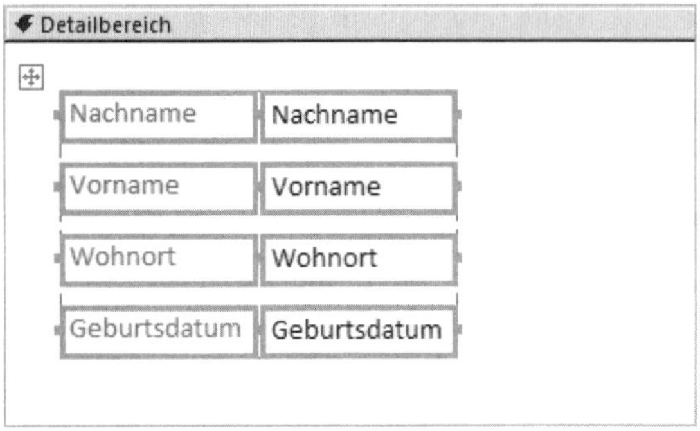

Abbildung 8.65 Ein gestapeltes Layout

» Beim Layout *Tabelle* werden die Steuerelemente in Zeilen und Spalten wie ein Tabellenblatt angeordnet, mit Beschriftungen am oberen Rand im Formularkopf (→ Abbildung 8.66). Tabellarische Steuerelementlayouts überspannen also immer zwei Abschnitte eines Formulars. Unabhängig davon, in welchem Abschnitt sich die Steuerelemente befinden, befinden sich die Beschriftungen immer im Abschnitt darüber.

TIPP Ein Layout wird beim Erstellen des Formulars in vielen Fällen automatisch eingestellt. Beispielsweise führt ein Klick auf *Formular* in der Registerkarte *Erstellen* automatisch zur Verwendung eines gestapelten Steuerelementlayouts. Bei der Arbeit über den Assistenten können Sie wählen, welches Steuerelementlayout Sie wünschen.

Das Layout wechseln

In einem Formular können sich mehrere Steuerelementlayouts beiden Typs befinden. So können Sie beispielsweise ein tabellarisches Layout zum Erstellen einer Datenzeile für einen Datensatz verwenden und dann einen oder mehrere gestapelte Layouts darunter, die mehr Daten aus demselben Datensatz enthalten.

Wenn Sie ein gesamtes Layout von einem Layouttyp in einen anderen ändern wollen, verwenden Sie die folgenden Schritte:

» Markieren Sie das gesamte *Steuerelementlayout*, indem Sie auf das orangefarbene Layoutauswahlfeld in der oberen linken Ecke des Layouts klicken. Alle Elemente im Layout werden dann markiert (→ Abbildung 8.67).

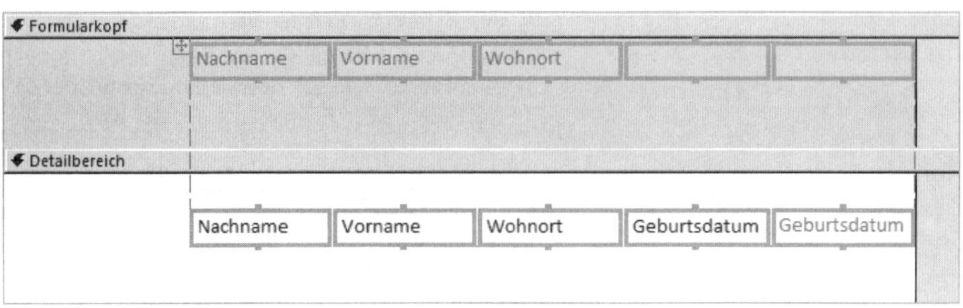

Abbildung 8.66 Ein tabellarisches Layout

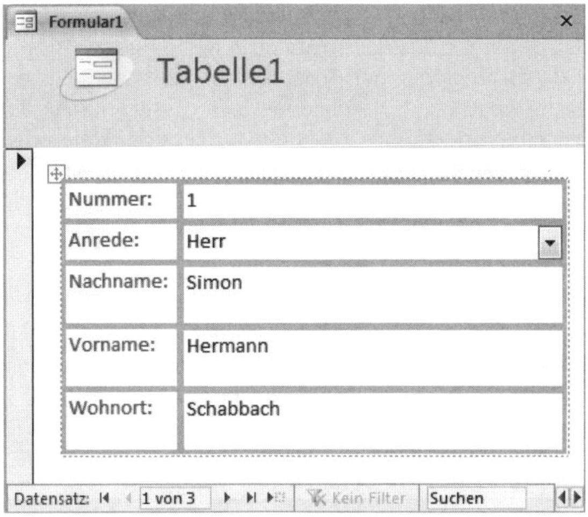

Abbildung 8.67 Ein gestapeltes Layout wurde markiert.

» Klicken Sie auf der Registerkarte *Anordnen* in der Gruppe *Steuerelementlayout* auf den gewünschten Layouttyp – *Tabellarisch* oder *Gestapelt* (→ Abbildung 8.68). Sie können auch die Optionen aus dem Kontextmenü zum Layoutauswahlfeld verwenden.

Auch das Layout für einzelne Steuerelemente kann geändert werden. Beispielsweise können Sie einzelne Steuerelemente einem vorhandenen Layout hinzufügen, ein Steuerelementlayout in zwei Layouts teilen oder ein Steuerelement innerhalb eines Steuerelementlayouts verschieben, indem Sie es an den gewünschten Ort ziehen.

TIPP Sie können auch mit der rechten Maustaste auf das Steuerungslayout klicken, die Option *Layout* aus dem Kontextmenü wählen und dann auf den gewünschten Layouttyp klicken.

Erstellen eines neuen Steuerungslayouts

Sie können mehrere Steuerungslayouts beider Typen in einem Formular oder Bericht verwenden. Beispielsweise können Sie ein tabellarisches Layout zum Erstellen einer Zeile für jeden Datensatz haben und ein oder mehrere gestapelte Layouts darunter, die weitere Daten aus demselben Datensatz enthalten.

Um in einem vorhandenen Formular oder Bericht ein neues Steuerungslayout zu erstellen, verwenden Sie die folgende Vorgehensweise:

» Wählen Sie ein Steuerelement aus, das Sie dem Layout hinzufügen möchten. Wenn Sie das Layout für weitere Steuerelemente benutzen möchten, halten Sie die Taste [⇧] gedrückt, und wählen Sie diese Steuerelemente ebenfalls aus.

» Wählen Sie dann auf der Registerkarte *Anordnen* in der Gruppe *Tabelle* den gewünschten Layouttyp aus – also *Tabelle* oder *Gestapelt*. Access ordnet die Steuerelemente dann im gewählten Layouttyp an.

TIPP Sie können auch wieder mit der rechten Maustaste auf das ausgewählte Steuerelement oder die Steuerelemente klicken, die Option *Layout* wählen, und dann *Tabelle* oder *Gestapelt* selektieren.

Aufteilen in zwei Layouts

Sie können auch mithilfe der folgenden Vorgehensweise ein Steuerungslayout in zwei Layouts aufteilen:

» Halten Sie die Taste [⇧] gedrückt, und klicken Sie auf die Steuerelemente, die Sie in das neue Steuerungslayout verschieben möchten.

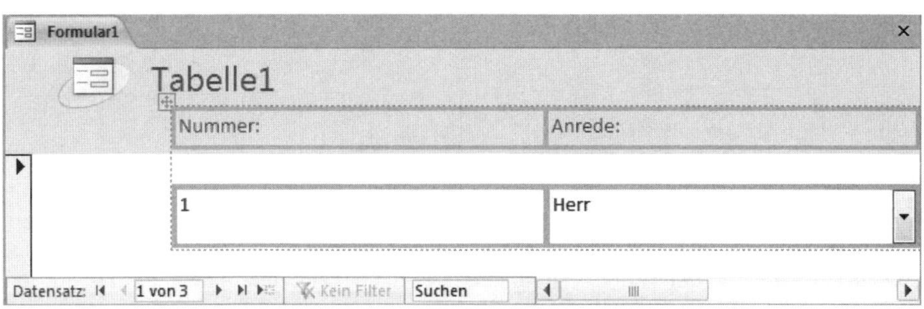

Abbildung 8.68 Das Layout wurde auf *Tabelle* gesetzt.

» Klicken Sie auf der Registerkarte *Anordnen* in der Gruppe *Tabelle bestimmen* auf den gewünschten Layouttyp. Oder klicken Sie mit der rechten Maustaste auf die ausgewählten Steuerelemente, und wählen Sie im Kontextmenü den Layouttyp aus.

Access erstellt ein neues Steuerungslayout und fügt die ausgewählten Steuerelemente hinzu.

Entfernen von Steuerelementen aus einem Layout

Durch Entfernen des Steuerungslayout von einem Steuerelement können Sie das Steuerelement überall auf dem Formular oder Bericht platzieren, ohne die Position anderer Steuerelemente zu beeinflussen.

» Wählen Sie ein Steuerelement aus, von dem Sie das Steuerungslayout entfernen möchten. Wenn Sie diese Aktion auf mehrere Elemente anwenden möchten, halten Sie die Taste [⇧] gedrückt, und wählen Sie diese Steuerelemente ebenfalls aus.

» Klicken Sie mit der rechten Maustaste auf eines der ausgewählten Steuerelemente und wählen im Kontextmenü den Eintrag *Layout/Layout entfernen* aus.

Access entfernt dann die ausgewählten Steuerelemente aus dem Layout.

Neuanordnen von Steuerelementen in einem Steuerungslayout

Sie können ein Steuerelement innerhalb eines Steuerungslayouts verschieben, indem Sie es an die gewünschte Position ziehen. Während Sie das Feld ziehen, gibt ein horizontaler oder vertikaler Balken an, wo es platziert wird, wenn Sie die Maustaste loslassen.

Sie können ein Steuerelement von einem Steuerungslayout auch in ein anderes Steuerungslayout desselben Typs verschieben. Beispielsweise können Sie ein Steuerelement aus einem gestapelten Layout in ein anderes gestapeltes Layout ziehen, aber nicht in ein tabellarisches Layout.

Gitternetzlinien

Wir hatten es schon erwähnt: Wenn Sie ein Layout auf den Entwurf anwenden, werden damit automatisch Gitternetzlinien einer Tabelle erstellt, in die die Steuerelemente eingepasst werden. Diese Gitternetzlinien sind in der Grundeinstellung nur in der Ansicht *Layout* sichtbar, können aber - nach Wunsch - auch in der Formularansicht bzw. der Berichtsansicht angezeigt werden. Benutzen Sie dazu den Katalog zur Befehlsschaltfläche *Gitternetzlinien* in der Gruppe *Tabelle* auf der Registerkarte *Anordnen* (→ Abbildung 8.69). Ihnen stehen darin Möglichkeiten zur Verfügung, die horizontalen und die vertikalen Linien einzeln oder gemeinsam an- oder auszuschalten. Sie können darüber auch die Farbe, die Breite und die Strichart für diese Linien festlegen.

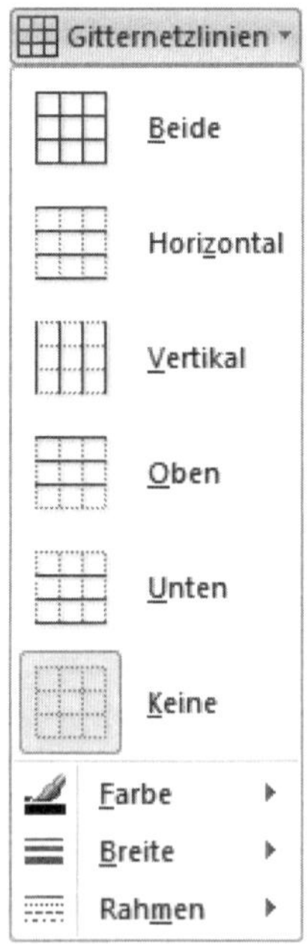

Abbildung 8.69
Der Katalog zur Schaltfläche *Gitternetzlinien*

Wenn Sie zur Abgrenzung einzelner Bereich nur eine oder mehrere Linien im Formular oder Bereicht anzeigen wollen, verwenden Sie das Steuerelement *Linie* aus der Gruppe *Steuerelemente* der Registerkarte *Entwurf*. Dazu müssen Sie zuerst zur Ansicht *Entwurf* umschalten. Auch das Steuerelement *Rechteck* kann zum Abgrenzen von Bereichen verwendet werden,

8.3.3 Im Layout mit Zeilen und Spalten arbeiten

Wenn Sie ein Layout festgelegt haben, können Sie mithilfe der Befehle in der Gruppe *Zeilen und Spalten* auf der Registerkarte *Anordnen* schnell Veränderungen im Aufbau der Struktur der Steuerelemente durchführen.

Auch das funktioniert sowohl bei Formularen als auch bei Berichten in der Layout- und der Entwurfsansicht und auch bei beiden Layouttypen.

Zeilen und Spalten einfügen

Die Befehle helfen Ihnen beispielsweise dabei, Raum für weitere Steuerelemente zu schaffen, ohne die bereits vorhandenen vorher erst individuell verschieben zu müssen. Das Prinzip der Anwendung ist einfach: Markieren Sie das bereits vorhandene Steuerelement, vor, hinter, über oder unter dem Sie Platz schaffen wollen, und klicken Sie auf eine der Befehlsschaltflächen *Darüber einfügen*, *Darunter einfügen*, *Links einfügen* oder *Rechts einfügen* (→ Tabelle 8.4). Damit werden die bereits vorhandenen Elemente des Rasters entsprechend verschoben.

Befehl	Wirkung
Darüber einfügen	Fügt eine Zeile oberhalb der Markierung ein. Die Elemente des Layouts unterhalb der Markierung werden nach unten verschoben.
Darunter einfügen	Fügt eine Zeile unterhalb der Markierung ein. Befinden sich unterhalb der gewählten Markierung Elemente des Layouts, werden diese nach unten verschoben.
Links einfügen	Fügt eine Spalte links von der Markierung ein. Bereits vorhandene Elemente werden nach rechts verschoben.
Rechts einfügen	Fügt eine Spalte rechts von der Markierung ein. Befinden sich rechts von der gewählten Markierung Elemente des Layouts, werden diese nach rechts verschoben.

Tabelle 8.4 Vier Schaltflächen dienen zum Einfügen von Spalten und Zeilen.

Nachdem Sie den Raum für zusätzliche Steuerelemente geschaffen haben, können Sie diese mit den üblichen Methoden einfügen (→ oben). Die so hinzugefügten Spalten oder Zeilen werden automatisch dem Layout hinzugefügt.

Spalten und Zeilen auswählen

Oft werden Sie in die Verlegenheit kommen, einzelne Spalten oder Zeilen gemeinsam bearbeiten zu wollen – beispielsweise wenn Sie den Steuerelementen darin ein gemeinsames Format zuweisen wollen. Dazu markieren Sie zumindest ein Steuerelement in der Spalte oder Zeile und klicken dann in der Gruppe *Zeilen und Spalten* der Registerkarte *Anordnen* auf den Befehl *Spalte auswählen* oder *Zeile auswählen*. Der Bereich mit den Steuerelementen wird dann gemeinsam markiert (→ Abbildung 8.70).

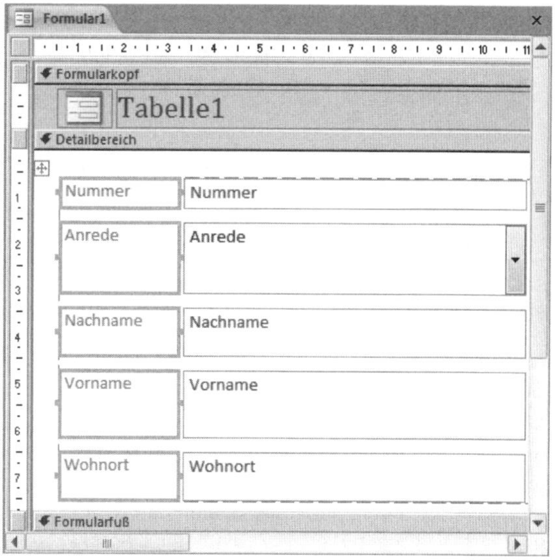

Abbildung 8.70 Eine Spalte wurde markiert.

Zusammenführen und Teilen

Mit den oben angesprochenen Befehlsschaltflächen *Darüber einfügen*, *Darunter einfügen*, *Rechts einfügen* oder *Links einfügen* sorgen Sie dafür, dass immer ganze Zeilen oder Spalten als zusätzlicher Raum für neue Steuerelemente eingefügt werden. Manchmal werden Sie aber nur ein Steuerelement in ein vorhandenes Raster einfügen wollen, ohne dabei gleich ganze neue Zeile oder Spalten schaffen zu wollen. Dafür helfen Ihnen die Befehle der Gruppe *Zusammenführen/Teilen* auf der Registerkarte *Anordnen*.

Wenn Sie unter oder rechts neben einem vorhandenen Steuerelement Raum für ein zusätzliches Element schaffen wollen, markieren Sie es und wählen einen der Befehle *Vertikal teilen* oder *Horizontal teilen* in dieser Gruppe (→ Abbildung 8.71).

Das funktioniert auch anders herum: Wenn Sie den Platz für zwei oder mehrere nebeneinander liegende Steuerelemente zusammenfassen wollen, markieren Sie diese zuerst gemeinsam, indem Sie sie mit gedrückt gehaltener Strg-Taste anklicken. Wählen Sie dann *Zusammenführen* der Gruppe *Zusammenführen/Teilen* (→ Abbildung 8.72). Das funktioniert aber nur, wenn einer der beiden Plätze noch kein Steuerelement beinhaltet.

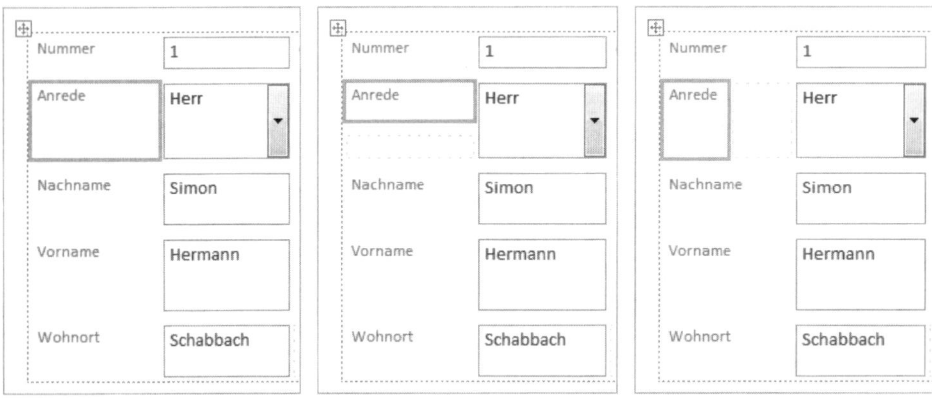

Abbildung 8.71 Der Bereich für ein Steuerelement wurde vertikal bzw. horizontal geteilt. Links die Ausgangssituation, in der Mitte die vertikale und rechts die horizontale Teilung für das Feld *Anrede*.

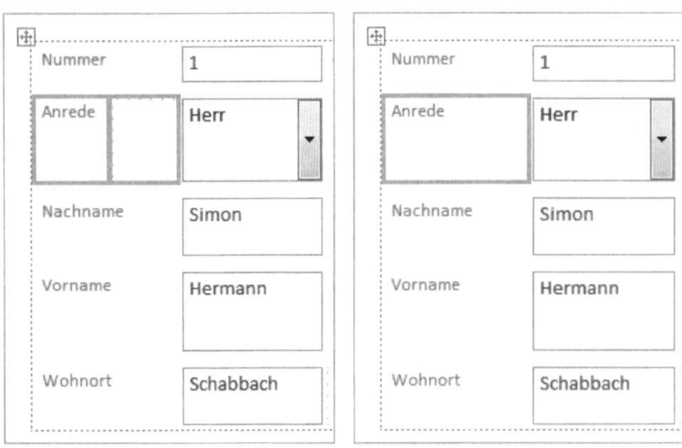

Abbildung 8.72
Zwei Felder wurden zusammengeführt.

Nach oben oder unten verschieben

Die Anordnung der Steuerelemente in der Senkrechten ist ebenfalls leicht zu verändern. Dafür dienen die beiden Befehlsschaltflächen in der Gruppe *Verschieben* der Registerkarte *Anordnen*. Sorgen Sie zunächst dafür, dass das zu verschiebende Steuerelement markiert ist. In der Mehrzahl der Fälle werden Sie dabei mehrere zusammengehörende Elemente markieren müssen - beispielsweise ein Textfeld und das dazugehörende Bezeichnungsfeld. Mit *Nach oben* oder *Nach unten* verschieben Sie die markierten Elemente in die gewünschte Richtung vor oder hinter das nächste benachbarte Feld (→ Abbildung 8.73).

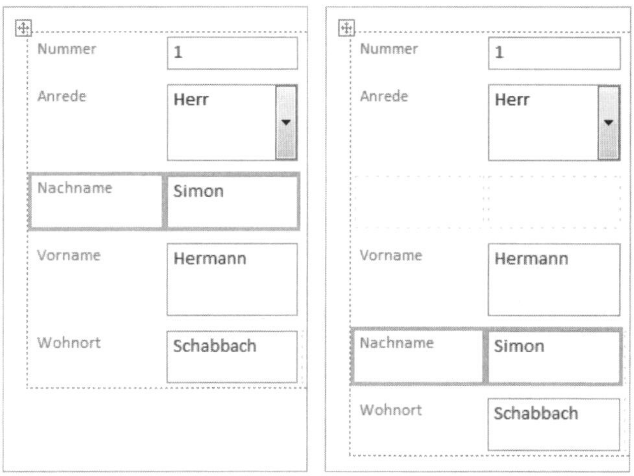

Abbildung 8.73
Zwei Steuerelemente wurden nach unten verschoben. Beachten Sie die entstehende Lücke.

8.3.4 Details zu Position

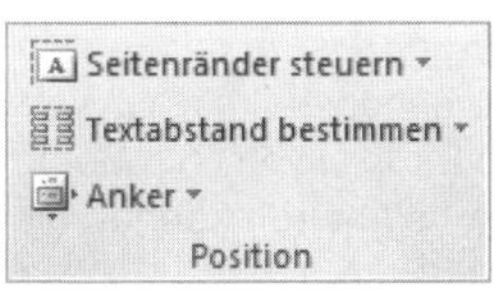

Über die Gruppe *Position* der Registerkarte *Anordnen* können Sie mehrere Feinheiten der Darstellung der Daten innerhalb des jeweiligen Steuerelements regeln und bei Formularen auch festlegen, wie sich ein Feld verhalten soll, wenn die eingegebenen Daten zu lang für eine vollständige Darstellung sind.

Der Abstand zwischen den Daten und dem Rahmen

Den Abstand zwischen den Daten in einem Steuerelement und den umgebenden Rahmen regeln Sie über die Befehlsschaltfläche *Seitenränder steuern* in der Gruppe *Position* der Registerkarte *Formularlayouttools/Anordnen* (→ Abbildung 8.74). Hier stehen Ihnen vier Alternativen zur Verfügung. Markieren Sie zuerst wieder das Steuerelement, auf das sich der Befehl beziehen soll.

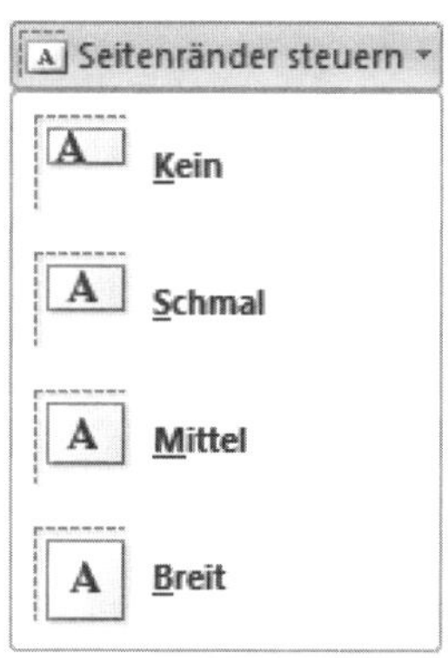

Abbildung 8.74 Der Katalog zur Schaltfläche *Seitenränder steuern*

Zur Feineinstellungen der einzelnen Ränder benutzen Sie die Eigenschaften *Oberer Rand*, *Unterer Rand*, *Linker Rand* und *Rechter Rand* im Eigenschaftenblatt zum Steuerelement (→ Abbildung 8.75).

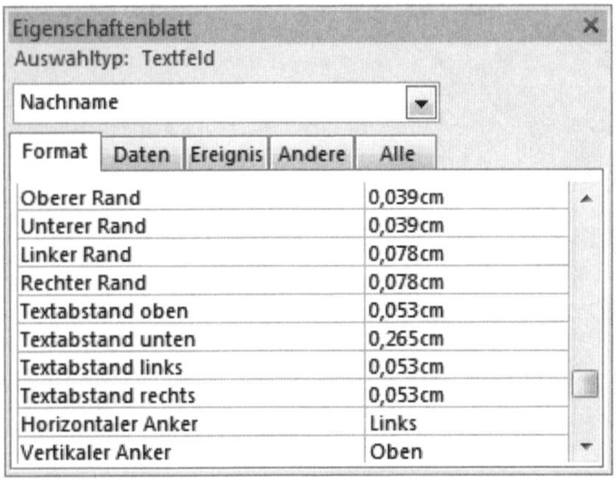

Abbildung 8.75 Die Feineinstellungen regeln Sie über das Eigenschaftenblatt.

Den Abstand zwischen den Steuerelementen regeln

Wenn Sie zum Erstellen eines Formulars eine der oben vorgestellten automatischen Methoden benutzen, werden vom Programm zwischen den Steuerelementen Abstände gesetzt. Diese können Sie über den Befehl *Textabstand bestimmen* in der Gruppe *Position* der Registerkarte *Formularlayouttools/Anordnen* ändern (→ Abbildung 8.76). Die dort gewählte Einstellung betrifft immer den Abstand zwischen dem gerade markierten und dem nachfolgenden Steuerelement.

Zur Feineinstellungen der einzelnen Abstände benutzen Sie die Eigenschaften *Textabstand oben*, *Textabstand unten*, *Textabstand links* und *Textabstand rechts* im Eigenschaftenblatt zum Steuerelement (→ Abbildung 8.75).

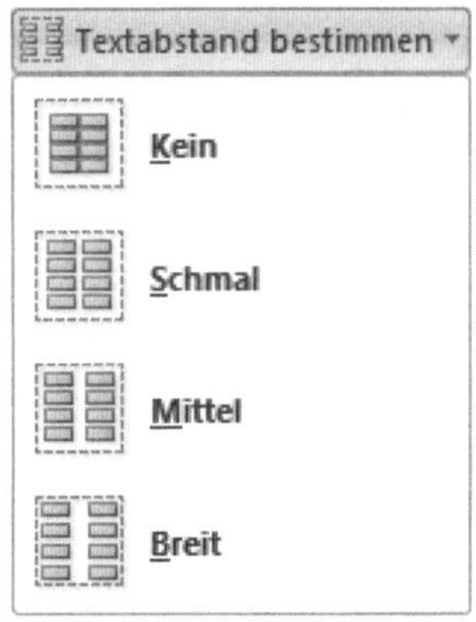

Abbildung 8.76
Der Katalog zur Schaltfläche *Textabstand bestimmen*

Der Anker

Der Begriff *Anker* beschreibt, wie sich der Rahmen um ein Steuerelement verhalten soll, wenn die darin anzuzeigenden Daten zu groß sind, um in der für das Element gewählten Größe vollständig angezeigt werden zu können. Damit können Sie dafür sorgen, dass ein Feld im Formular nicht eine feste Position und/oder Lage einnimmt, sondern sich je nach Fenstergröße ändert. Hatten Sie für ein Feld beispielsweise die Option *Nach unten dehnen* eingestellt, ändert sich die Größe des Feldes nach unten, wenn Sie das Fenster nach unten erweitern. Die Wirkung hat natürlich erst in der Formularansicht ihren Sinn. Diese Aufgabenstellung ist vordringlich für die Darstellung von Feldern vom Typ *Memo* interessant, die ja längere Texte beinhalten können (→ Abbildung 8.77).

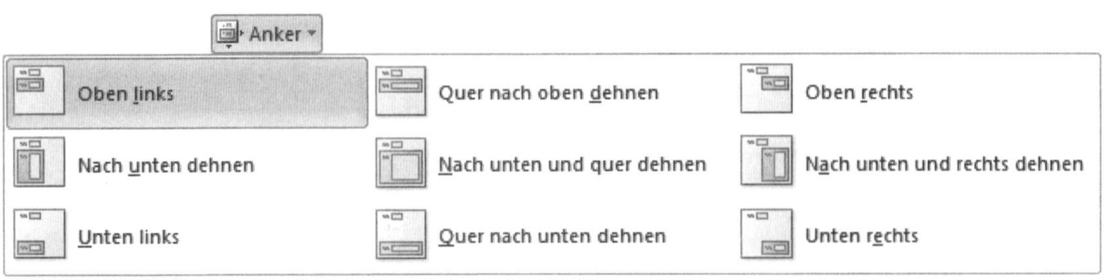

Abbildung 8.77 Die Alternativen für den Anker

8.3.5 Die Ausrichtung festlegen

In der Entwurfsansicht für ein Formular oder einen Bericht finden Sie auf der Registerkarte *Anordnen* noch eine Gruppe mit der Bezeichnung *Anpassung und Anordnung*. Diese erfüllt unterschiedliche Funktionen.

Größe und Abstand gemeinsam regeln

Mithilfe der Optionen im Katalog zu *Größe/Abstand* können Sie die Größe und die Position von Steuerelementen einzeln und gemeinsam automatisch einstellen lassen (→ Abbildung 8.78 links). Einige der dort vorhandenen Befehle setzen voraus, dass Sie vorher mehrere Steuerelemente gemeinsam markiert haben, um ihre Lage und/oder Größe aneinander anzupassen. Wenn Sie diese Befehle auf einzelne Steuerelemente anwenden wollen, müssen Sie beachten, dass ein vorhandenes Layout oft als Restriktion wirkt. Unter Umständen müssen Sie das Layout zuerst entfernen.

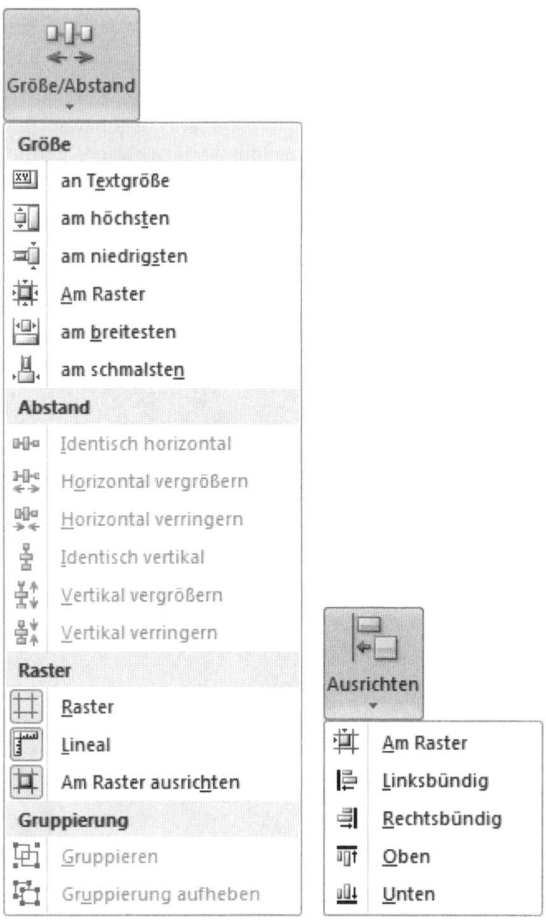

Abbildung 8.78 Die Kataloge zu *Größe/Abstand* und zu *Ausrichten*

» Über die Optionen im Abschnitt *Größe* stellen Sie unter *an Textgröße* die Höhe eines Steuerelements so ein, dass die darin angezeigten Daten vernünftig aussehen. *Am Raster* richtet die Ränder des Steuerelements an dem unsichtbaren Raster aus, das Sie über die Eigenschaften *Raster X* und *Raster Y* im Eigenschaftenblatt zum Formular oder Bericht einstellen können. Um die Befehle *am höchsten*, *an niedrigsten*, *am breitesten* und *am schmalsten* nutzen zu können, müssen Sie vorher mindestens zwei Steuerelemente markieren. Wenn Sie dann beispielsweise *am schmalsten* benutzen, wird die Breite aller dieser Elemente auf die Maße des schmalsten davon gesetzt.

» Auch die Befehle im Abschnitt *Abstand* setzen voraus, dass Sie mehrere Steuerelemente markiert haben. Sie können dann beispielsweise über *Identisch vertikal* bewirken, dass zwischen den Steuerelementen derselbe vertikale Abstand eingestellt wird. Durch Klicks auf ... *vergrößern* und ... *verringern* können Sie die Abstände verändern.

» Mit *Raster* und *Lineal* können Sie diese Hilfsmittel zur Positionierung ein- und ausschalten. Ist *Am Raster ausrichten* eingeschaltet, können Sie beim Verschieben oder bei einer Änderung der Größe die Ränder des Steuerelements nur an dem unsichtbaren Raster ausrichten, das Sie über die Eigenschaften *Raster X* und *Raster Y* einstellen können. Das ist meist sinnvoll. Zum freien Einstellen müssen Sie aber diese Option abschalten.

» Wenn Sie zwei oder mehr Steuerelemente gemeinsam markieren und dann *Gruppieren* im Abschnitt *Gruppierung* auswählen, verbinden Sie diese Steuerelemente zu einer Gruppe. Sie können dann nur noch gemeinsam verschoben oder in ihrer Größe geändert werden. Das ist beispielsweise sinnvoll, nachdem Sie mehrere Optionen in einer Gruppe angesiedelt haben. Über *Gruppierung aufheben* können Sie später erreichen, dass die Steuerelemente wieder einzeln eingestellt werden können.

Gemeinsam ausrichten

Die Befehle im Katalog zu *Ausrichten* funktionieren ähnlich (→ Abbildung 8.78 rechts). Sie müssen zuerst zwei oder mehr Steuerelemente markieren. Dann bewirkt beispielsweise die Wahl von *Linksbündig*, dass ihr linker Rand mit dem des am weitesten links stehenden Elements fluchtet. *Rechtsbündig* richtet zwei oder mehrere Elemente so aus, dass ihr rechter Rand mit dem des am weitesten rechts stehenden Elements fluchtet. Beim Verwenden eines Layouts - beispielsweise im Layout *Gestapelt* - ist das bereits automatisch gegeben. Die Optionen eignen sich aber gut, wenn Sie die Position einiger Felder geändert haben und sie anschließend wieder auf gemeinsame Führungslinien setzen wollen.

Vordergrund und Hintergrund

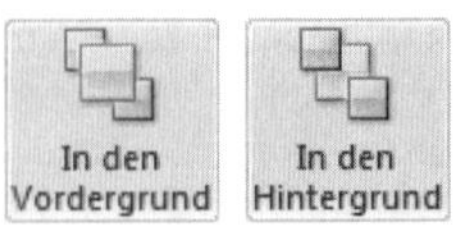

Die beiden Schaltflächen *In den Vordergrund* und *In den Hintergrund* zeigen ihre Wirkung nur, wenn Sie zwei Steuerelemente so angeordnet haben, dass sie sich überlappen. Legen Sie hiermit fest, ob das gerade markierte Feld im *Vordergrund* oder im *Hintergrund* gezeigt werden soll. Wenn Sie beispielsweise ein Bild als Hintergrund zu einem Formular oder Bericht eingefügt haben, müssen Sie dafür sorgen, dass sich dieses wirklich im Hintergrund befindet. Anderenfalls werden die Steuerelemente von diesem Bild verdeckt.

8.4 Elemente formatieren

Auf das Formatieren von Formularen und Berichten sind wir schon oben im Abschnitt über die Ansicht *Layout* eingegangen. Sie können sich das Formular oder den Bericht und die darin eingefügten Steuerelemente aber in der Entwurfsansicht des Formulars gestalten. Bei diesen Tätigkeiten geht es vor allem um das Ändern der Größe und der Position der Felder, aber auch um das Formatieren des Formulars als Ganzes oder seiner einzelnen Bestandteile. Zur Arbeit benutzen Sie die Registerkarte *Format* (→ Abbildung 8.79).

8.4.1 Designs

Über die Schaltflächen in der Gruppe *Designs* der Registerkarte *Entwurf* öffnen Sie Listen mit Alternativen, die jeweils Kombinationen von Designschriftarten und Designfarben zusammenfassen. Diese Optionen wirken sich zunächst einmal auf das gesamte Datenbankobjekt aus. Eine besondere Markierung einzelner Textelemente müssen Sie aber dann nicht mehr vornehmen. Ausgeschlossen sind aber Elemente, die Sie vorher schon individuell formatiert hatten. Wurde beispielsweise die Schriftart für ein Steuerelement bereits eingestellt, wirkt sich eine Änderung im Design auf dieses Steuerelement nicht aus.

» Über die Schaltfläche *Designs* können Sie eine der Voreinstellungen für die Kombination dieser Elemente wählen (→ Abbildung 8.80). Die Wirkung einer Alternative können Sie direkt im Dokument kontrollieren, indem Sie den Mauszeiger auf einer der Optionen ruhen lassen. Die Wirkung zeigt sich beispielsweise in anderen Hintergrundfarben für bestimmte Bereiche des Datenbankobjekts oder in anderen Schriftarten.

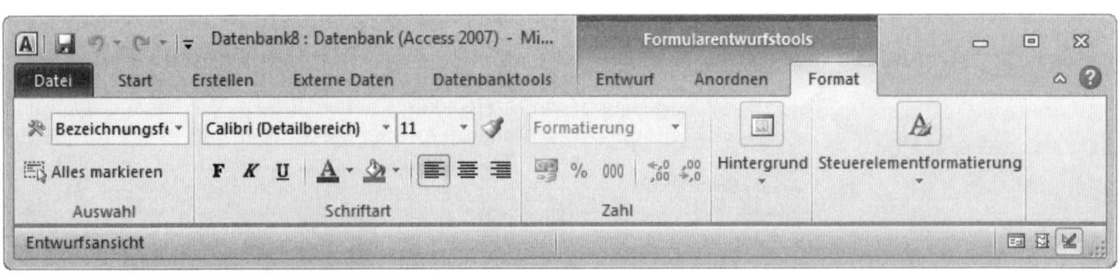

Abbildung 8.79 Die Registerkarte *Formularentwurfstools/Format*

» Sie können auch die einzelnen Elemente eines solchen integrierten Designs separat ansprechen. Dazu benutzen Sie die Schaltflächen *Farben* oder *Schriftarten* in der Gruppe *Designs*. Sie öffnen darüber jeweils eine Liste, über die Sie den entsprechenden Parameter einstellen können (→ Abbildung 8.81). Auch hier ist keine spezielle Markierung notwendig. Die Optionen betreffen das gesamte Objekt.

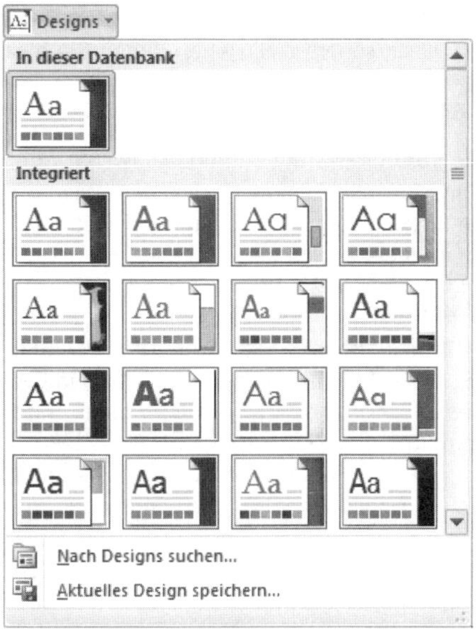

Abbildung 8.80 Die integrierten Designs

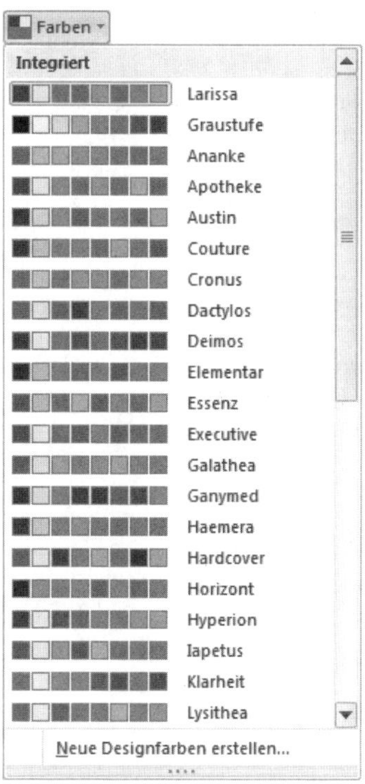

Abbildung 8.81
Die Designschriftarten und die Designeffekte

Neue Designfarben

Auch bei den Designfarben sind Sie nicht auf die Voreinstellungen beschränkt. Wenn Sie eine neue Farbkombination erstellen wollen, öffnen Sie die Liste zu *Farben* und wählen darin *Neue Designfarben erstellen*. Das gleichnamige Dialogfeld wird angezeigt (→ Abbildung 8.82 oben).

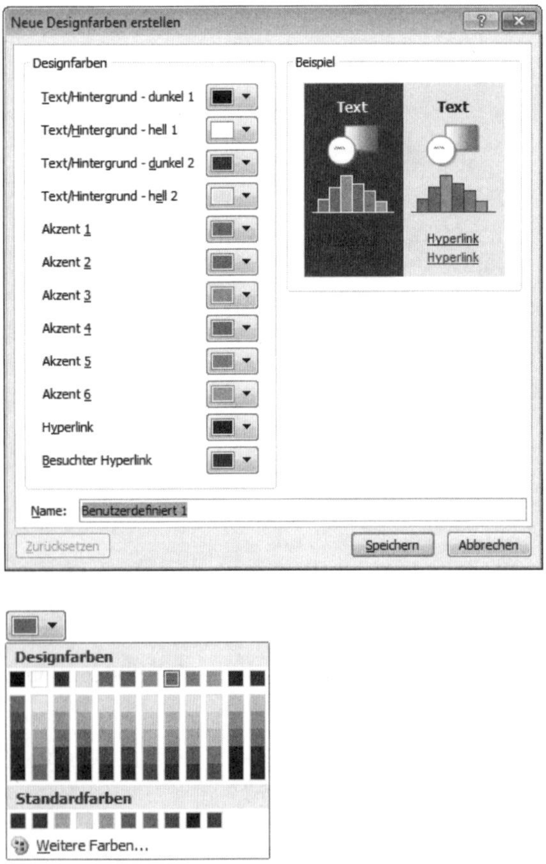

Abbildung 8.82 Neue Designfarben erstellen

» In der linken Spalte finden Sie die Elemente, für die Sie einzelne Farben einstellen können. Die Wahl nehmen Sie über die Farbliste vor (→ Abbildung 8.82 unten).

» Ihre Auswahl wird im Beispiel auf der rechten Seite angezeigt. Durch scharfes Hinsehen finden Sie hier auch eine Erklärung dafür, was die Bezeichnungen im linken Bereich des Dialogfelds bedeuten.

» Weisen Sie vor der Bestätigung über *Speichern* der Farbkombination noch einen sinnvollen Namen zu, unter dem Sie sie später in der Liste der Farben wieder finden können.

Neue Designschriften

Auch die Schriftarten können Sie erweitern. Öffnen Sie die Liste zu *Schriftarten*, und wählen Sie darin den Eintrag *Neue Designschriftarten erstellen*. Im dann angezeigten Dialogfeld legen Sie fest, welche Schriften für die *Überschriften* und für den *Textkörper* verwendet werden sollen (→ Abbildung 8.82). Sie können über die Listenfelder aus den auf Ihrem Rechner vorhandenen Schriften einen neuen Satz erstellen. Geben Sie diesem einen aussagefähigen Namen, und bestätigen Sie über *Speichern*.

Abbildung 8.83 Neue Designschriftarten können zusammengestellt werden.

8.4.2 Gesamtes Formular formatieren

Zum Formatieren eines Formulars können Sie eines der vordefinierten *AutoFormate* in der Ansicht *Layout* benutzen oder einzelne Parameter individuell einstellen. Im Eigenschaftenblatt zum Detailbereich finden Sie beispielsweise diverse interessante Möglichkeiten (→ Abbildung 8.84).

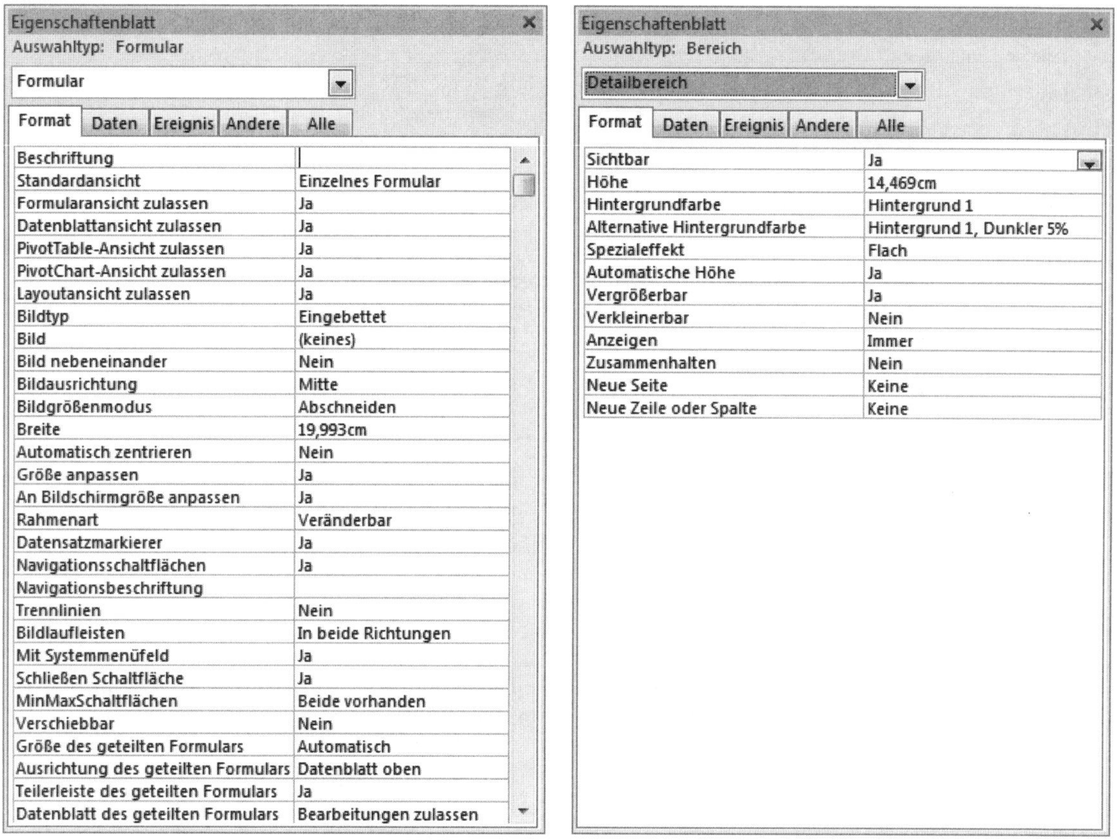

Abbildung 8.84 Die Eigenschaften des Formulars und des Detailbereichs

Die verfügbaren Ansichten einstellen

Ziemlich weit oben im Eigenschaftenblatt für das Formular oder den Bericht finden Sie mehrere Zeilen, über die Sie regeln können, welche Ansichten zugelassen sind und welche Ansicht standardmäßig beim Öffnen verwendet werden soll (→ Abbildung 8.85).

Die Optionen, die auf das Wort *zulassen* enden – wie beispielsweise *Formularansicht zulassen* –, beschreiben, welche Alternativen Ihnen beim Öffnen der Liste zur Schaltfläche *Ansicht* und unten rechts in der Statusleiste angezeigt werden. Die Standardeinstellungen für diesen Bereich werden auch von der Methode bestimmt, die Sie zum Erstellen des Datenbankobjekts benutzt haben. Haben Sie beispielsweise ein Formular über den Befehl *Mehrere Elemente* erstellt, so ist die *Standardansicht* auf *Endlosformular* eingestellt, und nur die *Formularansicht* kann alternativ dazu eingestellt werden.

Sie können hier aber weitere Ansichten zulassen, indem Sie in der entsprechenden Zeile die Option auf *Ja* stellen. Ebenso können Sie regeln, in welcher Ansicht das Formular standardmäßig geöffnet werden soll.

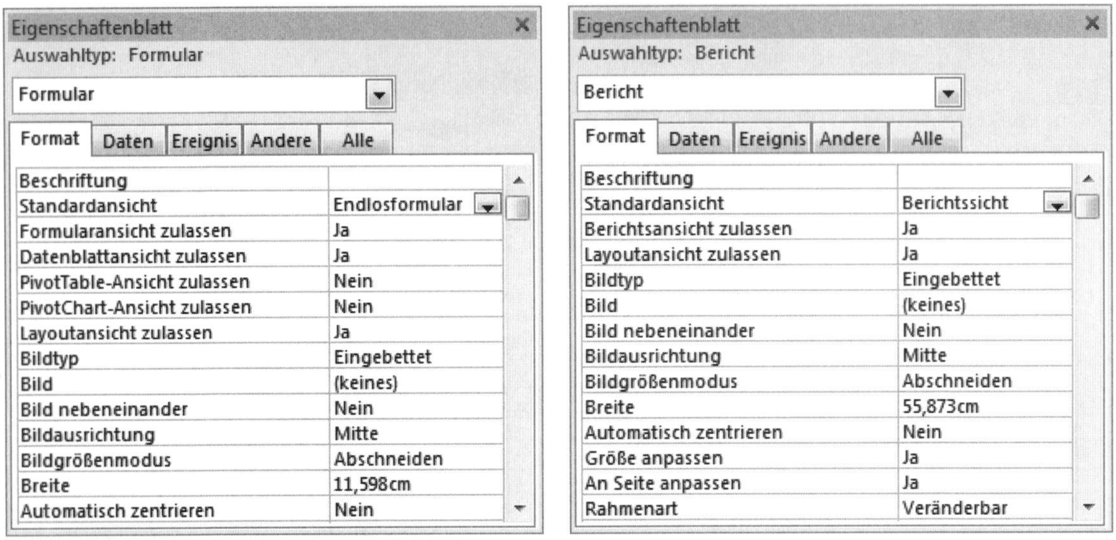

Abbildung 8.85 Die Ansichten können eingestellt werden.

Die Navigationshilfen einstellen

Weiter unten im Eigenschaftenblatt für das Formular oder den Bericht finden Sie mehrere Optionszeilen, über die Sie angeben können, welche Navigationshilfen in den Datenansichten des Datenbankobjekts angezeigt werden sollen (→ Abbildung 8.86).

Sie können hier beispielsweise einstellen, ob *Datensatzmarkierer*, *Navigationsschaltflächen*, *Trennlinien*, *Bildlaufleisten* oder die üblichen Schaltflächen zur Fenstersteuerung im Objekt angezeigt werden sollen.

Abbildung 8.86 Die Navigationshilfen können eingestellt werden.

Hintergründe

Die Gruppe *Hintergrund* in der Registerkarte *Format* erlaubt – je nach Typ des Datenbankobjekts – entweder die Darstellung einen Hintergrundbildes oder einer alternierenden Zeilenfarbe.

» 

Um ein Formular oder einen Bericht mit einem Bild als Hintergrund zu versehen, klicken Sie in der Gruppe *Hintergrund* der Registerkarte *Format* auf *Hintergrundbild* und wählen dann *Durchsuchen*. Navigieren Sie nun zum gewünschten Speicherort, und wählen Sie das Bild aus. Nach der Bestätigung wird das Bild in voller Größe als Hintergrund angezeigt (→ Abbildung 8.87). Wenn Sie das Bild erst einfügen, nachdem Sie bereits andere Steuerelemente angeordnet haben, wird es vor diesen Elementen platziert, da die zuletzt eingefügten Elemente die vorherigen verdecken. Um die Steuerelemente wieder sichtbar zu machen, müssen Sie das Bild markieren und den Befehl *In den Hintergrund* in der Gruppe *Anpassung und Anordnung* der Registerkarte *Anordnen* aufrufen.

» Die Datenblattansicht eines Formulars kann – wie eine Tabelle – mit einer wechselnden Zeilenfarbe ausgestattet werden (→ Abbildung 8.88).

Die Größe des Formulars oder Berichts ändern

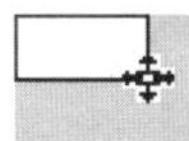
Wie groß das Formular beim Umschalten zur Formularansicht standardmäßig angezeigt wird, können Sie regeln, indem Sie die helle Hintergrundfläche des Formulars vergrößern oder verkleinern. Verschieben Sie dazu die Begrenzungslinien mit der Maus.

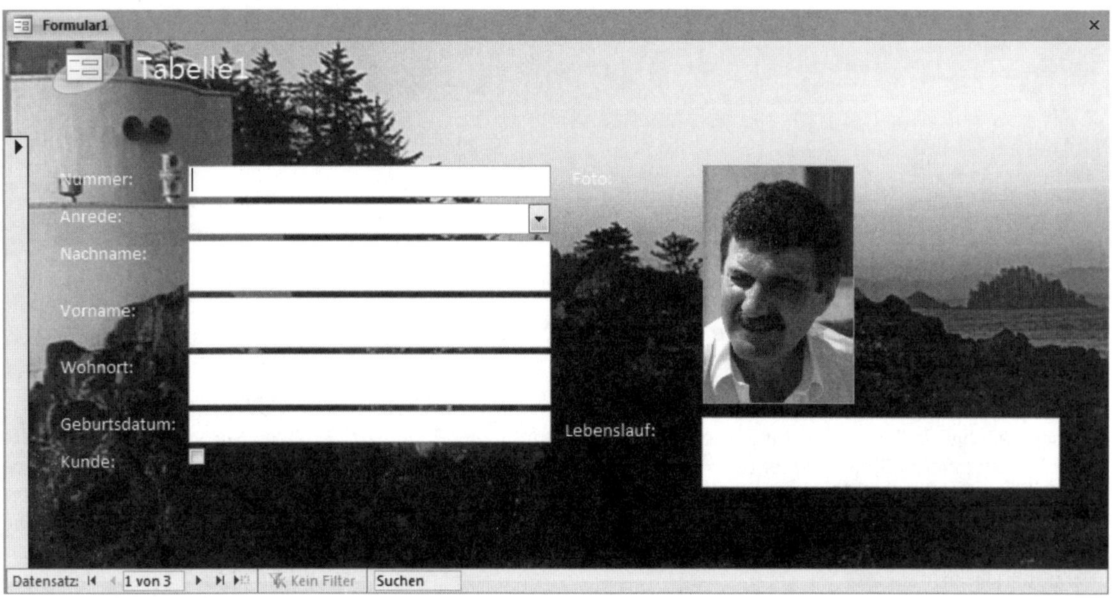

Abbildung 8.87 Ein Bild als Hintergrund für ein Formular

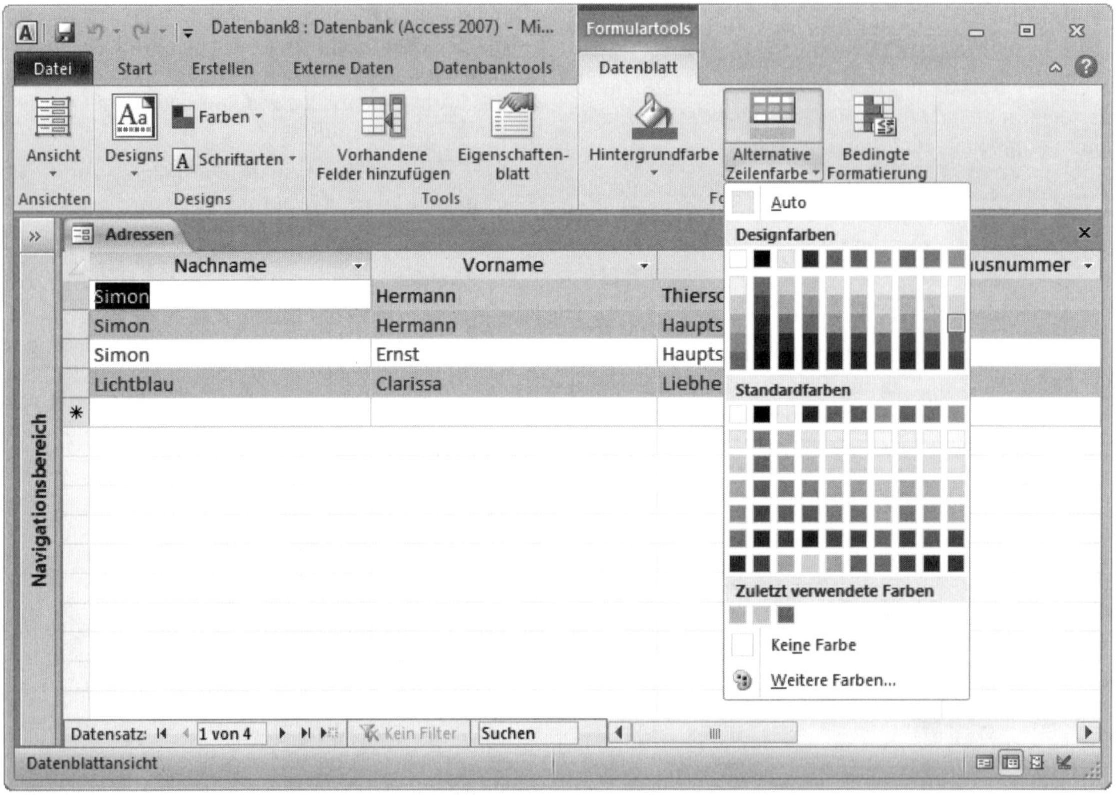

Abbildung 8.88 Eine alternative Zeilenfarbe

8.4.3 Einzelne Steuerelemente formatieren

Einen wesentlichen Arbeitsaufwand verursacht erfahrungsgemäß das individuelle Formatieren der in das Formular eingefügten Steuerelemente.

Steuerelemente markieren

Bevor Sie ein Steuerelement bearbeiten, müssen Sie es zuerst markieren.

» Wenn Sie nur ein einzelnes Feld markieren wollen, klicken Sie auf das entsprechende Feld. Die farbige Umrandung zeigt die Markierung an.

» 

Oder Sie verwenden die Liste zum oberen Feld in der Gruppe *Auswahl* der Registerkarte *Format*. Sie finden darin die Namen aller eingefügten Steuerelemente (→ Abbildung 8.89 links). Nach der Auswahl wird das Element wieder farbig markiert.

Abbildung 8.89 Die Feldauswahl über die Gruppe *Auswahl* und über das *Eigenschaftenblatt*

» Als dritte Möglichkeit wählen Sie das Feld über *Auswahltyp* im Fenster *Eigenschaftenblatt* aus (→ Abbildung 8.89 rechts). Das empfiehlt sich besonders dann, wenn Sie das Eigenschaftenblatt bereits geöffnet haben. Daraufhin wird das Feld – zusammen mit dem dazugehörenden Bezeichnungsfeld – markiert.

» Sie können nebeneinander liegende Elemente auf einfache Weise mit der Maus markieren. Setzen Sie den Mauszeiger an eine freie Stelle im Formular außerhalb der zu markierenden Elemente, drücken Sie die Maustaste, und halten Sie sie gedrückt. Ziehen Sie bei gedrückt gehaltener Maustaste einen Rahmen auf, der alle zu markierenden Felder zumindest berührt. Lassen Sie dann die Maustaste wieder los. Die Felder werden – gemeinsam mit den dazugehörenden Bezeichnungen – markiert. Nicht nebeneinander liegende Elemente können Sie ebenfalls gemeinsam markieren, indem Sie während des Klickens die [⇧]-Taste gedrückt halten.

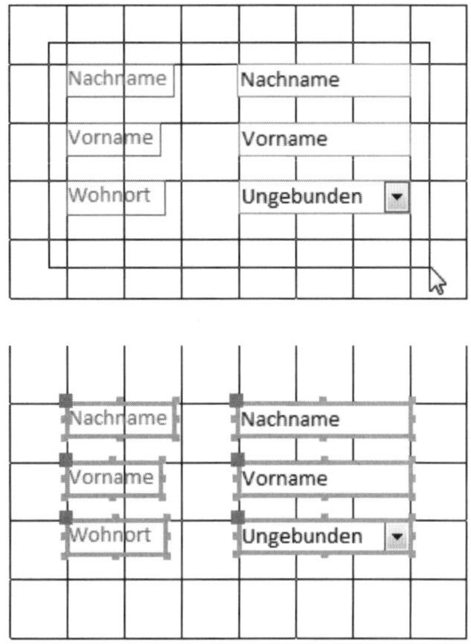

Abbildung 8.90 Mehrere Felder werden markiert.

» Um alle Elemente im Formular zu markieren, klicken Sie auf *Alles markieren* in der Gruppe *Auswahl* der Registerkarte *Formularentwurfstool/Format* oder drücken [Strg]+[A].

TIPP Im Abschnitt *Formulare/Berichte* der Kategorie *Objekt-Designer* in den *Access-Optionen* können Sie eine Option zum Definieren der Auswahl über den Zeiger zum Markieren von Steuerelementen in Formularen und Berichten einstellen: Hierbei muss entweder die Markierung nur einen Teil des Steuerelements oder einer Gruppe von Steuerelementen abdecken, oder die Markierung muss ein Steuerelement oder eine Gruppe von Steuerelementen vollständig einrahmen.

Formate für Steuerelemente über die Eigenschaften einstellen

Zum Regeln der Details für die Form der Anzeige einzelnen Steuerelemente benutzen Sie wiederum das Eigenschaftenblatt zum vorher markierten Element. Sie finden darin eine Vielzahl interessanter Möglichkeiten, die sich aber teilweise je nach Typ des Steuerelements unterscheiden (→ Abbildung 8.91).

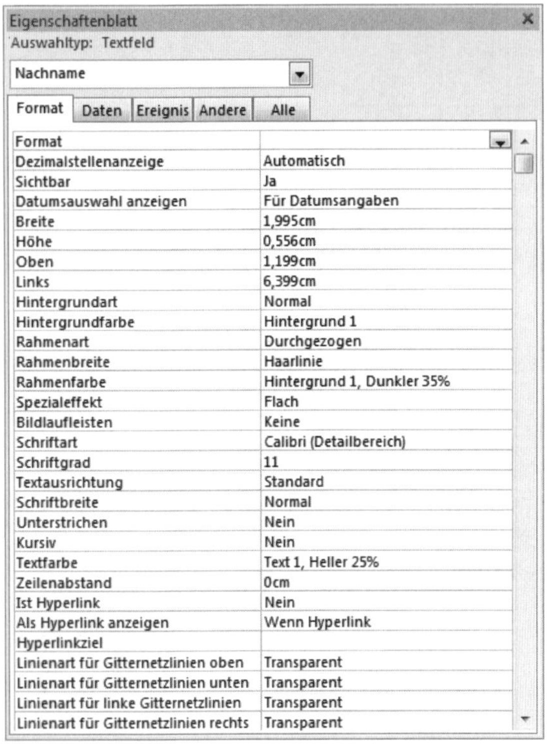

Abbildung 8.91 Die Eigenschaften zum Regeln des Formats von Steuerelementen

Formate über das Menüband einstellen

Über die Gruppen *Schriftart* und *Zahl* der Registerkarte *Formularentwurfstools/Format* können Sie die einzelnen Formatparameter eines vorher markierten Steuerelements regeln (→Abbildung 8.92).

Eine große Zahl von Schaltflächen dient zur Einstellung der Zeichenformate der Texte in den Feldern (→ Tabelle 8.5). Außerdem sind drei Optionen für die Ausrichtung der Daten im Feld vorhanden.

Symbol	Name und Wirkung
Calibri	*Schriftart:* zeigt die aktuelle Schriftart an. Über die Liste können Sie eine andere Schriftart auswählen.
11	*Schriftgrad:* zeigt die aktuelle Schriftgröße an. Über die Liste können Sie eine andere Größe auswählen.
F K U	*Fett, Kursiv* und *Unterstrichen:* regeln den Schriftschnitt. Ein Klick auf eine Schaltfläche schaltet die Option ein, ein weiterer Klick schaltet sie wieder aus. Sie können mehrere Optionen gleichzeitig benutzen: beispielsweise *Fett* und *Kursiv*.
	Text linksbündig ausrichten, Zentriert und *Text rechtsbündig ausrichten:* regelt die Ausrichtung der Inhalte im Feld. Standardmäßig werden Texte linksbündig und Zahlenwerte rechtsbündig angezeigt.
A	*Schriftfarbe* und *Hintergrundfarbe:* regelt die Farbe der Schrift und der Hintergrundes.
	Format übertragen: Damit können Sie die für ein Feld festgelegten Formate auf ein anderes Steuerelement übertragen.

Tabelle 8.5 Die Schaltflächen zur Zeichenformatierung in der Gruppe *Schriftart*

Über die Schaltflächen *Schriftart* und *Schriftgrad* können Sie Listen anzeigen lassen, über die Sie die Parameter bezüglich der Schriftgestaltung für die gesamte Tabelle einstellen können

Abbildung 8.92 Die Registerkarte *Formularentwurfstools/Format*

TIPP Die Standardeinstellungen für Schriftart, Schriftschnitt und Schriftgrad neuer Datenblätter können Sie über die Registerkarte *Datenblatt* im Dialogfeld *Access-Optionen* regeln (→ Kapitel 20).

Zahlenformate

Die Elemente der Gruppe *Zahl* sind nur wählbar, wenn im Steuerelement Daten mit dem Typ *Zahl* angezeigt werden (→ Tabelle 8.6).

Symbol	Name und Wirkung
Euro ▾	*Format:* legt das Zahlenformat für die Anzeige fest. Die in der Liste verfügbaren Optionen hängen von Datentyp des aktuell markierten Feldes ab.
[Symbol] % 000	*Wählungsformat übernehmen, Prozentformat übernehmen* und *Kommazahlenformat übernehmen:* benutzt eines dieser Formate für die Anzeige.
←,0 ,00 / ,00 →,0	*Dezimalstellen hinzufügen, Dezimalstellen löschen:* zeigt eine zusätzliche Dezimalstelle an oder entfernt eine solche.

Tabelle 8.6 Die Schaltflächen für die Anzeige von Zahlenfeldern

Bestimmte Optionen können Sie auf die Datentypen *Zahl*, *AutoWert* und *Währung* anwenden (→ Tabelle 8.7).

» Andere vordefinierte Formate finden Sie für Datums- und Uhrzeitangaben. Beachten Sie, dass die regionalen Einstellungen in Windows die vordefinierten Formate teilweise oder ganz steuern können und dass vordefinierte Formate sich nur auf die visuelle Darstellung von Daten auswirken und nicht darauf, wie Sie Daten eingeben oder wie die Daten durch Access gespeichert werden (→ Tabelle 8.8).

Access stellt auch einen kleinen Satz an vordefinierten Formaten zum Anzeigen des Datentyps *Ja/Nein* in einem Textfeld zur Verfügung (→ Tabelle 8.9).

Format	Beschreibung	Beispiel
Allgemeine Zahl (Standard)	Zeigt die Zahl wie eingegeben an. Sie können bis zu elf Ziffern links oder rechts vom Komma anzeigen. Wenn eine Zahl mehr als eine bestimmte Anzahl von Ziffern enthält oder Ihr Steuerelement nicht breit genug ist, um alle Ziffern anzuzeigen, wird die Zahl von Access gerundet. Bei mehr als zehn Ziffern links oder rechts vom Komma wird automatisch die wissenschaftliche Schreibweise angewendet.	*123,456*
Währung	Wendet das Währungssymbol und das Format an, das Sie in den regionalen Einstellungen in Windows angegeben haben.	*123.456 €*
Euro	Wendet das Euro-Symbol für Ihre numerischen Daten an, verwendet ansonsten jedoch das in den regionalen Einstellungen in Windows angegebene Währungsformat.	*123.456,78 €*
Festkommazahl	Zeigt Zahlen ohne Tausendertrennzeichen und mit zwei Dezimalstellen an. Wenn der Wert im Feld mehr als zwei Dezimalstellen enthält, wird die Zahl abgerundet.	*1234,56*
Standardzahl	Zeigt Zahlen mit Tausendertrennzeichen und zwei Dezimalstellen an. Wenn der Wert im Feld mehr als zwei Dezimalstellen enthält, wird die Zahl auf zwei Dezimalstellen abgerundet.	*1.234,56*
Prozentzahl	Zeigt Zahlen als Prozentsatz mit zwei Dezimalstellen und einem nachfolgenden Prozentzeichen an. Wenn der zugrunde liegende Wert mehr als vier Dezimalstellen enthält, wird der Wert abgerundet.	*123,50 %*
Exponentialzahl	Zeigt Zahlen in wissenschaftlicher - also exponentieller - Schreibweise an.	*1.23E+04*

Tabelle 8.7 Formate für die Datentypen *Zahl* und *Währung*

Format	Beschreibung	Beispiel
Standarddatum (Standard)	Zeigt Datumsangaben als Zahlen und Zeitwerte als Stunden, Minuten und Sekunden an. Access verwendet für beide Werttypen die in den regionalen Einstellungen für Datum und Uhrzeit angegebenen Trennzeichen. Wenn der Wert über keine Zeitkomponente verfügt, zeigt Access nur das Datum an. Wenn der Wert über keine Datumskomponente verfügt, zeigt Access nur die Uhrzeit an.	*08/29/2011 10:10:42 AM*
Datum, lang	Zeigt nur die Datumsangaben an, wie sie im Format »Datum, lang« in den regionalen Einstellungen in Windows angegeben sind.	*Montag, 29. August 2011*
Datum, mittel	Zeigt das Datum als *TT/MM/JJJJ* an, verwendet aber das in den regionalen Einstellungen in Windows angegebene Trennzeichen für Datumsangaben.	*29/Aug/2011, 29-Aug-2011*
Datum, kurz	Zeigt die Datumsangaben an, wie sie vom Format *Datum, kurz* in den regionalen Einstellungen angegeben werden.	*8/29/2011, 8-29-2011*
Zeit	Zeigt Stunden, Minuten und Sekunden an. Access verwendet das Trennzeichen, das in den Zeiteinstellungen der regionalen Einstellungen in Windows angegeben ist.	*10:10:42 AM*
Zeit, 12Std	Zeigt Stunden und Minuten an. Access verwendet das Trennzeichen, das in den Zeiteinstellungen der regionalen Einstellungen in Windows angegeben ist.	*10:10 AM*
Zeit, 24Std	Zeigt nur Stunden und Minuten an. Access verwendet das Trennzeichen, das in den Zeiteinstellungen der regionalen Einstellungen in Windows angegeben ist.	*10:10*

Tabelle 8.8 Formate für den Datentyp *Datum/Uhrzeit*

Format	Beschreibung
Ja/Nein (Standard)	Zeigt *0* als *Nein* an, und einen Wert ungleich *Null* als *Ja*.
Wahr/Falsch	Zeigt *0* als *Falsch* und einen Wert ungleich *Null* als *Wahr* an.
Ein/Aus	Zeigt *0* als *Ein* und einen Wert ungleich *Null* als *Aus* an

Tabelle 8.9 Formate für den Datentyp *Ja/Nein*

Farben und Effekte

Einige dieser Formateinstellungen können Sie auch – nach dem Markieren des Steuerelements – über einige Schaltflächen im rechten Bereich der Gruppe *Steuerelementformatierung* der Registerkarte *Format* einstellen. Dazu gehören das Einstellen von Linienstärke, Linienart, Linienfarbe und des Spezialeffekts (→ Abbildung 8.93).

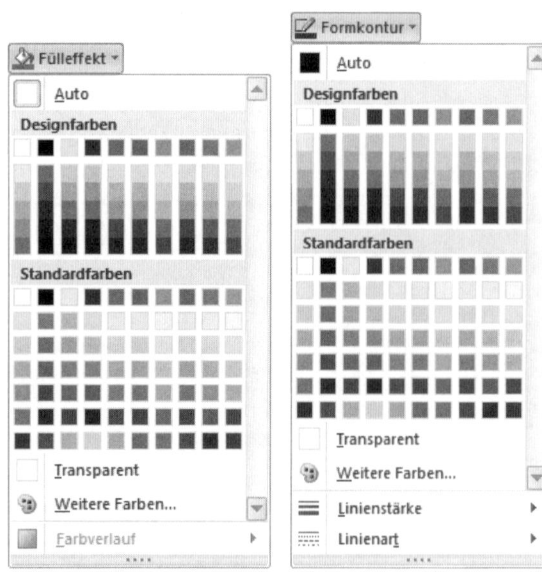

Abbildung 8.93 Optionen für Farben und Effekte

Formate auf andere Steuerelemente übertragen

Beachten Sie auch die Schaltfläche *Format übertragen* in dieser Gruppe. Damit können Sie die für ein Feld festgelegten Schriftformate auf ein anderes Feld übertragen. Verwenden Sie die folgenden Schritte:

» Markieren Sie das Feld, dessen Formate Sie übernehmen wollen, und klicken Sie auf die Schaltfläche *Format übertragen*. Dem Mauszeiger wird ein Pinselsymbol hinzugefügt.

» Klicken Sie auf das Feld, auf das Sie die Formate übertragen wollen. Die Formateinstellungen werden übernommen.

TIPP Wenn Sie zur Übernahme auf die Schaltfläche *Format übertragen* doppelklicken, können Sie das gewählte Format nacheinander auf mehrere Felder anwenden, indem Sie auf diese klicken. Nachdem Sie diesen Vorgang beendet haben, klicken Sie nochmals auf *Format übertragen*, oder drücken Sie [Esc].

8.4.4 Bedingte Formatierung

Mithilfe der bedingten Formatierung können Sie erreichen, dass Microsoft Access ein Format in Abhängigkeit von bestimmten Bedingungen selbstständig zuweist. Damit können Sie beispielsweise bewirken, dass Zellen, in denen Zahlenwerte angezeigt werden, in Abhängigkeit von der Höhe des Wertes unterschiedliche Formate zeigen. Beispielsweise lassen sich geringe Werte mit einem roten, mittlere mit einem gelben und hohe Werte mit einem grünen Hintergrund kennzeichnen. Das Ganze funktioniert aber auch mit anderen Datentypen.

Markieren Sie das zu formatierenden Steuerelement, und klicken Sie dann auf die Schaltfläche *Bedingte Formatierung* in der Gruppe *Steuerelementformatierung* in der Registerkarte *Format*. Das Dialogfeld *Manager für Regeln zur bedingten Formatierung* wird angezeigt (→ Abbildung 8.94).

Benutzen Sie diesen *Manager für Regeln zur bedingten Formatierung*, um Regeln zur Formatierung aufzustellen oder – später – die nicht erwünschten Regeln zu löschen.

» Das vorher markierte Steuerelement wird im Feld *Formatierungsregeln anzeigen für* wiedergegeben. Wenn Sie wollen, können Sie diese Einstellung hier noch ändern.

» Zum Erstellen eine Regel klicken Sie auf *Neue Regel*, um so das Dialogfeld *Neue Formatierungsregel* zu öffnen. Oben darin können Sie im Feld *Regeltyp auswählen* zwischen zwei Typen entscheiden (→ Abbildung 8.95 und Abbildung 8.98).

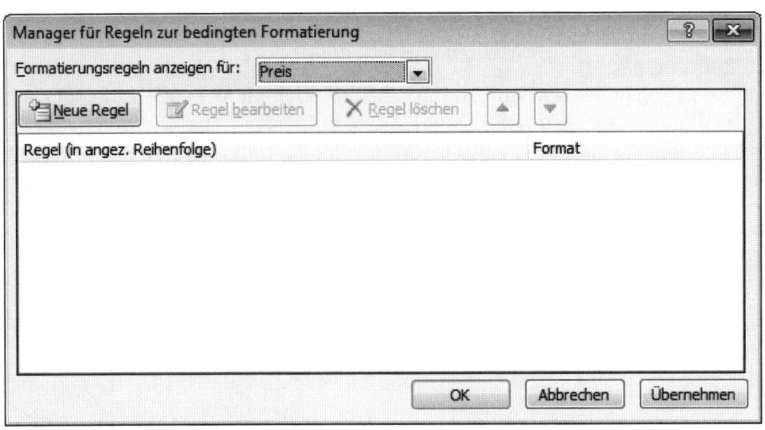

Abbildung 8.94
Formate ändern sich in Abhängigkeit vom Wert in der Zelle.

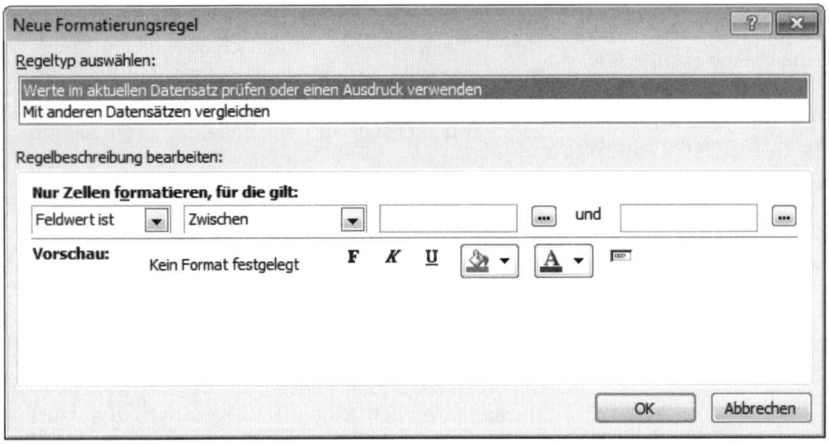

Abbildung 8.95
Eine neue Formatierungsregel erstellen – Variante 1

Werte im aktuellen Datensatz prüfen

Die Einstellung *Werte im aktuellen Datensatz prüfen* ... erlaubt es, ein Format in Abhängigkeit vom Wert im Steuerelement zuzuweisen (→ Abbildung 8.95).

» 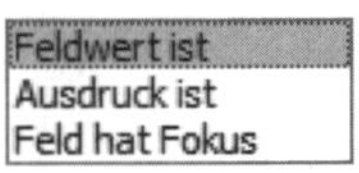

Über das standardmäßig zunächst mit *Feldwert ist* beschriftete Feld müssen Sie zunächst angeben, wann der Vergleich durchführt werden soll. Im Allgemeinen werden Sie es hier bei der Grundeinstellung *Feldwert ist* belassen.

» 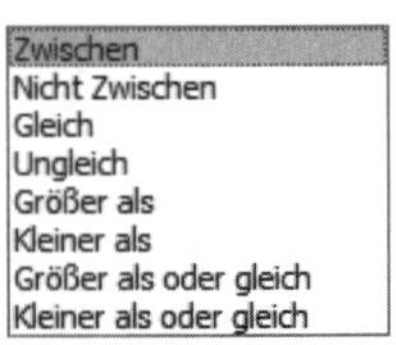

Im Feld rechts daneben legen Sie fest, welche Art von Vergleich Sie durchführen lassen wollen. Hier stehen Ihnen Alternativen für die üblichen Formen zur Verfügung. Wenn Sie beispielsweise wünschen, dass sich das Format ändert, wenn der Inhalt des Steuerelements einen bestimmten Wert überschreitet, wählen Sie hier eine der Alternativen *Größer als* oder *Größer als oder gleich*.

» Als Nächstes müssen Sie dann im Feld rechts davon noch den Vergleichswert eingeben. Soll beispielsweise das Format geändert werden, sobald der Wert im Steuerelement größer ist als 100, geben Sie hier *100* ein. Damit haben Sie die Vergleichregeln definiert.

» Sie müssen dann noch das Format festlegen, das benutzt werden soll, wenn der eben definierte Vergleich positiv ausfällt. Beispielsweise könnten Sie eine grüne Hintergrundfarbe für den Fall wählen, dass der Wert im Steuerelement einen bestimmten Schwellenwert überschreitet.

Wenn Sie mit der Definition einer Regel fertig sind, klicken Sie auf *OK*. Die definierte Regel wird dann im Dialogfeld *Manager für Regeln zur bedingten Formatierung* angezeigt. In vielen Fällen werden Sie für ein Steuerelement nicht nur eine, sondern mehrere Regeln definieren – beispielsweise dann, wenn Sie dem Feld unterschiedliche Hintergrundfarben zuweisen wollen (→ Abbildung 8.96). Bestätigen Sie abschließend mit *OK*.

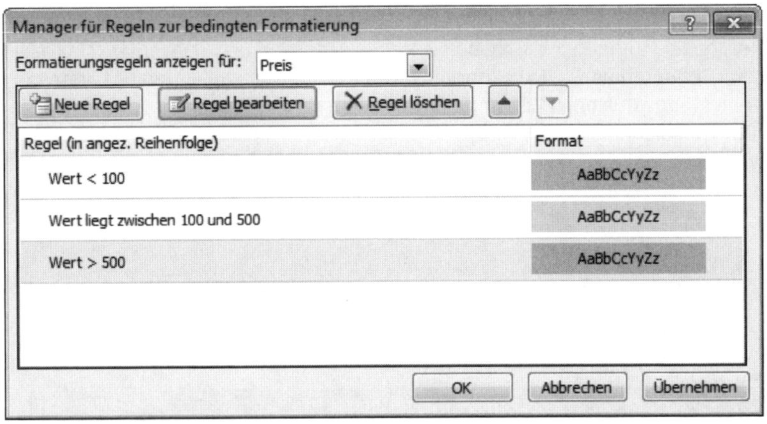

Abbildung 8.96
Mehrere Regeln wurden definiert.

In der Formularansicht werden dann diese Regeln benutzt, um die Formate einzustellen (→ Abbildung 8.97).

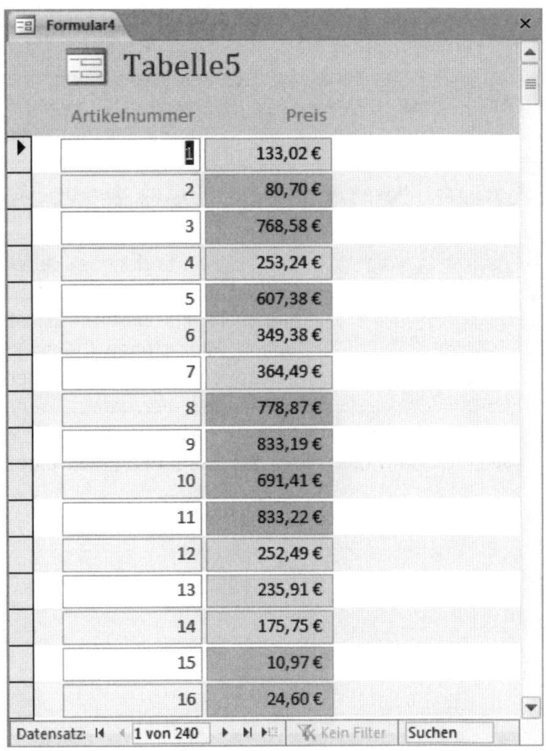

Abbildung 8.97 Die Auswirkungen der Regeln

Mit anderen Datensätzen vergleichen

Mit anderen Datensätzen vergleichen ist eine dynamische Variante der eben beschriebenen Form (→ Abbildung 8.98).

» Im Bereich *Regelbeschreibung bearbeiten* können Sie die Details zur Regel festlegen. Angenommen, Sie wollen die Zahlenwerte mit einer abgestuften Farbskala kennzeichnen, die von *Rot* (für die kleinsten Werte) über *Gelb* bis nach *Grün* (für die kleinsten Werte) reicht. Dazu wählen Sie in der Liste *Formatstil* die Option *3-Farben-Skala*.

TIPP Wenn die bei der bedingten Formatierung angegebenen Bedingungen nicht richtig interpretiert werden, liegt die Ursache dafür meist darin, dass sich die Bedingungen überlappen: Wird bei mehreren definierten Bedingungen mehr als eine Bedingung durch den Inhalt einer Zelle erfüllt, wendet Microsoft Excel nur die Formatierungseinstellungen der ersten erfüllten Bedingung an.

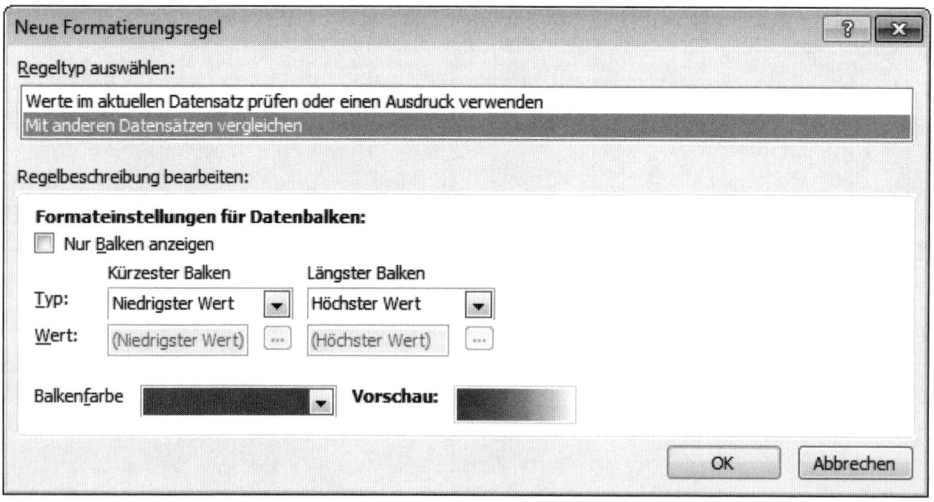

Abbildung 8.98 Eine neue Formatierungsregel erstellen - Variante 2

8.4.5 Die Aktivierreihenfolge bestimmen

Die *Aktivierreihenfolge* bestimmt, in welcher Reihenfolge die Steuerelemente angesteuert werden, wenn Sie beispielsweise die Taste [Tab] betätigen. Um diese festzulegen, klicken Sie auf die Befehlsschaltfläche *Aktivierreihenfolge* in der Gruppe *Tools* der Registerkarte *Entwurf*. Das Dialogfeld *Reihenfolge* wird angezeigt (→ Abbildung 8.99). Rechts darin finden Sie die aktuell definierte Reihenfolge. Um diese zu ändern, verschieben Sie das gewünschte Feld über die Maus.

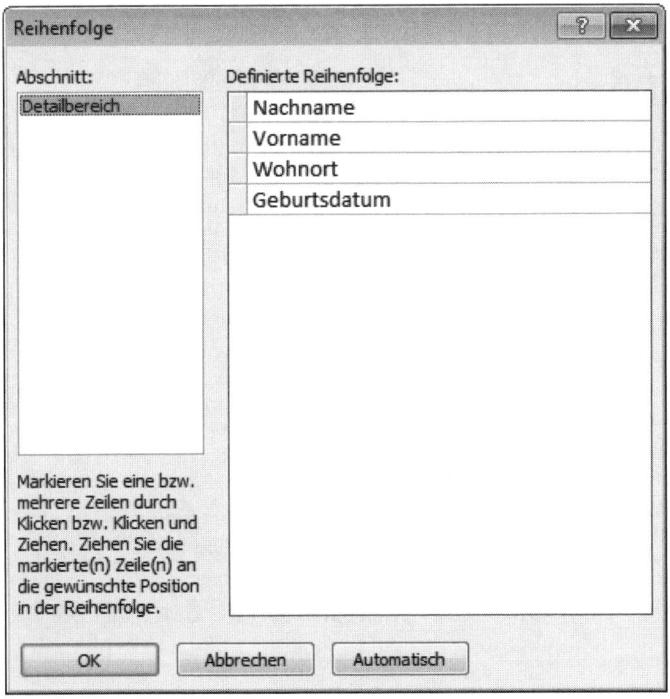

Abbildung 8.99 Die Aktivierreihenfolge festlegen

Kapitel 9

Berechnen, Sortieren und Filtern

Die in den vorigen Kapiteln dieses Teils vorgestellt Techniken zum Erstellen und Verfeinern von Formularen und Berichten verwenden zunächst einmal den gesamten Datenvorrat der zugrunde liegenden Tabelle oder Abfrage zur Anzeige und Auswertung. Besondere Methoden müssen Sie benutzen, wenn das Formular oder der Bericht gleich bestimmte Aktionen hinsichtlich der Auswahl bestimmter Daten oder deren Reihenfolge durchführen soll - also die Datensätze gleich filtern oder sortieren soll. Diese wollen wir Ihnen in diesem Kapitel vorstellen. Außerdem wollen wir auf Verfahrensweisen zum Berechnen von Feldinhalten in diesen beiden Objekttypen eingehen.

» Sie können in einem Formular berechnete Steuerelemente verwenden, um die Ergebnisse einer Berechnung anzuzeigen (→ Abschnitt 9.1). Textfelder werden am häufigsten als berechnete Steuerelemente verwendet, da sie viele verschiedene Datentypen anzeigen können. Jedoch kann jedes Steuerelement, das eine Steuerelementinhalt-Eigenschaft besitzt, als berechnetes Steuerelement verwendet werden.

» Sie können in Berichten - genau wie in Formularen - zusätzliche berechnete Felder zu den Datensätzen einfügen (→ Abschnitt 9.2). Außerdem können Sie in jedem Bericht, der Zahlen enthält, Summen, Mittelwerte, Prozentsätze oder laufende Summen verwenden, um die Daten verständlicher und aussagekräftiger zu machen.

» Standardmäßig werden die Datensätze im Bericht in der Reihenfolge angezeigt, in der sie in der zugrunde liegenden Tabelle oder Abfrage aufgelistet werden. Sie können aber die Reihenfolge, in der Ihre Daten im Bericht angezeigt werden sollen, individuell festlegen und auch Gruppen definieren, in denen die Daten angeordnet werden sollen (→ Abschnitt 9.3).

WWW Wenn Sie die in diesem Kapitel beschriebenen Aufgaben selbst nachvollziehen wollen, sollten Sie dafür die Beispieldatei *Datenbank9* aus dem Verzeichnis *Aufgaben* öffnen (→ Kapitel 1). Sie finden darin alle Objekte, die vorausgesetzt werden. Einige Resultate dieser Arbeit finden Sie in der gleichnamigen Datei im Verzeichnis *Ergebnisse*.

9.1 Berechnungen in Formularen

Sie können in einen Formular berechnete Steuerelemente verwenden, um die Ergebnisse einer Berechnung anzuzeigen. Der folgende Abschnitt liefert Ihnen einen Überblick über das Vorgehen bei der Arbeit damit.

9.1.1 Geeignete Steuerelementtypen

Textfelder werden am häufigsten als berechnete Steuerelemente verwendet, da sie viele verschiedene Datentypen anzeigen können. Jedoch kann jedes Steuerelement, das eine Steuerelementinhalt-Eigenschaft besitzt, als berechnetes Steuerelement verwendet werden. Oft ist es nicht sinnvoll, einen bestimmten Steuerelementtyp als berechnetes Steuerelement zu verwenden, da das Steuerelement nicht auf die gleiche Weise aktualisiert werden kann wie ein gebundenes oder ungebundenes Steuerelement. Wenn Sie beispielsweise ein Kontrollkästchen auf einem Formular platzieren und dann einen Ausdruck in die Steuerelementinhalt-Eigenschaft des Kontrollkästchens eingeben, können Sie das Kontrollkästchen nicht mehr durch Anklicken aktivieren oder deaktivieren. Das Kontrollkästchen wird anhand der Ergebnisse des Ausdrucks aktiviert oder deaktiviert angezeigt. Wenn Sie auf das Kontrollkästchen klicken, wird eine Warnmeldung in der Access-Statusleiste angezeigt: Das Steuerelement kann nicht bearbeitet werden; es ist an den Ausdruck gebunden.

9.1.2 Berechnende Felder für die Datensätze

Sie können berechnete Steuerelemente für jeden einzelnen Datensatz verwenden, um die Ergebnisse einer Berechnung anzuzeigen. Eine gute Möglichkeit zum Erstellen eines berechneten Steuerelements ist es, zuerst ein ungebundenes Steuerelement zu erstellen und dann zum Erstellen eines Ausdrucks die Steuerelementinhalt-Eigenschaft des gebundenen Steuerelements zu bearbeiten. Diese Vorgehensweise funktioniert problemlos, solange Sie sicherstellen, dass der Name des Steuerelements mit keinen der im Ausdruck enthaltenen Feldnamen Konflikte verursacht.

Ein berechnetes Feld einfügen

Angenommen, ein Formular zeigt die Artikel und den Einzelpreis an. Sie können dann ein berechnetes Textfeld hinzufügen, in dem die Mehrwertsteuer ausgewiesen wird.

» Öffnen Sie das anfangs erstellte *Formular1* in der Entwurfsansicht. In dieser werden neben dem schon bekannten *Detailbereich* noch zwei weitere Bereiche angezeigt – der *Formularkopf* und der *Formularfuß*.

» 

Fügen Sie im Detailbereich ein ungebundenes Textfeld ein, und löschen Sie gleich das automatisch mit eingefügte Bezeichnungsfeld dazu (→ Abbildung 9.1).

» Öffnen Sie das Eigenschaftenblatt zum übrig gebliebenen Textfeld. Markieren Sie dazu das Steuerelement, und drücken Sie F4. Geben Sie dann auf der Registerkarte *Daten* einen Ausdruck in das Eigenschaftenfeld *Steuerelementinhalt* ein – hier beispielsweise den Ausdruck *=[Preis]*0,19* (→ Abbildung 9.2). Sie können diesen Ausdruck auch direkt in das Feld schreiben. Setzen Sie außerdem das Format auf *Euro*.

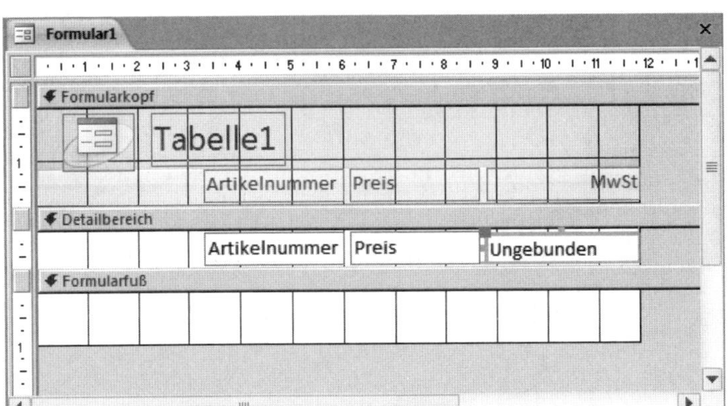

Abbildung 9.1
Formular1 in der Entwurfsansicht

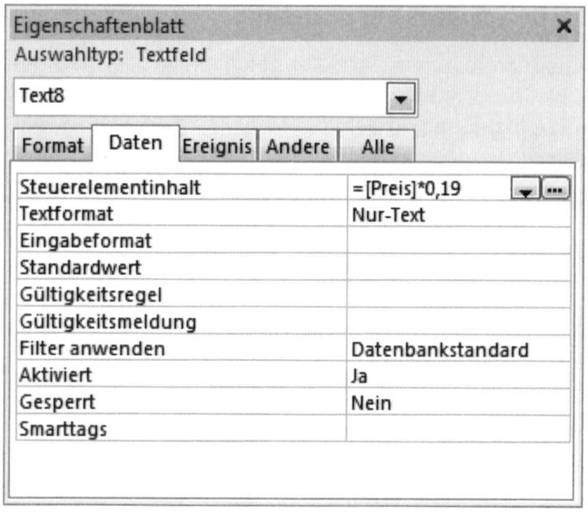

Abbildung 9.2 Die Berechnungsformel wurde eingegeben.

»  Sie können ein Übriges tun, und in der Entwurfsansicht das Format des Feldes an die anderen Felder im Formular anpassen. Dazu markieren Sie eines der ursprünglichen Textfelder - beispielsweise das Feld *Preis* - und klicken auf die Schaltfläche *Format übertragen* in der Gruppe *Schriftart* der Registerkarte *Format*. Klicken Sie dann auf das Feld für die Berechnung der Mehrwertsteuer.

»  Wenn Sie noch eine Spaltenbeschriftung wünschen, fügen Sie ein Bezeichnungsfeld im Formularkopf ein, und geben Sie darin den Ausdruck *MwSt* ein. Auch hier können Sie über die Schaltfläche *Format übertragen* in der Gruppe *Schriftart* für eine Anpassung der Formate sorgen.

» 

Um die Wirkung zu kontrollieren, wechseln Sie zur Formularansicht. Für jeden Artikel wird die Mehrwertsteuer berechnet (→ Abbildung 9.3).

TIPP Wenn Sie zum Eingeben eines Ausdrucks in das Eigenschaftenfeld *Steuerelementinhalt* mehr Platz benötigen, drücken Sie [⇧]+[F2], um das Dialogfeld *Zoom* zu öffnen. Der *Ausdrucks-Generator* ist ein Werkzeug, das eine Liste häufig verwendeter Ausdrücke enthält, die Ihnen zur Auswahl stehen (→ Kapitel 3). Klicken Sie zur Anzeige auf die Schaltfläche mit den drei Auslassungspunkten neben dem Eigenschaftenfeld *Steuerelementinhalt*.

TIPP Wenn ein Formular auf einer Abfrage basiert, können Sie den Ausdruck auch statt in ein berechnetes Steuerelement direkt in die Abfrage eingeben. Dadurch wird möglicherweise die Leistung verbessert. Wenn Sie Summen für Datensatzgruppen berech-

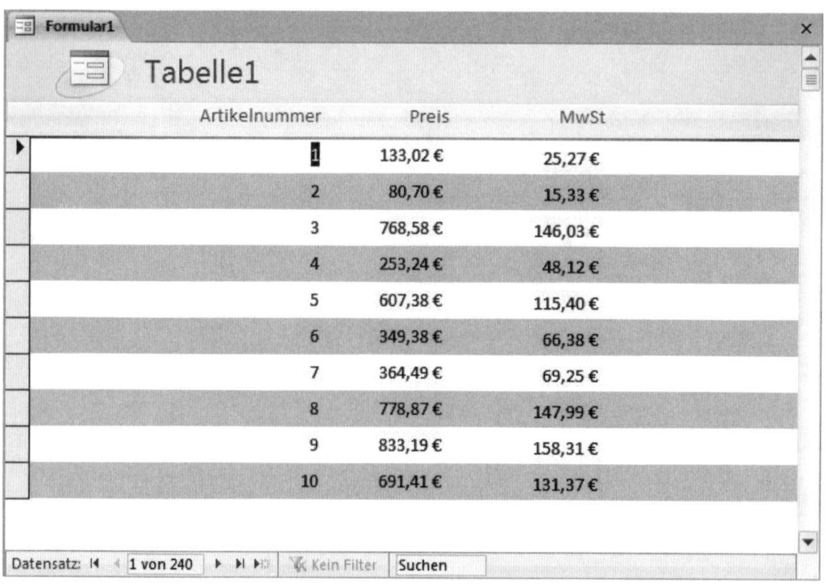

Abbildung 9.3 Die Mehrwertsteuer wird berechnet.

nen möchten, können Sie außerdem leichter den Namen eines berechneten Felds in einer Aggregatfunktion nennen - wie *Summe*, *Anzahl*, *Mittelwert* oder *Varianz* -, die Sie zum Berechnen von Gesamtsummen verwenden.

9.1.3 Zusammenfassende Berechnungen

Sie können auch Berechnungen anstellen, die Daten in den einzelnen Datensätzen zusammenfassen.

Die Anzahl der Artikel zählen

Um ein Beispiel für diese Formen der Berechnung zu demonstrieren, können Sie die Anzahl der Datensätze in einem Formular - bzw. in der zugrunde liegenden Tabelle - zählen lassen.

» Öffnen Sie das Formular in der Entwurfsansicht. Für diese Aufgabe können Sie wieder das *Formular1* benutzen, an dem Sie vorher gearbeitet haben.

» Fügen Sie im Bereich *Formularfuß* ein ungebundenes Textfeld ein. Geben Sie in das automatisch mit eingefügte Bezeichnungsfeld den Ausdruck *Anzahl Artikel* ein. Im Textfeld selbst benutzen Sie den Ausdruck *=Anzahl([Artikelnummer])*. Sie könnten auch *=Anzahl([Preis])* nehmen (→ Abbildung 9.4).

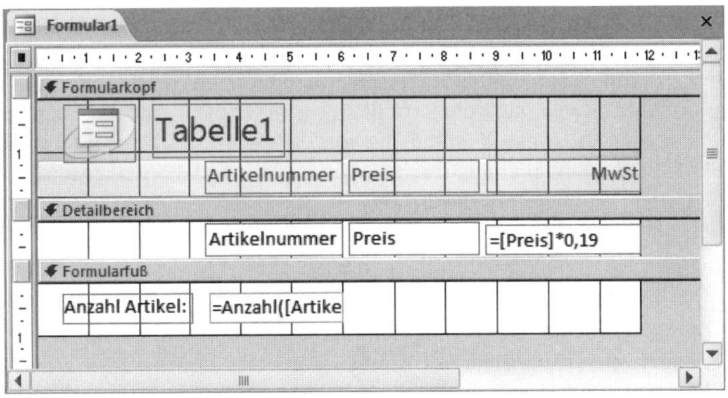

Abbildung 9.4
Eine Berechnung im Formularfuß

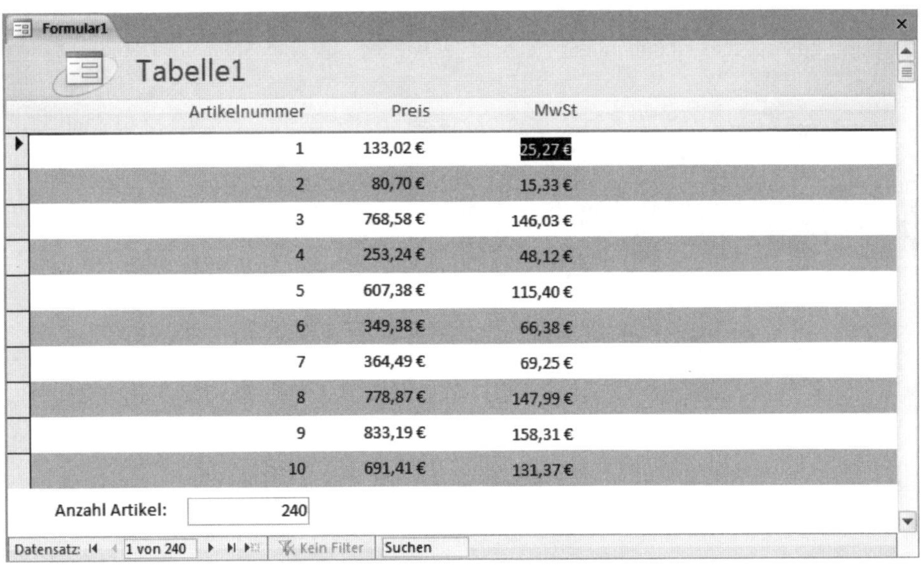

Abbildung 9.5
Die Anzahl der Artikel zählen

» Wechseln Sie in die Layoutansicht oder Formularansicht, und überprüfen Sie, ob das berechnete Steuerelement erwartungsgemäß funktionsfähig ist (→ Abbildung 9.5).

9.2 Auswertungen in Berichten

Sie können in Berichten - genau wie in Formularen - zusätzliche berechnete Felder zu den Datensätzen einfügen. Außerdem können Sie in jedem Bericht, der Zahlen enthält, Summen, Mittelwerte, Prozentsätze oder laufende Summen verwenden, um die Daten verständlicher und aussagekräftiger zu machen.

9.2.1 Berechnungen zu einzelnen Feldern

Sie können einerseits auch zusätzliche Berechnungen zu den einzelnen Datensätzen im Bericht durchführen. Auf die andere Möglichkeit der zusammenfassenden Berechnungen gehen wir anschließend ein.

Berechnen der Produktumsätze

Ein Beispiel für eine solche einfache Berechnung wäre die Bestimmung der Produktumsätze aus den Werten für den Preis und den Absatzmenge der einzelnen Produkte.

» Öffnen Sie einen Bericht, in dem Sie eine solche Auswertung durchführen möchten, in der Entwurfsansicht. Benutzen Sie beispielsweise *Bericht2*.

» Fügen Sie im Detailbereich rechts von den bereits vorhandenen Feldern ein zusätzliches ungebundenes Textfeld ein. Sie können das Feld direkt benennen, indem Sie in das automatisch mit eingefügte Bezeichnungsfeld den Ausdruck *Umsatz* eingeben.

» Im Textfeld selbst führen Sie die Berechnung mit dem Ausdruck *=[Preis]*[Absatzmenge]* durch (→ Abbildung 9.6).

» 

Öffnen Sie das Eigenschaftenblatt. Benennen Sie das neu eingefügte Feld mit *Umsatz*. Setzen Sie außerdem die Eigenschaft *Format* für dieses Feld auf *Euro*.

» Schalten Sie zur Kontrolle in die Berichtsansicht. Für jeden Datensatz wird der Umsatz ausgegeben (→ Abbildung 9.7).

Berechnen einer laufenden Summe

Sie können Access verwenden, um eine laufende Summe in einem Bericht zu erstellen; eine laufende Summe ist eine Summe, die von Datensatz zu Datensatz innerhalb einer Gruppe oder sogar innerhalb des gesamten Berichts akkumuliert wird. Beispielsweise könnten Sie die Artikelumsätze als laufende Summe anzeigen lassen.

» Öffnen Sie einen Bericht, in dem Sie eine solche Auswertung durchführen möchten, in der Entwurfsansicht.

» Klicken Sie auf der Registerkarte *Entwurf* in der Gruppe *Steuerelemente* auf *Textfeld*. Klicken Sie dann entweder auf eine Stelle im Detailabschnitt,

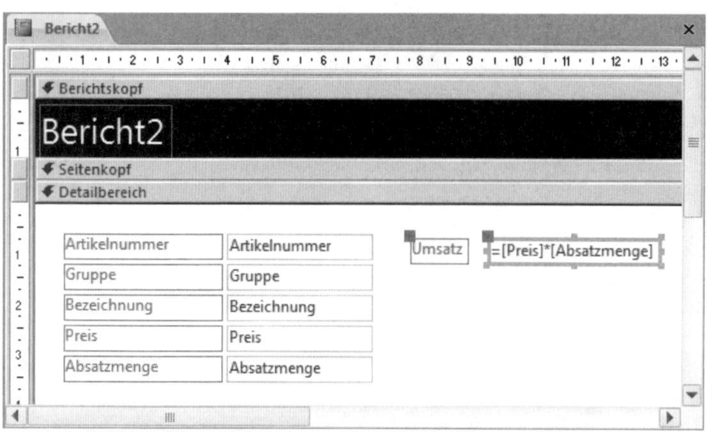

Abbildung 9.6
Die Berechnung des Umsatzes

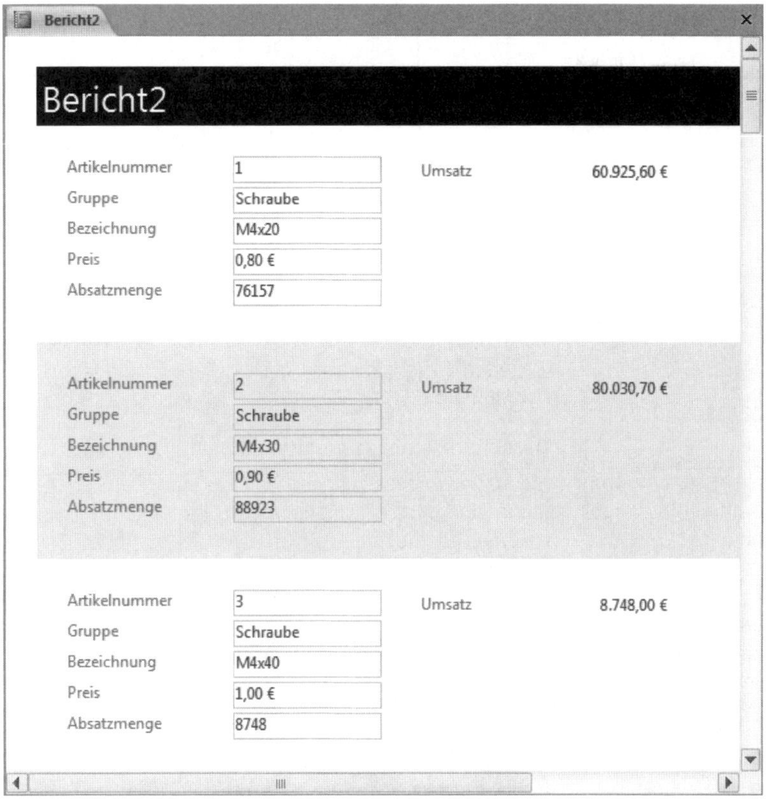

Abbildung 9.7
Der Umsatz wird angezeigt.

im Gruppenkopfabschnitt oder im Gruppenfußabschnitt, um ein Textfeld zu erstellen.

» Wählen Sie das Textfeld aus, und lassen Sie das Eigenschaftenblatt anzeigen. Wählen Sie darin die Registerkarte *Daten*. Geben Sie im Feld *Steuerelementinhalt* den Feldnamen oder den Ausdruck ein, für den die laufende Summe erstellt werden soll.

» Klicken Sie auf das Eigenschaftenfeld *Laufende Summe*, und wählen Sie über die Liste dazu die gewünschte Option: Wenn die laufende Summe bei Erreichen der nächsthöheren Gruppenebene auf null zurückgesetzt werden soll, wählen Sie in der Liste *Über Gruppe* aus. Wenn die laufende Summe bis zum Ende des Berichts akkumuliert werden soll, wählen Sie in der Liste *Über Alles* aus (→ Abbildung 9.8).

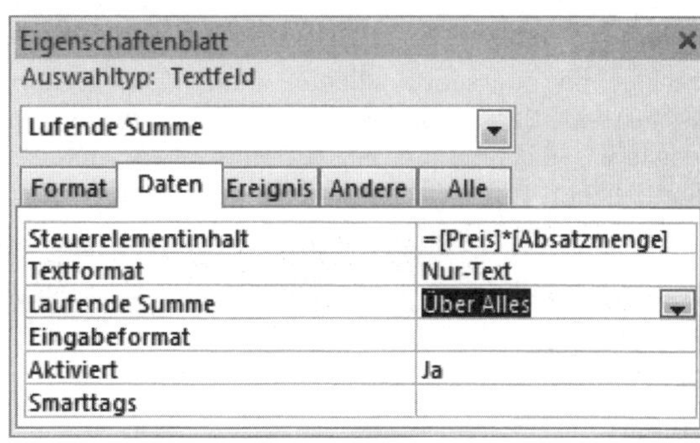

Abbildung 9.8 Eine laufende Summe berechnen

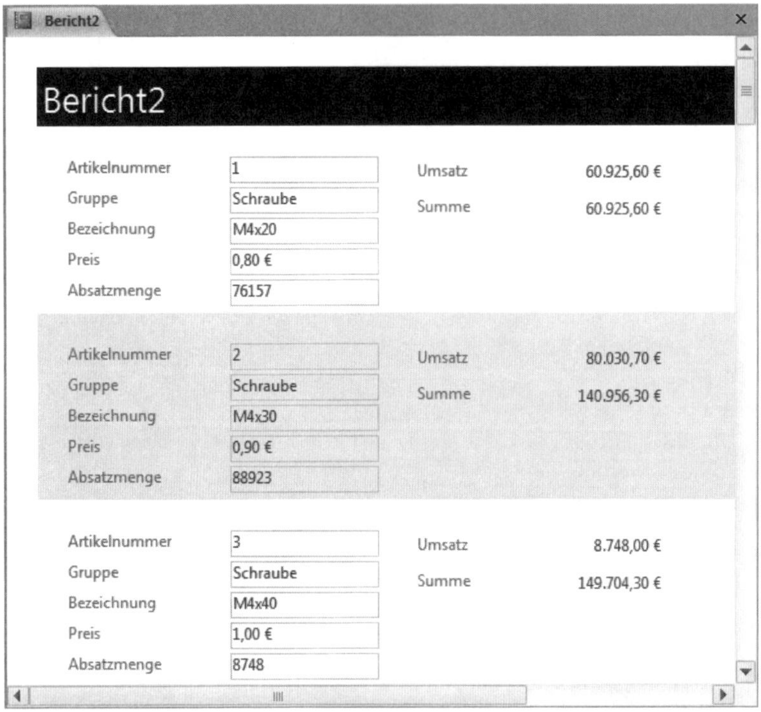

Abbildung 9.9
Die Daten der laufenden Summe werden angezeigt.

» Wenn Sie zur Berichtsansicht umschalten, werden die Daten angezeigt (→ Abbildung 9.9).

9.2.2 Zusammenfassende Berechnungen

Mithilfe von Aggregatfunktionen können Sie zusammenfassende Berechnungen im Bericht durchführen (→ Tabelle 9.1). Ein typischer Fall für eine solche Auswertung besteht darin, die in einem Bericht angezeigten Werte zusammenzufassen.

Funktion	Namen und Wirkung
Summe()	*Summe* - die Summe aller Zahlen in der Spalte.
Mittelwert()	*Mittelwert* - der Mittelwert von allen Zahlen in der Spalte.
Anzahl()	*Anzahl* - die Anzahl der Elemente in der Spalte.
Max()	*Maximum* - der höchste numerische oder alphabetische Wert in der Spalte.
Min()	*Minimum* - der niedrigste numerische oder alphabetische Wert in der Spalte.
StAbw()	*Standardabweichung* - eine Schätzung der Standardabweichung in einer Gruppe von Werten in der Spalte.
Varianz()	*Varianz* - eine Schätzung der Varianz in einer Gruppe von Werten in der Spalte.

Tabelle 9.1 Die Aggregatfunktionen

Die Option *Werte zählen* ist für Felder der Datentypen *Memo*, *OLE-Objekt* und *Hyperlink* nicht verfügbar.

Eine Summe in der Entwurfsansicht

In der Entwurfsansicht können Sie die Platzierung und Darstellung von zusammenfassenden Berechnungen recht gut steuern. In gruppierten Berichten können Sie Summen oder andere Aggregatfunktionen in der Kopf- oder Fußzeile jeder Gruppe platzieren. Berichtweite

Aggregatfunktionen können im Berichtskopf oder Berichtsfußabschnitt platziert werden.

» Öffnen Sie einen Bericht, in dem Sie eine solche Auswertung durchführen möchten, in der Entwurfsansicht. Benutzen Sie wieder *Bericht2*.

» Klicken Sie auf der Registerkarte *Entwurf* in der Gruppe *Steuerelemente* auf *Textfeld*. Dann legen Sie fest, wo das Ergebnis der Berechnung angezeigt werden soll:

» Klicken Sie entweder auf eine Stelle im Gruppenkopf- oder im Gruppenfußabschnitt, um eine Summe oder einen Mittelwert für eine Datensatzgruppe zu berechnen.

» Klicken Sie entweder auf eine Stelle im Berichtskopf- oder im Berichtsfußabschnitt, um eine Gesamtsumme oder einen Mittelwert für alle Datensätze im Bericht zu berechnen. Das Textfeld wird in dem Abschnitt eingefügt, in den Sie geklickt haben. Benutzen Sie für diese Aufgabe den *Berichtsfußabschnitt*.

» Markieren Sie das eingefügte Textfeld. Wenn das Eigenschaftenblatt nicht bereits angezeigt wird, drücken Sie F4, um es anzuzeigen. Wählen Sie die Registerkarte *Daten*. Geben Sie im Eigenschaftenfeld *Steuerelementinhalt* einen Ausdruck ein, der entweder die Summe-Funktion zum Berechnen einer Summe oder die Mittelwert-Funktion zum Berechnen eines Mittelwerts verwendet. Benutzen Sie für diese Aufgabe den Ausdruck *=Summe(Umsatz)* oder *=Summe(Preis*Absatzmenge)*.

» 

Öffnen Sie das Eigenschaftenblatt. Benennen Sie das neu eingefügte Feld mit *Umsatz*. Setzen Sie außerdem die Eigenschaft *Format* für dieses Feld auf *Euro*.

» Schalten Sie zur Kontrolle um zur Berichtsansicht. Am Ende des Berichts wird der Gesamtumsatz berechnet (→ Abbildung 9.7).

TIPP Sie können den Ausdrucks-Generator verwenden, um einen Ausdruck zu erstellen (→ Kapitel 3).

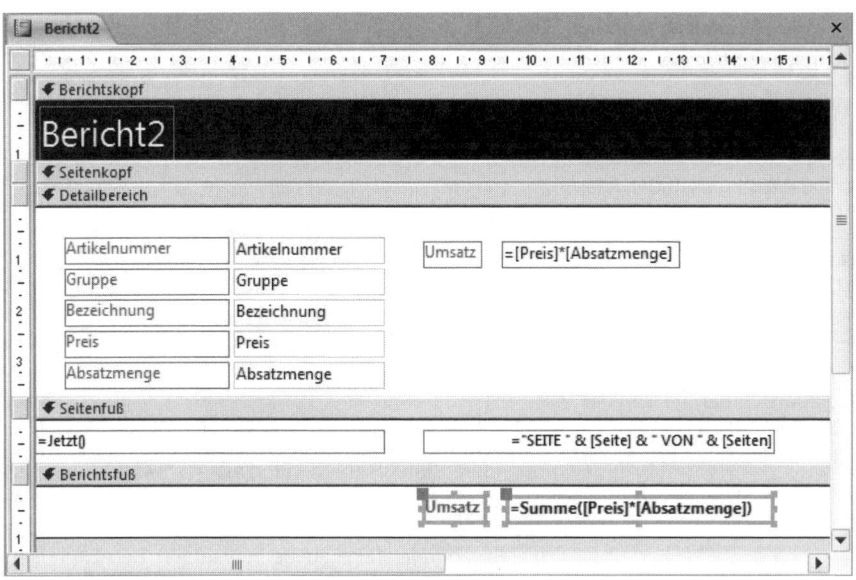

Abbildung 9.10
Die Berechnung erfolgt im Berichtsfuß.

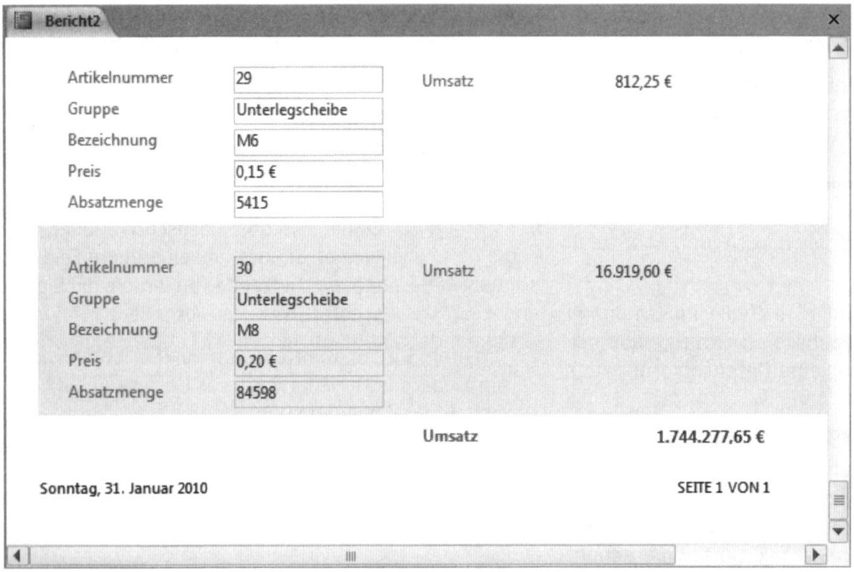

Abbildung 9.11
Der Gesamtumsatz wird berechnet.

Eine Aggregatfunktion in der Layoutansicht

Die Layoutansicht bietet übrigens die schnellste Möglichkeit, einem Bericht Summen, Mittelwerte und andere Aggregatfunktionen hinzuzufügen.

» Öffnen Sie den Bericht, in dem Sie eine solche Auswertung durchführen möchten, in der Layoutansicht.

» Klicken Sie auf ein beliebiges Feld, dessen Inhalte ausgewertet werden sollen. Wenn Sie beispielsweise einer Spalte mit Zahlen eine Summe hinzufügen möchten, klicken Sie auf eine der Zahlen in der Spalte.

» Wählen Sie in der Liste zur Schaltfläche *Summen* in der Gruppe *Gruppierung und Summen* auf der Registerkarte *Entwurf* die gewünschte Aggregatfunktion (→ Abbildung 9.12). Access fügt dem Berichtsfuß ein Textfeld hinzu und stellt dessen Eigenschaft *Steuerelementinhalt* auf einen Ausdruck ein, der die gewünschte Berechnung ausführt. Wenn der Bericht Gruppierungsebenen enthält, wird in Access außerdem jedes Gruppenfußes ein Textfeld hinzugefügt, das dieselbe Berechnung ausführt.

Abbildung 9.12 Der Katalog zu *Summen*

Das Feld mit dem Ergebnis der Berechnung wird vom Programm automatisch platziert. Wenn Sie die Position ändern möchten, können Sie es mit der Maus innerhalb des Berichtsfußes verschieben.

9.2.3 Gemischte Formen der Berechnung

Nachdem Sie entsprechende Felder sowohl in den einzelnen Datensätzen als auch zusammenfassende Berechnungen für den Bericht erstellt haben, können Sie die Ergebnisse auch zu gemeinsamen Berechnungen vereinigen.

Berechnen eines Prozentwerts

Ein typisches Beispiel dafür wäre die Berechnung eines Prozentwerts, der angibt, welchen Anteil der Umsatz eines Artikels am Gesamtumsatz ausmacht.

» Öffnen Sie einen Bericht, in dem Sie eine solche Auswertung durchführen möchten, in der Entwurfsansicht. Benutzen Sie wieder *Bericht2*.

» 

Fügen Sie im Detailbereich rechts von den bereits vorhandenen Feldern ein zusätzliches ungebundenes Textfeld ein. Sie können das Feld gleich benennen, indem Sie in das automatisch mit eingefügte Bezeichnungsfeld den Ausdruck *Anteil* eingeben.

» Wählen Sie das Textfeld aus, und lassen Sie das Eigenschaftenblatt dazu anzeigen. Klicken Sie auf die Registerkarte *Daten*. Geben Sie im Eigenschaftenfeld *Steuerelementinhalt* einen Ausdruck ein, der den Anteil des Artikels am Gesamtumsatz berechnet (→ Abbildung 9.13). Benutzen Sie *=[Umsatz]/[Gesamtumsatz]*.

» Legen Sie für die Eigenschaft *Format* des Textfelds die Einstellung *Prozentzahl* fest.

» Schalten Sie zur Kontrolle um zur Berichtsansicht. Für jeden Datensatz wird der Umsatz ausgegeben (→ Abbildung 9.14).

9.3 Sortieren und Gruppieren

Standardmäßig werden die Datensätze im Bericht in der Reihenfolge angezeigt, in der sie in der zugrunde liegenden Tabelle oder Abfrage aufgelistet werden. Sie können die Reihenfolge, in der Ihre Daten im Bericht angezeigt werden sollen, individuell festlegen und auch Gruppen definieren, in denen die Daten angeordnet werden sollen.

» Wenn Sie einen Bericht drucken, möchten Sie die Datensätze in der Regel in einer bestimmten Reihenfolge anordnen. Sie können beispielsweise beim Drucken einer Namensliste die Datensätze alphabetisch nach Nachnamen sortieren.

» Bei vielen Berichten reicht das Sortieren der Datensätze nicht aus. Es empfiehlt sich möglicherweise, die Datensätze in Gruppen zu unterteilen. Eine Gruppe ist eine Sammlung von Datensätzen, einschließlich eventueller einführender oder zusammenfas-

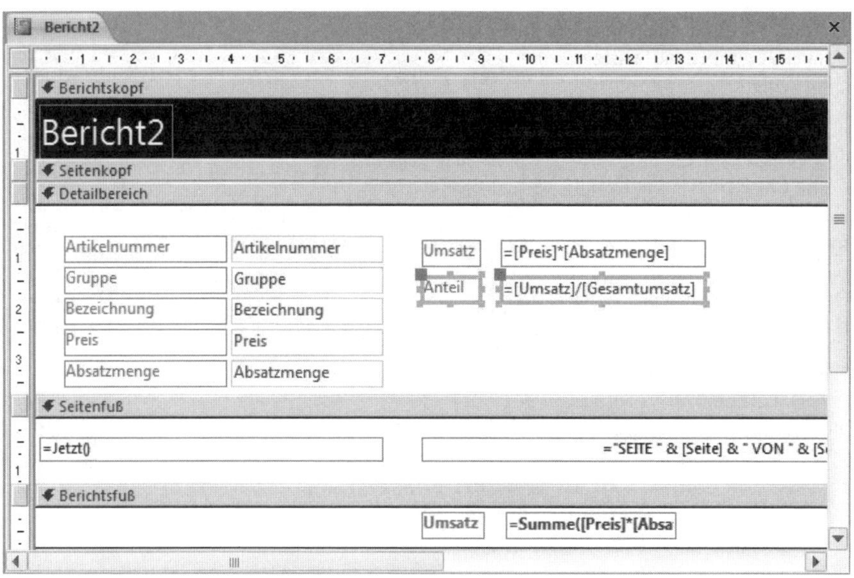

Abbildung 9.13
Der Anteil am Umsatz wird berechnet.

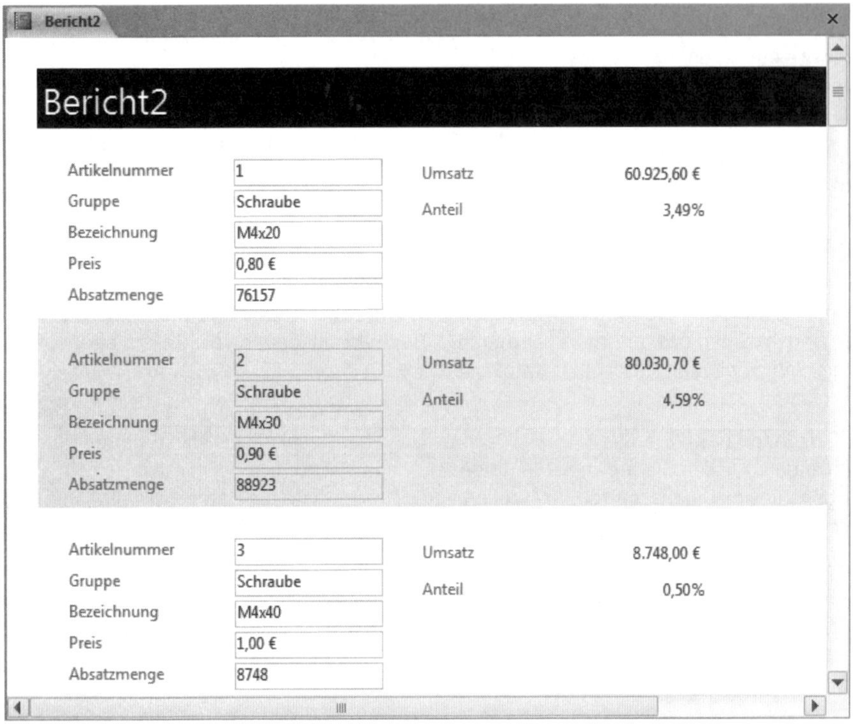

Abbildung 9.14
Der Anteil am Umsatz wird berechnet.

sender Informationen, die mit den Datensätzen angezeigt werden, beispielsweise einer Kopfzeile. Eine Gruppe besteht aus einem Gruppenkopf, ggf. verschachtelten Gruppen, Detaildatensätzen und einem Gruppenfuß.

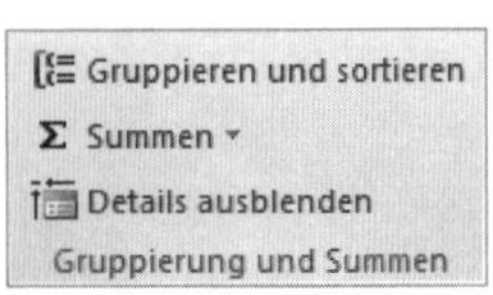

Dazu verwenden Sie die Elemente in der Gruppe *Gruppierung und Summen* der Registerkarte *Entwurf* in der Layout- oder der Entwurfsansicht (→ Tabelle 9.2).

Symbol	Name und Wirkung
	*Gruppieren und Sortieren* - zeigt unten in der Entwurfs- oder Layoutansicht den Bereich *Gruppieren, Sortieren und Summe* an oder blendet ihn aus.
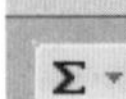	*Summen* - fügt eine Summe oder andere zusammenfassende Funktion hinzu.
	*Details ausblenden* - bewirkt, dass nach dem Erstellen einer Gruppierung oder Sortierung lediglich die Gesamtergebnisse angezeigt werden - also nur die Informationen in den Kopf- und Fußzeilen.

Tabelle 9.2 Die Elemente der Gruppe *Gruppierung und Summen*

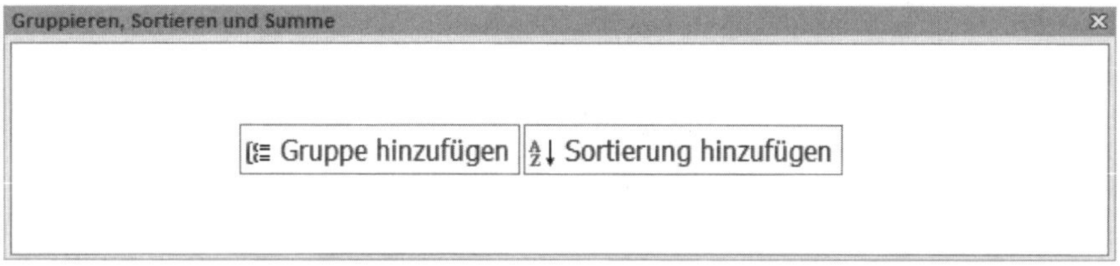

Abbildung 9.15
Der Bereich *Gruppieren, Sortieren und Summe*

Ein Klick auf die Schaltfläche *Gruppieren und Sortieren* bewirkt zunächst, dass unten in der Layout- oder der Entwurfsansicht der Bereich *Gruppieren, Sortieren und Summe* angezeigt wird (→ Abbildung 9.15).

Das Arbeiten in diesem Bereich *Gruppieren, Sortieren und Summe* bietet Ihnen die meisten Möglichkeiten zum Hinzufügen oder Ändern von Gruppen, Sortierreihenfolgen oder Summenoptionen in einem Bericht. Auch hier empfiehlt sich die *Layoutansicht* für die Bearbeitung, da Sie besser sehen können, wie sich Ihre Änderungen auf die Darstellung der Daten auswirken. Sie können aber auch die *Entwurfsansicht* dafür benutzen. Sie können bis zu zehn Gruppierungs- und Sortierebenen in einem Bericht definieren.

9.3.1 Gruppieren

In der Grundeinstellung wird keine Gruppierung vorgenommen: Alle Datensätze werden auf derselben Ebene dargestellt. Durch eine Gruppierung führen Sie eine zusätzliche Ebene in die Struktur ein. Wenn Sie beispielsweise eine Sortierung nach einem Feld *Nachname* vorgenommen haben, können Sie über eine Gruppierung dafür sorgen, dass alle Datensätze mit derselben Eintragung in diesem Feld zusammengefasst dargestellt werden. Unterschiedliche Eintragungen in einem Feld *Vorname* werden dann als Elemente dieser Gruppe angezeigt.

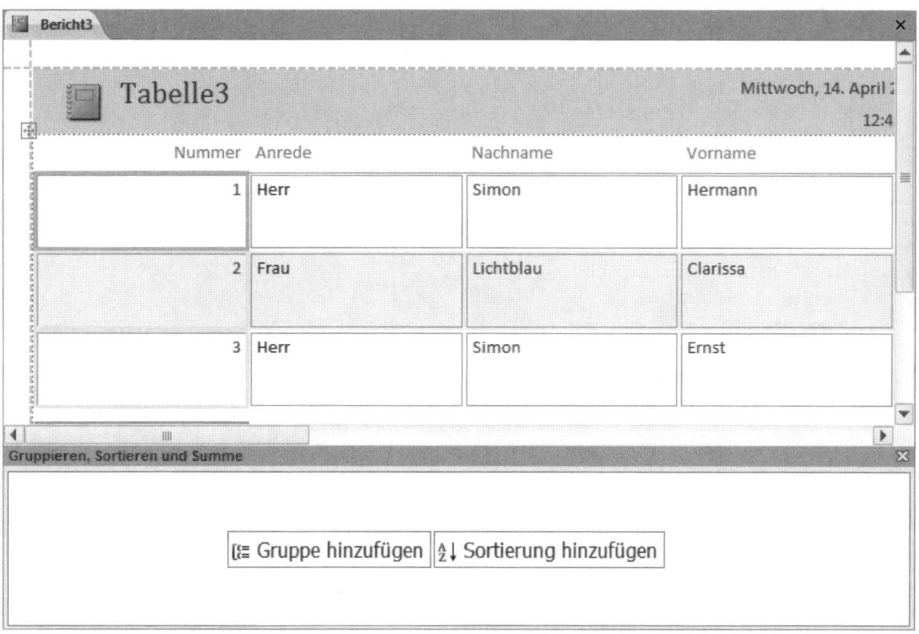

Abbildung 9.16
Der Bereich *Gruppieren, Sortieren und Summe* wird angezeigt.

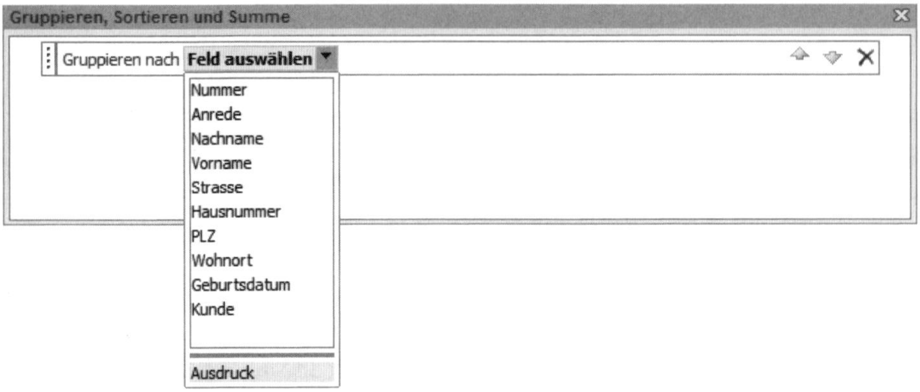

Abbildung 9.17 Gruppieren nach einen Feld

Eine Gruppierung bewirken

Die Gruppierung ermöglicht es Ihnen, Gruppen von Datensätzen optisch zu gliedern und einführende sowie zusammenfassende Daten für jede Gruppe anzuzeigen.

Im folgenden Beispiel werden beispielsweise die Inhalte des Berichts nach Eintragungen im Feld *Nachname* gruppiert.

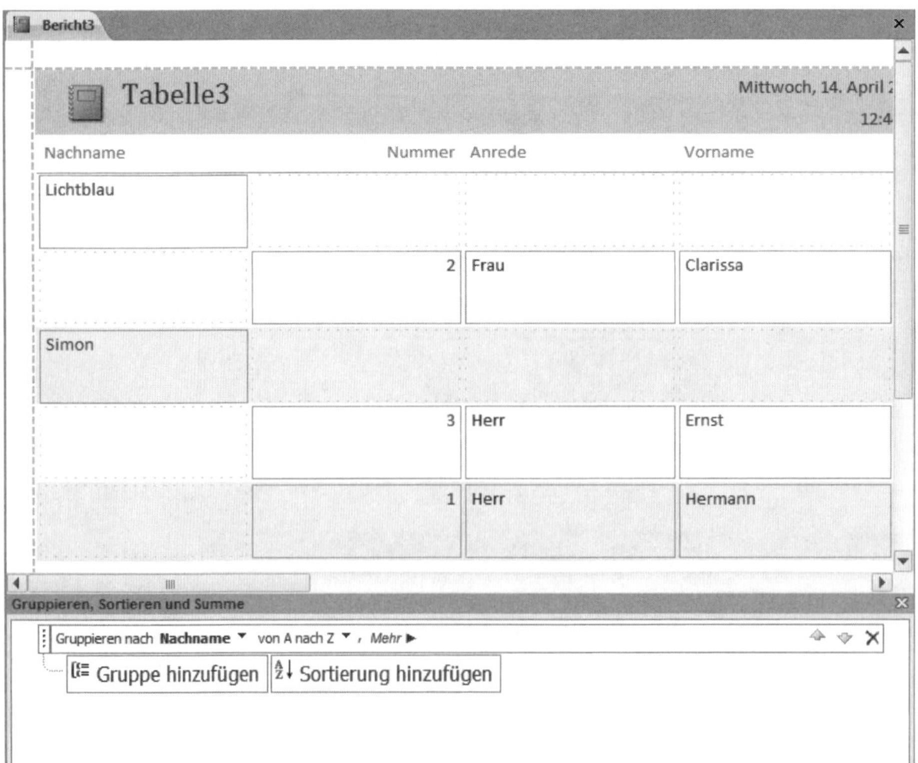

Abbildung 9.18 Der Bericht wurde gruppiert. Beachten Sie die Nachnamen in der linken Spalte.

» Öffnen Sie den Anfangs erstellten Bericht *Bericht3* in der Layoutansicht. Klicken Sie auf der Registerkarte *Entwurf* in der Gruppe *Gruppierung und Summen* auf *Gruppieren und Sortieren*. Access zeigt den Bereich *Gruppieren, Sortieren und Summe* an (→ Abbildung 9.16).

» Klicken Sie darin auf *Gruppe hinzufügen*. Die vorhandenen Feldnamen werden aufgelistet (→ Abbildung 9.17).

» Klicken Sie auf einen dieser Feldnamen, oder klicken Sie auf *Ausdruck* unter der Feldliste, um einen Ausdruck einzugeben. Benutzen Sie hier beispielsweise das Feld *Nachname*. Sobald Sie ein Feld ausgewählt oder einen Ausdruck eingegeben haben, wird die Gruppierung in Access dem Bericht hinzugefügt. In der Layoutansicht wird die Gruppierung sofort angezeigt (→ Abbildung 9.18).

9.3.2 Sortieren

Wenn Sie einen Bericht drucken, möchten Sie die Datensätze in der Regel in einer bestimmten Reihenfolge anordnen. Sie können beispielsweise beim Drucken einer Namensliste die Datensätze alphabetisch nach Nachnamen sortieren.

Eine Sortierung bewirken

Sortieren können Sie innerhalb einer bereits vorgenommenen Gruppierung oder aber auch allgemein in Berichten, in denen noch keine Gruppierung vorgenommen wurde. Wir wollen in dieser Aufgabe zunächst das Sortieren innerhalb einer Gruppierung demonstrieren.

» Öffnen Sie den eben bereits benutzten Bericht *Bericht1* in der Layoutansicht. Klicken Sie auf der Registerkarte *Entwurf* in der Gruppe *Gruppierung und Summen* auf *Gruppieren und Sortieren*. Access zeigt den Bereich *Gruppieren, Sortieren und Summe* an (→ Abbildung 9.15).

» Wenn Sie eine neue Sortier- oder Gruppierungsebene hinzufügen möchten, klicken Sie auf *Gruppe hinzufügen* oder *Sortierung hinzufügen*. Dem Bereich *Gruppieren, Sortieren und Summe* wird eine neue Zeile hinzugefügt, und eine Liste mit verfügbaren Feldern wird angezeigt (→ Abbildung 9.19).

» Klicken Sie auf einen dieser Feldnamen, oder klicken Sie auf *Ausdruck* unter der Feldliste, um einen Ausdruck einzugeben. Benutzen Sie hier das Feld *Vorname*. Sobald Sie ein Feld ausgewählt oder einen Ausdruck eingegeben haben, wird die Sortierung in Access dem Bericht hinzugefügt. In der Layoutansicht wird die Gruppierung oder die Sortierreihenfolge sofort angezeigt (→ Abbildung 9.20).

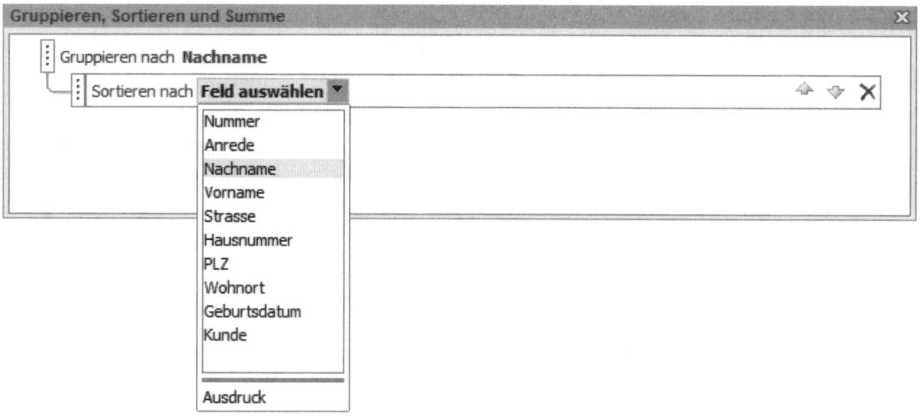

Abbildung 9.19 Sortieren nach einem Feld

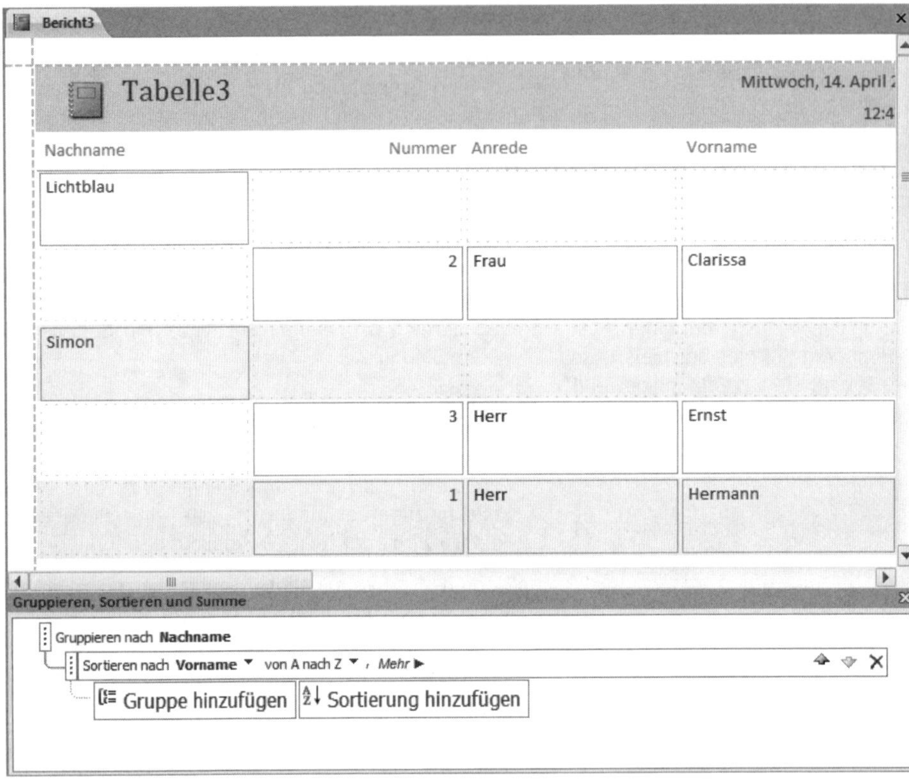

Abbildung 9.20
Der Bericht wurde sortiert. Beachten Sie die Reihenfolge für das Feld *Vorname*.

Wenn Sie die Priorität einer Gruppierungs- oder Sortierebene ändern möchten, klicken Sie auf die Zeile im Bereich *Gruppieren, Sortieren und Summe*, und klicken Sie dann auf den Pfeil nach oben oder nach unten auf der rechten Seite der Zeile.

Eine Sortierung ohne vorherige Gruppierung bewirken

Wenn Sie einen Bericht nur sortieren wollen, ohne vorher eine Gruppierung vorgenommen zu haben, benutzen Sie die folgenden Schritte.

» Öffnen Sie den gewünschten Bericht in der Layoutansicht. Klicken Sie auf der Registerkarte *Format* in der Gruppe *Gruppierung und Summen* auf *Gruppieren und Sortieren*. Access zeigt den Bereich *Gruppieren, Sortieren und Summe* an (→ Abbildung 9.15).

» Klicken Sie auf *Gruppe hinzufügen* oder *Sortierung hinzufügen*. Dem Bereich *Gruppieren, Sortieren und Summe* wird eine neue Zeile hinzugefügt, und eine Liste mit verfügbaren Feldern wird angezeigt.

» Klicken Sie auf einen dieser Feldnamen, oder klicken Sie auf *Ausdruck* unter der Feldliste, um einen Ausdruck einzugeben. Sobald Sie ein Feld ausgewählt oder einen Ausdruck eingegeben haben, wird die Sortierung in Access dem Bericht hinzugefügt. In der Layoutansicht wird die Gruppierung oder die Sortierreihenfolge sofort angezeigt.

9.3.3 Ändern der Gruppierung und Sortierung

Für jede Sortier- oder Gruppierungsebene können Sie eine Reihe von Optionen festlegen, um die gewünschten Ergebnisse zu erhalten. Klicken Sie für die zu ändernde

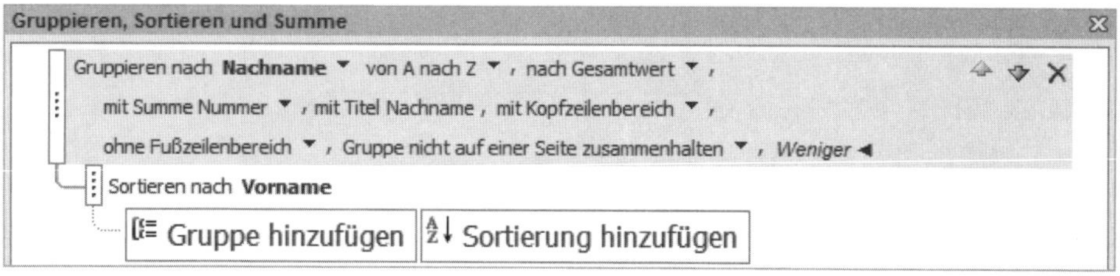

Abbildung 9.21
Die Optionen zur ersten Gruppe werden angezeigt.

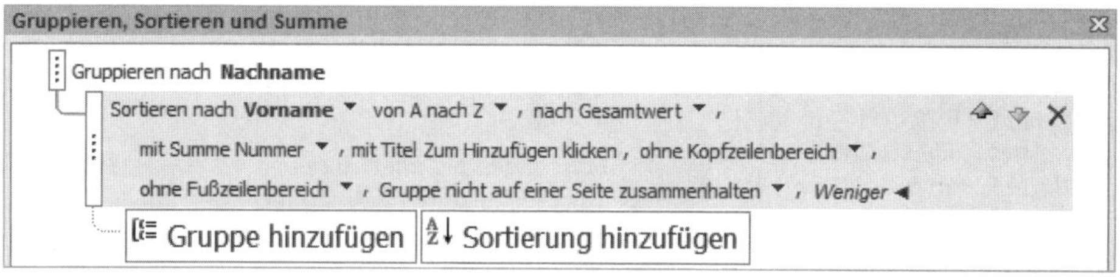

Abbildung 9.22
Die Optionen zur zweiten Gruppe werden angezeigt.

Ebene auf *Mehr*, um alle Optionen für die Gruppierungs- oder Sortierebene einzublenden (→ Abbildung 9.21 und Abbildung 9.22). Klicken Sie hier auf *Weniger*, um die Optionen wieder auszublenden.

Details ändern

Beachten Sie die folgenden Möglichkeiten, um die vorgenommenen Einstellungen zu ändern:

» Sie können ein anderes Feld für die Sortierung bestimmen, indem Sie eine Option aus der Liste *Sortieren nach* auswählen (→ Abbildung 9.23).

» Sie können die Sortierreihenfolge ändern, indem Sie auf die Drop-down-Liste der Sortierreihenfolge und dann auf die gewünschte Option klicken (→ Abbildung 9.24).

» Klicken Sie auf die Option *mit Summe*, um Summen hinzuzufügen (→ Abbildung 9.25). Sie können Summen mehreren Feldern hinzufügen, und Sie können mehrere Summenarten auf ein bestimmtes Feld anwenden. Klicken Sie auf *Summe für*, und wählen Sie das Feld aus, das Sie zusammenfassen möchten. Klicken Sie auf *Typ*, und klicken Sie auf den auszufüh-

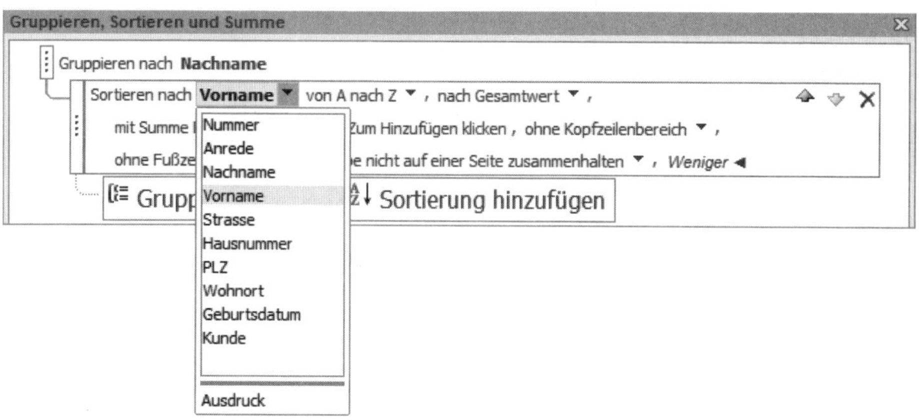

Abbildung 9.23
Das Sortierfeld ändern

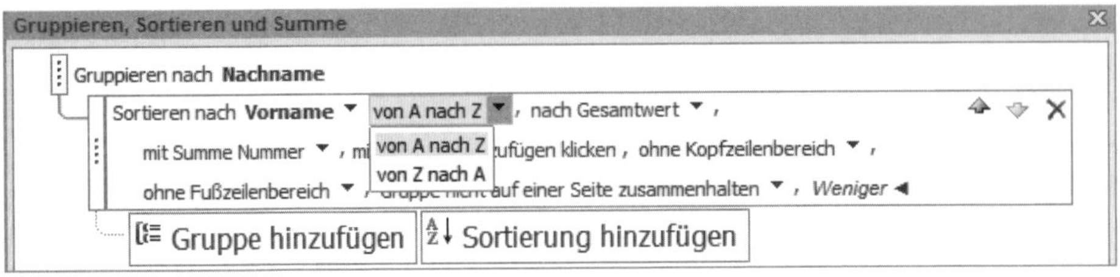

Abbildung 9.24
Die Sortierreihenfolge ändern

renden Berechnungstyp. Wählen Sie unten aus, was angezeigt werden soll. Nachdem Sie alle Optionen für ein Feld ausgewählt haben, können Sie den Vorgang wiederholen und ein weiteres Feld zusammenfassen. Wählen Sie dazu das Feld aus, und klicken Sie auf die Liste *Summe für*. Klicken Sie andernfalls auf eine Stelle außerhalb des Popup-Fensters *Summen*, um es zu schließen.

» Sie können den Titel des zusammenzufassenden Felds ändern. Die Option wird für die Spaltenüberschrift und zum Beschriften von zusammenfassenden Feldern in Kopf- und Fußzeilen verwendet. Klicken Sie auf den blauen Text, der auf *mit Titel* folgt. Das Dialogfeld *Zoom* wird angezeigt (→ Abbildung 9.26). Geben Sie den neuen Titel in das Dialogfeld ein, und klicken Sie dann auf *OK*.

» Die Einstellungen unter *mit Kopfzeilenbereich* können Sie verwenden um einen Kopfzeilenbereichs, der den einzelnen Gruppen vorangeht, hinzuzufügen oder zu entfernen. Wenn Sie einen Kopfzeilenbereich hinzufügen, wird das Gruppierungsfeld automatisch in die Kopfzeile verschoben. Wenn Sie einen Kopfzeilenbereich entfernen, der andere Steuerelemente als das Gruppierungsfeld enthält, werden Sie aufgefordert, das Löschen der Steuerelemente zu bestätigen.

» Entsprechend können Sie über *mit Fußzeilenbereich* einen Fußzeilenbereich steuern, der auf die einzelnen Gruppen folgt.

» *Gruppe zusammenhalten* legt fest, wie Gruppen beim Drucken des Berichts auf der Seite angeordnet werden (→ Abbildung 9.27). Halten Sie Gruppen möglichst zusammen, um zum Anzeigen der ganzen Gruppe ein übermäßiges Umdrehen von Seiten zu vermeiden. Allerdings erhöht das die Menge der für den Druck benötigten Blätter, da die meisten Seiten am unteren Rand einen leeren Bereich aufweisen.

  » Verwenden Sie *Gruppe nicht auf einer Seite zusammenhalten*, wenn durch Seitenumbrüche getrennte Gruppen keine Rolle spielen. Bei einer Gruppe mit 30 Elementen stehen möglicherweise zehn Elemente am unteren Seitenrand und die übrigen 20 Elemente am Anfang der nächsten Seite.

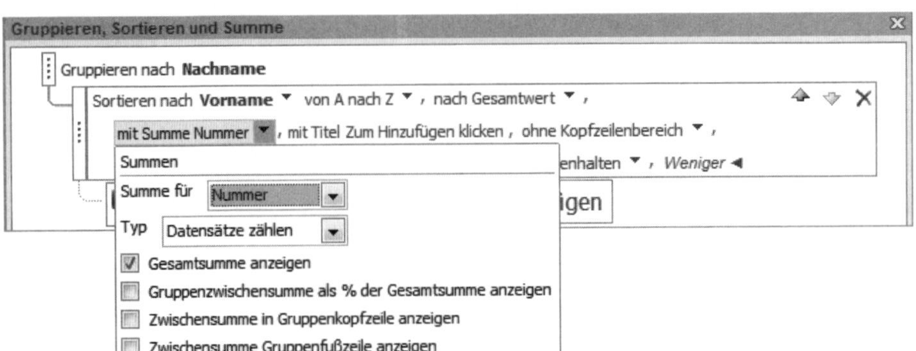

Abbildung 9.25
Summen bilden

Abbildung 9.26
Das Dialogfeld *Zoom*

- Mit *Gesamte Gruppe auf einer Seite zusammenhalten* wird die Anzahl der Seitenumbrüche in einer Gruppe auf ein Minimum beschränkt. Ist auf einer Seite nicht mehr genügend Platz für eine Gruppe, wird der übrige Platz leer gelassen, und die Gruppe beginnt stattdessen auf der nächsten Seite. Große Gruppen werden noch immer auf mehrere Seiten verteilt werden, jedoch hält diese Option die Anzahl der Seitenumbrüche innerhalb einer Gruppe so gering wie möglich.
- Mit *Kopfzeile und ersten Datensatz auf einer Seite zusammenhalten* wird bei Gruppen mit Gruppenköpfen sichergestellt, dass der Gruppenkopf nicht gesondert am unteren Seitenrand gedruckt wird. Wenn nach der Kopfzeile nicht genügend Platz für mindestens eine Datenzeile vorhanden ist, wird die Gruppe auf der nächsten Seite begonnen.

Löschen von Gruppierungs- oder Sortierebenen

Um eine Gruppierungs- oder Sortierreihenfolge zu löschen, klicken Sie im Bereich *Gruppieren, Sortieren und Summe* auf die zu löschende Zeile, und drücken Sie die Taste [Entf], oder klicken Sie auf die Schaltfläche *Löschen*, rechts von der Zeile. Wenn Sie eine Gruppierungsebene löschen und sich das Gruppierungsfeld im Gruppenkopf oder -fuß befand, wird die Gruppierungsebene in Access in den Abschnitt *Detail* des Berichts verschoben. Alle sonstigen Steuerelemente im Gruppenkopf oder Gruppenfuß werden gelöscht.

Ein Bericht ohne Datensatzdetails

Wenn Sie lediglich Gesamtergebnisse anzeigen möchten – also nur die Informationen in den Kopf- und Fußzeilen –, klicken Sie auf der Registerkarte *Format* (oder auf der Registerkarte *Entwurf* in der Entwurfsansicht) in der Gruppe *Gruppierung und Summen* auf *Details ausblenden*. Auf diese Weise werden die Datensätze der nächsten niedrigeren Gruppierungsebene ausgeblendet, was jedoch eine wesentlich kompaktere Darstellung der Zusammenfassungsdaten ergibt. Die Datensätze sind zwar ausgeblendet, die Steuerelemente im ausgeblendeten Bereich werden jedoch nicht gelöscht. Klicken Sie erneut auf *Details ausblenden*, um die Detailzeilen im Bericht wiederherzustellen.

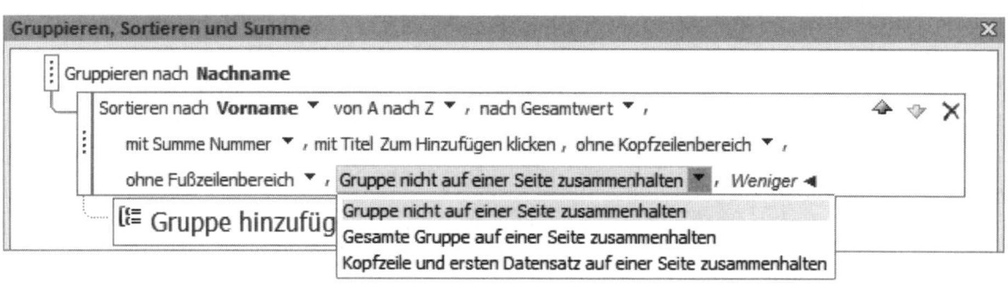

Abbildung 9.27
Das Zusammenhalten von Gruppen

Kapitel 10

In Formularen arbeiten

Nachdem Sie die in den vorherigen Kapiteln beschriebene – und manchmal etwas mühselige – Arbeit der Definition eines Formulars in der Entwurfsansicht abgeschlossen haben, können Sie in der Datenansicht des Formulars die in der zugrunde liegenden Tabelle oder Abfrage vorhandenen Daten kontrollieren, bearbeiten oder weitere Datensätze eingeben. Das ist meist einfacher und bequemer als die Arbeit in der Tabelle selbst, da im Formular die einzelnen Felder eines Datensatzes zusammenhängend und in einer ansprechenden Form präsentiert werden können.

» Dafür stehen Ihnen mehrere Ansichten zur Verfügung, von denen Sie je nach Aufgabe die am meisten geeignete wählen können (→ Abschnitt 10.1). Wenn Sie noch keinerlei Änderungen am Standard durchgeführt haben, steht Ihnen zur Eingabe eine Datenansicht – die *Formularansicht* – zur Verfügung. Sie können aber weitere Ansichten einstellen. Außerdem werden Sie wahrscheinlich erst bei der Arbeit in der Datenansicht des Formulars merken, dass Sie bestimmte Einstellungen im Entwurf noch ändern wollen oder müssen. Wählen Sie dazu die *Entwurfsansicht* oder die *Layoutansicht*, führen Sie die Änderungen durch, und speichern Sie sie.

» Das Formular ermöglicht aufgrund seiner Darstellung eine bequeme Form der Eingabe von Daten. Die Prinzipien dafür sind in etwa dieselben wie schon für die Tabellen beschrieben, einige Unterschiede sollten Sie aber beachten (→ Abschnitt 10.2).

» Sie können auch die im Formular angezeigten Datensätze bearbeiten: Beispielsweise können Sie die eingegebenen Datensätze als Ganzes kopieren, einfügen und löschen (→ Abschnitt 10.3). Sie können im Formular nach Feldinhalten suchen und diese – bei Bedarf – ersetzen lassen (→ Abschnitt 10.4). Außerdem können Sie die im Formular angezeigten Datensätze nach bestimmten Kriterien filtern oder sortieren (→ Abschnitt 10.5).

TIPP Wenn Sie die in diesem Kapitel beschriebenen Aufgaben selbst nachvollziehen wollen, sollten Sie dafür die Beispieldatei *Datenbank10* aus dem Verzeichnis *Material* öffnen. Sie finden darin alle Objekte, die für die Arbeit vorausgesetzt werden.

10.1 Ansichten

Zur Kontrolle und Bearbeitung der Daten öffnen Sie das Formular in einer Datenansicht. Dazu wählen Sie das Formular in der Navigationsspalte und doppelklicken darauf. Das Formular wird in der standardmäßig eingestellten Form der Datenansicht angezeigt (→ unten). Wenn Sie noch keinerlei Änderungen am Standard durchgeführt haben, steht Ihnen über die Liste zur Schaltfläche *Ansicht* nur eine Datenansicht – die *Formularansicht* – zur Verfügung.

10.1.1 Zugelassene Ansichten

Welche Datenansichten für ein Formular sonst noch eingestellt werden können, können Sie über das Eigenschaftenblatt in der Entwurfsansicht festlegen. Sie können darüber auch die Standardansicht für die Dateneingabe einstellen.

Die zugelassenen Ansichten einstellen

Wenn Sie Änderungen in dieses Optionen festlegen wollen, verwenden Sie die folgenden Schritte:

» 

Wechseln Sie zur Entwurfsansicht des Formulars, und lassen Sie das *Eigenschaftenblatt* anzeigen, indem Sie auf die entsprechende Schaltfläche in der Registerkarte *Entwurf* im Menüband klicken.

»  Stellen Sie sicher, dass als Auswahltyp das Formular gewählt ist. Dazu wählen Sie *Formular* im Listenfeld des Eigenschaftenblatts, oder Sie klicken einfach auf den Formularmarkierer links oben im Fenster der Entwurfsansicht.

» Auf den Registerkarten *Format* oder *Alle* des Eigenschaftenblatts finden Sie im oberen Bereich Eigenschaftszeilen wie *Formularansicht zulassen*, *Datenblattansicht zulassen*, *Layoutansicht zulassen* usw. (→ Abbildung 10.1). Darüber können Sie regeln, zwischen welchen dieser Standardansichten der Benutzer wählen kann. Stellen Sie hier den gewünschten Satz an Optionen ein.

» Sie finden auf diesen Registerkarten im Listenfeld *Standardansicht* auch die Möglichkeit, eine Ansicht einzustellen, die standardmäßig benutzt werden soll, wenn Sie das Formular öffnen. Unter den hier gezeigten Alternativen finden Sie auch noch eine Option *Endlosformular*, die bewirkt, dass in der Datenansicht die einzelnen Formularseiten nacheinander dargestellt werden.

» Nach der Wahl der Einstellungen können Sie zur eingestellten Standardansicht zurückschalten, indem Sie auf die Schaltfläche *Ansicht* im Menüband klicken.

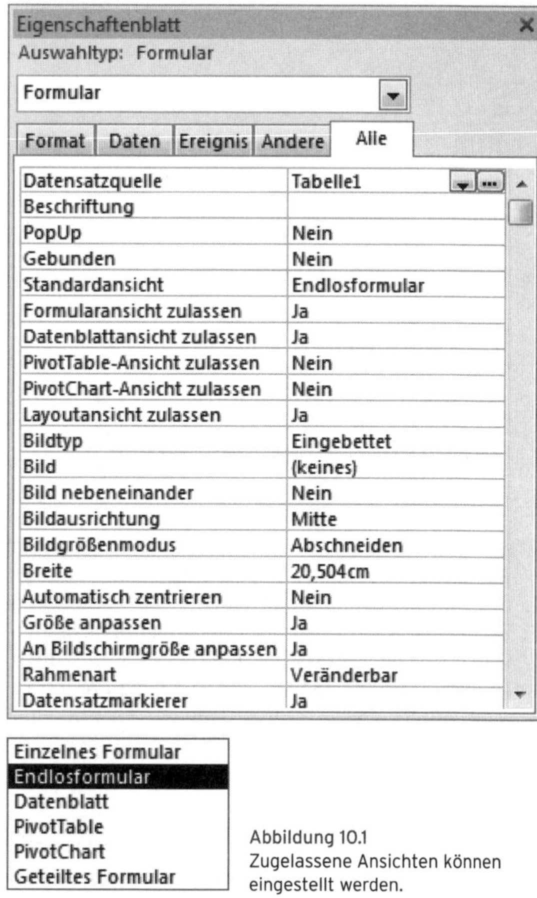

Abbildung 10.1
Zugelassene Ansichten können eingestellt werden.

10.1.2 Ansichten wechseln

Anschließend können Sie zur Datenbearbeitung im Formular in mehreren verschiedenen Ansichten arbeiten. Zum Wechsel benutzen Sie die Liste zur Schaltfläche *Ansicht* auf der Registerkarte *Start* im Menüband.

» Die Option *Formularansicht* zeigt immer nur ein Formular auf dem Bildschirm an (→ Abbildung 10.2). Benutzen Sie diese Form der Ansicht, wenn Sie immer nur einen Datensatz einsehen oder bearbeiten wollen.

Abbildung 10.2
In der Formularansicht werden auch Bildobjekte angezeigt.

» In der Ansicht *Datenblatt* werden die Daten wie in der zugrunde liegenden Tabelle bzw. Abfrage angezeigt. Bildobjekte werden nicht wiedergegeben (→ Abbildung 10.3). Diese Ansicht kann sinnvoll sein, wenn Sie einen Gesamtüberblick über alle oder mehrere Datensätze haben wollen. Auch die Ergebnisse eines Filter- oder Sortiervorgangs sind darin einfacher zu kontrollieren.

» Sie finden hier auf der Registerkarte *Format* im Listenfeld *Standardansicht* außerdem noch eine Option *Endlosformular*, die bewirkt, dass in der Datenansicht die einzelnen Formularseiten nacheinander dargestellt werden.

Formular1

	Nummer	Anrede	Nachname	Vorname	Wohnort	Foto
	1	Herr	Simon	Hermann	Schabbach	Bitmap Image
	2	Frau	Lichtblau	Clarissa	München	Bitmap Image
	3	Herr	Simon	Ernst	Schabbach	Bitmap Image
*	(Neu)					

Abbildung 10.3
Im Datenblatt werden keine Bildobjekte angezeigt.

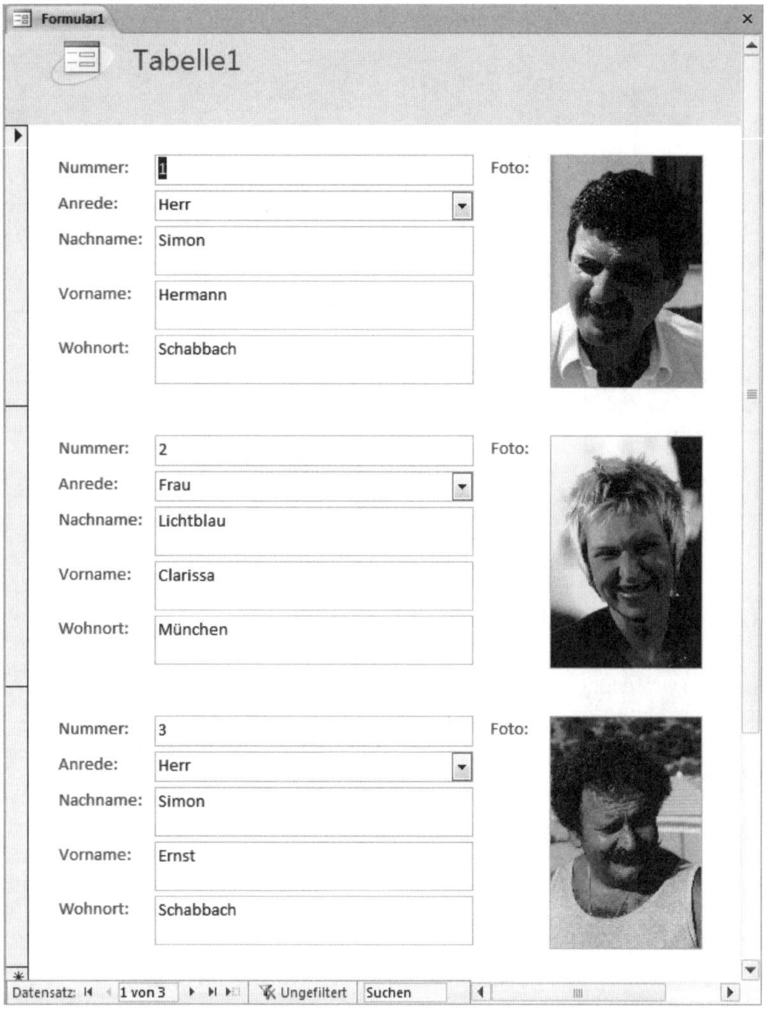

Abbildung 10.4
Ein Endlosformular zeigt mehrere Datensätze gleichzeitig an.

10.1.3 Unterformulare

Bei Formularen mit eingefügten Unterformularen können Sie diese Formen der Ansicht auch mischen. Beispielsweise eignet sich für das Hauptformular die Ansicht *Einzelnes Formular*, im Unterformular können Sie die Ansicht *Datenblatt* verwenden (→ Abbildung 10.5).

TIPP Um die oben angesprochenen Einstellungen – wie die Form der Ansicht – für das eingeblendete Unterformular zu regeln, müssen Sie das als Unterformular verwendete Formular selbst in der Entwurfsansicht öffnen und dort die Eigenschaften verändern.

Abbildung 10.5
Ein Unterformular auf einem Formularblatt

10.2 Daten eingeben und korrigieren

Das Formular ermöglicht aufgrund seiner Darstellung eine bequeme Form der Eingabe von Daten. Die Prinzipien dafür sind aber dieselben wie schon für die Tabellen beschrieben. Wenn das Formular auf einer Tabelle basiert, ist die Voraussetzung nur, dass sowohl das Formular als auch die entsprechenden Steuerelemente eine Eingabe oder Änderung von Daten erlauben.

Die Eingabe von Daten erlauben und untersagen

Um die Eingabe von Daten zu erlauben und/oder zu untersagen, verwenden Sie die folgenden Schritte:

» 

Wechseln Sie zur Entwurfsansicht des Formulars, und lassen Sie das Eigenschaftenblatt anzeigen, indem Sie auf die entsprechende Schaltfläche auf der Registerkarte *Entwurf* im Menüband klicken.

»  Stellen Sie sicher, dass als Auswahltyp das Formular gewählt ist. Dazu wählen Sie *Formular* im Listenfeld des Eigenschaftenblatts, oder Sie klicken einfach auf den Formularmarkierer links oben im Fenster der Entwurfansicht.

» Auf der Registerkarte *Daten* des Eigenschaftenblatts finden Sie die Optionen *Daten eingeben*, *Anfügen zulassen*, *Löschen zulassen* und *Bearbeiten zulassen* (→ Abbildung 10.6). Hierüber können Sie regeln, welche Formen der Bearbeitung Sie für das Formular zulassen wollen.

» Achten Sie darauf, dass außerdem unter den Eigenschaften eines einzelnen Feldes dieses als *Gesperrt* gekennzeichnet sein kann. Markieren Sie vorher das Feld in der Entwurfsansicht. Auch diese Eigenschaft finden Sie auf der Registerkarte *Daten*, nachdem Sie das Feld vorher markiert haben (→ Abbildung 10.7).

» Nach der Wahl der Einstellungen können Sie zur eingestellten Standardansicht zurückschalten, indem Sie auf die Schaltfläche *Ansicht* im Menüband klicken.

TIPP Basieren die Daten im Formular auf einer Abfrage, können Sie sie nur bearbeiten, wenn eine Bearbeitung auch darin möglich ist.

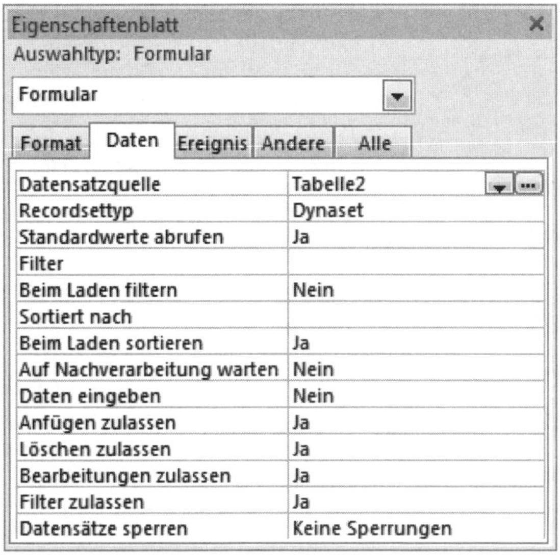

Abbildung 10.6 Regeln Sie die Form der Bearbeitung

Abbildung 10.7 Stellen Sie sicher, dass die Felder nicht gesperrt sind.

Gültigkeitsprüfung

Sie können für Eingaben in einem Formular auch eine separate Gültigkeitsprüfung vornehmen lassen. Durch Festlegen einer Gültigkeitsprüfungsregel in der Tabelle selbst wird die Regel in der gesamten Datenbank unabhängig davon erzwungen, wo das Feld geändert wird (→ Kapitel 3). Dagegen wird beim Festlegen einer Gültigkeitsprüfungsregel für ein Steuerelement auf einem Formular die Regel nur erzwungen, wenn das jeweilige Formular verwendet wird. Das für Tabellenfelder und Steuerelemente auf Formularen getrennte Festlegen von Gültigkeitsprüfungsregeln kann nützlich sein, wenn Sie verschiedene Gültigkeitsprüfungsregeln für unterschiedliche Benutzer einrichten möchten.

» Öffnen Sie das Eigenschaftenblatt für das Steuerelement, und wählen Sie darin die Registerkarte *Daten*.

» Klicken Sie dann auf das Eigenschaftenfeld *Gültigkeitsprüfungsregel*, und geben Sie den Ausdruck ein, oder klicken Sie im Eigenschaftenfeld auf die Schaltfläche *Generator*, um einen Ausdruck mithilfe des Ausdrucks-Generators zu erstellen (→ Abbildung 10.8). Stellen Sie dem Ausdruck nicht den Operator = voran. Wenn Sie einen Vergleich mit festen Datumswerten vornehmen wollen, müssen Sie diesen

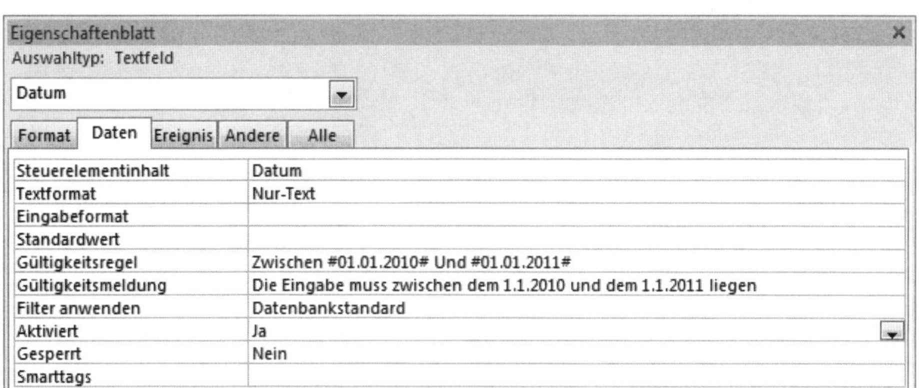

Abbildung 10.8 Eine Gültigkeitsmeldung im Formular

Wert mit Rautenzeichen # umgeben. Wenn Sie bei einem Datumsfeld nur Werte zulassen wollen, die zwischen dem *1.1.2010* und dem *01.01.2011* liegen, geben Sie den Ausdruck *Zwischen #01.01.2010# Und #01.01.2011#* ein.

» Geben Sie zum Anpassen des Texts, der eingeblendet wird, wenn ein Benutzer gegen die Gültigkeitsprüfungsregel verstoßende Daten eingibt, den gewünschten Text in die Eigenschaft *Gültigkeitsmeldung* ein.

ACHTUNG In der zugrunde liegenden Tabelle formulierte Gültigkeitsprüfungen bleiben natürlich auch für Eingaben im Formular wirksam.

10.2.1 Datensätze ansteuern

Zwischen eingegebenen Datensätzen können Sie schnell wechseln. Dazu stehen mehrere Methoden zur Verfügung, die für alle eingestellten Datenansichten gelten. An bequemsten geht es über die Navigationsschaltflächen am unteren Rand des Formularfensters (→ Abbildung 10.9 und Tabelle 10.1).

Abbildung 10.9 Die Navigation

Sie können die Nummer des gewünschten Datensatzes hier auch direkt in dieser Leiste eingeben.

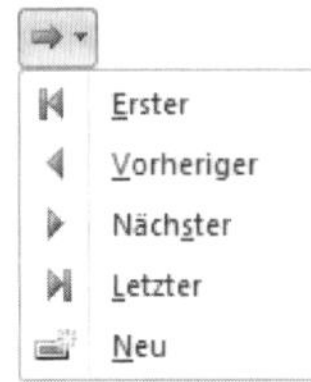

Auch über die Liste zur Schaltfläche *Gehe zu* im Bereich *Suchen* der Registerkarte *Start* im Menüband können Sie auf ähnliche Weise bestimmte Datensätze ansteuern. Einfach ist auch die Verwendung von Tastenkombinationen (→ Tabelle 10.1).

Bei eingefügten Unterformularen finden Sie zwei oder noch mehr Navigationsleisten (→ Abbildung 10.5). Die unterste davon ist jeweils für die Steuerung des Hauptformulars verantwortlich.

10.2.2 Zwischen Feldern navigieren

Zur Navigation zwischen den Feldern klicken Sie das zu bearbeitende Feld an oder benutzen Tastenkombinationen zum Wechsel zwischen den Feldern.

Nach der vollständigen Eingabe eines Datensatzes wird durch [Tab] oder [↵] das erste Feld des nächsten Datensatzes markiert. Die [↵]-Taste reagiert anders, wenn Sie die Standardeinstellung in der Kategorie *Erweitert* im Dialogfeld zu den *Access-Optionen* geändert haben.

TIPP Beachten Sie, das Access über einen Bearbeitungs- und einen Navigationsmodus verfügt (→ unten). Im Bearbeitungsmodus reagieren einige der eben genannten Tasten anders.

Symbol	Tasten	Wirkung
	[Strg]+[Pos1]	Zum ersten Datensatz
	[Strg]+[Bild ↓]	Zum jeweils vorherigen Datensatz
	[Strg]+[Bild ↑]	Zum jeweils nächsten Datensatz
	[Strg]+[Ende]	Zum letzten Datensatz
	[Strg]+[+]	Zu einem neuen Datensatz
2	[F5] und Nummer des Datensatzes eingeben.	Zum Datensatz mit der vorher eingegebenen Zahl.

Tabelle 10.1 Die Schaltflächen zur Navigation

Taste(nkombination)	Wirkung
Tab, → oder ↵	Zum nächsten Feld
⇧+Tab	Zum vorherigen Feld
Ende	Zum letzten Feld im aktuellen Datensatz
Strg+Ende	Zum letzten Feld im letzten Datensatz
Pos1	Zum ersten Feld im aktuellen Datensatz
Strg+Pos1	Zum ersten Feld im ersten Datensatz
Strg+Bild ↑	Zum aktuellen Feld im nächsten Datensatz
Strg+Bild ↓	Zum aktuellen Feld im vorherigen Datensatz

Tabelle 10.2 Tasten zum Navigieren zwischen Feldern

10.2.3 Eingaben vornehmen

Wie in der Tabelle können Sie auch in einem Formular Daten eingeben, nachdem Sie das entsprechende Feld markiert haben. Tippen Sie die Werte einfach ein. Mithilfe spezieller Tastenkombinationen können Sie - wie in einer Tabelle - die Eingabe von bestimmten Feldinhalten beschleunigen.

Taste(nkombination)	Wirkung
Strg+;	Einfügen des aktuellen Datums.
Strg+:	Einfügen der aktuellen Uhrzeit.
Strg+Alt+Leer	Einfügen des Standardwerts für ein Feld.
Strg+,	Einfügen des Wertes aus dem vorherigen Datensatz.

Tabelle 10.3 Tastenkombination für spezielle Feldinhalte

Kombinationsfelder müssen Sie erst aufklappen, um darin ein Element auswählen zu können.

Kontrollkästchen oder Optionsfelder können Sie nach dem Markieren über die Taste Leer umschalten.

Für umfangreichere Eingaben in einem Feld können Sie sich der Zoom-Funktion bedienen, die Sie über ⇧+F2 aufrufen. Sie öffnen damit das Dialogfeld *Zoom*, das die Eingabe in mehreren Zeilen erlaubt.

Taste(nkombination)	Wirkung
F4 oder Alt+↓	Öffnen eines Kombinations- oder Listenfelds
↓, ↑	Eine Zeile nach unten, oben
Bild ↓, Bild ↑	Eine Gruppe von Werten nach unten, oben

Tabelle 10.4 Tasten zum Arbeiten in Kombinationsfeldern

Ein Objektfeld mit einem Bild füllen

Die Formularansicht eignet sich hervorragend, um ein Objekt - beispielsweise ein Foto - in ein entsprechendes Feld einzufügen.

» Markieren Sie das gewünschte Objektfeld in einer Ansicht, und wählen Sie den Befehl *Objekt einfügen* aus dem Kontextmenü dazu. Ein Dialogfeld wird geöffnet, über das Sie zunächst entscheiden müssen, ob Sie das einzufügende Objekt neu erstellen oder auf eine vorhandene Datei zurückgreifen wollen. Im aktuellen Fall werden Sie meist eine vorhandene Datei benutzen wollen. Wählen Sie also die Option *Aus Datei erstellen* (→ Abbildung 10.10).

» Wählen Sie die entsprechende Datei aus. Geben Sie im Feld *Datei* den Pfad und Dateinamen ein, oder klicken Sie auf *Durchsuchen*, um diese Daten manuell markieren zu können.

» Bestätigen Sie im Dialogfeld über die Schaltfläche *OK*. Das Objekt wird in das entsprechende Feld im Formular eingefügt. Sollte es nicht vollständig oder verzerrt dargestellt werden, können Sie das über das Eigenschaftenfenster des Objektfelds in der Entwurfsansicht des Formulars korrigieren (→ unten).

TIPP Durch Aktivieren des Kontrollkästchens *Verknüpfen* erreichen Sie, dass nicht das Objekt, sondern eine Verknüpfung dazu in der Datenbank gespeichert wird. Wenn Sie ein Objekt mehrfach verwenden, hat das den Vorteil, dass Sie spätere Änderungen am Objekt - beispielsweise das Aktualisieren eines Fotos - zentral über die Objektdatei erledigen können.

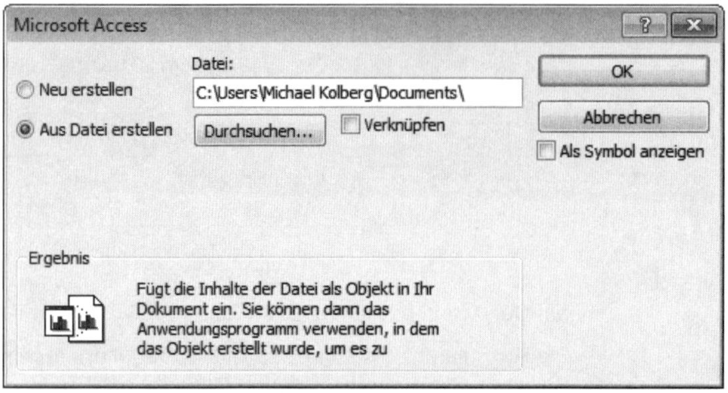

Abbildung 10.10
Ein Objektfeld füllen

Die Darstellung eines Objekts anpassen

Da wir uns gerade mit Bildern in einem Objektfeld beschäftigen, sollten wir gleich noch auf eine wichtige Eigenschaft eines solchen Feldes eingehen – die *Größenanpassung*. Diese bestimmt, wie ein Bild in einem Feld angezeigt wird.

» 

Wechseln Sie zur Entwurfsansicht des Formulars, und lassen Sie das Eigenschaftenblatt anzeigen, indem Sie auf die entsprechende Schaltfläche auf der Registerkarte *Entwurf* im Menüband klicken.

» Markieren Sie das gewünschte Objektfeld in der *Layout*- oder der *Entwurfsansicht*. Auf der Registerkarte *Format* des Eigenschaftenblatts finden Sie die Eigenschaft *Größenanpassung* (→ Abbildung 10.11).

» 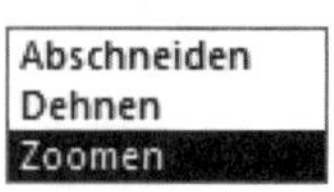

Im Listenfeld zur Eigenschaft *Größenanpassung* finden Sie drei Optionen, über die Sie die Darstellung eines Bildes in der Datenansicht des Formulars einstellen können. Eine verzerrungsfreie und vollständige Darstellung von Bildern mit unterschiedlichen Proportionen erreichen Sie, indem Sie die Einstellung *Zoomen* wählen (→ Kapitel 8).

» Nach der Wahl der Einstellungen können Sie zur eingestellten Standardansicht zurückschalten, indem Sie auf die Schaltfläche *Ansicht* im Menüband klicken.

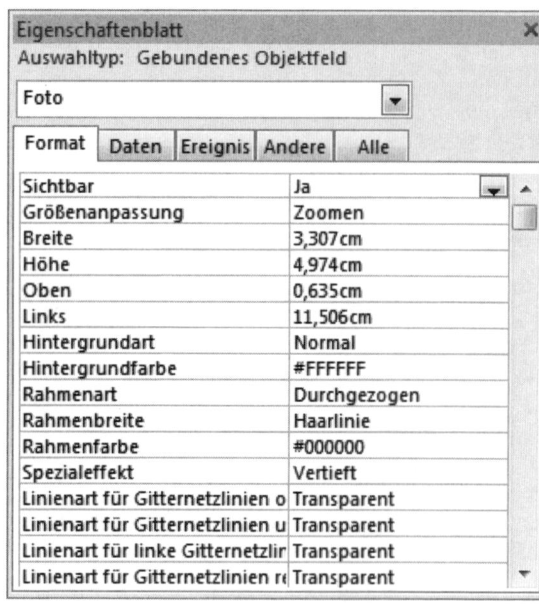

Abbildung 10.11 Eigenschaften für ein Objektfeld

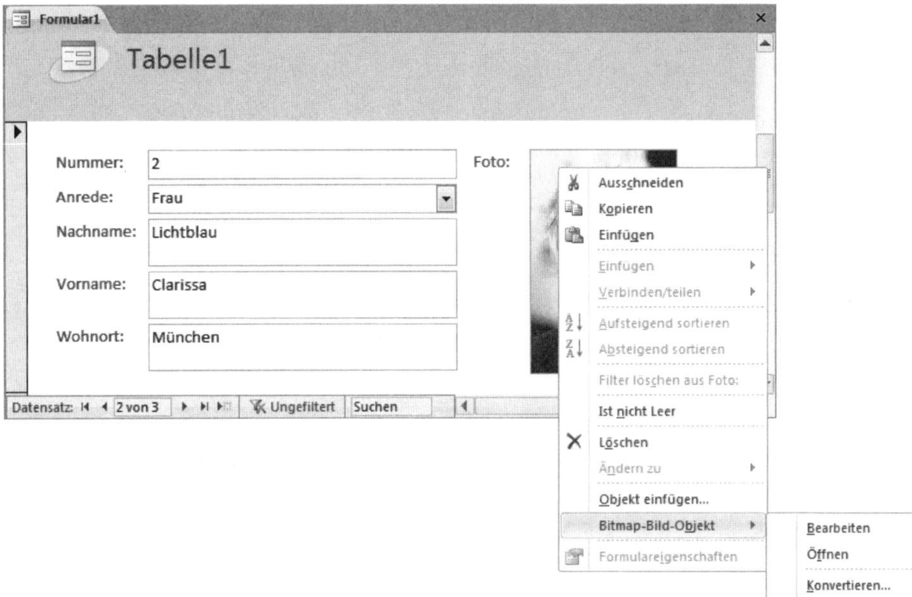

Abbildung 10.12
Eingefügte Objekte können Sie anschließend noch bearbeiten.

Ein Bildobjekt bearbeiten

Nachdem Sie ein Bildobjekt eingefügt haben, können Sie es anschließend noch bearbeiten. Für derartige Aufgaben benutzen Sie die entsprechenden Befehle im Kontextmenü dazu (→ Abbildung 10.12).

Leere Objekte einsetzen

Über die Registerkarte *Neu erstellen* im Dialogfeld zum Einfügen eines Objekts können Sie ein beliebiges Objekt aus einem der auf Ihrem Rechner installierten Programme erstellen und anschließend mit Inhalten füllen (→ Abbildung 10.13). Wählen Sie dazu im Listenfeld den einzufügenden Objekttyp aus. Welche Typen hier angezeigt werden, hängt von den auf dem System installierten Anwendungen ab. Um das Objekt nur als Symbol in der Nachricht anzuzeigen, aktivieren Sie das Kontrollkästchen *Als Symbol anzeigen*. Bestätigen Sie dann mit *OK*.

Das Objekt wird dann in das aktuelle Dokument eingefügt. Solange Sie das so erstellte Objekt markiert haben, steht Ihnen ein Großteil der Befehle des jeweiligen

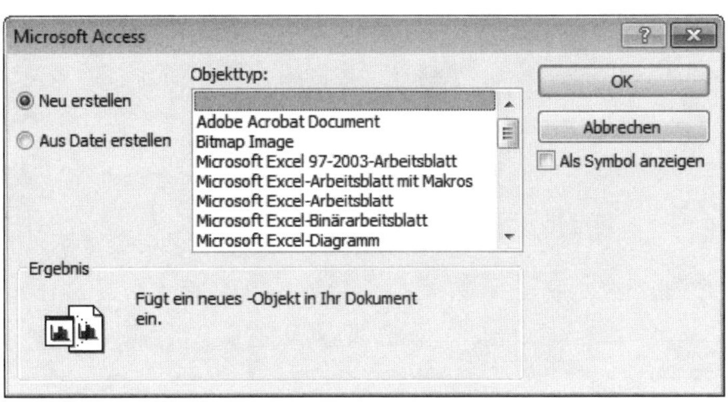

Abbildung 10.13
Die Registerkarte *Neu erstellen*

Programms zur Verfügung. Sie können die Größe und die Position eines auf diese Art und Weise eingefügten Objekts wie üblich über die acht Ziehpunkte verändern.

Eine leere Excel-Tabelle in Word einfügen

Zu den wahrscheinlich am häufigsten in ein Word-Dokument eingefügten Objekten zählen Excel-Kalkulationstabellen und die dazugehörigen Diagramme. Wählen Sie in diesem Fall die Option *Microsoft Excel-Arbeitsblatt* auf der Registerkarte *Neu erstellen* im Dialogfeld. Eine leere Tabelle wird erstellt, und die Oberfläche von Access wird mit der von Excel überlagert. Die Tabelle müssen Sie dann mit den gewünschten Daten füllen (→ Abbildung 10.14).

Wenn Sie außerhalb der Tabelle klicken, werden die Elemente der Excel-Oberfläche entfernt, das heißt, es wird zur Oberfläche des verwendeten Programms zurückgekehrt, und die Tabelle wird im Dokument in einem Rahmen angezeigt (→ Abbildung 10.14 rechts).

Beachten Sie noch die folgenden Hinweise:

» Wollen Sie zum Bearbeiten der Daten in die Tabelle zurückkehren, müssen Sie auf die Tabelle doppelklicken.

» Auch um den Bereich der Tabelle festzulegen, der im Dokument angezeigt wird, müssen Sie zunächst wieder doppelklicken und dann den anzuzeigenden Bereich durch Verschieben der Ziehpunkte markieren.

» Wenn Sie die Ziehpunkte außerhalb der Anzeige der Excel-Oberfläche benutzen, ändern Sie damit nur den Maßstab der Anzeige der Tabelle innerhalb des Formulars.

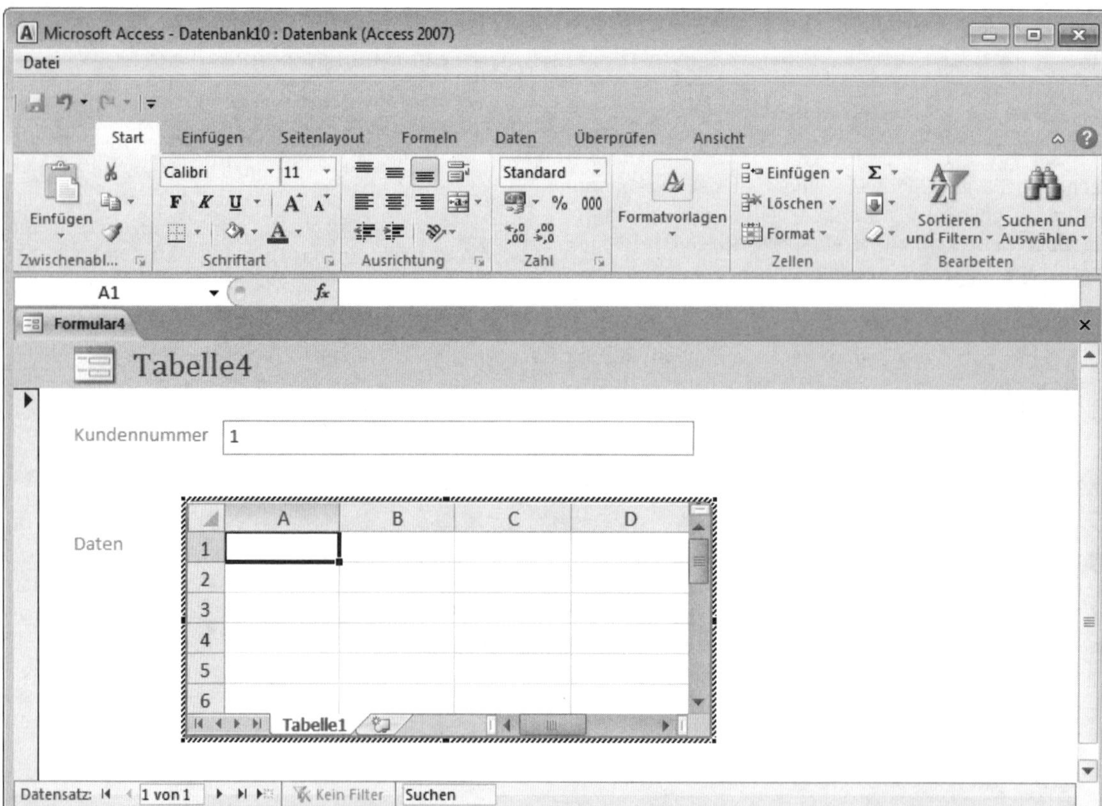

Abbildung 10.14 Geben Sie anschließend in die Tabelle die Daten ein.

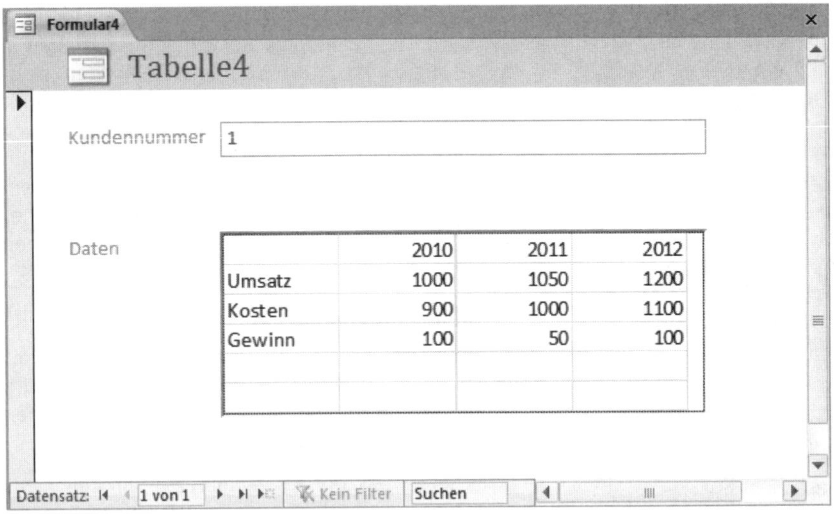

Abbildung 10.15
Eine Tabelle innerhalb eines Formulars

Eine vorhandene Excel-Tabelle einfügen

Um die Daten einer vorhandenen Excel-Datei in einem Formular oder einem Bericht anzuzeigen, verwenden Sie die Registerkarte *Aus Datei erstellen* im Dialogfeld zum Einfügen eines Objekts. Geben Sie im Feld *Dateiname* den Namen und den Pfad der zu verwendenden Excel-Datei ein, oder wählen Sie die Angaben über die Schaltfläche *Durchsuchen* aus. Nach dem Bestätigen wird der Inhalt des aktuellen Tabellenblatts in der Arbeitsmappe im Dokument angezeigt. Um ein anderes Blatt zu wählen oder Daten zu ändern, müssen Sie auf die Anzeige doppelklicken und dann die Änderungen vornehmen. Wenn Sie außerhalb der Tabelle klicken, werden die Elemente der Excel-Oberfläche entfernt, und es wird wieder die Access-Oberfläche mit der im Formular eingefügten Tabelle angezeigt.

Audiodatei importieren

Sie können auch Audiodateien in Objektfelder importieren. Die eingefügte Audiodatei wird dann in der Standardeinstellung beim Doppelklicken auf dieses Feld abgespielt. Sie müssen allerdings auf der Registerkarte *Daten* im Eigenschaftenfenster zu diesem Feld die Option *Aktiviert* auf *Ja* einstellen.

10.2.4 Eingaben speichern

Ihre Eingaben werden automatisch gespeichert, sobald Sie von einem Datensatz zu einem anderen wechseln. Wenn Sie während der Bearbeitung eines Datensatzes die bisher im Datensatz durchgeführten Eingaben speichern wollen, drücken Sie [⇧]+[↵]. Oder klicken Sie auf *Speichern* in der *Symbolleiste für den Schnellzugriff*.

Änderungen können Sie rückgängig machen, auch wenn diese bereits gespeichert wurden. Benutzen Sie dazu den Befehl *Rückgängig* in der *Symbolleiste für den Schnellzugriff*.

10.2.5 Daten korrigieren

Bereits eingegebene Daten können Sie nachträglich korrigieren. Voraussetzung ist, dass die oben genannten Eigenschaften das erlauben. Haben Sie beispielsweise einen Fehler entdeckt, klicken Sie die entsprechende Stelle mit der Maus an und führen die Korrekturen durch. Wie bei der Arbeit in der Tabelle müssen Sie auch hier zwischen *Bearbeitungs-* und *Navigationsmodus* unterscheiden. Zum Umschalten zwischen diesen beiden Modi dient die Taste [F2]. Im Navigationsmodus bewegen Sie sich mit den entsprechenden Tasten zwischen den einzelnen Feldern. Im Bearbeitungsmodus können Sie die in einem Feld eingetragenen Daten editieren. Hierin steht Ihnen dazu eine Vielzahl von Tastenkombinationen zur Verfügung (→ Tabelle 10.5). Denken Sie daran, den Bearbeitungsmodus nach Ende der Korrektur wieder abzuschalten, wenn Sie diese Tasten wieder zur Navigation zwischen Feldern und Datensätzen verwenden möchten.

Taste(nkombination)	Wirkung im Bearbeitungsmodus
→	Ein Zeichen nach rechts.
Strg + →	Ein Wort nach rechts.
Ende bzw. Strg + Ende	An das Ende des Felds.
←	Ein Zeichen nach links.
Strg + ←	Ein Wort nach links.
Pos1 bzw. Strg + Pos1	An den Feldanfang.

Tabelle 10.5 Die Tastenwirkung im Bearbeitungsmodus

Im Bearbeitungsmodus können Sie umfangreichere Korrekturen innerhalb eines Feldes ähnlich wie in einem Textverarbeitungsprogramm durchführen: Nach dem Markieren eines Bereichs innerhalb eines Feldes können Sie ihn löschen, ausschneiden, kopieren oder an einer anderen Stelle einfügen. Benutzen Sie dazu beispielsweise die Befehlsschaltflächen *Kopieren*, *Ausschneiden*, *Einfügen* in der Gruppe *Zwischenablage* der Registerkarte *Start*.

10.2.6 Die Rechtschreibprüfung anwenden

Mit der Rechtschreibprüfung können Sie das gesamte Dokument oder einen markierten Bereich auf Fehler hinsichtlich Rechtschreibung und Grammatik untersuchen und – gegebenenfalls – korrigieren lassen. Für die Rechtschreibprüfung stellt Microsoft Office ein internes Wörterbuch zur Verfügung. Auch die Texteingaben in anderen Microsoft Office-Programmen können einer Rechtschreibprüfung unterzogen werden. Die dafür verwendeten Wörterbücher sind dieselben, wie sie auch von Access benutzt werden. Sie können aber auch eigene Wörterbücher verwenden, in die Sie Einträge einfügen, die dem Programm nicht bekannt sind. Bei einer Grammatikprüfung können Sie zwischen verschiedenen Schreibstilen wählen.

Die Prüfung vornehmen

Natürlich eignen sich für die Rechtschreibprüfung vordringlich Felder, in denen sich nicht nur einfache Eintragungen, sondern längere Texte befinden – also beispielsweise Felder vom Datentyp *Memo*.

» Setzen Sie die Schreibmarke in ein beliebiges Feld und klicken auf die Schaltfläche *Rechtschreibung* in der Gruppe *Datensätze* der Registerkarte *Start* im Menüband. Die Prüfung wird gestartet. Wenn ein Fehler gefunden wird, wird das Dialogfeld *Rechtschreibung* eingeblendet (→ Abbildung 10.16). Sie können die Korrekturen direkt in diesem Dialogfeld vornehmen.

» Unter *Vorschläge* wird ein Vorschlag oder eine Liste mit Vorschlägen für die Korrektur angezeigt. Wählen Sie hier die korrekte Schreibweise des Wortes aus, oder korrigieren Sie das Wort im darüber liegenden Feld manuell.

» Ein Klick auf *Ignorieren* behält die Schreibweise bei diesem Wort bei, meldet aber bei einem weiteren Auftreten die Schreibweise erneut als Fehler.

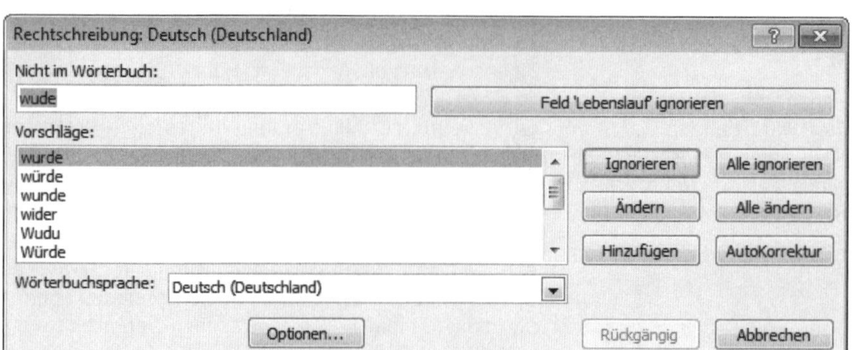

Abbildung 10.16 Rechtschreibfehler werden angezeigt.

» Mit *Alle ignorieren* legen Sie fest, dass die Schreibweise des Wortes innerhalb des gesamten Bereichs beibehalten und nicht mehr als Fehler gemeldet wird.

» Falls das Wort tatsächlich korrekt geschrieben wurde, es dem Programm aber unbekannt ist, können Sie es über die Schaltfläche *Hinzufügen* in das aktuelle Wörterbuch aufnehmen.

» *Ändern* korrigiert das Wort entsprechend Ihrer Auswahl im Feld *Vorschläge* beziehungsweise entsprechend Ihrer Korrektur im Feld *Nicht* im Wörterbuch.

» Bei einer Bestätigung über *Alle ändern* wird sowohl das aktuell hervorgehobene als auch jedes weitere Auftreten dieses Wortes entsprechend Ihrer Auswahl im Feld Vorschläge beziehungsweise entsprechend Ihrer Korrektur im Feld *Nicht im Wörterbuch* geändert.

» *AutoKorrektur* übernimmt die fehlerhafte und die korrekte Schreibweise in die AutoKorrektur.

TIPP Über Fenster zur Schaltfläche *Access-Optionen* können Sie im Bereich *Dokumentprüfung* zusätzliche Optionen für die Rechtschreibprüfung einstellen. Dieser Bereich wird auch durch Klicken auf die Schaltfläche *Optionen* im Dialogfeld *Rechtschreibung und Grammatik* auf den Bildschirm gebracht (→ Kapitel 4).

10.3 Datensätze bearbeiten

Sie können auch die eingegebenen Datensätze als Ganzes kopieren, einfügen und löschen. Verwenden Sie dazu die entsprechenden Schaltflächen in den Gruppen *Zwischenablage* und *Datensätze* der Registerkarte *Start* im Menüband (→ Abbildung 10.17).

Abbildung 10.17 Die Gruppen *Zwischenablage* und *Datensätze* auf der Registerkarte *Start*

10.3.1 Markieren

Standardmäßig ist nach dem Öffnen eines Formulars im ersten Datensatz das Feld mit der *Reihenfolgeposition 0* markiert. Bevor Sie einen bestimmten Datensatz als Ganzes bearbeiten können, müssen Sie ihn erst auswählen und insgesamt markieren.

» In der Ansicht *Einzelnes Formular* benutzen Sie dazu die oben genannten Methoden zur Navigation. Anschließend müssen Sie den Datensatzmarkierer des gewünschten Datensatzes am linken Rand des Formulars anklicken.

» In der Ansicht *Endlosformular* können Sie zur Navigation auch die senkrechte Bildlaufleiste benutzen. Wählen Sie dann gegebenenfalls den Datensatz, indem Sie den dazugehörenden Datensatzmarkierer am linken Rand des Formulars anklicken (→ Abbildung 10.18).

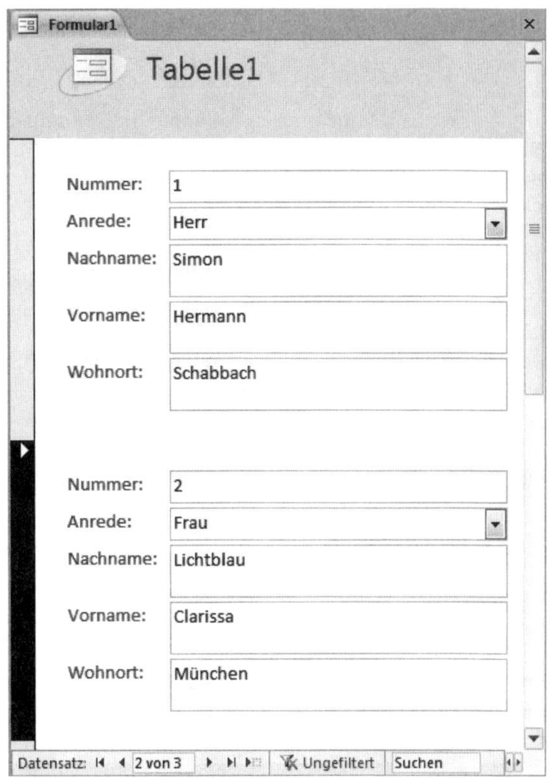

Abbildung 10.18 Wählen Sie den gewünschten Datensatz.

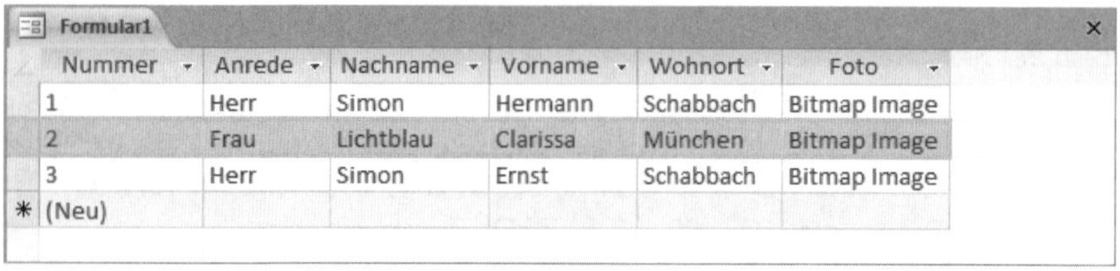

Abbildung 10.19
Wählen Sie den gewünschten Datensatz aus.

» In der Ansicht *Datenblatt* klicken Sie auf das Feld links neben der Tabelle (→ Abbildung 10.19).

» Hatten Sie die Ansicht *Geteiltes Formular* gewählt, können Sie beide Methoden verwenden.

Möglich - wenn auch umständlicher - ist auch ein Klick auf *Markieren* in der Liste zur Schaltfläche *Markieren* im Bereich *Suchen* auf der Registerkarte *Start* im Menüband. Wichtiger ist hierin die Option *Alles markieren*, mit der alle Datensätze ausgewählt werden.

10.3.2 Einen Datensatz löschen

Nicht mehr benötigte Datensätze können Sie löschen. Denken Sie aber daran, dass die Daten dabei nicht nur aus dem Formular, sondern auch aus der zugrunde liegenden Tabelle unwiderruflich entfernt werden!

» Markieren Sie den zu löschenden Datensatz, oder setzen Sie die Einfügemarke an eine beliebige Stelle im gewünschten Datensatz.

»  Wenn Sie den Datensatz markiert hatten, klicken Sie auf die Schaltfläche *Löschen* in der Registerkarte *Datensätze* im Menüband. Auch die Tastenkombination [Strg]+[-] löscht den aktuellen Datensatz.

» Bestätigen Sie die Warnung über den Datenverlust mit der Schaltfläche *Ja* (→ Abbildung 10.20). Der Datensatz wird gelöscht, ein gegebenenfalls vorhandener Zähler des gelöschten Datensatzes bleibt aber bestehen.

Hatten Sie vor dem Löschen keinen Datensatz, sondern einen Feldinhalt oder einen Teil davon markiert, können Sie den gesamten Datensatz löschen, indem Sie *Datensatz löschen* aus der Liste zur Schaltfläche *Löschen* auf der Registerkarte *Datensätze* im Menüband wählen. Ein Klick auf *Löschen* löscht nur die aktuelle Markierung.

10.3.3 Einen Datensatz kopieren

Das Kopieren von Datensätzen gehört eigentlich nicht zu den typischen Datenbankaufgaben. Wenn sich aber ein neuer Datensatz von einem bereits vorhandenen nur wenig unterscheidet, können Sie am Ende des Datenvorrats eine Kopie des vorhandenen erstellen und diesen dann editieren.

» Markieren Sie einen vorhandenen Datensatz wie oben beschrieben.

»  Wählen Sie *Kopieren* in der Gruppe *Zwischenablage* im Menüband.

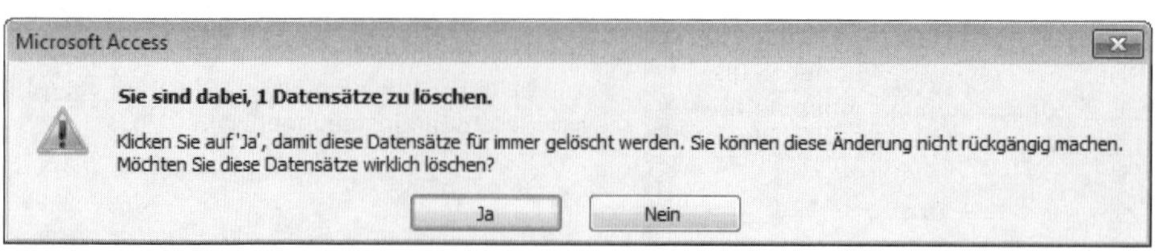

Abbildung 10.20
Vor Datenverlusten wird gewarnt.

» 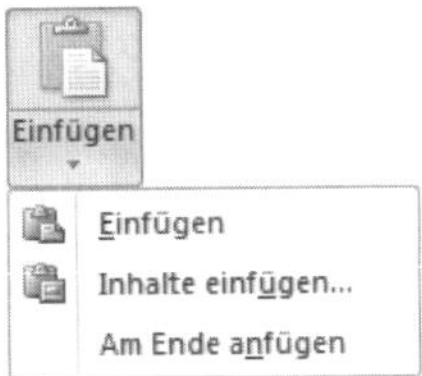

Wenn Sie den in die Zwischenablage kopierten Datensatz am Ende des Datenbestandes wieder einfügen wollen, wählen Sie *Am Ende anfügen* in der Liste zur Schaltfläche *Einfügen* in der Gruppe *Zwischenablage* im Menüband. Eine Kopie des Datensatzes wird erstellt. Sie können ihn anschließend editieren. Beachten Sie, dass Felder mit dem Datentyp *AutoWert* automatisch korrigiert werden.

Wenn Sie nach dem Kopieren eines Datensatzes einen anderen Datensatz markieren und auf die Schaltfläche *Einfügen* in der Gruppe *Zwischenablage* im Menüband klicken, wird der markierte Datensatz durch den Inhalt der Zwischenablage überschrieben. Auch hier werden Felder mit dem Datentyp *AutoWert* automatisch korrigiert.

10.3.4 Einen Datensatz verschieben

Wir haben es im Kapitel 4 über das Arbeiten in Tabellen schon erwähnt: Das Verschieben eines Datensatzes ist im Allgemeinen nicht notwendig. Wir erläutern es auch hier nur der Vollständigkeit halber.

» Markieren Sie einen vorhandenen Datensatz wie oben beschrieben.

»  Wählen Sie *Ausschneiden* in der Gruppe *Zwischenablage* im Menüband, oder betätigen Sie die Tastenkombination [Strg]+[X]. Damit legen Sie die Daten in der Zwischenablage ab und entfernen sie gleichzeitig aus der Tabelle.

»  Wählen Sie dann den Datensatz, in den Sie die Daten verlagern wollen. Wenn sie am Ende der Liste einfügt werden sollen, klicken Sie beispielsweise in der Gruppe *Datensätze* auf *Neu*.

» 

Klicken Sie auf die Schaltfläche *Einfügen* in der Gruppe *Zwischenablage* auf der Registerkarte *Start* im Menüband, oder betätigen Sie die Tastenkombination [Strg]+[V].

Ein neuer Datensatz wird erstellt, der den anfangs entfernten enthält.

10.4 Suchen und Ersetzen

Sie können im Formular nach Feldinhalten suchen und diese - bei Bedarf - ersetzen lassen. Die Optionen dafür finden Sie in der Gruppe *Suchen* auf der Registerkarte *Start* im Menüband (→ Tabelle 10.6).

Symbol	Name und Wirkung
	*Suchen* - zeigt die Registerkarte *Suchen* im Dialogfeld *Suchen und Ersetzen* an.
	*Ersetzen* - zeigt die Registerkarte *Ersetzen* im Dialogfeld *Suchen und Ersetzen* an.
	*Gehe zu* - öffnet eine Liste mit Navigationsoptionen (→ oben).
	*Markieren* - markiert den gesamten aktuellen Datensatz (→ oben).

Tabelle 10.6 Die Elemente der Gruppe *Suchen*

10.4.1 Daten suchen

Um das Formular - und damit die zugrunde liegende Tabelle - nach bestimmten Einträgen suchen zu lassen, gehen Sie entsprechend den folgenden Schritten vor:

» Öffnen Sie das gewünschte Formular in der Formularansicht. Sie können auch die Layoutansicht benutzen. Verwenden Sie beispielsweise *Formular1*.

» Um schnell ein Ergebnis zu erhalten, sollten Sie die Einfügemarke in ein beliebiges Feld des Formulars setzen, in dem gesucht werden soll. Notwendig ist das aber nicht. Sie können jedes Feld benutzen.

» 

Klicken Sie auf der Registerkarte *Start* im Menüband auf die Schaltfläche *Suchen*. Das Dialogfeld *Suchen und Ersetzen* wird angezeigt (→ Abbildung 10.21). Nehmen Sie darin die gewünschten Einstellungen vor.

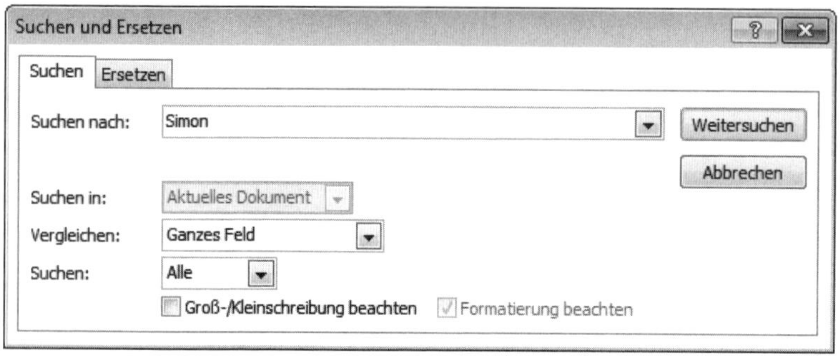

Abbildung 10.21
Geben Sie hier den Suchbegriff ein.

» Geben Sie im Feld *Suchen nach* die Zeichenfolge ein, nach der gesucht werden soll. Geben Sie für diese Übung den Wert *Simon* ein. Hatten Sie vorher den Inhalt oder einen Teil davon markiert, wird dieser Inhalt im Feld automatisch angezeigt.

» 

Über das Feld *Suchen in* können Sie festlegen, in welchen Bereichen gesucht werden soll. Hatten Sie vorher ein Feld markiert, können Sie die Suche darauf einschränken. Sie können die Markierung auch bei einem geöffneten Dialogfeld ändern.

» 

Das Feld *Vergleichen* erlaubt es, die Lage des Suchbegriffs innerhalb des Feldes einzuschränken. Wählen Sie *Ganzes Feld*, wenn außer dem Suchbegriff keine weiteren Zeichen im Feld mehr vorhanden sein dürfen. Dagegen erfolgt bei *Teil des Feldinhaltes* auch eine Meldung, wenn noch weitere Zeichen im Feld vorhanden sind. Bei *Anfang des Feldinhaltes* muss der Suchbegriff am Anfang in Feld stehen.

» 

Im Feld *Suchen* bestimmen Sie die Suchrichtung. Mit *Abwärts* gelangen Sie beispielsweise zum nächsten Datensatz, in dem der Suchbegriff auftaucht.

» Bestätigen Sie über die Schaltfläche *Weitersuchen*.

Die erste Fundstelle wird gekennzeichnet. Das Dialogfeld bleibt weiterhin geöffnet, und Sie können durch einen erneutes Anklicken von *Weitersuchen* nach einer weiteren Fundstelle suchen lassen. Sie beenden die Suche über die Schaltfläche *Abbrechen*.

TIPP Sie können bei der Formulierung des Suchbegriffs Platzhalter verwenden: *?* steht für ein beliebiges einzelnes Zeichen, * steht für eine beliebige Zeichenfolge, *[ ]* entspricht einem einzelnen Zeichen innerhalb der eckigen Klammern, *[!]* entspricht einem einzelnen beliebigen Zeichen, das in der eckigen Klammer nicht enthalten ist, *[-]* entspricht einem einzelnen beliebigen Zeichen innerhalb des angegebenen Bereichs, und # entspricht einem einzelnen numerischen Zeichen.

10.4.2 Daten ersetzen

Sie können bestimmte Zeichenfolgen in der Tabelle durch andere ersetzen lassen. Gehen Sie dazu in den folgenden Schritten vor:

» Öffnen Sie das gewünschte Formular in der Formularansicht. Sie können auch die Layoutansicht benutzen. Verwenden Sie beispielsweise wieder *Formular1*.

» Setzen Sie die Einfügemarke in ein beliebiges Feld, in dem ersetzt werden soll.

» Klicken Sie auf der Registerkarte *Start* im Menüband auf die Schaltfläche *Ersetzen*. Das Dialogfeld *Suchen und Ersetzen* wird angezeigt (→ Abbildung 10.22). Wenn Sie vorher einen Suchprozess durchgeführt hatten, können Sie auch im Dialogfeld zur Registerkarte *Ersetzen* wechseln.

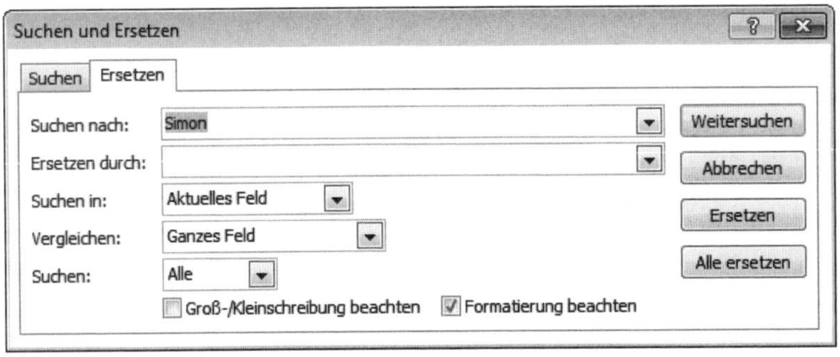

Abbildung 10.22
Die Registerkarte *Ersetzen*

- Nehmen Sie im Dialogfeld die entsprechenden Einstellungen vor. Diese entsprechen denen, die Sie schon vom Dialogfeld *Suchen* her kennen.
- Wie ersetzt werden soll, regeln Sie über die Schaltflächen auf der rechten Seite des Dialogfeldes:
- Wenn Sie zuerst den Suchbegriff anzeigen lassen wollen, bestätigen Sie über *Weitersuchen*. Die erste Fundstelle wird markiert.
- Um den Begriff an dieser Fundstelle auszutauschen, klicken Sie auf *Ersetzen*.
- Um bei allen im angegebenen Bereich vorhandenen Fundstellen einen Austausch durchzuführen, klicken Sie auf *Alle ersetzen*.
- Schließen Sie das Dialogfeld anschließend, indem Sie auf die Schaltfläche *Abbrechen* klicken.

TIPP Über die Kategorie *Erweitert* im Dialogfeld zu den *Access-Optionen* können Sie unter der Überschrift *Bearbeiten* das Standardverhalten für Suchen/Ersetzen-Operationen regeln (→ Kapitel 20): Die Option *Schnelle Suche* durchsucht das aktuelle Feld und meldet nur Felder, in denen der gesamte Feldinhalt dem Suchbegriff entspricht. Mit der Option *Allgemeine Suche* werden alle Felder durchsucht und die Felder gefunden, in denen ein Teil des Feldinhalts dem Suchbegriff entspricht. Über *Feldanfang-Suche* wird das aktuelle Feld durchsucht, und es werden alle Felder gefunden, in denen der Anfang des Feldinhalts dem Suchbegriff entspricht.

10.5 Filtern und Sortieren

Außerdem können Sie die im Formular angezeigten Datensätze nach bestimmten Kriterien filtern oder sortieren. Dafür stehen Ihnen in der Gruppe *Sortieren und Filtern* auf der Registerkarte *Start* im Menüband mehrere Funktionen zur Verfügung (→ Tabelle 10.7).

Symbol	Name und Wirkung
	Aufsteigend: sortiert die Datensätze im Formular aufsteigend nach den Eintragungen im vorher markierten Feld.
	Absteigend: sortiert die Datensätze im Formular absteigend nach den Eintragungen im vorher markierten Feld.
	Alle Sortierungen löschen: entfern alle vorher vorgenommenen Sortierungen und stellt den Ausgangszustand wieder her.
Filtern	*Filtern:* öffnet eine Liste zum vorher markierten Feld, über die Sie die Filterkriterien auswählen können. Hier stehen Ihnen alle Eintragungen im gerade aktuellen Feld zur Verfügung.
	Auswahl: öffnet eine Liste, über die Sie Filter für das gerade markierte Feld festlegen können.
	Erweiterte Filteroptionen: liefert weitere Optionen zum Filtern.
	Filter anwenden: ist diese Schaltfläche aktiviert, ist ein Filter wirksam. Durch einen Klick darauf können Sie den aktuellen Filter aus- und wieder einschalten.

Tabelle 10.7 Die Elemente der Gruppe *Sortieren und Filtern*

10.5.1 Filtern

Über eine Filterung der Daten erreichen Sie, dass nur die Datensätze angezeigt werden, die bestimmte Kriterien erfüllen. Wenn Sie eine solche Filterung regelmäßig nach denselben Kriterien durchführen wollen, sollten Sie sich einer der schon beschriebenen Auswahlabfragen bedienen, da Ihnen damit ein sehr umfangreiches Spektrum an Möglichkeiten zur Verfügung steht. Eine nicht regelmäßige Filterung können Sie aber auch in einer Datenansicht des Formulars durchführen.

Einen einfachen Filter einsetzen

Einen einfachen Filter können Sie in jeder Form der Datenansicht einsetzen.

» Öffnen Sie das gewünschte Formular in der Formularansicht. Sie können auch die Layoutansicht benutzen. Verwenden Sie beispielsweise wieder *Formular1*.

» Setzen Sie die Einfügemarke in ein beliebiges Feld der Spalte, deren Inhalte zum Filtern benutzt werden sollen. Wenn Sie beispielsweise eine Spalte *Nachname* benutzen, können Sie Eintragungen mit einem bestimmten Nachnamen herausfiltern.

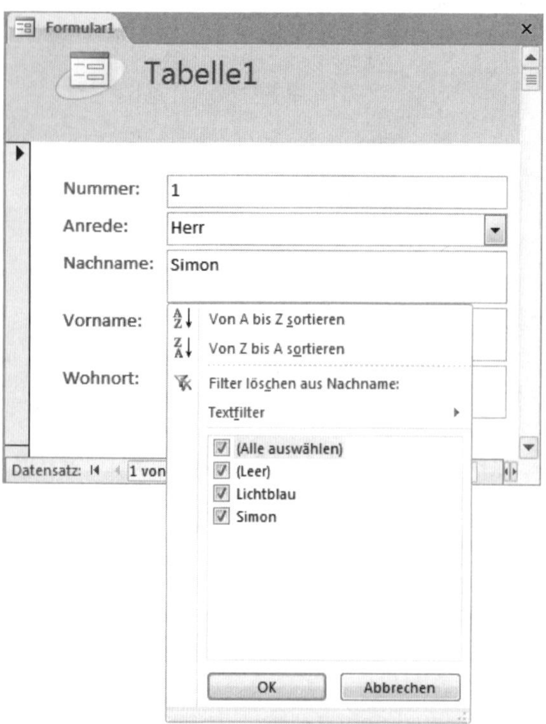

Abbildung 10.23 Das Filtern im Formular

» 

Klicken Sie auf die Schaltfläche *Filtern* in der Gruppe *Sortieren und Filtern* der Registerkarte *Start*. Für die Spalte wird ein zusätzliches Fenster geöffnet, in dessen unteren Bereich alle in dieser Spalte vorhandenen Feldinhalte aufgelistet werden (→ Abbildung 10.23). Ein Häkchen vor einem solchen Eintrag bedeutet, dass Datensätze mit diesem Inhalt in der Tabelle angezeigt werden.

» Deaktivieren Sie die Anzeige für die Feldinhalte, die herausgefiltert werden sollen, indem Sie die Anzeige des Häkchens durch einen Klick darauf abschalten. Bestätigen Sie die Auswahl durch einen Klick auf *OK*. Die Datensätze, die dem Filterkriterium nicht entsprechen, werden aus der Tabelle ausgeblendet. Unten in der Tabelle wird durch die Anzeige *Gefiltert* der Zustand vermerkt.

Diese Form finden Sie beispielsweise auch in der Datenblattansicht (→ Abbildung 10.24).

Einen Filter aus- und einschalten

Die Einstellung für den Filter bleibt erhalten, bis Sie sie ändern. Sie können ihre Wirkung wahlweise ein- und ausschalten.

» 

Um die Filterung auszuschalten, klicken Sie auf die Schaltfläche *Filter entfernen* in der Gruppe *Sortieren und Filtern* der Registerkarte *Start* im Menüband. Das Formular zeigt dann wieder den vollständigen Dateninhalt an. In der Navigationsleiste des Formulars finden Sie die Anzeige *Ungefiltert*.

» 

Zum nochmaligen Anwenden des Filters mit demselben Kriterium klicken Sie auf dieselbe Schaltfläche – sie heißt jetzt *Filter anwenden*. In der Navigationsleiste des Formulars finden Sie dann die Anzeige *Gefiltert*.

Wenn Sie den Filter komplett entfernen möchten, öffnen Sie die Liste zur Schaltfläche *Erweiterte Filteroptionen* in der Gruppe *Sortieren und Filtern* der Registerkarte *Start* im Menüband. Wählen Sie darin die Option *Alle Filter löschen*. Wählen Sie diese Option aus.

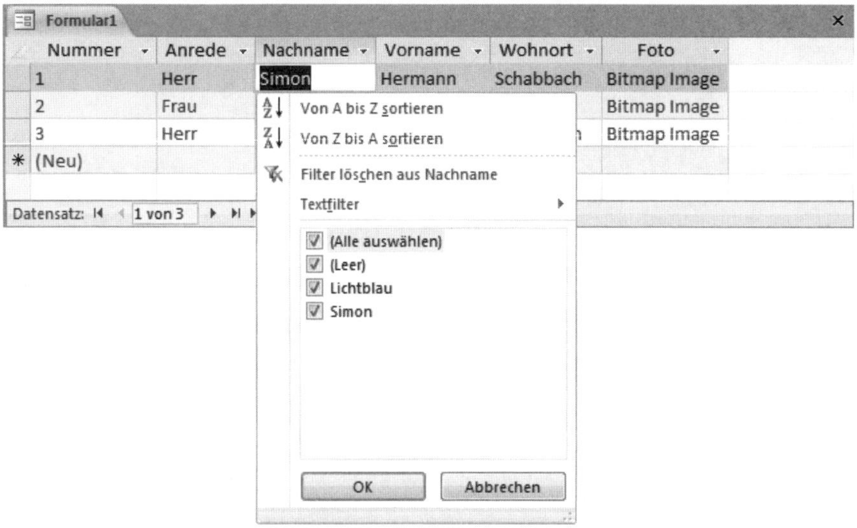

Abbildung 10.24
Filtern in der Datenblattansicht des Formulars

Das Kontextmenü verwenden

Auch Befehle des Kontextmenüs zu einem Feld lassen sich bequem zum Filtern verwenden. Sie finden hierin einerseits die eben für den auswahlbasierenden Filter beschriebenen Optionen. Im Kontextmenü für ein numerisches Feld finden Sie zusätzlich die Option *Zahlenfilter*, die eine größere Vielfalt zum Filtern bietet (→ Abbildung 10.25 links). Ein Klick auf eine der dort gezeigten Optionen zeigt das Dialogfeld *Benutzerdefinierter Filter* an, in dem Sie einen Zahlenwert eingeben können (→ Abbildung 10.25 rechts). Nach einem Klick auf *OK* tritt der Filter in Kraft.

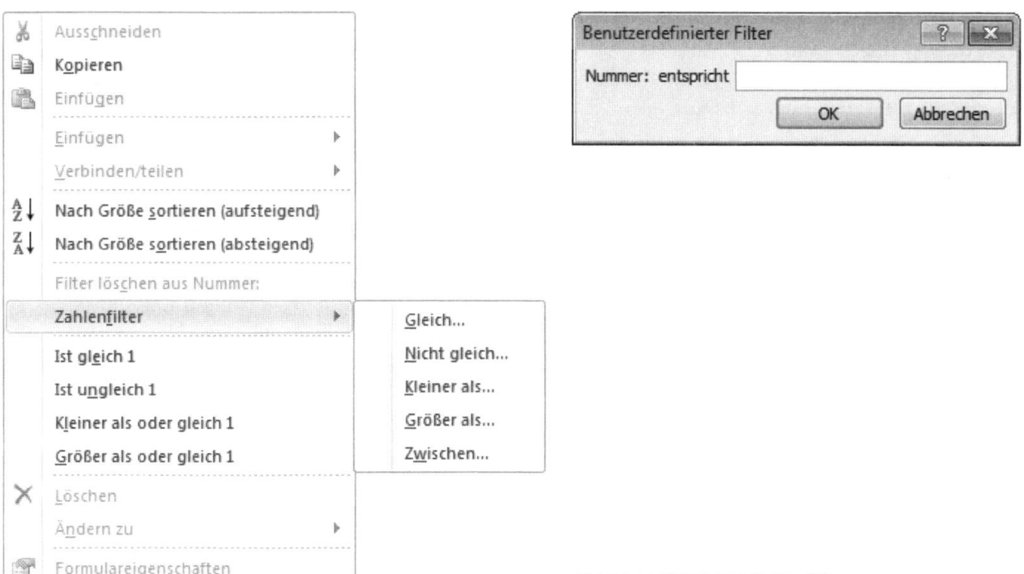

Abbildung 10.25 Der Zahlenfilter

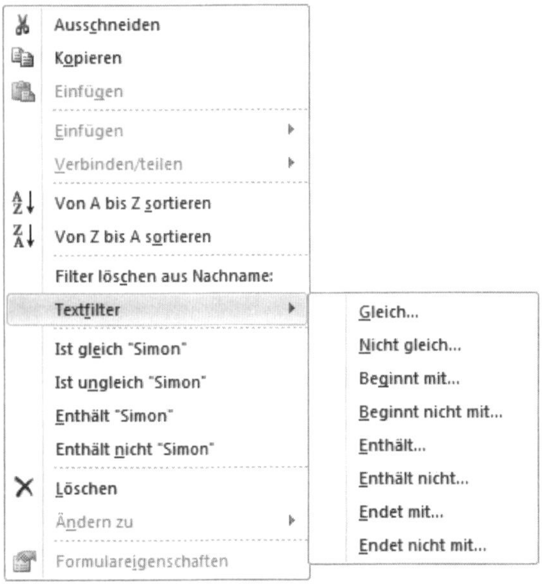

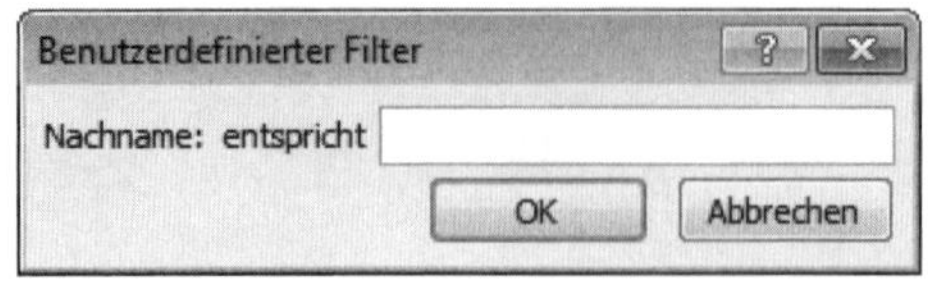

Abbildung 10.26 Der Textfilter

Entsprechende Möglichkeiten finden Sie auch für Text- und andere Datentypen (→ Abbildung 10.26).

Auswahlbasierender Filter

Die schnellste und einfachste Filterung erreichen Sie über einen auswahlbasierenden Filter.

» Öffnen Sie das gewünschte Formular in der Formularansicht. Sie können auch die Layoutansicht benutzen. Verwenden Sie wieder *Formular1*.

» Setzen Sie die Schreibmarke in ein Feld mit dem Inhalt, nach dem Sie die Datensätze filtern wollen. Wenn Sie beispielsweise nur noch Datensätze anzeigen lassen wollen, die im Feld *Nachname* den Eintrag *Simon* zeigen oder nicht zeigen, setzen Sie sie in ein solches Feld.

» Öffnen Sie die Liste zur Schaltfläche *Auswahl* in der Gruppe *Sortieren und Filtern* der Registerkarte *Start* im Menüband. Darin finden Sie je nach dem Typ des aktuellen Feldes unterschiedliche Optionen:

» 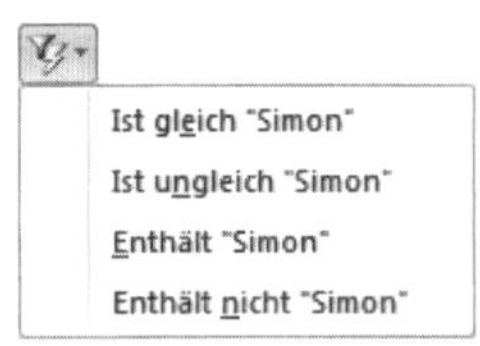

Wenn es sich um ein Feld vom Datentyp *Text* handelt, finden Sie hier vier Alternativen für die Filterung: *Ist gleich »«* filtert Datensätze aus, bei denen der Feldinhalt genau dem Kriterium entspricht, *Ist ungleich »«* bewirkt genau das Gegenteil. *Enthält »«* zeigt auch Datensätze an, bei denen dieses Feld neben dem Kriterium auch zusätzlich Inhalte zeigt – beispielsweise *Simonis*.

» Handelt es sich um ein numerisches Feld, finden Sie hier andere und weitere Alternativen: Die Bedeutungen von *Ist gleich ...*, *Ist ungleich ...*, *Kleiner als oder gleich ...* und *Größer als oder gleich* sind wohl offensichtlich (→ Abbildung 10.27 links). Wenn Sie *Zwischen ...* wählen, können Sie in einem kleinen Dialogfeld die Grenzwerte eingeben (→ Abbildung 10.27 rechts).

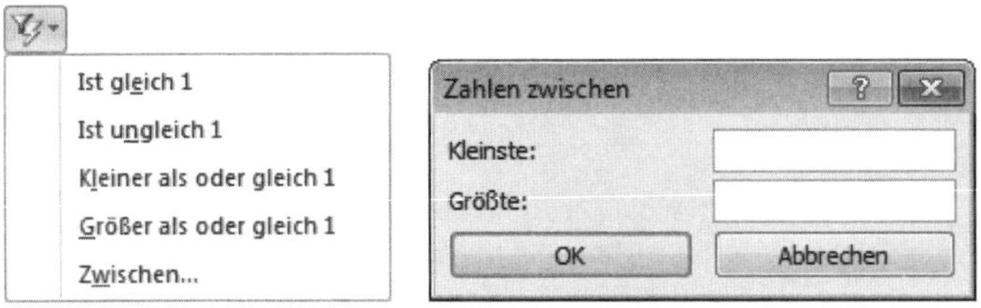

Abbildung 10.27
Geben Sie die Grenzwerte für die Filterung ein.

» Für andere Typen von Feldern - beispielsweise solche vom Typ *OLE-Objekt* - finden Sie hier nur die Option *Ist nicht leer*.

Nach dieser Wahl zeigt die Datenansicht nur noch Datensätze, die dem Kriterium entsprechen. In der Navigationszeile wird die Anzeige *Gefiltert* eingeblendet.

10.5.2 Komplexere Formen der Filterung

Wenn Sie nicht nur - wie eben beschrieben - ein einfaches Filterkriterium auf ein einzelnes Feld anwenden, sondern die Datenbank nach den Inhalten mehrerer Felder filtern möchten, können Sie das einerseits damit erreichen, indem Sie die Filter nacheinander formulieren. Beispielsweise können Sie eine Datenbank zuerst nach dem Eintrag *Simon* im Feld *Nachname* und das die so bereits gefilterte Datenbank dann nach dem Wert *Schabbach* im Feld *Wohnort* erneut filtern. Eine solche Vorgehensweise kann aber leicht zu unübersichtlichen Ergebnissen führen. Wenn Sie mehr komplexere Formen einsetzen wollen, sollten Sie stattdessen die Optionen zur Befehlsschaltfläche *Erweiterte Filteroptionen* benutzen (→ Abbildung 10.28).

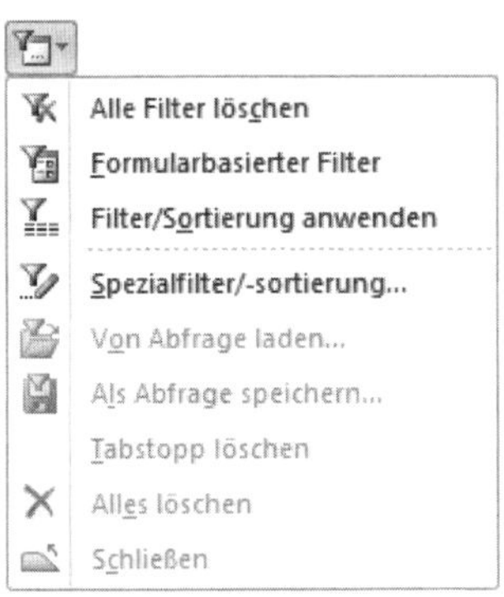

Abbildung 10.28 Die erweiterten Filteroptionen

In der Liste dazu stehen Ihnen mindestens zwei weitere Optionen zur Verfügung - *Formularbasierter Filter* und *Spezialfilter/-sortierung*. Diese beiden Befehle sind zunächst nur die Eingabewerkzeuge für die Filterung. Nach dem Erstellen einer Filterbedingung müssen Sie deren Anwendung erst durch einen entsprechenden Befehl aktivieren, um sie wirksam zu machen.

Ein formularbasierter Filter

Über einen formularbasierten Filter können Sie sehr einfach die Anzeige auf Datensätze beschränken, die in einem Feld bestimmte Inhalte haben. Beispielsweise könnten Sie alle Datensätze mit einem bestimmten Nachnamen herausfiltern.

» Öffnen Sie das gewünschte Formular in der Formularansicht. Sie können auch die Layoutansicht benutzen. Verwenden Sie beispielsweise wieder *Formular1*.

»  Öffnen Sie die Liste zur Schaltfläche *Erweiterte Filteroptionen* in der Gruppe *Sortieren und Filtern* auf der Registerkarte *Start* im Menüband. Wählen Sie darin die Option *Formularbasierter Filter*. Das Filterformular wird angezeigt.

» Durch Eingabe von Daten in den Feldern können Sie die gewünschten Filterkriterien formulieren (→ Abbildung 10.29):

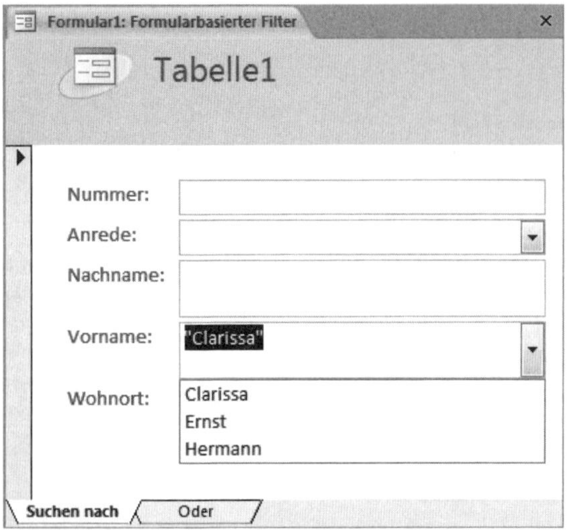

Abbildung 10.29 Ein formularbasierter Filter

» Setzten Sie Texte in doppelte Anführungszeichen. Wenn Sie diese weglassen, werden sie automatisch hinzugefügt. Sie können hier auch die schon von den Abfragen her bekannten Vergleichsoperatoren benutzen. Um beispielsweise nur die Datensätze anzuzeigen, die im Feld *Nachname* im Alphabet vor *Simon* liegen, verwenden Sie *»Simon«*.

» Wollen Sie nach Datensätzen filtern, die in einem Feld keine Eintragungen aufweisen, geben Sie die Anweisung *Ist Null* in diesem Feld ein. Das Gegenteil erreichen Sie über die Anweisung *Ist Nicht Null*.

» Sie können in mehrere Felder des Formulars Kriterien eingeben. Wenn Sie das tun, wird nach Datensätzen gefiltert, die alle Kriterien erfüllen. Damit erreichen Sie eine *UND*-Verknüpfung dieser Angaben.

» Nach einem Klick auf die Registerlasche *Oder* am unteren Rand des Formulars können Sie weitere Kriterien eingeben, die alternativ zu den Angaben auf der Registerkarte *Suchen* gelten. Damit erreichen Sie eine *ODER*-Verknüpfung der Kriterien.

» Nachdem Sie die Filterkriterien formuliert haben, klicken Sie auf die Schaltfläche *Filter anwenden* in der Gruppe *Sortieren und Filtern* auf der Registerkarte *Start* im Menüband. Die Datensätze im Formular werden dann gefiltert. Eine bequeme Kontrolle des Ergebnisses haben Sie auch über die *Datenblattansicht* des Formulars.

Um die Filterung auszuschalten, klicken Sie auf die Schaltfläche *Filter entfernen* in der Gruppe *Sortieren und Filtern* auf der Registerkarte *Start* im Menüband. Das Formular zeigt dann wieder den vollständigen Dateninhalt an.

Einen Spezialfilter anwenden

Mithilfe eines *Spezialfilters* können Sie einen Filter mit den Methoden gestalten, die Sie schon vom Entwurf einer Abfrage her kennen.

» Öffnen Sie das gewünschte Formular in der Formularansicht. Sie können auch die Layoutansicht benutzen. Verwenden Sie beispielsweise wieder *Formular1*.

» Öffnen Sie die Liste zur Schaltfläche *Erweiterte Filteroptionen* in der Gruppe *Sortieren und Filtern* auf der Registerkarte *Start* im Menüband. Wählen Sie darin die Option *Spezialfilter/-sortierung* (→ Abbildung 10.30).

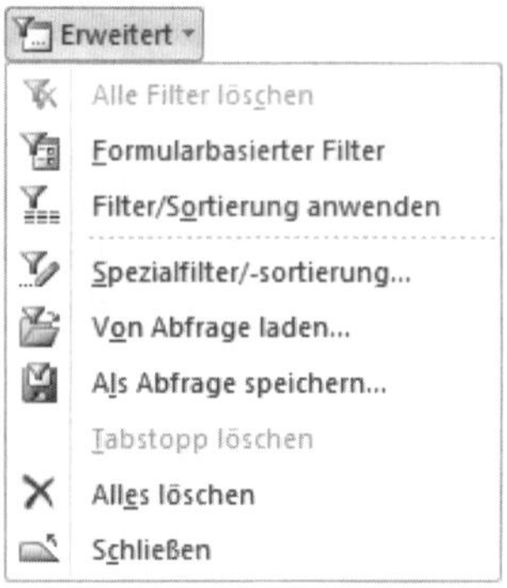

Abbildung 10.30 Der Katalog zur Schaltfläche *Erweitert*

» Ein Filterformular wird angezeigt, das im Prinzip identisch ist mit dem Fenster für den Abfrageentwurf (→ Abbildung 10.31).

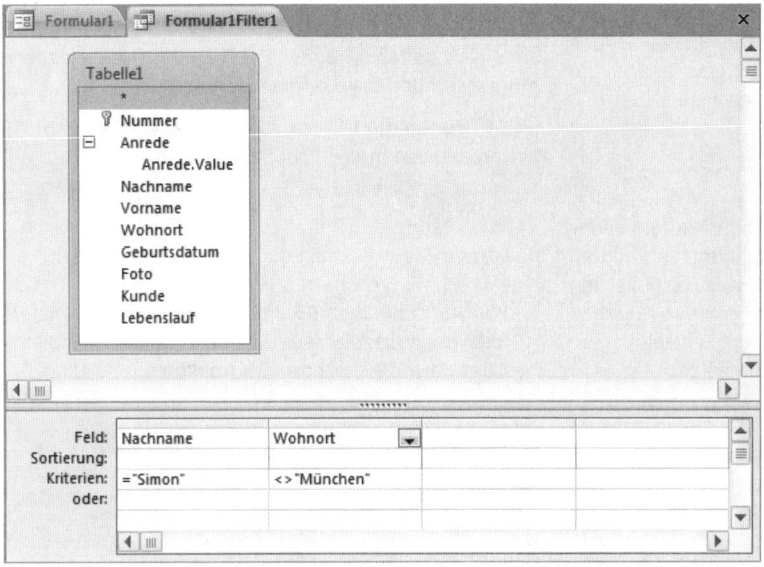

Abbildung 10.31
Das Fenster für den Spezialfilter

» Formulieren Sie darin die Kriterien wie in einer Abfrage (→ Kapitel 6).

» Klicken Sie auf die Schaltfläche *Filter anwenden* in der Gruppe *Sortieren und Filtern* auf der Registerkarte *Start* im Menüband. Die Datensätze im Formular werden dann gefiltert. Eine bequeme Kontrolle des Ergebnisses haben Sie auch über die *Datenblattansicht* des Formulars.

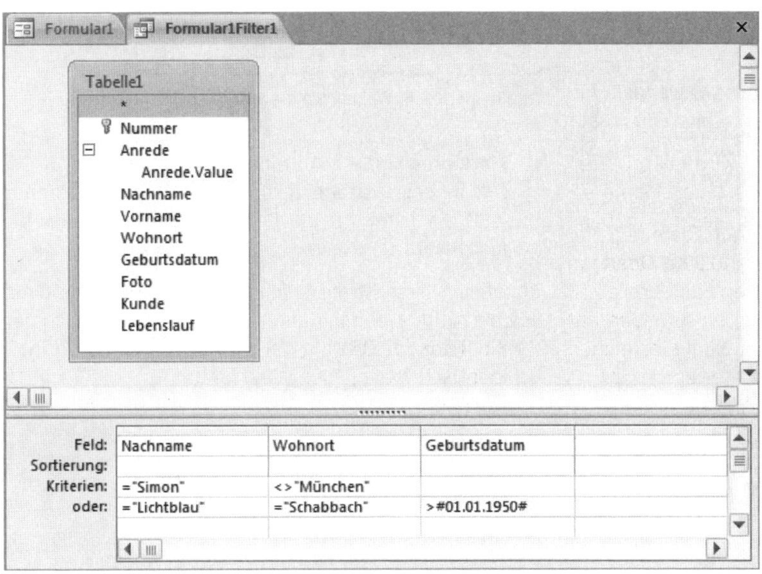

Abbildung 10.32
Eine komplexere Form der Filterung

»  Um die Filterung auszuschalten, klicken Sie auf die Schaltfläche *Filter entfernen* in der Gruppe *Sortieren und Filtern* auf der Registerkarte *Start* im Menüband. Das Formular zeigt dann wieder den vollständigen Dateninhalt an.

Diese Form der Filterung ist wohl die, welche die größte Flexibilität besitzt. Sie können bei dieser Art der Filterung mehrere Kriterien festlegen und diese entweder über eine *UND*- oder eine *ODER*-Bedingung verknüpfen (→ Abbildung 10.32). Sie können bei der Formulierung der Filterkriterien - ähnlich wie beim Suchen - Platzhalter verwenden. *?* steht für ein beliebiges einzelnes Zeichen, * steht für eine beliebige Zeichenfolge.

TIPP Wenn nach dem Einsatz verschiedener Filteraktionen plötzlich keine Datensätze in der Tabelle mehr angezeigt werden, liegt das oft daran, dass noch verschiedene Filter aktiv sind, die eine Anzeige der Datensätze nicht zulassen. Löschen Sie in einem solchen Fall alle Filter.

Weitere Optionen für den Spezialfilter

Sie können über einen Spezialfilter festgelegte Kriterien auch als eigene Abfrage speichern. Auf diese Weise erhalten Sie auch die Möglichkeit, diesen Kriteriensatz zu einem späteren Zeitpunkt wieder zu verwenden.

» Um die festgelegten Kriterien in einer Abfrage zu speichern, lassen Sie zunächst das Fenster für den Spezialfilter anzeigen.

» Öffnen Sie die Liste zur Schaltfläche *Erweiterte Filteroptionen* in der Gruppe *Sortieren und Filtern* auf der Registerkarte *Start* im Menüband. Wählen Sie darin die Option *Als Abfrage speichern* (→ Abbildung 10.30). Das Dialogfeld *Als Abfrage speichern* wird angezeigt, über das Sie der Abfrage einen Namen geben können (→ Abbildung 10.33). Benutzen Sie beispielsweise *Filter1*.

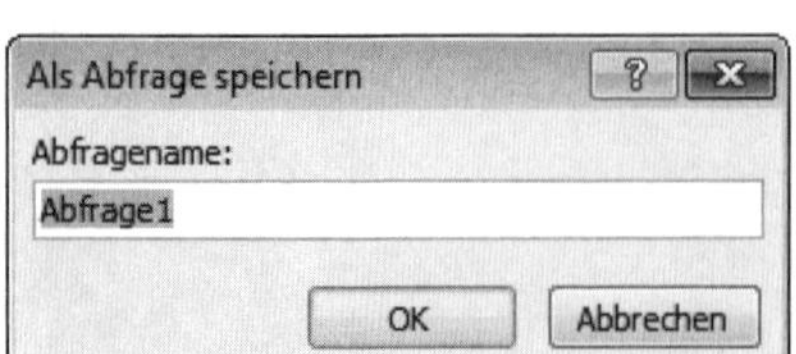

Abbildung 10.33 Weisen Sie der Abfrage einen Namen zu.

» Bestätigen Sie über *OK*.

Um eine bereits vorhandene Abfrage als Filter einzusetzen, verwenden Sie die folgenden Schritte:

» Öffnen Sie die Liste zur Schaltfläche *Erweiterte Filteroptionen* in der Gruppe *Sortieren und Filtern* auf der Registerkarte *Start* im Menüband. Wählen Sie darin die Option *Spezialfilter/-sortierung*.

» Öffnen Sie nochmals die Liste zur Schaltfläche *Erweiterte Filteroptionen*. Wählen Sie darin die Option *Von Abfrage laden* (→ Abbildung 10.30). Ein Dialogfeld wird angezeigt, aus dem Sie die zu verwendende Abfrage wählen können (→ Abbildung 10.34).

Abbildung 10.34 Wählen Sie die Abfrage zum Filtern aus.

» Markieren Sie die Abfrage, und klicken Sie auf *OK*. Die in der Abfrage festgelegten Kriterien können jetzt als Filter für die Datensätze im Formular benutzt werden.

Zusätzlich besteht die Möglichkeit, das Ergebnis eines solchen Filters einfach als Abfrage anzeigen zu lassen (→ Abbildung 10.35).

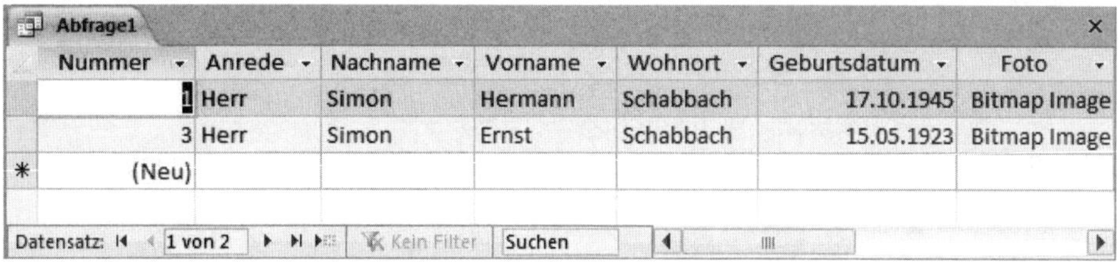

Abbildung 10.35
Der Filter als Abfrage

10.5.3 Datensätze sortieren

Um die Datensätze einer Tabelle nach den Einträgen in einem bestimmten Feld zu sortieren, gehen Sie in den folgenden Schritten vor:

» Setzen Sie die Einfügemarke in ein beliebiges Feld, nach dessen Inhalten die Datensätze sortiert werden sollen.

» Wählen Sie *Aufsteigend* oder *Absteigend* in der Gruppe *Sortieren und Filtern* auf der Registerkarte *Start* im Menüband. Die Datensätze werden im Formular in sortierter Form wiedergegeben. Sie können sie nacheinander für verschiedene unterschiedliche Sortierreihenfolgen einsetzen. Welches Feld gerade wie sortiert ist, erkennen Sie an den Schaltflächen in der Gruppe *Sortieren und Filtern*, nachdem Sie das Feld ausgewählt haben.

Um die Wirkung einer Sortierungsaktion wieder anzuschalten und zur originalen Reihenfolge der Datensätze zurückzukehren, wählen Sie *Alle Sortierungen ausschalten* in der Gruppe *Sortieren und filtern* auf der Registerkarte *Start*.

TIPP Die standardmäßig zu verwendende alphabetische Sortierreihenfolge für neue Datenbanken können Sie über die Kategorie *Häufig verwendet* im Dialogfeld zu den *Access-Optionen* festlegen (→ Kapitel 20).

Teil 4
Verwaltungsaufgaben

Mit den in den bisherigen Teilen dieses Buches beschriebenen Techniken haben Sie eigentlich alle wesentlichen Dinge kennengelernt, die Sie für die Arbeit mit einer selbst erstellten Access 2010-Datenbank am Bildschirm brauchen. Das Programm beinhaltet aber noch eine Reihe von Funktionen für weitergehende Tätigkeiten, die man ganz allgemein als »Verwaltungsaufgaben« bezeichnen kann, und mit diesen wollen wir uns in diesem Teil des Buches beschäftigen.

Kapitel 11: Arbeiten mit externen Daten

Zunächst beschäftigen wir uns mit der Arbeit mit externen Daten: Statt die Daten in eine Tabelle manuell einzugeben, können Sie auch Daten, die in anderen Dateiformaten abgelegt sind, in Access verwenden. Das ist schnell geschehen und kann Ihnen eine Menge Arbeit sparen. Mit einer ähnlichen Technik können Sie auch Daten aus Microsoft Access-Datenbanken in anderen Anwendungen weiter verarbeiten. Aber auch weitergehende Formen der Verknüpfung sind möglich: Access 2010 erleichtert beispielsweise das Sammeln von Daten von Personen durch die Zusammenarbeit mit Outlook 2010. Dabei erstellen Sie eine E-Mail-Nachricht, die ein Dateneingabeformular enthält. Wenn die Empfänger die Formulare ausfüllen und an Sie zurücksenden, werden die Antworten gemäß Ihren Angaben verarbeitet.

Kapitel 12: Druck und Seriendruck

Alle Objekte einer Microsoft Access-Datenbank können ausgedruckt oder über E-Mail an andere Personen als Anhang versendet werden. Beim Ausdruck sollten Sie zunächst einen Drucker auswählen und dessen Eigenschaften festlegen. Legen Sie dann die Optionen für die Seiteneinrichtung fest, und kontrollieren Sie die auszudruckenden Seiten auf dem Bildschirm mithilfe der Seitenansicht. Führen Sie abschließend den Ausdruck durch. Wenn Sie auch Microsoft Word auf dem Rechner installiert haben, können Sie den in diesem Programm vorhandenen Seriendruck-Assistenten verwenden, um einen Seriendruckvorgang mit den Daten einer Tabelle durchzuführen. Auf diesen Assistenten können Sie auch in Access 2010 zugreifen.

Kapitel 13: Freigabe und weitere Verwaltungsaufgaben

Im letzten Kapitel dieses Teils werden Sie mit einigen zusätzlichen Verwaltungsaufgaben vertraut gemacht. Dazu gehören einerseits Methoden, anderen Benutzern Datenbankinhalte zugänglich zu machen, die nicht über einen lokalen Zugang zur Datenbankdatei verfügen. Andererseits liefert Ihnen die Ausführungen auch eine Darstellung über weitere Wartungsaufgaben, die Sie an Datenbanken durchführen können.

Kapitel 11

Arbeiten mit externen Daten

Microsoft Access stellt kein isoliertes System dar; Sie können die darin vorhandenen Daten über diverse Methoden mit externen Quellen verbinden. Viele Werkzeuge vereinfachen beispielsweise das Importieren und Exportieren von Daten, aber auch weitergehende Formen der Verknüpfung sind möglich.

» Beginnen wir mit den Verfahren zum Importieren von Daten (→ Abschnitt 11.1). Statt die Daten in eine Tabelle eingeben zu müssen, können Sie Daten, die in anderen Dateiformaten abgelegt sind, in Access verwenden. Das ist schnell geschehen und kann Ihnen eine Menge Arbeit sparen.

» Mit einer ähnlichen Technik können Sie auch Daten aus Microsoft Access-Datenbanken in anderen Anwendungen weiterverarbeiten (→ Abschnitt 11.2). Sie können einen Import- oder Exportvorgang speichern und dann den gespeicherten Vorgang wieder verwenden, wenn Sie dieselbe Aufgabe ausführen müssen.

» Access 2010 erleichtert das Sammeln von Daten von Personen durch die Zusammenarbeit mit Outlook 2010 (→ Abschnitt 11.3). Dabei erstellen Sie eine E-Mail-Nachricht, die ein Dateneingabeformular enthält. Wenn die Empfänger die Formulare ausfüllen und an Sie zurücksenden, werden die Antworten gemäß Ihren Angaben verarbeitet. Durch diese neue Technik können Sie viel Zeit sparen, die Sie anderenfalls mit der Eingabe von Daten für die Benutzer verbringen müssten.

Wenn Sie die in diesem Kapitel beschriebenen Aufgaben selbst nachvollziehen wollen, sollten Sie dafür die Beispieldatei *Datenbank11* aus dem Verzeichnis *Material* öffnen. Sie finden darin alle Objekte, die Sie benötigen werden.

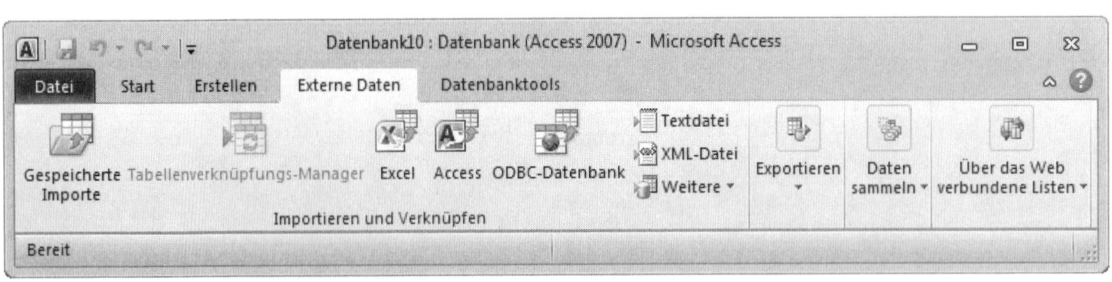

Abbildung 11.1 Daten können importiert werden.

11.1 Daten importieren

Die Werkzeuge zum Importieren von Daten aus einer externen Datenquelle finden Sie in der Gruppe *Importieren und Verknüpfen* auf der Registerkarte *Externe Daten* (→ Abbildung 11.1).

Sie finden darin fünf Hauptoptionen und diverse zusätzliche Möglichkeiten (→ Tabelle 11.1).

Symbol	Name und Wirkung
Excel	*Excel-Kalkulationstabelle importieren:* importiert Daten aus einer Microsoft Excel-Datei.
Access	*Access-Datei importieren:* ermöglicht die Übernahme von Daten aus einer anderen Access-Datenbank.
ODBC-Datenbank	*ODBC-Datenbank (z. B. SQL Server) importieren oder eine Verknüpfung damit herstellen:* erlaubt, was es sagt. Die Option benutzt eine standardisierte Datenbankschnittstelle, die SQL als Datenbanksprache verwendet.
Textdatei	*Textdatei importieren:* importiert Daten aus einer Textdatei, bei der die Inhalte durch Trennzeichen oder anders getrennt sind.
XML-Datei	*XML-Datei importieren:* importiert Daten aus einer XML-Datei.
Weitere ▾	*Weitere:* zeigt weitere Formate an, aus denen Sie importieren können (→ unten).

Tabelle 11.1 Die Importoptionen

Beachten Sie gleich, dass in Access 2010 unterschiedliche Möglichkeiten für Import, Export und Verknüpfung möglich sind (→ Tabelle 11.2):

Programm/Format	Import möglich	Verknüpfen möglich	Export möglich
Microsoft Excel	✓	✓	✓
Microsoft Access	✓	✓	✓
ODBC-Datenbanken (z. B. SQL Server)	✓	✓	✓
Textdateien	✓	✓	✓
XML-Dateien	✓	×	✓
PDF- oder XPS-Dateien	×	×	✓
E-Mail (Dateianlagen)	×	×	✓
Microsoft Word	×	×	✓
SharePoint-Liste	✓	✓	✓
HTML-Dokumente	✓	✓	✓
Outlook-Ordner	✓	✓	×
dBase-Dateien	✓	✓	✓

Tabelle 11.2 Die Möglichkeiten für Export, Import und Verknüpfung

ACHTUNG Mit dem Standardformat von Microsoft Word 2010 erstellte Dateien können zwar nicht direkt in Access importiert werden. Sie können aber im Word die Daten als Textdatei speichern, und diese können Sie in Access importieren.

11.1.1 Generelle Vorgehensweise

Zum Importieren von Daten in Access gibt es eine allgemeine Vorgehensweise, die im Prinzip für alle speziellen Formen des Imports gilt. Wir wollen Ihnen diese zunächst vorstellen und auf die Details später in einzelnen Aufgaben eingehen.

Import einleiten und durchführen

Leiten Sie den Import der Daten mit den folgenden Schritten ein:

» Bei allen Importvorgängen sollten Sie vor einem Import immer zunächst die Datei mit den Quelldaten öffnen und kontrollieren, ob die Inhalte von zu verwendenden Assistenten in Gruppen von Datensätzen unterteilt werden können. Dazu sollten Sie die Datei mit den Quelldaten öffnen. Hinweise für die wichtigsten Aspekte einer solchen Prüfung finden Sie für einige Fälle nachstehend.

» Schließen Sie dann die Datei mit den Quelldaten. Anderenfalls können beim Importvorgang Datenkonvertierungsfehler auftreten!

» Sorgen Sie dann dafür, dass die Datenbank geöffnet ist, in die Sie die Daten importieren wollen, und klicken Sie auf der Registerkarte *Externe Daten* in der Gruppe *Importieren und Verknüpfen* auf das entsprechende Steuerelement. Benutzen Sie beispielsweise die Schaltfläche *Textdatei importieren* oder *Excel-Kalkulationstabelle importieren*. In dem daraufhin angezeigten Dialogfeld *Externe Daten* müssen Sie einige Grunddaten zum beabsichtigten Import vornehmen (→ Abbildung 11.2). Auf Details gehen wir anschließend noch näher ein.

» Geben Sie im oberen Teil des Dialogfelds in das Textfeld *Dateiname* den Namen der Quelldatei ein. Oder klicken Sie auf *Durchsuchen*, um das Dialogfeld *Datei öffnen* anzuzeigen und darin die gewünschte auszuwählen.

» Im unteren Bereich des Fensters haben Sie die Möglichkeit zu entscheiden, wie die zu importierenden Daten in der aktuellen Datenbank gespeichert werden sollen: Generell gibt es bei diesen Optionen immer zwei Möglichkeiten, um Daten in Microsoft Office Access 2010 aufzunehmen. Wenn Sie über eine Kopie der Daten verfügen möchten, die Sie in Access bearbeiten können, importieren Sie die Datei mit dem Import-Assistenten in eine neue oder bereits vorhandene Tabelle.

» Bei der Wahl von *Importieren Sie die Quelldaten in eine neue Tabelle* ... erstellt Access anschließend eine Tabelle und fügt die importierten Daten dieser Tabelle hinzu. Ist bereits eine Tabelle mit dem angegebenen Namen vorhanden, wird der Inhalt der Tabelle mit den importierten Daten überschrieben.

» Mit *Fügen Sie eine Kopie der Datensätze an die Tabelle an* können Sie die Daten aus der Textdatei beim Importvorgang am Ende der angegebenen Tabelle als neue Datensätze hinzufügen. Beachten Sie, dass beim Anfügen häufig deshalb Fehler auftre-

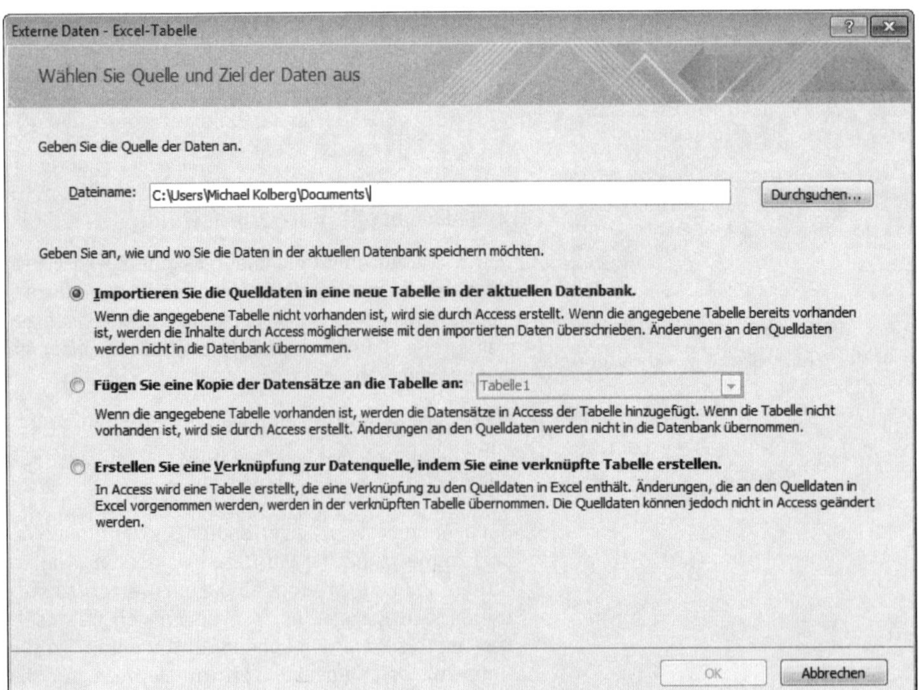

Abbildung 11.2
Das Dialogfeld
Externe Daten

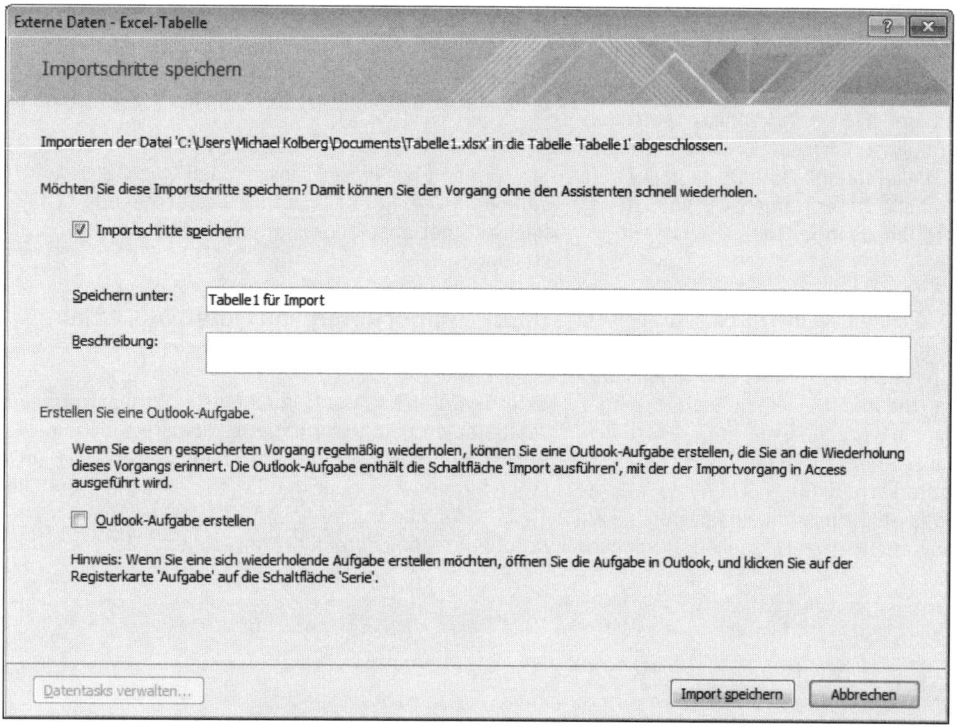

Abbildung 11.3
Sie können die Importschritte speichern.

ten, weil die Quelldaten nicht der Struktur und den Feldeinstellungen der Zieltabelle entsprechen.

Wenn Sie einfach nur die aktuellen Quelldaten in Access anzeigen möchten, um die umfangreicheren Funktionen für Abfragen und Berichte nutzen zu können, benutzen Sie die dritte Option *Erstellen Sie eine Verknüpfung zur Datenquelle*. Sie erstellen damit mit dem Verknüpfungs-Assistenten eine Verknüpfung zwischen der Quelldatei und einer Tabelle in Ihrer Datenbank.

» Bestätigen Sie Ihre Eingaben in diesem Dialogfeld durch einen Klick auf *OK*. Anschließend wird ein Assistent gestartet, der Sie über mehrere Seiten durch die sonst noch notwendigen Schritte führt (→ unten).

» Klicken Sie nach dem Abschluss der Arbeit mit dem Assistenten auf *Fertig stellen*, um den Vorgang zu beenden. Access kopiert die Daten und zeigt Fehlermeldungen an, falls Probleme auftreten. Wenn die Daten erfolgreich importiert wurden, können Sie in einem weiteren Dialogfeld festlegen, dass die Details des Vorgangs zur künftigen Wiederverwendung als Importspezifikation gespeichert werden sollen (→ Abbildung 11.3).

Wenn Sie die eben festgelegten Schritte zu einem späteren Zeitpunkt wiederholen möchten, ohne die Schritte im Assistenten erneut ausführen zu müssen, sollten Sie die Option *Importschritte speichern* aktivieren.

» Geben Sie in das Feld *Speichern unter* einen Namen für die Importspezifikation ein. Sie können auch eine zusätzliche *Beschreibung* eingeben.

» Aktivieren Sie das Kontrollkästchen *Outlook-Aufgabe erstellen*, wenn der Vorgang in bestimmten Zeitabständen ausgeführt werden soll, beispielsweise wöchentlich oder monatlich. Dadurch wird eine Aufgabe für Outlook 2010 erstellt, durch die Sie die Spezifikation ausführen können.

» Klicken Sie auf *Import speichern*, um den Vorgang abzuschließen.

Die ausgewählten Daten sind in die aktuelle Datenbank importiert. Sollten dabei Namenskonflikte auftreten, werden diese automatisch beseitigt. Haben Sie beispielsweise eine *Tabelle1* in eine Datenbank importiert, in der schon eine Tabelle dieses Namens vorhanden war, wird die importierte Tabelle in *Tabelle11* umbenannt.

Import wiederholen

Die Quelldaten können sich natürlich im Laufe der Zeit ändern. Wenn Sie eine so geänderte Datenbasis in Access aktualisieren wollen, müssen Sie einen bereits einmal durchgeführten Importvorgang später wiederholen. Dazu klicken Sie auf die Schaltfläche *Gespeicherte Importe* auf der Registerkarte *Externe Daten* in der Gruppe *Importieren*. Dadurch öffnet sich ein Fenster, in dem alle gespeicherten Importe der aktuellen Datenbank aufgelistet werden. Um einen von diesen nochmals durchzuführen, wählen Sie ihn aus der Liste aus und klicken auf die Schaltfläche *Ausführen* (→ Abbildung 11.4). Die geänderten Daten werden dann in Access übernommen.

Sie können über dieses Fenster auch eine *Outlook-Aufgabe erstellen*. Ein Klick auf die entsprechende Schaltfläche öffnet das Programm und liefert einige Voreinstellungen.

11.1.2 Importieren von Daten aus einer Textdatei

Externe Daten liegen oft in einem Textformat vor. Eine Textdatei enthält unformatierte, lesbare Zeichen wie Buchstaben und Zahlen sowie Sonderzeichen wie Tabstopps, Zeilenvorschübe und Zeilenumbrüche. Wenn Sie einige oder alle Daten einer Textdatei in einer Access-Datenbank speichern möchten, sollten Sie die Inhal-

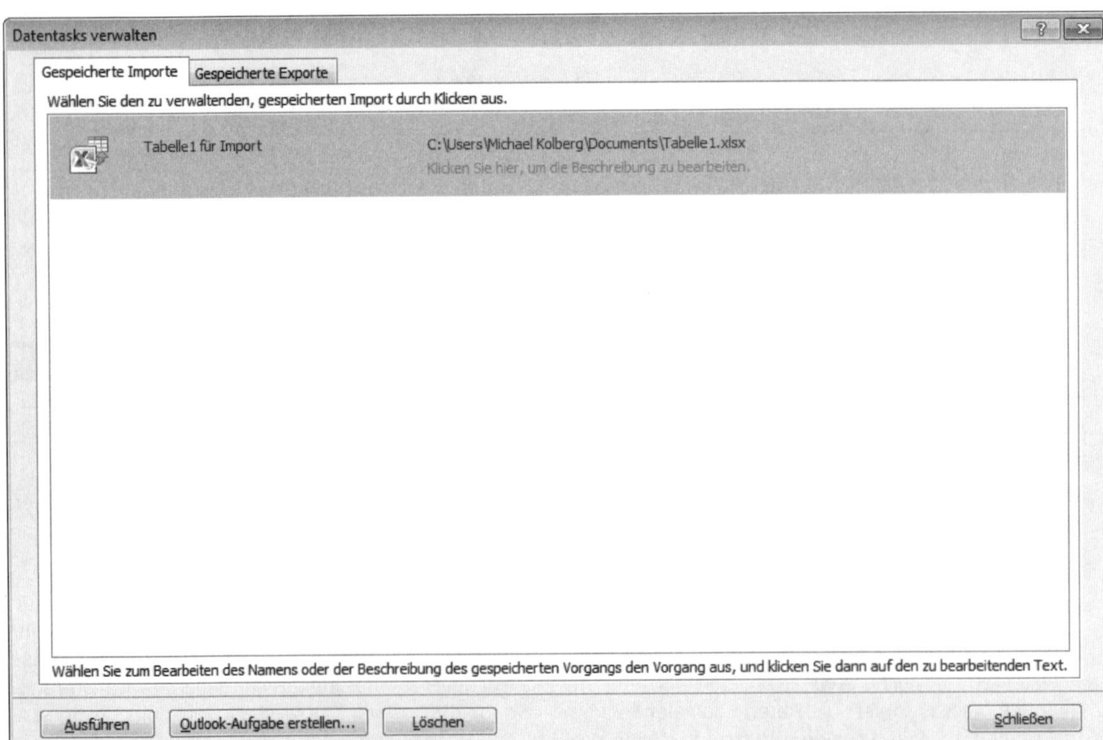

Abbildung 11.4 Gespeicherte Vorgänge können wiederholt werden.

te der Datei in einer neuen Tabelle speichern oder die Daten an eine bereits vorhandene Tabelle anfügen. Sie können die importierten Daten anzeigen und bearbeiten.

Das Vorbereiten einer Textdatei für den Import

Access unterstützt die Dateinamenerweiterungen *txt*, *csv*, *asc* und *tab*. Bei einer zu importierenden Textdatei muss der Inhalt in Gruppen von Datensätzen - also Zeilen - unterteilt sein. Jeder Datensatz muss wiederum in eine Auflistung von Feldern - also Spalten - unterteilt werden können. Es gibt zwei Arten richtig strukturierter Textdateien:

» Bei *Durch Trennzeichen getrennten Dateien* wird jeder Datensatz in einer separaten Zeile angezeigt. Innerhalb dieser Zeilen sind die einzelnen Felder durch ein Zeichen getrennt, das als *Trennzeichen* bezeichnet wird. Bei diesem Trennzeichen kann es sich um ein beliebiges Zeichen handeln, das in den Feldinhalten nicht vorkommt - beispielsweise ein Tabstopp, ein Semikolon, ein Komma, ein Leerzeichen usw.

» Auch in einer *Datei mit fester Breite* wird jeder Datensatz in einer separaten Zeile angezeigt. Die Breite der einzelnen Felder ist hier für alle Datensätze einheitlich. Beispielsweise kann das erste Feld jedes Datensatzes immer fünf Zeichen lang sein, das zweite Feld jedes Datensatzes immer acht Zeichen lang usw. Wenn die tatsächliche Länge der Feldinhalte unterschiedlich ist, müssen die zu kurzen Werte mit Leerzeichen aufgefüllt werden.

Daten aus einer Textdatei importieren

Zum Importieren von Daten aus einer Textdatei verwenden Sie einen Assistenten. Gehen Sie in den folgenden Schritten vor:

» 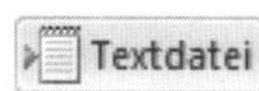

Klicken Sie auf der Registerkarte *Externe Daten* in der Gruppe *Importieren und Verknüpfen* auf die Schaltfläche *Textdatei importieren*.

» Geben Sie in das Textfeld *Dateiname* den Namen der Quelldatei ein, oder klicken Sie auf *Durchsuchen*, um das Dialogfeld *Datei öffnen* anzuzeigen. Wählen Sie

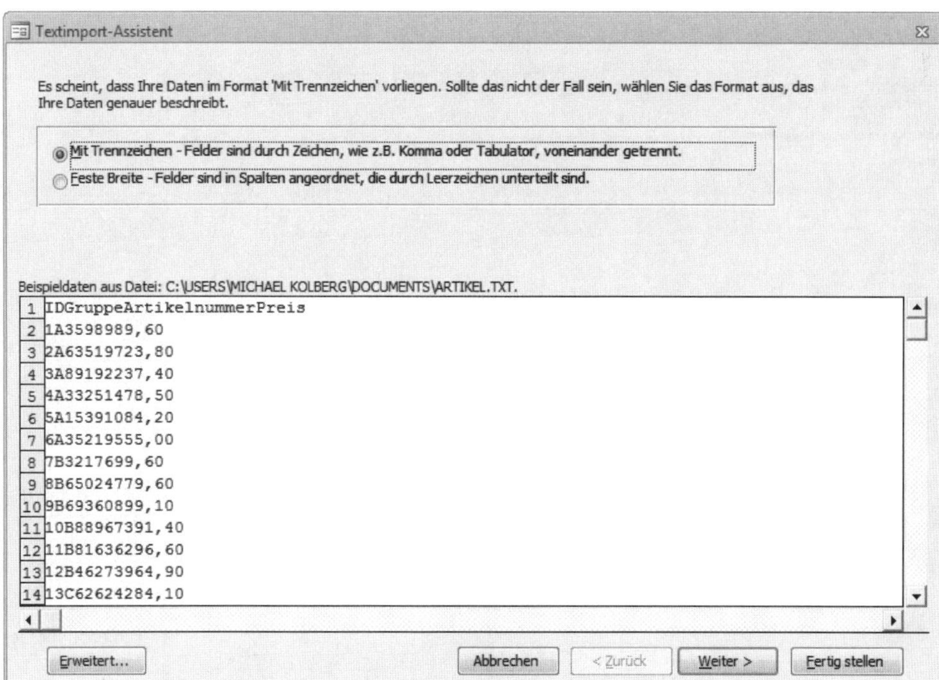

Abbildung 11.5 Der erste Schritt des Assistenten für den Textimport. Beachten Sie besonders die Optionen oben im Dialogfeld.

für diese Aufgabe die Datei *Artikel.txt* im Verzeichnis *Zubehör*.

» Im unteren Bereich des Fensters haben Sie die Möglichkeit zu entscheiden, wo die Daten in der aktuellen Datenbank gespeichert werden sollen: Wählen Sie hier die Option *Importieren Sie die Quelldaten in eine neue Tabelle ...*.

» Bestätigen Sie die Einstellungen durch einen Klick auf *OK*. Die Inhalte der Datei werden von Access überprüft, und die empfohlene Struktur der Datei wird angegeben (→ Abbildung 11.5). Wenn in der Datei ein Trennzeichen zum Trennen der Felder verwendet wird, stellen Sie sicher, dass die Option *Mit Trennzeichen* ausgewählt ist. Wenn die Datei Felder mit fester Breite aufweist, stellen Sie sicher, dass die Option *Feste Breite* ausgewählt ist.

» Klicken Sie auf *Weiter*. Die vom Assistenten angezeigten Informationen hängen davon ab, ob Sie die Option *Mit Trennzeichen* oder *Feste Breite* ausgewählt haben.

» Hatten Sie *Mit Trennzeichen* gewählt, wählen Sie das Zeichen aus, mit dem die Feldwerte getrennt werden, oder geben Sie es an (→ Abbildung 11.6). Wenn in der Datei ein Textbegrenzungszeichen verwendet wird, wählen Sie im Feld *Textbegrenzungszeichen* die entsprechende Option aus. Wenn die erste Zeile der Quelldatei Feldnamen enthält, aktivieren Sie das Kontrollkästchen *Erste Zeile enthält Feldnamen*. Klicken Sie dann auf *Weiter*.

» Wenn Sie *Feste Breite* gewählt hatten, werden vertikale Linien in den Daten platziert, um die Felder zu trennen. Überprüfen Sie die vom Assistenten vorgeschlagene Struktur, und befolgen Sie ggf. die Anweisungen auf der Assistentenseite, um Linien hinzuzufügen, zu entfernen oder anzupassen. Klicken Sie dann auf *Weiter*.

» Klicken Sie auf eine Spalte in der unteren Hälfte der Seite des Assistenten, um die Eigenschaften des entsprechenden Felds anzuzeigen (→ Abbildung 11.7). Überprüfen und ändern Sie den Namen und den Datentyp des Zielfelds. Die ersten 25 Zeilen jeder Spal-

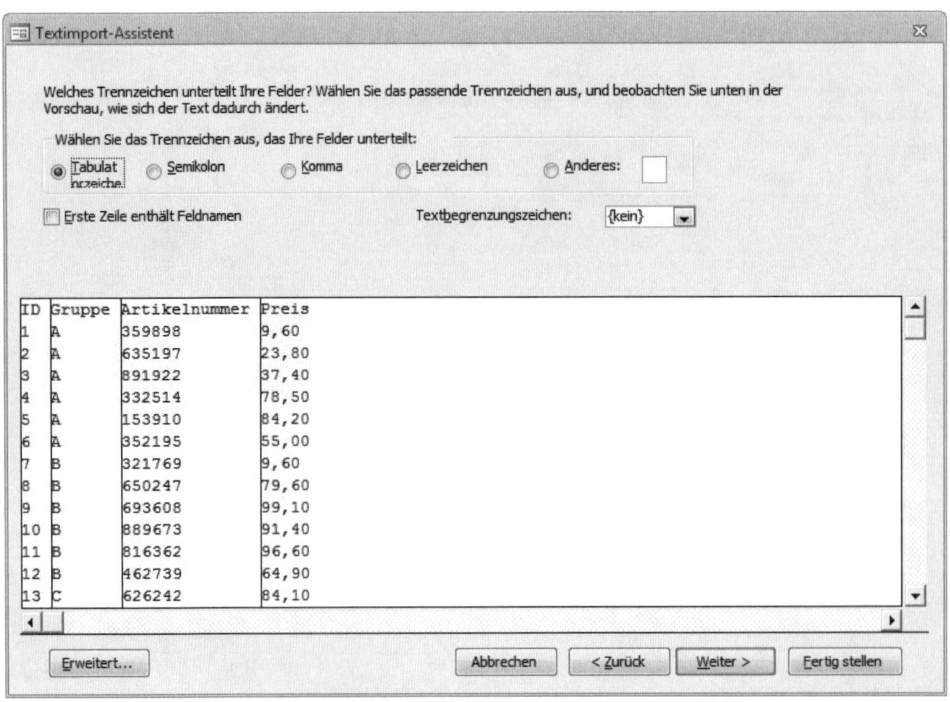

Abbildung 11.6 Der Textimport-Assistent mit der zweiten Seite. Testen Sie gegebenenfalls verschiedene Optionen für die Trennzeichen aus.

te werden von Access überprüft, um einen Vorschlag für den Standarddatentyp des entsprechenden Felds anzugeben. Wenn in den ersten 25 Zeilen einer Spalte unterschiedliche Typen von Werten vorhanden sind, beispielsweise Text und numerische Werte, wird vom Assistenten ein Datentyp vorgeschlagen, der mit allen oder den meisten Werten in der Spalte kompatibel ist. Meist ist dies der Datentyp *Text*. Sie können zwar einen anderen Datentyp auswählen, sollten dabei aber bedenken, dass die Werte ignoriert oder falsch konvertiert werden, die mit dem ausgewählten Datentyp nicht kompatibel sind. Weitere Informationen zum Korrigieren fehlender oder falscher Werte finden Sie im Abschnitt »Behandeln von Problemen mit fehlenden oder falschen Werten in einer importierten Tabelle« weiter unten in diesem Artikel.

» Legen Sie *Indiziert* auf *Ja* fest, um einen Index für das Feld zu erstellen. Aktivieren Sie das Kontrollkästchen *Feld nicht importieren (Überspringen)*, um eine Quellspalte zu überspringen.

» Klicken Sie dann auf *Weiter*. Wenn Datensätze einer neuen Tabelle hinzugefügt werden, werden Sie vom Assistenten aufgefordert, einen Primärschlüssel für die Tabelle anzugeben (→ Abbildung 11.8). Wenn Sie *Primärschlüssel automatisch hinzufügen* auswählen, wird ein *AutoWert*-Feld von Access als erstes Feld in der Zieltabelle hinzugefügt. Dieses Feld wird automatisch mit eindeutigen IDs aufgefüllt, beginnend mit 1.

» Nach einem erneuten Klick auf *Weiter* wird die letzte Seite des Assistenten angezeigt. Wenn Sie Datensätze in eine neue Tabelle importieren, geben Sie einen Namen für die Zieltabelle an. Geben Sie in das Feld *Importieren in Tabelle* einen Namen für die Tabelle ein. Verwenden Sie beispielsweise den Namen *Tabelle3*.Wenn die Tabelle bereits vorhanden ist, werden Sie gefragt, ob Sie die vorhandenen Inhalte überschreiben möchten. Klicken Sie auf *Ja*, um den Vorgang fortzusetzen, oder auf *Nein*, um einen anderen Namen für die Zieltabelle anzugeben.

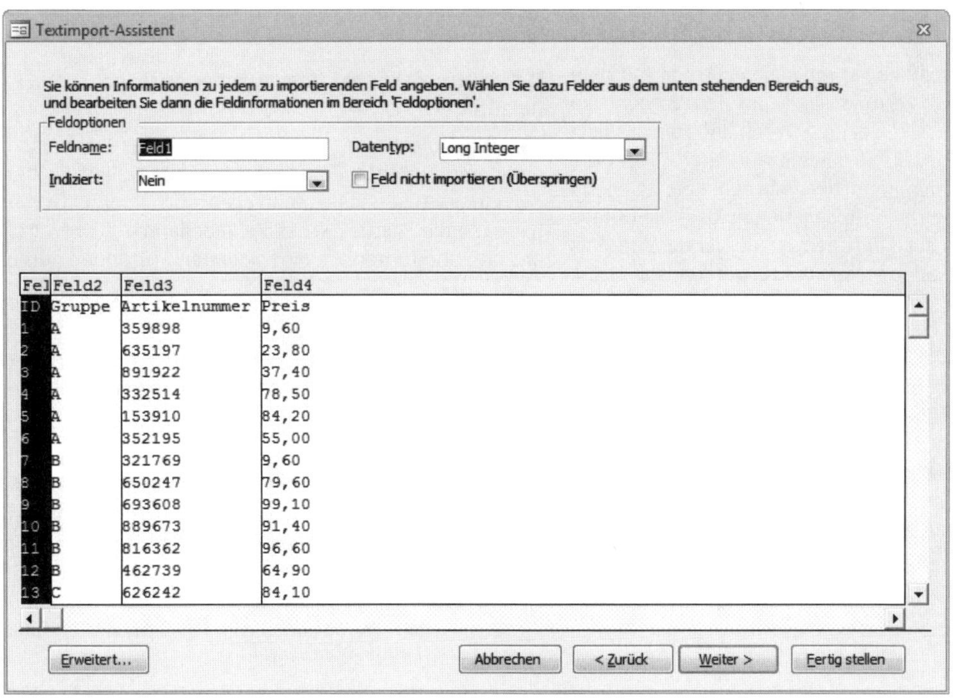

Abbildung 11.7 Der Textimport-Assistent mit der dritten Seite

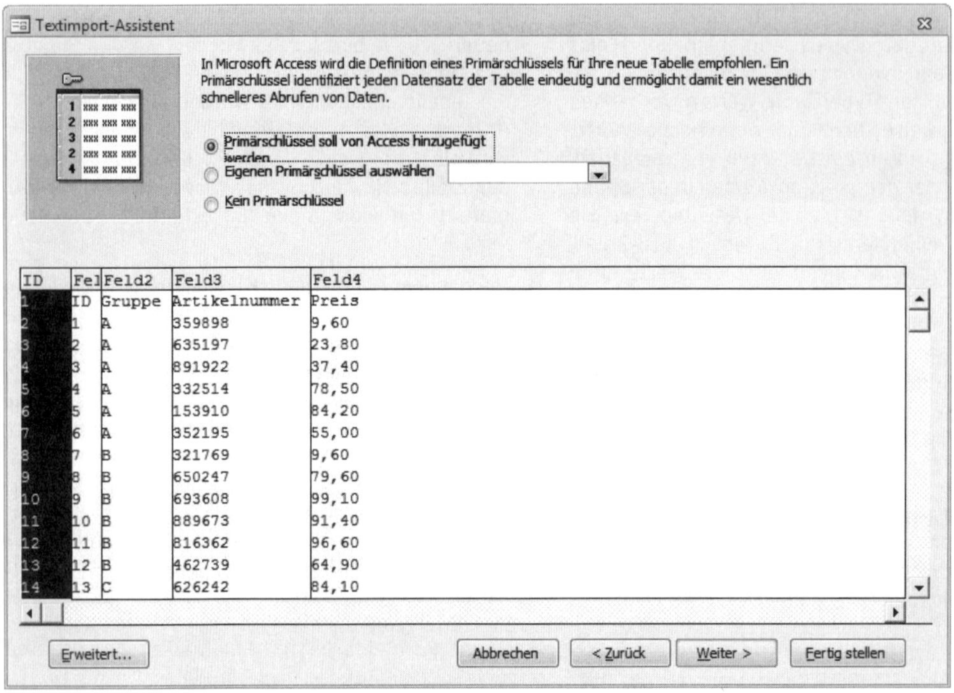

Abbildung 11.8
Der Textimport-Assistent mit der vierten Seite

» Klicken Sie nach dem Abschluss der Arbeit mit dem Assistenten auf *Fertig stellen*, um den Vorgang zu beenden. Access kopiert die Daten und zeigt Fehlermeldungen an, falls Probleme auftreten. Wenn die Daten erfolgreich importiert wurden, können Sie in einem weiteren Dialogfeld festlegen, dass die Details des Vorgangs zur künftigen Wiederverwendung als Importspezifikation gespeichert werden sollen (→ Abbildung 11.3).

TIPP Über die Schaltfläche *Weitere* im Textimport-Assistenten können Sie eine Importspezifikation in einem in früheren Versionen von Access verwendeten Format erstellen oder öffnen. Sie sollten die Schaltfläche *Weitere* nur verwenden, wenn Sie über Importspezifikationen aus früheren Versionen von Access verfügen, die Sie in Access 2010 verwenden möchten.

Daten aus einer Textdatei zu einer Tabelle hinzufügen

Wenn Sie die Daten aus der Textdatei als Datensätze einer vorhandenen Tabelle hinzufügen wollen, sollten Sie einige zusätzliche Kontrollen vornehmen. Öffnen Sie dazu die Textdatei und die Tabelle in der Entwurfsansicht, und führen Sie die folgenden Prüfungen durch.

» Wenn die erste Zeile der Quelldaten keine Feldnamen enthält, stellen Sie sicher, dass die Position und der Datentyp der einzelnen Spalten mit den entsprechenden Feldern in der Tabelle übereinstimmen.

» Wenn die erste Zeile von durch Trennzeichen getrennten Textdateien Spaltenüberschriften enthält, muss die Reihenfolge der Spalten und Felder aber nicht übereinstimmen. Die Namen und Datentypen der einzelnen Spalten müssen jedoch denen der entsprechenden Felder genau entsprechen. Wenn Sie Textdateien mit fester Breite importieren, besteht in Access nicht die Option, die Werte in der ersten Zeile als Feldnamen zu verwenden.

- Wenn ein Feld oder mehrere Felder in der Zieltabelle fehlen, fügen Sie das Feld bzw. die Felder der Zieltabelle hinzu, bevor Sie den Importvorgang starten. Wenn die Zieltabelle jedoch Felder enthält, die in der Quelldatei nicht vorhanden sind, müssen Sie sie nicht aus der Tabelle löschen, sofern diese Felder Nullwerte akzeptieren. Dazu muss für die Feldeigenschaft *Erforderlich* der Wert *Nein* festgelegt sein und die Eigenschaft *Gültigkeitsregel* auf *Nullwerte nicht verhindert* gesetzt werden.
- Wenn die Zieltabelle ein Primärschlüsselfeld enthält, muss die Quelldatei eine Spalte mit Werten enthalten, die mit dem Primärschlüsselfeld kompatibel sind. Zudem müssen die importierten Schlüsselwerte eindeutig sein. Wenn ein importierter Datensatz einen Primärschlüsselwert enthält, der in der Zieltabelle bereits vorhanden ist, wird beim Importvorgang eine Fehlermeldung angezeigt.
- Auch wenn die Eigenschaft *Indiziert* eines Felds in der Zieltabelle auf *Ja (ohne Duplikate)* festgelegt ist, muss die entsprechende Spalte in der Quelltextdatei eindeutige Werte enthalten.

Nachdem Sie die Prüfungen durchgeführt haben, können Sie mit dem Import der zusätzlichen Daten beginnen. Gehen Sie in den folgenden Schritten vor:

- 

Klicken Sie auf der Registerkarte *Externe Daten* in der Gruppe *Importieren* auf die Schaltfläche *Textdatei importieren*.
- Geben Sie in das Textfeld *Dateiname* den Namen der Quelldatei ein, oder klicken Sie auf *Durchsuchen*, um das Dialogfeld *Datei öffnen* anzuzeigen.
- Im unteren Bereich des Fensters haben Sie die Möglichkeit zu entscheiden, wo die Daten in der aktuellen Datenbank gespeichert werden sollen: Benutzen Sie hier die Option *Fügen Sie eine Kopie der Datensätze an die Tabelle an*, und wählen Sie die gewünschte Tabelle.
- Bestätigen Sie die Einstellungen durch einen Klick auf *OK*. Die folgenden Schritte entsprechen denen, die Sie schon von der im vorherigen Abschnitt beschriebenen Option *Importieren Sie die Quelldaten in eine neue Tabelle* ... her kennen.

11.1.3 Importieren von Daten aus Excel

Eine Excel-Arbeitsmappe kann nicht als Access-Datenbank gespeichert werden. Sie können zwar eine Excel-Arbeitsmappe in Access öffnen, indem Sie im Dialogfeld *Öffnen* das Listenfeld *Dateityp* auf die Option *Excel-Arbeitsmappe* setzen und dann die gewünschte Datei auswählen. Dabei erstellt Access aber eine Verknüpfung mit der Arbeitsmappe, anstatt die Daten zu importieren. Dieses Verknüpfen unterscheidet sich grundsätzlich vom Importieren der Daten in eine Datenbank. Wir werden weiter unten in diesem Kapitel noch darauf eingehen.

Vorbereiten eines Excel-Arbeitsblatts

Wenn Sie die Daten aus Excel wirklich in die Datenbank übernehmen wollen, müssen Sie sie - ähnlich wie eben für eine Textdatei beschrieben - importieren. Auch in diesem Fall sollten Sie die Quelldatei vor dem Importvorgang öffnen und kontrollieren:

- Denken Sie zunächst daran, dass bei einem Importvorgang jeweils nur die Daten eines einzelnen Arbeitsblatts importiert werden können. Wenn Sie die Daten aus mehreren Blättern in Access importieren wollen, kopieren Sie diese in ein einziges Arbeitsblatt.
- Wenn Sie nur einen Teil eines Arbeitsblatts importieren möchten, können Sie einen benannten Bereich definieren, der nur die zu importierenden Zellen beinhaltet. Diesen können Sie beim Import festlegen.
- Stellen Sie sicher, dass die zu importierenden Daten in rechteckiger Form angeordnet sind. Die Anzahl der zu importierenden Quellspalten darf 255 nicht überschreiten, da Access maximal 255 Felder in einer Tabelle unterstützt.
- Sie können Zeilen oder Spalten der Quelldaten während des Importvorgangs nicht filtern oder überspringen. Löschen Sie darum alle überflüssigen oder leeren Spalten und Zeilen im Arbeitsblatt oder Bereich.
- Wenn eine oder mehrere Zellen im Arbeitsblatt oder Bereich *Fehlerwerte* wie *#ZAHL* oder *#DIV* enthalten, korrigieren Sie diese vor dem Starten des Importvorgangs. Anderenfalls trägt Access einen Nullwert in die entsprechenden Felder in der Tabelle ein.

- Stellen Sie sicher, dass jede Spalte im Arbeitsblatt denselben Typ von Daten in den einzelnen Zeilen enthält, um Fehler beim Import zu vermeiden. Access überprüft beim Import die ersten acht Quellzeilen, um den Datentyp für die Felder in der Tabelle zu ermitteln. Zumindest die ersten acht Quellzeilen sollten darum keine Werte mit gemischten Datentypen in einer der Spalten enthalten.
- Es empfiehlt sich außerdem, vor dem Starten des Importvorgangs jede Quellspalte in Excel zu formatieren und den einzelnen Spalten ein bestimmtes Datenformat zuzuweisen.
- Enthält die erste Zeile im Arbeitsblatt oder benannten Bereich die Namen der Spalten, können Sie angeben, dass Access beim Importvorgang die Daten in der ersten Zeile als Feldnamen behandelt.

Schließen Sie dann die Datei mit der Quellarbeitsmappe. Anderenfalls können beim Importvorgang Datenkonvertierungsfehler auftreten.

Daten aus einer Excel-Datei importieren

Beachten Sie, dass Sie Daten nur aus einem Arbeitsblatt gleichzeitig importieren können, nicht jedoch alle Daten aus einer vollständigen Arbeitsmappe.

- 

Klicken Sie auf der Registerkarte *Externe Daten* in der Gruppe *Importieren* auf die Schaltfläche *Excel-Kalkulationstabelle importieren.* Das Dialogfeld *Externe Daten – Excel-Tabelle* wird angezeigt.
- Geben Sie oben im Dialogfeld in das Feld *Dateiname* den Namen der Excel-Datei ein, die die zu importierenden Daten enthält. Oder klicken Sie auf *Durchsuchen*, und suchen Sie im Dialogfeld *Datei öffnen* die Datei, die Sie importieren möchten. Verwenden Sie für diese Aufgabe die Excel-Datei *Kunden*.
- Geben Sie im unteren Bereich das Dialogfelds an, wie die importierten Daten gespeichert werden sollen: Wählen Sie hier *Importieren Sie die Quelldaten in eine neue Tabelle* ... aus, um die Daten in einer neuen Tabelle zu speichern.

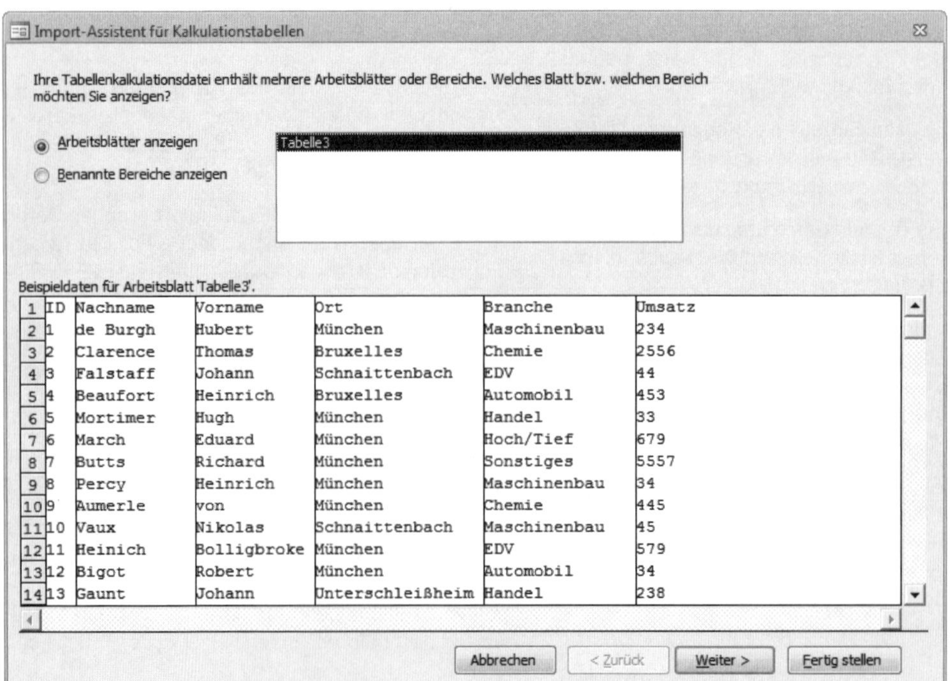

Abbildung 11.9 Wählen Sie die zu importierenden Daten.

- Nach einem Klick auf *OK* wird ein Assistent gestartet. Wenn die ausgewählte Tabelle mehrere Blätter enthält, wählen Sie auf der ersten Seite des Assistenten das Arbeitsblatt aus, das die zu importierenden Daten enthält, und klicken Sie dann auf *Weiter*.
- Klicken Sie auf der zweiten Seite des Assistenten entweder auf *Tabellenblätter anzeigen* oder auf *Benannte Bereiche anzeigen*, wählen Sie entweder das zu importierende Arbeitsblatt oder den zu importierenden benannten Bereich aus, und klicken Sie dann auf *Weiter* (→ Abbildung 11.9).
- Wenn Sie Daten in eine neue Tabelle importieren, verwendet Access diese Spaltenüberschriften zum Benennen der Felder in der Tabelle. Sie können diese Namen während des Importvorgangs oder danach ändern. Wenn die erste Zeile des Quellarbeitsblatts oder des Bereichs die Feldnamen enthält, wählen Sie *Erste Zeile enthält Spaltenüberschriften* aus, und klicken Sie dann auf *Weiter* (→ Abbildung 11.10).
- Nach einem Klick auf *Weiter* werden Sie vom Assistenten zum Überprüfen der Feldeigenschaften aufgefordert. Klicken Sie nacheinander auf jede Spalte im unteren Bereich der Seite, um die Eigenschaften des entsprechenden Feldes anzuzeigen. Bei Bedarf müssen Sie Änderungen durchführen (→ Abbildung 11.11):
  - Überprüfen und ändern Sie bei Bedarf den Namen und den Datentyp des Zielfelds.
  - Access überprüft die ersten acht Zeilen in jeder Spalte und schlägt auf Basis dieser Prüfung einen Datentyp für das entsprechende Feld vor. Wenn die Spalte im Arbeitsblatt verschiedene Wertetypen in den ersten acht Zeilen einer Spalte enthält, schlägt der Assistent einen Datentyp vor, der mit allen Werten der Spalte kompatibel ist. In den meisten Fällen ist das der Datentyp *Text*. Sie können dann zwar einen anderen Datentyp auswählen, denken Sie jedoch daran, dass mit dem gewählten Datentyp nicht kompatible Werte beim Importvorgang ignoriert oder falsch konvertiert werden.

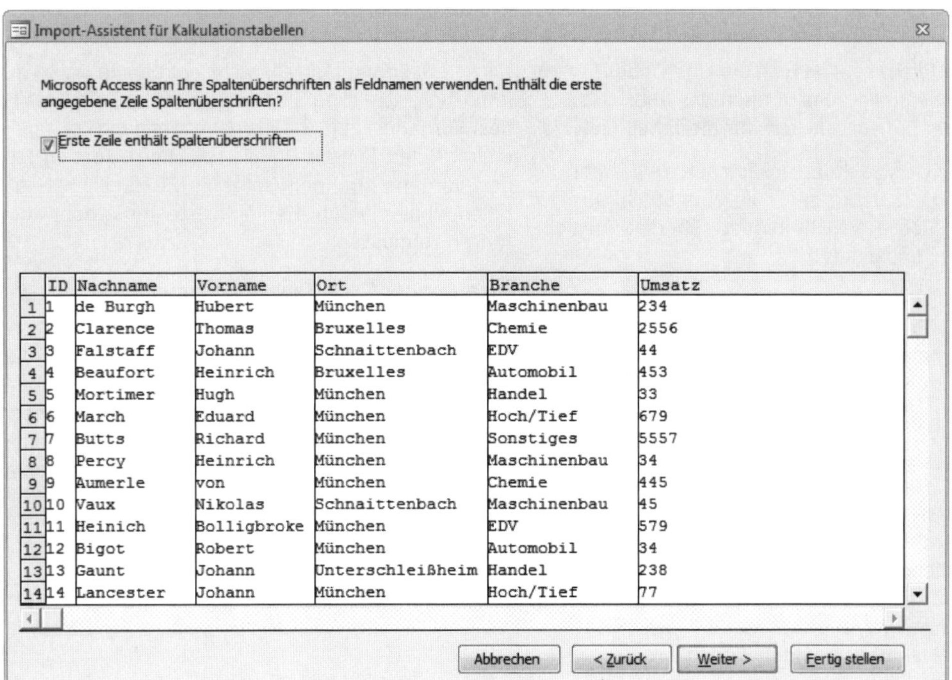

Abbildung 11.10
Der zweite Schritt des Import-Assistenten

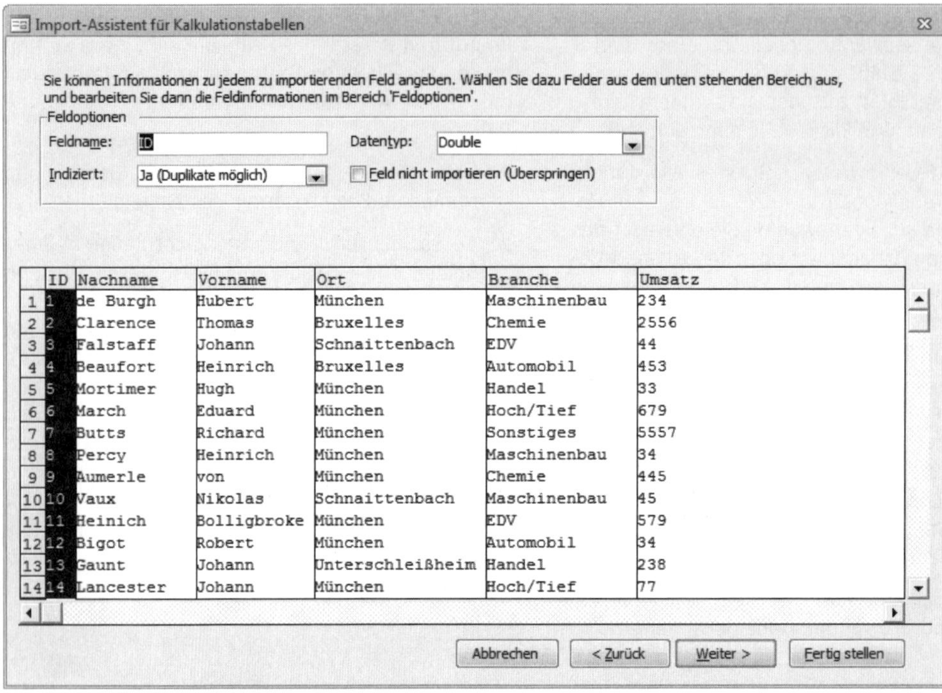

Abbildung 11.11
Die Spalten kontrollieren

- » Legen Sie *Indiziert* auf *Ja* fest, um einen Index für das Feld zu erstellen. Sie können das aber auch später in der Entwurfsansicht für die Tabelle tun.
- » Aktivieren Sie das Kontrollkästchen *Feld nicht importieren (Überspringen)*, um eine Spalte aus der Excel-Tabelle vollständig zu überspringen und nicht zu importieren.

» Nach einem Klick auf *Weiter* geben Sie im nächsten Fenster einen Primärschlüssel für die Tabelle an. Wenn Sie *Primärschlüssel automatisch hinzufügen* auswählen, wird ein Feld vom Typ *AutoWert* als erstes Feld in der Zieltabelle hinzugefügt, das mit *ID* benannt wird. Hierin werden eindeutige *ID*-Werte eingetragen.

» Nach einem weiteren Klick auf *Weiter* müssen Sie im letzten Fenster des Assistenten einen Namen für die Zieltabelle angeben. Benutzen Sie hier beispielsweise *Tabelle4*. Ist die Tabelle bereits vorhanden, werden Sie anschließend gefragt, ob der vorhandene Inhalt der Tabelle überschrieben werden soll.

» Klicken Sie dann auf *Fertig stellen*, um die Daten zu importieren. Klicken Sie noch auf *Ja*, um die Details des Vorgangs zur späteren Verwendung zu speichern. Wenn Sie die Details speichern, können Sie den Vorgang zu einem späteren Zeitpunkt wiederholen, ohne die Schritte im Assistenten erneut ausführen zu müssen.

Daten aus einer Excel-Tabelle hinzufügen

Wenn Sie Daten aus einer Excel-Tabelle zu einer Access-Tabelle hinzufügen wollen, sorgen Sie dafür, dass die Spaltenüberschriften im Quellarbeitsblatt exakt mit den Namen der Felder in der Zieltabelle übereinstimmen. Ansonsten gehen Sie vor wie bei der eben beschriebenen Option *Importieren Sie die Quelldaten in eine neue Tabelle* ...

11.1.4 Importieren aus einer Access-Datenbank

Weit weniger kompliziert ist es, Daten aus einer bereits vorhandenen Access-Tabelle zu übernehmen. Dabei Es gibt viele Möglichkeiten, Daten zwischen Access-Datenbanken auszutauschen. Kopieren und Einfügen ist der einfachste Weg, um Daten aus einer Datenbank in eine andere zu übertragen. Mit *Importieren und Verknüpfen* können Sie jedoch flexibler steuern, welche Daten und wie die Daten in die Zieldatenbank übertragen werden.

Daten aus einer anderen Datenbank importieren

Wenn Sie Daten aus einer anderen Datenbank importieren, erstellt Access eine Kopie der Daten oder Objekte in der Zieldatenbank, ohne dass die Quelle geändert wird. Während des Exportvorgangs können Sie die zu kopierenden Objekte auswählen, den Import von Tabellen und Abfragen steuern, zu importierende Beziehungen zwischen Tabellen angeben usw.

» 

Klicken Sie auf der Registerkarte *Externe Daten* in der Gruppe *Importieren* auf *Access-Datenbank importieren*. Ein Assistent wird gestartet (→ Abbildung 11.12).

» Geben Sie in das Textfeld *Dateiname* den Namen der Quelldatenbank ein, oder klicken Sie auf *Durchsuchen*, um das Dialogfeld *Datei öffnen* anzuzeigen. Benutzen Sie beispielsweise die Datenbank *Datenbank2* aus dem Verzeichnis *Aufgaben*.

» Lassen Sie die Option *Importieren Sie die Tabelle ... in die aktuelle Datenbank* aktiviert, und klicken Sie auf *OK*.

» Klicken Sie im Dialogfeld *Objekte importieren* auf die jeweiligen Registerkarten, und wählen Sie die gewünschten Objekte aus (→ Abbildung 11.13). Wenn Sie die Auswahl eines Objektes aufheben wollen, klicken Sie erneut darauf.

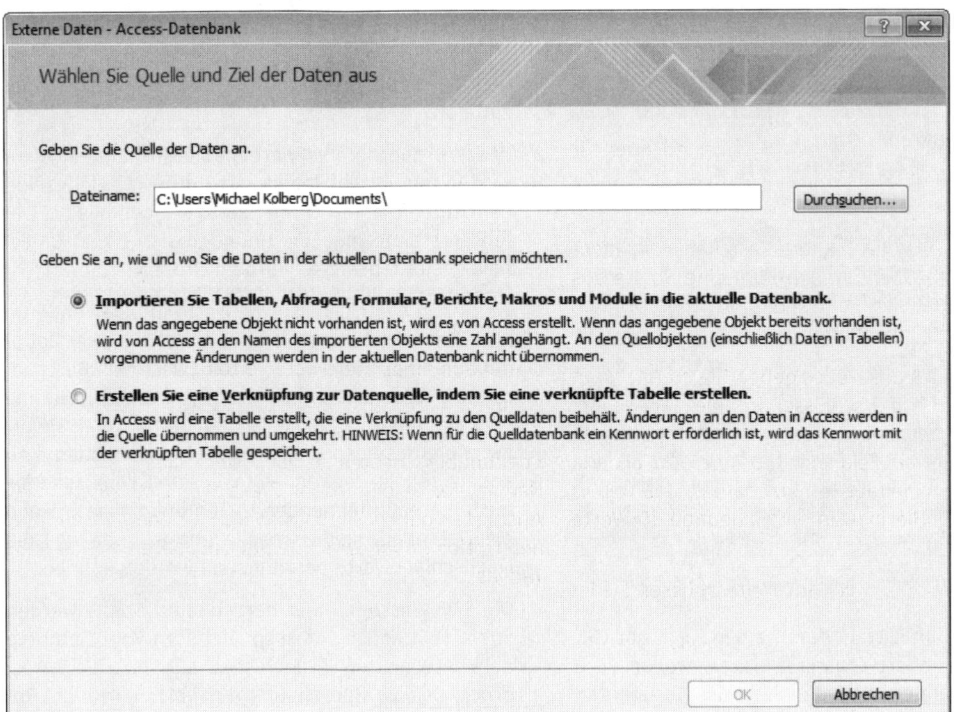

Abbildung 11.12
Der Import von Access-Objekten

Abbildung 11.13 Eine Tabelle soll importiert werden.

» Klicken Sie auf die Schaltfläche *Optionen*, um weitere Einstellungen anzugeben (→ Tabelle 11.3).

Option	Beschreibung
Beziehungen	Wählen Sie die Option aus, um die Beziehungen zwischen den ausgewählten Tabellen zu importieren.
Definitionen und Daten	Wählen Sie die Option aus, um die Struktur und die Daten aller ausgewählten Tabellen zu importieren.
Nur Definitionen	Wählen Sie die Option aus, um nur die Felder der ausgewählten Tabellen zu importieren. Die Datenquellen werden nicht importiert.
Als Abfragen	Wählen Sie die Option aus, um die ausgewählten Abfragen als Abfragen zu importieren. Denken Sie in diesem Fall daran, alle zugrunde liegenden Tabellen mit den Abfragen zu importieren.
Als Tabellen	Wählen Sie die Option aus, um Abfragen als Tabellen zu importieren. In diesem Fall müssen Sie die zugrunde liegenden Tabellen nicht importieren.

Tabelle 11.3 Die Optionen im Dialogfeld *Objekte importieren*.

» Bestätigen Sie Ihre Wahl durch einen Klick auf *OK*. Wenn Sie den Importvorgang speichern wollen, können Sie das auf der folgenden Seite des Assistenten festlegen.

» Bestätigen Sie über *Schließen*. In diesem Fall wird die Tabelle unter dem Namen *Tabelle1* übernommen. Sie können diese anschließend umbenennen.

11.1.5 Importieren einer SharePoint-Liste

Beim Importieren einer SharePoint-Liste wird eine Kopie der Liste in Form einer Tabelle in einer Access-Datenbank erstellt. Während des Importvorgangs können Sie die Listen angeben, die Sie kopieren möchten. Für jede ausgewählte Liste können Sie angeben, ob Sie die gesamte Liste oder nur eine bestimmte Sicht importieren möchten. Dann werden die Spalten und Elemente aus der Quellliste als Datensätze in diese Tabelle kopiert.

Vorbemerkungen

Die folgenden Dinge sollten Sie aber vorher überprüfen, um nicht von den Ergebnissen überrascht zu werden:

» In Access werden höchstens 256 Felder in einer Tabelle unterstützt, es werden also nur die ersten 256 Spalten in Access importiert. Sie können dieses Problem umgehen, indem Sie eine Sicht erstellen und dieser Sicht nur die gewünschten Spalten hinzufügen.

» Jeder Ordner in der SharePoint-Liste oder -Ansicht wird in der Access-Tabelle als Datensatz angezeigt. Elemente in einem Ordner werden ebenfalls als Datensätze angezeigt. Sie befinden sich direkt unterhalb des Datensatzes, der dem Ordner entspricht.

» Wenn von einer Quellspalte Werte in einer anderen Liste nachgeschlagen werden, haben Sie zwei Optionen: Sie importieren die Anzeigewerte als Bestandteil des Felds selbst. In diesem Fall müssen Sie die entsprechende Liste nicht importieren. Oder Sie erzwingen, dass das Zielfeld zum Nachschlagen eine andere Tabelle verwendet. In diesem Fall müssen Sie auch die entsprechenden Listen importieren, wenn die Datenbank keine Tabelle enthält, von der die Nachschlagewerte bereitgestellt werden können.

» Die Ergebnisse in einer berechneten Spalte werden in ein Feld kopiert, dessen Datentyp vom Datentyp des berechneten Ergebnisses abhängt. Der Ausdruck, der die Berechnung ausführt, wird nicht kopiert.

- Die Anlagenspalte der Liste wird in ein Feld mit dem Namen *Anlagen* kopiert.
- Von Access werden Beziehungen zwischen verknüpften Tabellen nicht automatisch am Ende eines Importvorgangs erstellt. Sie müssen die Beziehungen zwischen den verschiedenen neuen und vorhandenen Tabellen manuell über die Optionen auf der Registerkarte *Beziehungen* erstellen (→ Kapitel 5).
- Eine Spalte vom Typ *Auswahl* oder *Nachschlagen* kann mehrere Werte enthalten. Wenn Sie eine Spalte importieren, die mehrere Werte unterstützt, wird von Access eine Spalte erstellt, die mehrere Werte unterstützt.
- Spalten mit *Rich-Text-Formatierung* werden als Memofelder in Access importiert. Die Eigenschaft *Textformat* des Memofelds ist auf *Rich Text* festgelegt, und die Formatierung bleibt erhalten.

Den Import durchführen

Beim Importvorgang wird eine Tabelle mit dem gleichen Namen wie die SharePoint-Liste erstellt. Wird der Name bereits verwendet, wird von Access eine Zahl an den neuen Tabellennamen angefügt.

- 

Öffnen Sie die Datenbank, in die Sie die Liste importieren möchten, und öffnen Sie auf der Registerkarte *Externe Daten* in der Gruppe *Importieren* den Katalog zu *Weitere*. Wählen Sie darin *SharePoint-Liste*.
- Geben Sie im Assistenten die Adresse der Quellwebsite an (→ Abbildung 11.14). Klicken Sie auf *Importieren Sie die Quelldaten in eine neue Tabelle in der aktuellen Datenbank*, und klicken Sie dann auf *Weiter*.
- Wählen Sie in der vom Assistenten angezeigten Liste die Listen aus, die Sie importieren möchten.

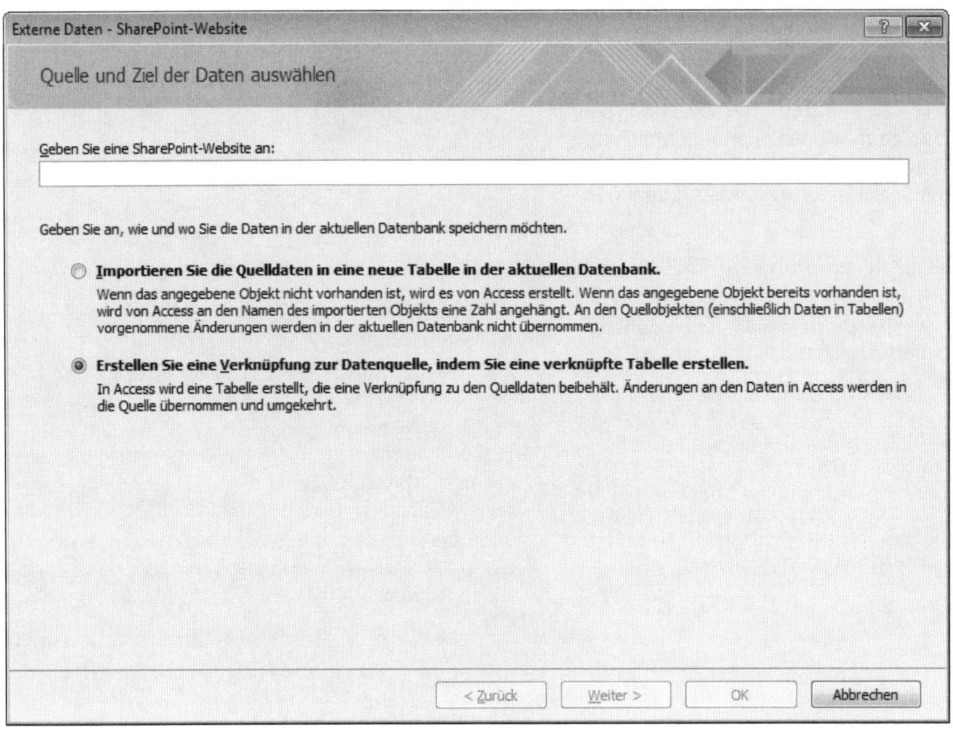

Abbildung 11.14 Gegen Sie die Adresse der SharePoint-Webseite ein.

» Entscheiden Sie dann, ob Sie die gesamte Liste oder nur eine bestimmte Sicht benötigen. Sie können mehrere Listen in einem Importvorgang importieren, Sie können aber immer nur eine Sicht jeder Liste importieren. Wählen Sie in der Spalte *Zu importierende Elemente* die gewünschte Ansicht für jede ausgewählte Liste aus. Benutzen Sie eine der Optionen mit der Bezeichnung *Alle* – beispielsweise *Alle Elemente*, *Alle Kontakte* oder *Alle Dokumente* –, um eine vollständige Liste zu importieren.

» Mit dem Kontrollkästchen *Anzeigewerte importieren statt IDs für Felder* wird gesteuert, welche Daten für Nachschlagespalten in den ausgewählten Listen importiert werden. Wenn Sie die Anzeigewerte als Bestandteil des Feldes selbst importieren möchten, aktivieren Sie dieses Kontrollkästchen. In diesem Fall schlägt das Feld Werte nicht in einer anderen Tabelle nach. Wenn das Zielfeld Werte in einer anderen Tabelle nachschlagen soll, deaktivieren Sie das Kontrollkästchen.

» Klicken Sie auf *OK*. Die Listen werden von Access importiert, und dann wird der Status des Vorgangs auf der letzten Seite des Assistenten angezeigt. Wenn Sie den Importvorgang wiederholen möchten, speichern Sie die Details als Importspezifikation. Führen Sie die nächsten Schritte aus, um diese Aufgabe abzuschließen.

In Access wird der geeignete Datentyp für jedes Feld anhand der Quellspalte automatisch ausgewählt. Sie sollten diese kontrollieren (→ Tabelle 11.4). Standardwerte entsprechen der aktuellen Einstellung in Windows SharePoint Services.

TIPP Außerdem müssen Sie abhängig vom Listentyp zusätzliche Felder einstellen. Wenn Sie *IDs* für Nachschlagespalten importiert haben, müssen Sie manuell die Nachschlageeigenschaften der entsprechenden Felder festlegen.

SharePoint	Access	Wichtige Eigenschaften
ID	*AutoWert*	*Feldgröße: Long Integer* *Neue Werte: Inkrement* *Indiziert: Ja (ohne Duplikate)*
Eine Textzeile	*Text*	*Feldgröße: 255* *Standardwert:* Standardwert *Gültigkeitsprüfungsregel:* Standardwert
Mehrere Textzeilen	*Memo*	*Erforderlich:* Standardwert *Standardwert:* Standardwert
Zahl	*Zahl*	*Feldgröße: Double* *Dezimalstellen:* Standardwert *Standardwert:* Standardwert *Erforderlich:* Standardwert *Gültigkeitsprüfungsregel:* Standardwert
Währung	*Währung*	*Standardwert:* Standardwert *Dezimalstellen:* Standardwert *Gültigkeitsprüfungsregel:* Standardwert *Format:* Standardwert *Erforderlich:* Standardwert.
Datum oder Uhrzeit	*Datum/ Uhrzeit*	*Erforderlich:* Standardwert *Format: Datum, kurz*, wenn das Format Datum und Uhrzeit in Windows SharePoint Services auf *Nur Datum* festgelegt ist. Andernfalls ist die *Format*-Eigenschaft leer.
Nachschlagen und Person oder Gruppe	*Zahl* oder *Memo*	*Feldgröße: Long Integer* (wenn der Datentyp Zahl ist)
Auswahl (Einfach)	*Text*	*Feldgröße: 255* *Standardwert:* Standardwert *Anzeigesteuerelement: Kombinationsfeld* *Herkunftstyp: Wertliste*

SharePoint	Access	Wichtige Eigenschaften
Auswahl (Mehrfach)	*Text*	*Anzeigesteuerelement: Textfeld*
		Standardwert: Standardwert
		Erforderlich: Standardwert
		Mehrere Werte zulassen: Ja
Ja/Nein	*Ja/Nein*	*Anzeigesteuerelement: Kontrollkästchen*
		Standardwert: Standardwert
Hyperlink	*Hyperlink*	*Erforderlich:* Standardwert
Rich-Text	*Memo*	*Anzeigesteuerelement: Textfeld*
		Erforderlich: Standardwert
		Textformat: Rich Text
Erweiterter Rich-Text	*Memo*	*Anzeigesteuerelement: Textfeld*
		Erforderlich: Standardwert
		Textformat: Rich-Text

Tabelle 11.4 Die Entsprechungen bei SharePoint und Access

11.1.6 Import aus Datendiensten

Microsoft Access 2010 ermöglicht ferner das Erstellen einer Verknüpfung zu externen Daten, die über einen Webdienst zur Verfügung stehen. Sie müssen bereits über die Webdienst-Verbindungsdatei verfügen, die vom Webdienstanbieter bereitgestellt werden.

Einrichten der Verbindung

Zunächst müssen Sie eine Verbindung mit dem Webdienst einrichten. Dazu verwenden Sie die folgenden Schritte:

» 

Klicken Sie im Menüband auf die Registerkarte *Externe Daten* und dann in der Gruppe *Importieren* auf *Datendienste* im Katalog zur Schaltfläche *Weitere*. Das Dialogfeld *Link zu Datendienste erstellen* wird angezeigt (→ Abbildung 11.15).

» Klicken Sie unten im Dialogfeld auf *Neue Verbindung installieren*. Wechseln Sie im damit angezeigten Dialogfeld *Verbindungsdefinitionsdatei auswählen* zum Speicherort für die XML-Datei mit der Beschreibung

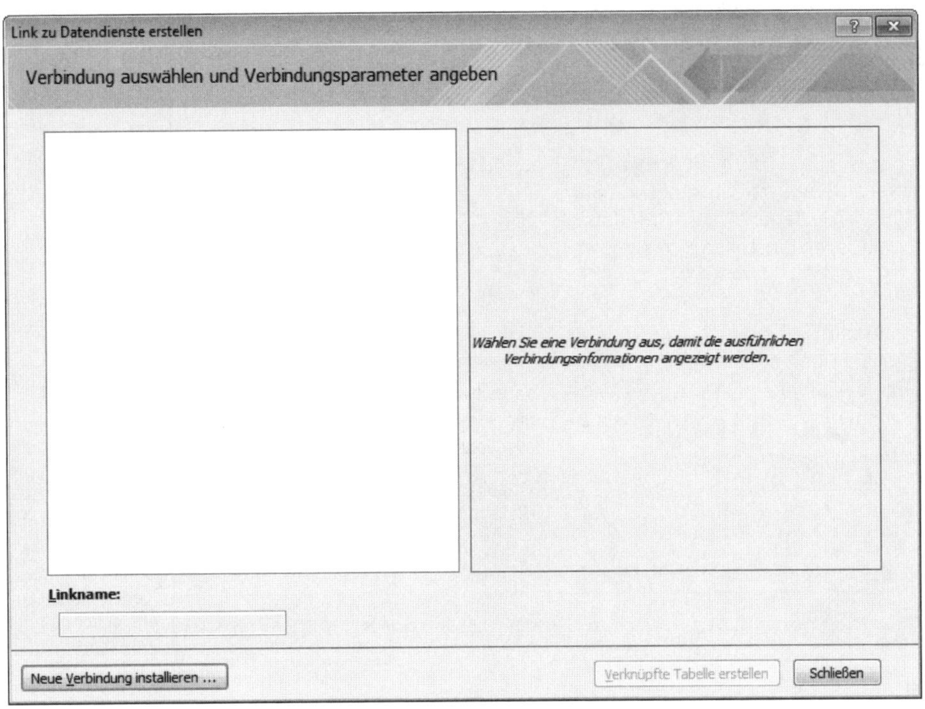

Abbildung 11.15
Einen Datendienst einrichten

des Dienstes. Diese Datei wird vom Anbieter oder Ihrem Systemadministrator zur Verfügung gestellt.

» Bestätigen Sie über *OK*.

Erstellen einer Verknüpfung mit einer Webdienst-Datenverbindung

In einem nächsten Arbeitsgang müssen Sie eine Verknüpfung zu den Tabellen festlegen, die der Webdienst zur Verfügung stellt.

» Klicken Sie – wenn noch notwendig – wieder im Menüband auf die Registerkarte *Externe Daten* und dann in der Gruppe *Importieren* auf *Datendienste* im Katalog zur Schaltfläche *Weitere*.

» Das Dialogfeld *Link zu Datendienste erstellen* wird angezeigt. Hier werden jetzt die Tabellen mit Daten angezeigt, die der Webdienst zur Verfügung stellt. Klicken Sie auf die Tabelle, die Sie verwenden möchten.

» Webdienste unterstützen unter Umständen Parameter, die zum Filtern von Daten diesen. Wenn das der Fall ist, werden die Optionen dafür unten rechts im Fenster angezeigt. Einige Verbindung unterstützen mehrere Parameter. Geben Sie dort den gewünschten Parameterwert in das entsprechende Feld ein.

» Klicken Sie auf *Verknüpfte Tabelle erstellen*.

Nach Einrichtung der Datenverbindung mit einem Webdienst können Sie sich mit dem Webdienst wie mit anderen externen Datenquellen verbinden. Mit einem Webdienst verknüpfte Tabellen sind schreibgeschützt

11.1.7 Daten aus Outlook importieren

Access 2010 erlaubt es auch, Daten aus Microsoft Outlook-Ordnern zu übernehmen.

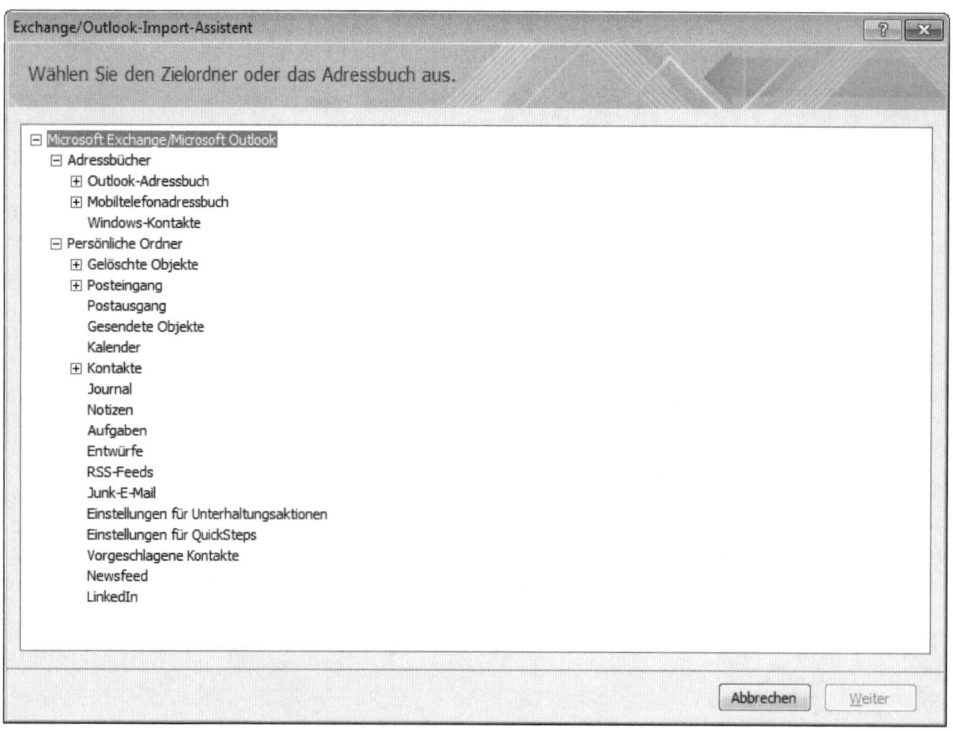

Abbildung 11.16 Legen Sie die zu importierenden Daten fest.

» 

Klicken Sie im Menüband auf die Registerkarte *Externe Daten* und dann in der Gruppe *Importieren* auf *Outlook-Ordner* im Katalog zur Schaltfläche *Weitere*. Das übliche Dialogfeld für den Import wird geöffnet, in dem Sie festlegen müssen, in welcher Tabelle die zu importierenden Daten gespeichert werden sollen.

» Nach einer Bestätigung wird der *Exchange/Outlook-Import-Assistent* angezeigt (→ Abbildung 11.16). Öffnen Sie darin die entsprechenden Knoten, und markieren Sie den Ordner, aus dem Sie die Daten importieren wollen.

» Nach einer Bestätigung über *Weiter* beginnt die eigentliche Arbeit des Assistenten. Sie müssen - ähnlich wie beim Import aus einer Excel-Arbeitsmappe oder eine Textdatei - die Datentypen für die neu zu erstellende Tabelle festlegen und auch entscheiden, ob und wie ein Primärschlüssel gesetzt werden soll. Meist empfiehlt es sich, die Vorschläge des Assistenten einfach zu akzeptieren.

» Abschließend können Sie der neuen Tabelle noch einen Namen geben und festlegen, ob die Importschritte gespeichert werden sollen.

Das Ergebnis ist eine Tabelle, in der die Inhalte des verwendeten Outlook-Ordners aufgelistet werden.

11.1.8 Daten verknüpfen

Wenn sich die Daten einer Quelltabelle häufig ändern, sollen Sie sich überlegen, ob nicht ein besserer Weg zur Verwendung dieser Daten in Access in einer *Verknüpfung* zu dieser Datenquelle besteht. Dabei stellen Sie eine Verbindung mit Daten in einer anderen Datei her, ohne die Daten zu importieren. Sie können dann mit diesen Daten arbeiten - beispielsweise Abfragen ausführen und Berichte generieren. In der Quelldatei vorgenommene Änderungen werden auch in der verknüpften Datei wiedergegeben. Sie können jedoch die Inhalte der entsprechenden Tabelle in Access nicht bearbeiten. Wenn Sie Änderungen an den Inhalten oder der Struktur der Daten vornehmen möchten, sollten Sie die Quelldatei öffnen und die Änderungen in dieser Datei vornehmen. Diese Änderungen werden automatisch in der verknüpften Tabelle wiedergegeben.

Beim Verknüpfen wird eine neue Tabelle erstellt, die häufig als verknüpfte Tabelle bezeichnet wird. In der verknüpften Tabelle werden die Daten der Quelldatei angezeigt. Die Daten werden aber nicht in der Datenbank gespeichert. Ein Verknüpfen eine Quelldatei mit einer vorhandenen Tabelle in der Datenbank ist nicht möglich. Eine Datenbank kann aber mehrere verknüpfte Tabellen enthalten.

Eine Excel-Datei verknüpfen

» Überprüfen Sie die Quelldatei wie oben schrieben. Schließen Sie dann die Quelldatei.

» 

Öffnen Sie die Datenbank, in der Sie die Verknüpfung erstellen möchten, und klicken Sie auf der Registerkarte *Externe Daten* in der Gruppe *Importieren* auf die Schaltfläche *Excel-Kalkulationstabelle importieren*. Das Dialogfeld *Externe Daten - Excel-Tabelle* wird angezeigt.

» Geben Sie oben im Dialogfeld in das Feld *Dateiname* den Namen der Excel-Datei ein, die die zu importierenden Daten enthält. Oder klicken Sie auf *Durchsuchen*, und suchen Sie im Dialogfeld *Datei öffnen* die Datei, die Sie importieren möchten.

» Geben Sie im unteren Bereich das Dialogfelds an, dass Sie eine *Verknüpfung zur Datenquelle* erstellen möchten, und bestätigen Sie durch einen Klick auf *OK*. Der Assistent wird gestartet. Sie müssen darin im Wesentlichen dieselben Schritte vornehmen wie beim Importieren der Daten.

» Geben Sie auf der letzten Seite des Assistenten einen Namen für die verknüpfte Tabelle an, und klicken Sie auf *Fertig stellen*. Wenn eine Tabelle mit dem Namen bereits vorhanden ist, werden Sie von Access gefragt, ob Sie die vorhandene Tabelle überschreiben möchten.

Von Access wird dann versucht, eine verknüpfte Tabelle zu erstellen. Wenn die Tabelle erfolgreich erstellt wurde, wird die Meldung *Verknüpfung der Tabelle* angezeigt. Öffnen Sie die verknüpfte Tabelle, und überprüfen Sie die Felder und Daten, um sicherzustellen, dass in allen Feldern die richtigen Daten angezeigt werden.

Verknüpfen mit einer SharePoint-Liste

Beim Verknüpfen können Sie eine Verbindung mit Daten in einem anderen Programm herstellen, ohne die Daten zu importieren. Sie können die aktuellen Daten dann im ursprünglichen Programm und in der Access-Datenbank anzeigen und bearbeiten, ohne eine Kopie der Daten in Access erstellen und verwalten zu müssen.

Wenn Sie eine Verknüpfung mit einer SharePoint-Liste herstellen, wird von Access eine neue Tabelle erstellt, die häufig als verknüpfte Tabelle bezeichnet wird. Diese Tabelle gibt die Struktur und die Inhalte der Quellliste wieder. Das Verknüpfen hat in zweierlei Hinsicht Vorteile gegenüber dem Importieren:

» Sie können Änderungen an den Daten vornehmen, indem Sie zu der SharePoint-Website navigieren oder indem Sie in der Datenblatt- oder Formularansicht in Access arbeiten. Die an der einen Stelle vorgenommenen Änderungen werden an der anderen wiedergegeben. Sie können aber die Felder in einer verknüpften Tabelle nicht in Access hinzufügen, löschen oder ändern.

» Wenn Sie eine Verknüpfung mit einer SharePoint-Liste herstellen, werden von Access automatisch verknüpfte Tabellen für alle *Nachschlagelisten* erstellt. Wenn die Nachschlagelisten Spalten enthalten, die andere Listen zum Nachschlagen verwenden, werden diese Listen auch in den Verknüpfungsvorgang einbezogen.

Die oben für das Importieren genannten Aspekte – wie die Beschränkung auf 256 Spalten – gelten auch hier beim Verknüpfen. Sie sollten diese Dinge vorher überprüfen, um nicht von den Ergebnissen überrascht zu werden:

» Öffnen Sie die Zieldatenbank, in der Sie die Verknüpfung anlegen möchten, und klicken Sie auf der Registerkarte *Externe Daten* in der Gruppe *Importieren* auf *SharePoint-Liste*. Geben Sie im Assistenten die Adresse der Quellwebsite an.

» Klicken Sie auf *Erstellen Sie eine Verknüpfung zur Datenquelle* , und klicken Sie dann auf *Weiter*. Im Assistenten werden die Listen angezeigt, mit denen Sie eine Verknüpfung herstellen können.

» Wählen Sie die Listen aus, mit denen Sie eine Verknüpfung herstellen möchten. Sind bereits einige Listen mit der aktuellen Datenbank verknüpft, dann sind die entsprechenden Kontrollkästchen dieser Listen bereits aktiviert. Wenn Sie nun Verknüpfungen entfernen möchten, deaktivieren Sie die Kontrollkästchen der Verknüpfungen, die Sie entfernen möchten! Andernfalls lassen Sie die Kontrollkästchen aktiviert, um die Verknüpfungen beizubehalten.

» Klicken Sie dann auf *OK*. Von Access wird dann versucht, verknüpfte Tabellen zu erstellen, sowohl für die von Ihnen bei diesem Vorgang ausgewählten Listen als auch für die verbundenen Listen. Von Access wird zudem versucht, die verknüpften Tabellen zu aktualisieren, die den im Assistenten ausgewählten Listen entsprechen. Außerdem werden von Access Beziehungen zwischen den Tabellen erstellt. Anders als beim Importvorgang werden bei einem Verknüpfungsvorgang die Einstellungen für die Nachschlageeigenschaften zwischen einem Nachschlagefeld und der verknüpften Tabelle beibehalten. Sie müssen die Eigenschaften des Nachschlagefelds nicht manuell in der Entwurfsansicht der Tabelle festlegen.

» Überprüfen Sie die neuen verknüpften Tabellen in der Datenblattansicht. Stellen Sie sicher, dass alle Felder und Datensätze richtig angezeigt werden.

TIPP Sie sollten beachten, dass beim Öffnen der verknüpften Tabelle oder der Quellliste immer die aktuellen Daten angezeigt werden. Die an einer Liste vorgenommenen Änderungen der Struktur werden aber nicht automatisch in einer verknüpften Tabelle wiedergegeben. Klicken Sie mit der rechten Maustaste in den Navigationsbereich, zeigen Sie auf SharePoint-Listenoptionen, und klicken Sie dann auf *Liste aktualisieren*, um eine verknüpfte Tabelle zu aktualisieren, indem Sie die aktuelle Listenstruktur übernehmen.

11.2 Daten exportieren

Da wir uns gerade mit Fragen des Datenaustauschs zwischen Access und anderen Anwendungen beschäftigen, wollen wir gleich noch den Aspekt des Exports von Tabellendaten ansprechen. Dafür benutzen Sie die Gruppe *Exportieren* auf der Registerkarte *Externe Daten* (→

Abbildung 11.17). Sie können die Daten aus den Tabellen einer Microsoft Access-Datenbank damit in Formate exportieren, die von anderen Anwendungen gelesen werden können.

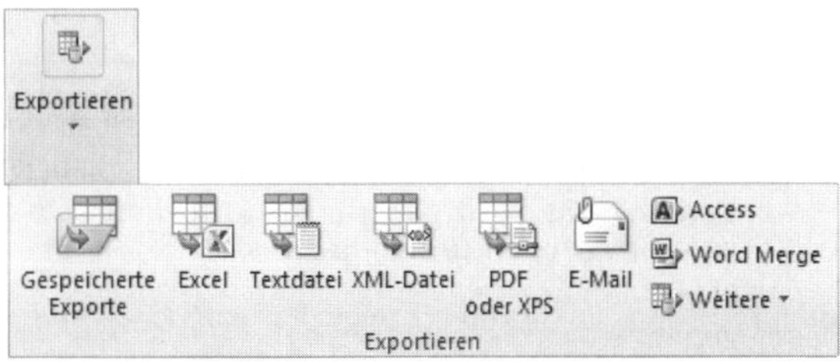

Abbildung 11.17 Daten können in diversen Formaten exportiert werden.

REFERENZ Hinweise für die Verwendung von Daten aus Access zum Steuern der Seriendruckfunktion von Microsoft Word finden Sie im folgenden Kapitel (→ Kapitel 12).

11.2.1 Allgemeine Vorgehensweise

Wie beim Importieren gibt es auch beim Exportieren eine allgemeine Vorgehensweise zum Ablauf der Vorgangs, die für (fast) alle Exportvorgänge zutrifft. Gehen Sie in den folgenden Schritten vor:

» Sorgen Sie dafür, dass die Datenbank geöffnet ist, aus der Sie die Daten exportieren wollen, und markieren Sie im Datenbankfenster das Objekt, dessen Daten exportiert werden sollen. Sie können eine Tabelle, eine Abfrage oder ein Formular exportieren. Es empfiehlt sich auch, das Objekt vor dem Export zu öffnen, um zu überprüfen, dass keine Fehlerindikatoren oder Fehlerwerte enthalten sind. Wenn Fehler vorhanden sind, müssen Sie sie vor dem Exportieren der Daten nach Excel beheben. Andernfalls können beim Exportvorgang Fehler auftreten, und es werden möglicherweise Nullwerte in Felder eingefügt.

» Wenn Sie nur einzelnen Datensätze aus dem Objekt exportieren wollen, müssen Sie die markieren.

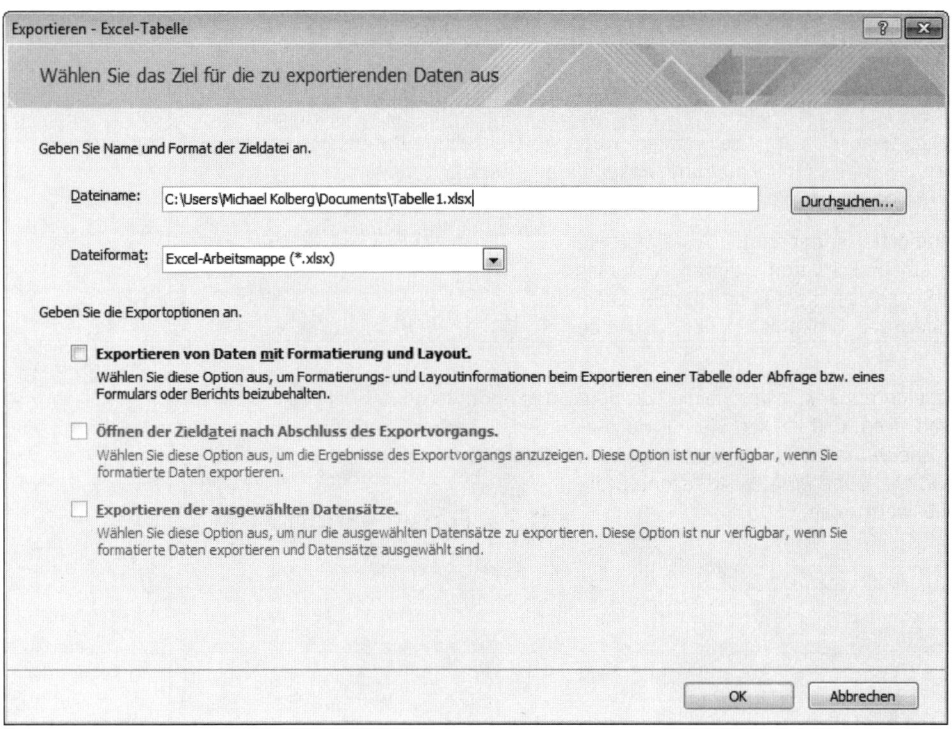

Abbildung 11.18 Hier werden Daten nach Excel exportiert.

- Klicken Sie auf der Registerkarte *Externe Daten* in der Gruppe *Exportieren* auf das entsprechende Steuerelement. Benutzen Sie beispielsweise die Schaltfläche *In eine Textdatei importieren* oder *In eine Excel-Kalkulationstabelle exportieren*. In dem nun angezeigten Dialogfeld *Exportieren* müssen Sie einige Grunddaten zum beabsichtigten Export vornehmen (→ Abbildung 11.18).
- Geben Sie im Feld *Dateiname* den Pfad und den Namen der zu erstellenden Datei an. Über *Dateiformat* können Sie meist zwischen mehreren Formaten wählen.
- Unter den *Exportoptionen* können Sie beispielsweise fordern, dass Formate mit übernommen werden sollen. Diese Einstellung beeinflusst auch die Menge der exportierten Daten:
    - Wenn Sie ohne Formatierung exportieren, werden alle Felder und Datensätze im zugrunde liegenden Objekt exportiert.
    - Wenn Sie mit Formatierung exportieren, werden nur Felder und Datensätze exportiert, die in der aktuellen Ansicht oder dem Objekt angezeigt werden. Gefilterte Datensätze, in einem Datenblatt ausgeblendete Spalten und in einem Formular nicht angezeigte Felder werden nicht exportiert.
- Nur wenn Sie das Kontrollkästchen *Exportieren von Daten mit Formatierung und Layout* aktiviert haben, können Sie das Kontrollkästchen *Exportieren der ausgewählten Datensätze* einschalten.
- Bestätigen Sie diese Eingaben über *OK*. Der Export wird gestartet.
- Sie können dann auf einer weiteren Seite noch angeben, dass die eben festgelegten Exportschritte gespeichert werden sollen. Sie können dann schnell über die Registerkarte *Externe Daten* wiederholt werden (→ Abbildung 11.19). Wenn Sie das wünschen, müssen Sie nach dem Aktivieren des Kontrollkästchens dem Vorgang noch einen Namen geben.

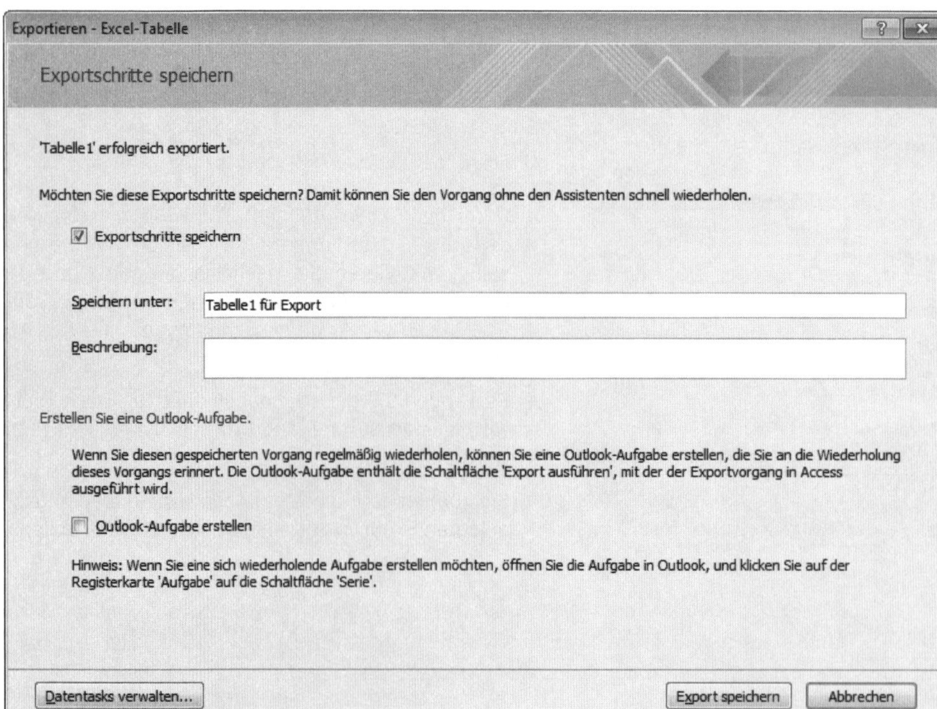

Abbildung 11.19
Sie können die Exportschritte speichern.

» Bestätigen Sie abschließend über *Schließen* oder über *Export speichern*. Die gerade erstellte Datei kann anschließend geöffnet werden.

Wenn Sie einen gespeicherten Exportvorgang später wiederholen möchten, klicken Sie auf die Schaltfläche *Gespeicherte Exporte* auf der Registerkarte *Externe Daten* in der Gruppe *Exportieren*. Dadurch öffnen Sie ein Fenster, in dem alle gespeicherten Exporte der aktuellen Datenbank aufgelistet werden. Um einen von diesen zu wiederholen, wählen Sie ihn aus der Liste aus und klicken auf die Schaltfläche *Ausführen*.

11.2.2 Exportieren nach Word

Ein typischer Anwendungsfall besteht darin, ein geeignetes Access-Objekt – wie beispielsweise eine Tabelle oder einen Bericht – zu exportieren, sodass Sie die Daten in Microsoft Word weiter verarbeiten können.

Beginnen wir mit einer einfachen Aufgabe, dem Export einer Tabelle nach Word.

» 

Öffnen Sie die Tabelle, und klicken Sie auf der Registerkarte *Externe Daten* in der Gruppe *Exportieren* auf *Weitere*. Wählen Sie *Word* aus dem Katalog. In dem dann angezeigten Dialogfeld *Exportieren* geben Sie im Feld *Dateiname* den Pfad und den Namen der zu erstellenden Datei an. Am besten benutzen Sie die Möglichkeiten, die Ihnen nach einem Klick auf *Durchsuchen* zur Verfügung stehen.

» Aktivieren Sie die Option *Öffnen der Zieldatei nach Abschluss des Exportvorgangs*, und klicken Sie auf *OK*. Die Daten werden in eine Word-Tabelle exportiert, und die Datei wird angezeigt (→ Abbildung 11.20).

ID	Anrede	Nachname	Vorname	Wohnort	Geburtsdatum
1	Herr	Simon	Hermann	Schabbach	17.10.1945
2	Frau	Lichtblau	Clarissa	München	29.01.1949
3	Herr	Simon	Ernst	Schabbach	15.05.1923
4	Frau	Simon	Maria	Schabbach	17.09.1977
5	Herr	Wohlleben	Otto	Berlin	07.08.1954

Abbildung 11.20 Eine nach Word exportierte Tabelle

11.2.3 Exportieren in eine Excel-Datei

Etwas komplizierter wird es, wenn Sie nach Excel exportieren. Benutzen Sie aber auch hier die oben beschriebenen allgemeinen Schritte jetzt, um eine Tabelle von Access nach Excel zu exportieren.

» Öffnen Sie *Tabelle1*, und prüfen Sie, ob die gewünschten Datensätze darin vorhanden sind.

» 

Klicken Sie auf der Registerkarte *Externe Daten* in der Gruppe *Exportieren* auf *Excel*. Im daraufhin angezeigten Dialogfeld *Exportieren* müssen Sie einige Grunddaten zum beabsichtigten Export vornehmen (→ Abbildung 11.18).

» Geben Sie im Feld *Dateiname* den Pfad und den Namen der zu erstellenden Datei an. Am besten benutzen Sie die Möglichkeiten, die Ihnen nach einem Klick auf *Durchsuchen* zur Verfügung stehen.

» Über *Dateiformat* können Sie meist zwischen mehreren Formaten wählen (→ Abbildung 11.21). Benutzen Sie ein Format, das Sie später öffnen können.

Excel-Binärarbeitsmappe (*.xlsb)
Excel-Arbeitsmappe (*.xlsx)
Microsoft Office Excel 5.0/95-Arbeitsmappe (*.xls)
Excel 97 - Excel 2003-Arbeitsmappe (*.xls)

Abbildung 11.21 Das Dateiformat festlegen

» Unter den *Exportoptionen* können Sie beispielsweise fordern, dass Formate mit übernommen werden sollen. Aktivieren Sie nacheinander die Optionen *Exportieren von Daten mit Formatierung und Layout* und *Öffnen der Zieldatei nach Abschluss des Exportvorgangs*.

» Bestätigen Sie diese Eingaben über *OK*. Der Export wird gestartet, und das Ergebnis kann angezeigt werden (→ Abbildung 11.22).

» Sie können dann noch angeben, dass die eben festgelegten Exportschritte gespeichert werden sollen.

	A	B	C	D	E	F
1	ID	Anrede	Nachname	Vorname	Wohnort	Geburtsdatum
2	1	Herr	Simon	Hermann	Schabbach	17.10.1945
3	2	Frau	Lichtblau	Clarissa	München	29.01.1949
4	3	Herr	Simon	Ernst	Schabbach	15.05.1923
5	4	Frau	Simon	Maria	Schabbach	17.09.1977
6	5	Herr	Wohlleben	Otto	Berlin	07.08.1954

Abbildung 11.22 Eine Tabelle wurde nach Excel exportiert.

11.2.4 Exportieren in das PDF- und XPS-Format

Sie können auch Daten in die Formate *PDF* oder *XPS* zum Drucken, Senden und für die E-Mail-Verteilung exportieren. Durch das Exportieren eines Formulars, Berichts oder Datenblatts in eine PDF- oder XPS-Datei können Sie Informationen in einem auf einfache Weise verteilten Formular aufzeichnen, das alle Formatierungsmerkmale enthält. Es ist jedoch nicht erforderlich, dass andere Benutzer Access auf ihren Computern installiert haben, um die exportierten Informationen zu drucken oder zu überprüfen.

» *PDF* (*Portable Document Format*) ist ein Dateiformat mit einem festen Layout, das die Dokumentformatierung beibehält und eine Dateifreigabe ermöglicht. Mit dem PDF-Format wird sichergestellt, dass die Datei in der Online- oder Druckansicht genau das beabsichtigte Format beibehält und dass die Daten in der Datei nicht problemlos kopiert oder geändert werden können. Das PDF-Format ist auch nützlich für Dokumente, die mithilfe kommerzieller Druckmethoden reproduziert werden.

» *XPS* (*XML Paper Specification*) ist ein Dateiformat, mit dem die Dokumentformatierung beibehalten und die Dateifreigabe ermöglicht wird. Auch mit dem XPS-Format wird sichergestellt, dass die Datei in der Online- oder Druckansicht genau das beabsichtigte Format beibehält und dass die Daten in der Datei nicht problemlos kopiert oder geändert werden können.

Markieren Sie das gewünschte Datenbankobjekt, und klicken Sie in der Gruppe *Exportieren* der Registerkarte *Externe Daten* auf *PDF oder XPS*. Im dann angezeigten Dialogfeld *Als PDF oder XPS veröffentlichen* müssen Sie über die Liste zum Feld *Dateityp* noch das gewünschte Format – also *PDF*- oder *XPS-Dokument* – festlegen (→ Abbildung 11.23). Geben Sie der Dateien einen Namen, und bestätigen Sie über *Veröffentlichen*.

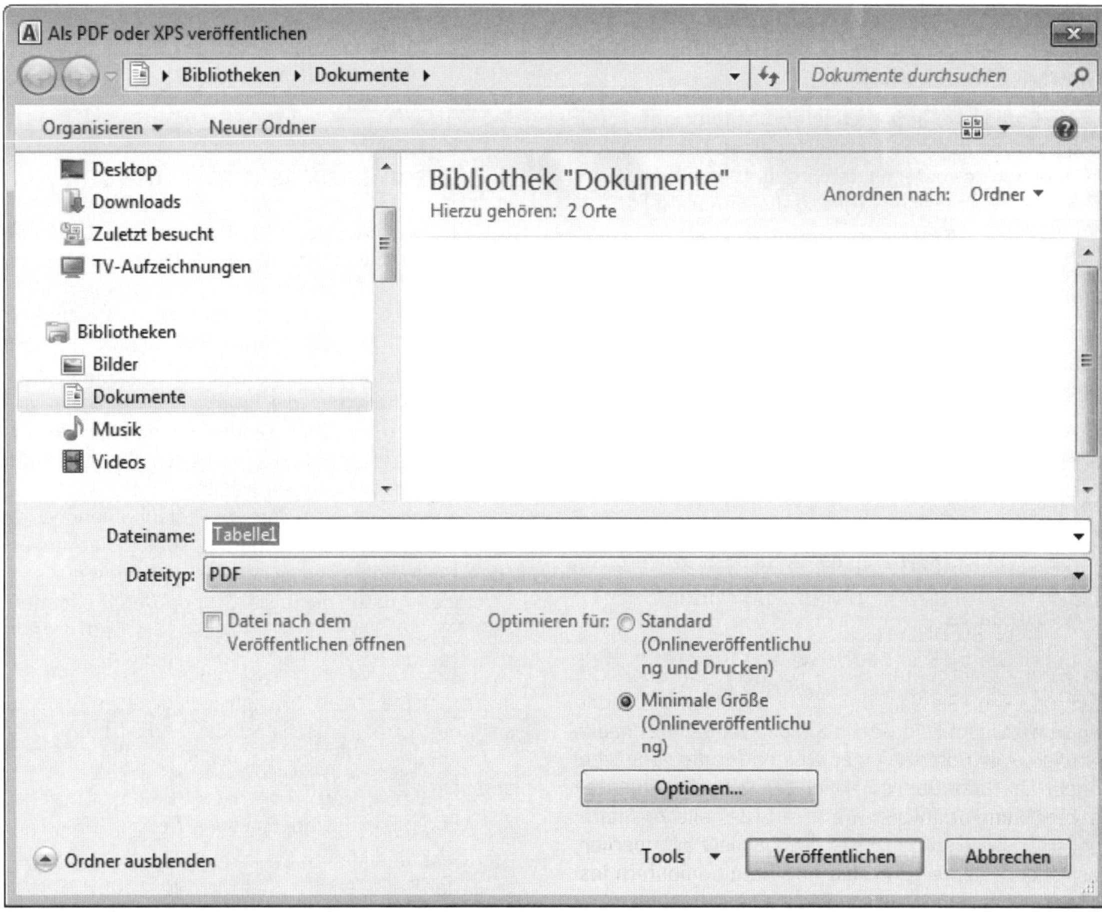

Abbildung 11.23 Das Exportieren als *PDF*- oder *XPS-Dokument*

11.2.5 In eine SharePoint-Website exportieren

Daten können am einfachsten mithilfe des Export-Assistenten in eine SharePoint-Website exportiert werden. Nach dem Ausführen des Assistenten können Sie die Einstellungen als Exportspezifikation speichern. Dann können Sie den Exportvorgang erneut ausführen, ohne die Informationen erneut eingeben zu müssen.

Vorbemerkungen

Überprüfen Sie zunächst die Felder in der Tabelle oder Abfrage. Beachten Sie die folgenden Hinweise:

- Alle Felder und Datensätze in der Tabelle oder Abfrage werden exportiert, einschließlich der im Datenblatt ausgeblendeten Felder. *Filtereinstellungen* werden beim Export ignoriert.
- SharePoint-Listen unterstützten nur eine *Anlagenspalte*. Wenn das Quellobjekt mehrere Anlagenspalten besitzt, müssen Sie alle außer einer Anlagenspalte entfernen.
- *Nachschlage-Felder* mit einzelnen oder mehreren Werten. Anzeigewerte in Nachschlagespalten mit einzelnen Werten werden in der SharePoint-Liste als Auswahlfelder in Drop-down-Menüs exportiert.

Wenn das Quellfeld mehrere Werte unterstützt, wird in der SharePoint-Liste ein Auswahlfeld erstellt, das mehrere Werte zulässt.

» Die Ergebnisse in *berechneten Spalten* einer Abfrage werden in ein Feld kopiert, dessen Datentyp vom Datentyp des berechneten Ergebnisses abhängt. Der Ausdruck hinter den Ergebnissen wird nicht kopiert.

» *OLE-Objektfelder* werden beim Export ignoriert.

Den Export durchführen

Nach der Kontrolle können Sie den Export durchführen, Öffnen Sie dazu die Datenbank, die die zu exportierende Tabelle oder Abfrage enthält.

» Markieren Sie darin im Navigationsbereich die zu exportieren Tabelle oder Abfrage. Formulare oder Berichte können nicht exportiert werden.

» Öffnen Sie auf der Registerkarte *Externe Daten* in der Gruppe *Exportieren* den Katalog zu *Weitere*. Klicken Sie auf *SharePoint-Liste*. Der Export-Assistent wird gestartet.

» Geben Sie im Feld *Geben Sie eine SharePoint-Website an* die Adresse der Zielwebsite ein.

» Geben Sie im Feld *Geben Sie den Namen der neuen SharePoint-Liste an* einen Namen für die neue Liste ein. Falls das Quellobjekt in der Datenbank denselben Namen aufweist wie eine Liste auf der SharePoint-Website, geben Sie einen anderen Namen an. Optional können Sie auch eine Beschreibung für die neue Liste im Feld *Beschreibung* eingeben und dann das Kontrollkästchen *Nach Fertigstellen Liste öffnen* aktivieren.

» Klicken Sie auf *OK*, um den Exportvorgang zu starten. Access erstellt eine Liste auf der SharePoint-Website und zeigt dann den Status des Vorgangs auf der letzten Seite des Assistenten an.

» Nachdem der Exportvorgang abgeschlossen ist, können Sie den Assistenten schließen oder die Exportschritte als Spezifikation speichern. Aktivieren Sie dazu auf der letzten Seite des Assistenten das Kontrollkästchen *Exportschritte speichern*. Geben Sie in das Feld *Speichern unter* einen Namen für die Exportspezifikation ein. Sie können auch eine Beschreibung in das Feld *Beschreibung* eingeben.

Wenn der Vorgang in bestimmten Zeitabständen ausgeführt werden soll, aktivieren Sie das Kontrollkästchen *Outlook-Aufgabe erstellen*. Klicken Sie auf *Export speichern*.

11.3 Daten sammeln mit Outlook

Access 2010 erleichtert das Sammeln von Daten von verteilten Personen durch eine Zusammenarbeit mit Microsoft Office Outlook 2010. Das erleichtert Ihnen das Generieren und Senden einer E-Mail-Nachricht, die ein Dateneingabeformular enthält. Wenn die Empfänger die Formulare ausfüllen und an Sie zurücksenden, werden die Antworten gemäß Ihren Angaben verarbeitet. Wenn Sie die Antworten automatisch verarbeiten lassen möchten, wird der Inhalt des Formulars der entsprechenden Tabelle in der Datenbank hinzugefügt, sobald die Antworten den Posteingang erreichen. Als zusammenfassendes Werkzeug dafür dient die Gruppe *Daten sammeln* auf der Registerkarte *Externe Daten*. Sie finden darin zwei interessante Schaltflächen (→ Tabelle 11.5).

Symbol	Wirkung
	Erstellt auf Basis einer Tabelle eine E-Mail-Nachricht. Die Empfänger dieser Nachricht können darin Daten eingeben und dieses Ergebnis an Sie zurückschicken.
	Darüber können Sie die Datensammlungsmeldungen, die Sie an E-Mail-Empfänger gesendet haben, sowie die Antworten, die Sie für jede dieser Meldungen in Ihrem Outlook 2010-Posteingang erhalten haben, verwalten.

Tabelle 11.5 Die Elemente der Gruppe *Daten sammeln*

11.3.1 Voraussetzungen

Wenn Sie zum ersten Mal Daten mithilfe von E-Mail-Nachrichten sammeln, müssen hinsichtlich der verwendeten Software zwei Voraussetzungen erfüllt sein, um den erfolgreichen Abschluss des Datensammlungsprozesses sicherzustellen:

» Stellen Sie sicher, dass auf Ihren Rechner sowohl Microsoft Access 2010 als auch Outlook 2010 installiert ist. Outlook muss als Nachrichtenprogramm korrekt konfiguriert sein.

» Stellen Sie auch sicher, dass bei den Benutzern, die die E-Mail-Nachricht empfangen sollen, ein E-Mail-Client mit Unterstützung für das HTML-Format läuft, denn wenn Sie ein HTML-Formular senden, muss der Empfänger über ein E-Mail-Programm verfügen, das HTML unterstützt.

11.3.2 Die Tabelle erstellen

Identifizieren oder erstellen Sie die Tabellen, die mit den Daten aus den Benutzerantworten auf Ihre Nachricht aufgefüllt werden sollen. Wenn Sie Daten für vorhandene Tabellen sammeln, stellen Sie sicher, dass die Tabellen nicht schreibgeschützt sind und dass Sie über die notwendigen Berechtigungen zum Hinzufügen oder Aktualisieren von Inhalten verfügen. Zusätzlich müssen für diese Zieldatenbank die folgenden Voraussetzungen erfüllt sein:

» Felder mit den Datentypen *Anlage*, *AutoWert*, *OLE* sowie mehrwertige Felder können nicht zur Sammlung von E-Mail-Nachrichten verwendet werden.

» Verwenden Sie möglichst nur eine einzige Tabelle zum Sammeln der Daten. Sie können zwar zwei oder mehr Tabellen verwenden, müssen dann aber eine Auswahlabfrage erstellen und diese als Datensatzquelle des Formulars verwenden und noch einige zusätzliche Einschränkungen beachten.

Es empfiehlt sich, die Daten für die E-Mail-Adressen in dieser Tabelle bereits anzulegen. Anderenfalls müssen Sie diese vor dem Senden einzeln eingeben. Eine sol-

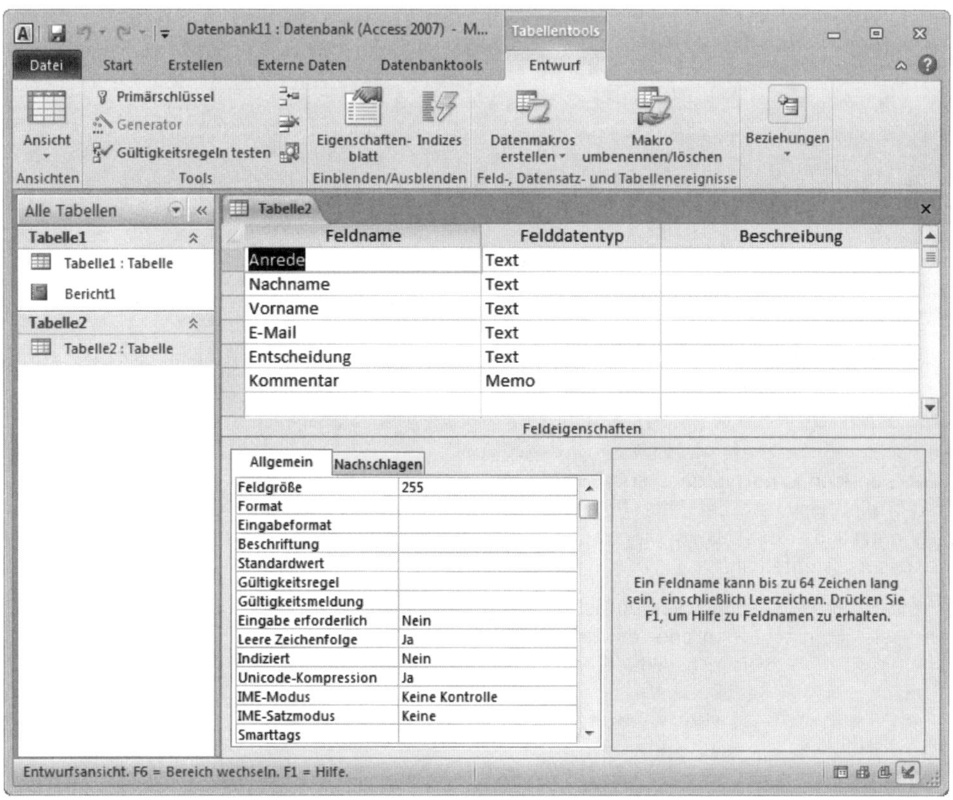

Abbildung 11.24
Die zugrunde liegende Tabelle

che Tabelle finden Sie beispielsweise unter dem Namen *Tabelle2* in der Datenbank. Die beiden letzten Felder darin dienen zur Aufnahme der Antworten (→ Abbildung 11.24).

11.3.3 Die Nachricht erstellen

Die wesentliche Aufgabe dieses Werkzeugs besteht darin, die eigentliche Nachricht zu erstellen. Dafür steht Ihnen aber ein Assistent zur Verfügung, der Sie durch die notwendigen Teile führt. Der folgende Abschnitt beschreibt einen typischen Fall für die Vorgehensweise:

- Öffnen Sie die Zieldatenbank. Zum Auffüllen einer einzelnen Tabelle wählen Sie die Tabelle im Navigationsbereich aus; öffnen Sie sie aber nicht. Zum Auffüllen von zwei oder mehr verwandten Tabellen wählen Sie die Abfrage aus, die an diese Tabelle gebunden ist.
- 

Klicken Sie auf der Registerkarte *Externe Daten* in der Gruppe *Daten sammeln* auf *E-Mail erstellen*. Wenn die Tabelle Felder enthält, die das Sammeln von Daten unterstützen, wird der Assistent gestartet. Anderenfalls wird die Meldung *Die ausgewählte Tabelle oder Abfrage verfügt nicht über Felder, die das Sammeln von Daten per E-Mail unterstützen* angezeigt.
- Auf der ersten Seite des Assistenten werden die wichtigsten Schritte des Vorgangs angezeigt. Wenn von der Zieltabelle sowohl das Hinzufügen als auch das Aktualisieren von Daten unterstützt wird, führen Sie sechs Hauptschritte im Assistenten aus: Wenn vom Objekt nur das Hinzufügen von Datensätzen unterstützt wird, führen Sie fünf Hauptschritte aus (→ Abbildung 11.25).

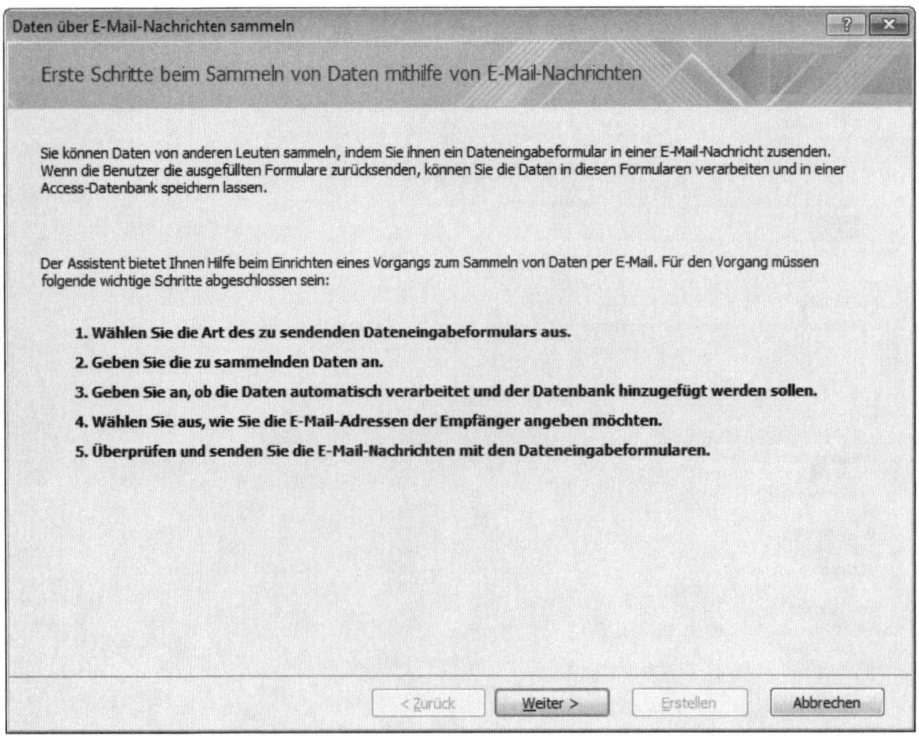

Abbildung 11.25
Die Hauptschritte zum Sammeln

» Nach einem Klick auf *Weiter* werden Sie vom Assistenten aufgefordert, den Typ des zu erstellenden Formulars auszuwählen (→ Abbildung 11.26). Sie müssen auswählen, ob Sie ein *HTML*-Formular oder ein *InfoPath*-Formular erstellen möchten. Ein Access-Formular kann nicht zum Sammeln von Daten über E-Mail-Nachrichten verwendet werden. Wenn InfoPath auf dem Computer nicht installiert ist, steht die Option *Microsoft InfoPath-Formular* nicht zur Verfügung. Ein InfoPath-Formular hat mehrere Vorteile gegenüber einem HTML-Formular. Einerseits wird eine bessere Dateneingabe- und -bearbeitungsumgebung geboten. Außerdem kann mit einem InfoPath-Formular eine vorläufige Überprüfung der Daten ausgeführt werden, wenn der Benutzer auf die Schaltfläche *Senden* klickt. Dadurch hat der Benutzer Gelegenheit, falsche Daten zu korrigieren, bevor er die Antwort an Sie sendet.

» Klicken Sie dann auf *Weiter*. Die nächste angezeigte Assistentenseite hängt davon ab, ob vom Zielobjekt das Aktualisieren von Daten unterstützt wird. Wenn das Objekt eine auf mindestens zwei Tabellen basierende Abfrage ist oder es ist eine Tabelle ist, die kein Primärschlüsselfeld oder keine Datensätze enthält, wird vom Assistenten angenommen, dass Sie neue Datensätze hinzufügen möchten, und Sie werden zum Auswählen der Formularfelder aufgefordert (→ Abbildung 11.27). In allen anderen Fällen werden Sie aufgefordert anzugeben, ob Sie Daten hinzufügen oder aktualisieren möchten, bevor Sie zum Auswählen der Formularfelder aufgefordert werden.

» In diesem Schritt legen Sie die Felder fest, die Sie in das Formular einschließen möchten. Doppelklicken Sie in der Liste *Felder in Tabelle* auf die gewünschten Felder. Es ist im Allgemeinen nicht notwendig, alle in der zugrunde liegenden Tabelle oder Abfrage vorhandenen Felder einzuschließen. Es gibt jedoch zwei Ausnahmen:

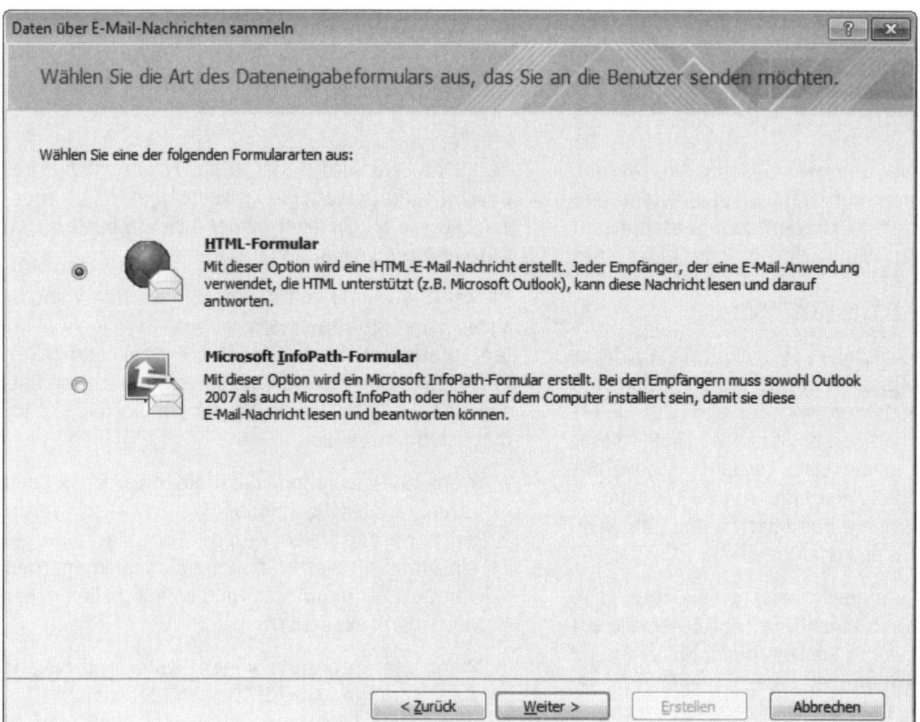

Abbildung 11.26
Wählen Sie den Typ des Formulars aus.

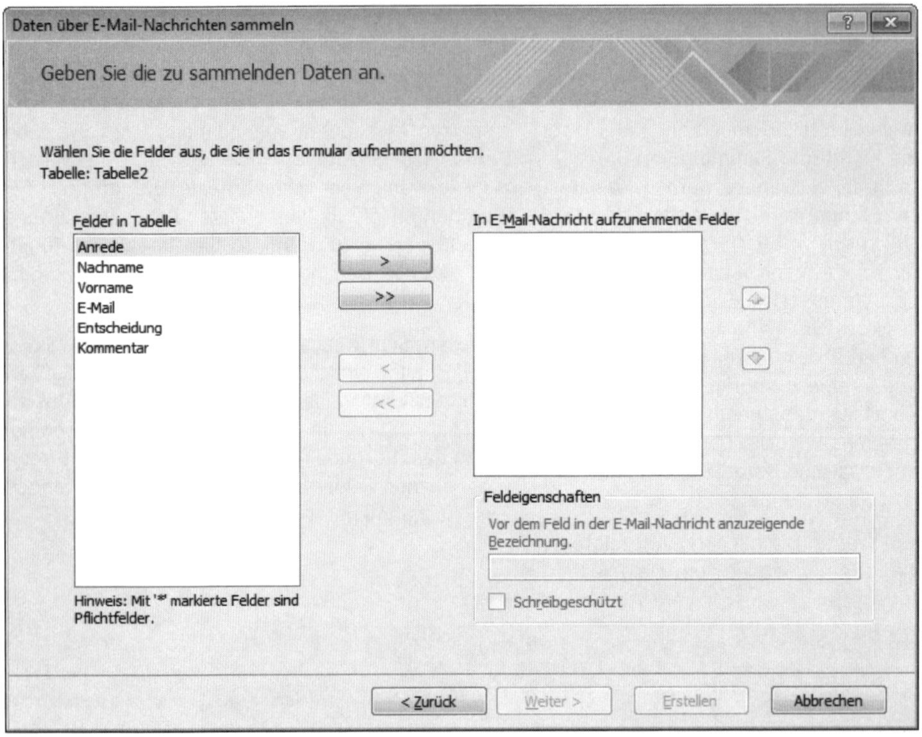

Abbildung 11.27 Wählen Sie die Felder aus.

- » Wenn Sie neue Datensätze sammeln, werden vom Assistenten automatisch alle Felder eingeschlossen, deren *Erforderlich*-Eigenschaft auf *Ja* festgelegt ist. Wenn erforderliche Felder eines Datensatzes leer sind, wird der Datensatz von Access nicht der Tabelle hinzugefügt.
- » Bestimmte Felder können Sie nicht in das Formular einschließen. Folgendes wird vom Assistenten nicht unterstützt: *AutoWert*, *Anlage*, *OLE-Objekt* und mehrwertige Nachschlagefelder. Felder dieser Typen werden in der Liste *Felder in Tabelle* des Assistenten nicht angezeigt. *AutoWert*-Felder in der Tabelle werden automatisch aufgefüllt, wenn neue Datensätze hinzugefügt werden.

» Geben Sie für jedes eingeschlossene Feld unter *Feldeigenschaften* eine Beschriftung an. Klicken Sie auf *Schreibgeschützt*, wenn Sie Daten aktualisieren und das Feld für den Benutzer anzeigen möchten, jedoch nicht wollen, dass der Benutzer die Daten ändert. Das Feld wird in der E-Mail-Nachricht mit der Beschriftung *Dieses Feld ist schreibgeschützt* angezeigt. Diese Möglichkeit eignet sich am besten zum Aktualisieren vorhandener Daten.

» Klicken Sie wieder auf *Weiter*. Sie werden vom Assistenten aufgefordert anzugeben, wie die Antworten verarbeitet werden sollen (→ Abbildung 11.28). In diesem Schritt treffen Sie eine sehr wichtige Entscheidung zur Verarbeitung der Antworten - automatisch oder manuell.

- » Wenn Sie festlegen, dass die Antworten beim Erreichen des Posteingangs automatisch verarbeitet werden sollen, wird der Formularinhalt der einzelnen Antworten durch die Zusammenarbeit von Outlook und Access in die Zieltabellen in der Datenbank exportiert.
- » Wenn Sie steuern möchten, wann und welche Antworten verarbeitet werden, deaktivieren Sie das Kontrollkästchen *Antworten automatisch*

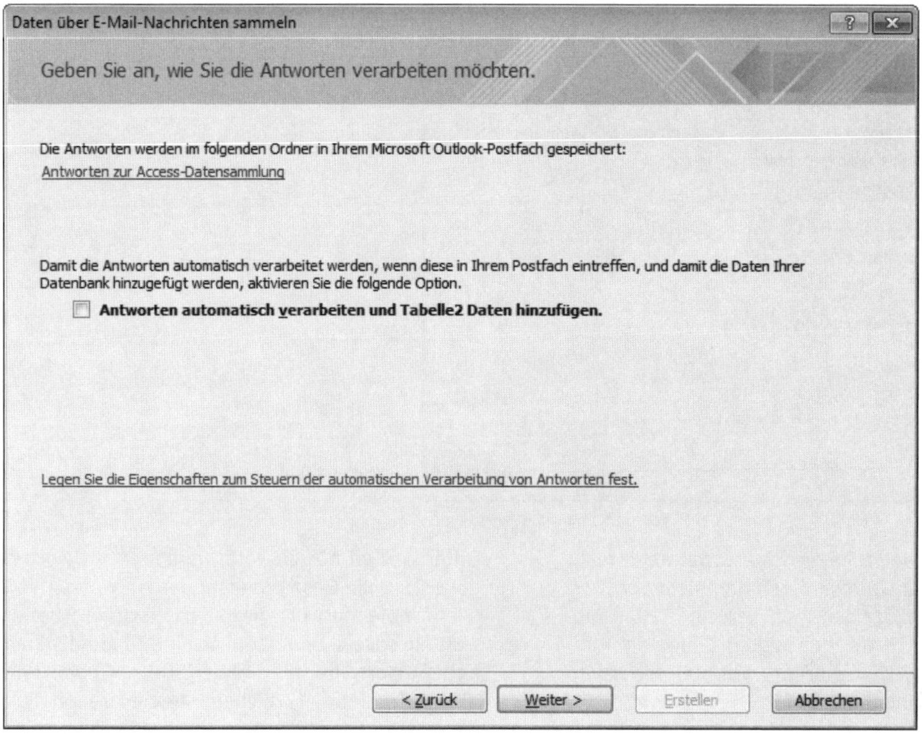

Abbildung 11.28 Bestimmen Sie die Form der Verarbeitung.

verarbeiten ... In diesem Fall erreichen die Antworten den Posteingang, werden jedoch nicht in die Datenbank übertragen. Sie müssen die einzelnen Antworten in Outlook manuell auswählen, mit der rechten Maustaste auf sie klicken und dann im Kontextmenü auf *Daten nach Microsoft Access exportieren* klicken, um die Datenbank aufzufüllen.

» Sie können auf dieser Seite des Assistenten zwei Gruppen von zusätzlichen Verarbeitungsoptionen angeben. Wenn Sie die Antworten manuell verarbeiten möchten, überspringen Sie diese Schritte: Überprüfen Sie durch einen Klick auf *Antworten zur Access-Datensammlung* den Namen des Outlook-Ordners, in dem Antworten gespeichert werden (→ Abbildung 11.29). Wenn Sie für die Antworten auf diese Datensammlungsanforderung einen anderen Ordner angeben möchten, klicken Sie auf den Ordnernamen. Wählen Sie im Dialogfeld *Ordner markieren* einen anderen Ordner aus, oder klicken Sie auf *Neu*, um einen neuen Ordner zu erstellen. Klicken Sie auf *OK*, und wechseln Sie dann zurück zu Access.

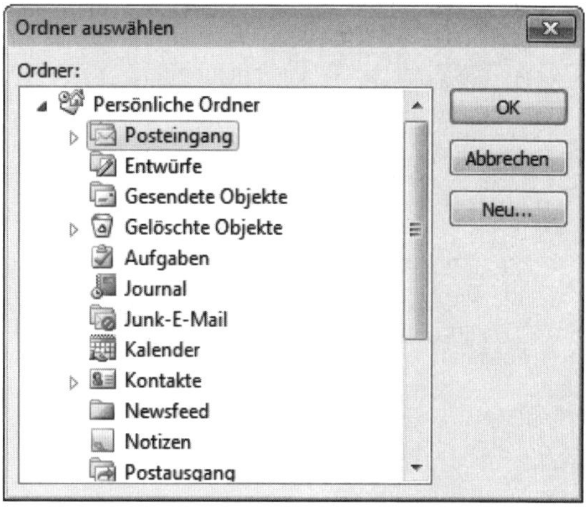

Abbildung 11.29 Wählen Sie gegebenenfalls den Ordner aus.

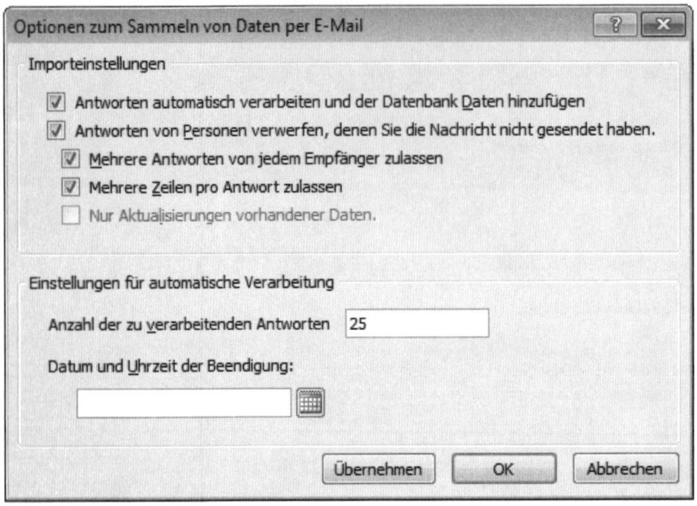

Abbildung 11.30
Legen Sie die Optionen fest.

» Klicken Sie auf *Legen Sie die Eigenschaften ... fest*, um das Dialogfeld *Optionen zum Sammeln von Daten per E-Mail* anzuzeigen, und verwenden Sie die Optionen in dem dann angezeigten Dialogfeld, um anzugeben, wie die Antworten verarbeitet werden sollen (→ Abbildung 11.30).

» Aktivieren Sie das Kontrollkästchen *Antworten von Personen verwerfen, denen Sie die Nachricht nicht gesendet haben*, wenn nur die Antworten, die von den ursprünglichen Empfängern der Nachricht gesendet wurden, automatisch verarbeitet werden sollen. Antworten von anderen Personen werden im Zielordner gespeichert, jedoch nicht automatisch verarbeitet.

» Mit *Mehrere Antworten von jedem Empfänger zulassen* kann ein Empfänger Ihnen mehrere Antworten senden. Aktivieren Sie dieses Kontrollkästchen, wenn nur die erste Antwort jedes Empfängers automatisch verarbeitet werden soll. Die zweite und die nachfolgenden Antworten werden im Zielordner gespeichert, jedoch nicht automatisch verarbeitet.

» Unter *Anzahl der zu verarbeitenden Antworten* geben Sie die Gesamtanzahl der Antworten von allen Empfängern ein, die automatisch verarbeitet werden sollen. Benutzen Sie im Textfeld einen hohen Wert, beispielsweise *5000*. Antworten, die nach dem Erreichen des angegebenen Werts empfangen werden, werden im Zielordner gespeichert, aber nicht automatisch verarbeitet.

» Mit *Datum und Uhrzeit der Beendigung* können Sie angeben, wann die automatische Verarbeitung von Antworten für diese E-Mail-Nachricht beendet werden soll. Nach diesem Datum und dieser Uhrzeit empfangene Antworten werden im Zielordner gespeichert, aber nicht automatisch verarbeitet.

» Klicken Sie abschließend auf *OK*.

» Im nächsten Schritt müssen Sie auswählen, wie Sie die E-Mail-Adressen der Empfänger angeben möchten (→ Abbildung 11.31). Dafür stehen zwei Möglichkeiten zu Verfügung. Wählen Sie im Assistenten die gewünschte Option aus.

» Geben Sie in die vom Assistenten generierte E-Mail-Nachricht die Adressen einzeln ein, oder wählen Sie die Adressen aus einem Adressbuch aus.

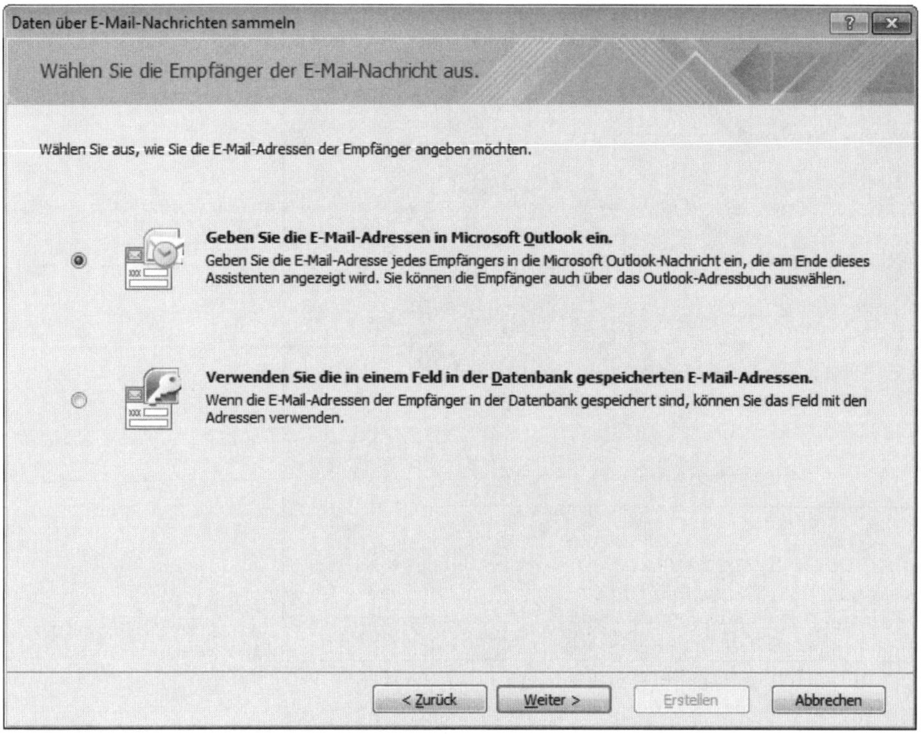

Abbildung 11.31
Wählen Sie die Empfänger aus.

- » Verwenden Sie ein Feld in der aktuellen Datenbank, das E-Mail-Adressen enthält. Das Feld muss sich in der zugrunde liegenden Tabelle oder Abfrage oder in einer verwandten Tabelle befinden.

» Wenn Sie oben die zu empfehlende zweite Option gewählt haben, können Sie nach einem Klick auf *Weiter* das Feld angeben, das die E-Mail-Adressen der Empfänger enthält (→ Abbildung 11.31).

- » Wenn sich das Feld in der aktuellen Tabelle oder Abfrage befindet, klicken Sie auf *Die aktuelle Tabelle oder Abfrage*, wählen Sie das Feld aus der Drop-down-Liste aus, und klicken Sie dann auf *Weiter*.
- » Wenn das Feld mit den E-Mail-Adressen der Empfänger nicht in der aktuellen Tabelle oder Abfrage enthalten ist, klicken Sie auf *Eine zugeordnete Tabelle*, und wählen Sie in der Drop-down-Liste das Feld in der aktuellen Tabelle aus, mit dem diese der Tabelle zugeordnet wird, die die Adressen enthält. Dies ist in der Regel ein *ID*-Feld. Wenn das ausgewählte Feld nur einer Tabelle zugeordnet ist, wird eine weitere Drop-down-Liste angezeigt. Wählen Sie das Feld aus, das die E-Mail-Adressen enthält.

» Nach einem Schritt auf *Weiter* überprüfen Sie die Komponenten der Nachricht und führen notwendige Änderungen durch (→ Abbildung 11.33). Nehmen Sie in den Feldern *Betreff* und *Einleitung* die gewünschten Änderungen vor.

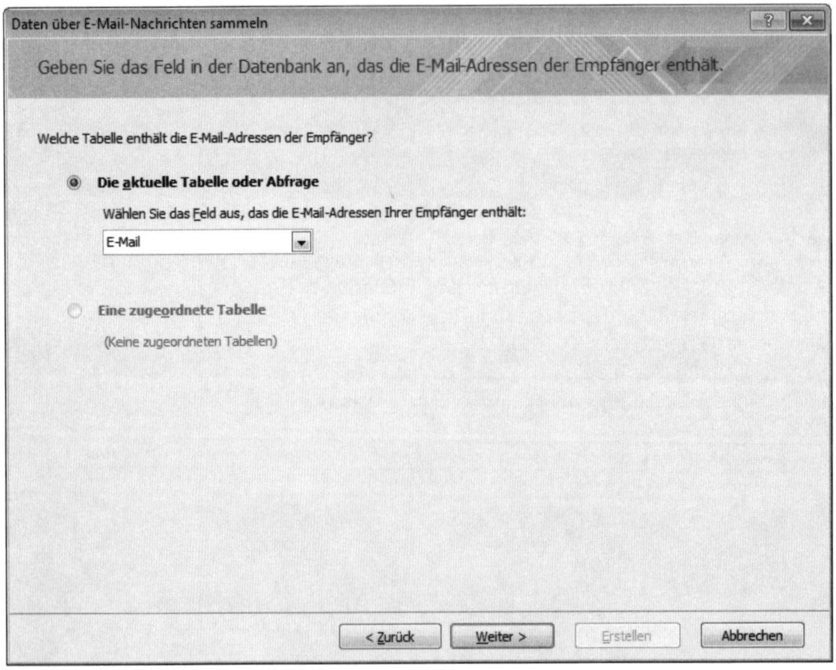

Abbildung 11.32
Wählen Sie das Feld mit der Adresse aus.

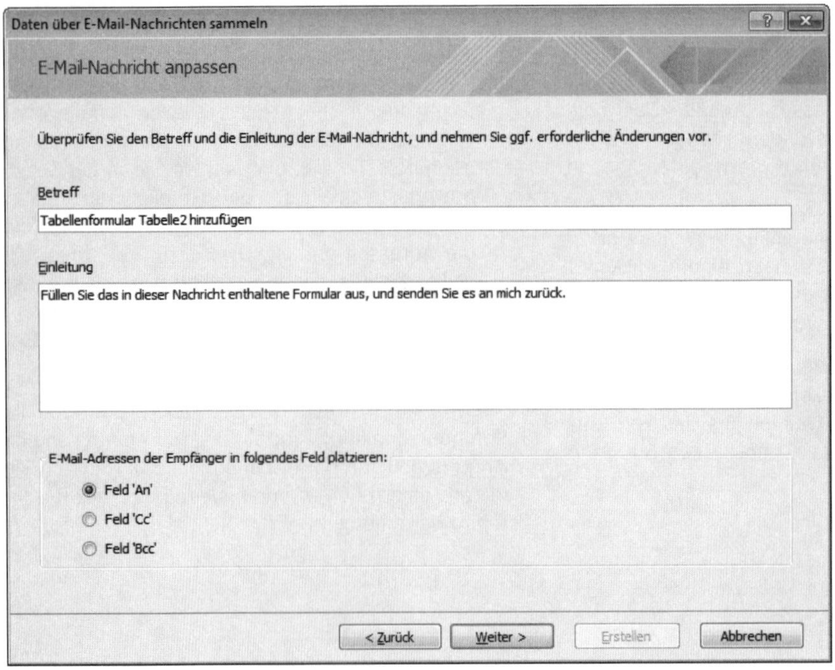

Abbildung 11.33
Geben Sie Texte für die Nachricht ein.

» Klicken Sie auf *Weiter*. Der Assistent zeigt eine Seite an, mit der Ihnen mitgeteilt wird, dass Sie nun die Nachricht erstellen können. Er zeigt Ihnen außerdem, wie Sie den E-Mail-Status mithilfe des Befehls *Antworten verwalten* anzeigen können. Möglicherweise werden auf dieser Seite auch einige Warnmeldungen angezeigt.

» Klicken Sie auf *Erstellen*, um den Vorgang fortzusetzen. Wenn Sie Adressen verwenden, die in einer Tabelle in der Datenbank gespeichert sind, können Sie das E-Mail-Adressfeld so filtern, dass Sie die Adressen von Benutzern auswählen können, an die die Nachricht gesendet wird (→ Abbildung 11.34). Wählen Sie die zu verwendenden E-Mail-Adressen aus, indem Sie die entsprechenden Kontrollkästchen aktivieren.

» Klicken Sie auf *Senden*. Wenn einige der Werte im Adressfeld keine gültigen E-Mail-Adressen sind, wird ein Dialogfeld angezeigt, in dem die ungültigen Adressen aufgelistet sind. In diesem Fall notieren Sie sich die Adressen in der Liste, klicken Sie auf *Beenden*, überprüfen Sie die Adressen, und versuchen Sie, die Nachricht erneut zu senden.

Die Nachrichten befinden Sie nur in Outlook und können mit den dort üblichen Methoden noch eingesehen werden (→ Abbildung 11.35). Sorgen Sie dann gegebenenfalls noch dafür, dass sie abgeschickt werden.

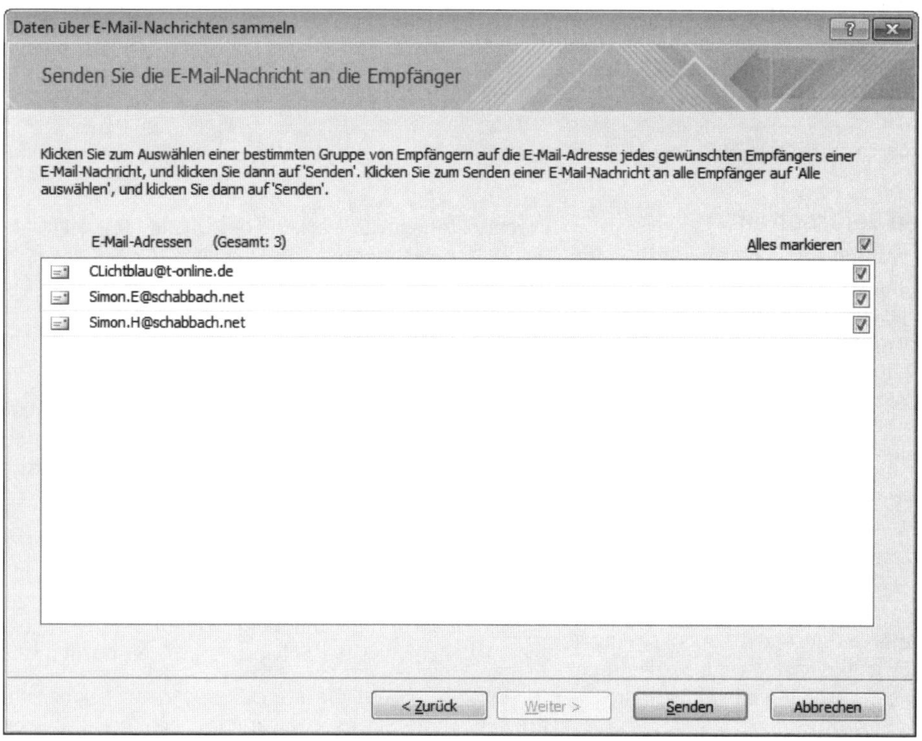

Abbildung 11.34
Sie können die Empfänger noch filtern.

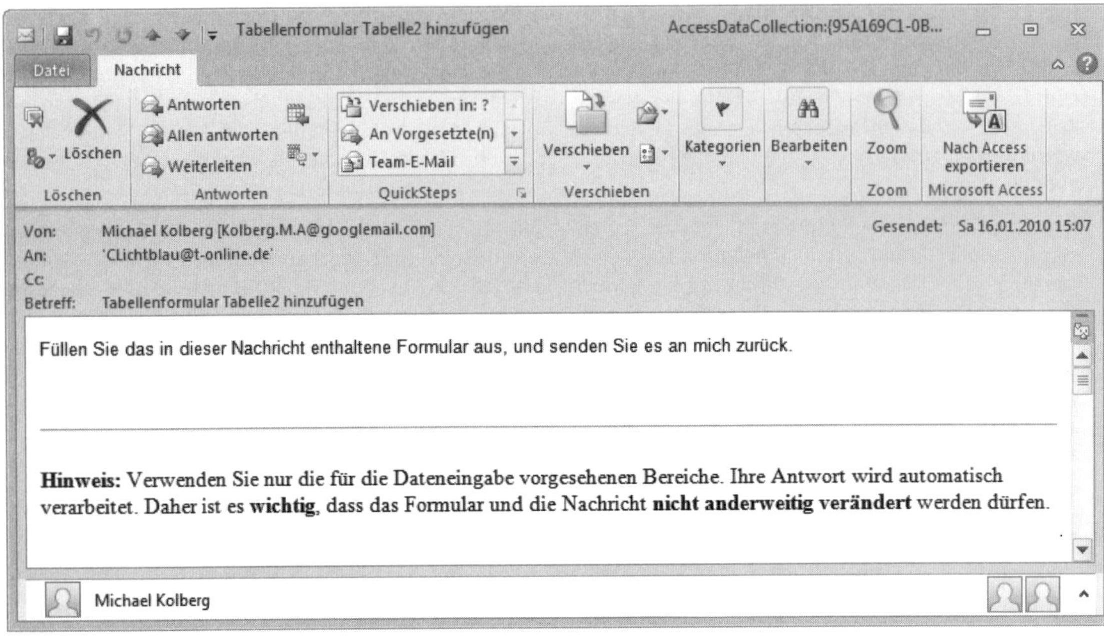

Abbildung 11.35 Die Nachrichten in Outlook 2010

11.3.4 Antworten verarbeiten

Sie haben jetzt den größten Teil der Arbeit im Zusammenhang mit dem Sammeln von Daten mithilfe von E-Mail-Nachrichten abgeschlossen. Wenn Sie ausgewählt haben, dass die Antworten automatisch verarbeitet werden sollen, und keine Fehler auftreten, werden die Daten ohne weitere Aktion von Ihnen in die Zieldatenbank übertragen.

Sie können aber auch manuell arbeiten: Klicken Sie auf der Registerkarte *Externe Daten* in der Gruppe *Daten sammeln* auf *Antworten*. Das Dialogfeld *Datensammlungsmeldungen verwalten* wird angezeigt (→ Abbildung 11.36). Mithilfe dieses Dialogfelds können Sie die Datensammlungsmeldungen, die Sie an E-Mail-Empfänger gesendet haben, sowie die Antworten, die Sie für jede dieser Meldungen in Ihrem Outlook 2007-Posteingang erhalten haben, verwalten.

In dem Dialogfeld werden alle Nachrichten aufgeführt, die in der aktuellen Datenbank gespeichert sind. Beachten Sie die Informationen, die in dem Bereich unter *Nachrichtendetails* angezeigt werden. Hier werden der Nachrichtenname, der Name der Quelltabelle oder Abfrage, der Nachrichtentyp sowie der Outlook-Ordner, in dem die Antworten gespeichert werden, angezeigt. Sie finden hier auch die im Formular vorhandenen Felder, die entsprechenden Daten und einige andere Nachrichteneinstellungen.

Nachdem Sie eine Nachricht oben in Dialogfeld markiert haben, können Sie die Schaltflächen im mittleren Bereich benutzen und dann eine der folgenden Aktionen ausführen lassen:

» Klicken Sie auf *Nachrichtenoptionen*, um das Dialogfeld *Optionen zum Sammeln von Daten per E-Mail* anzuzeigen (→ Abbildung 11.30). Verwenden Sie die Optionen in dem dann angezeigten Dialogfeld, um anzugeben, wie die Antwort verarbeitet werden soll.

» Klicken Sie auf *Diese E-Mail-Nachricht erneut senden*, wenn Sie eine Nachricht erneut an dieselben oder andere Empfänger senden möchten (→ unten).

» Wenn Sie eine Nachricht nicht mehr benötigen, klicken Sie auf *Diese E-Mail-Nachricht löschen*, und

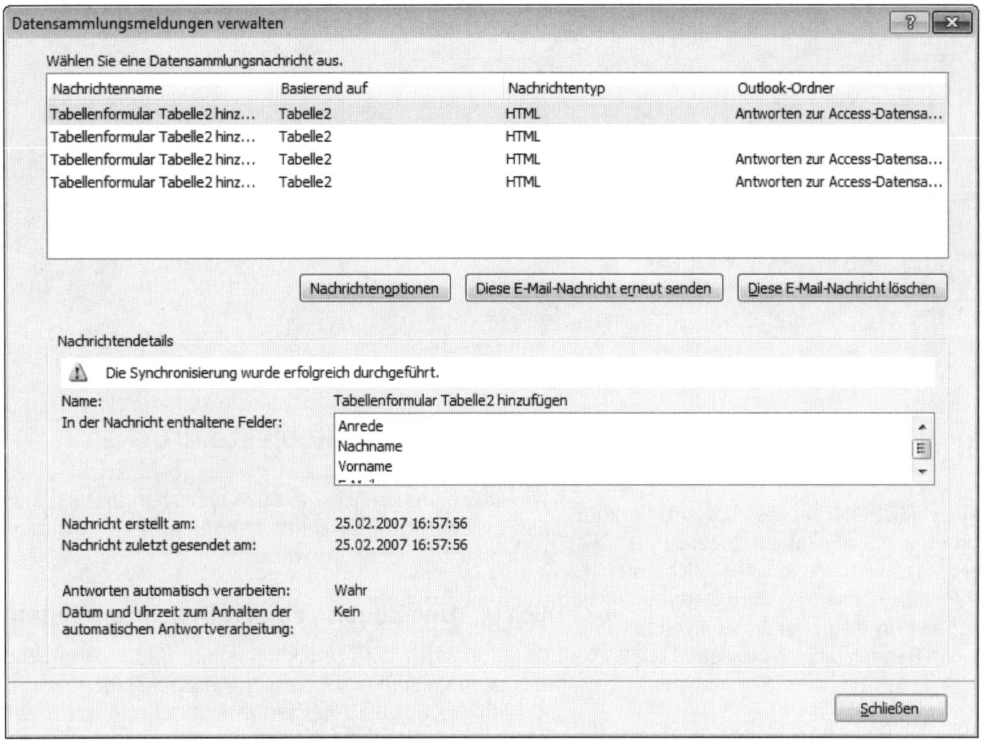

Abbildung 11.36 Das Dialogfeld *Datensammlungsmeldungen verwalten*

bestätigen Sie anschließend. Alle Antworten, die Sie nach dem Löschen der Nachricht erhalten, werden von Outlook als reguläre E-Mail-Nachrichten behandelt und nicht mehr in die Tabelle aufgenommen.

Wenn Sie andererseits ausgewählt haben, die Antworten manuell zu verarbeiten, oder wenn Fehler auftreten, müssen Sie weitere Aktionen ausführen. Weitere Informationen zum manuellen Verarbeiten von Antworten, zur Problembehandlung und zur allgemeinen Verwaltung von Datensammlungsnachrichten und -antworten finden Sie im nächsten Abschnitt.

Erneutes Senden einer Datensammlungsnachricht

Wenn Sie eine vorhandene E-Mail-Nachricht für die Datensammlung an zusätzliche Benutzer senden möchten oder wenn die ursprüngliche Nachricht einige Benutzer nicht erreicht hat, müssen Sie die Nachricht erneut senden. Die Nachricht kann nicht weitergeleitet werden.

» Klicken Sie auf der Registerkarte *Externe Daten* in der Gruppe *Daten sammeln* auf *Antworten verwalten*.

» Klicken Sie im Dialogfeld *Datensammlungsmeldungen verwalten* auf die Nachricht, die Sie erneut senden möchten.

» Klicken Sie dann auf *Diese E-Mail-Nachricht erneut senden*.

TIPP Wenn diese Schaltfläche abgeblendet dargestellt wird, müssen Sie die Nachrichteneinstellungen mit Outlook synchronisieren: Klicken Sie auf das Warnungsfeld unter *Nachrichtendetails*, um die Einstellungen zu synchronisieren. Wenn der Vorgang erfolgreich durchgeführt wird, zeigt Access die Meldung *Die Synchronisierung wurde erfolgreich durchgeführt* an. Falls Access stattdessen eine Fehlermeldung anzeigt, schließen Sie das Dialogfeld, und öffnen Sie es erneut.

Kapitel 12

Druck und Seriendruck

Alle Objekte einer Microsoft Access-Datenbank können ausgedruckt oder über E-Mail an andere Personen als Anhang versendet werden. In allen Microsoft Office 2010-Programmen können Sie Ihre Daten jetzt an einer zentralen Stelle in einer Vorschau anzeigen und drucken lassen – im Bereich *Drucken* in der Office Backstage-Ansicht.

» Beim Ausdruck sollten Sie zunächst einen Drucker auswählen und dessen Eigenschaften festlegen (→ Abschnitt 12.1). Legen Sie dann die Optionen für die Seiteneinrichtung fest, und kontrollieren Sie die auszudruckenden Seiten auf dem Bildschirm mithilfe der Seitenansicht. Führen Sie abschließend den Ausdruck durch.

» Wenn Sie zusätzlich Microsoft Word auf dem Rechner installiert haben, können Sie den diesem Programm eigenen Seriendruck-Assistenten verwenden, um einen Seriendruckvorgang mit den Daten einer Tabelle zu erstellen (→ Abschnitt 12.2). Auf diesen Assistenten können Sie auch in Access 2010 zugreifen.

12.1 Datenbankobjekte drucken

Wir wollen uns zunächst mit den typischen Druckaufgaben beschäftigen, die Ihnen bei der Arbeit mit Datenbankobjekten begegnen werden

12.1.1 Der Zugang zu den Druckfunktionen

Den Zugang zu den Druckfunktionen finden Sie in der aktuellen Version von Access in der Bachstage-Ansicht. Klicken Sie auf die Registerkarte *Datei* und darin auf den Bereich *Drucken*, um die Unteroptionen anzuzeigen (→ Abbildung 12.1).

Den Drucker und die Ausrichtung wählen

Als ersten Schritt beim Drucken sollten Sie den zu verwendenden Drucker und die Seitenausrichtung wählen.

» Markieren Sie das Objekt, das Sie ausdrucken wollen, im Navigationsbereich, oder öffnen Sie es in der gewünschten Ansicht.

»  Öffnen Sie die Registerkarte *Datei*, wählen Sie den Bereich *Drucken*, und klicken Sie darin auf die Schaltfläche *Drucken*. Das Dialogfeld *Drucken* wird angezeigt (→ Abbildung 12.2).

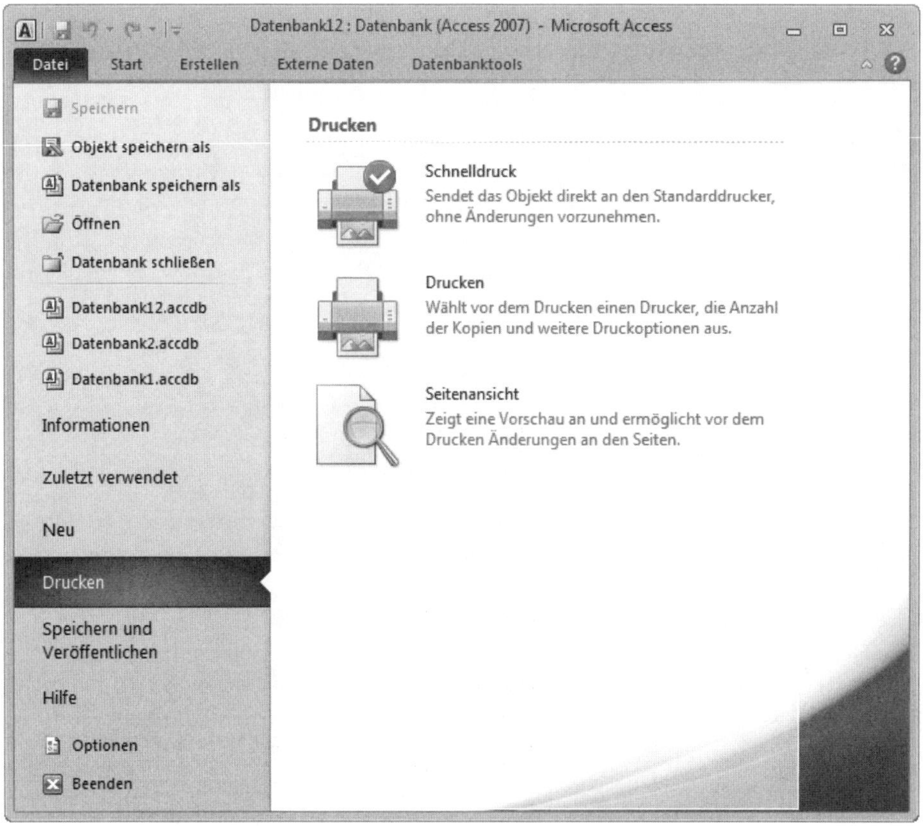

Abbildung 12.1
Die Optionen zum Drucken auf der Registerkarte *Datei*

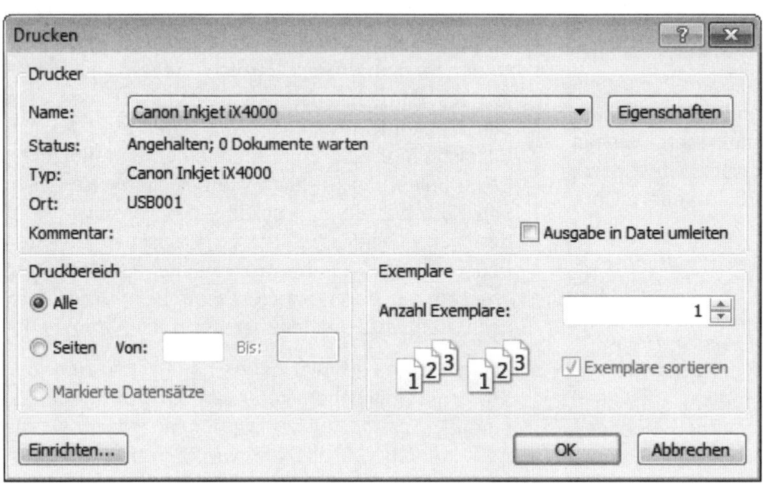

Abbildung 12.2
Bei Access finden Sie noch das klassische Dialogfeld *Drucken.*

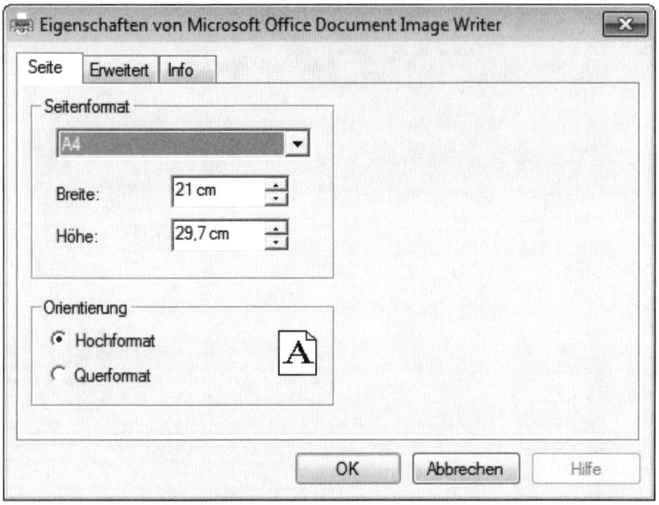

Abbildung 12.3
Die Einstellungen zum Drucker

» Wählen Sie im Listenfeld *Name* aus den installierten Druckern den gewünschten Drucker.

» Klicken Sie auf die Schaltfläche *Eigenschaften*. Ein Dialogfeld wird angezeigt, über das Sie die Einstellungen zum Drucker regeln können (→ Abbildung 12.3). Was in diesem Dialogfeld angezeigt wird, hängt vom jeweiligen Drucker ab.

» Bei (fast) allen Druckern finden Sie hier die Möglichkeit, das *Seitenformat* und die *Orientierung* - also *Hochformat* oder *Querformat* - festzulegen.

» Bestätigen Sie Ihre Wahl über *OK*. Das Dialogfeld *Drucken* wird wieder angezeigt.

Die Seite einrichten

Nachdem Sie die Wahl des Druckers und des zu verwendenden Seitenformats abgeschlossen haben, können Sie weitere Einstellungen für den Ausdruck festlegen. Dazu gehören die Randeinstellungen und andere Optionen.

ACHTUNG Verwenden Sie die nachfolgend beschriebene Vorgehensweise zum schnellen Ausdruck der Daten in Tabellen, Abfragen, Formularen und Berichten. Zusätzlich steht Ihnen mit der *Seitenansicht* eine Darstellungsform zur Verfügung, die Ihnen zusätzliche Möglichkeiten für die Gestaltung der Seite beim Ausdruck ermöglicht (→ unten).

» Sorgen Sie dafür, dass das Dialogfeld *Drucken* für das zu druckende Objekt - beispielsweise eine Tabelle oder einen Bericht - geöffnet ist.

» Klicken Sie auf *Einrichten* links unten in diesem Dialogfeld. Ein aus maximal zwei Registerkarten bestehendes Dialogfeld mit dem Namen *Seite einrichten* erscheint auf dem Bildschirm (→ Abbildung 12.4). Wenn Sie eine Tabelle oder Abfrage zum Ausdruck vorgesehen haben, finden Sie in diesem Dialogfeld nur die Registerkarte *Druckoptionen* vor.

» Auf der Registerkarte *Druckoptionen* legen Sie die Randeinstellungen fest. Für alle Objekte finden Sie hier vier Felder zum Festlegen der Ränder. Die Optionen im unteren Bereich unterscheiden sich je nach dem auszudruckenden Objekt: Aktivieren Sie das Kontrollkästchen *Nur Daten drucken*, um Bezeichnungsfelder, Steuerelementumrandungen, Rasterlinien und Grafiken wie beispielsweise Linien und Kästchen beim Drucken eines Formulars oder Berichts wegzulassen. Bei tabellarischen Objekten finden Sie hier das Kontrollkästchen *Überschriften drucken*. Aktivieren Sie dieses, um beim Drucken eines Datenblatts Spaltenüberschriften auszugeben.

» Wenn Sie ein Formular oder einen Bericht zum Ausdruck gewählt haben, gelangen Sie über die Registerkarte *Spalten* zu den Optionen, mit denen die Anordnung und Größe von einzelnen zu druckenden

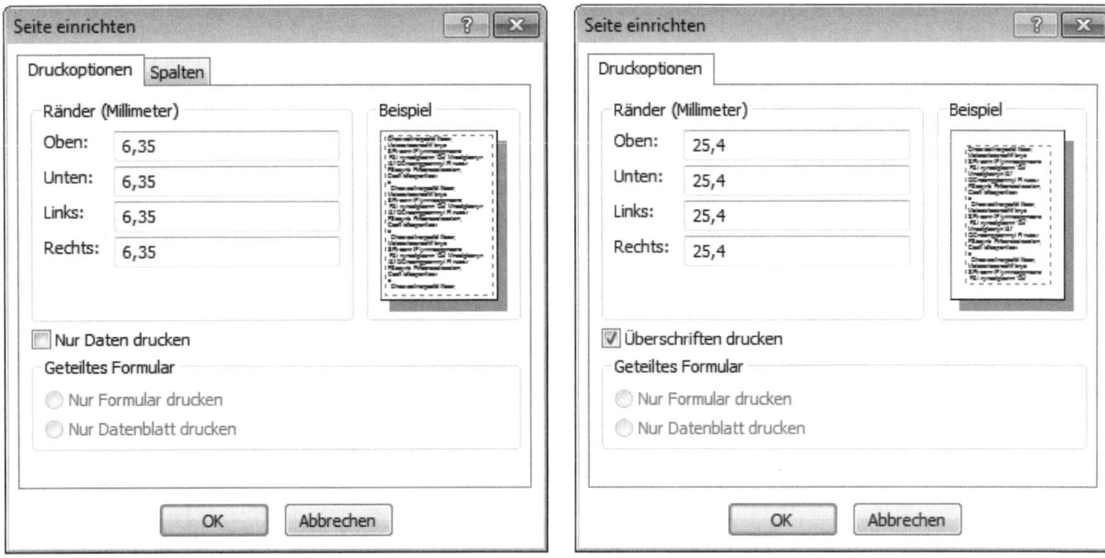

Abbildung 12.4 Die Registerkarte *Druckoptionen* im Dialogfeld *Seite einrichten*

Elementen und deren Anordnung auf der Druckseite festgelegt werden (→ Abbildung 12.5). Viele dieser Parameter können Sie zum Drucken von mehrspaltigen Berichten oder Bezeichnungsfeldern benutzen.

Abbildung 12.5 Die Registerkarte *Spalten* im Dialogfeld *Seite einrichten*

- » Über die Optionen unter *Rastereinstellungen* legen Sie fest, wie viele Spalten auf dem Papier erscheinen sollen. Unter *Spaltengröße* bestimmen Sie die Dimension der Spalten.
- » 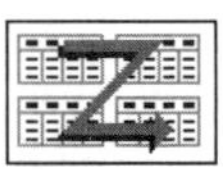 Wenn Sie mehrere Spalten auf der Seite drucken wollen, können Sie über den Bereich *Spaltenlayout* bestimmen, in welcher Anordnung die Datensätze auf dem Papier angeordnet werden sollen. Eine kleine Vorschau erklärt die Bedeutung der beiden Optionen.

» Bestätigen Sie die Einstellungen durch einen Klick auf *OK*. Das Dialogfeld *Drucken* wird wieder angezeigt.

Ausdrucken

Der Ausdruck erfolgt anschließend mit den im Dialogfeld zum Befehl *Seite einrichten* festgelegten Einstellungen.

» Sorgen Sie dafür, dass das Dialogfeld *Drucken* für das zu druckende Objekt – beispielsweise eine Tabelle oder einen Bericht – geöffnet ist (→ Abbildung 12.6). Hierin stehen Ihnen noch verschiedene zusätzliche Möglichkeiten zur Verfügung.

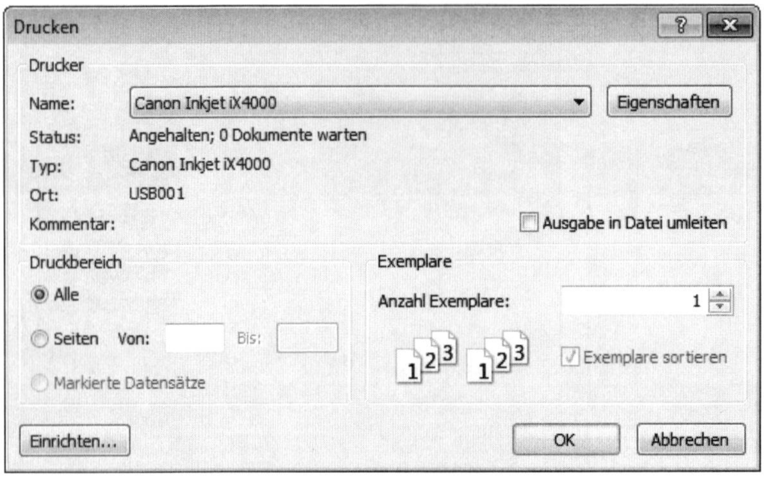

Abbildung 12.6
Das Dialogfeld *Drucken*

- Unter *Druckbereich* können Sie einstellen, was aus dem Objekt gedruckt werden soll. Die Option *Alle* sorgt dafür, dass der gesamte Inhalt gedruckt wird. Alternativ können Sie einzelne Seiten oder die gerade markierten Datensätze drucken.
- Über den Bereich *Anzahl Exemplare* im Dialogfeld regeln Sie die Anzahl der Kopien und - bei mehrseitigen Ausdrucken - das Sortieren der Seiten.
- Legen Sie im Dialogfeld die gewünschten Einstellungen fest, und starten Sie den Ausdruck durch einen Klick auf *OK*.

12.1.2 Besonderheiten

Beachten Sie bei Drucken noch einige Besonderheiten. Diese Beziehen sich auf den Ausdruck von Unterdatenblättern, das Drucken von einzelnen Datensätzen oder das Drucken von Formularen.

Unterdatenblätter

Wenn Ihr Datenblatt ein Unterdatenblatt enthält, wird dessen Inhalt standardmäßig nicht ausgedruckt, wenn Sie das Datenblatt aus dem Navigationsbereich heraus ausdrucken. Wenn Sie die Inhalte ebenfalls mit drucken möchten, offen Sie das Objekt, und lassen Sie das gewünschte Unterdatenblatt anzeigen. Klicken Sie dazu auf das Erweiterungssymbol mit dem Pluszeichen links von der Zeile, dessen Unterdatenblatt Sie erweitern möchten. Führen Sie dann den Ausdruck wie oben beschrieben durch.

TIPP Wenn Sie alle Unterdatenblätter erweitern, gibt Access möglicherweise unerwartet viele Datensätze zurück. Drucken Sie nach dem Erweitern aller Unterdatenblätter nur dann, wenn Sie sich sicher sind, dass Sie alle resultierenden Datensätze drucken möchten.

Drucken bestimmter Datensätze im Datenblatt

Um nur bestimmte Datensätze aus einem Datenblatt zu drucken, markieren Sie vor dem Ausdruck die Datensätze, die Sie drucken möchten (→ Tabelle 12.1).

Anschließend führen Sie den Ausdruck wie gewohnt durch. Wählen Sie aber im Dialogfeld *Drucken* die Option *Markierte Datensätze*.

Auswahl	Klicken Sie auf ...
Daten in einem Feld	... die Stelle, an der die Markierung beginnen soll, und ziehen über die gewünschten Daten.
Ein ganzes Feld	... die Stelle an der linken Ecke eines Feldes in einem Datenblatt, an der sich der Zeiger zur Form Kreuzes ändert.
Aufeinanderfolgende Felder	... die linke Ecke eines Feldes und ziehen, um die Auswahl auszudehnen.
Eine Spalte	... die Feldauswahl.
Nebeneinanderliegende Spalten	... den Feldnamen im oberen Teil der Spalte und ziehen, um die Auswahl auszudehnen.
Ein Datensatz	... die Datensatzauswahl.
Mehrere Datensätze	... den Datensatzmarkierer des ersten auszuwählenden Datensatzes und ziehen, um die Auswahl auszudehnen.

Tabelle 12.1 Methoden zur Auswahl von Daten für den Ausdruck

Drucken eines Formulars

Beim Drucken eines Formulars aus dem Navigationsbereich heraus wird das Objekt in der Ansicht gedruckt, die in der Eigenschaft *Standardansicht* festgelegt wurde. Wenn Sie den Ausdruck in einer anderen Ansicht wünschen, müssen Sie das Formular öffnen und die gewünschte Ansicht einstellen. Dies gilt nicht für die Entwurfsansicht. Wenn das Formular in der Entwurfsansicht geöffnet ist, wird es in der Formularansicht ausgedruckt.

Drucken einer Verknüpfung

Wenn Sie auf dem Desktop eine Verknüpfung zu einer Tabelle, einer Abfrage, einem Formular oder einem Bericht erstellt haben, können Sie das Objekt direkt unter Verwendung des Verknüpfungssymbols drucken. Klicken Sie dazu mit der rechten Maustaste auf die Verknüpfung, und klicken Sie dann im Kontextmenü auf *Drucken*.

12.1.3 Schnelldruck

Die im Dialogfeld *Drucken* und den damit verbundenen Dialogfeldern *Einstellungen* und *Seite einrichten* vorgenommenen Einstellungen werden für das gewählte Datenbankobjekt gespeichert und können bei einem weiteren Ausdruck dieses Objekts eingesetzt werden, ohne dass Sie sie erneut festlegen müssen. Ein erneuter Ausdruck ist darum schnell durchzuführen:

» Markieren Sie das Objekt, das Sie ausdrucken wollen, im Navigationsbereich, oder öffnen Sie es in der gewünschten Ansicht.

» Öffnen Sie die Registerkarte *Datei*, und klicken Sie darin auf die Schaltfläche *Schnelldruck*. Das sorgt für einen direkten Ausdruck mit den Standardeinstellungen oder den vorher eingestellten Parametern. Das Dialogfeld *Drucken* wird vor dem Ausdruck nicht angezeigt.

TIPP Wenn Sie die Druckeinstellungen zu einem Objekt ändern wollen, müssen Sie wieder über das Dialogfeld *Drucken* arbeiten.

12.1.4 Die Seitenansicht zur Kontrolle einsetzen

Wenn Sie das Erscheinungsbild der Druckausgabe vor dem Ausdruck auf dem Bildschirm kontrollieren wollen, benutzen Sie die *Seitenansicht*.

» Markieren Sie das Objekt wieder im Navigationsbereich, oder öffnen Sie es in einer Datenansicht.

» Öffnen Sie die Registerkarte *Datei*, und klicken Sie darin innerhalb von *Drucken* auf die Schaltfläche *Seitenansicht*. Das sorgt für eine Anzeige des Inhalts der Druckausgabe in einem separaten Fenster (→ Abbildung 12.7).

Berichte sind die Objekte, deren Inhalt wahrscheinlich am häufigsten ausgedruckt wird. Deswegen verfügen sie auch über eine eigene Ansicht zur Kontrolle des Ausdrucks. Um diese anzuzeigen, können Sie statt der eben beschriebenen Methode auch den Bericht öffnen und dann die *Seitenansicht* wählen. Beachten Sie, dass es sich hierbei um eine zusätzliche Ansicht handelt, die die vorher angezeigte überlagert. Wenn Sie zu dieser zurückkehren wollen, können Sie nicht mehr die Optionen in der Liste zur Schaltfläche *Ansicht* benutzen. Sie müssen die Seitenansicht stattdessen schließen.

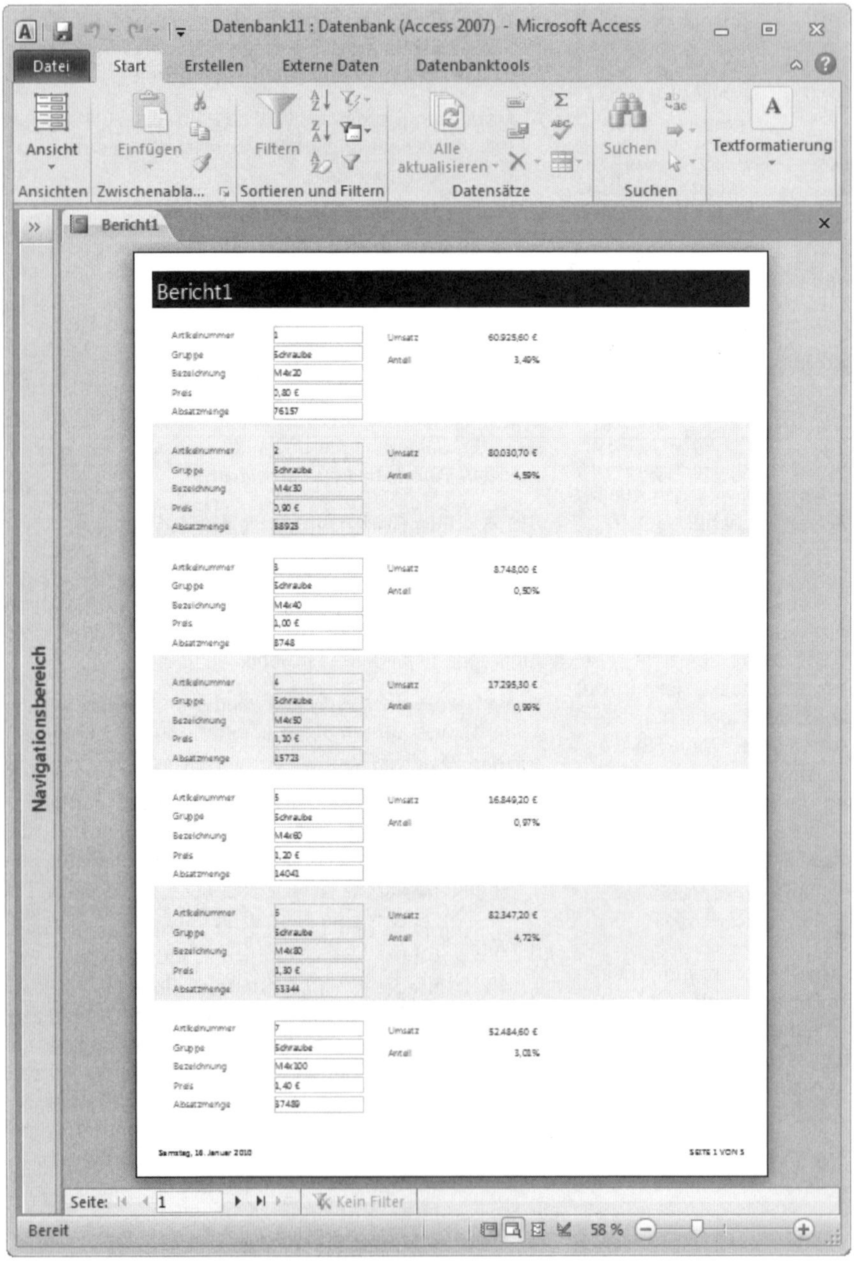

Abbildung 12.7
Ein Bericht in der Seitenansicht

» Wenn Sie den Mauszeiger auf die Seitendarstellung bewegen, zeigt er das Symbol einer Lupe an. Sie können damit bestimmte Ausschnitte gezielt vergrößern. Setzen Sie die Lupe auf den Teil des Objekts, den Sie vergrößert darstellen möchten. Drücken Sie dann die Maustaste. Ein zweiter Klick mit der Lupe verkleinert die Darstellung wieder. Um den Darstellungsmaßstab der Seitenansicht zu ändern, können Sie sich auch der Schaltfläche *Zoommodus* am unteren Rand der *Seitenansicht* bedienen.

» Seitenansicht schließen – Wenn Sie mit dem Ergebnis zufrieden sind, können Sie das Fenster wieder schließen.

Optionen zur Seitenansicht

Beachten Sie aber noch einige zusätzliche Optionen im Fenster für die Seitenansicht. Bei mehrseitigen Ausdrucken können Sie über die Navigationsschaltflächen unten im Fenster zwischen den einzelnen Seiten wechseln (→ Tabelle 12.2). Die Elemente im Bereich rechts davon dienen zur Einstellung des Vergrößerungsmaßstabs und zum Umschalten zwischen den Ansichten.

Symbol	Wirkung
1	Über die Schaltflächen zur Navigation in der linken unteren Ecke können Sie – wie beispielsweise von der Arbeit in einem Formular her gewohnt – unterschiedliche Datensätze anzeigen lassen.
	Mithilfe der drei Schaltflächen rechts daneben können Sie das zu druckende Objekt selbst anzeigen lassen. Hatten Sie ein Formular ausgewählt, finden Sie hier beispielsweise Schaltflächen für die *Formularansicht*, die *Layoutansicht* und die *Entwurfsansicht*.
100 %	Die Schaltfläche *Zoommodus* mit der Prozentzahl zeigt den aktuellen Vergrößerungsmaßstab an. Ein Klick darauf vergrößert die Anzeige, ein weiterer Klick verkleinert sie wieder.
	Auch die drei Elemente am rechten Rand regeln die Vergrößerung. Durch Klicks auf die Schaltflächen mit dem Plus- und dem Minuszeichen verändern Sie diese in kleineren Schritten. Dasselbe erreichen Sie durch Verschieben des kleinen Reglers in der Mitte.

Tabelle 12.2 Die Schaltflächen in der Seitenansicht

Die Registerkarte *Seitenansicht*

Die Seitenansicht verfügt über eine eigene Registerkarte (→ Abbildung 12.8). Über diese können Sie von dieser Ansicht her Änderungen in den Druckparametern vornehmen, ohne vorher zum Dialogfeld *Drucken* und zu den damit zusammenhängenden Dialogfeldern *Einstellungen* und *Einrichten* wechseln zu müssen.

Darunter finden Sie in den Gruppen *Seitengröße* und *Seitenlayout* mehrere Optionen, die das Seitenlayout für den Ausdruck betreffen – beispielsweise die Größe und die Seitenränder.

» Größe – Über die Optionen im Katalog zur Schaltfläche *Größe* legen Sie das Format des für den Ausdruck zu verwendenden Papiers fest. Bei Access sind Sie hier auf die voreingestellten Alternativen angewiesen, können also keine benutzerdefinierten Formate wählen. Allerdings ist die Anzahl der Möglichkeiten wohl mehr als ausreichend (→ Abbildung 12.9 links).

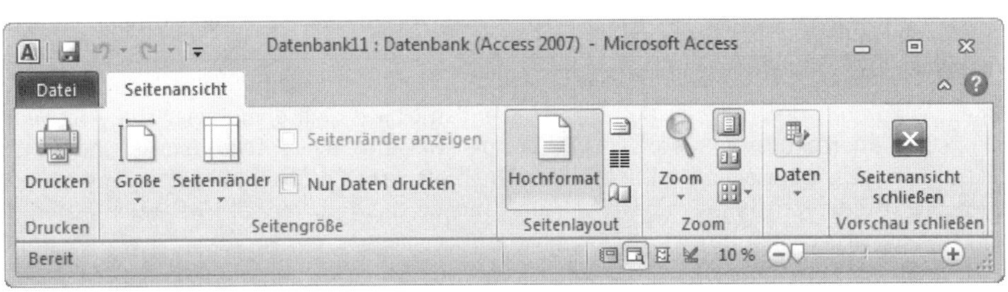

Abbildung 12.8 Die Registerkarte *Seitenansicht*

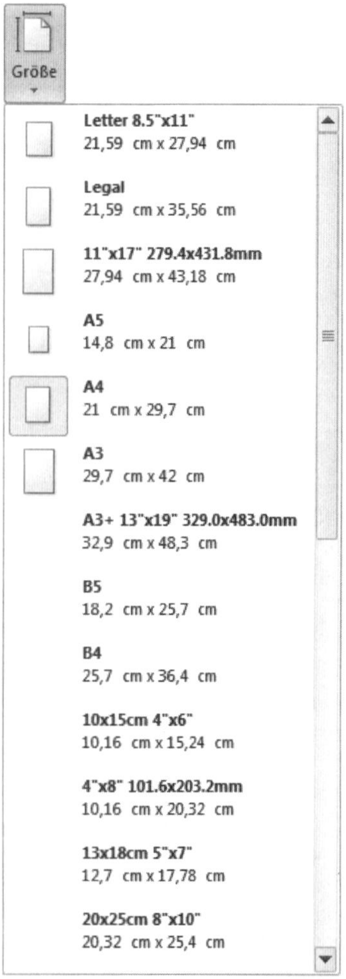

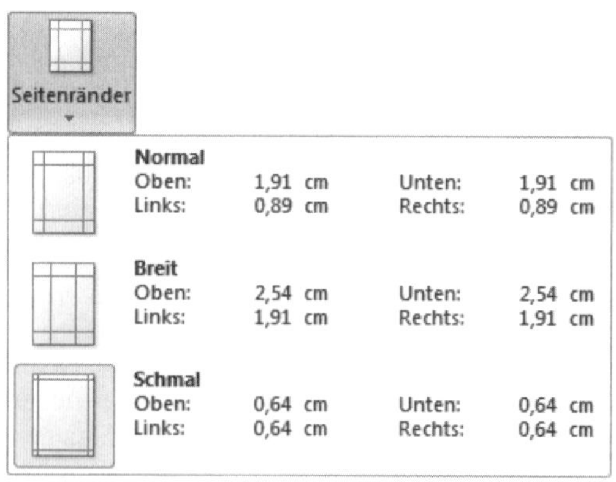

Abbildung 12.9
Das Papierformat und die Seitenränder

» 

Mit den Seitenrändern legen Sie den Abstand zwischen dem Rand des Papiers und dem bedruckten Bereich fest (→ Abbildung 12.9 rechts). Dafür liefert Ihnen Access mit den Einstellungen *Normal*, *Breit* und *Schmal* drei Alternativen.

» Das Optionskästchen *Nur Daten drucken* bewirkt, was es sagt: Wenn Sie die Option aktivieren, werden nur die eigentlichen Feldinhalte, nicht aber die Beschriftungen und Überschriften gedruckt. Auch das können Sie nach dem Einschalten in der Seitenansicht kontrollieren.

» 

Über die ersten beiden Optionen in der Gruppe *Seitenlayout* können Sie die Ausrichtung der Inhalte des zu druckenden Objekts auf dem Papier steuern. Wenn - beispielsweise - eine Tabelle breiter als höher ist, wird man oft das Querformat benutzen und bei hohen Tabellen das Hochformat. Bei vielen Daten in einem Objekt können sich aber auch andere Entscheidungsregeln hinsichtlich der Ausrichtung ergeben.

» 

Durch einen Klick auf *Seite einrichten* bringen Sie das gleichnamige Dialogfeld auf den Bildschirm, das maximal über drei Registerkarten verfügt (→ oben).

Die Optionen im Bereich *Zoom* kontrollieren die Darstellung innerhalb der Seitenansicht.

» Die Schaltfläche *Zoom* öffnet eine Liste mit mehreren Optionen zur Wahl des Vergrößerungsmaßstabs (→ Abbildung 12.10). Mit *An Fenster anpassen* sorgen Sie dafür, dass die Seite in voller Größe angezeigt wird.

» *Eine Seite, Zwei Seiten, Weitere Seiten* – regelt, wie viele Seiten des geplanten Ausdrucks in der Seitenansicht angezeigt werden.

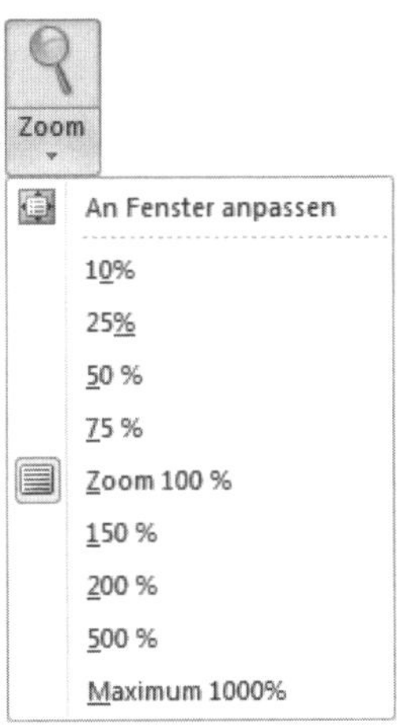

Abbildung 12.10
Die Optionen zur Schaltfläche *Zoom*

12.2 Seriendruck zusammen mit Word 2010

Verwenden Sie den Microsoft Word-Seriendruck-Assistenten, um einen Seriendruckvorgang mit den Daten einer Tabelle zu erstellen. Auf diesen Assistenten können Sie auch in Access 2010 zugreifen.

12.2.1 Vorbereitungen

Öffnen Sie die Quelldatenbank, und wählen Sie im Navigationsbereich die als Datenquelle für den Seriendruck zu verwendende Tabelle oder Abfrage aus. Verwenden Sie dann die folgenden Schritte:

» 

Klicken Sie auf der Registerkarte *Externe Daten* in der Gruppe *Exportieren* auf *Word-Seriendruck*. Der Microsoft Word-Seriendruck-Assistent wird gestartet.

» Wählen Sie aus, ob die Verknüpfung in einem vorhandenen oder in einem neuen Dokument erstellt werden soll, und klicken Sie dann auf *OK* (→ Abbildung 12.11). Wenn Sie die Verknüpfung mit einem vorhandenen Dokument erstellen, suchen Sie die Datei im Dialogfeld *Microsoft Word-Dokument auswählen*, und wählen Sie sie aus. Klicken Sie dann auf *Öffnen*.

» Microsoft Word wird gestartet. Je nachdem, was Sie ausgewählt haben, wird das angegebene Dokument oder ein neues Dokument geöffnet (→ Abbildung 12.12). Sie können dann zum Erstellen der Seriendruckelemente den rechts angezeigten Aufgabenbereich benutzen oder direkt über die Befehlsschaltflächen im Menüband arbeiten.

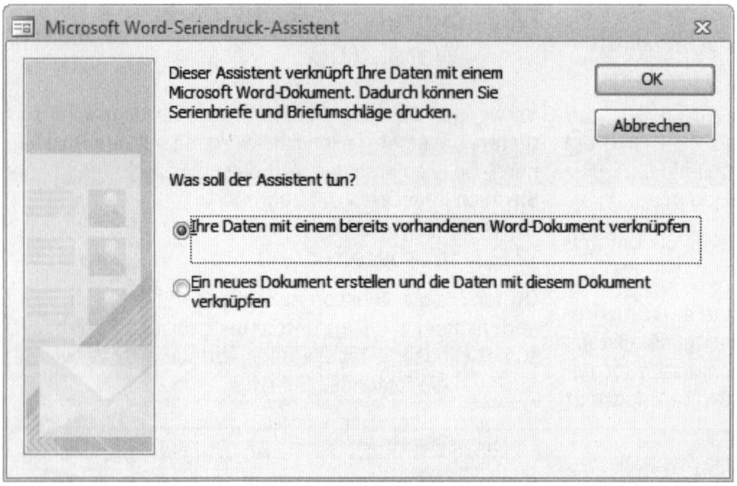

Abbildung 12.11
Existierende oder neue Datei?

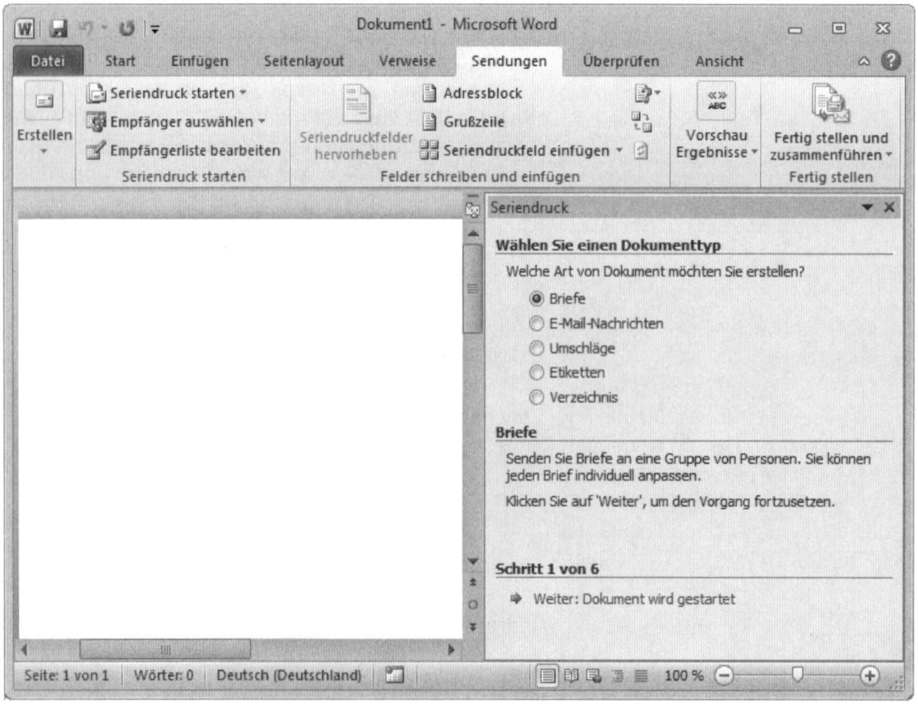

Abbildung 12.12
Word wird gestartet.

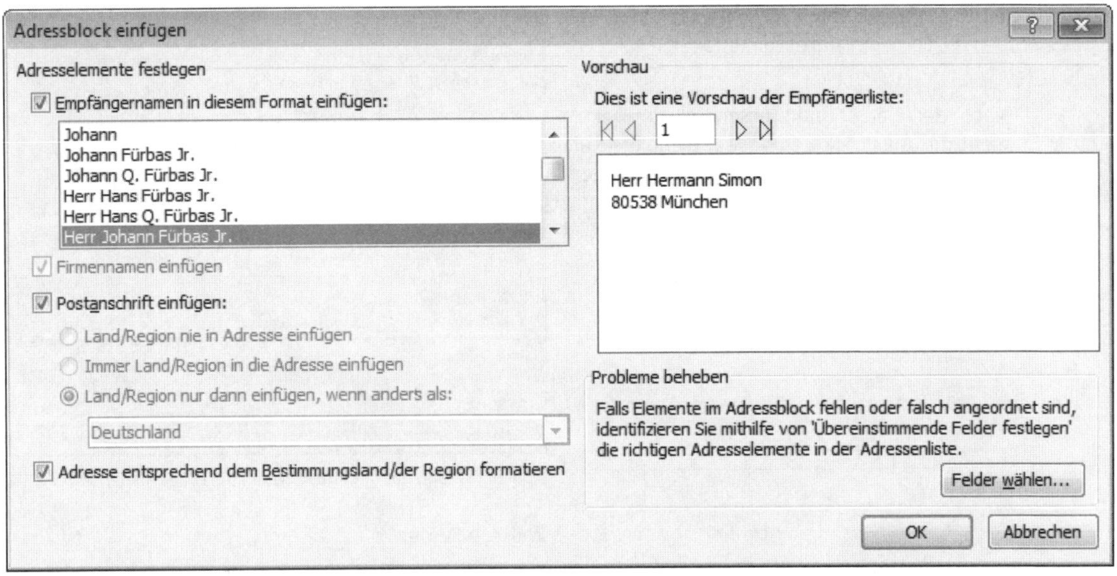

Abbildung 12.13 Den Adressblock einfügen

12.2.2 Adressinformationen einfügen

Sie haben dann mindestens zwei Möglichkeiten, ein Seriendruckdokument mit dem entsprechenden Zubehör – wie Umschläge und Etiketten – zu erstellen: Zum einen können Sie die einzelnen Schritte – sozusagen manuell – direkt über Schaltflächen auf der Registerkarte *Sendungen* des Menübandes durchführen. Dazu benutzen Sie die Schaltfläche in der Gruppe *Felder schreiben und einfügen*. Zum anderen können Sie auch über den *Seriendruck-Assistenten* beziehungsweise den Aufgabenbereich *Seriendruck* eine gewisse Unterstützung anfordern. Beide Verfahrensweisen werden im Folgenden beschrieben. Anschließend können Sie das Dokument – beispielsweise den Brief – erstellen. Nachdem Sie das getan haben, können die bereits vorhandenen Eingaben dazu benutzt werden, Etiketten und/oder Umschläge dafür zu bedrucken.

Typ des Dokuments festlegen

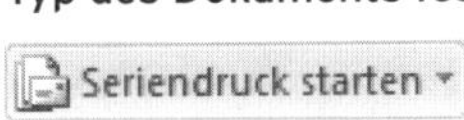

Klicken Sie auf die Schaltfläche *Seriendruck starten* in der gleichnamigen Gruppe der Registerkarte *Sendungen* des Menübandes, und wählen Sie aus der Liste die gewünschte Option aus (→ Abbildung 12.14). Für einen Serienbrief wählen Sie hier natürlich die Option *Briefe*.

Über die Befehle dieses Dialogfelds können Sie später auch weitere Aufgaben mit derselben Datenquelle – beispielsweise das Bedrucken von Umschlägen nach dem Erstellen der Briefe – erledigen.

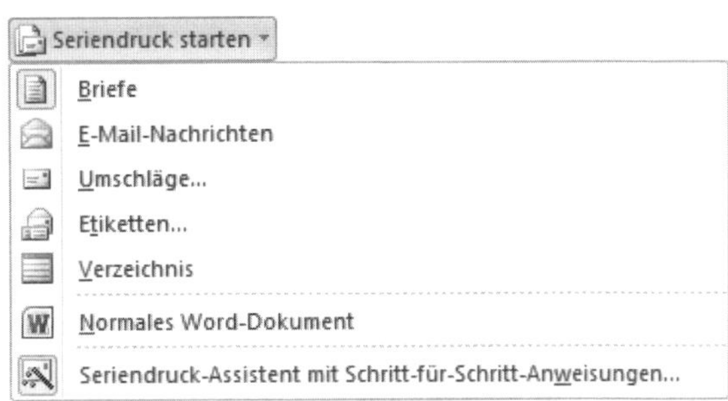

Abbildung 12.14 Legen Sie den Typ des Seriendokuments fest.

Adressblock

Die Informationen zu Adressen des Empfängers – also Vorname, Nachname, Straße und Wohnort – können Sie als Block übernehmen. Setzen Sie dazu die Schreibmarke an die gewünschte Stelle im Dokument, und klicken Sie auf die Schaltfläche *Adressblock* im Bereich *Felder schreiben*

und einfügen. Sie müssen dann im Dialogfeld *Adressblock einfügen* die Form der Adresse festlegen (→ Abbildung 12.13).

Nach der Bestätigung erscheint im Dokument der Ausdruck *»Adresse«*. Wenn Sie auf die Schaltfläche *Vorschau Ergebnisse* in der gleichnamigen Gruppe im Menüband klicken, können Sie zur Anzeige der endgültigen Daten umschalten.

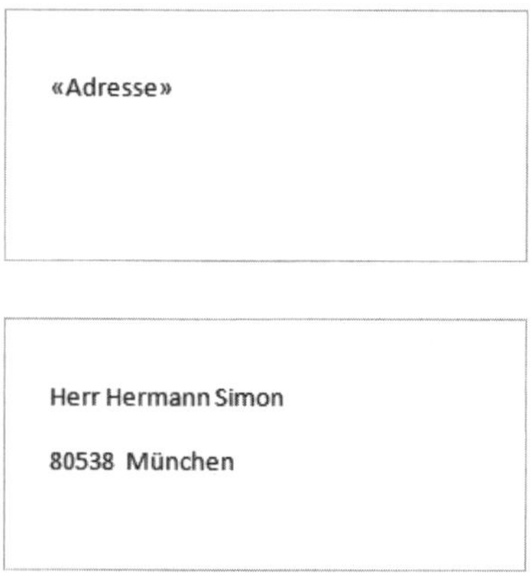

Abbildung 12.15 Platzhalter und Daten im Dokument

Grußzeile einfügen

Über die entsprechende Schaltfläche im Bereich *Felder schreiben und einfügen* des Menübandes definieren Sie die zu verwendende Anrede im Dialogfeld *Grußzeile* (→ Abbildung 12.16).

Über die drei Drop-down-Listenfelder unter *Format für Grußzeile* lassen sich die Anrede, die Form des Namens und das abschließende Satzzeichen bestimmen. Im Drop-down-Listenfeld *Grußzeile für ungültige Empfängernamen* legen Sie den Text für die Fälle fest, in denen beispielsweise nur der Firmenname in der Datenbank angegeben ist. Über die Schaltfläche *Felder wählen* zeigen Sie das Dialogfeld *Übereinstimmende Felder festlegen* an, in dem Sie einzelne Komponenten für Adressfelder auswählen können. Nach dem Bestätigen wird die Grußzeile an der aktuellen Cursorposition in das Dokument eingefügt.

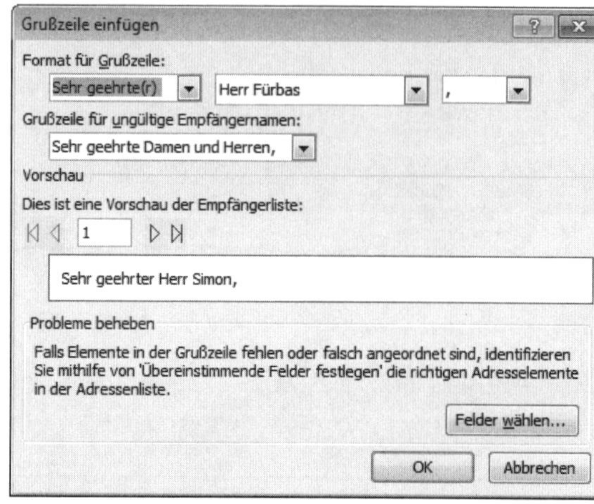

Abbildung 12.16 Im Dialogfeld geben Sie die Form der Anrede an.

Weitere Felder

Wenn nicht bereits erfolgt, sollten Sie nun noch den Standardtext, der in allen Briefen gleich ist, in das Dokument einfügen. Wenn Sie darin weitere Felder aus der Tabelle benötigen, setzen Sie die Schreibmarke an die gewünschte Stelle im Text, und benutzen Sie die Schaltfläche *Seriendruckfeld einfügen* in der Gruppe *Felder schreiben und einfügen* des Menübandes. Sie müssen anschließend das gewünschte Feld auswählen (→ Abbildung 12.17).

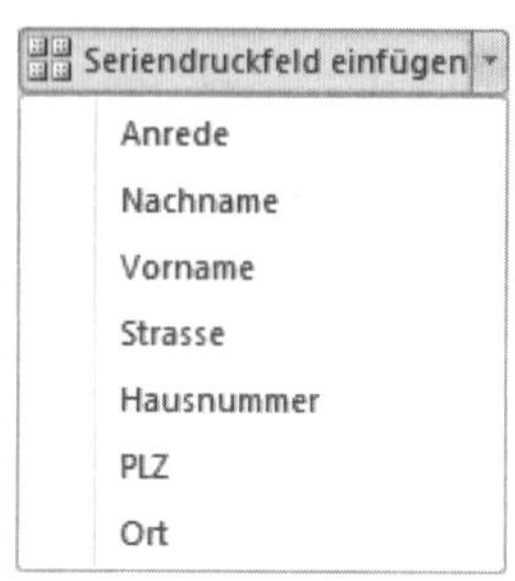

Abbildung 12.17 Wählen Sie das Seriendruckfeld aus.

Vergessen Sie nicht, aufeinanderfolgende Platzhalter – wie in einem normalen Text – durch Leerzeichen zu trennen, da sie sonst ohne Zwischenraum gedruckt werden.

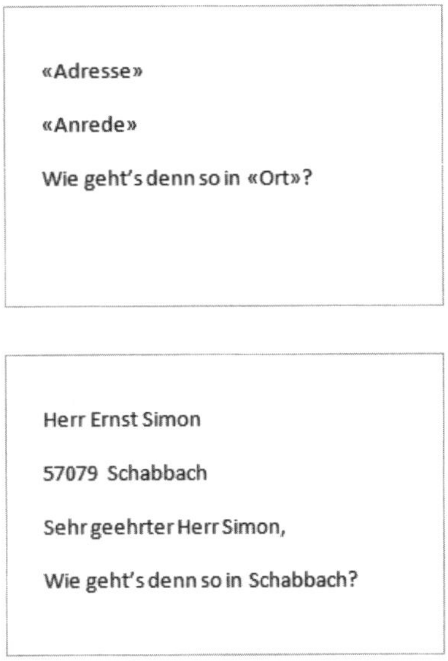

Abbildung 12.18 Ein zusätzliches Feld wurde in einen Text integriert.

Regeln bilden

Es gibt sehr oft Sonderfälle, in denen Sie die Felder der Datenquelle nicht nur in das Dokument einfach übernehmen, sondern beispielsweise bestimmte Abfragen an den Inhalt des Feldinhalts knüpfen wollen. Wenn Sie beispielsweise einen Serienbrief an Personen beiderlei Geschlechts senden wollen, bildet bereit die Konstruktion der Anrede – also *Sehr geehrter Herr ...* und *Sehr geehrte Frau ...* – ein kleines Problem. Für solche Fälle liefert Word eine Vielzahl von Möglichkeiten, die Sie durch einen Klick auf die Schaltfläche *Regeln* in der Gruppe *Felder einfügen und schreiben* anzeigen lassen können (→ Abbildung 12.19).

Abbildung 12.19 Die Liste der Regeln

Setzen Sie die Schreibmarke an die Stelle, an der sich das Feld mit der Regel im Hauptdokument befinden soll. Für das eben genannte Beispiel könnten Sie eine *Wenn... dann...sonst*-Regel verwenden. Ein Klick auf diese Option zeigt ein Dialogfeld an, in dem Sie die Bedingung und die Aktionen formulieren können (→ Abbildung 12.20). Sie benötigen dafür natürlich in der Empfängerliste ein Feld, anhand dessen Inhalt Word entscheiden kann, welche Aktion benutzt werden soll. Für unser Beispiel wäre das in den meisten Datenquellen vorhandene Feld *Titel*.

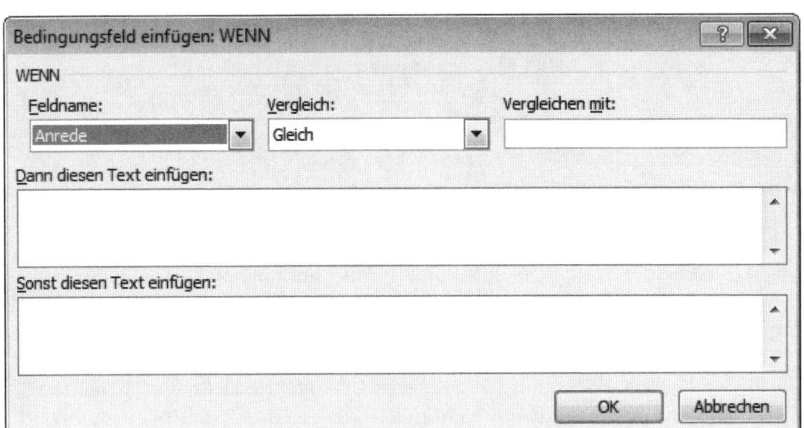

Abbildung 12.20 Eine Regel einsetzen

Oder Sie können eine Firmenadresse drucken, wenn die Spalte *Firma* in der Empfängerliste die entsprechende Information enthält. Ist die Spalte *Firma* für einen Empfänger aber leer, wird die Privatadresse gedruckt. Ein anderes Feld ist *Datensatz zusammenführen*, über das eine fortlaufende Nummer entsprechend den Empfängern in der Liste eingefügt wird.

TIPP Eine detaillierte Beschreibung der hier vorhandenen Funktionen finden Sie im dritten Teil dieses Buches über die Automatisierung von Word (→ Kapitel 21).

Kontrolle

Nach dem Einfügen werden die Felder im Dokument in Form eines Platzhalters angezeigt. Sie können das Ergebnis kontrollieren und dann zum Ausdruck schreiten. Wenn Sie auf die Schaltfläche *Vorschau Ergebnisse* in der gleichnamigen Gruppe im Menüband klicken, können Sie zur Anzeige der endgültigen Daten umschalten. Die eingegebenen Feldnamen werden daraufhin durch die entsprechenden Informationen aus der Datenquelle ersetzt.

Fünf Schaltflächen in der Gruppe *Vorschau Ergebnisse* erlauben das Navigieren zwischen den angezeigten Datensätzen (→ Tabelle 12.3).

Symbol	Bewirkt einen Sprung ...
	... zum ersten Datensatz.
	... zum vorherigen Datensatz.
7	... zum Datensatz der angegebenen Nummer.
	... zum nächsten Datensatz.
	... zum letzten Datensatz.

Tabelle 12.3 Die Schaltflächen zum Wechseln zwischen den Datensätzen

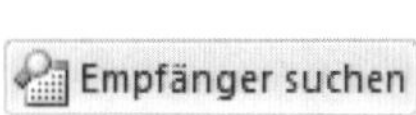

Über die Schaltfläche *Empfänger suchen* in der Gruppe *Vorschau Ergebnisse* rufen Sie ein Dialogfeld auf, mit dessen Hilfe Sie nach bestimmten Datensätzen suchen lassen können (→ Abbildung 12.21).

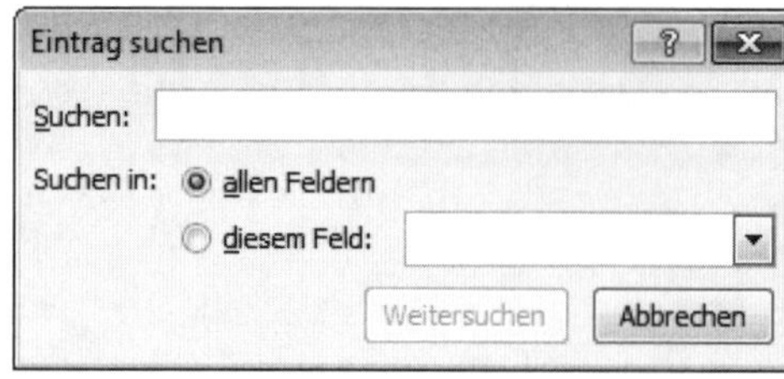

Abbildung 12.21 Sie können nach einem Eintrag suchen lassen.

Ausdruck

Die Ausgabe der Seriendruckergebnisse erfolgt auf verschiedene Weise: Der einfachste Weg dazu besteht in der Wahl von *Dokumente drucken* in der Liste zur Schaltfläche *Fertig stellen und zusammenführen* (→ Abbildung 12.22 oben).

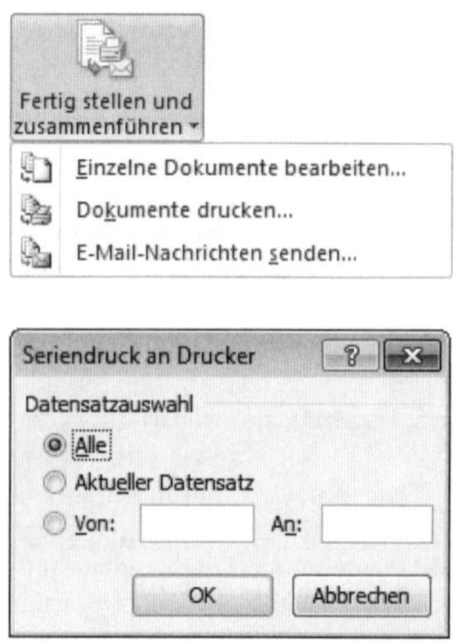

Abbildung 12.22 Die Optionen zur Ausgabe

Danach können Sie entscheiden, ob Sie den Seriendruck für alle Datensätze, nur für den aktuellen oder für eine bestimmte Anzahl aufeinanderfolgender Datensätze durchführen möchten (→ Abbildung 12.23). Ein Klick auf *OK* zeigt das Dialogfeld *Drucken* an, über das Sie weitere Parameter für den Druck einstellen können.

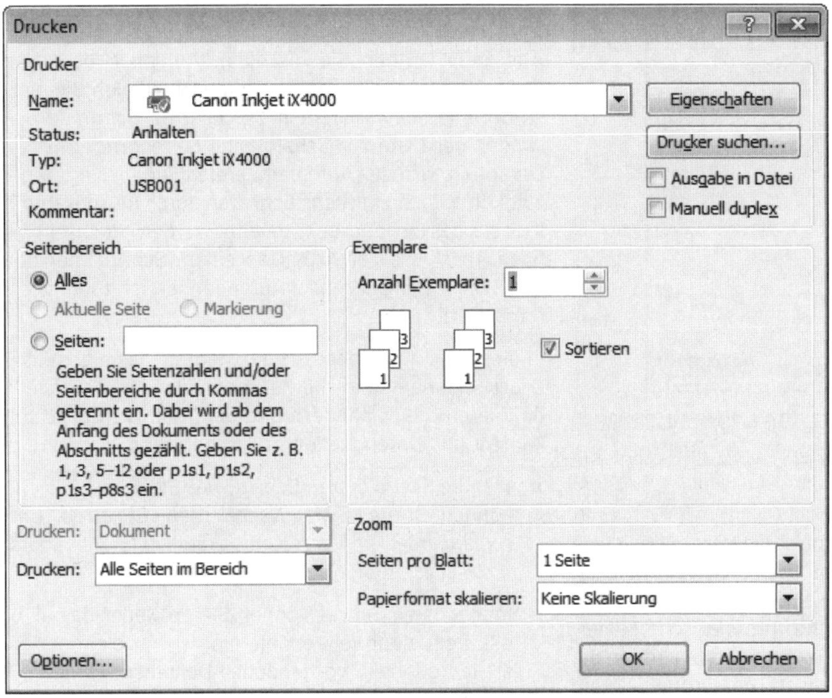

Abbildung 12.23
Über das Dialogfeld können Sie die weiteren Einstellungen festlegen.

Dokumente erzeugen

Wenn Sie in der Liste zur Schaltfläche *Fertig stellen und zusammenführen* die Option *Einzelne Dokumente bearbeiten* wählen, wird ein mit *Serienbriefe* ... benanntes Word-Dokument erstellt, in dem alle Exemplare des Seriendrucks enthalten sind. Auch hier können Sie entscheiden, ob Sie den Seriendruck für alle Datensätze, nur für den aktuellen oder für eine bestimmte Anzahl aufeinanderfolgender Datensätze durchführen möchten (→ Abbildung 12.22 unten). Die damit erzeugten Dokumente können Sie dann nochmals prüfen – und dabei beispielsweise nicht gewünschte Exemplare entfernen – und anschließend wie ein normales Word-Dokument ausdrucken.

E-Mail

Durch Klicken auf die Schaltfläche *E-Mail-Nachrichten senden* können Sie die Ergebnisse als einzelne E-Mail-Nachrichten versenden. Nach Wahl dieser Option werden die einzelnen Nachrichten an Ihr Standardprogramm für den Nachrichtenaustausch – beispielsweise Microsoft Outlook – gesendet und dort meist im Ordner *Postausgang* abgelegt. Sie haben dort noch die Möglichkeit, die einzelnen Nachrichten wieder zu öffnen und bei Bedarf zu editieren. Voraussetzung für das Funktionieren ist, dass Word ein Feld findet, das eine E-Mail-Adresse des Empfängers beinhaltet. Das ist beispielsweise meist automatisch garantiert, wenn Sie eine Verbindungsdatei zu den Kontakten von Outlook verwenden. Auch hier können Sie bestimmen, welche Datensätze gesendet werden sollen (→ Abbildung 12.24). In dem automatisch angezeigten Dialogfeld *Seriendruck an E-Mail* können Sie ferner einen Text für die Zeile *Betreff* eingeben und das zu verwendende Format bestimmen.

Abbildung 12.24 Seriendruck kann auch als E-Mail vorgenommen werden.

Fehlerbehandlung

Fehler im Seriendruck haben meist die Vergeudung größerer Mengen von Papier oder aber die Notwendigkeit zum Nachdrucken einzelner Exemplare zur Folge. Durch einen Klick auf die Schaltfläche *Automatische Fehlerprüfung* in der Gruppe *Vorschau Ergebnisse* können Sie zumindest einen Teil der möglichen Fehlerquellen vom Programm auffangen lassen. Legen Sie im Dialogfeld *Fehlerbehandlung* fest, welche Art von Prüfung durchgeführt werden soll (→ Abbildung 12.25).

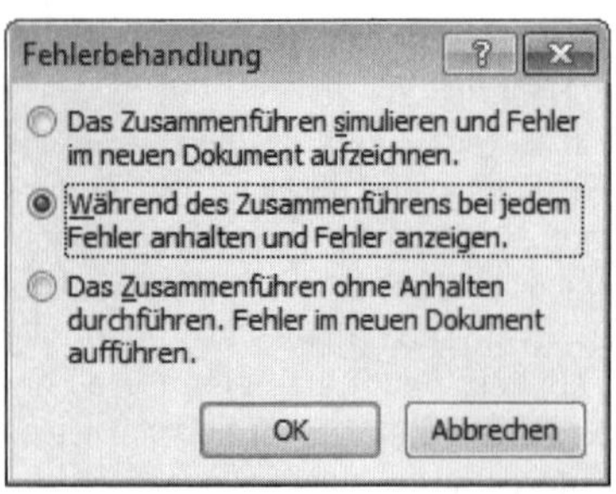

Abbildung 12.25 Sie sollten das Seriendokument auf Fehler prüfen.

12.2.3 Über den Assistenten

Alternativ können Sie dieselben Aufgaben über den Seriendruck-Assistenten durchführen. Wählen Sie hierzu *Seriendruck-Assistent mit Schritt-für-Schritt-Anweisungen* der Liste zur Schaltfläche *Seriendruck starten*. Daraufhin wird der Aufgabenbereich *Seriendruck* angezeigt, in dem Sie in sechs Schritten durch den gesamten Prozess des Seriendrucks geleitet werden. Wechseln Sie nach Abschluss der Arbeit an einem Schritt über den Link *Weiter* ganz unten im Aufgabenbereich zum nächsten Schritt.

In diesem Aufgabenbereich können Sie das eigentliche Druckdokument und die zu verwendende Datenquelle definieren oder abändern und die Daten von Druckdokument und Datenquelle zusammenführen.

» Wählen Sie im ersten Schritt, was Sie tun wollen. Sie können *Briefe*, *E-Mail-Nachrichten*, *Etiketten*, *Umschläge* oder ein *Verzeichnis* erstellen (→ Abbildung 12.26 links).

» Im nächsten Schritt können Sie entweder das aktuelle Dokument verwenden, ein neues Dokument erstellen oder ein vorhandenes Dokument öffnen (→ Abbildung 12.26 rechts).

» Im dritten Schritt müssen Sie angeben, welche Datenbank als Quelle für die Daten verwendet werden soll (→ Abbildung 12.27 links). Mit *Vorhandene Liste verwenden* können Sie im Dialogfeld *Datenquelle auswählen* eine vorhandene Datenliste bestimmen. Mit *Neue Liste eingeben* erstellen Sie anschließend »manuell« die betreffende Empfängerliste. Sie können aber natürlich auch die in Ihrer Outlook-Kontaktliste gespeicherten Daten verwenden.

» Anschließend können Sie im vierten Schritt den Brief schreiben. Die Links *Adressblock*, *Grußzeile*, *Elektronisches Porto* und *Weitere Elemente* erlauben das Einfügen der entsprechenden Elemente in das Dokument (→ Abbildung 12.27 rechts).

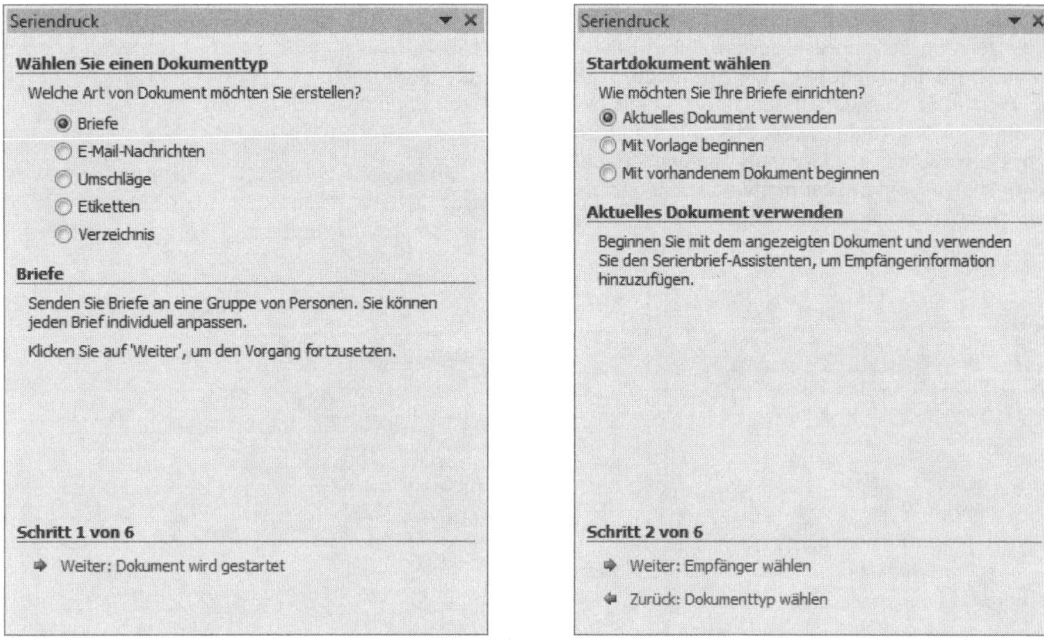

Abbildung 12.26 Die Schritte 1 und 2 des Seriendruck-Assistenten

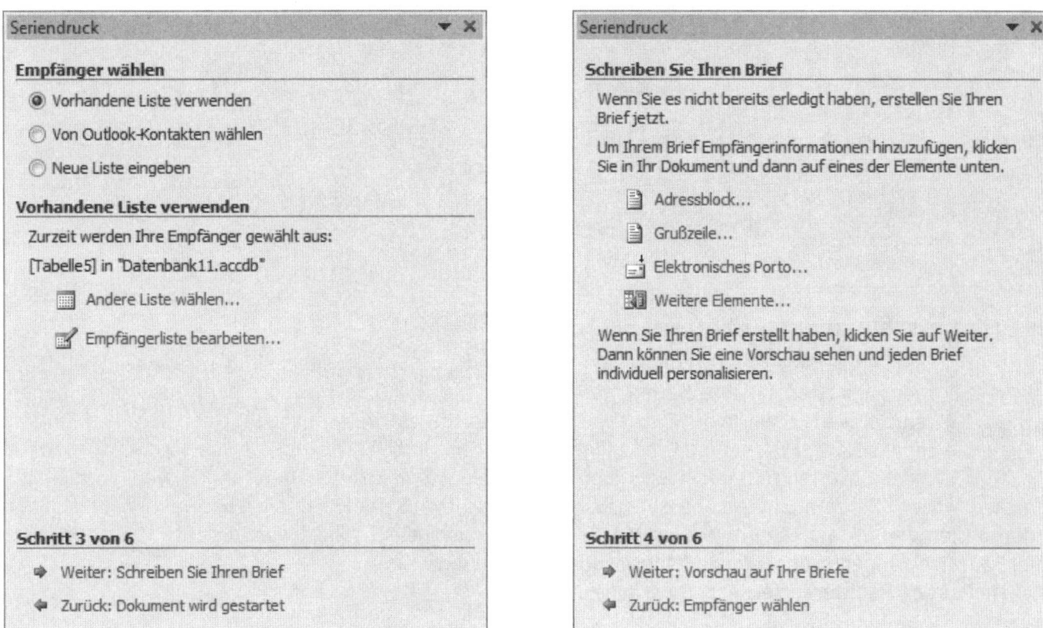

Abbildung 12.27 Die Schritte 3 und 4 des Seriendruck-Assistenten

» Im fünften Schritt des Seriendruck-Assistenten werden die für den Seriendruck ausgewählten Datensätze im Dokument angezeigt (→ Abbildung 12.28 links). Mithilfe der Navigationsschaltflächen mit den doppelten Pfeilspitzen können Sie zwischen den Datensätzen wechseln. *Empfänger suchen* erlaubt es, den Brief für einen bestimmten Empfänger anzeigen zu lassen. Über die Schaltfläche *Empfänger ausschließen* können Sie verhindern, dass später ein Brief für den aktuell angezeigten Empfänger ausgedruckt wird. Mit *Empfängerliste bearbeiten* können Sie die gewünschten Empfänger im Dialogfeld *Seriendruckempfänger* auswählen.

» Im letzten Schritt können Sie entweder das Ergebnis *Drucken* oder *Individuelle Briefe bearbeiten* (→ Abbildung 12.28 rechts).

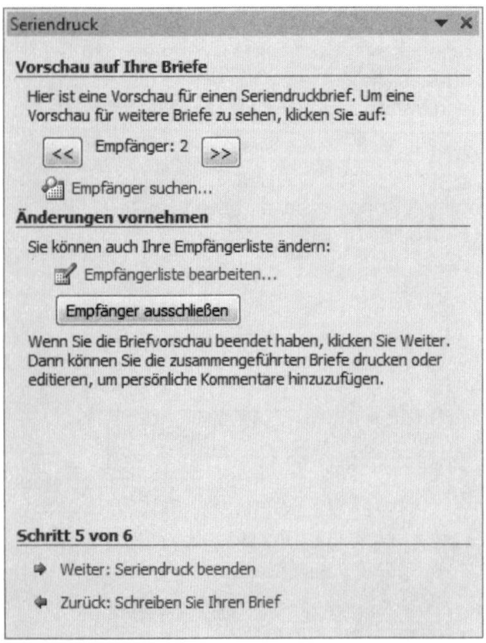

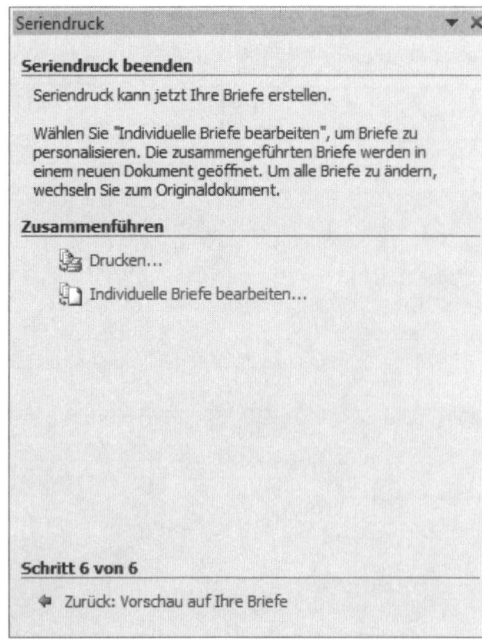

Abbildung 12.28 Die Schritte 5 und 6 des Seriendruck-Assistenten

12.2.4 Briefumschläge und Etiketten

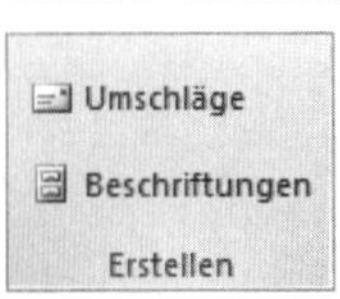

Sie können auch Briefumschläge oder Etiketten für Ihre Serienbriefe ausdrucken lassen. In der Praxis werden Sie meist Briefe und Umschläge oder Etiketten mit derselben Datenbasis drucken wollen. Es empfiehlt sich deshalb, zunächst den Serienbrief zu erstellen und dann die gewünschten Zusatzdokumente über die Befehle in der Gruppe *Erstellen* der Registerkarte *Sendungen* auszuwählen.

Umschläge

Wenn Sie nicht bereits ein vorhandenes Umschlagdokument geöffnet haben, müssen Sie es zuerst anlegen. Nach dem Wählen von *Umschläge* in der Liste zu *Erstellen* wird das Dialogfeld *Umschläge und Etiketten* geöffnet (→ Abbildung 12.29). Hatten Sie im Serienbrief selbst bereits zumindest einen Adressblock eingegeben, wird auch schon eine Adresse darin angezeigt.

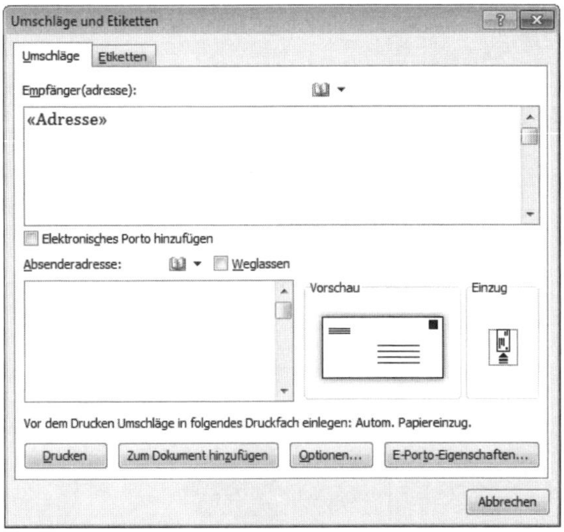

Abbildung 12.29 Das Dialogfeld für den Umschlag

Beachten Sie darin auch die Anzeigen in den Feldern *Vorschau* und *Einzug*. Im Letzteren wird die Richtung angezeigt, in der Sie die Umschläge in den Drucker einführen müssen.

» Standardmäßig wird für den Umschlag ein Format vom *110 x 220 mm* angenommen. Ein Klick auf *Optionen* öffnet ein weiteres Dialogfeld, in dem Sie auf der Registerkarte *Umschlagoptionen* ein anderes Format für den Umschlag auswählen können (→ Abbildung 12.30 links). Im mittleren Bereich können Sie die Position der *Empfängeradresse* und der *Absenderadresse* eingeben. Die zu verwendende Schriftart können Sie getrennt für *Empfängeradresse* und *Absenderadresse* einstellen, nachdem Sie auf die Schaltfläche *Schriftart* geklickt haben.

» Über die Registerkarte *Druckoptionen* in diesem Dialogfeld können Sie die Zuführmethode für die Umschläge im Drucker festlegen (→Abbildung 12.30 rechts).

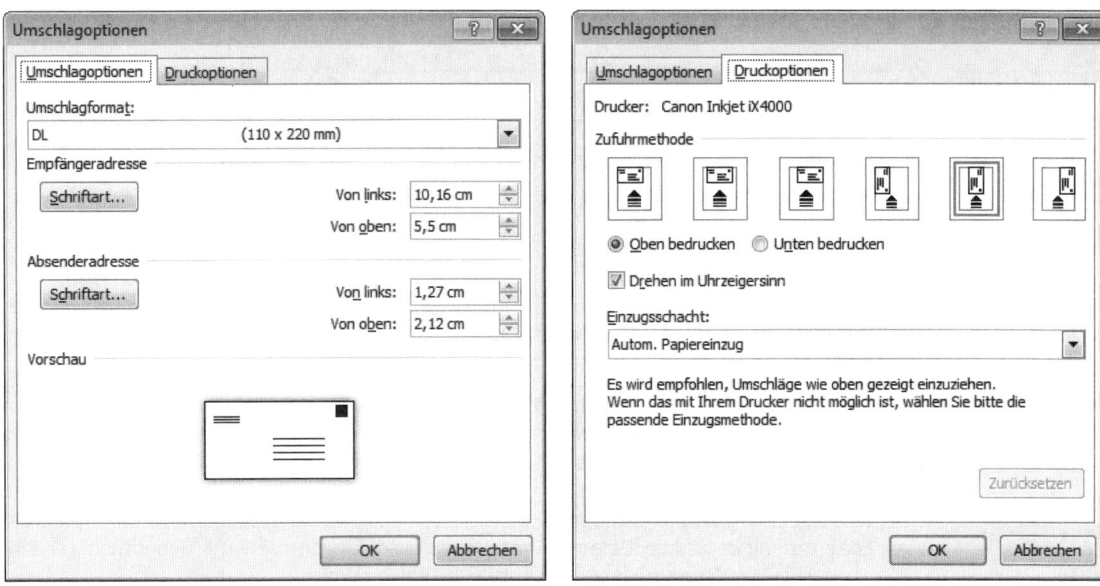

Abbildung 12.30 Format, Schriftart und Zufuhr können Sie festlegen.

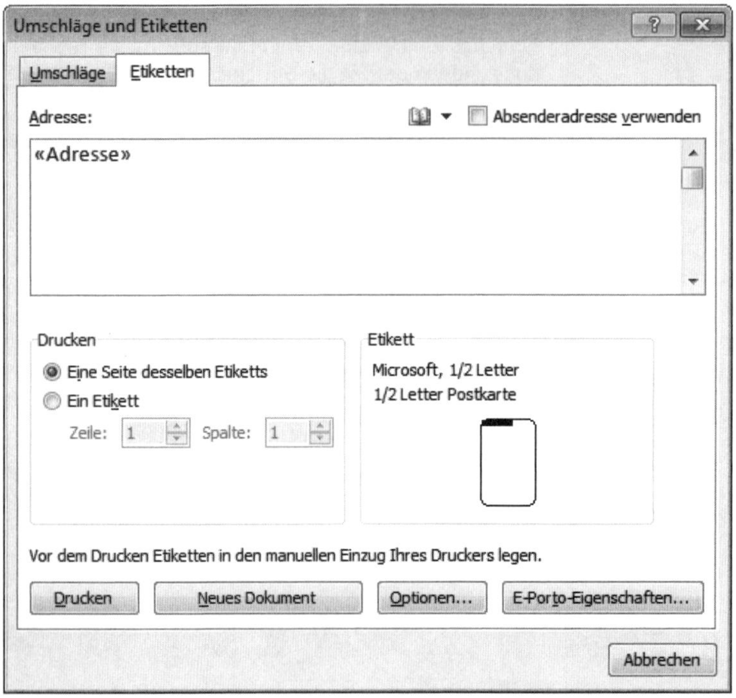

Abbildung 12.31
Das Dialogfeld für die Etiketten

Etiketten

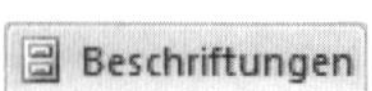

Wenn Sie statt Umschlägen Etiketten verwenden wollen, wählen Sie in der Gruppe *Erstellen* die Option *Beschriftungen*. Auch dabei wird das Dialogfeld *Umschläge und Etiketten* geöffnet, diesmal ist die Registerkarte *Etiketten* aktiviert (→ Abbildung 12.31). Hatten Sie im Serienbrief selbst bereits wenigstens einen Adressblock eingegeben, wird bereits eine Adresse darin angezeigt.

» 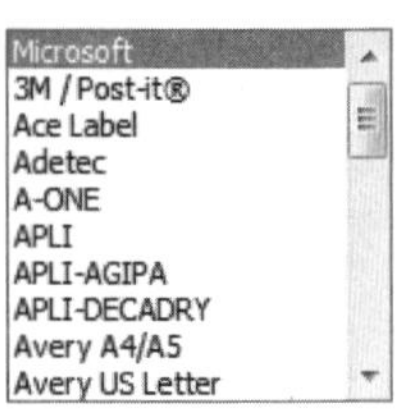

Hier empfiehlt es sich gleich, auf die Schaltflächen *Optionen* zu klicken und damit das Dialogfeld *Etiketten einrichten* anzuzeigen. Darin müssen Sie das zu verwendende Etikettenformat festlegen (→ Abbildung 12.32). Sie sollten zunächst im oberen Bereich den zu verwendenden Druckertyp wählen, da sich daraus unterschiedliche Optionen ergeben. Anschließend werden die marktgängigen Etiketten für den Typ angezeigt. Wählen Sie im Drop-down-Listenfeld *Etikettenhersteller* den Hersteller beziehungsweise die Marke der Etiketten aus. Unter *Etikettennummer* wählen Sie dann den Typ der verwendeten Etiketten aus.

» Wenn Sie unter diesen Einträgen nicht das Format der gewünschten Etiketten finden, können Sie es über die Schaltfläche *Neues Etikett* selbst einstellen (→ Abbildung 12.33). Geben Sie dem Format einen Namen, und legen Sie die Maße fest. Im oberen Bereich des Dialogfeldes wird die Bedeutung der einzelnen Felder erklärt.

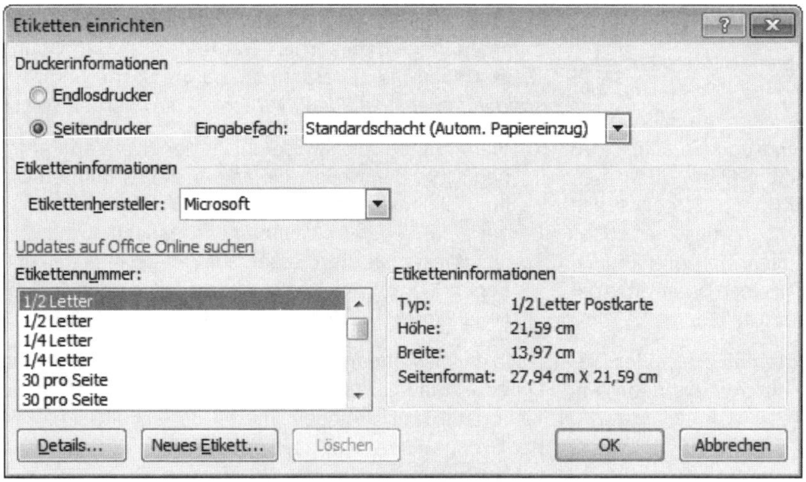

Abbildung 12.32 Wählen Sie das Etikettenformat aus.

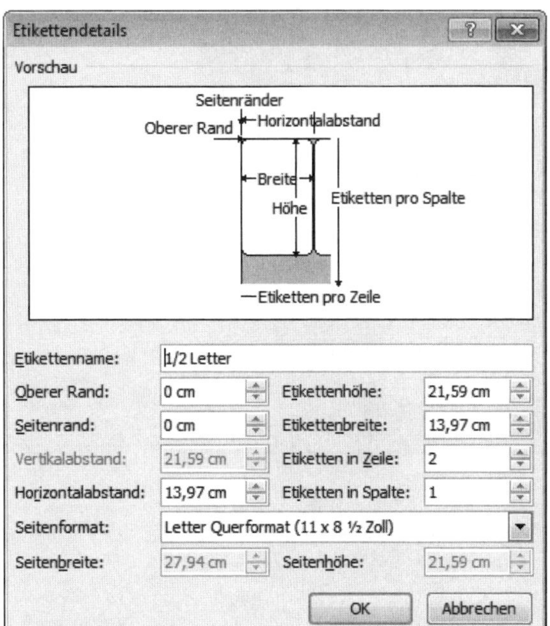

Abbildung 12.33 Das Definieren eines neuen Etikettenformats

Bestätigen Sie Ihre Eingaben. Den Ausdruck nehmen Sie dann wie oben beschrieben vor.

Empfänger auswählen

Klicken Sie auf *Empfängerliste bearbeiten* in der Gruppe *Seriendruck starten* der Registerkarte *Sendungen* im Menüband. Das Dialogfeld *Seriendruckempfänger* wird dann wieder angezeigt (→ Abbildung 12.34). Aktivieren Sie darin die Datensätze, an die der Brief gerichtet werden soll, bzw. deaktivieren Sie die nicht gewünschten. Über das Kontrollkästchen in der Überschriftenzeile können Sie alle Kontrollkästchen für die einzelnen Datensätze darunter in einem Schritt ein- und ausschalten.

Die blau eingefärbten Links im unteren Bereich des Dialogfelds erlauben beispielsweise ein Sortieren oder Filtern der einzelnen Datensätze.

Nach einem Klick auf *Sortieren* können Sie das Feld bestimmen, nach dem sortiert werden soll (→ Abbildung 12.35. Geben Sie außerdem an, ob die Sortierung *Aufsteigend* oder *Absteigend* vorgenommen werden soll.

» Wenn Sie beispielsweise nur Serienbriefe an Personen schreiben wollen, die an einem bestimmten Ort ihren Wohnsitz haben, brauchen Sie diese nicht aus der Liste *Seriendruckempfänger* manuell auszuwählen. Klicken Sie stattdessen auf den Link *Filtern*, und geben Sie auf der Registerkarte *Filtern* des Dialogfelds *Filtern und Sortieren* das Kriterium an.

Nach der Bestätigung über *OK* ist das Dokument an den Datenbestand gebunden. Anschließend können Sie die Felder aus der Datenquelle mittels der Schaltflächen im der Gruppe *Felder schreiben und einfügen* im Menüband in das Dokument einbauen.

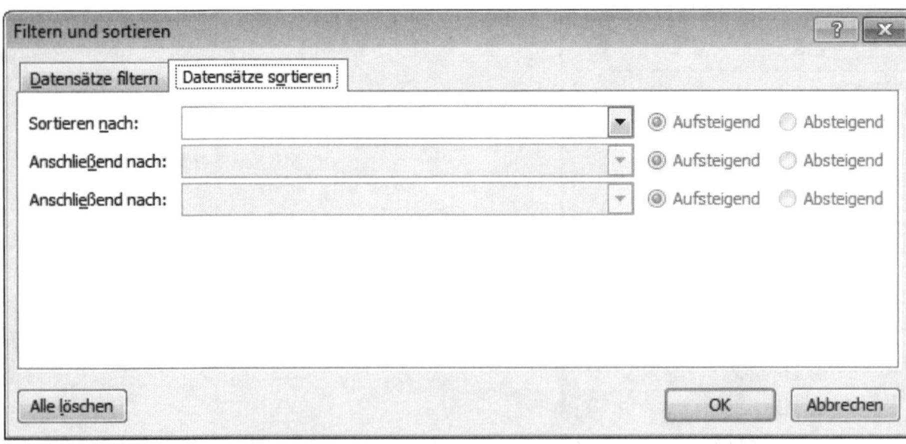

Abbildung 12.34
Die Datensätze können sortiert werden.

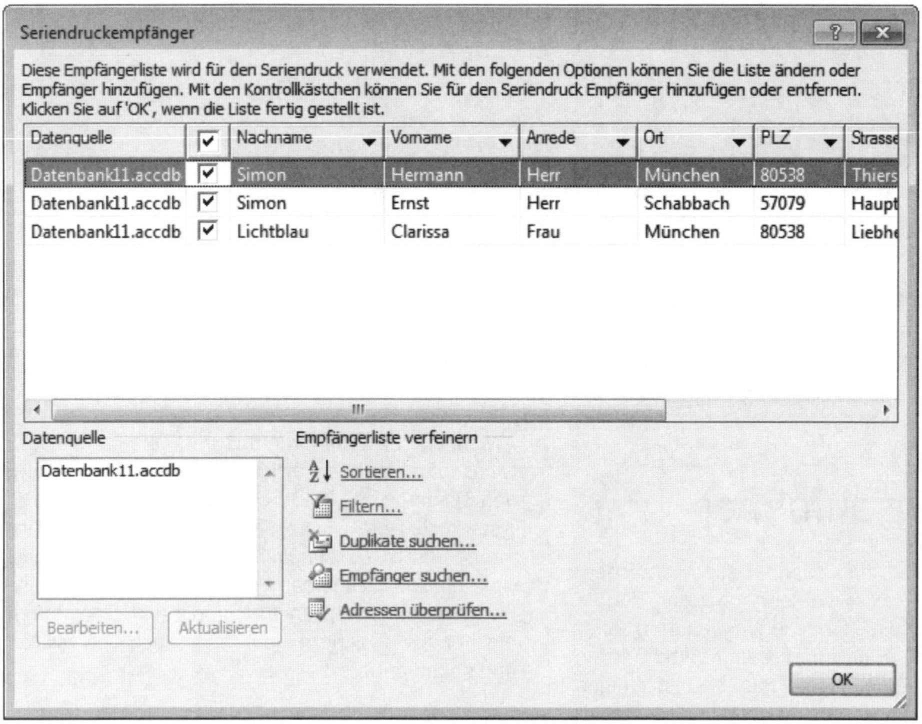

Abbildung 12.35
Wählen Sie die Datensätze aus.

Kapitel 13

Freigabe und Verwaltungsaufgaben

Sie haben in den bisherigen Kapiteln alle grundlegenden Tätigkeiten und Techniken kennengelernt, die Sie für den Aufbau und die manuelle Verwendung einer Access-Datenbank benötigen. In diesem Kapitel werden Sie jetzt mit den Methoden der Freigabe und einigen zusätzlichen Verwaltungsaufgaben vertraut gemacht. Die Werkzeuge dazu sind an verschieden Stellen im Programm angesiedelt - beispielsweise im Menüband selbst oder in den Kategorien zur Registerkarte *Datei*:

» Untern dem Begriff *Freigabe* wird - jedenfalls bei Microsoft Office - alles verstanden, was irgendwie mit der Verteilung von Dokumenten in elektronische Form zusammenhängt. Zunächst wollen wir uns mit den unterschiedlichen Möglichkeiten beschäftigen, die Ihnen dafür in Access zur Verfügung stehen (→ Abschnitt 13.1).

» Access liefert Ihnen im Bereich *Speichern und Veröffentlichen* der Registerkarte *Datei* auch einen Abschnitt zum Speichern einer Datenbank in einem Format, das für ältere Versionen des Programms lesbar ist und auch Möglichkeiten zum Konvertieren in weitere Formate bietet (→ Abschnitt 13.2). Auch das Sichern von Datenbanken gehört dazu.

» Anschließend wollen wir uns mit weiteren Verwaltungsaufgaben beschäftigen. Den Zugang dazu finden Sie einerseits im Bereich *Informationen* der Registerkarte *Datei* (→ Abschnitt 13.3) als auch auf der Registerkarte *Datenbanktools* (→ Abschnitt 13.4). Über die Werkzeuge darin können Sie beispielsweise Datenbanken komprimieren und reparieren, durch ein Kennwort sichern oder aber auch analysieren und dokumentieren.

WWW Wenn Sie die in diesem Kapitel beschriebenen Aufgaben selbst nachvollziehen wollen, sollten Sie dafür die Beispieldatei *Datenbank13* aus dem Verzeichnis *Material* öffnen. Sie finden darin alle Objekte, die für die Arbeit vorausgesetzt werden. Die Resultate dieser Arbeit finden Sie in der gleichnamigen Datei im Verzeichnis *Ergebnisse*.

13.1 Freigabe

Untern dem Begriff *Freigabe* wird - jedenfalls bei Microsoft Office - alles verstanden, was irgendwie mit der Verteilung von Dokumenten in elektronische Form zusammenhängt. Eine Access-Datenbank enthält Objekte wie Tabellen, Abfragen und Formulare. Tabellen dienen zum Speichern von Daten. Alle anderen Arten von Datenbankobjekten helfen bei der Nutzung der in Tabellen gespeicherten Daten. Wenn Sie eine Datenbank freigeben möchten, geben Sie zumeist die Tabellen frei, da diese Ihre Daten enthalten. Bei der Freigabe von Tabellen müssen Sie sicherstellen, dass alle Benutzer mit denselben Tabellen arbeiten und somit dieselben Daten nutzen. Andere Datenbankobjekte - also Abfragen, Formulare, Berichte - enthalten keine Daten, weshalb es weniger wichtig ist, dass alle Benutzer mit denselben Objekten arbeiten. Es kann sogar vorteilhaft sein, verschiedene Kopien solcher Objekte zu verwenden.

Je nach Anforderungen und Ressourcen gibt es mehrere Möglichkeiten zum Freigeben Ihrer Datenbank. Die folgenden Methoden sind besonders wichtig:

» Sie können die gesamte Datenbank in einem Netzwerkordner freigeben. Diese Möglichkeit ist am einfachsten und hat die niedrigsten Anforderungen, bietet jedoch die geringste Funktionalität. Die Datenbankdatei wird auf einem freigegebenen Netzwerklaufwerk gespeichert und von mehreren Benutzern gleichzeitig verwendet. Zuverlässigkeit und Verfügbarkeit können problematisch werden, wenn mehrere Benutzer Daten gleichzeitig ändern.

» Sie können die Datenbank aufteilen: Das bietet sich an, wenn Sie weder über eine SharePoint-Website noch ein Datenbankserverprogramm verfügen. Die Tabellen mit den Daten erscheinen dann in der sogenannten Back-End-Datenbank und alle anderen Datenbankobjekte in einer anderen Access-Datei, die Front-End-Datenbank genannt wird. Diese Front-End-Datenbank enthält Verknüpfungen zu den Tabellen in der anderen Datei. Jeder Benutzer erhält eine eigene Kopie der Front-End-Datenbank, sodass Tabellen gemeinsam genutzt werden können.

» Sie können auch einen Datenbankserver einsetzen. Diese Methode ähnelt dahingehend dem Aufteilen einer Datenbank, dass die Tabellen im Netzwerk gespeichert werden und jeder Benutzer über eine lokale Kopie einer Access-Datenbankdatei verfügt, die neben Abfragen, Formularen, Berichten und anderen Datenbankobjekten Verknüpfungen zu den Tabellen enthält. Sie können diese Option wählen, wenn ein Datenbankserver zur Verfügung steht und alle Benutzer Access installiert haben.

» Wenn Sie über einen Server mit SharePoint verfügen, haben Sie mehrere Optionen, insbesondere wenn Sie über einen Server mit Access Services, einer neuen Komponente von SharePoint Server, verfügen. Dank mehrerer Integrationspunkte mit SharePoint wird der Datenbankzugriff komfortabler.

13.1.1 »Klassische« Methoden zur Freigabe

Wie wollen uns zunächst mit einigen klassischen Methoden zur Freigabe beschäftigen - der Freigabe über einen Netzwerkordner, das Aufteilen in eine Front-End- und eine Back-End-Datenbank und das Verschieben auf einen SQL-Server. Auf SharePoint gehen wir dann anschließend ein.

Freigeben mithilfe eines Netzwerkordners

Wie sagten es oben schon: Die einfachste Möglichkeit zum Freigeben einer Datenbank ist die Ablage in einem Netzwerkordner. Allerdings gilt diese Methode auch als die am wenigsten stabilste und auch als unsicher, da jeder Benutzer über eine vollständige Kopie der Datenbank verfügt. Sie sollten Sie nur verwenden, wenn nur wenige Benutzer die Datenbank gleichzeitig nutzen und den Datenbankentwurf nicht anpassen wollen. Die Datenbank sollte außerdem keine Memofelder enthalten. Falls doch, können diese von verschiedenen Benutzern nicht gleichzeitig aktualisiert werden.

» Richten Sie - falls noch notwendig - einen Netzwerkordner ein. Anweisungen dafür finden Sie im Hilfesystem des Betriebssystems. Bei Windows 7 können Sie beispielsweise das Startmenü öffnen, die Ebene *Computer* wählen und dann auf die Schaltfläche *Netzlaufwerk verbinden* oben im Fenster klicken (→ Abbildung 13.1).

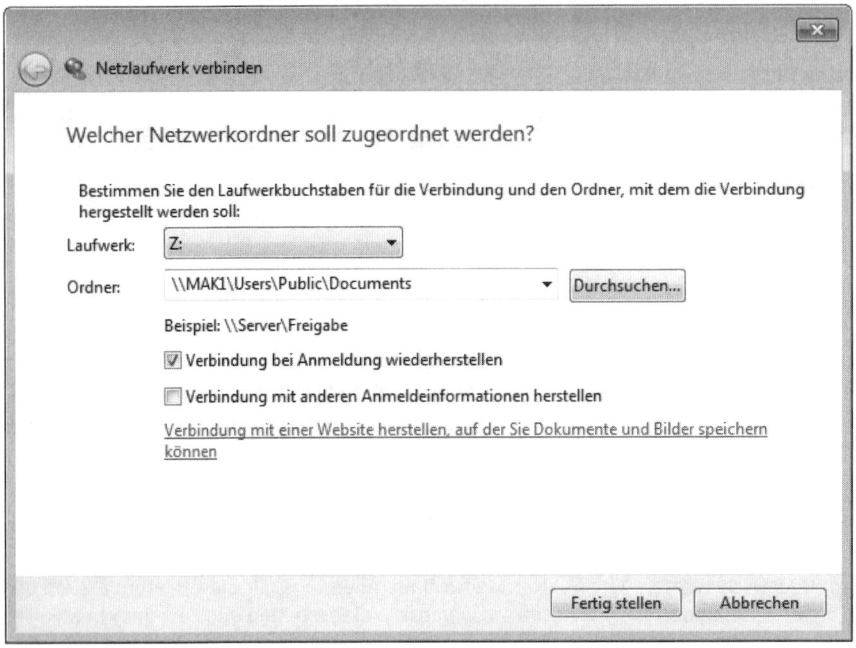

Abbildung 13.1
Unter Windows 7 ein Netzlaufwerk verbinden

- Sie sollten auch sicherstellen, dass Access auf den Computern aller Benutzer für das Öffnen im freigegebenen Modus eingestellt ist. Dies ist zwar die Standardeinstellung, die Sie aber noch überprüfen sollten. Falls ein Benutzer die Datenbank im exklusiven Modus öffnet, stört er die Datenverfügbarkeit. Dazu lassen Sie unter den Access-Optionen den Bereich Clienteinstellungen anzeigen und wählen im Abschnitt *Erweitert* unter *Standardöffnungsmodus* die Option *Freigegeben* aus.
- Kopieren Sie die Datenbankdatei in den freigegebenen Ordner. Sie können dazu den Befehl *Datenbank speichern als* auf der Registerkarte *Datei* verwenden. Geben Sie dabei auch ein Kennwort für die Datenbank ein.
- Stellen Sie nach dem Ablegen der Daten sicher, dass die Dateiattribute so festgelegt sind, dass die Benutzer über einen Lese-/Schreibzugriff auf die Datenbankdatei verfügen (→ Abbildung 13.2 links).
- Richten Sie auf den Computern aller Benutzer eine Verknüpfung zur Datenbankdatei ein. Benutzen Sie zur Definition des Pfads zur Datenbankdatei in die Eigenschaft *Ziel der Verknüpfung* eine UNC-Adresse und keinen Laufwerkbuchstaben, also statt *Z:\<Datenbankname>.accdb* einen Ausdruck wie *\\<Computer name>\<Datenbankname>.accdb* (→ Abbildung 13.2 rechts).

Aufteilen einer Datenbank

Beim Aufteilen einer Datenbank organisieren Sie diese in zwei Dateien neu: eine *Back-End*-Datenbank, die die Datentabellen enthält, und eine *Front-End*-Datenbank, die alle anderen Datenbankobjekte enthält, also Abfragen, Formulare und Berichte. Jeder Benutzer, der mit der Datenbank arbeitet, benutzt eine eigene lokale Kopie der Front-End-Datenbank und greift damit auf die Daten in den Tabellen der Back-End-Datenbank zu.

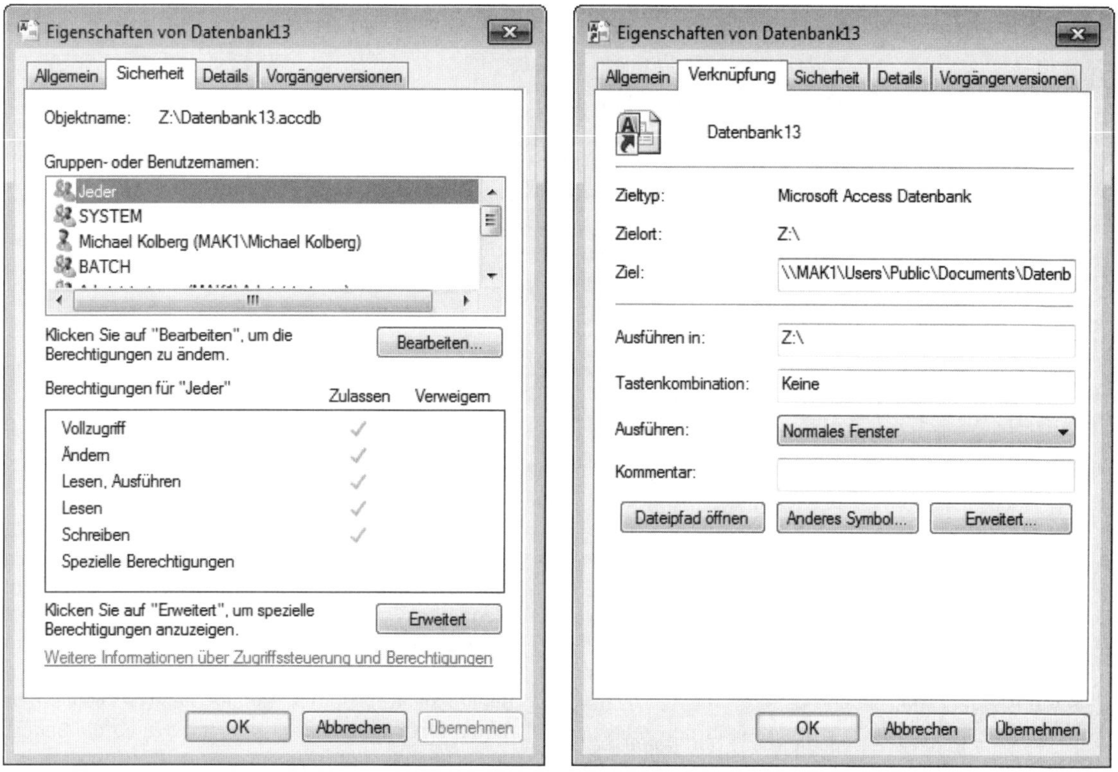

Abbildung 13.2 Die Eigenschaften der Datenbank und der Verknüpfung dazu

Ein solches Aufteilen hat gegenüber dem Ablegen auf einem Netzwerkordner einige Vorteile:

» Die Leistung ist höher, da nur die Daten über das Netzwerk gesendet werden müssen und nicht mehr die einzelnen Datenbankobjekte selbst. Damit stehen die Daten auch immer schneller in der aktuellen Version zur Verfügung.

» Die Zuverlässigkeit wird verbessert. Denn wenn bei einem Benutzer die Datenbank unerwartet geschlossen wird, ist eine Beschädigung von Datenbankdateien normalerweise auf die Kopie der Front-End-Datenbank des Benutzers beschränkt.

» Da jeder Benutzer mit einer eigenen lokalen Kopie der Front-End-Datenbank arbeitet, können Abfragen, Formulare, Berichte und andere Datenbankobjekte bei jedem Benutzer individuell gestaltet werden.

ACHTUNG Bevor Sie eine Datenbank in eine Back-End-Datenbank und eine Front-End-Datenbank aufteilen, sollten Sie das Original der Datenbank immer sichern. Wenn Sie eine Datenbank aufteilen und sich dann entschließen, die Aufteilung der Datenbank rückgängig zu machen, können Sie das Original anhand der Sicherungskopie wiederherstellen.

Verwenden Sie zum Aufteilen die folgenden Schritte:

» Erstellen Sie auf Ihrem Computer eine Kopie der Datenbank, die Sie aufteilen möchten, auf einer lokalen Festplatte, und öffnen Sie diese Kopie. Verwenden Sie nicht eine Datenbank auf einem freigegebenen Netzwerkordner.

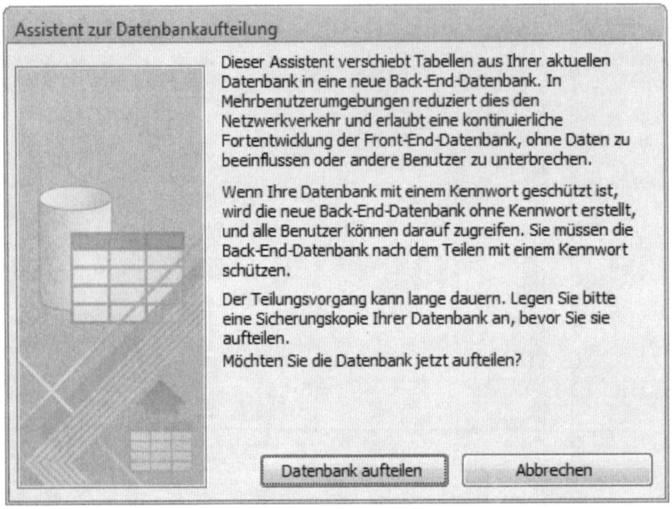

Abbildung 13.3
Die Datenbank aufteilen

» 

Klicken Sie auf der Registerkarte *Datenbanktools* in der Gruppe *Daten verschieben* auf *Access-Datenbank*. Der Assistent zur Datenbankaufteilung wird gestartet, der Ihnen auch zusätzliche Informationen zu dieser Aktion liefert (→ Abbildung 13.3).

» Klicken Sie in diesem Dialogfeld auf *Datenbank aufteilen*. Geben Sie dann im Dialogfeld *Back-End-Datenbank erstellen* einen Namen, einen Dateityp und einen Speicherort für die Back-End-Datenbankdatei an (→ Abbildung 13.4).

» Sie können den von Access vorgeschlagenen Namen verwenden. Dabei wird der ursprüngliche Dateiname beibehalten und durch die zusätzlich angehängte Zeichenfolge *_be* angegeben, dass es sich bei der Datenbank um eine Back-End-Datenbank handelt.

» Ändern Sie den Dateityp nur dann, wenn einige Benutzer für den Zugriff auf die Daten eine frühere Version von Access verwenden.

» Sie können den Pfad zum Netzwerkspeicherort im Feld *Dateiname* vor dem Dateinamen eingeben. Wenn der Netzwerkspeicherort für die Back-End-Datenbank beispielsweise *\\server1\Ordner1* ist und der Dateiname für die Back-End-Datenbank *Datenbank13_be.accdb* lautet, können Sie in das Feld *Dateiname* den Eintrag *\\server1\Ordner1\ Datenbank13_be.accdb* eingeben.

Bei Beendigung des Assistenten über die Schaltfläche *Aufteilen* wird eine Bestätigungsmeldung angezeigt. Die Datenbank ist damit aufgeteilt. Die Front-End-Datenbank ist die Datei, mit der Sie begonnen haben, und die Back-End-Datenbank befindet sich an dem Netzwerkspeicherort, den Sie über den Assistenten festgelegt haben. Nachdem Sie die Datenbank aufgeteilt haben, müssen Sie die Front-End-Datenbank an die Benutzer verteilen.

Abbildung 13.4
Die Back-End-Datenbank erstellen

Verschieben in eine SQL Server-Datenbank

Bei wachsender Komplexität der Datenbank ist irgendwann einmal der Zeitpunkt gekommen, zu dem Sie daran denken, ein Datenbankserverprogramm wie SQL Server zu nutzen, um eine Datenbank freizugeben. Diese Vorgehensweise bietet zahlreiche Vorzüge, erfordert jedoch zusätzliche Software, also ein Datenbankserverprogramm.

Die genauen Schritte zum Verwenden von Access mit einem Datenbankserver hängen vom verwendeten Datenbankserverprogramm ab, und wir können hier nur oberflächlich darauf eingehen. Die Basisschritte sind jedoch identisch. Sie verwenden dafür den *Upsizing*-Assistenten:

» 

Öffnen Sie die Datenbank, und verschieben Sie Daten aus den Tabellen in der Access-Datenbank in Tabellen auf dem Datenbankserver. Klicken Sie auf der Registerkarte *Datenbanktools* in der Gruppe *Daten verschieben* auf *SQL-Server*. Geben Sie auf der ersten Seite des Assistenten an, ob das Upsizing der Access-Datenbank in eine vorhandene SQL Server-Datenbank erfolgen oder ob eine neue SQL Server-Datenbank erstellt werden soll (→ Abbildung 13.5).

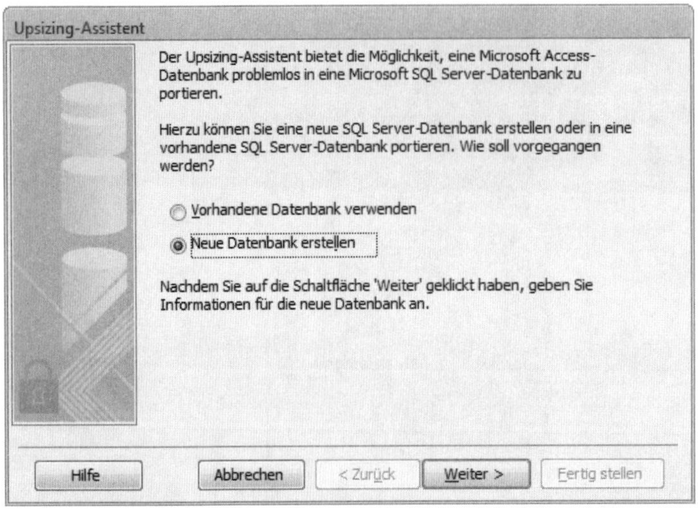

Abbildung 13.5
Der erste Schritt des *Upsizing*-Assistenten

» Wenn Sie die Option *Vorhandene Datenbank verwenden* auswählen und dann auf *Weiter* klicken, wird das Dialogfeld *Datenquelle auswählen* angezeigt, über das Sie eine ODBC-Verbindung zu der vorhandenen SQL Server-Datenbank erstellen können (→ Abbildung 13.6). Bei einer Datenquelle handelt es sich um einen Datenspeicher, der die für den Zugriff auf die Daten erforderlichen Verbindungsinformationen enthält. Den geeigneten ODBC-Treiber sollten Sie vorher installiert haben.

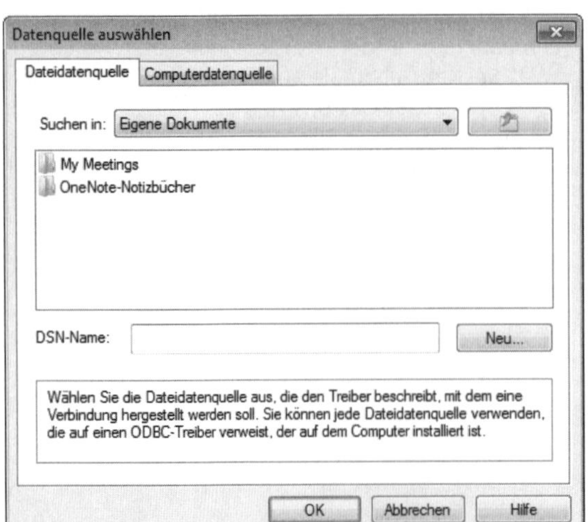

Abbildung 13.6 Eine Datenquelle auswählen

» Wenn Sie die Option *Neue Datenbank erstellen* auswählen und dann auf *Weiter* klicken, zeigt Access eine Seite an, auf der Sie Informationen zu der neuen SQL Server-Datenbank eingeben können (→ Abbildung 13.7). Geben Sie hier den Namen des Servers ein, den Sie verwenden möchten. Sie können eine vertrauenswürdige Verbindung verwenden. Dabei wird der SQL-Server in die Sicherheit des Windows-Betriebssystems integriert, um eine einzige Anmeldung am Netzwerk und bei der Datenbank zu ermöglichen. Unten geben Sie den Namen der neuen SQL Server-Datenbank ein. Access liefert bereits einen Vorschlag dafür.

Anschließend wählen Sie die Access-Tabellen aus, für die das Upsizing in die SQL Server-Datenbank erfolgen soll. Verwenden Sie nach dem Markieren der Tabellen die Pfeiltasten, um diese Tabellen in die Liste *Nach SQL Server exportieren* zu verschieben. Alternativ können Sie auch auf eine Tabelle doppelklicken, um sie von einer Liste in die andere zu verschieben. Verknüpfte Tabellen werden automatisch im Listenfeld angezeigt und können nicht entfernt werden. Tabellen, die im Navigationsbereich nicht angezeigt werden, werden auch hier nicht angezeigt.

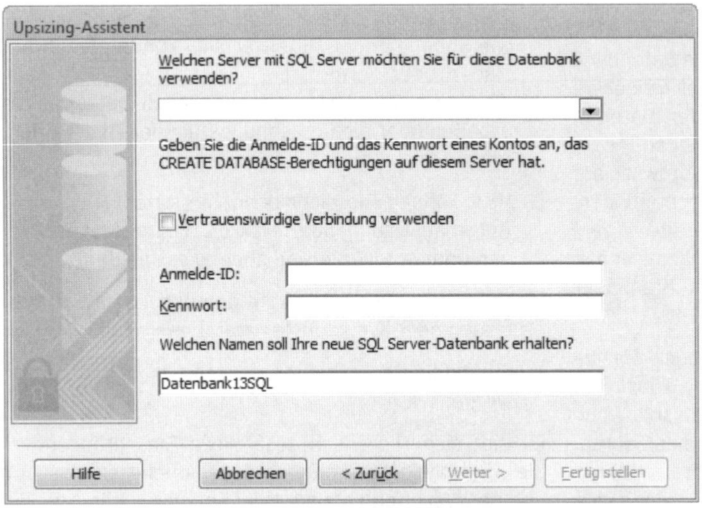

Abbildung 13.7
Eine neue Datenbank erstellen

In einem weiteren Schritt des Assistenten können Sie eine von drei unterschiedlichen Methoden zum Upsizing Ihrer Access-Datenbankanwendung auswählen:

» Mit *Eine neue Access-Client/Server-Anwendung erstellen* erzeugt der Upsizing-Assistent ein neues Access-Projekt. Sie werden aufgefordert, einen Namen anzugeben. Der Upsizing-Assistent erstellt dann die Access-Projektdatei und führt dann ein Upsizing aller Datenbankobjekte aus der Access-Datenbank in das Access-Projekt durch.

» Alternativ können Sie *SQL Server-Tabellen in die bestehende Anwendung einbinden* auswählen. Dabei ändert der Upsizing-Assistent die Access-Datenbank so, dass in Abfragen, Formularen und Berichten die Daten in der neuen SQL Server-Datenbank anstelle der Daten in der Access-Datenbank verwendet werden.

» Die Option *Keine Anwendungsänderungen* wählen Sie aus, wenn Sie Ihre Daten nur in die SQL Server-Datenbank kopieren möchten und an der vorhandenen Access-Datenbankanwendung keine weiteren Änderungen vorgenommen werden sollen.

13.1.2 SharePoint

Es gibt drei auf SharePoint basierende Freigabemethoden, deren Unterschiede Ihnen bewusst sein sollten:

» Sie können eine Datenbank mit *Access Services* veröffentlichen: Damit verschieben Sie die Datenbank ins Internet. Sie können Webformulare und Webberichte erstellen, die in einem Browserfenster ausgeführt werden können. Access ist dann zum Abrufen der Daten nicht notwendig. Sie aber auch Access-Standardobjekte - sogenannte Clientobjekte - erstellen, die aber unter Access laufen. Wenn Sie beides tun, spricht man von einer Hybriddatenbank: Benutzer ohne Access können nur die Webdatenbankobjekte verwenden. Benutzer mit installiertem Access können alle Datenbankobjekte nutzen.

» Sie können alternativ eine Datenbank in einer Dokumentbibliothek speichern. Diese Methode ähnelt dem Speichern einer Datenbank in einem Netzwerkordner. Sie sollten auch den Einsatz von SharePoint-Listen anstelle von Access-Tabellen erwägen, um die Datenverfügbarkeit weiter zu verbessern.

» Wenn Sie eine Verknüpfung zu SharePoint-Listen einrichten, werden die Daten, aber nicht die Datenbankobjekte freigegeben. Jeder Benutzer arbeitet mit einer eigenen Kopie der Datenbank.

Vorbemerkungen

Mithilfe von *Access Services* können Sie eine Datenbank innerhalb Ihrer Firma oder über das Internet freigeben. Dabei werden alle Datenbankobjekte mit den Daten in SharePoint-Listen zu dieser Website verschoben. Andere Personen können dann über einen Webbrowser auf die Daten zugreifen. Entsprechend den Berechtigungen, die diese Besucher für die SharePoint-Website haben, können sie entweder Daten- und Entwurfsänderungen vornehmen, nur Datenänderungen durchführen oder nur die Daten lesen.

Zum Erstellen einer Webdatenbank benötigen Sie die Berechtigung *Vollzugriff* für die SharePoint-Website, in der die Webdatenbank veröffentlicht werden soll. Wenn Sie später Änderungen an dieser Webdatenbank durchführen wollen, öffnen Sie sie wieder in Access, führen die Korrekturen durch und synchronisieren dann den Datenbestand.

Beachten Sie gleich noch die folgenden Hinweise hinsichtlich der Funktionsweise und der Einschränkungen:

» Ohne SharePoint ist keine Veröffentlichung möglich.

» Alle Tabellen werden zu SharePoint-Listen und Datensätze zu Listenelementen. Dadurch können Sie anhand von SharePoint-Berechtigungen sowohl den Zugriff auf Ihre Webdatenbank steuern als auch andere SharePoint-Funktionen nutzen.

» Verknüpfte Tabellen können nicht verwendet werden. Auch sonstige Verknüpfungen - beispielsweise die Inhalte von Feldern mit dem Datentyp *OLE* - müssen vor dem Veröffentlichen importiert werden.

» Auch Formulare, Berichte und die meisten Makros können im Browser ausgeführt werden. Der Navigationsbereich steht in einem Webbrowser aber nicht zur Verfügung. Sie können ein Formular erstellen, um den Benutzern die Navigation in Ihrer Anwendung zu erleichtern.

Außerdem gibt es einige Funktionen, die Sie für eine lokale Datenbank einsetzen können, nicht aber für eine Webdatenbank:

» Die Entwurfsansicht können - bzw. sollten - Sie nicht verwenden. Sie müssen zum Aufbau der einzelnen Objekte mit der Datenblattansicht bzw. der Layoutansicht arbeiten.

» Zum Erstellen zusammengefasster Berechnungen - wie Summen oder Mittelwerten - können Sie in Abfragen oder Formularen keine Gruppenfunktionen einsetzen. Stattdessen können Sie mit Datenmakros arbeiten oder die Berechnungsfunktionen in Berichten nutzen.

» VBA können Sie nicht benutzen. Erledigen Sie die Automatisierung über Makros. Einige Makroaktionen und -ausdrücke sind aber zu vermeiden.

» Außerdem sind einige Abfragetypen - wie *Union*-Abfragen oder Kreuztabellenabfragen - nicht zulässig.

» Die bedingte Formatierung kann nicht verwendet werden.

Es gibt sicherlich noch zusätzliche Einschränkungen, die wir nicht getestet haben. Es empfiehlt sich darum, vor der Veröffentlichung eine Kompatibilitätsprüfung durchzuführen (→ unten). Dabei werden die Datenbankobjekte auf Probleme überprüft, die der Verwendung auf SharePoint im Wege stehen.

Die Webkompatibilität prüfen

Bevor Sie eine Datenbank in Access Services veröffentlichen, sollten Sie prüfen, ob das funktionieren kann. Dazu öffnen Sie die Registerkarte *Datei*, wählen *Speichern und Veröffentlichen* und klicken dann auf *Kompatibilitätsprüfung ausführen*. Wenn Probleme bestehen, wird das im Fenster gemeldet (→ Abbildung 13.8).

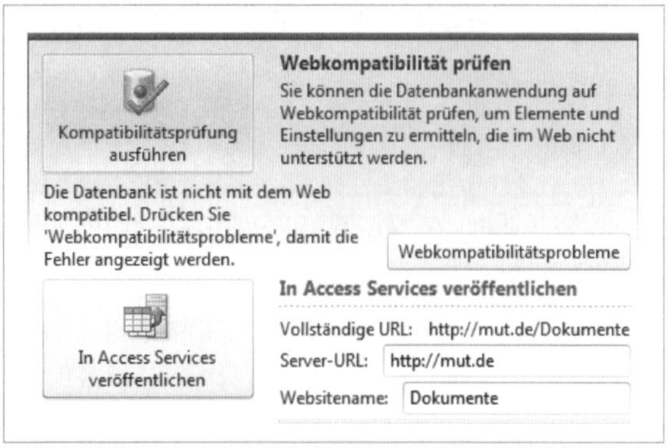

Abbildung 13.8 Das mögliche Ergebnis einer Prüfung

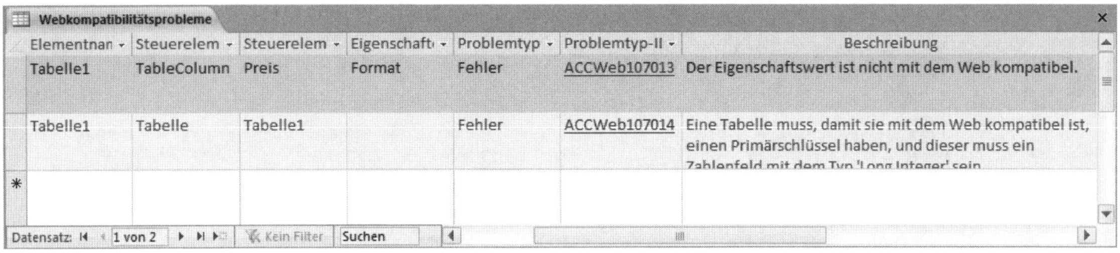

Webkompatibilitätsprobleme

Elementnan	Steuerelem	Steuerelem	Eigenschaft	Problemtyp	Problemtyp-II	Beschreibung
Tabelle1	TableColumn	Preis	Format	Fehler	ACCWeb107013	Der Eigenschaftswert ist nicht mit dem Web kompatibel.
Tabelle1	Tabelle	Tabelle1		Fehler	ACCWeb107014	Eine Tabelle muss, damit sie mit dem Web kompatibel ist, einen Primärschlüssel haben, und dieser muss ein Zahlenfeld mit dem Typ 'Long Integer' sein.
*						

Datensatz: 1 von 2 Kein Filter Suchen

Abbildung 13.9 Die Tabelle mit den Webkompatibilitätsproblemen

Sie können dann auf die Schaltfläche *Webkompatibilitätsprobleme* klicken, um mehr über die Natur der Problemstellen zu erfahren. Access erstellt eine Tabelle mit dem Namen *Webkompatibilitätsprobleme*, in der die Problemstellen aufgelistet werden (→ Abbildung 13.9). Das Feld *Beschreibung* darin liefert einige Hinweise zur Natur des Problems. Weitere Informationen dazu erhalten Sie über das Internet, nachdem Sie auf den Link im Feld *Problemtyp-ID* geklickt haben.

Über Access Services veröffentlichen

Nach einer erfolgreichen Prüfung verwenden Sie zur Veröffentlichung über *Access Services* die folgenden Schritte (→ Abbildung 13.10):

- » Öffnen Sie – wenn noch notwendig – die Datenbank, und klicken Sie auf der Registerkarte *Datei* auf *Speichern und Veröffentlichen*.
- » Klicken Sie auf *In Access Services veröffentlichen*.
- » Geben Sie dann im Feld *Server-URL* die Webadresse des SharePoint-Servers ein, auf dem die Datenbank veröffentlicht werden soll – also *http://<Servername>/*.
- » Geben Sie im Feld *Websitename* einen Namen für die Datenbank ein, unter dem sie auf dem Server geführt werden soll. Dieser Name wird an den *Server-URL* angehängt und bildet mit ihm die URL der Anwendung – in der Form *http://<Servername>/<Datenbankname>*.
- » Klicken Sie auf *In Access Services veröffentlichen*.

Speichern in einer SharePoint-Dokumentbibliothek

Sie können eine Datenbank auch in einer beliebigen SharePoint-Dokumentbibliothek speichern. Diese Form der Veröffentlichung ist nur für Datenbankdateien möglich, die im Format Office Access 2007 gespeichert sind. Verwenden Sie die folgenden Schritte:

- » Öffnen Sie die Datenbank, die Sie freigeben möchten, und klicken Sie in der Registerkarte *Datei* auf *Speichern und Veröffentlichen*.
- » Wählen Sie den Bereich *Datenbank speichern als*, und klicken Sie rechts im Abschnitt *Erweitert* auf *SharePoint*.
- » Wechseln Sie im dann angezeigten Dialogfeld *In SharePoint speichern* zur gewünschten Dokumentbibliothek.
- » Überprüfen Sie den Namen und Typ der Datenbankdatei, nehmen Sie erforderliche Änderungen vor, und klicken Sie auf *Speichern*.

Exportieren von Tabellen nach SharePoint

Als eine weitere Möglichkeit zur Veröffentlichung unter SharePoint bietet es sich an, die Tabellendaten in SharePoint-Listen zu führen. Bei dieser Vorgehensweise kann jeder Benutzer seine Kopie der Datenbank ändern, da die Daten über die SharePoint-Website freigegeben werden. Dabei haben Sie zwar nicht dieselben Vorteile wie beim Veröffentlichen der gesamten Datenbank auf einer SharePoint-Website (→ oben), kommen aber in den Genuss von Daten an einem zentralen Speicherort. Im Prinzip liefert diese Methode dieselben Vorteile wie das Aufteilen einer Datenbank. Es folgen einige Hinweise zur generellen Vorgehensweise:

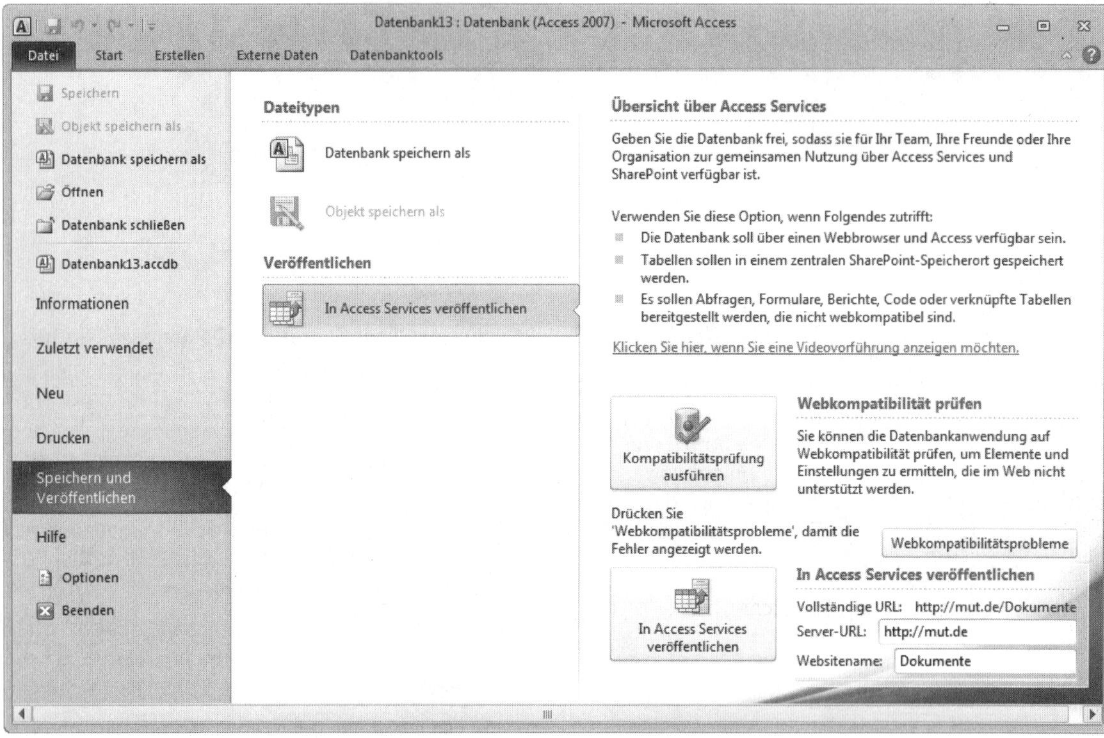

Abbildung 13.10 Eine Datenbank in Access Services veröffentlichen

» 

Klicken Sie auf der Registerkarte *Datenbanktools* in der Gruppe *Daten verschieben* auf *SharePoint*. Befolgen Sie die Schritte im Assistenten zum Exportieren von Tabellen nach SharePoint, und geben Sie dabei den Speicherort Ihrer SharePoint-Website an.

» Aktivieren Sie auf der letzten Seiten des Assistenten das Kontrollkästchen *Details anzeigen*, um weitere Details zur Migration anzuzeigen. Dort wird angegeben, welche Tabellen mit Listen verknüpft wurden. Außerdem werden der Speicherort der Sicherung und die URL Ihrer Datenbank angezeigt. Ferner werden eine Warnung, wenn Migrationsprobleme vorliegen sollten, und der Speicherort einer Protokolltabelle angezeigt, in der Sie weitere Einzelheiten zu den Problemen finden.

» Klicken Sie auf *Fertig stellen*, um den Assistenten zu schließen. Falls der Assistent eine Warnung anzeigt, überprüfen Sie die Protokolltabelle, und führen Sie anschließend die erforderlichen Schritte durch, um eine erfolgreiche Migration Ihrer Daten sicherzustellen. Bestimmte Felder werden unter Umständen nicht verschoben oder in einen anderen Datentyp umgewandelt, der mit einer SharePoint-Liste kompatibel ist.

Abschließend müssen Sie noch Verknüpfungen mit diesen Listen herstellen und die Datenbankdatei verteilen.

13.1.3 Eine Webdatenbank anlegen

Oben hatten wir es angesprochen: Bevor Sie eine Datenbank in Access Services veröffentlichen, sollten Sie prüfen, ob das funktionieren kann. Dabei wird man oft feststellen, dass größere Änderungen erforderlich sind. Sie können Probleme dieser Art vermeiden, indem Sie beispielsweise die Vorlage *Leere Webdatenbank* oder eine andere Webvorlage zum Erstellen verwenden. Sie können dann nur noch Datenbankstrukturen erstellen, die webkompatibel sind.

Die Datenbank erstellen

Zum Erstellen einer Webdatenbank gehen Sie zunächst genauso vor wie beim Anlegen einer lokalen Datenbank:

» Klicken Sie auf der Registerkarte *Datei* auf *Neu*.

» Es empfiehlt sich, die Vorlage *Leere Webdatenbank* zu benutzen. Wenn Sie das tun, werden gleich die Funktionen auf der Programmoberfläche abgeschaltet, die dazu führen könnten, dass Sie mit SharePoint unverträgliche Elemente in der Datenbank benutzen. Beispielsweise können die einzelnen Datenbankobjekte nicht mehr zur Entwurfsansicht angezeigt werden.

» Überprüfen Sie den im Feld *Dateiname* vorgeschlagenen Dateinamen. Sie können diesen ändern, indem Sie einen neuen Namen in das Feld *Dateiname* eingeben. Klicken Sie dann auf *Erstellen*.

Die Webdatenbank wird mit einer neuen leeren Tabelle geöffnet.

Tabellen und Felder anlegen

Zum Anlegen von Feldern in der Tabelle müssen Sie die Datenbankansicht verwenden. Wenn Sie die Vorlage *Leere Webdatenbank* für die Datenbank benutzt haben, ist ein Umschalten zur Entwurfsansicht sowieso nicht möglich. Mit den Befehlen auf den Registerkarten *Felder* und *Tabelle* können Sie Felder, Indizes, Gültigkeitsprüfungsregeln und Datenmakros hinzufügen.

» Klicken Sie bei geöffneter Tabelle auf *Zum Hinzufügen klicken*, und wählen Sie dann den Feldtyp aus.

» Geben Sie dem Feld einen Namen, der den Feldinhalt beschreibt.

» Wiederholen Sie den Vorgang für jedes Feld, das Sie anlegen möchten.

Sie können dann die Einstellungen für die einzelnen Felder so ändern, dass sich das Feld wie von Ihnen gewünscht verhält.

» Wählen Sie das Feld mit der Formatierung und den Eigenschaften aus, die Sie ändern möchten.

» Klicken Sie auf dem Menüband auf die Registerkarte *Felder*.

» Ändern Sie die *Einstellungen* über die Befehle in den Gruppen *Formatierung* und *Eigenschaften*.

Wahrscheinlich werden Sie noch weitere Tabellen erstellen. Gehen Sie dazu genauso wie üblich vor: Klicken Sie auf der Registerkarte *Erstellen* in der Gruppe *Tabellen* auf *Tabelle*.

Beziehungen zwischen Tabellenfeldern konstruieren

Zum Erstellen einer Beziehung in einer Webdatenbank verwenden Sie den Nachschlage-Assistenten, mit dem ein Nachschlagefeld erstellt wird. Das Nachschlagefeld wird der Tabelle mit der *n*-Seite der Beziehung hinzugefügt und verweist auf die Tabelle mit der *1*-Seite der Beziehung.

» Öffnen Sie die Tabelle, die sich auf der n-Seite der Beziehung befinden soll.

» Klicken Sie auf den Pfeil neben *Zum Hinzufügen klicken*, und klicken Sie dann auf *Nachschlagen und Beziehung*.

» Führen Sie die Schritte des Nachschlage-Assistenten aus, um das Nachschlagefeld zu erstellen.

Wenn Sie eine so definierte Beziehung später ändern wollen, öffnen Sie die Tabelle, die das Nachschlagefeld enthält. Klicken Sie darin mit der rechten Maustaste auf das Nachschlagefeld, wählen Sie dann *Suchen ändern*, und führen Sie die Schritte des Nachschlage-Assistenten erneut aus.

Eine Webabfrage erstellen

Sie können als für Grundlage für Formulare und Berichte eine Abfrage verwenden. Abfragen werden auf dem Server ausgeführt und tragen so zu einer Minimierung des Netzwerkverkehrs bei. In diesem Fall können Sie die Entwurfsansicht fast wie gewohnt nutzen.

» Klicken Sie auf der Registerkarte *Erstellen* in der Gruppe *Abfragen* auf *Abfrage*.

» Doppelklicken Sie im Dialogfeld *Tabelle anzeigen* auf jede Tabelle, die einbezogen werden soll, und klicken Sie dann auf *Schließen*.

» Fügen Sie die gewünschten Felder hinzu. Dazu können Sie entweder die Felder in das Datenblatt ziehen oder auf das hinzuzufügende Feld doppelklicken.

» Erstellen Sie alle gewünschten Verknüpfungen, indem Sie im Abfrageerstellungsfenster die Felder von einem Objekt zum anderen ziehen.

» Fügen Sie alle gewünschten Kriterien hinzu.

Eine Webformular erstellen

Zum Eingeben und Bearbeiten von Daten in der Webdatenbank sollten Sie Formulare verwenden. Diese werden im Browser ausgeführt und sorgen so für eine optimale Leistung. Wenn Sie ein Formular öffnen, ruft der Browser die erforderlichen Daten vom SharePoint-Server ab. Die Daten im Formular können dann gefiltert und sortiert werden, ohne sie erneut vom Server abrufen zu müssen. Wählen Sie eine Tabelle oder Abfrage als Datenquelle aus, und klicken Sie auf der Registerkarte *Erstellen* in der Gruppe *Formulare* auf eine der entsprechenden Schaltflächen - also beispielsweise *Formular*, *Datenblatt* oder *Mehrere Elemente*. Es empfiehlt sich, die Anzahl der Datensätze zu begrenzen, die von Ihren Formularen abgerufen werden.

Einen Webbericht erstellen

Auch Berichte werden im Browser ausgeführt. Wenn Sie einen Bericht öffnen, ruft der Browser die erforderlichen Daten vom SharePoint-Server ab. Die Daten im Bericht können gefiltert und sortiert werden, ohne sie erneut vom Server abrufen zu müssen. Zum Erstellen wählen Sie zunächst die Tabelle oder Abfrage als Datenquelle aus und klicken dann auf der Registerkarte *Erstellen* in der Gruppe *Berichte* auf *Bericht*. Auch hier sollten Sie zur Optimierung der Leistung die Anzahl der Datensätze begrenzen, die von Ihrem Server abgerufen werden.

Ein Navigationsformular erstellen

Die Benutzer benötigen eine Möglichkeit zur Navigation durch die Anwendung. Da der Navigationsbereich in einem Webbrowser nicht verfügbar ist, sollten Sie ein Navigationsformular erstellen und angeben, dass es immer dann angezeigt werden soll, wenn jemand Ihre Anwendung in einem Webbrowser öffnet. Erstellen Sie dieses Formular erst, nachdem Sie alle gewünschten sonstigen Objekte hinzugefügt haben.

» Öffnen Sie im Menüband die Registerkarte *Erstellen*, klicken Sie in der Gruppe *Formulare* auf *Navigation*, und wählen Sie dann in der Liste ein Navigationslayout aus.

» Wenn Sie ein Element hinzufügen möchten, ziehen Sie es aus dem Navigationsbereich auf das Navigationssteuerelement.

» Fügen Sie andere gewünschte Steuerelemente dem Textkörper des Navigationsformulars hinzu. Einem Navigationssteuerelement können nur Formulare und Berichte hinzugefügt werden. Sie können beispielsweise auch eine alle Formulare übergreifende Suchfunktion bereitstellen, indem Sie Ihrem Navigationsformular einige Steuerelemente hinzufügen.

Clientobjekte

Beachten Sie, dass Sie auch Datenbankobjekte für die Clientseite einer Webdatenbank erstellen können. Wenn Sie beispielsweise die Vorlage *Leere Webdatenbank* - oder eine Vorlage für eine andere Webdatenbank - verwendet haben, finden Sie auf der Registerkarte *Erstellen* bereits entsprechende andere Schaltflächen vor, die Ihnen das erlauben (→ Abbildung 13.11).

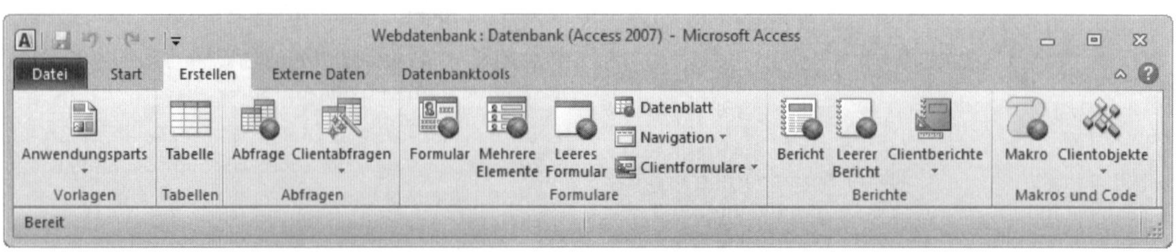

Abbildung 13.11 Beachten Sie die zusätzlichen Schaltflächen für Clientobjekte auf der Registerkarte *Erstellen*.

Im Prinzip haben Sie für die Ebene des Clients aber dieselben Alternativen, die Sie auch von rein lokalen Datenbanken her kennen. Sie finden Sie in den Katalogen zu den Befehlen *Clientabfragen*, *Clientformulare* und *Clientberichte* (→ Abbildung 13.12).

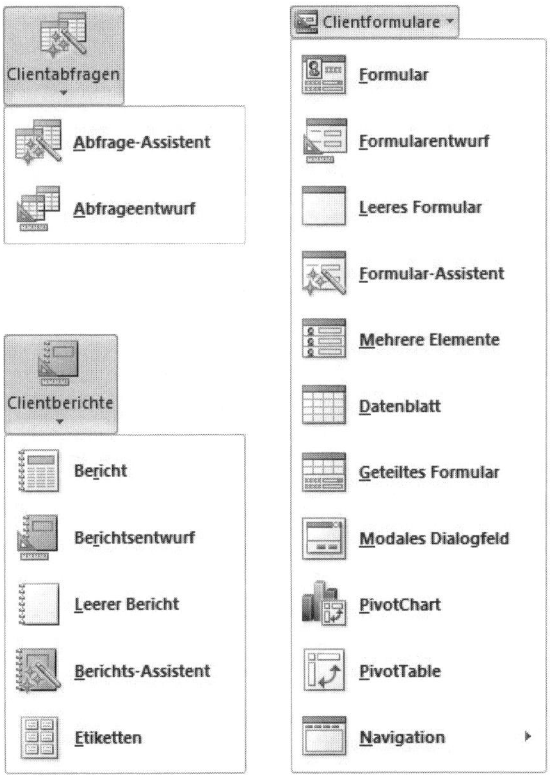

Abbildung 13.12 Zum Erstellen von Clientobjekten benutzen Sie die Kataloge zu *Clientabfragen*, *Clientformulare* und *Clientberichte*.

13.2 Speichern in anderen Formaten

Wie Sie oben gesehen haben, hängt mit den Begriff Freigabe oft auch die Frage des Dateiformats zusammen. Access liefert Ihnen darum in Bereich *Speichern und Veröffentlichen* der Registerkarte *Datei* auch einen Abschnitt zum Speichern einer Datenbank in einem Format, das für ältere Versionen des Programms Access lesbar ist und auch Möglichkeiten zum Konvertieren in weitere Formate bietet.

Wenn Sie die aktuelle Datei in einem dieser Formate speichern wollen, schließen Sie zunächst alle Datenbankobjekte darin. Öffnen Sie das Menü *Datei* und darin die Kategorie *Speichern und Veröffentlichen*. Die Werkzeuge dazu finden Sie, wenn Sie die Option *Datenbank speichern als* markieren (→ Abbildung 13.13).

Nach einem Klick auf das gewünschte Format unter *Datenbankdateitypen* wird das Dialogfeld *Speichern unter* angezeigt, in dem das gewünschte Format bereits eingestellt ist. Wählen Sie dort den gewünschten Speicherort. Einen anderen Dateinamen benötigen Sie nicht, die Namenserweiterung sorgt für die notwendige Unterscheidung. Klicken Sie dann auf *Speichern*.

ACHTUNG Beachten Sie, dass nach dem Speichern die Datenbank in dem Format geöffnet ist, in dem Sie sie gerade gespeichert haben.

Wenn Sie in der Kategorie *Freigeben* im Menü *Datei* die Option *Datenbank speichern in* markiert haben, finden Sie rechts unten einen mit *Erweitert* benannten Bereich, über dessen Optionen Sie weitere Speicherfunktionen ausführen können. Sie können darüber beispielsweise die Datenbank packen und signieren, eine *.accde*-Datei erstellen oder einfach nur die Datenbank sichern.

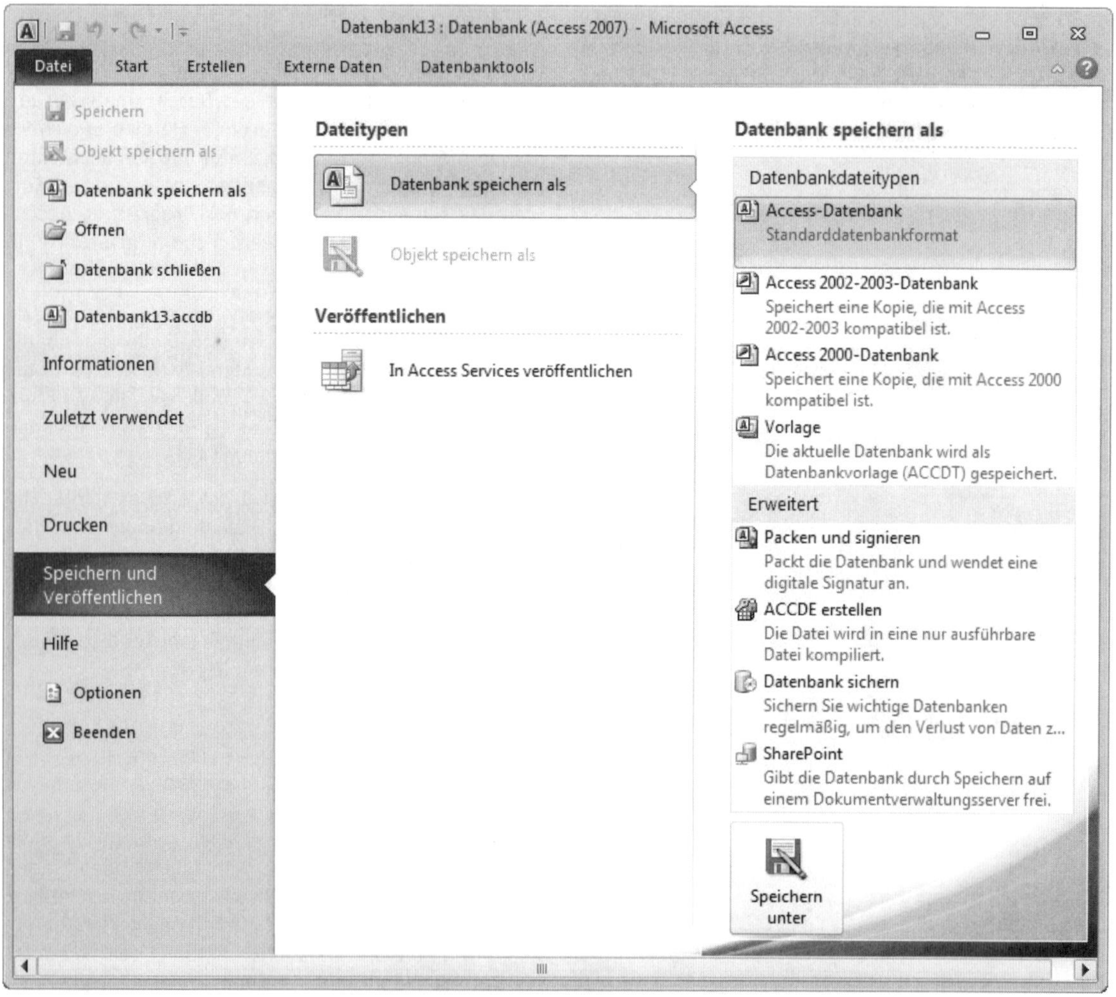

Abbildung 13.13 Die Kategorie *Speichern und Veröffentlichen* im Menü *Datei* - hier der Abschnitt *Datenbank speichern als*

13.2.1 Packen und signieren

Das Packen einer Datenbank und Signieren des Pakets stellen Möglichkeiten zum Übermitteln der Vertrauenswürdigkeit dar. Damit wird die Datenbank in eine *.accdc*-Datei verschoben, das Paket wird signiert und anschließend an dem von Ihnen angegebenen Speicherort abgelegt. Benutzer können die Datenbank aus dem Paket extrahieren und direkt in der Datenbank arbeiten. Wenn Sie oder die Benutzer das Paket erhalten, bestätigt die Signatur, dass die Datenbank seither nicht geändert wurde. Wenn Sie dem Autor vertrauen, können Sie den Inhalt aktivieren. Dabei werden nicht nur Makros oder Codemodule, sondern alle Objekte in der Datenbank signiert. Zudem wird die Paketdatei komprimiert, um Download-Zeiten zu reduzieren.

TIPP Die Technik zum Packen und Signieren kann nur bei Datenbanken im Access 2010-Dateiformat verwendet werden. Mit den Werkzeugen aus den Vorversionen können Sie keine Dateien signieren und bereitstellen, die im neuen Dateiformat erstellt wurden.

Erstellen eines signierten Pakets

Anhand der Schritte in den folgenden Abschnitten wird erläutert, wie eine signierte Paketdatei erstellt und die Datenbank in einer signierten Paketdatei verwendet wird.

» Öffnen Sie die Datenbank, die Sie packen und signieren möchten. Sie können einem Paket nur eine Datenbank hinzufügen.

» 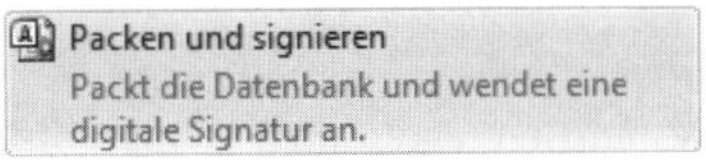

Öffnen Sie die Registerkarte *Datei*, wählen Sie die Kategorie *Speichern und Veröffentlichen*, und klicken Sie auf die Schaltfläche *Packen und signieren*. Ein Dialogfeld wird angezeigt, in dem Sie unter den auf Ihrem Rechner vorhandenen Zertifikaten eines auswählen können (→ Abbildung 13.14).

Abbildung 13.14 Wählen Sie ein Zertifikat aus.

» Wählen das gewünschte Zertifikat aus, und klicken Sie dann auf *OK*. Das Dialogfeld *Microsoft Access Signiertes Paket erstellen* wird geöffnet (→ Abbildung 13.15). Das Format *Microsoft Access Signierte Pakete* ist bereits eingestellt.

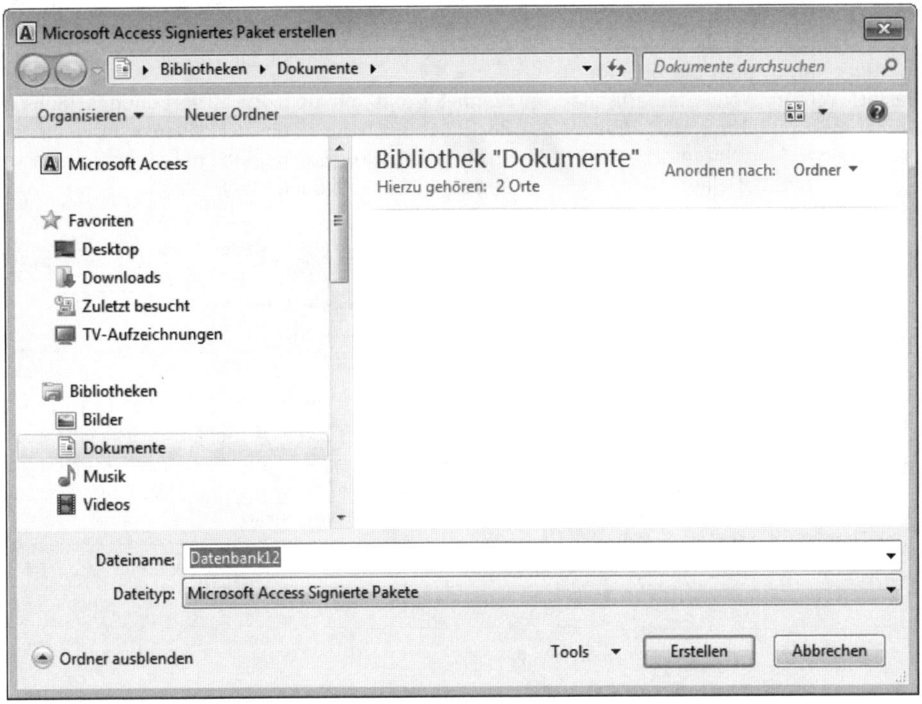

Abbildung 13.15 Ein signiertes Paket erstellen

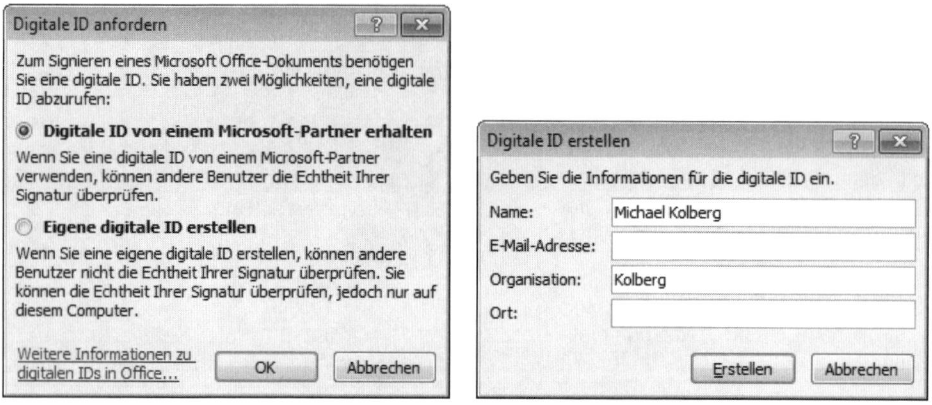

Abbildung 13.16 Eine digitale ID anfordern und erstellen

» Wählen Sie in der Liste *Speichern* einen Speicherort für das signierte Datenbankpaket aus. Geben Sie im Feld *Dateiname* einen Namen für das signierte Paket ein, und klicken Sie dann auf *Erstellen*. Access erstellt die *.accdc*-Datei und speichert sie an dem ausgewählten Speicherort.

Ein digitales Zertifikat anfordern

Wen Sie noch über kein Zertifikat verfügen, wird beim Aufruf von *Packen und signieren* standardmäßig zunächst ein Dialogfeld angezeigt, in dem Sie über den Sinn der Aktion aufgeklärt werden. Wenn Sie darin die Schaltfläche *Signaturdienste von Office-Marketplace* anklicken, werden Sie mit einer Seite im Internet verbunden, über die Sie einen Vertrag mit einem Signaturdienst - beispielsweise VeriSign - eingehen können.

Wenn Sie stattdessen auf *OK* klicken und noch über keinen entsprechenden Vertrag verfügen, können Sie zumindest die Funktion des Signierens ausprobieren. In diesem Fall ist die Signatur aber nicht rechtlich verbindlich. Wählen Sie dazu im Dialogfeld *Digitale ID anfordern* die Option *Eigene digitale ID erstellen*, und bestätigen Sie (→ Abbildung 13.16 links).

Extrahieren und Verwenden eines signierten Pakets

Benutzer können die Datenbank aus dem Paket extrahieren und direkt in der Datenbank (anstatt in der Paketdatei) arbeiten.

» Öffnen Sie die Registerkarte *Datei*, wählen Sie die Kategorie *Öffnen*. Das Dialogfeld *Öffnen* wird angezeigt.

» 

Wählen Sie in der Liste *Dateityp* die Option *Microsoft Office Access Signierte Pakete* aus. Verwenden Sie gegebenenfalls die Liste *Suchen in*, um den Ordner mit der *ACCDC*-Datei zu suchen. Wählen Sie dort die Datei aus, und klicken Sie auf *Öffnen*.

» Wenn Sie das mit dem Paket verbundene digitale Zertifikat noch nicht als vertrauenswürdig eingestuft haben, wird eine Meldung mit einem Ratschlag angezeigt (→ Abbildung 13.17).

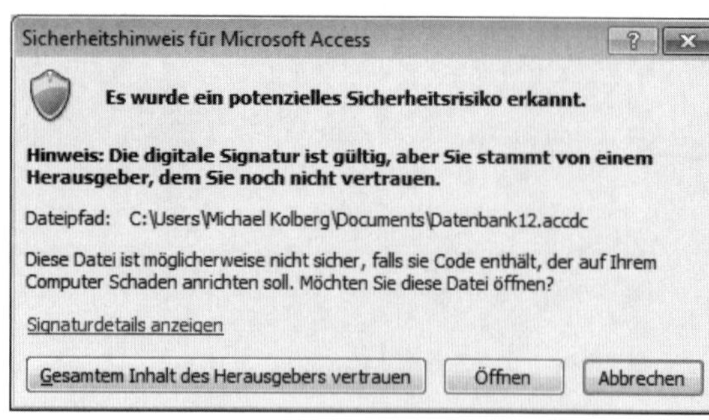

Abbildung 13.17 Ein Sicherheitsrisiko wird gemeldet.

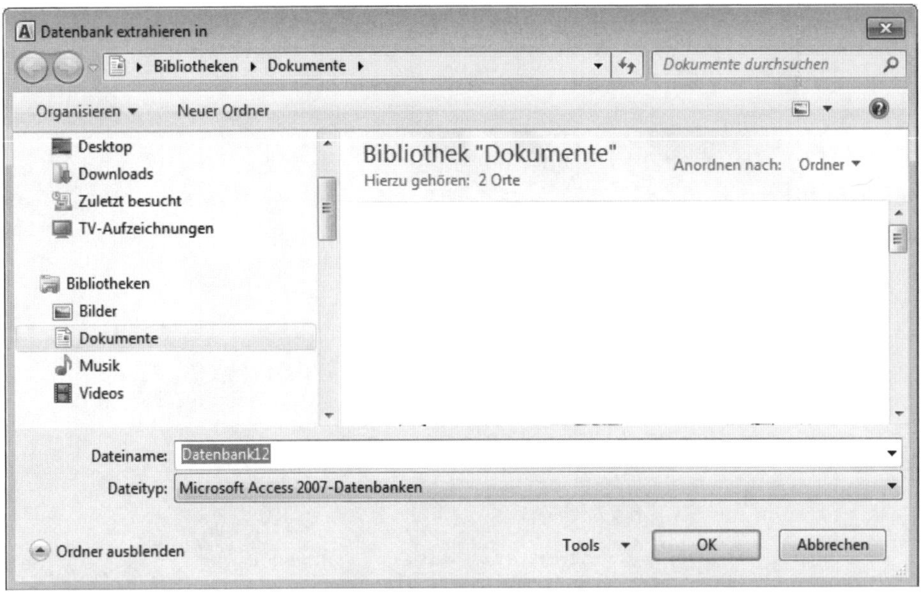

Abbildung 13.18
Die Datenbank extrahieren

» Wenn Sie dem digitalen, dem Bereitstellungspaket zugewiesenen Zertifikat vertrauen, können Sie auf *Öffnen* klicken. Die Wahl von *Gesamtem Inhalt des Herausgebers vertrauen* bewirkt, dass das Zertifikat in die Liste der vertrauenswürdigen Herausgeber aufgenommen wird. Anschließend wird das Dialogfeld *Datenbank extrahieren in* angezeigt (→ Abbildung 13.18).

» Standardmäßig wird als Name der Name der Paketdatei vorgeschlagen. Sie können im Feld *Dateiname* einen anderen Namen für die extrahierte Datenbank eingeben. Optional können Sie in der Adressleiste einen Speicherort für die extrahierte Datenbank auswählen. Klicken Sie auf *OK*.

13.2.2 ACCDE-Dateien

Bei einer *.accde*-Datei handelt es sich um die 2010-Version der von den Vorgängern her vielleicht bekannten *.mde*-Datei. Dies ist eine gesperrte - da kompilierte - Version der ursprünglichen Datenbank. Darin werden Ihre Formulare und Berichte besser geschützt. Ihre Datenbank funktioniert weiterhin wie gewohnt; Sie können also nach wie vor Daten aktualisieren und Berichte ausführen. Der Benutzer einer *.accde*-Datei kann aber Formulare, Berichte oder Module nicht in der Layoutansicht oder in der Entwurfsansicht anzeigen, kann also keine Änderungen darin vornehmen. Wenn in der *.accdb*-Datei VBA-Code enthalten war, wird nur der kompilierte Code in die Datei übernommen; der VBA-Code kann vom Benutzer weder angezeigt noch geändert werden.

Gegenüber dem früher benutzten *.mde*-Format finden Sie bei einer *.accde*-Datei einige zusätzliche Möglichkeiten:

» In den früheren Versionen von Access können Sie nur jeweils einen Wert pro Feld speichern. Seit Access 2007 können Sie ein Nachschlagefeld erstellen, um mehrere Werte pro Feld speichern zu können. Tatsächlich wird innerhalb des Felds eine *m:n*-Beziehung erstellt, und die Implementierungsdetails werden in Systemtabellen verborgen.

» Der Datentyp *Anlage* kann verwendet werden. Damit können Sie auf einfache Weise alle Arten von Dokumenten und binären Dateien in Ihrer Datenbank speichern. Anlagen werden automatisch komprimiert, wenn sich dadurch der Speicherplatz optimieren lässt.

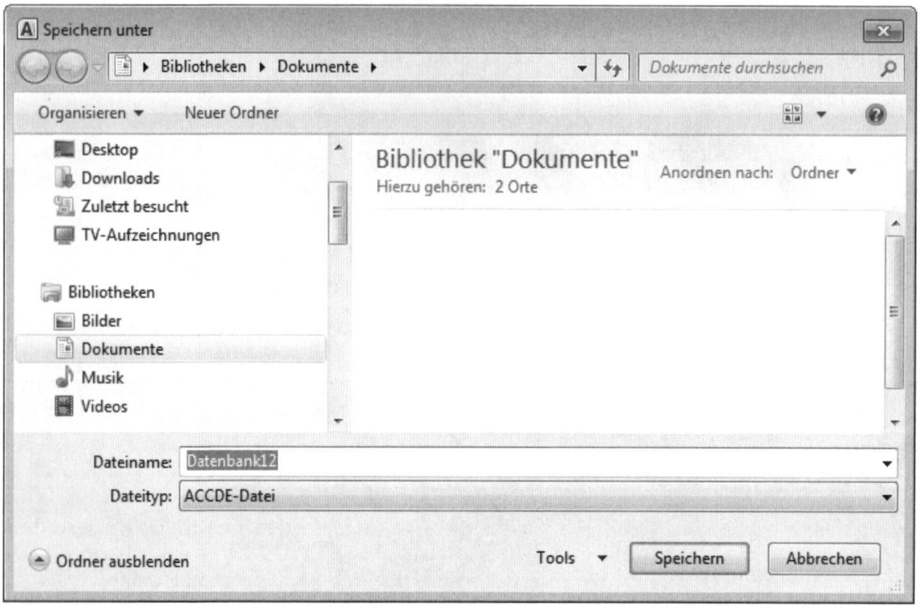

Abbildung 13.19
Eine *.accde*-Datei erstellen

» Auch Memofelder können benutzt werden. Mit Memofeldern können große Datenmengen gespeichert werden. Über die Eigenschaft *Nur anfügen* in der Tabellendefinition können Sie festlegen, dass ein Verlauf aller Änderungen des Memofelds aufbewahrt wird.

Erstellen von ACCDE-Dateien

Gehen Sie wie folgt vor, um aus einer *.accdb*-Datei eine *.accde*-Datei zu erstellen:

» Öffnen Sie die Datenbank, die als *.accde*-Datei gespeichert werden soll.

» 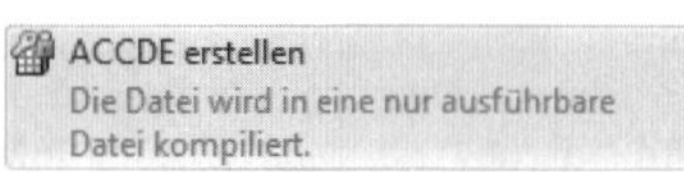

Öffnen Sie die Registerkarte *Datei*, wählen Sie die Kategorie *Speichern und Veröffentlichen*, und klicken Sie auf die Schaltfläche *ACCDE erstellen*. Das Dialogfeld *Speichern unter* wird angezeigt (→ Abbildung 13.19). Das Format *ACCDE-Datei* ist dort bereits eingestellt.

» Wechseln Sie im Dialogfeld zu dem Ordner, in dem die Datei gespeichert werden soll, geben Sie in das Feld *Dateiname* einen Namen für die Datei ein, und klicken Sie dann auf *Speichern*.

Problemstellen

Beachten Sie auch die folgenden Möglichkeiten für Probleme bei der Umwandlung:

» Achten Sie darauf, dass Sie eine Kopie der ursprünglichen Access-Datenbank beibehalten. Wenn Sie den Entwurf von Formularen, Berichten oder Modulen ändern möchten, müssen Sie diese Änderungen in der ursprünglichen Access-Datenbank durchführen und diese dann erneut als *.accde*-Datei speichern.

» Wenn Sie eine Datenbank vor dem Speichern als *.accde*-Datei mit einem Kennwort verschlüsseln, wird die *.accde*-Datei ebenfalls verschlüsselt. Wenn Sie das nicht wollen, müssen Sie die *.accdb*-Datei vor dem Speichern als *.accde*-Datei entschlüsseln.

» Fehler können auftreten, wenn Sie eine Datenbank als *.accde*-Datei speichern wollen, die auf eine andere Access-Datenbank oder ein anderes Add-In verweist. Dann zeigt Access eine Fehlermeldung an, und Sie haben nicht die Möglichkeit, den Vorgang zu beenden.

13.2.3 Bereitstellen mit Access 2010-Runtime

Wenn Sie eine Access 2010-Datenbanken anderen Personen bereitstellen wollen, die nicht über Access verfügen, können Sie auch mit Access 2010-Runtime arbeiten. Dabei handelt es sich um ein weiterverteilbares Programm, das Sie über das Microsoft-Download-Center herunterladen können (*http://www.microsoft.com/downloads/details.aspx?displaylang=de&FamilyID=57a350cd-5250-4df6-bfd1-6ced700a6715*). Speichern Sie die Datei *AccessRuntime.exe* auf der Festplatte, und doppelklicken Sie auf das Symbol dafür, um die Installation zu starten. Folgen Sie den Anweisungen auf dem Bildschirm, um die Installation abzuschließen. Sie können das Programm verwenden und weiterverteilen, ohne dass hierfür ein Kauf erforderlich ist. Darüber hinaus kann das Produkt an eine unbeschränkte Anzahl von Benutzern verteilt werden.

Wenn Sie eine Access 2010-Datenbank unter Verwendung von Runtime öffnen, wird die Datenbank im sogenannten Laufzeitmodus geöffnet. Dabei handelt es sich um einen Betriebsmodus, in dem bestimmte Werkzeuge standardmäßig nicht zur Verfügung stehen. So ist die Verfügbarkeit von Navigations- und Entwurfsfeatures eingeschränkt.

ACHTUNG Sie sollten diesen Laufzeitmodus nicht als Mittel der Wahl zum Schutz einer Datenbankanwendung einsetzen. Auf einem Computer mit installierter Vollversion von Access 2010 kann ein Benutzer möglicherweise eine Laufzeitdatenbankanwendung als reguläre Datenbankanwendung mit allen verfügbaren Werkzeugen öffnen und dann den Entwurf ändern oder unerwünschte Aktionen ausführen.

13.2.4 Datenbanken sichern

Sie sollten von Ihren Datenbanken in regelmäßigen zeitlichen Abständen eine Sicherungsdatei anlegen, um gegen Datenverluste geschützt zu sein. Sie können entweder die gesamte Datenbank oder auch nur einzelne Objekte darin sichern.

Die gesamte Datenbank sichern

Verwenden Sie die folgenden Schritte, um die gesamte Datenbank zu sichern:

» Sorgen Sie dafür, dass die zu sichernde Datenbank geöffnet ist. Speichern und schließen Sie aber alle Objekte in dieser Datenbank.

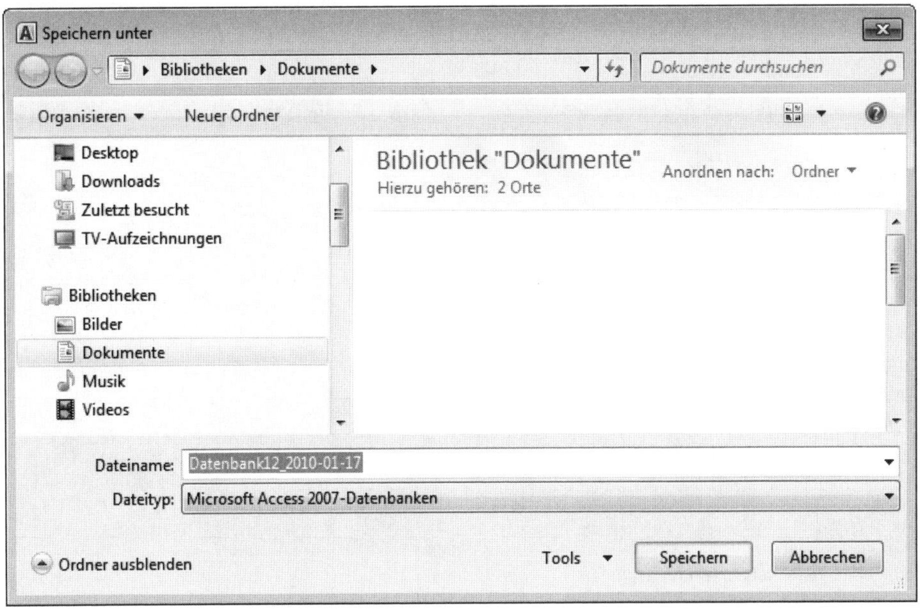

Abbildung 13.20 Geben Sie die Zieldatenbank an.

» 

Öffnen Sie die Registerkarte *Datei*, wählen Sie die Kategorie *Speichern und Veröffentlichen*, und markieren Sie die Option *Datenbank speichern als*. Klicken Sie auf die Option *Datenbank sichern*. Das Dialogfeld *Speichern unter* wird angezeigt (→ Abbildung 13.20). Als Name der Sicherungsdatei wird standardmäßig der Originalname der Datenbank zusammen mit dem aktuellen Datum verwendet – beispielsweise *Datenbank12_2010-01-17*.

» Geben Sie gegebenenfalls den Speicherort für die Sicherungskopie an, und klicken Sie auf *Speichern*.

Die aktuelle Datenbank wird unter dem eingegebenen Namen als Sicherungsdatei gespeichert.

Sie können diese Sicherungsdatei bei Bedarf direkt wieder in Access öffnen. Wenn Sie eine Sicherheitsdatei in Zukunft als Original verwenden möchten, können Sie sie über den Arbeitsplatz umbenennen.

TIPP Sie können eine Sicherungskopie von einzelnen Datenbankobjekten erstellen, indem Sie eine leere Datenbank erstellen und dann die gewünschten Objekte aus der Originaldatenbank importieren.

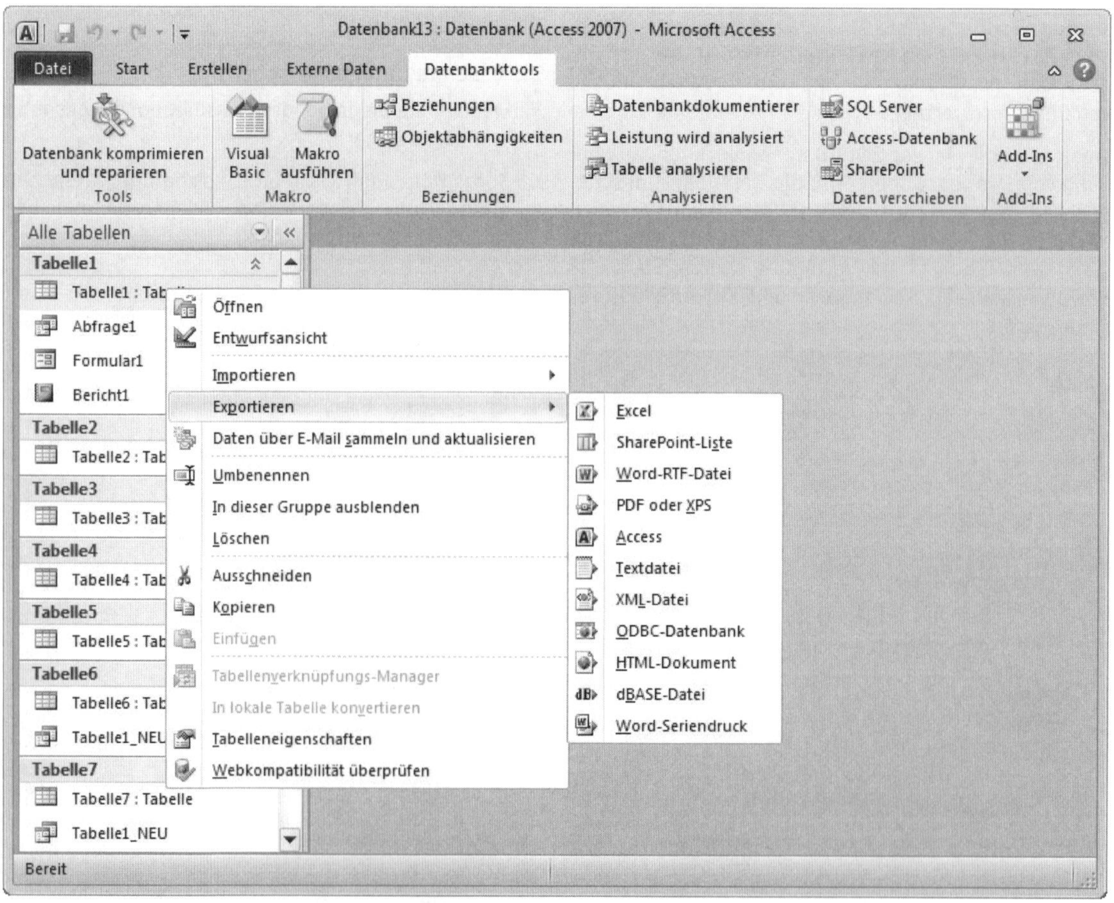

Abbildung 13.21 Exportieren eines Datenbankobjekts

Einzelne Objekte sichern

Sie können eine Tabelle, eine Abfrage, ein Formular, einen Bericht, ein Makro oder ein Modul aus einer Access-Datenbank in eine andere exportieren und damit eine Sicherung dieses Objektes erstellen. Wenn Sie ein Objekt exportieren, erstellt Access eine Kopie des Objekts in der Zieldatenbank.

» Öffnen Sie die Quelldatenbank, und markieren Sie im Navigationsbereich das zu exportierende Objekt. Wählen Sie im Kontextmenü den Befehl *Exportieren* und im zugehörigen Untermenü den Eintrag *Access* aus (→ Abbildung 13.21).

» Wählen Sie dann die Zieldatenbank, in der Sie die Sicherung ablegen wollen. Diese müssen Sie vorher erstellt haben.

» Nach einer Bestätigung über *OK* können Sie dem zu exportierenden Objekt einen Namen geben, unter dem es in der Zieldatenbank geführt wird (→ Abbildung 13.22).

Abbildung 13.22 Weisen Sie dem Objekt einen Namen zu, und legen Sie fest, was exportiert werden soll.

» Wenn Sie eine Tabelle exportieren, können Sie wählen, ob die gesamte Tabelle oder nur die Tabellendefinition exportiert werden soll (→ Abbildung 13.22 rechts). Beim Exportieren der Definition wird eine leere Kopie der Tabelle in der Zieldatenbank erstellt.

Beachten Sie aber auch die folgenden Punkte:

» Sie können nur jeweils ein Objekt exportieren. Wenn Sie mehrere Objekte exportieren möchten, wiederholen Sie den Exportvorgang für jedes Objekt, oder führen Sie in der Zieldatenbank einen Importvorgang aus.

» Wenn es sich bei der zu exportierenden Tabelle um eine verknüpfte Tabelle handelt, wird durch den Exportvorgang eine verknüpfte Tabelle in der Zieldatenbank erstellt. Die neue verknüpfte Tabelle ist mit der ursprünglichen Quelltabelle verknüpft.

» Da jeweils nur eine einzige Tabelle exportiert werden kann, werden beim Exportvorgang Beziehungen nicht kopiert. Wenn Sie mehrere Tabellen und die zugehörigen Beziehungen importieren möchten, öffnen Sie die Zieldatenbank, und importieren Sie die Objekte.

» Bei jedem Exportvorgang wird ein neues Objekt in der Zieldatenbank erstellt. Wenn bereits ein Objekt mit demselben Namen vorhanden ist, können Sie wählen, ob das vorhandene Objekt überschrieben werden soll oder ob Sie einen anderen Namen für das neue Objekt angeben möchten.

» Wenn ein Feld in der Quelltabelle Werte in einer anderen Tabelle oder Abfrage nachschlägt, müssen Sie die verwandte Tabelle bzw. Abfrage exportieren, damit die Nachschlagewerte im Zielfeld angezeigt werden. Wenn Sie die verwandte Tabelle oder Abfrage nicht exportieren, werden im Zielfeld nur die Nachschlage-IDs angezeigt.

» Wenn Sie ein Formular oder einen Bericht exportieren, werden im Formular bzw. Bericht enthaltene Unterformulare und Unterberichte nicht automatisch exportiert. Sie müssen die einzelnen Unterformulare oder Unterberichte und die zugrunde liegenden Datensatzquelle separat exportieren.

13.2.5 Daten archivieren

Begrifflich etwas zusammenhängend mit dem Sichern von Datenbanken ist das Archivieren von Daten. Das Grundprinzip dieser Tätigkeit besteht darin, dass Sie ältere - aktuell nicht benötigte Daten - in andere Tabellen auslagern. Sie sollten diese Archivierung von Daten in Erwägung ziehen, wenn es Daten gibt, die nicht mehr genutzt werden, aber nötigenfalls zur Hand sein sollen. Sie können damit immer auf frühere Datenbestände zurückgreifen und halten die Arbeitstabellen in der Datenbank schlank.

Grundsätzlich können Sie alle Tabellen in einer Datenbank, bestimmte Tabellen oder nur bestimmte Datensätze archivieren - beispielsweise solche, die älter als ein bestimmtes Datum sind. Die Methoden dazu unterscheiden sich.

Verschieben von Datensätzen in eine Archivtabelle

Das Verschieben bestimmter Datensätze in eine Archivtabelle ist etwas aufwendig, da Sie in mehreren Schritten arbeiten müssen:

» Erstellen Sie zuerst eine leere Kopie der Tabelle, die Sie archivieren möchten. Dazu können Sie die Methode benutzen, die Sie auch zum Sichern einer Tabelle verwenden würden (→ oben). Sie können das schnell bewirken, indem Sie nacheinander die Tastenkombinationen `Strg`+`C` und `Strg`+`V` betätigen. Wählen Sie im Dialogfeld *Tabelle einfügen als* unter *Einfügeoptionen* die Option *Nur Struktur* aus, und klicken Sie dann auf *OK*. Weisen Sie der Tabelle einen geeigneten Namen zu. Diese neue leere Tabelle ist Ihre Archivtabelle, und die ist zunächst noch leer.

» Als Nächstes erstellen Sie eine Anfügeabfrage, um Datensätze aus der Originaltabelle in die Archivtabelle zu kopieren (→ Kapitel 6). Formulieren Sie die Abfrage so, dass die zu archivierenden Datensätze ausgewählt werden.

» Danach erstellen Sie eine Löschabfrage, um die archivierten Datensätze aus der Originaltabelle zu entfernen (→ Kapitel 6). Notwendig ist dieser Schritt nicht, im Allgemeinen wird man aber die Tabelle schlank halten wollen und nur noch die notwendigen Datensätze behalten.

» Schließlich können Sie noch ein Makro erstellen, das beide Abfragen ausführt (→ Kapitel 14). Führen Sie das Makro aus, um Datensätze zu archivieren.

Ersetzen einer Archivtabelle

Wenn Sie stets alle Daten in einer Tabelle in einem Archiv ablegen möchten, müssen Sie nicht mit Abfragen oder Makros arbeiten. Sie können die Tabelle auch durch eine leere Kopie ersetzen.

» Markieren Sie im Navigationsbereich die zu archivierende Tabelle, und erstellen Sie eine leere Kopie davon. Sie können das schnell bewirken, indem Sie nacheinander die Tastenkombinationen `Strg`+`C` und `Strg`+`V` betätigen. Wählen Sie im Dialogfeld *Tabelle einfügen als* unter *Einfügeoptionen* die Option *Nur Struktur* aus, und klicken Sie dann auf *OK*.

» Markieren Sie im Navigationsbereich wieder die Originaltabelle. Klicken Sie mit der rechten Maustaste darauf, und wählen Sie *Umbenennen* aus dem Kontextmenü. Geben Sie der Tabelle einen Namen, der ihren Inhalt als Archivtabelle beschreibt. Mit diesem Schritt haben Sie die Originaltabelle zur Archivtabelle gemacht.

» Markieren Sie im Navigationsbereich die vorher erstellte leere Kopie. Klicken Sie mit der rechten Maustaste darauf, und wählen Sie *Umbenennen* aus dem Kontextmenü. Weisen Sie der Tabelle den Namen zu, den vorher die Originaltabelle hatte. Damit setzen Sie die leere Tabelle als Originaltabelle ein. Diese verfügt jetzt natürlich noch über keine Inhalte.

13.2.6 Einzelne Objekte veröffentlichen

Sie können ferner einzelne Datenbankobjekte in speziellen Formaten speichern. Um die nachfolgend beschriebenen Aufgaben durchzuführen, müssen Sie zunächst das gewünschte Datenbankobjekt öffnen oder es zumindest im Navigationsbereich markieren. Öffnen Sie dann die Backstage-Ansicht über die Registerkarte *Datei*, wählen Sie den Bereich *Speichern und Veröffentlichen*, und markieren Sie dann *Objekt speichern als* (→ Abbildung 13.23). Rechts im Fenster können Sie dann den Dateityp für das Datenbankobjekt wählen. Klicken Sie anschließend auf *Speichern unter*.

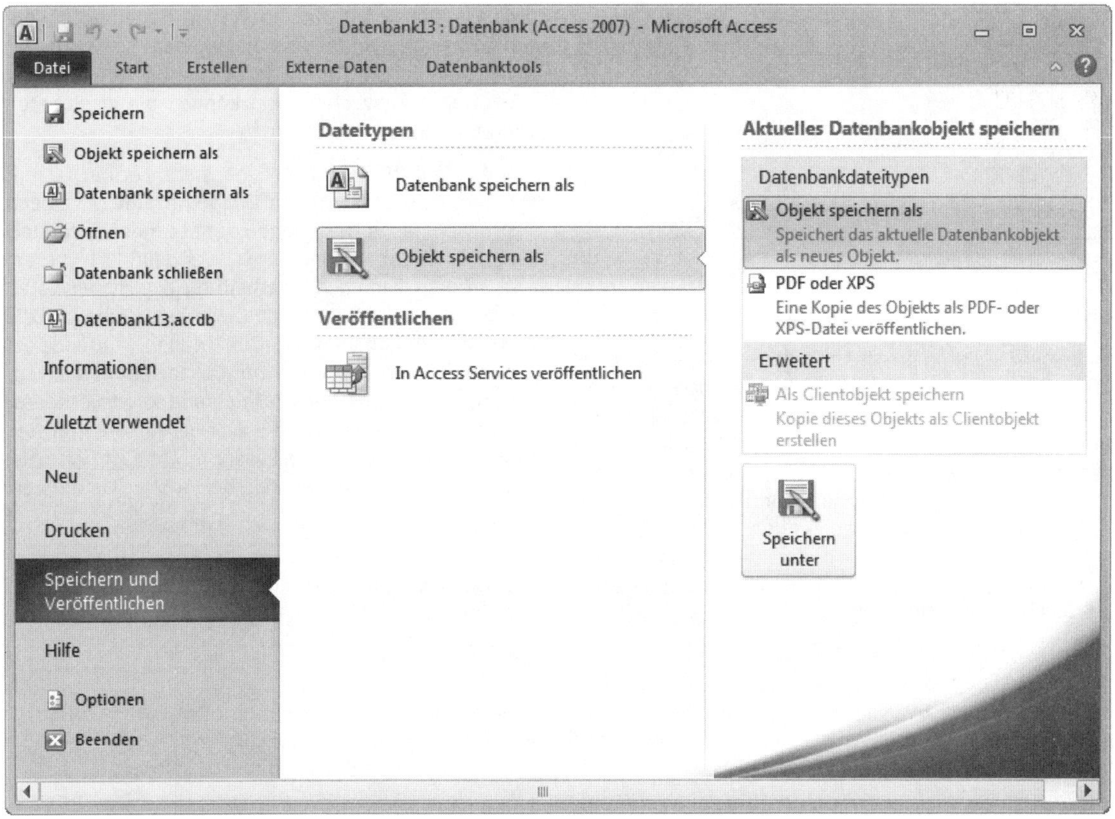

Abbildung 13.23 Ein Datenbankobjekt speichern

Einzelne Datenbankobjekte sichern

Unter den *Datenbankdateitypen* dient der Befehl *Objekt speichern als* vordringlich zu Sicherung einzelner Datenbankobjekte. Das empfiehlt sich beispielsweise, bevor Sie umfangreichere Änderungen an einem Objekt durchführen. Wenn Sie das Objekt vorher gesichert haben, können Sie damit den ursprünglichen Zustand schneller wieder herstellen.

» Markieren Sie dazu zuerst das Objekt – also die Tabelle, Abfrage, das Formular oder den Bericht – im Navigationsbereich. Sie können das Objekt auch öffnen.

» Öffnen Sie die Registerkarte *Datei*, und klicken Sie auf *Speichern und Veröffentlichen*. Wählen Sie dann unter *Dateitypen* die Option *Objekt speichern als*, und dann unter *Datenbankdateitypen* dient der Befehl *Objekt speichern als*.

» Klicken Sie auf die Schaltfläche *Speichern unter*. Sie können dann der zu erzeugenden Kopie noch einen Namen geben (→ Abbildung 13.24). Nach der Bestätigung wird in der Datenbank eine Kopie erstellt und im Navigationsbereich angezeigt.

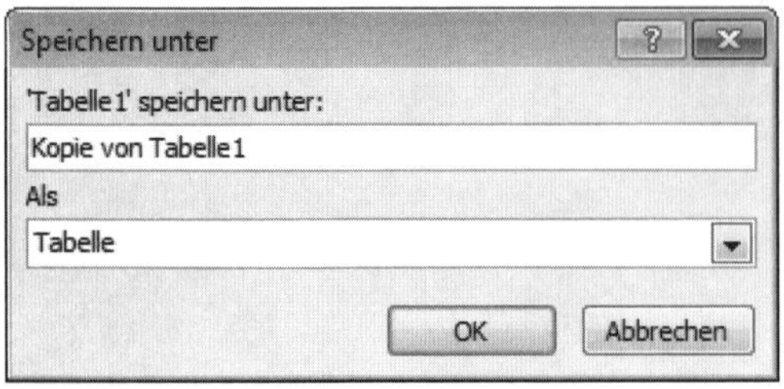

Abbildung 13.24 Eine Tabelle sichern

PDF- oder XPS-Dokument erstellen

Einen ganz anderen Zweck verfolgt der Befehl *PDF oder XPS*. Sie können damit einen momentanen Datenbestand so speichern, dass er nicht geändert, gleichzeitig aber problemlos freigegeben und gedruckt werden kann. Sie können damit beispielsweise den Datenbestand in einer Tabelle oder in einem Bericht zu einem bestimmten Zeitpunkt dokumentieren. Sie erzeugen damit ein Dokument, das im Prinzip dieselben Inhalte und Formate aufweist wie das Original zum Zeitpunkt der Erstellung. Die Daten werden damit in PDF- oder XPS-Formate konvertiert und können mit geeigneten Programmen angezeigt werden.

» *PDF* steht für *Portable Document Format*. Damit behält eine Datei bei der Online-Anzeige oder beim Drucken das vorgesehene Format. In der Datei enthaltene Daten können nur schwer geändert werden, außerdem kann die Bearbeitung explizit verboten werden. PDF ist auch für Dokumente nützlich, die mit professionellen Druckmethoden reproduziert werden. Viele Behörden und Organisationen akzeptieren PDF als gültiges Format, und es gibt Leseprogramme für eine breitere Palette von Plattformen als bei XPS. Ein solches Leseprogramm ist beispielsweise *Acrobat Reader*, das bei Adobe Systems erhältlich ist.

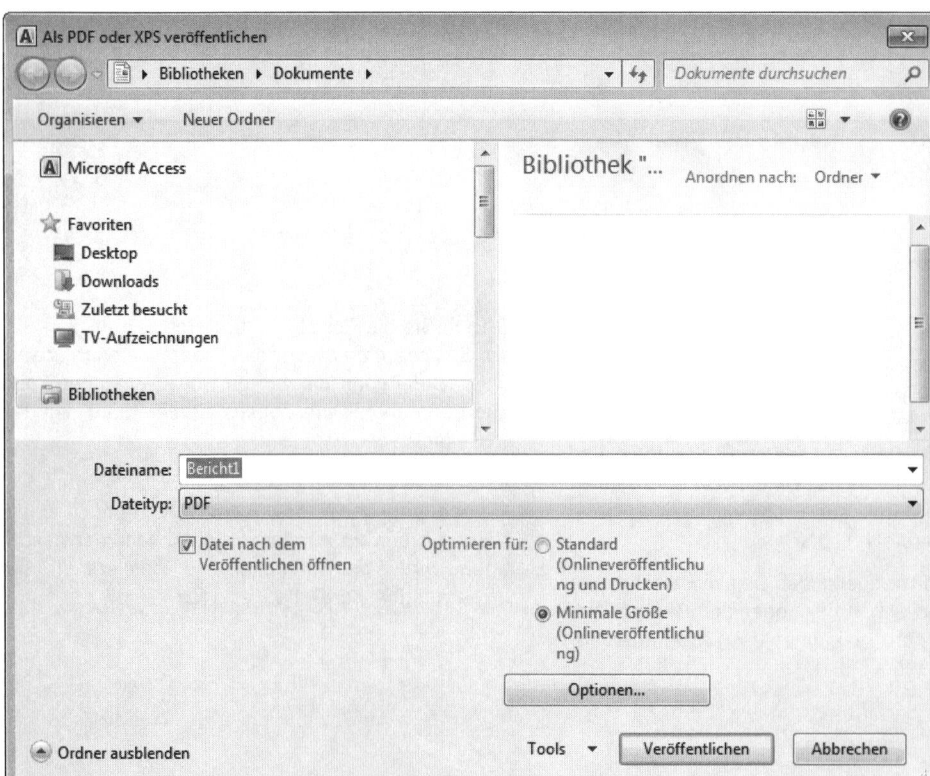

Abbildung 13.25 Als PDF oder XPS veröffentlichen

» *XPS* steht für *XML Paper Specification* und leistet im Prinzip dasselbe – Formate und natürlich auch Inhalte bleiben erhalten. Alle Schriftarten werden in die Datei eingebettet, sodass sie wie gewünscht angezeigt werden und es keine Rolle spielt, ob die jeweilige Schriftart auf dem Computer des Empfängers verfügbar ist. Im Vergleich zum PDF-Format bietet das XPS-Format eine exaktere Bild- und Farbwiedergabe auf dem Computer des Empfängers. Zum Anzeigen der Inhalte von so erzeugten XPS-Dateien benutzen Sie das Programm *XPS-Viewer*, das Sie direkt unter *Alle Programme* im Startmenü von Windows finden.

Auch hier markieren Sie dazu zuerst das Objekt – also die Tabelle, Abfrage, das Formular oder den Bericht – im Navigationsbereich. Sie können das Objekt auch öffnen. Öffnen Sie die Registerkarte *Datei*, und klicken Sie auf *Speichern und Veröffentlichen*. Wählen Sie dann unter *Dateitypen* die Option *Objekt speichern als*, und dann unter *Datenbankdateitypen* dient der Befehl *PDF oder XPS*.

Nach einem Klick auf die Schaltfläche *Speichern unter* rechts im Fenster wird das Dialogfeld *Als PDF und XPS veröffentlichen* angezeigt, das in seiner Grundstruktur dem Dialogfeld *Speichern unter* entspricht (→ Abbildung 13.25).

» Geben Sie der zu erstellenden Datei im Feld *Dateiname* einen geeigneten Namen. In vielen Fällen empfiehlt es sich, diesem Namen ein Datum hinzuzufügen.

» Im Feld *Dateityp* können Sie zwischen den beiden Alternativen *PDF* und *XPS* wählen.

» Beachten Sie auch die beiden Optionen unter der Überschrift *Optimieren für*: Hier können Sie eine Entscheidung hinsichtlich der Qualität auswählen. Benutzen Sie die Einstellung *Standard* für die höchste Qualitätsstufe.

» Wichtig ist noch das Dialogfeld, das Sie durch einen Klick auf die Schaltfläche *Optionen* auf den Bildschirm bringen (→ Abbildung 13.26). Sie können darin festlegen, welche Datensätze in die Dokumentation mit eingeschlossen werden sollen.

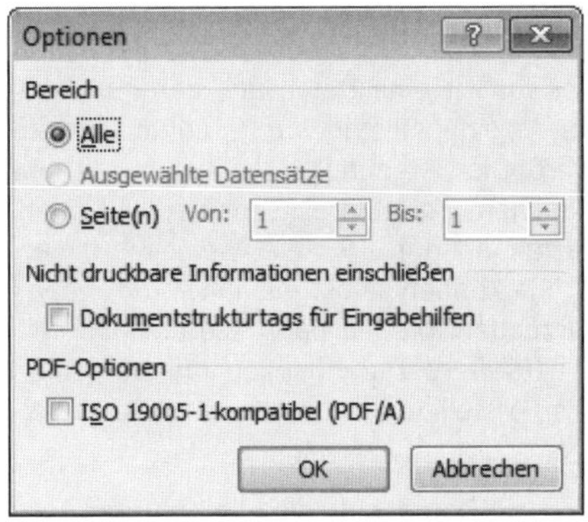

Abbildung 13.26 Legen Sie fest, welche Daten veröffentlicht werden sollen.

Bestätigen Sie die Einstellungen über die Schaltfläche *Veröffentlichen*. Die Datei wird erzeugt und kann später beispielsweise mit dem Adobe Reader eingesehen werden (→ Abbildung 13.27).

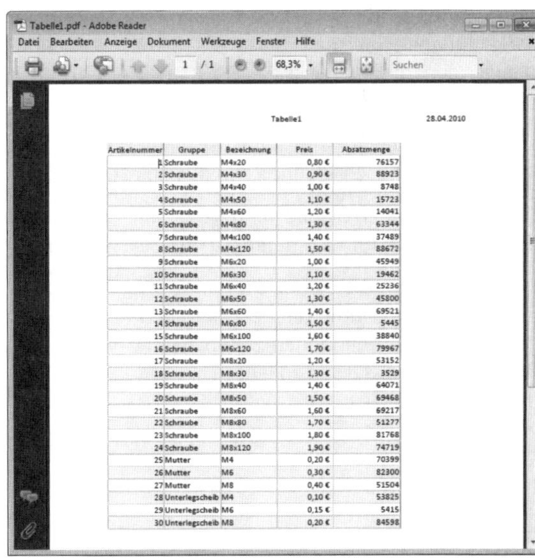

Tabelle1

Artikelnummer	Gruppe	Bezeichnung	Preis	Absatzmenge
1	Schraube	M4x20	0,80 €	76157
2	Schraube	M4x30	0,90 €	88923
3	Schraube	M4x40	1,00 €	8748
4	Schraube	M4x50	1,10 €	15723
5	Schraube	M4x60	1,20 €	14041
6	Schraube	M4x80	1,30 €	63344
7	Schraube	M4x100	1,40 €	37489
8	Schraube	M4x120	1,50 €	88672
9	Schraube	M6x20	1,00 €	45949
10	Schraube	M6x30	1,10 €	19462
11	Schraube	M6x40	1,20 €	25236
12	Schraube	M6x50	1,30 €	45800
13	Schraube	M6x60	1,40 €	69521
14	Schraube	M6x80	1,50 €	5445
15	Schraube	M6x100	1,60 €	38840
16	Schraube	M6x120	1,70 €	79967
17	Schraube	M8x20	1,20 €	53152
18	Schraube	M8x30	1,30 €	3529
19	Schraube	M8x40	1,40 €	64071
20	Schraube	M8x50	1,50 €	69468
21	Schraube	M8x60	1,60 €	69217
22	Schraube	M8x80	1,70 €	51277
23	Schraube	M8x100	1,80 €	81768
24	Schraube	M8x120	1,90 €	74719
25	Mutter	M4	0,20 €	70399
26	Mutter	M6	0,30 €	82300
27	Mutter	M8	0,40 €	51504
28	Unterlegscheib	M4	0,10 €	53825
29	Unterlegscheib	M6	0,15 €	5415
30	Unterlegscheib	M8	0,20 €	84598

Abbildung 13.27 Der Inhalt einer Tabelle im Adobe Reader

13.2.7 Vorlagen erstellen

Eine Access-Vorlage ist eine Datei, aus der, nachdem sie geöffnet wurde, eine vollständige Datenbankanwendung erstellt wird. Die Datenbank ist einsatzbereit und enthält alle Tabellen, Formulare, Berichte, Abfragen, Makros und Beziehungen, die für die Arbeit mit ihr erforderlich sind. Sie können selbst aus einer Datenbank eine Vorlage erzeugen, die Sie dann später dazu verwenden können, weitere Datenbanken mit derselben Objektstruktur zu erstellen. Dazu verwenden Sie die folgenden Schritte:

» Erstellen Sie eine Datenbank, die alle Komponenten enthält, über die die Vorlage verfügen soll. Meist wird es sich dabei über Objekte ohne Daten handeln, notwendig ist das aber nicht.

» Öffnen Sie die Registerkarte *Datei*, und wählen Sie den Bereich *Speichern und Veröffentlichen*.

» Wählen Sie unter *Dateitypen* die Option *Datenbank speichern als* und dann rechts unter *Datenbankdateitypen* die Option *Vorlage*. Klicken Sie dann auf die Schaltfläche *Speichern unter*. Das öffnet das Dialogfeld *Neue Vorlage aus dieser Datenbank erstellen* (→ Abbildung 13.28).

» Geben Sie der Vorlage zunächst einen Namen. Eine zusätzliche Beschreibung kann dienlich sein.

» Über die Felder *Symbol* und *Vorschau* können Sie eine Bilddatei für die spätere Anzeige auswählen.

» Aktivieren Sie die Option *Daten in Vorlage einbeziehen* nur dann, wenn die bereits in den Tabellen der Datenbank vorhandenen Daten mit in die Vorlage übernommen werden sollen.

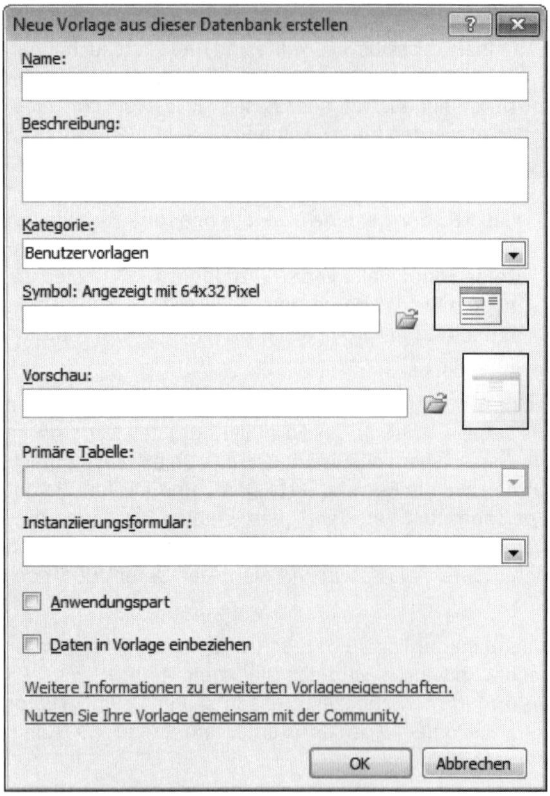

Abbildung 13.28 Eine neue Vorlage erstellen

Mit der Bestätigung über *OK* wird die Vorlage erstellt. Wenn Sie sie verwenden wollen, öffnen Sie die Registerkarte *Datei*, und wählen Sie *Neu*. Sie finden sie dann unter *Meine Vorlagen* (→ Abbildung 13.29).

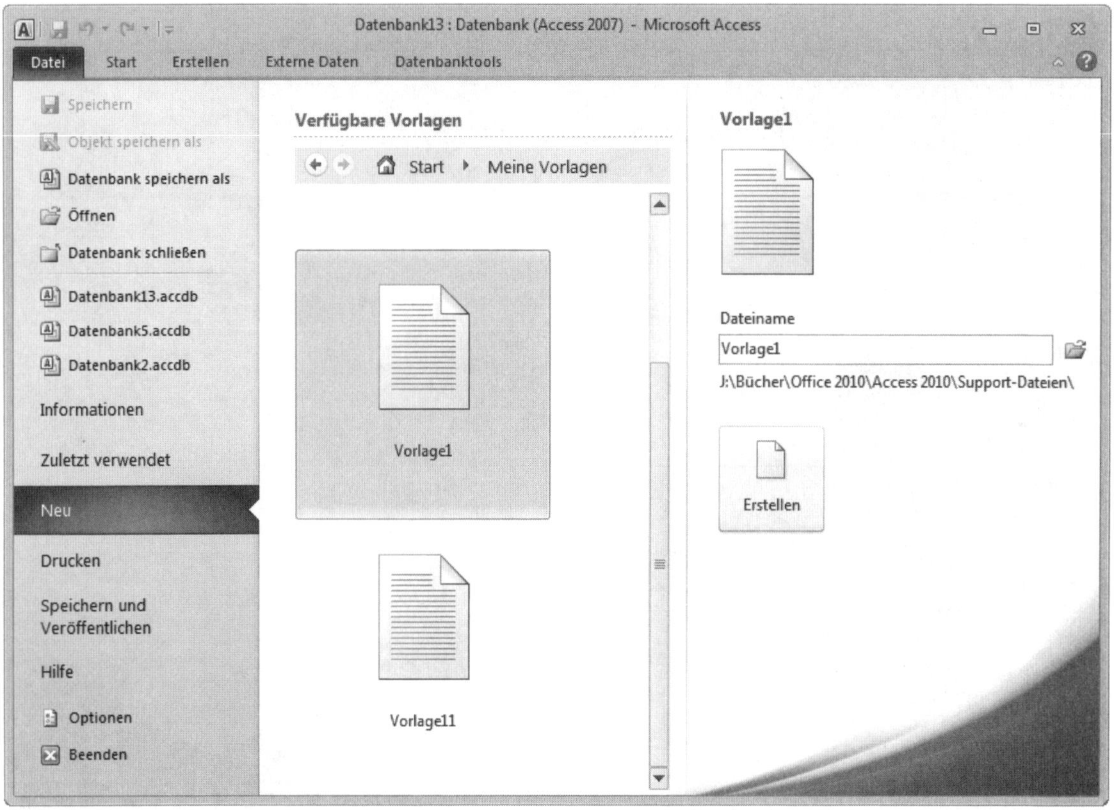

Abbildung 13.29 Auf die selbst erstellten Vorlagen können Sie über die Registerkarte *Datei* zugreifen.

13.3 Verwaltungsaufgaben im Bereich *Informationen*

Den Zugang zu weiteren Verwaltungsaufgaben finden Sie in der aktuellen Version von Access im Bereich *Informationen* der Registerkarte *Datei* (→ Abbildung 13.30).

13.3.1 Komprimieren und reparieren x-13-025.bmp

Um eine optimale Leistung sicherzustellen, sollten Sie die Microsoft Access-Dateien regelmäßig komprimieren und reparieren. Durch das Komprimieren der Access-Datei wird eine Kopie der Datei erstellt und die Art der Speicherung der Datei auf dem Datenträger neu geordnet. Beim Reparieren werden beispielsweise nicht mehr benötigte Objekte aus der Datenbank entfernt. Solche nicht benötigten Objekte können entstehen, wenn Sie andere Objekte aus der Datenbank gelöscht haben.

In Microsoft Access erfolgt das Komprimieren und Reparieren einer Access-Datei innerhalb eines einzigen Vorgangs. Neu bei der Version 2010 ist, dass Sie diesen Prozess an einer geöffneten Datenbank durchführen. Öffnen Sie die Registerkarte *Datei*, und klicken Sie auf *Informationen*. Wählen Sie darin die Option *Datenbank komprimieren und reparieren*. Der Ablauf verläuft dann kommentarlos. Der Erfolg zeigt sich meistens in einer nicht unerheblichen Reduktion des Platzbedarfs auf dem Speichermedium.

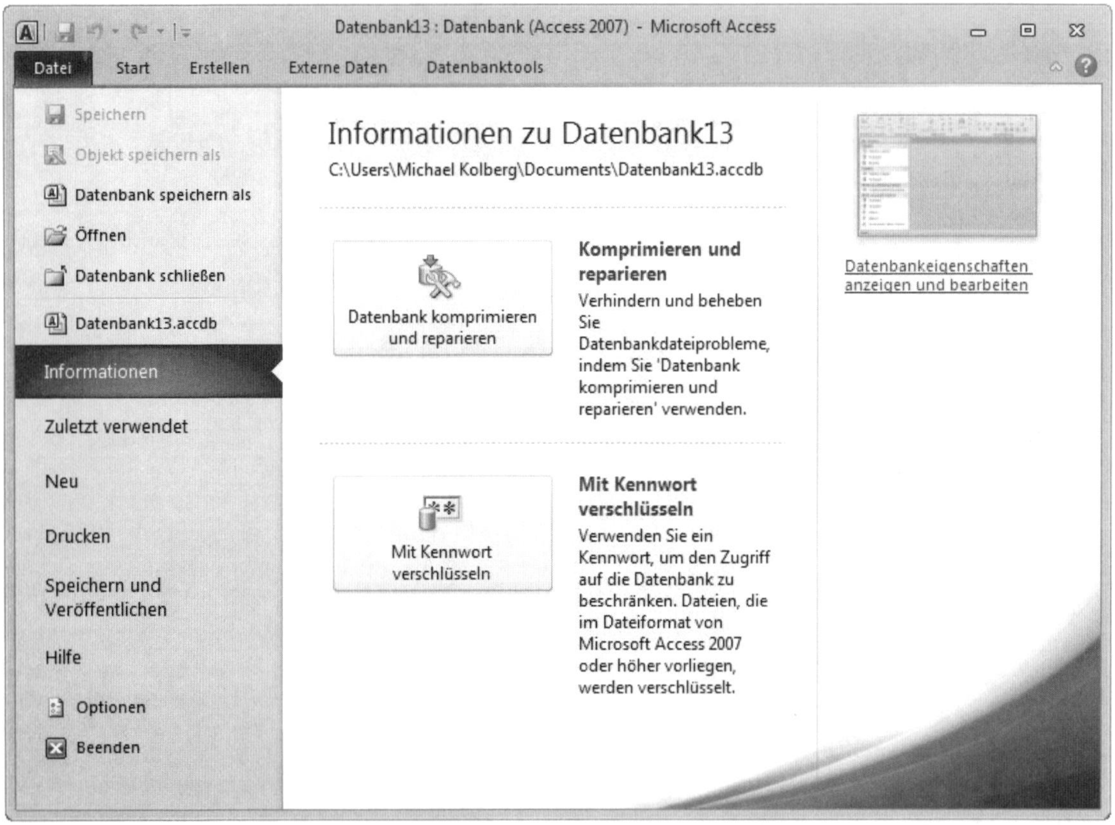

Abbildung 13.30 Weitere Verwaltungsaufgaben im Bereich Informationen

ACHTUNG Wenn Sie eine freigegebene Access-Datenbank komprimieren, müssen Sie sicherstellen, dass kein anderer Benutzer diese Datenbank geöffnet hat.

13.3.2 Datenbanken durch Kennwörter schützen

Der Schutz der Eingaben in der Datenbank gegen Einsehen oder Ändern durch unbefugte Benutzer ihres Rechners ist für die Mehrzahl der Anwender ein wichtiges Thema. Wenn Sie ein Kennwort für die Datenbank festlegen, wird damit die Datenbank auch verschlüsselt. Die Inhalte einer verschlüsselten Datenbank können von typischen Dienst- oder Textverarbeitungsprogrammen nicht entziffert werden. Das Entschlüsseln einer Datenbank macht die Verschlüsselung rückgängig.

Ein Datenbankkennwort festlegen

Als wichtigste Sicherheitsmaßnahme auf Benutzerebene können Sie für jede Datenbank ein Datenbankkennwort definieren.

» Öffnen Sie die Datenbank im *Exklusiv*-Modus. Wenn Sie sie vorher im normalen Modus geöffnet hatten, schließen Sie sie zunächst. Öffnen Sie dann das Menü *Datei*, und wählen Sie *Öffnen*. Im Dialogfeld *Öffnen* markieren Sie die Datenbank und wählen in der Liste zur Schaltfläche *Öffnen* die Option *Exklusiv öffnen* (→ Abbildung 13.31).

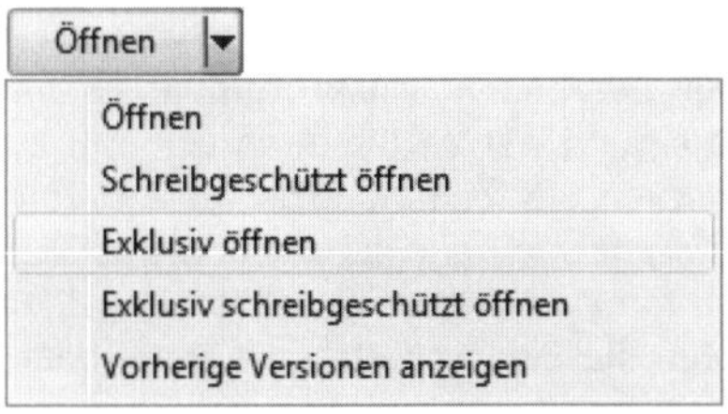

Abbildung 13.31 Zum Sichern müssen Sie *Exklusiv öffnen* wählen.

» Öffnen Sie die Registerkarte *Datei*, und klicken Sie auf *Informationen*. Wählen Sie darin die Option *Mit Kennwort verschlüsseln*. Das Dialogfeld *Datenbankkennwort festlegen* wird angezeigt (→Abbildung 13.31).

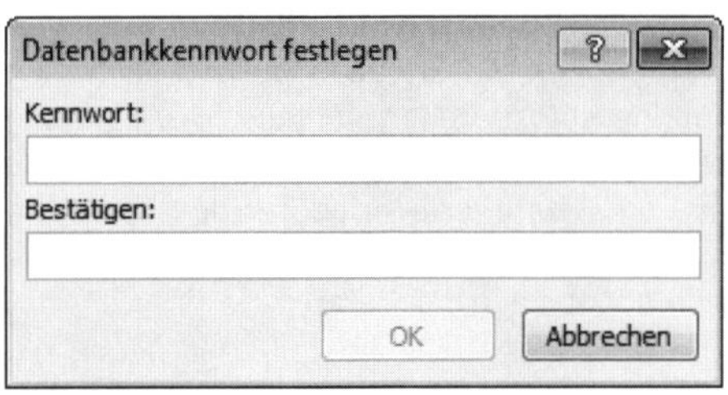

Abbildung 13.32 Ein Kennwort muss bestätigt werden.

» Geben Sie im Feld *Kennwort* das gewünschte Kennwort ein. Verwenden Sie sichere Kennwörter, die Groß- und Kleinbuchstaben, Zahlen und Symbole kombinieren. Unsichere Kennwörter weisen nicht diese Mischung auf. Kennwörter sollten mindestens acht Zeichen aufweisen. Ein Kennwort mit 14 oder mehr Zeichen ist noch besser. Denken Sie daran, dass es wichtig ist, dass Sie sich Ihr Kennwort merken, denn wenn Sie das Kennwort vergessen, gibt es keine Möglichkeit, dieses abzurufen.

» Wiederholen Sie das Kennwort im Feld *Bestätigen*, und schließen Sie das Dialogfeld über *OK*.

TIPP Bei der Eingabe von Kennwörtern in Microsoft Access ist die Groß-/Kleinschreibung zu beachten. Microsoft Access akzeptiert ein Kennwort nur unter der Voraussetzung, dass jedes einzelne Zeichen in genau derselben Form (als Groß- oder Kleinbuchstabe) eingegeben wird, wie es im Feld *Kennwort* geschrieben wurde.

Nach dem Schließen der Datenbank wird bei einem späteren Öffnen automatisch das Dialogfeld *Kennwort erforderlich* angezeigt, in dem Sie dieses eingeben müssen (→ Abbildung 13.33).

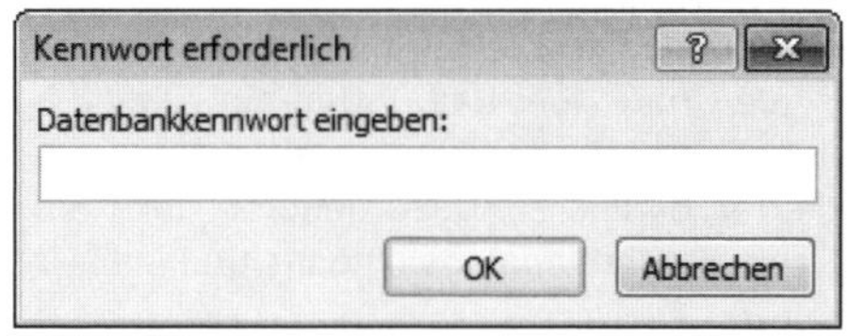

Abbildung 13.33 Zum Öffnen ist das Kennwort erforderlich.

Ein Kennwort löschen

Um ein vergebenes Kennwort wieder zu löschen und damit gleichzeitig die Verschlüsselung aufzuheben, führen Sie die folgenden Schritte aus:

» Sollte die Datenbank, deren Kennwort Sie löschen wollen, aktuell nicht geöffnet sein, öffnen Sie sie im *Exklusiv*-Modus. Zum Öffnen ist die Eingabe des festgelegten Kennworts erforderlich (→ oben).

» 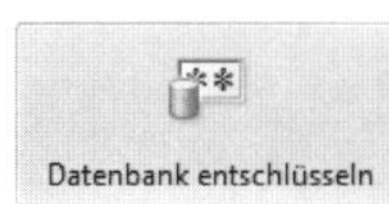

Öffnen Sie die Registerkarte *Datei*, und klicken Sie auf *Informationen*. Wählen Sie darin die Option *Datenbank entschlüsseln*. Das Dialogfeld *Datenbankkennwort löschen* wird angezeigt (→ Abbildung 13.34).

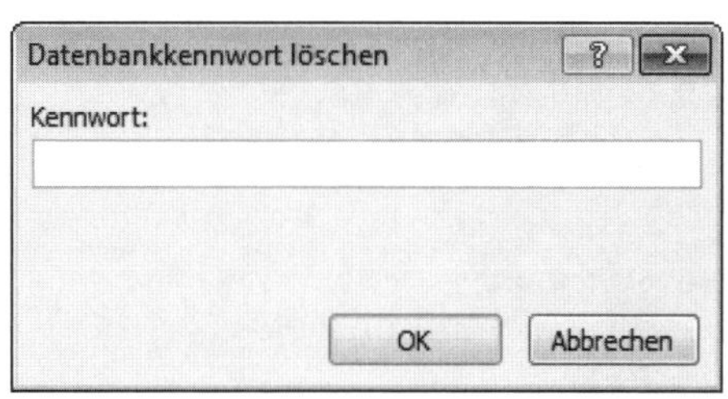

Abbildung 13.34 Zum Löschen des Kennworts muss zunächst das bisher gültige Kennwort eingegeben werden.

» Geben Sie das bisher benutzte Kennwort ein, und bestätigen Sie über die Schaltfläche *OK*.

TIPP Um ein Kennwort zu ändern, löschen Sie es zuerst, und vergeben Sie dann ein neues Kennwort.

13.3.3 Die Eigenschaften der Datenbank

Sie können für eine Datenbank diverse Eigenschaften definieren, die es Ihnen unter anderem erleichtern, diese Datenbank später schneller wieder zu finden. Ein Teil dieser Dateieigenschaften wird vom Programm automatisch ermittelt und festgelegt - beispielsweise der Speicherort, die Größe oder das Datum der Erstellung und des letzten Zugriffs. Sie können aber auch eigene Eigenschaften definieren. Dazu gehören der Name des Autors, eine Beschreibung des Inhalts und mehrere Stichwörter.

REFERENZ Die Eigenschaften können für das Verwalten von Dokumenten sehr dienlich sein. Wenn Sie das Dokument aber später an andere Benutzer freigeben wollen, verraten die Angaben darin vielleicht mehr, als Ihnen lieb ist. Microsoft Office stellt Ihnen deswegen eine Möglichkeit zu Verfügung, ein Dokument vor der Freigabe auf das Vorhandensein solcher Informationen zu prüfen und diese gegebenenfalls automatisch entfernen zu lassen.

Öffnen Sie die Datenbank, deren Eigenschaften Sie kontrollieren oder bearbeiten wollen, öffnen Sie die Registerkarte *Datei*, und wählen Sie darin den Eintrag *Informationen*. Klicken Sie rechts auf den Link *Datenbankeigenschaften anzeigen und bearbeiten*. Das Dialogfeld *Eigenschaften* wird angezeigt, in dem Sie über fünf Registerkarten die Eigenschaften der Datei bearbeiten können.

- » Auf der Registerkarte *Allgemein* finden Sie generelle Angaben zum Namen, zur Größe und zum Speicherort der Datei etc. Diese Angaben werden erst angezeigt, nachdem die Datei einmal gespeichert wurde (→ Abbildung 13.35 links).
- » Die Registerkarte *Zusammenfassung* ermöglicht die Angabe zusätzlicher Informationen zum Dokument. Diese Angaben können Ihnen helfen, die Datei später wiederzufinden, da Sie beim Suchen nach dem Dokument darauf zugreifen können (→ Abbildung 13.35 rechts). Sie können einen Titel und ein Thema eingeben. Eine Kategorie erlaubt eine einfachere Einordnung. Mit Stichwörtern vereinfachen Sie eine eventuelle Suche nach der Datei.

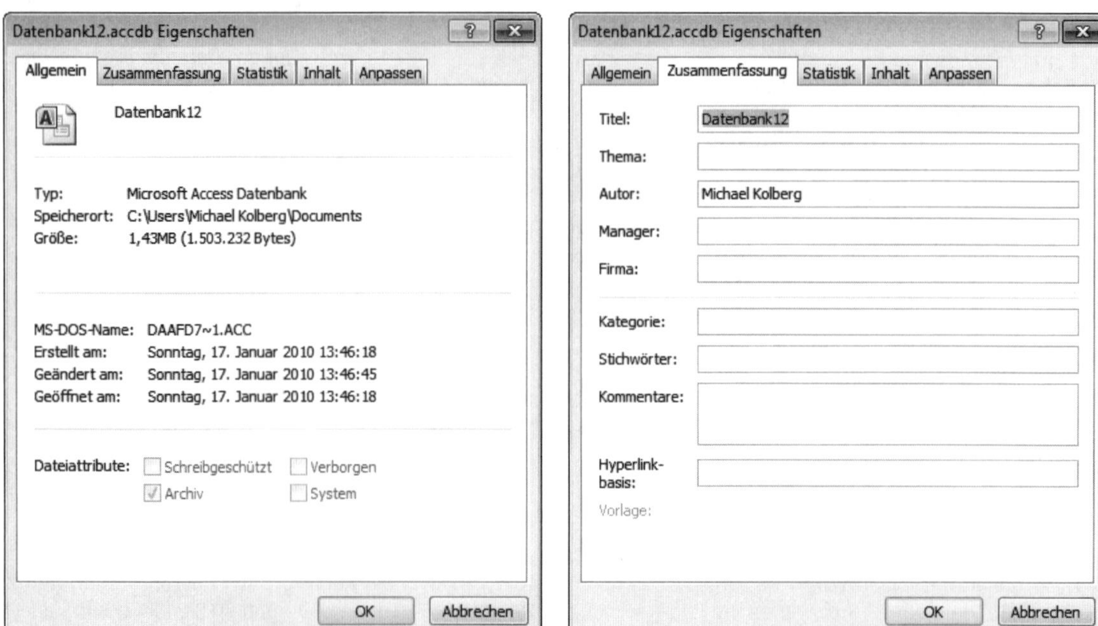

Abbildung 13.35 Die Registerkarten *Allgemein* und *Zusammenfassung*

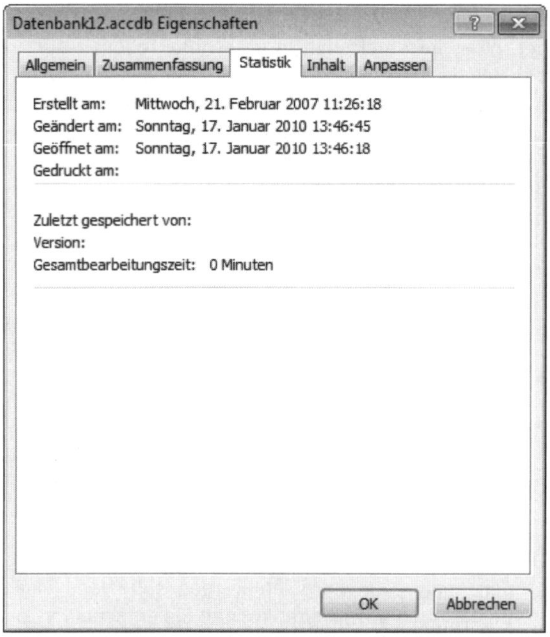

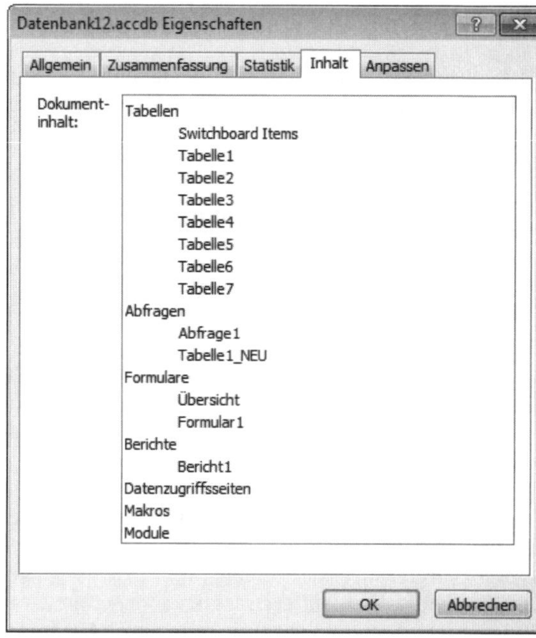

Abbildung 13.36 Die Registerkarten *Statistik* und *Inhalt*

» Die Registerkarte *Statistik* liefert eine Zusammenfassung der Datums- und Benutzerangaben für die Erstellung und Änderung der Arbeitsmappe(→ Abbildung 13.36 links).

» Auf der Registerkarte *Inhalt* finden Sie eine Liste der Objekte – also Tabellen, Abfragen usw. – der Datenbank (→ Abbildung 13.36 rechts).

» Die Registerkarte *Anpassen* erlaubt das Festlegen benutzerdefinierter Eigenschaften und das Verknüpfen dieser Eigenschaften mit bestimmten Inhalten der Datei (→ Abbildung 13.37). Über eine Kombination von Einstellungen in den Feldern *Name*, *Typ* und *Wert* können Sie eine Eigenschaft definieren. Klicken Sie anschließend auf *Hinzufügen*, um die Eigenschaft zu übernehmen. Im unteren Bereich werden die bereits festgelegten Eigenschaften angezeigt.

Abbildung 13.37 Die Registerkarte *Anpassen*

13.4 Weitere Verwaltungsaufgaben

Die Registerkarte *Datenbanktools* im Menüband liefert Ihnen eine Reihe von Werkzeugen, mit deren Hilfe Sie diverse Verwaltungsaufgaben abwickeln können (→ Abbildung 13.38).

13.4.1 Analysieren und Dokumentieren

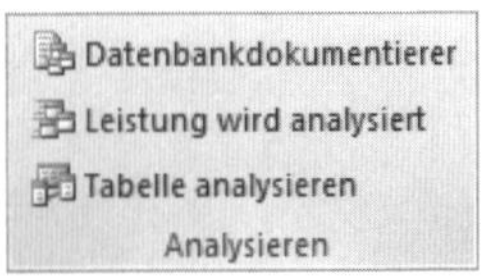

Mithilfe von drei Optionen in der Gruppe *Analysieren* der Registerkarte *Datenbanktools* können Sie die Leistung der aktuell geöffneten Datenbank testen, gegebenenfalls verbessern und die Datenbank dokumentieren: Über *Datenbankdokumentierer* wird eine Dokumentation für einzelne Datenbankobjekte oder für die gesamte Datenbank erstellt. Mit *Leistung analysieren* erhalten Sie Vorschläge zur Verbesserung der Leistung der gesamten Datenbank. Und der Befehl *Tabelle analysieren* startet einen Assistenten, mit dessen Hilfe Sie Tabellen automatisch aufteilen lassen können, um sich wiederholende Informationen zu vermeiden. Abhängig von der Konfiguration Ihres Computers und Ihrer Arbeitsumgebung können Sie damit verschiedene Einstellungen vornehmen, um die Leistung von Microsoft Access oder der Microsoft Access-Datenbank zu verbessern.

Tabellen analysieren

Wenn Ihre Microsoft Access-Datenbank über eine Tabelle verfügt, die viele Informationen in einem oder mehreren Feldern mehrfach enthält, können Sie den Tabellenanalyse-Assistenten verwenden, um die Daten in Detailtabellen aufzuteilen und sie damit effizienter zu speichern. Dieser Vorgang wird auch als Normalisierung bezeichnet.

Der Tabellenanalyse-Assistent teilt eine Tabelle mit wiederholten Informationen in getrennte Tabellen auf, in denen jeder Informationstyp nur einmal gespeichert ist. Auf diese Weise wird die Datenbank kleiner, effizienter und lässt sich leichter aktualisieren. Nachdem der Assistent die Daten aufgeteilt hat, erstellt er eine Abfrage, damit Sie die Daten weiterhin anzeigen und damit arbeiten können.

» 

Klicken Sie auf den Befehl *Tabelle analysieren* in der Gruppe *Analysieren* der Registerkarte *Datenbanktools*. Ein Assistent wird gestartet. Seine ersten beiden Seiten liefern eine Einführung in die Aufgaben und Möglichkeiten. Sie sollten etwas Zeit damit verbringen, sich damit über die Leistungsfähigkeit dieses Werkzeugs zu informieren. Sie finden darin auch die Möglichkeit, Beispiele anzuzeigen (→ Abbildung 13.39).

» Auf der dritten Seite wählen Sie die Tabelle aus, die der Analyse unterworfen werden soll. Nach einer Bestätigung über *Weiter* können Sie entscheiden, ob Sie die Durchführung der Aufgaben dem Assistenten überlassen oder selbst entscheiden wollen.

» Wenn Sie die Option *Dem Assistenten die Entscheidung überlassen* gewählt haben, wird nach einem Klick auf *Weiter* ein Vorschlag zum Umstrukturierung der Tabelle angezeigt (→ Abbildung 13.40). Meist wird die vorher gewählte Tabelle in zwei oder mehrere Tabellen aufgespaltet.

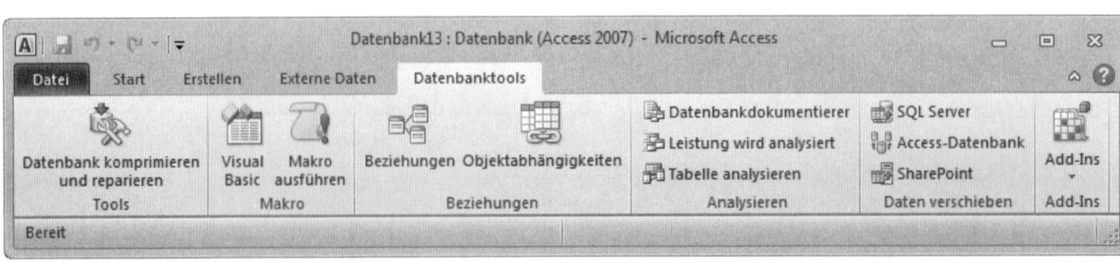

Abbildung 13.38 Die Registerkarte *Datenbanktools*

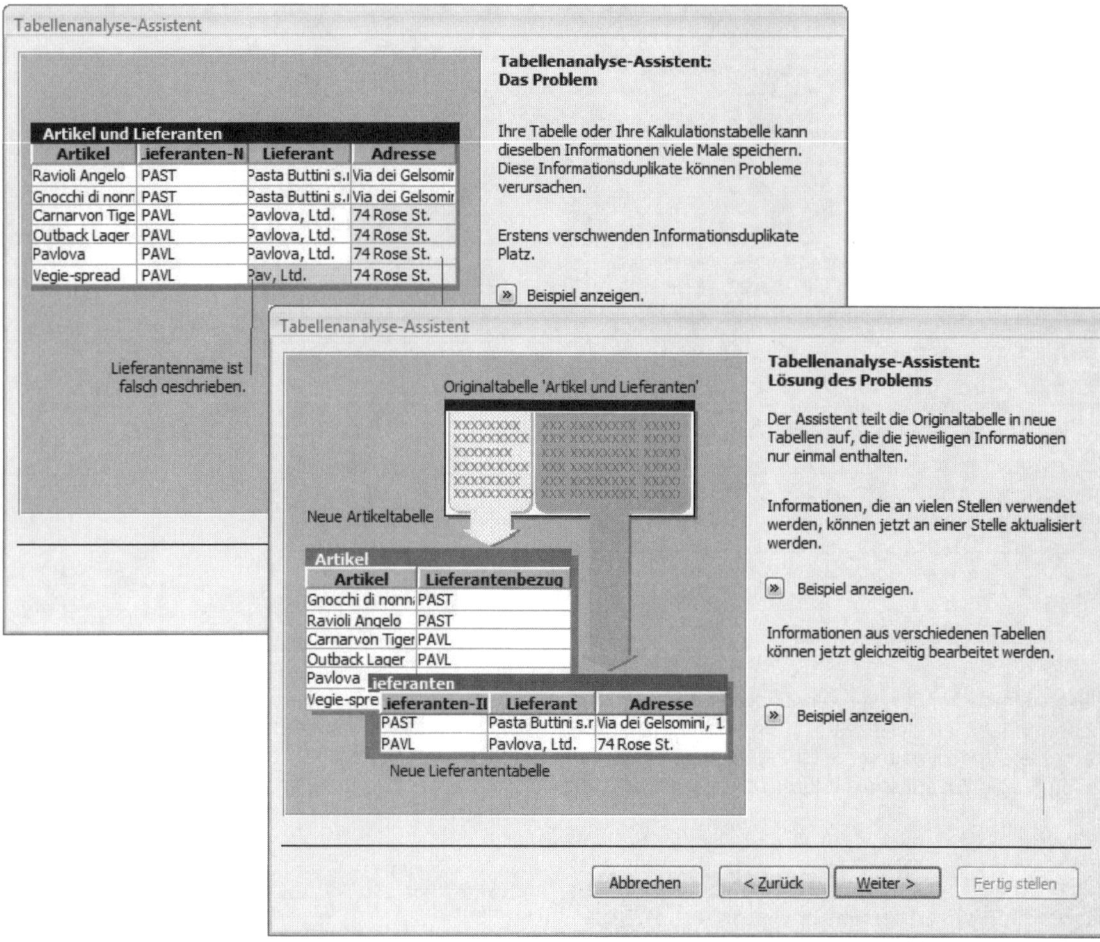

Abbildung 13.39 Die ersten beiden Seiten des Assistenten

» Sie können jetzt den neu erstellten Tabellen die gewünschten Namen geben. Markieren Sie dazu nacheinander die Tabellen, klicken Sie auf die Schaltfläche *Tabelle umbenennen* oben rechts im Dialogfeld, und geben Sie den neuen Namen ein. Notwendig ist dieser Schritt aber nicht.

» Nach einem weiteren Klick auf *Weiter* müssen Sie noch angeben, ob die Eindeutigkeit garantiert ist. In anderen Fällen können andere oder zusätzliche Fragen auftauchen.

» Im letzten Schritt müssen Sie noch angeben, ob eine Abfrage erstellt werden soll, die die Struktur der ursprünglichen Tabelle widerspiegelt. Das ist auf jeden Fall empfehlenswert.

» Schließen Sie die Arbeit durch einen Klick auf *Fertig stellen* ab. Beachten Sie, dass die ursprüngliche Tabelle durch die Namenserweiterung *_ALT* unbenannt und dass neue Tabellen – gegebenenfalls auch eine Abfrage – erstellt werden.

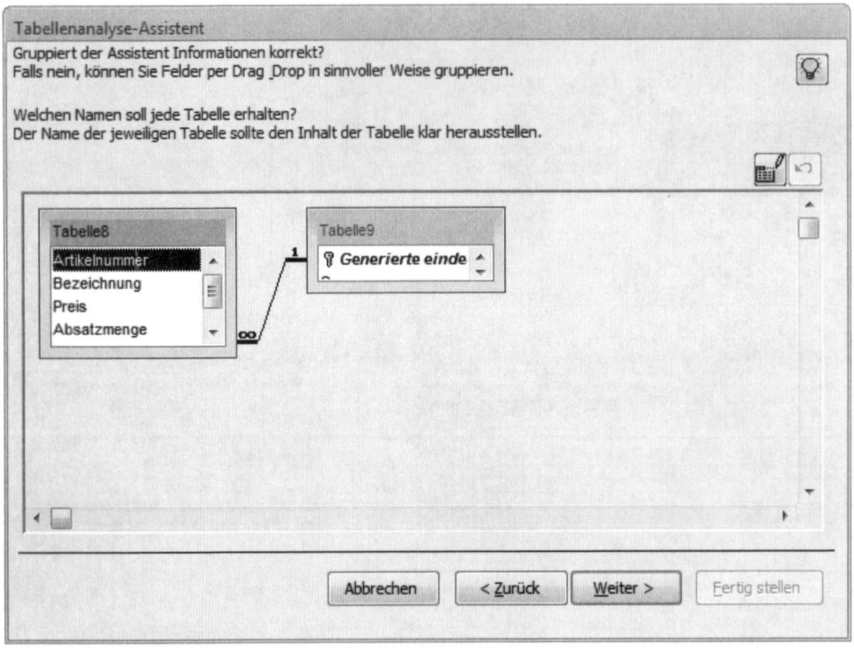

Abbildung 13.40
Ein Vorschlag zur Restrukturierung

Diese Abfrage können Sie verwenden, um Daten aus mehreren Tabellen gleichzeitig zu aktualisieren. Die Abfrage bietet noch weitere zeitsparende Elemente, mit denen Sie die Zuverlässigkeit Ihrer Daten erhöhen können:

» Wenn Sie ein Feld ändern, das in der Abfrage wiederholt wird, werden alle Datensätze mit diesem Wert automatisch aktualisiert, da Sie tatsächlich nur ein Feld in der zugrunde liegenden Tabelle der Abfrage ändern.

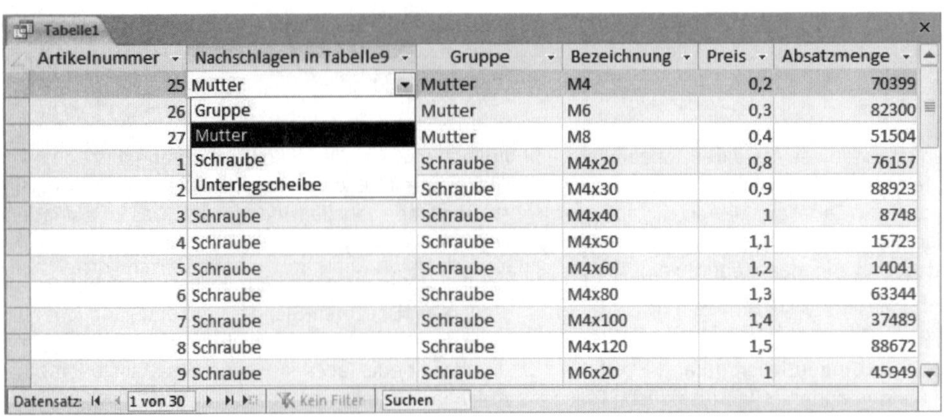
Tabelle1

Artikelnummer	Nachschlagen in Tabelle9	Gruppe	Bezeichnung	Preis	Absatzmenge
25	Mutter	Mutter	M4	0,2	70399
26	Gruppe	Mutter	M6	0,3	82300
27	Mutter	Mutter	M8	0,4	51504
1	Schraube	Schraube	M4x20	0,8	76157
2	Unterlegscheibe	Schraube	M4x30	0,9	88923
3	Schraube	Schraube	M4x40	1	8748
4	Schraube	Schraube	M4x50	1,1	15723
5	Schraube	Schraube	M4x60	1,2	14041
6	Schraube	Schraube	M4x80	1,3	63344
7	Schraube	Schraube	M4x100	1,4	37489
8	Schraube	Schraube	M4x120	1,5	88672
9	Schraube	Schraube	M6x20	1	45949

Datensatz: 1 von 30 Kein Filter Suchen

Abbildung 13.41
Die neu erstellte Abfrage

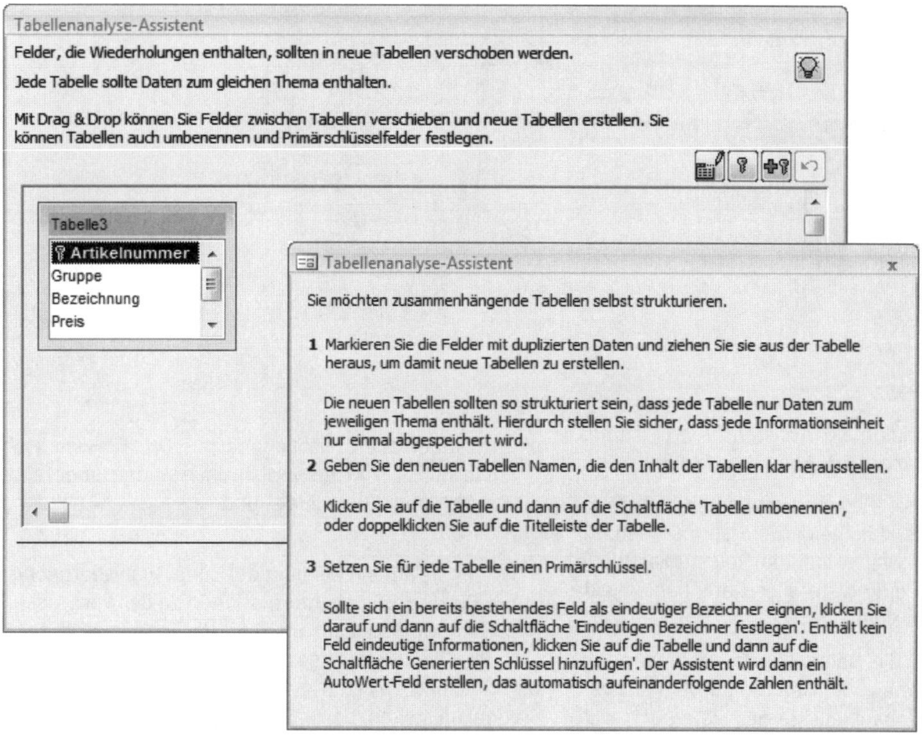

Abbildung 13.42
Die Verbesserung der Leistung selbst durchführen

» Die Abfrage übernimmt von den neuen Tabellen Nachschlagefelder, mit deren Hilfe Sie Feldwerte ändern können, indem Sie die Werte einfach aus einer Liste auswählen, statt sie exakt eingeben zu müssen. Die Nachschlageliste schlägt Werte aus der zugrunde liegenden Tabelle vor. Wenn derselbe Wert in mehreren Datensätzen verwendet wird, können Sie Richtigkeit und Konsistenz gewährleisten, indem Sie jedes Mal diesen Wert aus der Liste auswählen.

» Formulare, Berichte und Datenzugriffsseiten, deren Grundlage zuvor die ursprüngliche Tabelle war, basieren nun automatisch auf der Abfrage, da der Assistent den Namen der ursprünglichen Tabelle der Abfrage zuweist und die Tabelle umbenennt.

» Vorhandene Formulare und Berichte, die auf der Abfrage basieren, übernehmen automatische Feldaktualisierungen. Neue Formulare und Berichte übernehmen ebenfalls Nachschlagelisten.

Wenn Sie auf der vierten Seite des Assistenten die Option *Selbst entscheiden* gewählt haben, müssen Sie diese Tätigkeiten selbst durchführen. Ein Klick auf die Schaltfläche *Tipps* zeigt Hinweise dazu an (→ Abbildung 13.42).

Die Gesamtleistung analysieren

Um die Leistung einer gesamten Access-Datenbank zu optimieren, sollten Sie den Assistenten zur Leistungsanalyse benutzen. Sie können damit eine vollständige Datenbank oder bestimmte Objekte einer Datenbank analysieren. Der Assistent zur Leistungsanalyse kann außerdem einige Änderungen automatisch vornehmen, wenn Sie dies wünschen.

» Leistung wird analysiert Öffnen Sie die Access-Datenbank, die Sie optimieren möchten, schließen Sie aber alle Datenbankobjekte. Klicken Sie auf *Leistung wird analysiert* in der Gruppe *Analysieren* der Registerkarte *Daten-*

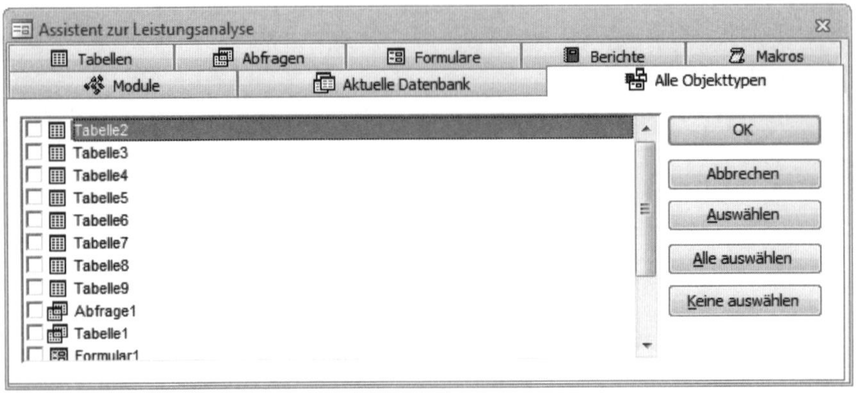

Abbildung 13.43
Der Assistent zur Leistungsanalyse

banktools. Das Dialogfeld *Assistent zur Leistungsanalyse* wird angezeigt (→ Abbildung 13.43).

» Klicken Sie auf die Registerkarte für den Typ des Datenbankobjekts, das Sie optimieren möchten. Klicken Sie beispielsweise auf die Registerkarte *Alle Objekttypen*, um eine Liste aller Datenbankobjekte gleichzeitig anzuzeigen.

» Wählen Sie dann die Namen der zu optimierenden Datenbankobjekte aus. Klicken Sie auf *Alle auswählen*, um alle Datenbankobjekte der Liste auszuwählen.

» Bestätigen Sie anschließend mit *OK*. Es wird eine Liste mit drei Arten von Optimierungen angezeigt: Empfehlung, Vorschlag und Idee (→ Abbildung 13.44).

» Wenn Sie auf ein Element der Liste *Analyseergebnisse* klicken, werden Informationen zu der vorgeschlagenen Optimierung im Feld *Hinweise zur Analyse* unter der Liste angezeigt. Optimierungen der Art Vorschlag besitzen mögliche Nachteile, die Sie bedenken sollten, bevor Sie die Optimierung durchführen. Eine Beschreibung der Nachteile wird angezeigt,

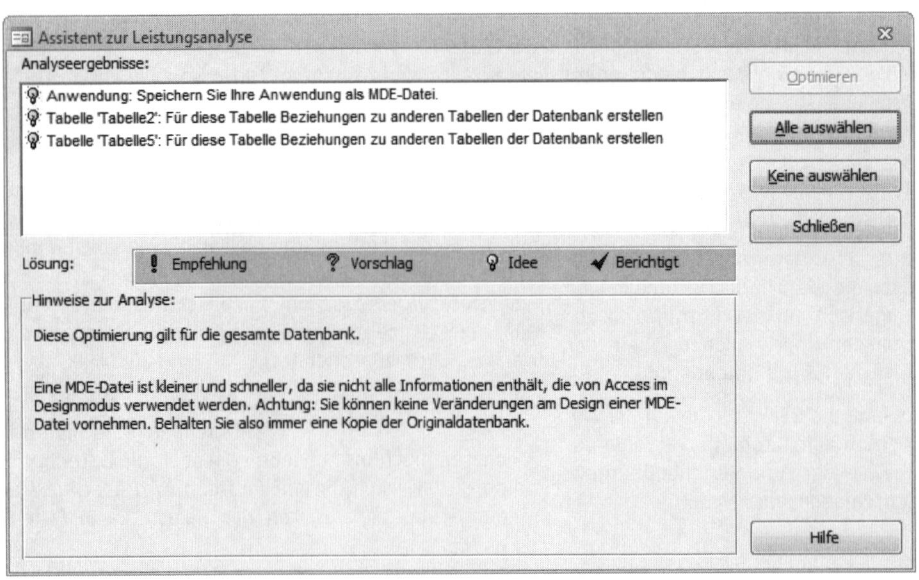

Abbildung 13.44
Das Ergebnis der Analyse

wenn Sie auf einen Vorschlag in der Liste klicken; lesen Sie dann die Informationen im Feld *Hinweise zur Analyse*. Access kann Optimierungen der Art Empfehlung und Vorschlag für Sie durchführen. Angegebene Ideen zur Optimierung müssen Sie selbst durchführen.

» Klicken Sie auf jede Optimierung der Art *Empfehlung* oder *Vorschlag*, die Sie ausführen möchten, und klicken Sie dann auf *Optimieren*. Der Assistent zur Leistungsanalyse führt daraufhin die Optimierungen durch und markiert sie dann entsprechend. Fahren Sie damit so lange fort, bis der Assistent zur Leistungsanalyse alle gewünschten Empfehlungen und Vorschläge vollständig durchgeführt hat.

Wenn Sie alle Optimierungen der Art Empfehlung oder Vorschlag ausführen möchten, klicken Sie auf *Alle auswählen* und dann auf *Optimieren*.

Wenn Sie eine Idee zur Optimierung ausführen möchten, klicken Sie auf die *Optimierung*, und befolgen Sie anschließend die im Feld *Hinweise zur Analyse* angezeigten Anweisungen.

TIPP Der Assistent zur Leistungsanalyse macht übrigens keine Vorschläge dazu, wie Sie die Leistung von Microsoft Access oder des Systems, auf dem Microsoft Access ausgeführt wird, verbessern können.

Die Datenbank dokumentieren

Wenn Sie zusammenfassende Informationen über eine Datenbank benötigen, sollten Sie den *Datenbankdokumentierer* einsetzen.

» 

Öffnen Sie die Access-Datenbank, die Sie dokumentieren möchten, und klicken Sie dann in der Gruppe *Analysieren* der Registerkarte *Datenbanktools* im Menüband auf *Datenbankdokumentierer*. Das Dialogfeld *Dokumentierer* wird angezeigt (→ Abbildung 13.45).

» Klicken Sie auf die Registerkarte für den Typ des Datenbankobjekts, das Sie dokumentieren möchten. Klicken Sie auf die Registerkarte *Alle Objekttypen*, um eine Liste aller Datenbankobjekte gleichzeitig anzuzeigen.

» Wählen Sie dann die Namen der zu dokumentierenden Datenbankobjekte aus. Klicken Sie auf *Alle auswählen*, um alle Datenbankobjekte aus der Liste auszuwählen.

» Klicken Sie dann auf *OK*. Die Dokumentation wird erstellt und in der Seitenansicht angezeigt (→ Abbildung 13.46).

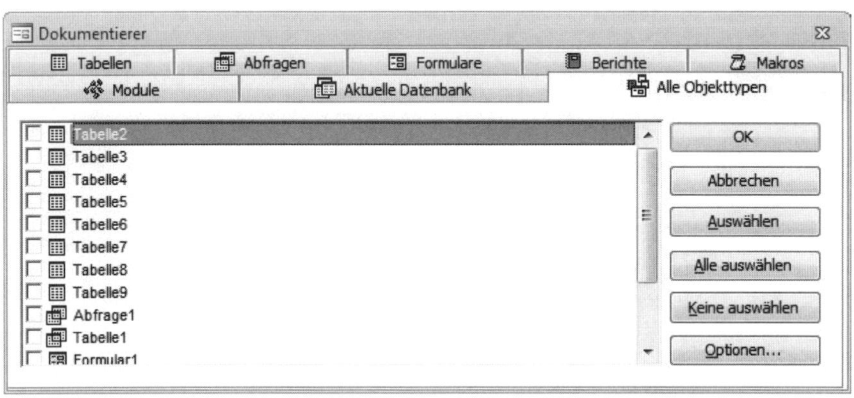

Abbildung 13.45
Der Dokumentierer

C:\Users\Michael Kolberg\Documents\Datenbank12.accdb — Sonntag, 17. Januar 2010
Tabelle: Tabelle2 — Seite: 1

Eigenschaften

DateCreated:	21.02.2007 13:11:37	DefaultView:	2
DisplayViewsOnSharePointSit	1	FilterOnLoad:	Falsch
GUID:	{guid {98B2B153-5E6D-49A9-B645-139B57B9877B}}	HideNewField:	Falsch
LastUpdated:	01.03.2007 16:22:19	NameMap:	Long binary-Daten
OrderByOn:	Falsch	OrderByOnLoad:	Wahr
Orientation:	Von links nach rechts	RecordCount:	30
TotalsRow:	Falsch	Updatable:	Wahr

Spalten

Name	Typ	Größe
Artikelnummer	Double	8

AggregateType:	-1
AllowZeroLength:	Falsch
AppendOnly:	Falsch
Attributes:	Variable Länge
CollatingOrder:	Allgemein
ColumnHidden:	Falsch
ColumnOrder:	Standard
ColumnWidth:	Standard
DataUpdatable:	Falsch
DecimalPlaces:	Automatisch
DisplayControl:	Textfeld
Format:	General Number
GUID:	{guid {F35085CD-C653-4ECC-B212-E2ECFA7BAA67}}
OrdinalPosition:	0
Required:	Falsch
SourceField:	Artikelnummer
SourceTable:	Tabelle2
TextAlign:	Standard

Name	Typ	Größe
Gruppe	Text	255

AggregateType:	-1
AllowZeroLength:	Wahr
AppendOnly:	Falsch
Attributes:	Variable Länge
CollatingOrder:	Allgemein
ColumnHidden:	Falsch
ColumnOrder:	Standard
ColumnWidth:	Standard
DataUpdatable:	Falsch
DisplayControl:	Textfeld
Format:	@
GUID:	{guid {97D44E48-DDC8-4C0D-A24B-7E468BDB4EAF}}
IMEMode:	0
IMESentenceMode:	3

Abbildung 13.46 Die Dokumentation

» 

Wenn Sie das Ergebnis der Dokumentation in einer Datei speichern wollen, wählen Sie eine der Schaltflächen in der Gruppe *Daten*. Es empfiehlt sich beispielsweise das Speichern in einer RTF- oder in einer Text- oder einer Excel-Datei.

» 

Zum Ausdruck der Dokumentation wählen Sie *Drucken* in der gleichnamigen Gruppe der aktuellen Registerkarte im Menüband. Führen Sie den Ausdruck wie gewohnt durch (→ Kapitel 12). Wenn Sie das Ergebnis nicht mehr benötigen, können Sie das Fenster wieder schließen.

13.4.2 Abhängigkeiten und Eigenschaften

Wie Sie im Verlauf der vorherigen Kapitel gesehen haben, bauen Datenbankobjekte aufeinander auf - beispielsweise setzt eine Abfrage meist eine Tabelle voraus, deren Daten in der Abfrage ausgewertet werden. In Access können Sie Informationen anzeigen lassen, die diese Abhängigkeiten zwischen Datenbankobjekten beschreiben. Diese Anzeige erleichtert das Verwalten einer Datenbank und vermeidet das Auftreten von Fehlern hinsichtlich fehlender Datenquellen.

Die Beziehungen kontrollieren

Nach einem Klick auf die Schaltfläche *Beziehungen* in der gleichnamigen Gruppe der Registerkarte *Datenbanktools* haben Sie nochmals die Möglichkeit, die zwischen den Tabellen der Datenbank definierten Beziehungen anzeigen zu lassen (→ Abbildung 13.47). Vorsichtshalber sollten Sie aber anschließend in der Registerkarte *Beziehungstools/Entwurf* in der Gruppe *Beziehungen* auf die Schaltfläche *Alle Beziehungen* klicken. Durch einen Klick *Schließen* können Sie das Fenster wieder ausblenden.

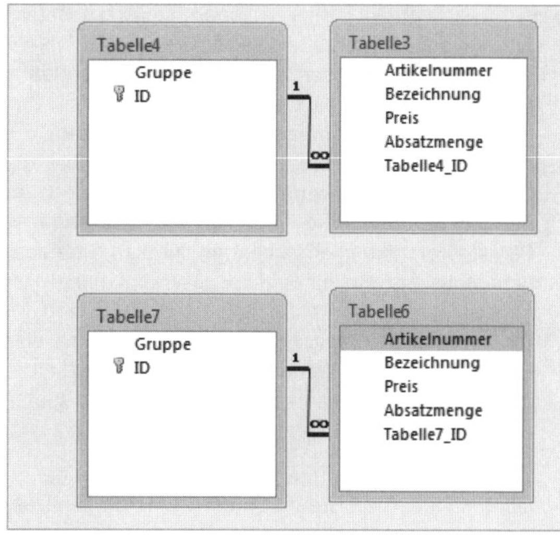

Abbildung 13.47 Die Beziehungen zwischen den Tabellen werden angezeigt.

Abhängigkeiten kontrollieren

Sie können dieses Instrument einsetzen, um zu herauszufinden, welche Objekte in der Datenbank überflüssig sind. Wenn Sie beispielsweise glauben, dass eine Abfrage wahrscheinlich nicht mehr benötigt wird, sollten Sie zuerst prüfen, welche anderen Objekte in der Datenbank die Abfrage verwenden. Erst nach einer erfolgreichen Prüfung sollten Sie die Abfrage löschen.

» Speichern und schließen Sie alle Objekte der Datenbank.

» Öffnen Sie das Datenbankobjekt, für das Sie die Abhängigkeiten prüfen wollen, oder markieren Sie es nur im Navigationsbereich.

» 

Klicken Sie auf *Objektabhängigkeiten* in der Gruppe *Einblenden/Ausblenden* auf der Registerkarte *Datenbanktools*. Der gleichnamige Aufgabenbereich wird angezeigt (→ Abbildung 13.48). Standardmäßig ist zunächst die Option *Objekte, die von mir abhängen* aktiviert. Im Bereich darunter wird angezeigt, welche anderen Objekte vom aktuellen abhängen. Klicken Sie gegebenenfalls auf das Erweiterungssymbol neben einem Objekt, um die Abhängigkeitsinformationen dafür anzuzeigen. Sie können hier durch bis zu vier Ebenen navigieren. Wenn hier keine Abhängigkeiten angezeigt werden, kann das aktuelle Objekt später problemlos gelöscht werden.

» Klicken Sie dann auf die Option *Objekte, von denen ich abhänge*. Die Liste im unteren Bereich zeigt an, von welchen anderen Objekten das aktuelle Objekt abhängt.

» Schließen Sie nach Abschluss der Kontrolle den Aufgabenbereich.

TIPP Damit in Access die Abhängigkeitsinformationen immer richtig angezeigt werden können, muss unter den Access-Optionen in der Kategorie *Aktuelle Datenbank* das Kontrollkästchen *Objektnamenautokorrektur ausführen* aktiviert sein. Die Abhängigkeitsinformationen werden nur für Tabellen, Abfragen, Formulare und Berichte in einer Access-Datenbank erstellt. Sie sind nicht verfügbar für Makros und Module in einer Datenbank sowie einige Abfragentypen – wie beispielsweise Aktionsabfragen oder SQL-spezifische Abfragen.

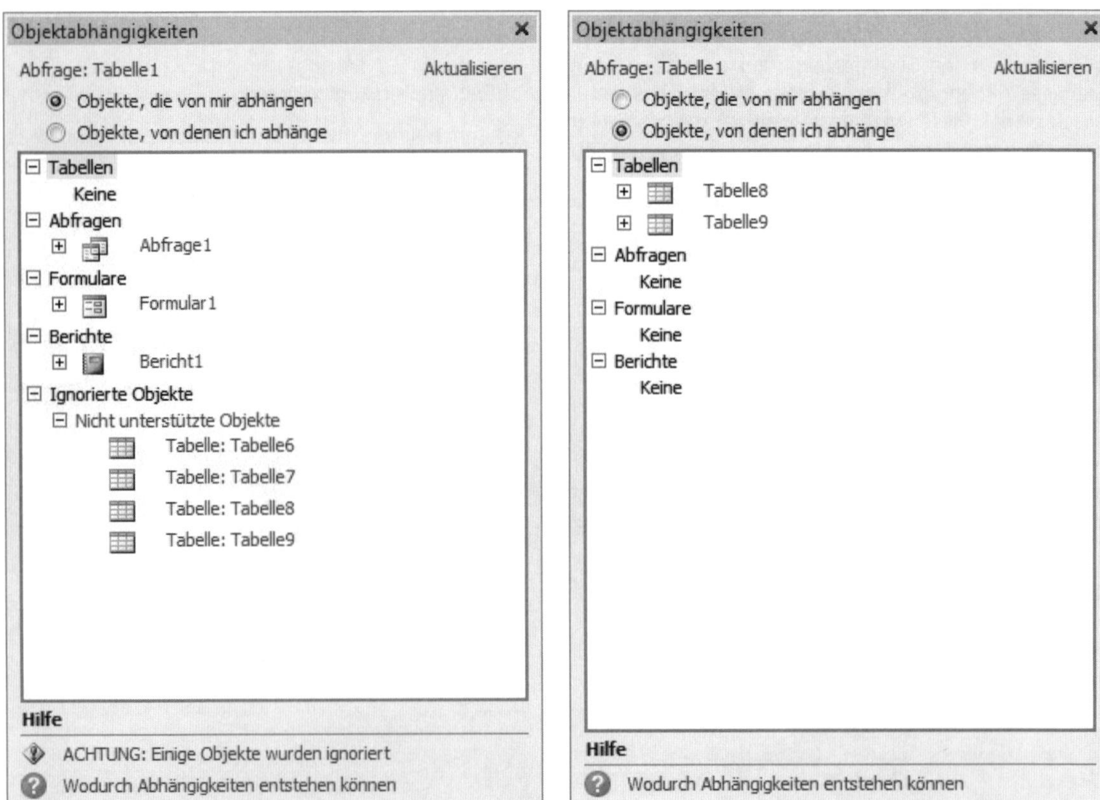

Abbildung 13.48 Wählen Sie hier zuerst die Richtung der Prüfung.

Objekteigenschaften einsehen

Die einzelnen Datenbankobjekte verfügen auch über Eigenschaften. Wählen Sie zur Anzeige das gewünschte Objekt im Navigationsbereich aus, und klicken Sie im zugehörigen Kontextmenü auf die Schaltfläche *Eigenschaften* (→ Abbildung 13.49).

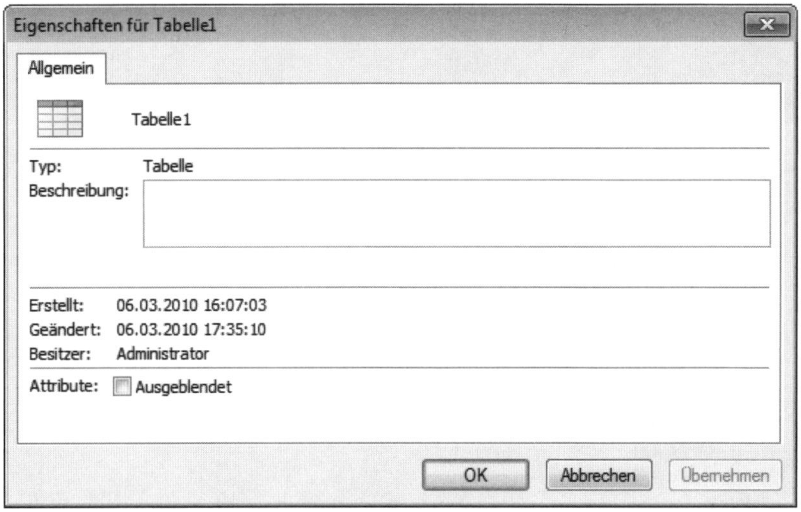

Abbildung 13.49 Das Eigenschaftenblatt für eine Tabelle

Teil 5
Access programmieren

Wer mit dem Datenbankprogramm Microsoft Access arbeitet, hat nach dem Überwinden der bei diesem Programm manchmal typischen Anfangsschwierigkeiten sicherlich den Wunsch, die bereits vorhandene Funktionsvielfalt des Programms weiter zu steigern und auch bestimmte Vorgänge zu automatisieren. Zur Bewältigung solcher Aufgaben steht dem Anwender vordringlich die Programmiersprache Visual Basic for Applications – abgekürzt mit VBA – zur Verfügung. VBA ist heute eine objektorientierte, vollwertige Programmiersprache, die sich an Visual Basic anlehnt. Sie verfügt über umfassende Objektmodelle für alle Office-Anwendungen und erlaubt dafür eine strukturierte und modulorientierte Programmierung. Das Erstellen von selbstständig laufenden Anwendungen ist darüber aber nicht möglich.

Kapitel 14: Arbeiten mit Makros

Sie müssen aber wissen, dass Sie eine solche Automatisierung auch mithilfe von Makros erledigen können. Makros sind einfacher zu erstellen als VBA-Code. Sie bieten die Möglichkeit, einfache Aufgaben schnell erledigen zu können, ohne sich mit den Problemen der Syntax einer Programmiersprache wie VBA herumplagen zu müssen. Außerdem gibt es einige Aufgaben bei Access VBA, die Sie ausschließlich über Makros erledigen müssen und nicht über VBA durchführen können.

Kapitel 15: Der Visual Basic-Editor

Die Programmierung mit VBA werden Sie fast ausschließlich in dem dafür allen Office-Programmen eigenen VBA-Editor erledigen. Dieses Werkzeug ist im Prinzip mit einem Texteditor vergleichbar, leistet aber bedeutend mehr. Für den mit der Arbeit in diesem Bereich unerfahrenen Anwender lohnt es sich, einige Zeit mit dem Kennenlernen seiner wichtigsten Elemente zu verbringen. Wir liefern Ihnen die nötigen Hinweise über die wesentlichen Elemente in diesem Editor - wie Informationen zu den Fenstern, Besonderheiten im Code oder die Möglichkeiten zum Anzeigen von Hilfeinformationen.

Kapitel 16: VBA-Programmelemente

Anschließend werden wir auf die wesentlichen Elemente der Programmierung eingehen: Dazu gehören die Module und Prozeduren, die - wie in anderen Programmiersprachen - zum Strukturieren von Code dienen, und auch die Variablen, mit denen VBA Werte intern speichert. Mithilfe von Steueranweisungen bringen Sie ein Programm dazu, bestimmte Zeilen oder Abschnitte im Code auszuführen und andere nicht. Außerdem geht es in diesem Kapitel um Klassen, Objekte und die damit zusammenhängende objektorientierte Programmierung. Sie werden wahrscheinlich nicht alle in diesem Kapitel vorgestellten Elemente benutzen. Kennen sollten Sie sie aber, um VBA-Code zu verstehen.

Kapitel 17: Der Einsatz von VBA in Access

Auf dieser Grundlage können wir uns anschließend damit beschäftigen, VBA speziell für Aufgaben einzusetzen, die für Microsoft Access typisch sind. Dazu werden wir eine Vielzahl der in Access VBA vordefinierten Klassen zu verwenden. Für diese Klassen sind bereits viele Eigenschaften und Methoden definiert, mit deren Hilfe Sie - zusammen mit von Ihnen selbst erstellten Codesegmenten - alle typische Aufgaben der Steuerung von Access-Datenbanken durchführen können. Außerdem geht es um die Frage, wie man die erstellten Prozeduren aus einem Access-Objekt heraus aufruft.

Kapitel 18: Die Gestaltung der Access-Oberfläche

In diesem letzten Kapitel des Teils zur Automatisierung von Access wollen wir uns mit XML beschäftigen. Das Ziel der Arbeit besteht in der Manipulation der Oberfläche des Programms - im Wesentlichen in den Möglichkeiten zur Änderung des Menübandes. Dazu liefern wir Ihnen zunächst eine kurze Einführung in XML. Dann werden wir Ihnen zunächst das Prinzip der Vorgehensweise vorstellen und anschließend auf die Ressourcen eingehen, die Sie zur Manipulation des Menübandes verwenden können. Der letzte Abschnitt liefert eine größere Zahl von Beispielanwendungen mit Änderungen im Menüband.

Kapitel 14

Arbeiten mit Makros

In diesem Teil des Buches dreht es sich ja um die Anwendung von VBA in Microsoft Access. Eine der wesentlichsten Aufgaben für den Einsatz dieses mächtigen Werkzeugs liegt in der Automatisierung der Arbeit mit Datenbanken. Sie müssen aber wissen, dass Sie eine solche Automatisierung – zumindest teilweise – auch mithilfe von Makros erledigen können. Auf diesen Aspekt wollen wir in diesem Kapitel eingehen.

» Zunächst wollen wir einige Worte über die Frage verlieren, welche Einsatzgebiete Makros einerseits und VBA-Code andererseits haben (→ Abschnitt 14.1). Beachten Sie gleich: Makros sind einfacher zu erstellen als VBA-Code.

» Dann wollen wir das Erstellen von Makros angehen (→ Abschnitt 14.2). Sie müssen dazu in mehreren Hauptschritten vorgehen: Sie müssen zunächst das Makrofenster anzeigen lassen. Darin müssen Sie die einzelnen Aktionen sowie die Argumente für das Makro festlegen. Anschließend können Sie das Makro unter einem geeigneten Namen speichern.

» Danach werden wir uns mit einigen weiteren Aktionen im Bereich der Makros beschäftigen. Dazu gehören die Methoden zum Editieren von vorhandenen Makros, das Ausführen von bedingten Aktionen, das Arbeiten in Makrogruppen und die automatische Ausführung (→ Abschnitt 14.3).

» Nachdem Sie ein Makro erstellt haben, können Sie es ausführen lassen (→ Abschnitt 14.4). Sie haben mehrere Möglichkeiten dazu: Zum Testen eines gerade erstellten Makros können Sie es direkt über das Makrofenster ausführen lassen. Andererseits können Sie das Makro direkt ausführen lassen, indem Sie über das Navigationsbereich arbeiten. Sie können Makros aber auch – und das ist wohl der für eine Automatisierung von Formularen oder Berichten interessantere Weg – als Reaktion auf ein Ereignis ausführen lassen, beispielsweise durch einen Klick auf eine Befehlsschaltfläche in einem Formular.

» Die eben beschriebenen normalen Makros erscheinen als eigenständige Objekte im Navigationsbereich der Datenbank. Daneben gibt es in der aktuellen Programmversion aber auch Makros, die nicht als separate Objekte im Navigationsbereich unter Makros gespeichert werden. Das sind die eingebetteten Makros und die Datenmakros (→ Abschnitt 14.5).

WWW Für die praktische Arbeit an den Beispielen dieses Kapitels öffnen Sie außerdem die Datenbank *Datenbank14* aus dem Verzeichnis *Material*. In dieser Datei finden Sie einige Beispiele zu den in diesem Kapitel angesprochenen Themenbereichen.

14.1 Makros oder Visual Basic verwenden?

Einerseits sind Makros meist einfacher zu erstellen als das in den nachfolgenden Kapiteln beschriebene Arbeiten mit VBA-Code. Andererseits ist VBA bedeutend leistungsfähiger, und Sie können damit ungleich mehr in Ihrer Datenbank bewirken. Bevor Sie sich also dafür entscheiden, eine dieser beiden Verfahrensweise einzusetzen, sollten Sie wissen, welche dieser Techniken für welche Aufgabe geeignet ist.

Es gibt einerseits eine Reihe von Tätigkeiten, bei denen Makros den Dienst versagen und für die Sie Visual Basic verwenden müssen:

» Wenn Ihnen der in Access vorhandene Funktionsumfang nicht ausreicht, können Sie mit VBA eigene Funktionen erstellen. Damit können Sie dann Berechnungen durchführen, die die Grenzen der bereits vorhandenen überschreiten. Makros leisten diese Aufgabe nicht.

» Mit Visual Basic für Applikationen können Sie eine Folge von Datensätzen Schritt für Schritt durchlaufen und Operationen an jedem einzelnen Datensatz durchführen. Im Gegensatz hierzu arbeiten Makros stets mit ganzen Datensatzgruppen gleichzeitig.

» Mit VBA können Sie weit mehr Aktionen auf Systemebene ausführen als mit Makros. Sie können beispielsweise überprüfen, ob eine Datei im System existiert oder einen dynamischen Datenaustausch mit anderen Windows-basierten Anwendungen - wie Microsoft Excel - betreiben.

Es gibt aber auch Aufgaben, die Sie zwar über Makros erledigen können, die aber letztlich über VBA flexibler gestaltet werden können oder einfacher zu verwalten sind:

» Sie können beim Erstellen eines Makros zwar Argumente für die einzelnen Aktionen festlegen, können diese jedoch beim Ausführen des Makros nicht mehr ändern. Mit Visual Basic hingegen können Sie diese Argumente auch während der Ausführung an Ihren Code übergeben. Sie können variable Werte für diese Argumente verwenden - was in Makros nicht möglich ist. Dieser Vorteil von VBA gegenüber Makros ermöglicht Ihnen ein hohes Maß an Flexibilität bei der Ausführung.

» Auch Meldungen an den Benutzer können sowohl mithilfe von Makros als auch über VBA ausgegeben werden. Wenn Sie Visual Basic verwenden, können Sie solche Hinweise mit einem eigenen Meldungstext anzeigen lassen, der auch flexibel gestaltet werden kann. Damit können Sie beispielsweise bei unerwarteten Ergebnissen gezielte Fehlermeldungen ausgeben lassen. Benutzer der Datenbank werden auf diese Weise besser unterstützt.

» Typische Datenbankobjekte - wie Formulare oder Berichte - können Sie mit VBA von Grund auf neu erstellen lassen oder auch während der Laufzeit des Codes abändern. Dazu gehört auch die Datenbank selbst. Wenn Sie zur Bewältigung solcher Aufgaben mit Makros arbeiten, müssen Sie alle denkbaren Formen dieser Objekte vorher manuell bereitstellen.

» Außerdem sind Makros selbstständige Objekte, die getrennt von den Formularen und Berichten gespeichert werden. Eine Datenbank mit vielen Makros, die auf Ereignisse in Formularen und Berichten reagieren, ist darum schwieriger zu verwalten. Demgegenüber kann VBA-Code in die Definition eines Formulars oder eines Berichts integriert werden. Wenn Sie dann ein Formular oder einen Bericht von einer Datenbank in eine andere übernehmen, übernehmen Sie damit auch die darin integrierten Ereignisprozeduren. Damit wird die Verwaltung einzelner Objekte der Datenbank vereinfacht.

Es auch aber gibt einige Fälle, in denen Sie stets Makros verwenden müssen und kein VBA verwenden können:

» Wenn Sie Tastenkombinationen definieren wollen, mit deren Hilfe bestimmte Aktionen in der Datenbank gestartet oder ausgeführt werden sollen, müssen Sie dafür ein Makro einsetzen. VBA leistet diese Aufgabe nicht.

» Auch wenn Sie bestimmte Vorgänge beim Öffnen einer Datenbank automatisch ausführen lassen wollen - beispielsweise das Öffnen eines Formulars -, müssen Sie dafür ein Makro verwenden. Eine Abwicklung über VBA ist auch hier nicht möglich.

14.2 Makros erstellen

Um ein neues Makro zu erstellen, müssen Sie in mehreren Hauptschritten vorgehen: Sie müssen zunächst das Makrofenster anzeigen lassen. Darin legen Sie die einzelnen Aktionen sowie die Argumente für das Makro fest. Anschließend das Makro unter einem geeigneten Namen speichern. Den Zugang zur Arbeit mit Makros

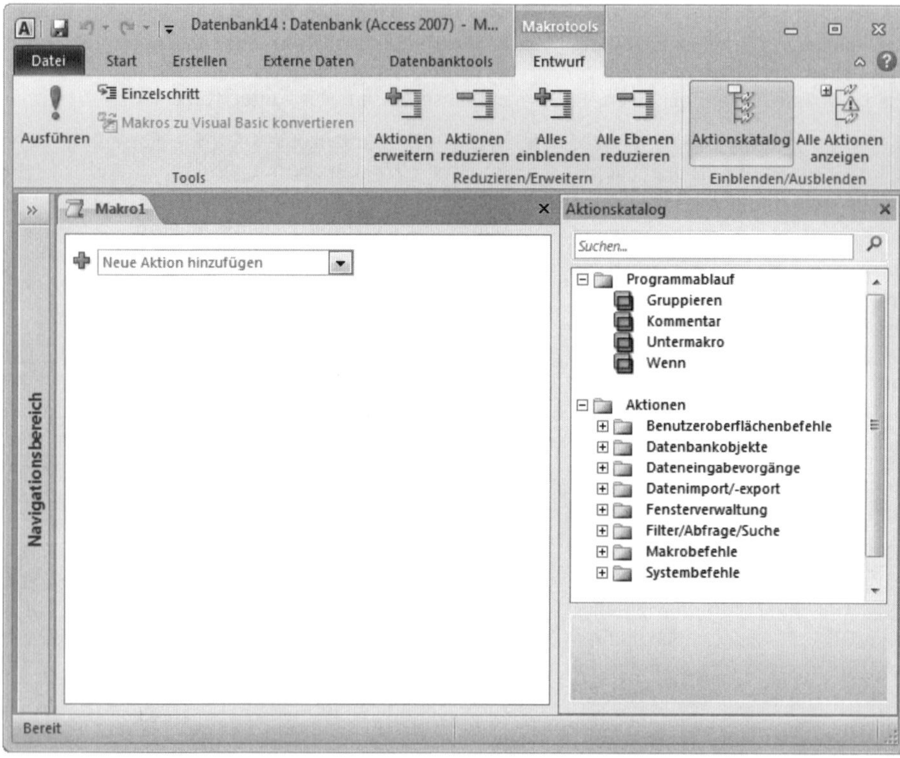

Abbildung 14.1
Das vorerst noch leere Makrofenster - das ist neu bei Access 2010.

liefert die Schaltfläche *Makro* in der Gruppe *Makros und Code* auf der Registerkarte *Erstellen* des Menübandes.

14.2.1 Das Makrofenster anzeigen

Ein Makro ist meist ein selbstständiges Objekt in Microsoft Access, und Sie erstellen es - wie jedes andere Datenbankobjekt - über die Registerkarte *Erstellen* im Menüband. Um ein neues Makro zu erstellen, klicken Sie auf die Schaltfläche *Makro* (→ Abbildung 14.1).

Das Fenster für den Makroentwurf verfügt über eine eigene Leiste mit dem Namen *Makrotools/Entwurf*, in der Sie alle Werkzeuge für den Makroentwurf finden (→ Tabelle 14.1).

Symbol	Name und Wirkung
	*Ausführen* - führt die im Makro enthaltenen Aktionen aus.
	*Einzelschritt* - aktiviert den Einzelschrittmodus. Wenn Sie das Makro in diesem Modus ausführen, wird jeweils nur eine Aktion ausgeführt.
	*Makros zu Visual Basic konvertieren* - erstellt aus den Aktionen des gerade aktuellen Makros einen VBA-Code.
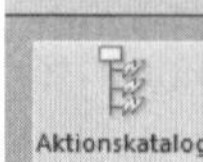	*Aktionskatalog* - blendet das Fenster mit dem Aktionskatalog rechts ein oder aus.
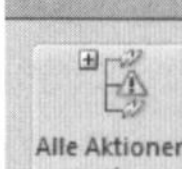	*Alle Aktionen anzeigen* - zeigt weitere bzw. weniger Makroaktionen in der Drop-down-Liste *Aktion* an. Wenn diese Schaltfläche nicht hervorgehoben ist, steht eine kompaktere Liste der Makroaktionen zur Verfügung.

Tabelle 14.1 Die wichtigsten Werkzeuge für den Makroentwurf

14.2.2 Makroaktionen festlegen

Ein Makro besteht aus einer oder mehreren Aktionen, die manchmal auch als Befehle bezeichnet werden. Die einzelnen Aktionen legen Sie in den einzelnen Zeilen des Makrofensters - den Aktionszeilen - fest. Jede Zeile beinhaltet eine Aktion, und die Aktionen werden später von oben nach unten abgearbeitet. Leere Zeilen in der Liste werden bei der Ausführung übersprungen.

Die Aktionen

Welche Aktionen Sie verwenden, hängt natürlich davon ab, was das Makro tun soll (→ Tabelle 14.2).

Aktion	Bedeutung
AbbrechenEreignis	Das Access-Ereignis wird abgebrochen, das das Makro ausführt, das diese Aktion enthält.
AktualisierenDaten	Eine erneute Abfrage eines angegebenen Steuerelements im aktiven Objekt wird durchgeführt.
AktualisierenObjekt	Alle laufenden Bildschirmaktualisierungen oder Berechnungen von Steuerelementen des angegebenen Objekts werden beendet. Wählen Sie hier den Objekttyp aus, und geben Sie den Namen ein.
AnwendenFilter	Ein Filter wird auf die Tabelle, das Formular oder den Bericht angewendet. Geben Sie den Namen des Filters ein. Sie können auch eine Bedingung definieren.
AnzeigenAlleDatensätze	Alle angewendeten Filter in der aktiven Tabelle, der Abfrage oder dem Formular werden aufgehoben.
AusführenBefehl	Führt einen integrierten Microsoft Access-Befehl aus. Der Befehl kann in einer Access-Menüleiste, in einer Access-Symbolleiste oder in einem Access-Kontextmenü angezeigt werden.
AusführenCode	Eine Visual Basic-Funktion wird ausgeführt.
AusführenMakro	Ein Makro ausgeführt. Geben Sie den Namen des auszuführenden Makros ein. Sie können damit auch ein anderes Makro wiederholt ausführen lassen.
Ausgabeln	Daten im angegebenen Datenbankobjekt werden in einem anderen Format ausgegeben.
AuswählenObjekt	Ein angegebenes Datenbankobjekt ausgewählt. Wählen Sie den Objekttyp aus, und geben Sie den Namen des Objekts an.
Drucken	Das aktive Datenbankobjekt wird auf einem Drucker ausgegeben. Geben Sie die Druckparameter ein.
Echo	Die Ausgaben eines Makros werden während der Ausführung ein- bzw. ausgeblendet. Geben Sie an, ob die Funktion aus- oder eingeschaltet werden soll.
EinblendenSymbolleiste	Eine festgelegte Symbolleiste ein- bzw. ausgeblendet.
GeheZuDatensatz	Der angegebene Datensatz wird zum aktuellen Datensatz gemacht. Wählen Sie den Objekttyp aus, und geben Sie den Namen des Objekts ein. Legen Sie den gewünschten Datensatz fest.
GeheZuSeite	Steuert zum ersten Steuerelement auf der angegebenen Seite des Formulars. Geben Sie hier die Seitennummer ein.
GeheZuSteuerelement	Es wird zum angegebenen Steuerelement gewechselt. Geben Sie hier den Namen des Steuerelements ein.
HinzufügenMenü	Ein Menü mit einer benutzerdefinierten Menüleiste wird hinzugefügt.
KopierenDatenbankdatei	Erstellt eine Kopie der aktuellen Datenbank von Microsoft SQL Server, Version 7.0 oder höher, die mit Ihrem Microsoft Access-Projekt verbunden ist.
KopierenObjekt	Kopiert das aktuelle Datenbankobjekt in eine andere Datenbank oder unter einem anderen Namen in die aktuelle Datenbank.
LöschenObjekt	Löscht das angegebene oder das aktuelle Objekt. Wählen Sie den Objekttyp aus, und geben Sie den Namen des gewünschten Objekts an.
Maximieren	Setzt das aktuelle Fenster auf Vollbilddarstellung.

Aktion	Bedeutung
Meldung	Ein Dialogfeld wird angezeigt, das eine Warnung oder andere Information enthält. Geben Sie den Meldungstext ein.
Minimieren	Verkleinert das aktuelle Fenster zum Symbol.
ÖffnenAbfrage	Öffnet die festgelegte Abfrage. Wählen Sie die Abfrage aus, und bestimmen Sie die Form der Ansicht
ÖffnenBericht	Öffnet bzw. druckt den festgelegten Bericht.
ÖffnenDatenzugriffsseite	Öffnet eine Datenzugriffsseite in der Datenzugriffsseiten-Ansicht oder in der Entwurfsansicht.
ÖffnenDiagramm	Öffnet ein Datenbankdiagramm in der Entwurfsansicht.
ÖffnenFormular	Öffnet das festgelegte Formular. Sie können die Form der Ansicht und einen Filter auswählen.
ÖffnenFunktion	Öffnet eine benutzerdefinierte Funktion in der Datenblattansicht, in der Entwurfsansicht der Inline-Funktion, in der SQL-Texteditor-Ansicht (für eine benutzerdefinierte Skalar- oder Tabellenfunktion) oder in der Seitenansicht.
ÖffnenGespeicherte Prozedur	Öffnet eine gespeicherte Prozedur in einem Microsoft Access-Projekt in der Datenblattansicht, in der Entwurfsansicht für gespeicherte Prozeduren oder in der Seitenansicht.
ÖffnenModul	Öffnet ein Modul.
ÖffnenSicht	Öffnet eine Sicht in der Datenblattansicht, in der Entwurfsansicht oder in der Seitenansicht.
ÖffnenTabelle	Öffnet eine Tabelle. Bestimmen Sie die Form der Ansicht, und legen Sie den Eingabemodus fest.
Positionieren	Verschiebt das aktuelle Fenster und ändert seine Größe. Die neue Position sowie Größe und Breite müssen Sie angeben.
Sanduhr	Das Sanduhr-Symbol wird während der Ausführung des Makros angezeigt. Geben Sie an, ob die Anzeige der Sanduhr ein- oder ausgeschaltet werden soll.
Schließen	Das angegebene oder das aktive Fenster geschlossen. Wählen Sie den Objekttyp und den Namen aus. Geben Sie auch an, ob das Objekt beim Schließen gespeichert werden soll.
SendenObjekt	Ein Access-Datenblatt, -Formular, -Bericht oder -Modul wird in eine E-Mail-Nachricht aufgenommen. Wählen Sie hier den Typ des Objekts.
SetzenMenüelement	Der Status eines Befehls in einem benutzerdefinierten Menü wird festgelegt.
SetzenWert	Der Wert für ein Feld, ein Steuerelement oder eine Eigenschaft wird festgelegt.
Signalton	Ein akustisches Signal wird ausgegeben.
Speichern	Speichert ein bestimmtes oder das gerade aktive Objekt Wählen Sie den Typ des Objekts, und geben Sie den Namen des Objekts an.
StopAlleMakros	Beendet die Ausführung aller laufenden Makros.
StopMakro	Beendet das aktuelle Makro.
SuchenDatensatz	Such nach dem ersten bzw. nächsten Datensatz, der den angegebenen Kriterien entspricht. Geben Sie die Suchkriterien an.
SuchenWeiter	Such nach dem nächsten Datensatz, der den vorher definierten Kriterien entspricht.
Tastaturbefehle	Sendet Tastatureingaben an Microsoft Access oder eine andere aktive Anwendung. Geben Sie hier die Tastenfolge ein.
TransferArbeitsblatt	Kann zum Im- oder Export von Daten zwischen der aktuellen Microsoft Access-Datenbank und einer Tabellenkalkulationsdatei verwendet werden.
TransferDatenbank	Daten einer Datenbank werden importiert bzw. exportiert oder Tabellen miteinander verknüpft.

Aktion	Bedeutung
TransferSQLDatenbank	Überträgt eine Microsoft SQL Server-Datenbank (SQL Server 7.0 oder höher) in eine andere SQL Server-Datenbank (SQL Server 7.0 oder höher).
TransferText	Dient zum Im- oder Export bzw. Verknüpfen von Text der aktuellen Microsoft Access-Datenbank und einer Textdatei.
UmbenennenObjekt	Gibt dem festgelegten Objekt einen neuen Namen.
Verlassen	Beendet Microsoft Access. Für die Verlassen-Aktion können Sie jeweils eine von mehreren Optionen auswählen, die sich auf das Speichern der Datenbankobjekte beziehen, bevor Access beendet wird.
Warnmeldungen	Schaltet die Anzeige von Systemmeldungen ein oder aus.
Wiederherstellen	Stellt das Fenster in seiner vorherigen Größe wieder her.

Tabelle 14.2 Einige wichtige Makroaktionen und ihre Wirkung

Nur vertrauenswürdige Aktionen benutzen

Standardmäßig ist die Option *Alle Aktionen anzeigen* in der Gruppe *Einblenden/Ausblenden* im Menüband aktiviert. Das bedeutet, dass alle in Access 2010 verfügbaren Makroaktionen in der Liste dieser Aktionen angezeigt werden. Wenn Sie diese Option deaktivieren, wird die Liste auf solche Elemente reduziert, die in nicht vertrauenswürdigen Datenbanken zulässig sind.

Die Grundaktionen auswählen

Wie Sie eben gesehen haben, sind als Aktionen viele Aufgaben möglich, beispielsweise können Sie mit *ÖffnenBericht* einen bereits in der Datenbank bestehenden Bericht öffnen.

» Bei der Version 2010 wird immer nur eine einzelne leere Zeile zur Eingabe einer Aktion angezeigt (→ Abbildung 14.2). Öffnen Sie darin die Liste der möglichen Aktionen. Die Aktionen werden in alphabetischer Reihenfolge aufgelistet. Wählen Sie hier beispielsweise die Aktion *ÖffnenBericht*.

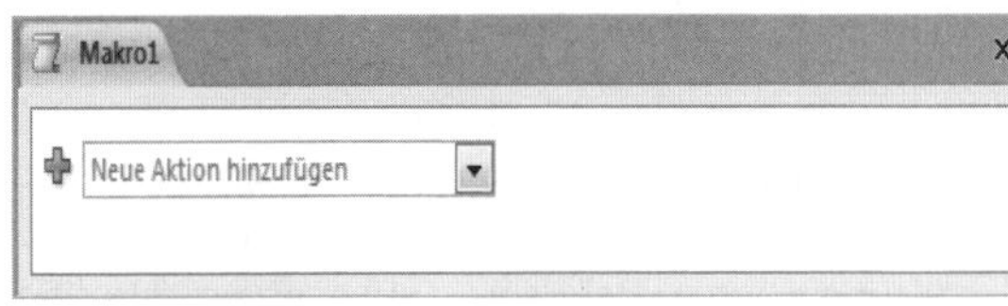

Abbildung 14.2
Bei der aktuellen Version steht immer nur ein Feld zur Eingabe einer Aktion zur Verfügung.

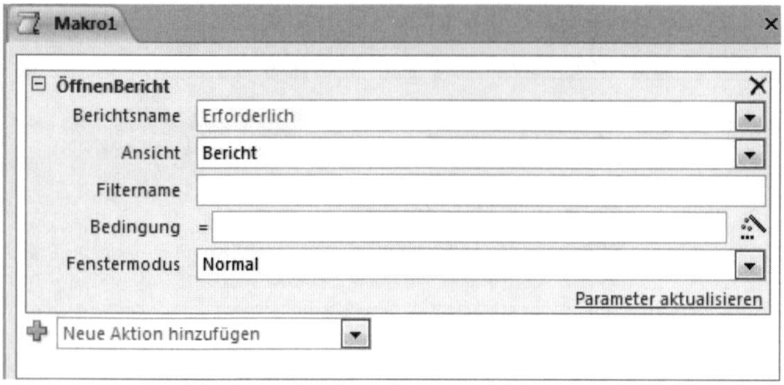

Abbildung 14.3
Eine Aktion wurde definiert. Unter dem Namen der Aktion finden Sie die Parameter.

» Der Erfolg ist, dass die gewählte Aktion angezeigt wird (→ Abbildung 14.3).

Aktionsargumente festlegen

Nach dem Hinzufügen einer Aktion zu einem Makro legen Sie im unteren Teil des Makrofensters die Argumente für die Aktion fest. Diese Aktionsargumente sind zusätzliche Informationen, die von Makroaktionen benötigt werden, und sind nur teilweise optional. Wenn Sie beispielsweise die Aktion *ÖffnenBericht* verwenden wollen, müssen Sie unter den Aktionsargumenten den Namen des zu öffnenden Formulars angeben (→ Abbildung 14.4).

» Klicken Sie auf die Zeile, in der Sie ein Aktionsargument festlegen wollen. Ein kurzer Hilfetext zum gewählten Aktionsargument wird angezeigt.

» Bei der Mehrzahl der Aktionsargumente können Sie den Wert aus einem Listenfeld auswählen. Klicken Sie dazu auf die nach unten weisende Pfeilspitze im Feld, und wählen Sie das Argument aus. Benutzen Sie beispielsweise *Bericht1*. Das Argument ist damit festgelegt.

» Fahren Sie mit der Angabe der sonstigen Argumente fort. Einige Argumente sind optional. Setzen Sie aber Aktionsargumente möglichst immer in der Reihenfolge, in der diese aufgelistet sind, da bestimmte Argumente die Auswahl nachfolgender Argumente beeinflussen.

TIPP Wenn es sich bei den Einstellungen der Aktionsargumente um den Namen eines bereits erstellten Datenbankobjekts handelt, können Sie das Argument durch Ziehen des Objekts aus dem Navigationsbereich in das Feld *Objektname* der Aktion festlegen. Microsoft Access legt automatisch die entsprechenden Argumente für diese Aktion fest.

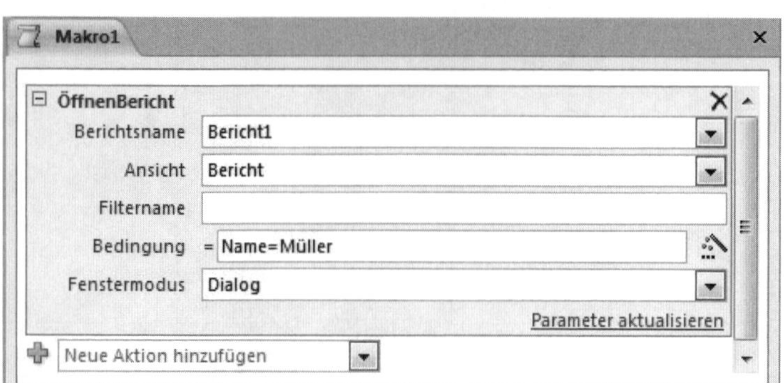

Abbildung 14.4
Aktionsargumente wurden eingegeben.

ACHTUNG Für einige Aktionsargumente - beispielsweise bei *Bedingungen* - können oder müssen Sie Ausdrücke verwenden. Diese können Sie entweder direkt in die entsprechenden Felder eintippen oder über den Ausdrucks-Generator aufbauen. Eine Beschreibung der Arbeit mit diesem Werkzeug finden Sie weiter unten in diesem Kapitel.

Weitere Aktionen festlegen

Fahren Sie nach der Eingabe der Aktionsargumente fort, indem Sie auf dieselbe Weise weitere gewünschte Aktionen jeweils in der immer erneut auftauchenden Zeile *Neue Aktion hinzufügen* in die folgenden Zeilen des Makrofensters eingeben (→ Abbildung 14.5). Die Aktionen werden später bei der Ausführung des Makros in der Reihenfolge ausgeführt, in der sie in der Liste vorhanden sind. Sie können diese Reihenfolge aber auch noch editieren (→ unten).

14.2.3 Arbeiten über den Aktionskatalog

Alternativ zur Auswahl der Aktion über *Neue Aktion hinzufügen* im Makrofenster selbst können Sie bei der aktuellen Programmversion auch über das mit *Aktionskatalog* überschriebene Fenster arbeiten. Wird dieses nicht angezeigt, klicken Sie in der Registerkarte *Makrotools/Entwurf* in der Gruppe *Einblenden/Ausblenden* auf *Aktionskatalog*. Diese Form der Aktionsauswahl hat den Vorteil, dass die Aktionen in verschiedene Gruppen unterteilt sind (→ Abbildung 14.6).

» Zur Auswahl einer Aktion öffnen Sie zunächst die entsprechende Gruppe. Wenn Sie beispielsweise einen Bericht öffnen lassen wollen, finden Sie den Befehl dazu in der Gruppe *Datenbankobjekte*.

» Doppelklicken Sie dann auf die entsprechende Option - beispielsweise *ÖffnenBericht*. Als Erfolg wird die gewählte Aktion wieder im Makrofenster angezeigt (→ Abbildung 14.3).

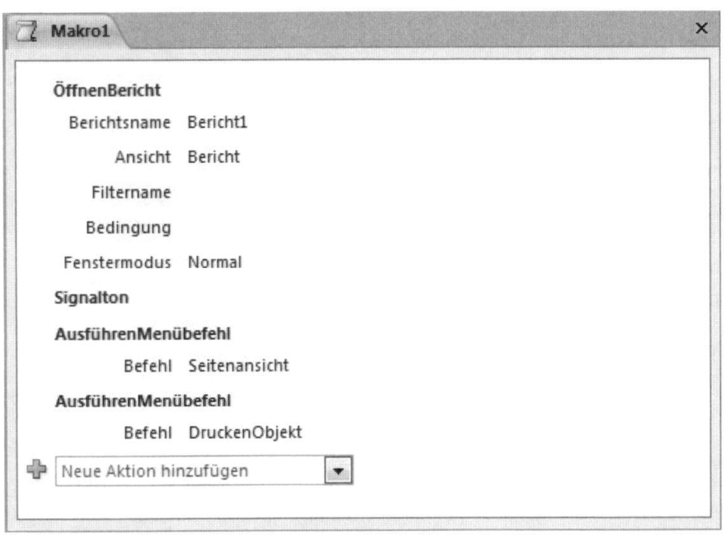

Abbildung 14.5
Mehrere Aktionen wurden festgelegt.

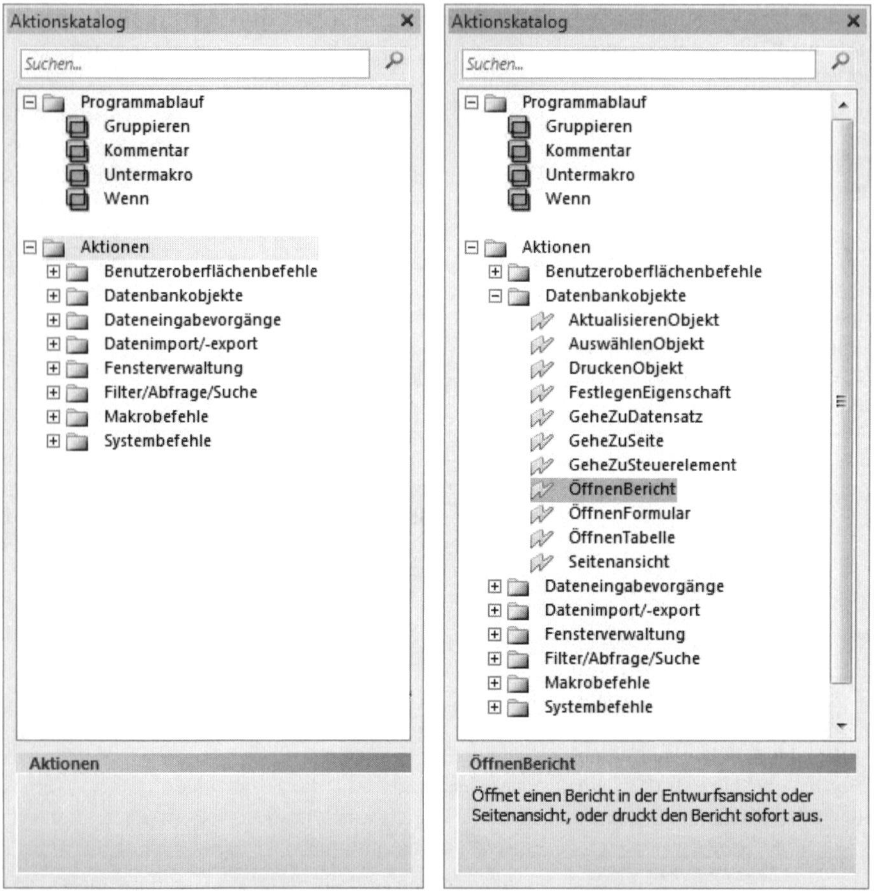

Abbildung 14.6
Im Aktionskatalog finden Sie mehrere Gruppen von Aktionen.

TIPP Ein weiterer Vorteil bei der Arbeit über den Aktionskatalog besteht darin, dass unten im Fenster während der Auswahl ein kurzer Hilfetext zur gewählten Aktion angezeigt wird.

Makro benennen und Fenster schließen

Ein neu erstelltes Makro müssen Sie – wie jedes andere Datenbankobjekt – speichern. Anschließend können Sie das Fenster schließen und sich anderen Aufgaben zuwenden.

» Klicken Sie auf die Schaltfläche *Speichern* in der Symbolleiste für den Schnellzugriff. Das Dialogfeld *Speichern unter* wird angezeigt (→ Abbildung 14.7).

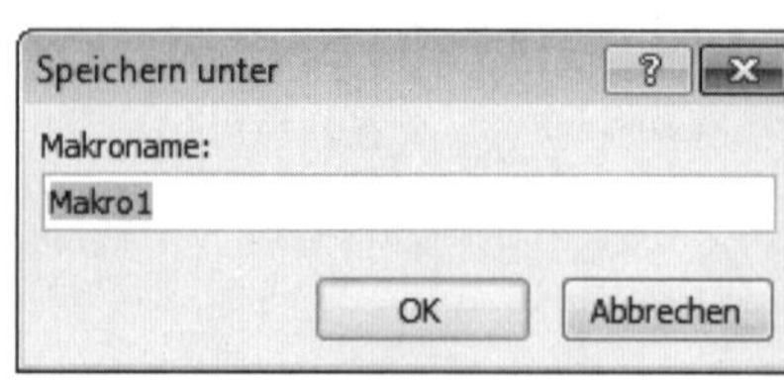

Abbildung 14.7 Geben Sie dem Makro einen Namen.

» Weisen Sie dem Makro einen Namen zu, und bestätigen Sie. Benutzen Sie möglichst Namen, die die Funktionsweise das Makros erklären. Für diese Aufgabe können Sie es bei der Voreinstellung *Makro1* belassen.

» Schließen Sie das Makrofenster durch einen Klick auf die übliche Schaltfläche. Das neu erstellte Makro wird im Navigationsbereich unter *Nicht verwandte Objekte* als eigenständiges Objekt angezeigt.

14.3 Makros editieren

In den folgenden Abschnitten werden wir uns mit einigen weiteren Aktionen im Bereich der Makros beschäftigen. Dazu gehören die Methoden zum Editieren von vorhandenen Makros, das Ausführen von bedingten Aktionen, das Arbeiten in Makrogruppen und die automatische Ausführung.

14.3.1 Makros ändern

Sie können erstellte Makros ändern, um sie an geänderte Voraussetzungen anzupassen. Beispielsweise können Sie zusätzliche Aktionen einfügen oder die Reihenfolge der durchzuführenden Aktionen ändern. Die Änderungen zu einem Makro führen Sie wieder im Fenster *Makroentwurf* durch. Markieren Sie im Navigationsbereich das zu ändernde Makro, öffnen Sie das Kontextmenü dazu, und wählen Sie darin den Befehl *Entwurfsansicht*. Führen Sie die Änderungen im Makro durch. Einige Beispiele dazu finden Sie anschließend. Klicken Sie abschließend auf die Schaltfläche *Speichern* in der *Symbolleiste für den Schnellzugriff*.

Aktionen anzeigen oder ausblenden

Zum Bearbeiten von Makros mit vielen Aktionen empfiehlt sich die Kenntnis der Bedeutung der Schaltflächen in der Gruppe *Reduzieren/Erweitern* der Registerkarte *Makrotools/Entwurf* (→ Abbildung 14.44).

Befehl	Wirkung
Aktionen erweitern	Wenn die Argumente der gerade markierten Aktionszeile nicht angezeigt werden, können Sie sie durch einen Klick auf diese Schaltfläche anzeigen lassen.
Aktionen reduzieren	Umgekehrt können Sie die Argumente der gerade markierten Zeile ausblenden lassen. Das empfiehlt sich oft, wenn Sie diese Informationen im Augenblick nicht benötigen.

Befehl	Wirkung
Alles einblenden	Sie können auch die Argumente aller Aktionszeilen in einem Schritt einblenden lassen. Es spielt keine Rolle, welche Zeile gerade markiert ist.
Alle Ebenen reduzieren	Entsprechend können Sie die Argumente aller Aktionszeilen in einem Schritt ausblenden lassen. Auch hier spielt es keine Rolle, welche Zeile gerade markiert ist.

Tabelle 14.3 Die Schaltflächen in der Gruppe *Reduzieren/Erweitern*

Sie können damit steuern, wie die Aktionen im Fenster angezeigt werden. Beispielsweise bewirkt ein Klick auf *Alle Ebenen reduzieren*, dass die Aktionsargumenten nur noch als kleine Zusätze zum Befehl angezeigt werden (→ Abbildung 14.8).

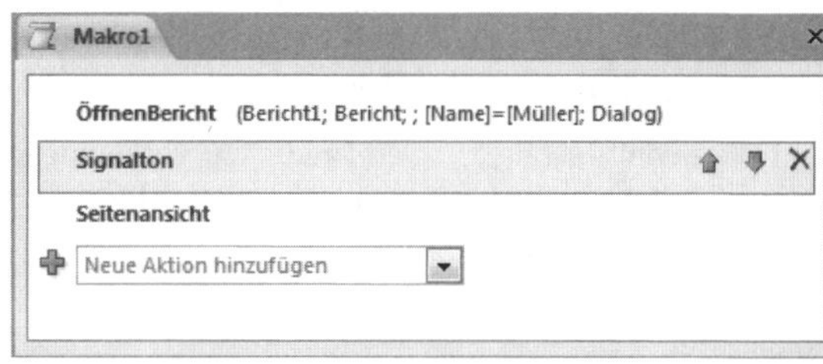

Abbildung 14.8 Alle Ebenen wurden reduziert.

Eine Aktion hinzufügen

Eine Änderung könnte beispielsweise darin bestehen, dass Sie weitere Aktionen zum Makro hinzufügen wollen. Wenn Sie eine neue Aktion am Ende der Liste hinzufügen wollen, wählen Sie im Makrofenster über das Feld *Neue Aktion hinzufügen* eine Aktion aus und legen die Argumente dafür fest. Wollen Sie eine Aktion zwischen zwei bereits vorhandene Aktionszeilen einfügen, fügen Sie sie am Ende ein und verschieben sie anschließend (→ unten).

Eine Aktionszeile verschieben

Wenn Sie die Reihenfolge der Aktionen ändern wollen, markieren Sie die zu verschiebenden Zeile und benutzen die Schaltflächen mit den grünen Pfeilen, um die Zeile in die gewünschte Richtung zu verschieben.

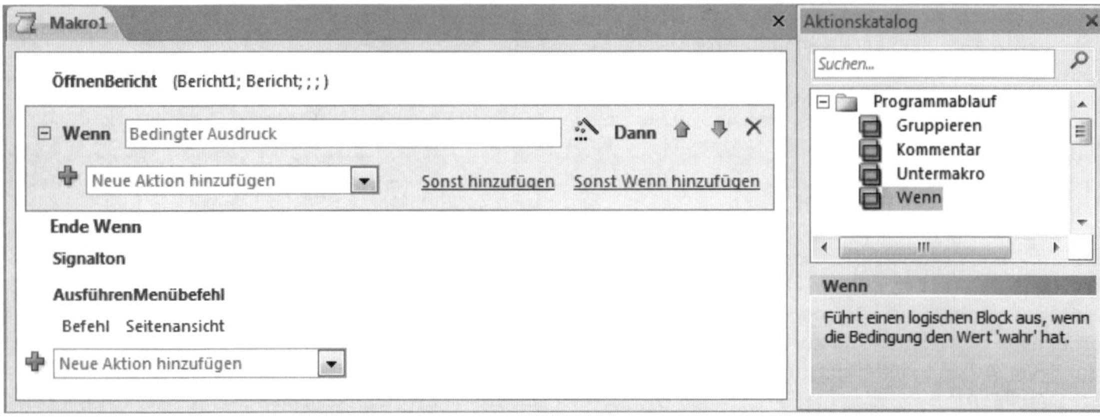

Abbildung 14.9 Die Aktion *Wenn* wird angezeigt. Geben Sie darin die Parameter ein.

Wenn Sie mehrere aufeinanderfolgende Zeilen in einem Arbeitsgang verschieben wollen, können Sie diese gemeinsam markieren, indem Sie die Zeilen mit gedrückt gehaltener [Strg]-Taste anklicken.

Statt die Schaltflächen mit den Pfeilen zu verwenden, können Sie auch einfach die Zeile(n) über die Maus verschieben.

Eine Aktion löschen

☒ Einzelne Aktionszeilen können Sie auch löschen, falls sich herausstellt, dass Sie sie nicht benötigen. Markieren Sie die Zeile, und klicken Sie auf die Schaltfläche *Löschen*.

14.3.2 Bedingte Aktionen durchführen

Es gibt Fälle, in denen Sie eine Aktion oder eine Reihe von Aktionen in einem Makro nur dann ausführen möchten, wenn eine bestimmte Bedingung wahr ist. Eine solche Bedingung ist ein logischer Ausdruck, der das Ergebnis *Wahr* oder *Falsch* bzw. *Ja* oder *Nein* liefert. Durch Verwendung mehrerer Bedingungen können Sie dafür sorgen, dass - je nach der konkreten Situation - verschiedene Aktionen durchgeführt werden.

Eine Aktionszeile für Bedingungen einblenden

Solche Bedingungen formulieren Sie in einer zusätzlichen Aktionszeile *Wenn* des Makrofensters.

» Wenn Sie das Makro bereits erstellt haben, lassen Sie es im Entwurf anzeigen.

» Markieren Sie die Aktionszeile, nach der Sie die Zeile für die Bedingung einfügen wollen.

» Klicken Sie im Fenster *Aktionskatalog* unter *Programmablauf* auf die Schaltfläche *Wenn*. Eine neue Aktion mit der Bezeichnung *Wenn* wird angezeigt (→ Abbildung 14.9).

Bedingungen definieren

Die Ausführung eines mit Bedingungen versehenen Makros erfolgt in der gewohnten Reihenfolge. Alle Aktionszeilen am Anfang des Makros werden wie gewohnt ausgewertet, bis die erste Zeile mit einer Bedingung erreicht ist. Dann prüft das Makro den Inhalt der Bedingung. Wenn sie erfüllt ist, wird die dazugehörende Aktion ausgeführt. Anderenfalls wird die Aktionszeile übersprungen. Anschließend wird die nächste Aktion ausgeführt.

Einfache Bedingungen können Sie direkt über die Tastatur eingeben.

» Geben Sie im Feld *Bedingter Ausdruck* für die aktuelle Zeile einen bedingten Ausdruck ein (→ Abbildung 14.10). Wenn beispielsweise die Aktion an einem aktuellen Formular nur durchgeführt werden soll, wenn das Steuerelement *Wohnort* über den Inhalt *München* verfügt, verwenden Sie als Bedingung den Ausdruck *[Wohnort]=»München«*.

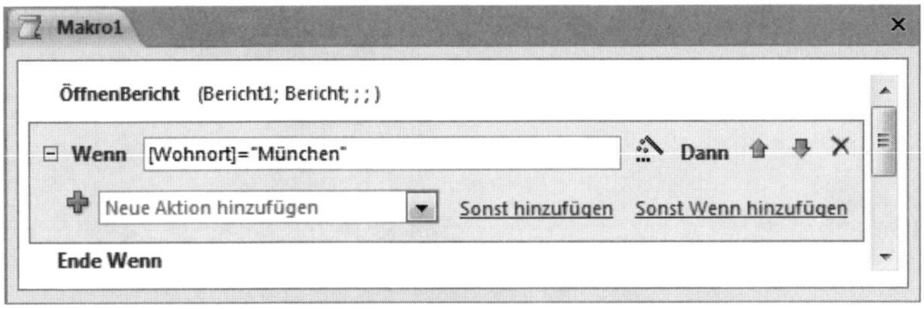

Abbildung 14.10
Bedingungen können eingetippt werden.

» Geben Sie dann im Feld *Neue Aktion hinzufügen* innerhalb der *Wenn*-Zeile die Aktion ein, die ausgeführt werden soll, wenn diese Bedingung wahr ist (→ Abbildung 14.11).

» Wenn auch die nachfolgende Aktionszeile von der Bedingung gesteuert werden soll, geben Sie diese im automatisch angezeigten weiteren Feld *Neue Aktion hinzufügen* ein.

» Wenn Sie wünschen, dass auch eine Aktion ausgeführt wird, wenn die anfangs formulierte Bedingung nicht wahr ist, klicken Sie auf *Sonst hinzufügen*. Wieder taucht eine Feld *Neue Aktion hinzufügen* auf, in dem Sie die gewünschte Aktion formulieren können (→ Abbildung 14.12).

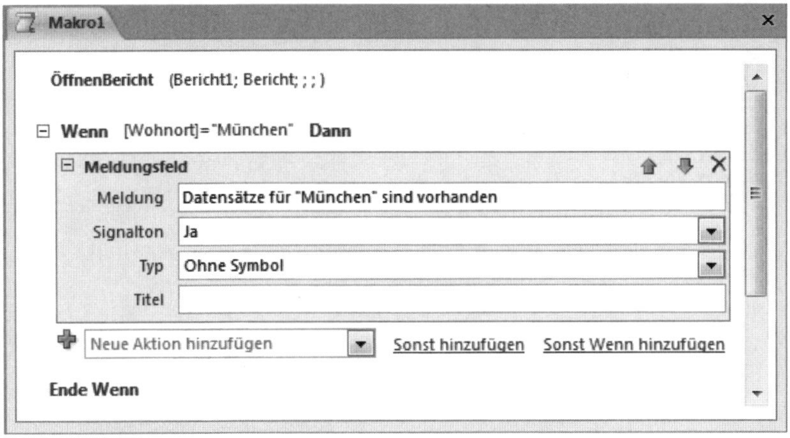

Abbildung 14.11
Der Bedingung wurde eine Aktion hinzugefügt.

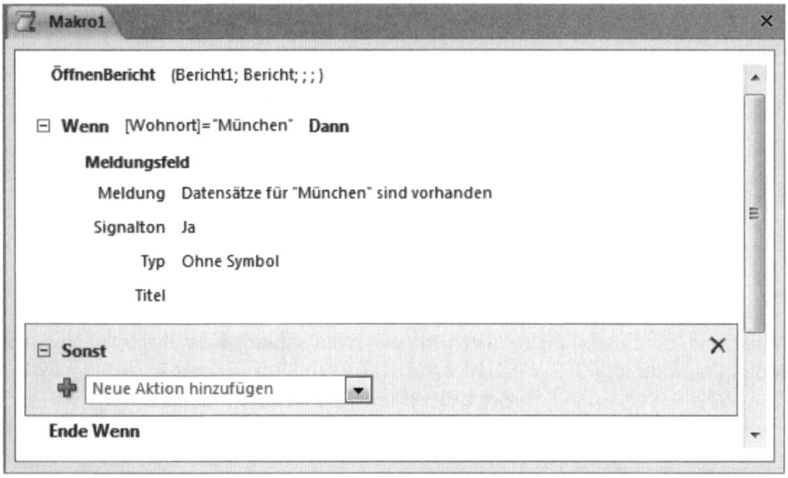

Abbildung 14.12
Eine Aktion für den Fall, dass die Bedingung nicht wahr ist

» Über *Sonst Wenn hinzufügen* können Sie erreichen, dass – falls die anfänglich aufgestellte Bedingung nicht wahr sein sollte – anschließend eine neue Bedingung angefragt wird. Für diese können Sie dann wiederum unterschiedliche Aktionen festlegen.

Den Ausdrucks-Generator verwenden

Wenn Sie beim Formulieren von Ausdrücken sich hinsichtlich der Syntax noch nicht sicher sind oder wenn es sich um komplizierte Ausdrücke handelt, sollten Sie zum Erstellen den Ausdrucks-Generator verwenden.

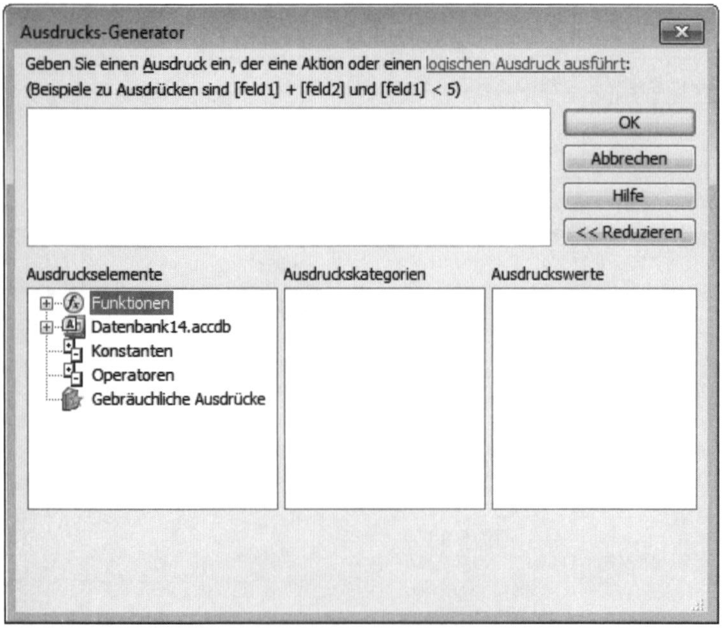

Abbildung 14.13
Der Ausdrucks-Generator beim Einsatz in Makros

Mithilfe dieses Generators können Sie beispielsweise eine Bedingung eingeben, auch wenn Sie sich in der Syntax noch nicht so gut auskennen.

Klicken Sie nach dem Einfügen einer *Wenn*-Aktion auf die Schaltfläche zur Anzeige des Generators. Der Ausdrucks-Generator wird angezeigt (→ Abbildung 14.13).

- » Im oberen Bereich des Generators befindet sich ein Feld, in dem Sie den Ausdruck erstellen. Hier können Sie direkte Eingaben über die Tastatur vornehmen oder dazu die Elemente im unteren Teil benutzen.
- » Im unteren Bereich des Generators befinden sich drei Felder, über die Sie den zu erstellenden Ausdruck nacheinander aufbauen können.

Klicken Sie beispielsweise in der linken Spalte des unteren Bereichs des Ausdrucks-Generators auf die Zeile mit dem Namen der Datenbank. Die Objekttypen werden angezeigt. Durch einen Klick auf einen Objekttyp werden die konkret vorhandenen Objekte - beispielsweise die Tabellen oder die Berichte - angezeigt. Wenn Sie ein Objekt markieren, werden im mittleren Feld die darin vorhandenen Felder wiedergegeben (→ Abbildung 14.14).

Markieren Sie das Feld, das Sie zur Formulierung des Ausdrucks verwenden wollen. Klicken Sie dann beispielsweise auf *Wert* im Bereich *Ausdruckswerte*. Der Wert wird mit der korrekten Adressierung im oberen Feld angezeigt (→ Abbildung 14.15).

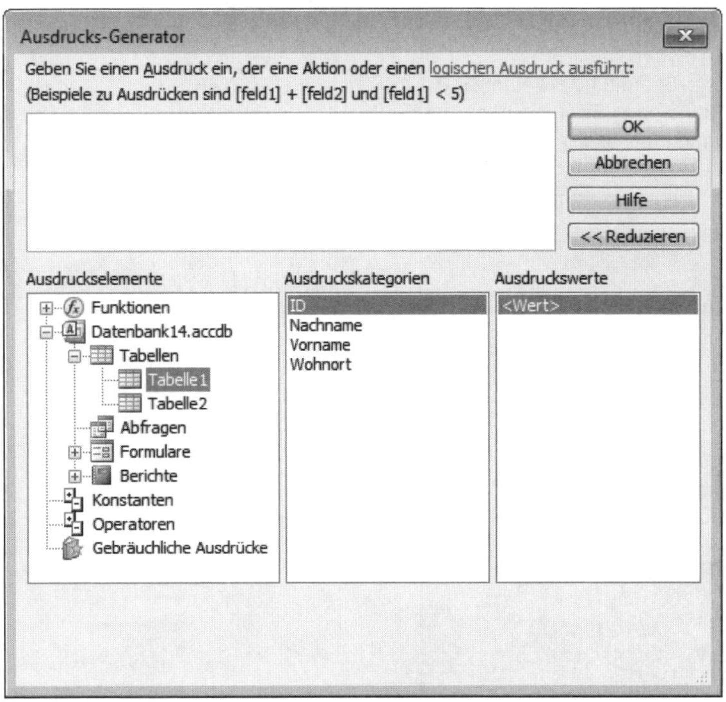

Abbildung 14.14
Die Elemente eines Objekts werden angezeigt.

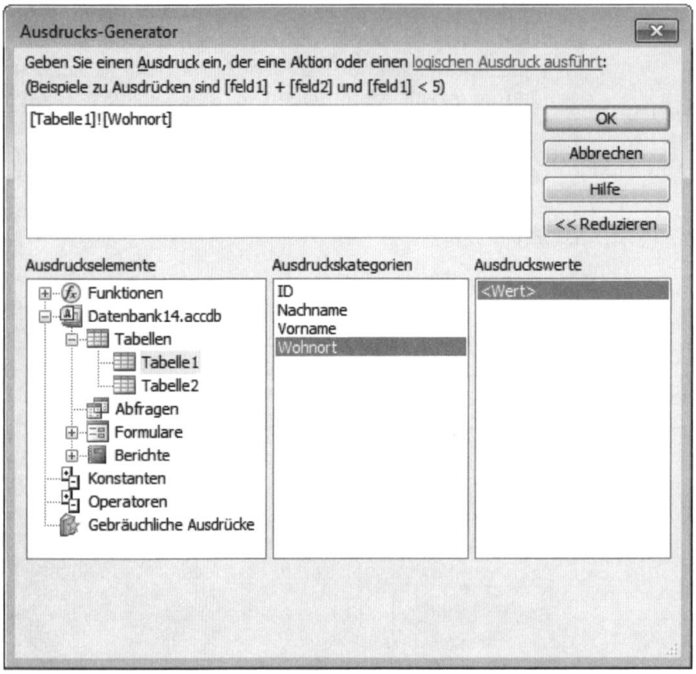

Abbildung 14.15
Das Feld *Wohnort* wird übernommen.

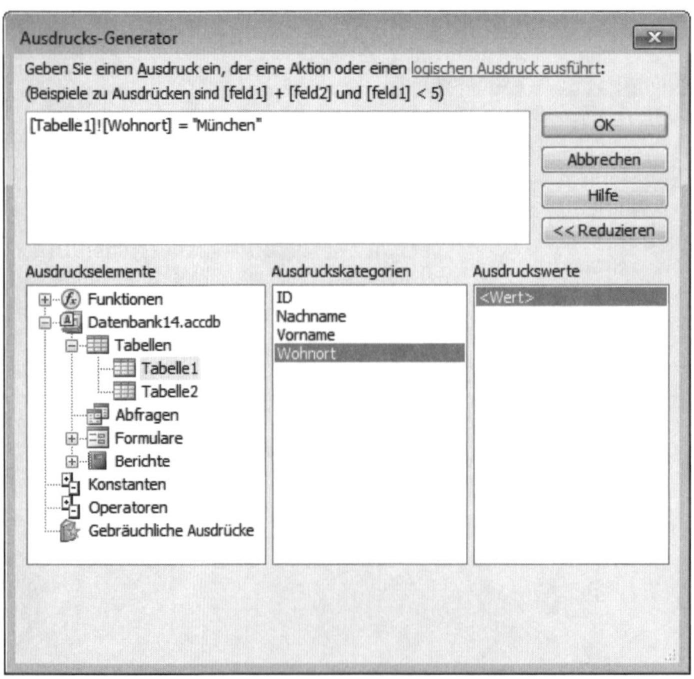

Abbildung 14.16
Die Bedingung wurde eingegeben.

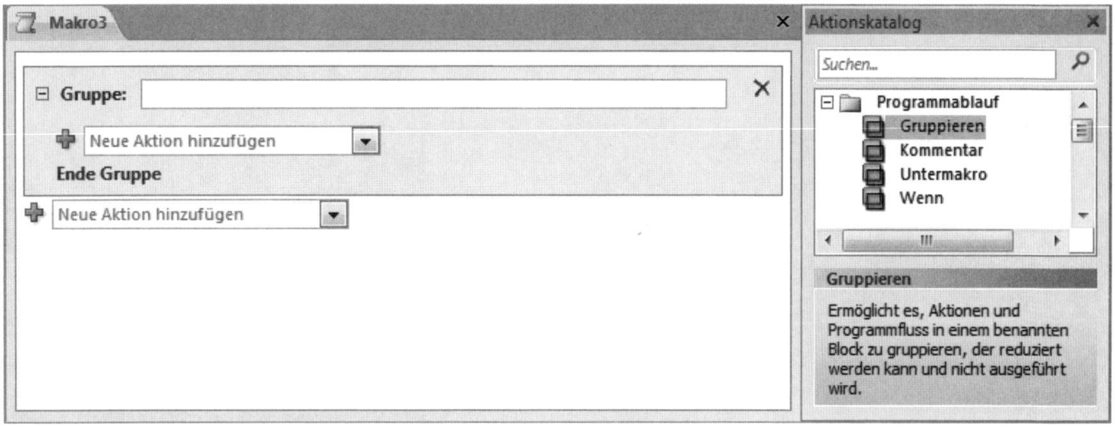

Abbildung 14.17 Die Spalte *Makroname* wird angezeigt.

» Vervollständigen Sie die Bedingung durch Eingabe über die Tastatur. Beispielsweise könnten Sie hier = *»München«* eingeben. Der Ausdruck wird vollständig angezeigt (→ Abbildung 14.16).

» Beenden Sie die Arbeit im Generator durch einen Klick auf die Schaltfläche *OK*. Die Bedingung wird in der vorher markierten Zeile im Makrofenster angezeigt.

14.3.3 Das Arbeiten mit Makrogruppen

Wenn Sie mit vielen Makros ähnlicher Struktur arbeiten, kann Ihnen das Gruppieren von Makros in Makrogruppen die Verwaltung Ihrer Datenbank wesentlich erleichtern. Eine Makrogruppe ist eine Sammlung zusammengehöriger Makros, die gemeinsam unter einem Makronamen gespeichert sind. Makrogruppen werden manchmal auch einfach als Makro bezeichnet.

Eine Makrogruppe erstellen

Um eine Makrogruppe zu erstellen, gehen Sie zunächst genauso vor wie beim Erstellen eines Einzelmakros.

» Erstellen Sie ein neues Makro. Das Fenster *Makroentwurf* wird angezeigt.

» Doppelklicken Sie im Aktionskatalog unter *Programmablauf* auf *Gruppe*. Eine neue Gruppe mit der Bezeichnung *Makroname* wird angezeigt (→ Abbildung 14.17).

» Weisen Sie der Gruppe zunächst einen Namen zu. Unter diesem Namen können Sie die dann noch zu definierende Aktion später aufrufen.

» Die Aktionen zu dieser Gruppe definieren Sie wie gewohnt über das Feld *Neue Aktion hinzufügen*. Beachten Sie, dass Sie dafür das Feld dieses Namens innerhalb der Gruppe verwenden (→ Abbildung 14.18).

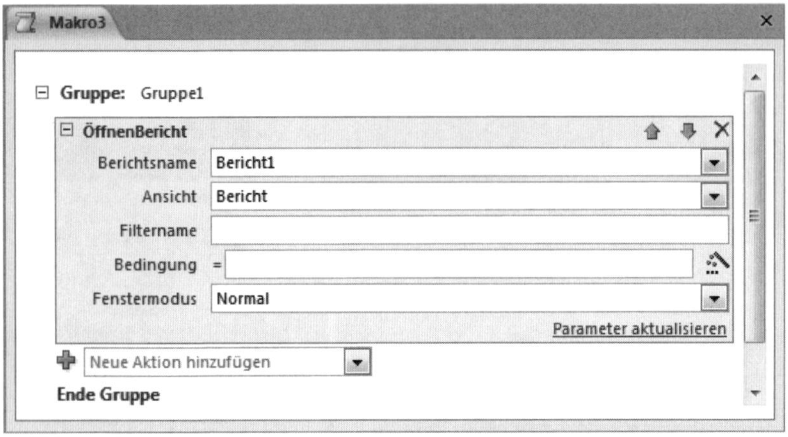

Abbildung 14.18
Das Definieren von Aktionen innerhalb einer Gruppe

- Wiederholen Sie diesen Schritt für alle Makros, die Sie der Makrogruppe hinzufügen möchten.
- Klicken Sie auf die Schaltfläche *Speichern* in der Symbolleiste für den Schnellzugriff, weisen Sie dem Makro einen Namen zu, und bestätigen Sie.
- Schließen Sie das Makrofenster durch einen Klick auf die übliche Schaltfläche. Die neu erstellte Makrogruppe wird im Navigationsbereich als Objekt angezeigt.

14.3.4 Untermakros

Ähnliche Funktionen liefert ein Untermakro. Sie können darin Aktionen zusammenstellen, die Sie dann später programmgesteuert ausführen lassen können.

- Erstellen Sie ein neues Makro. Das Fenster *Makroentwurf* wird angezeigt.
- Doppelklicken Sie im Aktionskatalog unter *Programmablauf* auf *Untermakro*. Eine neue Aktionszeile wird angezeigt und automatisch benannt. Den Namen können Sie aber ändern (→ Abbildung 14.19).
- Die Aktionen zu diesem Abschnitt Gruppe definieren Sie wieder wie gewohnt über das Feld *Neue Aktion hinzufügen* – beachten Sie, dass Sie dafür das Feld dieses Namens innerhalb des Untermakros verwenden.
- Wiederholen Sie diesen Schritt für alle Aktionen, die das Untermakro beinhalten soll.

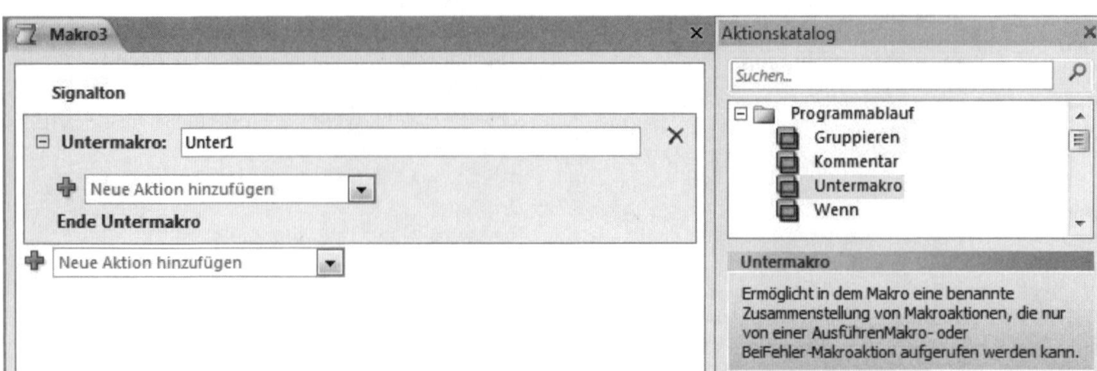

Abbildung 14.19 Ein Untermakro wurde eingefügt.

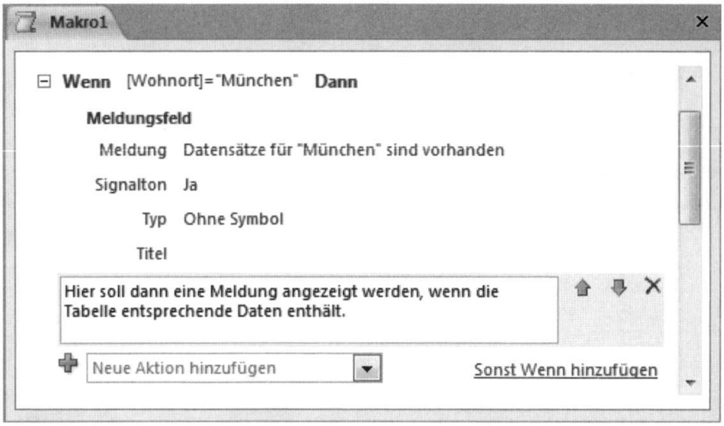

Abbildung 14.20
Ein Kommentarfeld wurde eingefügt.

» Klicken Sie auf die Schaltfläche *Speichern* in der Symbolleiste für den Schnellzugriff, weisen Sie dem Makro einen Namen zu, und bestätigen Sie.

14.3.5 Kommentare

Durch eine Doppelklick auf *Kommentare* unter *Programmablauf* im Aktionskatalog können Sie ein Kommentarfeld in die Liste der Aktionen eines Makros einfügen lassen (→ Abbildung 14.20). Das hat keinerlei Wirkung auf den Ablauf des Makros, sondern dient nur dazu, die Logik zu beschreiben. Markieren Sie die Aktion, nach der das Kommentarfeld erscheinen soll. Sie können das Feld aber auch später mit den üblichen Methoden verschieben. Nach dem Einfügen des Feldes können Sie eine Bemerkung eintippen.

14.3.6 Ein Makro zu VBA konvertieren

In den folgenden drei Kapiteln werden wir uns etwas intensiver mit der Programmiersprache *Visual Basic for Applications* (VBA) beschäftigen. Sie werden bei der Arbeit damit feststellen, dass diese ungleich mehr Möglichkeiten bietet als der Einsatz von Makros. Wenn Sie vor dem ersten Einsatz von VBA bereits viel mit Makros gearbeitet haben, können Sie diese nach VBA konvertieren und dort ändern oder erweitern. Verwenden Sie dazu die folgenden Schritte:

»  Wenn das Makro im Makrofenster geöffnet ist, schließen Sie es. Markieren Sie es dann im Navigationsbereich, und klicken Sie auf die Befehlsschaltfläche *Makros zu Visual Basic konvertieren* in der Gruppe *Makro* der Registerkarte *Datenbanktools*.

» Bestätigen Sie im dann angezeigten Dialogfeld durch einen Klick auf *Konvertieren* (→ Abbildung 14.21).

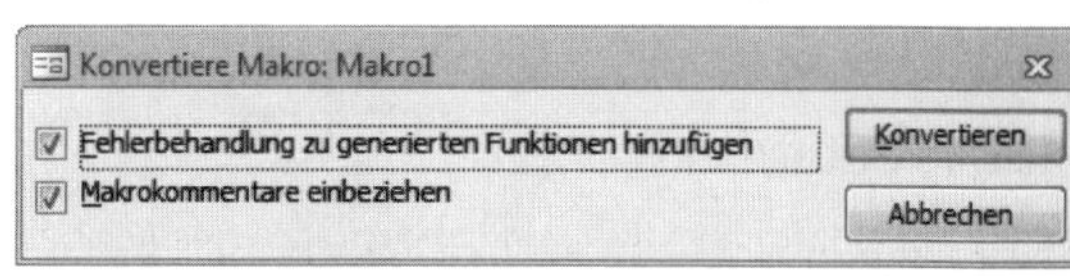

Abbildung 14.21 Zusätzliche Optionen zum Konvertieren

» Der VBA-Editor wird angezeigt (→ Kapitel 15). Doppelklicken Sie darin im Unterfenster mit der Überschrift *Projekt – Datenbank* ... auf den Eintrag mit der Bezeichnung *Konvertiertes Makro* ... Der Code zum Makro wird im Hauptfester des Editors angezeigt (→ Abbildung 14.22).

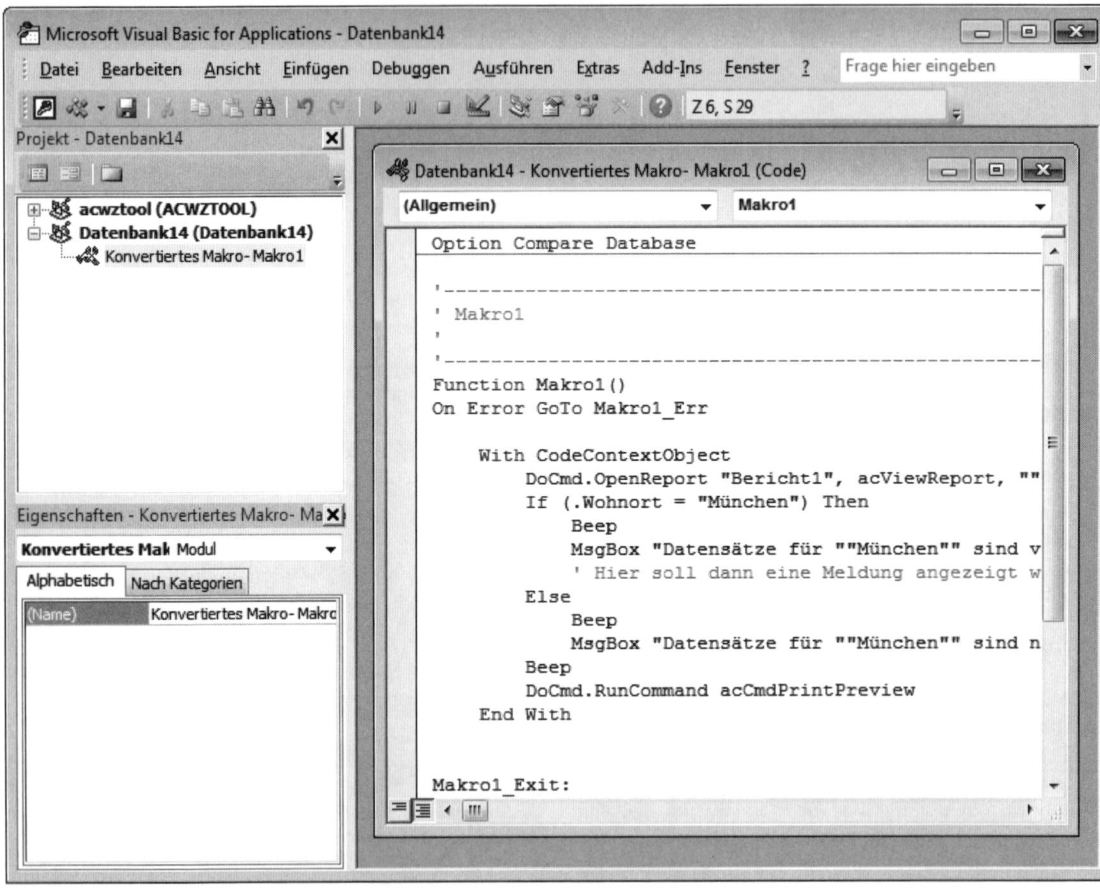

Abbildung 14.22 Der VBA-Editor zeigt den Inhalt eines konvertierten Makros an.

In Navigationsbereich der Datenbank finden Sie anschließend sowohl das ursprüngliche Makro als auch einen Eintrag für das durch die Konvertierung erstellte VBA-Modul. Beide sind jetzt voneinander unabhängige Objekte.

TIPP Die weiter unten angesprochenen eingebetteten Makros und Datenmakros können nicht mithilfe des Werkzeugs *Makros zu Visual Basic konvertieren* in der Gruppe *Makro* der Registerkarte *Datenbanktools* zu Visual Basic konvertiert werden. Wenn Sie beabsichtigen, Ihre Makros letztendlich in VBA-Code zu konvertieren, sollten Sie eigenständige anstelle von eingebetteten Makros erstellen.

14.4 Makros ausführen

Sie haben mehrere Möglichkeiten, die definierten Makros auszuführen: Einerseits können Sie ein Makro über mehrere Methoden manuell ausführen. Das ist besonders wichtig, wenn Sie die Wirkungsweise des Makros noch austesten wollen. Sie können Makros aber auch - und das ist wohl der für eine Automatisierung von Formularen oder Berichten interessantere Weg - als Reaktion auf ein Ereignis ausführen lassen, beispielsweise durch einen Klick auf eine Befehlsschaltfläche in einem Formular.

14.4.1 Manuelle Ausführung

Zum Testen eines gerade erstellten Makros können Sie es über das Makrofenster ausführen lassen. Andererseits können Sie das Makro direkt ausführen lassen, indem Sie über den Navigationsbereich arbeiten.

Ausführen über das Makrofenster

Um die Funktionsfähigkeit eines gerade erstellten Makros zu testen, können Sie es direkt über das Fenster für den Makroentwurf ausführen lassen.

» Wenn das Makro nicht im Makrofenster geöffnet ist, markieren Sie es - beispielsweise das eben erstellte *Makro1* - im Navigationsbereich. Öffnen Sie das Kontextmenü zu diesem Element, und wählen Sie darin *Entwurfsansicht*. Das Makro wird wieder im Makrofenster angezeigt.

» 

Klicken Sie in der Gruppe *Tools* im Menüband für die *Makrotools* auf die Schaltfläche *Ausführen*. Das Makro wird ausgeführt. Die in ihm festgelegten Aktionen werden abgearbeitet: Der Bericht *Bericht1* wird angezeigt.

» Stellen Sie die Ausgangssituation wieder her, indem Sie den Bericht schließen.

Schrittweise Ausführung

Wenn bei dieser direkten Ausführung Probleme auftauchen sollten, können Sie durch eine schrittweise Ausführung das Makro Aktion für Aktion ausführen lassen.

» 
Klicken Sie in der Gruppe *Tools* im Menüband für die *Makrotools* auf die Schaltfläche *Einzelschritt*. Die schrittweise Ausführung wird eingeschaltet.

» 

Klicken Sie dann wieder auf die Schaltfläche *Ausführen*. Die erste Aktionszeile wird ausgeführt. Das Dialogfeld *Einzelschritt* wird angezeigt (→ Abbildung 14.23).

» Prüfen Sie die Wirkung. Klicken Sie dann auf die Schaltfläche *Schritt*, um die nächste Aktionszeile auszuführen. Fahren Sie auf diese Weise fort.

» 
Um die schrittweise Ausführung wieder abzuschalten, klicken Sie nochmals auf die Schaltfläche *Einzelschritt*. Vergessen Sie diesen Schritt nicht! Der Modus bleibt sonst eingeschaltet.

» Stellen Sie die Ausgangssituation wieder her, indem Sie den Bericht schließen.

Aus dem Navigationsbereich ausführen

Der einfachste, aber nicht am häufigsten angewandte Weg, eines der bereits erstellten Makros auszuführen, besteht in der Ausführung über den Navigationsbereich.

» Lassen Sie den Navigationsbereich anzeigen, und wählen Sie die Objektgruppe *Makros*. Die definierten Makros werden im Navigationsbereich angezeigt.

» Markieren Sie das auszuführende Makro, indem Sie darauf klicken. Benutzen Sie wieder das anfangs erstellte *Makro1*.

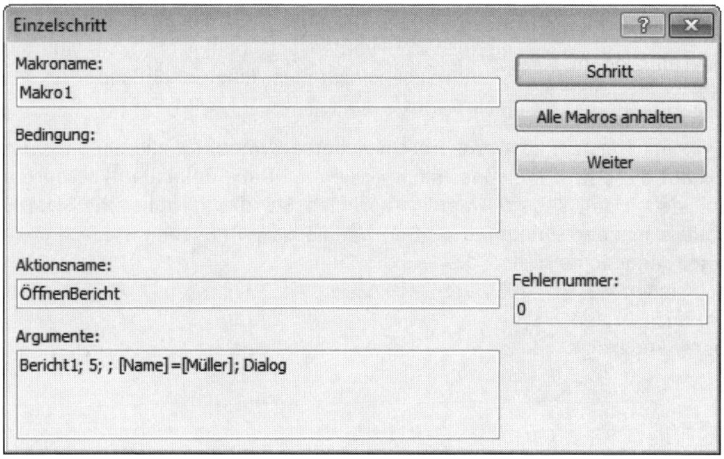

Abbildung 14.23
Das Dialogfeld *Einzelschritt* listet nacheinander die einzelnen Schritte auf.

» Doppelklicken Sie auf das markierte Makro. Das vorher markierte Makro wird ausgeführt.

» Stellen Sie die Ausgangssituation wieder her, indem Sie den Bericht schließen.

Über das Menüband ausführen

Wenn Sie gerade ein anderes Objekt als den Navigationsbereich auf dem Bildschirm haben, können Sie die definierten Makros auch über eine Schaltfläche im Menüband ausführen lassen.

» 

Wählen Sie die Registerkarte *Datenbanktools* im Menüband. Klicken Sie darin in der Gruppe *Makro* auf die Schaltfläche *Makro ausführen*. Das Dialogfeld *Makro ausführen* wird angezeigt (→ Abbildung 14.24).

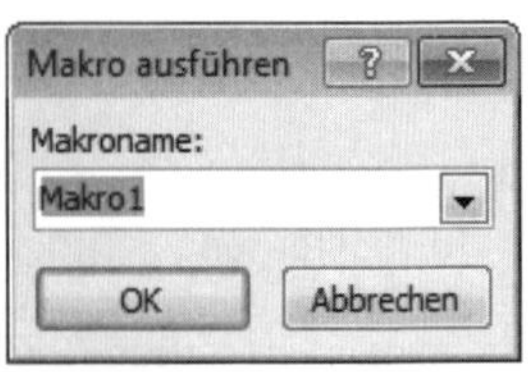

Abbildung 14.24
Das Dialogfeld *Makro ausführen*

» Geben Sie den Namen des auszuführenden Makros ein, oder wählen Sie ihn aus dem Listenfeld aus. Darin werden alle in der Anwendung definierten Makros aufgelistet.

» Bestätigen Sie Ihre Wahl durch einen Klick auf *OK*. Das Makro wird ausgeführt. Die darin festgelegten Aktionen werden abgearbeitet, und der Bericht wird angezeigt.

» Stellen Sie die Ausgangssituation wieder her, indem Sie den Bericht schließen.

Untermakros ausführen

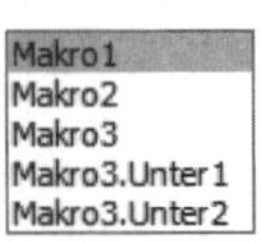

Sie können ein Untermakro auf dieselbe Weise ausführen wie ein individuell definiertes Makro. Sie müssen allerdings den Namen des Untermakros mit angeben, etwa in der Form *Makro.Untermakro*. Die einzelnen Makros in der Gruppe werden in dieser Form auch in den entsprechenden Dialog- und Listenfeldern angezeigt (→ Abbildung 14.25).

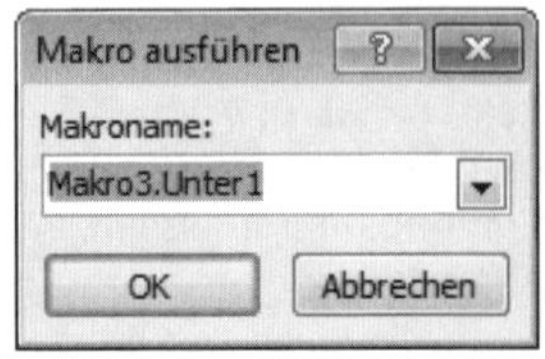

Abbildung 14.25
Das Dialogfeld *Makro ausführen* zeigt Makros zusammen mit Untermakros an.

Über eine Schaltfläche in der Symbolleiste

Wenn Sie ein bereits definiertes Makro häufiger benutzen, lohnt es sich, zum Starten eine Schaltfläche in der Symbolleiste für den Schnellzugriff einzurichten.

» Öffnen Sie die Registerkarte *Datei*, und wählen Sie *Optionen*. Klicken Sie unter den Access-Optionen auf *Symbolleiste für den Schnellzugriff* (→ Abbildung 14.26).

» Geben Sie zuerst über das Feld *Symbolleiste für den Schnellzugriff anpassen* rechts oben im Fenster an, ob die Schaltfläche für in Access 2010 geöffnete Datenbanken oder nur für die aktuelle Datenbank erscheinen soll. Meist empfiehlt es sich, hier die aktuelle Datenbank zu wählen. Wenn Sie die Option *Für alle Dokumente (Standard)* einstellen, ist die Schaltfläche nur für Fälle wirksam, in denen ein Makro des noch zu wählenden Namens in der Datenbank vorhanden ist.

» Wählen Sie dann über das Feld *Befehle auswählen* links oben im Fenster die Option *Makros*. Die definierten Makros werden dann im Feld darunter aufgelistet.

» Markieren Sie das Makro, für das eine Schaltfläche eingerichtet werden soll, und klicken Sie auf die Schaltfläche *Hinzufügen*. Eine Schaltfläche für das Makro wird erstellt.

» Wenn Sie ein anderes Symbol für die Schaltfläche wünschen, markieren Sie die Zeile, und klicken Sie auf *Ändern*. Wählen Sie das gewünschte Symbol über das Dialogfeld aus (→ Abbildung 14.27).

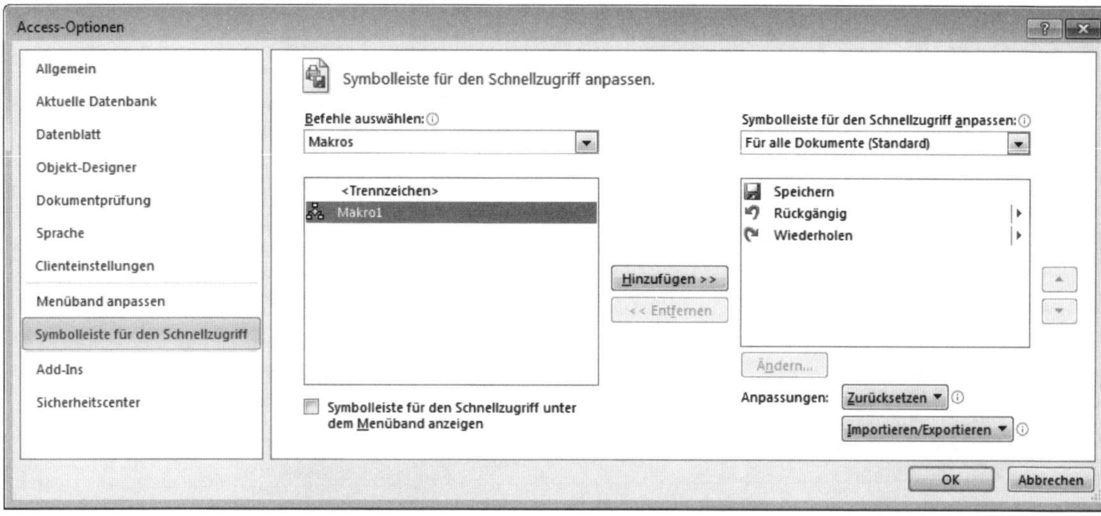

Abbildung 14.26 Ein Makro der Symbolleiste für den Schnellzugriff hinzufügen

Abbildung 14.27 Wählen Sie ein Symbol für die Schaltfläche aus.

» Bestätigen Sie alle Einstellungen mit *OK*.

Anschließend können Sie das Makro durch einen Klick auf die neue Schaltfläche in der Symbolleiste für den Schnellzugriff starten.

14.4.2 Ein Makro programmgesteuert ausführen

Makros können auch programmgesteuert ausgeführt werden. Dazu können Sie ein Makro aus einem anderen Makro oder aus einer Microsoft Visual Basic-Prozedur heraus starten.

» Um ein Makros aus einem anderen Makro heraus zu starten, fügen Sie die Aktion *AusführenMakro* zu dem Makro hinzu, von dem aus das andere Makro gestartet werden soll. Legen dann das Argument *Makroname* auf den Namen des auszuführenden Makros fest. Über das Listenfeld können Sie zwischen den bereits definierten Makros wählen.

» Eine einfache Möglichkeit zum Einfügen steht Ihnen über den Aktionskatalog zur Verfügung. Wenn Sie hier den Eintrag *In dieser Datenbank* unten im Katalog erweitern, werden Ihnen alle in der Datenbank definierten Makros aufgelistet - sowohl die selbstständigen als auch die eingebetteten und Datenmakros (→ unten). Durch einen Doppelklick auf einen solchen Makroeintrag im Aktionskatalog erstellen Sie eine Aktionszeile vom Typ *AusführenMakro* für das entsprechende Makro (→ Abbildung 14.28).

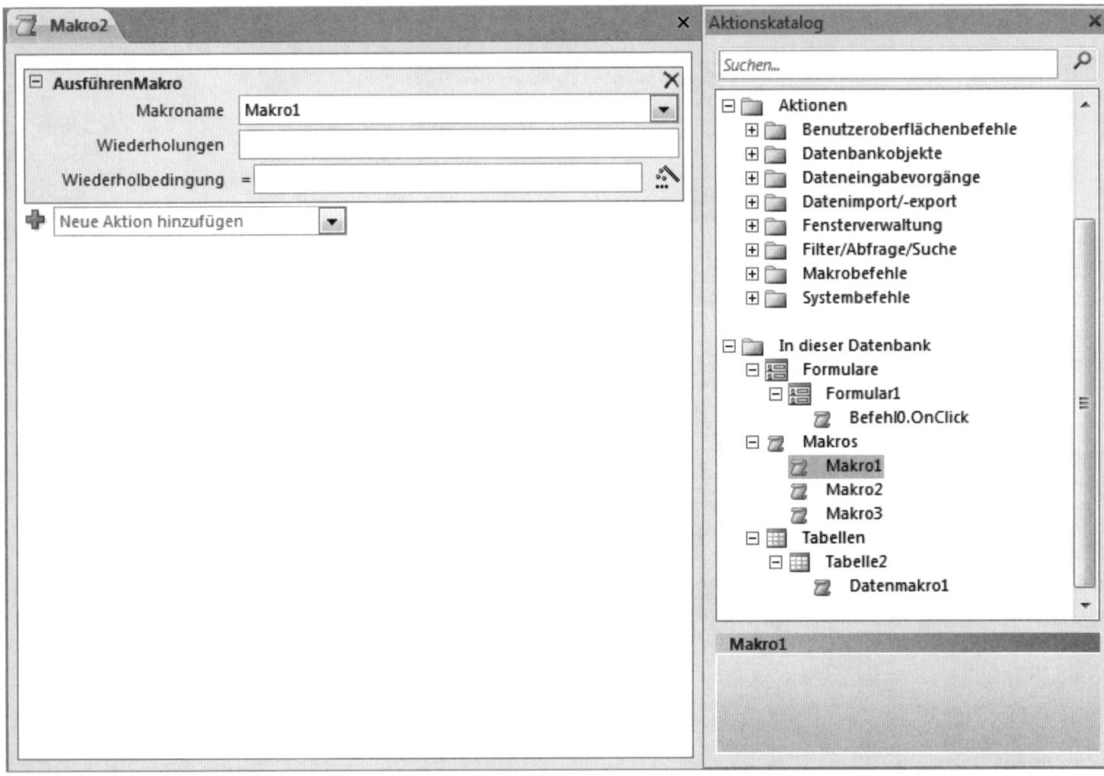

Abbildung 14.28 Das Einfügen der Aktion *AusführenMakro* über den Aktionskatalog

» Um ein Makro aus einer Microsoft Visual Basic-Prozedur heraus zu starten, können Sie die *RunMacro*-Methode des *DoCmd*-Objekts verwenden. Darauf werden wir in Kapitel 17 eingehen.

14.4.3 Ein Makro an ein Ereignis knüpfen

Da Makros meist zur Automatisierung gewisser Aufgaben eingesetzt werden, wird man ihre Ausführung auch automatisch starten wollen, sobald ein bestimmtes Ereignis eintritt. Beispielsweise könnten Sie ein Makro automatisch starten lassen, sobald Sie ein Formular oder einen Bericht öffnen, Daten darin ändern oder auf eine bestimmte Schaltfläche in einem solchen Objekt klicken.

Eine Schaltfläche zum Ausführen eines Makros

Ein typischer Fall für das Starten eines Makros wäre es, einfach auf eine Schaltfläche in einem Formular zu klicken.

» Erstellen Sie ein neues Formular in der Entwurfsansicht. Dazu klicken Sie auf der Registerkarte *Erstellen* auf die Befehlsschaltfläche *Formularentwurf*.

» 

Fügen Sie im Entwurf ein Steuerelement von Typ *Schaltfläche* ein. Wenn – wie standardmäßig vorgegeben – die Option für den Steuerelement-Assistenten eingeschaltet ist, wird damit der *Befehlsschaltflächen-Assistent* gestartet, über den Sie festlegen können, was ein Klick auf die Befehlsschaltfläche später bewirken soll (→ Abbildung 14.29).

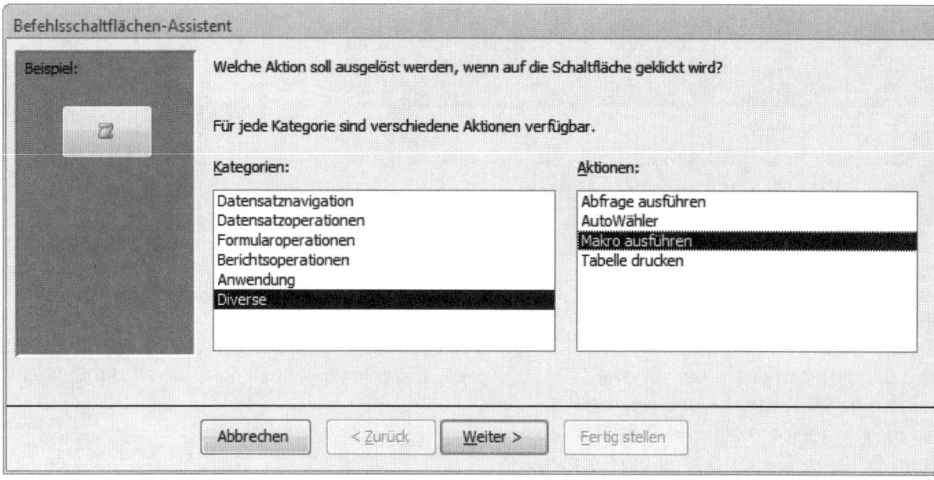

Abbildung 14.29
Im *Befehlsschaltflächen-Assistent* finden Sie unter *Diverse* auch die Möglichkeit zum Ausführen von Makros.

» Wählen Sie darin links die Option *Diverse* und dann rechts *Makro ausführen* aus. Klicken Sie auf *Weiter*. Anschließend müssen Sie wählen, welches Makro ausgeführt werden soll, und – nach einem weiteren Klick auf *Weiter* – angeben, ob die Schaltfläche mit einem Bild oder einem Text versehen werden soll (→ Abbildung 14.30).

» Bestätigen Sie über *Fertig stellen*. Die Schaltfläche wird im Entwurf eingefügt (→ Abbildung 14.31).

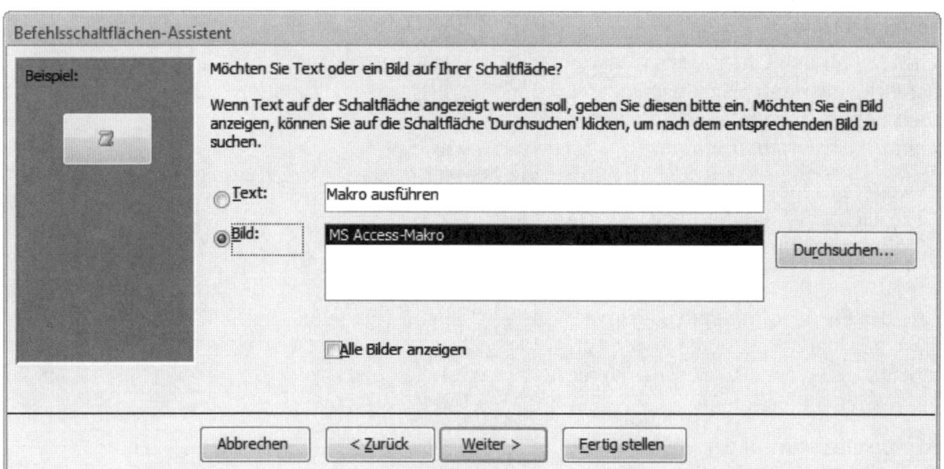

Abbildung 14.30
Wählen Sie das Makro und das Symbol aus.

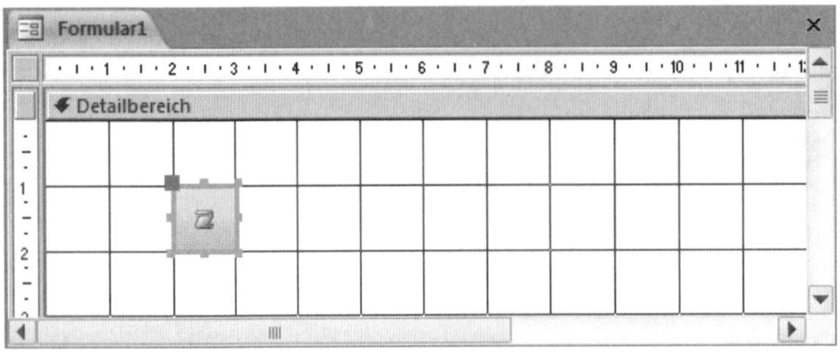

Abbildung 14.31
Eine Schaltfläche in der Entwurfsansicht eines Formulars. In der Formularansicht startet ein Klick darauf das Makro.

» 

Damit ist die Arbeit schon abgeschlossen. Speichern Sie das Formular - beispielsweise unter dem Namen *Formular1* -, und wechseln Sie dann zur *Formularansicht*. Die Schaltfläche ist bei diesem Beispiel das einzige angezeigte Element.

» Klicken Sie auf diese Schaltfläche. Das damit verbundene Makro wird ausgeführt, und der *Bericht1* wird angezeigt.

» Stellen Sie die Ausgangssituation wieder her, indem Sie den Bericht und das Formular schließen.

Eine automatische Ausführung

Ein weiterer typischer Fall für den Einsatz eines Makros wäre, dass es ausgeführt wird, wenn Sie auf ein anderes Objekt zugreifen. Beispielsweise könnte ein Bericht angezeigt werden, wenn Sie ein Formular öffnen.

» Erstellen Sie ein weiteres neues Formular in der Entwurfsansicht. Dazu klicken Sie auf der Registerkarte *Erstellen* auf die Befehlsschaltfläche *Formularentwurf*.

»  Markieren Sie das Element, mit dem Sie ein Makro verknüpfen wollen. Markieren Sie dazu den Formular-, den Berichts- oder den Bereichsmarkierer, oder wählen Sie ein Steuerelement aus

» 

Klicken Sie dann auf der Registerkarte *Formularentwurfstools/Entwurf* in der Gruppe *Tools* auf die Schaltfläche *Eigenschaftenblatt*. Das Eigenschaftenblatt wird angezeigt (→ Abbildung 14.32).

» Holen Sie die Registerkarte *Ereignis* in den Vordergrund. Die Ereignisse, an die Sie die Ausführung eines Makros knüpfen können, werden angezeigt. Sie unterscheiden sich je nach dem gewählten Element.

Abbildung 14.32 Die Eigenschaften für die Ereignisse

» Klicken Sie auf die Ereigniseigenschaft für das Ereignis, von dem das Makro ausgelöst werden soll (→ Abbildung 14.32). Um beispielsweise das Makro beim

Öffnen des Formulars zu starten, wählen Sie *Beim Anzeigen*.

» Geben Sie den Namen des auszuführenden Makros ein, oder wählen Sie das gewünschte Makro aus dem Listenfeld aus. Wählen Sie in diesem Fall nicht die Option *[Ereignisprozedur]*.

» Schließen Sie das Fenster der Eigenschaften. Das gewählte Makro ist jetzt mit dem Ereignis verknüpft.

» Zum Testen der Wirkung schließen Sie das Formular. Wenn Sie wollen, können Sie es vorher unter *Formular2* speichern.

» Führen Sie dann die Aktion aus, mit der Sie das Makro verknüpft haben. Wenn Sie beispielsweise das Makro mit dem Ereignis *Bei Laden* verknüpft haben, öffnen Sie das Formular in der Formularansicht. Das Makro wird ausgeführt, und der Bericht wird ebenfalls geöffnet.

» Stellen Sie die Ausgangssituation wieder her, indem Sie den Bericht und das Formular schließen.

Automatische Ausführung beim Öffnen

Mithilfe eines speziellen Makros, des sogenannten *AutoExec*-Makro, können Sie beim ersten Öffnen Ihrer Datenbank eine oder mehrere Aktionen ausführen. Wenn Sie eine Datenbank öffnen, sucht Microsoft Access nach einem Makro mit diesem Namen und führt es, falls vorhanden, automatisch aus.

» Erstellen Sie ein Makro, das die Aktionen enthält, die beim Öffnen der Datenbank ausgeführt werden sollen. Lassen Sie mit den Aktionen in diesem Makro beispielsweise ein bestimmtes Formular anzeigen.

» Speichern Sie das Makro unter dem Namen *AutoExec*, und schließen Sie das Fenster für den Makroentwurf. Beim nächsten Öffnen der Datenbank führt Microsoft Access dieses Makro automatisch aus.

TIPP Wenn Sie nicht möchten, dass das *AutoExec*-Makro beim Öffnen der Datenbank ausgeführt wird, müssen Sie während des Öffnens der Datenbank die [⇧]-Taste gedrückt halten.

14.4.4 Makros zu einer Taste zuweisen

Sie können einer bestimmten Taste oder Tastenkombination eine Aktion oder eine Gruppe von Aktionen zuweisen, indem Sie eine Makro *AutoKeys* erstellen. Beim Drücken der Taste oder der Tastenkombination führt Microsoft Access die entsprechende Aktion aus. Sie können beispielsweise die Aktion *AusführenMakro* hinzufügen, die ein mit *Drucken* benanntes Makro ausführt, wenn die Tastenkombination [Strg]+[P] gedrückt wird.

» Erstellen Sie zunächst die Makros, die diejenigen Aktionen ausführen wollen, für die Sie anschließend Tastenkombinationen vereinbaren wollen. Wenn Sie beispielsweise die beiden vorhandenen Datenbankobjekte *Formular1* und *Bericht1* über die Tasten [F1] und [F2] öffnen lassen wollen, erstellen Sie zunächst zwei Makros, die das Öffnen bewirken. Als Namen für diese Makros können Sie einen beliebigen zulässigen Text verwenden.

» 

Erstellen Sie dann ein neues Makro, und sorgen Sie – wenn noch notwendig – dafür, dass der Aktionskatalog angezeigt wird. Doppelklicken Sie darin auf *Untermakro*. Im Hauptbereich wird ein Untermakro erstellt.

» Geben Sie in Feld *Untermakro* einen Code für die Taste oder Tastenkombination ein, der Sie die Aktion oder Gruppe von Aktionen zuweisen möchten (→ Tabelle 14.4). Wenn beispielsweise das Drücken der Taste [F1] etwas bewirken soll, benutzen Sie als Code den Ausdruck *{F1}*.

Code	Tasten und Tastenkombination
{F1}	F1
^{F1}	Strg+F1
+{F1}	⇧+F1
{EINFG}	Einfg
^{EINFG}	Strg+Einfg
+{EINFG}	⇧+Einfg
{ENTF}	Entf
^{ENTF}	Strg+Entf
+{ENTF}	⇧+Entf
^A	Strg+A
^4	Strg+4

Tabelle 14.4 Beispiele für Tastencodes beim Einsatz in Makros

» Fügen Sie die Aktion oder Gruppe von Aktionen hinzu, die von der Taste oder Tastenkombination ausgeführt werden soll (→ Abbildung 14.33). Wenn Sie bereits die Makros definiert haben, die diejenigen Aktionen ausführen wollen, verwenden Sie die Aktion *AusführenMakro* und benutzen dann als Argument dafür den Namen des entsprechenden Makros.

» Wiederholen Sie diese Schritte für alle Tastenzuweisungen, die Sie vornehmen möchten. Geben Sie in der Spalte *Makroname* einen neuen Tastenschlüssel in der Zeile ein, in der eine neue Sequenz beginnen soll.

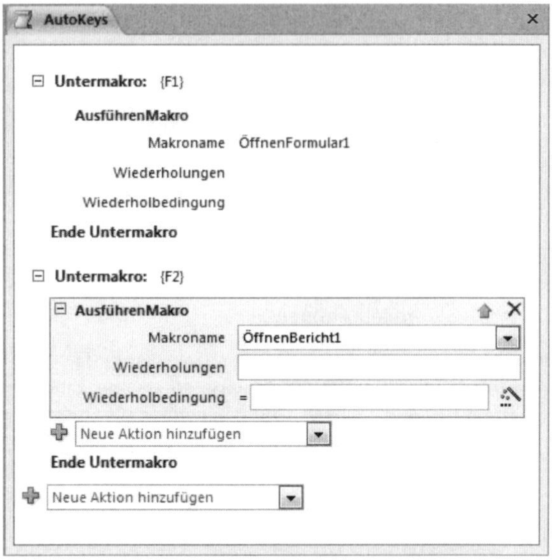

Abbildung 14.33 Untermakros für Tastenzuweisungen

» Speichern Sie die Makrogruppe dann unter dem Namen *AutoKeys*.

» Schließen Sie das Makrofenster durch einen Klick auf die übliche Schaltfläche.

» Testen Sie die benutzten Tasten aus. Die Tastenbelegungen werden wirksam, sobald Sie die Makrogruppe speichern und können immer dann benutzt werden, wenn die Datenbank geöffnet ist.

ACHTUNG Wenn Sie eine Aktion einer Tastenkombination zuordnen, die bereits von Access verwendet wird (beispielsweise Strg+C, der Tastenkombination für das Kopieren einer Markierung), ersetzen die von Ihnen zugewiesenen Aktionen die ursprüngliche Access-Tastenbelegung.

14.5 Eingebettete Makros und Datenmakros

Die eben beschriebenen normalen Makros erscheinen als eigenständige Objekte im Navigationsbereich der Datenbank. Vor dort aus können sie beispielsweise auch ausgeführt werden (→ oben). Daneben gibt es in der aktuellen Programmversion aber auch Makros, die nicht als separate Objekte im Navigationsbereich unter Makros gespeichert werden. Das sind die eingebetteten Makros und die Datenmakros:

» Der Begriff des eingebetteten Makros ist neu seit Access 2007. Eingebettete Makros unterscheiden sich von eigenständigen Makros darin, dass sie in den Ereigniseigenschaften von Formularen, Berichten oder Steuerelementen gespeichert werden. Damit kann das Verwalten Ihrer Datenbank erleichtert werden, da Sie nicht mehrere Datenbankobjekte nachverfolgen müssen, die Makros für ein Formular oder für einen Bericht enthalten. Außerdem werden Makros in das Formular oder in den Bericht eingeschlossen: wenn Sie dieses Objekt kopieren, importieren oder exportieren, bleibt es darin erhalten. Eingebettete Makros sind generell vertrauenswürdig, weil sie automatisch am Ausführen bestimmter potenziell unsicherer Vorgänge gehindert werden.

» Datenmakros sind neu in Access 2010. Mithilfe solcher Elemente können Sie Ereignissen, die in Tabellen auftreten, eine Programmlogik hinzufügen - beispielsweise kann ein Hinzufügen, Aktualisieren oder ein Löschen von Daten in einer Tabelle das Starten von Makroaktionen bewirken, die eine Prüfung hinsichtlich Gültigkeit und Fehlerfreiheit von Daten in einer Tabelle durchführen. Datenmakros werden - wie eingebettete Makros in Berichten oder Formularen - nicht im Navigationsbereich unter *Makros* angezeigt. Es gibt zwei Haupttypen von Datenmakros: Einerseits die sogenannten ereignisgesteuerten Datenmakros, die von Tabellenereignissen ausgelöst werden, und andererseits die sogenannten benannten Datenmakros, die als Reaktion auf einen Aufruf anhand des Namens ausgeführt werden.

14.5.1 Eingebettete Makros

Um ein eingebettetes Makro für einen Bericht oder ein Formular zu erstellen, gehen Sie in den folgenden Schritten vor:

» 

Öffnen Sie das Datenbankobjekt, das das Makro enthalten soll, in der Entwurfsansicht oder der Layoutansicht. Drücken Sie F4, um das Eigenschaftenblatt anzuzeigen, oder benutzen Sie die Befehlsschaltfläche *Eigenschaftenblatt* im Menüband.

» Wählen Sie im Eigenschaftenfenster das Steuerelement oder den Abschnitt, das oder der die Ereigniseigenschaft enthält, in die Sie das Makro einbetten möchten, und aktivieren Sie die Registerkarte *Ereignis*.

» [...] Klicken Sie auf die *Generator*-Schaltfläche neben dem Eigenschaftenfeld für das Ereignis, dem das Makro zugeordnet werden soll. Das Dialogfeld *Generator auswählen* wird angezeigt (→ Abbildung 14.34).

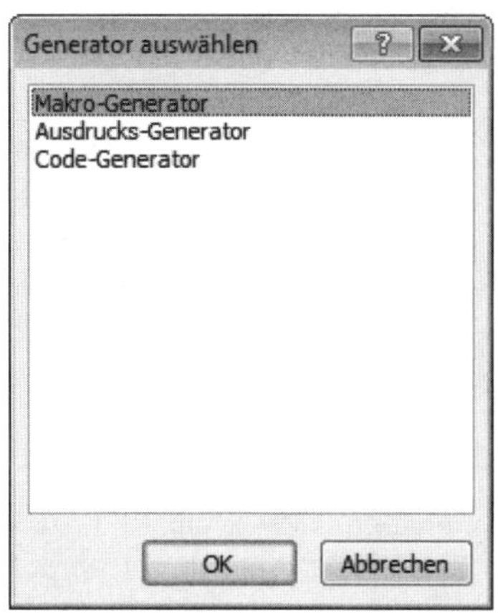

Abbildung 14.34 Das Dialogfeld *Generator auswählen*.

» Wählen Sie darin die Option *Makro-Generator*, und klicken Sie dann auf *OK*. Das Fenster für den Makroentwurf wird angezeigt (→ Abbildung 14.35).

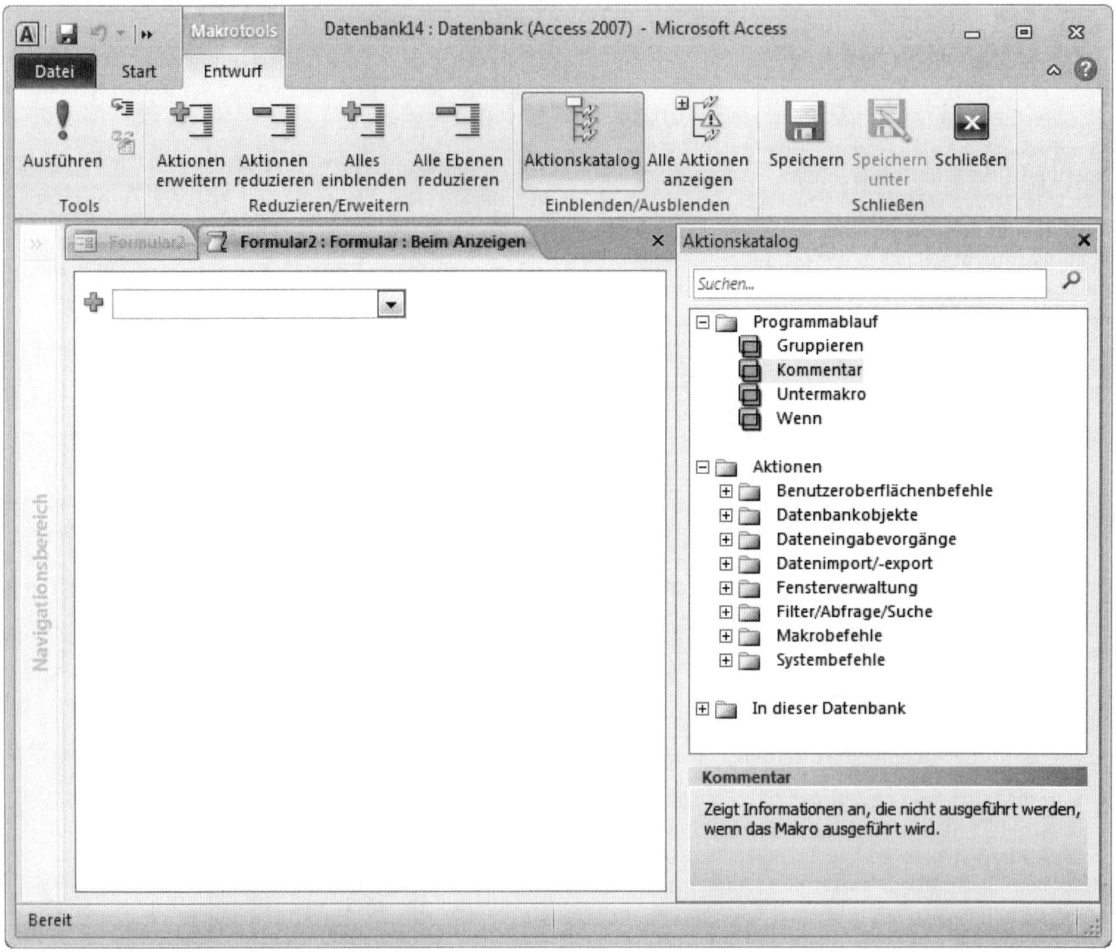

Abbildung 14.35 Ein eingebettetes Makro erstellen

» Geben Sie die Aktionen für das Makro ein. Ist Ihr Makro fertig, klicken Sie auf *Speichern* und dann auf *Schließen*.

Das Makro wird immer dann ausgeführt, wenn die Ereigniseigenschaft ausgelöst wird.

TIPP In Access können Sie eine Makrogruppe als eingebettetes Makro erstellen (→ unten). Es wird jedoch nur das erste Makro in der Gruppe ausgeführt, wenn das Ereignis ausgelöst wird. Nachfolgende Makros werden ignoriert.

14.5.2 Ereignisgesteuerte Datenmakros

Tabellenereignisse erfolgen, wenn Sie in einer Tabelle Daten hinzufügen, aktualisieren oder löschen. Sie können ein Datenmakro so programmieren, dass es unmittelbar nach einem dieser drei Ereignisse oder unmittelbar vor einem Lösch- oder Änderungsereignis ausgeführt wird.

In der Datenblattansicht

Gehen Sie wie folgt vor, um ein Datenmakro einem Tabellenereignis in der Datenblattansicht zuzuordnen:

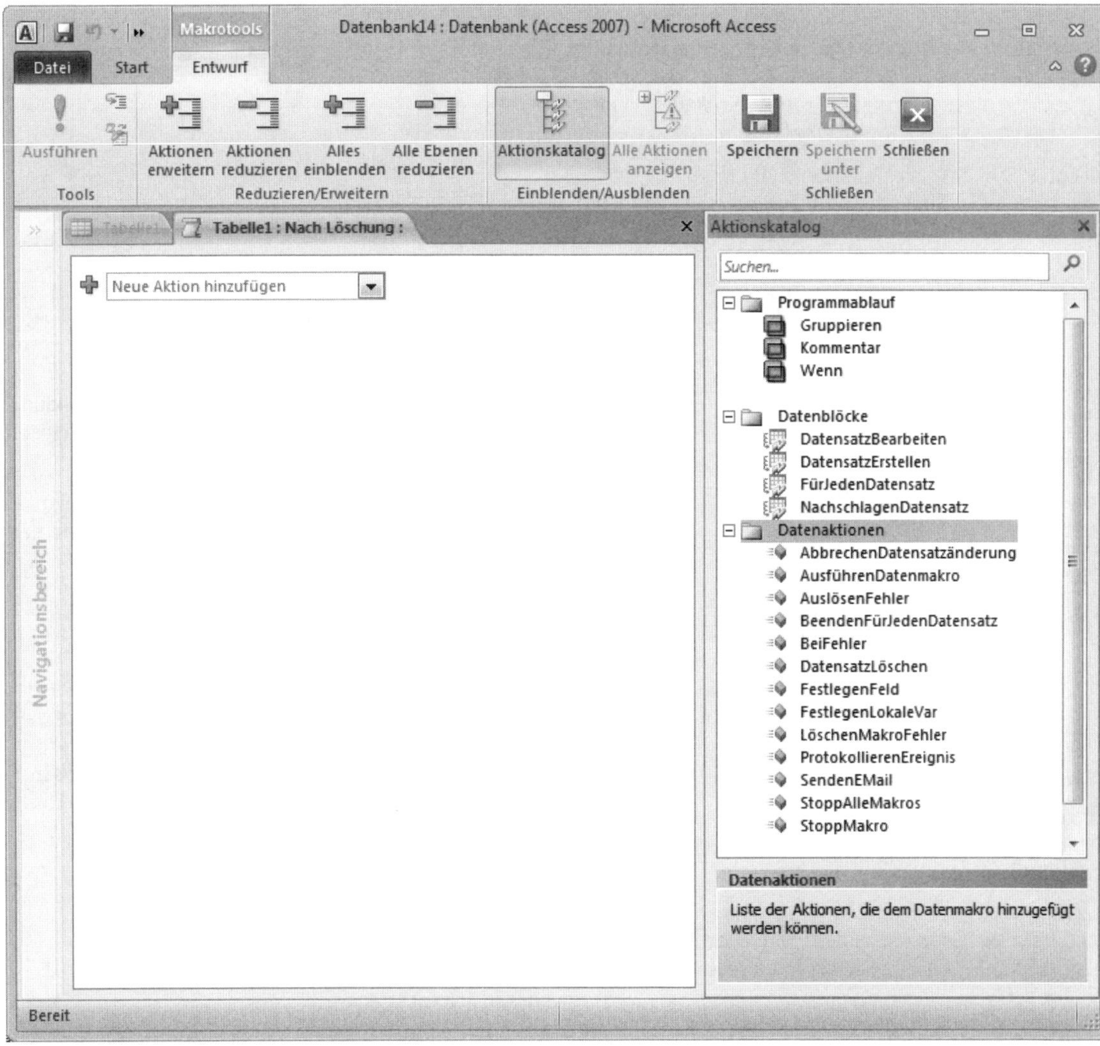

Abbildung 14.36 Ein Datenmakro für das Ereignis *Nach Löschung* erstellen

» Öffnen Sie über den Navigationsbereich die Tabelle, der Sie ein Datenmakro hinzufügen möchten, in der Datenblattansicht.

» 

Klicken Sie auf der Registerkarte *Tabellentools/Tabelle* in der Gruppe *Vorabereignisse* oder der Gruppe *Nachfolgeereignisse* auf die Schaltfläche für das Ereignis, dem Sie das Makro zuordnen möchten. Um beispielsweise ein Datenmakro zu erstellen, das nach dem Löschen eines Datensatzes aus der Tabelle ausgeführt wird, klicken Sie auf *Nach Löschung*.

» Der Makro-Generator wird geöffnet (→ Abbildung 14.36). Wenn Sie bereits zuvor ein Makro für dieses Ereignis erstellt haben, wird dieses darin geöffnet.

» 

Fügen Sie die Aktionen hinzu, die das Makro ausführen soll (→ oben). Speichern und schließen Sie das Makro über die Schaltflächen in der Gruppe *Schließen*. Einen Namen müssen Sie nicht vergeben.

Beachten Sie, dass hier nicht alle Aktionen zur Verfügung stehen, die Sie vom Erstellen von eigenständigen Makros her kennen (→ Abbildung 14.37).

Abbildung 14.37 Die verfügbaren Aktionen für Datenmakros

In der Entwurfsansicht

Alternativ zur Arbeit in der Datenblattansicht können Sie das Makro auch über die Entwurfsansicht der Tabelle anlegen:

» Öffnen Sie über den Navigationsbereich die Tabelle, der Sie ein Datenmakro hinzufügen möchten, in der Entwurfsansicht.

» Klicken Sie auf der Registerkarte *Tabellentools/Entwurf* in der Gruppe *Feld-, Datensatz- und Tabellenereignisse* auf *Datenmakros erstellen*, und wählen Sie dann aus dem Katalog das Ereignis, zu dem Sie das Makro definieren wollen (→ Abbildung 14.38).

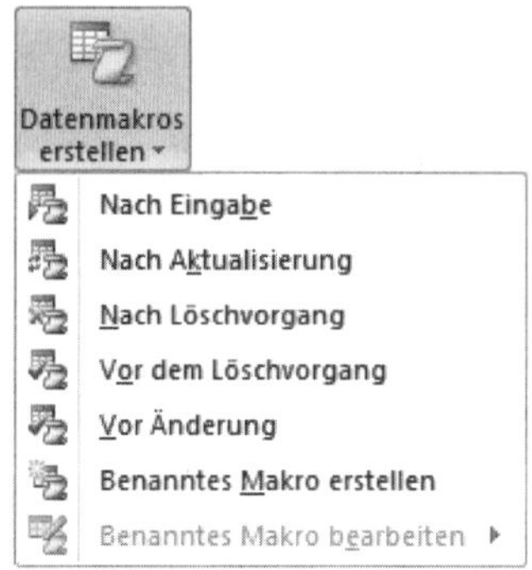

Abbildung 14.38 Ein Datenmakro über die Entwurfsansicht der Tabelle anlegen

» Der Makro-Generator wird geöffnet (→ Abbildung 14.36). Wenn Sie bereits zuvor ein Makro für dieses Ereignis erstellt haben, wird dieses darin geöffnet.

» Definieren Sie die Aktionen, die das Makro ausführen soll (→ oben). Speichern und schließen Sie das Makro über die Schaltflächen in der Gruppe *Schließen*.

14.5.3 Benannte Datenmakros

Ein benanntes oder eigenständiges Makro ist einer bestimmten Tabelle, aber keinem bestimmten Ereignis zugeordnet. Sie können ein benanntes Datenmakro in anderen Datenmakros oder eigenständigen Makros aufrufen. Zum Ausführen eines benannten Datenmakros in einem anderen - selbstständigen - Makro dient die Aktion *AusführenDatenmakro*.

Über die Datenblattansicht

Wie bei ereignisgesteuerten Makros können Sie zum Erstellen eines benannten Datenmakros von der Datenblattansicht ausgehen.

» 

Klicken Sie auf der Registerkarte *Tabellentools/Tabelle* in der Gruppe *Benannte Makros* auf *Benanntes Makro*, und wählen Sie dann über den Katalog den Befehl *Datenmakros erstellen*. Das zeigt das Fenster für den Makroentwurf an (→ Abbildung 14.39).

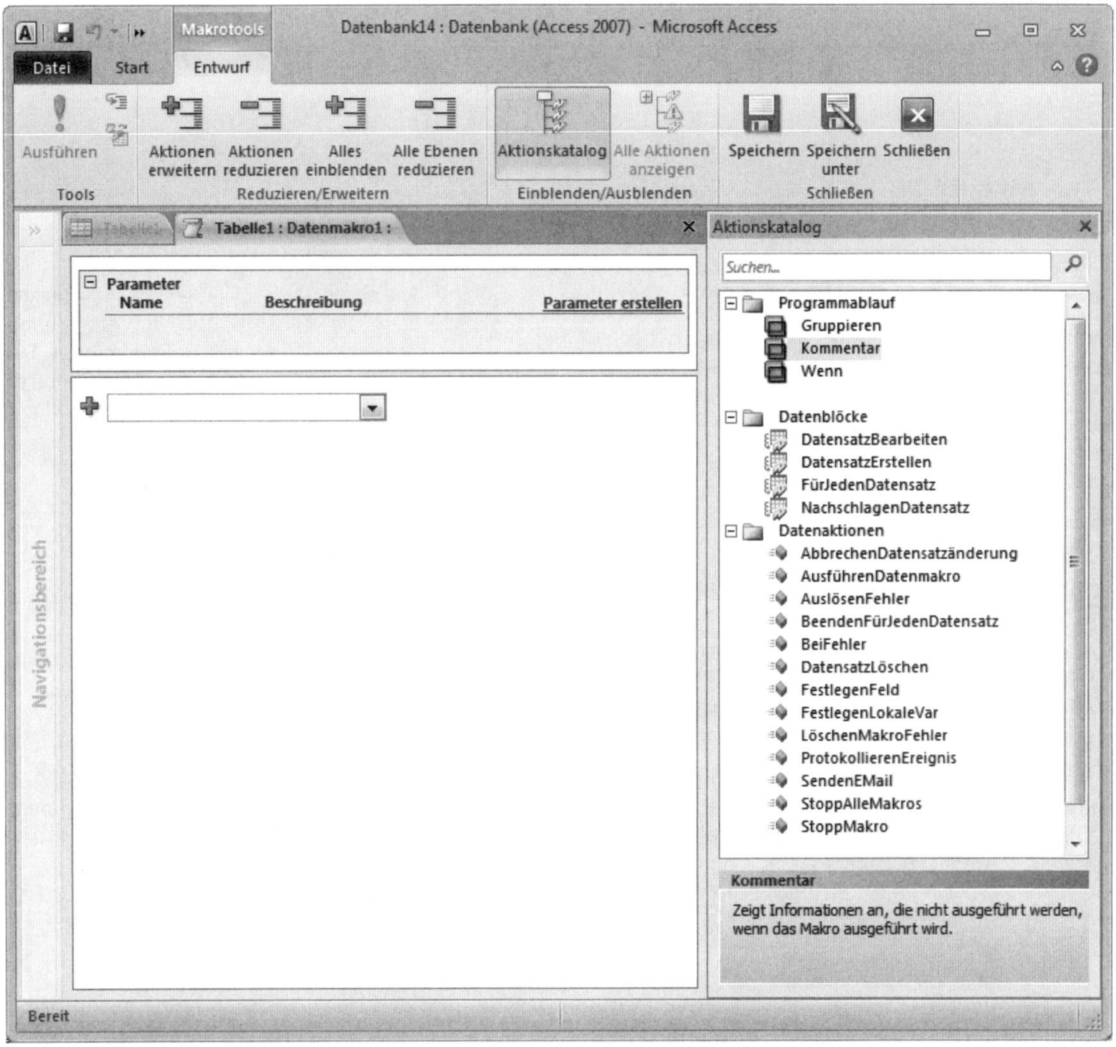

Abbildung 14.39 Ein benanntes Datenmakro erstellen

» Fügen Sie die Aktionen hinzu, die das Makro ausführen soll (→ oben). Speichern und schließen Sie das Makro über die Schaltflächen in der Gruppe *Schließen*.

Über die Entwurfsansicht

Sie können auch die Entwurfsansicht der Tabelle verwenden:

» Öffnen Sie über den Navigationsbereich die Tabelle, der Sie ein Datenmakro hinzufügen möchten, in der Entwurfsansicht.

» Klicken Sie auf der Registerkarte *Tabellentools/Entwurf* in der Gruppe *Feld-, Datensatz- und Tabellenereignisse* auf *Datenmakros erstellen*, und wählen Sie dann über den Katalog den Befehl *Benanntes Makro erstellen* (→ Abbildung 14.38).

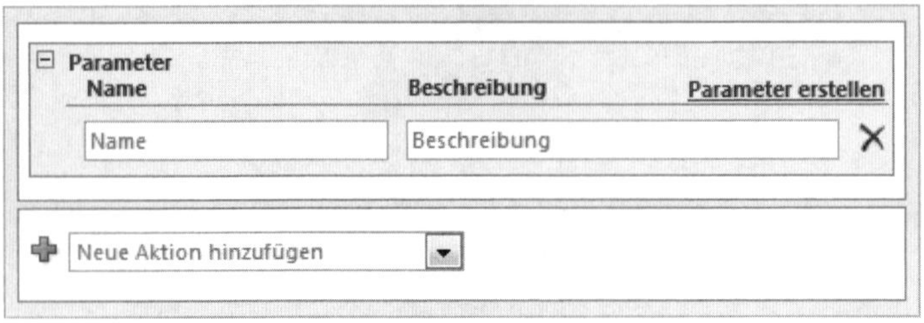

Abbildung 14.40
Einen Parameter definieren

Parameter einstellen

Parameter in einem benannten Makro ermöglichen das Übergeben von Werten an ein benanntes Datenmakro, sodass diese in bedingten Anweisungen oder anderen Berechnungen verwendet werden können. Außerdem ermöglichen sie das Übergeben von Objektverweisen aus Standardmakros an das Datenmakro.

» Klicken Sie oben im Makrofenster auf *Parameter erstellen* (→ Abbildung 14.40).

» Geben Sie in das Feld *Name* einen eindeutigen Namen für den Parameter ein, über den Sie in Ausdrücken auf den Parameter verweisen. Nachdem Sie Parameter in einem benannten Makro definiert haben, können Sie dessen Namen innerhalb dieses Makros verwenden.

» Geben Sie optional eine Beschreibung des Parameters in das Feld *Beschreibung* ein. Die Eingabe einer Beschreibung wird empfohlen, da diese bei der späteren Verwendung des Parameters in einer QuickInfo angezeigt wird, um Sie über den Zweck des Parameters zu informieren.

» 

Speichern und schließen Sie das Makro über die Schaltflächen in der Gruppe *Schließen*. Benannten Makros müssen Sie – daher kommt auch der Name – beim Speichern einen Namen zuweisen (→ Abbildung 14.41).

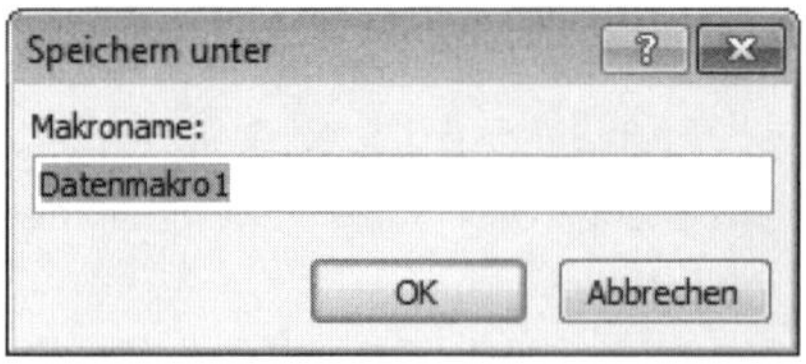

Abbildung 14.41 Einen Namen für ein benanntes Datenmakro vergeben

Parameter mit Werten versehen

Zum Ausführen eines benannten Datenmakros in einem anderen – eigenständigen – Makro dient die Aktion *AusführenDatenmakro*. Diese Aktion stellt ein Feld für jeden erstellten Parameter bereit, sodass Sie die gewünschten Werte eingeben können.

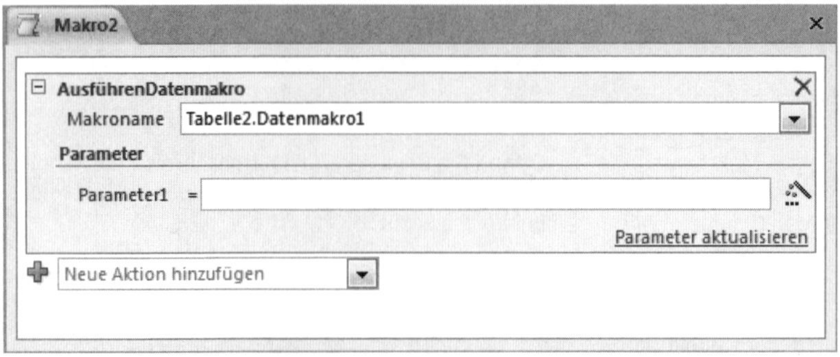

Abbildung 14.42
Den Wert für einen Parameter übergeben

ACHTUNG Beachten Sie, dass die Tabelle, für die Sie ein benanntes Makro definiert haben, gespeichert werden muss, um Zugriff auf die Werteübergabe haben zu können.

14.5.4 Verwalten von Datenmakros

Da ein Datenmakro nicht als eigenständiger Eintrag in Navigationsbereich der Datenbank auftaucht, müssen Sie zum Löschen eines solchen Makros anders vorgehen als bei eigenständigen Makros. Sie müssen in der Datenblatt- oder Entwurfsansicht der Tabelle die Befehle auf dem Menüband verwenden, um Datenmakros zu bearbeiten, umzubenennen oder zu löschen.

Bearbeiten eines ereignisgesteuerten Datenmakros

Wenn Sie die für ein ereignisgesteuertes Datenmakro festgelegten Aktionen ändern wollen, verwenden Sie die folgenden Schritte:

» Öffnen Sie über den Navigationsbereich die Tabelle, die das zu bearbeitende Datenmakro enthält, in der Datenblattansicht.

» Lassen Sie die Registerkarte *Tabellentools/Tabelle* anzeigen. Die Ereignisse, für die Makros definiert wurden, sind in der Gruppen *Vorabereignisse* und *Nachfolgeereignisse* hervorgehoben (→ Abbildung 14.43).

» Klicken Sie auf das Ereignis für das Makro, das Sie bearbeiten möchten. Um beispielsweise das Datenmakro zu bearbeiten, das nach dem Löschen eines Datensatzes aus der Tabelle ausgeführt wird, klicken Sie auf *Nach Löschung*.

» Der Makro-Generator wird geöffnet, in dem Sie mit dem Bearbeiten des Makros beginnen können.

Sie können die Bearbeitung auch von der Entwurfsansicht der Tabelle aus ansprechen. Klicken Sie auf der Registerkarte *Tabellentools/Entwurf* in der Gruppe *Feld-, Datensatz- und Tabellenereignisse* auf *Datenmakros erstellen*, und wählen Sie dann aus dem Katalog das Makro zu dem Ereignis, das Sie bearbeiten wollen (→ Abbildung 14.38). Auch hier sind die Ereignisse, zu denen bereits Makros definiert wurden, farblich gekennzeichnet.

Bearbeiten eines benannten Datenmakros

Ähnlich gehen Sie vor, wenn Sie die Aktionen in einem benannten Datenmakro ändern wollen:

» Öffnen Sie über den Navigationsbereich die gewünschte Tabelle in der Datenblattansicht.

» 

Klicken Sie auf der Registerkarte *Tabellentools/Tabelle* in der Gruppe *Benannte Makros* auf *Benanntes Makro*, und wählen Sie dann *Benanntes Makro bearbeiten*. Klicken Sie im Untermenü auf das Datenmakro, das Sie bearbeiten möchten.

» In Access wird der Makro-Generator geöffnet, in dem Sie mit dem Bearbeiten des Makros beginnen können.

Ein definiertes Datenmakro löschen oder umbenennen

Da ein Datenmakro nicht als eigenständiger Eintrag in Navigationsbereich der Datenbank auftaucht, müssen Sie zum Löschen eines solchen Makros anders vorgehen als bei eigenständigen Makros:

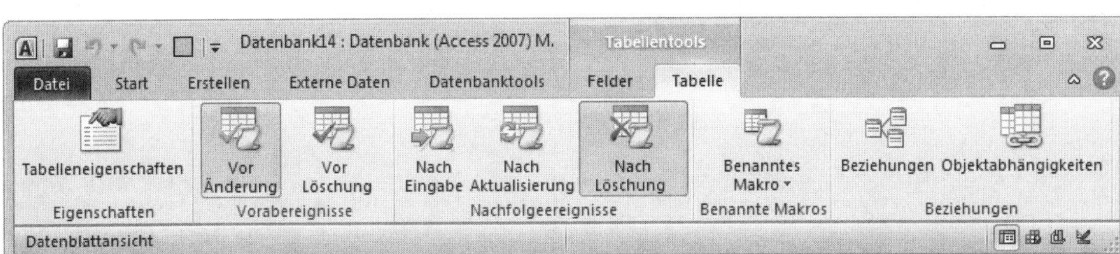

Abbildung 14.43 Ereignisse mit bereits definierte Makros werden farbig gekennzeichnet.

» 

In der Entwurfsansicht der Tabelle klicken Sie auf der Registerkarte *Tabellentools/Entwurf* in der Gruppe *Feld-, Datensatz- und Tabellenereignisse* auf *Makro umbenennen/löschen*.

» 

In der Datenblattansicht der Tabelle klicken Sie auf der Registerkarte *Tabellentools/Tabelle* in der Gruppe *Benannte Makros* auf *Benanntes Makro*, und wählen Sie dann *Makro umbenennen/löschen*.

» In beiden Fällen wird das Dialogfeld *Datenmakro-Manager* angezeigt, in dem die alle für die Tabellen definierten Makros aufgelistet werden (→ Abbildung 14.44).

» Um ein Makro zu entfernen, klicken Sie in der entsprechenden Zeile auf den Link *Löschen*. Diesen Vorgang müssen Sie bestätigen. Das Löschen wird erst nach einem Schließen und anschließenden Öffnen der Tabelle wirksam.

» Benannte Datenmakros können Sie über das Dialogfeld *Datenmakro-Manager* auch umbenennen. Klicken Sie im Dialogfeld neben dem Datenmakro, das Sie umbenennen möchten, auf *Umbenennen*. Geben Sie einen neuen Namen ein, oder ändern Sie den vorhandenen Namen, und bestätigen Sie anschließend.

14.5.5 Behandeln von Datenmakroproblemen

Einige gängige Werkzeuge zum Behandeln von Makroproblemen stehen für Datenmakros nicht zur Verfügung – beispielsweise der Befehl *Einzelschritt* oder die Makroaktion *Meldungsfeld*. Sie können allerdings zum Ermitteln von Fehlern in Datenmakros die Tabelle *Anwendungsprotokoll* in Verbindung mit den Makroaktionen *BeiFehler* und *ProtokollierenEreignis* verwenden.

Das Anwendungsprotokoll

Das Anwendungsprotokoll ist eine Systemtabelle mit dem Namen *UsysApplicationLog*, die standardmäßig nicht im Navigationsbereich angezeigt wird. Zur Anzeige führen Sie einen Rechtsklick auf den Navigationsbereich aus und wählen *Navigationsoptionen*. Aktivieren Sie im gleichnamigen Dialogfeld die Option *Systemobjekte anzeigen* und bestätigen sie. Die Tabelle wird erst dann angezeigt, wenn Daten darin geschrieben worden sind (→ unten).

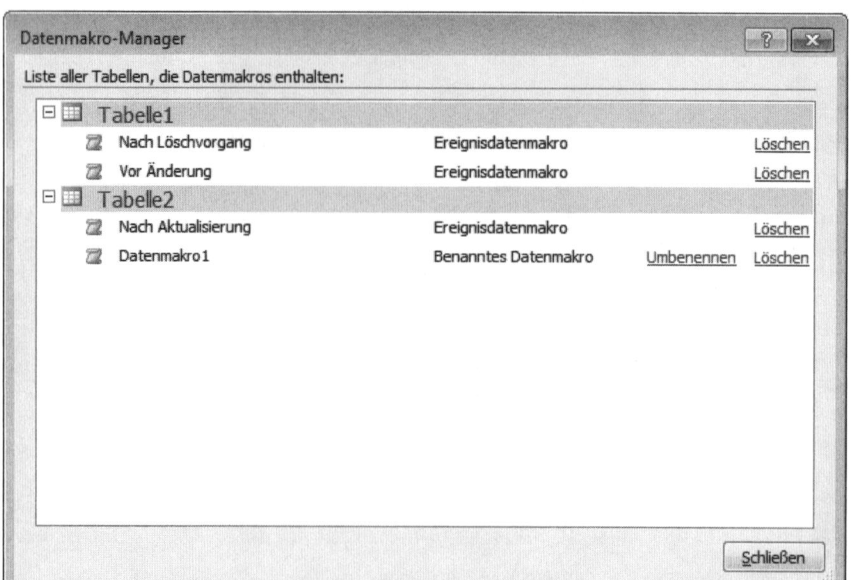

Abbildung 14.44
Der Datenmakro-Manager

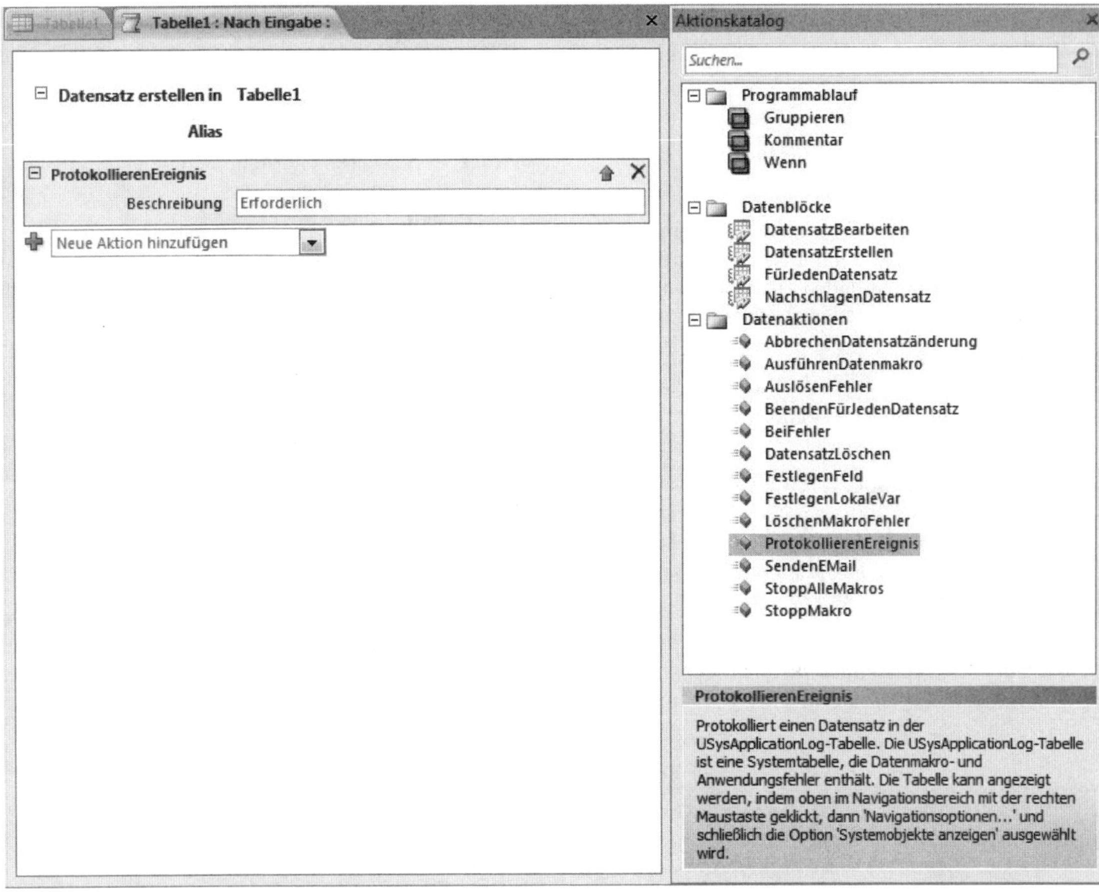

Abbildung 14.45 Ein Ereignis protokollieren

Die Aktion *ProtokollierenEreignis*

Durch Hinzufügen der Makroaktion *ProtokollierenEreignis* zu einem Makro können Sie bestimmen, wann ein Block mit Aktionen ausgeführt wurde und wie bestimmte Werte zu diesem Zeitpunkt lauteten. Sie können diese Aktion auf dieselbe Weise einsetzen wie die Makroaktion *Meldungsfeld* zum Behandeln von Problemen bei einem Standardmakro. Anstatt wie bei der Aktion *Meldungsfeld* eine Meldung auf dem Bildschirm anzuzeigen, erstellt die Aktion *ProtokollierenEreignis* eine Zeile in der Tabelle *USysApplicationLog*.

» Öffnen Sie das Datenmakro, von dem Sie vermuten, dass es einen Fehler enthält.

» 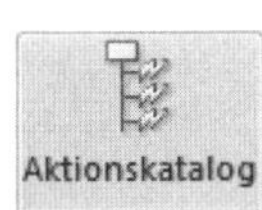

Falls der Bereich *Aktionskatalog* nicht angezeigt wird, klicken Sie auf der Registerkarte *Entwurf* in der Gruppe *Einblenden/Ausblenden* auf *Aktionskatalog*.

» Ziehen Sie im Bereich *Aktionskatalog* unter *Datenaktionen* die Aktion *ProtokollierenEreignis* an die Stelle im Makro, an der das Ereignis protokolliert werden soll (→ Abbildung 14.45).

» Geben Sie in der Makroaktion *ProtokollierenEreignis* in das Feld *Beschreibung* den Ausdruck ein, der protokolliert werden soll.

» Speichern und schließen Sie das Datenmakro.

Bei der nächsten Ausführung des Datenmakros protokolliert Access das Ereignis in der Systemtabelle *USysApplicationLog*. Öffnen Sie diese Tabelle, und ermitteln Sie anhand der Daten, was passiert ist.

Die Aktion *BeiFehler*

Zum Ermitteln eines Fehlers in einem Datenmakro können Sie auch oben im problematischen Makro die Aktion *BeiFehler* hinzufügen und sie so festlegen, dass ein benanntes Fehlerbehandlungsmakro ausgeführt wird, das eine Beschreibung des Fehlers in der Tabelle *USysApplicationLog* protokolliert.

Dazu müssen Sie zunächst ein benanntes Fehlerbehandlungsmakro erstellen. Dieses müssen Sie nur einmal erstellen, es kann bei Bedarf in anderen Datenmakros aufgerufen werden.

» Öffnen Sie eine beliebige Tabelle, und klicken Sie auf der Registerkarte *Felder* in der Gruppe *Benannte Makros* auf *Benanntes Makro* und anschließend auf *Benanntes Makro erstellen.*

» Wählen Sie im Feld *Neue Aktion hinzufügen* die Option *AuslösenFehler* aus.

» Geben Sie in das Feld *Fehlernummer* einen Wert ein, beispielsweise *9999*. Dies kann ein beliebiger Wert sein, der nur als Referenz dient.

» Geben Sie in das Feld *Fehlerbeschreibung* den Ausdruck *=[MakroFehler].[Beschreibung]* ein (→ Abbildung 14.46).

» Klicken Sie auf *Speichern*, und geben Sie anschließend im Dialogfeld *Speichern unter* in das Feld *Makroname* den Namen *Fehlerbehandlung* ein.

» Schließen Sie den Makroentwurf.

Anschließend müssen Sie dem Datenmakro, von dem Sie vermuten, dass es einen Fehler enthält, die Aktion *BeiFehler* hinzufügen.

» 

Öffnen Sie das entsprechende Datenmakro. Falls der Bereich *Aktionskatalog* nicht angezeigt wird, klicken Sie auf der Registerkarte *Entwurf* in der Gruppe *Einblenden/Ausblenden* auf *Aktionskatalog.*

» Ziehen Sie im Bereich *Aktionskatalog* unter *Datenaktionen* die Aktion *BeiFehler* in die oberste Zeile des Datenmakros.

» Legen Sie in der Makroaktion *BeiFehler* das Argument *Gehe zu* auf *Makroname* fest.

» Legen Sie das Argument *Makroname* auf *Tabellenname.Fehlerbehandlung* fest, wobei Tabellenname der Name der Tabelle ist, die das Makro *Fehlerbehandlung* enthält (→ Abbildung 14.47).

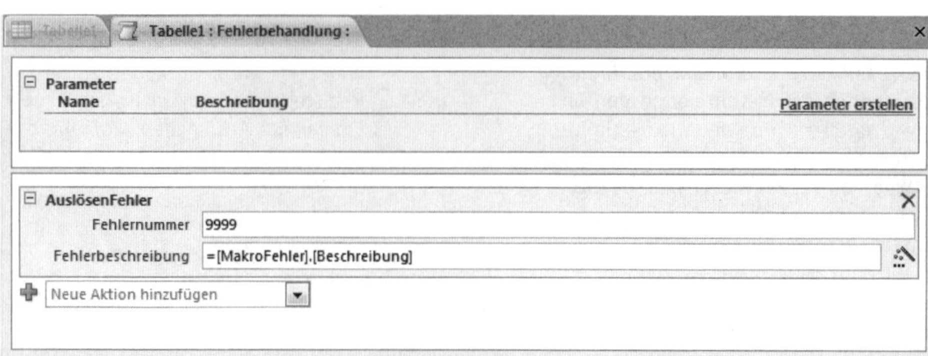

Abbildung 14.46
Ein Makro für die Fehlerbehandlung

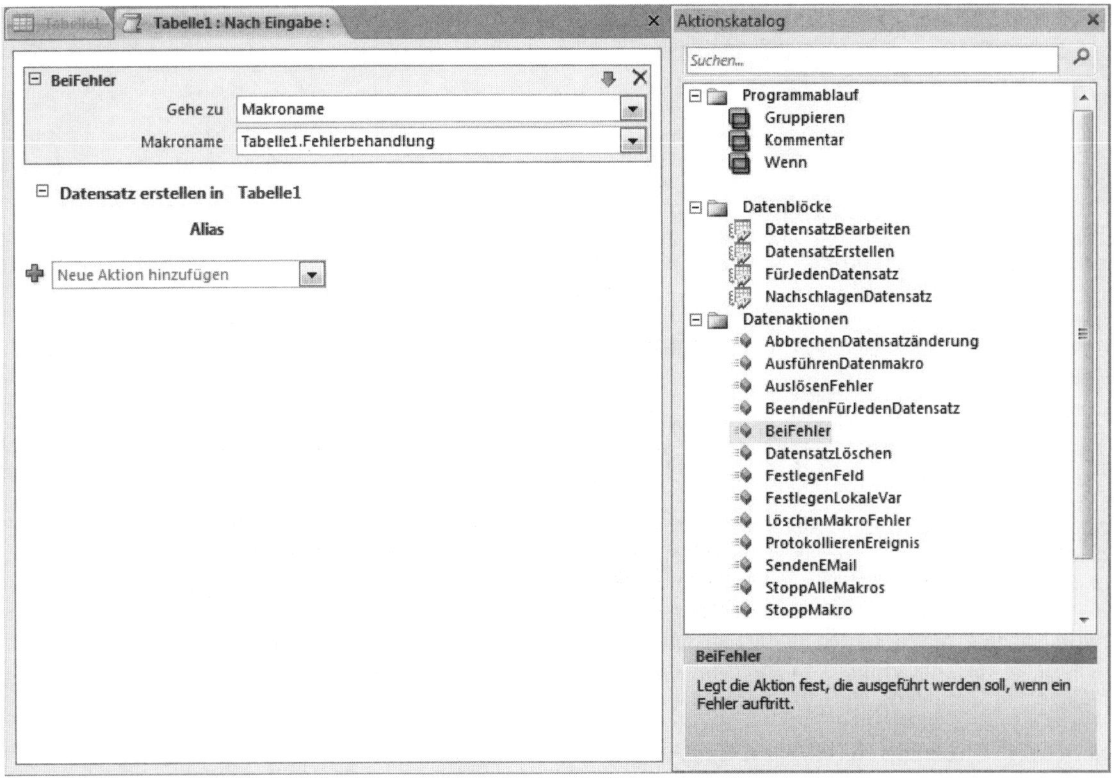

Abbildung 14.47 Die Fehlerbehandlung wurde zugewiesen.

» Speichern und schließen Sie das Datenmakro.

Sobald das Makro einen Fehler generiert, wird dieser von Access in der Tabelle *USysApplicationLog* protokolliert. Öffnen Sie die Tabelle, um die Fehlerbeschreibung anzuzeigen. Das Ergebnis des Ausdrucks, den Sie in das Feld *Beschreibung* der Aktion *ProtokollierenEreignis* eingegeben haben, wird im Feld *Beschreibung* der Tabelle gespeichert.

So viel zum Automatisieren von Aufgaben in einer Access-Datenbank mithilfe von Makros. Zwar können Sie ziemlich viele Aufgaben mit dieser Technik erledigen, leider aber nicht alle.

Kapitel 15

Der Visual Basic-Editor

Nachdem Sie im vorherigen Kapitel die Makros kennengelernt haben, können Sie sich jetzt einem tiefer gehenden Themenkreis dieses Teils widmen - dem Programmieren von Microsoft Access mithilfe von VBA. Die dabei notwendigen Arbeiten werden Sie fast ausschließlich in dem dafür alle Office-Programmen eigenen Editor erledigen. Für den damit unerfahren Anwender lohnt es sich, ein bisschen Zeit für das Kennenlernen der wichtigsten Elemente dieses Werkzeugs aufzuwenden.

» Wir wollen Ihnen zunächst die Oberfläche dieses Editors vorstellen (→ Abschnitt 15.1). Diese verfügt über mehrere Fenster, deren Bedeutung Sie kennen sollten. Außerdem werden wir Sie in diesem Abschnitt mit den wichtigsten Programmeinstellungen des Editors bekannt machen und die Möglichkeiten zum Zugang zur Hilfe erklären.

» Anschließend werden wir Ihnen zeigen, wie man im Editor Code eingibt oder vorhandenen Code ändert (→ Abschnitt 15.2). Im Prinzip arbeiten Sie dabei wie mit einem normalen Texteditor - wie beispielsweise dem Windows-Editor. Der VBA-Editor enthält aber einige zusätzliche Werkzeuge, die Ihnen helfen, die Arbeiten schnell und effektiv zu erledigen.

» Es jetzt auch gleich Zeit, sich mit möglichen Fehlern im Code zu beschäftigen (→ Abschnitt 15.3). Denn spätestens dann, wenn Sie anfangen, einen einfachen Code zu erweitern, damit zu experimentieren oder einen komplizierten Code selbst einzugeben, wird es - hin und wieder - bei der Ausführung zu Fehlermeldungen kommen. Das ist ganz normal, und auch erfahrene Entwickler kennen das. Den Vorgang zum Suchen und Beheben von Fehlern in einer Visual Basic-Prozedur bezeichnet man als *Debugging*. Debuggen umfasst in der Regel das Ausführen bestimmter Teile einer Prozedur und deren Analyse an verschiedenen Stellen.

» Eine der Schwierigkeiten, die Ihnen bei der Programmierung mit VBA begegnen wird, besteht darin, dass Sie oft nicht wissen werden, welche der eingebauten Objekte Sie für eine bestimmte Aufgabe verwenden sollten. Hier hilft Ihnen ein kleines, aber leistungsstarkes Dialogfeld - der *Objektkatalog* (→ Abschnitt 15.4).

WWW Öffnen Sie zur Arbeit an diesem Kapitel die Datei *Datenbank15* aus dem Verzeichnis *15*. Denken Sie daran, dass sich VBA-Code in der Datenbank befindet (→ Kapitel 20). Klicken Sie in der Statusleiste - falls erforderlich - auf *Inhalt aktivieren*, um den Zugang dazu zu ermöglichen.

15.1 Die Oberfläche des VBA-Editors

Beginnen wir mit einigen grundlegenden Aufgaben: Lassen Sie den Editor über Microsoft Access anzeigen, und machen Sie sich mit den darin angezeigten Fenstern vertraut.

15.1.1 Den Editor anzeigen

Den VBA-Editor können Sie auf verschiedene Weisen anzeigen lassen. Welche davon Sie bei Ihrer Arbeit benutzen sollten, hängt davon ab, was Sie im Editor tun wollen. Eine Methode ist aber für alle Zwecke gültig: Klicken Sie auf die Schaltfläche *Visual Basic* in der Gruppe *Makro* der Registerkarte *Datenbanktools* des Menübandes. Sie können den Editor auch einfach über die Tastenkombination [Alt]+[F11] auf den Bildschirm bringen. Für einige Leser ist das Bild, mit dem sich der Editor präsentiert, vielleicht ein Grund zur Freude: Der VBA-Editor zeigt die klassische Oberfläche mit Menüs und Symbolleisten.

Im Hauptbereich des Editors sind meist zumindest zwei Unterfenster vorhanden – *Projekt* und *Eigenschaften* –, die standardmäßig am linken Rand des umgebenden Anwendungsfensters eingeblendet werden. Ist für die Datenbank bereits VBA-Code eingegeben worden, kann zusätzlich das *Codefenster* eingeblendet sein, in dem dieser Code angezeigt wird (→ Abbildung 15.1).

15.1.2 Fenstertechniken

Auf die Inhalte dieser Fenster werden wir in den folgenden Abschnitten eingehen. Zuerst wollen wir aber noch einige Worte über die Darstellungstechniken für diese Fenster verlieren.

Fenster ein- und ausblenden

Sie können einzelne dieser Fenster – wenn Sie den Platz auf dem Bildschirm für andere Zwecken nutzen wollen – ausblenden. Um ausgeblendete Fenster wieder anzuzeigen, benutzen Sie die Befehle des Menüs *Ansicht* (→ Abbildung 15.2). Darin finden Sie auch Befehle zur Anzeige weiterer Hilfsfenster und die dazugehörenden Tastenkürzel. Hinweise zu den weiteren in diesem Menü aufgeführten Fenstern finden Sie in den nachfolgenden Kapiteln.

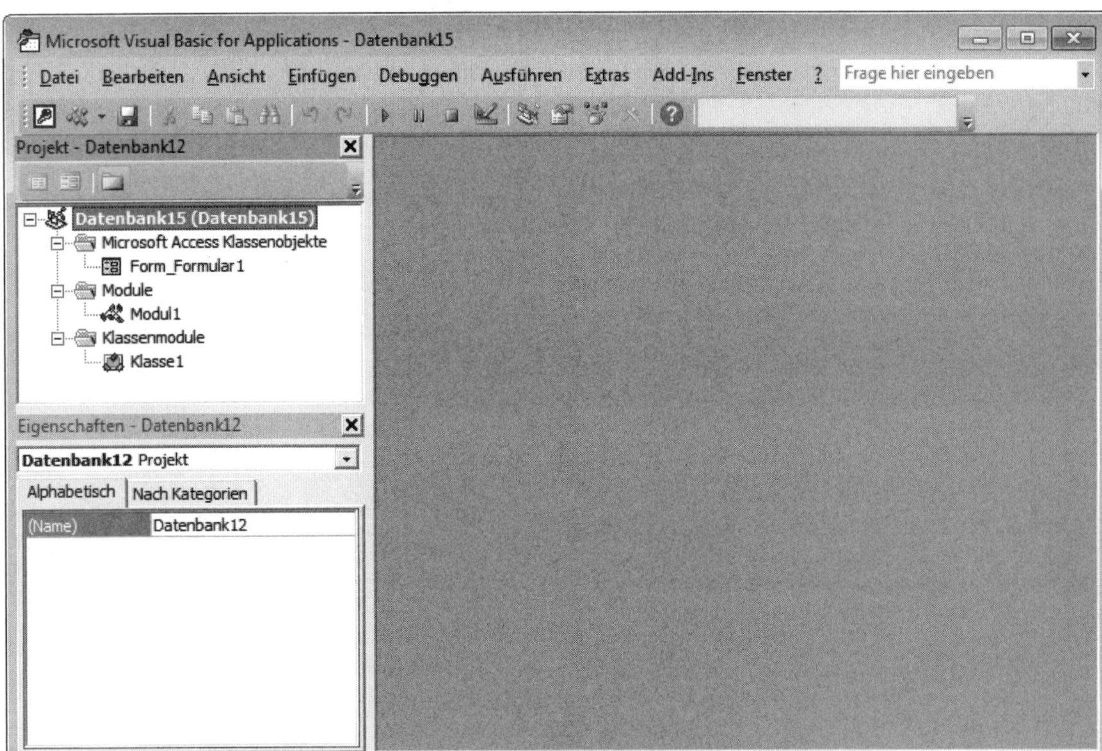

Abbildung 15.1 Der Editor zeigt mehrere Fenster an. Das Codefenster ist hier noch ausgeblendet.

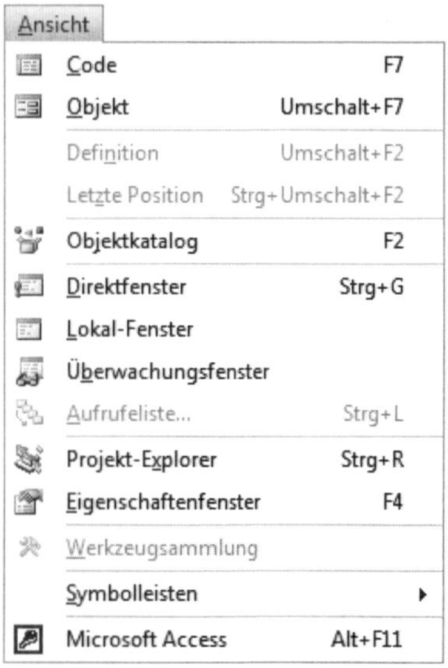

Abbildung 15.2 Über das Menü *Ansicht* können Sie Fenster einblenden.

TIPP Schaltflächen zur erneuten Anzeige der beiden wichtigen Fenster *Projekt-Explorer* und *Eigenschaftenfenster* finden Sie auch in der standardmäßig angezeigten Symbolleiste *Voreinstellung* (→ unten).

Fenster verankern

Das *Codefenster* ist frei auf dem Bildschirm positionierbar, und Sie können es mithilfe der üblichen Schaltflächen in der oberen rechten Ecke maximieren oder minimieren. Die Fenster *Projekt* und *Eigenschaften* sind im Editor *verankert*. Sie sind mit einer Kante mit dem Rahmen des umgebenden Fensters verbunden und werden somit automatisch ausgerichtet.

Sie können diese beiden Fenster aus dieser Verankerung lösen, indem Sie sie über die Titelleiste aus dieser Lage herausziehen. Ein so gelöstes Fenster ist frei auf dem Bildschirm verschiebbar. Ein Doppelklick auf die Titelleiste bewegt sie anschließend in ihre ursprüngliche Verankerung zurück. Sie können ein Fenster bei Bedarf auch an einen anderen Rand des Editors bewegen und dort verankern.

Über die Optionen auf der Registerkarte *Verankern* im Dialogfeld zum Menübefehl *Extras/Optionen* können Sie festlegen, ob und welche Fenster des Editors verankerbar sein sollen (→ unten).

15.1.3 Die Symbolleiste *Voreinstellung*

Standardmäßig wird nach den Starten nur eine mit der Bezeichnung *Voreinstellung* versehene Symbolleiste im Editor angezeigt. Sie sollten sich kurz mit der Bedeutung der einzelnen Schaltflächen vertraut machen (→ Tabelle 15.1). Auf Details dazu werden wir später eingehen. Damit die Namen der Schaltflächen als *QuickInfo* angezeigt werden sollen, wenn Sie den Mauszeiger auf einer Schaltfläche ruhen lassen, stellen Sie sicher, dass das Kontrollkästchen *QuickInfo anzeigen* auf der Registerkarte *Allgemein* im Dialogfeld zum Befehl *Optionen* im Menü *Extras* aktiviert ist.

Symbol	Name und Wirkung
	Ansicht Microsoft Access: zeigt das Objekt in Access an, von dem aus der VBA-Editor gestartet wurde. Der Editor wird dabei nicht geschlossen.
	Modul, Klassenmodul oder *Prozedur einfügen:* erstellt im Codefenster ein neues Element. Name und Symbol dieser Schaltfläche ändern sich. Es wird immer das zuletzt eingefügte Element angezeigt.
	Datenbank speichern: speichert die im Editor vorgenommenen Änderungen zusammen mit der aktuellen Datenbank.
	Ausschneiden: verschiebt den vorher im Codefenster markierten Bereich in die Zwischenablage.
	Kopieren: kopiert den vorher im Codefenster markierten Bereich in die Zwischenablage.
	Einfügen: fügt den Inhalt der Zwischenablage an der vorher im Codefenster markierten Stelle ein.
	Suchen: zeigt das gleichnamige Dialogfeld an, über das Sie nach Codeelementen suchen können.
	Rückgängig: macht die letzte Änderung rückgängig.
	Wiederholen: stellt einen vorher rückgängig gemachten Befehl oder eine Eingabe wieder her.

Symbol	Name und Wirkung
	Sub/UserForm ausführen: führt die aktuelle *Sub*-Prozedur aus, falls sich die Einfügemarke im Codefenster in einer Prozedur befindet, oder führt eine *UserForm* aus, falls eine solche aktiv ist. Falls weder eine *Sub*-Prozedur noch eine *UserForm* aktiv ist, wird das Dialogfeld *Makros* angezeigt, aus dem Sie eines zur Ausführung wählen können.
	Unterbrechen: unterbricht ein laufendes Programm und wechselt in den *Haltemodus*. In diesem Modus können Sie die Programmausführung überprüfen, zurücksetzen oder fortsetzen sowie Fehler beseitigen und schrittweise das Programm durchlaufen
	Zurücksetzen: löscht die Aufrufliste und die Variablen auf Modulebene und beendet das Projekt.
	Entwurfsmodus: aktiviert und deaktiviert den Entwurfsmodus.
	Projekt-Explorer: blendet das gleichnamige Fenster ein. Standardmäßig erscheint dieses Fenster oben links auf dem Bildschirm.
	Eigenschaftenfenster: zeigt das Fenster *Eigenschaften* an. Standardmäßig erscheint dieses Fenster unten links auf dem Bildschirm.
	Objektkatalog: zeigt das gleichnamige Dialogfeld an, über das Sie Klassen und deren Elemente aus mehreren Bibliotheken auswählen können.
	Microsoft Visual Basic for Applications-Hilfe: blendet das Fenster der Programmhilfe ein. Wenn Sie vorher ein bestimmtes Element markiert hatten, wird darin gleich das entsprechende Hilfethema angezeigt.
Z 3, S 1	Zeigt die aktuelle Position der Einfügemarke im Codefenster an. Eine Anzeige *Z1, S1* steht beispielsweise für *Zeile 1, Spalte 1*.

Tabelle 15.1 Die Schaltflächen in der Symbolleiste *Voreinstellung*

Daneben verfügt der Editor noch über drei weitere Symbolleisten, die Sie über die Befehle des Untermenüs zum Menübefehl *Ansicht/Symbolleisten* auf den Bildschirm bringen können. Auf deren Inhalt werden wir später eingehen.

15.1.4 Das Fenster *Projekt-Explorer*

Das mit *Projekt - ...* überschriebene Fenster wird auch als *Projekt-Explorer* bezeichnet. Seine wesentliche Aufgabe besteht in der Navigation zwischen den einzelnen VBA-Elementen, die in der aktuellen Datenbank enthalten sind (→ Abbildung 15.3). Es zeigt diese Elemente in einer hierarchischen Liste an. Standardmäßig wird dieses Fenster im oberen linken Bereich des Editors wiedergegeben. Sollte es nicht angezeigt werden, wählen Sie im Menü *Ansicht* den Befehl *Projekt-Explorer*, oder klicken Sie auf die gleichnamige Schaltfläche in der Symbolleiste *Voreinstellung*.

Abbildung 15.3 Im *Projekt-Explorer* können die einzelnen Ebenen angezeigt und ausgeblendet werden.

Die einzelnen Ebenen

Die Hierarchie im *Projekt-Explorer* besteht aus maximal drei Ebenen. Die oberste Ebene bei der Anwendung in Access beinhaltet die aktuelle Datenbank. Auf der mittleren Ebene werden *Projekte* dargestellt. Ein Projekt ist die Gruppe aller Codemodule in einer Datenbank, einschließlich der Standardmodule und der Klassenmodule. Standardmäßig entspricht der Name des Projekts dem der Datenbank. Projekte dienen also zur organisatorischen Zusammenfassung der in ihnen enthaltenen Module. Beispielsweise finden Sie fast immer die Bezeichnungen *Microsoft Access Klassenobjekte* und *Module* und manchmal auch *Klassenmodule*. Die untere Ebene im *Projekt-Explorer* zeigt die einzelnen Module an, aus denen die Projekte bestehen. Module dienen - wie in anderen Programmiersprachen - zum Strukturieren von Code. Sie sind eine Art von Behälter, in denen zusammengehörende Codeelemente - wie Prozeduren und Anweisungen - gemeinsam abgelegt und zusammen gespeichert werden.

Microsoft Access VBA unterscheidet zwei Grundtypen von Modulen: Standardmodule und Klassenmodule. Die Unterschiede dazwischen beziehen sich im Wesentlichen auf die Frage, ob die jeweiligen Module mit anderen Access-Objekten verbunden sind oder nicht.

» Im Projekt *Microsoft Office Access Klassenobjekte* finden Sie im *Projekt-Explorer* solche Elemente, die mit einem in der Datenbank vorhandenen Formular oder Bericht verbunden sind. Meist handelt es sich dabei um Prozeduren, die nach Eintreten eines Ereignisses automatisch ausgeführt werden. Beispielweise könnte der Benutzer in einem Formular auf eine Befehlsschaltfläche klicken und damit eine in diesem Projekt abgelegte Ereignisprozedur starten, die das Verhalten des Formulars steuert.

» Die im Projekt *Module* zusammengefassten Standardmodule enthalten hingegen allgemeine Prozeduren, die nicht mit einem anderen Access-Objekt verbunden sind. Darin werden häufig verwendete Prozeduren abgelegt, die von jeder beliebigen Stelle innerhalb Ihrer Datenbank aus ausgeführt werden können. Ein Beispiel dafür wäre eine spezielle benutzerdefinierte Berechnungsfunktion.

» In Access gibt es außerdem *Klassenmodule*, die ebenfalls unabhängig von einem speziellen Formular oder Bericht verwendet werden können. Sie können darüber eine Definition für benutzerdefinierte Objekte erstellen.

Elemente ein- und ausblenden

Die hierarchische Darstellung der Elemente erlaubt ein Anzeigen oder Ausblenden der jeweiligen Unterebenen. Welche Ebenen der Hierarchie angezeigt werden, können Sie über die kleinen Schaltflächen links vor einem Symbol regeln (→ Abbildung 15.3).

» Durch einen Klick auf die links vor den einzelnen Elementen stehenden kleinen Minuszeichen werden die untergeordneten Elemente ausgeblendet.

» Klicken Sie auf das links vor einem Element stehende Pluszeichen, um untergeordnete Elemente einzublenden.

Auf weitere Elemente in diesem Fenster werden wir später noch eingehen.

Wesentliche Aufgaben

Das Fenster *Projekt-Explorer* sorgt also zunächst einmal für eine zusammenfassende Darstellung der Elemente Ihres Projekts. Über die drei Schaltflächen unterhalb der Titelleiste des Fensters können Sie einige Ansichten ansteuern (→ Tabelle 15.2).

Symbol	Name und Wirkung
	Code anzeigen: zeigt das *Codefenster* für das *im Projekt-Explorer* markierte Element an, um Code dafür zu erstellen und zu bearbeiten. Alternativ können Sie dafür auch den Befehl *Code anzeigen* aus dem Kontextmenü zu diesem Element wählen.
	Objekt anzeigen: zeigt das Objektfenster für das ausgewählte Element an. Haben Sie beispielsweise in der Hierarchie ein *Microsoft Office Access Klassenobjekt* gewählt, wird damit dieses im Access-Fenster angezeigt.
	Ordner wechseln: blendet die Objektordner ein bzw. aus, während die darin enthaltenen Objekte weiterhin angezeigt werden.

Tabelle 15.2 Die Schaltflächen oben im *Projekt-Explorer*

Interessant ist hier die Funktion der Schaltfläche *Ordner wechseln*. Standardmäßig werden die Elemente im Projekt-Explorer wie eben beschrieben dargestellt. Nach einem Klick auf *Ordner wechseln* werden diese anders sortiert. Sie finden dann Zwischenebenen wie *Microsoft Access Klassenobjekt*, *Module* oder *Klassenmodule*. Auch hier können Sie auf ein Pluszeichen klicken, um untergeordnete Elemente anzuzeigen. Der Klick auf ein Minuszeichen blendet diese Elemente wieder aus (→ Abbildung 15.4).

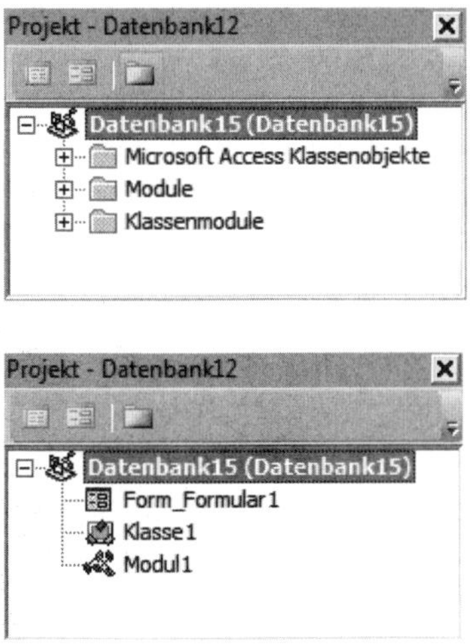

Abbildung 15.4 Die Form der Auflistung können Sie ändern.

15.1.5 Das Fenster *Eigenschaften*

Viele Elemente, mit denen Sie in Visual Basic arbeiten, haben Attribute oder Eigenschaften. Diese Eigenschaften sind Informationen, die das Element beschreiben, wie beispielsweise der Name eines Dokuments oder die Farbe eines Elements. Nach dem Erstellen eines Objekts werden dessen Eigenschaften auf Standardwerte gesetzt. Über die Optionen im Fenster *Eigenschaften* haben Sie die Möglichkeit, diese anzuzeigen oder sie zu modifizieren. Dieses Fenster wird standardmäßig unten links im Editor angezeigt. Sollte es nicht angezeigt werden, rufen Sie den Menübefehl *Ansicht/Eigenschaftenfenster* auf, oder klicken Sie auf die gleichnamige Schaltfläche in der Symbolleiste *Voreinstellung*.

Um das Objekt festzulegen, dessen Eigenschaften im Fenster angezeigt werden sollen, müssen Sie es markieren. Ein einfachen Fällen können Sie dazu die Auflistung des *Projekt-Explorers* benutzen. Wenn Sie beispielsweise dort den Eintrag für die Datenbank markieren, werden im Fenster *Eigenschaften* die Eigenschaften dieses Objekts angezeigt (→ Abbildung 15.5). Interessanter wird es aber bei anderen Objekten. Sie können diese Eigenschaften zur Entwurfszeit ändern. Bei einer gemeinsamen Auswahl mehrerer Objekte werden im Eigenschaftenfenster diejenigen Eigenschaften angezeigt, die alle ausgewählten Elemente aufweisen.

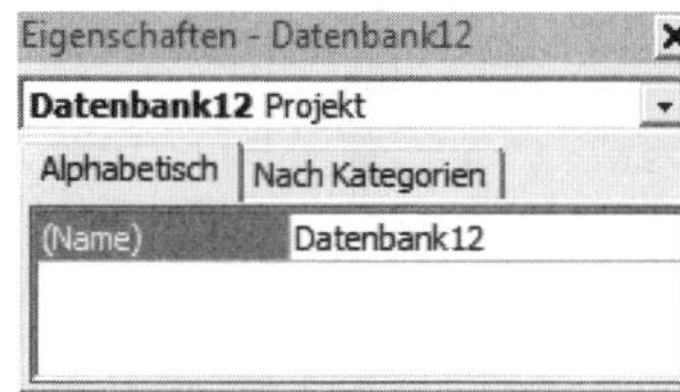

Abbildung 15.5 Im Fenster werden die Eigenschaften zum Objekt angezeigt.

Beachten Sie bei der Arbeit mit diesem Fenster einige wichtige Eigenheiten:

» In dem mit *Objekt* benannten Listenfeld unterhalb der Titelleiste wird das aktuell markierte Objekt angegeben. Über das Listenfeld dazu können Sie andere Elemente des aktiven Objekts anzeigen lassen.

» In Bereich darunter werden die für das oben gewählte Objekt vorhandenen Eigenschaften aufgelistet und können dort auch geändert werden. Bei Auswahl mehrerer Objekte werden auf den Registerkarten, die die Eigenschaften auflisten, nur die Eigenschaften angezeigt, die allen Objekten gemeinsam sind, sowie die Einstellungen, basierend auf dem zuerst ausgewählten Objekt.

» Mit den beiden Registerkarten *Alphabetisch* und *Nach Kategorien* können Sie wählen, ob diese Eigenschaften in alphabetischer Reihenfolge oder nach Kategorien aufgelistet werden sollen. *BackColor*, *Caption* und *ForeColor* befinden sich bei dieser Ansicht in der Kategorie *Darstellung*. Die Inhalte einzelner Kategorien können Sie durch einen Klick auf das Pluszeichen bzw. das Minuszeichen links neben dem Kategorienamen aus- und einblenden.

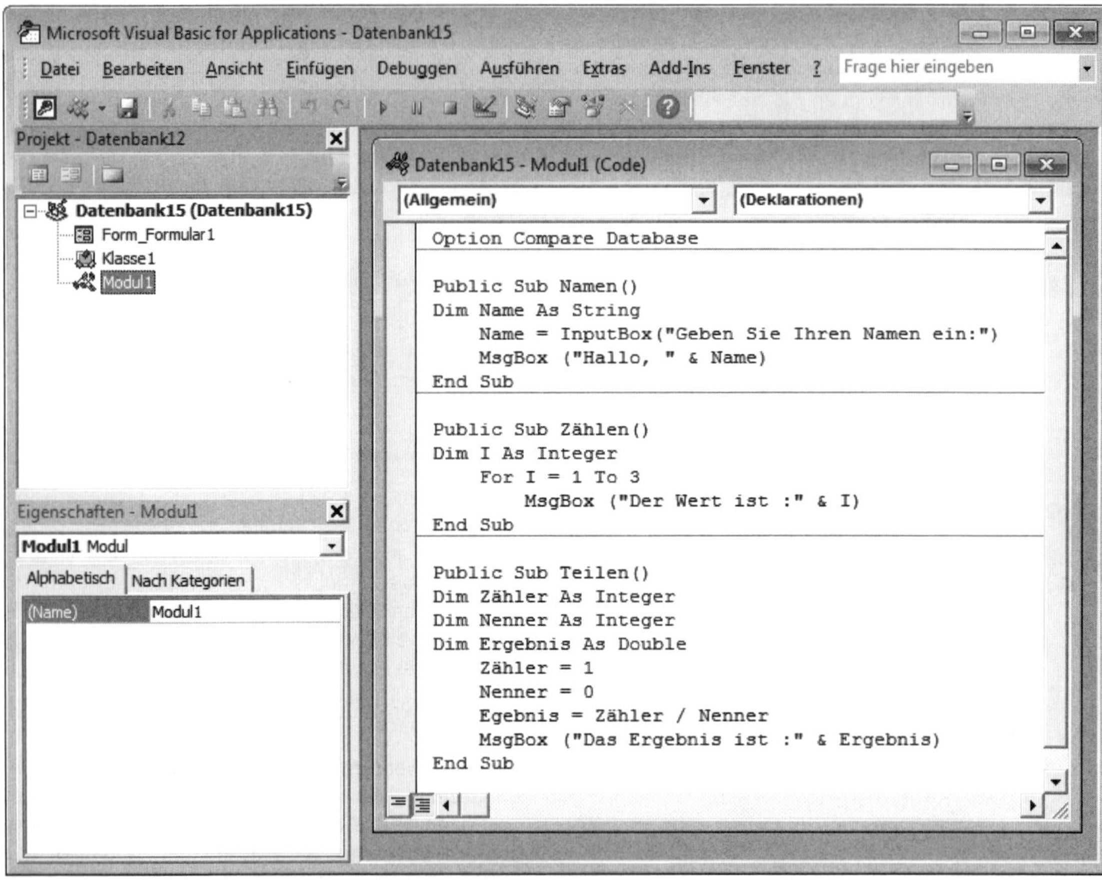

Abbildung 15.6 Im Codefenster wird der Inhalt des markierten Moduls angezeigt.

15.1.6 Das Codefenster

Den Hauptteil Ihrer Arbeit werden Sie im Codefenster vornehmen. Dieses Fenster dient zum Anzeigen, Erstellen und Bearbeiten von Visual Basic-Code. Dieser Code besteht aus einer Reihe von Anweisungen und Methoden, die eine Operation durchführen oder einen Wert berechnen. Sie können so viele Codefenster öffnen, wie Module vorhanden sind, sodass der Code auf einfache Weise in verschiedenen Formularen oder Modulen angezeigt und zwischen diesen kopiert und eingefügt werden kann.

Code im Fenster anzeigen

Wichtig ist, dass Sie bei der Arbeit im Codefenster berücksichtigen, dass Code immer auf der Ebene einzelner Module erstellt wird. Um den bereits vorhandenen Code zu einem Modul anzuzeigen, verwenden Sie das Fenster *Projekt-Explorer*.

»  Wenn der *Projekt-Explorer* ausgeblendet wurde, blenden Sie ihn wieder ein: Wählen Sie *Projekt-Explorer* im Menü *Ansicht*, oder klicken Sie auf die gleichnamige Schaltfläche in der Symbolleiste *Voreinstellung*, oder drücken Sie Strg+R. Der *Projekt-Explorer* wird angezeigt.

» Wenn die Unterelemente ausgeblendet sind, blenden Sie sie wieder ein, indem Sie auf das Pluszeichen oder auf die Schaltfläche *Ordner wechseln* im Fenster klicken. Die Elemente werden im Fenster *Projekt-Explorer* angezeigt.

»  Markieren Sie ein Element, und klicken Sie auf die Schaltfläche *Code anzeigen* in Fenster, oder doppelklicken Sie auf das Element. Der zum Element definierte Code wird im Codefenster angezeigt (→ Abbildung 15.6).

Abschnitte im Fenster

Im Allgemeinen besteht ein solcher Code aus einer oder mehreren Prozeduren. Im Fenster werden diese in einer einzigen Liste angezeigt. Die einzelnen Prozeduren sind in der Standardeinstellung des Editors durch Striche voneinander abgesetzt.

Manchmal finden Sie als erstes Element im Fenster auch den sogenannten *Deklarationsabschnitt*. Dort sind Elemente abgelegt, die für das gesamte Modul gelten sollen. An dieser Stelle finden Sie auch zusätzliche Vereinbarungen, wie beispielsweise Deklarationsanweisungen für Variable, die im gesamten Modul gelten sollen. Manchmal finden Sie hier auch die Anweisung *Option Explicit*, die das Standardverfahren für die Deklaration von Variablen regelt.

TIPP Trennstriche zwischen den einzelnen Bestandteilen werden nur angezeigt, wenn die Option *Prozedurtrennlinie* auf der Registerkarte *Editor* im Dialogfeld zum Menübefehl *Extras/Optionen* aktiviert ist.

Navigation im Fenster

Alle Prozeduren eines Moduls werden in einer einzigen Liste angezeigt, in der Sie einen Bildlauf durchführen können. Über die beiden Felder unterhalb der Titelleiste des Codefensters können Sie schnell zwischen einzelnen Bereichen im Codefenster navigieren (→ Tabelle 15.3).

Symbol	Name und Wirkung
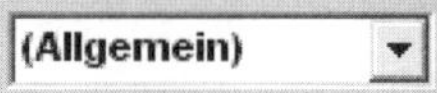	*Objekt:* zeigt den Namen des markierten Objekts an. Klicken Sie auf den Pfeil rechts neben dem Listenfeld, um eine Liste aller mit dem Formular verknüpften Objekte anzuzeigen.
	*Prozedur:* listet alle Ereignisse auf, die von Visual Basic für das Formular oder das Steuerelement erkannt werden, das Sie im Feld *Objekt* gewählt haben. Bei der Auswahl eines Ereignisses wird die mit diesem Ereignisnamen verknüpfte Ereignisprozedur im Codefenster angezeigt.

Tabelle 15.3 Zwei Listenfelder dienen zur Navigation.

» Im Feld *Objekt* im linken Abschnitt finden Sie innerhalb von Standardmodulen nur die Option *(Allgemein)*. In anderen Fällen wird der Name des markierten Objekts angezeigt. Klicken Sie auf den Pfeil rechts neben dem Listenfeld, um eine Liste aller mit dem Formular verknüpften Objekte anzuzeigen und ein anderes Objekt auszuwählen.

» Das Feld *Prozedur* auf der rechten Seite listet alle Ereignisse auf, die vom gewählten Objekt erkannt werden. Wenn im Feld *Objekt* die Option *(Allgemein)* angezeigt wird, werden im Feld *Prozedur* alle Deklarationen und allgemeinen Prozeduren aufgeführt, die für dieses Modul erstellt wurden. Nach der Auswahl eines Elements aus dieser Liste wird der Code dazu im unteren Bereich des Fensters angezeigt.

Außerdem können Sie über die Bildlaufleiste den im Fenster angezeigten Ausschnitt verändern. Zum Bewegen der Einfügemarke klicken Sie die gewünschte Stelle mit der Maus an, oder arbeiten Sie mit den üblichen Tastenkürzeln. Letztere sind im Wesentlichen die Pfeiltasten und Kombinationen davon mit der Taste `Strg`. Beispielsweise erreichen Sie durch Drücken von `Strg`+`Pos1` einen Sprung zum Anfang der Codes, die Tastenkombination `Strg`+`Ende` führt Sie zum Ende.

Die Kennzeichenleiste

Unten links im Codefenster finden Sie die sogenannte *Kennzeichenleiste*. Über die beiden kleinen Schaltflächen darin können Sie regeln, welche Bestandteile der

Codes im Modul im Codefenster angezeigt werden sollen (→ Tabelle 15.4).

Symbol	Name und Wirkung
	*Prozeduransicht* - zeigt nur die gerade ausgewählte Prozedur an.
	*Vollständige Modulansicht* - zeigt den gesamten Code im Modul an.

Tabelle 15.4 Über die *Kennzeichenleiste* regeln Sie den Inhalt des Fensters.

15.1.7 Die Programmeinstellungen

Wie praktisch alle Anwendungen verfügt der VBA-Editor über eine Reihe von Einstellungen, die bestimmte Verhaltensweisen des Programms regeln. Diese sind nicht projektspezifisch, sondern gelten für alle neuen Projekte, die Sie über den Editor erstellen. Wir werden in den nachfolgenden Teilen dieses Buches auf die Wirkung der wichtigsten davon eingehen. Zuvor sollten Sie sich aber einen Überblick über das verschaffen, was eingestellt werden kann. Den Zugang erhalten Sie über das Dialogfeld zum Menübefehl *Extras/Optionen*.

Die Registerkarte *Editor*

Die Registerkarte *Editor* enthält die Einstellungen für das Code- und das Projektfenster (→ Abbildung 15.7). Sie finden darin zwei Bereiche - *Code-Einstellungen* und *Fenstereinstellungen*.

Die *Code-Einstellungen* finden Sie im oberen Bereich der Registerkarte:

- Die *Automatische Syntaxüberprüfung* bestimmt, ob Visual Basic nach der Eingabe einer Codezeile automatisch die Syntax überprüfen soll. Ist sie eingeschaltet, werden Fehler in der Syntax gemeldet. Fehler werden in roter Farbe gekennzeichnet.
- Über *Variablendeklaration erforderlich* können Sie festlegen, ob explizite Variablendeklarationen in Modulen erforderlich sind. Durch Aktivieren dieser Option wird die *Option Explicit*-Anweisung den allgemeinen Deklarationen in allen neuen Modulen hinzugefügt.
- *Elemente automatisch auflisten* zeigt bei der Eingabe bestimmter Codeelemente eine Liste mit den Informationen an, die die Anweisung an der aktuellen Einfügemarke logisch vervollständigen würden.

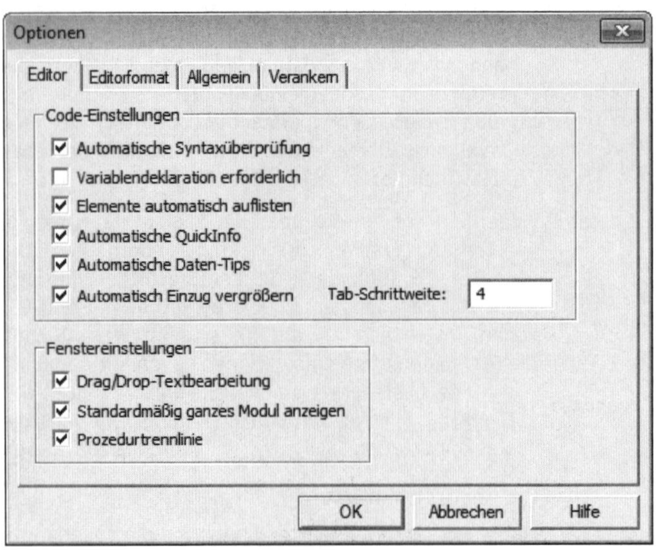

Abbildung 15.7
Die Optionen der Registerkarte *Editor*

- Die Option *Automatische QuickInfo* zeigt bei der Eingabe Informationen zu Funktionen und deren Parametern an.
- *Automatische Daten-Tips* sorgt für die Anzeige des Wertes der Variablen, auf der der Cursor positioniert ist. Die Wirkung kann nur im Haltemodus gesehen werden.
- Die Option *Automatisch Einzug vergrößern* sorgt dafür, dass Sie einen Tabulator für Einzüge in Code benutzen können. Alle nachfolgenden Zeilen beginnen an der Tab-Position.
- *Tab-Schrittweite* stellt die Tab-Schrittweite auf einen Wert zwischen *1* und *32* Leerzeichen ein; die Standardeinstellung beträgt *4* Leerzeichen.

Die *Fenstereinstellungen* im unteren Bereich der Registerkarte haben die folgende Wirkung:

- Wenn *Drag/Drop-Textbearbeitung* aktiviert ist, haben Sie die Möglichkeit zum Ziehen und Ablegen von Elementen im aktuellen Code und vom Codefenster in das Direkt- oder Überwachungsfenster.
- *Standardmäßig ganzes Modul anzeigen* sorgt dafür, dass Prozeduren im Codefenster entweder fortlaufend als Liste dargestellt werden, durch die geblättert werden kann, oder dass immer nur jeweils eine Prozedur angezeigt wird. Die Darstellung von momentan geöffneten Modulen ist aber davon nicht betroffen.
- Eine *Prozedurtrennlinie* ermöglicht die Anzeige bzw. das Ausblenden von Prozedurtrennlinien am Ende der einzelnen Prozeduren im Codefenster.

Die Registerkarte *Editorformat*

Die Optionen auf der Registerkarte *Editorformat* bestimmen die Darstellung des Visual Basic-Codes (→ Abbildung 15.8). Sie können darüber die Farbe, Schriftart und -größe für bestimmte Arten von Text im Editor einstellen.

- Wählen Sie über das Listenfeld *Code-Farben* im oberen linken Bereich zunächst die Art von Textelement, deren Einstellung Sie ändern wollen. Über die Listenfelder *Vordergrund*, *Hintergrund* und *Anzeigen* können Sie die Farbe einstellen.
- Im rechten Bereich können Sie *Schriftart* und *Größe* einstellen. Diese Einstellungen gelten für den gesamten Code, nicht nur für den links gewählten Typ.
- *Kennzeichenleiste* blendet die Kennzeichenleiste ein bzw. aus. Im Feld *Beispiel* wird ein Beispieltext für die eingestellte Schriftart, Schriftgröße und Farbe angezeigt.

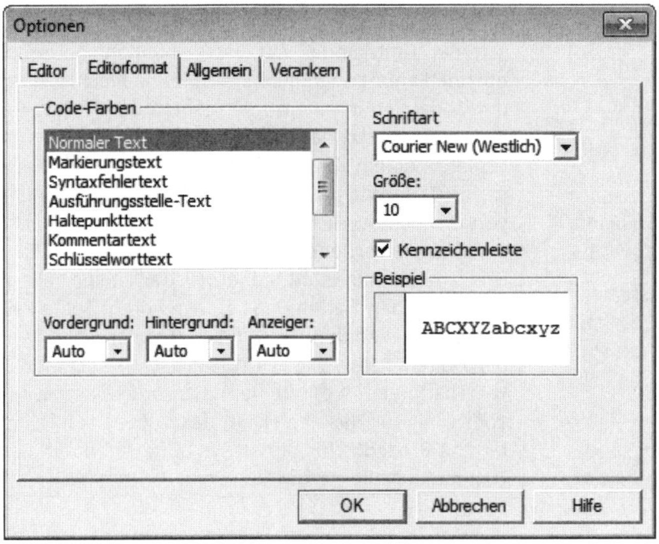

Abbildung 15.8
Die Optionen der Registerkarte *Editorformat*

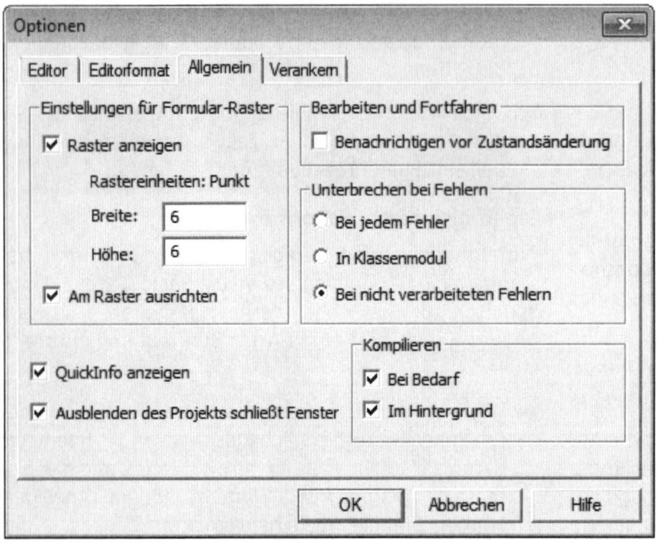

Abbildung 15.9
Die Optionen der Registerkarte *Allgemein*

Die Registerkarte *Allgemein*

Die Registerkarte *Allgemein* legt die Einstellungen, die Fehlerbehandlung und die Kompilierungseinstellungen für das aktuelle Visual Basic-Projekt fest (→ Abbildung 15.9).

» Im Bereich *Einstellungen für Formular-Raster* bestimmen Sie die Darstellungsart eines Formulars beim Bearbeiten: *Raster anzeigen* sorgt, dass ein Raster angezeigt wird. Die Dimension des Rasters können Sie über Breite und Höhe festlegen. Für beide Optionen gilt ein Bereich zwischen 2 und 60 Punkt. Ist *Am Raster ausrichten* aktiviert, werden die äußeren Begrenzungen von Steuerelementen automatisch an den Rasterlinien ausgerichtet.

» *QuickInfo anzeigen* sorgt dafür, dass eine QuickInfo für die Symbolleistenschaltflächen angezeigt wird.

» Wenn *Ausblenden des Projekts schließt Fenster* eingeschaltet ist, werden die Projekt-, Objekt- oder Modulfenster automatisch geschlossen, wenn ein Projekt im *Projekt-Explorer* ausgeblendet wird.

» Unter *Bearbeiten und Fortfahren* können Sie durch Aktivieren von *Benachrichtigung vor Zustandsänderung* bewirken, dass eine Benachrichtigung erfolgt, wenn durch die angeforderte Aktion alle Variablen auf Modulebene für ein laufendes Projekt zurückgesetzt werden.

» Wichtig sind die Optionen unter *Unterbrechen bei Fehlern*. Sie legen fest, wie Fehler in der Visual Basic-Entwicklungsumgebung verarbeitet werden. Das Einstellen dieser Option wirkt sich auf alle Instanzen von Visual Basic aus, die nach dem Ändern dieser Einstellung gestartet wurden: Ist *Bei jedem Fehler* aktiviert, wird bei jedem Fehler für das Projekt der Haltemodus aktiviert, unabhängig davon, ob eine Fehlerbehandlungsroutine aktiviert ist oder der Code sich in einem Klassenmodul befindet. Bei *In Klassenmodul* bewirken alle nicht verarbeiteten Fehler in einem Klassenmodul, dass für das Projekt in der Codezeile des Klassenmoduls, die den Fehler verursacht hat, der Haltemodus aktiviert wird. Mit *Bei nicht verarbeiteten Fehlern* wird – wenn eine Fehlerbehandlungsroutine läuft – der Fehler behandelt, ohne den Haltemodus zu aktivieren. Sollte keine Fehlerbehandlungsroutine vorhanden sein, wird der Haltemodus für das Projekt aktiviert. Ein nicht verarbeiteter Fehler in einem Klassenmodul bewirkt aber, dass für das Projekt in der Codezeile, die die falsche Prozedur für die Klasse aufgerufen hat, der Haltemodus aktiviert wird.

- Unter *Kompilieren* legen Sie fest, wann kompiliert werden soll: *Bei Bedarf* legt fest, ob ein Projekt vor dem Start vollständig kompiliert oder ob der Code bei Bedarf kompiliert wird, wodurch die Anwendung schneller gestartet werden kann. Ist *Im Hintergrund* eingeschaltet, kann Leerlaufzeit während der Laufzeit für die Kompilierung des Projekts im Hintergrund verwendet werden. Diese Option kann die Ausführungsgeschwindigkeit während der Laufzeit verbessern und ist nur verfügbar, wenn auch Kompilieren bei Bedarf aktiviert ist.

Die Registerkarte *Verankern*

Die Registerkarte *Verankern* ermöglicht Ihnen festzulegen, welche Fenster verankerbar sein sollen (→ Abbildung 15.10). Ein Fenster ist verankert, wenn es mit einer Kante eines anderen verankerbaren Fensters oder eines Anwendungsfensters verbunden ist. Ein Fenster ist nicht verankerbar, wenn es an eine beliebige Position auf dem Bildschirm verschoben werden kann und diese Position beibehält. Wählen Sie die Fenster aus, die verankerbar sein sollen, und deaktivieren Sie die Kontrollkästchen für die anderen Fenster. Ein beliebiges Fenster, kein oder alle Fenster in der Liste können verankert werden.

15.1.8 Anzeigen von Hilfeinformationen

Es gibt viele Möglichkeiten, Hilfeinformationen bei Fragen zu Microsoft Visual Basic und zu Visual Basic-Schlüsselwörtern anzuzeigen.

In der Hilfe suchen

Für den Anfänger eignet sich besonders die Suchfunktion des programmeigenen Hilfesystems:

-  Klicken Sie im Editor auf die Schaltfläche *Microsoft Visual Basic for Applications-Hilfe*, oder wählen Sie den gleichnamigen Befehl im Menü *?*. Die *Visual Basic-Hilfe* wird angezeigt.
- Geben Sie im Feld *Suchen* eine Frage oder den Namen einer Methode, Eigenschaft oder Anweisung ein, zu der Sie Hilfeinformationen anzeigen möchten.
- Starten Sie die Suche durch einen Klick auf die rechts daneben angezeigte Schaltfläche. Die Suchergebnisse werden angezeigt.

Die Bücher benutzen

Wenn Sie sich bereits besser auskennen, können Sie die Bücher der Microsoft Visual Basic-Hilfe benutzen:

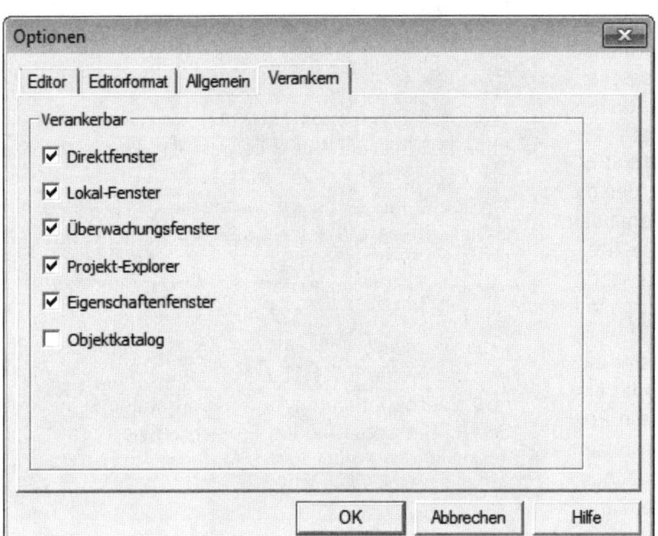

Abbildung 15.10
Die Optionen der Registerkarte *Verankern*

» Klicken Sie im Editor wieder auf die Schaltfläche *Microsoft Visual Basic for Applications-Hilfe*, oder wählen Sie den gleichnamigen Befehl im Menü ?. Die *Visual Basic-Hilfe* wird angezeigt. Klicken Sie auf die Schaltfläche *Inhaltsverzeichnis anzeigen* in der Symbolleiste. Links im Fenster erscheint das Inhaltsverzeichnis.

» Klicken Sie auf das gewünschte Buch. Der Inhalt des Buchs wird angezeigt.

» Öffnen Sie auf dieselbe Weise nacheinander Kapitel und - wenn vorhanden - Unterkapitel. Öffnen Sie dann die gewünschte Seite. Die Inhalte werden angezeigt.

Hilfe zu Visual Basic-Schlüsselwörtern

Während der Arbeit in einem Modul können Sie direkt Hilfe zu einem in Visual Basic verwendeten Schlüsselwort erhalten. Markieren Sie das Schlüsselwort in der entsprechenden Codezeile, indem Sie darauf klicken. Drücken Sie dann [F1]. Die Hilfe zum Wort wird angezeigt.

TIPP Mithilfe der Tastenkombination [Alt]+[Tab] können Sie schnell zwischen dem Editor und der Hilfe wechseln; oder verwenden Sie die Microsoft Windows-Taskleiste. Wenn die Hilfe geöffnet bleibt, können Sie sofort zu dem zuletzt angezeigten Thema zurückkehren.

15.2 Code eingeben und editieren

Wie Sie Code im Fenster eingeben, erlernen Sie am besten durch die in den nachfolgenden Kapiteln vermittelte Praxis. Sie sollten aber zu diesem Thema jetzt schon einige Grundlagen erlernen, damit Sie später durch die vielseitigen Hilfeleistungen des Editors nicht überrascht werden.

Die Symbolleiste *Bearbeiten*

Bei der Eingabe von Code kann Ihnen die Symbolleiste *Bearbeiten* hilfreich sein. Sie enthält Schaltflächen, die Tastenkombinationen für häufig verwendete Menübefehle zum Bearbeiten von Code darstellen. Sie können diese über das Untermenü zum Menübefehl *Ansicht/Symbolleisten* anzeigen lassen. Machen Sie sich mithilfe der folgenden Tabelle kurz mit der Bedeutung der Schaltflächen darin vertraut (→ Tabelle 15.5). Auf Details dazu gehen wir anschließend ein.

Symbol	Name und Wirkung
	Eigenschaften/Methoden anzeigen: öffnet ein Feld im Codefenster mit den Eigenschaften und Methoden, die für das Objekt vor dem Punkt verfügbar sind.
	Konstanten anzeigen: öffnet ein Feld im Codefenster mit den Konstanten, die für die Eigenschaft zur Verfügung stehen, die Sie eingegeben haben und die vor dem Gleichheitszeichen steht.
	QuickInfo: stellt Ihnen Informationen zur Syntax für eine Variable, Funktion, Methode oder Prozedur zur Verfügung, auf deren Namen sich der Zeiger befindet.
	Parameterinfo: zeigt im Codefenster ein Popup-Fenster mit Informationen zu den Parametern der Funktion an, in der sich der Zeiger befindet.
	Wort vervollständigen: übernimmt die Zeichen, die Visual Basic automatisch für das Wort, das Sie eingeben, ergänzt.
	Einzug vergrößern: verschiebt alle Zeilen des markierten Bereichs bis zum nächsten Tabstopp.
	Einzug verkleinern: verschiebt alle Zeilen des markierten Bereichs bis zum vorherigen Tabstopp.
	Block auskommentieren: fügt Kommentarzeichen am Anfang der Zeilen eines markierten Textbereichs ein.
	Auskommentierung des Blocks aufheben: entfernt die Kommentarzeichen am Anfang der Zeilen eines markierten Textbereichs.
	Haltepunkt ein/aus: setzt oder entfernt einen Haltepunkt in der aktuellen Zeile.
	Lesezeichen setzen/zurücksetzen: aktiviert bzw. deaktiviert ein Lesezeichen für die aktive Zeile im Codefenster.
	Nächstes Lesezeichen: setzt den Fokus auf das nächste Lesezeichen in der Lesezeichenliste.
	Vorheriges Lesezeichen: verschiebt den Fokus auf das vorherige Lesezeichen in der Lesezeichenliste.
	Alle Lesezeichen löschen: löscht alle Lesezeichen.

Tabelle 15.5 Die Schaltflächen der Symbolleiste *Bearbeiten*

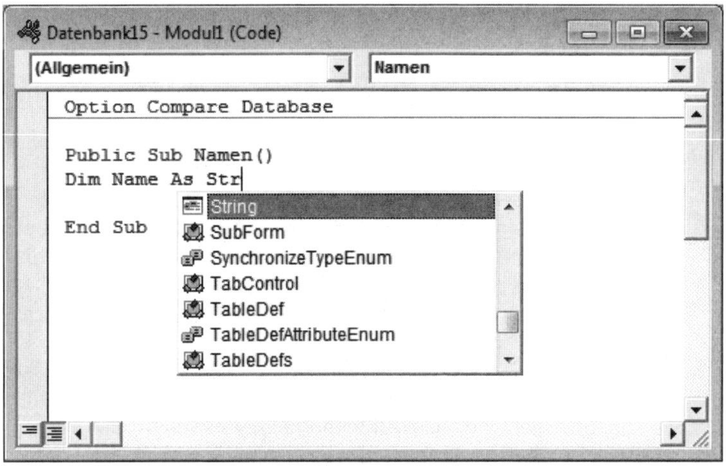

Abbildung 15.11 Der Editor hilft Ihnen bei der Eingabe.

15.2.1 Code eingeben

Die Arbeit im Codefenster zur Eingabe oder Korrektur von Code unterscheidet sich kaum von der in einem einfachen Texteditor wie etwa den Windows-Editor. Wie dort benutzen Sie die Tastatur wie eine Schreibmaschine und geben auf diese Weise die einzelnen Elemente ein. Um eine neue Zeile zu beginnen, verwenden Sie auch hier die Taste [↵].

Es gibt aber auch einige Unterschiede zur Arbeit in einem Texteditor, die Ihnen die Eingabe von Code bequemer machen:

» In vielen Situationen werden während der Eingabe zusätzliche Listenfelder eingeblendet, die Ihnen eine Auswahl möglicher Elemente zur Fortsetzung der Codezeile ermöglichen (→ Abbildung 15.11).

» Nach der Eingabe bestimmter VBA-Schlüsselwörter – wie beispielsweise *MsgBox* – und einer anschließenden Leerstelle oder einer geöffneten Klammer wird die für dieses Wort erforderliche Syntax in einer automatischen QuickInfo symbolisch angezeigt (→ Abbildung 15.12).

» Nachdem Sie eine Zeile durch Eingabe von [↵] abgeschlossen haben, führt der Editor im eingegebenen Code einige automatische Korrekturen durch: Zusätzliche Leerzeichen werden automatisch eingefügt, damit der Code einfacher zu lesen ist. VBA-

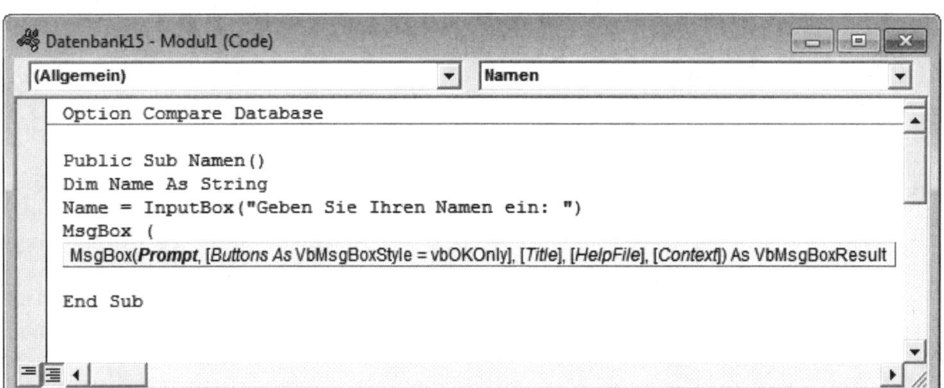

Abbildung 15.12 Bei den Eingabe von Funktionen wird die Syntax angezeigt.

Schlüsselwörter werden in blauer Farbe dargestellt, andere Texte bleiben - wie bei der Eingabe - schwarz. Als fehlerhaft erkannte Zeilen werden in roter Farbe angezeigt.

TIPP Die automatischen Anzeigen werden im Editor nur eingeblendet, wenn die entsprechenden Optionen *Elemente automatisch auflisten* und *Automatische QuickInfo* auf der Registerkarte *Editor* im Dialogfeld zum Menübefehl *Extras/Optionen* aktiviert sind. Wie der Editor die farbliche Darstellung des Visual Basic-Codes regeln soll, können Sie über die Registerkarte *Editorformat* im Dialogfeld zum Befehl *Optionen* bestimmen.

15.2.2 Besonderheiten im Code verstehen

Bereits an dieser Stelle sollten Sie sich mit einigen Besonderheiten im Code vertraut machen. Dazu gehören Einzüge, Zeilenumbrüche, Kommentare und Schriftformate.

Einzüge

Damit Sie später den Sinn des Codes besser verstehen, sollten Sie ihn so weit wie möglich strukturieren. Zur Anzeige solcher Strukturen innerhalb eines Codeabschnitts - beispielsweise einer Prozedur - benutzt man Einzüge: Die zu einem Unterabschnitt gehörenden Anweisungen zieht man um einen bestimmten Abstand vom linken Rand des Abschnitts ein. Diese Technik können Sie auch zur Gestaltung mehrstufiger Strukturen benutzen.

Bei der Eingabe von Code können Sie solche Einzüge erzeugen, indem Sie die Einfügemarke an den Zeilenanfang setzen und die Taste [Tab] drücken. Wenn Sie den Befehl *Einzug vergrößern* im Menü *Bearbeiten* benutzen, brauchen Sie die Einfügemarke auch nicht an den Zeilenanfang zu positionieren. Um einen bereits vorhandenen Einzug zu verkleinern, drücken Sie [Shift]+[Tab], oder wählen Sie *Einzug verkleinern*. Auch die beiden Schaltflächen *Einzug vergrößern* und *Einzug verkleinern* in der Symbolleiste *Bearbeiten* bewirken diese Funktionen.

TIPP Aus wie vielen Leerzeichen ein so erzeugter einzelner Einzug bestehen soll, können Sie über den Befehl *Tab-Schrittweite* auf der Registerkarte *Editor* im Dialogfeld zum Menübefehl *Extras/Optionen* festlegen.

Zeilenumbruch

Beim Schreiben des Codes kommt es hin und wieder vor, dass Sie lange Anweisungen erstellen, die im Code-Editor einen horizontalen Bildlauf erfordern. Dies beeinträchtigt zwar nicht die Ausführung von Code, erschwert jedoch das Lesen auf dem Bildschirm. In diesem Fall empfiehlt es sich, die lange Anweisung auf mehrere Zeilen zu umbrechen. Verwenden Sie dazu das *Zeilenfortsetzungszeichen*, das aus einem Leerzeichen und einem Unterstrich besteht (_). Dieses Zeilenfortsetzungszeichens darf nicht mitten in einem Argumentnamen und auch nicht innerhalb einer von Anführungszeichen »« umgebenen Zeichenfolge stehen. Sie können zwar eine Argumentliste durch ein Zeilenfortsetzungszeichen umbrechen, dabei müssen aber die einzelnen Argumentnamen intakt bleiben. Außerdem darf auf ein Zeilenfortsetzungszeichen nicht in der gleichen Zeile ein Kommentar folgen.

Mehrere Anweisungen in einer Zeile

Es empfiehlt sich, jede Anweisung in einer eigenen Zeile zu platzieren. Allerdings können Sie in Visual Basic auch mehrere Anweisungen in der gleichen Zeile unterbringen. Dazu müssen Sie die Anweisungen in einer Zeile durch einen Doppelpunkt trennen. Das ist jedoch nur selten sinnvoll, da dadurch Code schwer leserlich und schwer zu pflegen ist.

Kommentare

Wenn es sich nicht gerade um offensichtliche Abschnitte oder Anweisungen im Code handelt, sollten Sie Ihren Code kommentieren. Das erleichtert es Ihnen, Ihre Ideen bei der Programmierung auch später nachvollziehen zu können. Für solche Kommentare im Code können Sie zwei Formen benutzen:

» Sie können ganze Kommentarzeilen in den Code einfügen. Stellen Sie an der gewünschten Stelle eine Leerzeile ein, beginnen den Text mit einem einfachen Anführungszeichen (') und geben anschließend den Kommentar ein. Diese Form eignet sich besonders für Beschreibungen nachfolgender Codeabschnitte. Statt des einfachen Anführungszeichens können Sie die Zeile auch mit dem Schlüsselwort *Rem* beginnen.

» Innerhalb einer Zeile können Sie Kommentare erzeugen, indem Sie nach der eigentlichen Anweisung ein einfaches Anführungszeichen und dann den gewünschten Text eingeben.

Kommentartext wird bei der Ausführung nicht berücksichtigt und standardmäßig in grüner Farbe dargestellt.

TIPP Sie können einen Kommentar auch als Teil einer regulären Codezeile eingeben. Setzen Sie an der Stelle, an der der Kommentar beginnen soll, ein einfaches Anführungszeichen. Durch Voranstellen eines Anführungszeichens als erstes Zeichen können Sie auch reguläre Zeilen aus dem Code ausschließen.

15.2.3 Code editieren

Meist werden Sie den eingegebenen Code später auf die eine oder andere Weise ändern wollen oder müssen. Sei es, dass Ihnen Fehler unterlaufen sind oder dass Sie den Code einfach anders gestalten wollen. Dazu gehen Sie ähnlich wie bei der Eingabe vor. Bewegen Sie die Einfügemarke an die gewünschte Stelle, und korrigieren Sie den Text. Beachten Sie aber die nachfolgend genannten Besonderheiten, die Ihnen beim Editieren helfen können.

Der Überschreibmodus

Der Editor verfügt über einen abschaltbaren Überschreibmodus. Durch Drücken der [Einfg]-Taste können Sie zwischen den beiden Modi wechseln. Die aktuelle Einstellung erkennen Sie an der Form der Einfügemarke:

» Hat die Einfügemarke die Form eines senkrechten Strichs, ist der Überschreibmodus abgeschaltet. Ihre Eingaben werden dann an der durch die Einfügemarke gekennzeichneten Stelle zwischen den bereits vorhandenen Codeelementen eingefügt.

» Ist er eingeschaltet, wird die Einfügemarke als kleiner Block angezeigt. Die von Ihnen eingegebenen Zeichen ersetzen dann die bereits vorhandenen Eingaben.

Markieren

Die Mehrzahl der Befehle zum Editieren von Code finden Sie im Menü *Bearbeiten*. Einige Befehle darin setzen ein vorheriges Markieren des Bereichs, den Sie bearbeiten wollen, voraus. Eine Markierung erkennen Sie an der inversen Darstellung auf dem Bildschirm.

Sie können die Maus oder die Tastatur zum Markieren verwenden:

» Um einen Bereich mit der Maus zu markieren, überstreichen Sie ihn mit gedrückt gehaltener linker Maustaste. Einzelne Wörter können Sie mithilfe eines Doppelklicks markieren. Wollen Sie mehrere zusammenhängende Worte markieren, halten Sie die Maustaste nach dem Klick gedrückt und erweitern die Markierung. Zum Markieren einer Zeile klicken Sie in den Bereich vor der Zeile. Um den gesamten Text im Codefenster zu markieren, wählen Sie den Befehl *Alles auswählen* im Menü *Bearbeiten* oder drücken die Tastenkombination [Strg]+[A].

» Zum Markieren über die Tastatur können Sie die [⇧]-Taste gedrückt halten und die Markierung mit den Tasten zur Bewegung der Einfügemarke erweitern. Zum Aufheben der Markierung drücken Sie eine beliebige Taste zur Bewegung der Einfügemarke, ohne die [⇧]-Taste gedrückt zu halten.

Bereiche löschen

Um einen vorher markierten Teil des Codes zu löschen, wählen Sie im Menü *Bearbeiten* den Befehl *Löschen* oder drücken die [Entf]-Taste. Auch bei einer Eingabe eines neuen Zeichens wird ein zuvor markierter Bereich automatisch gelöscht. Einzelne Zeichen löschen Sie mithilfe der Tasten [Entf] oder [Rück].

Verschieben und Kopieren

Zum Verschieben oder Kopieren von Code zu anderen Stellen können Sie direkt mit der Maus oder über die Zwischenablage arbeiten.

»  Wenn Sie – ganz klassisch – über die Zwischenablage arbeiten wollen, markieren Sie zuerst die Bereiche, die Sie verlagern oder kopieren wollen, und benutzen Sie die üblichen Befehle im Menü *Bearbeiten*, die Schaltflächen in der *Voreinstellung*-Symbolleiste oder die üblichen Tastenkombinationen.

» Zum Verschieben über die Maus bewegen Sie den Mauszeiger in die Markierung. Drücken Sie die Maustaste, und halten Sie sie gedrückt. Verschieben Sie dann den Mauszeiger zur gewünschten Stelle. Las-

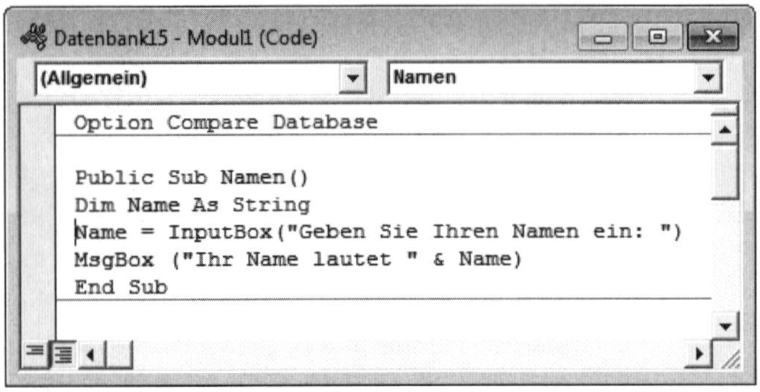

Abbildung 15.13
Setzen Sie die Einfügemarke in die Prozedur.

sen Sie die Maustaste los. Beim Ziehen wird der Text verschoben, also an der alten Stelle gelöscht und an die neue Stelle eingesetzt. Wenn Sie den Bereich kopieren wollen, halten Sie zusätzlich die [Strg]-Taste gedrückt. Ein zusätzliches Pluszeichen wird angezeigt.

Markierter Text kann an mehrere Positionen gezogen werden: An eine andere Position im aktuellen Codefenster, in ein anderes Codefenster, in das Direkt- und das Überwachungsfenster oder in den Papierkorb.

TIPP Damit das Verschieben oder Kopieren über die Maus funktionieren kann, muss die Option *Drag/Drop-Textbearbeitung* auf der Registerkarte *Editor* im Dialogfeld zu *Extras/Optionen* aktiviert sein

Rückgängig machen

Änderungen im Code können Sie rückgängig machen und - nachdem Sie die Änderung rückgängig gemacht haben - auch wieder herstellen. Diese Funktionen funktionieren auch nach einem Speichern der Änderungen.

»  Nach einer Änderung klicken Sie auf die Schaltfläche *Rückgängig* , um den Zustand vor der Änderung wieder einzustellen.

»  Rückgängig gemachte Änderungen können Sie durch einen Klick auf die Schaltfläche *Wiederholen* ... wiederherstellen.

15.2.4 Vorhandenen Code ausführen

Einige eingegebene Codeelemente können Sie schon über den VBA-Editor ausführen lassen. Das ist zwar bei einem Einsatz in Microsoft Access nicht der endgültige Weg, ist aber zum schnellen Testen einzelner Codeelemente sehr bequem. Ausgeführt werden immer Prozeduren. Wenn Sie also eine Prozedur in einem im Codefenster angezeigten Modul ausführen wollen, müssen Sie diese zuerst markieren. Wenn sich die Einfügemarke beim Ausführen einer Prozedur nicht innerhalb der Prozedur befindet, wird ein Dialogfeld angezeigt, über das Sie die auszuführende Prozedur wählen müssen. Sie finden in diesem Dialogfeld auch die bereits zum Dokument definierten Makros.

Testen Sie die folgende Verfahrensweise einmal aus:

» Setzen Sie die Einfügemarke in den Codebereich, den Sie ausführen wollen, oder wählen Sie den Bereich über das Feld *Prozedur* aus. Wählen Sie beispielsweise die Prozedur *Namen* in unserer Beispieldatei (→ Abbildung 15.13).

»  Klicken Sie auf die Schaltfläche *Sub/UserForm ausführen* in der Symbolleiste *Voreinstellung*. Sie können auch den gleichnamigen Befehl im Menü *Ausführen* benutzen oder die Taste [F5] drücken.

» Der Code der Prozedur wird ausgeführt. Der Erfolg besteht zunächst darin, dass zur Access-Oberfläche gewechselt wird (→ Abbildung 15.14 links). Dort zeigt der Code ein Dialogfeld an, in dem Sie zur Eingabe Ihres Namens aufgefordert werden. Bestätigen Sie die Eingabe durch einen Klick auf *OK*. Der Name wird wieder ausgegeben (→ Abbildung 15.14 rechts). Bestätigen Sie auch dies durch einen Klick auf *OK*.

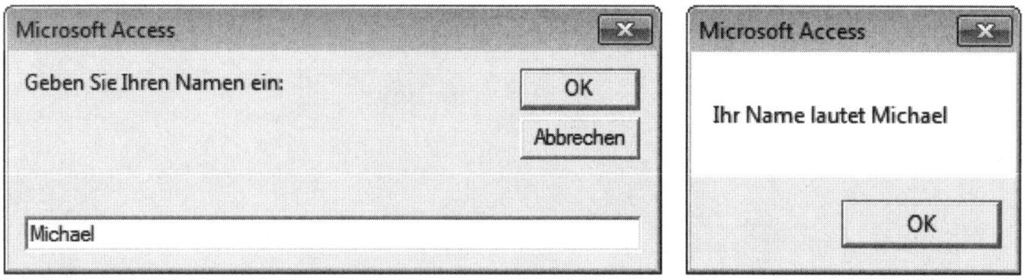

Abbildung 15.14
Der Code wird ausgeführt.

Die eben beschriebene Methode zum Ausführen von Visual Basic-Code ist praktisch nur zum Testen von Prozeduren ohne Argumente geeignet. Für den endgültigen Einsatz innerhalb eines Access-Dokuments werden Sie natürlich andere Methoden benutzen. Hinweise dazu finden Sie in den folgenden Kapiteln.

15.3 Debuggen

Es ist hier gleich an der Zeit, sich mit möglichen Fehlern im Code zu beschäftigen. Denn spätestens dann, wenn Sie anfangen, einen einfachen Code zu erweitern, damit zu experimentieren oder einen komplizierten Code selbst einzugeben, wird es - hin und wieder - bei der Ausführung zu Fehlermeldungen kommen. Das ist ganz normal, und auch erfahrene Entwickler kennen das. Den Vorgang des Suchens und Behebens von Fehlern in einer Visual Basic-Prozedur bezeichnet man als Debugging. Debuggen umfasst in der Regel das Ausführen bestimmter Teile einer Prozedur und deren Analyse an verschiedenen Stellen.

15.3.1 Fehlertypen unterscheiden

Beim Programmieren mit Visual Basic müssen Sie zwischen mehreren Fehlertypen unterscheiden.

Syntaxfehler

Während Sie im Editor einen Code eingeben oder bearbeiten, befindet sich das Programm im *Entwurfsmodus*. Sie können das optisch überprüfen: In der Titelleiste des Fensters wird hinter den Worten *Microsoft Visual Basic* nur der Name des aktuellen Programms angezeigt. Bereits in diesem Modus werden wichtige Syntaxfehler angezeigt. Das sind Fehler in der grammatikalischen Struktur des Codes oder Ausdrucks. Hierunter fallen nicht übereinstimmende Klammern oder eine falsche Anzahl von Argumenten. Wenn die *Automatische Syntaxüberprüfung* im Dialogfeld zum Befehl *Extras/Optionen* auf der Registerkarte *Editor* aktiviert ist, werden Syntaxfehler bereits während dem Erstellen des Codes markiert, nachdem Sie die [↵]-Taste betätigt haben. Die entsprechende Zeile wird in der Grundeinstellung rot markiert.

Kompilierzeitfehler

Vor der Ausführung im Editor werden Module automatisch kompiliert. Bei diesem Vorgang können weitere Fehler - sogenannte Kompilierzeitfehler - auftreten. Sie sind das Ergebnis von falsch konstruiertem Code, beispielsweise wenn Sie vergessen haben, Anweisungspaare (wie *If* und *End If* oder *For* und *Next*) auszugleichen, oder wenn ein Programmierfehler vorliegt, der gegen die Regeln von VBA verstößt - wie ein falsch geschriebenes Wort, fehlendes Trennzeichen oder nicht übereinstimmende Datentypen.

Der Code im Dokument liefert ein Beispiel dafür:

» Setzen Sie die Einfügemarke in die Prozedur *Zählen*.

»  Starten Sie die Ausführung durch einen Klick auf die Schaltfläche *Sub/UserForm ausführen*. Ein Problem bei der Kompilierung des Codes wird erkannt und gemeldet.

» Bestätigen Sie die Meldung durch einen Klick auf *OK*. Das Programm wird dann weiterhin ausgeführt, ist aber angehalten. Die Stelle, an der die Ausnahme aufgetreten ist, wird markiert (→ Abbildung 15.15). Hier fehlt die Zeile mit der Anweisung *Next*, die die *For...Next*-Schleife abschließt.

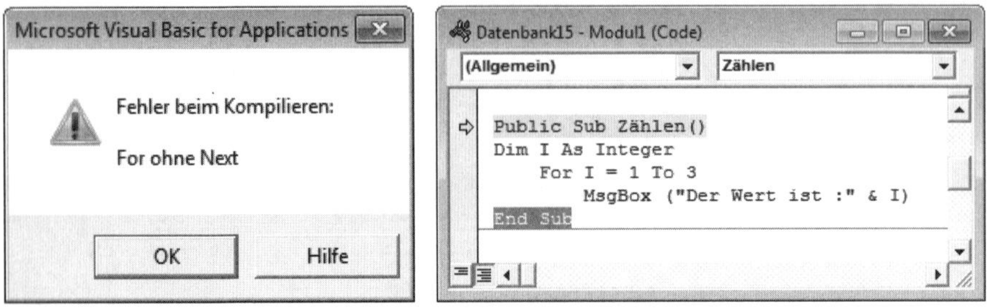

Abbildung 15.15
Die Zeile wird markiert.

»  Klicken Sie auf *Zurücksetzen* in der Symbolleiste *Voreinstellung*, oder wählen Sie den gleichnamigen Befehl im Menü *Ausführen*.

Wenn Sie sich in VBA schon auskennen sollten, können den Fehler jetzt korrigieren.

Laufzeitfehler

Nachdem der Code erfolgreich kompiliert wurde, wird er ausgeführt. In diesem *Ausführungsmodus* wird in der Titelleiste das Wort *[Aktiv]* hinzugefügt. Meist ist die Laufzeit eines Programms aber so kurz, dass Sie diese Änderung nicht bemerken werden. Auch jetzt können noch Fehler auftauchen. Zu diesen *Laufzeitfehlern* gehören beispielsweise Versuche einer unzulässigen Operation, wie eine Division durch null, das Schreiben in eine nicht vorhandene Datei oder bei nicht genügend vorhandenem Arbeits- oder Festplattenspeicher. Diese werden in einem Dialogfeld angezeigt.

Auch dafür hat der Code im Dokument ein Beispiel parat:

» Setzen Sie die Einfügemarke in die Prozedur *Teilen*.

» Starten Sie die Ausführung durch einen Klick auf die Schaltfläche *Sub/UserForm ausführen*. Ein Problem bei der Ausführung des Programms wird erkannt und gemeldet. Die zusätzlichen Angaben in diesem Dialogfeld sind normalerweise ein guter Hinweis auf die Natur des Fehlers und vermitteln Ihnen wahrscheinlich sogar schon eine Idee, wie die Ausnahme zu beheben ist. Sie können dann entscheiden, ob Sie mit der Ausführung fortfahren oder den Vorgang abbrechen möchten (→ Abbildung 15.16).

» In der Mehrzahl der Fälle empfiehlt sich nach der Meldung einer Ausnahme ein Klick auf die Schaltfläche *Debuggen*. Das Programm wird dann weiterhin ausgeführt, ist aber angehalten. Die Stelle, an der die Ausnahme aufgetreten ist, wird markiert (→ Abbildung 15.17).

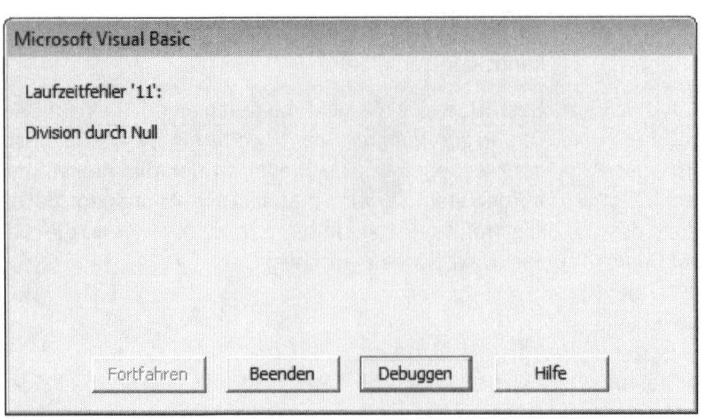

Abbildung 15.16
Eine Meldung wird angezeigt.

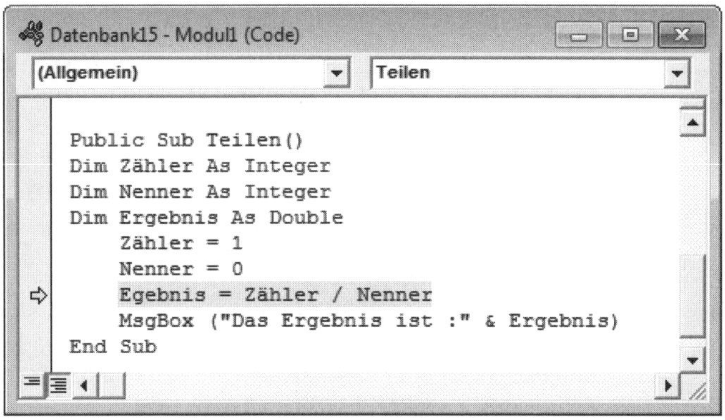

Abbildung 15.17
Die Zeile mit dem Fehler wird markiert.

» Um den *Unterbrechen*-Modus zu beenden, klicken Sie auf die Schaltfläche *Zurücksetzen* oder wählen den gleichnamigen Befehl im Menü *Ausführen*.

Logische Fehler

Logische Fehler treten auf, wenn der Code zwar fehlerfrei kompiliert und wie programmiert ausgeführt wird, aber falsche Ergebnisse liefert. Ein einfaches Beispiel für einen solchen logischen Fehler ist die Verwendung eines falschen Operators - beispielsweise wenn Sie zum Addieren das Minuszeichen verwenden. Solche Fehler sind meist am schwersten zu erkennen, da ihr Vorhandensein vom Programm nicht bemerkt wird und deswegen auch nicht angezeigt werden kann. Hier hilft in der Regel nur, die Ergebnisse durch eine separate Plausibilitätsrechnung zu überprüfen

15.3.2 Die Symbolleiste *Debuggen*

Der eben angesprochene *Unterbrechen*-Modus ist genauso wichtig wie der vorher beschriebene Entwurfsmodus - vielleicht sogar noch wichtiger. In diesem Modus werden viele Werkzeuge verfügbar, mit denen Sie sich den Inhalt von Variablen ansehen, den Programmfluss beobachten oder ändern sowie Codeblöcke testen können. Die Befehle für diese Aufgaben finden Sie einerseits im Menü *Debuggen*. Die Äquivalente dieser Befehle finden Sie auch in den Schaltflächen der gleichnamigen Symbolleiste (→ Abbildung 15.18).

Abbildung 15.18 Die Symbolleiste *Debuggen*

Machen Sie sich mit den Elementen darin vertraut (→ Tabelle 15.6). Einige davon kennen Sie schon aus der Symbolleiste *Voreinstellung*.

Symbol	Name und Wirkung
	Entwurfsmodus: aktiviert und deaktiviert den Entwurfsmodus.
	Sub/UserForm ausführen: führt die aktuelle Prozedur aus, falls sich die Einfügemarke in einer Prozedur befindet; führt das *UserForm*-Formular aus, falls ein *UserForm*-Formular aktiv ist; führt ein Makro aus, falls keines der beiden aktiv ist.
	Unterbrechen: beendet die Ausführung eines Programms und wechselt in den Haltemodus.
	Zurücksetzen: löscht die Aufrufeliste und die Variablen auf Modulebene und beendet das Projekt.
	Haltepunkt ein/aus: setzt oder entfernt einen Haltepunkt in der aktuellen Zeile.
	Einzelschritt: führt jeweils genau eine Anweisung im Code aus.
	Prozedurschritt: führt im Codefenster jeweils eine Prozedur oder eine Anweisung im Code aus.

Symbol	Name und Wirkung
	Prozedur abschließen: führt die restlichen Zeilen einer Prozedur aus, in der sich der aktuelle Ausführungspunkt befindet.
	Lokal-Fenster: zeigt das Lokal-Fenster an.
	Direktfenster: zeigt das Direktfenster an.
	Überwachungsfenster: zeigt das Überwachungsfenster an.
	Aktuellen Wert anzeigen: liefert ein Dialogfeld, in dem der aktuelle Wert einer vorher markierten Variablen angezeigt wird.
	Aufrufeliste: zeigt das Dialogfeld *Aufrufeliste* an, in dem die derzeit aktiven Prozeduraufrufe (Prozeduren in der Anwendung, die gestartet, aber nicht abgeschlossen wurden) angezeigt werden.

Tabelle 15.6 Die Elemente der Symbolleiste *Debuggen*

TIPP Sie können die Codeausführung auch unterbrechen, indem Sie einer Prozedur eine *Stop*-Anweisung hinzufügen oder indem Sie die Tastenkombination `Strg`+`Untbr` drücken, während der Code ausgeführt wird.

15.3.3 Werte von Variablen kontrollieren

Zum Beobachten von Variablen gibt es verschiedene Werkzeuge: Einerseits können Sie im *Unterbrechen*-Modus den aktuellen Wert einer Variablen anzeigen lassen. Außerdem finden Sie im Visual Basic-Editor mehrere zusätzliche Fenster, die eine laufende Kontrolle der Werte von Variablen ermöglichen.

Den aktuellen Wert einer Variablen anzeigen

Wenn Sie die Ausführung von Microsoft Visual Basic-Code unterbrechen, wird der Code zwar weiterhin ausgeführt, zwischen den laufenden Anweisungen jedoch angehalten. In diesem Modus können Sie die aktuellen Werte der Variablen überprüfen. Markieren Sie dazu die Variable in der Codezeile, für die Sie den aktuellen Wert erfahren möchten. Der Wert der Variablen wird in einer Info-Box angezeigt (→ Abbildung 15.19).

Sie können auch ein Dialogfeld zur Anzeige des Wertes benutzen:

» Markieren Sie den Ausdruck, dessen Wert Sie anzeigen möchten.

» Klicken Sie auf *Aktuellen Wert anzeigen* in der *Debuggen*-Symbolleiste, oder wählen Sie den gleichnamigen Befehl im Menü *Debuggen*. Der Wert der aktuellen Variablen wird angezeigt (→ Abbildung 15.20).

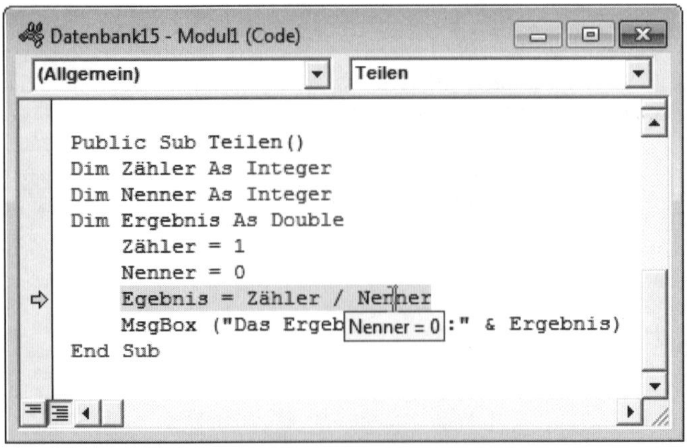

Abbildung 15.19
Der Wert der Variablen *Nenner* wird angezeigt.

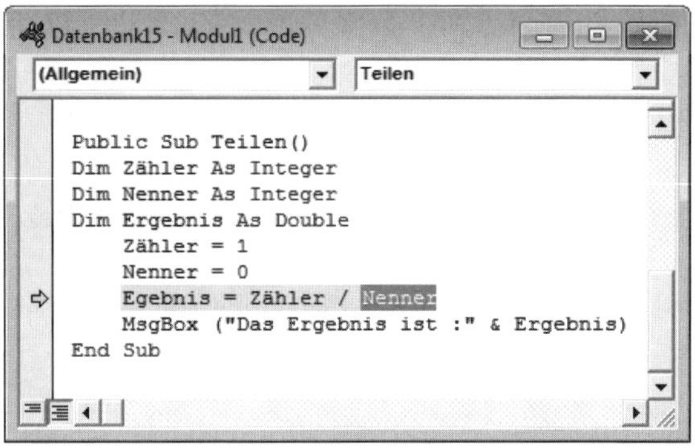

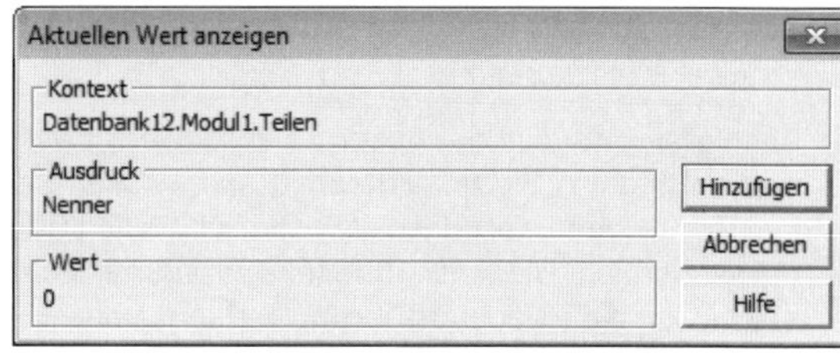

Abbildung 15.20
Der Wert für *Nenner* wird im Dialogfeld angezeigt.

Wenn Sie im Dialogfeld *Aktuellen Wert anzeigen* auf *Hinzufügen* klicken, wird der Ausdruck der Liste der Überwachungsausdrücke im anschließend beschriebenen Überwachungsfenster des Editors hinzugefügt.

Das Überwachungsfenster

Über das Überwachungsfenster können Sie den Wert einer Variablen im Programmablauf beobachten. Dieses Fenster eignet sich auch dann besonders gut zur Kontrolle, wenn Sie die Werte einer ganzen Gruppe von Variablen beobachten wollen.

»  Klicken Sie auf *Überwachungsfenster* in der Symbolleiste *Debuggen*, oder wählen Sie den gleichnamigen Befehl im Menü *Ansicht*. Unten im Editor wird ein zusätzliches Fenster mit dem Namen *Überwachungsausdrücke* angezeigt.

» Wählen Sie *Überwachung hinzufügen* aus dem Menü *Debuggen* oder aus dem Kontextmenü zu einer Variablen im Code. Das Dialogfeld *Überwachung hinzufügen* wird angezeigt (→ Abbildung 15.21).

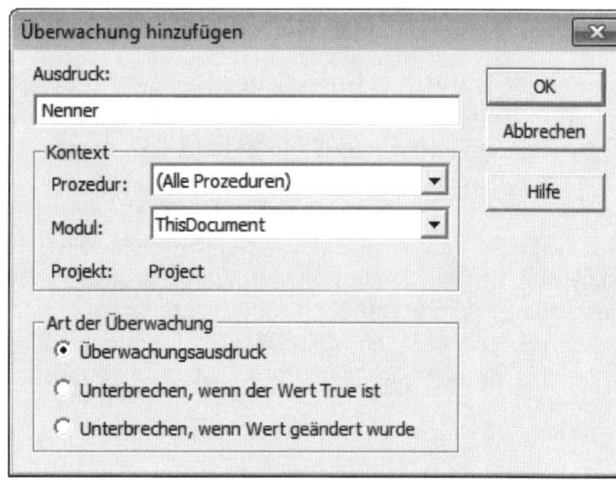

Abbildung 15.21 Fügen Sie Elemente zur Überwachung hinzu.

» Geben Sie den Namen der zu überwachenden Variablen im Feld *Ausdruck* ein, und bestätigen Sie. Wenn ein Ausdruck bereits im Codefenster markiert wurde, wird er automatisch im Dialogfeld angezeigt. Der Wert der Variablen wird im Fenster angegeben (→ Abbildung 15.22).

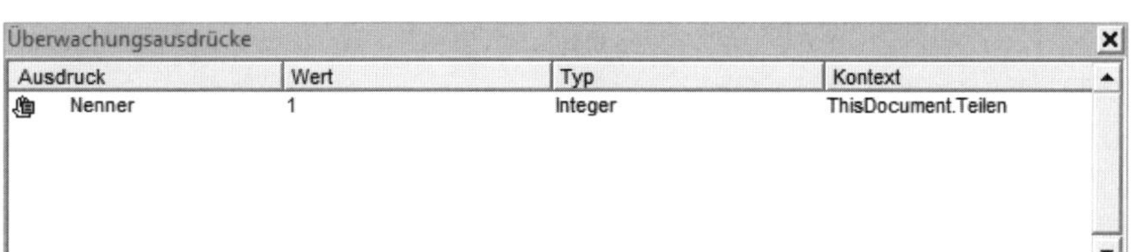

Abbildung 15.22
Der Wert, der Typ und anderes werden angezeigt.

Beachten Sie auch die restlichen Optionen im Dialogfeld *Überwachung hinzufügen*:

» Den Bereich, für den der Ausdruck ausgewertet werden soll, wählen Sie unter *Kontext* aus. Wählen Sie den für Ihre Anforderungen kleinsten sinnvollen Gültigkeitsbereich. Die Auswahl aller Prozeduren oder Module kann die Codeausführung verlangsamen.

» Um zu definieren, wie das System auf den Überwachungsausdruck reagieren soll, wählen Sie unter *Art der Überwachung* eine Option aus: Um den Wert des Überwachungsausdrucks anzuzeigen, klicken Sie auf *Überwachungsausdruck*. Um die Ausführung anzuhalten, wenn der Ausdruck als wahr ausgewertet wird, klicken Sie auf *Unterbrechen, wenn Wert True ist*.

Um einen einstellten Überwachungsausdruck zu löschen, klicken Sie im Menü *Debuggen* auf *Überwachung bearbeiten*. Klicken Sie im Dialogfeld *Überwachung bearbeiten* auf *Löschen*.

TIPP Sie können im Überwachungsfenster die Größe der Spaltenköpfe anpassen, indem Sie den Rahmen zum Vergrößern nach rechts und zum Verkleinern nach links ziehen. Außerdem können Sie eine markierte Variable direkt aus dem Code in das Überwachungsfenster.

Die Aufrufliste

Über die *Aufrufliste* können Sie kontrollieren, welche Prozeduren gerade aktiv sind, und schnell zu einer davon navigieren. Wenn Sie die Ausführung von Visual Basic-Code unterbrechen, während Sie die Fehlerbehandlung im Code ausführen, können Sie mithilfe des Dialogfeldes *Aufrufe* eine Liste der Prozeduren anzeigen, die gestartet, doch noch nicht beendet wurden. In Microsoft Access werden die zuletzt aufgerufenen Prozeduren oben auf der Liste angezeigt, und zwar zuerst die letzte, dann die vorletzte usw. Um die Anweisung anzuzeigen, die die nächste Prozedur in der Liste aufruft, klicken Sie auf *Anzeigen*.

» Klicken Sie auf *Aufrufliste* in der Symbolleiste *Debuggen*, oder wählen Sie den gleichnamigen Befehl im Menü *Ansicht*. Das Dialogfeld *Aufrufliste* wird angezeigt, in dem die Namen der aktiven Prozeduren aufgelistet werden.

» Um zum Code einer Prozedur zu wechseln, markieren Sie sie und klicken auf *Anzeigen*.

TIPP Wenn mehrere Prozeduren aktiv sind, zeigt die Aufrufliste diese in umgekehrter Reihenfolge an. Sie können damit zwischen den beiden navigieren. Damit haben Sie die Möglichkeit, die Zeile in der ersten Prozedur zu sehen, die die zweite Prozedur aufgerufen hat.

Das Lokal-Fenster

Auch das *Lokal-Fenster* eignet sich zur Kontrolle des Programmablaufs. Es zeigt alle Variablen der aktuellen Prozedur sowie ihren Typ und aktuellen Wert an.

» Lassen Sie den Code für die zu überprüfende Prozedur in Codefenster anzeigen. Meist empfiehlt es sich, eine *Stop*-Anweisung an eine geeignete Stelle im Code zu setzen.

» Rufen Sie den Menübefehl *Ansicht/Lokal-Fenster* auf, oder klicken Sie auf die gleichnamige Schaltfläche in der Symbolleiste *Debuggen*, um das entsprechende Fenster zu öffnen.

» Starten Sie die Ausführung der Prozedur auf die übliche Weise. Klicken Sie dann erneut auf dieselbe Schaltfläche. Die Werte der Variablen und deren Änderungen werden im Fenster angezeigt (→ Abbildung 15.23).

Wenn das *Lokal-Fenster* sichtbar ist, wird es jedes Mal aktualisiert, nachdem ein Wechsel zwischen Laufzeit-

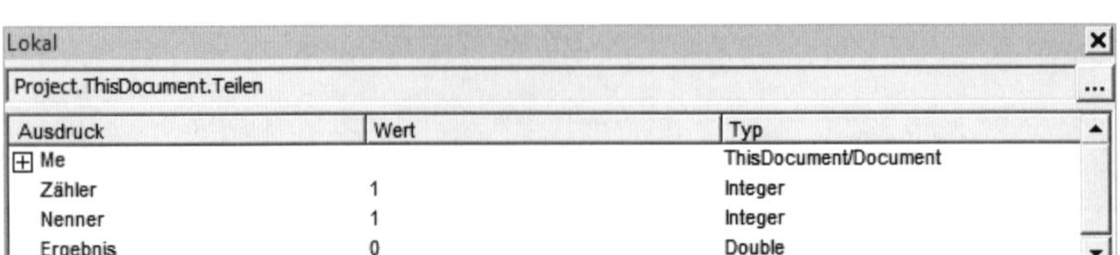

Abbildung 15.23
Werte und Änderungen werden im Fenster angezeigt.

und Haltemodus stattfindet oder ein anderer Eintrag in der Aufrufeliste ausgewählt wird.

» In der Spalte *Ausdruck* ist die erste Variable eine spezielle Modulvariable und kann erweitert werden, um alle Variablen auf Modulebene des aktuellen Moduls anzuzeigen. Globale Variablen und Variablen in anderen Projekten sind über das *Lokal-Fenster* nicht verfügbar. Die Daten in dieser Spalte können nicht bearbeitet werden.

» Unter *Wert* wird der Wert der Variablen angezeigt. Sie können den hier angezeigten Wert aber auch ändern. Wenn Sie dann die [↵]-Taste drücken oder auf eine beliebige Stelle des Bildschirms klicken, wird die Änderung übernommen. Sollte der Wert nicht zulässig sein, bleibt das Bearbeitungsfeld aktiv, und der Wert wird markiert. Außerdem wird ein Meldungsfeld mit einer Beschreibung des Fehlers angezeigt. Durch Drücken von [Esc] werden Änderungen rückgängig gemacht.

» Die Spalte *Typ* zeigt den Variablentyp an. Die Daten in dieser Spalte können nicht bearbeitet werden.

Das Direktfenster

Im *Direktfenster* können Sie eine Codezeile eingeben, die sofort ausgeführt wird. Damit können Sie kleine Codefragmente testen. Da es unabhängig davon verfügbar ist, ob Sie debuggen, können Sie das *Befehlsfenster* auch nutzen, um kleine Berechnungen zu testen, während Sie Ihre Programme schreiben. Das *Befehlsfenster* wird auch gern dafür verwendet, den Inhalt von Variablen anzuzeigen.

» Wählen Sie den Befehl *Direktfenster* im Menü *Ansicht*, oder klicken Sie auf die gleichnamige Schaltfläche in der Symbolleiste *Debuggen*. Das Direktfenster wird angezeigt.

» Starten Sie die Prozedur, die Sie im Direktfenster überprüfen wollen. Wiederum empfiehlt es sich, eine *Stop*-Anweisung an eine geeignete Stelle im Code zu setzen.

» Geben Sie im Direktfenster den Namen einer aktuellen Variablen mit einem davor gestellten Fragezeichen ein. Der Wert der Variablen wird angegeben (→ Abbildung 15.24).

Beachten Sie, dass Sie den Direktbereich auch für die folgenden Aktionen nutzen können:

» Sie können eine Codezeile zum Testen darin eingeben. Drücken Sie die [↵]-Taste, um diesen Codebestandteil auszuführen.

» Sie können Code aus dem Direktfenster in das Codefenster und ungekehrt kopieren und Einfügen; der Code kann jedoch nicht im Direktfenster gespeichert werden.

» Sie können das Direktfenster auch zur Ausgabe verwenden. Wenn Sie im Code beispielsweise *Print <Name der Variable>* eingeben, wird der Wert der lokalen Variablen ausgegeben.

15.3.4 Den Code schrittweise durchlaufen

Das schrittweise Durchlaufen des Visual Basic-Codes kann hilfreich sein, um einen auftretenden Fehler ausfindig zu machen. Sie erkennen, ob jede einzelne Codezeile die von Ihnen erwarteten Ergebnisse liefert.

» Wählen Sie die zu testende Prozedur aus, indem Sie die Einfügemarke hineinsetzen.

» Klicken Sie auf die Schaltfläche *Einzelschritt* in der Symbolleiste *Debuggen*, oder wählen Sie den gleichnamigen Befehl im Menü *Debuggen*. Die erste Zeile der Prozedur wird gekennzeichnet.

» Anschließend können Sie beispielsweise auf *Aktuellen Wert anzeigen* in der *Debuggen*-Symbolleiste klicken oder den gleichnamigen Befehl im Menü *Debuggen* wählen. Der aktuelle Wert wird angezeigt.

» Um den nächste Anweisung auszuführen, klicken Sie erneut auf die Schaltfläche *Einzel-*

Abbildung 15.24
Im Direktfenster können Sie eine Frage stellen.

schritt in der Symbolleiste *Debuggen*, oder wählen Sie den gleichnamigen Befehl im Menü *Debuggen*.

» Wenn Sie das schrittweise Durchlaufen des Codes beenden wollen, klicken Sie auf *Prozedur abschließen* in der Symbolleiste *Debuggen*, oder wählen Sie den gleichnamigen Befehl im Menü *Debuggen*.

Dabei können Sie zwischen mehreren Einzelschritt-Typen wechseln. Es gibt mehrere Hauptfunktionen dafür, die im Menü *Debuggen* oder in der *Debuggen*-Symbolleiste verfügbar sind: Welchen Typ Sie wählen, hängt davon ab, welche Codeabschnitte Sie analysieren möchten.

TIPP Um den Code vor der aktuellen Codezeile auszuführen und dann zu unterbrechen, sodass Sie jede Codezeile schrittweise durchlaufen können, klicken Sie im Menü *Debuggen* auf *Ausführen bis Cursor-Position*.

15.3.5 Mit Haltepunkten arbeiten

Damit Microsoft Visual Basic die Codeausführung an einer bestimmten Stelle anhält, können Sie einen Haltepunkt setzen. An einem solchen Haltepunkt wird die Prozedur automatisch unterbrochen. In Zeilen, die eine Deklaration beinhalten, kann kein Haltepunkt gesetzt werden.

» Setzen Sie die Einfügemarke im Visual Basic-Editor in eine Codezeile, die noch kein Haltepunkt oder noch keine Deklaration ist.

» Klicken Sie auf der Symbolleiste *Debuggen* auf *Haltepunkt ein/aus*, oder wählen Sie den gleichnamigen Befehl im Menü *Debuggen*. An der entsprechenden Codezeile wird ein Haltepunkt gesetzt, der durch einen roten Punkt am linken Rand des Codefensters angezeigt wird (→ Abbildung 15.25).

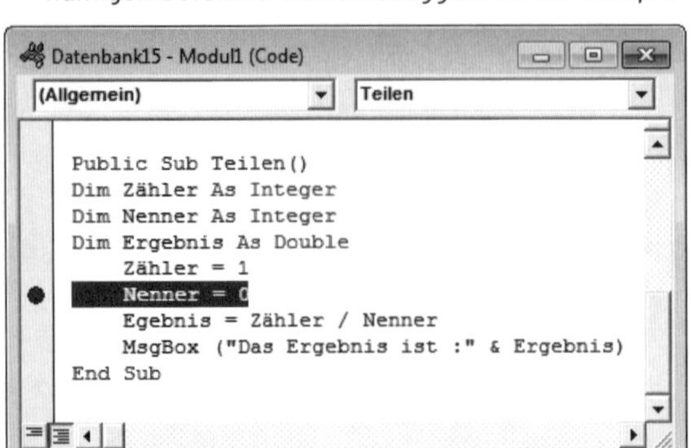

Abbildung 15.25 Ein Haltepunkt wurde gesetzt.

» Um den Code bis zum Haltepunkt ausführen zu lassen, starten Sie ihn wie gewohnt. Microsoft Access zeigt die Codezeile an, in der die Ausführung unterbrochen wurde.

» Anschließend können Sie eine oder mehrere Testaufgaben durchführen. Sie können beispielsweise die Werte von Variablen kontrollieren.

» Um die Codeausführung fortzusetzen, klicken Sie im Menü *Ausführen* auf *Fortsetzen*, oder klicken Sie erneut auf *Ausführen*. Der Code wird weiter ausgeführt.

» Zum Löschen eines Haltepunktes setzen Sie die Einfügemarke in die Codezeile, in der der Haltepunkt festgelegt ist, und klicken dann auf der Symbolleiste *Debuggen* auf *Haltepunkt ein/aus*.

TIPP Sie können einen Haltepunkt auch erstellen, indem Sie vor der entsprechenden Codezeile in die Kennzeichenleiste - den grauen Bereich auf der linken Seite des Codefensters - klicken. Ein weiterer Klick auf den so erstellten Haltepunkt schaltet ihn wieder ab. Wenn Sie mehrere Haltepunkte gesetzt haben, können Sie diese über *Alle Haltepunkte löschen* im Menü *Debuggen* in einem Schritt entfernen.

15.4 Der Objektkatalog - der Fundus für Klassen

Eine der Schwierigkeiten, die Ihnen bei der Programmierung mit VBA begegnen wird, besteht darin, dass Sie oft nicht wissen werden, welche der eingebauten Objekte Sie für eine bestimmte Aufgabe verwenden sollten. Hier hilft Ihnen ein kleines aber leistungsstarkes Dialogfeld - der *Objektkatalog* -, der einen Überblick über alle verfügbaren Klassen sowie ihre *Member* - also Eigenschaften, Methoden und sonstigen Inhalte - zusammenfasst. Der Katalog ermöglicht Ihnen, alle verfügbaren Objekte Ihres Projekts zu durchsuchen sowie deren Eigenschaften, Methoden und Ereignisse anzuzeigen und die Programmhilfe dazu abzurufen.

REFERENZ Falls Sie sich mit Begriffen wie Klassen, Eigenschaften, Methoden, Ereignisse und Konstanten noch nicht auskennen, lesen Sie das Kapitel 16.

15.4.1 Den Objektkatalog anzeigen

Wählen Sie den Befehl *Objektkatalog* im Menü *Ansicht*, oder klicken Sie auf die gleichnamige Schaltfläche in der Symbolleiste *Voreinstellung*, oder drücken Sie die F2-Taste. Der Objektkatalog wird angezeigt. Die verfügbaren Klassen sind darin nach Bibliotheken geordnet. Im Feld *Projekt/Bibliothek* in der oberen linken Ecke des Dialogfelds wird beim ersten Aufruf der Eintrag *<Alle Bibliotheken>* angezeigt. Das bedeutet, dass im Katalog die Inhalte aller die Bibliotheken angezeigt werden, auf die aktuell verwiesen wurde.

Navigation im Objektkatalog

Sie können den Projektkatalog dazu verwenden, innerhalb der standardmäßig angezeigten Bibliotheken zu navigieren und deren Elemente anzeigen zu lassen.

» 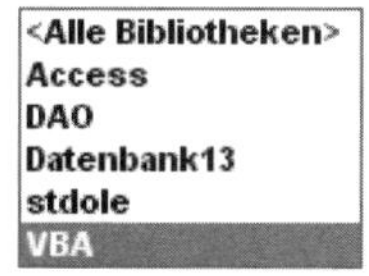

Öffnen Sie die Liste zum Feld *Projekt/Bibliothek*, und wählen Sie die Bibliothek, deren Elemente Sie anzeigen wollen. Wählen Sie beispielsweise die Bibliothek *VBA*. Im unteren Bereich des Dialogfelds werden die Bestandteile der Bibliothek angezeigt (→ Abbildung 15.26 links). Links werden im Teilfenster *Klassen* alle verfügbaren Klassen für die ausgewählte Bibliothek wiedergegeben. Hier können Sie jetzt eine Klasse auswählen, zu deren Elementen Sie weitere Informationen wünschen. Wenn für eine Klasse Code vorhanden ist, wird diese Klasse fett dargestellt. Die Liste beginnt stets mit *<Global>*, einer Aufführung der global verfügbaren Elemente.

» Wählen Sie beispielsweise die Klasse *Strings*. Die Elemente der Klasse werden im rechten Fensterbereich unter der Überschrift *Elemente von ...* angezeigt (→ Abbildung 15.26 rechts).

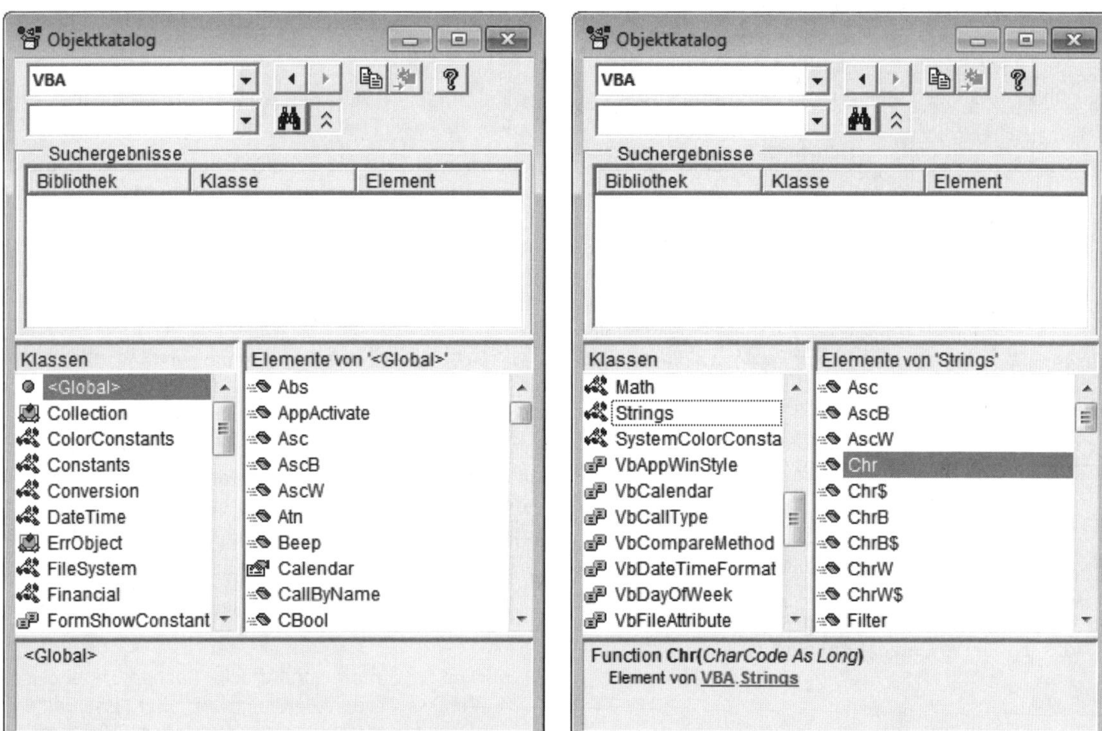

Abbildung 15.26 Die Bibliothek *VBA* und die Klasse *Strings* mit Element *Chr*

» Das Fenster *Elemente von* ... zeigt die Elemente der im Teilfenster *Klassen* ausgewählten Klasse nach Gruppen und anschließend alphabetisch innerhalb der Gruppen sortiert an. Methoden, Eigenschaften, Ereignisse oder Konstanten, für die Code vorhanden ist, werden fett dargestellt. Die Reihenfolge dieser Liste kann über den Befehl *Elemente gruppieren* im Kontextmenü des Objektkatalogs geändert werden. Wählen Sie in diesem Fensterbereich *Elemente von* ... das gewünschte Element aus. Wählen Sie beispielsweise die Funktion *Chr*. Das *Details*-Teilfenster an unteren Rand des Dialogfelds zeigt die Definition des Elements an (→ Abbildung 15.26 rechts). Hieraus kann Text in das Codefenster kopiert oder gezogen werden.

Zur Darstellung der einzelnen Typen von Elementen werden unterschiedliche grafische Symbole verwendet. Eigenschaften verfügen beispielsweise über ein anderes Symbol als Methoden.

Eigene Module verwenden

Wenn Sie in Ihrem Projekt bereits Module - Formular-, Berichts- und Standardmodule - definiert haben, werden diese im Objektkatalog unter den *Klassen* mit aufgelistet. Das kann hilfreich sein, wenn der von Ihnen erstellte Code so umfangreich wird, dass ein Überblick über die selbst erstellten Elemente schwierig wird.

» Wählen Sie in der Liste zum Feld *Projekt/Bibliothek* entweder den Eintrag <*Alle Bibliotheken*> oder den Eintrag, der den Namen des aktuellen Dokuments wiedergibt.

» Suchen Sie in der Liste *Klassen* nach selbst erstellten Modulen. Diese werden in der Liste *Klasse* fett dargestellt. Markieren Sie die gewünschten. Die Elemente der Klasse werden angezeigt. Methoden, Eigenschaften, Ereignisse oder Konstanten, für die Code vorhanden ist, werden ebenfalls fett dargestellt.

» Über die Schaltfläche *Definition anzeigen* können Sie schnell zu der Position im Codefenster wechseln, an der das Modul - beispielsweise die Klasse - oder das markierte Element definiert ist.

Weitere Techniken zur Navigation

Weitere Schaltflächen im Projektkatalog können Sie als Hilfsmittel zur Navigation verwenden.

» Nachdem Sie eine Bibliothek, eine Klasse oder ein Element ausgewählt hatten, können Sie über die Schaltfläche *Zurück* wieder zur vorher markierten Auswahl wechseln. Bei jedem Klicken auf diese Schaltfläche wird die jeweils vorherige Auswahl angesteuert.

» Die Schaltfläche *Vorwärts* bewirkt das Gegenteil. Die können damit Ihre ursprüngliche Auswahl in den Listen *Klassen* und *Elemente* wiederholen, bis die letzte Auswahl erreicht ist.

» Die Schaltfläche *In Zwischenablage kopieren* kopiert die aktuelle Auswahl in der Liste *Elemente* in die Zwischenablage. Anschließend können Sie die Auswahl im Codefenster einfügen.

Hilfe zu Klassen und Elementen anfordern

Zu einem im Projektkatalog markierten Element können Sie Hilfeinformationen anzeigen lassen.

» Markieren Sie eine Klasse in der Liste der Klassen, beispielsweise die Klasse *Math*.

» Klicken Sie auf die Schaltfläche *Hilfe* im Dialogfeld, oder drücken Sie [F1], um Informationen zur gewählten Klasse anzuzeigen.

» Genauso können Sie Hilfe zu einem Element anzeigen lassen. Markieren Sie es in der Liste *Elemente von* ..., und klicken Sie auf die Schaltfläche *Hilfe* im Dialogfeld, oder drücken Sie [F1]. Hilfeinformationen zum gewählten Element werden angezeigt.

15.4.2 Suchen im Objektkatalog

Den mittleren Bereich des Dialogfeldes *Objektkatalog* verwenden Sie zur Suche nach bestimmten Elementen innerhalb der Bibliotheken.

» Geben Sie im Feld *Suchtext* den Namen des Elements ein. Suchen Sie beispielsweise nach der Funktion *Abs*.

» Klicken Sie auf die Schaltfläche *Suchen*. Unter *Suchergebnisse* werden die Bibliothek, die Klasse und das Element für die Objekte angezeigt, die die gesuchte Zeichenfolge enthalten (→ Abbildung 15.27). Die Ergebnisse sind alphabetisch sortiert. Die Anzeige wird aktualisiert, wenn die Auswahl im Feld *Projekt/Bibliothek* geändert wird.

» Über die Schaltfläche *Suchergebnisse anzeigen/ausblenden* können Sie das Teilfenster *Suchergebnisse* aus- und wieder einblenden.

Für Suchzeichenfolgen können im Feld *Suchtext* Standardplatzhalterzeichen verwendet werden. Über das Kontextmenü zum Dialogfeld können Sie über den Befehl *Nur ganzes Wort suchen* nach ganzen Wörtern zu suchen lassen. Das Feld *Suchtext* enthält die letzten vier eingegebenen Suchzeichenfolgen.

Zur Darstellung der einzelnen Typen von Elementen werden unterschiedliche grafische Symbole verwendet (→ Tabelle 15.7). Eigenschaften verfügen beispielsweise über ein anderes Symbol als Methoden.

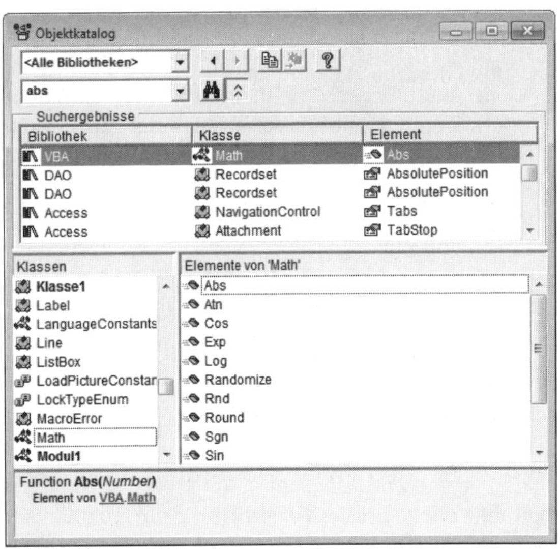

Abbildung 15.27 Die Suchergebnisse werden angezeigt.

Symbol	Bedeutung
	Eigenschaft
	Standardeigenschaft
	Methode
	Standardmethode
	Ereignis
	Konstante
	Modul
	Klasse
	Benutzerdefinierter Typ
	Global
	Projekt
	Bibliothek
	Integrierte Schlüsselwörter und Typen
	Aufzählung (Enumeration)

Tabelle 15.7 Die Bedeutung der Symbol

Kapitel 16

VBA-Programmelemente

Nachdem Sie im vorherigen Kapitel den VBA-Editor kennengelernt haben, wollen wir jetzt damit beginnen, VBA-Code selbst zu erstellen. Bevor Sie sich mit den ersten Detailzeilen der Eingabe von Code beschäftigen, sollten Sie sich in diesem Kapitel zunächst darüber informieren, welche Möglichkeiten Ihnen bei der Arbeit mit dieser Programmiersprache zu Verfügung stehen. Sie werden dieses Wissen bei der späteren Arbeit oft benötigen.

- Zunächst wollen wir dazu auf die Elemente eingehen, innerhalb derer Sie Ihre Anweisungen ablegen werden, die *Module* und *Prozeduren*. Diese bilden die Bausteine der Programmierung und dienen - wie auch in anderen Programmiersprachen - zum Strukturieren von Code. *Module* sind eine Art von Behälter, in denen zusammengehörende Codeelemente - wie Prozeduren und andere Anweisungen - gemeinsam abgelegt und zusammen gespeichert werden (→ Abschnitt 16.1). VBA kennt mehrere Typen von Modulen, aber wir wollen uns in diesem Kapitel zunächst damit begnügen, Prozeduren in Standardmodulen anzulegen. Innerhalb eines Moduls wird der VBA-Code in einzelnen *Prozeduren* abgelegt (→ Abschnitt 16.2). Die Prozeduren sind die Elemente, die bei der Ausführung des Codes die eigentliche Arbeit erledigen.
- Wie die meisten Programmiersprachen speichert VBA Werte in *Variablen*, für die im Arbeitsspeicher ein Platz reserviert wird. Die konkreten Inhalte einer Variablen ändern sich meist während der Ausführung. Im Gegensatz dazu beinhalten *Konstanten* Werte, die sich nicht verändern. Was Sie bei der Arbeit mit Variablen und Konstanten berücksichtigen müssen, sagt Ihnen der folgende Teil dieses Kapitels (→ Abschnitt 16.3).
- Mithilfe von *Steueranweisungen* bringen Sie ein Programm dazu, bestimmte Zeilen oder Abschnitte im Code auszuführen und andere nicht (→ Abschnitt 16.4). Der Code muss also während der Ausführung selbstständig eine Entscheidung darüber treffen, ob ein bestimmter Abschnitt ausgeführt werden soll. Auf diesen wichtigen Aspekt der Programmsteuerung werden wir in diesem Kapitel auch eingehen.
- Anschließend geht es um Klassen, Objekte und die damit zusammenhängende *objektorientierte Programmierung* (→ Abschnitt 16.5). Dabei es geht um eine Technik, mit deren Hilfe man im Code Standardelemente - sogenannte Klassen - erstellt, die bestimmte Aufgaben durchführen und mehrfach eingesetzt werden können.

TIPP Wenn Sie die in diesem Kapitel gezeigten Beispiele selbst am Rechner nachvollziehen wollen, sollten Sie die Datei *Datenbank16* aus dem Ordner *16* öffnen.

16.1 Module als Behälter für den Code

Im vorherigen Kapitel haben wir es im Abschnitt zum Fenster *Projekt-Explorer* bereits angesprochen: VBA unterscheidet zwischen *Standardmodulen*, *Klassenmodulen* und noch weiteren Elementen. Zunächst wollen wir uns mit der Gruppe der *Standardmodule* beschäftigen. Diese sind einfacher zu begreifen, und die dabei einzusetzenden Techniken können zum großen Teil auch auf andere Modultypen angewendet werden. Hinweise zu anderen Typen finden Sie weiter unten in diesem Kapitel.

16.1.1 Grundaufgaben

Beschäftigen wir uns zunächst mit einigen grundlegenden Tätigkeiten, die Sie beherrschen müssen, um mit Modulen zu arbeiten.

Ein Module erstellen

Eigene – leere – Module können Sie aus dem geöffneten VBA-Editor heraus anlegen. Dazu benutzen Sie die folgenden Schritte:

» 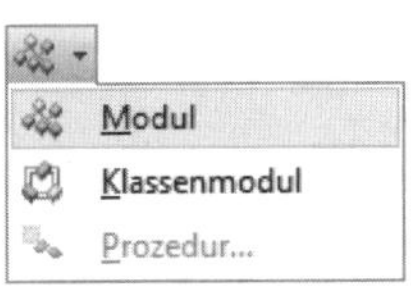

Wählen Sie den Befehl *Modul* im Menü *Einfügen*. Sie können stattdessen auch das Listenfeld zur Schaltfläche *Modul einfügen* in der Symbolleiste *Voreinstellung* öffnen und dort die Option *Modul* wählen.

» Ein neues Modul wird erstellt und im *Projekt-Explorer* innerhalb der Ebene *Module* angezeigt. Automatisch wird auch wieder das – nach dem Erstellen – noch leere Codefenster des Moduls dargestellt (→ Abbildung 16.1).

In den so neu erstellten Modulen können Sie den gewünschten Code eingeben. Darüber wird weiter unten und in den nächsten Kapiteln die Rede sein. Da wir uns aber gerade auf der Ebene der Module befinden, wollen wir noch einige andere wichtige Aspekte zu diesem Themenkreis ansprechen.

Den Namen eines Moduls ändern

VBA benutzt für neue Module Standardnamen, die aus der Bezeichnung *Modul* und einer angehängten Zahl bestehen – beispielsweise *Modul1*, *Modul2* usw. Wir haben es in unseren Beispielen dabei belassen. Wenn Sie mit mehreren Modulen innerhalb einer Datenbank arbeiten, sollten Sie aber diesen Bausteinen eigene Namen geben. Das ist zwar für die weitere Funktionsfähigkeit nicht notwendig, erleichtert Ihnen aber später die Suche nach Codebestandteilen. Um den Namen eines vorhandenen Moduls zu ändern, gehen Sie wie folgt vor:

» Markieren Sie das Modul im Projekt-Explorer. Im darunter angezeigten Fenster *Eigenschaften* finden Sie die Eigenschaft *(Name)*.

» Ändern Sie den Namen nach Ihren Wünschen unter Berücksichtigung der anschließend genannten Richtlinien.

» Klicken Sie zum Abschluss auf eine freie Stelle im Editor. Der Name ist jetzt geändert.

Namensrichtlinien

Für die Namen von Modulen gelten dieselben Richtlinien wie für andere Objekte innerhalb von Microsoft Access:

» Sie können aus bis zu 64 Zeichen bestehen.

» Sie können beliebige Kombinationen von Buchstaben, Zahlen, Leerzeichen und Sonderzeichen einschließen, mit Ausnahme von einem Punkt (.), Ausrufezeichen (!), Gravis-Akzent (,) und eckigen Klammern ([ ]).

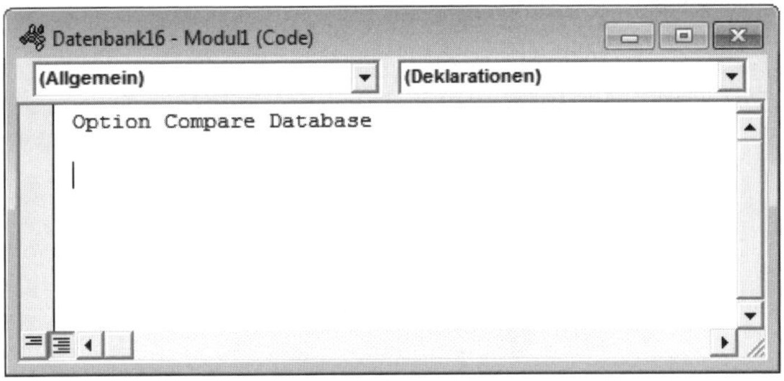

Abbildung 16.1
Ein neues Modul wurde erstellt.

» Sie dürfen nicht mit einem vorangestellten Leerzeichen beginnen. Obwohl Sie Leerzeichen mit in einen Modulnamen einbeziehen können, sollten Sie solche vermeiden, weil Leerzeichen in Namen in manchen Fällen bei der Benennung in VBA Probleme verursachen können. Dasselbe gilt auch später für die Namen von Variablen oder anderen Elementen

» Sie dürfen keine Steuerzeichen enthalten (ASCII-Werte *0* bis *31*).

» Sie dürfen keine doppelten Anführungszeichen („) enthalten.

» Sie dürfen auch keine Namen haben, die gleichlautend mit dem Namen einer Eigenschaft oder eines anderen von Microsoft Access verwendeten Elements sind. Sonst können in Ihrer Datenbank möglicherweise unerwartete Ereignisse auftreten.

Module speichern

Neu angelegte Module und der später darin eingegebene Code müssen - wie alle Objekte einer Access-Datenbank - gespeichert werden, um für später verfügbar zu bleiben. Wenn Sie an das Speichern dieser Elemente von Modulen denken, sollten Sie berücksichtigen, dass es sich hier nicht um selbstständige Teile handelt, sondern um Bestandteile der aktuellen Access-Datenbank. Die von Ihnen angelegten Module werden also - wie alle im VBA-Editor vorgenommenen Änderungen - zusammen mit der Datenbank gespeichert. Daraus ergeben sich einige Konsequenzen:

»  Zum Speichern aus dem Visual Basic-Editor heraus wählen Sie den Befehl *Speichern* im Menü *Datei* oder klicken auf die gleichnamige Schaltfläche in der Symbolleiste. Dabei werden sowohl die im VBA-Editor als auch immer die in der Datenbank selbst vorher vorgenommenen Änderungen gespeichert.

» Das gilt auch andersherum: Wenn Sie den Befehl zum Speichern von der Access-Oberfläche her durchführen, werden damit auch die im Editor vorgenommenen Änderungen mit berücksichtigt.

» Sie können den Editor auch schließen, ohne dass damit die darin vorgenommenen Änderungen verloren gehen. Beim Schließen der Datenbank werden Sie dann zum Speichern aufgefordert.

16.1.2 Module verwalten

Nachdem Sie Ihre eigenen Module mit Code in einer Datenbank erstellt haben, werden Sie diesen oft auch in anderen Datenbanken benutzen wollen. Für diese Zwecke bietet sich der Export eines Moduls aus der ursprünglichen Datenbank in eine eigenständige Datei an. Diese können Sie dann anschließend in eine andere Datenbank importieren.

Modul exportieren

Den Export eines Moduls können Sie aus dem VBA-Editor heraus vornehmen:

» Markieren Sie das zu exportierende Modul im Projekt-Explorer.

» Wählen Sie *Datei exportieren* aus dem Menü *Datei* oder dem Kontextmenü zu diesem Element. Das Dialogfeld *Datei exportieren* wird angezeigt.

» Bestätigen Sie abschließend durch einen Klick auf *Speichern*.

TIPP Um später nicht suchen zu müssen, sollten Sie einen eigenen Ordner für Ihre VBA-Module kreieren - beispielsweise als Unterordner zu Ihrem persönlichen Ordner. Sie können beim Export für das Modul einen anderen Namen verwenden als jenen, unter dem das Modul in der ursprünglichen Datenbank benutzt wird. Sie sollten dafür einen Namen verwenden, der ihren Inhalt sinnvoll beschreibt. Die Datei ist ja allein nicht ausführbar. Da es sich aber bei der exportieren Datei um eine im reinen Textformat handelt, lässt sich der Inhalt aber durchaus mit jedem beliebigen Texteditor einsehen.

Module importieren

Als eigene Datei abgelegte Module können Sie in eine andere Datenbank importieren und dort verwenden:

» Öffnen Sie die Datenbank, in der Sie das separat gespeicherte Modul verwenden wollen, und lassen Sie den VBA-Editor anzeigen.

» Markieren Sie im *Projekt-Explorer* entweder die oberste Ebene oder beispielsweise eine bereits vorhandene Gruppe der Module.

» Wählen Sie den Befehl *Datei importieren* aus dem Menü *Datei* oder im Kontextmenü. Das Dialogfeld *Datei importieren* wird angezeigt.

» Markieren Sie die zu importierende Datei, oder geben Sie im Feld *Dateiname* ihren Namen ein.

» Bestätigen Sie über *Öffnen*. Das Modul wird importiert und im *Projekt-Explorer* angezeigt. Sie müssen es aber noch speichern. Bei Namenskonflikten wird automatisch eine Änderung im Namen des Moduls vorgenommen.

ACHTUNG Beachten Sie aber, dass später beim Ausführen Probleme auftauchen können, wenn im Code des Moduls Elemente verwendet werden, die sich auf spezielle - in der ursprünglichen Datenbank verwendete - Namen beziehen und in der neuen Datenbank nicht vorhanden sind. Gegebenenfalls müssen Sie die Namen dieser Elemente ändern. Dazu können Sie beispielsweise die Befehle *Suchen* oder *Ersetzen* im Menü *Bearbeiten* benutzen.

Module löschen

Wenn Sie ein Modul in einer Datenbank nicht mehr benötigen, können Sie es löschen. Kontrollieren Sie aber vorher noch seinen Inhalt, um nicht wertvolle Arbeit zu vernichten. Ein Rückgängigmachen ist nicht möglich.

» Markieren Sie im *Projekt-Explorer* das gewünschte Modul.

» Wählen Sie *Entfernen von Modul...* aus dem Kontextmenü oder dem Menü *Datei*. Ein Dialogfeld wird angezeigt, in dem Sie entscheiden müssen, ob Sie das Modul vor dem Entfernen exportieren möchten.

» Wenn Sie keinen Export wünschen, bestätigen Sie mit einem Klick auf *Nein*. Das Modul wird entfernt. Wenn Sie das letzte Modul im Projekt entfernen, wird außerdem die gesamt Modulgruppe entfernt.

Wenn Sie bei der eingeblendeten Abfrage nach dem Export über *Ja* bestätigen, wird vor dem Entfernen das Dialogfeld *Datei exportieren* angezeigt, über das Sie das Modul als separate Datei ablegen können. Überlegen Sie sich, ob Sie diesen sinnvollen Dienst wahrnehmen wollen.

16.2 Prozeduren

Module dienen nur als Behälter, die das Organisieren von Codeelementen erleichtern. Die darunter liegende Ebene der Prozeduren ist - wie schon gesagt - die Ebene, auf der die eigentlichen Aufgaben des Codes durchgeführt werden.

Prozeduren werden nach drei Typen unterschieden: *Sub*-Prozeduren, *Function*-Prozeduren und *Property*-Prozeduren.

» Eine *Sub*-Prozedur ist eine Prozedur, die eine oder mehrere Operation(en) ausführt. Einfache Beispiele dafür wären die Anzeige einer Meldung, das Starten eines Druckvorgangs oder das Durchführen einer bestimmten Datenbankaktion.

» Eine *Function*-Prozedur ist eine Prozedur, die einen Wert zurückgibt. Wenn Sie beispielsweise an mehreren Stellen im Code die Mehrwertsteuer zu einem Betrag ermitteln wollen, können Sie den jeweiligen Wert des Betrags an eine *Function*-Prozedur übergeben und erhalten von dieser die Höhe der Mehrwertsteuer zurück. Im Gegensatz zu einer *Function*-Prozedur kann eine *Sub*-Prozedur keinen Wert zurückgeben.

» Außerdem gibt es die sogenannten *Property*-Prozeduren. Diese werden verwendet, um die Eigenschaften bestimmter Elemente festzusetzen. Die Hintergrundfarbe einer Tabelle oder eines anderen Objekts könnten Sie beispielsweise über eine solche *Property*-Prozedur einstellen. Darüber werden wir weiter unten in diesem Kapitel noch zu sprechen kommen.

Alle Prozeduren sind innerhalb eines Moduls durch eine bestimmte erste und letzte Anweisung vom restlichen Code abgegrenzt. Beispielsweise beginnen *Sub*-Prozeduren mit dem Schlüsselwort *Sub* und beenden sie mit der Anweisung *End Sub*. Eine *Function*-Prozedur deklarieren Sie mit der *Function*-Anweisung und beenden sie mit der Anweisung *End Function*.

Was in den Prozeduren genau passieren soll, wird durch eine Reihe von *Anweisungen* festgelegt. Ohne sich jetzt gleich mit Details zu beschäftigen, sollten Sie gleich hier wissen, dass jede Anweisung zu einer der folgenden drei Kategorien gehört:

- *Deklarationsanweisungen* werden zur Benennung eines Elements im Code verwendet. Sie führen damit das Element in den Code ein und legen fest, um welche Art von Element es sich handeln soll. Meist definieren Sie mit einer solchen Anweisung auch einen Gültigkeitsbereich, der angibt, wo im gesamten Code das Element gelten soll.
- *Zuweisungsanweisungen* weisen einem Element einen Wert zu. Zuweisungsanweisungen enthalten immer ein Gleichheitszeichen.
- *Ausführbare Anweisungen* bewirken das Ausführen einer Aktion. Diese Anweisungen können eine Methode oder Funktion und eine Schleife oder eine Verzweigung zu Codeblöcken ausführen. Ausführbare Anweisungen enthalten oftmals mathematische oder bedingte Operatoren - wie + oder *.

16.2.1 *Sub*-Prozeduren erstellen

Eben wurde es bereits gesagt: *Sub*-Prozeduren führen eine Operation oder eine Reihe von Operationen durch, geben jedoch keinen Wert an die Stelle zurück, von der die Prozedur aus aufgerufen wird. Zum Erstellen einer solchen Prozedur gehen Sie in mehreren Unterschritten vor: Erstellen Sie zunächst den Rahmen für die Prozedur, geben Sie innerhalb dieses Rahmens den gewünschten Code ein, und speichern Sie abschließend das Modul, im dem Sie die Prozedur erstellt haben.

Den Rahmen erstellen

Sub-Prozeduren beginnen mit dem Schlüsselwort *Sub* - an das sich nach einer Leerstelle der Name für die Prozedur anschließt - und enden mit der Anweisung *End Sub*. Diese Rahmenanweisungen können Sie in einem Modul direkt über die Tastatur eingeben, einfacher ist es jedoch, dafür einen Befehl zu benutzen.

- Doppelklicken Sie im *Projekt-Explorer* auf das Modul, in dem Sie die Prozedur anlegen wollen, oder wählen Sie *Code anzeigen* aus dem Kontextmenü zum Modul. Das Codefenster zum Modul wird angezeigt. Stellen Sie sicher, dass sich die Schreibmarke in diesem Fenster befindet, sonst funktioniert der folgende Schritt nicht.
- 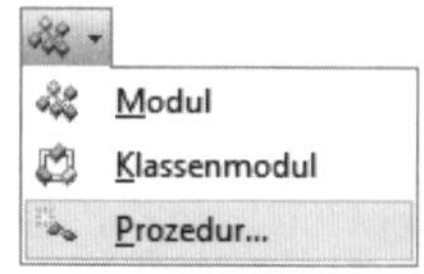

Wählen Sie den Befehl *Prozedur* im Menü *Einfügen*. Sie können den Befehl auch aus dem Listenfeld zur Schaltfläche *einfügen* in der Symbolleiste *Voreinstellung* auswählen. Das Dialogfeld *Prozedur einfügen* wird angezeigt (→ Abbildung 16.2).

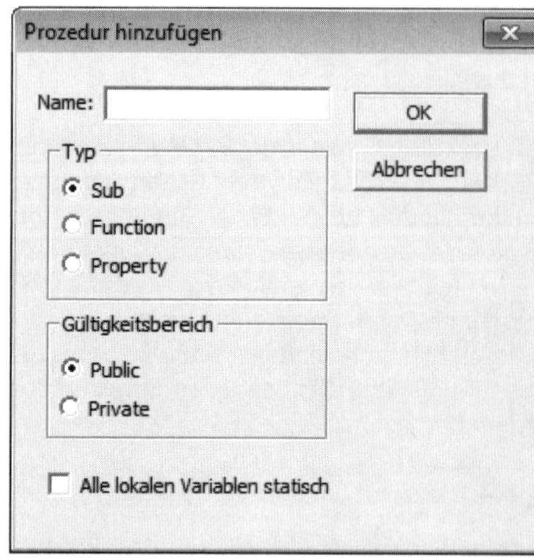

Abbildung 16.2 Wählen Sie den Typ der gewünschten Prozedur unter *Typ* aus.

- Stellen Sie sicher dass die Option *Sub* unter *Typ* aktiviert ist. Das ist standardmäßig der Fall.
- Geben Sie der zu erstellenden Prozedur einen Namen - beispielsweise *Meldung*. Beachten Sie die Namenrichtlinien (siehe unten).
- Bestätigen Sie die Eingaben durch einen Klick auf *OK*. Die Rahmenanweisungen zur *Sub*-Prozedur werden im Codefenster angezeigt. Haben Sie beispielsweise als Namen *Meldung* gewählt, besteht der Anfang aus der Anweisung *Public Sub Meldung()*, das Ende aus *End Sub* (→ Abbildung 16.3).

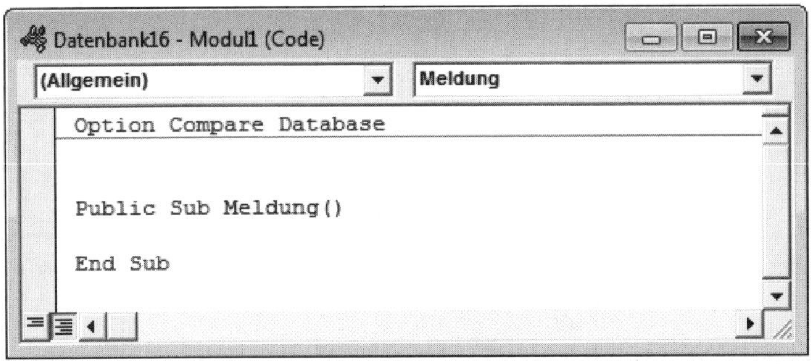

Abbildung 16.3
Der Rahmen für die Prozedur wird automatisch erstellt.

Standardmäßig wird vor den Deklarationsanweisung *Sub* beim Erstellen über das Dialogfeld *Prozedur hinzufügen* das Schlüsselwort *Public* gesetzt. Damit wird der Gütigkeitsbereich der Prozedur angegeben. Darauf werden wir noch weiter unten in diesem Kapitel eingehen.

TIPP Wenn Sie bei der Eingabe des Namens im Dialogfeld *Prozedur hinzufügen* einen Fehler machen, werden Sie nach der Bestätigung darauf hingewiesen. Bestätigen Sie in einem solchen Fall diesen Hinweis, und wählen Sie einen anderen Namen.

Namensrichtlinien für Prozeduren

Für die Namensgebung von Prozeduren gibt es einige Beschränkungen. Dieselben Richtlinien gelten übrigens für die im nächsten Kapitel angesprochenen Variablen und Konstanten:

- » Prozedurnamen können aus bis zu 255 Zeichen bestehen.
- » Sie müssen mit einem Buchstaben anfangen.
- » Sie können Buchstaben, Zahlen oder Unterstrichzeichen (_) enthalten.
- » Sie dürfen aber keine Satzzeichen oder Leerzeichen enthalten.
- » Prozeduren dürfen kein Visual Basic-Schlüsselwort sein - also kein Wort, das von Visual Basic als Teil seiner Sprache verwendet wird. Hierzu zählen beispielsweise vordefinierte Anweisungen - wie *If* und *Loop* -, Funktionen - wie *Len* und *Abs* - und Operatoren - wie *Or* und *Mod*.

TIPP Wenn Sie den Namen einer eingegebenen Prozedur nachträglich ändern wollen, gehen Sie dazu wie bei jeder Änderung im Code vor: Markieren Sie die entsprechende Stelle im Code - in diesem Fall den Namen der Prozedur - und benutzen Sie die Tastatur zum Editieren des Namens.

Code eingeben

Zwischen den Rahmenanweisungen können Sie den Code eingeben, der durch die *Sub*-Prozedur ausgeführt werden soll. Ein einfaches Beispiel für eine solche *Sub*-Prozedur wäre die Anzeige einer Nachricht in einem in Visual Basic integrierten Dialogfeld - der sogenannten *MsgBox*-Funktion. Diese *MsgBox*-Funktion zeigt eine Meldung in einem Dialogfeld an. Wenn Sie beispielsweise *MsgBox »Hallo!«* verwenden, wird *Hallo!* im Dialogfeld angezeigt. Eine solche Meldung können Sie nach der Anzeige wieder ausblenden, indem Sie auf die Schaltfläche *OK* klicken.

- » Sorgen Sie - wenn notwendig - dafür, dass sich die Schreibmarke in der leeren Zeile zwischen den beiden Rahmenanweisungen befindet.
- » Geben Sie über die Tastatur den gewünschten Code ein. Beginnen Sie mit der Eingabe *MsgBox*. Wenn Sie die Option *Automatische Daten-Tips* auf der Registerkarte *Editor* im Dialogfeld zum Menübefehl *Extras/Optionen* aktiviert ist, wird nach der Eingabe eines Schüsselworts wie *MsgBox* und einer anschließenden Leerstelle oder einer geöffneten Klammer die für dieses Wort erforderliche Syntax symbolisch angezeigt (→ Abbildung 16.4). Der erste und einzige notwendige Parameter - in der Dokumentation mit *prompt* benannt - beschreibt den im Dialogfeld an-

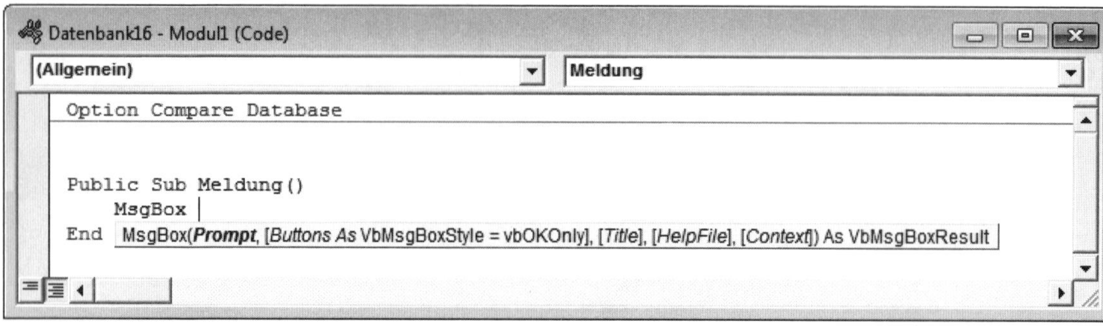

Abbildung 16.4 Die Parameter einer Funktion werden bei der Eingabe angezeigt.

zuzeigenden Wert. Dabei kann es sich beispielsweise um einen Zahlenwert oder einen Text handeln.

» Vervollständigen Sie den Code - beispielsweise durch Eingabe von *MsgBox (»Hallo!«)*. Der Code erscheint im Codefenster (→ Abbildung 16.5).

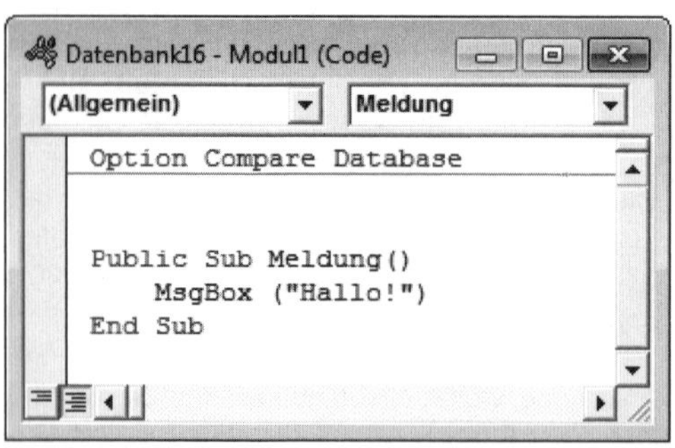

Abbildung 16.5 Innerhalb des Rahmens der Prozedur geben Sie die Anweisung ein.

» Durch die Eingabe von Code haben Sie Änderungen im Modul vorgenommen. Klicken Sie auf die Schaltfläche *Speichern* in der Symbolleiste *Voreinstellung*, oder wählen Sie *Speichern unter* im Menü *Datei*.

ACHTUNG Wird nach Eingabe einer Codezeile die Zeile rot angezeigt, haben Sie bei der Eingabe einen Fehler gemacht. Kontrollieren und korrigieren Sie den Code. Mehr zu Fehlern, der Suche danach und zur Korrektur finden Sie in Kapitel 15.

Welche sonstigen Daten in einer solchen *MsgBox* wie angezeigt werden, müssen Sie durch die Angabe zusätzliche Parameter regeln. Beispielsweise können Sie steuern, was in der Titelleiste des Dialogfeldes angezeigt wird, oder regeln, dass außer der Schaltfläche *OK* noch weitere Schaltflächen angezeigt werden. Hinweise zu dieser wichtigen Funktion finden Sie gleich anschließend.

Code testen

Wie Sie bereits in Kapitel 15 gesehen haben, können Sie in vielen Fällen die Wirkung eines eingegebenen Codes bereits im VBA-Editor testen. Das gilt aber nur für bestimmte Prozeduren - beispielsweise *Sub*-Prozeduren, die über keine Argumente verfügen. Andere Prozeduren - beispielsweise *Function*-Prozeduren - müssen Sie zum Testen durch *Sub*-Prozeduren aufrufen (→ unten).

» Setzen Sie die Schreibmarke an eine beliebige Stelle innerhalb der Prozedur. Sie können auch die gewünschte Prozedur über das Listenfeld *Prozedur* auswählen.

» Klicken Sie auf die Schaltfläche *Sub/UserForm ausführen* in der Symbolleiste *Voreinstellung*. Ein Nachrichtenfeld wird angezeigt, das den im Code eingegebenen Text enthält (→ Abbildung 16.6).

Abbildung 16.6
Die Wirkung können Sie über den Editor testen. Hier wird als Ergebnis nur eine Meldung angezeigt.

» Klicken Sie in diesem Dialogfeld auf die Schaltfläche *OK*. Das Nachrichtenfeld wird wieder ausgeblendet. Solange die Meldung angezeigt wird, wird das Programmelement ausgeführt, und Sie können keine weiteren Eingaben durchführen.

TIPP Wenn bei der Ausführung eine Fehlermeldung angezeigt wird, haben Sie bei der Eingabe einen Fehler gemacht. Kontrollieren und korrigieren Sie den Code. Mehr zu Fehlern, der Suche danach und der Korrektur finden Sie in Kapitel 15.

Zusätzliche Informationen zur *MsgBox*-Funktion

Wie Sie eben gesehen haben, dient die Funktion *MsgBox* zur Anzeige von Daten. Die vollständige Syntax benutzt mehrere Argumente und lautet *MsgBox(prompt[, buttons] [, title] [, helpfile, context])*. Erforderlich ist dabei nur *prompt*. Die restlichen Argumente in eckigen Klammern sind optional (→ Tabelle 16.2). Wenn Sie außer *prompt* noch weitere Argumente angeben möchten, müssen Sie *MsgBox* in einem Ausdruck verwenden. Wenn Sie einige Argumente auslassen wollen, müssen Sie dennoch das entsprechende Komma als Trennzeichen angeben.

Argument	Beschreibung
prompt	Ein Zeichenfolgenausdruck, der als Meldung im Dialogfeld erscheint. Die Maximallänge ist - je nach Breite der verwendeten Zeichen - etwa 1.024 Zeichen.
buttons	Ein numerischer Ausdruck, der der Summe der Werte entspricht, die Anzahl und Typ der anzuzeigenden Elemente werden angeben (→ unten). Der Standardwert ist *0*.
title	Ein Zeichenfolgenausdruck, der in der Titelleiste des Dialogfeldes angezeigt wird. Wenn Sie *title* nicht angeben, wird der Name der Anwendung angezeigt.
helpfile	Ein Zeichenfolgenausdruck, der die Hilfedatei mit der kontextbezogenen Hilfe für das Dialogfeld angibt.
context	Ein numerischer Ausdruck mit der Hilfekontextkennung, die der Autor der Hilfe für das entsprechende Hilfethema gegeben hat.

Tabelle 16.1 Argumente der Funktion *MsgBox*

TIPP Wenn sowohl *helpfile* als auch *context* angegeben werden, können Sie die F1-Taste drücken, um das Hilfethema für *context* anzuzeigen.

Beachten Sie die folgenden zusätzlichen Hinweise:

» Wenn *prompt* aus mehreren Zeilen besteht, müssen Sie die Zeilen mit einem Wagenrücklaufzeichen (*Chr(13)*), einem Zeilenvorschubzeichen (*Chr(10)*) oder einer Kombination aus Wagenrücklaufzeichen und Zeilenvorschubzeichen trennen. Beispielsweise bewirkt der Code *MsgBox(»Fehler!« & Chr(13) &»Wiederholen Sie die Eingabe«)* die Ausgabe einer zweizeiligen Nachricht (→ Abbildung 16.7).

Abbildung 16.7
Die *MsgBox*-Funktion liefert hier eine zweizeilige Ausgabe.

» Für das Argument *buttons* können Sie beispielsweise neben der Schaltfläche *OK* weitere Schaltflächen anzeigen lassen. Der Code *MsgBox(»Fehler bei der Eingabe!«, 2)* zeigt zusätzlich zum *prompt* auch die Schaltflächen *Abbrechen*, *Wiederholen* und *Ignorieren* an (→ Abbildung 16.8 und Tabelle 16.2). Der Aufruf muss aber in diesem Fall innerhalb eines Ausdrucks erfolgen - beispielsweise in der folgenden Form (→ unten):

```
Public Sub Meldung()
Dim Anzeige As String
    Anzeige = MsgBox("Fehler bei der Eingabe!", 2)
End Sub
```

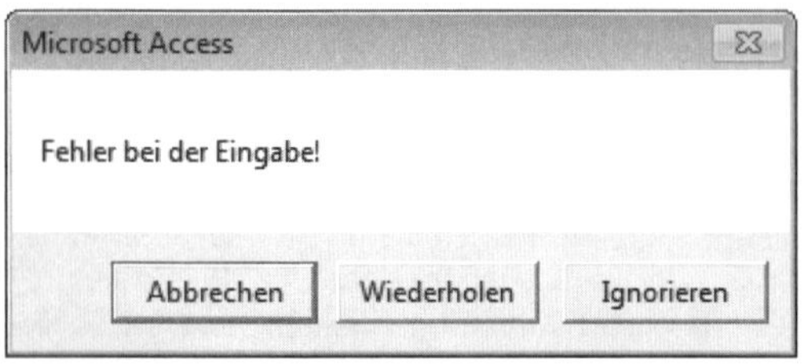

Abbildung 16.8 Drei Schaltflächen werden angezeigt.

Wert	Beschreibung
0	Nur die Schaltfläche *OK* anzeigen.
1	Schaltflächen *OK* und *Abbrechen* anzeigen.
2	*Abbrechen*, *Wiederholen* und *Ignorieren* anzeigen.
3	Schaltflächen *Ja*, *Nein* und *Abbrechen* anzeigen.
4	Schaltflächen *Ja* und *Nein* anzeigen.
5	*Wiederholen* und *Abbrechen* anzeigen.

Tabelle 16.2 Werte zur Anzeige von Schaltflächen

» Sie können auch verschiedene Symbole im Dialogfeld anzeigen lassen (→ Tabelle 16.3).

Wert	Beschreibung
16	Meldung mit *Stop*-Symbol anzeigen.
32	Meldung mit *Fragezeichen*-Symbol anzeigen.
48	Meldung mit *Ausrufezeichen*-Symbol anzeigen.
64	Meldung mit *Info*-Symbol anzeigen.

Tabelle 16.3 Werte zur Anzeige von Symbolen

» Außerdem können Sie eine Schaltfläche als Standard festlegen. Diese Schaltfläche ist bereits bei der Anzeige aktiviert und kann durch Drücken von [↵] ausgelöst werden (→ Tabelle 16.4).

Wert	Beschreibung
0	Erste Schaltfläche ist Standardschaltfläche.
256	Zweite Schaltfläche ist Standardschaltfläche.
512	Dritte Schaltfläche ist Standardschaltfläche.
768	Vierte Schaltfläche ist Standardschaltfläche.

Tabelle 16.4 Werte zum Festlegen der Standardschaltfläche

» Als zusätzliche Möglichkeit können Sie festlegen, in welcher Form das Dialogfeld gebunden ist (→ Tabelle 16.5).

Wert	Beschreibung
4096	An das System gebundenes Meldungsfeld.
16384	Fügt eine Hilfeschaltfläche hinzu.
65536	Legt das Dialogfeld als Vordergrundfenster fest.
524288	Der Text wird rechtsbündig ausgerichtet.

Tabelle 16.5 Werte zum Festlegen der Bindung

» Sie können mehrere Elemente aus den eben beschriebenen Gruppen kombinieren, indem Sie die als Argument dienenden Zahlenwerte addieren. Beispielsweise bewirkt der Code *MsgBox(»Falsche Eingabe«, 18)*, dass neben *Falsche Eingabe* die Schaltflächen *Abbrechen*, *Wiederholen* und *Ignorieren* (Wert 2) und ein zusätzliches *Stopp*-Symbol (Wert 16) angezeigt werden (→ Abbildung 16.9).

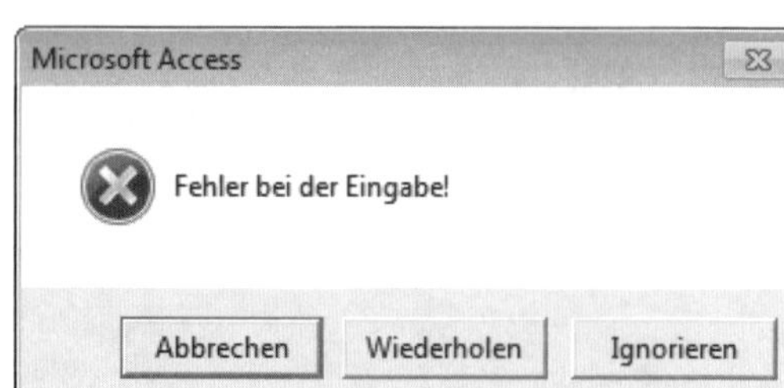

Abbildung 16.9 Die *MsgBox*-Funktion liefert drei Schaltflächen und ein Warnfeld.

» Die Funktion *MsgBox* gibt auch einen Wert zurück. Diese Konstanten sind durch Visual Basic for Applications festgelegt (→ Tabelle 16.6). Daher können die Namen an einer beliebigen Stelle im Code anstelle der tatsächlichen Werte verwendet werden. Die Rückgabewerte können Sie beispielsweise verwenden, um über eine Abfrage – beispielsweise *If... Then* oder *Select Case* – unterschiedliche Aktionen ausführen zu lassen.

Konstante	Wert	Beschreibung
vbOK	1	*OK*
vbCancel	2	*Abbrechen*
vbAbort	3	*Abbruch*
vbRetry	4	*Wiederholen*
vbIgnore	5	*Ignorieren*
vbYes	6	*Ja*
vbNo	7	*Nein*

Tabelle 16.6 Rückgabewerte der *MsgBox*-Funktion

Wenn im Dialogfeld die Schaltfläche *Abbrechen* angezeigt wird, hat das Drücken von Esc dieselbe Wirkung wie ein Klick auf die Schaltfläche *Abbrechen*.

16.2.2 *Function*-Prozeduren

Wenn Sie eine Prozedur erstellen wollen, die Ihnen einen Wert zurückgibt, müssen Sie eine *Function*-Prozedur verwenden. Solche *Function*-Prozeduren werden auch einfach als Funktionen bezeichnet, und fast immer wird darin eine Berechnung durchgeführt.

Den Rahmen erstellen

Function-Prozeduren beginnen mit dem Schlüsselwort *Function* und beenden sie mit der Anweisung *End Function*. Auch diese Rahmenanweisungen können Sie direkt über die Tastatur eingeben, wiederum ist es aber einfacher, dafür einen Menübefehl zu benutzen.

» Doppelklicken Sie im *Projekt-Explorer* auf das Modul, in dem Sie die Prozedur anlegen wollen. Das Codefenster zum Modul wird angezeigt.

» 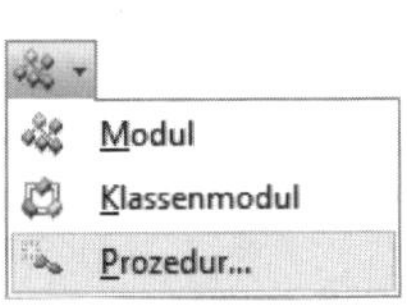

Wählen Sie wieder den Befehl *Prozedur* im Menü *Einfügen*, oder klicken Sie auf das zugehörige Symbol in der *Voreinstellung*-Symbolleiste. Das schon bekannte Dialogfeld *Prozedur einfügen* wird angezeigt (→ Abbildung 16.2).

» Aktivieren Sie unter *Typ* die Option *Function*, und weisen Sie der zu erstellenden Prozedur einen Namen zu.

» Bestätigen Sie die Eingaben durch einen Klick auf *OK*. Die Rahmenanweisungen zur *Function*-Prozedur werden – wieder zusammen mit dem Schlüsselwort *Public* – im Codefenster angezeigt (→ Abbildung 16.10).

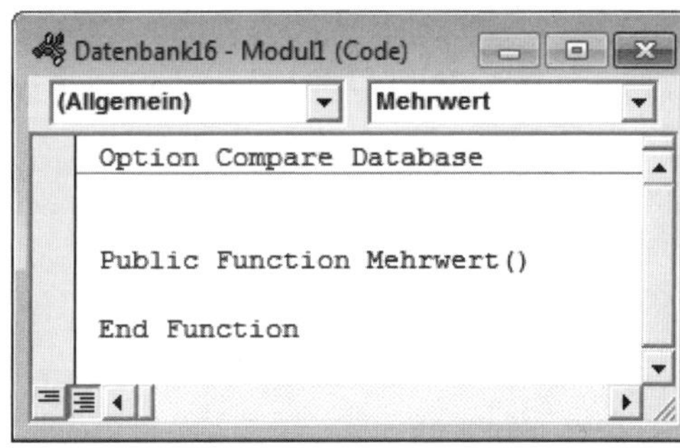

Abbildung 16.10 Der Prozedurrahmen wird wieder automatisch erstellt.

Das Argument hinzufügen

In der Mehrzahl der Fälle werden Sie einer solchen *Function*-Prozedur beim Aufruf auch immer einen Wert übergeben wollen, auf dem die Berechnung aufbauen soll. *Function*-Prozeduren ohne einen solchen Parameter sind zwar denkbar, würden aber immer dasselbe Ergebnis liefern. Damit die Funktion zur Durchführung der Berechnung einen Eingangswert empfängt, müssen Sie diesen als Argument angeben. In unserem Beispiel wird beispielsweise der Betrag benötigt, aus dem die Mehrwertsteuer berechnet werden soll. Dieses Argument fügen Sie innerhalb der Klammer nach dem Funktionsnamen ein.

» Setzen Sie die Schreibmarke zwischen die Klammern nach dem Funktionsnamen.

» Geben Sie dem Argument einen Namen. Sie können jeden beliebigen verwenden, müssen aber die Namenskonventionen beachten (→ Abbildung 16.11). Die Funktion erwartet beim Aufruf die Eingabe eines Arguments.

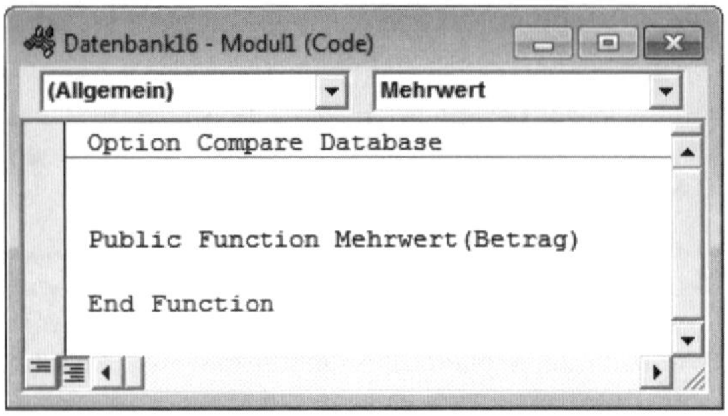

Abbildung 16.11 Das Argument wurde innerhalb der Klammern eingefügt.

Sie können das Argument auch bereits im Dialogfeld *Prozedur hinzufügen* einführen. Geben Sie es dazu im Feld *Name* nach dem Namen in Klammern ein.

Den Code eingeben

Zwischen den Rahmenanweisungen *Function* und *End Function* geben Sie den Code ein, der durch die Prozedur ausgeführt werden soll. Beispielsweise könnten Sie eine Funktion definieren, die aus einem Betrag die Mehrwertsteuer berechnet.

» Sorgen Sie – falls notwendig – dafür, dass sich die Schreibmarke in der leeren Zeile zwischen den beiden Rahmenanweisungen befindet.

» Geben Sie über die Tastatur den gewünschten Code ein – beispielsweise *Mehrwert = Betrag * 0.19*. Der Code erscheint im Codefenster (→ Abbildung 16.12).

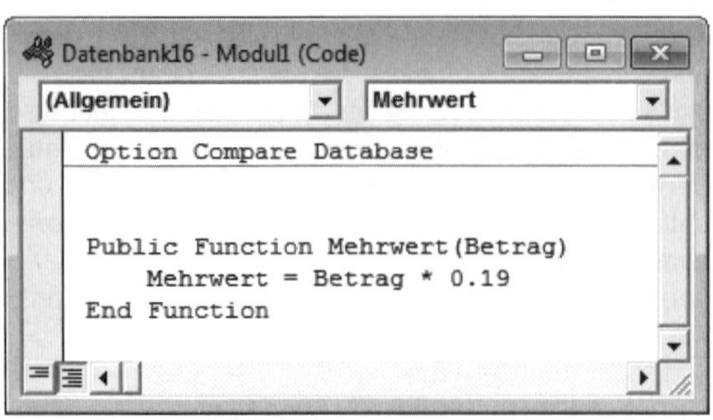

Abbildung 16.12 Der Code wird innerhalb des Rahmens eingegeben.

»  Speichern Sie die Änderungen im Modul.

Die Funktion ausführen

Function-Prozeduren können zum Test nicht direkt über den Editor ausgeführt werden. Sie müssen von einer anderen Stelle im Code – oder von anderen Access-Objekten her – aufgerufen werden. Damit werden wir uns im jetzt folgenden Abschnitt beschäftigen.

16.2.3 Prozeduren im Code aufrufen

Die Ergebnisse der in Prozeduren geleisteten Arbeiten können Sie in Access VBA auf verschiedene Weisen nutzen – beispielsweise können Sie eine Schaltfläche in einem Formular verwenden, um eine Sub-Prozedur zu starten. Sie können aber eine Prozedur auch durch eine andere Prozedur aufzurufen. In Prinzip teilen Sie die durch den Code geleistete Arbeit auf mehrere Prozeduren auf. Durch eine solche Aufteilung wird der Code verständlicher und ist einfacher zu überprüfen und zu warten. Auch *Sub*-Prozeduren können von anderen Stellen im Code her aufgerufen werden.

Aufrufen einer Function-Prozedur

Eine *Function*-Prozedur kann von einer *Sub*-Prozedur aus aufgerufen werden. Dabei kann die *Sub*-Prozedur der *Function*-Prozedur einen Wert übergeben und dann mit dem von der *Function*-Prozedur zurückgegebenen Wert etwas tun – und sei es nur, dass sie ihn in einem Dialogfeld anzeigt.

Sie können beispielsweise eine *Sub*-Prozedur erstellen, die die im vorherigen Abschnitt erstellte *Function*-Prozedur aufruft und einen Wert übergibt, aus dem die *Function* die Mehrwertsteuer berechnet. Dazu können Sie den Namen der *Function*-Prozedur zusammen mit dem gewünschten Wert direkt als Anweisungszeile eingeben.

» 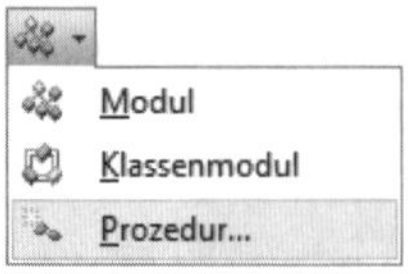

Erstellen Sie im selben Modul eine neue *Sub*-Prozedur. Lassen Sie dazu das Dialogfeld *Prozedur einfügen* anzeigen.

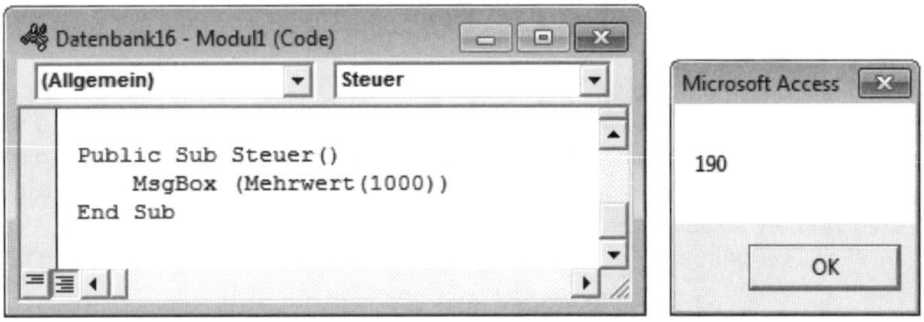

Abbildung 16.13
Eine *Subroutine* ruft eine *Function* auf und übergibt ein Argument.

» Sorgen Sie dafür, dass die Option *Sub* aktiviert ist, und geben Sie der Prozedur den Namen *Steuer*. Die Rahmenanweisungen werden im Codefenster angezeigt.

» Geben Sie in dieser Prozedur einen Code ein, über den die *Function*-Prozedur *Mehrwert* mit dem Argument *1000* aufgerufen wird. Der Code wird angezeigt (→ Abbildung 16.13 links).

» Speichern Sie die Änderungen im Modul.

» Testen Sie die Wirkung der Prozedur aus. Sorgen Sie dafür, dass sich die Schreibmarke innerhalb der neu erstellten Prozedur befindet. Das Ergebnis wird angezeigt. Die Sub-Prozedur zeigt die Mehrwertsteuer zum Wert *1000* an (→ Abbildung 16.13 rechts).

» Bestätigen Sie die Anzeige durch einen Klick auf die Schaltfläche *OK*.

Aufrufen einer Sub-Prozedur

Auch eine *Sub*-Prozedur kann durch eine andere *Sub*-Prozedur aufgerufen werden. Wenn die aufgerufene Prozedur keine Argumente verlangt, können Sie sie im Code direkt durch Angabe ihres Namens aufrufen. Beispielsweise könnten Sie die anfangs erstellte *Sub*-Prozedur *Meldung* durch eine andere Prozedur aufrufen lassen.

» Erstellen Sie im selben Modul eine neue *Sub*-Prozedur mit dem Namen *Anzeige*. Die Rahmenanweisungen werden im Codefenster angezeigt.

» Geben Sie in dieser Prozedur einen Code ein, der die Sub-Prozedur *Meldung* aufruft. Der Code wird angezeigt (→ Abbildung 16.14).

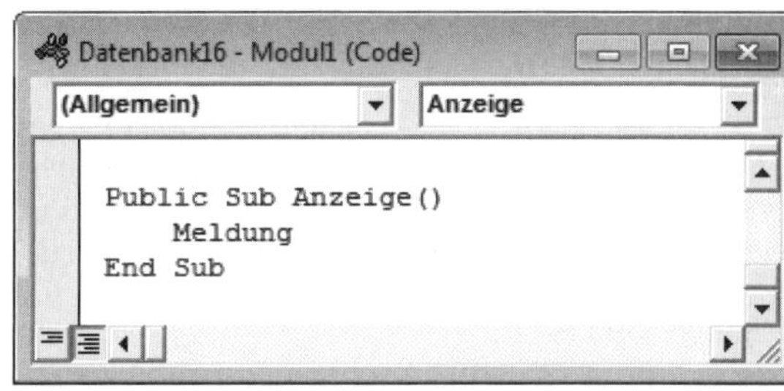

Abbildung 16.14 Eine Subroutine ruf eine andere auf.

» Testen Sie die Wirkung aus. Sorgen Sie dafür, dass sich die Schreibmarke innerhalb der neu erstellten Prozedur befindet. Die *Sub*-Prozedur *Meldung* wird aufgerufen, und diese zeigt das schon bekannte Nachrichtenfeld an.

» Bestätigen Sie die Anzeige durch einen Klick auf die Schaltfläche *OK*, und speichern Sie die Änderungen im Modul.

Aufrufen einer Sub-Prozedur mit Parametern

Sub-Prozeduren können zwar keine Werte an die aufrufende Instanz zurückgeben, sie können aber – wie *Function*-Prozeduren – solche als Argument entgegennehmen. Ein einfaches Beispiel dafür wäre eine Prozedur, die von einer anderen Prozedur aufgerufen wird und dabei einen Wert übernimmt. Für ein solches Beispiel benötigen Sie zwei Prozeduren: eine, die den Aufruf vornimmt und einen Wert übergibt, und eine weitere, die aufgerufen wird und mit dem übergebenen Wert etwas tut.

Das *Argument* für eine aufzurufende *Sub*-Prozedur übergeben Sie auf dieselbe Weise, wie vorher für eine *Function*-Prozedur beschrieben. Sie müssen dafür sorgen, dass in der Deklarationsanweisung der Prozedur das Argument in Klammern eingegeben wird. Die aufrufende *Sub*-Prozedur muss ein Argument übergeben. Dazu müssen Sie in der Anweisung *zusätzlich* zum Namen der Prozedur einen Wert für das Argument angeben. *Sub*-Prozeduren mit Parametern können über den Editor nicht selbstständig ausgeführt werden. Sie müssen von anderen Stellen her aufgerufen werden. Dabei muss der aufgerufenen Prozedur ein Wert übergeben werden.

» Sorgen Sie dafür, dass das Codefenster angezeigt wird, und erstellen Sie eine neue Subroutine mit dem Namen *Ausgabe*.

» Geben Sie innerhalb der Klammern den Wert für das Argument an. Der konkrete Inhalt des Wertes soll beim Aufruf festgelegt werden. Sorgen Sie dafür, dass die Subroutine noch etwas tut. Sie könnte zum Beispiel den empfangenen Wert in einer *MsgBox* anzeigen.

» Erstellen Sie eine weitere Subroutine mit dem Namen *Aufruf*.

» Geben Sie innerhalb des Rahmens dieser Routine einen Code ein, der dafür sorgt, dass die Subroutine *Ausgabe* zusammen mit einem Textwert aufgerufen wird (→ Abbildung 16.15 links).

» Führen Sie die *Sub*-Prozedur *Aufruf* aus, indem Sie auf *Sub/UserForm ausführen* klicken. Die Prozedur ruft die Prozedur *Ausgabe* auf und übergibt ihr einen Wert. Dieser Wert wird in einer *MsgBox* angezeigt (→ Abbildung 16.15 rechts).

» Bestätigen Sie die Anzeige durch einen Klick auf *OK*.

TIPP Sie können zum Aufruf auch die *Call*-Anweisung benutzen. Dabei müssen aber die Argumente in Klammern eingeschlossen werden. Es gibt auch Fälle, in denen Sie mehr als ein Argument übergeben wollen.

Eingebaute Funktionen verwenden

Für viele Standardaufgaben können Sie in Visual Basic eingebaute Standardfunktionen verwenden. Einige dieser Funktionen benötigen ein Argument oder mehrere, andere überhaupt keine. Die Mehrzahl dieser Standardfunktionen finden Sie in der Bibliothek *VBA*. Weitere Hinweise dafür finden Sie auch in Kapitel 21.

Die *Now*-Funktion zeigt beispielsweise das aktuelle Datum und die aktuelle Uhrzeit an. Sie können diese Daten innerhalb einer *Sub*-Prozedur anzeugen lassen.

» Erstellen Sie über das Codefenster eine neue *Sub*-Prozedur mit dem Namen *Jetzt*. Der Rahmen der Prozedur wird angezeigt.

» Rufen Sie innerhalb dieses Rahmens die Funktion *Now* als Argument in einer *MsgBox* auf (→ Abbildung 16.16 links).

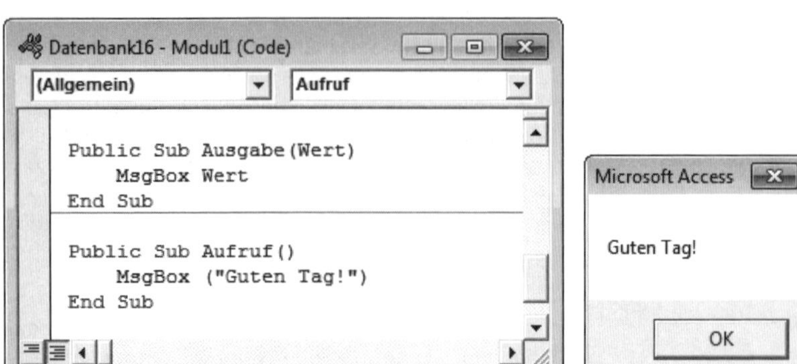

Abbildung 16.15
Diese Subroutinen übergeben den Wert - er wird beim Aufruf angezeigt.

Abbildung 16.16
Die Subroutine soll die Funktion *Now* aufrufen.

» Führen Sie die *Sub*-Prozedur aus, indem Sie auf *Sub/UserForm ausführen* klicken. Die Daten für Datum und Uhrzeit werden in einem Dialogfeld angezeigt (→ Abbildung 16.16 rechts).

» Bestätigen Sie die Anzeige durch einen Klick auf *OK*.

Übergeben von benannten Argumenten

Eine Anweisung zum Aufruf einer *Sub*- oder *Function*-Prozedur kann Werte an aufgerufene Prozeduren unter Verwendung von benannten Argumenten übergeben. Ein benanntes Argument besteht aus dem Namen des Arguments gefolgt von einem Doppelpunkt und einem Gleichheitszeichen (:=) sowie einem dem Argument zugewiesenen Wert. Beispielsweise verfügt die Funktion *MsgBox* neben dem schon bekannten Argument *prompt* auch über das Argument *title*, über das Sie dem Dialogfeld eine eigene Titelleiste geben können. Wenn Sie den Aufruf über die Benennung der Argumente durchführen, können Sie die Kommazeichen für nicht benutzte Argumente auslassen. Sie können dabei die benannten Argumente in beliebiger Reihenfolge auflisten. Außerdem ist eine solche Form des Aufrufs später oft schneller zu verstehen.

16.2.4 Gültigkeit von Prozeduren festlegen

Im Dialogfeld *Prozedur einfügen* können Sie neben der Wahl des Typs auch den *Gültigkeitsbereich* der Prozedur festlegen (→ Abbildung 16.17).

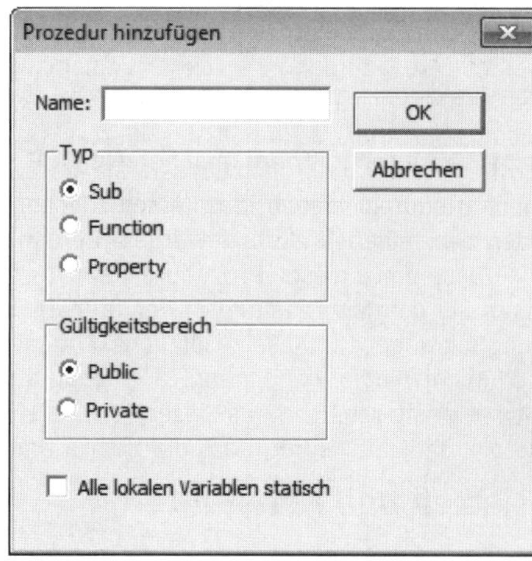

Abbildung 16.17 Es gibt zwei Möglichkeiten für den Gültigkeitsbereich - *Public* und *Private*.

Darin sind zwei Möglichkeiten vorgesehen - *Public* und *Private*:

» Der Gültigkeitsbereich ist standardmäßig auf *Public* eingestellt, und das führt dazu, dass einer neu erstellten Prozedur des Schlüsselwort *Public* vorangestellt wird - beispielsweise *Public Sub* oder *Public Function*. Das bedeutet, dass die Prozedur von allen anderen Prozeduren im Projekt her angesprochen werden kann.

» Haben Sie stattdessen die Option *Private* eingestellt, wird *Private* als Schlüsselwort vorangestellt - *Private Sub* oder *Private Function*. Das wiederum hat zur Folge, dass die Prozedur nur noch von anderen Prozeduren im selben Modul aufgerufen werden kann - nicht aber von Prozeduren in anderen Modulen.

Um den Hintergrund für diese Aufteilung im *Public* und *Private* zu verstehen, muss man sich daran erinnern, wie Visual Basic den Code bei der Ausführung kompiliert: Wenn Sie eine Prozedur ausführen, wird immer der gesamte Code des Moduls kompiliert, in dem die Prozedur abgelegt ist. Wenn in diesem Code eine Prozedur aus einem anderen Modul aufgerufen wird, muss auch dieses Modul kompiliert werden. Sie erreichen also eine Leistungssteigerung, wenn Sie Prozeduren so zu Modulen gruppieren, dass unnötige Kompilierungsvorgänge entfallen. Fassen Sie solche Prozeduren in Modulen zusammen, die sich gegenseitig aufrufen; bilden Sie keine Modulgruppen mit Prozeduren, die in keiner Beziehung zueinander stehen.

Aufrufen von Prozeduren mit dem gleichen Namen

Verschiedene Prozeduren können in unterschiedlichen Modulen unter demselben Namen deklariert werden. Wenn Sie eine bestimmte dieser Prozeduren aufrufen wollen, müssen Sie den Modulnamen in der aufrufenden Anweisung mit angeben. Diese zusätzliche Angabe ist aber nur dann notwendig, wenn mehrere Prozeduren gleichen Namens existieren.

16.3 Variablen und Konstanten

Wenn Sie in Visual Basic Berechnungen durchführen, müssen Sie Werte häufig für eine gewisse Zeit behalten, um später mit ihnen weiter arbeiten zu können. Mit diesem Aspekt wollen wird uns in folgendem Abschnitt beschäftigen.

- » Wie die meisten Programmiersprachen speichert VBA Werte in *Variablen*, für die in Arbeitspeichern ein Platz reserviert wird. Beispielsweise könnte in einer Variablen der *Name* einer Person abgelegt werden, solange sich der Code mit den Daten dieser Person beschäftigt. Wenn der Code zur nächsten Person übergeht, wird deren Namen in derselben Variablen abgelegt. Die konkreten Inhalte einer Variablen ändern sich also meist während der Ausführung.
- » Variablen kann man in drei Gruppen unterteilen: Die erste Gruppe umfasst solche, die einfache Werte - wie Zahlen oder Zeichenketten - enthalten. Die zweite Kategorie der Variablen sind die *Arrays*, die mehrere Werte speichern können. Außerdem gibt es die sogenannten *Objektvariablen*. In diesem Abschnitt werden wir uns zunächst mit der ersten Gruppe von Variablen und anschließend mit der zweiten beschäftigen. Die *Objektvariablen* werden später gehandelt.
- » Anders ist es mit *Konstanten*. Im Gegensatz zu Variablen beinhalten diese Werte, die sich nicht verändern, weder während der Lebensdauer Ihres Programms noch sonst irgendwann.
- » Um den Wert einer Variablen aus den Werten anderer Variablen oder Konstanten zu berechnen, arbeiten Sie mit *Operatoren*. Bei einer solchen Berechnung kann es sich beispielsweise um eine *arithmetische Operation* handeln - wie Addition oder Multiplikation. Auch *Verkettungsoperationen* sind möglich, die zwei Zeichenfolgen in einer neuen Zeichenfolge kombinieren.

16.3.1 Arbeiten mit einfachen Variablen

Variablen kann man in drei Gruppen unterteilen: Die erste Gruppe umfasst solche, die einfache Werte - wie Zahlen oder Zeichenketten - enthalten. Die zweite Kategorie der Variablen sind die *Arrays*, die mehrere Werte speichern können. Außerdem gibt es die sogenannten *Objektvariablen*. In diesem Abschnitt werden wir uns zunächst mit der ersten Gruppe von Variablen und anschließend mit der zweiten beschäftigen. Die *Objektvariablen* werden später im Buch behandelt.

Datentypen

Fast alle Variablen können immer nur Werte eines einzigen *Datentyps* aufnehmen. Die einzelnen Typen darin unterscheiden sich einerseits in der Form des Inhalts, andererseits auch im erforderlichen Speicherbedarf.

- » Ganzzahlen-Variablen bilden die erste Untergruppe zum Speichern von ganzen Zahlen - also Zahlen, die keine Dezimalstellen besitzen. VBA benutzt mit den Typen *Byte*, *Integer* und *Long* drei unterschiedliche Typen von solchen Ganzzahlen-Variablen, die unterschiedlich große Zahlen speichern können und damit unterschiedlich viel Speicher belegen (→ Tabelle 16.7). Als Standard können Sie fast immer den Datentyp *Integer* verwenden.

Datentyp/Größe (Bytes)	Wertebereich/Hinweise
Byte (1)	Unterstützt im Gegensatz zu den anderen Ganzzahlen-Datentypen keine negativen Zahlen.
	0 bis 255
Integer (4)	Das ist die Standard-Ganzzahlen-Variable und meist der schnellste Typ, da er dem Computer am wenigsten Arbeit macht.
	-2.147.483.648 bis 2.147.483.647
Long (8)	Der ideale Typ, wenn Sie mit großen Zahlen arbeiten - beispielsweise beim Zählen in bestimmten Problembereichen der Naturwissenschaft.
	-9.223.372.036.854.775.808 bis 9.223.372.036.854.775.807

Tabelle 16.7 Datentypen für Ganzzahlvariablen

» Die zweite Gruppe wird für Zahlen mit Dezimalstellen - also Gleitkommazahlen - verwendet (→ Tabelle 16.8). Die Typen *Single*, *Double*, *Decimal* und *Currency* unterscheiden sich zwar nicht sehr hinsichtlich der Größe der Werte, wohl aber im Grad der Genauigkeit, mit der die Daten gespeichert werden. Für eine mittlere Genauigkeit verwenden Sie *Double*. Der Datentyp *Currency* eignet sich besonders für Berechnungen mit Geldbeträgen und für Festkommaberechnungen, die eine hohe Genauigkeit erfordern.

Datentyp/Größe (Bytes)	Wertebereich/Hinweise
Single (4)	Dient zum Speichern von Gleitkommazahlen mit einfacher Genauigkeit. Das kann zu Rundungsfehlern führen.
	-3,4... x 10^{38} bis -1,4... x 10^{-45} bei negativen Zahlen; 1,4.... x 10^{-45} bis 3,4... x 10^{38} bei positiven Zahlen.
Double (8)	Verfügt im Vergleich mit *Single* über die doppelte Genauigkeit, kann also 15 Dezimalstellen enthalten.
	-1,79769313486231 x 10^{308} bis -4,94065645841247 x 10^{-324} bei negativen Zahlen;
	4,94065645841247 x 10^{-324} bis 1,79769313486232 x 10^{308} bei positiven Zahlen
Decimal (12)	Speichert Zahlen mit Vorzeichen mit einer variablen Potenz zur Basis 10. Die Potenz zur Basis 10 wird als Skalierungsfaktor verwendet und bestimmt die Anzahl der Nachkommastellen, die in einem Bereich von 0 bis 28 liegen kann.
	Beim Skalierungsfaktor von 0 liegt der größtmögliche Wert bei +/-79.228.162.514.264.337.593.543.950.335.
	Bei 28 Nachkommastellen liegt der größte Wert bei +/-7,9228162514264337593543950335 und der kleinste Wert, der ungleich null ist, bei +/-0,0000000000000000000000000001.
Currency (8)	Eignet sich besonders für Berechnungen mit Geldbeträgen und für Festkommaberechnungen, die eine hohe Genauigkeit erfordern.
	-922.337.203.685.477,5808 bis 922.337.203.685.477,5807.

Tabelle 16.8 Datentypen für Gleitkommazahlen

» Variablen zur Aufnahme von alphanumerischen Zeichen oder Zeichenketten - also Text - bilden die dritte Untergruppe (→ Tabelle 16.9). Für diese alphanumerischen Größen existieren zwei Datentypen: *String* kann Zeichenketten variabler Länge speichern, *String*Länge* speichert eine Folge mit fester Länge - beispielsweise akzeptiert *String*3* nur Folgen mit drei Zeichen. Die Codes für Zeichen vom Datentyp *String* liegen im Bereich von *0* bis einschließlich *255*. Die ersten 128 Zeichen entsprechen den Buchstaben und Symbolen auf einer US-amerikanischen Standardtastatur und stimmen mit den im *ASCII*-Zeichensatz definierten Zeichen überein. Die zweiten 128 Zeichen sind Sonderzeichen - beispielsweise Buchstaben aus internationalen Alphabeten, Akzentzeichen, Währungssymbole und Symbole für mathematische Brüche.

Datentyp	Hinweis
String	Zeichenfolgen variabler Länge können bis zu 2 Milliarden Zeichen enthalten.
*String * Länge*	Zeichenfolgen fester Länge können 1 bis etwa 64 KB (2^16) Zeichen enthalten.

Tabelle 16.9 Datentypen für alphanumerische Zeichen

» Der Typ *Boolean* dient zum Speichern von Wahrheitswerten – also Daten, die nur die beiden Werte *True* (wahr) oder *False* (falsch) annehmen können. *Boolean* benötigt 2 Bytes zur Speicherung. Beim Umwandeln anderer numerischer Datentypen in Werte des Typs Boolean wird *0* zu *False*, und alle anderen Werte werden zu *True*. Beim Umwandeln von Werten des Datentyps *Boolean* in andere Datentypen wird *False* zu *0* und *True* zu *-1*.

» Variablen vom Datentyp *Date* werden mit 8 Bytes gespeichert und können ein Datum im Bereich vom *01. Januar 100* bis zum *31. Dezember 9999* und eine Uhrzeit im Bereich von *0:00:00* bis *23:59:59* speichern. Jeder gültige Wert eines *Datums-* oder *Zeitliterals* kann einer Variablen vom Datentyp *Date* zugewiesen werden. Ein Datumsliteral muss durch das Zeichen # eingeschlossen sein – beispielsweise *#Januar 1, 2010# oder #1 Jan 10#*. Beim Umwandeln anderer numerischer Datentypen in Werte des Datentyps *Date* repräsentieren die Vorkommastellen das Datum und die Nachkommastellen die Uhrzeit. Mitternacht entspricht dem Wert *0*, und Mittag entspricht dem Nachkommawert *0,5*. Negative ganze Zahlen repräsentieren ein Datum vor dem *30. Dezember 1899*.

» Der Datentyp *Variant* ist ein besonderer Datentyp, der beliebige Daten – mit Ausnahme von *String*-Daten fester Länge – aufnehmen kann. Dieser Datentyp kann also anstelle jedes anderen Datentyps verwendet werden, um im Umgang mit Daten flexibler zu sein. Das ist zwar bequem, führt aber zu einem höheren Speicherbedarf und damit zu einem etwas langsameren Code.

TIPP Wenn Sie im Code eine Variable verwenden, die Sie nicht vorher deklariert haben, wird diese Variable von Visual Basic selbst – man sagt *implizit* – deklariert. Solche implizit deklarierten Variablen sind automatisch vom Typ *Variant*, können also fast alle Arten von Daten aufnehmen. Sie erfordern aber mehr Speicherressourcen als die meisten anderen Variablen.

16.3.2 Variablen deklarieren

Im Allgemeinen führen Sie Variablen über eine *Deklarationsanweisung* in Ihren Code ein. Eine solche Deklarationsanweisung kann innerhalb einer Prozedur zur Erstellung einer Variablen auf Prozedurebene oder zu Beginn eines Moduls im Deklarationsabschnitt zur Erstellung einer Variablen auf Modulebene platziert werden. Wie Sie weiter unten sehen werden, hat der Ort der Deklaration bestimmte Auswirkungen auf die Frage, in welchen Bereichen die Variable gültig ist.

Die *Dim*-Anweisung

Zur Deklaration von Variablen verwenden Sie normalerweise eine *Dim*-Anweisung und legen ihren Datentyp mithilfe der *As*-Klausel fest. Wenn Sie beispielsweise eine Variable mit dem Namen *Vorname* zur Aufnahme von Text deklarieren wollen, benutzen Sie als Datentyp *String*, und verwenden Sie die Deklarationsanweisung *Dim Vorname As String*. Für die Namensgebung von Variablen gelten dieselben Richtlinien wie bei Modulen.

Setzen Sie alle Deklarationsanweisungen möglichst an den Anfang des jeweiligen Codebereichs, beispielsweise des Moduls oder der Prozedur. Das vereinfacht später die Suche danach.

» Setzen Sie die Schreibmarke im Codefenster an die gewünschte Stelle, beispielsweise an den Anfang einer Prozedur.

» Geben Sie das Schlüsselwort *Dim*, gefolgt vom gewünschten Namen der Variablen, ein, und fügen Sie das Schüsselwort *As* hinzu – beispielsweise *Dim Vorname As*.

» Fügen Sie ein weiteres Leerzeichen hinzu, und geben Sie den gewünschten Datentyp ein, oder wählen Sie ihn aus der Liste aus (→ Abbildung 16.18). Die Variable wurde deklariert und kann – beispielsweise in einer Anweisung – verwendet werden.

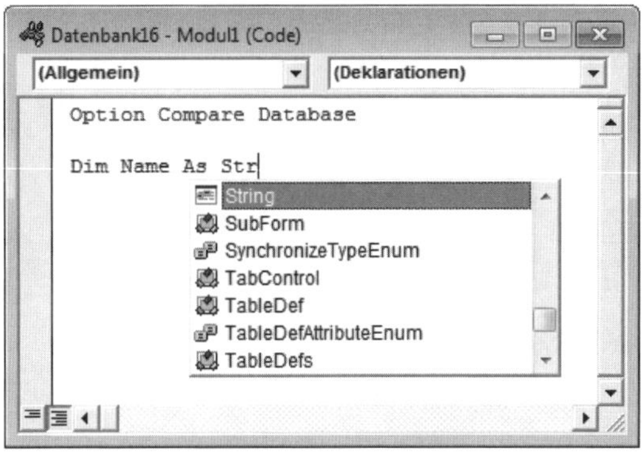

Abbildung 16.18 Den Datentyp können Sie aus einer Liste auswählen.

Mehrere Variable in einer Anweisung definieren

Sie können in einer Deklarationsanweisung mehrere Variable deklarieren. Wenn Sie beispielsweise die Variablen *Vorname* und *Nachname* als Datentyp *String* definieren wollen, verwenden Sie die Anweisung *Dim Vorname As String, Nachname As String*. Sie können in einer solchen einzeiligen Deklarationsanweisung auch verschiedene Datentypen verwenden.

Bezeichnerzeichen

Statt eine Deklarationsanweisung zu verwenden, kann ein Datentyp einiger einfacher Variablen auch mit einem Typzeichen erzwungen werden (→ Tabelle 16.10). Das Typzeichen muss unmittelbar auf den Elementnamen folgen, es darf kein Zeichen dazwischen stehen. Das Typzeichen gehört nicht zum Namen des Elements, der spätere Verweis auf die Variable erfolgt also ohne das Typzeichen. Bezeichnerzeichen können aber auch in Ausdrücken verwendet werden.

Datentyp	Bezeichnerzeichen	Beispiel
Integer	%	*Dim L%*
Long	&	*Public M&*
Decimal	@	*Const W@ = 37.5*
Single	!	*Dim Q!*
Double	#	*Static X#*
String	$	*Private V$ = »Hallo!«*

Tabelle 16.10 Bezeichnerzeichen

Der Gültigkeitsbereich

Wenn Sie zur Deklaration einer Variablen mit dem allgemeinen Schlüsselwort *Dim* arbeiten, ist der Gültigkeitsbereich der Variablen durch die Positionen der Deklarationsanweisung in der Anwendung bestimmt. Sie steht dann innerhalb der Region zur Verfügung, in der sie deklariert wurde:

» Ist die Deklarationsanweisung Teil einer Prozedur, so kann die Variable nur in dieser Prozedur verwendet werden. Variablen auf dieser Ebene werden auch als *lokale Variablen* bezeichnet.

» Befindet sich diese Anweisung im Deklarationsabschnitt des Moduls, so ist die Variable für alle Prozeduren innerhalb des Moduls, aber nicht für Prozeduren in anderen Modulen des Projekts verfügbar. In diesem Fall spricht man von einer *Modulvariablen*.

Wird die Variable auf Modulebene deklariert, können Sie durch Verwendung eines anderen Schlüsselworts - statt des Schlüsselworts *Dim* - die Gültigkeit einer Variablen anders gestalten:

» Innerhalb einer Prozedur können Sie durch die *Public*-Anweisung - beispielsweise mit der Anweisung *Public Name As String* - erreichen, dass von allen Prozeduren in allen Modulen aus allen Projekten auf diese Variable zugegriffen werden kann. Wenn allerdings zusätzlich *Option Private Module* aktiviert wurde, sind die Variablen nur innerhalb des zugehörigen Projekts öffentlich.

» Mithilfe der *Private*-Anweisung auf Modulebene können Sie erreichen, dass eine Variable nur von Prozeduren des gleichen Moduls verwendet werden kann - beispielsweise in der Form *Private Name As String*. Wird die *Dim*-Anweisung auf Modulebene verwendet, gleicht sie der *Private*-Anweisung.

Innerhalb einer Prozedur ist aber nur das *Dim*-Schlüsselwort zulässig, und der Zugriff ist stets *Private*.

16.3.3 Werte zuweisen

Nachdem Sie eine Variable deklariert haben, können Sie ihr einen Wert zuweisen. Zuweisungsanweisungen enthalten immer ein Gleichheitszeichen, und Sie erreichen eine Zuweisung durch eine Anweisung der Form *Variablenname = Wert*. Zur Laufzeit wird der Wert auf der rechten Seite einer solchen Zuweisung von der Variablen ausgewertet. Die Variable behält den ihr zugewiesenen Wert bei, solange das Programm - oder der entsprechende Bereich - läuft, es sei denn, Sie ändern den Wert durch eine neue Zuweisung. Generell sollte der einer Variablen zugewiesene Wert dem für die Variablen benutzten Datentyp entsprechen.

Interne Wertezuweisung

In einigen seltenen Fällen werden Sie einer Variablen den von ihr zu verwendenden Wert direkt im Programm zuweisen. Da diese Form die einfachste ist, wollen wir damit beginnen:

Erstellen Sie eine Prozedur, in der drei Variablen unterschiedlicher Datentypen deklariert werden. Weisen Sie diesen Variablen Werte zu, und geben Sie diese testweise aus.

```
Public Sub Wertzuweisung()
    Dim Name As String
    Dim Alter As Integer
    Dim Datum As Date
    Name = "Eva"
    Alter = 50
    Datum = #1/31/1956#
    MsgBox Name, , "Name"
    MsgBox Alter, , "Alter"
    MsgBox Datum, , "Datum"
End Sub
```

» Erstellen Sie dazu im Codefenster eine *Sub*-Prozedur mit dem Namen *Wertzuweisung*.

» Innerhalb des Coderahmens deklarieren Sie die drei Variablen *Text*, *Zahl* und *Datum* als Typ *String*, *Integer* und *Date*. Gehen Sie wie oben in diesem Kapitel beschrieben vor.

» Dann wird den drei Variablen je ein geeigneter Wert zugewiesen. Beachten Sie, dass Texte in Anführungszeichen und Datumsangaben mit dem Zeichen # eingeschlossen werden müssen, wenn sie direkt im Code eingegeben werden.

» Abschließend werden die Inhalte der Variablen zu Testzwecken über die *MsgBox*-Funktion angezeigt. Das Grundprinzip der Arbeit damit sollten Sie schon aus den vorherigen Abschnitten her kennen.

» Führen Sie den Code aus, indem Sie auf *Sub/UserForm ausführen* klicken. Nacheinander werden drei Nachrichtenfelder angezeigt (→ Abbildung 16.19). Klicken Sie jeweils auf *OK*, um zum nächsten zu gelangen.

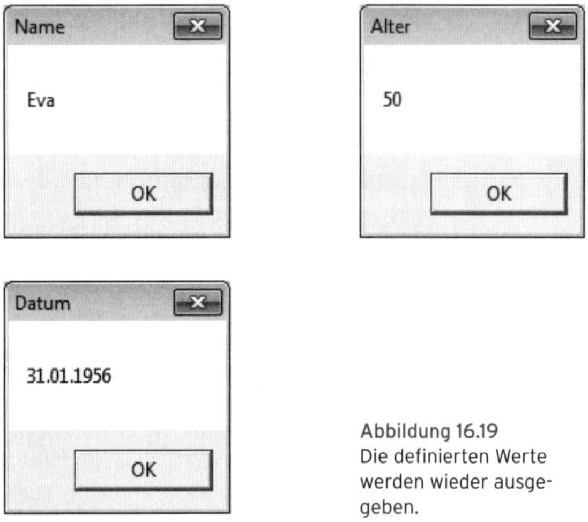

Abbildung 16.19
Die definierten Werte werden wieder ausgegeben.

TIPP Wenn Sie keine spezielle Wertzuweisung vornehmen, wird jede lokale Variable mit dem Standardwert für ihren Datentyp initialisiert, sobald die Ausführung beginnt. Numerische Variablen werden mit 0 initialisiert, *Date*-Variablen für *0:00* Uhr am *1. Januar* des Jahres *1*, *Boolean*-Variablen für *False* und Verweistypvariablen (einschließlich Zeichenfolgen, *Arrays* und *Object*) für *Nothing*.

Die Anweisung *Option Explicit*

Oben wurde es bereits erwähnt: Wenn Sie im Code eine Variable verwenden, die Sie nicht vorher deklariert haben, wird diese *implizit* deklariert und ist dann automatisch vom Typ *Variant*. Sie können diese automatische Deklaration aber auch verbieten, indem Sie im Deklarationsbereich des Moduls - vor jeder Prozedur - die Anweisung *Option Explicit* eingeben. Diese Anweisung erzwingt die explizite Deklaration aller Variablen innerhalb des Moduls. Wenn Sie dann eine nicht deklarierte Variable verwenden, tritt zur Kompilierungszeit ein Fehler auf. Wenn Sie *Option Explicit* setzen, erreichen Sie auch, dass Fehler gemeldet werden, wenn Sie den

Namen einer Variablen falsch geschrieben haben. Andernfalls wird einfach eine neue Variable erzeugt.

TIPP Sie können auch festlegen, dass *Option Explicit* in allen neuen Modulen automatisch verwendet wird. Dazu aktivieren Sie die Option *Variablendeklaration erforderlich* auf der Registerkarte *Editor* im Dialogfeld zum Menübefehl *Extras/Optionen*. Standardmäßig ist diese Option ausgeschaltet. Beachten Sie, dass diese Option bereits geschriebenen Code nicht verändert.

Werte aus Funktionen übernehmen

Eine Wertzuweisung kann auch dadurch geschehen, dass die Variable den Wert einer Funktion übernimmt. Es kann sich dabei um eine eingebaute oder um eine von Ihnen definierte *Function*-Prozedur handeln. Auch hierfür benutzen Sie eine Zuweisungsanweisung - etwa in der Form *Variablenname = Funktionsname*.

In der Beispieldatei finden Sie in *Modul2* die Prozedur *DatumAnzeigen*, die diese Verfahrensweise demonstriert.

```
Public Sub DatumAnzeigen()
    Dim Datum As Date
    Datum = Now
    MsgBox Datum
End Sub
```

Wenn Sie sie nachbauen wollen, erstellen Sie eine Prozedur, in der eine Variable deklariert wird, weisen Sie ihr den Wert einer Funktion zu, und geben Sie das Ergebnis aus.

» Erstellen Sie eine neue Subroutine mit dem Namen *DatumAnzeigen*. Deklarieren Sie darin eine Variable *Datum* vom Typ *Date*.

» Sorgen Sie dafür, dass für die Variable *Datum* über die Funktion *Now* das Datum aus dem Betriebssystem übernommen wird. Geben Sie das Ergebnis aus.

» Führen Sie den Code testweise aus, indem Sie auf *Sub/UserForm ausführen* klicken. Das Ergebnis wird über *MsgBox* angezeigt. Klicken Sie anschließend auf *OK*.

TIPP Die oben aufgeführte Zuweisungsanweisung kann beispielsweise auch mit *Let Datum = Now* geschrieben werden. Diese *Let*-Anweisung ist optional und wird normalerweise nicht angegeben.

Die Funktion *InputBox* zur Eingabe

Wenn Sie einer Variablen zur Laufzeit einen Wert zuweisen wollen, können Sie bei der Arbeit im Editor mit der Funktion *InputBox* arbeiten. *InputBox* zeigt eine Eingabeaufforderung in einem Dialogfeld an, wartet auf eine Eingabe und gibt den eingegebenen Wert zurück, der den Inhalt des Textfeldes angibt. Die Funktion verfügt über mehrere Parameter, die bei der Eingabe angezeigt werden. Wie *MsgBox* verfügt die Funktion *InputBox* über mehrere Argumente, über die Sie die Anzeige des Dialogfelds steuern können. Eingegeben werden muss nur der Parameter *Prompt*. Er ist ein Zeichenfolgenausdruck, der als Meldung im Dialogfeld erscheint. Die restlichen Parameter sind optional.

Ein Anwendungsbeispiel finden Sie in der Beispieldatenbank im Modul *Modul2* in der Prozedur *Eingabe1*.

```
Public Sub Eingabe1()
    Dim Name As String
    Name = InputBox ("Geben Sie Ihren Namen ein!")
    MsgBox Name, , "Ihr Name:"
End Sub
```

Zum Nachbau verwenden Sie die folgenden Schritte:

» Erstellen Sie im Codefenster eine Prozedur mit dem Namen *Eingabe1*, und deklarieren Sie darin eine Variable *Name* vom Typ *String*.

» Weisen Sie dieser Variablen den Inhalt der Funktion *InputBox* zu. Als Parameter für diese Funktion können Sie einen Text eingeben, der die gewünschte Eingabe beschreibt.

» Führen Sie den Code testweise aus, indem Sie auf *Sub/UserForm ausführen* klicken. Ein Dialogfeld wird angezeigt (→ Abbildung 16.20).

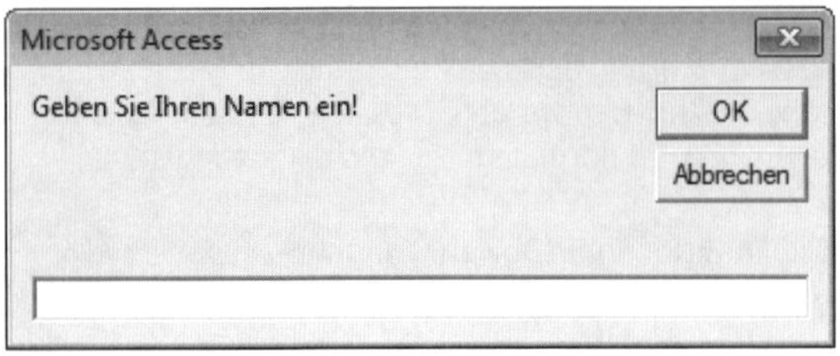

Abbildung 16.20 Die *InputBox* fordert zur einer Eingabe auf.

» Geben Sie im Dialogfeld Ihren Namen ein, und bestätigen Sie durch einen Klick auf *OK*. Die Eingabe wird über eine *MsgBox* wieder ausgegeben.

Zusätzliche Informationen zur Funktion *InputBox*

Die Funktion *InputBox* zeigt eine Eingabeaufforderung in einem Dialogfeld an, wartet auf eine Eingabe und gibt den eingegebenen Wert zurück, der den Inhalt des Textfeldes angibt. Die komplette Syntax lautet: *InputBox(prompt, title, default, xpos, ypos, helpfile, context)*. Eingegeben werden muss nur der Parameter *prompt*. Die restlichen Parameter sind optional (→ Tabelle 16.11). Wenn Sie außer dem Argument *prompt* weitere Argumente angeben möchten, müssen Sie *InputBox* in einem Ausdruck verwenden.

Argument	Beschreibung
prompt	Ein Zeichenfolgenausdruck, der als Meldung im Dialogfeld erscheint.
title	Ein Zeichenfolgenausdruck, der in der Titelleiste des Dialogfeldes angezeigt wird.
default	Ein Zeichenfolgenausdruck, der als Voreinstellung im Textfeld angezeigt wird.
xpos, ypos	Numerische Ausdrücke, die den horizontalen und vertikalen Abstand (in Twips) des Rands des Dialogfeldes vom Rand des Bildschirms festlegen.
helpfile, context	Verweist auf eine Hilfedatei zum Dialogfeld.

Tabelle 16.11 Argumente der Funktion *InputBox*.

Beispielsweise bewirkt der Code *InputBox(»Geben Sie den Wert ein«, »Eingabe«, »Umsatz«, 1, 1)*, dass das Eingabefeld in der linken oberen Ecke des Bildschirms mit *Eingabe* in der Titelleiste und dem Ausdruck *Umsatz* als Voreinstellung angezeigt wird (→ Abbildung 16.21).

```
Public Sub Eingabe2()
    Dim Eingabe As String
    Eingabe InputBox("Geben Sie den Wert ein",
"Eingabe", "Umsatz", 1, 1)
End Sub
```

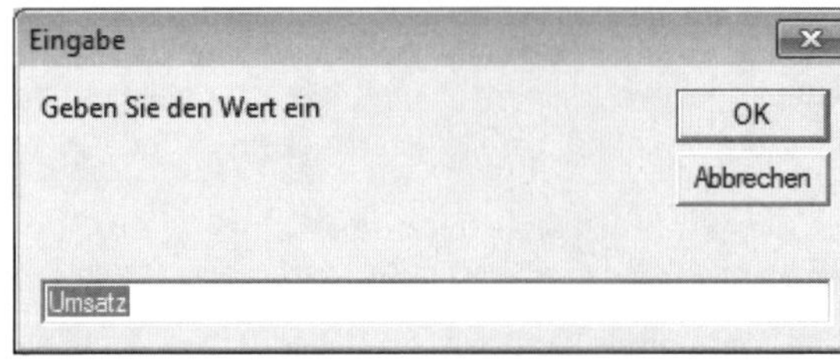

Abbildung 16.21 Die Wirkung einer InputBox mit zusätzlichen Parametern – hier wird eine Voreinstellung ausgegeben.

16.3.4 Die Lebensdauer einer Variablen

Als *Lebensdauer* einer Variablen wird die Zeitspanne bezeichnet, innerhalb derer die Variable einen ihr zugewiesenen Wert behält. Der Wert kann sich innerhalb der Lebensdauer ändern, aber ein Wert ist immer vorhanden. Diese Lebensdauer unterscheitet sich je nach Typ und dem verwendeten Schlüsselwort:

» Eine *Modulvariable* ist in der Regel für die gesamte Zeit vorhanden, während das Modul ausgeführt wird.

» *Lokale Variablen*, die mit *Dim* deklariert wurden, leben nur so lange, wie die Prozedur ausgeführt wird, in der sie deklariert wurden. Die Lebensdauer einer lokalen Variablen beginnt, wenn die Ausführung der Prozedur begonnen wird, in der sie deklariert ist. Wenn eine Prozedur beendet wird, bleiben die Werte der lokalen Variablen nicht erhalten, und der von den lokalen Elementen verwendete Speicher wird wieder besetzt. Bei der nächsten Ausführung der Prozedur werden alle lokalen Elemente der Prozedur erneut erstellt und die lokalen Variablen initialisiert. Wenn diese Prozedur jedoch andere Prozeduren aufruft, behalten die lokalen Variablen ihre Werte, solange die aufgerufenen Prozeduren ausgeführt werden.

» Wenn Sie eine *lokale Variable* jedoch mit dem *Static*-Schlüsselwort – anstelle von *Dim* – deklarieren, so bleibt diese generell bestehen und behält den Wert auch dann, wenn die Prozedur endet. Eine solche statische Variable besitzt also eine längere Lebensdauer als die Prozedur, in der sie deklariert wurde.

TIPP Sie können bereits beim Anlegen einer Prozedur dafür sorgen, dass alle in ihr deklarierten lokalen Variablen statischer Natur sein sollen. Dazu aktivieren Sie im Dialogfeld *Prozedur einfügen* das Kontrollkästchen *Alle lokalen Variablen statisch*.

16.3.5 Arbeiten mit Konstanten

Im Gegensatz zu Variablen beinhalten die *Konstanten* Werte, die sich nicht verändern dürfen. Die Anzahl der Monate in einem Jahr oder der Wert der Zahl ℗ (Pi) wären einfache Beispiele dafür. Auch Konstanten müssen deklariert werden. Statt des Ausdrucks *Dim* benutzen Sie hier aber den Ausdruck *Const*. Dabei können Sie den Datentyp in der Deklaration festlegen und arbeiten über dieselben Typen, die Sie auch bei der Deklaration von Variablen verwenden - beispielsweise *Boolean*, *Byte*, *Integer*, *Long*, *Currency*, *Single*, *Double*, *Date*, *String* oder *Variant*.

Die Prozedur *Konstante* in *Modul2* demonstriert den Umgang mit einem solchen Element.

```
Public Sub Konstante()
    Const Monate As Integer = 12
    Monate = 13
End Sub
```

Zum Nachbau können Sie die folgenden Schritte verwenden:

» Erstellen Sie eine neue Prozedur. Geben Sie das Schlüsselwort *Const*, gefolgt vom gewünschten Namen der Konstanten, ein, und fügen Sie das Schüsselwort *As* hinzu. Beispielsweise *Const Monate As*.

» Fügen Sie ein weiteres Leerzeichen hinzu, und geben Sie den gewünschten Datentyp ein, oder wählen Sie ihn aus der Liste aus - beispielsweise *Integer*.

» Fügen Sie danach ein Gleichheitszeichen hinzu, und geben Sie anschließend den Wert an, den die Konstante haben soll - beispielsweise *Const Monate As Integer = 12*.

» Fügen Sie anschließend noch die Anweisung *Monate = 13* ein, und führen Sie den Code testweise aus, indem Sie auf *Sub/UserForm ausführen* klicken. Ein Dialogfeld wird angezeigt, das Sie auf den Fehler aufmerksam macht (→ Abbildung 16.22).

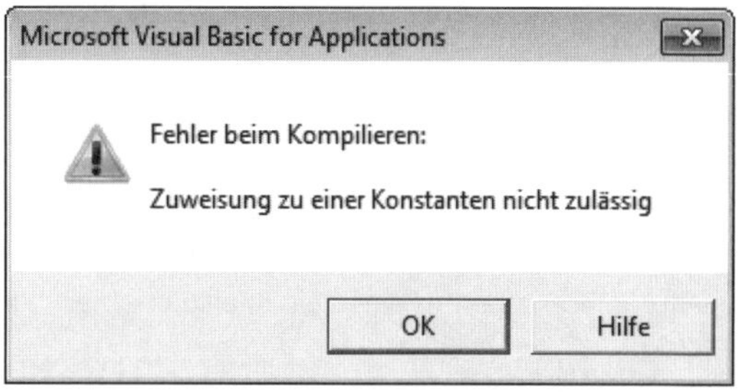

Abbildung 16.22 Der Wert einer Konstanten kann nicht geändert werden - ein Versuch führt zu einer Fehlermeldung.

» Bestätigen Sie die Meldung, und klicken Sie anschließend auf die Schaltfläche *Zurücksetzen* in der Symbolleiste *Voreinstellung*.

Durch diese Form der Deklaration erreichen Sie, dass jeder Versuch, den Wert einer Konstanten zu ändern, als Fehler gemeldet wird.

TIPP Sie können die Deklaration für konstante Werte auf Modul- oder Prozedurebene verwenden, und es gelten die schon für die Variablen beschriebenen Einschränkungen bezüglich Gültigkeit und Lebensdauer. Stellen Sie innerhalb einer Prozedur das Schlüsselwort *Public* voran, um eine öffentliche Konstante zu deklarieren.

16.3.6 Arbeiten mit Arrays

Wenn eine Variable nicht nur einen einzelnen Wert, sondern eine Gruppe von Werten speichern soll, spricht man von *Arrays*. Mit solchen Arrays können Sie in vielen Situationen kürzeren und einfacheren Code erstellen, da Sie Schleifen einrichten können, die mithilfe der Indexzahlen eine beliebige Anzahl von Elementen effektiv behandeln können.

Dimension und Länge

Arrays können über eine oder mehrere *Dimensionen* verfügen. Sie können bis zu 32 Dimensionen angeben, normalerweise sind mehr als drei Dimensionen aber sehr selten. Da Visual Basic einem Arrayelement entsprechend der Indexzahl Speicherplatz zuweist, sollten

Sie es vermeiden, Arraydimensionen zu deklarieren, die größer als unbedingt erforderlich sind.

» In einer eindimensionalen Arrayvariable könnten Sie beispielsweise alle Namens- und Adressdaten - *Name*, *Vorname*, *Straße*, *Hausnummer*, *Postleitzahl* und *Ort* - einer Person zusammen speichern.

» Eine mehrdimensionale Arrayvariable erweitert den Speicherraum. Beispielsweise würden zwei Dimensionen genügen, um alle Namens- und Adressdaten mehrerer Personen in einer einzigen Variablen namens *Kunden* anzulegen.

Die Anzahl der in einer Dimension gespeicherten Elemente wird auch als deren *Länge* bezeichnet. Die eben erwähnte eindimensionale Arrayvariable mit den Namens- und Adressdaten *Name*, *Vorname*, *Straße*, *Hausnummer*, *Postleitzahl* und *Ort* hat eine Länge von 6.

Deklarieren

Arrayvariablen werden genau wie andere Variablen mit *Dim* oder einem anderen entsprechenden Schlüsselwort deklariert. Dem Namen der Variablen folgen ein oder mehrere Klammernpaare, die angeben, dass es sich nicht um eine normale Variable handelt, sondern um ein Array.

» Um eine eindimensionale Arrayvariable zu deklarieren, fügen Sie in der Deklaration ein einzelnes Klammernpaar nach dem Namen der Variablen ein und geben darin die Läge an, beispielsweise mit *Dim Adresse (6) As String*.

» Zur Deklaration eines mehrdimensionalen Arrays setzen Sie in die Klammern Kommas, um die Dimensionen voneinander zu trennen, beispielsweise mit *Dim Kunden (6,5) As String*.

Außerdem müssen Sie - wie von einfachen Variablen her gewohnt - den Wertetyp festlegen. Alle Elemente eines Arrays müssen im Allgemeinen aber demselben Datentyp angehören.

Werte zuweisen

Auch um die einzelnen Bestandteile eines solchen Arrays mit Daten zu füllen, gehen Sie ähnlich wie bei einfachen Variablen vor: Zunächst wird jedes Element eines Arrays wie eine separate Variable initialisiert. Später weisen Sie den einzelnen Elementen einfach einen Wert zu. Sie müssen dabei aber berücksichtigen, dass beim Zählen mit null begonnen wird. Wenn Sie beispielsweise dem ersten Element eines Arrays *Adresse ()* den Wert *Simon* zuweisen wollen, müssen Sie das über die Anweisung *Adresse (0) = »Simon«* tun.

Die ersten Zeilen der Prozedur *Adresse* demonstrieren die Deklaration einer Arrayvariablen.

```
Public Sub Adresse()
    Dim Adresse(3) As String
    Adresse(1) = "Eva"
    Adresse(2) = "Kolberg"
    Adresse(3) = "Fürth"
    MsgBox Adresse(1)
    MsgBox Adresse(2)
    MsgBox Adresse(3)
End Sub
```

Verwenden Sie zum Nachbau die folgenden Schritte:

» Erstellen Sie eine neue Prozedur. Geben Sie das Schlüsselwort *Dim*, gefolgt vom gewünschten Namen der Variablen, ein. Fügen Sie in Klammern die Dimension hinzu - beispielsweise *Dim Adresse (3)*.

» Fügen Sie das Schüsselwort *As* hinzu. Geben Sie ein weiteres Leerzeichen ein, und bestimmen Sie den gewünschten Datentyp, oder wählen Sie ihn aus der Liste aus (siehe oben). Die Variable wurde deklariert und kann verwendet werden.

» Weisen Sie den Elementen des Arrays Werte zu, und geben Sie sie einzeln in einer *MsgBox* aus.

» Führen Sie den Code testweise aus, indem Sie auf *Sub/UserForm ausführen* klicken. Mehrere Dialogfelder werden angezeigt, die Bestandteile einer Adresse angeben.

TIPP Arrays verfügen in Visual Basic nicht unbedingt über eine feste Größe. Wenn Sie die Läge eine Arrays bei den Deklaration noch nicht kennen, können Sie diese auch weglassen und stattdessen mit einer variable Größe arbeiten - beispielsweise durch eine Deklaration *Dim Adresse () As String*. Eine solche variable Größe ist beispielsweise dann sinnvoll, wenn die Größe des Arrays vom Wert einer anderen Variablen abhängt, sodass sie zur Entwurfszeit nicht bekannt ist. Die Länge können Sie dann später festlegen - etwa mit der Anweisung *ReDim Adresse (6) As String*.

16.3.7 Werte verknüpfen mit Operatoren

Um den Wert einer Variablen aus den Werten anderer Variablen oder Konstanten zu berechnen, arbeiten Sie mit *Operatoren*. Bei einer solchen Berechnung kann es sich beispielsweise um eine *arithmetische Operation* handeln - wie Addition oder Multiplikation. Auch *Verkettungsoperationen* sind möglich, die zwei Zeichenfolgen in einer neuen Zeichenfolge kombinieren. Der Typ des Ergebnisses einer solchen Berechnung wird durch den Typ der Variablen auf der linken Seite eines solchen Ausdrucks bestimmt.

Arithmetische Operatoren

Bei einer einfachen arithmetischen Berechnung werden Werte, deklarierte Variablen oder Konstanten oder andere Ausdrücke mithilfe von *arithmetischen Operatoren* miteinander verknüpft.

» Geben Sie den Namen der Variablen ein, der das Ergebnis zugewiesen werden soll, und fügen Sie ein Gleichheitszeichen hinzu - beispielsweise *Ergebnis* =.

» Geben Sie rechts vom Gleichheitszeichen die Verknüpfung ein - beispielsweise *Ergebnis = Wert1 + Wert2*.

Im nachfolgenden Code werden drei Variable *Wert1*, *Wert2* und *Summe* deklariert, *Wert1* und *Wert2* wird über eine *InputBox* je ein Wert zugewiesen. *Summe* wird als Summe von *Wert1* und *Wert2* berechnet und angezeigt.

```
Public Sub Addition()
    Dim Wert1 As Double
    Dim Wert2 As Double
    Dim Summe As Double
    Wert1 = InputBox("Geben Sie den ersten
Zahlenwert ein!")
    Wert2 = InputBox("Geben Sie den zweiten
Zahlenwert ein!")
    Summe = Wert1 + Wert2
    MsgBox Summe, , "Die Summe lautet:"
End Sub
```

Mehrere Typen von arithmetischen Operatoren stehen zur Verfügung (→ Tabelle 16.12).

Operator	Verwendung
+	Addiert zwei Werte.
-	Subtrahiert einen Wert von einem anderen.
*	Multipliziert zwei Werte.
/	Dividiert einen Wert durch einen anderen.
\	Dividiert, gibt aber nur eine ganze Zahl zurück.
^	Erhebt einen Wert zum Exponenten eines anderen Wertes.
Mod	Gibt den Rest einer Division zurück.

Tabelle 16.12 Arithmetische Operatoren und deren Wirkung

Die Operatoren +, -, * und / bedürfen wohl keiner gesonderten Erklärung. Sie können diese auf entsprechende Variablen anwenden - beispielsweise mit *Variable1 = Variabl2 + Variable3* -, normale Zahlen damit verknüpfen - wie etwa mit *Variable1 = 1 + 2* - oder diese beiden Einsatzgebiete miteinander mischen - beispielsweise mit *Variable1 = Variable2 + 1*.

Exponenten und Wurzeln

Der Operator ^ ermöglicht Berechnungen mit Exponenten. Beispielsweise quadriert *X^2* den Wert der Variablen *X*. Wenn Sie für den Exponenten eine Zahl kleiner als *1* verwenden, können Sie damit Wurzeln ziehen. *X^(1/2)* berechnet beispielsweise die Quadratwurzel aus *X*, der Ausdruck *X^(1/3)* die dritte Wurzel. Die Basis kann nur einen negativen Wert haben, wenn der Exponent eine ganze Zahl ist.

Ein Beispiel für die Anwendung dieses Operators finden Sie in der Routine *WurzelZiehen*. Bei der Ausführung wird der Anwender zur Eingabe eines Zahlenwerts aufgefordert. Nach der Bestätigung wird die Wurzel des Wertes als Ergebnis ausgegeben.

```
Public Sub WurzelZiehen()
    Dim Wert As Double
    Dim Wurzel As Double
```

```
    Wert = InputBox("Geben Sie einen Zahlenwert
ein!")
    Wurzel = Wert ^ 0.5
    MsgBox Wurzel, , "Die Wurzel lautet:"
End Sub
```

Ganzzahlige Division

Mithilfe des Operators \ können Sie den ganzzahligen Wert einer Division ermitteln. Der Ausdruck *5\2* liefert beispielsweise das Ergebnis *2*.

Die Routine *GanzzahligeDivision* liefert ein Beispiel. Der generelle Ablauf funktioniert wie im vorherigen Beispiel.

```
Public Sub GanzzahligeDivision()
    Dim Wert1 As Double
    Dim Wert2 As Double
    Dim Ergebnis As Double
    Wert1 = 5
    Wert2 = 2
    Ergebnis = Wert1 \ Wert2
    MsgBox Ergebnis
End Sub
```

Die Modulo-Funktion

Den verbleibenden Rest der Division können Sie über *Mod* ermitteln. *Mod* steht für *Modulo* und gibt den Rest an, der bei einer Division eines *Dividenden* - der Zahl über dem Bruchstrich - durch einen *Divisor* - der Zahl unter dem Bruchstrich - übrig bleibt. Der Ausdruck *5 Mod 2* ergibt beispielsweise *1*.

Die Routine *Modulo* liefert ein Beispiel für den Einsatz. Der generelle Ablauf funktioniert wiederum wie im vorherigen Beispiel.

```
Public Sub Modulo()
    Dim Wert1 As Double
    Dim Wert2 As Double
    Dim Ergebnis As Double
    Wert1 = 5
    Wert2 = 2
    Ergebnis = Wert1 Mod Wert2
    MsgBox Ergebnis
End Sub
```

TIPP Wenn Sie den Wert einer Variablen ändern wollen, können Sie ihr einfach einen anderen Zahlenwert zuweisen. Sie können aber auch den bisherigen Wert der Variablen verwenden, indem Sie ihn mithilfe eines Operators verändern. Beispielsweise können Sie den Wert den Variable *I* durch die Anweisung *I = I + 1* um *1* erhöhen, über *I = I / 2* halbieren, mit *I = I - 3* um *3* verringern usw.

Verkettungsoperatoren

Verkettungsoperatoren verknüpfen mehrere Zeichenfolgen oder *String*-Variablen zu einer einzigen Zeichenfolge. Es gibt folgende zwei Verkettungsoperatoren: + und & und beide führen grundlegende Verkettungsoperationen aus. Wenn Sie den Operator + verwenden, können Sie aber nicht immer bestimmen, ob eine Addition oder eine Zeichenverkettung erfolgt. Für die Verkettung zweier Zeichenfolgen sollten Sie darum den Operator & verwenden, um Mehrdeutigkeiten auszuschließen.

Wenn Sie in solchen Kette neben den Variablen auch mit festen Daten - dazu gehören *auch* Leerzeichen - arbeiten wollen, müssen Sie diese in Anführungszeichen setzen. Wollen Sie beispielsweise die Inhalte der Variable *Vorname* und *Nachname* in der Variablen Name zusammenfassen, benutzen Sie dazu den Ausdruck *Name = Vorname & „ „ & Nachname*. Auf dieselbe Weise können Sie auch andere feste Texte mit einer Variablen verbinden - beispielsweise mit *Name = „Sie heißen: „ & Vorname &“ „& Nachname*.

Der nachfolgende Code in der Routine *Verkettung* definiert zwei Variablen vom Typ *String* und weist diesen je einen Wert zu. Die beiden Variablen werden anschließend miteinander verkettet und einer weiteren Variablen zugewiesen.

```
Public Sub Verkettung()
    Dim Vorname As String
    Dim Nachname As String
    Dim Name As String
    Vorname = "Eva"
    Nachname = "Kolberg"
    Name = Vorname & " " & Nachname
    MsgBox Name
End Sub
```

Kombination von Operatoren

Sie können mehrere Operatoren in einer Anweisung verwenden und so zu etwas komplizierten Berechnungen kommen. Solche komplexen Ausdrücke können viele verschiedene Operatoren enthalten. Bei rein numerischen Ausdrücken folgen die Operatoren einem exakten Vorrangmuster:

» Generell gilt zunächst die alte Regel *Punktrechnung vor Strichrechnung* – was bedeutet, dass in einer Berechnungskette zuerst die Verknüpfungen mit den Operatoren * (für Multiplikation) und / (für Division) durchgeführt werden müssen und dann die Verknüpfungen über + (für Addition) und - (für Subtraktion). Eine Berechnungskette wie *5+4*3-2/1* ergibt also *15*, denn *4*3=12*, *2/1=2* und *5+12-2=15*, weil die Operatoren * und / eine höhere Priorität haben als die Operatoren + und -.

» Der Vorrang und die Orientierung kann mit *Klammerausdrücken* gesteuert werden. Wenn aber beispielsweise zwei Werte miteinander addiert und das Ergebnis mit einem dritten Wert multipliziert werden soll, müssen Sie die zuerst zu addierenden Werte in Klammern setzen, bevor Sie die Multiplikation durchführen. Wenn Sie einen Ausdruck in Klammern setzen, erzwingen Sie damit, dass dieser Ausdruck ungeachtet des Operatorvorrangs zuerst ausgewertet wird. Beispielsweise ergibt die Anweisung *(5+4)*3* den Wert *27*, denn *5+4=9* und *9*3=27*. Entsprechendes gilt beispielsweise für eine Subtraktion vor einer Division.

Sie können Ausdrücke in mehrere Klammernebenen schachteln, um den Operatorvorrang weiter zu umgehen. Die Ausdrücke, die am tiefsten in Klammern geschachtelt sind, haben den primären Vorrang, gefolgt von Ausdrücken, die weniger geschachtelt sind, usw.

16.4 Steueranweisungen

Mithilfe von *Steueranweisungen* bringen Sie ein Programm dazu, bestimmte Zeilen oder Abschnitte im Code auszuführen und andere nicht. Der Code muss also während der Ausführung selbstständig eine Entscheidung darüber treffen, ob ein bestimmter Abschnitt ausgeführt werden soll.

» Bei allen Steueranweisungen wird eine *Bedingung* verwendet, anhand derer das Programm prüft, wie weiter verfahren werden soll. Im Allgemeinen darf jeder Ausdruck, der als Bedingung verwendet wird, nur zwei mögliche Werte annehmen. Er muss ein eindeutiges *Ja* oder *Nein* – beziehungsweise *True* oder *False* – als Ergebnis haben. Sie können Bedingungen einzeln verwenden oder aber mithilfe von *logischen Operatoren* kombinieren.

» Wenn Sie eine solche Bedingung formuliert haben, können Sie sie beispielsweise in einer *Abfrage* einsetzen. Damit kann das Programm eine Entscheidung über den weiteren Programmablauf treffen. Dabei wird zunächst einmal geprüft, ob eine bestimmte Situation zutrifft oder nicht. Ist die verwendete Bedingung *True*, wird der zur Abrage gehörende Code ausgeführt, anderenfalls nicht. Je nach dem Ergebnis kann eine bestimmte Programmaktion ausgeführt werden. VBA kennt mehrere solcher Abfragetypen.

» Entscheidungen ähnlicher Art kommen oft auch ins Spiel, wenn das Programm einen Codeabschnitt mehrfach durchlaufen soll – beispielsweise um einen Näherungswert schrittweise zu berechnen. In diesem Fall spricht man von *Schleifen*. In VBA können Sie unterschiedliche Schleifentypen benutzen. Diese ähneln sich manchmal, aber jeder Typ ist eigentlich auf einen bestimmten Verwendungszweck zugeschnitten.

16.4.1 Bedingungen formulieren

Bei allen Steueranweisungen wird eine Bedingung verwendet, anhand derer das Programm prüft, wie weiter verfahren werden soll. Im Allgemeinen darf jeder Ausdruck, der als Bedingung verwendet wird, nur zwei mögliche Werte annehmen. Er muss ein eindeutiges *Ja* oder *Nein* – beziehungsweise *True* oder *False* – als Ergebnis haben.

Vergleichsoperatoren

Zur Formulierung einer solchen *Ja/Nein*-Bedingung werden Variablen vom Typ *Boolean* verwendet. Deren Wert bestimmt man meist durch einen Vergleich mehrerer Variablen – meist sind es zwei – oder Werte über einen *Vergleichsoperator*. Beispielsweise könnte ein solcher Vergleich *Wert1 = Wert2* lauten. Das Ergebnis ist *true*, wenn *Wert1* gleich *Wert2 ist*, anderenfalls ist das Ergebnis *false*. Ein solcher Vergleich wird auch als *boolescher Ausdruck* bezeichnet. Sie können einen solchen booleschen Ausdruck einer entsprechenden Variablen zuweisen, beispielsweise in der Form *Vergleich = Wert1 = Wert2*. Die Variable nimmt dann den Wert des booleschen Ausdrucks an - also *true* oder *false*.

Der folgende Code definiert eine Variable *Vergleich* und weist ihr dann einen Vergleich zu.

```
Public Sub Vergleich()
    Dim Wert1 As Double
    Dim Wert2 As Double
    Dim Vergleich As Boolean
    Wert1 = InputBox("Erster Wert:")
    Wert2 = InputBox("Zweiter Wert:")
    Vergleich = Wert1 = Wert2
    MsgBox Vergleich, , "Identisch"
End Sub
```

Testen Sie die Routine durch einen Klick auf *Sub/UserForm ausführen* aus. Nacheinander werden zwei Eingabefelder angezeigt. Geben Sie in diese Felder zwei Zahlenwerte ein, und bestätigen Sie über *OK*. In einem Nachrichtenfeld wird angezeigt, ob die beiden Zahlenwerte identisch waren oder nicht.

Typen von Vergleichsoperatoren

Zum Durchführen solcher einfacher Vergleiche stehen mehrere Operatoren zur Verfügung (→ Tabelle 16.13). Sechs davon sind für numerische Datentypen definiert.

Operator	Bedeutung
>	*Größer als:* Ist der vom ersten Ausdruck dargestellte Wert größer als der vom zweiten Ausdruck dargestellte Wert?
<	*Kleiner als:* Ist der vom ersten Ausdruck dargestellte Wert kleiner als der vom zweiten Ausdruck dargestellte Wert?
=	*Gleich:* Ist der vom ersten Ausdruck dargestellte Wert gleich dem vom zweiten Ausdruck dargestellten Wert?
<>	*Ungleich:* Ist der vom ersten Ausdruck dargestellte Wert ungleich dem vom zweiten Ausdruck dargestellten Wert?
>=	*Größer oder gleich:* Ist der vom ersten Ausdruck dargestellte Wert größer als oder gleich dem vom zweiten Ausdruck dargestellten Wert?
<=	*Kleiner oder gleich:* Ist der vom ersten Ausdruck dargestellte Wert kleiner als oder gleich dem vom zweiten Ausdruck dargestellten Wert?

Tabelle 16.13 Operatoren für numerische Vergleiche

Vergleichen mit *Like*

Ein zusätzlicher Vergleichsoperator namens *Like* steht ebenfalls für die Mustererkennung in Zeichenketten zur Verfügung.

Mit *Like* können Sie beispielsweise eine Zeichenkette mit einem Muster aus regulärem Text vergleichen.

```
Public Sub TextVergleich()
    Dim Text1 As String, Text2 As String
    Dim Vergleich As Boolean
    Text1 = InputBox("Erster Text:")
    Text2 = InputBox("Zweiter Text:")
    Vergleich = Text1 Like Text2
    MsgBox Vergleich, , "Identisch"
End Sub
```

Testen Sie die Routine durch einen Klick auf *Sub/UserForm ausführen* aus. Geben Sie in den nachfolgend angezeigten Feldern nacheinander zwei Texte ein, und bestätigen Sie über *OK*. Wenn Zeichenfolge und Muster übereinstimmen, ist das Ergebnis *Wahr*. Bei fehlender Übereinstimmung ist Ergebnis *Falsch*.

TIPP Sie können bei einem solchen Vergleich auch Jokerzeichen einsetzen: Dabei steht *?* für ein einzelnes Zeichen, * für eine beliebige Anzahl von Zeichen und # für eine einzelne Ziffer (0 bis 9). Wenn beispielsweise in einer Variablen *Text* der Inhalt *»Hallo Eva, wie geht es Dir?«* gespeichert ist, liefert *Text Like »*Eva*«* den Wert *Wahr*, da *Eva* in *Hallo Eva, wie geht es Dir?* enthalten ist.

Logische Verknüpfungen

Mithilfe von logischen Operatoren können Sie *Boolean*-Ausdrücke kombinieren, um komplizierte boolesche Ausdrücke zu erzeugen. Das Ergebnis ist dann wieder ein *Boolean*-Ausdruck. Für einfache Abfragen werden Sie diese nicht benötigen, es ist aber gut zu wissen, dass es diese Operatoren gibt. Die Operatoren verwenden einen oder zwei Operanden, die logischer Natur sein müssen - also die Werte *Wahr* oder *Falsch* annehmen können.

- Der *Not*-Operator führt eine logische Negation an einem *Boolean*-Ausdruck aus. Die Syntax lautet *Not Ausdruck*. Wenn *Ausdruck* den Wert *True* ergibt, liefert *Not Ausdruck* den Wert *False*. Wenn der *Ausdruck* den Wert *False* hat, liefert *Not Ausdruck* den Wert *True*.
- Der *And*-Operator führt eine logische Konjunktion - das bedeutet Vereinigung - für zwei *Boolean*-Ausdrücke aus. Die Syntax ist *Ausdruck1 And Ausdruck2*. Wenn beide Ausdrücke *True* sind, gibt der *And*-Operator *True* zurück. Wenn einer oder beide Ausdrücke *False* sind, gibt *Ausdruck1 And Ausdruck2* den Wert *False* zurück.
- Der *Or*-Operator führt eine logische Disjunktion für zwei Boolean-Ausdrücke aus. Er benutzt die Syntax *Ausdruck1 Or Ausdruck2*. Wenn einer der beiden Ausdrücke *True* ist, gibt *Ausdruck1 Or Ausdruck2* den Wert *True* zurück. Wenn keiner der beiden Ausdrücke *True* ist, gibt *Or* den Wert *False* zurück.
- *Xor*, auch *exklusives ODER* genannt, führt einen logischen Ausschluss für zwei Ausdrücke aus. Benutzt wird die Syntax *Ausdruck1 Xor Ausdruck2*. Wenn einer der beiden Ausdrücke, aber nicht beide, *True* ist, gibt *Xor* den Wert *True* zurück. Wenn beide Ausdrücke *True* oder *False* sind, gibt *Xor* den Wert *False* zurück.
- Der Operator *Eqv* wird verwendet, um die logische Äquivalenz zwischen zwei Ausdrücken anzugeben. Er benutzt die Syntax *Ausdruck1 Eqv Ausdruck2*. Er liefert *True*, wenn *Ausdruck1* und *Ausdruck2* entweder beide *True* oder beide *False* sind. Anderenfalls liefert er *False*.

16.4.2 Abfragen durchführen

Wenn das Programm eine Bedingung prüfen muss, um zu entscheiden, ob ein Codeabschnitt abgearbeitet werden soll oder nicht, spricht man von einer *Abfrage*. Wenn das Programm dann feststellt, dass die Bedingung zutrifft, tut es das eine, und wenn sie nicht zutrifft, das andere. VBA verfügt über drei wichtige Typen für solche Abfragen - die *If*-Anweisung, die erweiterte *If*-Anweisung und die *Select Case*-Anweisung.

Die *If*-Anweisung

In ihrer einfachsten Form besagt die *If*-Anweisung nur, dass ein Codefragment dann - und nur dann - ausgeführt wird, wenn eine Bedingung wahr ist. Dieses Codefragment wird zwischen der ersten Zeile der Anweisung - *If Bedingung Then* - und der letzten - *End If* - platziert. Wird die *Bedingung* zur Laufzeit als *True* ausgewertet, dann wird der Codeblock ausgeführt. Wenn sie *False* ist, dann wird der Codeblock übersprungen, und die Ausführung wird mit der Zeile nach *End If* fortgesetzt.

- Beginnen Sie den Block mit dem Schüsselwort *If*, fügen Sie eine Bedingung hinzu, und schließen Sie die Zeile mit dem Schlüsselwort *Then* ab. Beispielsweise *If Eingabe = Wert Then*.
- Geben Sie dann den Code ein, der ausgeführt werden soll, wenn die Bedingung zutrifft.
- Schließen Sie den Block durch die Anweisung *End If* ab.

Beispielsweise können Sie über eine *If*-Abfrage prüfen lassen, ob eine Eingabe einem verlangten Wert entspricht. Wenn das Ergebnis *True* ist, können Sie eine Aktion ausführen lassen.

```
Public Sub IfAbfrage()
    Dim Eingabe As String
    Dim Kennwort As String
    Kennwort = "123"
    Eingabe = InputBox("Geben Sie Ihr Kennwort
ein:")
    If Eingabe = Kennwort Then
        MsgBox "Das Kennwort ist richtig!"
    End If
End Sub
```

Testen Sie die Routine durch einen Klick auf *Sub/UserForm ausführen* aus. Geben Sie im angezeigten Eingabefeld das Kennwort *123* ein, und bestätigen Sie. Wenn Sie das richtige Kennwort eingegeben haben, wird eine Bestätigung ausgegeben.

TIPP Eine einzeilige Variante der *If*-Anweisung bietet sich bei einfachen, kurzen Tests an. Wird die *Bedingung* zur Laufzeit als *True* ausgewertet, dann wird die gesamte Zeile ausgeführt. Die Zeile mit *End If* kann dann weggelassen werden. Allerdings kann diese einzeilige Form auch die Ausführung mehrerer Anweisungen erlauben. Dazu müssen sich jedoch alle Anweisungen in einer Zeile befinden und durch Doppelpunkte voneinander getrennt sein. Der leistet dasselbe wie der vorherige, ist aber etwas kürzer und vielleicht unübersichtlicher.

Die erweiterte *If*-Anweisung

Wenn Sie - je nach dem Ergebnis der angewandten Bedingung - zwei verschiedene Codeblöcke ausführen lassen wollen, können Sie die sogenannte *erweiterte If-Anweisung* benutzen.

» Beginnen Sie dazu wie bei der einfachen *If*-Anweisung. Starten Sie die Anweisung mit *If*, und fügen Sie eine Bedingung hinzu - beispielsweise *If Eingabe = Kennwort*.

» Beenden Sie diese Anweisungszeile mit dem Schlüsselwort *Then* - beispielsweise *If Eingabe = Kennwort Then*.

» Geben Sie dann den Code ein, der ausgeführt werden soll, wenn die Bedingung zutrifft.

» Geben Sie eine weitere Anweisung mit dem Schlüsselwort *Else* ein.

» Danach folgt der Code, der ausgeführt werden soll, wenn die Bedingung nicht wahr ist.

» Den Abschluss bildet wieder - wie bei dernormalen *If*-Abfrage - *End If*.

Mit dem folgenden Code können Sie beispielsweise prüfen lassen, ob eine Eingabe einem verlangten Wert entspricht. Wenn das Ergebnis *True* ist, können Sie eine Aktion ausführen, bei *False* eine andere.

```
Public Sub IfAbfrageErweitert()
    Dim Eingabe As String
    Dim Kennwort As String
    Kennwort = "123"
    Eingabe = InputBox("Geben Sie Ihr Kennwort
ein:")
    If Eingabe = Kennwort Then
        MsgBox "Das Kennwort ist richtig!"
    Else
        MsgBox "Das Kennwort ist falsch!"
    End If
End Sub
```

Testen Sie die Routine durch einen Klick auf *Sub/UserForm ausführen* aus. Geben Sie im angezeigten Eingabefeld das Kennwort *123* ein, und bestätigen Sie. Je nach Kennwort wird eine Bestätigung ausgegeben.

TIPP Eine *If*-Abfrage lässt im Prinzip immer nur zwei Möglichkeiten der Reaktion zu. Wenn ein Programm auf mehr als zwei Situationen unterschiedlich reagieren können soll, können Sie aber mehrere *If*-Abfragen mit unterschiedlichen Bedingungen einsetzen und diese ineinander verschachteln.

Die *Select Case*-Anweisung

Wenn mehrere Werte überprüft werden müssen und für jeden eine andere Aktion vorgenommen werden soll, können *If*-Anweisungen sehr schwerfällig und unübersichtlich werden. Für solche Zwecke verfügt VBA über die *Select Case*-Anweisung.

» Beginnen Sie mit dem Schlüsselwort *Select Case* und geben anschließend eine Variable an, deren unterschiedliche Inhalte verschiedene Aktionen bewirken sollen. Benutzen Sie beispielsweise *Select Case Wert*.

» Anschließend listen Sie nacheinander die Codeblöcke auf. Beginnen Sie mit den Schlüsselwörtern *Case Is*, und geben Sie anschließend den Wert ein, den die Variable annehmen könnte - beispielsweise *Case Is Wert1*.

» Geben Sie den Codeabschnitte ein, der ausgeführt werden soll, wenn die Variable den Wert annimmt.

- Fahren Sie fort mit weiteren Codeblöcken, die Sie wieder mit den Schlüsselwörtern *Case Is* beginnen - beispielsweise *Case Is Wert2*.
- Sie können einen Fall vorsehen, in dem keine der vorher benutzten Werte zutrifft. Starten Sie diese Anweisung mit *Case Else*.
- Schließen Sie den Block mit *End Select* ab.

Sie können mit dieser Technik beispielsweise verschiedene Aktionen in Abhängigkeit vom konkreten Wert einer Eingabe ausführen lassen. Navigieren Sie im Codefenster zur Routine *SelectCaseAnweisung*.

```
Public Sub SelectCaseAnweisung()
    Dim Eingabe As String
    Eingabe = InputBox("Geben Sie Ihr Kennwort ein!")
    Select Case Eingabe
        Case Is = "123"
        MsgBox "Kennwort erkannt, Hallo Hermann!"
        Case Is = "456"
        MsgBox "Kennwort erkannt, Hallo Ernst!"
        Case Is = "789"
        MsgBox "Kennwort erkannt, Hallo Maria!"
        Case Else
        MsgBox "Kennwort falsch!"
    End Select
End Sub
```

- Testen Sie die Routine durch einen Klick auf *Sub/UserForm ausführen* aus.
- Geben Sie in der automatisch angezeigten Eingabeaufforderung ein Kennwort - *123*, *456* oder *789* - ein, und bestätigen Sie. Ist das Kennwort korrekt, wird der Benutzer mit seinem Namen begrüßt. Anderenfalls wird eine andere Meldung ausgegeben.

Auf jeden Fall wird anschließend der Code ausgeführt, der auf die *End Select*-Anweisung folgt. Sie können eine beliebige Anzahl von *Case*-Anweisungen verwenden, aber Sie sollten immer jede mögliche andere Bedingung mit einer *Case Else*-Klausel abdecken. Auf diese Weise wird jede unerwartete Eingabe abgefangen, für die Sie keine andere *Case*-Anweisung angegeben haben.

Die *Case Is*-Klausel kann verschiedene Formen annehmen.

- Sie können beispielsweise *Is* = ganz weglassen und nur einen Ausdruck *Wie Case Wert* benutzen. Diese Variante wird wie *Case Is = Wert* ausgewertet.
- Sie können auch mit dem zusätzlichen *To*-Schlüsselwort gültige Wertebereiche festlegen - beispielsweise mit *Case Wert1 To Wert2*. *Wert1* muss dabei kleiner als *Wert2* oder mit ihm identisch sein.
- Sie können in jeder *Case*-Klausel mehrere Ausdrücke oder Bereiche verwenden. beispielsweise in der Form *Case 1 To 4, 7 To 9, 11, 13, Is > MaxWert*. Es können auch Bereiche und mehrere Ausdrücke für Zeichenfolgen angegeben werden.

TIPP Im Allgemeinen wird man Überschneidungen zwischen den verschiedenen *Case*-Bedingungen verhindern. Wenn Sie sie trotzdem einsetzen, wird nur die erste zutreffende Bedingung ausgeführt, da das Programm die *Select Case*-Anweisung beendet, sobald eine Übereinstimmung gefunden und der entsprechende Codeblock ausgeführt wurde.

16.4.3 Schleifen steuern

Wenn Sie ein Stück eines Codes mehrfach ausführen wollen, arbeiten Sie mit *Schleifen*. In VBA stehen verschiedene Schleifentypen zur Verfügung, von denen jede fast alle zu diesem Bereich gehörenden Aufgaben bewältigen kann. Jede wurde aber im Hinblick auf einen bestimmten Zweck entworfen.

Die *For...Next*-Schleife

In der Praxis ist das Ziel einer Schleife meistens, einen Codeblock eine bestimmte Anzahl von Durchläufen zu wiederholen und dann mit einem anderen Teil des Codes fortzufahren. Dazu dient die *For*-Schleife, die eine Zählervariable zum Zählen der Wiederholungen beinhaltet. Diese Zählervariable beginnt mit einem Anfangswert. Jedes Mal, wenn Visual Basic auf die *Next*-Anweisung trifft, wird der Zähler hochgezählt. Dann kehrt Visual Basic zur *For*-Anweisung zurück. Der Zähler wird wieder mit *Endwert* verglichen, und wieder wird, abhängig vom Ergebnis, entweder der Block ausgeführt oder die Schleife beendet. Dieser Prozess ist so lange aktiv, bis der Zähler den *Endwert* überschreitet oder eine *Exit For*-Anweisung ausgeführt wird. Die Schleife wird erst beendet, wenn *Zählervariable* den *Endwert* überschritten hat. Wenn *Zählervariable* noch gleich *Endwert* ist, wird die Schleife fortgesetzt. Nach dem Beenden der Schleife fährt das Programm in der Zeile fort, die direkt auf die abschließende *Next*-Anweisung folgt.

» Beginnen Sie eine *For...Next*-Schleife mit dem Schlüsselwort *For*, und geben Sie dann den Namen der Zählervariablen an - beispielsweise *For I = 1 To 10*.

» Geben Sie dann den Code ein, der mehrfach ausgeführt werden soll.

» Schließen Sie den Block durch die Anweisung *Next* ab. Eine nochmalige Angabe der Zählervariablen ist möglich, aber eigentlich nicht notwendig.

Die *Zählervariable* ist eine echte Variable und sollte deklariert werden, ehe sie als Teil der Schleife angewendet werden kann. Sie muss einen numerischen Datentyp aufweisen, der die Operatoren >, < und die Addition unterstützt. Normalerweise handelt es sich um eine vom Typ *Integer*. Wenn Sie sicher sind, dass die Zählervariable nur Werte unterhalb von 255 verwendet, können Sie auch *Byte* angeben.

In einem einfachen Beispiel könnten Sie eine Schleife mehrfach durchlaufen und bei jedem Mal den Wert des Zählers ausgeben lassen. Der *Anfangswert* der Zählervariablen wurde auf *1*, der *Endwert* auf *10* gesetzt. Die Zählervariable *I* beginnt mit dem Anfangswert *1*. Da dieser Wert kleiner als der Endwert ist, wird die nachfolgende Codezeile ausgeführt - der Wert wird über die *MsgBox*-Funktion angezeigt. Durch die folgende *Next*-Anweisung wird die Zählervariable auf *2* gesetzt. Dann kehrt Visual Basic zur *For*-Anweisung zurück. Der Zähler wird wieder mit *Endwert* verglichen, und wieder wird, abhängig vom Ergebnis, entweder der Block ausgeführt oder die Schleife beendet.

```
Public Sub ForNext()
    Dim I As Integer
    For I = 1 To 5
        MsgBox I, , "Der aktuelle Wert ist"
    Next
End Sub
```

Testen Sie die Routine durch einen Klick auf *Sub/UserForm ausführen* aus. Der Anfangswert der Zählervariablen wird ausgegeben. Bestätigen Sie diese und die nachfolgenden Anzeigen mit einem Klick auf *OK*.

Dieser Prozess ist so lange aktiv, bis der Zähler den *Endwert* überschreitet oder eine *Exit For*-Anweisung ausgeführt wird. Die Schleife wird erst beendet, wenn *Zählervariable* den *Endwert* überschritten hat. Wenn *Zählervariable* noch gleich *Endwert* ist, wird die Schleife fortgesetzt. Nach dem Beenden der Schleife fährt das Programm in der Zeile fort, die direkt auf die abschließende *Next*-Anweisung folgt.

TIPP Theoretisch könnten Sie die Zählervariable innerhalb der Schleife selbst verändern - beispielsweise durch Eingabe einer Zeile Wie *I = I + 1*. VBA wird Sie nicht davon abhalten. Widerstehen Sie aber dieser Versuchung, sie führt nur zu seltsamen Fehlern und unverständlichem Code.

Mit *Step* eine Inkrementierung bestimmen

In einer *For*-Schleife wird die Zählervariable bei jedem Durchlauf der Schleife um einen bestimmten Wert - das sogenannte *Inkrement* - erhöht. Die Standardversion der *For*-Schleife verwendet ein Inkrement von *1*. Es ist auch möglich, durch eine zusätzliche Angabe mit anderen Inkrementen als *1* zu arbeiten. Dazu müssen Sie nach dem *Endwert* das Schlüsselwort *Step* setzen und das gewünschte *Inkrement* angeben.

Navigieren Sie im Codefenster zur Routine *ForNextStep*.

```
Public Sub ForNextStep()
    Dim I As Integer
    For I = 1 To 10 Step 2
        MsgBox I, , "Der aktuelle Wert ist"
    Next
End Sub
```

Testen Sie die Routine durch einen Klick auf *Sub/UserForm ausführen* aus. Das Ergebnis ist fast dasselbe wie im vorherigen Beispiel - nur wird nur noch jeder gerade Wert der Zählervariablen benutzt.

TIPP Eine interessante Erweiterung der Funktionalität einer *For*-Schleife ist, dass Sie mir der Option *Step* einen Wertebereich in umgekehrter Reihenfolge durchlaufen können. Wenn Sie den *Anfangswert* kleiner als den *Endwert* gesetzt haben, wird bei Eingabe eines positiven Wertes für *Inkrement* nichts ausgegeben. Wenn Sie aber in einem solchen Fall einen negativen Wert für *Inkrement* benutzen - beispielsweise *-1* -, wird rückwärts gezählt.

Die *While...End*-Schleife

Die *For...Next*-Schleife ist eigentlich für Situationen gedacht, in denen Sie wissen, wie häufig die Schleife durchlaufen werden soll. Wenn das nicht der Fall ist - beispielsweise wenn innerhalb der Schleife erst eine Bedingung zur Beendigung ermittelt wird -, verwenden Sie besser eine von zwei weiteren Schleifentypen, die hinsichtlich dieser Frage flexibler sind. Die erste der beiden, die *While*-Schleife, wird so lange durchlaufen, bis ein besonderer *boolescher Ausdruck* wahr ist.

Dafür verwenden Sie eine etwas andere Syntax: Beginnen Sie den Block mit der Anweisung *While Ausdruck* - beispielsweise *While I <= Wert* ist dabei also ein boolescher Ausdruck. Geben in die Folgezeile den auszuführenden Code ein, und schließen Sie den Block mit dem Schlüsselwort *Wend* ab.

Der folgende Code führt die Schleife so lange aus, bis der *Endwert* erreicht ist.

```
Public Sub WhileEnd()
    Dim I As Integer, Endwert As Integer
    I = 1
    Endwert = InputBox("Endwert")
    While I <= Endwert
        MsgBox I, , "Der aktuelle Wert ist"
        I = I + 1
    Wend
End Sub
```

Testen Sie die Routine durch einen Klick auf *Sub/UserForm ausführen* aus. Geben Sie im Dialogfeld an, wie oft die Schleife durchlaufen werden soll, und bestätigen Sie. Die schon bekannten Ausgaben werden angezeigt. Der Prozess läuft so lange, wie Sie gefordert haben.

Die *Do...Loop*-Schleife

Neben der *While*-Schleife gibt es noch einen weiteren Schleifentyp, die *Do*-Schleife. Diese Schleife ist sowohl die einfachste als auch die flexibelste Schleifenstruktur, die in VBA zur Verfügung steht. Die Syntax ist einfach: Beginnen Sie mit den Schlüsselwort *Do*, geben in die Folgezeile den auszuführenden Code ein, und schließen Sie den Block mit dem Schlüsselwort *Loop* ab. Die Syntax verwendet in der elementaren Form keine bestimmte Beendigungsbedingung, läuft also »ewig«.

Der folgende Code läuft, bis er abgebrochen wird.

```
Public Sub DoLoop()
    Do
        MsgBox "Hallo!"
    Loop
End Sub
```

Testen Sie die Routine durch einen Klick auf *Sub/UserForm ausführen* aus. Eine Meldung wird angezeigt. Bestätigen Sie die Anzeige. Die Anzeige erscheint erneut. Brechen Sie die Ausführung der Schleife ab mit [Strg]+[Pause]. Bestätigen Sie die dann angezeigte Fehlermeldung.

Dass der Code innerhalb einer Schleife bis in alle Ewigkeit ausgeführt wird, ist meist nicht der Sinn einer Schleife. Sie können das vermeiden, indem Sie eine von zwei Beendigungsbedingungen verwenden. Damit können die Anweisungen entweder wiederholt werden, solange eine Bedingung *True* ist oder bis eine Bedingung *True* wird. Diese Bedingung entsteht normalerweise durch einen Vergleich zweier Werte. Dabei kann es ein beliebiger Ausdruck sein, der einen *Boolean*-Wert ergibt. Dazu gehören Werte anderer Datentypen, wie beispielsweise numerische Typen, die in *Boolean* umgewandelt wurden.

» Die erste ist die *While*-Bedingung. Sie führt dazu, dass die Schleife so lange ausgeführt wird, wie eine *Bedingung* wahr ist.

```
Public Sub DoLoopWhile()
    Dim I As Integer
    Dim Endwert As Integer
    Dim Ausgabe As String
    Endwert = InputBox("Anzahl der Durchläufe:")
```

```
    Do While I < Endwert
        I = I + 1
        Ausgabe = I & ". Durchlauf"
        MsgBox Ausgabe
    Loop
End Sub
```

» Die zweite ist die *Until*-Bedingung. Sie führt dazu, dass die Schleife so lange ausgeführt wird, wie eine Bedingung falsch ist.

```
Public Sub DoLoopUntil()
    Dim I As Integer
    I = 0
    Dim Endwert As Integer
    Dim Ausgabe As String
    Endwert = InputBox("Anzahl der Durchläufe:")
    Do Until I = Endwert
        I = I + 1
        Ausgabe = I & ". Durchlauf"
        MsgBox Ausgabe
    Loop
End Sub
```

Theoretisch gesehen ist es gleichgültig, welche der beiden Bedingungen Sie benutzen. Die Positionierung der Bedingungsanweisung ist sehr wichtig. Sie können die Beendigungsbedingung an den Anfang - also beim *Do* - oder an das Ende - beim *Loop* - der Schleife setzen. Wenn Sie sie an den Beginn der Schleife setzen, wird der Code innerhalb der Schleife erst gar nicht ausgeführt, wenn die Bedingung nicht zutrifft. Wenn Sie sie ans Ende platzieren, dann wird die Schleife beim ersten Mal immer ausgeführt, gleichgültig ob die Bedingung von vornherein wahr ist oder nicht.

Die *For Each...Next*-Schleife

Die *For Each...Next*-Schleife ist der *For...Next*-Schleife ähnlich, allerdings führt Sie den Anweisungsblock für jedes Element in einer Auflistung aus und nicht eine bestimmte Anzahl von Malen.

Die Syntax lautet folgendermaßen: Beginnen Sie die Schleife mit *For Each I In Liste*. Für *Liste* können Sie beispielsweise Arrayvariablen verwenden. *I* ist die schon bekannte Zählervariable, allerdings muss diese Variable in der Lage sein, die Elemente von *Liste* aufzunehmen. Benutzen Sie hier also am besten den Datentyp *Variant*. Geben Sie in den Folgezeilen den auszuführenden Code ein. Dieser sollte die Elemente in der *Liste* berücksichtigen. Schließen Sie den Block durch Eingabe von *Next* oder *Next I* ab.

Navigieren Sie im Codefenster zur Routine *ForEach*.

```
Public Sub ForEach()
    Dim Liste(2) As String
    Dim I As Variant
    Liste(0) = "Hermann"
    Liste(1) = "Simon"
    Liste(2) = "Schabbach"
    For Each I In Liste
        MsgBox I, , "Liste"
    Next I
End Sub
```

Testen Sie die Routine durch einen Klick auf *Sub/UserForm ausführen* aus. Drei Meldungen mit den Inhalten der Liste werden nacheinander angezeigt. Für jede Iteration der Schleife legt Visual Basic für die *Elementvariable* ein Element in der *Liste* fest und führt den Anweisungsblock aus. Nachdem alle Elemente in der *Liste* der *Elementvariable* zugeordnet wurden, wird die *For Each*-Schleife beendet und die Steuerung an die Anweisung übergeben, die auf die *Next*-Anweisung folgt.

Exit zur Beendigung

In jeder der vorher beschriebenen Schleifenmethoden gibt es noch die zusätzliche Möglichkeit, das Ende der Schleife mit der *Exit*-Anweisung anzugeben. Es gibt für jede Schleife eine entsprechende *Exit*-Anweisung (*Exit For*, *Exit Do* und *Exit While*). Im Allgemeinen verbinden Sie die *Exit*-Anweisung mit einer Abfrage. Wenn die entsprechende Anweisung ausgeführt wird, wird die Schleife sofort verlassen, und das Programm fährt mit der Zeile fort, die auf das Ende der Schleife folgt.

Navigieren Sie im Codefenster zur Routine *DoLoopExit*.

```
Public Sub DoLoopExit()
    Dim Kennwort As String
    Dim Eingabe As String
    Kennwort = "123"
    Do
        Eingabe = InputBox("Geben Sie Ihr " _
            "Kennwort ein:")
        If Eingabe = Kennwort Then
            MsgBox "Kennwort erkannt!"
            Exit Do
        Else
            MsgBox "Kennwort nicht erkannt!"
        End If
    Loop
End Sub
```

Testen Sie die Routine durch einen Klick auf *Sub/UserForm ausführen* aus. Eine Eingabeaufforderung erscheint. Geben Sie das Kennwort ein, und bestätigen Sie. Bei einem falschen Kennwort müssen Sie die Eingabe wiederholen. Wenn Sie ein falsches Kennwort eingeben, wird das Eingabefeld wieder angezeigt, da die Schleife erneut durchlaufen wird. Bei einem richtigen Kennwort wird die Schleife durch *Exit Do* verlassen, und eine Bestätigung wird angezeigt.

TIPP Theoretisch muss eine Schleife niemals anhalten. Diese Situation nennt man *Endlosschleife*. Wenn Sie den VBA-Editor benutzen, erzwingen Sie das Beenden der Ausführung mit der Tastenkombination [Strg]+[Pause].

16.5 Objektorientierte Programmierung

In den bisherigen Abschnitten haben wir uns mit Techniken innerhalb von VBA beschäftigt, die man als *klassische Programmierung* bezeichnen könnte. Jetzt geht es um *Klassen*, *Objekte* und die damit zusammenhängende *objektorientierte Programmierung*, abgekürzt auch als *OOP* bezeichnet. Es handelt sich dabei nicht um eine eigenständige Technologie, sondern um eine bestimmte Vorgehensweise zum Entwerfen von Anwendungen. Kurz gesagt, es geht um eine Technik, mit deren Hilfe man im Code Standardelemente - sogenannte Klassen - erstellt, die bestimmte Aufgaben durchführen und mehrfach eingesetzt werden können.

» Wir wollen Ihnen zunächst einmal die Unterschiede zwischen der objektorientierten und der klassischen Programmierung an einem Beispiel demonstrieren.

» Anschließend werden wir auf die Grundbegriffe der objektorientierten Programmierung eingehen: Wir werden Ihnen darin die Elemente *Objekt*, *Klasse*, *Instanz* und *Objektvariable* vorstellen.

» Der dritte Abschnitt beschreibt, wie man Klassen in VBA selbst erstellt und darin *Eigenschaften* und *Methoden* definiert - die sogenannten *Member* einer Klasse.

» Nachdem Sie diese Techniken beherrschen, können Sie darangehen, aus den Klassen *Objekte* abzuleiten und diese einzusetzen.

» Eine der Schwierigkeiten, die Ihnen begegnen wird, besteht darin, dass Sie oft nicht wissen werden, welche der eingebauten Objekte Sie für eine bestimmte Aufgabe verwenden sollten. Hier hilft Ihnen ein kleines, aber leistungsstarkes Dialogfeld - der *Objektkatalog* -, der einen Überblick über alle verfügbaren Klassen sowie ihre *Member* - also Eigenschaften, Methoden und sonstigen Inhalte - zusammenfasst.

16.5.1 Klassen, Objekte und Instanzen verstehen

Bevor Sie sich an die Arbeit machen, mit diesen Begriffen praktisch zu arbeiten, müssen Sie sich wieder mit etwas Theorie beschäftigen, die Ihnen helfen wird, die wesentlichen Grundlagen der Arbeit zu verstehen. Eines der wichtigsten Konzepte in diesem Zusammenhang finden Sie im Zusammenspiel zwischen den Begriffen *Klasse*, *Objekt* und *Instanz*.

Objekte

Mit *Objekten* beschreibt man normalerweise Einheiten, die real - wie ein Fahrzeug - oder abstrakt - wie eine bei einer Fluggesellschaft gebuchte Flugreise - sein können. Diese Einheiten haben *Eigenschaften* wie beispielsweise die Farbe des Fahrzeugs oder das Abflugdatum der Flugreise. Solche Eigenschaften, die das Objekt beschreiben, können Sie festlegen und später abrufen. Außerdem können solche Objekte über bestimmte *Me-*

thoden verfügen, die mit ihnen durchgeführt werden können, beispielsweise der Verkauf bei einem Fahrzeug oder das Stornieren bei der Flugreise.

Im Bereich der Programmierung ist es ähnlich, nur bestehen die Objekte natürlich allein aus Code. Bei einem *Objekt1* kann es sich beispielsweise um ein *Formular1* handeln. Dieses *Objekt1* kann über eine *Eigenschaft1* verfügen, die die Hintergrundfarbe des Formulars festlegt. Diese können Sie setzen - im Prinzip durch eine Anweisung wie *Formular1.Eigenschaft1 = Rot* - oder auch abfragen - beispielsweise mit *Farbe1 = Formular1. Eigenschaft1*. Es kann weiterhin über eine *Methode1* verfügen, die dafür sorgt, dass der Inhalt des *Formulars1* ausgedruckt wird. Auch diese Methode können Sie durch eine entsprechende Anweisung - etwa *Formular1. Methode1* - abrufen.

Klassen

Der wesentliche Vorteil der objektorientierten Programmierung besteht darin, dass Sie die Eigenschaften und Methoden nicht für jedes einzelne Objekt - in unserem Beispiel für *Formular1*, *Formular2* usw. - festlegen müssen. Stattdessen legen Sie diese Eigenschaften und Methoden für übergeordnete Schablonen fest und benutzen dann diese Schablone als Datentyp für das spezielle Objekt - beispielsweise *Formular1*.

Diese Schablonen bezeichnet man als *Klassen*. Klassen sind also symbolische Darstellungen von Objekten. Sie beschreiben die Eigenschaften, Felder, Methoden und Ereignisse, die Objekte bilden, auf dieselbe Weise, wie Baupläne die Elemente eines Gebäudes beschreiben.

Instanzen

So wie ein Bauplan zum Errichten mehrerer Gebäude verwendet werden kann, ist es auch möglich, eine einzelne Klasse zur Erstellung einer beliebigen Anzahl von Objekten zu verwenden. Objekte werden dabei als identische Kopien ihrer Klassen - als genannte *Instanzen* - erstellt. Die einzelnen Instanzen verfügen über eine gemeinsame Gruppe von Merkmalen und Fähigkeiten, die durch die Klasse definiert wurde. Sobald sie als eigenständige Objekte bestehen, können Sie diese nutzen. Wenn Ihnen der Begriff *Instanz* dabei noch Schwierigkeiten macht, ersetzen Sie ihn im Kopf kurzzeitig mit dem Begriff *Kopie*. Das ist zwar nicht dasselbe, reicht aber für ein anfängliches Verständnis vollkommen aus.

Die Eigenschaften und Methoden werden zwar in der Klasse definiert, aber in der Instanz aufgerufen. Dies bedeutet, dass die Methode, wenn sie irgendwelche Eigenschaften der Klasse aufweist, die Informationen benutzt, die in der betreffenden konkreten Instanz gespeichert sind.

Objektvariable

Der andere wesentliche Vorteil der objektorientierten Programmierung besteht darin, dass Sie mit Variablen arbeiten können, die ein ganzes Objekt - also eine Instanz einer Klasse - repräsentieren. Der Vorteil wird Ihnen vielleicht schon an dem folgenden Beispiel klar werden. Angenommen, Sie haben eine *Klasse1* - unter anderem mit der *Eigenschaft1* und der *Methode1* - definiert. Dann können Sie eine Objektvariable deklarieren, die die Eigenschaften und Methoden von *Klasse1* beinhaltet.

16.5.2 Klassen selbst erstellen

Sie können Klassen - also die Definitionen für Objekte - im VBA selbst erstellen. Dazu benutzen Sie die am Anfang dieses Buches schon einmal erwähnten *Klassenmodule*. Für jede Klasse benötigen Sie ein neues Modul. Innerhalb eines neuen Klassenmoduls definieren Sie öffentliche *Sub*- und *Function*-Prozeduren. Diese werden dann zu benutzerdefinierten Methoden des Objekts. In der Klasse deklarierte Variable werden zu Eigenschaften des Objekts.

Klasse deklarieren

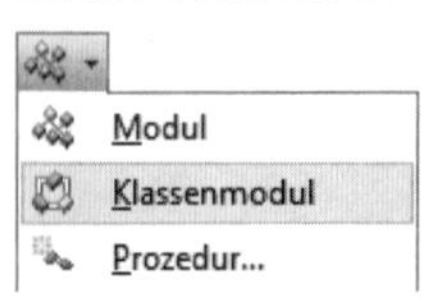

Der Definition eines Klassenmoduls funktioniert nicht viel anders als die Definition eines Standardmoduls, die Sie schon vom Anfang dieses Kapitels her kennen: Wählen Sie *Klassenmodul* im Menü *Einfügen*, oder benutzen Sie den gleichnamigen Befehl im Listenfeld zur Schaltfläche *Modul einfügen* der Symbolleiste *Voreinstellung*. Ein neues Klassenmodul wird erstellt (→ Abbildung 16.23).

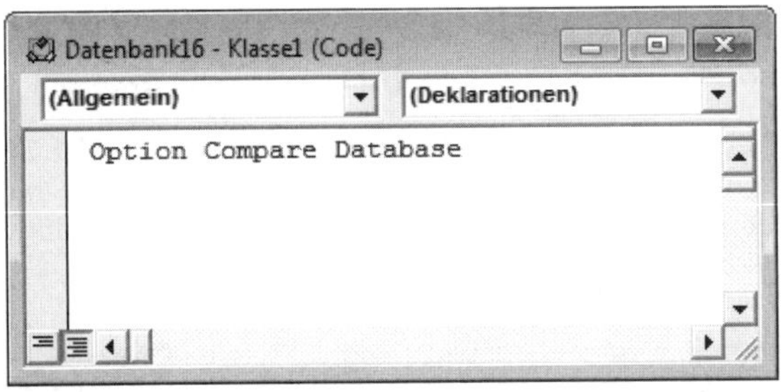

Abbildung 16.23 Ein leeres Klassenmodul

In das Klassenmodul setzen Sie anschließend die Definitionen der Variablen, Eigenschaften, Ereignisse und Methoden der Klasse. Dabei gehen Sie im Prinzip genauso vor wie bei der Definition dieser Elemente innerhalb eines Standardmoduls.

Eigenschaften definieren

Für Klassen können Eigenschaften definiert werden, die jede ihrer Instanzen beinhalten sollten. Eine Eigenschaft ist ja ein Wert, der Teil eines Objekts ist und den Sie für das Objekt abrufen oder setzen können. Eine Eigenschaft können Sie beispielsweise erstellen, indem Sie eine öffentliche Variable in die Klasse einfügen (→ Abbildung 16.24).

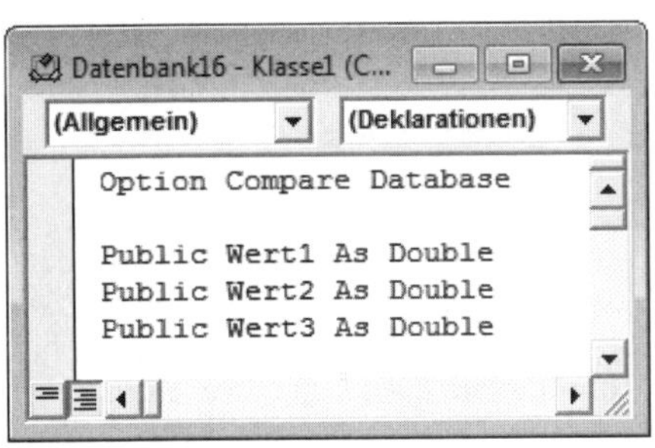

Abbildung 16.24 Drei Eigenschaften wurden definiert.

Weiter unten in diesem Kapitel werden wir Ihnen zeigen, dass Sie statt einer einfachen Deklaration von öffentlichen Variablen auch die sogenannten *Property*-Prozeduren verwenden können, um Eigenschaften in einer Klasse festzulegen.

Methoden definieren

Methoden ermöglichen es einer Klasse, zusätzlich zu den in den Eigenschaften festgelegten Informationen noch eine bestimmte Logik zu speichern. Um die Methoden der Klasse festzulegen, definieren Sie innerhalb des neuen Klassenmoduls öffentliche *Sub-* und *Function-*Prozeduren.

Diese Prozeduren - also Subroutinen oder Funktionen - unterscheiden sich nicht von den oben beschriebenen Prozeduren im üblichen Code: Sie können Parameter entgegennehmen, wenn Sie sie aufrufen, und auch Ergebniswerte - wenn es sich um Funktionen handelt - zurückgeben.

Jede innerhalb des Klassenmoduls definierte öffentliche Prozedur wird eine *Methode* des benutzerdefinierten Objekts. Die Anweisung *Sub* definiert eine Methode, die keinen Wert zurückgibt. Die Anweisung *Function* definiert dagegen eine Methode, die einen Wert eines festgelegten Typs zurückgeben kann.

Methoden als Sub-Prozedur definieren

Wenn Sie in der Klasse eine Logik speichern wollen, können Sie die schon bekannten Verfahren benutzen:

» Wählen Sie das Klassenmodul, in dem Sie die Methode definieren möchten.

» 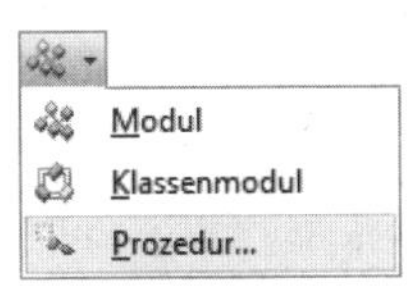

Fügen Sie in den Code eine Prozedur ein. Wählen Sie *Prozedur* aus dem Listenfeld zur Schaltfläche *Modul einfügen*. Das Dialogfeld *Prozedur hinzufügen* wird angezeigt, in dem Sie den Typ der Prozedur wählen und diese benennen können.

» Benennen Sie die Prozedur, wählen Sie den Typ *Sub* aus, und bestätigen Sie.

» Geben Sie den Code für die Prozedur ein (→ beispielsweise unten).

»  Speichern Sie die Änderungen im Klassenmodul.

Beispielsweise könnten Sie eine Klasse anlegen, die die schon einmal verwendeten Grundrechenarten benutzt (→ Abbildung 16.25).

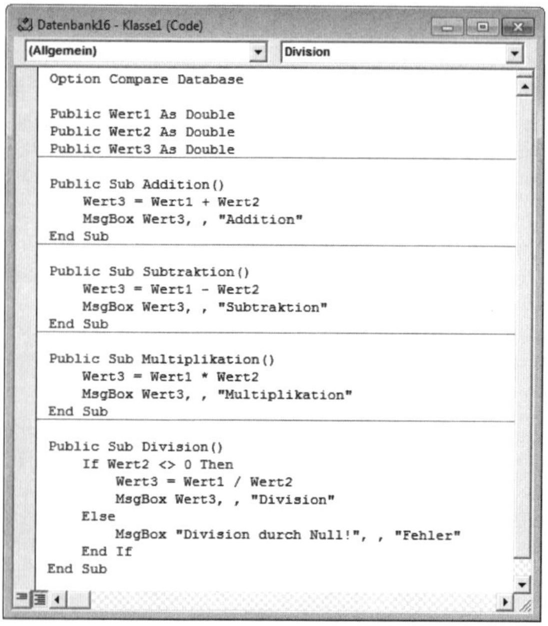


```
Option Compare Database

Public Wert1 As Double
Public Wert2 As Double
Public Wert3 As Double

Public Sub Addition()
    Wert3 = Wert1 + Wert2
    MsgBox Wert3, , "Addition"
End Sub

Public Sub Subtraktion()
    Wert3 = Wert1 - Wert2
    MsgBox Wert3, , "Subtraktion"
End Sub

Public Sub Multiplikation()
    Wert3 = Wert1 * Wert2
    MsgBox Wert3, , "Multiplikation"
End Sub

Public Sub Division()
    If Wert2 <> 0 Then
        Wert3 = Wert1 / Wert2
        MsgBox Wert3, , "Division"
    Else
        MsgBox "Division durch Null!", , "Fehler"
    End If
End Sub
```

Abbildung 16.25 Die Methoden benutzen Routinen vom Typ *Sub*.

Wie Sie später in diesem Abschnitt sehen werden, können Sie eine solche Klasse dazu verwenden, die Grundrechenarten mit zwei Werten durchführen und die Ergebnisse anzeigen zu lassen.

Methode als Function-Prozedur definieren

Sie können Methoden einer Klasse auch als *Function*-Prozedur definieren. Auch hierbei gehen Sie auf dieselbe Weise vor wie bei der Definition einer *Function* in einem Klassenmodul, nur dass Sie die Arbeit in einem Klassenmodul vornehmen.

» Wählen Sie das Klassenmodul, in dem Sie die Methode definieren möchten. Wenn noch nicht vorhanden, erstellen Sie es.

» 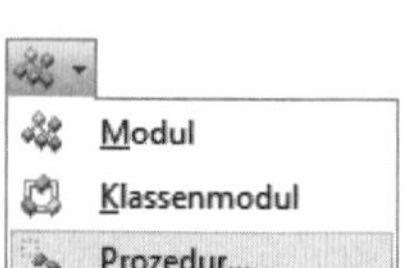

Fügen Sie in den Code eine Prozedur ein. Wählen Sie *Prozedur* aus dem Listenfeld zur Schaltfläche *Modul einfügen*. Das Dialogfeld *Prozedur hinzufügen* wird angezeigt.

» Benennen Sie die Prozedur, wählen Sie den Typ *Function* aus, und bestätigen Sie.

» Geben Sie den Code für die Prozedur ein (→ unten).

» Speichern Sie die Änderungen im Klassenmodul.

Beispielsweise können Sie eine Klasse anlegen, die die schon oben verwendeten Grundrechenarten – diesmal aber als *Function*-Prozeduren benutzt (→ Abbildung 16.26).

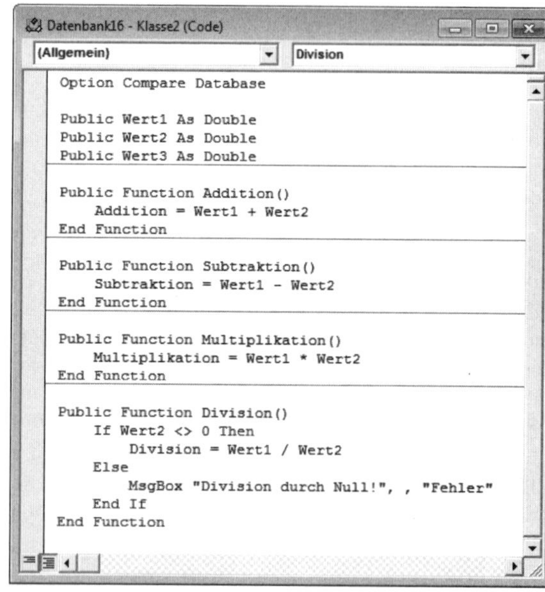


```
Option Compare Database

Public Wert1 As Double
Public Wert2 As Double
Public Wert3 As Double

Public Function Addition()
    Addition = Wert1 + Wert2
End Function

Public Function Subtraktion()
    Subtraktion = Wert1 - Wert2
End Function

Public Function Multiplikation()
    Multiplikation = Wert1 * Wert2
End Function

Public Function Division()
    If Wert2 <> 0 Then
        Division = Wert1 / Wert2
    Else
        MsgBox "Division durch Null!", , "Fehler"
    End If
End Function
```

Abbildung 16.26 Diese Methoden benutzen Routinen vom Typ *Function*.

Auch diese Methoden können Sie – wie anschließend beschrieben – verwenden, um Grundrechenarten mit zwei Werten durchführen zu lassen. Da die Methoden hier aber als *Function* definiert sind, geben Sie zusätzlich einen Wert zurück.

16.5.3 Objekte aus Klassen erstellen

Sobald Sie ein Klassenmodul definiert haben, können Sie daraus – beispielsweise innerhalb eines Standardmoduls – neue Objekte als Instanzen dieser Klasse erstellen. Diese Objekte verfügen über die gemeinsame Gruppe von Merkmalen und Fähigkeiten, die durch die Klasse definiert wurde. Objekte werden also als identische Kopien ihrer Klassen erstellt.

Im Allgemeinen verwendet man dafür eine sogenannte Objektvariable - also eine Variable vom Wertetyp *Object*. Eine solche Objektvariable selbst enthält eigentlich nur einen Zeiger auf die Daten des Objekts, nie die Daten an sich. Dies hat den Vorteil, dass Sie den Inhalt einer solchen Variablen auch während der Ausführung ändern lassen können, damit sie auf andere - geeignete - Objekte verweist. Der in einer Objektvariablen gespeicherte Wert wird also an anderer Stelle im Speicher abgelegt als das Objekt selbst.

Deklaration

Objektvariablen müssen - wie andere Variable - vor ihrer Verwendung deklariert werden. Hier kombinieren Sie dazu das Schlüsselwort *Dim* mit dem *New*-Schlüsselwort in einer Zeile. Wenn Sie beispielsweise eine Variable *Objekt1* als Instanz der *Klasse1* deklarieren wollen, benutzen Sie dazu die Anweisung *Dim Objekt1 As New Klasse1*. Wenn Sie das Kontrollkästchen *Elemente automatisch auflisten* auf der Seite *Editor* des Dialogfelds zum Menübefehl *Extras/Optionen* aktiviert haben, leistet Ihnen der Editor bei der Eingabe eines solchen Codes Hilfestellung:

» Lassen Sie den Code des Standardmoduls anzeigen, in dem Sie die Objektvariable deklarieren wollen.

» Setzen Sie die Schreibmarke an die Stelle im Modul, an der die Variable deklariert werden soll. Sie können sie - wie üblich - im Deklarationsabschnitt oder innerhalb einer Prozedur deklarieren.

» Beginnen Sie die Deklaration mit dem Schlüsselwort *Dim*, geben Sie den Namen der Variablen ein und fügen das Schüsselwort *As* hinzu -beispielsweise *Dim Objekt1 As*.

» Nach einem weiteren Leerzeichen wird ein Hilfsfenster angezeigt, aus dem Sie das gewünschte Element auswählen können (→ Abbildung 16.27). Durch Eingabe des Anfangsbuchstabens können Sie in der Liste springen.

Bei dieser Deklaration legen Sie in einer Anweisungszeile den Namen der Variablen fest, bestimmen den Datentyp und beschreiben, welche Art von Klasse die Variable aufnehmen können soll.

TIPP Manchmal wird die Objektklasse dem Code erst bei Ausführung der Prozedur bekannt. In diesem Fall muss die Objektvariable zumindest mit dem Datentyp *Object* deklariert werden. In diesem Fall deklariert die Anweisung *Dim* lediglich eine Variable, die ein Objekt beinhaltet. Wenn dann später im Code die notwendigen Informationen verfügbar werden, müssen Sie mit dem Schlüsselwort *Set* der Variablen einen konkreten Objektverweis zuweisen. Erst damit kommt der tatsächliche Verweis auf ein Objekt zustande.

Das Schlüsselwort *Nothing*

Wenn Sie einer so deklarierten Objektvariablen das Schlüsselwort *Nothing* zuweisen, bedeutet dies, dass der Variablen gegenwärtig kein Objekt zugewiesen ist. Wenn der Code ausgeführt wird, werden die Objektva-

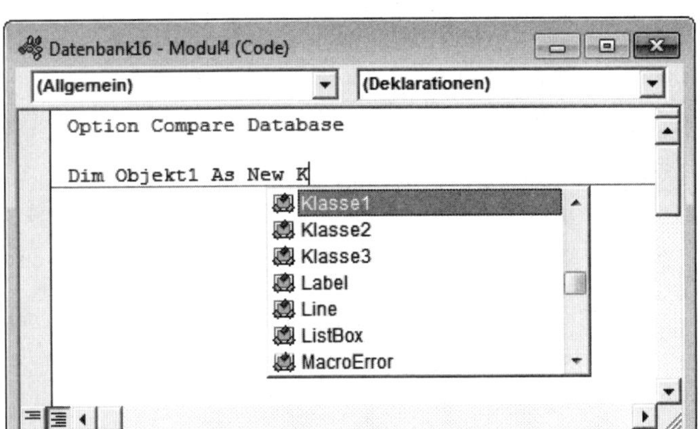

Abbildung 16.27
Auch selbst erstellte Klasse werden mit aufgelistet.

riablen mit *Nothing* initialisiert, mit Ausnahme derjenigen, deren Deklaration eine Zuweisung enthält. Wenn eine Objektvariable, die anfangs auf ein Objekt verweist, später auf *Nothing* festgelegt wird, wird die Zuordnung der Variablen zum Objekt beendet. So wird beispielsweise verhindert, dass das Objekt durch eine Änderung an der Variablen versehentlich selbst geändert wird.

Die Werte von Eigenschaften zuweisen

Um der einer Objektvariablen zugewiesenen Instanz Eigenschaften zuzuweisen, können Sie den Namen der Objektvariablen und eine spezielle Syntax benutzen, die Sie aber schon kennen. Wenn Sie der Eigenschaft *Eigenschaft1* der Instanz *Objekt1* den Wert *Wert1* zuweisen wollen, benutzen Sie den Ausdruck *Objekt1.Eigenschaft1 = Wert1*.

Wenn Sie die Option *Elemente automatisch auflisten* auf der Registerkarte *Editor* des Dialogfeldes zum Menübefehl *Extras/Optionen* aktiviert haben, leistet Ihnen der Editor auch hier bei der Eingabe Hilfestellung.

- » Geben Sie den Namen der Objektvariablen ein. Fügen Sie anschließend einen Punkt hinzu. Geben Sie also beispielsweise *Objekt1.* ein. Sobald Sie den Punkt hinzugefügt haben, wird eine Liste der in der Klasse verfügbaren Eigenschaften und Methoden angezeigt.
- » Wählen Sie aus der Liste die gewünschte Eigenschaft aus, oder fahren Sie mit der Eingabe fort.
- » Fahren Sie fort mit einem Gleichheitszeichen und dem gewünschten Wert - beispielsweise *Objekt1.Wert1 = 1.*
- » Wenn Sie weitere Eigenschaften zuweisen wollen, tun Sie das auf dieselbe Weise - beispielsweise *Objekt1.Wert2 = 2.*

Damit haben Sie der aktuellen Instanz des Objekts Eigenschaften zugewiesen. Diese können nun in den Methoden benutzt werden. Sinnvoller wäre es natürlich, die einzelnen Werte über eine Eingabe abzufragen (→ unten).

Methoden verwenden

Wenn in der Klasse Prozeduren definiert worden sind, sind diese auch in einer Instanz der Klasse für eine Objektvariable verfügbar. Auch Methoden können Sie einfach durch Verwendung des Namens der Objektvariablen anwenden. Wenn Sie beispielsweise eine Objektvariable namens *Objekt1* deklariert haben, die auf die Klasse *Klasse1* verweist, und in der Klasse eine *Sub*-Prozedur mit dem Namen *Methode1* definiert haben, können Sie diese mit dem Ausdruck *Objekt1.Methode1* anwenden.

Wiederum hilft Ihnen der Editor bei der Eingabe, wenn Sie die Option *Elemente automatisch auflisten* auf der Registerkarte *Editor* des Dialogfeldes zum Menübefehl *Extras/Optionen* aktiviert haben.

```
Public Sub Grundrechenarten()
    Objekt1.Wert1 = InputBox("Der erste Wert
lautet:")
    Objekt1.Wert2 = InputBox("Der zweite Wert
lautet:")
    Objekt1.Addition
    Objekt1.Division
    Objekt1.Multiplikation
    Objekt1.Subtraktion
End Sub
```

- » Geben Sie den Namen der Objektvariablen ein, und fügen Sie direkt anschließend einen Punkt hinzu - beispielsweise *Objekt1.* Sobald Sie den Punkt hinzugefügt haben, wird eine Liste der in der Klasse verfügbaren Eigenschaften und Methoden angezeigt.
- » Wählen Sie aus der Liste die gewünschte Methode aus, oder fahren Sie mit der Eingabe fort. Wählen Sie beispielsweise die Methode *Addition*, wenn Sie die Methode zur Addition verwenden wollen.
- » Wenn Sie weitere Methoden verwenden wollen, fahren Sie auf dieselbe Weise fort - beispielsweise *Objekt1.Subtraktion.*

Einen so erstellten Code können Sie im Editor auf die übliche Weise austesten: Setzen Sie die Schreibmarke in die Routine, und klicken Sie auf die Schaltfläche *Sub/UserForm ausführen*. Die Routine versorgt die Instanz mit Eigenschaften und fragt dann die Ergebnisse der Methoden ab, die für das Objekt definiert sind.

Methoden für Function-Prozeduren aufrufen

Wenn eine Methode einen Wert erzeugt - wenn sie also in der Klasse als *Function*-Prozedur erstellt wurde -, können Sie diesen Wert beispielsweise einer Variablen zuweisen - etwa in der Form *Variable1 = Objekt1.Methode1*. Wiederum hilft Ihnen der Editor bei der Eingabe, wenn Sie die Option *Elemente automatisch auflisten* auf der Registerkarte *Editor* des Dialogfeldes zum Menübefehl *Extras/Optionen* aktiviert haben.

```
Public Sub Grundrechenarten2()
    Dim Objekt2 As New Klasse2
    Dim Ergebnis As Double
    Objekt2.Wert1 = InputBox("Der erste "_
            "Wert lautet:")
    Objekt2.Wert2 = InputBox("Der zweite "_
            "Wert lautet:")
    Ergebnis = Objekt2.Addition
    MsgBox Ergebnis, , "Addition"
    Ergebnis = Objekt2.Subtraktion
    MsgBox Ergebnis, , "Subtraktion"
    Ergebnis = Objekt2.Multiplikation
    MsgBox Ergebnis, , "Multiplikation"
    Ergebnis = Objekt2.Division
    MsgBox Ergebnis, , "Division"
End Sub
```

- Beginnen Sie mit einer Variablen, der Sie den Wert der Methode zuweisen wollen. Weisen Sie dieser die Objektvariable zu, und fügen Sie direkt anschließend einen Punkt hinzu - beispielsweise *Ergebnis = Objekt1*. Sobald Sie den Punkt hinzugefügt haben, wird eine Liste der in der Klasse verfügbaren Eigenschaften und Methoden angezeigt.
- Wählen Sie aus der Liste die gewünschte Methode aus, oder fahren Sie mit der Eingabe fort. Wählen Sie beispielsweise die Methode *Addition*.
- Wenn Sie weitere Methoden verwenden wollen, fahren Sie auf dieselbe Weise fort - beispielsweise *Ergebnis = Objekt1.Subtraktion*.

Auch diesen Code können Sie im Editor testweise ausführen lassen. Das Ergebnis ist dasselbe wie im vorher beschriebenen Fall.

16.5.4 Variablen und Instanzen

Zwischendurch wollen wir noch eine wichtige Nebenbemerkung anbringen, die Ihnen für Ihre weiteren Arbeiten nützlich sein werden.

Die Unterschiede

Beachten Sie, dass Instanzen und Variablen nicht dasselbe sind! Um sich den Unterschied klarzumachen, sollten Sie sich die folgenden zwei Fälle anschauen:

- Sie können beispielsweise zwei Variablen *Objekt1* und *Objekt2* des Typs *Klasse1* deklarieren und damit dafür zwei neue Instanzen von *Klasse1* erzeugen. *Objekt1* speichert eine Referenz auf ein anderes Objekt als *Objekt2*, aber beide Objekte sind Instanzen von *Klasse1*. Instanzen sind also die Inhalte von Variablen - ebenso wie eine Integer-Variable *Z* den Inhalt *2* haben könnte, wenn Sie die Anweisung *Z = 2* benutzen.

```
Public Sub ZweiInstanzen()
    Dim Objekt1 As New Klasse1
    Dim Objekt2 As New Klasse1

    'restlicher Code

End Sub
```

- Sie können aber auch nur *Variable1* als eine Instanz von *Klasse1* erzeugen und dann *Variable2* der Variablen *Variable1* zuweisen, was bewirkt, dass *Variable2* jetzt eine Referenz auf dieselbe Instanz von *Klasse1* speichert wie *Variable1*. Es gibt nur ein einziges Objekt und damit nur einen einzigen Speicherbereich, aber zwei Variablen, die darauf verweisen.

```
Public Sub EineInstanz()
    Dim Objekt1 As New Klasse1
    Dim Objekt2 As Object
    Set Object2 = Object1

    'restlicher Code

End Sub
```

Diese Unterschiede sollten Sie bei Ihrer Arbeit berücksichtigen.

Informationen über Objektvariable erhalten

Wenn Sie während der Laufzeit des Codes Informationen zum aktuellen Inhalt einer Objektvariablen wünschen, können Sie sich mehrerer Methoden bedienen:

» Mit dem *TypeOf*-Operator kann bestimmt werden, ob eine Objektvariable gegenwärtig auf einen speziellen Datentyp verweist. Die Auswertung des *TypeOf... Is*-Ausdrucks ergibt *True*, wenn der Laufzeittyp des Operanden vom angegebenen Typ abgeleitet wird oder ihn implementiert.

```
Public Sub Objekttyp()
    Dim Objekt1 As New Klasse1
    If TypeOf Objekt1 Is Object  Then
        MsgBox ("Objekt1 ist vom Typ Objekt")
    End If
End Sub
```

» Mit dem *Is*-Operator können Sie feststellen, ob zwei Objektvariablen auf dieselbe Instanz eines Objekts verweisen. Wenn die Variablen auf dieselbe Instanz verweisen, wird *True* zurückgegeben.

```
Public Sub InstanzIdentisch()
    Dim Objekt1 As New Klasse1
    Dim Objekt2 As Object
    Set Object2 = Object1
    If Objekt1 Is Object2 Then
        MsgBox ("Objekt1 und Objekt2 verw. auf
eine Instanz")
    End If
End Sub
```

Außerdem können Sie mithilfe des *Is*-Operator beispielsweise testen, ob die Objektvariable auf ein gültiges Objekt zeigt oder *Nothing* enthält.

16.5.5 Property-Prozeduren

An Anfang dieses Abschnitts haben Sie gelernt, dass Sie der Instanz einer Klasse auf einfache Weise spezielle Werte zuweisen können. Dazu muss in der zugrunde liegenden Klasse nur eine Variable deklariert sein. Es gibt aber Situationen, in denen eine solche einfache Zuweisung eines Wertes zu Komplikationen führen kann. Beispielsweise kann die Verwendung eines falschen Datentyps beim Festlegen der Eigenschaft dazu führen, das die Instanz der Klasse den von ihr geforderten Dienst versagt.

Besonders wenn Sie Klassen selbst erstellen, empfiehlt es sich, Eigenschaften über eigenständige Eigenschaftsroutinen - auch als *Property*-Prozeduren bezeichnet - in der Klasse anzulegen oder abzurufen. Dabei wird die Eigenschaft nicht mit einer einzelnen Deklarationsanweisung, sondern mit ausführbarem Code implementiert. In der Klasse werden dabei von Ihnen festgelegte Anweisungen ausführt, und das ermöglicht eine bessere Kontrolle über die Eigenschaft. Ein zusätzlicher Vorteil bei der Verwendung von Property-Prozeduren ist, dass im Gegensatz zu *Public*-Variablen den *Property*-Prozeduren Texte zugeordnet werden können, die im Objektkatalog angezeigt werden.

Deklarieren

Zum Deklarieren von *Property*-Prozeduren verwenden Sie das jetzt schon altbekannte Dialogfeld *Prozedur einfügen*.

» Setzen Sie die Schreibmarke in das Klassenmodul, in dem Sie die *Property*-Prozedur erstellen wollen.

» Wählen Sie den Befehl *Prozedur* im Listenfeld zur Schaltfläche *Prozedur einfügen* in des Symbolleiste *Voreinstellung*. Das Dialogfeld *Prozedur einfügen* wird angezeigt.

» Geben Sie der Prozedur einen Namen, wählen Sie die Option *Property*, und bestätigen Sie. Im Codefenster werden die Rahmenanweisungen für zwei Eigenschaftsprozeduren erstellt (→ Abbildung 16.28).

Eine solche Eigenschaftsroutine wird man im Allgemeinen als *Public* deklarieren. Das ist auch der Standardzugriff. Standardmäßig wird damit ein *Lese-/Schreibzugriff* festgelegt.

Eigenschaften definieren

Innerhalb dieser beiden Eigenschaftsprozeduren *Get* und *Let* nehmen Sie dann die Definition der Eigenschaften vor. In der einfachsten Form wird der Code innerhalb der Eigenschaftsroutine dafür verwendet, Werte in die und aus der internen Variablen auszutauschen: Wenn Sie eine Instanz von *Klasse3* erstellen und den Wert der Eigenschaft festlegen, wird die *Let*-Eigenschaftsprozedur aufgerufen und der Wert an den impliziten *Value*-Parameter übergeben, der in einer lokalen Variablen gespeichert wird. Bei Abruf des Wertes dieser Eigenschaft wird die *Get*-Eigenschaftsprozedur wie eine Funktion aufgerufen und gibt den in der lokalen Variablen gespeicherten Wert zurück.

» *Let*-Eigenschaftsprozeduren besitzen einen impliziten Parameter mit demselben Datentyp wie die Eigenschaft selbst, der standardmäßig mit *vNewValue* bezeichnet wird. Sobald der Wert der Eigenschaft geändert wird, wird *vNewValue* überprüft und kann beispielsweise an eine lokale - also innerhalb der Klasse definierte - Variable übergeben werden.

» *Get*-Eigenschaftsprozeduren werden für die Rückgabe des Wertes einer Eigenschaft verwendet und entsprechen ungefähr den Funktionen in der Syntax. Sie werden aufgerufen, wenn in einem Ausdruck auf die Eigenschaft zugegriffen wird. Sie akzeptieren keine Argumente und können zur Rückgabe der Werte privater lokaler Variablen verwendet werden, die ihrerseits zur Speicherung von Eigenschaftswerten verwendet wurden.

Auf Property-Prozeduren zugreifen

Nachdem Sie in einer Klasse *Property*-Prozeduren erstellt haben, können Sie diese von einer Instanz der Klasse her ansprechen: Sie können Werte übergeben und zurückfordern. Die Techniken zum Zugriff auf eine so definierte Eigenschaft unterscheiden sich nicht von denen zum Zugriff auf Variablen.

» Um den Wert für eine Eigenschaft in einer Instanz festzulegen, weisen Sie ihr über den normalen Zuweisungsoperator einen Ausdruck oder einen Wert zu: Um eine Eigenschaft zu setzen, benutzen Sie Set *Objekt1.Eigenschaft1 = Variable1*.

» Sie fragen den Wert einer Eigenschaft ab, wenn Sie den Status eines Objekts vor dem Ausführen weiterer Aktionen, wie dem Zuweisen des Wertes zu einem anderen Objekt, ermitteln möchten - beispielsweise in der Form *Variable1 = Objekt1.Eigenschaft1*. Sie können einen Eigenschaftswert auch als Teil eines komplexeren Ausdrucks abrufen, ohne die Eigenschaft einer Variablen zuzuweisen.

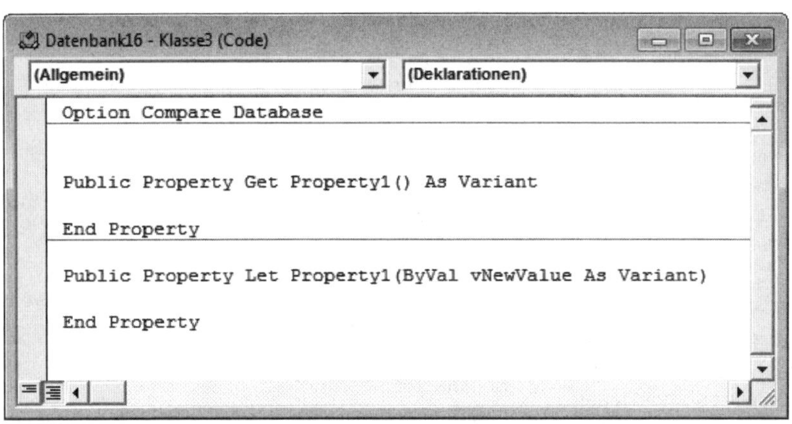

Abbildung 16.28
Der Rahmen für eine *Property*-Prozedur wird erstellt.

Kapitel 17

Der Einsatz von VBA in Access

Nachdem Sie die vorherigen Kapitel dieses Teils durchgearbeitet haben, kennen Sie alle wesentlichen Grundelemente der Programmierung mit VBA, können den Code für Prozeduren erstellen und wissen, wie man die Ausführung dieser Prozeduren aus Access-Objekten heraus bewirkt. Auf dieser Grundlage können wir uns anschließend damit beschäftigen, VBA speziell für Aufgaben einzusetzen, die für Microsoft Access typisch sind.

» Zunächst geht es um die Frage, wie man die erstellten Prozeduren aus einem Access-Objekt heraus aufruft (→ Abschnitt 17.1). Die meisten Tätigkeiten in einer Microsoft Access-Datenbank werden Sie in Formularen und Berichten durchführen, und darum sind es auch meist diese Objekte, von denen aus Sie Ihre Prozeduren starten werden.

» Anschließend werden wir uns damit beschäftigen, auf der Basis von in einer Datenbank vorhandenen Werten – beispielsweise den Inhalten der Textfelder in einem Formular – Berechnungen durchzuführen. Dafür liefern Ihnen die Methoden der Klassen in der Bibliothek VBA eine große Zahl von Möglichkeiten (→ Abschnitt 17.2). Sie können darüber beispielsweise arithmetische oder finanzmathematische Berechnungen durchführen, Zeichenfolgen bearbeiten, Kalkulationen mit Datums- und Zeitwerten erstellen, Formate festlegen und vieles mehr.

» Im folgenden Abschnitt dreht es sich um die Durchführung typischer Datenbankaktionen – wie das Öffnen und Schließen von Access-Objekten, die Navigation innerhalb eines Objekts, das Suchen nach Inhalten oder die Anwendung eines Filters (→ Abschnitt 17.3). Mit den Methoden des *DoCmd*-Objekts können Sie – mit einigen Ausnahmen – praktisch alle denkbaren Aktionen durchführen, die Sie bereits von Makros her kennen – nur flexibler und oft auch einfacher. Die wichtigsten werden Ihnen hier vorgestellt. Wenn Sie diese beherrschen, werden Sie keine Schwierigkeiten haben, auch die sonstigen einzusetzen.

» Es gibt aber darüber hinaus auch Fälle, in denen Sie Access-Objekte – beispielsweise Tabellen, Abfragen, Formulare und Berichte – von Grund auf neu erstellen und diesen Objekten Inhalte zuweisen wollen (→ Abschnitt 17.4). Dazu wollen wir uns mit den Methoden und Ereignissen wichtiger Klassen wie *Form*, *Report* und anderen Klassen beschäftigen.

» Ein weiteres wesentliches Einsatzgebiet von VBA in Microsoft Access liegt in der Einstellung von Eigenschaften für Access-Objekte – wie Formulare und Berichte (→ Abschnitt 17.5). Die Vielfalt der Einstellmöglichkeiten ist groß, die dabei einzusetzenden Techniken sind aber im Prinzip immer identisch und auch einfach zu beherrschen.

» Der Aufbau eines umfangreichen Codegerüstes stellt aber immer eine wertvolle zeitliche Investition dar, und Sie sollten Schritte unternehmen, diesen Wert zu bewahren. Abschließend wollen wir uns darum mit Fragen beschäftigen, die den Schutz des von Ihnen erstellten VBA-Codes in der Access-Datei zum Inhalt haben (→ Abschnitt 17.6).

WWW Öffnen Sie zur Arbeit an diesem Kapitel die Datenbank *Datenbank17* aus dem Ordner *17*. In dieser Datei finden Sie alle Beispiele zu den in diesem Kapitel angesprochenen Themenbereichen. Beachten Sie wieder, dass die Datenbank VBA-Code enthält.

17.1 Methoden zum Starten von Code

Zunächst geht es um die Frage, wie man die erstellten Prozeduren aus einem Access-Objekt heraus aufruft. Die meisten Tätigkeiten in einer Microsoft Access-Datenbank werden Sie in Formularen und Berichten durchführen, und darum sind es auch meist diese Objekte, von denen aus Sie Ihre Prozeduren starten werden. Beispielsweise könnten Sie in einem Formular eine Schaltfläche einfügen, bei der ein Klick die Ausführung eines bestimmten Codes bewirkt, der dann das Verhalten des Formulars steuert.

17.1.1 Ereignisprozeduren

Der für einen Benutzer von Microsoft Access wahrscheinlich bequemste Weg, die Ausführung eines bestimmten VBA-Codes zu starten, besteht darin, diesen Vorgang an das Eintreten eines bestimmten Ereignisses zu knüpfen. Beispielsweise könnten Sie den Code starten, indem Sie auf eine bestimmte Schaltfläche im Formular oder Bericht klicken oder auch nur einen Wert ändern.

Durch eine solche Aktion wird ein Makro oder eine *Ereignisprozedur* in einem *Formular-* oder *Berichtsmodul* angesprochen. Formular- und Berichtsmodul sind Klassenmodule, die mit einem bestimmten Formular oder Bericht verbunden sind. Bei den Ereignisprozeduren handelt es sich um Prozeduren, die nach Eintreten eines durch den Benutzer, durch Programmcode oder durch das System ausgelösten Ereignisses automatisch ausgeführt werden. Der Code in diesen Prozeduren kann entweder selbst Aktionen bewirken, er kann aber auch andere Prozeduren starten.

HINWEIS Diese Formular- und Berichtsmodule sind Teil des Access-Objekts - also des Formulars oder Berichts. Hinsichtlich der Verwaltung müssen Sie darum auch andere Techniken benutzen: Formular- und Berichtsmodule können aus dem *Projekt-Explorer* nicht - wie beispielsweise Standard- oder Klassenmodule - entfernt werden. Sie werden gelöscht, wenn Sie das Objekt entfernen, zu dem sie gehören. Sie können aber solche Module exportieren und in andere Datenbanken importieren.

Den Rahmen der Prozedur für ein Ereignis erstellen

Zur Definition einer Ereignisprozedur gehen Sie in zwei Schritten vor: Erstellen Sie eine Ereignisprozedur für ein Steuerelement, und geben Sie dann den Code zu dieser Ereignisprozedur ein, und speichern Sie anschließend die Neuerungen.

Wenn Sie eine erste Ereignisprozedur erstellen möchten, die beim Eintreten eines bestimmten Ereignisses ausgeführt wird - beispielsweise bei dem Klicken auf eine Befehlschaltfläche in einem Formular -, beginnen Sie Ihre Arbeit von der Datenbank - nicht vom VBA-Editor - aus.

» Öffnen Sie das *Formular01* aus der Beispieldatenbank. Dieses Formular enthält nur eine Schaltfläche und ein Textfeld.

» 

Wechseln Sie zur Entwurfsansicht, und markieren Sie das Element, das Sie zur Ausführung des Codes benutzen wollen. Markieren Sie also den Formularmarkierer, Berichtsmarkierer, Bereichsmarkierer oder das entsprechende Steuerelement. Markieren Sie beispielsweise die Schaltfläche *Befehl1*.

» 

Klicken Sie dann in der Gruppe *Tools* der Registerkarte *Entwurf* im Menüband auf die Schaltfläche *Eigenschaftenblatt*. Das Eigenschaftenfenster zum Steuerelement wird angezeigt (→ Abbildung 17.1). Wählen Sie die Registerkarte *Ereignis*.

Abbildung 17.1 Das Register *Ereignis* im Eigenschaftenblatt zu einer Schaltfläche

» Wählen Sie das gewünschte Ereignis aus. Wenn die Prozedur später beim Klick auf das Steuerelement gestartet werden soll, wählen Sie – wie bei diesem Beispiel – *Beim Klicken*.

» Um die einem bestimmten Ereignis zugeordnete Ereignisprozedur auszuführen, wählen Sie *[Ereignisprozedur]* in der Liste aus.

» Klicken Sie auf die *Generator*-Schaltfläche neben der entsprechenden Ereigniseigenschaft. Der Visual Basic-Editor wird geöffnet, und ein Modul für das Ereignis wird angezeigt (→ Abbildung 17.2). Wenn Sie die erste Ereignisprozedur für ein Formular oder einen Bericht erstellen, erstellt Microsoft Access automatisch ein dazugehöriges Formular- oder Berichtsmodul, das im *Projekt-Explorer* angezeigt wird. Außerdem wird eine Ereignisprozedur erstellt, deren Name automatisch vergeben wird. Haben Sie beispielsweise eine Prozedur erstellt, die beim Klicken auf eine Schaltfläche mit dem Namen

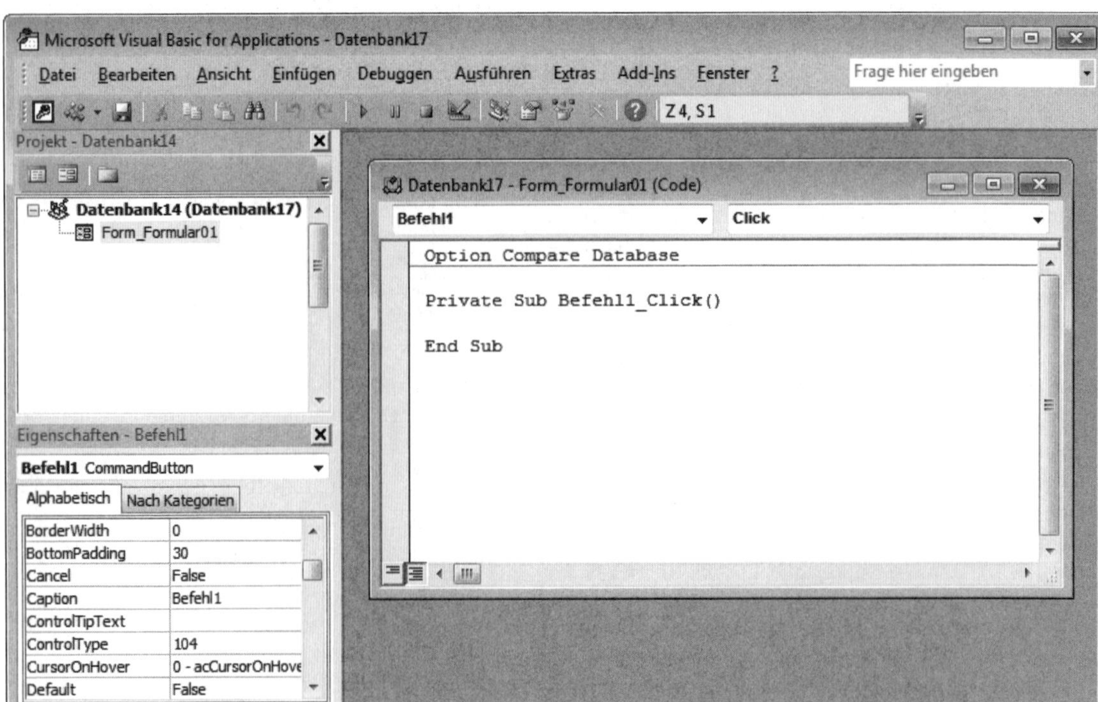

Abbildung 17.2 Der Rahmen für das Ereignis *Click*

Befehl1 ausgeführt werden soll, finden Sie hierin als erste Zeile die Deklarationsanweisung *Private Sub Befehl1_Click()*.

TIPP Wenn Sie direkt auf die *Generator*-Schaltfläche klicken, ohne vorher die Option *[Ereignisprozedur]* in der Liste ausgewählt zu haben, wird das Dialogfeld *Generator auswählen* angezeigt (→ Abbildung 17.3). Darin können Sie wählen, ob Sie für das Ereignis eine Prozedur oder ein Makro erstellen wollen. Wenn Sie hier die Option *Makro-Generator* wählen, ist das Makro in das darauf basierende Objekt eingebettet (→ Kapitel 14). Haben Sie bereits Makros definiert, können Sie eines davon auch gleich über die Liste zum Ereignis diesem zuordnen.

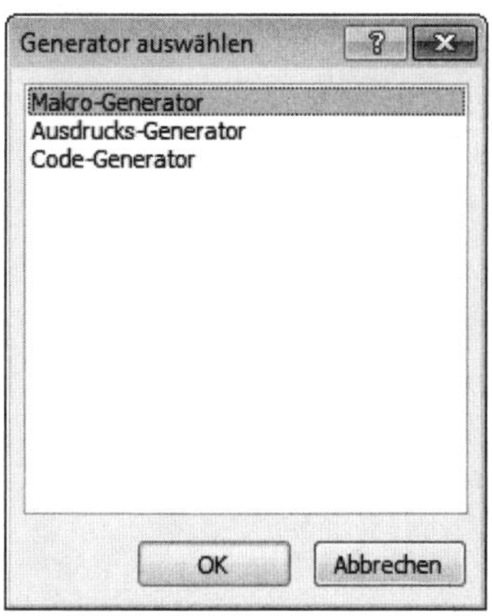

Abbildung 17.3
Wählen Sie den Generator aus.

Obwohl die Verwendung einer Ereignisprozedur die empfohlene Methode zum Ausführen von Visual Basic-Code als Reaktion auf ein Ereignis ist, können Sie beim Eintreten eines Ereignisses auch eine benutzerdefinierte Funktion ausführen. Zum Ausführen einer benutzerdefinierten Funktion setzen Sie ein Gleichheitszeichen vor den Funktionsnamen und hinter den Namen Klammern wie in = *Funktionsname( )*.

Den Code für Ereignisprozeduren eingeben

Innerhalb der automatisch erstellten Ereignisprozedur können Sie den gewünschten Code direkt eingeben. Oft empfiehlt es sich aber, innerhalb dieser Routine den Code für eine Prozedur aufzurufen, den Sie in einem Standardmodul erstellt haben.

» Setzen Sie die Schreibmarke innerhalb der Deklarationsanweisungen für die Ereignisprozedur.

» Geben Sie den Code zum Aufruf der Prozedur ein, die über die Ereignisprozedur gestartet werden soll.

```
Private Sub Befehl1_Click()
    MsgBox „Sie haben auf die
Schaltfläche geklickt!"
End Sub
```

» Oft empfiehlt es sich, den eigentlichen Arbeitscode innerhalb einer selbstständigen Prozedur in einem separaten Modul anzulegen und dieses Codeelement von der Ereignisprozedur her aufzurufen. Damit ersparen Sie sich bei längerem Arbeitscode die mehrfache Eingabe, wenn Sie diesen Code auch über andere Ereignisse aufrufen wollen.

```
Private Sub Befehl1_Click()
    Modul1.Meldung
End Sub
```

» Speichern Sie die für das Objekt bereits definierte Ereignisprozedur.

Weitere Ereignisprozeduren erstellen

Nachdem Sie eine erste Ereignisprozedur zu einem Objekt - beispielsweise zu einer Schaltfläche in einem Formular - erstellt haben, können Sie weitere Module auch innerhalb des VBA-Editors anlegen, ohne dafür den Entwurf des Objekts benutzen zu müssen.

» 

Öffnen Sie im Codefenster das Listenfeld *Objekt*, und wählen Sie das Element aus, für das Sie eine Routine erstellen wollen. Sie finden in diesem Listenfeld alle im zugrunde liegenden Access-Objekt vorhandenen Steuerelemente. Wählen Sie beispielsweise hier das Textfeld *Text1* aus.

» Alle Elemente im Listenfeld *Objekt* verfügen über ein Standardereignis, das von Access benutzt wird, wenn Sie dieses Objekt benutzen. Bei einer Befehlsschaltfläche ist dies das Ereignis *Click*, bei einem Textfeld ist das beispielsweise *BeforeUpdate*. *BeforeUpdate* tritt ein, wenn Sie eine Eingabe in einem Feld abschließen.

» 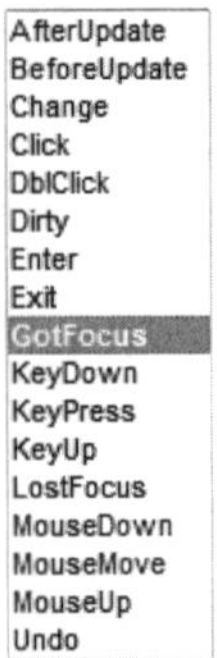

Sie könnten hier dafür sorgen wollen, dass dem Benutzer eine Eingabe in dieses Textfeld der Benutzer verwehrt wird, indem eine entsprechende Meldung angezeigt wird, sobald es das Feld auswählt. Öffnen Sie dazu im Codefenster das Listenfeld für die verfügbaren *Ereignisse*, und wählen Sie das gewünschte Ereignis aus. Dazu könnten Sie für unseren Zweck das Ereignis *GotFocus* verwenden. Nach der Wahl des Ereignisses wird der Rahmen für die Ereignisprozedur im Codefenster erstellt.

» Geben Sie innerhalb dieses Rahmens eine Meldung ein, die den Benutzer zurechtweist (→ Abbildung 17.4). Speichern Sie dann die für das Objekt definierten Ereignisprozeduren.

TIPP Nicht benötigte Rahmenelemente für Ereignisprozeduren können Sie im Editor löschen. Das könnten Sie in unserem Fall mit dem Ereignis *BeforeUpdate* tun.

Ereignisprozeduren ausführen

Ereignisprozeduren für Formular- und Berichtsmodule können vom VBA-Editor nicht über die Schaltfläche *Sub/UserForm ausführen* getestet werden. Zum Ausprobieren wechseln Sie zurück zu Access.

»  Wechseln Sie zurück zum Formular, indem Sie auf *Ansicht Microsoft Access* klicken oder [Alt]+[F11] drücken.

» 

Wechseln Sie zur Formularansicht, und testen Sie die Wirkung der eben formulierten Ereignisprozeduren aus. Wenn Sie auf die Schaltfläche *Befehl1* klicken, wird eine Meldung angezeigt (→ Abbildung 17.5). Dasselbe passiert, wenn Sie in das darunter liegende Textfeld klicken.

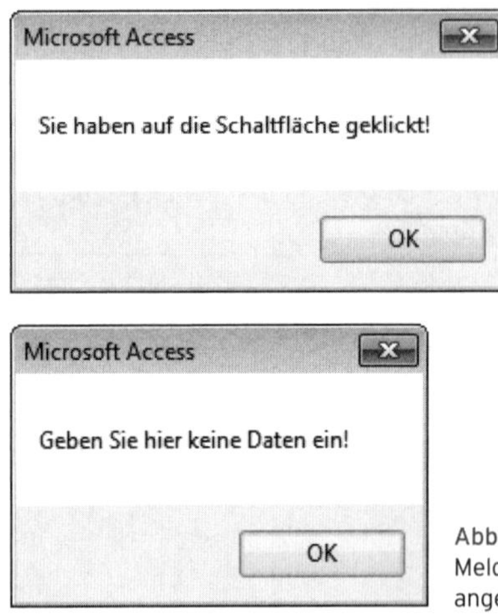

Abbildung 17.5
Meldungen werden angezeigt.

» Schließen Sie das *Formular01*.

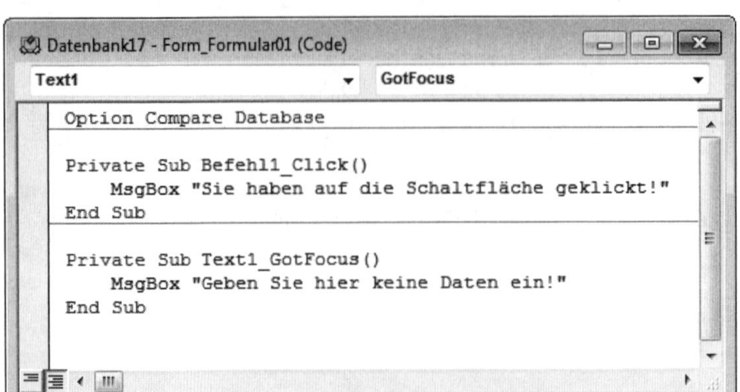

Abbildung 17.4
Die Rahmen für weitere Ereignis wurden erstellt.

Hilfe zu Access-Ereignissen

Oft erklärt der im Dialogfeld *Eigenschaftenblatt* oder in der Liste zu *Ereignisse* angezeigte Name eines Ereignisses seine Wirkungsweise nicht hinreichend. Fall Sie sich nicht sicher sind, sollten Sie die Hilfe bemühen. Da Sie bei der Definition meist zunächst über das entsprechende Access-Objekt - wie das Formular oder den Bericht - arbeiten werden, sollten Sie die Hilfe auch gleich von dort aus anfordern.

» Wählen Sie in der Entwurfsansicht das Objekt aus, zu dessen Eigenschaft oder Ereignis Sie Hilfe wünschen.

» 

Klicken Sie dann in der Gruppe *Tools* auf der Registerkarte *Entwurf* im Menüband auf die Schaltfläche *Eigenschaftenblatt*, oder drücken Sie [F4]. Das Eigenschaftenblatt zum Steuerelement wird angezeigt. Wählen Sie darin die Registerkarte *Ereignis*.

» Klicken Sie auf die Schaltfläche *Eigenschaften* in der Symbolleiste *Entwurf*.

» Markieren Sie das Ereignis, zu dem Sie Hilfe wünschen, und drücken Sie [F1].

TIPP Sie können natürlich auch die Hilfe vom Visual Basic-Editor her abrufen. Dazu müssen Sie allerdings die Namen der entsprechenden Schlüsselwörter kennen. Wenn Sie im Fensterbereich Microsoft Access-Hilfe in das Feld *Suchen* ein Visual Basic-Schlüsselwort eingeben, wird keine Hilfe zu diesem Schlüsselwort angezeigt.

17.1.2 Wichtige Ereignisse

Welche Ereignisse zur Verfügung stehen, hängt von der Art des jeweiligen Steuerelements ab: Beispielsweise finden Sie bei Textfeldern andere bzw. mehr Ereignisse als bei Befehlsschaltflächen.

Befehlsschaltflächen

Befehlschaltflächen werden wohl am häufigsten zum Starten der Ausführung von Code benutzt. Sie verfügen dafür auch nur über eine begrenzte Anzahl von Ereignissen (→ Abbildung 17.1).

Abbildung 17.6 Ereignisse zu einer Schaltfläche finden Sie im Eigenschaftenblatt.

Die wichtigsten finden Sie in der nachstehenden Tabelle (→ Tabelle 17.1).

Ereignis	tritt ein ...
Beim Klicken	wenn ein Benutzer eine Maustaste drückt und die linke Maustaste wieder loslässt, während sich der Mauszeiger auf einem Objekt befindet.
Beim Doppelklicken	wenn ein Benutzer zweimal hintereinander die linke Maustaste drückt und sie wieder loslässt, während sich der Mauszeiger auf einem Objekt befindet.
Bei Fokuserhalt	wenn das Objekt den Fokus erhält.
Beim Hingehen	bevor ein Steuerelement den Fokus von einem anderen Steuerelement desselben Formulars erhält.
Bei Maustaste Ab	wenn der Benutzer auf die Maustaste drückt, während sich der Mauszeiger über dem Objekt befindet.
Bei Mausbewegung	wenn der Benutzer die Maus über dem jeweiligen Objekt bewegt.

Tabelle 17.1 Einige wichtige Eigenschaften bei Befehlsschaltflächen.

Besonders wichtig ist das Ereignis *Click*. Es tritt auf, wenn sich der Mauszeiger auf einem Objekt befindet und der Benutzer die linke Maustaste drückt und wieder loslässt. Es gilt nur für Formulare, Formularbereiche und Steuerelemente eines Formulars. Es ist nicht definiert für Berichte und auch nicht für die darin enthaltenen Steuerelemente.

TIPP Auch innerhalb der Steuerelemente eines Formulars gibt es einige Einschränkungen:

» *Click* gilt nicht für Bezeichnungsfelder, die einem anderen Steuerelement zugeordnet sind. Das Klicken auf ein zugeordnetes Bezeichnungsfeld wirkt sich genauso aus wie das Klicken auf das zugehörige Steuerelement.

» Bei einer Optionsgruppe tritt das *Click*-Ereignis ein, nachdem Sie den Wert eines der Steuerelemente der Optionsgruppe durch Klicken auf das Steuerelement geändert haben. Für die einzelnen Elemente einer solchen Gruppe - wie Kontrollkästchen, Optionsfelder oder Umschaltflächen - ist das *Click*-Ereignis nicht definiert.

TIPP Beachten Sie auch, dass im Zusammenhang mit dem Klicken auf ein Element nicht nur das Ereignis *Click*, sondern eine ganze Reihe von Ereignissen ausgelöst werden kann: Wenn Sie beispielsweise den Mauszeiger vor dem Klicken zuerst auf eine Schaltfläche bewegen müssen, treten vor dem *Click*-Ereignis zunächst die Ereignisse *Enter* und *GotFocus* für die Schaltfläche ein.

Durch Doppelklicken auf ein Steuerelement treten die Ereignisse *DblClick* und *Click* ein. Sie können in einem Makro für das *DblClick*-Ereignis die *AbbrechenEreignis*-Aktion verwenden, um das zweite *Click*-Ereignis zu unterbinden. Weitere Informationen finden Sie auf der Hilfeseite zum *DblClick*-Ereignis.

Textfelder

Textfelder verfügen einerseits über ähnliche, aber auch über weitere Ereignisse (→ Abbildung 17.7).

Abbildung 17.7 Die Ereignisse zu einem Textfeld

Besonders wichtig sind hier vielleicht die folgenden Ereignisse (→ Tabelle 17.2):

Ereignis	Tritt ein ...
Bei Änderung	wenn sich der Inhalt eines Textfeldes oder des Textbereichs in einem Kombinationsfeld ändert. Es tritt auch ein, wenn Sie in einem Registersteuerelement von einer Seite zu einer anderen wechseln.
Vor Aktualisierung	bevor geänderte Daten in einem Steuerelement oder Datensatz aktualisiert werden.
Nach Aktualisierung	nachdem geänderte Daten in einem Steuerelement oder Datensatz aktualisiert wurden.
Bei Rückgängig	wenn der Benutzer eine Änderung am Textfeld-Steuerelement rückgängig macht
Beim Hingehen	bevor das Steuerelement den Fokus von einem anderen Steuerelement desselben Formulars erhält.

Tabelle 17.2 Zusätzliche wichtige Steuerelemente für Textfelder

Andere Elemente

Andere Steuerelemente verfügen über weitere Ereignisse, die die unterschiedlichen Möglichkeiten widerspiegeln.

- Zum Festlegen von Aufgaben auf Formularebene – beispielsweise bei der Auswahl des Formulars – benutzen Sie den Formularmarkierer. Das ist das Feld in der oberen linken Ecke eines Formulars in der Entwurfsansicht, in dem die Lineale zusammentreffen.
- Entsprechend ist ein Berichtsmarkierer das Feld, in dem die Lineale in der oberen linken Ecke eines Berichts in der Entwurfsansicht zusammentreffen. Verwenden Sie dieses Feld, um Aufgaben auf Berichtsebene auszuführen – wenn Sie beispielsweise den Bericht auswählen möchten.
- Über den Bereichsmarkierer in Formularen oder Berichten können Sie Aufgaben auf Bereichsebene ausführen – wenn Sie beispielsweise den Bereich auswählen möchten (→ Abbildung 17.8).

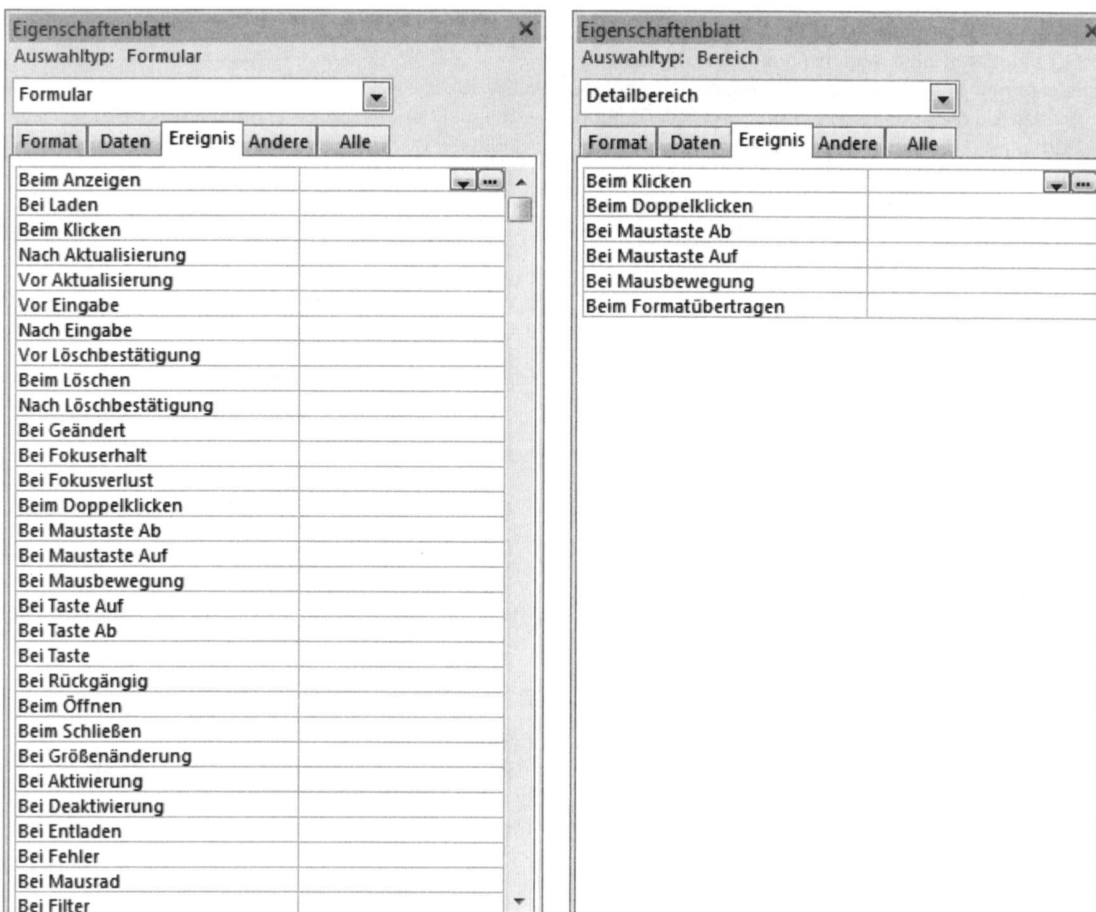

Abbildung 17.8 Ereignisse für ein Formular und einen Bericht

17.1.3 Weitere Möglichkeiten zum Starten von Code

Neben den eben beschriebenen Ereignisprozeduren finden Sie in Microsoft Access noch andere Methoden, Ihren Code innerhalb einer Datenbank zu starten.

Starten über Makro

Sie können *Function*-Prozeduren auch mit der *AusführenCode*-Aktion in einem Makro ausführen.

» Den Zugang zur Arbeit mit Makros liefert die Schaltfläche *Makro* in der Gruppe *Makros und Code* auf der Registerkarte *Erstellen* des Menübandes.

» Die einzelnen Aktionen legen Sie in den einzelnen Zeilen des Makrofensters - den Aktionszeilen - fest. Sie definieren eine Aktion, indem Sie das Listenfeld öffnen und die gewünschte Aktion auswählen. Wählen Sie die Aktion *AusführenCode* (→ Abbildung 17.9).

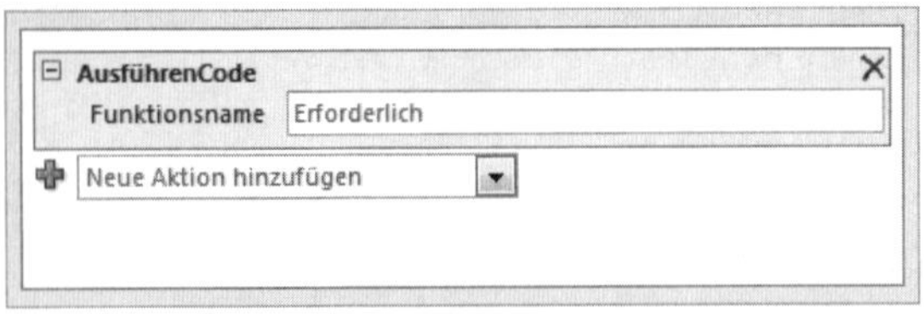

Abbildung 17.9 Die Aktion *AusführenCode* startet einen Code.

» Geben Sie unten in Feld *Funktionsname* den Namen der auszuführenden Prozedur ein.

» Speichern Sie das Makro, und schließen Sie das Makrofenster. Die Prozedur kann jetzt über das Makro gestartet werden.

Funktionen über berechnete Felder aufrufen

Code, der einen Wert zurückgibt, können Sie auch über ein berechnetes Feld in einem Formular, einem Bericht oder einer Abfrage ansprechen. Ein berechnetes Feld ist ein in einer Abfrage definiertes Feld, das statt gespeicherter Daten das Ergebnis eines Ausdrucks anzeigt. Immer wenn sich ein Wert im Ausdruck ändert, wird der Wert neu berechnet.

17.2 Die Klassen der *VBA*-Bibliothek

Ein typischer Aufgabenbereich von VBA innerhalb von Access besteht darin, dass Sie aus vorhandenen Werten - beispielsweise in einem Formular - einer Datenbank neue Werte zu berechnen. Dafür liefern Ihnen die Methoden der Klassen in der Bibliothek *VBA* eine Vielzahl von Möglichkeiten.

» Wenn Sie Zeichenfolgen als Inhalte von Steuerelementen verwenden, können Sie diese ändern und neue Zeichenfolgen erstellen. Die gesamte Zeichenfolge kann beispielsweise problemlos in Großbuchstaben konvertiert werden, und nachstehende Leerzeichen können ganz einfach gelöscht werden. Die Klasse *Strings* enthält für derartige Aufgaben zahlreiche Optionen.

» Die Klasse *Math* enthält viele wichtige Funktionen für mathematische Berechnungen bis hin zu Funktionen der Trigonometrie.

» Mit den in der Klasse *Financial* enthaltenen Funktionen können Sie finanzmathematische Berechnungen durchführen. Alle diese Funktionen benutzen unterschiedliche Argumente und geben einen Wert vom Typ *Double* zurück. Als Argumente werden Cashflows (regelmäßige Aus- und Einzahlungen) sowie andere Bestimmungswerte der Finanzmathematik - Zinssatz, Abschreibungswert und andere - verwendet.

» Mithilfe der Member von *DateTime* können Sie Berechnungen mit Datums- und Uhrzeitangaben vornehmen. Beispielsweise können zu einem Datumswert Werte addiert oder die Differenz zwischen zwei Datumswerten gebildet werden.

In den folgenden Abschnitten finden Sie einige typische Anwendungsbeispiele für die Methoden dieser Klassen.

17.2.1 Daten auslesen und zurückgeben

Um Berechnungen mit Daten durchführen zu können, müssen Sie diese zunächst einmal aus einem Access-Objekt in den VBA-Code übernehmen. Die praktische Anwendung lernen Sie am besten an einem Beispiel kennen. Darin sollen Daten aus einem Formular ausgelesen, zusammengefasst und in das Formular zurück geschrieben werden.

» Öffnen Sie das *Formular02*, und geben Sie in den Feldern *Vorname* und *Nachname* jeweils einen geeigneten Text ein (→ Abbildung 17.10).

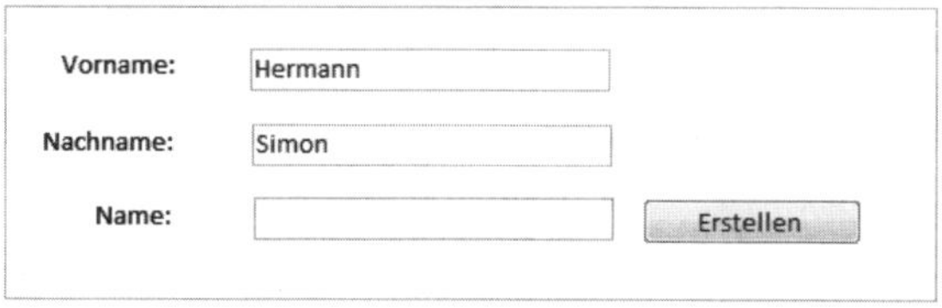

Abbildung 17.10 Geben Sie die Grunddaten ein.

» Klicken Sie auf die Schaltfläche *Erstellen*. Die Eingaben werden im Feld *Name* zusammengefasst (→ Abbildung 17.11).

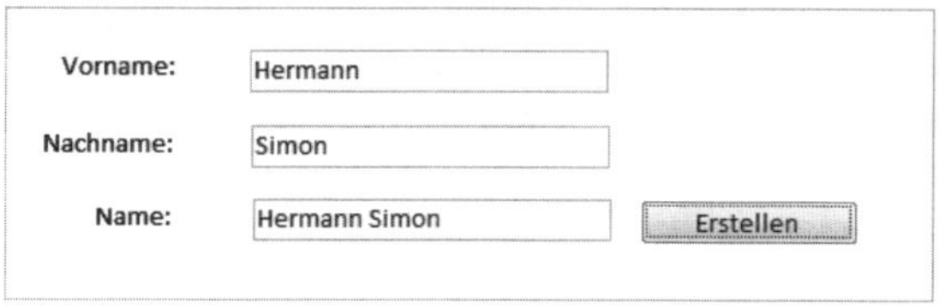

Abbildung 17.11 Die Eingaben werden im Feld *Name* zusammengefasst.

» 

Um zu verstehen, wie das funktioniert, wechseln Sie über die Schaltfläche *Visual Basic* in der Gruppe *Makro* der Registerkarte *Datenbanktools* zum VBA-Editor, und öffnen Sie dort *Form_Fomular02* unter *Microsoft Access Klassenobjekte*. Die Ereignisprozedur zum *Click*-Ereignis der Schaltfläche wird angezeigt. Auf Details dazu werden wir gleich anschließend eingehen.

```
Private Sub Befehl1_Click()
    Dim Vorname As String
    Dim Nachname As String
    Dim Name As String
    Vorname = Forms!Formular02!Vorname
    Nachname = Forms!Formular02!Nachname
    Name = Vorname & " " & Nachname
    Forms!Formular02!Name = Name
End Sub
```

» Schließen Sie das Access-Klassenobjekt, wechseln Sie zurück zu Access, und schließen Sie auch dort das Formular.

Daten aus Steuerelementen lesen

Wenn Sie den aktuellen Inhalt eines Steuerelements in einem Access-Objekt im Code benutzen wollen, können Sie diesen einer Variablen zuweisen. Welche Syntax Sie dabei verwenden müssen, hängt davon ab, welches Objekt gerade aktuell ist.

» Allgemein gilt eine Form, in der Sie den Objekttyp, den Namen des Objekts und den Namen des Steuerelements angeben müssen. Weisen Sie diesen Ausdruck der Variablen zu.

```
Variable = Forms!Formularname!Steuerelementname
```

» Wenn der Code sich auf das aktuelle Objekt bezieht, können Sie eine kürzere Form verwenden. Weisen Sie einfach der Variablen den Namen des Steuerelements zu, in dem sich der gewünschte Wert befindet.

```
Variable = Steuerelementname
```

» Wie bei Microsoft Access allgemein üblich, müssen Sie die Namen von Steuerelementen mit darin enthaltenen Leerzeichen in eckigen Klammern angeben. Benutzen Sie also beispielsweise die folgende Syntax:

```
Variable = [Name Steuerelement]
```

Daten in Steuerelemente schreiben

Entsprechendes gilt für den Fall, dass Sie den aktuellen Wert in ein Steuerelement schreiben wollen. Auch hier können Sie zwei Formen der Syntax verwenden.

» Allgemein gilt wieder die Form, in der Sie den Objekttyp, den Namen des Objekts und den Namen des Steuerelements angeben müssen. Weisen Sie diesem Ausdruck die Variable zu.

```
Forms!Formularname!Steuerelementname = Variable
```

» Wenn sich der Code auf das aktuelle Objekt bezieht, können Sie eine kürzere Form verwenden. Weisen Sie einfach der Variablen den Namen des Steuerelements zu, in dem sich der gewünschte Wert befindet.

```
Steuerelementname = Variable
```

Bei berechneten Feldern

TIPP Die zu verwendende Syntax entspricht der, die Sie in Microsoft Access auch zur Formulierung eines berechneten Feldes benutzen (→ Abbildung 17.12).

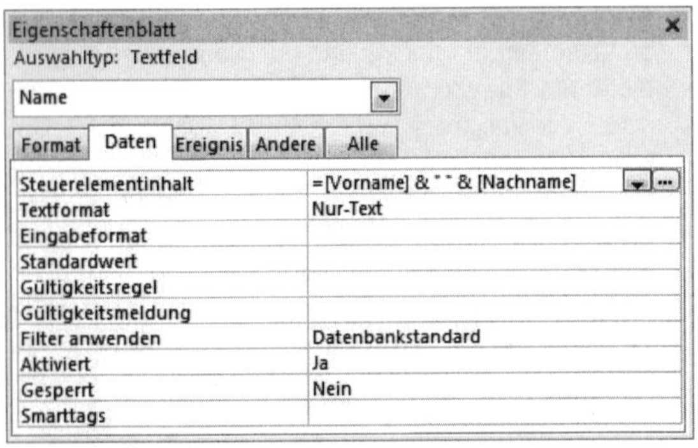

Abbildung 17.12 Die Syntax bei einem berechneten Feld

Der Unterschied liegt aber darin, dass berechnete Felder für alle Datensätze einen Wert erzeugen. Hingegen liefert VBA-Code nur für den Datensatz ein Ergebnis, wenn er – beispielsweise über eine Ereignisroutine – ausgelöst wird.

17.2.2 Einfache Berechnungen durchführen

Mit diesem Grundwissen und Ihrer Kenntnis über die Arbeit mit Operatoren sollte es Ihnen keine Schwierigkeiten bereiten, einfache Berechnungen nachvollziehen zu können. Auch das lernen Sie am besten an einem Beispiel kennen. Es reicht aus, wenn man sich mit dem Einsatz der Grundrechenarten vertraut macht.

» Öffnen Sie in der Beispieldatenbank das Formular *Formular03*. Geben Sie in den Feldern *Wert1* und *Wert2* Zahlenwerte ein, und klicken Sie auf die Schaltfläche *Erstellen*. Rechts im Formular werden die eingegebenen Zahlenwerte mit verschiedenen Operatoren verknüpft (→ Abbildung 17.13).

» 

Um den Hintergrund zu diesem Vorgang zu verstehen, wechseln Sie zum VBA-Editor, und öffnen Sie dort *Form_Fomular03* unter *Microsoft Access Klassenobjekte*. Die Ereignisprozedur zum *Click*-Ereignis der Schaltfläche wird angezeigt.

```
Private Sub Befehl1_Click()
    Dim Wert1 As Double, Wert2 As Double
    Dim Addition As Double, Subtraktion As Double
    Dim Multiplikation As Double, Division As Double
    Wert1 = Forms!Formular03!Wert1
    Wert2 = Forms!Formular03!Wert2
    Forms!Formular03!Addition = Wert1 + Wert2
    Forms!Formular03!Subtraktion = Wert1 - Wert2
    Forms!Formular03!Multiplikation = Wert1 * Wert2
    If Wert2 = 0 Then
        Forms!Formular03!Division = Null
    Else
        Forms!Formular03!Division = Wert1 / Wert2
    End If
End Sub
```

» In der Routine wurden die aktuellen Inhalte der Steuerelemente *Wert1* und *Wert2* aus dem Formular in die gleichnamigen Variablen eingelesen. Mithilfe dieser Werte wird dann eine Reihe grundlegender Rechenoperationen – Addition, Subtraktion, Multiplikation und Division durchgeführt. Dabei werden die Ergebnisse gleich den entsprechenden Steuerelementen des Formulars zugewiesen.

» Beachten Sie, dass für die Division eine besondere Behandlung für den Fall notwendig ist, in dem Sie

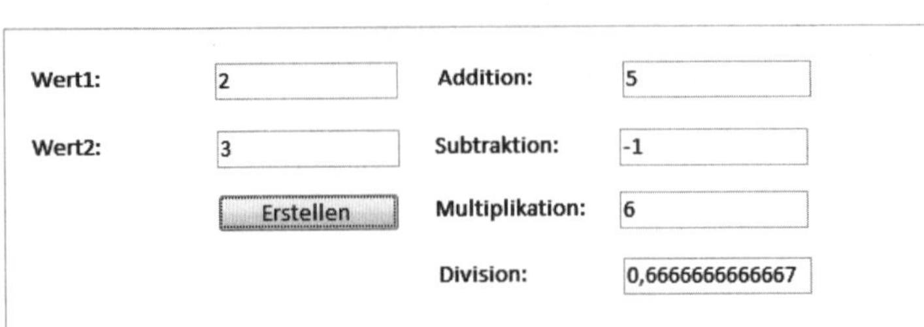

Abbildung 17.13
Hier werden Grundrechenarten ausgetestet. Ein Klick auf *Erstellen* liefert die Ergebnisse.

Abbildung 17.14
Die Texteingaben werden manipuliert.

für *Wert2* den Zahlenwert *0* eingeben. Anderenfalls könnte ein Kompilierungsfehler eintreten.

» Schließen Sie das Access-Klassenobjekt, wechseln Sie zurück zu Access, und schließen Sie auch dort das Formular.

17.2.3 Zeichenfolgen bearbeiten mit *Strings*

Wenn Sie Zeichenfolgen als Inhalte von Steuerelementen verwenden, können Sie diese ändern und neue Zeichenfolgen erstellen. Die gesamte Zeichenfolge kann beispielsweise problemlos in Großbuchstaben konvertiert und nachstehende Leerzeichen können ganz einfach gelöscht werden.

Einfache Methoden zum Bearbeiten von Texten

Die *Strings*-Klasse enthält für derartige Aufgaben zahlreiche Optionen. Mithilfe einfacher Techniken können Sie beispielsweise Texte umkehren, in Groß- oder Kleinbuchstaben anzeigen, Teile daraus extrahieren oder mehrere Texte miteinander vergleichen. Komplexere Operationen sind ebenfalls möglich, beispielsweise kann eine untergeordnete Zeichenfolge aus der Zeichenfolge extrahiert werden.

» Wechseln Sie – falls notwendig – zum Navigationsbereich der Datenbank, und öffnen Sie das Formular *Formular04* in der Formularansicht. Geben Sie in die Textfelder *Text1* und *Text2* zwei Texte ein (→ Abbildung 17.14). Testen Sie die Schaltflächen aus:

» Klicken Sie auf die Schaltfläche *Rückwärts*. In den Feldern rechts daneben werden die eingegebenen Texte rückwärts angezeigt.

» Klicken Sie auf die darunter liegende Schaltfläche *GROSS/klein*. In den Feldern rechts daneben werden die Eingaben in großen und in kleinen Buchstaben angezeigt

» Klicken Sie auf die Schaltfläche *Erste/Letzte*. Die ersten und die letzten drei Zeichen werden aus den Eingaben ermittelt.

» Klicken Sie auf die Schaltfläche *Vergleichen*. Ein Dialogfeld gibt an, welche Eingabe länger ist (→ Abbildung 17.15). Sind beide identisch, wird das ebenfalls angezeigt. Bestätigen Sie die Anzeigen durch einen Klick auf *OK*.

Abbildung 17.15
Der Vergleich der Textlängen

Um den Hintergrund zu diesem Vorgang zu verstehen, wechseln Sie zum VBA-Editor, und öffnen Sie dort *Form_Fomular04* unter *Microsoft Access Klassenobjekte*. Die Ereignisprozeduren zu den *Click*-Ereignissen der Schaltflächen werden angezeigt.

```
Private Sub Befehl1_Click()
    Rück1 = StrReverse(Text1)
    Rück2 = StrReverse(Text2)
End Sub

Private Sub Befehl2_Click()
    Gross = UCase(Text1)
    Klein = LCase(Text2)
End Sub

Private Sub Befehl3_Click()
    Erste = Left(Text1, 3)
    Letzte = Right(Text2, 3)
End Sub

Private Sub Befehl4_Click()
    Vergleich = StrComp(Text1, Text2)
    If Vergleich > 0 Then MsgBox "Text1 ist "_
      "kürzer als Text2"
    If Vergleich = 0 Then MsgBox "Text1 gleich "_
      "lang wie Text2"
    If Vergleich < 0 Then MsgBox "Text1 ist "_
      "länger als Text2"
End Sub
```

Die hier eingesetzten Techniken erklären sich fast schon von selbst:

» Die Methode *StrReverse* kehrt die Reihenfolge der eingegeben Zeichenkette um.

» Mithilfe der *StrComp*-Methode können Sie zwei Zeichenfolgen vergleichen. Diese Methode gibt eine Ganzzahl zurück, die die Beziehung zwischen den zwei verglichenen Zeichenfolgen basierend auf der Sortierreihenfolge anzeigt. Ein positiver Ergebniswert weist darauf hin, dass die erste Zeichenfolge größer als die zweite ist. Ein negatives Ergebnis zeigt an, dass die erste Zeichenfolge kleiner ist. *0* bedeutet, dass beide Zeichenfolgen übereinstimmen. Jede Zeichenfolge, einschließlich einer leeren, ergibt einen Verweis größer als ein Nullverweis.

» Sie können die gesamte Zeichenfolge mithilfe der Methoden *UCase* und *LCase* in Groß- bzw. Kleinbuchstaben konvertieren.

» Die Methoden *Left* und *Right* ermitteln eine bestimmte Anzahl von Zeichen am Anfang und am Ende einer Zeichenkette. Wie viele Zeichen extrahiert werden sollen, müsse Sie über ein zusätzliches Argument angeben.

TIPP Schließen Sie das Access-Klassenobjekt, wechseln Sie zurück zu Access, und schließen Sie auch dort das Formular.

Weitere Methoden zur Textbearbeitung

TIPP Weitere Methoden der Klasse *Strings* zur Textbearbeitung sind vielleicht von Interesse für Sie.

» Die *Len*-Methode gibt die Anzahl der Zeichen in der Folge zurück.

» In einigen Situationen ist es notwendig, nachstehende oder führende Leerzeichen aus einer Zeichenfolge zu entfernen. Das können Sie mithilfe der *Trim*-Methode erreichen.

» Wenn Sie nur die nachstehenden Leerzeichen entfernen möchten, können Sie die *RTrim*-Methode verwenden. Analog können Sie für führende Leerzeichen die *LTrim*-Methode verwenden.

» Wenn bestimmte Zeichen innerhalb der Zeichenfolge nicht erwünscht sind, können Sie sie mit der *Replace*-Methode entfernen oder durch ein anderes Zeichen ersetzen.

17.2.4 Formate benutzen

Mithilfe diverser *Format*-Methoden können Sie eine neue Zeichenfolge generieren, indem Sie Formatierungen auf eine vorhandene Zeichenfolge anwenden. Einige Methoden werden anschließend kurz beschrieben. Sie finden in der Beispieldatei ein Formular mit dem Namen *Formular05*, in dem Sie sie testen können. Die Berechnungen finden in den Ereignisroutinen statt, die zu den jeweiligen Schaltflächen formuliert wurden.

» Wechseln Sie zum Navigationsbereich, und öffnen Sie das Formular *Formular05*. Geben Sie im Textfeld *Wert* einen Zahlenwert ein.

» Klicken Sie nacheinander auf die Schaltflächen *Währung*, *Prozent* und *Zeit* in der Mitte des Formulars. Die eingegebene Zahl wird in den Feldern rechts in unterschiedlichen Formaten angezeigt (→ Abbildung 17.16).

Abbildung 17.16 Der Wert wird in unterschiedlichen Formaten angezeigt.

» Um den Hintergrund zu diesem Vorgang zu verstehen, wechseln Sie zum Entwurf des Formulars, indem Sie auf die Schaltfläche *Ansicht* klicken. Wählen Sie den Befehl *Ereignis* aus dem Kontextmenü zu einer Schaltfläche aus. Die Routinen zu den *Click*-Ereignissen der Schaltflächen werden angezeigt.

```
Private Sub Befehl1_Click()
    Währung = FormatCurrency(Text1)
End Sub

Private Sub Befehl2_Click()
    Prozent = FormatPercent(Text1)
End Sub

Private Sub Befehl3_Click()
    Zeit = FormatDateTime(Text1)
End Sub
```

» Schließen Sie das Access-Klassenobjekt, wechseln Sie zurück zu Access, und schließen Sie auch dort das Formular.

17.2.5 Mathematische Berechnungen mit *Math*

Die Klasse *Math* enthält viele wichtige Funktionen für mathematische Berechnungen. In den folgenden Abschnitten finden Sie einige typische Anwendungsbeispiele.

Einfache Mathematik

Sie können mit den Membern dieser Klasse Berechnungen wie Absolutwert, Wurzel, Exponentialfunktion, Logarithmus und mehr berechnen. Beispiele für einfache mathematische Berechnungen finden Sie im Formular mit dem Namen *Formular06*, in dem Sie sie testen können.

» Öffnen Sie das Formular *Formular06* aus dem Navigationsbereich.

» Geben Sie im Feld *Wert* einen Zahlenwert ein, und klicken Sie auf die Schaltfläche *Ergebnisse berechnen*. Die Berechnungen werden durchgeführt und in den Feldern rechts im Formular angezeigt (→ Abbildung 17.17).

» Um den dahinter stehenden Code zu kontrollieren, wechseln Sie zur Ansicht *Entwurf*, markieren die Schaltfläche *Ergebnisse berechnen* und wählen im zugehörigen Kontextmenü den Eintrag *Ereignis* aus. Die Berechnungen finden in den Ereignisroutinen statt, die zu der Schaltfläche mit dem Namen *Ergebnisse berechnen* formuliert wurden.

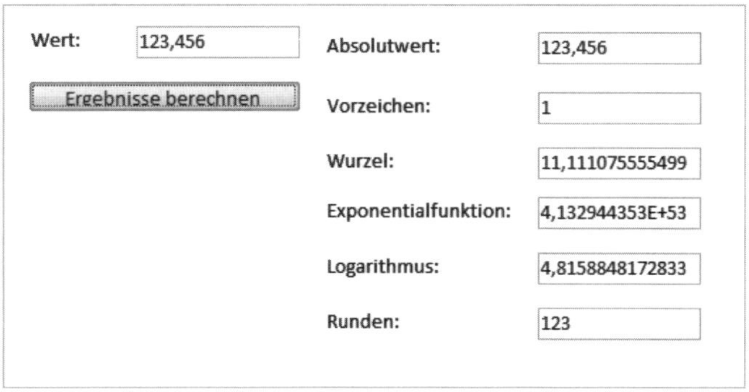

Abbildung 17.17
Beispiele für einfache mathematische Berechnungen

```
Private Sub Befehl1_Click()
    Forms!Formular06!Absolut =
Abs(Forms!Formular06!.Wert)
    Forms!Formular06!Vorzeichen =
Sgn(Forms!Formular06!.Wert)
    If Forms!Formular06!.Wert > 0 Then
        Forms!Formular06!Wurzel =
Sqr(Forms!Formular06!.Wert)
        Forms!Formular06!Logarithmus =
Log(Forms!Formular06!.Wert)
    Else
        Forms!Formular06!Wurzel = Null
        Forms!Formular06!Logarithmus = Null
    End If
    Forms!Formular06!Exponential =
Exp(Forms!Formular06!.Wert)
    Forms!Formular06!Runden =
Round(Forms!Formular06!.Wert)
End Sub
```

» Wechseln Sie zurück zum Formular, und schließen Sie es.

Wenn Sie ein wenig von Mathematik verstehen, wird Ihnen der Einsatz dieser Methoden schnell verständlich sein:

» Mit der Methode *Abs* wird der absolute Wert einer Zahl - also der Wert ohne Vorzeichen - berechnet. Beispielsweise ergibt *Abs(14,7)* den Wert *14,7*, *Abs (-3,1)* erzeugt *3,1*.

» Das Vorzeichen eines Zahlenwertes können Sie über *Sgn* bestimmen. Der Rückgabewert ist entweder *+1* oder *-1*, standardmäßig vom Typ *Integer*. Beispielsweise liefert *Sgn(14,7)* den Wert *1*, *Sgn(-3,1)* erzeugt *-1*.

» Mit der *Sqr*-Methode berechnen Sie die Quadratwurzel einer Zahl. Beispielsweise liefert *Sqr(4)* den Wert *2*. Beachten Sie die durch die Mathematik bedingten Einschränkungen: Beispielsweise können keine Quadratwurzeln aus negativen Zahlern gezogen werden. Höhere Wurzeln können Sie auch über den Operator ^ bestimmen.

» Die Funktion *Log* errechnet den natürlichen Logarithmus einer Zahl. Der natürliche Logarithmus ist der Logarithmus zur Basis *e*. Die Konstante *e* entspricht ungefähr dem Wert *2,718282*. Das erforderliche Argument *Zahl* muss ein positiver Wert sein.

» Mit *Exp* wird eine Potenz zur Basis e zurückgegeben. Die Umkehrung - den natürlichen Logarithmus - berechnen Sie über die Methode *Log*.

» Zum Runden eines Zahlenwertes auf die nächste ganze Zahl benutzen Sie die Methode *Round*. Beispielsweise liefert *Round(2.8)* den Wert *2*.

TIPP Sie können den Logarithmus zur Basis *n* für jede Zahl *x* berechnen, indem Sie den natürlichen Logarithmus von *x* wie folgt durch den natürlichen Logarithmus von *n* dividieren: etwa in der Form *Logn(x) = Log(x) / Log(n)*

» Schließen Sie das Access-Klassenobjekt, wechseln Sie zurück zu Access, und schließen Sie auch dort das Formular.

Trigonometrische Berechnungen

Zur Berechnung von trigonometrischen Funktionen benutzen Sie die Methoden wie *Sin*, *Cos* und *Tan*. Den Kotangens können Sie als reziproken Wert des Tangens ermitteln. In allen Fällen müssen Sie den Radianten des Winkels benutzen. Wenn Sie also einen Winkel in *Grad* vorliegen haben, müssen Sie ihn erst in *Rad* umrechnen.

Die Beispieldatenbank enthält auch eine Anwendung zur Berechnung solcher trigonometrischer Funktionen:

» Öffnen Sie das Formular *Formular07* in der Datenbank.

» Geben Sie im Feld *Grad* einen Winkel ein, und bestätigen Sie über die Schaltfläche *Funktionen berechnen*. Rechts im Formular werden Werte der trigonometrischen Funktion angezeigt (→ Abbildung 17.18).

» Um den dahinter stehenden Code zu kontrollieren, wechseln Sie zur Ansicht *Entwurf*, markieren die Schaltfläche *Funktionen berechnen* und wählen im zugehörigen Kontextmenü den Eintrag *Ereignis* aus.

Abbildung 17.18
Beispiele für trigonometrische Berechnungen

Der Code zum *Click*-Ereignis der Schaltfläche wird angezeigt.

```
Private Sub Befehl1_Click()
    Const Pi = 3.14159265
    Bogen = 2 * Pi * Grad / 360
    Sinus = Sin(Bogen)
    Cosinus = Cos(Bogen)
    Tangens = Tan(Bogen)
    If Tangens <> 0 Then
        Cotangens = 1 / Tangens
    Else
        Cotangens = Null
    End If
End Sub
```

» Schließen Sie das Access-Klassenobjekt, wechseln Sie zurück zu Access, und schließen Sie auch dort das Formular.

Zufallszahlen erzeugen

Über zwei Funktionen in der Klasse *Math* können Sie Zufallszahlen generieren. *Randomize* verwendet einen Parameter zum Initialisieren des Zufallszahlengenerators der *Rnd*-Funktion, indem er ihm einen neuen Startwert gibt. Ein Anwendungsbeispiel finden Sie im Formular mit dem Namen *Formular08*, in dem Sie das Arbeiten mit Zufallszahlen testen können.

» Öffnen Sie das Formular *Formular08* aus dem Navigationsbereich.

» Klicken Sie auf die Schaltfläche *Zufallszahl erstellen*. In den Feldern im rechten Bereich werden Zufallszahlen zwischen *1* und *49* erzeugt, die Sie zum Ausfüllen Ihres Lottoscheins verwenden können (→ Abbildung 17.19).

Abbildung 17.19 Eine Zufallszahl wird erstellt.

» Wechseln Sie zum Entwurf des Formulars, indem Sie auf die Schaltfläche *Ansicht* klicken.

» Wählen Sie im Entwurfsmodus den Befehl *Ereignis* aus dem Kontextmenü zur Schaltfläche *Zufallszahl erstellen*. Die Routine zum *Click*-Ereignis wird im VBA-Editor angezeigt.

```
Private Sub Befehl1_Click()
    Randomize
    Zufall = Round(Rnd * 49)
End Sub
```

Rnd erzeugt eine Zufallszahl zwischen 0 und 1. Beachten Sie aber die folgenden Hinweise zum Einsatz dieser Funktion:

» Bevor Sie *Rnd* aufrufen, verwenden Sie die *Randomize*-Anweisung ohne Argument, um den Zufallszahlengenerator mit einem Startwert zu initialisieren, der auf dem Systemzeitgeber basiert. Wird *Randomize* nicht verwendet, verwendet die *Rnd*-Funktion, sofern keine Argumente angegeben sind, beim ersten Aufruf immer dieselbe Zahl als Startwert. Danach verwendet sie die zuletzt erzeugte Zahl als Startwert.

» Hier wird der Wert des Steuerelementes *Zufall* berechnet, indem die Zufallszahl mit *49* multipliziert wird. Das Ergebnis wird anschließend mit der Methode *Round* gerundet, um eine ganze Zahl als Ergebnis zu erzeugen.

» Schließen Sie das Access-Klassenobjekt, wechseln Sie zurück zu Access, und schließen Sie auch dort das Formular.

17.2.6 Finanzmathematik mit *Financial*

Mit den in der Klasse *Financial* enthaltenen Funktionen können Sie finanzmathematische Berechnungen durchführen. Alle diese Funktionen benutzen unterschiedliche Argumente und geben einen Wert vom Typ *Double* zurück. Als Argumente werden Cashflows (regelmäßige Aus- und Einzahlungen) sowie andere Bestimmungswerte der Finanzmathematik - Zinssatz, Abschreibungswert und andere - verwendet.

Diese Methoden sind etwas schwieriger zu verstehen als die der normalen Mathematik. Im Prinzip handelt es aber dabei immer darum, mehrere Zahlungen sowie Anfangs- und Endbeträge mit einem Zinssatz ins Gleichgewicht zu bringen. Bei der Eingabe hilft Ihnen - wie gewohnt - die automatische *QuickInfo*. Sie müssen aber die Bedeutung der jeweiligen Argumente kennen. Diese Argumente haben dieselben Namen wie die anderen finanzmathematischen Funktionen.

Einen Zinssatz berechnen

Ein typisches Anwendungsbeispiel wäre die Berechnung des Zinssatzes für den Fall, dass Sie ein Darlehen mit monatlichen Raten über eine bestimmte Anzahl von Monaten zurückzahlen müssen.

Testen Sie die Arbeit der Berechnung von Zinsen aus:

» Öffnen Sie das Formular *Formular09* aus dem Navigationsbereich. Geben Sie in den Textfeldern *Darlehenssumme*, *Höhe der Raten* und *Laufzeit* vernünftige Zahlenwerte ein.

» Klicken Sie auf die Schaltfläche *Zinsen berechnen*. In den Feldern rechts werden die Zinssätze auf Monats- und Jahresbasis errechnet (→ Abbildung 17.20).

» Wechseln Sie zum Entwurf des Formulars, und wählen Sie den Befehl *Ereignis* aus dem Kontextmenü zur Schaltfläche *Zinsen berechnen*. Der Code zum *Click*-Ereignis der Schaltfläche wird im Editor angezeigt.

```
Private Sub Befehl1_Click()
    ZinsenMonat = Rate(Laufzeit, Raten,
                  -Darlehen)
    ZinsenJahr = (1 + ZinsenMonat) ^ 12 - 1
End Sub
```

» Der Zinssatz wird mit der Methode *Rate* berechnet. Diese benutzt die hier mit *Monate*, *Raten* und *Darlehen* bezeichneten Argumente. Beachten Sie, dass die finanzmathematischen Funktionen die Richtung der Zahlungsströme durch ein entsprechendes Vorzeichen kennzeichnen. Im konkreten Fall muss entweder das Argument *Raten* oder - wie hier geschehen - das Argument *Darlehen* negativ eingegeben werden.

» Da es sich bei den eingegebenen Rückzahlungsraten und deren Anzahl um Monatswerte handelt, ist das Ergebnis von *Rate* auch eine monatliche Zinsrate. Sie können diese mit einer normalen mathematischen Funktion auf das Jahr hochrechnen.

» Schließen Sie das Access-Klassenobjekt, wechseln Sie zurück zu Access, und schließen Sie auch dort das Formular.

Einen zukünftigen Wert berechnen

Ein weiterer typischer Anwendungsfall ist die Berechnung des Geldwertes, an dem Sie sich durch das monatliche Festlegen eines bestimmten Betrages zu einem festen Zinssatz erfreuen werden können.

Abbildung 17.20
Die Zinsen werden berechnet.

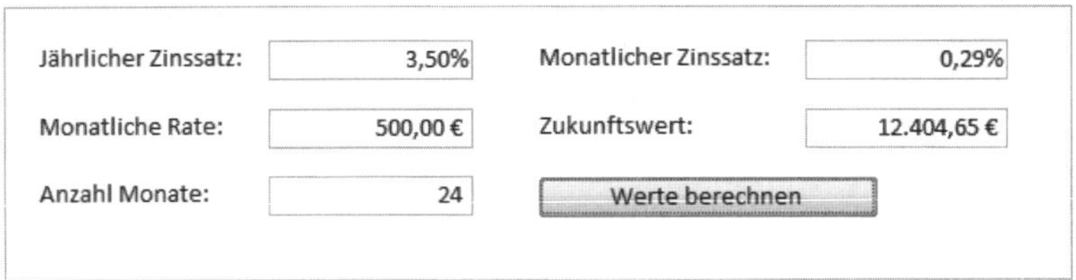

Abbildung 17.21
Der Zukunftswert eines Sparvertrages wird berechnet.

Testen Sie auch die Arbeit der Berechnung des Zukunftswerts aus:

» Öffnen Sie das Formular *Formular10* aus dem Navigationsbereich.

» Geben Sie in den Textfeldern *Jährlicher Zinssatz*, *Monatliche Rate* und *Anzahl Monate* vernünftige Zahlenwerte ein.

» Klicken Sie auf die Schaltfläche *Werte berechnen*. Rechts werden der monatliche Zinssatz und der Zukunftswert errechnet (→ Abbildung 17.21).

» Wechseln Sie zum Entwurf des Formulars, und wählen Sie den Befehl *Ereignis* aus dem Kontextmenü zur Schaltfläche *Werte berechnen*. Der Code zum *Click*-Ereignis der Schaltfläche wird im VBA-Editor angezeigt.

```
Private Sub Befehl1_Click()
    ZinsenMonat = (1 + ZinsenJahr) ^ (1 / 12) - 1
    Zukunft = -FV(ZinsenMonat, Monate, Raten)
End Sub
```

» Schließen Sie das Access-Klassenobjekt, wechseln Sie zurück zu Access, und schließen Sie auch dort das Formular.

17.2.7 Datumswerte berechnen mit *DateTime*

Mithilfe der Member von *DateTime* können Sie Berechnungen mit Datums- und Uhrzeitangaben vornehmen. Beispielsweise können zu einem Datumswert Werte addiert oder die Differenz zwischen zwei Datumswerten gebildet werden.

Ein typisches Beispiel für eine Datumsdifferenz wäre die Bestimmung Ihres Alters in Jahren, Monaten oder Tagen.

» Öffnen Sie das Formular *Formular11* aus dem Navigationsbereich.

» Geben Sie im Feld *Geburtsdatum* Ihre Daten ein, und klicken Sie auf die Schaltfläche *Alter berechnen*. Das aktuelle Datum und die Differenzen zu Ihrem Geburtsdatum werden angezeigt (→ Abbildung 17.22).

» Wechseln Sie zum Entwurf des Formulars, indem Sie auf die Schaltfläche *Ansicht* klicken. Wählen Sie den Befehl *Ereignis* aus dem Kontextmenü zur Schaltfläche *Alter berechnen*. Die Routine zum *Click*-Ereignis wird im VBA-Editor angezeigt.

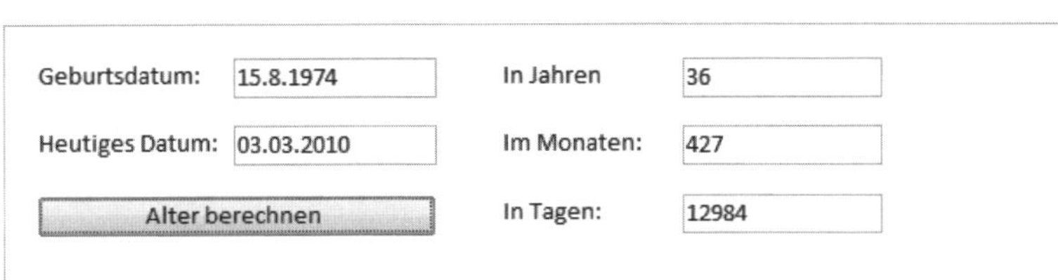

Abbildung 17.22
Die Altersdaten werden berechnet.

```
Private Sub Befehl1_Click()
    Heute = Now()
    If Geburt >= 0 Then
        Jahre = DateDiff(„yyyy", Geburt, Heute)
        Monate = DateDiff(„m", Geburt, Heute)
        Tage = DateDiff(„d", Geburt, Heute)
    End If
End Sub
```

» Im Feld *Heutiges Datum* wird mit der Methode *Now* das aktuelle Datum angezeigt. Diese Methode benutzt keine Argumente.

» Um die Differenz zwischen zwei Datumsangaben zu berechnen, benutzen Sie die Funktion *DateDiff*. Hiermit können Sie das Ergebnis als verschiedene Zeitintervalle ausgeben. Die Syntax lautet = *DateDiff(Intervall, Datum1, Datum2)*. *Datum2* wird damit von *Datum1* abgezogen. *Intervall* gibt das Maß an: Üblich sind *»yyyy«* für die Angabe in Jahren, *»m«* für Monate oder *»d«* für Tage. Es stehen aber auch andere Einheiten zu Verfügung.

» Schließen Sie das Access-Klassenobjekt, wechseln Sie zurück zu Access, und schließen Sie auch dort das Formular.

Sie können auch genau andersherum vorgehen und zu einem Datum eine bestimmte Anzahl von Tagen, Monaten oder Wochen hinzuaddieren oder abziehen. Als Ergebnis erhalten Sie dann ein neues Datum in der Zukunft oder der Vergangenheit.

» Öffnen Sie das Formular *Formular12* aus dem Navigationsbereich.

» Klicken Sie auf die Schaltfläche *Berechnen*. Rechts im Formular werden diverse Datumsangaben berechnet (→ Abbildung 17.23).

Wechseln Sie zum Entwurf des Formulars, indem Sie im Menüband auf die Schaltfläche *Ansicht* klicken. Wählen Sie den Befehl *Ereignis* aus dem Kontextmenü zur Schaltfläche *Berechnen*. Die Routine zum *Click*-Ereignis wird im VBA-Editor angezeigt.

```
Private Sub Befehl1_Click()
    Heute = Now()
    Wochentag = WeekdayName(Weekday(Heute), , 1)
    Morgen = DateAdd("d", 1, Heute)
    Übermorgen = DateAdd("d", 2, Heute)
    Gestern = DateAdd("d", -1, Heute)
    Vorgestern = DateAdd("d", -2, Heute)
    Monat = DateAdd("m", 1, Heute)
    Jahr = DateAdd("yyyy", 1, Heute)
End Sub
```

» Die Methode *WeekdayName* ermittelt aus einem Integer-Wert den Namen eines Wochentages. Standardmäßig liefert *WeekdayName(1)* beispielsweise den Text *Montag*. Welcher Tag der Woche als erster Tag gelten soll, können Sie über zusätzliche Argumente angeben. Im Beispiel wird dieser Integer-Wert über die Methode *Weekday* aus dem für *Datum* eingegebenen Wert ermittelt.

» Mit der Funktion *DateAdd* können Sie Zeitintervalle zu einem Datum addieren. Die Syntax ist *DateAdd(Intervall, Anzahl, Datum)*, wobei zu einem *Datum* eine bestimmte *Anzahl* von *Intervallen* – Jahren, Monaten, Tagen oder anderem – hinzugefügt

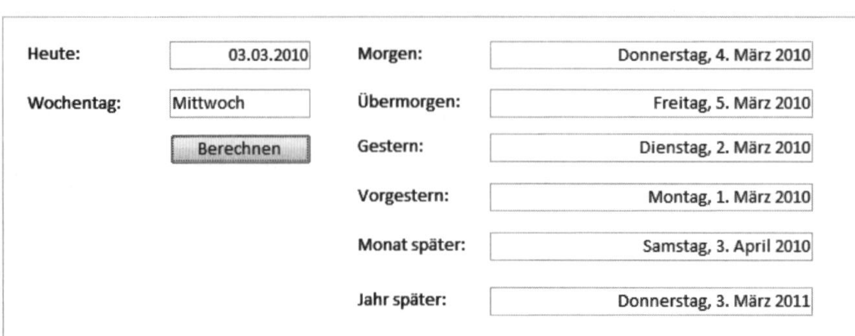

Abbildung 17.23
Neue Datumsangaben werden erzeugt.

werden. Als Code dient hier wieder derselbe, den Sie schon von der Methode *DateDiff* her kennen. Ist *Anzahl* negativ, so werden die Intervalle abgezogen.

» Schließen Sie das Access-Klassenobjekt, wechseln Sie zurück zu Access, und schließen Sie auch dort das Formular.

17.3 Datenbankaktionen durchführen

In diesem Abschnitt dreht es sich um die Durchführung typischer Datenbankaktionen – das Öffnen und Schließen von Access-Objekten, die Navigation innerhalb eines Objekts, das Suchen nach Inhalten oder die Anwendung eines Filters. Wie Sie bereits im ersten Kapitel des zweiten Teils dieses Buches gesehen haben, können Sie eine Vielzahl dieser Aufgaben auch über die Aktionen von Makros abwickeln. In VBA finden Sie entsprechende Befehle in den Methoden eines *DoCmd*-Objekts. Darüber können Sie – mit einigen Ausnahmen – praktisch alle denkbaren Aktionen in der Datenbank durchführen. Die wichtigsten werden Ihnen hier vorgestellt. Wenn Sie diese beherrschen, werden Sie keine Schwierigkeiten haben, auch die sonstigen einzusetzen.

17.3.1 Das *DoCmd*-Objekt verstehen

Sie können die Methoden des *DoCmd*-Objekts verwenden, um Microsoft Access-Aktionen aus Visual Basic heraus auszuführen, wie Sie sie schon von Makros her kennen (→ Tabelle 17.3). Beispielsweise entspricht die Methode *OpenForm* der Aktion *ÖffnenFormular*.

Aktion/DoCmd-Methode	Bedeutung
AbbrechenEreignis *CancelEvent*	Das Access-Ereignis wird abgebrochen, das das Makro ausführt, das diese Aktion enthält.
AktualisierenDaten *Requery*	Eine erneute Abfrage eines angegebenen Steuerelements im aktiven Objekt wird durchgeführt.
AktualisierenObjekt *RepaintObject*	Alle laufenden Bildschirmaktualisierungen oder Berechnungen von Steuerelementen des angegebenen Objekts werden beendet. Wählen Sie hier den Objekttyp aus, und geben Sie den Namen ein.
AnwendenFilter *ApplyFilter*	Ein Filter wird auf die Tabelle, das Formular oder den Bericht angewendet. Geben Sie den Namen des Filters ein. Sie können auch eine Bedingung definieren.
AnzeigenAlleDatensätze *ShowAllRecords*	Alle angewendeten Filter in der aktiven Tabelle, der Abfrage oder dem Formular werden aufgehoben.
AusführenBefehl *RunCommand*	Führt einen integrierten Microsoft Access-Befehl aus. Der Befehl kann in einer Access-Menüleiste, in einer Access-Symbolleiste oder in einem Access-Kontextmenü angezeigt werden.
AusführenCode	Eine Visual Basic-Funktion wird ausgeführt.
AusführenMakro *RunMacro*	Ein Makro wird ausgeführt. Geben Sie den Namen des auszuführenden Makros ein. Sie können damit auch ein anderes Makro wiederholt ausführen lassen.
Ausgabeln *OutputTo*	Daten im angegebenen Datenbankobjekt werden in einem anderen Format ausgegeben.
AuswählenObjekt *SelectObject*	Ein angegebenes Datenbankobjekt wird ausgewählt. Wählen Sie den Objekttyp aus, und geben Sie den Namen des Objekts an.
Drucken *PrintOut*	Das aktive Datenbankobjekt wird auf einem Drucker ausgegeben. Geben Sie die Druckparameter ein.
Echo *Echo*	Die Ausgaben eines Makros werden während der Ausführung ein- bzw. ausgeblendet. Geben Sie an, ob die Funktion aus- oder eingeschaltet werden soll.

Aktion/DoCmd-Methode	Bedeutung
EinblendenSymbolleiste *ShowToolbar*	Eine festgelegte Symbolleiste wird ein- bzw. ausgeblendet.
GeheZuDatensatz *GoToRecord*	Der angegebene Datensatz wird zum aktuellen Datensatz gemacht. Wählen Sie den Objekttyp aus, und geben Sie den Namen des Objekts ein. Legen Sie den gewünschten Datensatz fest.
GeheZuSeite *GoToPage*	Steuert zum ersten Steuerelement auf der angegebenen Seite des Formulars. Geben Sie hier die Seitennummer ein.
GeheZuSteuerelement *GoToControl*	Es wird zum angegebenen Steuerelement gewechselt. Geben Sie hier den Namen des Steuerelements ein.
HinzufügenMenü *AddMenu*	Ein Menü mit einer benutzerdefinierten Menüleiste wird hinzugefügt.
KopierenDatenbankdatei *CopyDatabaseFile*	Erstellt eine Kopie der aktuellen Datenbank von Microsoft SQL Server, Version 7.0 oder höher, die mit Ihrem Microsoft Access-Projekt verbunden ist.
KopierenObjekt *CopyObject*	Kopiert das aktuelle Datenbankobjekt in eine andere Datenbank oder unter einem anderen Namen in die aktuelle Datenbank.
LöschenObjekt *DeleteObject*	Löscht das angegebene oder das aktuelle Objekt. Wählen Sie den Objekttyp aus, und geben Sie den Namen des gewünschten Objekts an.
Maximieren *Maximize*	Setzt das aktuelle Fenster auf Vollbilddarstellung.
Meldung	Ein Dialogfeld wird angezeigt, das eine Warnung oder andere Information enthält. Geben Sie den Meldungstext ein.
Minimieren *Minimize*	Verkleinert das aktuelle Fenster zum Symbol.
ÖffnenAbfrage *OpenQuery*	Öffnet die festgelegte Abfrage. Wählen Sie die Abfrage aus, und bestimmen Sie die Form der Ansicht.
ÖffnenBericht *OpenReport*	Öffnet bzw. druckt den festgelegten Bericht.
ÖffnenDatenzugriffsseite *OpenDataAccessPage*	Öffnet eine Datenzugriffsseite in der Datenzugriffsseiten-Ansicht oder in der Entwurfsansicht.
ÖffnenDiagramm *OpenDiagram*	Öffnet ein Datenbankdiagramm in der Entwurfsansicht.
ÖffnenFormular *OpenForm*	Öffnet das festgelegte Formular. Sie können die Form der Ansicht und einen Filter auswählen.
ÖffnenFunktion *OpenFunction*	Öffnet eine benutzerdefinierte Funktion in der Datenblattansicht, in der Entwurfsansicht der Inline-Funktion, in der SQL-Texteditor-Ansicht (für eine benutzerdefinierte Skalar- oder Tabellenfunktion) oder in der Seitenansicht.
ÖffnenGespeicherte Prozedur *OpenStoredProcedure*	Öffnet eine gespeicherte Prozedur in einem Microsoft Access-Projekt in der Datenblattansicht, in der Entwurfsansicht für gespeicherte Prozeduren oder in der Seitenansicht.
ÖffnenModul *OpenModule*	Öffnet ein Modul.

Aktion/DoCmd-Methode	Bedeutung
ÖffnenSicht *OpenView*	Öffnet eine Sicht in der Datenblattansicht, in der Entwurfsansicht oder in der Seitenansicht.
ÖffnenTabelle *OpenTable*	Öffnet eine Tabelle. Bestimmen Sie die Form der Ansicht, und legen Sie den Eingabemodus fest.
Positionieren *MoveSize*	Verschiebt das aktuelle Fenster und ändert seine Größe. Die neue Position sowie Größe und Breite müssen Sie angeben.
Sanduhr *Hourglass*	Das Sanduhr-Symbol wird während der Ausführung des Makros angezeigt. Geben Sie an, ob die Anzeige der Sanduhr ein- oder ausgeschaltet werden soll.
Schließen *Close*	Das angegebene oder das aktive Fenster werden geschlossen. Wählen Sie den Objekttyp und den Namen aus. Geben Sie auch an, ob das Objekt beim Schließen gespeichert werden soll.
SendenObjekt *SendObject*	Ein Access-Datenblatt, -Formular, -Bericht oder -Modul wird in eine E-Mail-Nachricht aufgenommen. Wählen Sie hier den Typ des Objekts.
SetzenMenüelement *SetMenuItem*	Der Status eines Befehls in einem benutzerdefinierten Menü wird festgelegt.
SetzenWert	Der Wert für ein Feld, ein Steuerelement oder eine Eigenschaft wird festgelegt.
Signalton *Beep*	Ein akustisches Signal wird ausgegeben.
Speichern *Save*	Speichert ein bestimmtes oder das gerade aktive Objekt Wählen Sie den Typ des Objekts, und geben Sie den Namen des Objekts an.
StopAlleMakros	Beendet die Ausführung aller laufenden Makros.
StopMakro	Beendet das aktuelle Makro.
SuchenDatensatz *FindRecord*	Sucht nach dem ersten bzw. nächsten Datensatz, der den angegebenen Kriterien entspricht. Geben Sie die Suchkriterien an.
SuchenWeiter *FindNext*	Sucht nach dem nächsten Datensatz, der den vorher definierten Kriterien entspricht.
Tastaturbefehle	Sendet Tastatureingaben an Microsoft Access oder eine andere aktive Anwendung. Geben Sie hier die Tastenfolge ein.
TransferArbeitsblatt *TransferSpreadsheet*	Kann zum Im- oder Export von Daten zwischen der aktuellen Microsoft Access-Datenbank und einer Tabellenkalkulationsdatei verwendet werden.
TransferDatenbank *TransferDatabase*	Daten einer Datenbank werden importiert bzw. exportiert oder Tabellen miteinander verknüpft.
TransferSQLDatenbank *TransferSQLDatabase*	Überträgt eine Microsoft SQL Server-Datenbank (SQL Server 7.0 oder höher) in eine andere SQL Server-Datenbank (SQL Server 7.0 oder höher).
TransferText *TransferText*	Dient zum Im- oder Export bzw. Verknüpfen von Text der aktuellen Microsoft Access-Datenbank und einer Textdatei.
UmbenennenObjekt *Rename*	Gibt dem festgelegten Objekt einen neuen Namen.
Verlassen *Quit*	Beendet Microsoft Access. Für die Verlassen-Aktion können Sie jeweils eine von mehreren Optionen auswählen, die sich auf das Speichern der Datenbankobjekte beziehen, bevor Access beendet wird.

Aktion/DoCmd-Methode	Bedeutung
Warnmeldungen *SetWarnings*	Schaltet die Anzeige von Systemmeldungen ein oder aus.
Wiederherstellen *Restore*	Stellt das Fenster in seiner vorherigen Größe wieder her.

Tabelle 17.3 Wichtige Makroaktionen und ihre Wirkung

Einige Aktionen, die Sie über Makros ausführen können, finden in den Methoden des *DoCmd*-Objekts jedoch keine Entsprechung (→ Tabelle 17.4).

Aktion	Bemerkung
Warnmeldung	Verwenden Sie stattdessen die Funktion *MsgBox*.
AusführenAnwendung	Verwenden Sie die Funktion *Shell*, um eine andere Anwendung auszuführen.
AusführenCode	Führen Sie die jeweilige Funktion direkt in Visual Basic aus.
Tastaturbefehle	Verwenden Sie die Anweisung *SendKeys*.
SetzenWert	Stellen Sie den Wert direkt in Visual Basic ein.
StoppAlleMakros	Nicht ausführbar
StoppMakro	Nicht ausführbar

Tabelle 17.4 Aktionen ohne Entsprechung zu Methoden des *DoCmd*-Objekts

Die nachfolgenden Seiten liefern Ihnen einige wichtige Beispiele für Anwendungen der Methoden des *DoCmd*-Objekts. Zusätzliche Informationen zu den Methoden finden Sie in der Programmhilfe unter dem Namen der Methode oder der jeweiligen Aktion.

Eingabehilfen

Die meisten Methoden des *DoCmd*-Objekts haben Argumente, von denen einige erforderlich und andere optional sein können. Die *OpenForm*-Methode hat beispielsweise sieben Argumente, von denen jedoch lediglich das erste Argument - *FormName* oder *Formularname* - erforderlich ist. Wenn die Option *Automatische QuickInfo* auf der Registerkarte *Editor* des Dialogfelds *Optionen* aktiviert ist, werden Ihnen diese nach einem Leerzeichen oder einer geöffneten Klammer nach Eingabe der Methode aufgelistet.

Sie können optionale Argumente in der Syntax weglassen. Dann werden die für die jeweilige Methode wirksamen Standardwerte angenommen. Wenn Sie Argumente am Ende der Anweisung weglassen, entfällt auch das Komma nach dem letzten angegebenen Argument - wie beispielsweise *OpenForm »FormularA«*. Anderenfalls müssen Sie die Kommata mit setzten -- wie bei *OpenForm »FormularA«, , , , , acWindowNormal*.

17.3.2 Beispiele

Die Beispieldatenbank *Datenbank17* verfügt über ein Formular mit dem Namen *Formular13*, über das Sie wichtige Aktionen austesten können (→ Abbildung 17.24).

Die Schaltflächen in diesem Formular wurden je mit einer Routine zu einem *Click*-Ereignis versehen, über die die entsprechenden Aktionen durchgeführt werden. Diese Routine können Sie kontrollieren und auch testweise verändern.

» Wechseln Sie durch einen Klick auf die Schaltfläche *Entwurfsansicht* im Menüband in den Entwurfsmodus des Formulars

» Klicken Sie die Schaltfläche an, zu der Sie die Routine ansehen wollen, und wählen Sie im zugehörigen Kontextmenü den Eintrag *Ereignis* aus. Die gewünschte Routine wird im VBA-Editor angezeigt. Sie können diese hier kontrollieren oder ändern.

Abbildung 17.24
Das Formular mit dem Namen *Formular13*

```
Private Sub TabelleAöffnen_Click()
    DoCmd.OpenTable „TabelleA"
End Sub

Private Sub FormularAöffnen_Click()
    DoCmd.OpenForm „FormularA"
End Sub

Private Sub FormularBöffnen_Click()
    DoCmd.OpenForm „FormularB"
End Sub

Private Sub FormularAauswählen_Click()
    DoCmd.SelectObject acForm, „FormularA"
End Sub

Private Sub FormularBauswählen_Click()
    DoCmd.SelectObject acForm, „FormularB"
End Sub

Private Sub TabelleAschließen_Click()
    DoCmd.Close acTable, „TabelleA", acSavePrompt
End Sub

Private Sub FormularAschließen_Click()
    DoCmd.Close acForm, „FormularA", acSavePrompt
End Sub

Private Sub FormularBschließen_Click()
    DoCmd.Close acForm, „FormularB", acSavePrompt
End Sub

Private Sub NächsterDatensatz_Click()
    DoCmd.SelectObject acForm, „FormularA"
    DoCmd.GoToRecord
End Sub

Private Sub NeuerDatensatz_Click()
    DoCmd.GoToRecord acDataForm, „FormularA",
acNewRec
End Sub

Private Sub FeldVorname_Click()
    DoCmd.SelectObject acForm, „FormularA"
    DoCmd.GoToControl „Vorname"
End Sub

Private Sub FeldNachname_Click()
    DoCmd.SelectObject acForm, „FormularA"
    DoCmd.GoToControl „Nachname"
End Sub
```

```
Private Sub Suchen_Click()
    Dim Suchtext As String
    Suchtext = InputBox(„Geben Sie einen
                        Suchbegriff ein:")
    DoCmd.SelectObject acForm, „FormularA"
    DoCmd.GoToControl „Vorname"
    DoCmd.FindRecord Suchtext, , , , , acAll
End Sub

Private Sub NächstenSuchen_Click()
    DoCmd.SelectObject acForm, „FormularA"
    DoCmd.FindNext
End Sub

Private Sub Filtern_Click()
    Dim Filter As String
    DoCmd.SelectObject acForm, „FormularA"
    DoCmd.ApplyFilter , „Nachname = Filtertext"
End Sub

Private Sub AlleAnzeigen_Click()
    DoCmd.SelectObject acForm, „FormularA"
    DoCmd.ShowAllRecords
End Sub
```

» Klicken Sie danach auf *Ansicht Microsoft Access*, um zur Datenbank zurückzukehren.

» Wenn Sie weitere Schaltflächen testen wollen, schalten Sie zurück zur *Formularansicht*.

TIPP Alternativ können Sie vom Formular *Formular14* auch auf die Schaltfläche *Code* klicken. Nutzen Sie dann die Liste *Objekt* in Codefenster, um zu der gewünschten Routine zu navigieren.

17.3.3 Öffnen und Schließen von Objekten

Mithilfe diverser Methoden der Klasse *DoCmd* können Sie Datenbankobjekte öffnen und schließen. Diese Methoden werden Sie meist dazu verwenden, Objekte in den Arbeitsansichten - beispielsweise *Datenblatt* oder *Formular* - zu öffnen.

Eine Tabelle öffnen

Die *OpenTable*-Methode der Klasse öffnet eine Tabelle, führt also die von den Makros her bekannte Aktion *ÖffnenTabelle* in Visual Basic aus.

» Klicken Sie im Formular *Formular14* auf die Schaltfläche *Tabelle öffnen*. Die Tabelle *TabelleA* wird geöffnet.

» Den dahinter stehenden Code finden Sie innerhalb der Prozedur zur Schaltfläche *TabelleAÖffnen*.

```
Private Sub TabelleAöffnen_Click()
    DoCmd.OpenTable „TabelleA"
End Sub
```

Die vollständige Syntax der Methode lautet *DoCmd.OpenTable(Name, Ansicht, Datenmodus)*. Erforderlich ist nur das Argument *Name*. Über die weiteren Argumente können Sie zusätzliche Verhaltensweise festlegen (→ Tabelle 17.5).

Argument	Beschreibung
Name	Ein Zeichenfolgenausdruck, der dem gültigen Namen einer Tabelle in der Datenbank entspricht.
Ansicht	Definiert die Form der Ansicht über eine *AcView*-Konstante. Standardmäßig wird die Tabelle in der Datenblattansicht geöffnet.
Datenmodus	Der Dateneingabemodus für das Formular in Form einer *AcFormDataMode*-Konstanten.

Tabelle 17.5 Argumente zur Methode *OpenTable*

Die *AcView*-Konstante definiert die Form der Ansicht der Tabelle (→ Tabelle 17.6).

Konstante	Öffnet die Tabelle in der ...
acViewDesign	*Entwurfsansicht*
acViewNormal	*Datenblattansicht* (Standard)
acViewPivotChart	Ansicht *PivotChart*
acViewPivotTable	Ansicht *PivotTable*
acViewPreview	*Seitenansicht*

Tabelle 17.6 *AcView*-Konstanten

Die *AcOpenDataMode*-Konstante legt den Datenmodus der Tabelle fest (→ Tabelle 17.7).

Konstante	Benutzer kann ...
acAdd	neue Datensätze hinzufügen, jedoch keine vorhandenen Datensätze bearbeiten.
acEdit	vorhandene Datensätze bearbeiten und neue Datensätze hinzufügen (Standard).
acReadOnly	die Datensätze nur anzeigen.

Tabelle 17.7 *AcOpenDataMode*-Konstanten

Ein Formular öffnen

Sie können mit der Methode *OpenForm* des Objekts *DoCmd* ein Formular öffnen. Diese Methode entspricht also der *ÖffnenFormular*-Aktion im Bereich der Makros.

» Klicken Sie im Formular auf die Schaltfläche *FormularA öffnen*. Als Ergebnis wird das Formular mit dem Namen *FormularA* geöffnet.

» Schließen Sie das Formular wieder durch einen Klick auf die übliche Schaltfläche.

» Den für diese Aktion verantwortlichen Code finden Sie im VBA-Editor innerhalb der Prozedur *FormularAöffnen* oder *FormularBöffnen*.

```
Private Sub FormularAöffnen_Click()
    DoCmd.OpenForm „FormularA"
End Sub

Private Sub FormularBöffnen_Click()
    DoCmd.OpenForm „FormularB"
End Sub
```

Die vollständige Syntax dafür lautet *DoCmd.OpenForm(Name, Ansicht, Filter, Bedingung, Datenmodus, Fenstermodus, Öffnungsargumente)*. Notwendig ist nur die Angabe des *Namens* des Formulars. Wenn Sie nur dieses Argument benutzen, wird das Formular in der Formularansicht, ohne Filter und in dem festgelegten Daten- und Fenstermodus geöffnet, der im Dialogfeld zu den Eigenschaften des Objekts festgelegt wurde.

Über die weiteren Argumente können Sie zusätzliche Verhaltensweisen festlegen (→ Tabelle 17.8):

Argument	Bemerkung
Name	Ein Zeichenfolgenausdruck, der dem gültigen Namen eines Formulars in der aktuellen Datenbank entspricht.
Ansicht	Eine *AcFormView*-Konstante, die die Form der Ansicht beschreibt. Wenn Sie dieses Argument nicht angeben, wird die Standardkonstante *acNormal* verwendet.
Filter	Ein Zeichenfolgenausdruck, der dem gültigen Namen einer Abfrage in der aktuellen Datenbank entspricht.
Bedingung	Ein Zeichenfolgenausdruck, der einer gültigen *SQL-WHERE*-Klausel ohne das Wort *WHERE* entspricht.
Datenmodus	Der Dateneingabemodus für das Formular in Form einer *AcFormOpenDataMode*-Konstanten.
Fenstermodus	Der Fenstermodus, in dem das Formular geöffnet wird. Wenn Sie dieses Argument nicht angeben, wird die Standardkonstante *acWindowNormal* verwendet.
Öffnungsargumente	Ein Zeichenfolgenausdruck, der zum Einstellen der *OpenArgs*-Eigenschaft verwendet wird. Diese Einstellung kann im Code in einem Formularmodul verwendet werden, beispielsweise in der *Open*-Ereignisprozedur.

Tabelle 17.8 Argumente zur Methode *OpenForm*

Das Argument *Ansicht* kann einer der folgenden *AcFormView*-Konstanten entsprechen (→ Tabelle 17.9). Standardmäßig wird in der *Formularansicht* geöffnet.

Konstante	Öffnet das Formular in der/dem ...
acDesign	*Entwurfsansicht*.
acFormDS	*Datenblatt*.
acFormPivotChart	*PivotChart*.
acFormPivotTable	*PivotTable*.
acNormal	*Formularansicht* (Standard).
acPreview	*Seitenansicht*.

Tabelle 17.9 *AcFormView*-Konstanten

Für das Argument *Datenmodus* können Sie einen *AcFormOpenDataMode*-Wert angeben (→ Tabelle 17.10). Dieser Modus gilt nur für Formulare, die in der Formularansicht oder in der Datenblattansicht geöffnet werden. Wenn Sie dieses Argument nicht angeben, wird die Standardkonstante *acFormPropertySettings* verwendet.

Konstante	Bedeutung
acFormAdd	Der Benutzer kann neue Datensätze hinzufügen, doch keine vorhandenen Datensätze bearbeiten.
acFormEdit	Der Benutzer kann vorhandene Datensätze bearbeiten und neue Datensätze hinzufügen.
acFormPropertySettings	Microsoft Access öffnet das Formular in dem Datenmodus, der mit den Eigenschaften *Bearbeitungen zulassen*, *Löschen zulassen*, *Anfügen zulassen* und *Daten eingeben* eingestellt ist (Standard).
acFormReadOnly	Der Benutzer kann Datensätze nur anzeigen.

Tabelle 17.10 *AcFormOpenDataMode*-Konstanten

Den Fenstermodus bestimmen Sie mithilfe einer *AcWindowMode*-Konstanten (→ Tabelle 17.11). Standardmäßig wird das Objekt in dem Modus geöffnet, der durch die Einstellungen im Dialogfeld *Eigenschaften* des Formulars festgelegt ist.

Konstante	Beschreibung
acDialog	Die Eigenschaften *Modal* und *PopUp* des Formulars sind auf *Ja* festgelegt.
acHidden	Das Formular ist ausgeblendet.
acIcon	Das Formular wird in der Windows-Taskleiste minimiert geöffnet.
acWindowNormal	Das Formular befindet sich in dem Modus, der durch seine Eigenschaften festgelegt ist (Standard).

Tabelle 17.11 *AcWindowMode*-Konstanten

Sonstige Objekte öffnen

Weitere Objekte können Sie mit anderen Methoden der Klasse *DoCmd* öffnen (→ Tabelle 17.12).

Methode	Beschreibung
OpenQuery	Führt die *ÖffnenAbfrage*-Aktion aus.
OpenReport	Führt die Aktion *ÖffnenBericht* aus.
OpenDiagram	Führt die *ÖffnenDiagramm*-Aktion aus
OpenFunction	Führt die *ÖffnenFunktion*-Aktion aus.
OpenStoredProcedure	Führt die Aktion *ÖffnenGespeicherteProzedur* aus.
OpenModule	Führt die *ÖffnenModul*-Aktion aus.

Tabelle 17.12 Methoden zum Öffnen anderer Objekte

Auch diese Methoden verfügen über unterschiedliche Parameter, die meist nicht alle eingegeben werden müssen. Die Programmhilfe liefert einen guten Überblick. Geben Sie zur Suche einfach den Namen der Methode oder der entsprechenden Makroaktion ein.

17.3.4 Objekte auswählen

Für viele weitere Methoden ist es notwendig, dass Sie das Objekt, auf das sich die Aktion beziehen soll, vorher auswählen. Dazu verwenden Sie die Methode *SelectObject*. Diese Methode ist das Äquivalent zur *AuswählenObjekt*-Aktion.

» Wenn die Formulare *FormularA* und *FormularB* noch nicht geöffnet sein sollten, klicken Sie auf die entsprechenden Schaltflächen im Formular. Anderenfalls funktioniert das Beispiel nicht.

» Klicken Sie dann nacheinander mehrmals auf die Schaltflächen *FormularA wählen* und *FormularB wählen*. Das gewählte Formular wird angezeigt.

» Den dahinter stehenden Code finden Sie im VBA-Editor innerhalb der Prozeduren *FormularAOeffnen* und *FormularAOeffnen*.

```
Private Sub FormularAauswählen_Click()
    DoCmd.SelectObject acForm, „FormularA"
End Sub

Private Sub FormularBauswählen_Click()
    DoCmd.SelectObject acForm, „FormularB"
End Sub
```

» Schließen Sie die Formulare wieder durch einen Klick auf die übliche Schaltfläche.

Die vollständige Syntax lautet *DoCmd.SelectObject (Objekttyp, Objektname, ImNavigationsbereich)*. Die ersten beiden Argumente müssen angegeben werden, das dritte ist optional (→ Tabelle 17.13).

Argument	Beschreibung
Objekttyp	Beschreibt den Typ des zu wählenden Objekts über eine *AcObjectType*-Konstante (→ unten).
Objektname	Ein Zeichenfolgenausdruck, der dem gültigen Namen des Objekts entspricht.
ImNavigationsbereich	Verwenden Sie *True*, um das Objekt im Navigationsbereich zu markieren. Verwenden Sie *False* oder *0*, um ein bereits geöffnetes Objekt zu markieren. Wenn Sie dieses Argument nicht angeben, wird der Standardwert *False* verwendet.

Tabelle 17.13 Argumente zur Methode SelectObject

Für das Argument *Objekttyp* müssen Sie eine der folgenden *AcObjectType*-Konstanten verwenden (→ Tabelle 17.14).

Konstante	Typ des Objekts
acDataAccessPage	Datenzugriffsseite
acDiagram	Diagramm
acForm	Formular
acMacro	Makro
acModule	Modul
acQuery	Abfrage
acFunction	Funktion
acReport	Bericht
acStoredProcedure	Gespeicherte Prozedur
acTable	Tabelle

Tabelle 17.14 Einige *AcObjectType*-Konstanten

TIPP Das Argument *Objektname* können Sie für Sonderfälle auch weglassen. Wenn Sie dann für das Argument *ImNavigationsbereich* den Wert *True* angeben, wählt Microsoft Access die Stelle im Navigationsbereich aus, die dem im Argument *Objekttyp* angegebenen Datenbankobjekt entspricht, und zeigt diese an. Beispielsweise können Sie damit den Bereich *Formulare* im Navigationsbereich anzeigen lassen und dem Benutzer die weitere Auswahl überlassen (→ Abbildung 17.25).

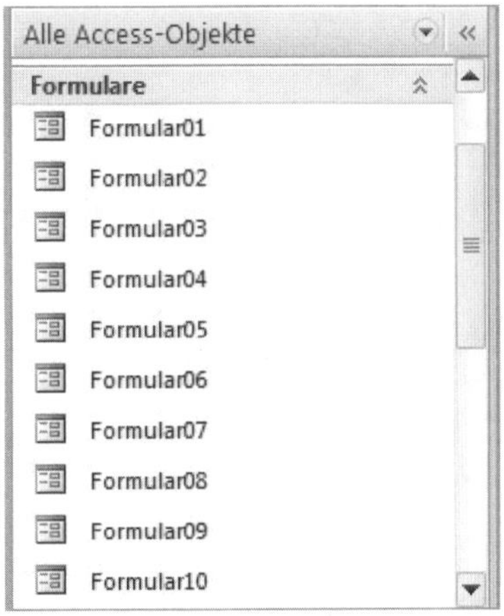

Abbildung 17.25 Der Bereich *Formulare* im Navigationsbereich

17.3.5 Objekte schließen

Die *Close*-Methode führt die *Schließen*-Aktion in Visual Basic aus. Sie können damit jedes geöffnete Access-Objekt schließen.

» Klicken Sie im Formular *Formular14* auf die Schaltfläche *FormularA öffnen*, um es danach schließen zu können.

» Klicken Sie im Formular *Formular14* auf die Schaltfläche *FormularA schließen*. Das Formular wird geschlossen.

» Den dahinter stehenden Code finden Sie im VBA-Editor innerhalb der Prozedur *FormularASchließen*.

```
Private Sub TabelleAschließen_Click()
    DoCmd.Close acTable, „TabelleA", acSavePrompt
End Sub

Private Sub FormularAschließen_Click()
    DoCmd.Close acForm, „FormularA", acSavePrompt
End Sub
```

```
Private Sub FormularBschließen_Click()
    DoCmd.Close acForm, „FormularB", acSavePrompt
End Sub
```

Wenn Sie keinen Parameter angeben, wird das gerade aktive Objekt geschlossen. Als Parameter der Methode können Sie der Typ des Objekts, seinen Namen und eine Speichervorschrift angeben (→ Tabelle 17.15). Die vollständige Syntax lautet *Close(Objekttyp, Objektname, Speichern)*.

Argument	Beschreibung
ObjectType	Beschreibt den Typ des zu wählenden Objekts über eine *AcObjectType*-Konstante (→ oben).
Objektname	Ein Zeichenfolgenausdruck, der den gültigen Namen eines Objekts vom Typ Objekttyp angibt.
Speichern	Eine *AcCloseSave*-Konstante, die angibt, ob vor dem Schließen gespeichert werden soll.

Tabelle 17.15 Argumente zur Methode *Close*

Über den Parameter *Speichern* können Sie über eine *AcCloseSave*-Konstante angeben, ob beim Schließen gespeichert werden soll. Standardmäßig wird der Benutzer gefragt, ob das Objekt gespeichert werden soll, wenn Änderungen daran durchgeführt wurden.

17.3.6 Im Objekt navigieren

Mithilfe weiterer Methoden der Klasse *DoCmd* können Sie innerhalb eines geöffneten Datenbankobjektes navigieren.

Zu Datensätzen navigieren

Die *GoToRecord*-Methode führt die *GeheZuDatensatz*-Aktion in Visual Basic aus.

» Wenn Sie das Formular *FormularA* noch nicht geöffnet haben, klicken Sie auf die Schaltfläche *Formular öffnen*.

» Klicken Sie mehrfach auf die Schaltfläche *Nächster Datensatz*. Der jeweils nächste Satz wird angezeigt.

» Schließen Sie *FormularA* wieder durch einen Klick auf die übliche Schaltfläche.

» Den dahinter stehenden Code finden Sie in der Routine *NächsterDatensatz*.

```
Private Sub NächsterDatensatz_Click()
    DoCmd.SelectObject acForm, „FormularA"
    DoCmd.GoToRecord
End Sub

Private Sub NeuerDatensatz_Click()
    DoCmd.GoToRecord acDataForm, „FormularA",
acNewRec
End Sub
```

Die vollständige Syntax lautet *DoCmd.GoToRecord (Objekttyp, Objektname, Datensatz, Offset)*. Wenn Sie die Argumente *Objekttyp* und *Objektname* nicht angeben, wird das aktive Objekt verwendet. Wenn Sie auch auf die beiden sonstigen Argumente verzichten, wechselt die Methode bei jedem Einsatz zum nächsten Datensatz.

Mithilfe der zusätzlichen Argumente können Sie Typ und Namen des Objektes wählen und das Ziel der Navigation angeben (→ Tabelle 17.16).

Argument	Beschreibung
Objekttyp	Beschreibt den Typ des zu wählenden Objekts über eine *AcDataObjectType*-Konstante.
Objektname	Ein Zeichenfolgenausdruck, der dem gültigen Namen eines Objekts vom Typ *Objekttyp* entspricht.
Datensatz	Gibt über einen *AcRecord*-Wert an, zu welchem Datensatz navigiert werden soll.
Offset	Ein numerischer Ausdruck, der die Anzahl der Datensätze angibt, um die vorwärts oder rückwärts geblättert werden soll, wenn Sie für das Argument *Datensatz* die Konstante *acNext* oder *acPrevious* angegeben haben, oder der Datensatz, zu dem Sie wechseln möchten, wenn Sie für das Argument den Datensatz *acGoTo* angegeben haben.

Tabelle 17.16 Argumente der Methode *GoToRecord*

Der Parameter *Objekttyp* kann einer der folgenden *AcDataObjectType*-Konstanten entsprechen (→ Tabelle 17.17).

Konstante	Beschreibung
acActiveDataObject	Aktuelles Objekt (Standard)
acDataForm	Formular

Konstante	Beschreibung
acDataFunction	Funktion
acDataQuery	Abfrage
acDataServerView	Serversicht
acDataStoredProcedure	Gespeicherte Prozedur
acDataTable	Tabelle

Tabelle 17.17 *AcDataObjectType*-Konstanten

Das Ziel der Navigation formulieren Sie über das Argument *Datensatz* mit einer der folgenden *AcRecord*-Konstanten (→ Tabelle 17.18).

Konstante	Beschreibung
acFirst	Zum ersten Datensatz gehen.
acGoTo	Zum angegebenen Datensatz gehen – beispielsweise springt *acGoTo 5* zum fünften Datensatz.
acLast	Zum letzten Datensatz gehen.
acNewRec	Einen neuen Datensatz erstellen.
acNext	Zum nächsten Datensatz gehen (Standard).
acPrevious	Zum vorherigen Datensatz gehen.

Tabelle 17.18 *AcRecord*-Konstanten

TIPP Sie können beispielsweise mit dieser Methode einen neuen Datensatz erzeugen.

Zu Steuerelementen navigieren

Um zu einem Steuerelement zu navigieren, können Sie die *GoToControl*-Methode benutzen.

» Wenn *FormularA* noch nicht geöffnet sein sollte, holen Sie das nach.

» Klicken Sie nacheinander in *Formular13* auf die Schaltflächen *Zum Feld Nachname* und *Zum Feld Vorname*. Die jeweiligen Steuerelemente werden im *FormularA* markiert.

» Schließen Sie die Formulare wieder durch einen Klick auf die übliche Schaltfläche.

» Den dahinter stehenden Code finden Sie in den Routinen *FeldVorname_Click* und *FeldNachname_Click*.

```
Private Sub FeldVorname_Click()
    DoCmd.SelectObject acForm, „FormularA"
    DoCmd.GoToControl „Vorname"
End Sub

Private Sub FeldNachname_Click()
    DoCmd.SelectObject acForm, „FormularA"
    DoCmd.GoToControl „Nachname"
End Sub
```

Die vollständige Syntax ist einfach und lautet: *DoCmd.GoToControl(Steuerelementname)*. Das erforderliche Argument *Steuerelementname* ist ein Zeichenfolgenausdruck, der dem Namen eines Steuerelements im aktiven Formular oder Datenblatt entspricht. Geben Sie hier nur den Namen des Steuerelements ein.

TIPP Sie können auch die Methode *SetFocus* verwenden, um den Fokus auf ein Steuerelement zu setzen. Diese Methode wird meist bevorzugt, da Sie die vollständige Syntax zum Angeben des Steuerelements verwenden. Dies gilt vor allem, wenn der Fokus auf Steuerelemente in Formularen und verschachtelten Unterformularen gesetzt werden soll. Die Methode *SetFocus* ist auch gut dafür geeignet, um bestimmte Eigenschaften eines Steuerelements lesen können.

17.3.7 Suchen nach Inhalten

Genau wie bei Makroaktionen können Sie über mehrere Methoden des *DoCmd*-Objekts in der Datenbank nach bestimmten Inhalten suchen lassen.

Suchen

Die *FindRecord*-Methode führt die *SuchenDatensatz*-Aktion in Visual Basic aus.

» Wenn Sie das Formular *FormularA* noch nicht geöffnet haben, klicken Sie auf die Schaltfläche *FormularA öffnen*.

» Klicken Sie auf die Schaltfläche *Suchen*. Eine *InputBox* wird angezeigt (→ Abbildung 17.26).

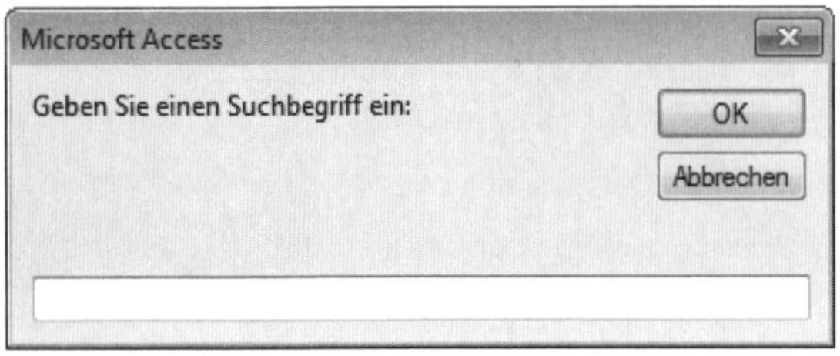

Abbildung 17.26 Geben Sie den Suchbegriff ein.

» Geben Sie einen Suchbegriff ein - beispielsweise den Namen *Hermann* - und bestätigen Sie über die Schaltfläche *OK*. Das erste Vorkommen des Namens im Feld *Vorname* wird markiert.

» Wenn Sie den dahinter stehenden Code kontrollieren wollen, lassen Sie die Ereignisroutine *Suchen_Click* anzeigen.

```
Private Sub Suchen_Click()
    Dim Suchtext As String
    Suchtext = InputBox(„Geben Sie einen
Suchbegriff ein:")
    DoCmd.SelectObject acForm, „FormularA"
    DoCmd.GoToControl „Vorname"
    DoCmd.FindRecord Suchtext, , , , , acAll
End Sub

Private Sub NächstenSuchen_Click()
    DoCmd.SelectObject acForm, „FormularA"
    DoCmd.FindNext
End Sub
```

Die vollständige Syntax lautet *DoCmd.FindRecord (SuchenNach, Vergleichen, GroßKlein, Suchen, WieFormatiert, NurAktuellesFeld, AmAnfangBeginnen)*. Zwingend ist nur der Parameter *SuchenNach*. Die restlichen Argumente sind optional und können für weitere Spezifikationen des Suchvorgangs verwendet werden (→ Tabelle 17.19).

Argument	Beschreibung
Suchen nach	Ein Ausdruck, der zu einem Text, einer Zahl oder einem Datum ausgewertet wird. Der Ausdruck enthält die zu suchenden Daten.
Vergleichen	Gibt über eine *AcFindMatch*-Konstante an, wo gesucht werden soll (siehe unten).
GroßKlein	Verwenden Sie *True* für eine Suche, bei der nach Groß- und Kleinschreibung unterschieden wird, und *False* für eine Suche, bei der nicht nach Groß- und Kleinschreibung unterschieden wird. Wenn Sie dieses Argument nicht angeben, wird der Standardwert *False* verwendet.
Suchen	Bestimmt die Suchrichtung über eine *AcSearchDirection*-Konstante (→ unten).
WieFormatiert	Verwenden Sie *True*, um Daten so zu suchen, wie sie formatiert sind, und *False*, um Daten so zu suchen, wie sie in der Datenbank gespeichert sind. Wenn Sie dieses Argument nicht angeben, wird der Standardwert *False* verwendet.
NurAktuellesFeld	Muss einer der folgenden *AcFindField*-Konstanten entsprechen (→ unten).
AmAnfangBeginnen	Verwenden Sie *True*, um die Suche im ersten Datensatz zu beginnen. Verwenden Sie *False*, um die Suche im Datensatz zu beginnen, der auf den aktuellen Datensatz folgt. Wenn Sie dieses Argument nicht angeben, wird der Standardwert *True* verwendet.

Tabelle 17.19 Argumente der Methode *Find*

Das Argument *Vergleichen* kann einer der folgenden *AcFindMatch*-Konstanten entsprechen (→ Tabelle 17.20).

Konstante	Beschreibung
acAnywhere	Daten in jedem beliebigen Teil des Feldes.
acEntire	Daten, die das gesamte Feld füllen (Standard).
acStart	Daten, die sich am Anfang des Feldes befinden.

Tabelle 17.20 *AcFindMatch*-Konstanten

Das Argument *Suchen* kann einer der folgenden *AcSearchDirection*-Konstanten entsprechen (→ Tabelle 17.21).

Konstante	Beschreibung
acDown	Sucht vom aktuellen Datensatz abwärts.
acSearchAll	Sucht in alle Datensätzen (Standard).
acUp	Sucht vom aktuellen Datensatz aufwärts.

Tabelle 17.21 *AcSearchDirection*-Konstanten

NurAktuellesFeld kann einer der folgenden *AcFindField*-Konstanten entsprechen (→ Tabelle 17.22).

Konstante	Beschreibung
acAll	Sucht in allen Feldern.
acCurrent	Sucht nur im aktuellen Steuerelement (Standard).

Tabelle 17.22 *AcFindField*-Konstanten

Nächsten Suchen

Mithilfe der *FindNext*-Methode können Sie den nächsten Datensatz suchen, der den Kriterien entspricht, die in der vorherigen *FindRecord*-Methode – oder manuell im Dialogfeld *In Feld suchen* – über den Befehl *Suchen* im Menü *Bearbeiten* – angegeben wurden. Sie können die *FindNext*-Methode verwenden, um alle Datensätze nacheinander zu durchlaufen, um einen bestimmten Eintrag zu suchen. Die Methode verwendet keine Argumente und kann mit der Syntax *DoCmd.FindNext* aufgerufen werden.

» Wenn Sie das Formular *FormularA* noch nicht geöffnet haben, klicken Sie auf die Schaltfläche *FormularA öffnen*.

» Klicken Sie auf die Schaltfläche *Suchen*. Eine *InputBox* wird angezeigt.

» Geben Sie einen Suchbegriff ein, und bestätigen Sie über die Schaltfläche *OK*. Das erste Vorkommen des Namens im Feld *Vorname* wird markiert.

» Klicken Sie mehrfach auf *Nächsten Suchen*. Die weiteren Fundstellen werden markiert.

» Den Code dazu finden Sie in der Ereignisroutine *NächstenSuchen_Click*.

17.3.8 Filtern

Die *ApplyFilter*-Methode führt die *AnwendenFilter*-Aktion in Visual Basic aus.

» Wenn Sie das Formular *FormularA* noch nicht geöffnet haben, klicken Sie auf die Schaltfläche *FormularA öffnen*.

» Klicken Sie auf die Schaltfläche *Filtern*. Über ein Dialogfeld werden Sie nach dem Filtertext gefragt (→ Abbildung 17.27).

Abbildung 17.27
Die Eingabe für den Filtertext

» Geben Sie einen der in der Datenbank verwendeten Nachnamen ein, und bestätigen Sie über *OK*. Die Inhalte werden gefiltert. Das erkennen Sie an der angezeigten Anzahl der Datensätze unten im Formular.

» Den Code dazu finden Sie in der Ereignisroutine *Filtern_Click*.

```
Private Sub Filtern_Click()
    Dim Filter As String
    DoCmd.SelectObject acForm, „FormularA"
    DoCmd.ApplyFilter , „Nachname = Filtertext"
End Sub
```

» Schließen Sie *FormularA* wieder durch einen Klick auf die übliche Schaltfläche.

Die vollständige Syntax der Methode lautet *DoCmd.ApplyFilter(Filtername, Bedingung)*. Verwenden Sie mindestens ein Argument der Methode (→ Tabelle 17.23). Wenn Sie für beide Argumente einen Wert eingeben, wird das Argument *Bedingung* auf den Filter angewendet.

Argument	Beschreibung
Filtername	Ein Zeichenfolgenausdruck, der der gültige Name eines Filters oder einer Abfrage in der aktuellen Datenbank ist. Wenn diese Methode verwendet wird, um einen Serverfilter anzuwenden, muss das Argument *Filtername* leer sein.
Bedingung	Ein Zeichenfolgenausdruck, der einer gültigen *SQL-WHERE*-Klausel ohne das Wort *WHERE* entspricht.

Tabelle 17.23 Argumente der Methode *ApplyFilter*

Das Argument *Bedingung* darf bis zu 32.768 Zeichen lang sein – im Gegensatz zum Aktionsargument *Bedingung* im Makrofenster, dessen maximale Länge 256 Zeichen beträgt.

TIPP Zum Anzeigen aller Datensätze benutzen Sie die Methode *ShowAllRecords*. Sie entspricht der Aktion *AnzeigenAlleDatensätze*. Alle aktuellen Datensätze werden erneut abgefragt und angezeigt sowie alle zugewiesenen Filter entfernt.

```
Private Sub AlleAnzeigen_Click()
    DoCmd.SelectObject acForm, "FormularA"
    DoCmd.ShowAllRecords
End Sub
```

17.3.9 Zurücksetzen

Mit der *Undo*-Methode können Sie ein Steuerelement oder Formular zurücksetzen, wenn sich dessen Wert sich geändert hat. Die Syntax ist einfach und lautet *Ausdruck.Undo*. Bei Ausdruck kann es sich beispielsweise um ein Formular oder um ein Steuerelement handeln. Wird die *Undo*-Methode auf ein Formular angewandt, gehen alle Änderungen am aktuellen Datensatz verloren. Wird die *Undo*-Methode auf ein Steuerelement angewandt, ist lediglich das Steuerelement selbst betroffen.

Diese Methode muss angewandt werden, bevor das Formular oder Steuerelement aktualisiert wird. Es empfiehlt sich, diese Methode zur *BeforeUpdate*-Ereignisprozedur eines Formulars bzw. zur *Change*-Ereignisprozedur eines Steuerelements hinzuzufügen.

17.4 Formulare und Berichte erstellen

Das Arbeiten mit vorhandenen Access-Objekten ist ein Teil der Problematik. Die wichtigsten Techniken dazu haben Sie in den beiden vorherigen Abschnitten kennengelernt. Es gibt aber darüber hinaus auch Fälle, in denen Sie Access-Objekte – beispielsweise Tabellen, Abfragen, Formulare und Berichte – von Grund auf neu erstellen und diesen Objekten Inhalte zuweisen wollen. Dazu wollen wir uns mit den Methoden und Ereignissen wichtiger Klassen wie *Form* und *Report* beschäftigen. Diese sind Teil der *Access*-Bibliothek und dienen dazu, Access-Elemente – wie Formulare und Bereichte – zu erstellen und mit Steuerelementen zu versehen.

In unserer Beispieldatenbank finden Sie in *Formular14* die Möglichkeiten, die nachfolgenden Anweisungen auszuprobieren (→ Abbildung 17.28).

Abbildung 17.28 Die Schaltflächen in *Formular14* erstellen Formulare und Berichte.

Mit den Eigenheiten des dahinter stehenden Codes wollen wir uns in den nachfolgenden Abschnitten wieder etwas genauer beschäftigen:

```
Private Sub Standardformular_Click()
    Dim Formular1 As Form
    Set Formular1 = CreateForm()
End Sub
```

```
Private Sub FormularVorlage1_Click()
    Dim Formular1 As Form
    Set Formular1 = CreateForm(, "Vorlage1")
    DoCmd.Restore
End Sub

Private Sub FormularDatenquelle_Click()
    Dim Formular1 As Form
    Dim Text1 As Control
    Set Formular1 = CreateForm()
    Formular1.RecordSource = "TabelleA"
    DoCmd.Restore
End Sub

Private Sub FormularSteuerelement_Click()
    Dim Formular1 As Form
    Set Formular1 = CreateForm()
    Formular1.RecordSource = "Tabelle1"
    Set Text1 = CreateControl_
      (Formular1.Name, acTextBox, , "", "", 100,
100)
    DoCmd.Restore
End Sub

Private Sub SteuerelementBinden_Click()
    Dim Formular1 As Form
    Set Formular1 = CreateForm()
    Formular1.RecordSource = "Tabelle1"
    Set Text1 = CreateControl_
      (Formular1.Name, acTextBox, , "", "", 100,
100)
    DoCmd.Restore
    Text1.ControlSource = "Nachname"
End Sub

Private Sub Standardbericht_Click()
    Dim Bericht1 As Report
    Set Bericht1 = CreateReport
    DoCmd.Restore
End Sub

Private Sub BerichtVorlage1_Click()
    Dim Bericht1 As Report
    Set Bericht1 = CreateReport(, Vorlage1)
    DoCmd.Restore
End Sub

Private Sub BerichtSteuerelement_Click()
    Dim Bericht1 As Report
    Dim Text1 As Control
    Dim Text2 As Control
    Set Bericht1 = CreateReport
    Bericht1.RecordSource = "Tabelle1"
    Set Text1 = CreateReportControl_
      (Bericht1.Name, acTextBox, , "", "", 100, 100)
    Set Text2 = CreateReportControl_
      (Bericht1.Name, acTextBox, , "", "", 2100,
100)
    DoCmd.Restore
End Sub

Private Sub FormularSpeichern_Click()
    Dim Formular1 As Form
    Set Formular1 = CreateForm(, "Vorlage1")
    DoCmd.Save acForm, "Formular1"
    DoCmd.Close acForm, "Formular1"
    DoCmd.SelectObject acForm, "Formular1", True
End Sub
```

17.4.1 Formulare erstellen

Die *CreateForm*-Methode der Klasse *Form* erstellt ein Formular und gibt ein *Form*-Objekt zurück. Sie können darüber einerseits Basisformulare erstellen, die noch nicht an ein spezielles Objekt gebunden sind und über noch keinerlei Steuerelemente verfügen. Sie können aber auch spezielle Formulare als Kopien einer bereits vorhandenen Vorlage herstellen. Diese Vorlagen beinhalten dann bereits gewisse Eigenschaften. Als Erfolg wird immer ein neues Formular in der Formularentwurfsansicht erstellt. Es ist standardmäßig minimiert und kann über die Taskleiste eingesehen werden. Für ein Speichern des Formulars müssen Sie abschließend noch selbst sorgen.

Ein Basisformular erstellen

Der einfachste Weg, ein Formular zu erstellen, besteht darin, die *CreateForm*-Methode ohne jegliche Parameter zu verwenden.

» Klicken Sie im Formular *Formular14* auf die Schaltfläche *Standardformular*. Als Erfolg wird ein neues Formular in der Entwurfsansicht erstellt (→Abbildung 17.29).

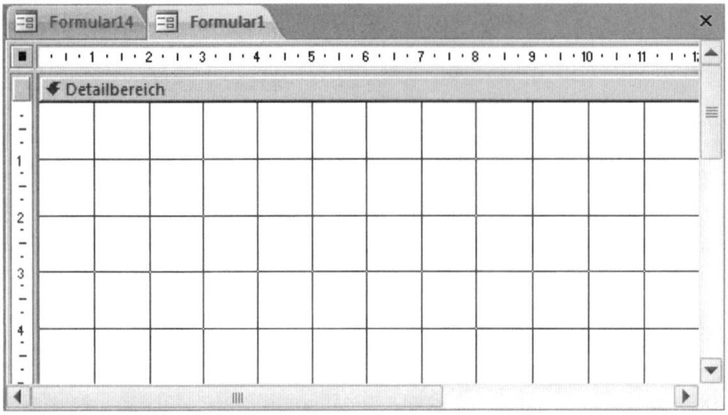

Abbildung 17.29
Ein Formular wird erstellt.

» Schließen Sie das Formular durch einen Klick auf die entsprechende Schaltfläche. Speichern brauchen Sie nicht.

» Den dahinter stehenden Code können Sie über die Routine *Standardformular_Click* einsehen.

```
Private Sub Standardformular_Click()
    Dim Formular1 As Form
    Set Formular1 = CreateForm()
End Sub
```

Im Code wird zunächst eine Variable vom Objekttyp *Form* deklariert. Dieser Variablen wird dann eine neue Instanz eines Formulars zugewiesen. Die nachstehende Anweisung *DoCmd.Restore* sorgt dafür, dass das Formular in der Fensteransicht angezeigt wird. Wird die Anweisung nicht eingefügt, erscheint das Formular in minimierter Ansicht und muss manuell auf die Fensteransicht gebracht werden. Das gilt aber nur dann, wenn Sie unter den *Dokumentfensteroptionen* im Bereich der *Access-Optionen* die Variante *Überlappende Fenster* eingestellt haben (→ Kapitel 20).

Der Formularentwurf ist noch nicht gespeichert und trägt – wie beim manuellen Erstellen über den Assistenten – den vorläufigen Namen *Formular* zusammen mit der nächsten verfügbaren Nummer, also beispielsweise *Formular1*, *Formular2* usw. Er noch nicht an ein spezielles Objekt gebunden und verfügt über noch keinerlei Steuerelemente.

Standardvorlagen

Auch wenn Sie keine Vorlage zum Erstellen eines neuen Formulars angeben, wird automatisch eine solche benutzt, und zwar die, die im Feld *Formularvorlage* unter *Formulare/Berichte* in der Kategorie *Objekt-Designer* des Fensters zu den *Access-Optionen* (→ Kapitel 20). Ist hier kein Name eines bereits bestehenden Formulars angegeben, wird standardmäßig die Vorlage *Normal* benutzt. Das ist die Vorlage, die Access auch verwendet, wenn Sie ein Formular oder einen Bericht ohne Verwendung eines Assistenten erstellen.

Eine Formularvorlage verwenden

Wenn Sie oft neue Formulare benötigen, bei denen bestimmte Parameter bereits eingestellt sind, sollten Sie diese auf Basis einer speziellen Vorlage erstellen. Diese Vorlage kann sich in der aktuellen oder in einer anderen Datenbank befinden. Die Vorlage bestimmt, welche Abschnitte ein Formular hat, und bestimmt deren Abmessungen. Die Vorlage enthält darüber hinaus alle Einstellungen der Standardeigenschaften für das Formular. Eine Vorlage erstellt jedoch keine Steuerelemente.

» Klicken Sie im Formular *Formular14* auf die Schaltfläche *Auf Basis Vorlage1*. Ein neues Formular wird in der Entwurfsansicht erstellt, das über dieselben Eigenschaften verfügt wie *Vorlage1*.

» Schließen Sie das Formular durch einen Klick auf die entsprechende Schaltfläche. Speichern brauchen Sie nicht.

» Den dahinter stehenden Code können Sie über die Routine *Vorlage1_Click* einsehen.

```
Private Sub FormularVorlage1_Click()
    Dim Formular1 As Form
    Set Formular1 = CreateForm(, „Vorlage1")
    DoCmd.Restore
End Sub
```

Beachten Sie wieder, das *CreateForm* das Formular in minimierter Ansicht erstellt. Zur Anzeige in Fensteransicht müssen Sie zusätzlich die Anweisung *DoCmd.Restore* einfügen.

Die vollständige Syntax für die Methode *CreateForm* lautet *CreateForm(Datenbank, Formularvorlage)* (→ Tabelle 17.24).

Argument	Beschreibung
Datenbank	Ein Zeichenfolgenausdruck, der den Namen der Datenbank identifiziert, die die zum Erstellen eines Formulars gewünschte Formularvorlage enthält. Wenn Sie die aktuelle Datenbank verwenden möchten, geben Sie dieses Argument nicht an.
Formularvorlage	Ein Zeichenfolgenausdruck, der den Namen des Formulars angibt, das Sie als Vorlage zum Erstellen eines neuen Formulars verwenden möchten. Wenn Sie dieses Argument nicht angeben, wird die Vorlage zugrunde gelegt, die auf der Registerkarte *Formulare/Berichte* des Dialogfeldes *Optionen* angegeben ist.

Tabelle 17.24 Argumente für *DoCmd.CreateForm*

Datenquelle für Formulare festlegen

Sie können die *RecordSource*-Eigenschaft zum Festlegen der Quelle der Daten für ein Formular oder einen Bericht verwenden.

» Klicken Sie im Formular *Formular14* auf die Schaltfläche *Mit Datenquelle*. Als Erfolg wird – wie gewohnt – ein Formular erstellt. Dieses ist bereits an die Quelle *Tabelle1* gebunden.

» 

Klicken Sie auf die Schaltfläche *Vorhandene Felder hinzufügen*, um die Bindung zu kontrollieren. Die in der zugrunde liegenden Tabelle vorhandenen Felder werden angezeigt (→ Abbildung 17.30).

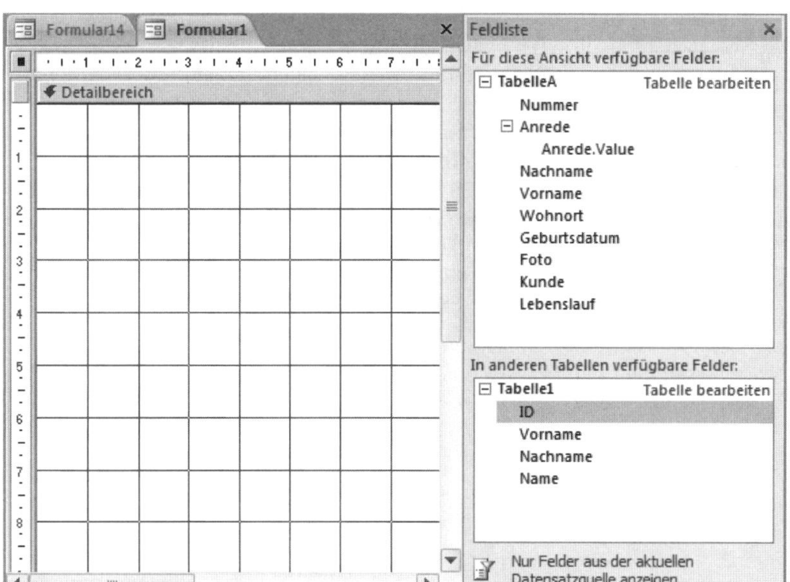

Abbildung 17.30
Die Datenquelle wurde definiert.

» Schließen Sie das Formular durch einen Klick auf die entsprechende Schaltfläche. Speichern brauchen Sie es nicht.

» Den dafür verantwortlichen Code können Sie über die Routine *FormularDatenquelle_Click* einsehen.

```
Private Sub FormularDatenquelle_Click()
    Dim Formular1 As Form
    Dim Text1 As Control
    Set Formular1 = CreateForm()
    Formular1.RecordSource = „TabelleA"
    DoCmd.Restore
End Sub
```

Die Einstellung der Eigenschaft *RecordSource* kann ein Tabellenname, ein Abfragename oder eine SQL-Anweisung sein. Durch Verwenden einer SQL-Anweisung - wie beispielsweise *SELECT Tabelle1!Nachname FROM Tabelle1* - können Sie die im Formular verwendeten Felder beschränken.

Ändern der Datenherkunft

Nachdem Sie ein Formular oder einen Bericht erstellt haben, können Sie die Herkunft der Daten ändern, indem Sie die Eigenschaft *RecordSource* ändern. Das Ändern der Datenherkunft eines geöffneten Formulars oder Berichts bewirkt, dass die zugrunde liegenden Daten automatisch erneut abgefragt werden.

Steuerelemente in ein Formular einfügen

Mithilfe der *CreateControl*-Methode erstellen Sie Steuerelemente in einem Formular, das in der Entwurfsansicht geöffnet ist.

» Klicken Sie im Formular *Formular14* auf die Schaltfläche *Mit Steuerelement*. Als Ergebnis wird ein neues Formular in der Entwurfsansicht erstellt und ein ungebundenes Textfeld eingefügt (→ Abbildung 17.31).

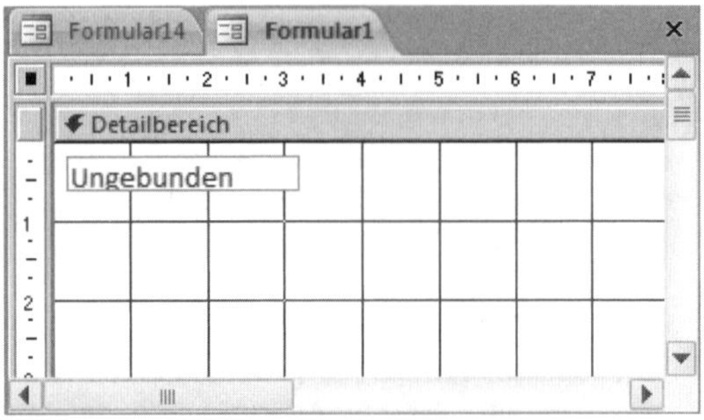

Abbildung 17.31 Ein ungebundenes Steuerelement wurde eingefügt.

» Schließen Sie das Formular durch einen Klick auf die entsprechende Schaltfläche. Speichern brauchen Sie nicht.

» Den Code können Sie über die Routine *FormularSteuerelement_Click* einsehen.

```
Private Sub FormularSteuerelement_Click()
  Dim Formular1 As Form
  Set Formular1 = CreateForm()
  Formular1.RecordSource = „Tabelle1"
  Set Text1 = CreateControl_
    (Formular1.Name, acTextBox, , „", „", 100, 100)
  DoCmd.Restore
End Sub
```

Die vollständige Syntax für die Methode lautet *CreateControl (Formularname, Steuerelementtyp, Bereich, übergeordnet, Spaltenname, links, oben, Breite, Höhe)*. Notwendig für ein Funktionieren der Methode sind nur die Argumente *Formularname* und *Steuerelementtyp* (→ Tabelle 17.25). Die anderen können Sie weglassen oder eine leere Zeichenfolge dafür eingeben. Dann wird ein Steuerelement des gewählten Typs in der linken oberen Ecke des Detailbereichs erstellt.

Argument	Beschreibung
Formularname	Ein Zeichenfolgenausdruck, der den Namen des geöffneten Formulars identifiziert, in dem das Steuerelement erstellt werden soll.
Steuerelementtyp	Eine integrierte Konstante, über die Sie den Typ des Steuerelements festlegen können (siehe unten).
Bereich	Eine integrierte Konstante zur Identifizierung des Bereichs, der das neue Steuerelement enthalten soll (siehe unten).
übergeordnet	Ein Zeichenfolgenausdruck, der den Namen eines übergeordneten Steuerelements identifiziert.
Spaltenname	Der Name des Feldes, an das das Steuerelement gebunden wird, wenn es sich um ein datengebundenes Steuerelement handeln soll. Wenn Sie ein Steuerelement erstellen, das nicht an ein Feld gebunden werden soll, verwenden Sie eine leere Zeichenfolge für dieses Argument.
links, oben	Numerische Ausdrücke, die die Koordinaten für die obere linke Ecke des Steuerelements in *Twips* angeben.
Breite, Höhe	Numerische Ausdrücke, die die Breite und Höhe des Steuerelements in Twips angeben.

Tabelle 17.25 Argumente von *ControlSource*

Den Typ des Steuerelements legen Sie über eine *AcControlType*-Konstante fest. Sie können hierüber alle Objekte erstellen, die Ihnen auch in der Gruppe *Steuerelemente* zur Verfügung stehen (→ Abbildung 17.32 und Tabelle 17.26).

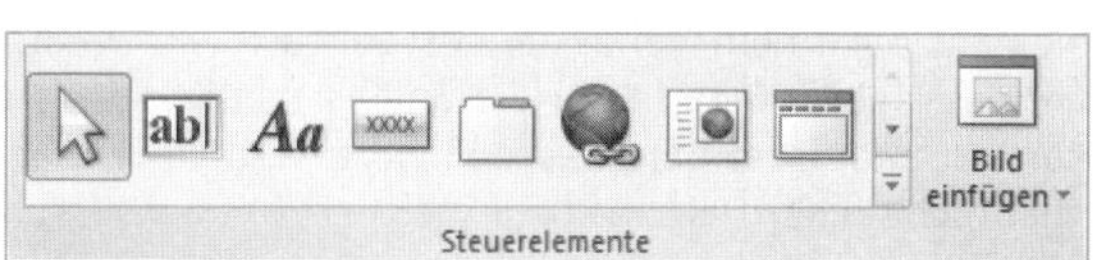

Abbildung 17.32 Die Gruppe *Steuerelemente*

Konstante	Steuerelement
acBoundObjectFrame	Gebundenes Objektfeld
acCheckBox	Kontrollkästchen
acComboBox	Kombinationsfeld
acCommandButton	Befehlsschaltfläche
acCustomControl	ActiveX-Steuerelement
acImage	Bild
acLabel	Bezeichnungsfeld
acLine	Linie
acListBox	Listenfeld
acObjectFrame	Objektfeld
acOptionButton	Optionsschaltfläche
acOptionGroup	Optionsgruppe
acPage	Seite
acPageBreak	Seitenwechsel
acRectangle	Rechteck
acSubform	Unterformular
acTabCtl	Registersteuerelement
acTextBox	Textfeld
acToggleButton	Umschaltfläche

Tabelle 17.26 *AcControlType*-Konstanten

Den Bereich, der das neue Steuerelement enthalten soll, bestimmen Sie über eine *AcSection*-Konstante (→ Tabelle 17.27).

Konstante	Beschreibung
acDetail	Detailbereich (Standardeinstellung)
acHeader	Formular- oder Berichtskopf
acFooter	Formular- oder Berichtsfuß
acPageHeader	Seitenkopf
acPageFooter	Seitenfuß
acGroupLevel1Header	Gruppierungsebene 1 Kopf (nur Berichte)
acGroupLevel1Footer	Gruppierungsebene 1 Fuß (nur Berichte)
acGroupLevel2Header	Gruppierungsebene 2 Kopf (nur Berichte)
acGroupLevel2Footer	Gruppierungsebene 2 Fuß (nur Berichte)

Tabelle 17.27 *AcSection*-Konstanten

Mit dem Argument *Übergeordnet* identifizieren Sie die Beziehung zwischen einem Hauptsteuerelement und einem untergeordneten Steuerelement. Hat beispielsweise ein Textfeld ein zugeordnetes Bezeichnungsfeld, so ist das Textfeld das übergeordnete Hauptsteuerelement, und das Bezeichnungsfeld ist das untergeordnete Steuerelement. Wenn Sie das Bezeichnungsfeld-Steuerelement erstellen, setzen Sie dessen Argument übergeordnet auf eine Zeichenfolge, die den Namen des übergeordneten Steuerelements identifiziert. Wenn Sie das Textfeld erstellen, setzen Sie dessen Argument übergeordnet auf eine leere Zeichenfolge.

Das Argument *Übergeordnet* stellen Sie auch beim Erstellen von Kontrollkästchen, Optionsschaltflächen oder Umschaltflächen ein. Eine Optionsgruppe ist das übergeordnete Steuerelement der darin enthaltenen Kontrollkästchen, Optionsfelder oder Umschaltflächen. Die einzigen Steuerelemente, für die es ein übergeordnetes Steuerelement geben kann, sind Bezeichnungsfeld, Kontrollkästchen, Optionsfeld und Umschaltfläche. Alle diese Steuerelemente können auch unabhängig, also ohne ein übergeordnetes Steuerelement erstellt werden.

Steuerelement binden

Mit der *ControlSource*-Eigenschaft können Sie angeben, welche Daten in einem Steuerelement angezeigt werden sollen. Sie können Daten, die an ein Feld gebunden sind, in einer Tabelle, Abfrage oder SQL-Anweisung anzeigen und bearbeiten.

» Klicken Sie im Formular *Formular14* auf die Schaltfläche *Steuerelement binden*. Als Ergebnis wird ein neues Formular in der Entwurfsansicht erstellt, und ein gebundenes Textfeld wird eingefügt (→ Abbildung 17.33).

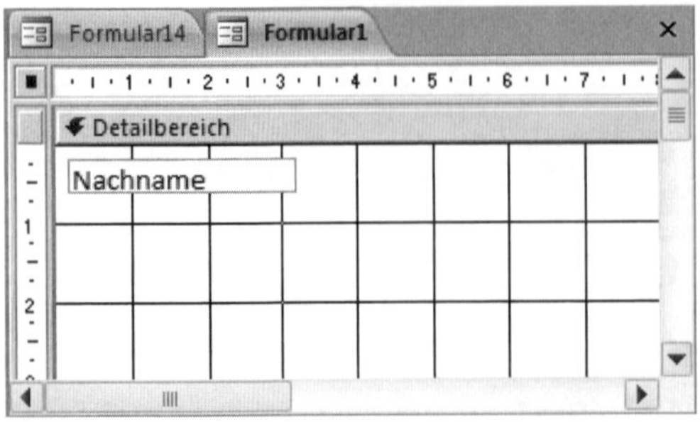

Abbildung 17.33 Ein Steuerelement wurde gebunden eingefügt.

» Zur Kontrolle verlassen Sie den Entwurfsmodus des Formulars. Die Daten des Feldes werden im Steuerelement angezeigt.

» Schließen Sie das Formular durch einen Klick auf die entsprechende Schaltfläche. Speichern brauchen Sie es nicht.

» Den Code können Sie über die Routine *SteuerelementBinden_Click* einsehen.

```
Private Sub SteuerelementBinden_Click()
    Dim Formular1 As Form
    Set Formular1 = CreateForm()
    Formular1.RecordSource = „Tabelle1"
    Set Text1 = CreateControl_
       (Formular1.Name, acTextBox, , „", „",
100, 100)
    DoCmd.Restore
    Text1.ControlSource = „Nachname"
End Sub
```

Der Code verwendet mehrere der in den vorherigen Abschnitten dieses Kapitels beschriebenen Elemente. Zunächst wurde ein Formular erstellt und dieses an die Tabelle *Tabelle1* gebunden. Ein Textfeld wurde eingefügt. Anschließend wurde über die *ControlSource*-Eigenschaft die Herkunft der Daten auf ein Feld der Tabelle festgelegt. Verwenden Sie einen Zeichenfolgenausdruck, um den Wert dieser Eigenschaft einzustellen. Zugewiesen werden kann ein Feldname einer Tabelle, einer Abfrage oder eine SQL-Anweisung.

Alternativ können Sie für *ControlSource* auch einen Ausdruck einsetzen. Wenn Sie beispielsweise *Textfeld1.ControlSource = Now() + 7* verwenden, zeigt das Steuerelement nach dem Verlassen des Entwurfs ein Datum an, das sieben Tage in der Zukunft liegt. Diese Daten können zwar vom Benutzer geändert werden, werden aber nicht in der Datenbank gespeichert.

TIPP Die *ControlSource*-Eigenschaft gilt nicht für Kontrollkästchen-, Optionsfeld- oder Umschaltfläche-Steuerelemente in einer Optionsgruppe. Sie gilt nur für die Optionsgruppe selbst. Bei Berichten gilt die *ControlSource*-Eigenschaft nur für Berichtsgruppierungsebenen.

17.4.2 Berichte erstellen

Auf eine ähnliche Weise, wie *CreateForm* ein Formular erzeugt, erstellt die *CreateReport*-Methode einen Bericht und gibt ein *Report*-Objekt zurück. Auch hier können Sie Basisberichte erstellen oder eine Vorlage verwenden.

Einen Basisbericht erstellen

Ähnlich wie oben für Formulare schon beschrieben, besteht der einfachste Weg, einen Bericht zu erstellen, darin, die *CreateReport*-Methode ohne jegliche Parameter zu verwenden. Auch hierbei wird aber automatisch eine Vorlage benutzt, und zwar die, die im Feld *Berichtsvorlage* auf der Registerkarte *Formulare/Berichte* des Dialogfeldes zum Befehl *Optionen* im Menü *Extras* angegeben ist. Auch hier ist das standardmäßig die Vorlage *Normal*.

» Klicken Sie im Formular *Formular14* auf die Schaltfläche *Standardbericht*. Als Erfolg wird ein neuer Bericht erstellt (→ Abbildung 17.34).

» Schließen Sie den Bericht durch einen Klick auf die entsprechende Schaltfläche. Speichern brauchen Sie ihn nicht.

» Den Code können Sie über die Routine *Standardbericht_Click* einsehen.

```
Private Sub Standardbericht_Click()
    Dim Bericht1 As Report
    Set Bericht1 = CreateReport
    DoCmd.Restore
End Sub
```

Der neue Bericht befindet sich in der Entwurfsansicht, ist noch da nicht an ein spezielles Objekt gebunden und verfügt über noch keinerlei Steuerelemente. Es ist ohne die zusätzliche Anweisung *DoCmd.Restore* minimiert und kann dann über die Taskleiste eingesehen werden.

Eine spezielle Berichtsvorlage verwenden

Wenn Sie oft neue Berichte benötigen, bei denen bestimmte Parameter bereits eingestellt sind, sollten Sie diese auf Basis einer speziellen Vorlage erstellen. Diese Vorlage kann sich in der aktuellen oder in einer anderen Datenbank befinden.

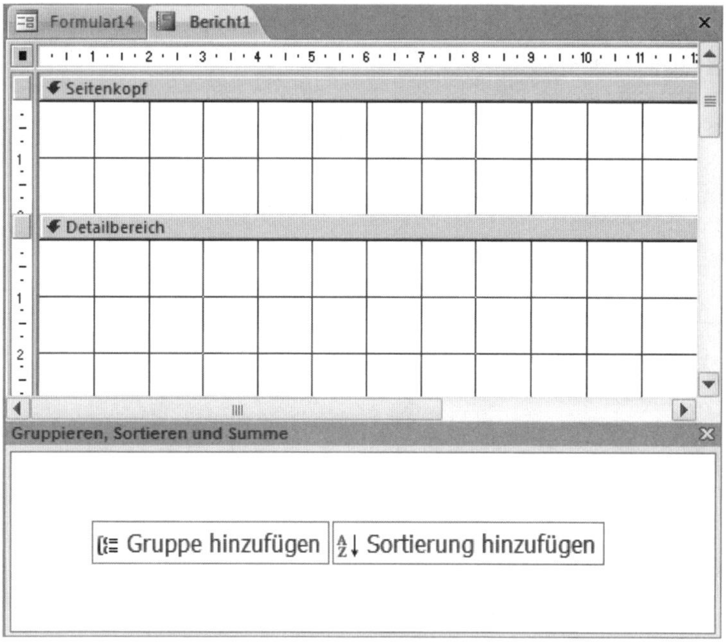

Abbildung 17.34
Ein Bericht wurde in der Entwurfsansicht erstellt.

TIPP Die Vorlage bestimmt, welche Abschnitte ein Bericht hat, und bestimmt die Abmessungen der einzelnen Abschnitte. Die Vorlage enthält darüber hinaus alle Einstellungen der Standardeigenschaften für das Formular sowie deren Abschnitte und Steuerelemente. Eine Vorlage erstellt jedoch keine Steuerelemente.

» Klicken Sie im Formular *Formular14* unter der Überschrift *Berichtsaufgaben* auf die Schaltfläche *Auf Basis Vorlage1*. Als Erfolg wird ein neuer Bericht in der Entwurfsansicht erstellt, der über dieselben Eigenschaften verfügt wie der Bericht *Vorlage1*.

» Schließen Sie den Bericht durch einen Klick auf die entsprechende Schaltfläche. Speichern brauchen Sie nicht.

» Den Code dafür können Sie über die Routine *BerichtVorlage1_Click* einsehen.

```
Private Sub BerichtVorlage1_Click()
    Dim Bericht1 As Report
    Set Bericht1 = CreateReport(, Vorlage1)
    DoCmd.Restore
End Sub
```

Die Syntax lautet *Ausdruck.CreateReport(Datenbank, Berichtsvorlage)* (→ Tabelle 17.28).

Argument	Beschreibung
Datenbank	Ein Zeichenfolgenausdruck, der den Namen der Datenbank angibt, in der die Berichtsvorlage enthalten ist, die Sie zum Erstellen des Berichts verwenden möchten. Wenn Sie die aktuelle Datenbank verwenden möchten, geben Sie dieses Argument nicht an.
Berichtsvorlage	Ein Zeichenfolgenausdruck, der den Namen der Vorlage angibt. Wenn Sie dieses Argument nicht angeben, wird die Vorlage zugrunde gelegt, die im Dialogfeld *Optionen* auf der Registerkarte *Formulare/Berichte* angegeben ist.

Tabelle 17.28 Argumente für *CreateReport*

Steuerelemente in einem Bericht erstellen

So wie *CreateControl* Steuerelemente in einem Formular erzeugt, erstellt die *CreateReportControl*-Methode ein Steuerelement in einem angegebenen geöffneten Bericht.

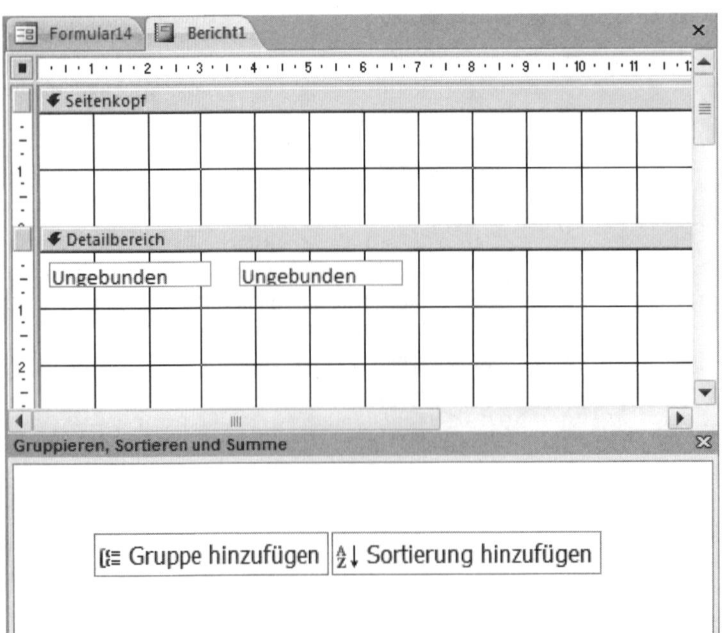

Abbildung 17.35
Ungebundene Steuerelemente wurden in den Bericht eingefügt.

» Klicken Sie im Formular *Formular14* unter der Überschrift *Berichtsaufgaben* auf die Schaltfläche *Mit Steuerelement*. Als Erfolg wird ein neuer Bericht auf der Basis von *Vorlage1* erstellt. Zwei Steuerelemente werden eingefügt (→ Abbildung 17.35).

» Den Code dafür können Sie über die Routine *BerichtSteuerelement_Click* einsehen.

```
Private Sub BerichtSteuerelement_Click()
  Dim Bericht1 As Report
  Dim Text1 As Control
  Dim Text2 As Control
  Set Bericht1 = CreateReport
  Bericht1.RecordSource = „Tabelle1"
  Set Text1 = CreateReportControl_
    (Bericht1.Name, acTextBox, , „", „", 100, 100)
  Set Text2 = CreateReportControl_
    (Bericht1.Name, acTextBox, , „", „", 2100, 100)
  DoCmd.Restore
End Sub
```

Die Syntax dafür ist *Ausdruck.CreateReportControl(Berichtsname, Steuerelementtyp, Bereich, Übergeordnet, Spaltenname, Links, Oben, Breite, Höhe)*. Erforderlich sind nur die Argumente *Berichtsname* und *Steuerelementtyp*, die restlichen sind optional (→ Tabelle 17.29).

Argument	Beschreibung
Berichtsname	Ein Zeichenfolgenausdruck, der den Namen des geöffneten Berichts angibt, in dem das Steuerelement erstellt werden soll.
Steuerelementtyp	Beschreibt den Typ des Steuerelements, das Sie erstellen möchten, über eine *AcControlType*-Konstante.
Bereich	Gibt den Bereich, in dem sich das Steuerelement befinden soll, über *AcSection*-Konstante an.
Übergeordnet	Ein Zeichenfolgenausdruck, der den Namen des übergeordneten Steuerelements eines zugeordneten Steuerelements angibt. Bei Steueelementen ohne übergeordnetes Steuerelement verwenden Sie eine leere Zeichenfolge für dieses Argument oder geben es nicht an.
Spaltenname	Der Name des Feldes, an das das Steuerelement gebunden wird, wenn es sich um ein datengebundenes Steuerelement handeln soll.
Links, Oben	Numerische Ausdrücke, die die Koordinaten für die obere linke Ecke des Steuerelements in Twips anzeigen.
Breite, Höhe	Numerische Ausdrücke, die die Breite und Höhe des Steuerelements in Twips anzeigen.

Tabelle 17.29 Argumente zu *CreateReportControl*

Als *Steuerelementtyp* können Sie in einem Bericht zusätzlich zu den bereits oben im Kapitel für die Formulare beschriebenen *AcControlType*-Konstanten weitere Werte benutzen.

17.4.3 Speichern von neu erstellten Objekten

Die bisher in diesem Abschnitt vorgestellten Techniken hinterlassen ein noch nicht gespeichertes Objekt - ein Formular oder einen Bericht - in der Entwurfsansicht. Sie können die *Save*-Methode der Klasse *DoCmd* verwenden, um ein Speichern des Objekts zu bewirken. Die *Save*-Methode speichert das angegebene oder aktive Objekt immer in der Datenbank, in der es erstellt wurde, unabhängig davon, ob sie in der aktuellen Datenbank oder in einer Bibliotheksdatenbank ausgeführt wird.

Die *Save*-Methode führt die *Speichern*-Aktion in Visual Basic aus. Diese Methode speichert das angegebene oder aktive Objekt immer in der Datenbank, in der es erstellt wurde, unabhängig davon, ob sie in der aktuellen Datenbank oder in einer Bibliotheksdatenbank ausgeführt wird.

» Klicken Sie auf die Schaltfläche *Formular speichern*. Ein Formular wird erstellt, gespeichert und geschlossen. Im Navigationsbereich können Sie das neu erstellte Objekt sehen.

» Den Code für diese Aktionen können Sie über die Routine *FormularSpeichern_Click* einsehen.

```
Private Sub FormularSpeichern_Click()
    Dim Formular1 As Form
    Set Formular1 = CreateForm(, „Vorlage1")
```

```
        DoCmd.Save acForm, „Formular1"
        DoCmd.Close acForm, „Formular1"
        DoCmd.SelectObject acForm, „Formular1", True
    End Sub
```

Beachten Sie, dass das Formular geöffnet sein muss, wenn der Code ausgeführt wird, der die Methode *Save* enthält.

Die allgemeine Syntax lautet *DoCmd.Save(Objekttyp, Objektname)*. Wenn Sie keine Argumente angeben, speichert *Save* dann das gerade aktive Objekt. Wenn Sie das Argument *Objekttyp* weglassen, aber im Argument *Objektname* einen Namen eingeben, speichert Microsoft Access das aktive Objekt unter dem angegebenen Namen. Wenn Sie das Argument *Objekttyp* angeben, geben Sie im Argument *Objektname* den Namen eines vorhandenen Objekts an (→ Tabelle 17.30).

Argument	Beschreibung
Objekttyp	Beschreibt den Typ des zu wählenden Objekts über eine *AcObjectType*-Konstante (→ oben).
Objektname	Ein Zeichenfolgenausdruck, der den gültigen Namen eines Objekts vom Typ *Objekttyp* angibt.

Tabelle 17.30 Argumente der Methode *Save*

Entsprechend können Sie mit der Methode *Save* auch einen Bericht in der Entwurfsansicht speichern.

TIPP Sie können die Methode *Save* im Prinzip nur in den einzelnen Entwurfsansichten verwenden, um die Objekte unter einem neuen Namen zu speichern. Objekte in der Formular-, Seiten oder Datenblattansicht können damit nicht gespeichert werden.

17.5 Das Einstellen von Eigenschaften

Ein weiteres wesentliches Einsatzgebiet von VBA in Microsoft Access liegt in der Einstellung von Eigenschaften für Access-Objekte – wie Formulare und Berichte. Die Vielfalt der Einstellmöglichkeiten ist groß, die dabei einzusetzenden Techniken sind aber im Prinzip immer identisch und auch einfach zu beherrschen.

17.5.1 Eigenschaften zur Entwurfszeit einstellen

Auf die Eigenschaften der Access-Elemente, zu denen Sie bereits Ereignisprozeduren definiert haben, können Sie vom VBA-Editor aus zugreifen. Dazu müssen diese Objekte aber in der Entwurfsansicht geöffnet sein. Im Fenster *Eigenschaften* des Editors stehen Ihnen dieselben Optionen zur Verfügung, als würden Sie über den Entwurfsmodus des Formulars oder des Berichts arbeiten.

»  Wenn der Editor angezeigt wird, wechseln Sie zurück zur Anzeige von Microsoft Access. Öffnen Sie dort das Access-Objekt – wie beispielsweise ein Formular –, in dem Sie die Eigenschaften einstellen wollen, in der Entwurfsansicht.

» 

Wechseln Sie zurück zur Anzeige des VBA-Editors. Wählen Sie – falls notwendig – das Modul im *Projekt-Explorer*. Das Eigenschaftenfenster zeigt die Eigenschaften der Elemente des gewählten Objekts an (→ Abbildung 17.36).

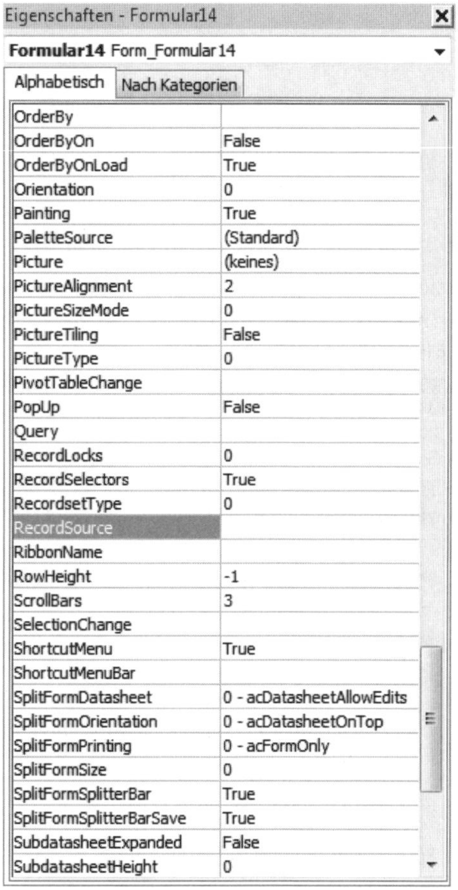

Eigenschaften - Formular14

Formular14 Form_Formular14

Alphabetisch | Nach Kategorien

OrderBy	
OrderByOn	False
OrderByOnLoad	True
Orientation	0
Painting	True
PaletteSource	(Standard)
Picture	(keines)
PictureAlignment	2
PictureSizeMode	0
PictureTiling	False
PictureType	0
PivotTableChange	
PopUp	False
Query	
RecordLocks	0
RecordSelectors	True
RecordsetType	0
RecordSource	
RibbonName	
RowHeight	-1
ScrollBars	3
SelectionChange	
ShortcutMenu	True
ShortcutMenuBar	
SplitFormDatasheet	0 - acDatasheetAllowEdits
SplitFormOrientation	0 - acDatasheetOnTop
SplitFormPrinting	0 - acFormOnly
SplitFormSize	0
SplitFormSplitterBar	True
SplitFormSplitterBarSave	True
SubdatasheetExpanded	False
SubdatasheetHeight	0

Abbildung 17.36 Die Eigenschaften des Formulars

» Über das Listenfeld am oberen Rand des Fensters *Eigenschaften* können Sie das Element auswählen, dessen Eigenschaften Sie festlegen wollen. Die Eigenschaften des Elements werden im unteren Bereich des Fensters aufgelistet (→ Abbildung 17.37).

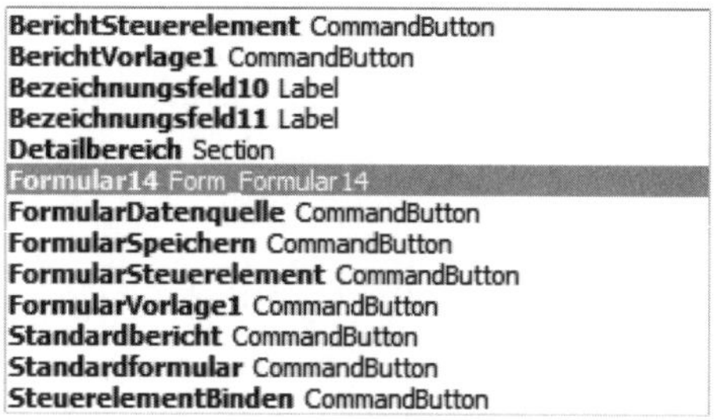

BerichtSteuerelement	CommandButton
BerichtVorlage1	CommandButton
Bezeichnungsfeld10	Label
Bezeichnungsfeld11	Label
Detailbereich	Section
Formular14	Form_Formular14
FormularDatenquelle	CommandButton
FormularSpeichern	CommandButton
FormularSteuerelement	CommandButton
FormularVorlage1	CommandButton
Standardbericht	CommandButton
Standardformular	CommandButton
SteuerelementBinden	CommandButton

Abbildung 17.37 Die Elementeigenschaften

» Wählen Sie in der Liste eine Eigenschaft aus, und ändern Sie die Einstellung dafür.

» Speichern Sie die Änderungen.

TIPP Das Ändern der Eigenschaften über das Eigenschaftenfenster des VBA-Editors ist zwar – wie eben beschrieben – möglich, aber für den weniger erfahrenen Anwender nicht sehr sinnvoll. Für eine Änderung empfiehlt sich eher das Fenster *Eigenschaften* im Entwurf des jeweiligen Objekts.

17.5.2 Eigenschaften zur Laufzeit einstellen

Viel interessanter hinsichtlich des Einsatzes von VBA ist natürlich das Ändern einer Eigenschaft zu Laufzeit des Codes. Sie können dafür beispielsweise Prozeduren in Standardmodulen anlegen. Im Allgemeinen werden aber Änderungen in den Eigenschaften in einem Access-Objekt dann gewünscht, wenn Sie bestimmte Tätigkeiten in diesem Objekt durchführen. Darum sind natürlich die schon angesprochenen Ereignisprozeduren besser geeignet, den Code für die Änderung einer Eigenschaft zu beherbergen.

Eigenschaftsprozedur erstellen

Wenn Sie die Eigenschaft eines Elements über eine Eigenschaftsprozedur erstellen wollen, müssen Sie dafür zunächst den schon in Kapitel 16 beschriebenen Coderahmen erstellen.

» Wenn der Editor angezeigt wird, wechseln Sie zurück zur Anzeige des Navigationsbereichs.

» Öffnen Sie das Access-Objekt – wie beispielsweise das Formular oder den Bericht, in das/den Sie die Eigenschaften einstellen wollen – in der Entwurfsansicht.

» Markieren Sie den Formularmarkierer, Berichtsmarkierer, Bereichsmarkierer oder das Steuerelement, über das der Code später ausgeführt werden soll. Markieren Sie beispielsweise die Schaltfläche *Anzeigen*.

» Klicken Sie dann auf der Symbolleiste auf *Eigenschaften*. Wählen Sie die Registerkarte *Ereignis*. Das Eigenschaftenfenster zum Steuerelement wird angezeigt (→ Abbildung 17.38). Namen von Ereignissen, für die es bereits Prozeduren gibt, sind fett formatiert.

Änderungen durchführen

Innerhalb der Ereignisprozedur können Sie den Code zur Änderung der Eigenschaft formulieren. Dazu müssen Sie zunächst angeben, welches Element Sie meinen. Anschließend können Sie diesem Element eine neue Eigenschaft zuweisen.

TIPP Um den Namen einer Methode zum Einstellen einer Eigenschaft herauszufinden, können Sie sich notfalls eines Tricks bedienen: Lassen Sie das Eigenschaftenfenster im Entwurfmodus des Objekts anzeigen, markieren Sie die gewünschte Eigenschaft, und drücken Sie [F1]. Die Hilfe zeigt dann sowohl die Eigenschaft als auch die entsprechende Methode an.

» Setzen Sie die Schreibmarke in den Coderahmen.

» Wenn sich die Änderung der Eigenschaft auf das aktuelle Access-Objekt beziehen soll, geben Sie das Schlüsselwort *Me* an, gefolgt vom *!*-Operator.

» Fügen Sie dann den Namen des Steuerelements und einen Punkt hinzu – beispielsweise *Me!Name*.

» Geben Sie die Eigenschaft ein, oder wählen Sie sie aus dem automatisch angezeigten Listenfeld aus. Hierin werden alle für das gewählte Steuerelement vorhandenen Eigenschaften aufgelistet.

» Fügen Sie ein Gleichheitszeichen hinzu, und stellen Sie die Eigenschaft ein. Die Routine zur Änderung der Eigenschaft ist fertiggestellt.

```
Private Sub Ausblenden_Click()
    Me!Foto.Visible = False
    Me!Bezeichnungsfeld.Visible = False
End Sub

Private Sub Einblenden_Click()
    Me!Foto.Visible = True
    Me!Bezeichnungsfeld.Visible = True
End Sub
```

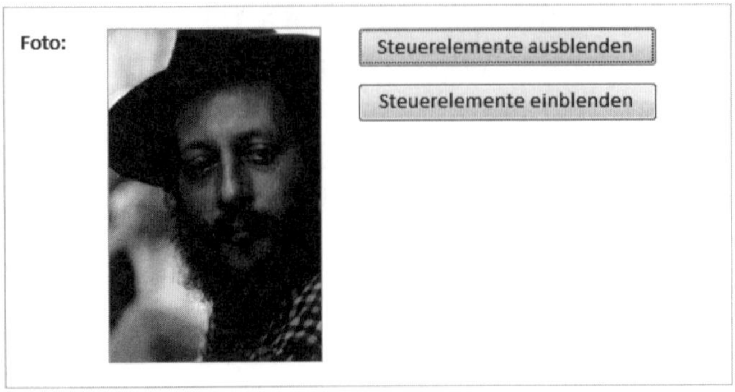

Abbildung 17.38
Das Formular zum Testen

» Speichern Sie die Änderungen im Modul.

Um sich auf die Eigenschaft eines Steuerelements in einem anderen Formular zu beziehen, müssen Sie den vollständigen Bezeichner des Steuerelements angeben - etwa in der Form *Forms![Formularname]![Steuerelementname].Eigenschaft*.

TIPP Beachten Sie, dass einige Eigenschaften nur dann geändert werden können, wenn das Steuerelement den Fokus besitzt. Beispielsweise muss ein Textfeld zuerst den Fokus besitzen, bevor Sie seine Eigenschaft *Text* lesen können. Andere Eigenschaften können nur eingestellt werden, wenn das Steuerelement nicht den Fokus besitzt. Sie können beispielsweise die Eigenschaften *Sichtbar* oder *Aktiviert* eines Steuerelements nicht einstellen, wenn das Steuerelement den Fokus besitzt.

Verwenden Sie die *SetFocus*-Methode, um den Fokus zu regeln - beispielsweise mit *Me!Vorname!SetFocus*.

17.5.3 Standardeigenschaften festlegen

Wenn Sie - wie vorher beschrieben - VBA-Code dazu benutzen, Access-Objekte während der Laufzeit dieses Codes zu erstellen, kann es dienlich sein, gewisse Standardeigenschaften für Steuerelemente in diesem Objekten vorher festzulegen. Sobald Sie die Standardeigenschaften für einen bestimmten Steuerelementtyp festgelegt haben, hat jedes daraufhin erstellte Steuerelement dieses Typs dieselben Standardwerte. Wenn Sie beispielsweise die Standardeigenschaft *Schriftgrad* einer Befehlsschaltfläche auf *12* einstellen, wird jede neue Befehlsschaltfläche den Schriftgrad *12 Punkt* haben. Sie müssen dann die Eigenschaften für die Steuerelemente nicht mehr individuell einstellen.

Das ermöglicht Ihnen die *DefaultControl*-Eigenschaft. Sie verwenden dafür die Syntax *Ausdruck.DefaultControl(Steuerelementtyp)*. Dabei ist *Ausdruck* der Bezeichner für ein *Form*- oder *Report*-Objekt, auf dem die Steuerelemente erstellt werden sollen. *Steuerelementtyp* ist eine eingebaute Konstante, die den Typ des Steuerelements angibt. Eine Liste der eingebauten Konstanten, die als Argument *Steuerelementart* übergeben werden können, finden Sie unter der Methode *CreateControl*.

Die *DefaultControl*-Eigenschaft kann nur in der Entwurfsansicht des Formulars oder des Berichts verwendet werden. Falls Sie versuchen, diese Methode auf ein Formular oder einen Bericht anzuwenden, das oder der sich nicht in der Entwurfsansicht befindet, führt dies zu einem Laufzeitfehler. Benutzen Sie diese Technik also sofort nach dem Erstellen des Objekts über die Methode *CreateForm* oder *CreateReport*, oder öffnen Sie vorher das Objekt in der Entwurfsansicht.

TIPP Nicht alle Eigenschaften eines Steuerelements sind als Standardeigenschaften verfügbar. Die für ein Steuerelement verfügbaren Standardeigenschaften hängen vom Typ des Steuerelements ab.

» Öffnen Sie über den *Projekt-Explorer* das Standardmodul *Modul1*. Die Prozedur *SchalterGross* stellt einige Standardeigenschaften für eine Befehlsschaltfläche ein.

```
Public Sub SchalterGross()
    Dim Formular1 As Form
    Dim StandardSchalter As Control
    Dim Schalter1 As Control
    Set Formular1 = CreateForm()
    Set StandardSchalter = _
        Formular1.DefaultControl(acCommandButton)
    StandardSchalter.FontWeight = 700
    StandardSchalter.FontSize = 12
    StandardSchalter.Width = 3000
    StandardSchalter.Height = 1000
    Set Schalter1 = _
        CreateControl(Formular1.Name,
                      acCommandButton)
    DoCmd.Restore
End Sub
```

» Führen Sie diese Prozedur aus, um die Wirkung zu testen. Ein Formular mit einer größeren Schaltfläche wird erstellt (→ Abbildung 17.39).

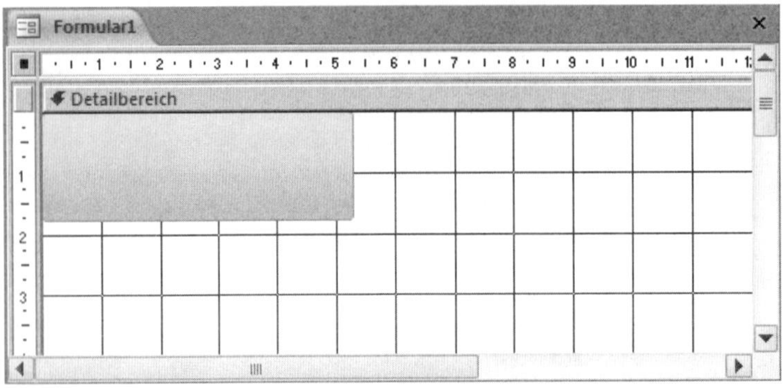

Abbildung 17.39
Ein Formular mit einer größeren Schaltfläche wird erstellt.

» Schließen Sie das Formular nach diesem Test.

Der Code erstellt ein neues Formular und verwendet dazu die oben beschriebenen Techniken. Eine Schaltfläche *StandardSchalter* wird eingeführt. Für diese werden einige der Standardeigenschaften für die Schaltfläche festgelegt. Anschließend wird eine neue Befehlsschaltfläche auf dem Formular erstellt.

Sie können mehrere Eigenschaften darüber einstellen (→Tabelle 17.31).

Name (Methode)	Beschreibung
Name (Name)	Gibt den Namen des Objekts an. Ein gültiger Name muss den Standardbenennungskonventionen für Microsoft Access entsprechen.
Format (Format)	Regelt die Darstellung von Zahlen, Datumsangaben, Zeitangaben und Text.
Sichtbar (Visible)	Legt fest, ob das Objekt angezeigt wird oder nicht.
Gesperrt (Locked)	Gibt an, ob Daten in einem Steuerelement in der Formularansicht bearbeitet werden können.
Hintergrundfarbe (BackColor)	Gibt die Farbe im Inneren eines Steuerelements oder Bereichs an.
Textfarbe (ForeColor)	Regelt die Farbe für Text in einem Steuerelement.
Schriftart (FontName)	Der Name der Schriftart, in der der Text angezeigt wird.
Schriftgrad (FontSize)	Die Größe der Schrift für Text im Steuerelement in Punkt.
Kursiv (FontItalic)	Gibt an, ob der Text kursiv markiert wird.
Textausrichtung (TextAlign)	Gibt die Textausrichtung im Steuerelement an.
BeimKlicken (OnClick)	Gibt an, ob beim Klicken auf das Steuerelement eine Ereignisprozedur gestartet werden soll.

Tabelle 17.31 Namen einiger wichtiger Eigenschaften

17.5.4 Programmoptionen einstellen

Auf der Access-Oberfläche regeln Sie die Programmeinstellungen über das Dialogfeld zum Befehl *Access-Optionen* auf der Registerkarte *Datei*. Sie können diese auch über VBA regeln. Das wesentliche Element besteht darin, über VBA mithilfe der *SetOption*-Methode eine Einstellung für die Option festzulegen. Dazu benutzen Sie die Syntax *Application.SetOption »Optionsname«, Einstellung*. Sie müssen also nur den Namen der Option angeben, nicht die Kategorie im Fenster der *Access-Optionen*. Die Argumente für die *SetOption*-Methode müssen in Englisch eingeben werden. Außerdem müssen Sie zwischen den unterschiedlichen Typen von Optionen unterscheiden:

» Bei Kontrollkästchen legen Sie den Zustand durch Angabe eines booleschen Wertes – also *True* oder *False* – fest. Wenn Sie beispielsweise die Statuszeile des Programms abschalten wollen, verwenden Sie den folgenden Ausdruck:

```
Application.SetOption "Show Status Bar", False
```

» Bei Optionen, die durch Eingabe einer Zeichenfolge oder eines numerischen Wertes festgelegt werden können, geben Sie einfach die Zeichenfolge oder den numerischen Wert an, den Sie auch im Dialogfeld eingeben würden. Im folgenden Beispiel wird die Standardformularvorlage auf den Wert *OrderTemplate* festgelegt:

```
Application.SetOption "Form Template",
"OrderTemplate"
```

» Außerdem gibt es unter den Optionen noch vordefinierte Optionen, die aus einem Listenfeld, einem Kombinationsfeld oder einer Optionsgruppe ausgewählt werden können. Dabei benutzen Sie einfach die numerische Position innerhalb der Liste an. Zählen Sie sie einfach im Dialogfeld ab. Beginnen Sie die Zählung mit 0! Im folgenden Beispiel wird die Option *Default Field Type* auf den Wert *AutoWert* festgelegt:

```
Application.SetOption "Default Field Type", 5
```

» Auch zum Festlegen einer Option, die ein Element einer Optionsgruppe darstellt, geben Sie die Indexnummer der Option innerhalb der Gruppe an. Im folgenden Beispiel wird das Markierungsverhalten auf *Voll eingerahmt* festgelegt:

```
Application.SetOption "Selection Behavior", 1
```

ACHTUNG Beim Schließen von Microsoft Access können Sie die ursprünglichen Einstellungen für alle Optionen zurücksetzen, indem Sie für die geänderten Optionen die *SetOption*-Methode verwenden. Hilfreich ist hierfür das Erstellen von öffentlichen Variablen mit den ursprünglichen Einstellungen. Sie können Code einschließen, um die Optionen in der *Close*-Ereignisprozedur für ein Formular zurückzusetzen. Alternativ dazu können Sie auch Code in einer benutzerdefinierten Prozedur zum Beenden einfügen, damit der Benutzer diese zum Beenden der Anwendung ausführen muss.

Die folgenden Tabellen liefern Ihnen die Namen der wichtigsten Optionen und die dazugehörenden Argumente (→ Tabelle 17.32 bis Tabelle 17.47).

Option	Argument
Sortierreihenfolge bei neuer DB	*New Database Sort Order*
Standarddatenbankordner	*Default Database Directory*
Standarddateiformat	*Default File Format*

Tabelle 17.32 Kategorie *Allgemein*, Bereich *Datenbanken erstellen*

Name der Option	Argument
Beim Schließen komprimieren	*Auto Compact*
Beim Speichern persönliche Daten aus Dateieigenschaften entfernen	*Remove Personal Information*
Steuerelemente mit Windows-Design auf Formularen verwenden	*Themed Form Controls*
Layoutansicht für diese Datenbank aktivieren	*DesignWithData*
Auf abgeschnittene Zahlenfelder prüfen	*CheckTruncatedNumFields*
Bildeigenschaften-Speicherformat	*Picture Property Storage Format*

Tabelle 17.33 Kategorie *Aktuelle Datenbank*, Bereich *Anwendungsoptionen*

Name der Option	Argument
Änderungen für Objektnamenautokorrektur protokollieren	*Track Name AutoCorrect Info*
Objektnamenautokorrektur ausführen	*Perform Name AutoCorrect*
Änderungen für Objektnamenautokorrektur protokollieren	*Log Name AutoCorrect Changes*

Tabelle 17.34 Kategorie *Aktuelle Datenbank*, Bereich *Optionen für Objektnamenautokorrektur*

Name der Option	Argument
Liste anzeigen von Werten in, Lokalen indizierten Feldern	*Show Values in Indexed*
Liste anzeigen von Werten in, Lokalen nicht indizierten Feldern	*Show Values in Non-Indexed*
Liste anzeigen von Werten in, ODBC-Feldern	*Show Values in Remote*
Liste anzeigen von Werten in, Datensätzen in der lokalen Momentaufnahme	*Show Values in Snapshot*
Liste anzeigen von Werten in, Datensätzen auf dem Server	*Show Values in Server*
Keine Listen anzeigen, wenn mehr als diese Anzahl von Zeilen gelesen wird	*Show Values Limit*

Tabelle 17.35 Kategorie *Aktuelle Datenbank*, Bereich *Optionen der Filteranwendung für Datenbank*

Name der Option	Argument
Standardgitternetzlinien, Horizontal	*Default Gridlines Horizontal*
Standardgitternetzlinien, Vertikal	*Default Gridlines Vertical*
Standardzelleffekt	*Default Cell Effect*
Standardspaltenbreite	*Default Column Width*

Tabelle 17.36 Kategorie *Datenblatt*, Bereich *Gitternetzlinien und Zelleffekte*

Name der Option	Argument
Schriftart	*Default Font Name*
Schriftgrad	*Default Font Size*
Schriftbreite	*Default Font Weight*
Unterstreichen	*Default Font Underline*
Kursiv	*Default Font Italic*

Tabelle 17.37 Kategorie *Datenblatt*, Bereich *Standardschriftart*

Name der Option	Argument
Standardtextfeldgröße	*Default Text Field Size*
Standardzahlenfeldgröße	*Default Number Field Size*
Standardfeldtyp	*Default Field Type*
AutoIndex beim Importieren/Erstellen	*AutoIndex on Import/Create*
Schaltfläche ‚Optionen für Eigenschaften aktualisieren' anzeigen	*Show Property Update Options Buttons*

Tabelle 17.38 Kategorie *Objekt-Designer*, Bereich *Tabellenentwurf*

Name der Option	Argument
Tabellennamen anzeigen	*Show Table Names*
Alle Felder ausgeben	*Output All Fields*
AutoVerknüpfung aktivieren	*Enable AutoJoin*
SQL Server-kompatible Syntax (ANSI 92), In dieser Datenbank verwenden	*ANSI Query Mode*
SQL Server-kompatible Syntax (ANSI 92), Standard für neue Datenbanken	*ANSI Query Mode Default*
Schriftart zum Erstellen von Abfragen, Schriftart	*Query Design Font Name*
Schriftart zum Erstellen von Abfragen, Schriftgrad	*Query Design Font Size*

Tabelle 17.39 Kategorie *Objekt-Designer*, Bereich *Abfrageentwurf*

Name der Option	Argument
Markierungsverhalten	*Selection Behavior*
Formularvorlage	*Form Template*
Berichtsvorlage	*Report Template*
Immer Ereignisprozeduren verwenden	*Always Use Event Procedures*

Tabelle 17.40 Kategorie *Objekt-Designer*, Bereich *Formulare/Berichte*

Name der Option	Argument
Fehlerüberprüfung aktivieren	*Enable Error Checking*
Farbe des Fehlerindikators	*Error Checking Indicator Color*
Auf nicht dazugehöriges Bezeichnungsfeld und Steuerelement prüfen	*Unassociated Label and Control Error Checking*
Auf neue nicht dazugehörige Bezeichnungsfelder prüfen	*New Unassociated Labels Error Checking*
Auf Tastenkombinationsfehler prüfen	*Keyboard Shortcut Errors Error Checking*
Auf ungültige Steuerelementeigenschaften prüfen	*Invalid Control Properties Error Checking*
Auf allgemeine Berichtfehler prüfen	*Common Report Errors Error Checking*

Tabelle 17.41 Kategorie *Objekt-Designer*, Bereich *Fehlerüberprüfung*

Name der Option	Argument
Wörter in GROSSBUCHSTABEN ignorieren	*Spelling ignore words in UPPERCASE*
Wörter mit Zahlen ignorieren	*Spelling ignore words with number*
Internet- und Dateiadressen ignorieren	*Spelling ignore Internet and file addresses*
Vorschläge nur aus Hauptwörterbuch	*Spelling suggest from main dictionary only*
Wörterbuchsprache	*Spelling dictionary language*

Tabelle 17.42 Kategorie *Dokumentprüfung*, Bereich *Bei der Rechtschreibkorrektur in Microsoft Office-Programmen*

Name der Option	Argument
Cursor mit Eingabetaste bewegen	*Move After Enter*
Cursorverhalten bei Eintritt in Feld	*Behavior Entering Field*
Funktion der Pfeiltasten	*Arrow Key Behavior*
Cursor stoppt bei erstem/letztem Feld	*Cursor Stops at First/Last Field*
Suchen/Ersetzen-Standard	*Default Find/Replace Behavior*
Bestätigen, Datensatzänderungen	*Confirm Record Changes*
Bestätigen, Löschen von Dokumenten	*Confirm Document Deletions*
Bestätigen, Aktionsabfragen	*Confirm Action Queries*
Standardrichtung	*Default Direction*
Allgemeine Ausrichtung	*General Alignment*
Cursorbewegung	*Cursor Movement*
Datenblatt IME-Steuerelement	*Datasheet Ime Control*
Hijri-Kalender verwenden	*Use Hijri Calendar*

Tabelle 17.43 Kategorie *Clienteinstellungen*, Bereich *Bearbeiten*

Name der Option	Argument
Diese Anzahl zuletzt verwendeter Dokumente anzeigen	*Size of MRU File List*
Statusleiste	*Show Status Bar*
Animationen anzeigen	*Show Animations*
SmartTags auf Datenblättern anzeigen	*Show Smart Tags on Datasheets*
SmartTags in Formularen und Berichten anzeigen	*Show Smart Tags on Forms and Reports*
Im Makroentwurf anzeigen, Namenspalte	*Show Macro Names Column*
Im Makroentwurf anzeigen, Bedingungsspalte	*Show Conditions Column*

Tabelle 17.44 Kategorie *Clienteinstellungen*, Bereich *Anzeigen*

Name der Option	Argument
Linker Rand	*Left Margin*
Rechter Rand	*Right Margin*
Oberer Rand	*Top Margin*
Unterer Rand	*Bottom Margin*

Tabelle 17.45 Kategorie *Clienteinstellungen*, Bereich *Drucken*

Name der Option	Argument
Feedback mit Sound	*Provide Feedback With Sound*
Vierstellige Jahreszahlenformatierung, In dieser Datenbank verwenden	*Four-Digit Year Formatting*
Vierstellige Jahreszahlenformatierung, In allen Datenbanken verwenden	*Four-Digit Year Formatting All Databases*

Tabelle 17.46 Kategorie *Clienteinstellungen*, Bereich *Allgemein*

Name der Option	Argument
Zuletzt verwendete Datenbank beim Starten von Access öffnen	*Open Last Used Database When Access Starts*
Standardöffnungsmodus	*Default Open Mode for Databases*
Standard bei Datensatzsperrung	*Default Record Locking*
Datenbanken mit Sperrung auf Datensatzebene öffnen	*Use Row Level Locking*
OLE/DDE-Timeout (s)	*OLE/DDE Timeout (sec)*
Anzeigeaktualisierungsintervall (s)	*Refresh Interval (sec)*
Anzahl der Datenaktualisierungsversuche	*Number of Update Retries*
ODBC-Anzeigeaktualisierungsintervall (s)	*ODBC Refresh Interval (sec)*
Datenaktualisierungsintervall (ms)	*Update Retry Interval (msec)*
DDE-Vorgänge, DDE-Anfragen ignorieren	*Ignore DDE Requests*
DDE-Vorgänge, DDE-Aktualisierung zulassen	*Enable DDE Refresh*
Befehlszeilenargumente	*Command-Line Arguments*

Tabelle 17.47 Kategorie *Clienteinstellungen*, Bereich *Erweitert*

17.6 Schützen von VBA-Code

Nachdem man weiß, was man wie tun muss, ist das Erstellen von einfachen Codesegmenten in Access-VBA kein größeres Problem. Der Aufbau eines umfangreichen Codegerüstes stellt aber immer eine wertvolle zeitliche Investition dar, und Sie sollten Schritte unternehmen, diesen Wert zu bewahren. In diesem abschließenden Abschnitt wollen wir uns darum mit Fragen beschäftigen, die den Schutz des von Ihnen erstellten VBA-Codes in der Access-Datei zum Inhalt haben. Dabei geht es um den Schutz durch Kennwörter und andere Techniken.

17.6.1 Kennwörter zum Schutz einsetzen

Um zu verhindern, dass ein anderer Benutzer Ihren Code anzeigt oder Änderungen daran vornimmt, können Sie den Code durch ein Kennwort schützen.

» Öffnen Sie die Microsoft Access-Projektdatei, die den VBA-Code enthält, der geschützt werden soll, und lassen Sie den *Visual Basic-Editor* anzeigen.

» Klicken Sie im Visual Basic-Editor im Menü *Extras* auf *Eigenschaften von ...*, und wechseln Sie zur Registerkarte *Schutz* (→ Abbildung 17.40).

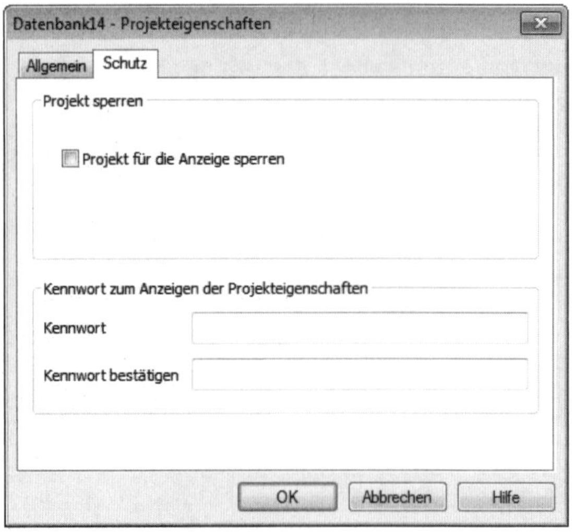

Abbildung 17.40 Die Registerkarte *Schutz*

» Aktivieren Sie dort das Kontrollkästchen *Projekt für die Anzeige sperren*. Wenn Sie ein Kennwort festlegen, jedoch das Kontrollkästchen nicht aktivieren, kann der Code von jedem beliebigen Benutzer angezeigt und bearbeitet werden, das Dialogfeld *Projekteigenschaften* ist jedoch geschützt.

» Geben Sie im Feld *Kennwort* Ihr Kennwort ein. Geben Sie im Feld *Kennwort bestätigen* das Kennwort erneut ein, um es zu bestätigen.

» Klicken Sie zum Abschluss auf *OK*.

Damit ist das Kennwort festgelegt. Der Code kann ohne zusätzliche Eingabe des Kennworts nicht angezeigt oder geändert werden. Ein spezielles Speichern ist nicht erforderlich.

Richtlinien für Kennwörter

Verwenden Sie starke Kennwörter aus Groß- und Kleinbuchstaben, Zahlen und Symbolen. Kennwörter können 1 bis 20 Zeichen umfassen und alphabetische Zeichen, Zeichen mit Akzenten, Ziffern, Leerzeichen und Sonderzeichen enthalten. Ausgenommen sind die folgenden Zeichen:

» Die Zeichen » \ [ ] : | < > + = ; , . ? *

» Vorangestellte Leerzeichen

» Steuerzeichen (ASCII 10 bis ASCII 31)

Bei Kennwörtern müssen Sie die Groß-/Kleinschreibung beachten.

TIPP Wenn Sie Ihr Kennwort vergessen, kann es nicht mehr wiederhergestellt werden. Sie sind dann nicht mehr in der Lage, den vorhandenen VBA-Code anzuzeigen oder zu bearbeiten. Ein sinnvoller Trick, sich ein Kennwort zu merken, besteht darin, dafür die Anfangsbuchstaben eines Gedichtes, Liedes oder anderen Textes zu benutzen - beispielsweise *3CmdK/sadSuesw* für *Drei Chinesen mit dem Kontrabass, saßen auf der Straße und erzählten sich was*. Vielleicht finden Sie in dieser Richtung etwas, was Ihnen mehr liegt.

17.6.2 Wirkung

Wenn Sie oder ein anderer Benutzer die Datenbank das nächste Mal öffnen, können Sie bzw. er zwar den VBA-Editor anzeigen lassen, die in der Datenbank vorhandenen Projekte sind aber ausgeblendet. Sollte der Benutzer versuchen, die Projekte anzuzeigen, wird ein Dialogfeld angezeigt, in das das Kennwort eingegeben werden muss (→ Abbildung 17.41).

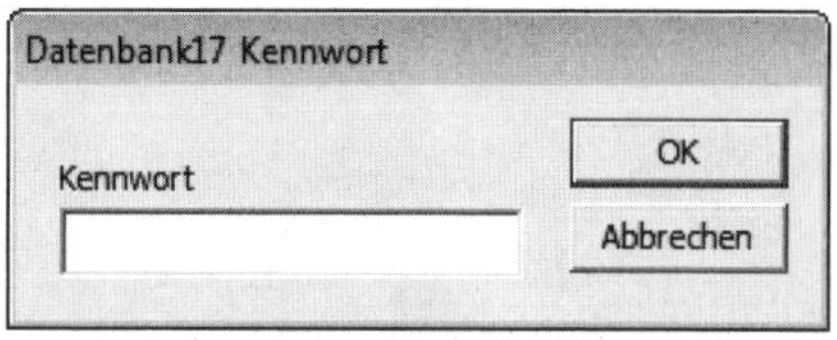

Abbildung 17.41 Die Aufforderung zur Eingabe des Kennworts

17.6.3 Schutz abschalten

Wenn Sie den Schutz wieder abschalten wollen - beispielsweise weil Sie regelmäßig am Code weiterarbeiten müssen -, gehen Sie ähnlich vor wie beim Einschalten des Schutzes.

» Klicken Sie im Microsoft Visual Basic-Editor im Menü *Extras* auf *Eigenschaften von* ... Da der Kennwortschutz noch besteht, wird das Dialogfeld zur Eingabe angezeigt.

» Geben Sie das gültige Kennwort ein, und bestätigen Sie. Das Dialogfeld *Eigenschaften von* ... wird angezeigt.

» Wechseln Sie zur Registerkarte *Schutz*.

» Deaktivieren Sie die Option *Projekt für die Anzeige sperren*, und löschen Sie die in den Feldern *Kennwort* und *Kennwort bestätigen* vorhandenen Eingaben.

» Klicken Sie zum Abschluss auf *OK*.

Das Projekt ist jetzt wieder frei verfügbar, und der Code kann von jedem Benutzer angezeigt und geändert werden. Ein spezielles Speichern ist nicht erforderlich.

17.6.4 Erstellen einer ACCDE-Datei

Durch das Speichern einer Datenbank als *.accde* -Datei werden die Formulare, Berichte und Module einer Access-Datenbank geschützt. Ein Benutzer einer so gespeicherten Datenbank kann den Entwurf von Formularen, Berichten oder Modulen nicht mehr ändern. Beim Speichern als *.accde* -Datei werden alle Module kompiliert, der gesamte bearbeitbare Quellcode entfernt und die Zieldatenbank komprimiert. Der Visual Basic-Code kann weiter ausgeführt, jedoch weder angezeigt oder bearbeitet werden. Die Datenbank funktioniert aber

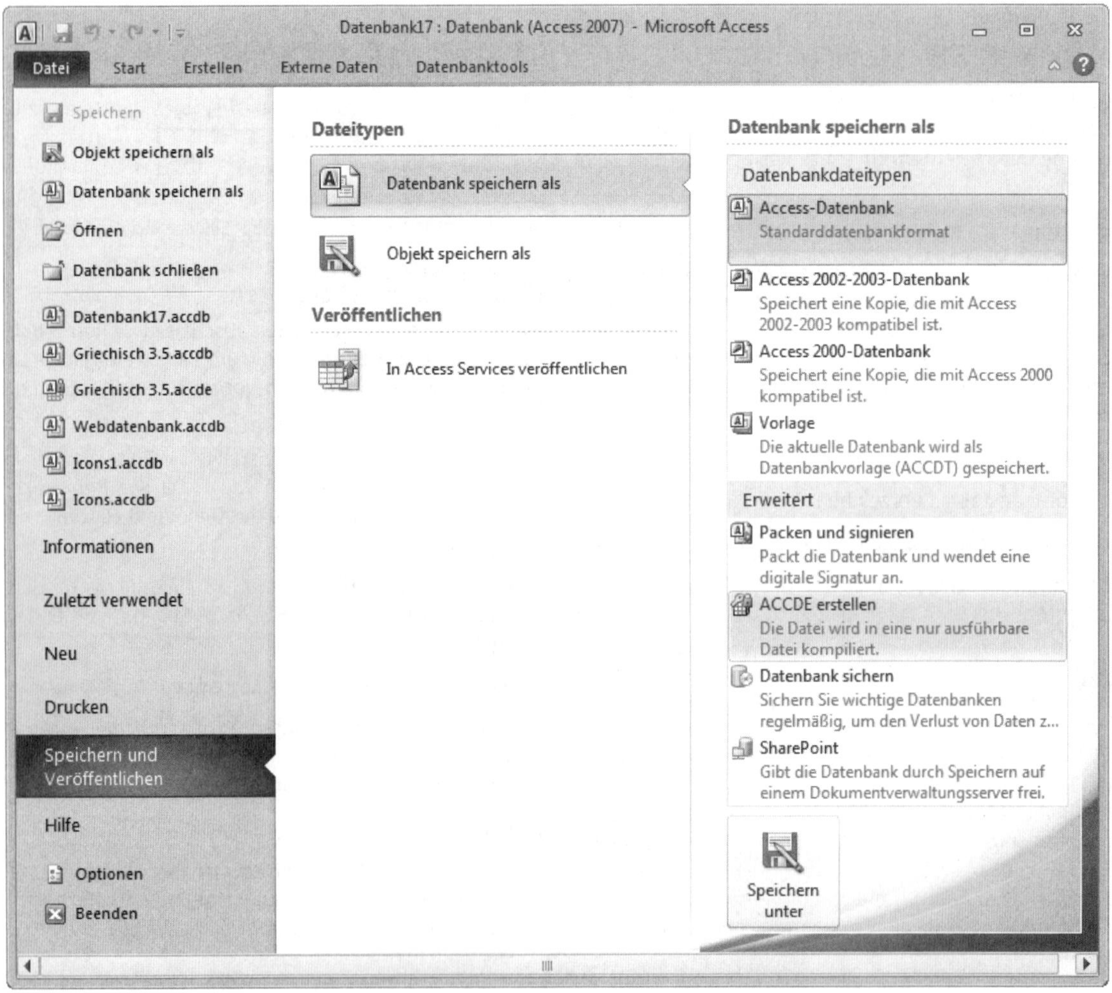

Abbildung 17.42 Das Erstellen einer ACCDE-Datei

weiterhin wie gehabt; Sie können nach wie vor Daten aktualisieren und Berichte ausführen.

Gehen Sie wie folgt vor, um eine *.accde* -Datei aus einer *.accdb*-Datei zu erstellen:

» Öffnen Sie die Datenbank, die als *.accde*-Datei gespeichert werden soll.

» Klicken Sie auf die Registerkarte *Datei*, und wählen Sie die Kategorie *Speichern und Veröffentlichen* (→ Abbildung 17.42).

» Klicken Sie darin auf *Datenbank speichern als* und dann im rechten Bereich unter *Erweitert* auf *ACCDE erstellen*. Das Dialogfeld *Speichern unter* wird angezeigt.

» Wechseln Sie im Dialogfeld zu dem Ordner, in dem die Datei gespeichert werden soll, geben Sie in das Feld *Dateiname* einen Namen für die Datei ein, und klicken Sie dann auf *Speichern*.

TIPP Bewahren Sie unbedingt eine Kopie Ihrer ursprünglichen Microsoft Access-Datenbank an einem sicheren Speicherort auf. Falls es erforderlich wird, den Entwurf dieser Objekte zu ändern, müssen Sie die Änderungen in der Original-Access-Datenbank vornehmen und die Access-Datenbank anschließend erneut als *.accde*-Datei speichern.

17.6.5 Digitale Signatur verwenden

Eine digitale Signatur ist ein elektronisches, sicheres und auf Verschlüsselung basierendes Authentifizierungszeichen in einem Dokument. Sie können es sinnvoll für Makros oder VBA-Code einsetzen und damit bestätigen, dass das Makro oder der Code von der Person stammt, die es signiert hat, und nicht verändert wurde.

Eigenes Zertifikat erstellen

Mit dem zu Ihrer Office-Version gehörenden Programm *Selfcert.exe* können Sie digitale Signaturen auch selbst erstellen (→ Abbildung 17.43). Sie finden dieses Programm auch als *Digitales Zertifikat für VBA-Projekte* innerhalb von *Microsoft Office/Microsoft Office 2010-Tools* im Bereich *Alle Programme* des Startmenüs von Windows.

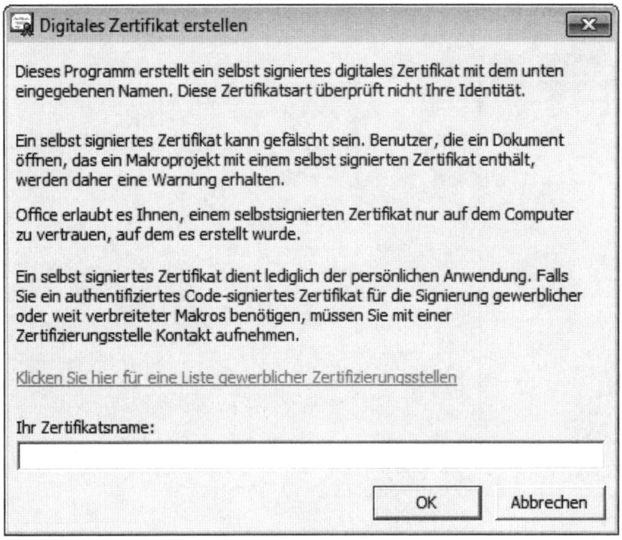

Abbildung 17.43
Das Programm *Selfcert.exe*

Da ein von Ihnen erstelltes digitales Zertifikat nicht von einer offiziellen Zertifizierungsstelle vergeben wurde, werden Makroprojekte, die Sie mit einem solchen Zertifikat signieren, wie selbst unterschriebene Projekte behandelt. Je nachdem, wie die Microsoft Office-Features für digitale Signaturen in Ihrem Unternehmen eingesetzt werden, dürfen Sie ein solches Zertifikat möglicherweise nicht verwenden, und andere Personen können aus Sicherheitsgründen vom Autor unterschriebene Makros gegebenenfalls nicht ausführen.

Wenn Sie noch kein solches digitales Zertifikat besitzen, müssen Sie eines erwerben. Digitale Zertifikate werden von kommerziellen Zertifizierungsstellen (beispielsweise *VeriSign, Inc.*) oder vom Administrator für interne Sicherheit bzw. den IT-Mitarbeitern Ihres Unternehmens vergeben.

Signieren einer Projektes

Nachdem Sie ein Zertifikat erworben haben, können Sie es zum Signieren Ihre Projekte benutzen.

» Wechseln Sie zum VBA-Editor - beispielsweise durch Drücken von `Alt`+`F11`.

» Wählen Sie im Editor den Befehl *Digitale Signatur* im Menü *Extras*. Das Dialogfeld *Digitale Signatur* wird angezeigt (→ Abbildung 17.44). Standardmäßig sind noch keine Zertifikate erteilt.

Abbildung 17.44 Das Dialogfeld *Digitale Signatur*

» Um ein digitales Zertifikat auszuwählen, klicken Sie auf *Wählen*. Die auf Ihrem Rechner gespeicherten Zertifikate werden im Dialogfeld *Zertifikat auswählen* aufgelistet (→ Abbildung 17.45).

Abbildung 17.45
Das Dialogfeld *Zertifikat auswählen*

» Wählen Sie das gewünschte Zertifikat aus, und klicken Sie dann auf *OK*. Das gewählte Zertifikat wird zugeordnet (→ Abbildung 17.46).

Abbildung 17.46 Das gewählte Zertifikat wird zugeordnet.

» Wenn Sie das aktuelle Zertifikat verwenden möchten, klicken Sie auf *OK*.

Da das digitale Zertifikat auf Ihrem Computer vorhanden ist, wird das Projekt bei jedem Speichern automatisch neu signiert. Wenn aber ein Benutzer, der nicht über ein identisches Zertifikat verfügt, eine Änderung im Code durchführt, wird die digitale Signatur beim Speichern automatisch entfernt.

TIPP Wenn Sie verhindern möchten, dass Benutzer Ihrer Lösung Ihr Makroprojekt versehentlich ändern und damit Ihre Signatur ungültig machen, sperren Sie das Makroprojekt, bevor Sie es signieren. Ihre digitale Signatur sagt also nur aus, dass Sie sicherstellen, dass das Projekt nicht geändert wurde, seit Sie es signiert haben. Sie beweist nicht, dass Sie das Makroprojekt geschrieben haben. Das Sperren Ihres Makroprojekts schützt nicht davor, dass ein anderer Benutzer die digitale Signatur durch eine andere Signatur ersetzt.

Kapitel 18

Die Gestaltung der Access-Oberfläche

In diesem letzten Kapitel des Teils zur Automatisierung von Access wollen wir uns mit XML beschäftigen. Das Ziel der Arbeit besteht hier in der Manipulation der Oberfläche des Programms - im Wesentlichen in den Möglichkeiten zu Änderung des Menübandes.

» Dazu liefern wir Ihnen zunächst eine kurze Einführung zu XML (→ Abschnitt 18.1).

» Damit Sie einen ersten Einblick in die Möglichkeiten erhalten, wollen wir Ihnen zunächst das Prinzip der Vorgehensweise vorstellen. Dazu werden wir zunächst sehen, wie man mithilfe einer zusätzlichen XML-Datei alle Inhalte des Menübandes vollständig abschaltet (→ Abschnitt 18.2). Das dabei verwendete Prinzip können Sie dann für alle nachfolgend beschriebenen Anpassungen verwenden.

» Anschließend werden wir auf die Ressourcen eingehen, die Sie zur Manipulation des Menübandes verwenden können (→ Abschnitt 18.3). Dabei handelt sich um Dinge wie die Typen und Namen von Steuerelementen, die Sie in selbst gestalteten Registerkarten einsetzen können.

» Der folgende Abschnitt liefert eine größere Zahl von Beispielanwendungen mit Änderungen im Menüband (→ Abschnitt 18.4). Darin werden wir uns mit der Manipulation der wichtigsten Elemente beschäftigen. Wir werden auch auf das programmgesteuerte Regeln der Einstellungen des Dialogfelds zum Befehl *Access-Optionen* eingehen.

» Sie können auch mithilfe von Makros eigene Menüs oder Kontextmenüs erstellen (→ Abschnitt 18.5). Die Menüs können beispielsweise im Menüband angezeigt werden, wenn Sie ein Formular oder einen Bericht öffnen. Kontextmenüs werden eingeblendet, indem Sie mit der rechten Maustaste auf Formulare, Berichte oder einzelne Steuerelemente klicken.

Eine einleitende Bemerkung ist vielleicht noch notwendig: In früheren Versionen von Microsoft Office - also auch Access - wurde die Benutzeroberfläche mithilfe des *CommandBars*-Objekts über VBA geändert. In Office 2010 kann dieser Code in den meisten Fällen unverändert weiterverwendet werden. Änderungen an Symbolleisten in Office 2003 werden in der Version 2010 auf einer speziellen Registerkarte mit dem Namen *Add-Ins* angezeigt. Darin enthält die Gruppe *Menübefehle* Elemente, die der vorherigen Menüstruktur hinzugefügt wurden. Die Gruppe *Symbolleistenbefehle* zeigt Elemente, die vorherigen integrierten Symbolleisten hinzugefügt wurden. Benutzerdefinierte Symbolleisten werden in der Gruppe *Benutzerdefinierte Symbolleisten* innerhalb der Registerkarte *Add-Ins* angezeigt.

18.1 Einführung in XML

Dies ist kein Buch über XML. Wir wollen aber darauf eingehen, welche Funktionen man in Microsoft Access hinsichtlich XML benutzen kann, und dazu müssen Sie zumindest die Grundprinzipien der Arbeit mit XML verstanden haben. Ein grundlegendes XML-System besteht aus einer Datendatei mit Markups, einem Schema und einer Transformation. In den folgenden Abschnitten wollen wir Ihnen die Funktionen und die wesentlichsten Elemente davon vorstellen.

XML ist eine Abkürzung für *Extensible Markup Language* - englisch für *erweiterbare Auszeichnungssprache*. Der Name deutet schon die Funktion an: Sie können damit in Dateien einzelne wichtige Daten kennzeichnen, auf die andere Werkzeuge zugreifen können - etwa so, als würden Sie in Ihren Akten wichtige Stellen mit einem Marker kennzeichnen. Der Vorgang der Kennzeichnung wird als *Markup* - also Markieren - bezeichnet. Dabei werden als *Tags* oder *Token* bezeichnete Codeelemente in den Datenbestand eingefügt, die die Bedeutung der einzelnen Elemente definieren.

Das ist ähnlich wie bei *HTML*: Wenn Sie eine Webseite im Internet Explorer anzeigen lassen, mit der rechten Maustaste auf die Seite klicken und dann den Befehl *Quelltext anzeigen* aus dem Kontextmenü wählen, finden Sie eine Mischung aus lesbarem Text und HTML-Tags wie beispielsweise *<p>* und *<h2>*. Bei HTML definieren die Tags im Prinzip nur die Darstellungsweise der Daten, und man ist dabei auf eine vordefinierte Gruppe von Tags beschränkt, die von allen Benutzern gemeinsam verwendet wird. Bei XML hingegen wird ein System der verwendbaren Tags von den dafür in der Organisation verantwortlichen Mitarbeitern definiert. Wenn Sie ein solches System beispielsweise auf Ihre einzelnen Verkaufsdaten konsequent anwenden, kann eine Datenbank darauf zugreifen und zusammenfassende Berichte erstellen. Wichtig ist, dass XML außerdem plattformunabhängig ist. Sie kann in jedem für die Verwendung von XML konzipierten Programm gelesen und verarbeitet werden, wobei weder Hardware noch Betriebssystem eine Rolle spielen.

Tags sind sowohl in HTML- als auch in XML-Dokumenten leicht daran zu erkennen, dass sie von spitzen Klammern umgeben sind. Sie treten immer paarweise auf, verfügen also über einen Anfangs-Tag - wie beispielsweise *<Tag1>* - und einen End-Tag - beispielsweise *</Tag1>*. Den Unterschied zwischen Anfangs- und End-Tag erkennen Sie daran, dass der End-Tag einen zusätzlichen Schrägstrich beinhaltet. Ein damit zu kennzeichnender Wert würde also mit *<Tag1>Wert</Tag1>* markiert werden.

```
<ANSCHRIFT>
        <VORNAME>Sabine</VORNAME>
        <NAME>Hermann</NAME>
        <STRASSE>Gartenstraße 16</STRASSE>
        <PLZ>90762</PLZ>
        <ORT>Fürth</ORT>
</ANSCHRIFT>
```

Abbildung 18.1 Daten mit Tags

Es gibt Fälle, in denen alle in einer Datei vorhandenen Daten mit Tags ausgezeichnet sind. Beispielsweise könnten sämtliche Bestandteile einer Anschrift markiert sein (→ Abbildung 18.1). Häufiger ist jedoch der Fall, in dem nur bestimmte Elemente so markiert sind (→ Abbildung 18.2). Sie können also mithilfe von XML-Tags genau erkennen, welche Art von Daten markiert werden.

Tags treten nicht nur paarweise mit Anfangs-Tag und End-Tag auf, sie unterliegen meist auch gewissen hierarchischen Strukturen. Beispielsweise kann man einen Block der Daten einer Anschrift mit den Tags *<Anschrift>* und *</Anschrift>* insgesamt markieren und dann die einzelnen Bestandteile darin wiederum individuell kennzeichnen - so den Namen mit *<Name>* und *</Name>*. Welche Tag-Strukturen eingesetzt werden können, wird man im Allgemeinen entsprechenden Experten überlassen. Diese entwickeln ein System, das die Struktur der Markierung beschreibt.

Wenn die in einem Datenbestand vorgenommenen Markierungen den durch das System geforderten Voraussetzungen genügen, spricht man von *wohlgeformtem XML*. Das bedeutet meist, dass die Markierungen sowohl ein Anfangs-Tag und ein End-Tag aufweisen als auch den Forderungen hinsichtlich der hierarchischen Struktur genügen.

Mit den entsprechenden XML-Tags können Sie beispielsweise ein Desktop-Programm verwenden, um Daten von einem Standardcomputer zu öffnen und zu verwenden.

```
<ANSCHRIFT>
Gestern habe ich eine gewisse <VORNAME>Sabine</VORNAME> kennen gelernt. Später
stellte sich heraus,dass sie mit Nachnamen <NAME>Hermann</NAME> heißt und in
der <STRASSE>Gartenstraße 16</STRASSE> in <PLZ>90762</PLZ> <ORT>Fürth</ORT> wohnt.
</ANSCHRIFT>
```

Abbildung 18.2 Daten mit Text und Tags

Und unabhängig davon, wer einen XML-Datenblock erstellt, können dieselben Daten in verschiedenen Microsoft Office-Programmen verwendet werden, z. B. Microsoft Access 2010, Microsoft Access 2010, Microsoft InfoPath 2010 und Microsoft Excel 2010. Da XML so gut übertragbar ist, hat es sich zu einer der beliebtesten Technologien für den Datenaustausch zwischen Datenbanken und Benutzerdesktops entwickelt.

18.2 Das Prinzip der Anpassung

Zum Anpassen der Registerkarten im Menüband müssen Sie bei Microsoft Access bedeutend weniger Aufwand treiben als beispielsweise bei Microsoft Excel oder Word. Sie können - sozusagen - mit Bordmitteln arbeiten. Das Prinzip besteht darin, eine Systemtabelle zu erstellen, darin XML-Code einzugeben und dann das Programm anzuweisen, diesen Code zu verwenden.

18.2.1 Vorarbeiten

Zunächst müssen Sie einige Vorarbeiten durchführen. Systemtabellen werden in der Standardeinstellung nicht im Navigationsbereich angezeigt. Das sollten Sie zunächst ändern, damit die von Ihnen noch zu erstellende Tabelle später angezeigt wird:

» Klicken Sie mit der rechten Maustaste auf die Überschrift des Navigationsbereichs, und wählen Sie *Navigationsoptionen* aus dem Kontextmenü.

» Schalten Sie im gleichnamigen Dialogfeld das Kontrollkästchen *Systemobjekte anzeigen* ein (→ Abbildung 18.3).

» Bestätigen Sie über *OK*. Im Navigationsbereich werden dann einige Systemtabellen angezeigt, die Sie aber für die jetzt anstehenden Aufgaben nicht weiter interessieren müssen.

Stellen Sie auch sicher, dass die Option *Fehler des Benutzeroberflächen-Add-Ins anzeigen* im Abschnitt *Allgemein* der Kategorie *Clienteinstellungen* unter den *Access-Optionen* aktiviert ist (→ Abbildung 18.3).

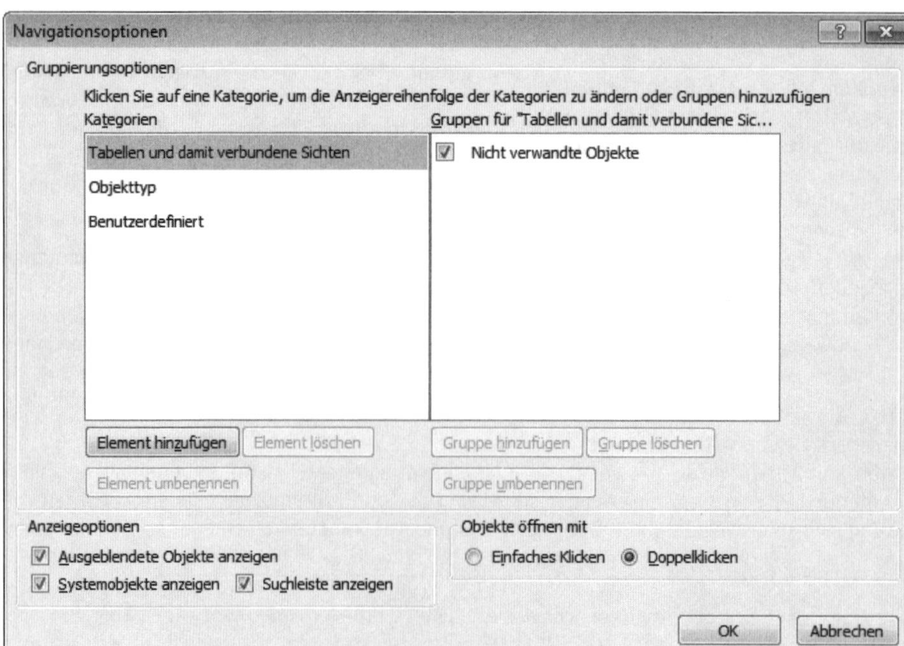

Abbildung 18.3
Lassen Sie die ausgeblendeten Systemobjekte anzeigen.

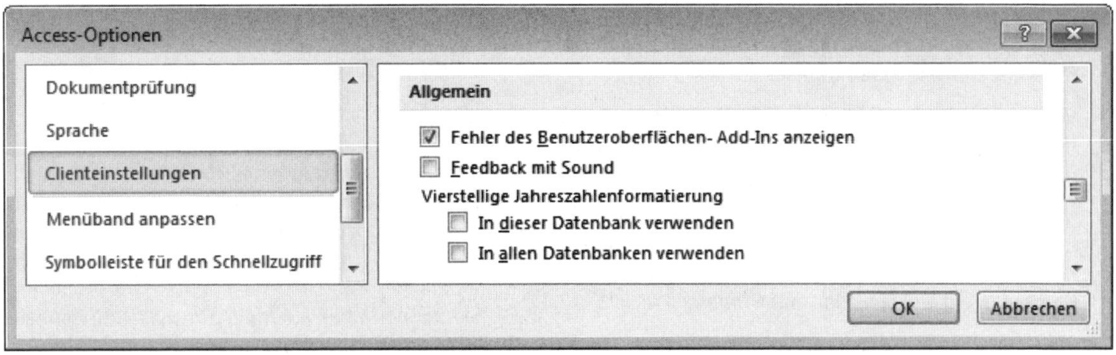

Abbildung 18.4 Die Fehler anzeigen zu lassen, kann hilfreich sein.

Das bewirkt, dass Fehler, die Sie bei der Eingabe des XML-Markup gemacht haben, nach dem Öffnen der Datenbank in einem Dialogfeld gemeldet werden.

18.2.2 Eine Systemtabelle erstellen

Wir empfehlen Ihnen, das Prinzip der Anpassung einmal selbst auszuprobieren. Erstellen Sie dazu eine neue Datenbank. Benennen Sie sie beispielsweise mit dem Namen *Test*. Zur Anpassung der Datenbank müssen Sie eine neue Systemtabelle einrichten. Dabei gehen Sie wie beim Erstellen einer normalen Tabelle vor. Dass das Programm die Tabelle als Systemtabelle verwendet, wird durch den Tabellennamen – und auch durch die Feldnamen – sichergestellt.

Die Tabelle in der Entwurfsansicht erstellen

Verwenden Sie zum Erstellen der Tabelle die folgenden Arbeitsschritte:

» Falls notwendig, wählen Sie im Menüband der bereits geöffneten Datenbank die Registerkarte *Erstellen*.

» Klicken Sie auf dieser Registerkarte in der Gruppe *Erstellen* auf *Tabellenentwurf*. Als Erfolg wird im Arbeitsbereich das Fenster für den Tabellenentwurf angezeigt.

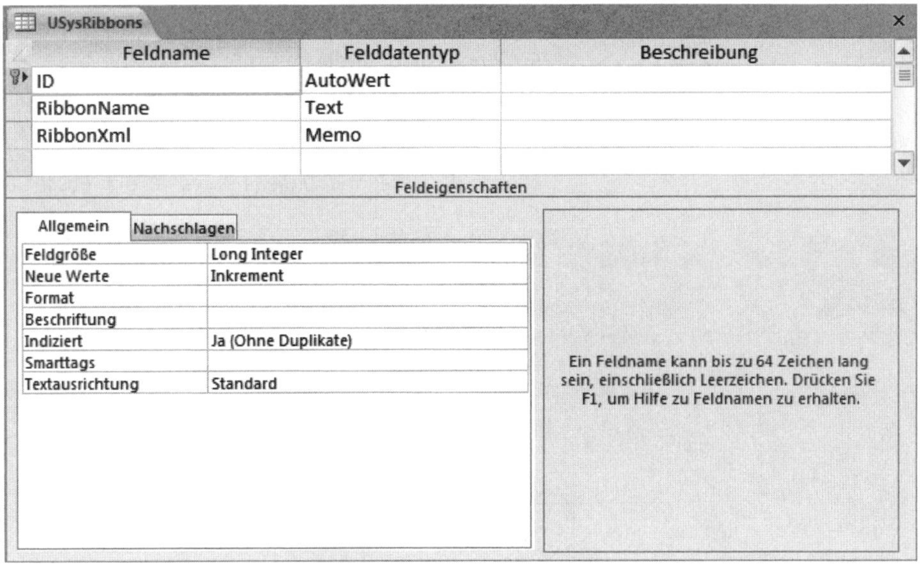

Abbildung 18.5 Die Systemtabelle in der Entwurfsansicht

- Definieren Sie dann zumindest die drei Felder mit den Namen *ID*, *RibbonName* und *RibbonXml*. Achten Sie auf die exakte Schreibweise!
- Verwenden Sie die Feldtypen *AutoWert* für *ID*, *Text* mit einer Größe von *255* für *RibbonName* und *Memo* für *RibbonXml* (→ Abbildung 18.5).
- Markieren Sie die Feldzeile *ID*, und sorgen Sie dafür, dass es als Primärschlüsselfeld verwendet wird. Klicken Sie dazu in der Registerkarte *Tabellentools/Entwurf* in der Gruppe *Tools* auf *Primärschlüssel*.
- Speichern Sie die Tabelle unter dem Namen *USysRibbons*, und schalten Sie um zur Datenblattansicht der Tabelle.

Die Eingaben

In nächsten Schritt müssen Sie in der Tabelle Eingaben vornehmen. Dazu müssen Sie im Feld *RibbonName* der Symbolleiste einen Namen geben und im Feld *RibbonXML* einen XML-Code eingeben, der die gewünschte Manipulation bewirkt. Um die Eingabearbeit dafür gering zu halten, können Sie zum ersten Ausprobieren des Prinzips einen Code benutzen, der alle integrierten Registerkarten nur abschaltet. Auf weitere Schritte - wie das Erstellen von neuen Registerkarten, Gruppen und Befehlen - werden wir in den anschließenden Abschnitten eingehen.

- Geben Sie im Feld *RibbonName* einen Namen **ohne** Leerzeichen ein - beispielsweise *KeineRegisterkarten*. Sie können auch jeden beliebigen anderen Namen benutzen.
- Im Feld *RibbonXML* geben Sie den folgenden XML-Code ein:

```
<customUI xmlns="http://schemas.microsoft.com/
office/2006/01/customui" >
  <ribbon startFromScratch=«true« >
  </ribbon>
</customUI>
```

Sie machen sich Eingabe eines mehrzeiligen Codes in eine Tabelle einfacher, indem Sie die Zeilenhöhe vergrößern. Setzen Sie dazu den Mauszeiger auf die Trennlinie zur nächsten Zeile, halten die Maustaste gedrückt und verschieben die Trennlinie nach unten (→ Abbildung 18.5). Sie können aber auch ein Formular zur Eingabe erstellen und das Feld entsprechend groß gestalten.

Schließen Sie die Tabelle und auch die Datenbank.

TIPP Nach Wunsch können Sie der neuen Systemtabelle weitere Felder hinzufügen, beispielsweise ein Kommentarfeld, um die Funktion des XML-Codes für das Menüband zu beschreiben.

18.2.3 Die Anpassung wählen

Im letzten Schritt müssen Sie angeben, wie die eben über die Systemtabelle erstelle Manipulation in der Datenbank benutzt werden soll. Sie haben hier zwei Möglichkeiten: Entweder wird die Manipulation für die gesamte Datenbank benutzt oder nur für einzelne Datenbankobjekte. Um das einmal auszutesten, öffnen Sie die Datenbank erneut.

Die Anpassung für die gesamte Datenbank

Damit ein angepasstes Menüband für die gesamte Datenbank verwendet wird, verwenden Sie die Option *Name des Menübands*. Sie finden Sie in den *Access-Optionen* in der Kategorie *Aktuelle Datenbank* im Abschnitt

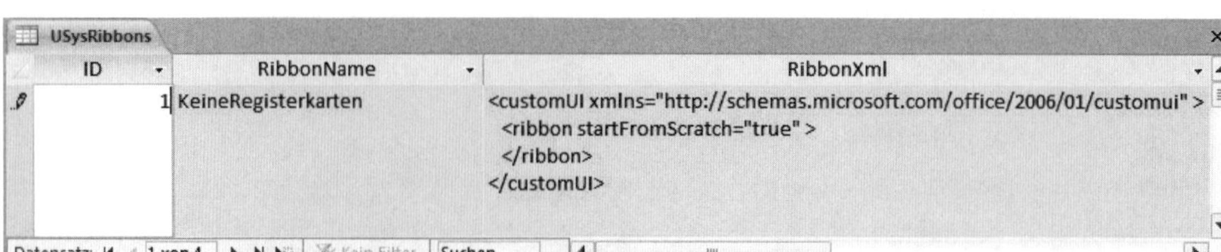

Abbildung 18.6 Geben Sie die Daten ein.

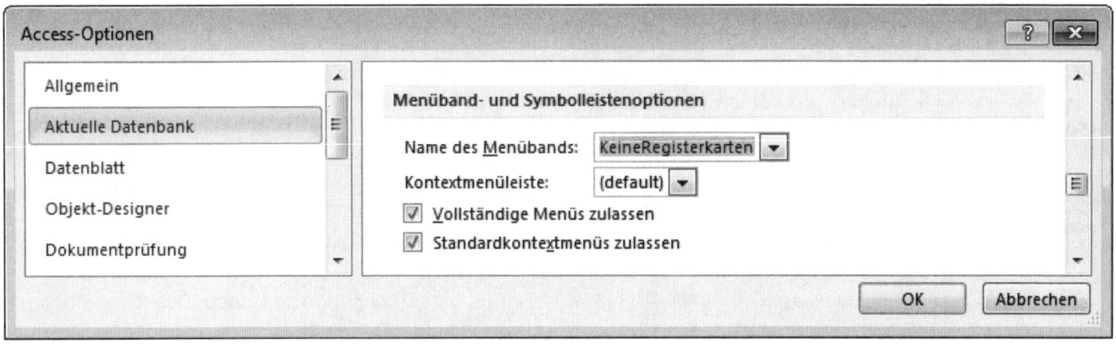

Abbildung 18.7 Wählen Sie den Namen des Menübands aus.

Menüband- und Symbolleistenoptionen (→ Abbildung 18.7). Wenn Sie – wie eben beschrieben – in der Datenbank eine geeignete Systemtabelle angelegt hatten, finden Sie im Listenfeld zu *Name des Menübands* den oder die Werte aus dem Feld *RibbonName* der Systemtabelle. Wählen Sie hier den Namen aus: Benutzen Sie zum Ausprobieren die Eintragung *KeineRegisterkarten*.

Nach der Bestätigung werden Sie darauf hingewiesen, dass Sie die Datenbank schließen und wieder öffnen müssen, um die Einstellung wirksam zu machen. Tun Sie das. Nach dem Öffnen der Testdatenbank wird im Menüband nur noch die Registerkarte *Datei* angezeigt (→ Abbildung 18.7). Dafür sorgte der XML-Markup *<ribbon startFromScratch="true">* in der Spalte *RibbonXML* der Systemtabelle. Damit haben Sie Access angewiesen, ganz von vorn zu beginnen. Natürlich sind auch andere Formen der Anpassung möglich (→ unten).

ACHTUNG Beachten Sie, dass sich diese Form der Anpassung nur auf die aktuelle Datenbank bezieht. Wenn Sie eine andere Datenbank öffnen, ist das Menüband wieder in der gewohnten Pracht vorhanden.

Zur Standardeinstellung zurückkehren

Wenn Sie hinsichtlich der Anzeige des Menübands in der Datenbank zur Standardeinstellung zurückkehren möchten – also die Komponenten des Menübands wieder voll anzeigen wollen –, öffnen Sie die Datenbank, und lassen Sie die Access-Optionen dafür anzeigen. Wählen Sie die Kategorie *Aktuelle Datenbank*, und entfernen Sie den Eintrag im Feld *Name des Menübands*. Bestätigen Sie, und schließen Sie die Datenbank. Nach einem weiteren Öffnen ist das Menüband wieder in der gewohnten Form vorhanden.

Die Anpassung für ein Datenbankobjekt

Alternativ können Sie das eben erstellte Menüband auch nur für den Fall anwenden, dass ein bestimmtes Formular oder ein Bericht geöffnet wird.

Dazu öffnen Sie das entsprechende Formular oder den Bericht über den Navigationsbereich. Lassen Sie durch Drücken von [F4] das Eigenschaftenblatt anzeigen. Sorgen Sie dafür, dass im Fenster für die Eigenschaften das gesamte Formular oder der gesamte Bericht ausgewählt ist.

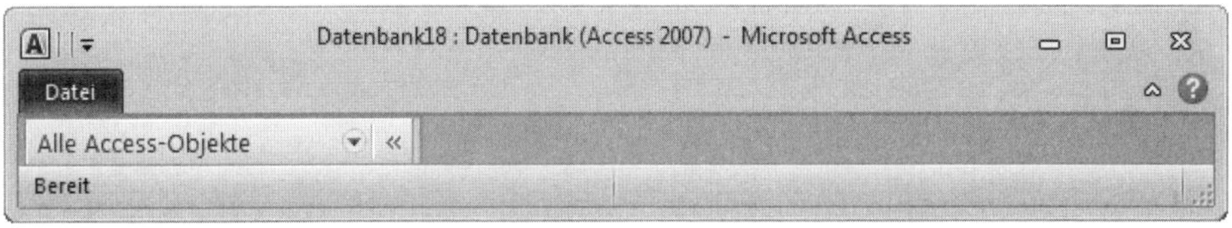

Abbildung 18.8 Nur noch die Registerkarte *Datei* wird angezeigt.

Öffnen Sie im Eigenschaftenblatt die Registerkarte *Andere*. Über die Eigenschaft *Name des Menübands* können Sie den Namen des in der Systemtabelle *USysRibbons* definierten Menübands auswählen (→ Abbildung 18.9).

Abbildung 18.9 Das Menüband für ein Formular auswählen

Speichern Sie die Änderungen, und schließen Sie das Formular oder den Bericht. Öffnen Sie dann das Objekt erneut – diesmal in einer Datenansicht. Das von Ihnen ausgewählte Menüband wird angezeigt (→ Abbildung 18.10). Hierbei ist diese Form der Anzeige aber nur so lange wirksam, wie das entsprechende Formular oder der Bericht aktuell ist. Wenn Sie dieses Objekt schließen oder ein anderes Objekt öffnen, wird das Menüband wieder in voller Form angezeigt.

Die Systemdateien ausblenden

Nachdem Sie ausgetestet haben, ob das benutzerdefinierte Menüband ordnungsgemäß funktioniert, können Sie die Systemtabellen wieder ausblenden. Klicken Sie mit der rechten Maustaste oben im Navigationsbereich auf die Navigationsleiste, und wählen Sie aus dem Kontextmenü die *Navigationsoptionen*. Deaktivieren Sie im gleichnamigen Dialogfeld unter *Anzeigeoptionen* das Kontrollkästchen *Systemobjekte anzeigen*, und bestätigen Sie über *OK*.

18.3 Die Ressourcen

Nachdem Sie das Prinzip des Menübandes verstanden haben, wollen wir uns jetzt den Details des dafür notwendigen XML-Markups zuwenden. Dazu wollen wir Ihnen zunächst einige Ressourcen vorstellen, auf die Sie zum Aufbau des Markups zum Anpassen zugreifen können.

18.3.1 Vorhandene Steuerelemente

Oft werden Sie zum Aufbau eines benutzerdefinierten Menübandes bereits in Access vorhandene Steuerelemente verwenden. Wenn Sie das tun, haben Sie den Vorteil, dass Sie die Funktionalität dieser Elemente nicht erst selbst definieren müssen – sie wird gleich

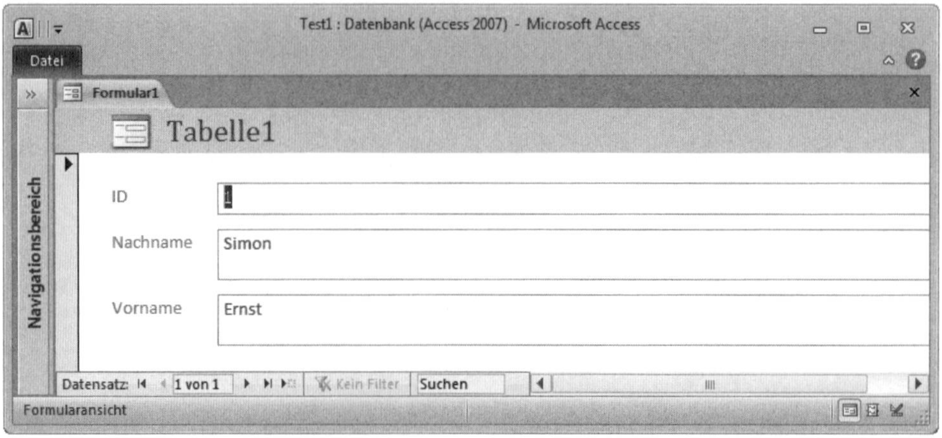

Abbildung 18.10 Das Menüband bei einem Formular

mitgeliefert, wenn Sie ein solches Element in das Menüband einbauen.

Die Typen der Steuerelemente

Wenn Sie auf das Menüband anschauen, merken Sie sofort, dass dieses verschiedene Typen von Steuerelementen beinhaltet. Wenn Sie solche Elemente in benutzerdefinierte Stellen des Menübandes einbinden wollen, müssen Sie sie mit dem englischen Namen ansprechen (→ Tabelle 18.1).

Bezeichnung	Typ	Beispiel
Menüband	*ribbon*	Das gesamte Menüband.
Registerkarte	*tab*	Die Registerkarte *Start*.
Gruppe	*group*	Die Gruppe *Zwischenablage* auf der Registerkarte *Start*.
Menü	*menu*	Die Elemente zur Schaltfläche *Suchen* in der Gruppe *Suchen* auf der Registerkarte *Start*.
Katalog	*gallery*	Die Symbole für die Steuerelemente im Bereich *Formularentwurfstools/Entwurf/Steuerelemente*.
Schaltfläche	*button*	Der Befehl *Ausschneiden* in der Gruppe *Zwischenablage* auf der Registerkarte *Start*.
Umschaltfläche	*toggleButton*	Die Schaltfläche *Fett* in der Gruppe *Textformatierung* auf der Registerkarte *Start*.
Schaltfläche mit Dropdown-Elementen	*splitButton*	Die Schaltfläche *Einfügen* in der Gruppe *Zwischenablage* auf der Registerkarte *Start*.
Optionskästchen	*checkBox*	Der Befehl *Eindeutig* in der Gruppe *Feldüberprüfung* der Registerkarte *Tabellentools/Felder*.
Kombinationsfeld	*comboBox*	Der Befehl *Schriftart* in der Gruppe *Textformatierung* auf der Registerkarte *Start*.
Bezeichnung	*labelControl*	Reiner Text für die Namen von Registerkarten, Gruppen usw.

Tabelle 18.1 Typen von Steuerelementen im Menüband

Die Namen der vorhandenen Steuerelemente

Um herauszufinden, welche Namen für die einzelnen Gruppen und Befehlsschaltflächen verwendet werden, können Sie sich eines Tricks bedienen: Lassen Sie die Kategorie *Menüband anpassen* unter den *Access-Optionen* anzeigen. Wählen Sie über die Liste *Befehle auswählen* die gewünschte Registerkarte aus. Bewegen Sie dann den Mauszeiger auf den gewünschten Befehl, und schauen Sie auf den automatisch angezeigten Tipp (→ Abbildung 18.11). Der letzte - in Klammern gesetzte - Ausdruck ist der Name des Elements - beispielsweise *Copy* für die Schaltfläche *Kopieren*.

Beachten Sie auch die kleinen Symbole rechts von den einzelnen Befehlen in der Liste (→ Abbildung 18.12 und Tabelle 18.2): Diese geben Aufschluss über den Typ des Steuerelements.

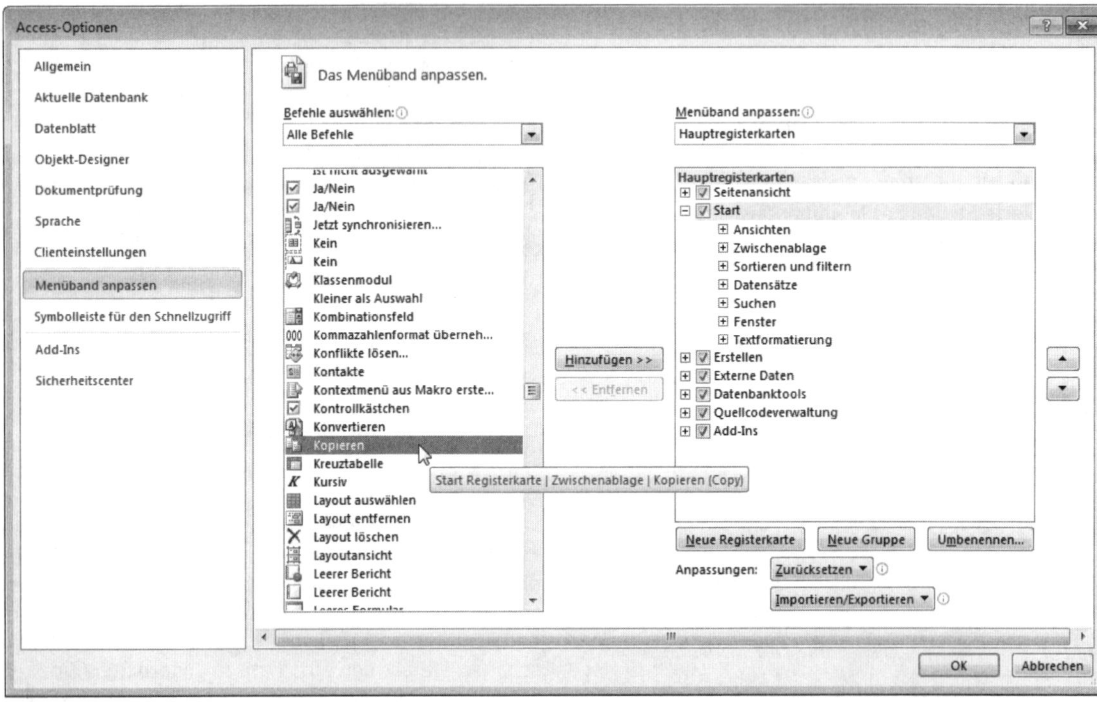

Abbildung 18.11 Die Kategorie *Menüband anpassen* unter den *Access-Optionen*

Abbildung 18.12 Beachten Sie die kleinen Symbole rechts in der Liste.

Symbol	Bedeutung
I▾	Wenn ein Symbol auftaucht, das einer Schaltfläche für eine Drop-down-Liste ähnelt, repräsentiert die Befehlszeile ein aufklappbares Listenelement - wie beispielsweise bei *Schriftart*.
▸	Symbole mit einer Pfeilspitze beschreiben ein Menü mit Elementen, beispielsweise die Schaltfläche *Schriftfarbe*, die den Namen *FontColorPicker* trägt.
|▸	Ist die Pfeilspitze mit einem zusätzlichen Strich versehen, beschreibt die Zeile einen Befehl, der eine Bibliothek öffnet.
	Zeilen ohne zusätzliche Symbole beschreiben eine einfache Schaltfläche.

Tabelle 18.2 Die Typen von Steuerelementen

Welche Namen die einzelnen Steuerelemente tragen und zu welchen Typen sie gehören, bildet erfahrungsgemäß eines der wesentlichsten Probleme bei der Definition des gewünschten XML-Markups. Das werden

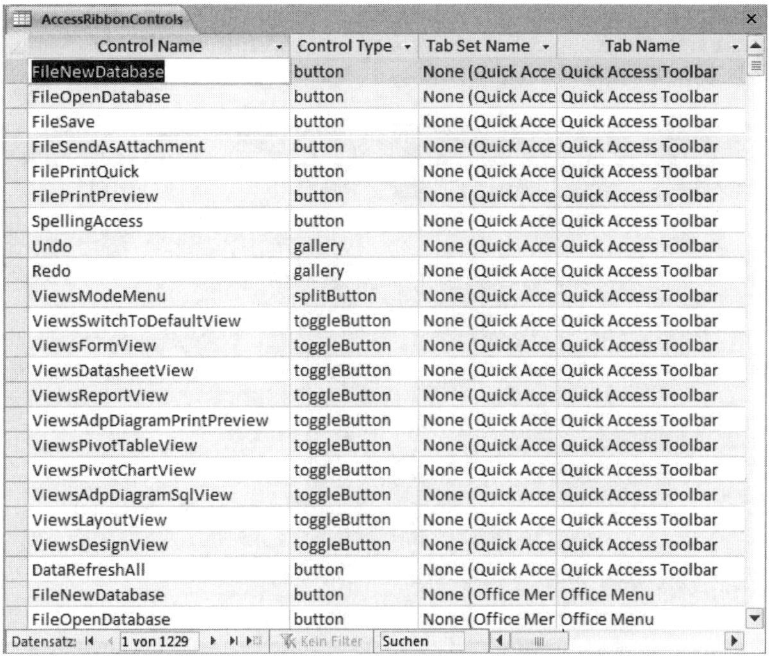

AccessRibbonControls

Control Name	Control Type	Tab Set Name	Tab Name
FileNewDatabase	button	None (Quick Acce	Quick Access Toolbar
FileOpenDatabase	button	None (Quick Acce	Quick Access Toolbar
FileSave	button	None (Quick Acce	Quick Access Toolbar
FileSendAsAttachment	button	None (Quick Acce	Quick Access Toolbar
FilePrintQuick	button	None (Quick Acce	Quick Access Toolbar
FilePrintPreview	button	None (Quick Acce	Quick Access Toolbar
SpellingAccess	button	None (Quick Acce	Quick Access Toolbar
Undo	gallery	None (Quick Acce	Quick Access Toolbar
Redo	gallery	None (Quick Acce	Quick Access Toolbar
ViewsModeMenu	splitButton	None (Quick Acce	Quick Access Toolbar
ViewsSwitchToDefaultView	toggleButton	None (Quick Acce	Quick Access Toolbar
ViewsFormView	toggleButton	None (Quick Acce	Quick Access Toolbar
ViewsDatasheetView	toggleButton	None (Quick Acce	Quick Access Toolbar
ViewsReportView	toggleButton	None (Quick Acce	Quick Access Toolbar
ViewsAdpDiagramPrintPreview	toggleButton	None (Quick Acce	Quick Access Toolbar
ViewsPivotTableView	toggleButton	None (Quick Acce	Quick Access Toolbar
ViewsPivotChartView	toggleButton	None (Quick Acce	Quick Access Toolbar
ViewsAdpDiagramSqlView	toggleButton	None (Quick Acce	Quick Access Toolbar
ViewsLayoutView	toggleButton	None (Quick Acce	Quick Access Toolbar
ViewsDesignView	toggleButton	None (Quick Acce	Quick Access Toolbar
DataRefreshAll	button	None (Quick Acce	Quick Access Toolbar
FileNewDatabase	button	None (Office Mer	Office Menu
FileOpenDatabase	button	None (Office Mer	Office Menu

Datensatz: 1 von 1229 Kein Filter Suchen

Abbildung 18.13
Die Tabelle *Access-RibbonControls*

Sie bereits dann feststellen, wenn Sie beispielsweise die vorhandenen Registerkarten ansprechen wollen. Sie müssen dafür auch bei der deutschsprachigen Programmversion die englischen Bezeichnungen verwenden (→ Tabelle 18.3).

Name	Deutsche Bezeichnung
TabHomeAccess	*Start*
TabCreate	*Erstellen*
TabExternalData	*Externe Daten*
TabDatabaseTools	*Datenbanktools*

Tabelle 18.3 Die Namen der Standardregisterkarten

Wir haben Ihnen darum auf der Webseite im Ordner *18* die Datei *Controls* zur Verfügung stellt. Darin finden Sie in der Tabelle *AccessRibbonControls* alle in Access benutzten Steuerelemente mit Typ und Namen aufgelistet sind (→ Abbildung 18.13). Durch eine geeignete Filterung der Daten können Sie darin schnell zu den notwendigen Informationen gelangen. Wir haben diese Informationen aus einer Excel-Datei übernommen, die Sie von der Adresse *http://www.microsoft.com/downloads/details.aspx?familyid=3F2FE784-610E-4BF1-8143-41E481993AC6&displaylang=en* herunterladen können.

Die Steuerung des Erscheinungsbildes

Außerdem sollten Sie zur Definition eigener Steuerelemente noch eine Reihe von Schlüsselwörtern kennen, die das Erscheinungsbild des Elements im Menüband steuert. Nicht alle Attribute können auf alle Typen von

Steuerelementen angewendet werden. Wie man diese einsetzt, erfahren Sie in den später gelieferten Beispielen (→ unten). Eine vollständige Liste aller Elemente in englischer Sprache können Sie über das *Microsoft Developer Network* herunterladen.

Attribute	Werte	Beschreibung
align	*»topLeft«, »top«, »topRight«, »left«, »center, »right«, »bottomLeft«, »bottom«* oder *»bottomRight«*	Definiert die Ausrichtung eines Steuerelements.
alignLabel	*»topLeft«, »top«, »topRight«, »left«, »center, »right«, »bottomLeft«, »bottom«* oder *»bottomRight«*	Definiert die Ausrichtung eines Steuerelements.
autoScale	*»true«* oder *»false«*	Legt fest, ob den Inhalt einer Gruppe automatisch in der Größe angepasst werden soll.
boxStyle	*»horizontal«* oder *»vertical«*	Horizontales oder vertikales Gruppieren einer Textfeldes.
centerVertically	*»true«* oder *»false«*	Legt fest, ob der Inhalt einer Gruppe vertikal zentriert sein soll.
columns	*Integer*	Die Zahl der Spalten in einer Gallery.
description	*String*	Legt die Beschreibung eines Steuerelements fest.
enabled	*»true«* oder *»false«*	Gibt an, ob ein Steuerelement an- oder abgeschaltet ist.
id	*String*	Control-ID für benutzerdefinierte Steuerelemente. Kann nicht mit *idMso* oder *idQ* kombiniert werden.
idMso	*Control ID*	Control-ID für ein eingebautes Steuerelement. Darf nicht mit *ID* oder *idQ* kombiniert werden.
image	*String*	Legt ein benutzerdefiniertes Bild für ein Steuerelement fest.
imageMso	*Control ID*	ID für ein Standardbild.
insertAfterMso	*Control ID*	Setzt das neue Steuerelement hinter das mit der *Control ID*.
insertBeforeMso	*Control ID*	Setzt das neue Steuerelement vor das mit der *Control ID*.
itemHeight	*Integer*	Die Höhe des Eintrags in einer Gallery.
itemWidth	*Integer*	Die Breite eines Eintrags in einer Gallery.
keytip	*String*	Legt eine Zugriffstaste für das Steuerelement fest.
label	*String*	Bezeichnung für ein Steuerelement.
maxLength	*Integer*	Maximale Anzahl der Zeichen in einer Text- oder Combobox.
rows	*Integer*	Anzahl der Zeilen in einer Gallery.
screentip	*String*	Der Text zur Hilfeinfo für ein Steuerelement.
showImage	*»true«* oder *»false«*	Legt fest, ob ein Bild im Steuerelement angezeigt wird.
showItemImage	*»true«* oder *»false«*	Legt fest, ob ein Bild für einen Eintrag angezeigt wird.
showItemLabel	*»true«* oder *»false«*	Legt fest, ob eine Bezeichnung für einen Eintrag angezeigt wird.
showLabel	*»true«* oder *»false«*	Legt fest, ob eine Bezeichnung für ein Steuerelement angezeigt wird.

Attribute	Werte	Beschreibung
size	*»large«* oder *»normal«*	Bestimmt die Größe des Steuerelements.
sizeString	Text	Ein Text, der die Breite eines Steuerelements angibt.
startFromScatch	*»true«* oder *»false«*	*true* entfernt die Standardregisterkarten, *false* blendet sie aus.
style	*»normal«*, *»borderless«*, oder *»large«*	Bestimmt den Stil einer Schaltfläche.
target	Text	Legt das Ziel eines Hyperlinks fest.
visible	*»true«* oder *»false«*	Gibt an, ob ein Steuerelement sichtbar ist.

Tabelle 18.4 Einige wichtige Attribute und zugehörige Einstellungen

18.3.2 Symbole für benutzerdefinierte Elemente

Wie Sie gleich sehen werden, können Sie neben den bereits in Access vorhandenen Steuerelementen auch eigene definieren, die Sie mit einer benutzerdefinierten Funktionalität ausstatten können. Als Symbole für diese benutzerdefinierten Steuerelemente können Sie standardisierte Bilder benutzen.

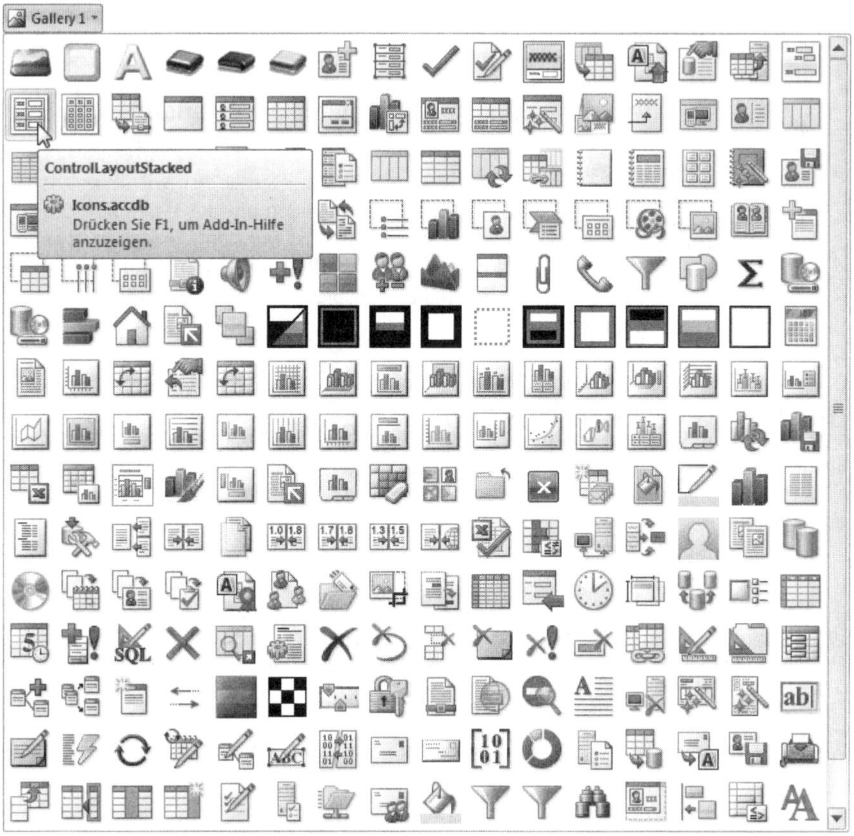

Abbildung 18.14
Die Symbole in der Datei *Icons*

WWW Die Namen dieser Symbole finden Sie in der Datenbankdatei *Icons* auf der Webseite im Ordner *18*. Nach dem Öffnen dieser Datenbank finden Sie rechts auf der Registerkarte *Start* eine Schaltfläche, über die Sie eine Bibliothek öffnen können. Wenn Sie diese aufklappen, wird Ihnen eine Liste von Symbolen angezeigt (→ Abbildung 18.14). Der Name des Symbols wird geliefert, wenn Sie den Mauszeiger darauf ruhen lassen. Ein Klick auf ein Symbol zeigt ein kleines Kästchen an, in dem der Name des Symbols gelistet wird. Notieren Sie deren Namen, und verwenden Sie sie bei der Erstellung des XML-Markup. Die Größe der Symbole legen Sie beispielsweise über das Schlüsselwort *size* fest. Sie können als Parameter *normal* oder *large* benutzen - beispielsweise in der Form *size=»large«*.

Weitere Symbole finden Sie in dieser Datei, wenn Sie über die *Access-Optionen* in der Kategorie *Aktuelle Datenbank* im Abschnitt *Menüband- und Symbolleistenoptionen* ein anderes Menüband einstellen (→ oben). Sie finden dort die Alternativen *Icons1*, *Icons2* und *Icons3*.

18.4 Anwendungen

Die eben beschriebenen Ressourcen können Sie beim Erstellen des XML-Markups einsetzen. Wie liefen Ihnen in den nachfolgenden Abschnitten zuerst eine Bemerkung zur Reihenfolge der Markups und zeigen Ihnen dann Beispiele für die Anwendung.

Wichtig ist, dass die Reihenfolge einer bestimmten Struktur folgen muss, die Sie beachten müssen; sonst funktioniert die Sache nicht! Am Anfang steht die Ebene *<commands>*, über die beispielsweise die *Access-Optionen* deaktiviert werden können. Erst dann kommen Sie mit *<ribbon>* zum Menüband und anderen Elementen. Darin können Sie zu Beginn mit *<qat>* die Symbolleiste für den Schnellzugriff beeinflussen. Es folgen mit *<backstage>* die Angaben zur Liste der Befehle zur Registerkarte *Datei*. Dann können mit *<tabs>* die sonstigen einzelnen Registerkarten und mit *<group>* die einzelnen Gruppen darin angesprochen werden. Sie können aber einzelne Elemente auch auslassen, die Sie nicht ansprechen wollen.

```
<customUI ... onLoad="onLoad">
  <commands>
  ...
  </commands>
  <ribbon>
    <qat>
    ...>
    </qat>
    <backstage>
    ...
    </backstage>
    <tabs>
      <tab>
        ...
        <group>
        ...
        </group>
      </tab>
    <tab>
  </ribbon>
</customUI>
```

18.4.1 Arbeiten mit den Standardelementen

In den folgenden Abschnitten liefern wir Ihnen mehrere Beispiele für Änderungen auf den einzelnen Ebenen. Wir wollen dazu zunächst mit den Elementen arbeiten, die Access standardmüßig zur Programmsteuerung benutzt, und diese ausblenden und neu einfügen.

Die Ebene *Command*

Beginnen wir aber mit der *Command*-Ebene. Mit *Commands* können mehrere Befehlsschaltflächen außerhalb des Menübandes deaktiviert werden. Dieses Deaktivieren von Befehlschaltflächen muss zwingend vor den Einstellungen zum Menüband - also vor dem Tag *<ribbon>* - erfolgen.

Der folgende Markup schaltet die Hilfeschaltfläche im Menüband ab (→ Abbildung 18.15).

```
<customUI xmlns="http://schemas.microsoft.com/
office/2006/01/customui" >
   <commands>
      <command idMso="Help" enabled="false"/>
   </commands>
</customUI>
```

Abbildung 18.15
Die Schaltfläche zum Aufruf der Hilfe ist deaktiviert.

WWW Wenn Sie dieses Beispiel austesten wollen, wählen Sie in der Datei *Datenbank18* in der Kategorie *Aktuelle Datenbank* der *Access-Optionen* unter *Name des Menübands* die Einstellung *Command*. Bestätigen Sie die Änderung, schließen Sie die Datenbank, und öffnen Sie sie erneut.

Alle integrierten Registerkarten ausblenden

Die nächste Ebene ist *<ribbon>*. Das Element *<ribbon>* steht für das Menüband und hat ein Attribut namens *startFromScratch*. Dieses ist standardmäßig auf *False* gesetzt, was nicht explizit angegeben werden muss. Wenn Sie das Attribut *startFromScratch* auf *True* setzen, geschieht Folgendes:

- Standardmäßig werden alle Registerkarten - mit Ausnahme von *Datei* - ausgeblendet.
- Die Liste der Befehle in der Registerkarte *Datei* wird geändert und enthält nun die Befehle *Neu*, *Öffnen*, *Datenbank speichern als*, *Optionen* und *Beenden*.
- Die Symbolleiste für den Schnellzugriff wird ausgeblendet.

Dies kann sinnvoll sein, wenn Sie eine eigene Benutzeroberfläche vollständig neu erstellen und eigene benutzerdefinierte Komponenten hinzufügen möchten. Wenn Sie das tun, müssen Sie auch nicht mehr die Eigenschaft *visible* für alle Registerkarten manuell und die Gruppen auf *False* setzen.

TIPP In der XML-Markup-Datei können Sie angeben, dass die Befehle *Neu*, *Öffnen*, *Speichern*, *Drucken* und *Schließen* ausgeblendet werden sollen. Dies müssen Sie explizit in der XML-Markup-Datei angeben, indem Sie das Attribut *visible* für das spezielle Steuerelement auf *False* setzen. Danach lässt sich die Anwendung jedoch nur noch durch Schließen der Datei wiederherstellen.

Den folgenden Code kennen Sie schon aus dem einleitenden Beispiel. Darin wird nur das Attribut *startFromScratch* zum Anpassen des Menübandes verwendet. Dabei werden alle integrierten Komponenten im Menüband ausgeblendet (→ Abbildung 18.16).

```
<customUI xmlns="http://schemas.microsoft.com/
office/2006/01/customui" >
  <ribbon startFromScratch="true" >
  </ribbon>
</customUI>
```

WWW Wenn Sie dieses Beispiel austesten wollen, wählen Sie in der Datei *Datenbank18* in der Kategorie *Aktuelle Datenbank* der *Access-Optionen* unter *Name des Menübands* die Einstellung *Kein-Menüband*. Bestätigen Sie die Änderung, schließen Sie die Datenbank, und öffnen Sie sie erneut.

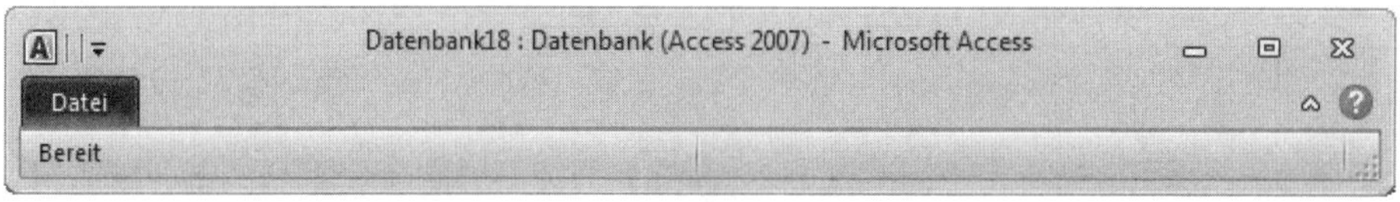

Abbildung 18.16
Das Menüband wurde - bis auf die Registerkarte *Datei* - ausgeblendet.

Die Symbolleiste für den Schnellzugriff anpassen

Das Wort *qat* steht für *Quick Access Toolbar* und bedeutet *Symbolleiste für den Schnellzugriff*. Die Manipulation dieses Elements muss noch vor dem Beeinflussen des Office-Menüs und vor dem Einstellen von Registerkarten und deren Bestandteilen erfolgen. Sie funktioniert nur, wenn Sie *startFromScratch=»true«* verwenden. Damit werden zunächst die Elemente der Symbolleiste für den Schnellzugriff ausgeblendet. Sie können aber dann manuell wieder eingeblendet werden.

Der folgende Code blendet alle integrierten Komponenten im Menüband aus und schaltet die Schaltflächen *Speichern*, *Rückgängig* und *Wiederherstellen* und zusätzlich die Befehle *Schließen* und *Neu* in der Symbolleiste für den Schnellzugriff wieder ein (→ Abbildung 18.17).

```
<customUI xmlns="http://schemas.microsoft.com/
office/2006/01/customui" >
   <ribbon startFromScratch="true" >
      <qat>
         <documentControls>
            <control idMso="FileSave"/>
            <control idMso="Undo"/>
            <control idMso="Redo" />
            <control idMso="FileCloseDatabase"/>
            <control idMso="FileNewDatabase"/>
         </documentControls>
      </qat>
   </ribbon>
</customUI>
```

Ein Klick auf die neue Schaltfläche *Schließen* in der Symbolleiste für den Schnellzugriff schließt das Dokument. Nach dem Öffnen einer anderen Datenbank verfügt Access dann wieder über die gewohnte Oberfläche.

WWW Wenn Sie dieses Beispiel austesten wollen, wählen Sie in der Datei *Datenbank18* in der Kategorie *Aktuelle Datenbank* der *Access-Optionen* unter *Name des Menübands* die Einstellung *Symbolleiste*. Bestätigen Sie die Änderung, schließen Sie die Datenbank, und öffnen Sie sie erneut.

Die Befehle der Registerkarte *Datei* ändern

Man kann auch die Liste der Befehle zur Registerkarte *Datei* beeinflussen, ohne die anderen Registerkarten auszublenden. Das muss noch vor dem Erstellen der anderen Registerkarte und deren Elemente erfolgen.

Der folgende Code hat zur Folge, dass bis auf die Elemente *Datenbank schließen*, *Zuletzt verwendet* und *Optionen* alle Elemente der Registerkarte *Datei* abgeschaltet wurden (→ Abbildung 18.18).

```
<customUI xmlns="http://schemas.microsoft.com/
office/2009/07/customui">
  <ribbon startFromScratch="false">
  </ribbon>
  <backstage>
   <button idMso="FileSave" visible="false"/>
   <button idMso="SaveObjectAs" visible="false"/>
   <button idMso="FileSaveAsCurrentFileFormat"
visible="false"/>
   <button idMso="FileOpen" visible="false"/>
   <button idMso="FileCloseDatabase"
visible="true"/>
   <tab idMso ="TabInfo" visible="false"/>
   <tab idMso ="TabRecent" visible="true"/>
   <tab idMso ="TabNew" visible="false"/>
   <tab idMso ="TabPrint" visible="false"/>
   <tab idMso ="TabShare" visible="false"/>
   <tab idMso ="TabHelp" visible="false"/>
   <button idMso="ApplicationOptionsDialog"
visible="true"/>
   <button idMso="FileExit" visible="false"/>
  </backstage>
</customUI>
```

Denken Sie daran: Wenn Sie auch den Schalter *ApplicationOptionsDialog* deaktivieren, könnten Sie Probleme haben, die Access-Optionen aufzurufen und darüber wieder ein anderes Menüband einzustellen.

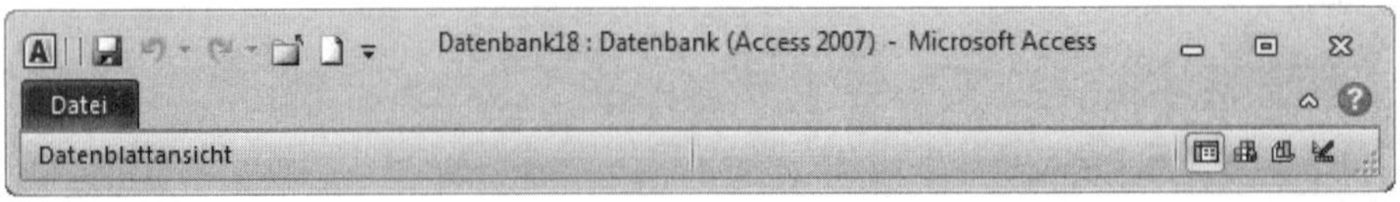

Abbildung 18.17 Die Symbolleiste für den Schnellzugriff verfügt über zusätzliche Schaltflächen.

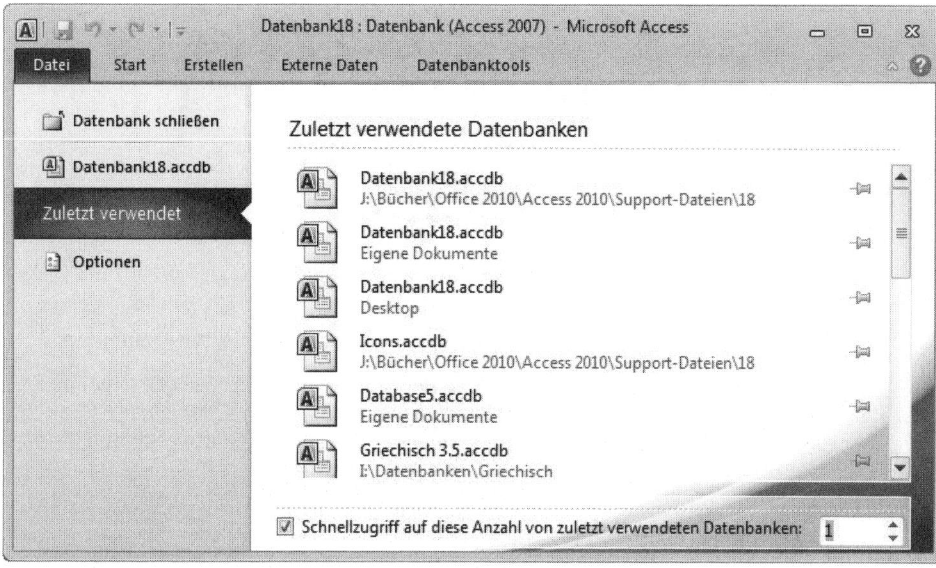

Abbildung 18.18 Die Elemente der Registerkarte *Datei* wurden manipuliert.

WWW Wenn Sie dieses Beispiel austesten wollen, wählen Sie in der Datei *Datenbank18* in der Kategorie *Aktuelle Datenbank* der *Access-Optionen* unter *Name des Menübands* die Einstellung *Datei*. Bestätigen Sie die Änderung, schließen Sie die Datenbank, und öffnen Sie sie erneut.

Registerkarten ausblenden

Sie können ebenfalls einzelne Registerkarten oder Gruppen darin ausblenden. Sie müssen wieder das Attribut *idMso=* verwenden, um auf das gewünschte Element zu verweisen – wie beispielsweise die Registerkarte *TabHomeAccess*. Einzelne Steuerelemente in einer Gruppe können aber nicht geändert werden! Sie können aber die Gruppe ausblenden, dann eine neue Gruppe erstellen und diese mit den gewünschten Steuerelementen versehen.

» Sie können beispielsweise alle Bestandteile einer integrierten Registerkarte gemeinsam ausblenden: Der folgende Code blendet die Registerkarte *Start* aus (→ Abbildung 18.19). Verwenden Sie das Attribut *idMso=*, um auf ein in Access integriertes Element zu verweisen – wie beispielsweise *TabHomeAccess*, was auf die Registerkarte *Start* verweist. Die Anweisung *startFromScratch=»false«* können Sie auch weglassen.

```
<customUI xmlns="http://schemas.microsoft.com/
office/2006/01/customui" >
   <ribbon startFromScratch="false" >
      <tabs>
         <tab idMso="TabHomeAccess"
visible="false" />
         </tabs>
   </ribbon>
</customUI>
```

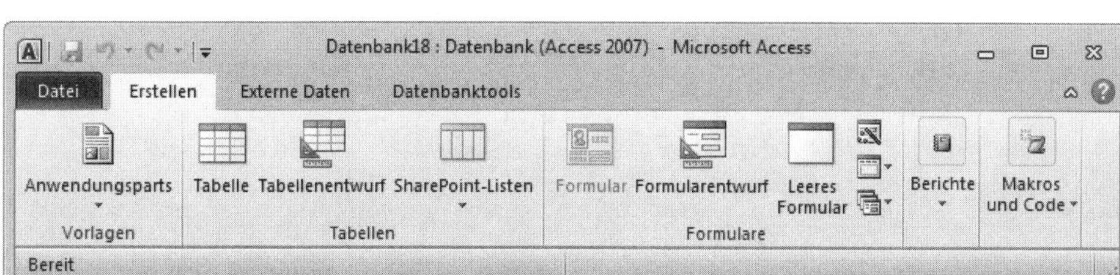

Abbildung 18.19 Die Registerkarte *Start* wurde ausgeblendet.

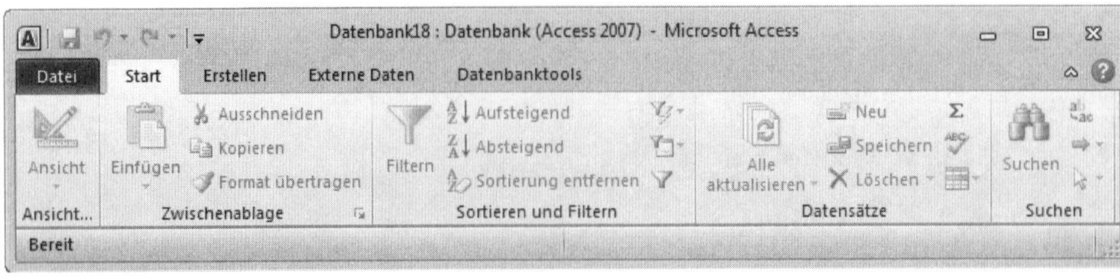

Abbildung 18.20 Die Gruppe *Textformatierung* wurde entfernt.

WWW Wenn Sie dieses Beispiel austesten wollen, wählen Sie in der Datei *Datenbank18* in der Kategorie *Aktuelle Datenbank* der *Access-Optionen* unter *Name des Menübands* die Einstellung *KeinStart*. Bestätigen Sie die Änderung, schließen Sie die Datenbank, und öffnen Sie sie erneut.

Gruppen darin ausblenden

Auf ähnliche Weise können Sie auch integrierte Gruppen ausblenden. Das folgende Codebeispiel blendet die Gruppe *Textformatierung* der Registerkarte *Start* aus (→ Abbildung 18.20).

```
<customUI xmlns="http://schemas.microsoft.com/
office/2006/01/customui" >
   <ribbon startFromScratch="false" >
      <tabs>
         <tab idMso="TabHomeAccess">
            <group idMso="GroupTextFormatting"
visible="false" />
         </tab>
      </tabs>
   </ribbon>
</customUI>
```

WWW Wenn Sie dieses Beispiel austesten wollen, wählen Sie in der Datei *Datenbank18* in der Kategorie *Aktuelle Datenbank* der *Access-Optionen* unter *Name des Menübands* die Einstellung *OhneTextformatierung*. Bestätigen Sie die Änderung, schließen Sie die Datenbank, und öffnen Sie sie erneut.

Hinzufügen von benutzerdefinierten Elementen

Nun wollen wir uns der Aufgabe zuwenden, eigene Elemente einzubauen. Sie können damit eigene Registerkarten erstellen, in denen Sie die gewünschten Steuerelemente ansiedeln können.

» Der folgende Code fügt eine zusätzliche - zunächst einmal eine leere - Registerkarte mit dem Namen *Register X* hinzu (→ Abbildung 18.21). Die Standardregisterkarten werden dabei nicht angetastet.

```
<customUI xmlns="http://schemas.microsoft.com/
office/2006/01/customui" >
   <ribbon startFromScratch="false" >
      <tabs>
         <tab id="RegisterX" label="Register X">
      </tab>
      </tabs>
   </ribbon>
</customUI>
```

WWW Wenn Sie dieses Beispiel austesten wollen, wählen Sie in der Datei *Datenbank18* in der Kategorie *Aktuelle Datenbank* der *Access-Optionen* unter *Name des Menübands* die Einstellung *RegisterX*. Bestätigen Sie die Änderung, schließen Sie die Datenbank, und öffnen Sie sie erneut.

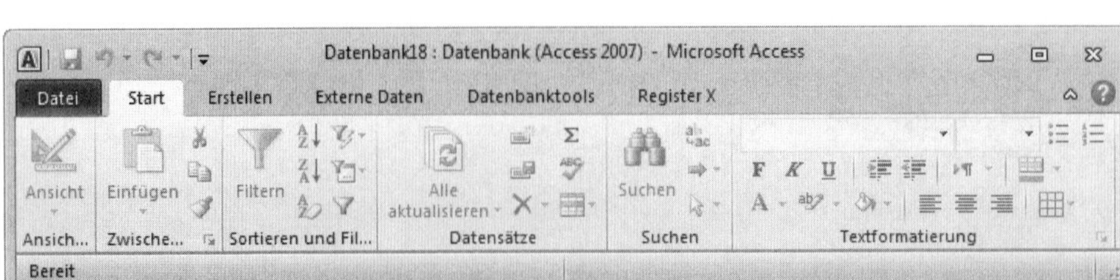

Abbildung 18.21 Eine neue leere Registerkarte

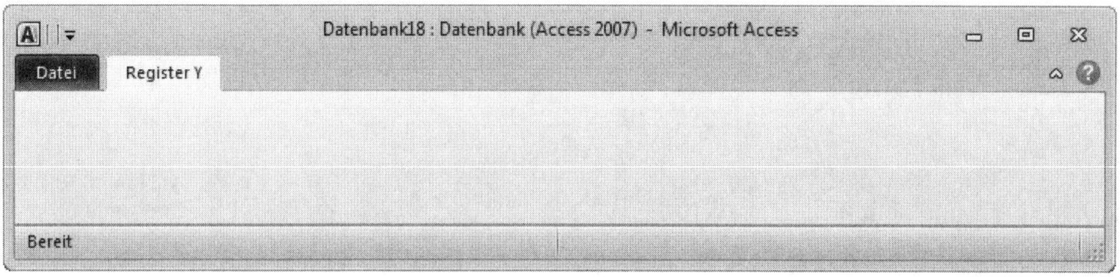

Abbildung 18.22
Eine einzige leere Registerkarte

» Wenn das die einzige anzuzeigende Registerkarte sein soll, müssen Sie mit *startFromScratch=»false«* arbeiten. Der Code fügt das leere *Register Y* als einzige Registerkarte hinzu (→ Abbildung 18.22).

```
<customUI xmlns="http://schemas.microsoft.com/
office/2006/01/customui" >
   <ribbon startFromScratch="true" >
      <tabs>
          <tab id="RegisterY" label="Register Y">
      </tab>
      </tabs>
   </ribbon>
</customUI>
```

WWW Wenn Sie dieses Beispiel austesten wollen, wählen Sie in der Datei *Datenbank18* in der Kategorie *Aktuelle Datenbank* der *Access-Optionen* unter *Name des Menübands* die Einstellung *RegisterY*. Bestätigen Sie die Änderung, schließen Sie die Datenbank, und öffnen Sie sie erneut.

» Der folgende Code entfernt die Standardregisterkarten, fügt eine leere Registerkarte mit dem Namen *Register Z* ein und erstellt darin die leeren Gruppen *Gruppe 1* und *Gruppe 2* (→ Abbildung 18.23).

```
<customUI xmlns="http://schemas.microsoft.com/
office/2006/01/customui" >
   <ribbon startFromScratch="true" >
      <tabs>
         <tab id="RegisterZ" label="Register Z">
            <group id="Gruppe1" label="Gruppe 1">
            </group>
            <group id="Gruppe2" label="Gruppe 2">
            </group>
         </tab>
      </tabs>
   </ribbon>
</customUI>
```

WWW Wenn Sie dieses Beispiel austesten wollen, wählen Sie in der Datei *Datenbank18* in der Kategorie *Aktuelle Datenbank* der *Access-Optionen* unter *Name des Menübands* die Einstellung *RegisterZ*. Bestätigen Sie die Änderung, schließen Sie die Datenbank, und öffnen Sie sie erneut.

» Das folgende Codebeispiel erstellt darin die leeren Gruppen *Gruppe 1* und *Gruppe 2* in der integrierten Registerkarte *Start* (→ Abbildung 18.24).

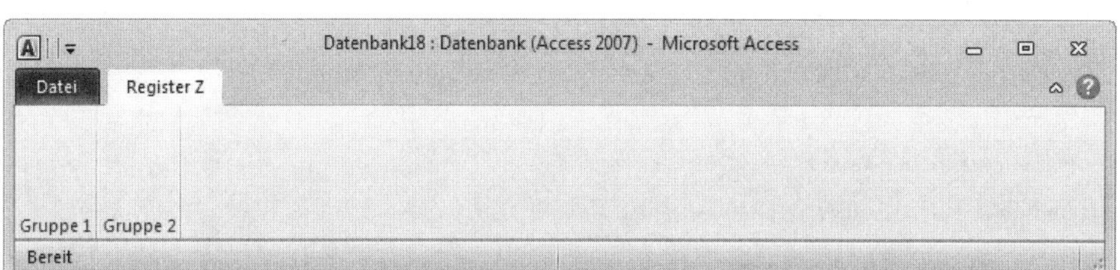

Abbildung 18.23
Eine Registerkarte mit zwei Gruppen

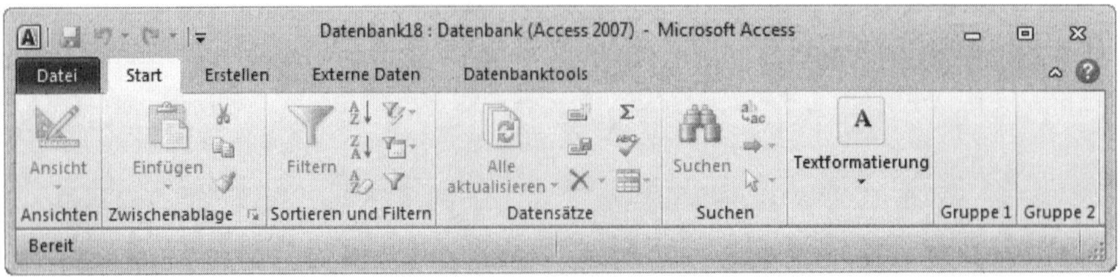

Abbildung 18.24 Zwei neue Gruppen in der Registerkarte *Start*

```
<customUI xmlns="http://schemas.microsoft.com/
 office/2006/01/customui" >
   <ribbon startFromScratch="false" >
      <tabs>
         <tab idMso="TabHome">
            <group id="Gruppe1" label="Gruppe 1"/>
            <group id="Gruppe2" label="Gruppe 2"/>
         </tab>
      </tabs>
   </ribbon>
</customUI>
```

WWW Wenn Sie dieses Beispiel austesten wollen, wählen Sie in der Datei *Datenbank18* in der Kategorie *Aktuelle Datenbank* der *Access-Optionen* unter *Name des Menübands* die Einstellung *NeueGruppen*. Bestätigen Sie die Änderung, schließen Sie die Datenbank, und öffnen Sie sie erneut.

Hinzufügen von Gruppen mit Steuerelementen

Leere Gruppen bringen natürlich keine zusätzliche Funktionalität. Sie sollten sie mit Steuerelementen füllen. Dazu können Sie integrierte Steuerelemente oder auch benutzerdefinierte verwenden.

Im folgenden Beispiel wird zunächst die Gruppe *Textformatierung* aus der Registerkarte *Start* entfernt. Dann wird darin eine neue Gruppe *Format* erstellt, und darin werden die integrierten Umschaltflächen *Kursiv* und *Fett* angesiedelt (→ Abbildung 18.24). Beachten Sie, dass die Funktionalität der Schaltflächen bereits erfüllt ist, ohne dass Sie zusätzlichen Code schreiben mussten.

```
<customUI xmlns="http://schemas.microsoft.com/
office/2006/01/customui" >
   <ribbon startFromScratch="false" >
      <tabs>
         <tab idMso="TabHomeAccess">
            <group idMso="GroupTextFormatting"
             visible="false" />
            <group id="Format" insertBeforeMso=
             "GroupParagraph"
             label="Format">
               <toggleButton idMso="Italic" />
               <toggleButton idMso="Bold" />
            </group>
         </tab>
      </tabs>
   </ribbon>
</customUI>
```

WWW Wenn Sie dieses Beispiel austesten wollen, wählen Sie in der Datei *Datenbank18* in der Kategorie *Aktuelle Datenbank* der *Access-Optionen* unter *Name des Menübands* die Einstellung *Format*. Bestätigen Sie die Änderung, schließen Sie die Datenbank, und öffnen Sie sie erneut.

Abbildung 18.25 Die Gruppe *Format* mit zwei Standardschaltflächen

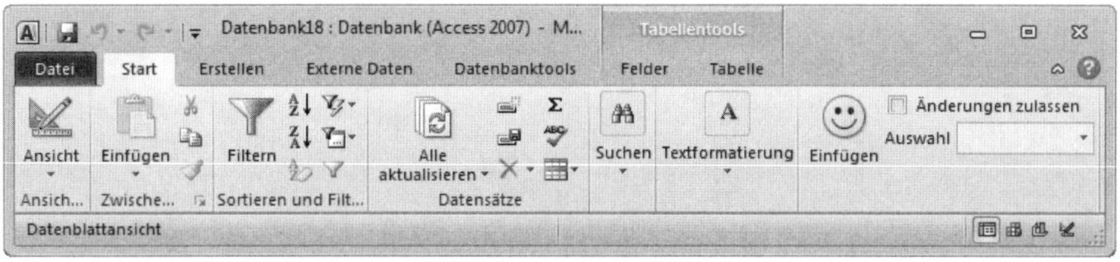

Abbildung 18.26
Eine neue Gruppe wurde erstellt.

18.4.2 Benutzerdefinierte Steuerelemente

Die bisher vorgestellten Beispiele benutzen insgesamt Steuerelemente, die bereits in Access integriert waren. Der Vorteil dieser Verfahrensweise besteht darin, dass die Funktionalität der Steuerelemente nicht erst definiert werden musste, sondern bereits eingebaut ist. Sie können auch selbst definierte Steuerelemente benutzen, deren Funktionalität Sie erst festlegen müssen.

Eine Gruppe mit benutzerdefinierten Steuerelementen

Sie können das folgende Codebeispiel dazu verwenden, eine benutzerdefinierte Gruppe auf der Registerkarte *Start* zu erstellen. Dieser Gruppe werden dann benutzerdefinierte Steuerelemente hinzugefügt - eine Schaltfläche, ein Kontrollkästchen mit Beschriftung und ein Listenfeld mit Beschriftung. Drei Listeneinträge wurden definiert (→ Abbildung 18.26). Diese besitzen aber noch keine Funktionalität.

```
<customUI xmlns="http://schemas.microsoft.com/
 office/2006/01/customui" >
  <ribbon startFromScratch="false" >
    <tabs>
      <tab idMso="TabHome">
        <group id="CustomGroup" >
          <toggleButton id="Einfuegen"
           imageMso="HappyFace"
           size="large" label="Einfügen"/>
          <checkBox id="Zulassen" label="Änderungen
           zulassen" />
          <dropDown id="Auswahl" showLabel="true"
           label="Auswahl">
            <item id="Option1" label="Gross" />
            <item id="Option2" label="Mittel" />
            <item id="Option3" label="Klein" />
          </dropDown>
        </group>
      </tab>
    </tabs>
  </ribbon>
</customUI>
```

WWW Wenn Sie dieses Beispiel austesten wollen, wählen Sie in der Datei *Datenbank18* in der Kategorie *Aktuelle Datenbank* der *Access-Optionen* unter *Name des Menübands* die Einstellung *Benutzersteuerelemente*. Bestätigen Sie die Änderung, schließen Sie die Datenbank, und öffnen Sie sie erneut.

Benutzerdefinierte Katalog-Steuerelemente

Sie können auch beispielsweise Katalog-Steuerelemente mit Elementen hinzuzufügen.

Der folgende Code entfernt die Gruppe *Textformatierung* aus der Registerkarte *Start*, erstellt dann eine neue Gruppe namens *Auswahl* und fügt darin Katalog-Steuerelemente mit Elementen und ein benutzerdefiniertes Schaltflächen-Steuerelement hinzu (→ Abbildung 18.27). Auch diese verfügen noch über keine Funktionalität.

```
<customUI xmlns="http://schemas.microsoft.com/
 office/2006/01/customui" >
   <ribbon startFromScratch="false" >
     <tabs>
        <tab idMso="TabHomeAccess">
           <group idMso="GroupTextFormatting"
            visible="false" />
           <group id="CustomGroup" label="Auswahl">
              <gallery id="Gallery1"
               imageMso="HappyFace" label="
               Monat auswählen:" columns="3"
               rows="4" >
                 <item id="Monat1" label="Januar" />
                 <item id="Monat2" label="Februar"/>
                 <item id="Monat3" label="März"/>
                 <item id="Monat4" label="April"/>
                 <item id="Monat5" label="Mai"/>
```

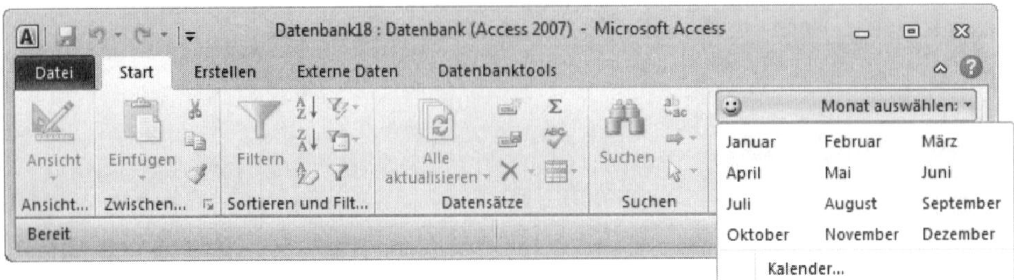

Abbildung 18.27
Ein benutzerdefinierter Katalog

```
          <item id="Monat6" label="Juni"/>
          <item id="Monat7" label="Juli"/>
          <item id="Monat8" label="August"/>
          <item id="Monat9"
           label="September"/>
          <item id="Monat10"
           label="Oktober"/>
          <item id="Monat11"
           label="November"/>
          <item id="Monat12"
           label="Dezember"/>
          <button id="Calendar"
           label="Kalender..."/>
        </gallery>
      </group>
    </tab>
  </tabs>
 </ribbon>
</customUI>
```

WWW Wenn Sie dieses Beispiel austesten wollen, wählen Sie in der Datei *Datenbank18* in der Kategorie *Aktuelle Datenbank* der *Access-Optionen* unter *Name des Menübands* die Einstellung *Katalog*. Bestätigen Sie die Änderung, schließen Sie die Datenbank, und öffnen Sie sie erneut.

Makros aufrufen

Sie können diesen Steuerelementen auf unterschiedliche Weise Funktionalität hinzufügen. Beispielsweise können Sie dafür sorgen, dass über Schaltflächen im Menüband Access-Makros ausgeführt werden. Zum Hinzufügen eines Befehls, der das Makro ausführt, benutzen Sie beispielsweise den *Code <button id=»Schalter« onAction=»Aktion« />*. Access wird damit angewiesen, beim Klicken auf die Schaltfläche *Schalter* die Funktion *Aktion* aufzurufen. *Aktion* entspricht dem Namen eines bereits definierten Makros.

Der folgende Code erzeugt im Menüband eine neue Registerkarte mit dem Namen *Objekte einfügen*, die in die beiden Gruppen *Formular A* und *Bericht A* aufgeteilt ist (→ Abbildung 18.28). Ein Klick auf eine der darin vorhandenen Schaltflächen führt die entsprechende Aktion aus.

```
<customUI xmlns="http://schemas.microsoft.com/
 office/2006/01/customui" >
  <ribbon>
    <tabs>
      <tab id="Objekte" label="Objekte">
        <group id="FormularA" label="Formular A">
          <button id="Oeffnen1" label="Öffnen"
                  imageMso="AcceptInvitation"
                  size="large"
                  onAction="OeffnenFormularA" />
          <button id="Schliessen1" label="Schließen"
                  imageMso="Delete" size="large"
                  onAction="SchliessenFormularA" />
        </group>
        <group id="BerichtA" label="Bericht A">
          <button id="Oeffnen2" label="Öffnen"
                  imageMso="AcceptInvitation"
                  size="large"
                  onAction="OeffnenBerichtA" />
```

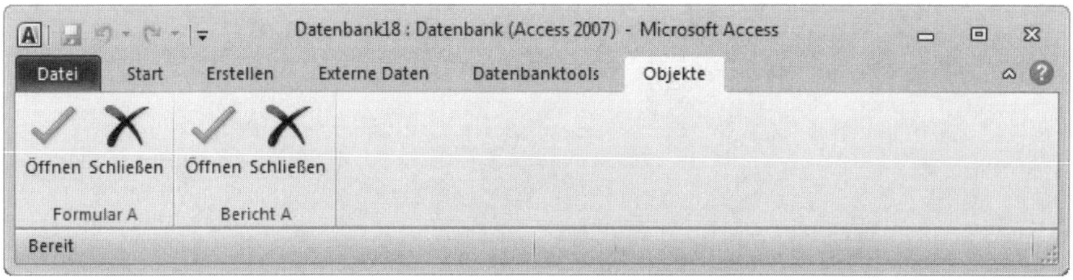

Abbildung 18.28 Access mit einer neuen Registerkarte

```
        <button id="Schliessen2" label="Schließen"
                imageMso="Delete" size="large"
                onAction="SchliessenBerichtA" />
      </group>
    </tab>
  </tabs>
 </ribbon>
</customUI>
```

WWW Wenn Sie dieses Beispiel austesten wollen, wählen Sie in der Datei *Datenbank18* in der Kategorie *Aktuelle Datenbank* der *Access-Optionen* unter *Name des Menübands* die Einstellung *Makros*. Bestätigen Sie die Änderung, schließen Sie die Datenbank, und öffnen Sie sie erneut.

Programmoptionen einstellen

Sie können auch spezielle *Access-Optionen* für die Datenbank über ein XML-Markup einstellen lassen. Dazu benutzen Sie die bereits im Kapitel über VBA angesprochenen Techniken (→ Kapitel 16). Der folgende Markup sorgt dafür, dass die Registerkarte *Optionen* mit der Gruppe *Einstellungen* und *Code* und den Schaltflächen *Statusleiste*, *Sound*, und *Begrüßung* darin angezeigt wird.

```
<customUI xmlns="http://schemas.microsoft.com/
 office/2006/01/customui">
  <ribbon>
    <tabs>
      <tab id="CustomTab" label="Optionen">
        <group id="Einstellungen"
         label="Einstellungen">
        <toggleButton id="ToggleButton1"
         imageMso="ControlsGallery" size="large"
          label="Statusleiste"
         onAction="Schalter1"/>
        <toggleButton id="ToggleButton2"
         imageMso="AnimationAudio" size="large"
          label="Sound" onAction="Schalter2"/>
        </group>
        <group id="Code" label="Code">
        <button id="Button1"
        imageMso="HappyFace" size="large"
          label="Begrüßung" onAction="Schalter3"/>
        </group>
      </tab>
    </tabs>
  </ribbon>
</customUI>
```

Ein Klick auf die Schaltfläche *Statusleiste* schaltet diese ein bzw. aus. Sound schaltet die Option *Feedback mit Sound* in der Kategorie *Clienteinstellungen* unter den *Access-Optionen* an bzw. ab (→ Abbildung 18.29).

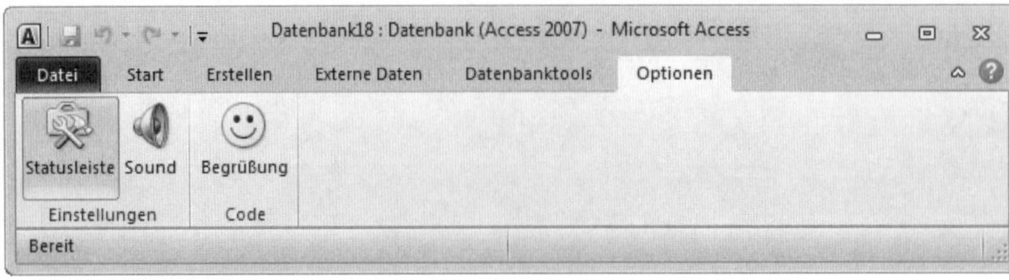

Abbildung 18.29 Über die linken Schaltflächen können Sie zwei Optionen einstellen.

Ein Klick auf *Begrüßung* zeigt ein kleines Dialogfeld an. Letzteres soll nur verdeutlichen, dass Sie jeden beliebigen Code über eine Schaltfläche im Menüband starten können.

WWW Wenn Sie dieses Beispiel austesten wollen, wählen Sie in der Datei *Datenbank18* in der Kategorie *Aktuelle Datenbank* der *Access-Optionen* unter *Name des Menübands* die Einstellung *Optionen*. Bestätigen Sie die Änderung, schließen Sie die Datenbank, und öffnen Sie sie erneut.

Wichtig im Markup sind die Ausdrücke in der Form *onAction=»Schalter«*. Damit sprechen Sie eine VBA-Prozedur mit dem Namen *Schalter* an. Sie finden diese im *Modul1* der Datenbank. Die beiden Routinen *Schalter1* und *Schalter2* darin haben dieselbe Struktur. Der VBA-Code prüft zunächst mit *If pressed*, ob die Schaltflächen angeschaltet sind, und sorgt dann dafür, dass die Access-Optionen entsprechend eingestellt werden. *Schalter3* sorgt für die Anzeige einer *MsgBox* und soll - wie schon gesagt - nur verdeutlichen, dass Sie jeden beliebigen Code auf diese Weise starten können.

```
Public Sub Schalter1(control As IRibbonControl,
pressed As Boolean)
If pressed = True Then
    Application.SetOption "Show Status Bar", True
Else
    Application.SetOption "Show Status Bar", False
End If
End Sub

Public Sub Schalter2(control As IRibbonControl,
pressed As Boolean)
If pressed = True Then
    Application.SetOption "Provide Feedback With
Sound", True
Else
    Application.SetOption "Provide Feedback With
Sound", False
End If
End Sub

Public Sub Schalter3(control As IRibbonControl)
    MsgBox ("Hallo!")
End Sub
```

Alle *onAction*-Prozeduren verfügen über den Übergabeparameter *control*, über den Sie auf das Steuerelement und dessen Attribute im XML-Code zugreifen können. Die weitergehende Syntax unterscheidet sich jedoch je nach Steuerelement (→ Tabelle 18.5).

Steuerelemente	VBA-Syntax der Callback-Prozedur
customUI	*Sub Schalter(Ribbon As IRibbonUI)*
Alle Steuerelemente	*Sub Schalter(control as IRibbonControl, ByRef visible)*
Alle Steuerelemente	*sub Schalter(control as IRibbonControl, ByRef enabled)*
Button	*Sub Schalter(control as IRibbonControl)*
checkBox und toggleButton	*Sub Schalter(control as IRibbonControl, pressed as Boolean)*
dropdown	*sub Schalter(control as IRibbonControl, ByRef count)*
dropdown	*sub Schalter(control as IRibbonControl, index as Integer, ByRef label)*
dropdown	*sub OnAction(control as IRibbonControl, selectedId as String, selectedIndex as Integer)*
editBox	*sub OnChange(control as IRibbonControl, text as String)*

Tabelle 18.5 Die Syntax einiger Steuerelemente

18.5 Benutzerdefinierte Elemente mithilfe von Makros erstellen

Sie können auch mithilfe von Makros eigene Menüs oder Kontextmenüs erstellen. Die Menüs können beispielsweise im Menüband angezeigt werden, wenn Sie ein Formular oder einen Bericht öffnen. Kontextmenüs werden eingeblendet, wenn Sie mit der rechten Maustaste auf Formulare, Berichte oder einzelne Steuerelemente klicken.

Um solche Elemente zu erstellen, führen Sie prinzipiell die folgenden zwei Schritte aus:

» Erstellen Sie Makros mit den Befehlen, die Sie über Schaltflächen im Menüband oder über ein Kontextmenü ausführen lassen wollen.

» Weisen Sie das Menü oder Kontextmenü einem Steuerelement, einem Formular, einem Bericht oder der gesamten Datenbank zu.

18.5.1 Makros erstellen

Zunächst müssen Sie die Aktionen, die über Befehlsschaltflächen im Menüband oder in einem Kontextmenü ausgeführt werden sollen, in Form von Makros festlegen. Sie benötigen dafür mindestens zwei Makros: eines, in dem die einzelnen Aktionen definiert werden, und eines, das aus diesen Befehlen ein Menü definiert.

Das Makro mit den Befehlen

Im ersten Schritt erstellen Sie also ein Makro, in dem die einzelnen Befehle als Aktionen innerhalb von Untermakros definiert werden.

» Öffnen Sie den Makro-Editor, indem Sie auf der Registerkarte *Erstellen* in der Gruppe *Makros und Code* auf *Makro* klicken (→ Kapitel 14).

» Erstellen Sie für jeden der später anzuzeigenden Befehle ein Untermakro. Dazu wählen Sie die Aktion *Untermakro* über den Aktionskatalog.

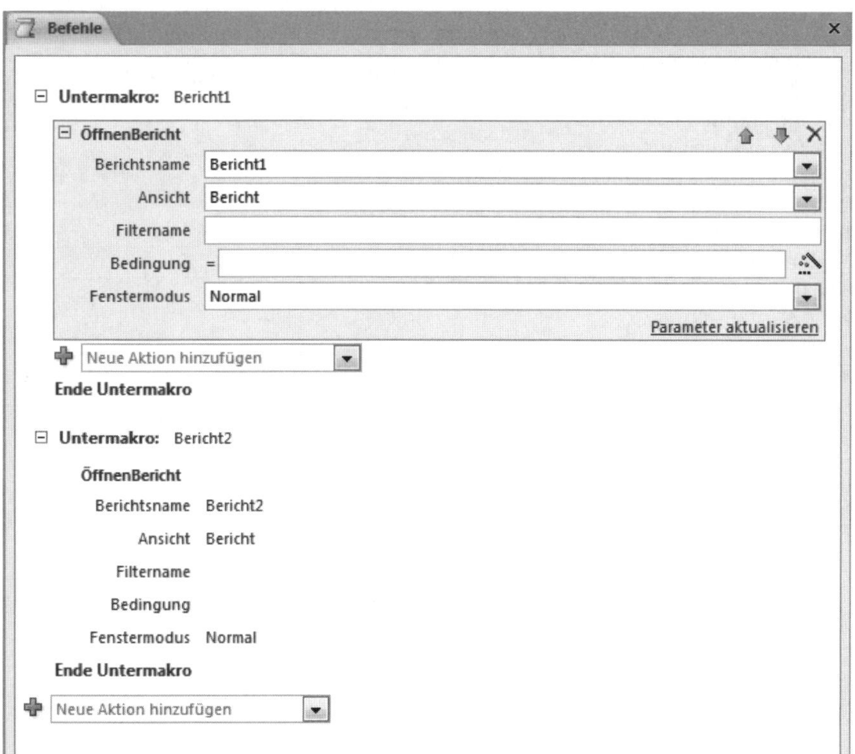

Abbildung 18.30
Untermakros mit Befehlen

» Benennen Sie jedes Untermakro mit dem Namen, der später im Menü als Name des Befehlsschaltfläche angezeigt werden soll. Wenn die Untermakros später verschiedene Berichte öffnen sollen, können Sie als Namen dafür die Namen der Berichte verwenden.

» Erstellen Sie innerhalb eines solchen Untermakros die Aktion oder Aktionen, die beim Aufruf ausgeführt werden sollen. In einem einfachen Beispiel können Sie dafür sorgen, dass ein Bericht über die Aktion *ÖffnenBericht* angezeigt wird (→ Abbildung 18.30).

» Führen Sie diese Tätigkeiten für alle Befehle durch, die im Menü enthalten sein sollen.

» Speichern und benennen Sie das Makro. Welchen Namen Sie wählen, ist nicht so wichtig – er erscheint später nicht direkt auf der Oberfläche. Anschließend können Sie das Makrofenster schließen.

Zugriffstasten benutzen

Wenn Sie einen Befehl später auch mithilfe einer Zugriffstaste aufrufen wollen, setzen Sie im Namensfeld für das Untermakro ein *&* vor das Zeichen im Namen, das später unterstrichen angezeigt werden soll (→ Abbildung 18.31). Hatten Sie beispielsweise ein Untermakro mit *Bericht1* benannt und wollen Sie die *1* als Zugriffstaste einrichten, ändern Sie den Namen in *Bericht&1*. Dies hat später zu Folge, dass die *1* unterstrichen angezeigt wird. Durch Eingabe von [1] über die Tastatur können Sie den Befehl dann ausführen lassen.

Erstellen eines Makros, welches das Menü erstellt

In einem zweiten Schritt müssen Sie ein weiteres Makro erstellen, das dafür sorgt, dass die Befehle als Menü angezeigt werden. Ein solches Makro wird manchmal auch als »Menümakro« bezeichnet.

» Öffnen Sie wieder den Makro-Editor, indem Sie auf der Registerkarte *Erstellen* in der Gruppe *Makros und Code* auf *Makro* klicken.

» Wählen Sie die Aktion *HinzufügenMenü* in der Liste der Aktionen aus. Legen Sie dann die Aktionsargumente fest:

» Geben Sie im Feld *Menüname* dem Menü einen Namen. Dieses Argument ist bei der Version 2010 erforderlich. Der Name erscheint später als Name der Schaltfläche im Menüband, die die Befehle als Katalog enthält. Wird das Menü als Kontextmenü hinzugefügt, wird das Argument *Menüname* ignoriert (→ Abbildung 18.32).

» Geben Sie in das Feld *Menümakroname* den Namen des vorher erstellten Makros mit den Befehlen ein.

» Speichern und benennen Sie das Makro. Auch hier ist der Name nicht wichtig. Sie können den Editor dann schließen.

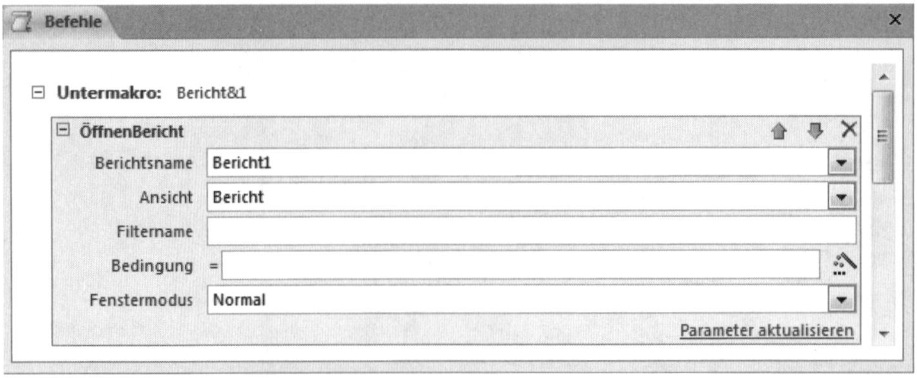

Abbildung 18.31
Eine Zugriffstaste wurde definiert.

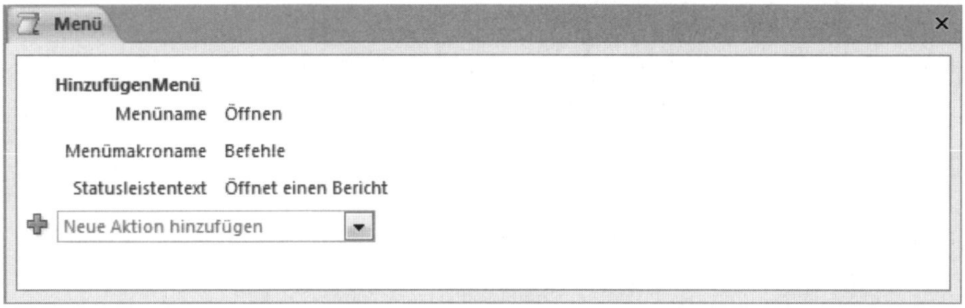

Abbildung 18.32
Das »Menümakro«

18.5.2 Zuweisen des Menüs

Die eben erstellten Menümakros können Sie dann entweder auf der Registerkarte *Add-Ins* im Menüband oder aber im Kontextmenü anzeigen lassen und von dort aus aufrufen.

Hinzufügen zur Registerkarte *Add-Ins* eines Objekts

Wenn Sie das vorher erstellte Menü auf der Registerkarte *Add-Ins* eines bestimmten Formulars oder Berichts anzeigen lassen wollen, verwenden Sie die folgenden Schritte:

» Öffnen Sie das Formular oder den Bericht in der Entwurfsansicht, und lassen Sie das Eigenschaftenblatt dafür anzeigen. Stellen Sie sicher, dass die Eigenschaften für das gesamte Objekt angezeigt werden.

» Geben Sie auf der Registerkarte *Andere* im Eigenschaftenblatt in das Eigenschaftenfeld *Menüleiste* den Namen des vorher erstellten Menümakros ein (→ Abbildung 18.33 links).

Speichern Sie die Änderungen, und schließen Sie dann das Formular. Beim nächsten Öffnen des Formulars oder Berichts wird die Registerkarte *Add-Ins* angezeigt (→ Abbildung 18.34).

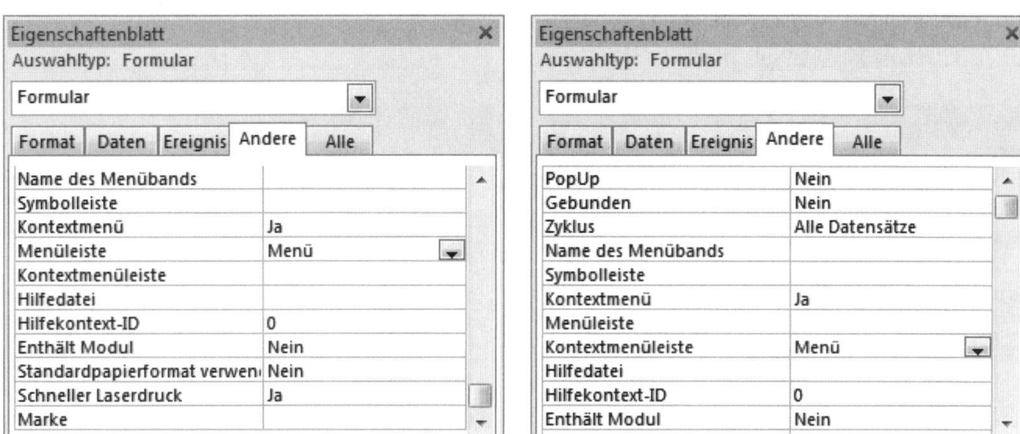

Abbildung 18.33 Die Einstellungen im Eigenschaftenblatt

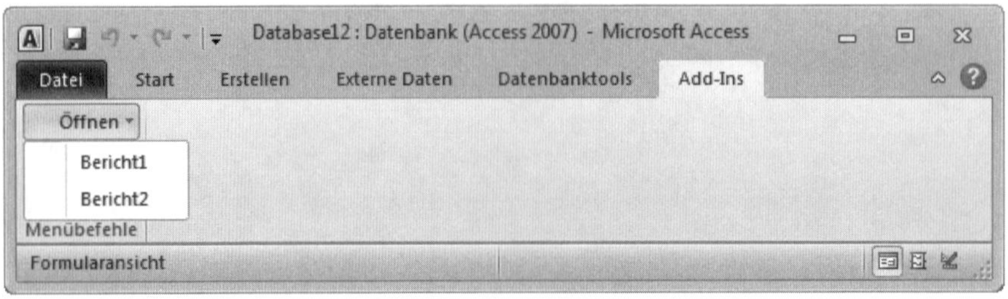

Abbildung 18.34
Das Register *Add-Ins* mit Befehlen

Hinzufügen des Menüs als Kontextmenü für ein Objekt

Alternativ oder gemeinsam mit der Anzeige über die Registerkarte *Add-Ins* können Sie die Befehle auch als Kontextmenü für ein Formular oder einen Bericht anzeigen lassen. Gehen Sie in den folgenden Schritten vor:

» Öffnen Sie das Formular oder den Bericht in der Entwurfsansicht, und lassen Sie das Eigenschaftenblatt dafür anzeigen. Stellen Sie sicher, dass die Eigenschaften für das gesamte Objekt angezeigt werden.

» Geben Sie auf der Registerkarte *Andere* im Eigenschaftenblatt in das Eigenschaftenfeld *Kontextmenüleiste* den Namen des vorher erstellten Menümakros ein (→ Abbildung 18.33 links).

» Speichern Sie die Änderungen, und schließen Sie dann das Formular oder den Bericht. Nach dem nächsten Öffnen des Formulars oder Berichts bewirkt ein Rechtsklick die Anzeige eines Kontextmenüs mit den definierte Befehlen (→ Abbildung 18.35).

Hinzufügen als globales Kontextmenü

Wenn Sie die Befehle nicht nur in einem einzelnen Formular oder einem Bericht, sondern in allen Objekten der Datenbank verfügbar haben wollen, können Sie ein globales Kontextmenü dafür einrichten. Verwenden Sie die folgenden Schritte:

» Lassen Sie das Fenster für die *Access-Optionen* anzeigen und öffnen Sie den Bereich *Aktuelle Datenbank*.

» Navigieren Sie nach unten zum Abschnitt *Menüband- und Symbolleistenoptionen*, und geben Sie in das Feld *Kontextmenüleiste* den Namen des vorher erstellten Menümakros ein (→ Abbildung 18.36).

Bestätigen Sie, schließen Sie die Datenbank, und öffnen Sie sie erneut. Die definierten Befehle stehen dann über ein Kontextmenü überall in der Datenbank zur Verfügung.

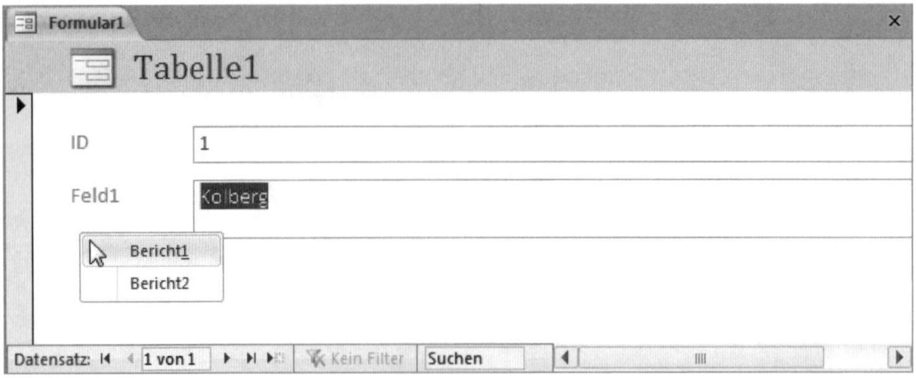

Abbildung 18.35
Das Kontextmenü mit den definierte Befehlen

ACHTUNG Benutzerdefinierte Kontextmenüs ersetzen die Standardkontextmenüs für die Objekte, denen sie zugeordnet sind. Wenn Sie Befehle aus diesen Standardkontextmenüs weiter benötigen, können Sie sie als Untermakros selbst definieren. Ein benutzerdefiniertes Kontextmenü, das einem Formular oder Bericht zugewiesen ist, hat Vorrang vor einem benutzerdefinierten globalen Kontextmenü.

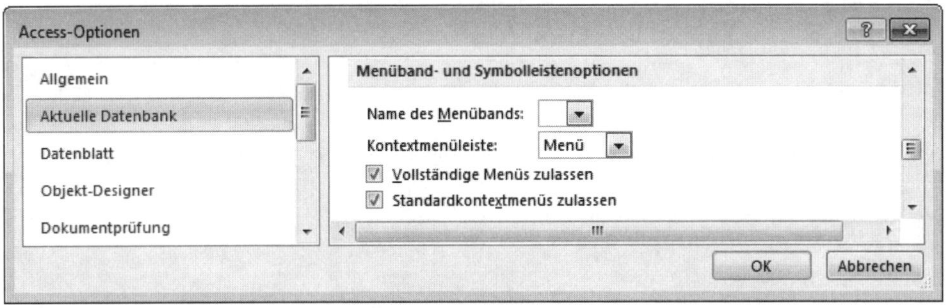

Abbildung 18.36
Ein globales Kontextmenü

Teil 6
Referenzen

In diesem letzten Teil des Buches haben wir einige Referenzinformationen zusammengestellt. Die in diesen Kapiteln zusammengefassten Aspekte sind auch mehr zum gelegentlichen Nachschlagen geeignet. Auf das Vorhandensein der wichtigsten Möglichkeiten wurde darum auch schon in den vorherigen Kapiteln der ersten beiden Teile verwiesen.

Kapitel 19: Installieren und starten

Viele Anwender werden dieses Buch wohl erst zur Hand nehmen, nachdem sie Access installiert haben. Mit dem Thema Installation hängen aber auch andere Aspekte - wie die Programmpflege, die Erweiterung des Programms durch Zusätze und die Behandlung von Updates - zusammen. Eine frühzeitige Installation der aktuellen Updates ist die Voraussetzung dafür, dass die laufenden Programme sicher und auf dem aktuellen Stand sind. Dazu sollten Sie regelmäßig die angebotenen Erweiterungen über eine entsprechende Aktualisierung herunterladen.

Kapitel 20: Die Programmeinstellungen

Wie jedes Programm der Office-Familie verfügt auch Microsoft Access über eine Vielzahl von Optionen, über die Sie viele Einstellungen an Ihre persönlichen Vorstellungen anpassen können. Im Rahmen der Neugestaltung der Benutzeroberfläche ist der Befehl *Access-Optionen* jetzt als Unterpunkt auf der Registerkarte *Datei* verfügbar. Viele Elemente davon haben wir schon an verschiedenen Teilen dieses Buches angesprochen. In diesem Kapitel 20 werden sie noch einmal zusammengefasst.

Kapitel 21: Ausdrücke und Funktionen

In diesem Kapitel haben wir die wichtigsten Funktionen zusammengefasst, die Sie bei der Formulierung von Berechnungen in Access verwenden können. Diese Funktionen können Sie in mehreren Bereichen anwenden - beispielsweise beim Berechnen von Feldwerten in verschiedenen Datenbankobjekten oder aber innerhalb einer VBA-Prozedur. Sie müssen wissen, dass fast alle Funktionen über eine englisch- und eine deutschsprachige Variante verfügen. Wir haben in diesem Kapitel die englischsprachigen Varianten der Funktionen benutzt. Diese können Sie in VBA für Access einsetzen. Wenn Sie außerhalb der VBA-Editors die Funktion direkt über ein Datenbankobjekt arbeiten, wird in der Mehrzahl der Fälle bei der Eingabe einer solchen englischsprachigen Variante diese automatisch die deutschsprachige Variante ersetzt.

Kapitel 22: Tastenkombinationen

Für den schnellen Zugriff auf häufig verwendete Befehle oder Vorgänge können Sie Tastenkombinationen verwenden. In diesem Kapitel sind die in Access 2010 verfügbaren Tastenkombinationen aufgeführt. Verwenden Sie es zum Nachschlagen.

Kapitel 19

Installieren und starten

Wahrscheinlich werden Sie dieses Buch erst zur Hand nehmen, nachdem Sie Microsoft Access 2010 oder Microsoft Office 2010 bereits installiert haben. Wenn wir trotzdem in diesem Referenzkapitel auf die Installation eingehen, so liegt dies daran, dass mit diesem Thema auch andere Aspekte zusammenhängen, von denen zumindest einige für Sie interessant sein könnten: Beispielsweise sollten Sie wissen, wie man nur ausgewählte Teile von Office 2010 einrichtet. Außerdem wollen wir auch noch einige Worte über das Starten der Programme verlieren.

- Bei der Erstinstallation von Office – oder eines der in diesem Paket enthaltenen Programme – müssen Sie über das Setup-Programm festlegen, welche Form von Installation Sie wünschen (→ Abschnitt 19.1). Bei einer typischen Installation werden beispielsweise nur die Komponenten des Programms von der CD bzw. DVD auf die Festplatte kopiert, die der durchschnittliche Anwender in der Regel benötigt.
- Je nach der Form der ursprünglich vorgenommenen Installation des Programms ist gegebenenfalls nur ein Teil der in Office vorhandenen Komponenten auf Ihrem System eingerichtet. Wenn Sie weitere Komponenten benötigen oder nicht benötigte entfernen wollen, können Sie sich der Programmwartung bedienen (→ Abschnitt 19.2).
- Zum Starten eines der Office-Programme verwenden Sie dieselben Methoden wie zum Starten anderer Programme (→ Abschnitt 19.3). Wir wollen uns in diesem Abschnitt auch kurz mit einigen Aspekten beschäftigen, die beim ersten Starten nach der Installation auftauchen. Dazu gehören die Aufforderung zur Aktivierung des Programms und die Angaben zur Installation der aktuellen Service- und Sicherheits-Updates.
- Windows verfügt daneben noch über eine Reihe von weiteren Methoden, die Ihnen das Öffnen von Programmen erleichtern können (→ Abschnitt 19.4). Dazu gehören beispielsweise Verknüpfungen oder das automatische Starten. Darauf werden wir im letzten Abschnitt dieses Kapitels eingehen.

19.1 Die Erstinstallation

Vor dem Installieren sollten Sie unter Umständen die Mindestanforderungen überprüfen, die das Programm an Ihren Rechner stellt (→ Tabelle 19.1). Bei der Version 2010 ist das aber nicht ganz so wichtig, da dieses Paket mit den Ressourcen des Rechners sparsam umgeht und die notwendigen Anforderungen erfüllt sind, wenn eines der Betriebssysteme Windows XP, Windows Vista oder – natürlich am besten – Windows 7 auf dem Rechner läuft. Es geht bei diesen Anforderungen also nur darum, dass ausreichend Speicherplatz auf der Festplatte zur Verfügung steht. Aber auch hier ist Office 2010 relativ genügsam. Für eine Standardinstallation werden nur ca. 3 GB benötigt. Das Erstellen von Sicherungskopien von allen wichtigen Daten ist sinnvoll. Eine Sicherung ist besonders dann angeraten, wenn Sie bereits eine vorherige Version von Microsoft Office benutzt und bestimmte Vorlagen erstellt oder modifiziert haben.

Bereich	Anforderung
Prozessor	500 MHz oder höher.
Speicher	256 MB RAM oder höher. 512 MB wird für Grafikfunktionen, Outlook-Sofortsuche und bestimmte erweiterte Funktionen empfohlen. Grammatik und kontextbezogene Rechtschreibprüfung in Word 2010 werden nur aktiviert, wenn der Computer über 1 GB RAM verfügt.
Freier Platz auf der Festplatte	3 GB - ein Teil dieses Speicherplatzes wird nach der Installation freigegeben, wenn das ursprüngliche Download-Paket von der Festplatte entfernt wird.
Bildschirmauflösung	1.024 x 768 oder höher.
Betriebssystem	Windows XP mit Service Pack 3, Windows Vista mit SP1, Windows 7, Windows Server 2003 R2 mit MSXML 6.0, Windows Server 2008 oder 2008 R2.

Tabelle 19.1 Die Systemanforderungen - die Daten gelten für Office 2010 Professional insgesamt.

19.1.1 Die Installation starten

Starten Sie den Computer wie gewohnt, schließen Sie alle gegebenenfalls bereits vorhanden Office-Anwendungen, und legen Sie den Datenträger in das entsprechende Laufwerk. Denken Sie daran, dass Ihnen Office 2010 sowohl für die Architektur *x86* als auch für *x64* zur Verfügung steht. Benutzen Sie also die Architektur, die Ihr Rechner verwendet! Danach wird das Setup-Programm nach dem Beantworten einer Aufforderung im Allgemeinen automatisch gestartet.

TIPP Sollte die Autorun-Funktion für das Laufwerk nicht verfügbar sein und kein automatischer Start erfolgen, verwenden Sie *Start/Ausführen*. Bei Windows 7 als Betriebssystem finden Sie dieses Programm unter *Alle Programme/Zubehör*. Sie können auch einfach die Tastenkombination [Win]+[R] drücken. Geben Sie im Feld *Öffnen* den Befehl zum Starten des Installationsprogramms an. Wenn Sie beispielsweise ein Laufwerk mit dem Kennzeichen *D:* benutzen, geben Sie im Feld *Öffnen* die Zeile *D:/setup* ein. Bestätigen Sie mit [↵] oder durch einen Klick auf die Schaltfläche *OK*.

32 Bit oder 64 Bit

Neu bei Office 2010 ist, dass Sie sich zwischen zwei verschiedenen Versionen entscheiden können - 32 Bit und 64 Bit. Sie sollten bei der Wahl der für Sie geeigneten Version gleich die folgenden Punkte beachten:

» Die 32-Bit-Version kann auch auf Betriebssystemen installiert werden, die mit einer 64-Bit-Architektur arbeiten. Die Zahlen müssen also nicht übereinstimmen.

» Der - zunächst einzig wichtige - Vorteil der 64-Bit-Version von Office 2010 liegt darin, dass Dateien verwaltet werden können, die größer sind als 2 GB. Das betrifft wohl vordringlich das Programm Excel.

» Die gesamte Architektur der Office-Programme ist aber auf 32 Bit ausgelegt. Das betrifft besonders Steuerelemente, Add-Ins und VBA von Microsoft und anderen Anbietern. Momentan sind noch keine Add-Ins vorhanden, die die Synchronisierung zwischen den Office-Programmen und anderen Elementen und Geräten - beispielsweise Ihrem Telefon und Outlook - durchführen können.

Microsoft empfiehlt selbst, zunächst die 32-Bit-Version zu verwenden - es sei denn, Sie müssen mit sehr großen Dateien arbeiten! Wie schon gesagt: Diese Version läuft auch unter Windows 7 x64.

Wenn Ihre Office 2010-DVD sowohl die 32-Bit- als auch die 64-Bit-Version enthält, wird standardmäßig bei der Installation die 32-Bit-Version von Office 2010 verwendet, und zwar auch dann, wenn auf Ihrem Computer die 64-Bit-Edition von Windows ausgeführt wird. Eine Ausnahme zeigt sich aber, wenn auf einem Rechner mit einem 64-Bit-Betriebssystem bereits eine 64-Bit-Version von Office installiert war. Dann wird standardmäßig die 64-Bit-Version von Office installiert.

ACHTUNG Wenn Sie gezielt die 64-Bit-Version von Office installieren wollen, müssen Sie die automatisch gestartete Installationsroutine abbrechen und auf dem Office 2010-Datenträger zunächst zum Ordner *x64* wechseln. Doppelklicken Sie dann auf *Setup.exe*.

Die vorbereitenden Angaben

Anschließend wird die Willkommenseite der Installation angezeigt, und die Installationsroutine beginnt. In allen folgenden Fenstern finden Sie eine kleine Schaltfläche mit einem Fragezeichen darin. Klicken Sie darauf, um zusätzliche Informationen zu den im Fenster angebotenen Optionen zu erhalten. Auf den ersten Seiten des Installations-Assistenten müssen Sie zunächst einige Angaben machen, bevor Sie die eigentliche Installation durchführen können:

» Sie müssen zunächst den 25-stelligen *Product Key* eingeben. Sie finden diese Angaben auf Ihrem Echtheitszertifikat oder auf dem Aufkleber auf der Rückseite der Hülle für den Datenträger. Zwischen großen und kleinen Buchstaben wird nicht unterschieden. Die Trennstriche können Sie bei der Eingabe auslassen. Nach der vollständigen Eingabe wird der Schlüssel über das Internet geprüft.

» Wenn Sie das Kontrollkästen vor *Automatische Onlineaktivierung meines Produktes versuchen* angeschaltet lassen, können Sie sich später meist ein manuelles Aktivieren ersparen (→ unten). Bestätigen Sie danach durch einen Klick auf die Schaltfläche *Weiter*.

» Sie müssen dann bestätigen, dass Sie die Bedingungen des Endbenutzer-Lizenzvertrags akzeptieren. Die Schaltfläche *Weiter* können Sie erst anwählen, nachdem Sie das Kontrollkästchen *Ich stimme den Bedingungen dieses Vertrags zu* aktiviert haben. Klicken Sie dann wieder auf *Weiter*.

Die Form der Installation festlegen

Anschließend wird ein Dialogfeld mit der Überschrift *Gewünschte Installation auswählen* angezeigt. Dieses Dialogfeld ist wichtig! Sie entscheiden hier, wie mit bereits vorhandenen Office-Installationen verfahren werden soll. Die darin angezeigten Optionen unterscheiden sich teilweise je nach den gegebenen Voraussetzungen.

» Eine Option mit der Überschrift *Jetzt installieren* wird angezeigt, wenn auf dem Computer keine frühere Version von Microsoft Office installiert ist. Wenn Sie diese wählen, können Sie eine vollständige Installation mit Ausnahme einiger spezieller Dateien ausführen.

» Falls auf dem Computer eine frühere Version von Microsoft Office installiert ist, wird oben die Option *Upgrade* angezeigt. Damit führen Sie eine vollständige Installation mit Ausnahme einiger spezieller Dateien aus. Frühere Microsoft Office-Versionen auf dem Computer werden automatisch entfernt!

» Mit der Option *Anpassen* können Sie eine bestimmte Auswahl zu den einzelnen Aspekten der Installation treffen, einschließlich der installierten Programme und der Installationsverzeichnisse. Wählen Sie diese Option auch immer dann, wenn Sie eine bestimmte Auswahl installieren möchten.

19.1.2 Die angepasste Installation

Wir beschreiben im Folgenden den Installationsvorgang für die Option *Anpassen*. Die nachfolgenden Schritte entfallen zum größten Teil, wenn Sie eine andere Option benutzen. Nach Wahl von *Anpassen* meldet sich ein Fenster, das über vier Registerkarten verfügt. Je nachdem, was Sie bei der Installation anpassen wollen, müssen Sie zuerst die Einstellungen auf den entsprechenden Registerkarten durcharbeiten. Klicken Sie erst dann auf *Upgrade*, wenn Sie alle gewünschten Einstellungen durchgeführt haben!

Die früheren Versionen von Office aktualisieren

Sollte auf Ihrem Rechner eine vorherige Version von Microsoft Office gefunden worden sein, meldet sich zuerst die Registerkarte *Update*, auf der Sie festlegen müssen, wie mit dieser Version verfahren werden soll (→ Abbildung 19.1).

» Über *Alle früheren Versionen entfernen* legen Sie fest, dass frühere Versionen von Microsoft Office deinstalliert werden und anschließend nicht mehr benutzt werden können. Es werden dabei aber keine persönlichen Daten entfernt – wie beispielsweise selbst erstellte Dateien oder Benutzereinstellungen. Enthält die neue Office-Version einige Programme nicht, die im Rahmen der früheren Office-Version installiert wurden, werden diese älteren Programme möglicherweise nicht automatisch entfernt.

» Wenn Sie *Alle früheren Versionen beibehalten* wählen, können Sie anschließend sowohl Office 2010 als auch die bereits installierte Vorversion benutzen.

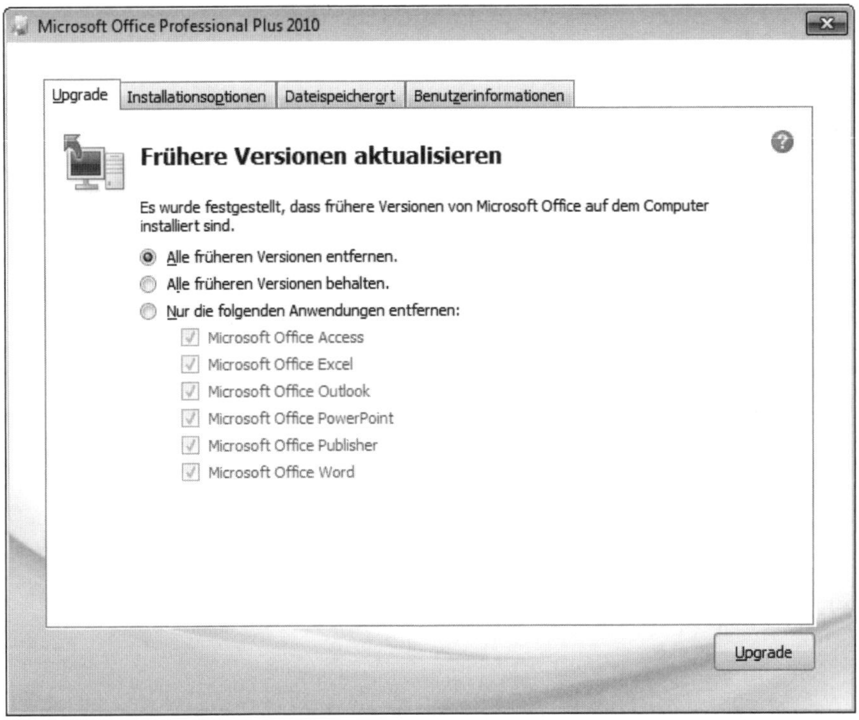

Abbildung 19.1
Bestimmen Sie, wie mit der Vorversion verfahren werden soll.

Das gilt aber nicht für Outlook: Von diesem Programm können nicht zwei Versionen auf demselben Computer vorhanden sein. Wenn Sie eine frühere Version von Outlook beibehalten möchten, müssen Sie auf der Registerkarte *Installationsoptionen* explizit auswählen, dass Outlook 2010 nicht installiert werden soll (→ unten). Wenn Sie eine frühere Outlook-Version beibehalten, jedoch die entsprechende frühere Word-Version entfernen, ist Outlook meist nicht mehr in der Lage, Word als E-Mail-Editor zu verwenden.

» Nachdem Sie *Nur die folgenden Anwendungen entfernen* gewählt haben, können Sie über die Optionen darunter festlegen, welche der bereits vorhandenen Anwendungen entfernt werden sollen.

TIPP Theoretisch ist ein Parallelbetrieb verschiedener Version möglich. Sie müssen aber bei jedem Starten einer Version mit einer zwar automatischen, aber zeitaufwendigen Umstellung der Systemeinstellungen rechnen. Wir empfehlen Ihnen daher, auf eine bereits installierte ältere Version von Office zu verzichten, da sich diese manchmal mit der aktuellen Version in die Quere kommen kann.

Die zu installierenden Programme auswählen

Auf der Registerkarte *Installationsoptionen* müssen Sie angeben, welche Produkte Sie installieren wollen (→ Abbildung 19.2). Welche Produkte zur Verfügung gestellt werden, hängt natürlich von dem jeweiligen von Ihnen benutzten Editionen-Paket ab.

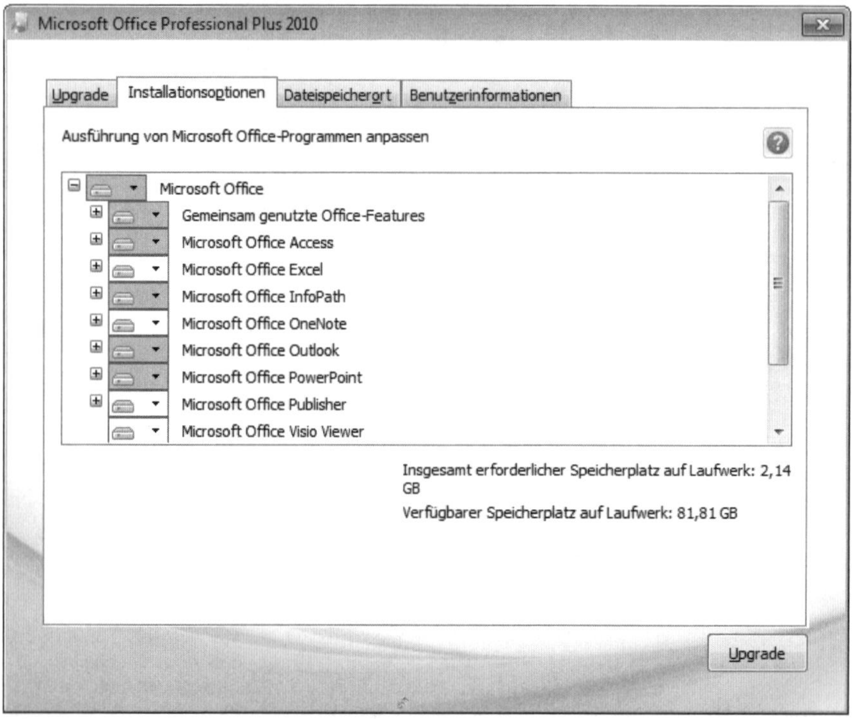

Abbildung 19.2
Wählen Sie die gewünschten Anwendungen aus.

Das Symbol neben jedem Anwendungsprogramm kennzeichnet, wie das Programm standardmäßig installiert wird. Sie können die Form ändern, indem Sie auf dessen Symbol klicken und dann ein anderes Symbol aus der angezeigten Liste auswählen (→ Abbildung 19.3).

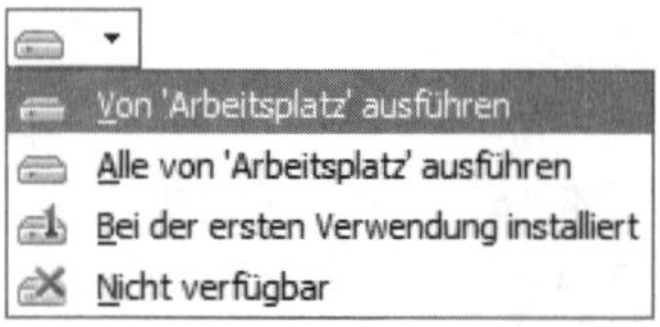

Abbildung 19.3 Wählen Sie aus, ob und wie die einzelnen Programme installiert werden sollen.

»  Mit *Von 'Arbeitsplatz' ausführen* wird das Programm auf der Festplatte installiert und gespeichert, wenn Sie das Setup abschließen. Ein grau eingefärbtes Symbol zeigt an, dass einige untergeordnete Programmelemente nicht auf der Festplatte installiert und gespeichert werden.

» 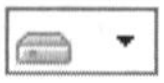 Die Option *Alle von 'Arbeitsplatz' ausführen* bewirkt, dass das Programm mit allen untergeordneten Elementen auf der Festplatte installiert und gespeichert wird, wenn Sie das Setup abschließen. Das Symbol wird auf weißem Hintergrund angezeigt.

» 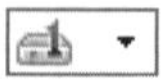 Mit *Bei der ersten Verwendung installiert* wird das Programm auf der Festplatte installiert, wenn Sie es zum ersten Mal verwenden. Dann kann der Zugriff auf die CD bzw. DVD oder den Netzwerkserver erforderlich sein, von der bzw. dem Sie die Installation ursprünglich ausgeführt haben. Auch hier kann das Symbol grau eingefärbt sein, um anzuzeigen, dass einige untergeordnete Programmelemente nicht auf der Festplatte installiert und gespeichert werden.

» 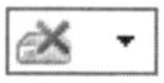 Wenn Sie *Nicht verfügbar* auswählen, wird das jeweilige Programm nicht installiert und steht später nicht zur Verfügung. Es kann aber später nachinstalliert werden.

REFERENZ Wenn Sie auf das Pluszeichen vor einem Programmsymbol klicken, werden die zu diesem Programm vorhandenen Unterelemente angezeigt. Sie können dann regeln, welche davon Sie installieren möchten. Wir werden weiter unten in diesem Kapitel noch darauf eingehen.

Den Speicherort festlegen

Auf der Registerkarte *Dateispeicherort* können Sie angeben, in welchem Verzeichnis die Installation durchgeführt werden soll. In der Mehrzahl der Fälle können Sie es bei dem vom Programm gelieferten Vorschlag belassen. Eine Änderung empfiehlt sich beispielsweise dann, wenn Sie sowohl die Version *2010* als auch eine frühere Version des Programms auf Ihrem Rechner betreiben wollen. In einem solchen Fall könnten Sie den Namen des Verzeichnisses durch die Angabe *2010* - oder auch durch *Office 14* - erweitern. Notwendig ist eine solche Trennung in separate Ordner nicht, sie erleichtert aber später die Suche nach Programmkomponenten. Sie können auch auf *Durchsuchen* klicken und dann das gewünschte Verzeichnis auswählen.

Die Benutzerinformationen

Auf der Registerkarte *Benutzerinformationen* geben Sie Ihren vollständigen Name, Ihre Initialen und den Namen Ihrer Organisation - beispielsweise Ihrer Firma - ein. Die Einstellungen werden zunächst aus den Angaben für das Betriebssystem übernommen, können aber hier für die Programme von Microsoft Office abgeändert werden. Diese Daten werden von einigen Elementen in Microsoft Office verwendet, um die Dokumenturheberschaft zurückverfolgen zu können und eine Zuordnung der von Ihnen vorgenommenen Änderungen oder Kommentare zu Ihrer Person für andere Benutzer, die ein Dokument bearbeiten, zu ermöglichen. Die Eingabe der Informationen ist optional.

Die Installation durchführen

Nachdem Sie die Eingaben auf diesen vier Registerkarten vorgenommen haben, können Sie durch einen Klick auf die Schaltfläche *Jetzt installieren* die eigentliche Installation starten. Den Status dieses Vorgangs können Sie am Bildschirm kontrollieren. Nach Abschluss der Installation erhalten Sie eine Erfolgsmeldung. Sie können an dieser Stelle im Internet über *Office Online* nach zusätzlichen Komponenten, Aktualisierungen und Sicherheitsupdates suchen und diese installieren lassen. Hinweise dazu finden Sie anschließend. Nach einem Klick auf *Schließen* werden Sie gegebenenfalls aufgefordert, Ihren Rechner neu zu starten.

19.2 Die Programmwartung

Je nach der Form der ursprünglich vorgenommenen Installation des Programms sind gegebenenfalls nur ein Teil der in Microsoft Office vorhandenen Komponenten auf Ihrem System eingerichtet. Wenn Sie weitere Komponenten benötigen oder nicht benötigte entfernen wollen, können Sie sich der Programmwartung bedienen.

19.2.1 Deinstallieren oder Ändern von Programmen

Um den Zugriff auf diese Möglichkeiten bei Windows zu erhalten, öffnen Sie die Systemsteuerung und doppelklicken in der klassischen Ansicht auf *Programme und Funktionen*. Ein Fenster wird angezeigt, in dem die momentan installierten Programme angezeigt werden (→ Abbildung 19.4).

Nach dem Markieren einer Zeile in dieser Liste finden Sie oben mehrere Schaltflächen, über die Sie die Darstellung im Fenster regeln und bestimmte Aktionen starten können. Nicht alle Schaltflächen werden bei allen Programmen angezeigt.

» Mit *Deinstallieren* können Sie das Programm wieder entfernen. Meist müssen Sie nach der Auswahl dieser Schaltfläche noch zusätzliche Angaben machen.

» Über *Ändern* können Sie bei einigen Programmen - auch Microsoft Office 2010 - die dafür installierten Funktionen ändern.

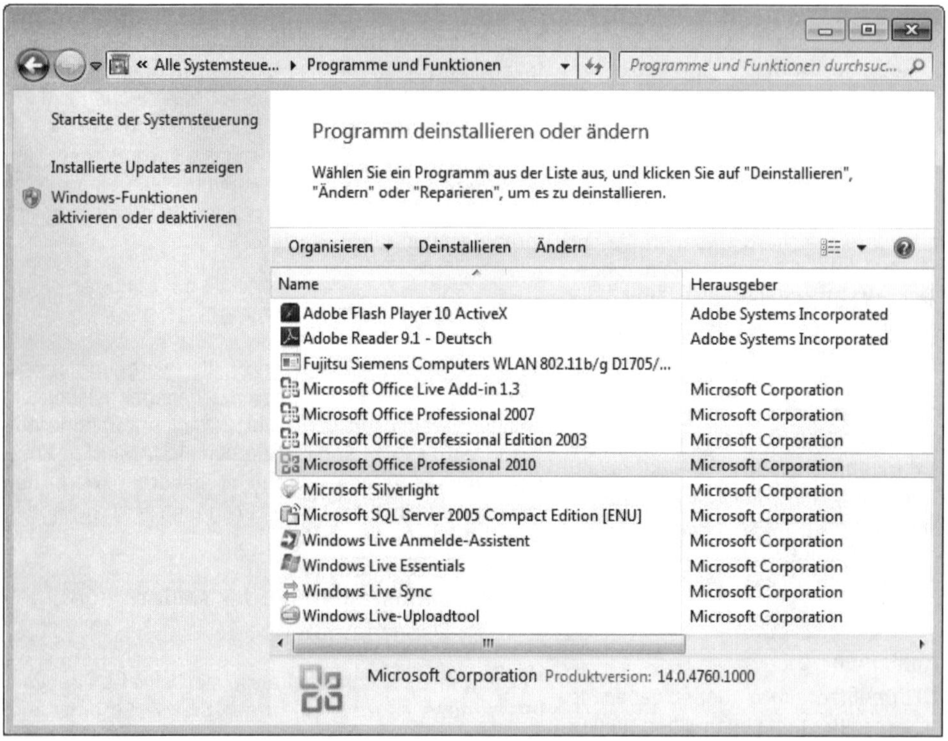

Abbildung 19.4
Die aktuell installierten Programme im Bereich *Programme und Funktionen* der Systemsteuerung

19.2.2 Ändern der Office 2010-Installation

Um Änderungen an der Installation durchzuführen, schließen Sie alle Office-Programme und legen dann den Microsoft Office-Datenträger in das Laufwerk. Klicken Sie im Bereich *Programme deinstallieren oder ändern* auf den Eintrag *Microsoft Office ... 2010*. Um neue Komponenten hinzuzufügen oder einzelne installierte zu entfernen, wählen Sie die Schaltfläche *Ändern*. Daraufhin wird der Konfigurations-Assistent gestartet und anschließend das Dialogfeld mit mehreren Optionen zur Wartung geöffnet (→ Abbildung 19.5).

Wählen Sie unter den angebotenen Optionen die gewünschte:

» *Features hinzufügen oder entfernen* benutzen Sie, wenn Sie einzelne Programmelemente entfernen oder hinzufügen möchten.

» *Reparieren* kann hilfreich sein, wenn Office oder bestimmte Komponenten nicht mehr einwandfrei funktionieren.

» Über die Option *Entfernen* können Sie Microsoft Office 2010 von Ihrem Computer entfernen.

TIPP Änderungen gegenüber den Standardeinstellungen können Sie auch bereits bei der ersten Installation vornehmen, indem Sie die Option *Benutzerdefinierte Installation* wählen.

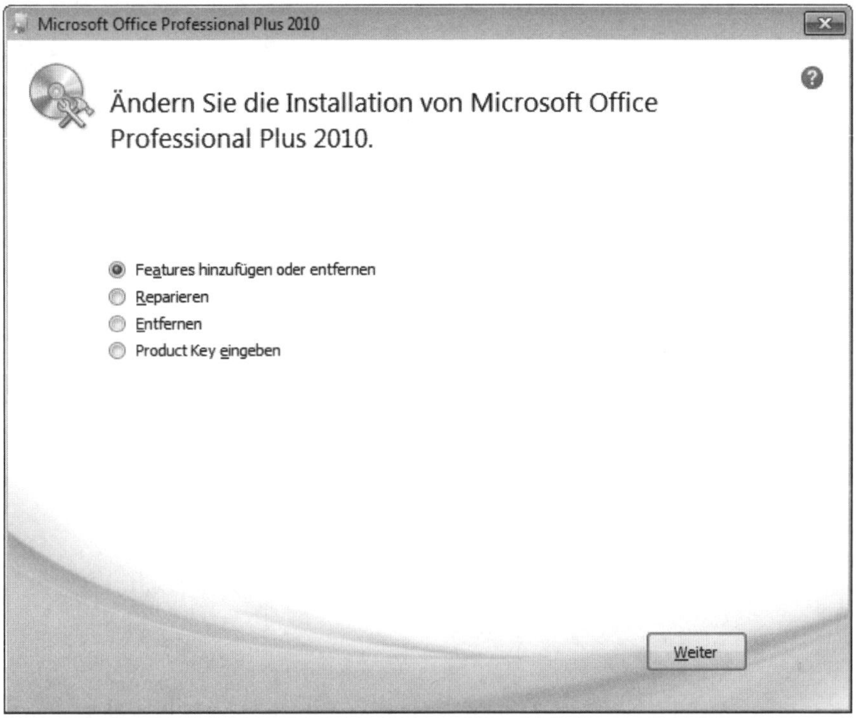

Abbildung 19.5
Geben Sie an, was Sie an der vorhandenen Installation ändern wollen.

Office-Programme hinzufügen oder entfernen

Nach Wahl von *Features hinzufügen oder entfernen* und einem Klick auf *Weiter* wird die schon von der Erstinstallation bekannte Registerkarte *Installationsoptionen* angezeigt (→ Abbildung 19.6).

Sie können dann angeben, welche Office-Anwendung Sie komplett entfernen oder hinzufügen wollen. Klicken Sie dazu auf die Pfeilspitze, und benutzen Sie dieselben Methoden wie die der anfänglichen benutzerdefinierten Installation. Wählen Sie beispielsweise *Nicht verfügbar*, wenn Sie das Programm nicht installiert haben möchten. Es gelten die oben genannten Optionen. Klicken Sie dann auf *Weiter*. Die Installation wird entsprechend Ihren Anweisungen geändert.

Komponenten hinzufügen oder entfernen

Durch einen Klick auf das Pluszeichen vor einem Programmnamen können Sie die dazu vorhandenen Unterkomponenten anzeigen lassen (→ Abbildung 19.6). Am Symbol vor dem Namen einer Komponente können Sie erkennen, ob diese Komponente installiert ist. Wenn Sie eine Änderung wünschen, öffnen Sie das entsprechende Listenfeld und wählen die gewünschte Installationsart aus. Beachten Sie, dass einige Komponenten noch über weitere Unterebenen verfügen, die Sie wiederum durch einen Klick auf den Knoten anzeigen lassen können. Hierin können Sie einzelne Komponenten für jedes der installierten Office-Programme an- und abschalten. Ein Klick auf das Symbol mit dem Minuszeichen schließt einen Knoten wieder. Klicken Sie dann auch hier auf *Weiter*. Die Installation der Unterkomponenten wird entsprechend Ihren Anweisungen geändert.

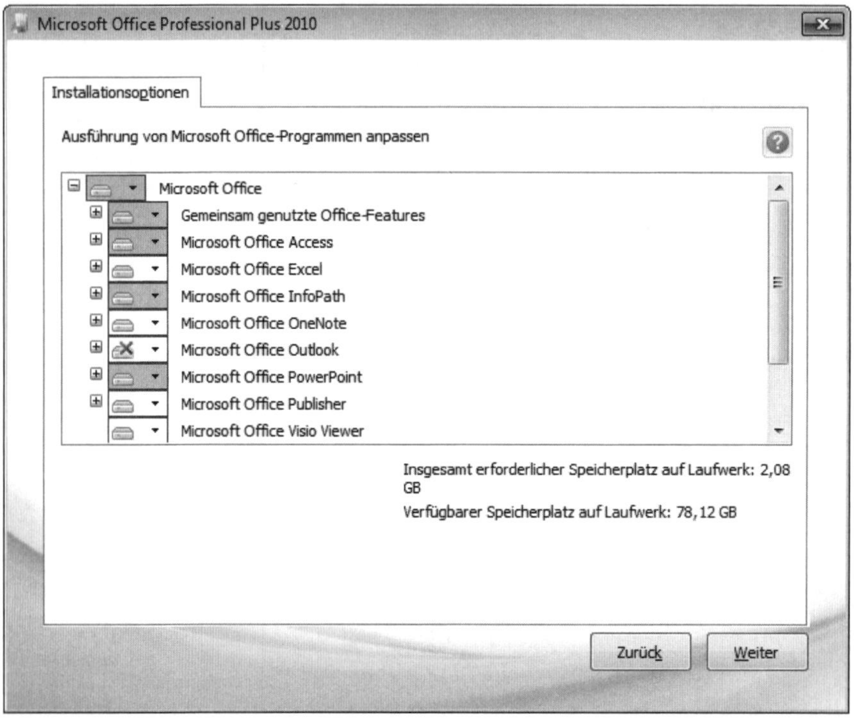

Abbildung 19.6
Die Installationsoptionen erlauben ein Ändern der installierten Programme.

ACHTUNG Oft übersehen wird die Gruppe *Office-Tools*. Diese beinhaltet Anwendungs- und Unterstützungsdateien zur Verwendung mit Microsoft Office – wie *Microsoft Graph* oder *Microsoft Office Picture Manager*. Sie sollten diese Listen durcharbeiten und die Komponenten zur Installation aktivieren, die Sie gegebenenfalls benötigen. Nicht benötigte können Sie entfernen.

19.3 Starten und beenden von Programmen

In diesem Abschnitt werden wir auf die wichtigsten Optionen zum Starten eines Office-Programms eingehen: Sie verwenden dafür zunächst einmal dieselben Methoden wie zum Starten eines anderen Programms. Nach dem ersten Starten eines Office-Programms müssen Sie noch einige Einstellungen vornehmen. Diese gelten dann für alle Programme des installierten Pakets.

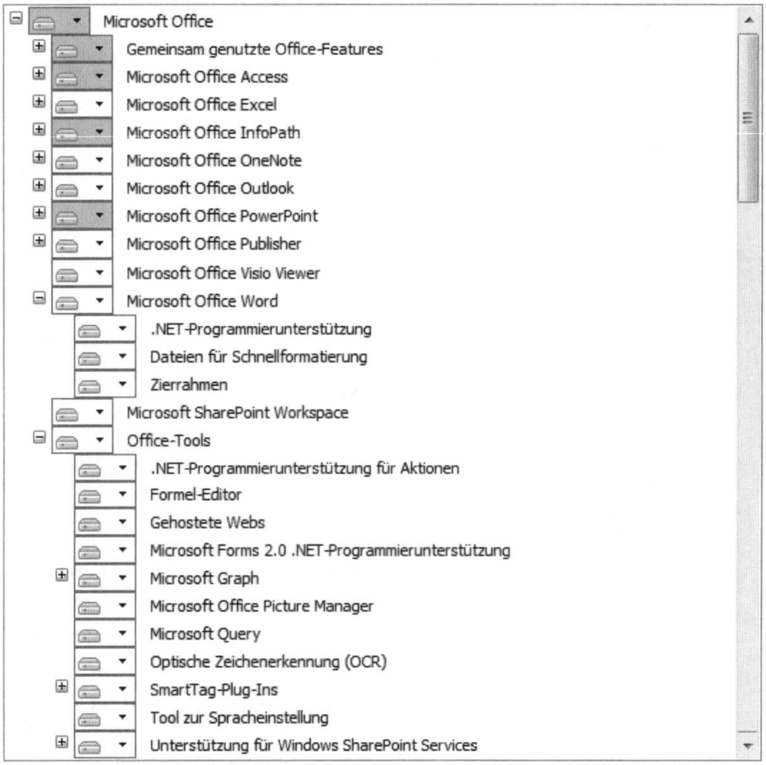

Abbildung 19.7
Auch Unterkomponenten der Programme können hinzugefügt oder entfernt werden.

19.3.1 Ein Programm über das Menü *Start* starten

Den Zugang zu den auf dem Rechner installierten Microsoft Office-Programmen finden Sie über die Schaltfläche *Alle Programme* im Startmenü von Windows.

» Öffnen Sie das Startmenü, indem Sie entweder auf die Schaltfläche *Start* in der Taskleiste klicken oder die [Win]-Taste drücken.

» Führen Sie den Mauszeiger innerhalb des Startmenüs auf die Schaltfläche *Alle Programme*, und klicken Sie mit der linken Maustaste. Die Liste der auf dem Computer installierten Programme wird angezeigt. In dieser Liste finden Sie einerseits eigenständige Programme – wie beispielsweise *Internet Explorer*. Mithilfe der Bildlaufleiste am rechten Rand dieses Bereichs können Sie weitere Programme anzeigen lassen.

» Andere Programme sind zu Gruppen zusammengefasst – beispielsweise in der Gruppe *Microsoft Office*. Eine Gruppe erkennen Sie immer daran, dass links von der Beschriftung das Symbol eines Aktenordners angezeigt wird. Um den Inhalt einer Gruppe anzuzeigen, führen Sie den Mauszeiger auf die entsprechende Zeile, und klicken Sie darauf. Der Inhalt der Gruppe wird geöffnet (→ Abbildung 19.8).

» Sie finden darin alle von Ihnen installierten Komponenten. Hier können Sie eines dieser Programme durch einen Linksklick darauf starten. Nach einer kurzen Einblendung des Programmlogos wird die Oberfläche angezeigt.

Abbildung 19.8 Sie starten ein Office-Programm wie jedes andere über das Windows-Startmenü.

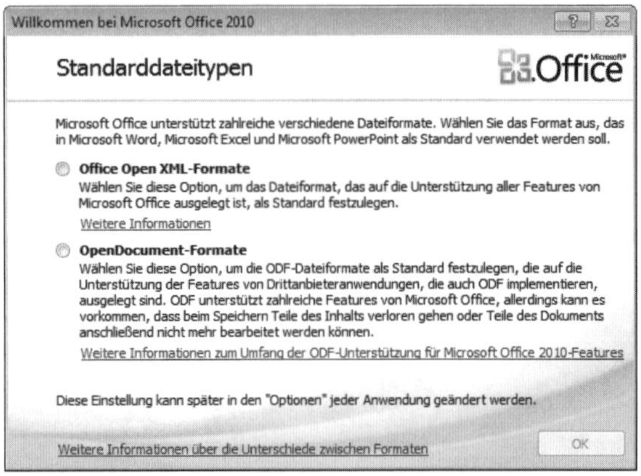

Abbildung 19.9 Wählen Sie, welches Dateiformat als Standard für die Arbeit mit einigen Office-Programmen benutzt werden soll.

19.3.2 Der erste Start

Nach dem ersten Starten eines Programms müssen Sie noch einige zusätzliche Angaben vornehmen. Dazu gehören die Wahl des Dateiformats, das Aktivieren, das Festlegen der Datenschutzoptionen und die Regelung für das Update.

Die Wahl des Standards für die Dateiformate

Nach dem ersten Starten müssen Sie angeben, welches Dateiformat Sie als Standard für die Arbeit mit Word sowie Excel und PowerPoint verwenden wollen (→ Abbildung 19.9). Microsoft geht damit möglichen zukünftigen Gefahren aus dem Weg, denen es schon bis zum Jahr 2009 wegen der festen Integration des Internet Explorers in das Betriebssystem Windows ausgesetzt war. Deswegen werden Ihnen gleich zu Beginn der Arbeit mit Office 2010 zwei Formate zum Speichern Ihrer Arbeit zur Verfügung gestellt.

» Seit der Version 2007 verfügen praktisch alle Office-Programme über neue Dateiformate, die den Namen *Office Open XML-Format* tragen. Dabei handelt es sich um einen offenen Standard für Bürodokumente, der den Datenaustausch zwischen verschiedenen Anwendungen ermöglicht bzw. vereinfacht.

» Neu bei der Version 2010 ist die Unterstützung des freien Dokumentformats *OpenDocument* in der Version 1.1, das sonst vor allem bei OpenOffice.org genutzt wird. Dieses Format wurde ursprünglich von Sun Microsystems entwickelt und durch die Organisation OASIS – für *Open Document Format for Office Applications* – als Standard für Dateiformate von Bürodokumenten spezifiziert und als internationale Norm veröffentlicht.

Access ist von dieser Abfrage nicht betroffen, nur Word, Excel und PowerPoint. Wollen Sie die Dateien, die Sie mit Word und den anderen genannten Programmen erzeugen, immer nur mit den jeweiligen Office-Programmen in der Version 2010 weiterbearbeiten, sollten Sie die Option *Office Open XML-Formate* aktivieren und über *OK* bestätigen.

Aktivieren

Das Aktivieren geschieht im Anschluss an die Installation beim ersten Start des Programms. Zur Aktivierung erstellt das Programm aus der Seriennummer der erworbenen Software und »unbedenklichen Informationen zur eingesetzten Hardware« – das sind einige ty-

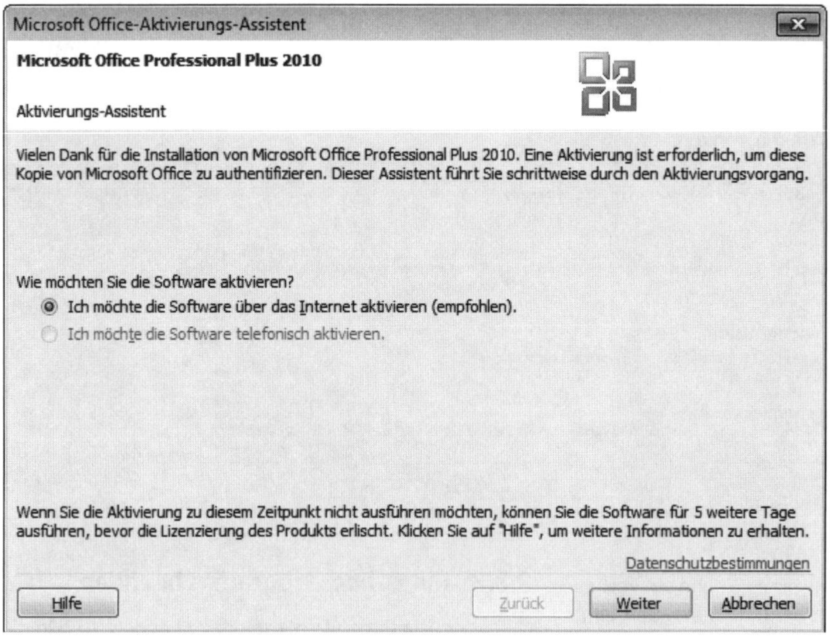

Abbildung 19.10
Die Meldung des Aktivierungs-Assistenten

pische Merkmale der Hardware Ihres Systems - eine sogenannte Identifikationsnummer. Diese beiden Angaben werden bei Microsoft gespeichert und sollen sicherstellen, dass Ihre Seriennummer des Produkts nicht auf weiteren Rechnern installiert und aktiviert werden kann.

Die Aktivierung kann entweder direkt über das Internet erfolgen oder per Anruf bei Microsoft:

- Wenn Sie die Aktivierung - und gegebenenfalls die Registrierung - über das Netz durchführen wollen, müssen Sie bereits die Einrichtung einer funktionsfähigen Internetverbindung vorgenommen haben. Aktivieren Sie die entsprechende Option, und klicken Sie dann auf *Weiter*. Die Verbindung zum Aktivierungsserver wird daraufhin hergestellt, und der Austausch der Daten erfolgt automatisch.
- Bei der Aktivierungsvariante per Telefon wird zuerst eine mehrstellige Zahl per Telefontasten übermittelt und dann eine ebenso lange über eine Automaten zurückdiktiert; dies erfordert also ein gewisses Maß an Konzentration und Geduld.

Beenden Sie die Aktivierung durch einen Klick auf *Fertig stellen*. Der Erfolg wird gemeldet.

TIPP Wie Sie die Aktivierung zu einem späteren Zeitpunkt manuell durchführen oder den Schlüssel für Ihre Produktkopie ändern können, beschreiben wir Ihnen im Zusammenhang mit den Einzelheiten der neuen Programmoberfläche (→ Kapitel 2).

Die Datenschutzoptionen

Nachdem Sie die Aktivierung abgeschlossen haben, müssen Sie in einem als *Microsoft Office schützen und verbessern* überschriebenen Fenster festlegen, wie Sie es in Zukunft mit der Kommunikation des Programms über das Internet zu Microsoft halten wollen (→ Abbildung 19.11).

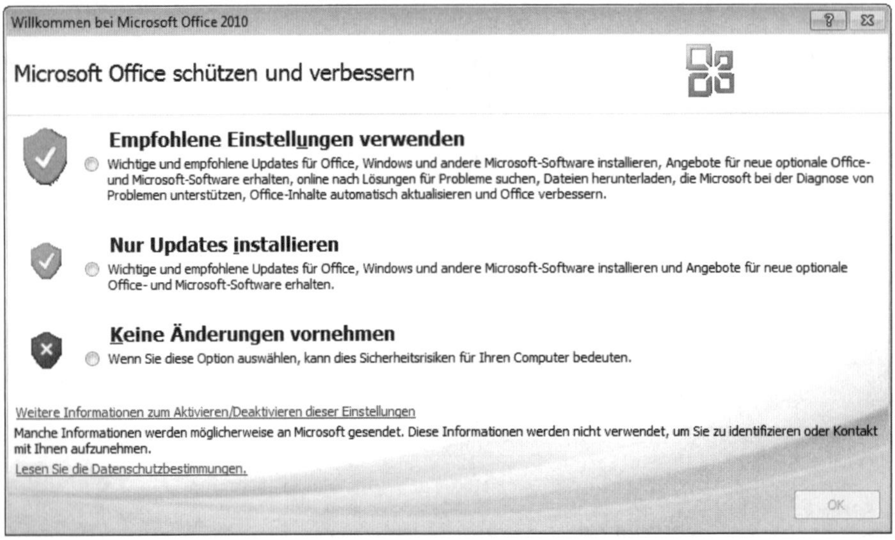

Abbildung 19.11 Die Einstellungen zu den Datenschutzoptionen

Updates können die Sicherheit eines Rechners verbessern. Der normale Anwender möchte ja meist den Computer für produktive Zwecke – welche auch immer – einsetzen, und dazu gehören die Fragen der Sicherheit nur bedingt. Da die Welt aber nun einmal schlecht ist, ist er trotzdem gezwungen, sich damit zu beschäftigen. Für ihn ist es wahrscheinlich die beste Strategie, das Aufspüren solcher Lücken den Experten auf diesem Gebiet zu überlassen und möglichst schnell und vollständig von deren Erkenntnissen zu profitieren. Er sollte sich also bezüglich der Informationen zu neu entdeckten Sicherheitslücken immer auf dem neuesten Stand halten und diese anschließend wirksam mit den angebotenen Hilfsmitteln schließen. Die Wahl der Option *Nur Updates installieren* ist darum zu empfehlen.

ACHTUNG Mit den Einstellungen im Fenster *Microsoft Office schützen und verbessern* legen Sie auch das Verhalten hinsichtlich Updates für Windows fest. Um den Bereich zur Regelung dieser Frage zu betreten, doppelklicken Sie in der Systemsteuerung von Windows auf *Windows Update*. Im dann angezeigten Fenster finden Sie die Möglichkeiten zur Einstellung.

19.3.3 Ein Office-Programm beenden

Um ein Office-Programm zu beenden, stehen die unter Windows üblichen Verfahren zur Verfügung: Klicken Sie auf die *Schließen*-Schaltfläche ganz rechts in der Titelleiste des Anwendungsfensters, oder öffnen Sie das Menü *Datei* und klicken Sie auf *Beenden*. Bei Access werden die von Ihnen eingegebenen Datensätze automatisch gespeichert. Falls aber die vorher geöffnete Datenbank Objekte enthält, die neu angelegt oder geändert und noch nicht gespeichert wurden, wird abgefragt, ob diese Änderungen vor dem Schließen gespeichert werden sollen (→ Abbildung 19.12).

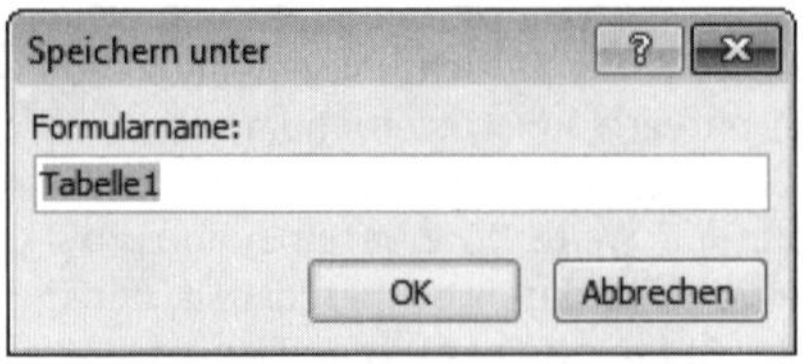

Abbildung 19.12 Wollen Sie das Objekt speichern?

ACHTUNG Bei anderen Office 2010-Programmen können Sie in vielen Fällen auf nicht gespeicherte Daten später noch zugreifen. Das trifft für Access 2010 nicht zu!

19.4 Hilfsmittel zum Programmstart

Microsoft Windows verfügt neben der eben beschriebenen grundlegenden Technik noch über eine Reihe von weiteren Methoden, die Ihnen das Öffnen von Programmen erleichtern und auch gleich spezielle Einstellungen beim Starten anwenden.

19.4.1 Verknüpfungen benutzen

So wie für Ordner und Arbeitsdateien können Sie auch Verknüpfungen zu Programmen erstellen. Sie erhalten damit die Möglichkeit, schneller auf solche Programme zuzugreifen, da Sie nicht mehr diverse Ordner im Windows-Startmenü öffnen müssen. Als Ort für die Ablage einer solchen Programmverknüpfung bietet sich vor allem der Desktop an, aber auch der linke Bereich des Startmenüs und die Taskleiste sind dafür möglich. Durch einen Doppelklick auf ein Verknüpfungssymbol zu einem Programm öffnen Sie das dahinter stehende Programm.

Eine Verknüpfung über den Eintrag im Startmenü anlegen

Mehrere Methoden zum Erstellen einer Verknüpfung sind üblich – wir wollen Ihnen zunächst die einfachste davon vorstellen.

» Navigieren Sie im Windows-Startmenü zu dem Bereich, in dem Sie die Symbole für die Office-Programme finden: Öffnen Sie dazu das Startmenü, klicken Sie auf *Alle Programme* und dann auf die Gruppe *Microsoft Office*.

» Markieren Sie das Symbol für das Programm, zu dem Sie eine Verknüpfung anlegen wollen, und klicken Sie mit der rechten Maustaste darauf. Im Kontextmenü werden Ihnen mehrere Befehle angezeigt – darunter auch solche zum Anlegen von Verknüpfungen zum gewählten Programm (→ Abbildung 19.13).

» Über den Befehl *An Taskleiste anheften* sorgen Sie dafür, dass in der Taskleiste ein Symbol für das Programm abgelegt wird.

» Mit *An Startmenü anheften* bewirken Sie, dass oben links im Startmenü ein Verknüpfungssymbol erscheint.

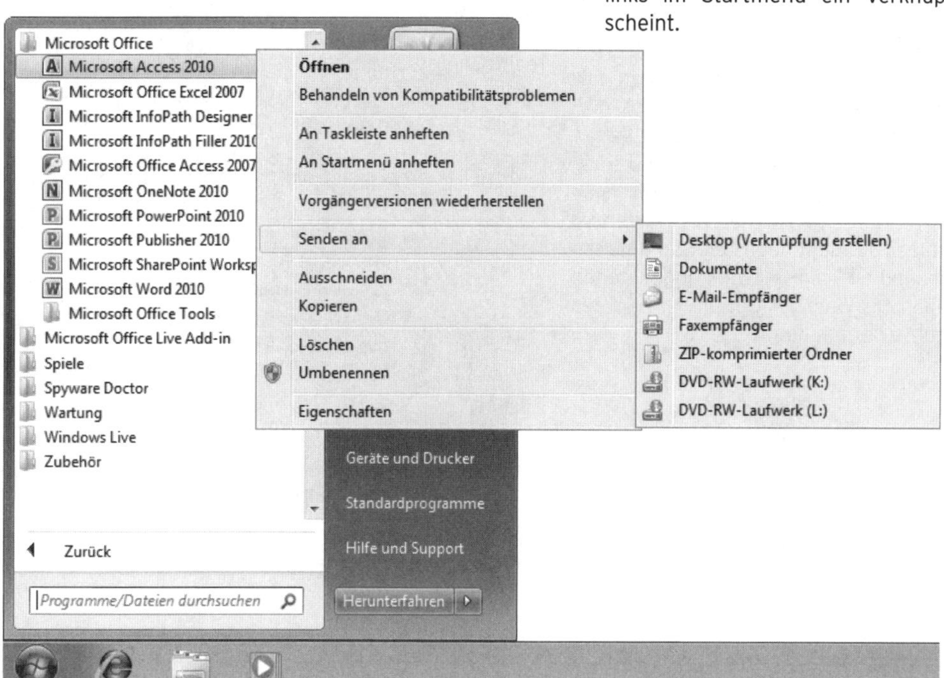

Abbildung 19.13 Sie haben mehrere Möglichkeiten, eine Verknüpfung zu einem Programm anzulegen.

» Wenn Sie eine Verknüpfung auf dem Desktop anlegen wollen, wählen Sie zunächst *Senden an* und dann *Desktop (Verknüpfung erstellen)*.

TIPP Viele Benutzer legen – wie eben beschrieben – Verknüpfungen zu Programmen auf dem Desktop ab. Geöffnete Fenster können die Sicht auf den Desktop jedoch blockieren. Die Verknüpfung in der Taskleiste behebt dieses Problem, da diese auch bei geöffneten Fenstern sichtbar ist.

Eine Verknüpfung auf Basis des Programmsymbols erstellen

Eine Sache sollten Sie beachten, wenn Sie – wie eben beschrieben – eine Verknüpfung auf der Basis der Eintragungen im Startmenü vornehmen. Bei diesen Elementen handelt es bereits ebenfalls um Verknüpfungen. Eine auf Basis einer Verknüpfung angelegte Verknüpfung erlaubt es nicht, zusätzliche Programmoptionen für den Start festzulegen. Wenn Sie das vorhaben sollten, sollten Sie als Basis der Verknüpfung das Symbol für das Programm selbst benutzen.

Dazu müssen Sie zunächst über den Windows-Explorer zu dem Ordner der Festplatte navigieren, der die Office 2010-Programme selbst beinhaltet. Bei einer Standardinstallation auf der Festplatte *C:* finden Sie sie unter *C:\Programme\Microsoft Office\Office 14*. Markieren Sie dort das Office-Programm, zu dem eine Verknüpfung erstellt werden soll – beispielsweise das Programm *MSACCESS*. Wählen Sie dann den Typ der Verknüpfung über das Kontextmenü (→ Abbildung 19.14).

Ein Programm über eine Verknüpfung starten

Zum Starten eines Programms über eine Verknüpfung im Windows-Startmenü oder in der Taskleiste reicht ein einfacher Klick aus. Wenn Sie eine Verknüpfung auf dem Desktop abgelegt haben, müssen Sie darauf doppelklicken, um das Programm zu starten (→ Abbildung 19.15).

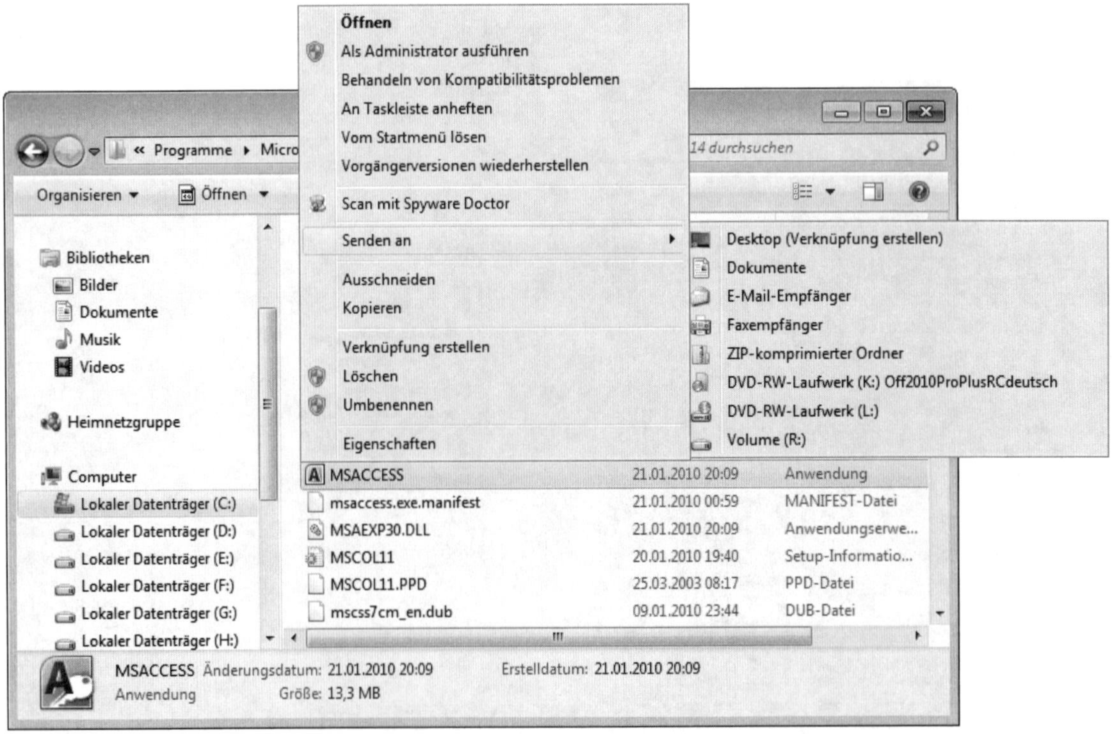

Abbildung 19.14 Verknüpfungen können auch direkt auf Basis der Programmsymbole selbst angelegt werden.

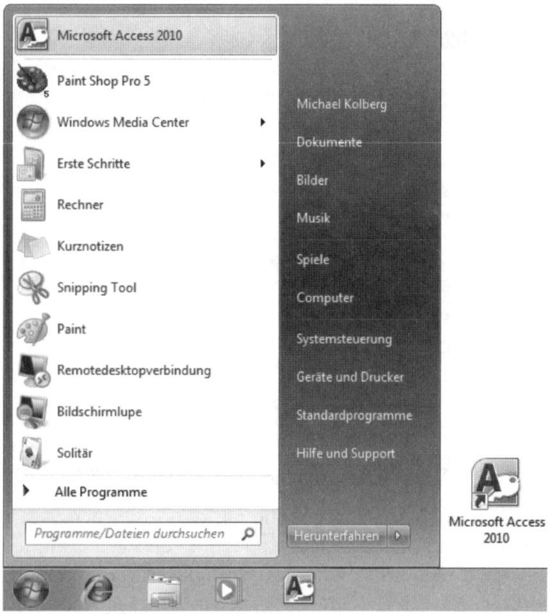

Abbildung 19.15
Hier wurden Verknüpfungen im linken Bereich des Startmenüs, in der Taskleiste und auf dem Desktop angelegt.

Automatisches Starten

Wenn Sie nach dem Hochfahren Ihres Computers sowieso immer dasselbe Programm öffnen - beispielsweise ein E-Mail-Programm wie Outlook 2010 -, ist es praktisch, wenn dieses automatisch gleich nach dem Start von Windows geöffnet wird. Dazu legen Sie im Ordner *Autostart* das Programm oder - besser noch - eine Verknüpfung dazu ab. Standardmäßig werden beim Starten von Windows keine Programme geöffnet. Um eines dazu zu bewegen, verwenden Sie die folgenden Schritte:

» Erstellen Sie eine Verknüpfung zum gewünschten Programm auf dem Desktop.

» Klicken Sie mit der rechten Maustaste darauf, und wählen Sie *Kopieren* - oder auch *Ausschneiden* - aus dem Kontextmenü.

» Öffnen Sie dann das Startmenü, klicken Sie auf *Alle Programme* und dann auf den in diesem Bereich angezeigten Eintrag *Autostart*. Der Inhalt dieses Bereichs wird angezeigt. Standardmäßig finden Sie hier zunächst die Anzeige *(Leer)*. Klicken Sie mit der rechten Maustaste auf den Ordner *Autostart*, und wählen Sie dann *Öffnen* aus dem Kontextmenü.

» Setzen Sie den Mauszeiger in diesen Bereich, und klicken Sie mit der rechten Maustaste. Wählen Sie dann *Einfügen* aus dem Kontextmenü.

19.4.2 Die Starteigenschaften festlegen

Über das Dialogfeld zum Befehl *Eigenschaften* des Kontextmenüs zu einer Verknüpfung können Sie diverse Parameter der Verknüpfung ändern.

Allgemeine Optionen

Einige Optionen können für alle Verknüpfungen festgelegt werden - auch für die im Startmenü angezeigten. Auf der Registerkarte *Allgemein* werden die Grunddaten zusammengefasst. Die Registerkarte *Verknüpfung* zeigt den Typ des Elements an und wo sich das Element befindet, auf das diese Verknüpfung verweist (→ Abbildung 19.16).

Abbildung 19.16 Die Eigenschaften einer Verknüpfung - hier zu Microsoft Access 2010

» *Ausführen in* gibt den Ordner an, der das ursprüngliche Element oder einige dazugehörige Dateien enthält.

» Das Feld *Tastenkombination* dient zur Eingabe einer Tastenkombination, mit der Sie ein Programm starten oder zu einem Programm wechseln können. Tastenkombinationen enthalten automatisch [Strg]+[Alt]. Geben Sie hier die Taste an, die Sie dieser Kombination hinzufügen möchten. Um beispielsweise die Tastenkombination [Strg]+[Alt]+[O] zu definieren, geben Sie einfach den Buchstaben *O* ein. Die Tasten [Esc], [↵], [⇆], [Leer], [Druck], [Entf] oder [Rück] können in Tastenkombinationen nicht verwendet werden. Außerdem darf die Tastenkombination von keinem anderen Programm verwendet werden. Anderenfalls funktioniert die Zugriffstaste nicht.

» *Ausführen* bestimmt, wie das Element angezeigt werden soll, wenn Sie die Verknüpfung aufrufen: in einem Standardfenster, als Vollbild (maximiert) oder als Schaltfläche auf der Taskleiste (minimiert).

Spezielle Startoptionen

Ein Office-Programm kann mit verschiedenen Startoptionen aufgerufen werden. Im Feld *Ziel* auf der Registerkarte *Verknüpfung* ist der Pfad zum Programm vermerkt. Dieses Feld kann aber nur angesprochen werden, wenn Sie die Verknüpfung direkt auf Basis des Programmsymbols angelegt haben.

Durch Eingabe eines zusätzlichen Befehlszeilenschalters am Ende des Pfades können Sie ein Office-Programm mit unterschiedlichen Optionen starten (→ Tabelle 19.2).

Schalter	Beschreibung
/a	Zum Starten des Programms ohne automatisches Laden von Add-Ins. Mit dem Schalter */a* werden auch die Einstellungsdateien gesperrt.
/l<Add-In-Pfad>	Starten des Programms und anschließendes Laden eines bestimmten Add-Ins.
/m	Starten des Programms ohne Ausführen von *AutoExec*-Makros (→ Kapitel 14).
/m<Makroname>	Starten des Programms und Ausführen eines bestimmten Makros. */m* verhindert auch, dass *AutoExec*-Makros ausgeführt werden.
/n	Starten einer neuen Instanz des Programms, ohne dass ein Dokument geöffnet wird. Dokumente, die in der ersten Instanz geöffnet wurden, sind über die zweite Instanz nicht zugänglich.

Tabelle 19.2 Beim Starten des Programms können zusätzliche Schalter benutzt werden.

ACHTUNG Beachten Sie, dass die Möglichkeit zur Eingabe solcher zusätzlicher Startoptionen nur dann im Dialogfeld *Eigenschaften* zur Verfügung steht, wenn Sie beim Anlegen der Verknüpfung vom Programm selbst ausgegangen sind.

19.4.3 Arbeiten mit den abgesicherten Modi

Besonders im Zusammenhang mit den Add-Ins müssen wir noch auf die abgesicherten Modi von Access eingehen. Hier wird zwischen zwei Arten unterschieden:

» Wenn beim Starten eines Programms ein Problem auftritt, wird das Programm im automatisch abgesicherten Modus gestartet, und das Problem wird entweder behoben oder isoliert, sodass Sie das Programm erfolgreich starten können.

» Sie können ein Programm wie Access aber beim Starten auch gezielt in den abgesicherten Modus versetzen und versuchen, bestimmte Probleme selbst zu lösen.

Der automatische abgesicherte Modus

Beim Start eines Programms wird geprüft, ob bestimmte Probleme aufgetreten sind, beispielsweise ob ein Add-In oder eine Erweiterung nicht gestartet wird oder ob eine Ressource, Datei, Registrierung oder Vorlage beschädigt ist. Wenn ein Problem festgestellt wird, kann das Programm möglicherweise nicht gestartet werden.

Ist dies der Fall, wird beim nächsten Start des Programms möglicherweise der automatische abgesicherte Modus ausgelöst. Dabei wird eine Meldung angezeigt, in der das Problem beschrieben und Sie gefragt werden, ob Sie den Teil des Programms, in dem das Problem aufgetreten ist, deaktivieren möchten.

Sie können eine Liste der deaktivierten Elemente anzeigen lassen, indem Sie zum Bereich *Add-Ins* unter den

Access-Optionen navigieren. Wählen Sie im Listenfeld zu *Verwalten* einen Add-In-Typ *Deaktivierte Elemente* aus, und klicken Sie dann auf *Gehe zu*. Aus den im Dialogfeld *Deaktivierte Elemente* aufgeführten Elementen können Sie ein beliebiges Element auswählen und dann auf *Aktivieren* klicken, um es wieder zu aktivieren (→ Abbildung 19.17).

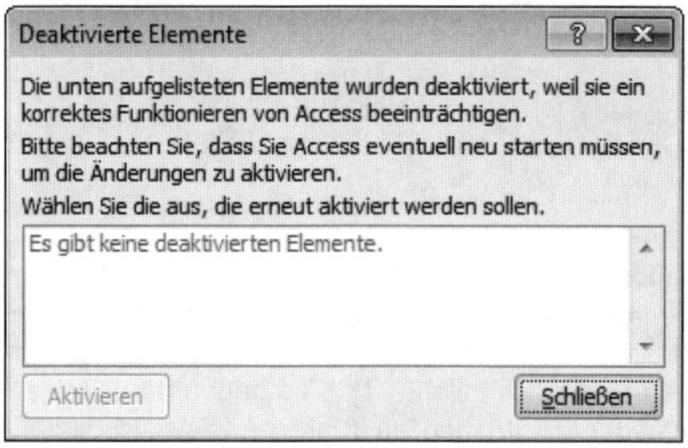

Abbildung 19.17 Die deaktivierten Elemente

Zum Beenden des abgesicherten Modus müssen Sie das Programm beenden und anschließend normal neu starten.

ACHTUNG Zum Aktivieren einiger Elemente müssen Sie möglicherweise das betroffene Add-In erneut laden oder neu installieren oder eine Datei nochmals öffnen (→ oben). Nach dem Aktivieren eines Elements treten möglicherweise beim nächsten Start des Programms wieder Probleme auf. In diesem Fall werden Sie aufgefordert, das Element wieder zu deaktivieren.

Der manuell abgesicherte Modus

Wenn das Programm Access abstürzt, bevor Sie Reparaturaktionen ausführen können, sollten Sie es manuell im abgesicherten Modus ausführen. Dazu starten Sie Access, indem Sie beim Klick auf den Programmnamen zusätzlich die Taste `Strg` drücken. Sie müssen dann bestätigen, dass Sie Access in diesem Modus starten wollen. Wenn Sie das Eingabeaufforderungsfenster verwenden, setzen Sie an den Programmnamen die Option */safe*. Der Modus wird in der Titelleiste angezeigt (→ Abbildung 19.18).

Beim Starten eines Programms im manuellen abgesicherten Modus gelten diverse Einschränkungen. Hinsichtlich der Arbeit mit Access sind vielleicht die folgenden Punkte darunter wichtig:

- Es können keine Vorlagen gespeichert werden.
- Symbolleisten- oder Befehlsleistenanpassungen werden nicht geladen, und Anpassungen können nicht gespeichert werden.
- Die AutoKorrektur-Liste wird nicht geladen, und entsprechende Änderungen können nicht gespeichert werden.
- Wiederhergestellte Dokumente werden nicht automatisch geöffnet.
- Alle Befehlszeilenoptionen mit Ausnahme von */a* und */n* werden ignoriert.
- Dateien können nicht im alternativen Startverzeichnis gespeichert werden.
- Dokumente mit Zugriffseinschränkungen können nicht erstellt oder geöffnet werden.

Zum Beenden des manuellen abgesicherten Modus müssen Sie das Programm beenden und anschließend normal neu starten.

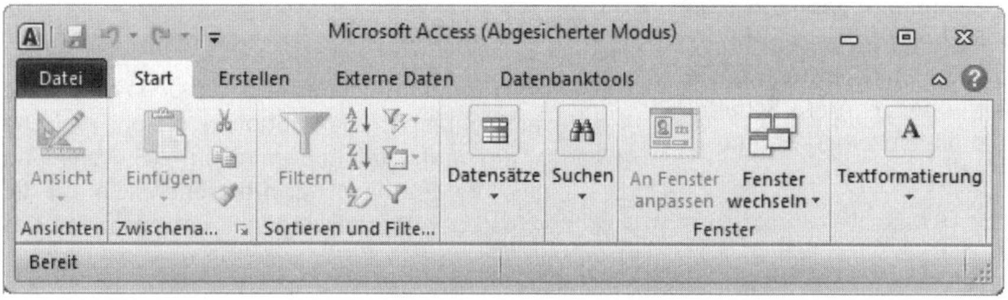

Abbildung 19.18 Access im abgesicherten Modus

Kapitel 20

Die Programmeinstellungen

Wie jedes Programm der Office-Familie verfügt auch Microsoft Access über eine Vielzahl von Optionen, über die viele Einstellungen an Ihre persönlichen Vorstellungen anpassen können. Auf das Vorhandensein der wichtigsten Möglichkeiten haben wir auch schon in den vorherigen Kapiteln dieses Teils verwiesen.

» Das sind einerseits die Einstellungen, die Sie über das Fenster zu den *Access-Optionen* festlegen können (→ Abschnitt 20.1). Sie finden darin eine Vielzahl von wichtigen oder weniger wichtigen Parametern. Mit den allgemeinen Einstellungen darin wollen wir uns zuerst beschäftigen.

» Zwei Kategorien unter den *Access-Option* beschäftigen sich mit Einstellungen, die die Elemente zur Programmsteuerung betreffen – die Elemente des Menübands und der Symbolleiste für den Schnellzugriff (→ Abschnitt 20.2).

» Eine spezielle Kategorie unter diesen *Access-Optionen* nennt sich *Sicherheitscenter*. Darin geht es um die in Office 2010 allgemein und Access 2010 im Speziellen enthaltenen Bordmittel zum Einstellen der Parameter für die Sicherheit (→ Abschnitt 20.3). Dieses *Sicherheitscenter* zeigt ein separates Fenster, das auf seiner linken Seite über mehrere Schaltflächen verfügt, über die Sie die einzelnen Kategorien darin anzeigen lassen können.

» Außerdem werden wir in diesem Kapitel tiefer in die Möglichkeiten einsteigen, die Ihnen der mit der Version 2007 neu geschaffene Navigationsbereich bietet (→ Abschnitt 20.4). Sie können darüber verschiedene Aufgaben ausführen – wie beispielsweise Datenbankobjekte in verschiedenen Ansichten öffnen. Darüber hinaus verwenden Sie den Navigationsbereich auch zum Erstellen von benutzerdefinierten Gruppen der Objekte in einer Datenbank.

20.1 Die Access-Optionen

In früheren Versionen von Microsoft Office konnten Sie die bevorzugten Einstellungen für die Ansicht, Anzeige und Bearbeitung im Dialogfeld *Optionen* festlegen. Im Rahmen der Neugestaltung der Benutzeroberfläche ist dieser Befehl jetzt an einer anderen Position verfügbar. Öffnen Sie die Registerkarte *Datei*, und klicken Sie auf *Optionen*. Sie öffnen damit ein Fenster mit dem Namen *Access-Optionen*, in dem Sie über mehrere Kategorien einzelne Optionen für Ihre persönliche Access-Kopie einstellen können.

20.1.1 Die Optionen der Kategorie *Allgemein*

In der ersten Kategorie der *Access-Optionen* finden Sie eine Zusammenfassung der Optionen, die der typische Anwender am häufigsten ändern möchte (→ Abbildung 20.1). Einige der Optionen darin beziehen sich auf die jeweils aktuell geöffnete Datenbank und nicht auf das Programm als Ganzes.

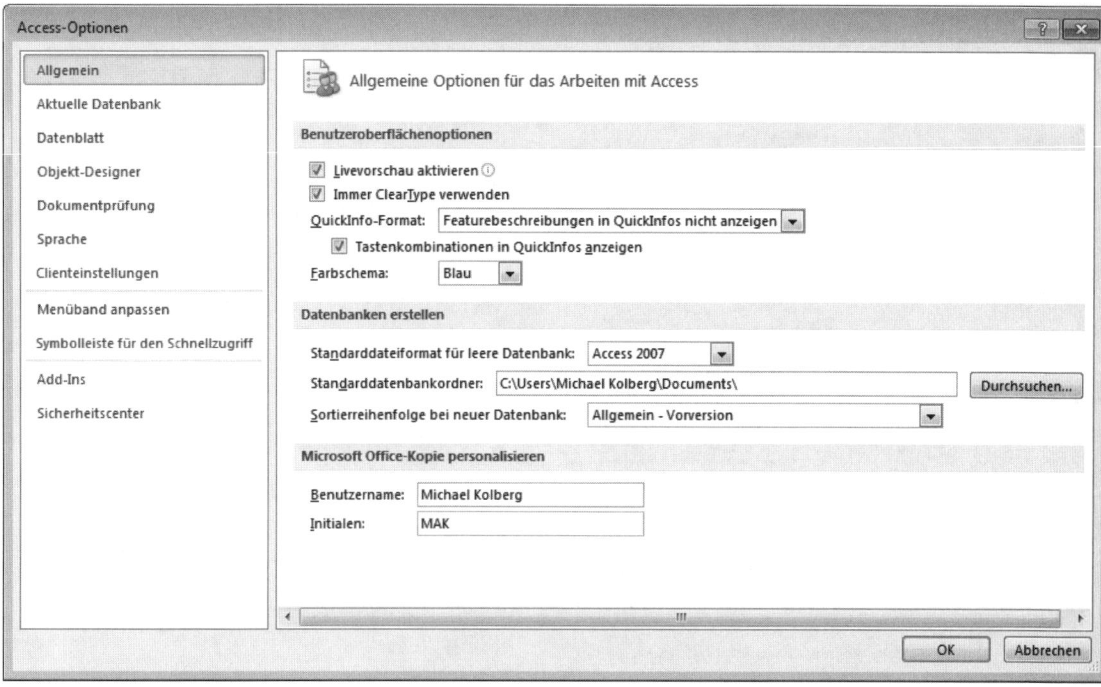

Abbildung 20.1 Die Kategorie *Allgemein* zeigt die wichtigsten Optionen an.

Benutzeroberflächenoptionen

Die oberste Gruppe der Optionen dieser Kategorie fasst Einstellungen zusammen, die viele Anwender wohl gerne ändern (→ Abbildung 20.1 oben):

» Ein Einschalten von *Livevorschau aktivieren* bewirkt, dass die Auswirkungen eines Befehls direkt im Dokument angezeigt werden, wenn Sie den Mauszeiger nur auf die entsprechende Befehlsschaltfläche im Menüband bewegen. Haben Sie beispielsweise einen Bereich markiert, und bewegen Sie den Mauszeiger auf eine Option in einem Katalog im Menüband, wird die Auswirkung dieser Auswahl angezeigt. Damit haben Sie die Möglichkeit, die möglichen Auswirkungen zu kontrollieren, bevor Sie wirklich auf die Befehlsschaltfläche klicken.

» Mit dem Kontrollkästchen *Immer ClearType verwenden* starten oder beendet Sie ClearType. ClearType ist eine Software-Technik, die von Microsoft entwickelt wurde, um die Lesbarkeit von Schriftarten auf LCD-Bildschirmen zu verbessern. Auch wird die Lesbarkeit bei CRT-Bildschirmen etwas erhöht. Testen Sie aus, welche Einstellung Ihnen mehr zusagt.

» Unter *QuickInfo-Format* können Sie angeben, welche Form der Anzeige von QuickInfos Sie wünschen. QuickInfos sind die kleinen »Blasen«, die angezeigt werden, wenn Sie den Mauszeiger auf eine Schaltfläche im Menüband bewegen. Sie können unter den QuickInfos auch Tastenkombinationen anzeigen lassen. Unter den Optionen finden Sie die Möglichkeit, eine Beschreibung zur Funktion dieser Schaltfläche mit einzublenden bzw. nicht einzublenden oder die Anzeige ganz abzuschalten.

» 

Das Listenfeld *Farbschema* legt das Windows-Farbschema als Standardschema für die Steuerelemente und den Hintergrund in Formularen und Berichten fest.

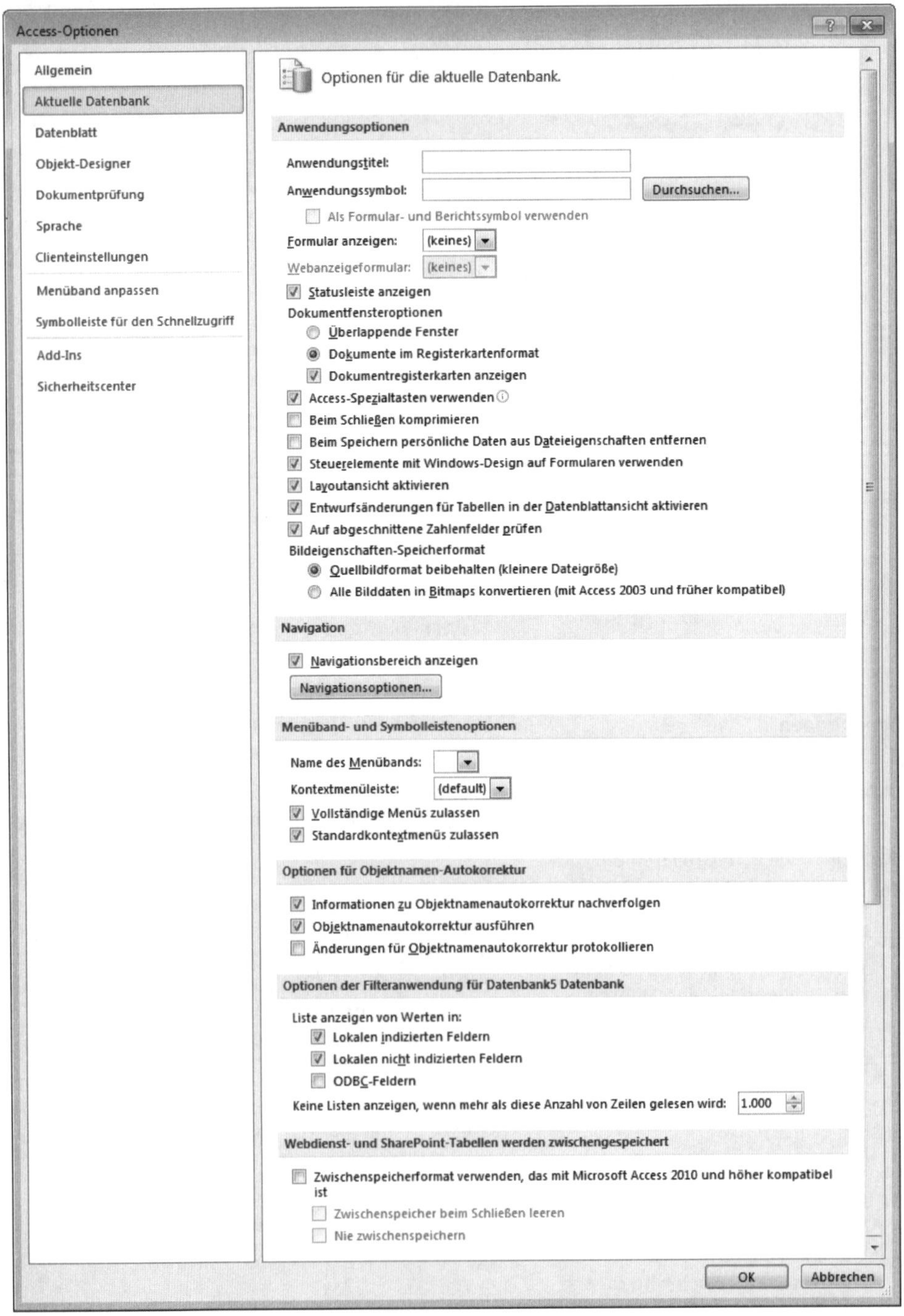

Abbildung 20.2
Die Optionen für die aktuelle Datenbank

Datenbanken erstellen

In der Gruppe *Datenbanken erstellen* können Sie beispielsweise festlegen, mit welchem Dateiformat und an welchem Ort neue Datenbanken gespeichert werden sollen:

- 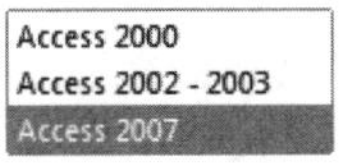

Über *Standarddateiformat für leere Datenbank* regeln Sie das Format, das Access beim Speichern einer neu erstellten Datenbank benutzen soll. Standardmäßig wird das Format *Access 2007* verwendet. Ein Ändern dieser Einstellung ist eigentlich nur sinnvoll, wenn Sie sicherstellen wollen, dass Ihre Datenbanken ohne vorherige Konvertierung mit älteren Versionen des Programms geöffnet werden kann.
- Der *Standarddatenbankordner* wird beim Speichern neuer Datenbanken und Dateien verwendet. Standardmäßig ist das beispielsweise bei Windows Vista und Windows 7 der Unterordner *Dokumente* im persönlichen Ordner des aktuellen Benutzers. Geben Sie den Ordnernamen manuell ein, oder klicken Sie auf *Durchsuchen*, um den Ordner zu suchen.
- Die Option für die *Sortierreihenfolge bei neuer Datenbank* legt fest, nach welcher Reihenfolge die Inhalte in einer neuen Datenbank sortiert werden, wenn Sie den entsprechenden Befehl dazu geben. Diese Reihenfolge ist abhängig von der Sprachregion. Die Standardeinstellung ist *Allgemein*. Sie müssen sie nur ändern, wenn Sie Datenbanken für einen anderen Sprachraum erstellen wollen.

Microsoft Office-Kopie personalisieren

Die Angaben in den Feldern der untersten Gruppe dieser Registerkarte werden bei der Installation festgelegt. Sie personalisieren Ihre Kopie von Microsoft Office insgesamt. Ändern Sie hier gegebenenfalls den *Benutzernamen* und/oder die *Initialen*.

20.1.2 Die Kategorie *Aktuelle Datenbank*

Die Optionen in der Kategorie *Aktuelle Datenbank* gelten lediglich für die aktuell geöffnete Datenbank (→ Abbildung 20.2). Öffnen Sie vor dem Festlegen also zuerst die gewünschte Datei. Damit eine Änderung in dieser Kategorie wirksam werden soll, muss - bis auf wenige Ausnahmen - die aktuelle Datenbank geschlossen und erneut geöffnet werden.

Anwendungsoptionen

Unter der Überschrift *Anwendungsoptionen* finden Sie eine Reihe von allgemeinen Optionen:

- Unter *Anwendungstitel* können Sie einen Namen für Ihre Datenbank eingeben. Der Name wird statt des Dateinamens in der Titelleiste von Windows angezeigt.
- Sie können auch den Namen einer Bitmap- oder Symboldatei als *Anwendungssymbol* verwenden. Ein solches Symbol wird in der Titelleiste der Access-Datenbank angezeigt. Geben Sie den Namen der Grafikdatei ein, oder klicken Sie auf *Durchsuchen*, um das Dialogfeld *Anwendungssymbol* anzuzeigen. Wenn Sie die zusätzliche Option *Als Formular- und Berichtssymbol verwenden* aktivieren, wird das Symbol auch oben in den Formularen und Berichten der aktuell geöffneten Datenbank aufgenommen.
- 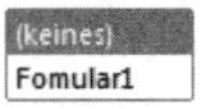

Über *Formular anzeigen* legen Sie fest, dass beim Öffnen der Datenbank automatisch ein bestimmtes Formular angezeigt wird. In einem solchen Formular können Sie dann beispielsweise Schaltflächen mit zugeordneten Makros eingeben, die die Navigation in der Datenbank erleichtern. Soll kein Formular geöffnet werden, wählen Sie hier *(keines)* aus. Die Datenbank muss geschlossen und neu geöffnet werden, damit die angegebene Option wirksam wird.
- *Statusleiste anzeigen* sorgt dafür, dass die Statusleiste im unteren Bereich des Access-Fensters ein- oder ausgeschaltet wird. Auch hier muss die Datenbank geschlossen und neu geöffnet werden, damit die angegebene Option wirksam wird.
- Über die drei Alternativen unter *Dokumentfensteroptionen* können Sie steuern, wie verschiedene Objekte im Access-Anwendungsfenster angezeigt werden: *Überlappende Fenster* ermöglicht das Öffnen

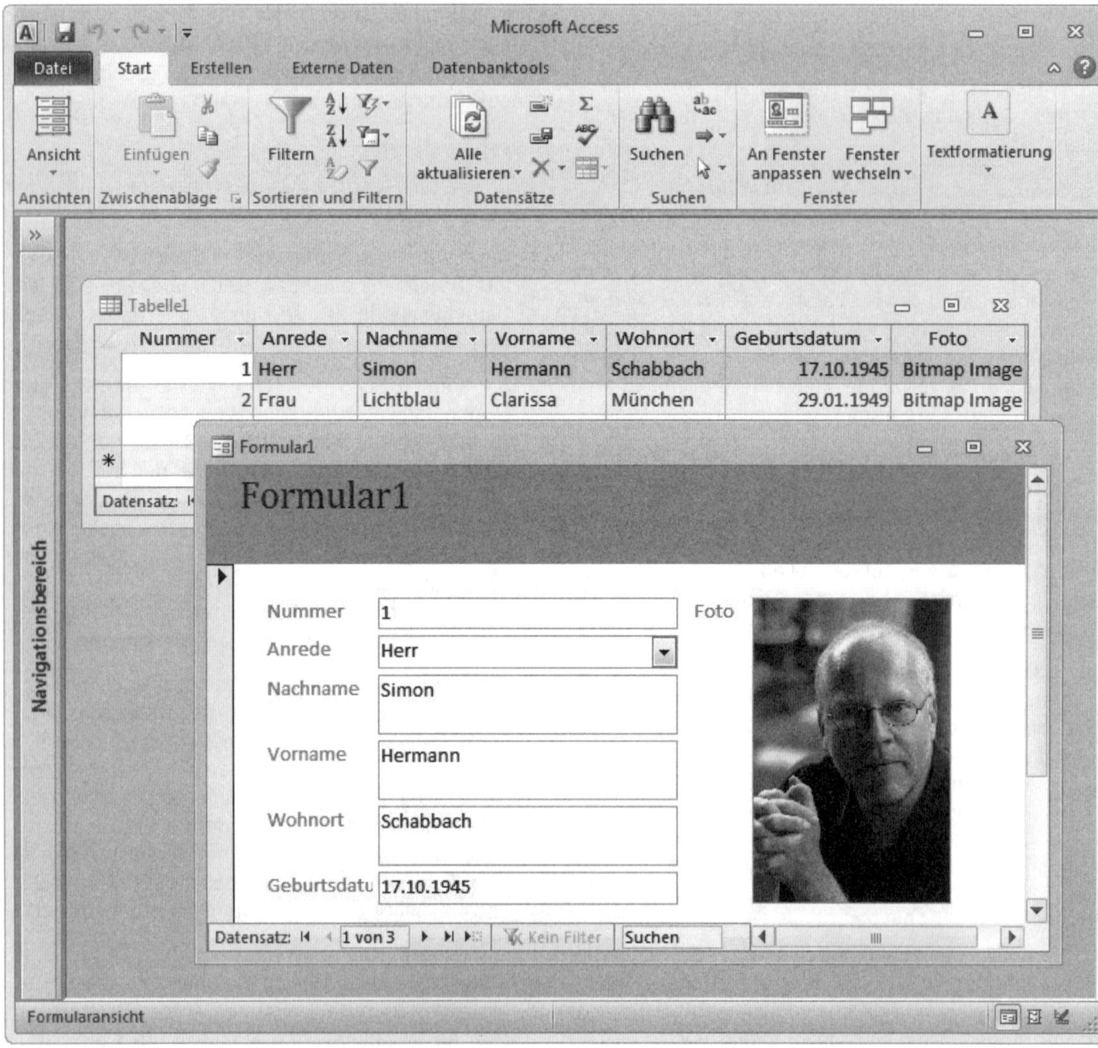

Abbildung 20.3 *Überlappende Fenster* in der Datenbank

und Anzeigen mehrerer Fenster für die einzelnen Objekte (→ Abbildung 20.3). Wenn Sie zusätzlich den Navigationsbereich ausblenden, entspricht das am ehesten der klassischen Ansicht der Vorversion des Programms. *Dokumente im Registerkartenformat* ist die Standardeinstellung. Hierbei wird immer nur ein einzelnes Objekt angezeigt. Über *Dokumentregisterkarten anzeigen* werden Registerkarten benutzt, die oben in jedem geöffneten Datenbankobjekt angezeigt werden.

» Die Option *Access-Spezialtasten* erlaubt die Verwendung von bestimmten Zugriffstasten (→ Tabelle 20.1):

Tasten	Wirkung
F11	Blendet den Navigationsbereich ein oder aus.
Strg + G	Zeigt das Direktfenster im Visual Basic-Editor an.
Alt + F11	Startet den Visual Basic-Editor.
Strg + Untbr	Beim Arbeiten mit einem Microsoft Access 2010-Projekt werden durch Drücken dieser Tastenkombination keine Datensätze mehr vom Server abgerufen.

Tabelle 20.1 Zusätzliche Zugriffstasten

» Wenn Sie *Beim Schließen komprimieren* aktivieren, wird die Datenbank automatisch beim Schließen komprimiert und repariert.

» Über *Beim Speichern persönliche Daten aus Dateieigenschaften entfernen* werden persönliche Informationen automatisch aus den Dateieigenschaften entfernt, wenn Sie die Datei speichern. Dazu gehören beispielsweise Angaben auf der Registerkarte *Details* im Dialogfeld zu den *Eigenschaften* der Datei (→ Abbildung 20.4).

» Wenn Sie *Steuerelemente mit Windows-Design auf Formularen verwenden* eingeschaltet lassen, wird das Design der Windows-Steuerelemente auf Formularen und Berichten verwendet. Diese Einstellung wird nur wirksam, wenn Sie ein anderes Windows-Design als das Standarddesign verwenden. Benutzen Sie die Möglichkeiten zur Einstellung im Bereich *Anzeige* der Windows-Systemsteuerung.

» Über *Layoutansicht aktivieren* schalten Sie die Anzeige der Schaltfläche *Layoutansicht* auf der Access-Statusleiste ein. Denken Sie auch daran, dass die Layoutansicht für einzelne Datenbankobjekte deaktiviert werden kann. Deshalb wird sie möglicherweise auch dann nicht immer angezeigt, wenn Sie diese Option aktivieren.

Abbildung 20.4 Diese Eigenschaften können entfernt werden.

» Wenn Sie *Entwurfsänderungen für Tabellen in der Datenblattansicht aktivieren* einschalten, können Sie Änderungen in Tabellen vornehmen, während Sie in der Datenblattansicht arbeiten.

» Ist *Auf abgeschnittene Zahlenfelder prüfen* aktiviert, werden die Zahlen in der Form ##### angezeigt, wenn die Spalte zu schmal ist, um den gesamten Wert anzuzeigen. Ist die Option deaktiviert, werden nur Teile des Zahlenwertes angezeigt.

» Unter den beiden Alternativen für *Bildeigenschaften-Speicherformat* können Sie wählen, wie eingefügte Bilddateien gespeichert werden sollen: Mit *Quellbildformat beibehalten (kleinere Dateigröße)* werden Bilder im Originalformat gespeichert. Das reduziert meist die Größe der Datenbank. Über *Alle Bilddaten in Bitmaps konvertieren (mit Access 2003 und früher kompatibel)* wird eine Kopie der ursprünglichen Bilddatei in einem Bitmapformat erstellt.

Navigation

Wie Sie wissen, benutzt Access bereits seit der Version 2007 kein Datenbankfenster mehr. Dafür dient jetzt der Navigationsbereich links im Anwendungsfenster (→ Kapitel 1). Die Optionen unter der Überschrift *Navigation* erlauben einige Einstellungen dafür - sie gelten für die aktuelle Datenbank:

- *Navigationsbereich anzeigen* blendet den standardmäßig Navigationsbereich ein oder aus. Wenn der Bereich versehentlich ausgeblendet wird, drücken Sie [F11], um ihn anzuzeigen.
- Nach einem Klick auf die Schaltfläche *Navigationsoptionen* wird das gleichnamige Dialogfeld angezeigt (→ Abbildung 20.5). Verwenden Sie es, um die Kategorien und Gruppen zu ändern, die im Navigationsbereich angezeigt werden.

Sie können auch verschiedene globale Optionen im Navigationsbereich festlegen oder ändern.

- *Ausgeblendete Objekte anzeigen* bewirkt, dass ausgeblendete Objekten als halbtransparente, deaktivierte Symbole wiedergegeben werden. Deaktivieren Sie diese Option, wenn Sie Objekte vollständig ausblenden möchten.
- *Systemobjekte anzeigen* zeigt auch Systemobjekte - wie beispielsweise Systemtabellen - an.
- Über die beiden Optionen *Einfaches Klicken* und *Doppelklicken* regeln Sie, wie Objekte aus dem Navigationsbereich heraus geöffnet werden sollen.

REFERENZ Weitere Informationen zum Festlegen der Optionen für den Navigationsbereich finden Sie weiter unten in diesem Kapitel.

Menüband- und Symbolleistenoptionen

Über den Bereich *Menüband- und Symbolleistenoptionen* können Sie die Anzeige von benutzerdefinierten Menübändern und Symbolleisten regeln, die Sie in einer Vorversion von Access erstellt hatten. Sie regeln damit auch Einstellungen zu den in der aktuellen Programmversion erstellten Elementen des Menübands (→ Kapitel 18). Dazu sind vielleicht noch einige einführende Bemerkungen notwendig:

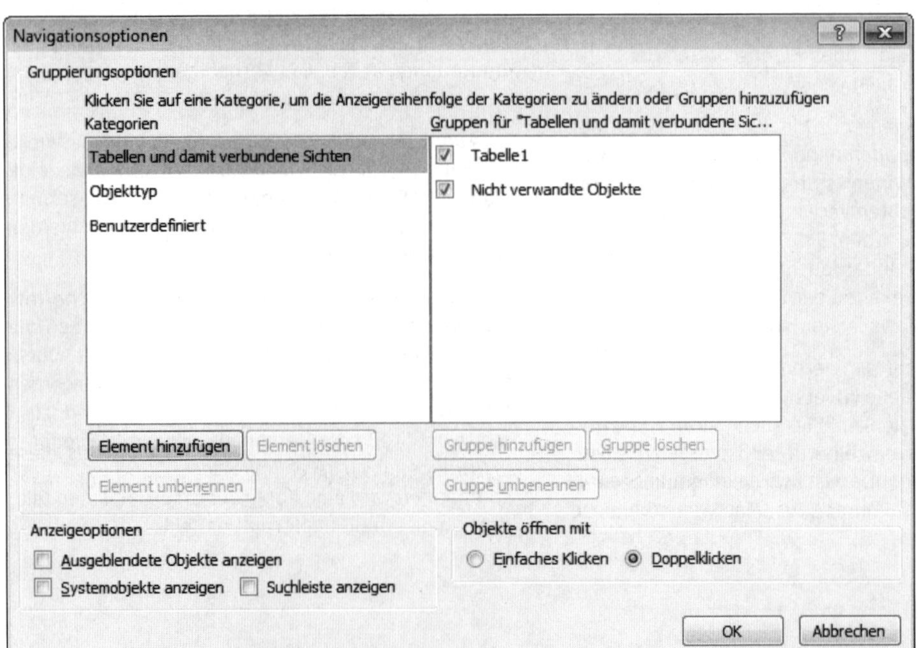

Abbildung 20.5
Die Navigationsoptionen

- Die Dateiformate *.mdb*, *.mde* und *.mda* der Vorversion von Microsoft Access werden als *Legacyformate* bezeichnet. Wenn Sie in einer solchen Datei aus einer Vorversion von Microsoft Access benutzerdefinierte Symbolleisten oder benutzerdefinierte Menüleisten definiert haben, bleiben diese erhalten, wenn Sie diese Datenbank in Access 2010 öffnen. Diese Elemente werden dann als Gruppen auf der Registerkarte *Add-Ins* angezeigt. Jede Gruppe auf der Registerkarte entspricht einer benutzerdefinierten Symbolleiste, und jede Gruppe verwendet den der ursprünglichen Symbolleiste zugewiesenen Namen. Die Symbolleisten müssen jedoch vorher in der Legacydatenbank sichtbar sein, da sie andernfalls nicht auf der Registerkarte angezeigt werden.
- Damit ein in der aktuellen Programmversion erstelltes, angepasstes Menüband für die gesamte Datenbank verwendet wird, verwenden Sie die Option *Name des Menübands*. Sie finden sie in den *Access-Optionen* in der Kategorie *Aktuelle Datenbank* im Abschnitt *Menüband- und Symbolleistenoptionen*. Wenn Sie in der Datenbank eine geeignete Systemtabelle angelegt hatten, finden Sie im Listenfeld zu *Name des Menübands* den oder die Werte aus dem Feld *RibbonName* der Systemtabelle. Wählen Sie hier den Namen aus.

Sie können über den Bereich *Menüband- und Symbolleistenoptionen* einige weitere Optionen festlegen:

- Über *Name des Menübands* wählen Sie den Namen einer benutzerdefinierten Menüleistengruppe aus der Liste aus.
- Mit *Kontextmenüleiste* legen Sie die Standardmenüleiste für Kontextmenüs fest, oder ändern Sie die Menüleiste.
- Ist die Option *Vollständige Menüs zulassen* eingeschaltet, werden vollständige Menüs angezeigt statt nur der am häufigsten verwendeten Befehle.
- Wenn Sie *Standardkontextmenüs zulassen* aktivieren, werden Kontextmenüs angezeigt, wenn Sie mit der rechten Maustaste auf ein Datenbankobjekt im Navigationsbereich oder auf ein Steuerelement in einem Formular oder einem Bericht klicken.

Optionen für Objektnamenautokorrektur

Die Einstellungen unter *Optionen für Objektnamenautokorrektur* können wichtig werden, wenn Sie die Namen von Objekten in der Datenbank ändern und garantieren wollen, dass Bezüge nach einer solchen Änderung noch funktionieren.

- Wenn *Änderungen für Objektnamenautokorrektur protokollieren* aktiviert ist, werden die zum Beheben von Namensfehlern erforderlichen Informationen von Access gespeichert. Fehler werden jedoch erst behoben, wenn Sie die Option *Objektnamenautokorrektur ausführen* auswählen.
- Mit *Objektnamenautokorrektur ausführen* werden Namensfehler von Access behoben, sobald sie auftreten. Wenn Sie die Option *Änderungen für Objektnamenautokorrektur protokollieren* ausgewählt haben, nicht jedoch diese Option, werden Fehlerdaten gespeichert, bis Sie die Option auswählen.
- Über *Änderungen für Objektnamenautokorrektur protokollieren* zeichnet das Programm die Änderungen auf, die an einer Datenbank vorgenommen werden, wenn Namensfehler korrigiert werden. Die Daten werden in einer Tabelle mit der Bezeichnung *AutoCorrect.log* gespeichert.

Optionen der Filteranwendung für Datenbankname

Die Optionen im Abschnitt *Optionen der Filteranwendung ...* steuern verschiedene Elemente: beispielsweise den Umfang der Wertelisten, die für ein bestimmtes Feld im Fenster *Formularbasierter Filter* angezeigt werden. Je mehr Optionen ausgewählt werden, umso mehr Wertetypen werden in den Filteroperationen verwendet.

- Über die drei Kontrollkästchen unter der Überschrift *Liste anzeigen von Werten in* regeln Sie, welche Werte in die Wertelisten eingeschlossen werden sollen, die im Fenster *Formularbasierter Filter* angezeigt werden.
- Unter *Keine Listen anzeigen, wenn mehr als diese Anzahl von Zeilen gelesen wird* geben Sie die maximale Anzahl an Datensätzen ein, die gelesen werden sollen, während die Werteliste für einen *formularbasierten Filter* erstellt wird. Es wird keine Werteliste angezeigt, wenn die Anzahl der Datensätze, die für die Liste erforderlich sind, die von Ihnen angegebe-

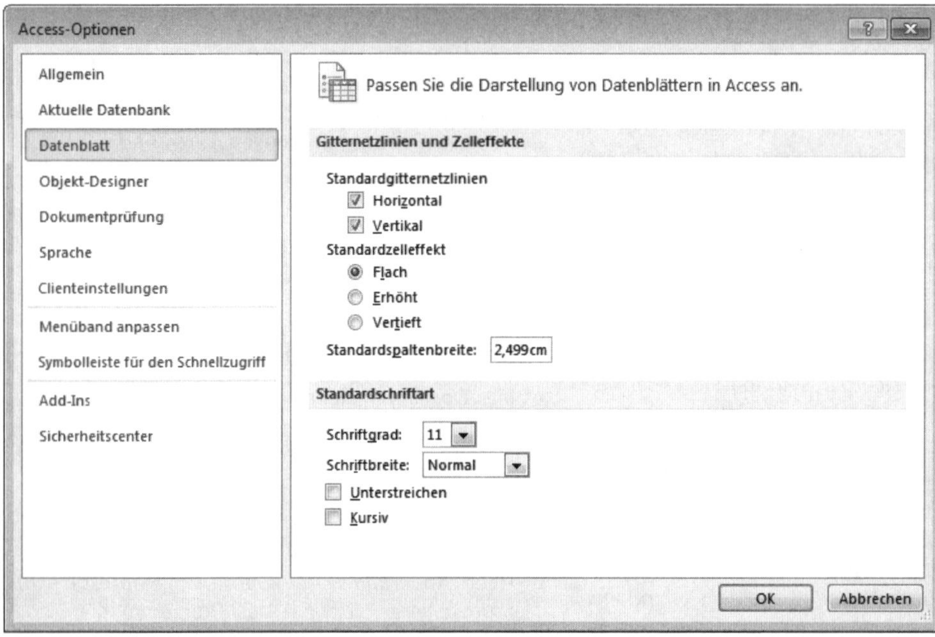

Abbildung 20.6
Die Kategorie
Datenblatt

ne Anzahl übersteigt. Alle Wertelisten enthalten lediglich eindeutige Werte, auch wenn die Felder nicht indiziert sind. Die Standardeinstellung ist *1000*.

20.1.3 Die Kategorie *Datenblatt*

Über die Kategorie *Datenblatt* können Sie die Standardeinstellungen für diverse Formatangaben regeln (→ Abbildung 20.6).

Gitternetzlinien und Zelleffekte

Unter *Gitternetzlinien und Zelleffekte* bestimmen Sie, in welcher Form Zellen in Datenblättern und Abfrageergebnissen standardmäßig angezeigt werden sollen:

» Mit *Standardgitternetzlinien* legen Sie fest, welche Gitternetzlinien angezeigt werden sollen. Über *Horizontal* und *Vertikal* können Sie die beiden Bestandteile wahlweise ein- oder ausblenden lassen.

» Der *Standardzelleffekt* regelt das Layout für Zellen in Datenblättern und Abfrageergebnissen. Sie finden dafür die Alternativen *Flach*, *Erhöht* und *Vertieft*.

» Über die *Standardspaltenbreite* legen Sie die Standardbreite der Spalten in Datenblättern und Abfrageergebnissen fest. Geben Sie je nach dem in den Einstellungen von Windows angegebenen Maßsystem eine Maßeinheit in Zentimetern oder Zoll ein.

Standardschriftart

Die Optionen unter *Standardschriftart* bestimmen den *Schriftgrad*, die *Schriftbreite* und andere Formate für Text, der in Datenblättern und Abfrageergebnissen angezeigt wird (→ Abbildung 20.7). Beachten Sie, dass im Allgemeinen kursiver Text auf einem Computerbildschirm schlechter zu lesen ist.

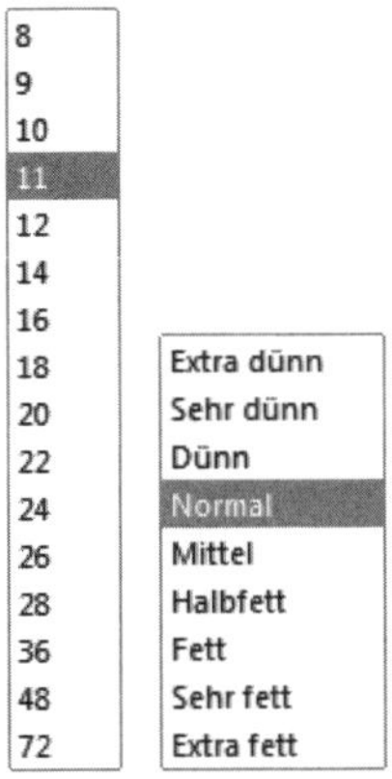

Abbildung 20.7
Schriftgrad und Schriftbreite

20.1.4 Die Kategorie *Objekt-Designer*

Mit den Optionen in der Kategorie *Objekt-Designer* passen Sie die Einstellungen zum Erstellen und Ändern von Datenbankobjekten an (→ Abbildung 20.8).

Tabellenentwurf

Unter der Überschrift *Entwurfsansicht für Tabellen* finden Sie die Standardeinstellungen, die beim Erstellen neuer Tabellen Anwendung finden. Diese gelten auch, wenn Sie einer vorhandenen Tabelle neuer Felder hinzufügen:

» 

Standardfeldtyp legt den Datentyp für Felder fest, *Standardtextfeldgröße* bestimmt die maximale Anzahl von Zeichen, die Sie in Felder mit dem Datentyp *Text* eingeben können. Sie dürfen die maximale Anzahl von *255* Standardzeichen nicht überschreiten. Über *Standardzahlenfeldgröße* bestimmen Sie die Größe für Felder mit dem Datentyp *Zahl*.

» Im Feld *AutoIndex bei Importieren/Erstellen* geben Sie die ersten oder letzten Zeichen eines Feldnamens ein. Beim Importieren von Feldern aus einer externen Datei oder beim Hinzufügen von Feldern zu einer Tabelle werden alle Felder, deren Namen mit den hier eingegebenen Zeichen übereinstimmen, automatisch von Access indiziert. Trennen Sie die Zeichenfolgen durch ein Semikolon. Wenn Sie beispielsweise *name;ort* eingeben, werden Felder mit dem Namen *Nachname* und *Wohnort* von Access indiziert.

» Über *Schaltfläche ‚Optionen für Eigenschaften aktualisieren' anzeigen* können Sie die Anzeige der Schaltfläche *Aktualisieren* der *Eigenschaft*-Optionen ein- und ausschalten. Diese Schaltfläche wird angezeigt, wenn Sie eine Eigenschaft eines Felds in einer Tabelle ändern.

Abfrageentwurf

Unter der Überschrift *Abfrageentwurf* regeln Sie Feinheiten für die Arbeit beim Entwurf einer Abfrage (→ Kapitel 6). Diese Optionen gelten nur für neue Abfragen, die Sie mit der aktuellen Instanz von Access erstellen.

» Die Option *Tabellennamen anzeigen* zeigt die Zeile *Tabelle* im Abfrageentwurfsbereich an oder blendet sie aus. Wählen Sie diese Option aus, wenn Sie die Quellen von Feldern in einer auf mehreren Tabellen basierenden Abfrage kontrollieren müssen.

» Wenn die Option *Alle Felder ausgeben* ausgewählt ist, fügt Access den Abfragen eine *Select* *-Anweisung hinzu. Diese Anweisung ruft dann alle Felder in den zugrunde liegenden Tabellen oder Abfragen für eine bestimmte Abfrage ab. Sie sollten dieses Kontrollkästchen deaktiviert lassen, wenn Sie nur die Felder anzeigen möchten, die Sie mithilfe des Abfrage-Designers hinzufügen.

» *AutoVerknüpfung aktivieren* sorgt dafür, dass eine innere Verknüpfung zwischen zwei Tabellen automatisch erstellt wird, wenn Sie den Abfrage-Designer verwenden. Dafür müssen beide Tabellen ein Feld mit demselben Namen und Datentyp verwenden, und eines dieser Felder muss ein Primärschlüssel sein. Deaktivieren Sie dieses Kontrollkästchen, wenn Sie die Beziehung manuell definieren möchten.

» Unter *Schriftart zum Erstellen von Abfragen* können Sie Schriftart und Schriftgrad für den Abfrage-Designer festlegen (→ oben).

» Die beiden Optionen unter *SQL Server-kompatible Syntax (ANSI 92)* sind nur dann wichtig, wenn Sie Abfragen in Microsoft SQL Server-Datenbanken ausführen möchten. Sie können entweder die ANSI-92-Syntax für alle Abfragen verwenden oder nur für alle neuen Datenbanken. Beachten Sie, dass bei Wahl der

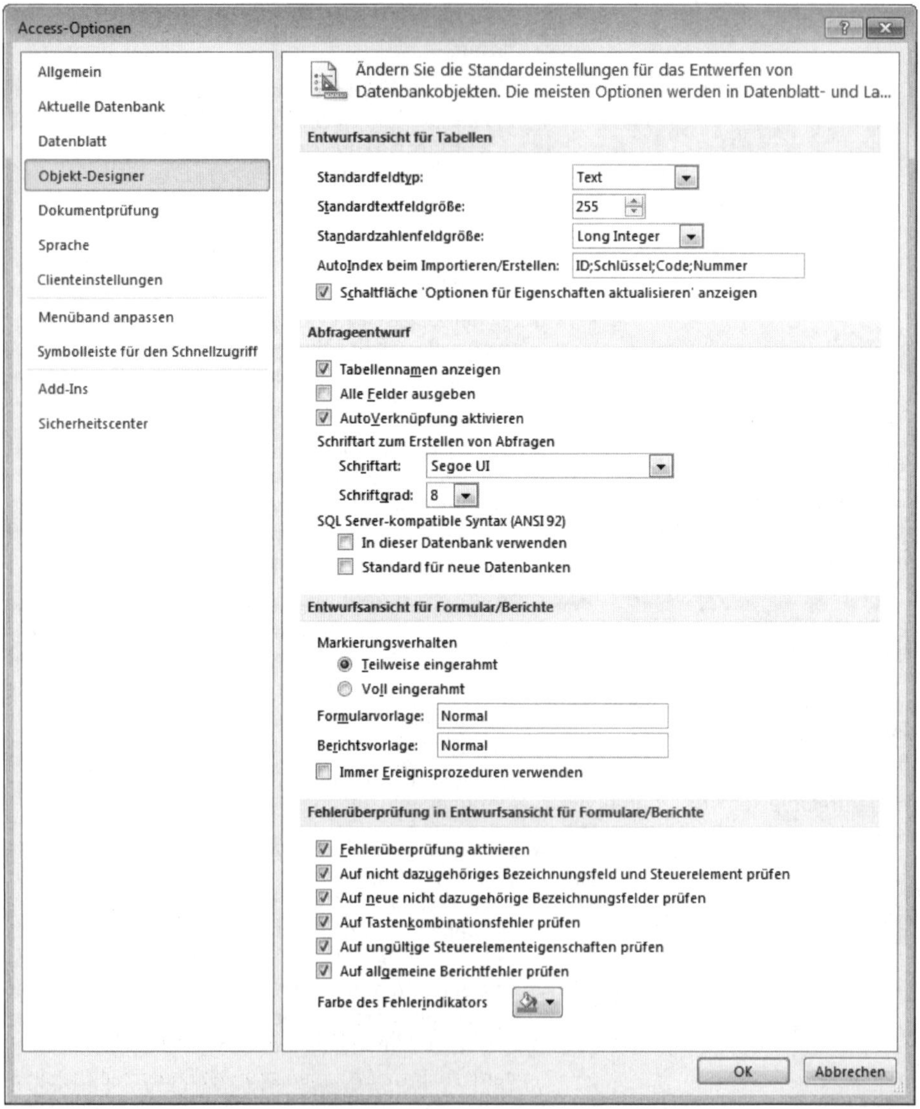

Abbildung 20.8
Die Kategorie *Objekt-Designer*

ersten Option vorhandene Abfragen, die mithilfe des älteren ANSI-89-Standards geschrieben wurden, möglicherweise nicht ausgeführt werden können oder unerwartete Ergebnisse zurückgeben.

Entwurfsansicht für Formulare/Berichte

Die Optionen unter der Überschrift *Entwurfsansicht für Formulare/Berichte* definieren das Markierungsverhalten, wenn Sie beim Entwerfen eines Formulars oder eines Berichts ein Rechteck zum Auswählen von Steuerelementen ziehen. Die Optionen sind für alle offenen und geschlossenen Access-Datenbanken sowie für alle künftig erstellten Datenbanken wirksam.

» Unter *Markierungsverhalten* legen Sie fest, wie Sie das Auswahlrechteck ziehen müssen: Mit *Teilweise eingerahmt* reicht es aus, wenn das Auswahlrechteck einen Teil eines Steuerelements oder einer Steuerelementgruppe mit einschließt, bei *Voll eingerahmt* muss das Auswahlrechteck ein Steuerelement oder eine Steuerelementgruppe vollständig einschließen.

» Im Feld *Formularvorlage* geben Sie den Namen eines vorhandenen Formulars ein. Dieses Formular wird dann zur Vorlage für alle neuen Formulare. Die neuen Formulare erhalten dieselben Bereichs- und Steuerelementeigenschaften wie die Vorlage. Die Standardvorlage ist *Normal*.

» Entsprechendes gilt für die Option *Berichtsvorlage*. Geben Sie den Namen eines vorhandenen Berichts ein. Dieser Bericht wird zur Vorlage für alle neuen Berichte.

» Wenn Sie das Kontrollkästchen *Immer Ereignisprozeduren verwenden* einschalten, wird der Visual Basic-Editor gestartet statt das Dialogfeld *Generator auswählen* anzuzeigen.

Fehlerüberprüfung

Access platziert *Fehlerindikatoren* in Steuerelementen, die einen oder mehrere Fehlertypen aufweisen. Die Indikatoren werden je nach festgelegter Textrichtung in der oberen linken oder oberen rechten Ecke des Steuerelements als Dreiecke dargestellt. Die Standardfarbe eines Indikators ist Grün. Sie können die Farbe jedoch Ihren Anforderungen entsprechend ändern. Unten in der Kategorie *Objekt-Designer* finden Sie einige Optionen für die Anzeige und Wirkung dieser *Fehlerüberprüfung*:

» *Fehlerüberprüfung aktivieren* aktiviert oder deaktiviert die Fehlerüberprüfung in Formularen und Berichten. Die Fehlerüberprüfung ist standardmäßig aktiviert.

» Die Bezeichnung *Auf nicht dazugehöriges Bezeichnungsfeld und Steuerelement prüfen* beschreibt schon die Wirkung: Wenn Sie ein Steuerelement und ein Bezeichnungsfeld auswählen, wird von Access geprüft, ob die ausgewählten Objekte zusammengehören. Wird ein Fehler festgestellt, wird die Schaltfläche *Spur zum Fehler* anstelle des üblichen Fehlerindikators angezeigt. Die Schaltfläche *Spur zum Fehler* wird auch dann angezeigt, wenn das Bezeichnungsfeld oder das Steuerelement zu einem anderen Objekt gehört.

» Ähnlich funktioniert *Auf neue nicht dazugehörige Bezeichnungsfelder prüfen*. Das Programm überprüft alle neuen Bezeichnungsfelder, um sicherzustellen, dass sie zu einem Steuerelement gehören. Diese Einstellung gilt nur für Formulare.

» *Auf Tastenkombinationsfehler prüfen* bewirkt, dass nach doppelten Tastenkombinationen und ungültigen Tastenkombinationen – beispielsweise Leerzeichen – gesucht und eine Liste mit Alternativen angezeigt wird. Diese Einstellung gilt nur für Formulare.

» Mit *Auf ungültige Steuerelementeigenschaften prüfen* werden die Steuerelemente auf ungültige Einstellungen in den Eigenschaften überprüft – beispielsweise ungültige Ausdrücke oder Feldnamen.

» Wenn Sie *Auf allgemeine Berichtfehler prüfen* einschalten, werden Ihre Berichte auf allgemeine Fehler überprüft, wie beispielsweise ungültige Sortierreihenfolgen oder nicht dem ausgewählten Papierformat entsprechende Breiten. Diese Einstellung gilt nur für Berichte.

» Mit der Schaltfläche *Farbe des Fehlerindikators* legen Sie die Farbe des dreieckigen Fehlerindikators fest (→ oben).

20.1.5 Die Kategorie *Dokumentprüfung*

In der Kategorie *Dokumentprüfung* finden Sie Optionen zur Einstellung für die *AutoKorrektur*-Optionen und die Rechtschreibprüfung (→ Abbildung 20.9).

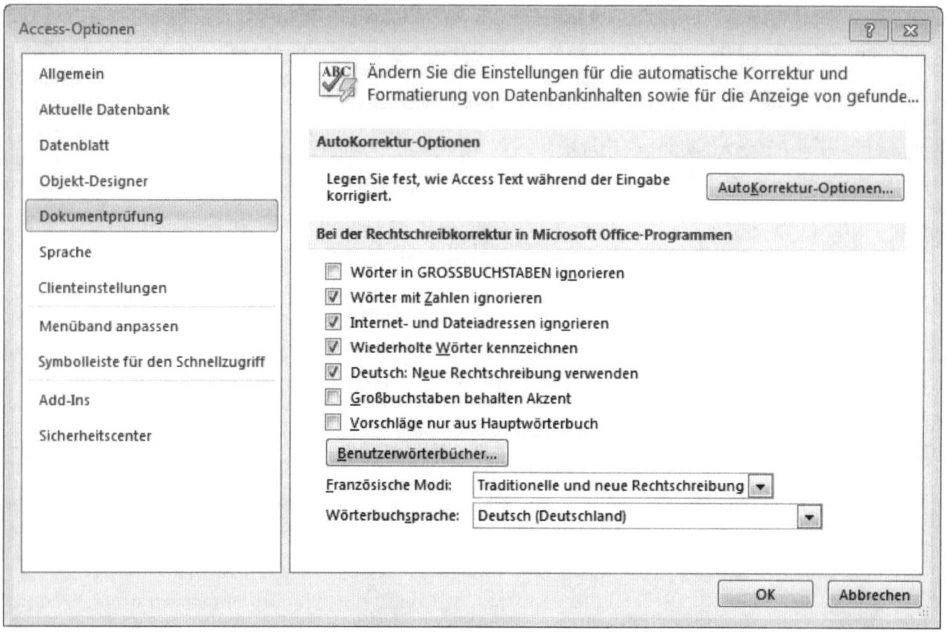

Abbildung 20.9
Die Kategorie *Dokumentprüfung*

Bei der Rechtschreibung in Microsoft Office-Programmen

Die Rechtschreibprüfung ist seit Office 2007 einheitlicher geworden. Einige der Optionen für die Rechtschreibprüfung sind nun global verfügbar. Wenn Sie eine dieser Optionen in einem Office-Programm ändern, wird diese Änderung auch für alle anderen Office-Programme übernommen.

» Sind Optionen aktiviert, deren Bezeichnung mit ... *ignorieren* endet, werden die entsprechenden Elemente bei der Rechtschreibprüfung nicht berücksichtigt - betrifft *Wörter in GROSSBUCHSTABEN*, *Wörter mit Zahlen* sowie *Internet- und Dateiadressen*.

» *Wiederholte Wörter kennzeichnen* macht genau das, was es sagt. Sie können ferner die neue deutsche Rechtschreibung ein- oder ausschalten oder dafür sorgen, dass nur Vorschläge aus dem Hauptwörterbuch angezeigt werden.

» Ist *Vorschläge nur aus Hauptwörterbuch* aktiviert, werden gegebenenfalls vorhandene Vorschläge aus geöffneten Benutzerwörterbüchern nicht mit angezeigt.

» Die Rechtschreibprüfung enthält bei Office 2010 das reformierte *Französisch*-Wörterbuch. In Office 2007 handelte es sich hierbei um ein Add-In, das separat installiert werden musste.

» Über die Schaltfläche *Benutzerwörterbücher* können Sie eine Liste mit allen geöffneten Benutzerwörterbüchern anzeigen lassen sowie neue Wörterbücher anlegen (→ Abbildung 20.10). Wenn Sie mehrere davon erstellt haben, wählen Sie hier das Wörterbuch aus, in das bestimmte Schreibweisen aufgenommen werden sollen.

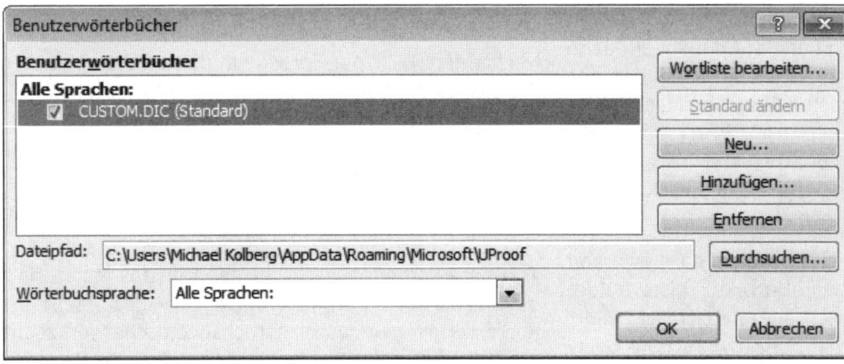

Abbildung 20.10
Die Benutzerwörterbücher

AutoKorrektur-Optionen

Über die *AutoKorrektur* können Sie typische Tippfehler, die Ihnen häufiger unterlaufen, automatisch bei der Eingabe korrigieren lassen. Das Programm führt diese Korrekturen unmittelbar durch, nachdem Sie die [Leer]-Taste gedrückt haben, um ein neues Wort zu beginnen. Klicken Sie auf die Schaltfläche *AutoKorrektur-Optionen*, um die Optionen dafür festzulegen.

Nach einem Klick auf die Schaltfläche *AutoKorrektur-Optionen* werden die Grundeinstellungen für diese Funktion angezeigt (→ Abbildung 20.11).

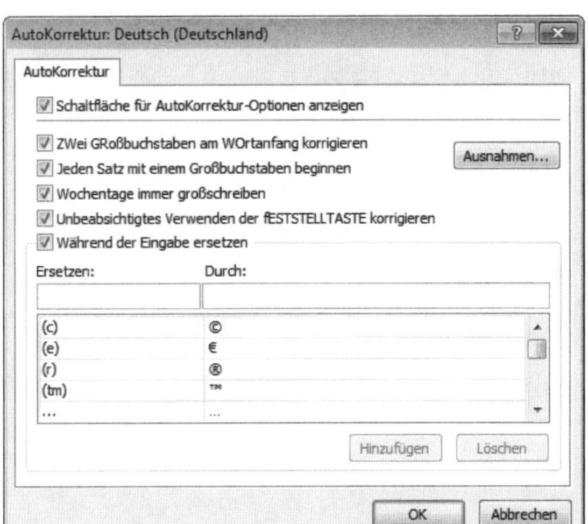

Abbildung 20.11 Das Dialogfeld *AutoKorrektur*

» Ist ganz oben auf der Registerkarte das Kontrollkästchen *Schaltfläche für AutoKorrektur-Optionen anzeigen* aktiviert, wird zunächst ein kleiner blauer Balken angezeigt, wenn Sie den Mauszeiger in der Nähe von Text positionieren, der automatisch korrigiert wurde. Dieser Balken wird zum Schaltflächensymbol *AutoKorrektur-Optionen*, wenn Sie darauf zeigen. Durch einen Klick auf dieses Symbol können Sie aus mehreren Optionen auswählen – beispielsweise die Korrektur rückgängig machen oder die *AutoKorrektur*-Funktion für dieses Wort deaktivieren.

» Über die Optionen im Bereich darunter können Sie typische Fehler korrigieren lassen: Bei zwei Großbuchstaben am Anfang eines Wortes wird der zweite automatisch in einen Kleinbuchstaben umgewandelt, der erste Buchstabe eines Satzes, einer Tabellenzelle und Wochentage werden großgeschrieben. *Unbeabsichtigtes Verwenden der fESTSTELLTASTE korrigieren* schaltet die [Feststell]-Taste ab und korrigiert die Eingabe automatisch, wenn diese Taste eingeschaltet war und Sie ein Wort mit einem Kleinbuchstaben begonnen und anschließend Großbuchstaben eingegeben haben.

» Im Listenfeld im unteren Bereich werden automatische Ersetzungsvorschriften angezeigt. Wenn Sie beispielsweise die drei Zeichen *(r)* eingeben, wird das automatisch in ein Symbol ® umgewandelt. Weitere automatisch zu ersetzende Eingaben können Sie selbst definieren. Sie können diesen Bereich auch dazu benutzen, für Sie typische Tippfehler – sogenannte Buchstabendreher – automatisch korrigieren zu lassen. Geben Sie in den Feldern *Ersetzen* und *Durch* die falsche und die korrekte Schreibweise hierfür ein und klicken dann auf die Schaltfläche *Hinzufügen*. Sobald Ihnen nach dem Schließen des Dialogfeldes bei der nächsten Eingabe dieser Fehler unterläuft, wird er automatisch korrigiert. Wollen Sie einen Eintrag aus der AutoKorrektur-Liste entfernen, markieren Sie ihn in der Liste und klicken dann auf die Schaltfläche *Löschen*.

» Wenn Sie generell verhindern wollen, dass während der Eingabe die in der AutoKorrektur-Liste aufgeführten Rechtschreibfehler automatisch korrigiert und Wörter ersetzt werden, deaktivieren Sie oberhalb der Felder *Ersetzen* und *Durch* das Kontrollkästchen *Während der Eingabe ersetzen*.

Durch einen Klick auf die Schaltfläche *Ausnahmen* öffnen Sie ein Dialogfeld, über das sich Ausnahmen für die auf der Registerkarte *AutoKorrektur* festgelegten Ersetzungsregeln definieren lassen (→ Abbildung 20.12):

» Auf der Registerkarte *Erster Buchstabe* legen Sie die Ausnahmen für das Unterdrücken der Großschreibung nach Abkürzungen fest.

» Entsprechend legen Sie auf der Registerkarte *WOrtanfang GRoß* die Ausnahmen für bestimmte technische Bezeichnungen fest.

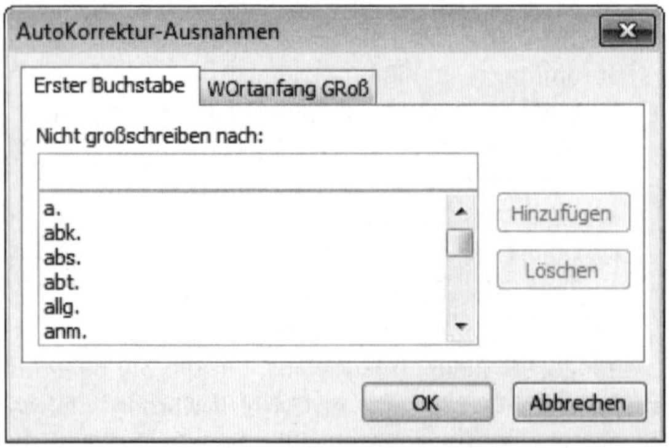

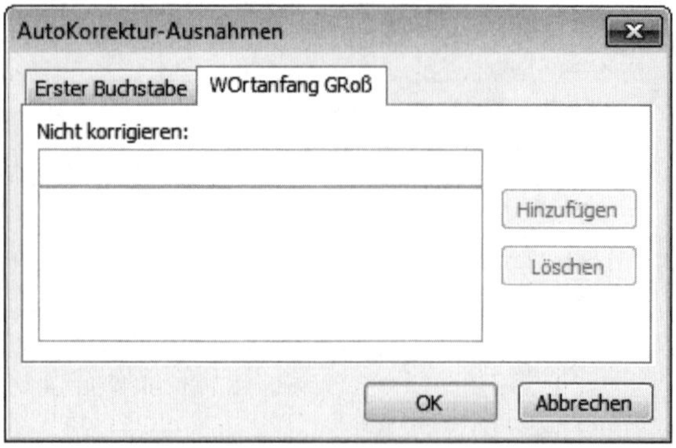

Abbildung 20.12 Die AutoKorrektur-Ausnahmen

20.1.6 Die Spracheinstellungen

Nach einem Klick auf *Sprache* in den Optionen können Sie die Standardbearbeitungssprache für Microsoft Office 2010 festlegen (→ Abbildung 20.13). Die bereits aktivierten Bearbeitungssprachen werden im Dialogfeld in der Liste rechts angezeigt. Standardmäßig werden nur die Sprachen *Deutsch (Deutschland)* und *Englisch (USA)* installiert.

Zu einer Bearbeitungssprache gehören das Tastaturlayout und die Korrekturhilfen für die jeweilige Sprache. Die Korrekturhilfen umfassen sprachspezifische Werkzeuge wie Wörterbücher für die Rechtschreib- und Grammatikprüfung oder Schaltflächen für die Absatzrichtung.

ACHTUNG Wenn Sie mit einer weiteren Bearbeitungssprache arbeiten wollen, müssen Sie zunächst dafür sorgen, dass diese im Betriebssystem aktiviert ist. Dann können Sie diese Sprache auch in einem Office-Programm benutzen

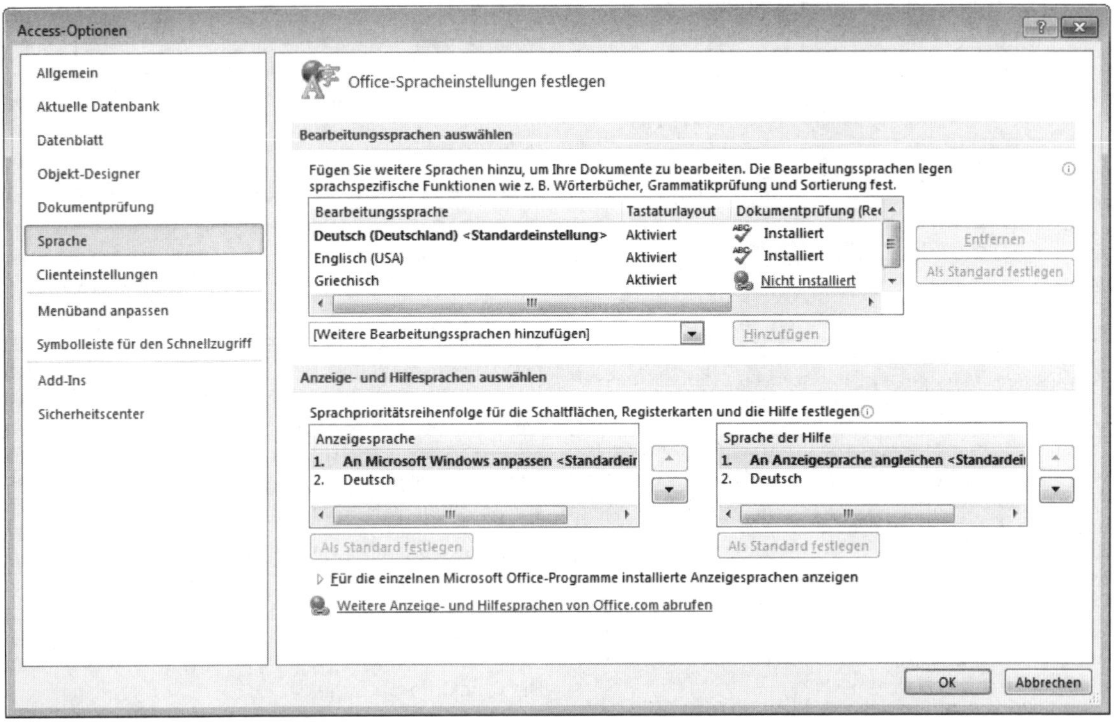

Abbildung 20.13 Sie können in Microsoft Office mit mehreren Benutzersprachen arbeiten.

Aktivieren einer Sprache in Windows 7

Öffnen Sie die Windows-Systemsteuerung, und wählen Sie darin das Element *Region und Sprache*. Im gleichnamigen Dialogfeld wählen Sie die Registerkarte *Tastaturen und Sprachen*. Nach einem Klick auf die Schaltfläche *Tastaturen ändern* auf der Registerkarte *Tastaturen und Sprachen* können Sie die installierten Tastaturen kontrollieren und weitere hinzufügen (→ Abbildung 20.14). Regeln Sie gegebenenfalls zunächst die Einstellung für die Standardeingabesprache. Diese wird beim Starten von Windows automatisch benutzt. Im Bereich darunter werden zusätzlich installierte Sprachen angezeigt.

Sie können über die Schaltfläche *Hinzufügen* im Dialogfeld *Eingabesprache hinzufügen* weitere Sprach-Tastatur-Kombinationen hinzufügen (→ Abbildung 20.15). Wählen Sie in der Liste zunächst die *Sprache* und darunter das dazu gewünschte *Tastaturlayout*. Nach einem Klick auf *Vorschau* können Sie die Belegung der Tasten für das *Tastaturlayout* anzeigen lassen.

Schließen Sie dann alle zur Systemsteuerung gehörenden Dialogfelder durch Klicks auf die Schaltflächen *OK*.

Einstellen einer Sprache zu einem Office-Programm

Nachdem Sie die zu verwendende Bearbeitungssprache über das Betriebssystem installiert haben, können Sie sie in einem Office-Programm einsetzen. Klicken Sie im Bereich *Sprachen* der *Optionen* auf den Pfeil mit dem Feld, das standardmäßig mit *Weitere Bearbeitungssprachen hinzufügen* beschriftet ist, und wählen Sie die hinzuzufügende Sprache aus. Klicken Sie dann auf *Hinzufügen*. Die Sprache erscheint dann ist der Liste. Bestätigen Sie die Einstellungen über *OK*. Nachdem Sie die Standardsprache geändert haben, müssen Sie alle Office 2010-Programme schließen und anschließend erneut öffnen, damit die vorgenommene Änderung wirksam wird.

Abbildung 20.14 Eine neue Benutzersprache muss zuerst über das Betriebssystem installiert werden.

Abbildung 20.15 Mit Windows haben Sie einen Vielzahl von Sprachen zur Verfügung.

ACHTUNG Wenn der Computer nicht ordnungsgemäß für die hinzugefügte Bearbeitungssprache konfiguriert ist, wird in der Spalte *Tastaturlayout* oder *Dokumentprüfung* möglicherweise *Nicht aktiviert* bzw. *Nicht installiert* angezeigt.

Die Reihenfolge der Anzeige- und Hilfesprachen

Die Reihenfolge der Sprachen im Bereich *Anzeige- und Hilfesprachen auswählen* entspricht der Reihenfolge, in der die Sprachen in Microsoft Office verwendet werden. Ein Eintrag mit dem Namen *An Windows anpassen* darin bedeutet, dass die Sprache benutzt wird, die auch das Betriebssystem verwendet. Wenn Sie die Reihenfolge ändern wollen, klicken Sie auf die Sprache, die Sie als Standardsprache festlegen möchten, und klicken Sie dann auf den Pfeil, bis die Sprache oben in der Liste mit dem Zusatz ‹*Standardeinstellung*› hinter dem Namen angezeigt wird.

Nachdem Sie die Standardsprache geändert haben, müssen Sie alle Office 2010-Programme schließen und anschließend erneut öffnen, damit die vorgenommene Änderung wirksam wird.

Die QuickInfo-Sprache

QuickInfos sind kleine Popup-Fenster, in denen eine kurze kontextbezogene Hilfe eingeblendet wird, wenn Sie mit dem Mauszeiger auf ein Anzeigeelement wie eine Schaltfläche, eine Registerkarte, ein Steuerelement in einem Dialogfeld oder ein Menü zeigen. Sie können die dafür zu verwendende Sprache ändern. Wenn die gewünschte Sprache nicht in der Liste vorhanden ist, müssen Sie gegebenenfalls weitere Sprachdienste hinzufügen. Klicken Sie auf *Weitere QuickInfo-Sprachen von Office.com* beziehen, und folgen Sie dann den Download- und Installationsanweisungen. Wenn Sie die QuickInfo-Sprache in einem Microsoft Office-Programm festlegen, wird sie für alle Microsoft Office-Programme festgelegt.

20.1.7 Die Kategorie *Clienteinstellungen*

Mit der Kategorie *Clienteinstellungen* unter den *Access-Optionen* hat Microsoft wieder einmal ein Auffangbecken für Optionen geschaffen, die nirgendwo sonst untergebracht werden konnten (→ Abbildung 20.16 und Abbildung 20.17).

Bearbeiten

Unter der Überschrift *Bearbeiten* finden Sie beispielsweise Optionen, die Fragen der Wirkung bestimmter Tasten zur Steuerung und viele weitere Aspekte betreffen:

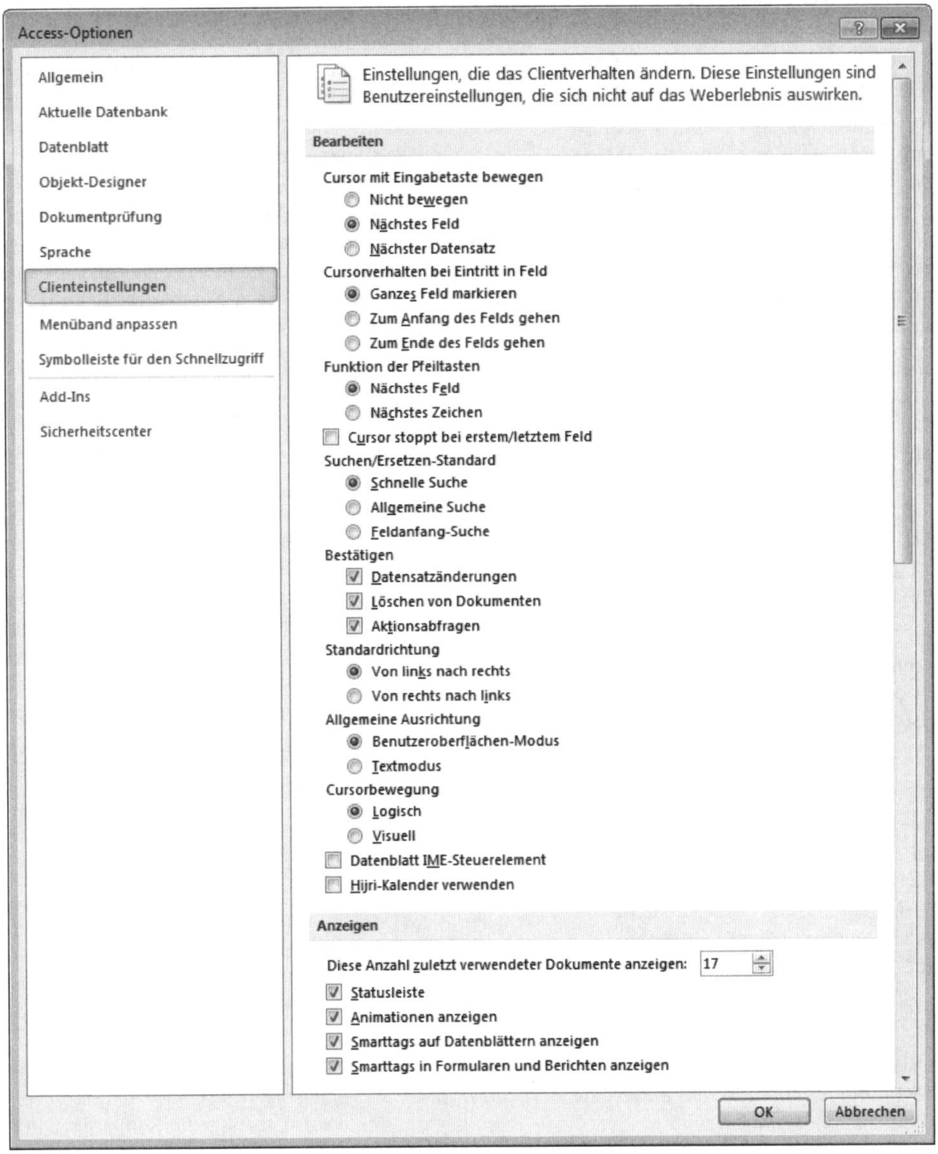

Abbildung 20.16 Die Kategorie *Clienteinstellungen* (oberer Bereich)

- Die Wahl einer der drei Optionen unter *Cursor mit Eingabetaste bewegen* bestimmt, wie sich die Schreibmarke bewegen soll, wenn Sie [↵] drücken: Mit *Nicht bewegen* bleibt der Cursor bleibt nach dem im aktuellen Feld. Mit *Nächstes Feld* wechselt der Cursor zum nächsten Feld. Das nächste Feld befindet sich standardmäßig je nach Einstellung der Textrichtung rechts oder links vom aktuellen Feld. Bei *Nächster Datensatz* wird zum aktuellen Feld des nächsten Datensatzes gewechselt. Der nächste Datensatz befindet sich direkt unter dem aktuellen Datensatz.
- Die Optionen im Abschnitt *Cursorverhalten bei Eintritt in Feld* beeinflussen das Verhalten der Tasten [↵], [⇆] und der Pfeiltasten, wenn mit diesen Tasten die Schreibmarke zwischen Feldern in Formularen und Datenblättern verschoben wird. Sie können darüber entweder das gesamte Feld markieren lassen, die Schreibmarke an den Anfang des Felds oder an das Ende des Felds setzen.
- Unter *Funktion der Pfeiltasten* können Sie entweder mit *Nächstes Feld* dafür sorgen, dass der Cursor nach dem Drücken von [→] oder [←] in das nächste Feld gesetzt wird. Drücken Sie [F2], um den Cursor bei dieser Einstellung zwischen den Zeichen eines ausgewählten Felds zu verschieben. Oder Sie benutzen *Nächstes Zeichen*. Das verschiebt den Cursor nach dem Drücken von [→] oder [←] zum nächsten oder vorherigen Zeichen.
- *Cursor stoppt bei erstem/letztem Feld* verhindert, dass der Cursor mit [→] oder [←] vom ersten oder letzten Feld zum vorherigen oder nächsten Datensatz verschoben wird.
- Die Optionen im Abschnitt *Suchen/Ersetzen-Standard* steuern das Verhalten von Such- und Suchen-Ersetzen-Vorgängen im Programm und sind global in Access wirksam: *Schnelle Suche* durchsucht das aktuelle Feld und vergleicht das gesamte Feld mit dem Suchbegriff. *Allgemeine Suche* durchsucht alle Felder und vergleicht jeden Teil eines Feldes mit dem Suchbegriff. *Feldanfang-Suche* durchsucht das aktuelle Feld und vergleicht die ersten Zeichen eines Felds mit dem Suchbegriff.
- Unter *Bestätigen* legen Sie fest, ob zusätzliche Dialogfelder bei bestimmten Operationen angezeigt werden sollen. *Datensatzänderungen* zeigt bei jeder Änderung eines Datensatzes eine Bestätigungsmeldung an. *Löschen von Dokumenten* zeigt bei jedem Löschen eines Datenbankobjekts eine Bestätigungsmeldung an. *Aktionsabfragen* zeigt bei jedem Ausführen einer Anfüge-, Aktualisierungs-, Lösch- oder Tabellenerstellungsabfrage eine Bestätigungsmeldung an.
- Über *Standardrichtung* bestimmen Sie, in welcher Richtung neue Elemente – beispielsweise Felder in einer Tabelle – angezeigt werden. *Von links nach rechts* legt neue Objekte mit einer für englische und europäische Sprachbenutzer bekannten Schreibrichtung von links nach rechts fest. In dieser Einstellung wird beispielsweise das erste Feld in einer Tabelle beginnend in der linken Spalte angezeigt, neue Felder werden rechts von der Spalte hinzugefügt und das Datensatznummernfeld und die Navigationsschaltflächen in der Datenblattansicht in der unteren linken Ecke positioniert.
- Unter der Überschrift *Allgemeine Ausrichtung* können Sie festlegen, wie die Zeichen innerhalb eines Feldes erscheinen. Die Optionen sind nur interessant, wenn Sie neben dem bei uns üblichen Textfluss von links nach rechts auch andere Formen verwenden: Mit *Benutzeroberflächen-Modus* wird die Zeichenanzeige mit der auf der Benutzeroberfläche verwendeten Sprache vereinheitlicht. Wenn bei der Sprache – wie im Deutschen – die Schreibrichtung von links nach rechts verläuft, werden die Zeichen links ausgerichtet. Mit *Textmodus* können Sie fordern, dass der angezeigte Text gemäß der Richtung des ersten sprachspezifischen Zeichens ausgerichtet wird.
- Wenn Sie unter *Cursorbewegung* die Option *Logisch* eingestellt haben, bewegt sich die Schreibmarke gemäß der Sprachrichtung. Wenn Sie beispielsweise die Pfeiltasten verwenden, um sich im arabischen und dann im englischen Text in dem gleichen Satz zu bewegen, bewegt sich die Einfügemarke im arabischen Text von rechts nach links und startet dann ganz links ab dem ersten Zeichen des englischen Worts in der Schreibrichtung von links nach rechts. Mit *Visuell* legen Sie die Cursorbewegung so fest, dass innerhalb eines bidirektionalen Texts zum nächsten visuell angrenzenden Zeichen fortgefahren wird. Wenn Sie beispielsweise die Pfeiltasten verwenden, um sich von rechts nach links im arabischen

und dann im englischen Text in dem gleichen Satz zu bewegen, zeigt die Einfügemarke im arabischen Text von rechts nach links und setzt den Vorgang dann ganz links bei dem Zeichen des englischen Worts in der Schreibrichtung von links nach rechts fort.

» Mit *Datenblatt IME-Steuerelement* wählen Sie bei der Eingabe von Daten in ein Tabellendatenblatt den ostasiatischen *IME-Modus*. Das wird Sie wahrscheinlich weniger interessieren.

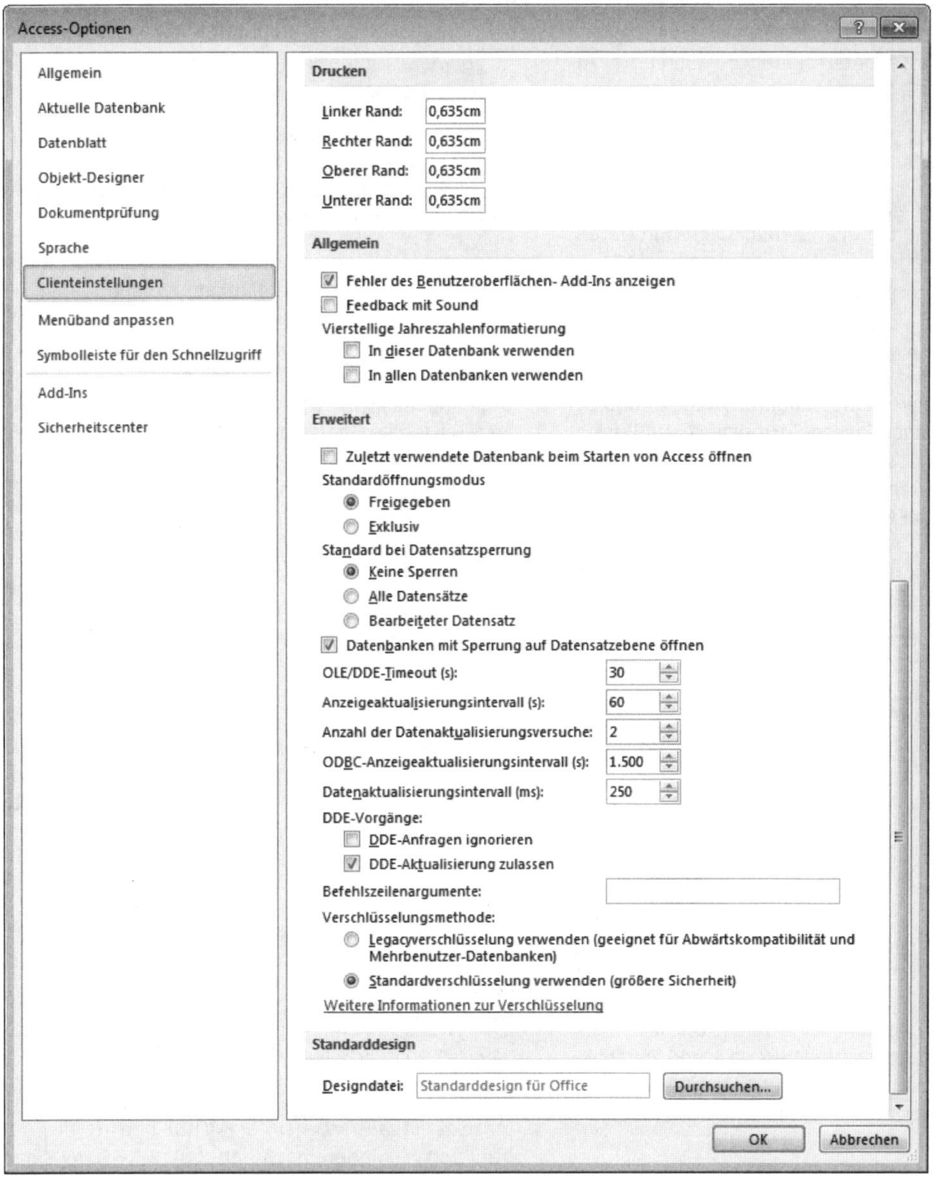

Abbildung 20.17
Die Kategorie *Clienteinstellungen* (unterer Bereich)

» Standardmäßig verwendet eine Datenbank den gregorianischen Kalender. Durch Aktivieren von *Hijri-Kalender verwenden* können Sie dafür sorgen, dass für Datumsverweise der islamische Mondkalender verwendet wird.

Anzeigen

Die Optionen unter der Überschrift *Anzeigen* fassen wieder einmal diverse unterschiedliche Elemente zusammen:

» *Statusleiste* zeigt die Statusleiste am unteren Rand des Access-Fensters an.

» *Animationen anzeigen* aktiviert animierte Elemente, wie das animierte Einfügen neuer Spalten in Datenblätter. *Aktionstags auf Datenblättern anzeigen* und *Aktionstags in Formularen und Berichten anzeigen* zeigt Aktionstags in den jeweiligen Objekten an.

Drucken

Unter *Drucken* legen Sie den standardmäßigen Rand bei Datenblättern, Modulen, neuen Formularen und Berichten fest. Sie können Werte verwenden, die zwischen null und der Breite oder der Höhe einer gedruckten Seite liegen. Für individuelle Einstellungen beim Drucken einzelner Objekte ändern Sie den Rand vorhandener Formulare oder Berichte über die Registerkarte *Datei*. Wählen Sie darin *Drucken*, klicken Sie auf *Drucken*, und klicken Sie im Dialogfeld *Drucken* auf *Einrichten*.

Allgemein

Die Alternativen unter *Allgemein* beinhalten weitere Optionen, die Microsoft nirgendwo anders unterbringen konnte:

» Entwickler können das Kontrollkästchen *Fehler des Benutzeroberflächen-Add-Ins anzeigen* aktivieren, um Fehler im Anpassungscode der Benutzeroberfläche anzuzeigen.

» *Feedback mit Sound* gibt eine Klangdatei wieder, die Programmereignissen in Microsoft Office Professional 2010 zugeordnet ist - beispielsweise Öffnen, Speichern und Drucken von Dateien und Anzeigen von Fehlermeldungen. Die Datei, die den verschiedenen Ereignissen zugewiesen ist, kann in der Windows-Systemsteuerung im Dialogfeld *Audioeigenschaften* geändert werden.

» Unter *Vierstellige Jahreszahlenformatierung* können Sie das Standardformat für Jahreszahlen auf vier Ziffern festlegen. Die Einstellung können Sie entweder *In dieser Datenbank verwenden* oder *In allen Datenbanken verwenden*.

Erweitert

Interessanter sind aber die Optionen unter der Überschrift *Erweitert* in der Kategorie *Clienteinstellungen* in den *Access-Optionen*:

» Wenn Sie *Zuletzt verwendete Datenbank beim Starten von Access öffnen* einschalten, öffnet das Programm die zuletzt verwendete Datenbank anstatt des Bereichs *Neu* der Registerkarte *Datei*.

» Über die Optionen unter *Standardöffnungsmodus* legen Sie fest, wie Datenbanken standardmäßig geöffnet werden sollen: *Freigegeben* öffnet eine vorhandene Datenbank so, dass sie zur gemeinsamen Nutzung freigegeben ist. Dies ist die Standardeinstellung. *Exklusiv* öffnet eine vorhandene Datenbank zur ausschließlichen Verwendung durch einen einzelnen Benutzer.

» Die Grundeinstellung unter *Standard bei Datensatzsperrung* ist *Keine Sperren* – Datensätze bleiben zum Bearbeiten geöffnet. *Alle Datensätze* sperrt alle Datensätze im geöffneten Formular oder Datenblatt sowie Datensätze in allen zugrunde liegenden Tabellen. Datensätze bleiben gesperrt, solange die Objekte geöffnet sind. *Bearbeiteter Datensatz* sperrt ausschließlich den Datensatz, den Sie bearbeiten.

» Mit *Datenbanken mit Sperrung auf Datensatzebene öffnen* wird die Sperrung auf Datenbankebene zur Standardeinstellung für die aktuell geöffnete Datenbank. Wenn Sie das Kontrollkästchen abschalten, wird die Sperrung auf Seitenebene zur Standardeinstellung für die geöffnete Datenbank.

Über die Optionen darunter können Sie einige weitere Einstellungen treffen:

» *OLE/DDE-Timeout (s)* legt das Intervall fest, nach dem Access einen fehlgeschlagenen OLE- oder DDE-Versuch wiederholt. Gültige Werte sind *0* bis *300*. Der Standardwert ist *30*.

» *Anzeigeaktualisierungsintervall (s)* betrifft die Anzahl von Sekunden, nach denen Access Datensätze in Datenblatt- oder Formularansichten automatisch aktualisiert. Gültige Werte sind *0* bis *32.766*. Der Standardwert lautet *60*. Der Wert *0* verhindert Aktualisierungen.

» *Anzahl der Datenaktualisierungsversuche* beschreibt die Häufigkeit, mit der Access versucht, einen geänderten Datensatz zu speichern, der durch einen anderen Benutzer gesperrt ist. Gültige Werte sind *0* bis *10*. Der Standardwert ist *2*.

» *ODBC-Anzeigeaktualisierungsintervall (s)* ist das Intervall, nach dem in Access über eine ODBC-Verbindung erfasste Daten automatisch aktualisiert werden. Diese Einstellung tritt nur dann in Kraft, wenn die Datenbank in einem Netzwerk gemeinsam genutzt wird. Gültige Werte sind *0* bis *32.766*. Der Standardwert ist *1.500*. Der Wert *0* verhindert Aktualisierungen.

» *Datenaktualisierungsintervall (ms)* ist die Anzahl von Millisekunden, nach denen in Access ein geänderter Datensatz gespeichert wird, der durch einen anderen Benutzer gesperrt ist. Gültige Werte sind *0* bis *1.000*. Der Standardwert ist *250*.

» Unter *DDE-Vorgänge* können Sie angeben, wie *DDE*-Anfragen anderer Anwendungen von Access behandelt werden sollen. Sie können Sie ignorieren oder zulassen. Im zweiten Fall ermöglicht Access das Aktualisieren von *DDE*-Verknüpfungen entsprechend dem im Feld *Anzeigeaktualisierungsintervall (s)* angegebenen Intervall.

» Unter *Befehlszeilenargumente* geben Sie Argumente ein, die beim Starten von Access oder Öffnen einer Access-Datenbank ausgeführt werden (→ Tabelle 20.2).

Befehlszeilenoption	Betrifft	Beschreibung
Keine	Datenbank	Öffnet die angegebene Datenbank. Geben Sie gegebenenfalls einen Pfad an. Schließen Sie diesen in Anführungszeichen ein, falls er Leerzeichen enthält.
/excl	Keine	Öffnet die angegebene Access-Datenbank für den exklusiven Zugriff. Um die Datenbank für eine gemeinsame Verwendung in einer Mehrbenutzerumgebung zu öffnen, geben Sie diese Befehlszeilenoption nicht an.
/ro	Keine	Öffnet die angegebene Access-Datenbank für schreibgeschützten Zugriff.
/runtime	Keine	Gibt an, dass Access mit Optionen für die Laufzeitversion gestartet wird.
/profile	Benutzerprofil	Startet Access, wobei nicht die bei der Installation von Access erstellten Standardeinstellungen in der Windows-Registrierung verwendet werden, sondern die Optionen in dem angegebenen Benutzerprofil.
/compact	Zieldatenbank	Komprimiert und repariert die Access-Datenbank, die vor der Befehlszeilenoption angegeben wurde, und beendet Access. Wenn Sie im Anschluss an die Befehlszeilenoption keinen Zieldateinamen eingeben, wird die Datei unter dem ursprünglichen Namen und Ordner komprimiert. Um die Datei unter einem anderen Namen zu komprimieren, geben Sie eine Zieldatei an.
/repair	Keine	Repariert die Access-Datenbank, die vor der Befehlszeilenoption angegeben wurde, und beendet dann Access.
/convert	Zieldatenbank	Konvertiert eine Access-Datenbank, die im Format einer früheren Access-Version vorliegt, in das Access 2007-Dateiformat, benennt die neue Datei um und beendet Access.
/x	Makro	Öffnet die Access-Datenbank, die vor der Befehlszeilenoption angegeben wurde, und führt dann das angegebene Makro aus. Sie können auch das Makro *AutoExec* verwenden, um beim Öffnen einer Datenbank ein Makro auszuführen.

Tabelle 20.2 Beispiele für Befehlszeilenargumente

20.2 Einstellungen der Programmoberfläche

Zwei der Kategorien unter den *Access-Option* beschäftigen sich mit Einstellungen, die die Elemente zur Programmsteuerung betreffen - die Elemente des Menübands und der Symbolleiste für den Schnellzugriff.

20.2.1 Das Menüband anpassen

Die Programme der Office-Version 2010 bieten die Möglichkeit, die Registerkarten des Menübandes und deren Inhalte an Ihre Wünsche anzupassen. Sie können neue Registerkarten mit eigenen Namen erstellen, diese mit Gruppen versehen und in diesen Gruppen Befehle ansiedeln. Die Werkzeuge dazu finden Sie in der Kategorie *Menüband anpassen* unter den *Access-Optionen* (→ Abbildung 20.18).

» 

Im rechten Listenfeld finden Sie die bereits vorhandenen Registerkarten des jeweiligen Office-Programms. Welche Typen von Registern in der Liste angezeigt werden, können Sie über das Listenfeld regeln. In der Grundeinstellung werden hier die *Hauptregisterkarten* angezeigt. Sie können aber auch mit *Registerkarten für Tools* die kontextbezogenen Registerkarten anzeigen lassen oder die Einstellung *Alle Registerkarten* wählen. Beachten Sie auch, dass Sie durch einen Klick auf die kleine Schaltfläche mit dem Pluszeichen die Namen der einzelnen Gruppen in den jeweiligen Registerkarten anzeigen lassen können.

» Das Listenfeld auf der linken Seite zeigt die im Programm verfügbaren Befehle. Beachten Sie hier, dass beim Aufruf der Kategorie *Menüband anpassen* in der Liste zunächst nur *Häufig verwendete Befehle*

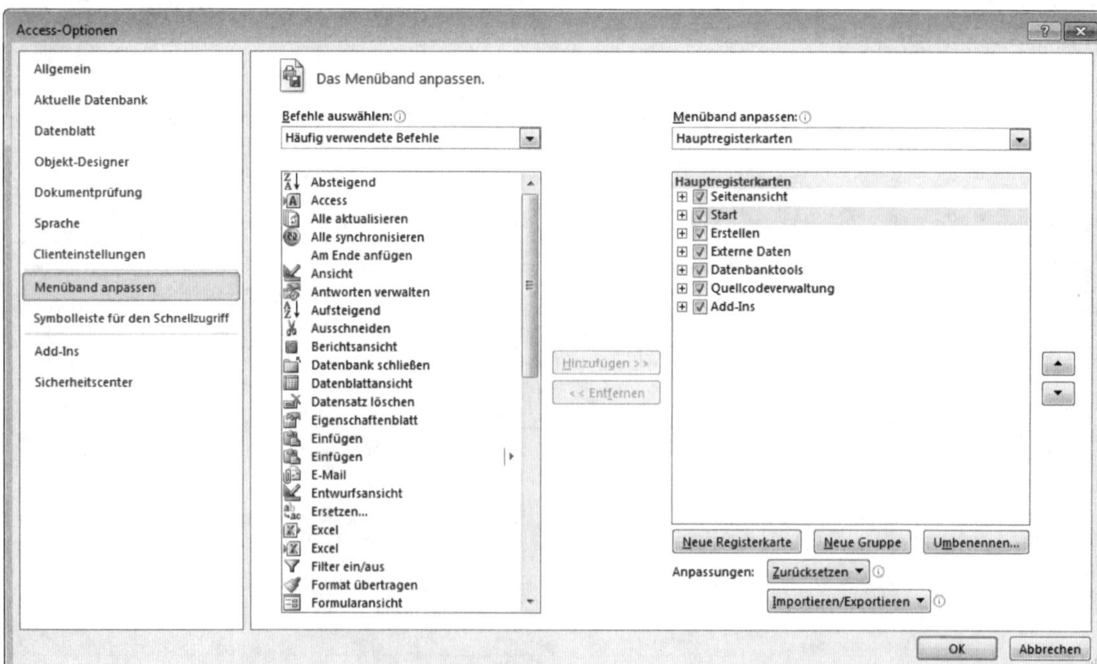

Abbildung 20.18 Das Menüband eines Programms kann beliebige Befehle aufnehmen - auch solche, die man selten verwendet.

aufgelistet werden. Weitere Befehle finden Sie, wenn Sie eine andere Option über *Befehle auswählen* einstellen (→ Abbildung 20.19). Beispielsweise können Sie hier die Einstellung *Alle Befehle* benutzen und haben dann Zugriff auf alle im Programm vorhandenen Befehle. Darunter befinden Sie auch solche, die Sie vielleicht noch nie kennengelernt haben.

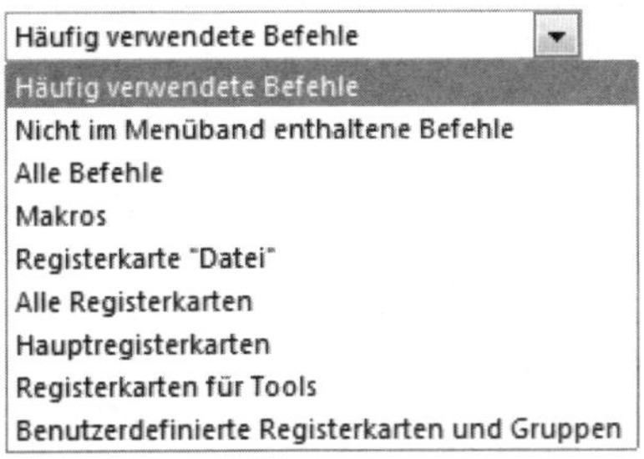

Abbildung 20.19 Über die Liste zu Befehle auswählen haben Sie Zugriff auf alle im Programm vorhandenen Befehle.

Wir wollen Ihnen in den folgenden Abschnitten zeigen, über welche Möglichkeiten dieser Bereich verfügt.

Vorhandene Registerkarten ein- und ausblenden

Die bereits in einem Programm standardmäßig vorhandenen Register können Sie ausblenden (→ Abbildung 20.20). Dazu müssen Sie nur das Kontrollkästchen vor dem Namen der Registerkarte deaktivieren. Wenn Sie die Registerkarte später erneut anzeigen lassen wollen, aktivieren Sie das Kontrollkästchen wieder.

Eine neue Registerkarte erstellen

Um eine neue Registerkarte zu erstellen, markieren Sie im rechten Listefeld zunächst die bereits vorhandene Registerkarte, nach der die neu zu erstellende angezeigt werden soll. Klicken Sie dann auf *Neue Registerkarte*. Eine neue Karte wird mit einer ersten Gruppe erstellt. Sie trägt zunächst den Namen *Neue Registerkarte (Benutzerdefiniert)* und beinhaltet auch schon eine Gruppe mit dem Namen *Neue Gruppe (Benutzerdefiniert)* (→ Abbildung 20.21 links).

Eine weitere Gruppe hinzufügen

Sie können sowohl den bereits vorhandenen als auch den von Ihnen selbst erstellten Registerkarten neue Gruppen hinzufügen. Überladen Sie die Registerkarten aber nicht, sonst wird die Arbeit damit unübersichtlich. Wenn Sie einer Registerkarte eine weitere Gruppe hinzufügen wollen, markieren Sie die Gruppe, nach der die neue erstellt werden soll, und klicken Sie auf *Neue Gruppe*. Eine neue Gruppe wird erstellt. Sie trägt wieder den Namen *Neue Gruppe (Benutzerdefiniert)* (→ Abbildung 20.21 rechts).

Registerkarten und Gruppen benennen

Sie können sowohl den standardmäßig vorhandenen Elementen – also Registerkarten und Gruppen – als auch den von Ihnen hinzugefügten einen anderen Namen geben. Markieren Sie das Element in der Liste, klicken Sie dann auf die Schaltfläche *Umbenennen*, geben Sie dem Element den gewünschten Namen, und bestätigen Sie durch einen Klick auf *OK* (→ Abbildung 20.22).

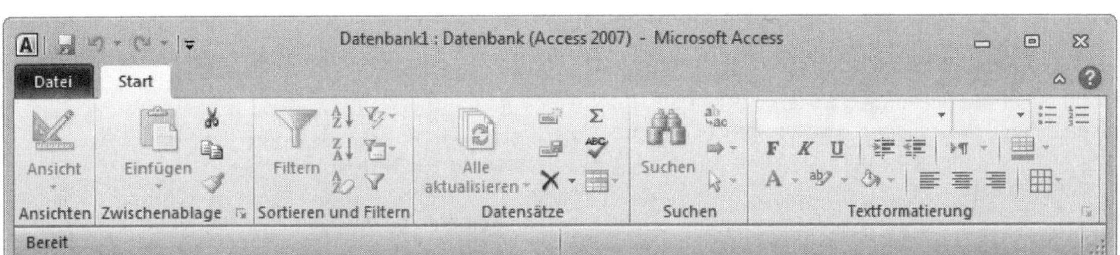

Abbildung 20.20 Bis auf die Registerkarte *Start* wurden alle anderen Registerkarten ausgeblendet.

Abbildung 20.21 Eine neue Registerkarte und eine neue Gruppe

Abbildung 20.22 Ein Element umbenennen

Befehle zu einer Gruppe hinzufügen

Der eigentliche Sinn beim Hinzufügen neuer Registerkarten und Gruppen besteht natürlich darin, einen Raum im Menüband zu schaffen, in dem Sie Befehlsschaltflächen ansiedeln können. Um einen Befehl hinzuzufügen, markieren Sie zunächst die Gruppe, die den Befehl beinhalten soll. Markieren Sie dann im linken Listenfeld den Befehl, den Sie hinzufügen wollen. Klicken Sie auf die Schaltfläche *Hinzufügen* zwischen den beiden Listen. Der Befehl erscheint als Unterpunkt zur Gruppe (→ Abbildung 20.23).

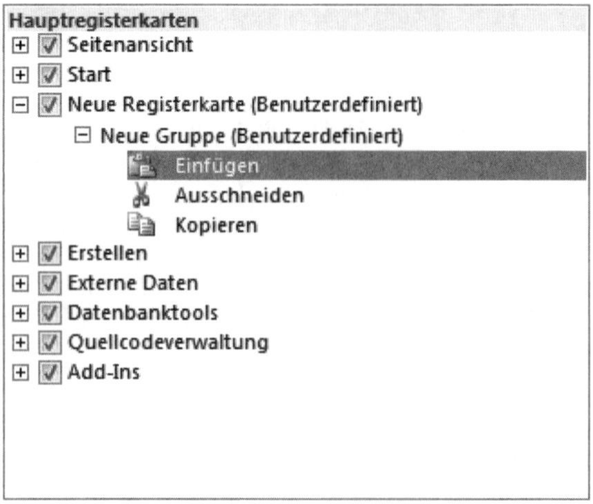

Abbildung 20.23 Eine neue Registerkarte mit einer neuen Gruppe und drei Befehlen darin

Die Reihenfolge der Elemente festlegen

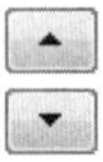

Wenn Sie die Reihenfolge der Elemente im Menüband ändern wollen, markieren Sie das zu verschiebende Element – also die Registerkarte, die Gruppe oder den Befehl – und benutzen die beiden Schaltflächen mit den Pfeilspitzen rechts im Fenster.

Die Anpassungen exportieren

Wenn Sie sich die Mühe gemacht haben, ein eigenes Menüband mit neuen Registerkarten, Gruppen und Befehlen darin zu erstellen, möchten Sie dieses vielleicht auch auf anderen Rechnern benutzen. Dazu klicken Sie auf die Schaltfläche *Importieren/Exportieren* rechts unten in der Kategorie *Menüband anpassen* und wählen den Befehl *Alle Anpassungen exportieren*. Dieser Befehl heißt so, weil damit nicht nur die Anpassungen des Menübandes, sondern auch die der Symbolleiste für den Schnellzugriff exportiert werden. Weisen Sie im Dialogfeld *Datei speichern* der Exportdatei einen Namen zu, und bestätigen Sie über *Speichern*.

Haben Sie die Datei auf einen anderen Rechner übertragen, öffnen Sie dort die Kategorie *Menüband anpassen* in den Access-Optionen, klicken auf *Importieren/Exportieren* und wählen *Anpassungsdatei importieren*. Navigieren Sie im Dialogfeld *Datei öffnen* zu dem Ordner, in dem die Anpassungsdatei abgelegt ist, und öffnen Sie sie.

Die Anpassungen zurücksetzen

Wenn Sie benutzerdefinierte Anpassungen wieder entfernen möchten, klicken Sie auf *Zurücksetzen*. Wählen Sie *Alle Anpassungen zurücksetzen*, und bestätigen Sie nochmals.

20.2.2 Die Symbolleiste für den Schnellzugriff anpassen

Die Wahl der Kategorie *Symbolleiste für den Schnellzugriff* zeigt einen Bereich unten den Access-Optionen an, über den Sie zusätzliche Befehle zur Anzeige in der Symbolleiste für den Schnellzugriff auswählen können. Sie können damit der Symbolleiste Schaltflächen hinzufügen (→ Abbildung 20.24).

» In dem großen Feld auf der linken Seite finden Sie wieder eine Liste der Befehle, die Sie der Symbolleiste hinzufügen können. Wenn Sie das tun wollen, markieren Sie den Befehl und klicken auf die Schaltfläche *Hinzufügen* in der Mitte zwischen den beiden Listen.

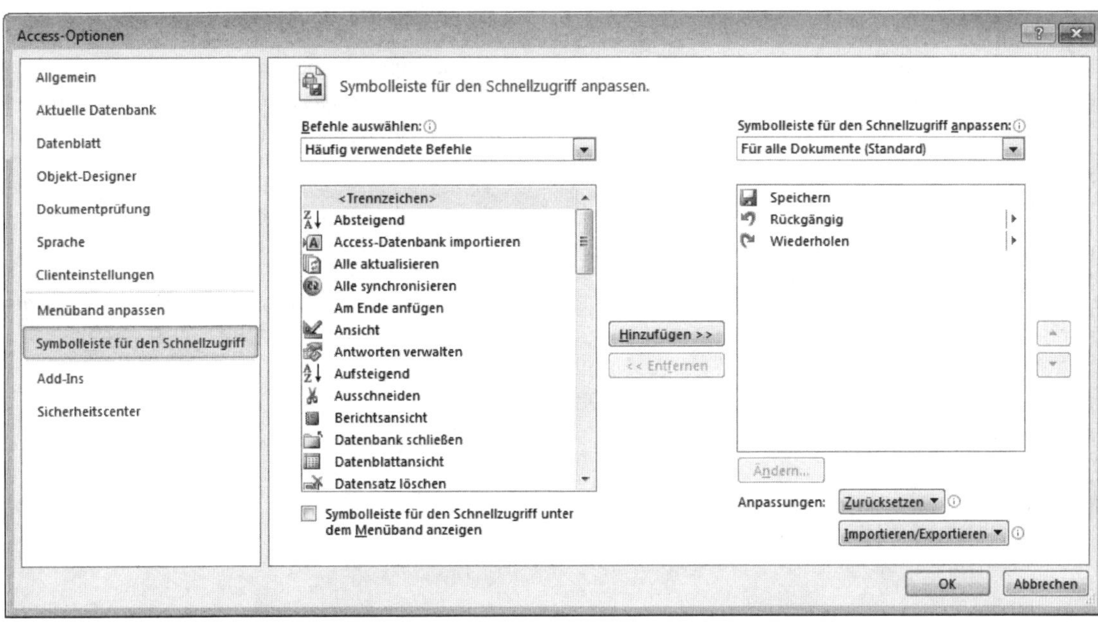

Abbildung 20.24 Das Anpassen der Symbolleiste für den Schnellzugriff

» Beachten Sie auch wieder, dass beim Aufruf dieses Bereichs in der Liste zunächst nur *Häufig verwendete Befehle* aufgelistet werden. Weitere Befehle finden Sie, wenn Sie eine andere Option über *Befehle auswählen* einstellen (→ Abbildung 20.25). Beispielsweise können Sie hier die Einstellung *Alle Befehle* benutzen und haben dann Zugriff auf alle im Programm vorhandenen Befehle. Darunter befinden sich auch solche, die Sie vielleicht noch nie kennengelernt haben.

Abbildung 20.25 Über die Liste zu *Befehle auswählen* haben Sie Zugriff auf alle im Programm vorhandenen Befehle.

» Ähnlich gehen Sie vor, wenn Sie einen in der Symbolleiste angezeigten Befehl aus dieser entfernen möchten. Markieren Sie ihn in der Liste auf der rechten Seite, und klicken Sie auf *Entfernen*.

» Über die beiden Schaltflächen am rechten Rand des Fensters können Sie die Reihenfolge der Anzeige der Befehle in der Leiste ändern. Markieren Sie vorher den Befehl, den Sie in der Liste verschieben wollen, und klicken Sie- gegebenenfalls mehrfach - auf eine der beiden Schaltflächen mit den Pfeilspitzen, um ihn nach oben oder unten zu verschieben.

Klicken Sie auf *OK*, nachdem Sie alle gewünschten Befehle hinzugefügt haben.

Die Symbolleiste verschieben

Die Symbolleiste für den Schnellzugriff kann sich an zwei Positionen befinden: Die Standardposition ist oberhalb des Menübandes; außerdem kann sie unterhalb des Menübandes angezeigt werden. Sie ist damit näher am eigentlichen Arbeitsbereich. Zum Einstellen der Position benutzen Sie das Kontrollkästchen *Symbolleiste für den Schnellzugriff unter dem Menüband anzeigen*.

Befehle aus dem Menüband übernehmen

Sie können der *Symbolleiste für den Schnellzugriff* auch direkt über die im Menüband angezeigten Befehle einen Befehl hinzufügen. Dazu klicken Sie im Menüband auf die entsprechende Registerkarte oder Gruppe, um die Befehle anzuzeigen, die Sie der Symbolleiste für den Schnellzugriff hinzufügen möchten. Klicken Sie dann mit der rechten Maustaste auf den Befehl, und klicken Sie im Kontextmenü auf *Zu Symbolleiste für den Schnellzugriff hinzufügen* (→ Abbildung 20.26).

ACHTUNG Die Inhalte der meisten Kataloge, wie die Werte für den Einzug und den Abstand sowie einzelne Formatvorlagen, die ebenfalls im Menüband angezeigt werden, können der Symbolleiste für den Schnellzugriff aber nicht hinzugefügt werden.

Abbildung 20.26 Befehle aus dem Menüband können direkt in die *Symbolleiste für den Schnellzugriff* übernommen werden.

20.3 Das *Sicherheitscenter*

Im *Sicherheitscenter* – früher als *Vertrauensstellungscenter* bezeichnet – finden Sie die Einstellungen für Sicherheit und Datenschutz für alle Programme von Office 2010.

20.3.1 Der Überblick

Die Anwahl der Kategorie *Sicherheitscenter* unter den *Access-Optionen* zeigt zunächst ein Übersichtsfenster an (→ Abbildung 20.27). Details liefert darin ein Klick auf die Schaltfläche *Einstellungen für das Sicherheitscenter* (→ unten). Sie öffnen damit ein separates Fenster, das auf seiner linken Seite über sechs Schaltflächen verfügt, über die Sie einzelne Bereiche anzeigen lassen können.

Datenschutz, Sicherheit & mehr

Unter der Überschrift *Datenschutz* finden Sie auf dieser Übersichtsseite mehrere allgemeine Links. Beispielsweise können Sie durch einen Klick auf den Link im

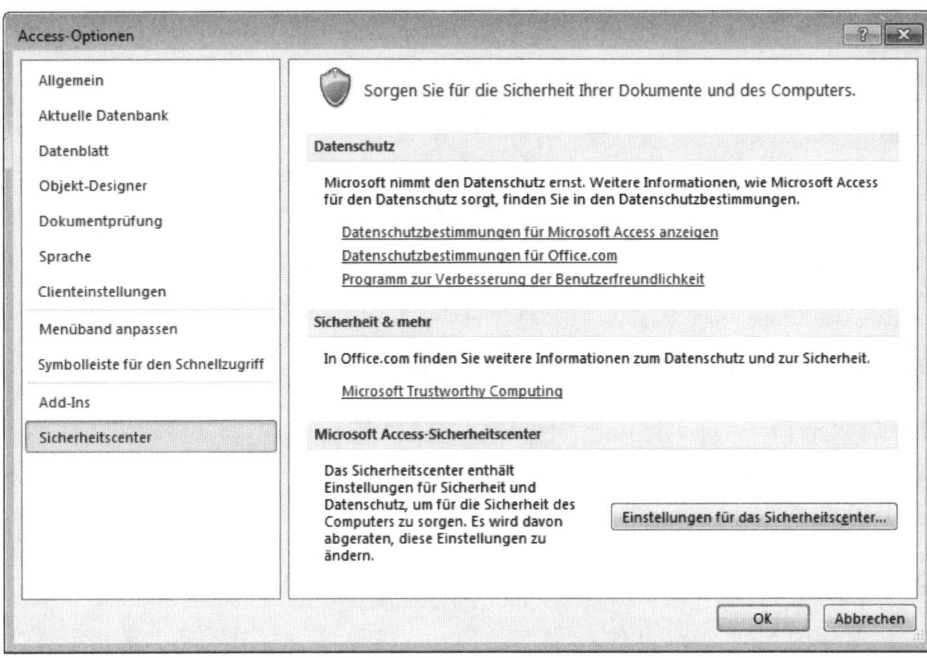

Abbildung 20.27 Die Kategorie *Sicherheitscenter*

Abbildung 20.28 Eine Sicherheitswarnung in der Statusleiste

Abschnitt *Sicherheit & mehr* zusätzliche Informationen über das Internet anzeigen lassen.

Details zum Sicherheitscenter anzeigen

Details liefert ein Klick auf die Schaltfläche *Einstellungen für das Sicherheitscenter*. Sie öffnen damit ein separates Fenster, das auf seiner linken Seite über sechs Schaltflächen verfügt, über die Sie einzelne Bereiche anzeigen lassen können.

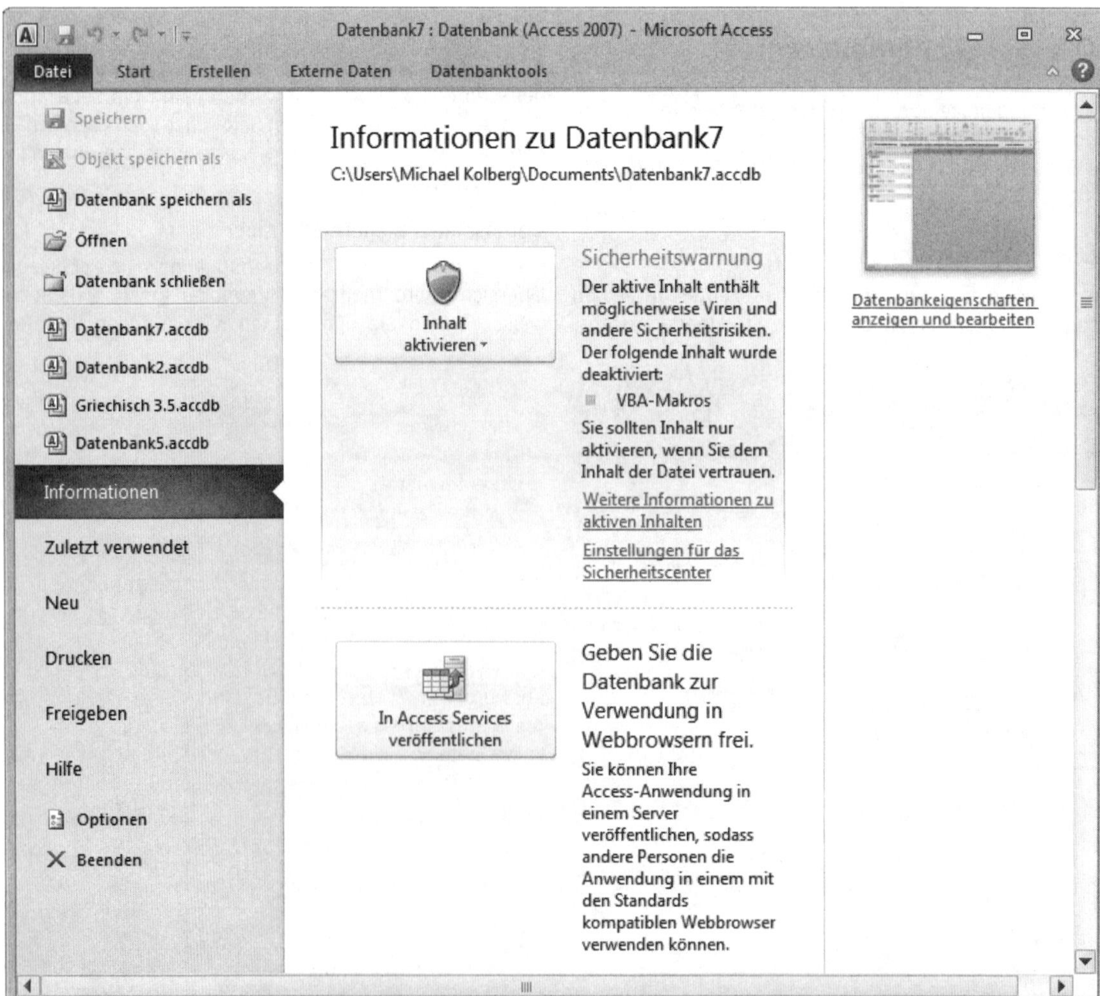

Abbildung 20.29 Die Sicherheitswarnung warnt vor unsicheren Inhalten.

20.3.2 Der Ablauf beim Öffnen einer Datei

Um die einzelnen Kategorien im Sicherheitscenter zu verstehen, sollten Sie sich die folgenden Abläufe noch einmal vergegenwärtigen: Wenn Sie eine Datei öffnen, die über aktive Inhalte verfügt - also beispielsweise Datenverbindungen, Makros oder anderen VBA-Code -, wird die Statusleiste angezeigt, die Sie vor möglichen Auswirkungen warnt (→ Abbildung 20.28).

Wenn Sie in dieser Statusleiste auf *Inhalt aktivieren* klicken, wird die Datenbank zu einem vertrauenswürdigen Dokument, und alle aktiven Inhalte können ausgeführt werden. Beim nächsten Öffnen der Datenbank wird die Statusleiste nicht mehr angezeigt. Sie müssen den Vorgang aber möglicherweise jedes Mal wiederholen, wenn die aktiven Inhalte der Datenbank geändert wurden.

Verschiedene Optionen stehen zur Auswahl, wenn Sie in dieser Leiste auf den Eintrag *Einige aktive Inhalte wurden deaktiviert* klicken. Das zeigt den Bereich *Informationen* im Menü *Datei* an, in dem Sie unter *Sicherheitswarnung* weitere Hinweise zur Natur der Gefährdung erhalten (→ Abbildung 20.29). Meist wird hier darauf hingewiesen, dass die Datenbank VBA-Makros enthält.

Klicken Sie im Bereich *Sicherheitswarnung* auf die Pfeilspitze in der Schaltfläche *Inhalt aktivieren*. Es werden zwei Optionen angezeigt: *Alle Inhalte aktivieren* und *Erweiterte Optionen* (→ Abbildung 20.30).

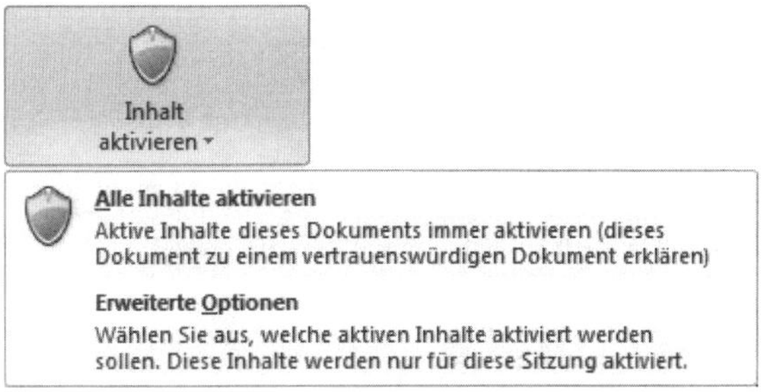

Abbildung 20.30 Die Optionen zu *Inhalt aktivieren*

» Durch Wahl von *Alle Inhalte aktivieren* machen Sie die Datei zu einem vertrauenswürdigen Dokument, und alle aktiven Inhalte können ausgeführt werden.

» Ein Klick auf *Erweiterte Optionen* zeigt das mit *Sicherheitswarnung* überschriebene Dialogfeld *Microsoft Office-Sicherheitsoptionen* an (→ Abbildung 20.31). Sie finden darin unterschiedliche Angaben. Teilweise können Sie auswählen, welche aktiven Inhalte für diese Sitzung ausgeführt werden sollen.

Abbildung 20.31 Das Dialogfeld zur Sicherheitswarnung

» Durch die Wahl von *Inhalt für diese Sitzung aktivieren* und eine anschließende Bestätigung werden die Inhalte nur für dieses eine Mal ansprechbar. Wenn Sie die Datei schließen und anschließend erneut öffnen, wird wieder die Statusleiste angezeigt.

Wenn Sie der Datenbank dauerhaft vertrauen wollen, speichern Sie die Datenbank an einem vertrauenswürdigen Speicherort, d.$%$h. in einem Ordner auf einem Laufwerk oder in einem Netzwerk, der/das als vertrauenswürdig eingestuft wird. Bei Wahl dieser Option wird die Statusleiste nicht mehr angezeigt, und Sie müssen keine Datenbankinhalte mehr aktivieren, solange sich die Datenbank am vertrauenswürdigen Speicherort befindet.

Wenn Sie der Datenbank nicht vertrauen möchten, ignorieren oder schließen Sie die Statusleiste. Wenn Sie die Statusleiste ignorieren oder schließen, können Sie die Daten in der Datenbank weiter anzeigen und sämtliche Komponenten in der Datenbank nutzen, die Access nicht deaktiviert hat.

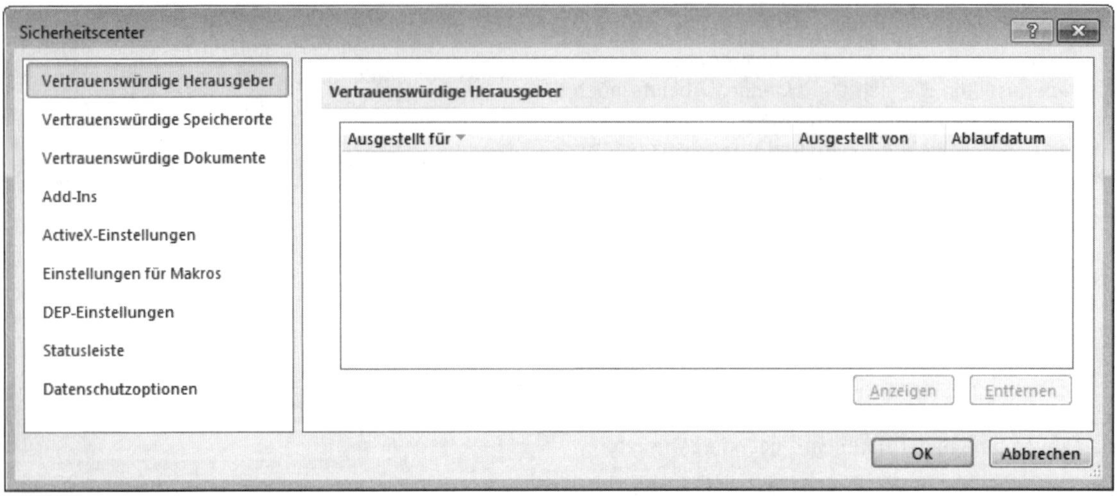

Abbildung 20.32 Die Kategorie *Vertrauenswürdige Herausgeber*

20.3.3 Die Kategorie *Vertrauenswürdige Herausgeber*

Unter einem *Herausgeber* versteht Microsoft einen Entwickler, der ein Makro, ein *Add-In* oder eine andere Erweiterung erstellt hat, die von Ihnen und von anderen Personen verwendet werden kann. *Vertrauenswürdige Herausgeber* sind Entwickler, die das Projekt mit einer digitalen Signatur signiert haben. Diese digitale Signatur muss gültig und aktuell sein - also nicht abgelaufen -, und das Zertifikat, das der digitalen Signatur zugeordnet ist, wurde von einer vertrauenswürdigen Zertifizierungsstelle ausgestellt.

Wenn Sie über eine Warnung darauf hingewiesen werden, dass keine Signatur vorhanden oder dass die Signatur nicht gültig ist, sollten Sie den Inhalt nur aktivieren oder dem Herausgeber nur vertrauen, sofern Sie sicher sind, dass der Code aus einer vertrauenswürdigen Quelle stammt. Wenn Ihnen das Dokument mit dem Makro beispielsweise per E-Mail gesendet wurde, ist es wichtig, dass Sie den Absender kennen und dass Sie die E-Mail-Nachricht erwartet haben. Holen Sie andernfalls beim Absender des Dokuments weitere Informationen ein, bevor Sie auf eine Option klicken. Ähnliches gilt für das Herunterladen von Dateien von einer Website. Auch hier sollten Sie zunächst überprüfen, ob die Website sicher ist. Weitere Informationen finden Sie unter »Sichern von Daten mithilfe von Windows Internet Explorer«.

Die Daten des Herausgebers werden dann in der Kategorie *Vertrauenswürdige Herausgeber* im *Sicherheitscenter* angezeigt (→ Abbildung 20.32).

» Sie können einen der Einträge in der Kategorie *Vertrauenswürdige Herausgeber* löschen, indem Sie die entsprechende Zeile markieren und dann auf *Entfernen* klicken.

» Klicken Sie in der Liste *Vertrauenswürdige Herausgeber* auf den Namen des Herausgebers, dessen Zertifikat Sie anzeigen möchten, und klicken Sie dann auf *Anzeigen*.

20.3.4 Die Kategorie *Vertrauenswürdige Speicherorte*

Ein vertrauenswürdiger Speicherort ist normalerweise ein Ordner auf der Festplatte oder auf einer Netzwerkfreigabe. Jede Datei, die Sie an einem vertrauenswürdigen Speicherort ablegen, kann ohne eine Überprüfung durch das Sicherheitscenter geöffnet werden. In der Kategorie *Vertrauenswürdige Speicherorte* im *Sicherheitscenter* können Sie diese Speicherorte einrichten und kontrollieren (→ Abbildung 20.33).

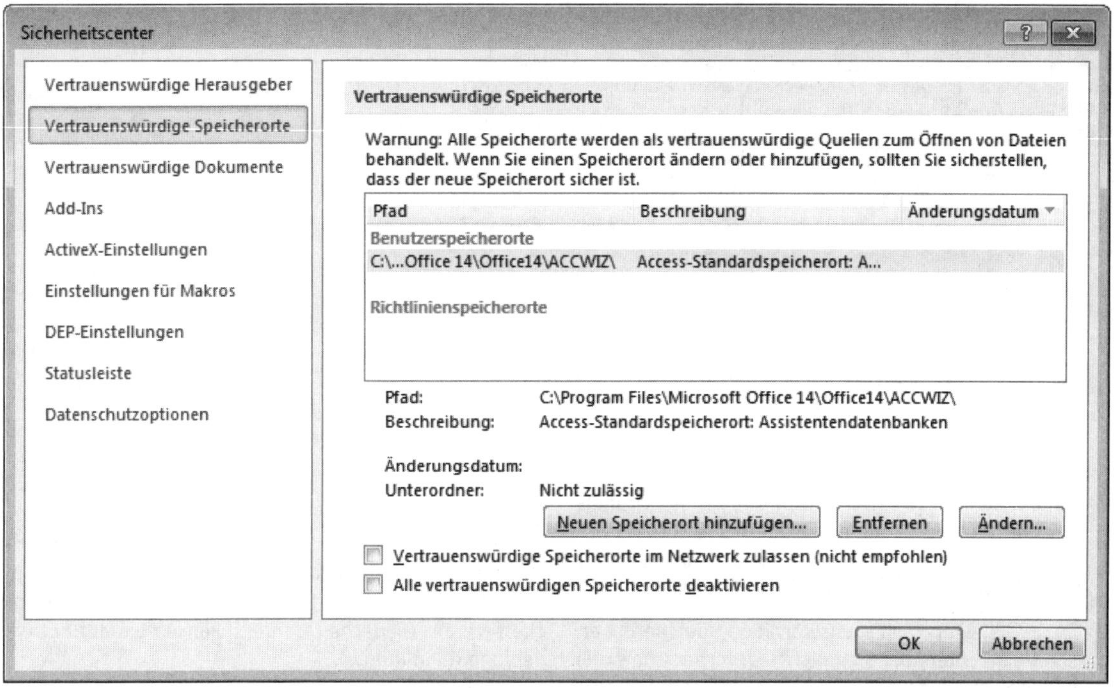

Abbildung 20.33 Die Kategorie *Vertrauenswürdige Speicherorte*

Ein vertrauenswürdiger Speicherort kann ein Ordner auf der Festplatte oder auf einer Netzwerkfreigabe sein.

» Es ist immer sicherer, einen lokalen Ordner wie einen Unterordner im Ordner *Dokumente* unter Microsoft Windows Vista bzw. Windows 7 oder in *Eigene Dateien* unter Microsoft Windows XP zu verwenden, sofern Sie ein Anmeldekennwort für Microsoft Windows zum Schutz des Computers verwenden. Bei dem Kennwort sollte es sich um ein sicheres Kennwort handeln. Sie sollten aber nicht den gesamten Ordner *Dokumente* oder *Eigene Dateien* als vertrauenswürdigen Speicherort vorsehen. Andernfalls bieten Sie Hackern ein potenzielles Ziel und erhöhen die Risiken für die Sicherheit. Erstellen Sie einen Unterordner in Dokumente oder Eigene Dateien, und bestimmen Sie nur diesen Ordner als vertrauenswürdigen Speicherort.

» Speicherorte, die sich nicht auf Ihrem Computer befinden – beispielsweise Netzwerkordner –, sind weniger sicher. Sie sollten keinen öffentlichen Ordner auf einer Netzwerkfreigabe zum vertrauenswürdigen Speicherort für Ihre Dateien bestimmen.

Vordefinierte vertrauenswürdige Speicherorte

Wenn Sie in einer Organisation arbeiten, hat der Administrator möglicherweise vertrauenswürdige Speicherorte für Sie erstellt. Wenden Sie sich an den Administrator, um weitere Informationen zum Verwenden dieser vertrauenswürdigen Speicherorte zu erhalten. Außerdem werden einige vertrauenswürdige Speicherorte automatisch bei der Installation von Office 2010 automatisch erstellt.

Erstellen eines vertrauenswürdigen Speicherorts

Um einen neuen vertrauenswürdigen Speicherort zu erstellen, klicken Sie in der Kategorie *Vertrauenswürdige Speicherorte* des *Sicherheitscenters* auf *Neuen Speicherort hinzufügen*. Ein Dialogfeld wird angezeigt, in dem Sie den Ort definieren können (→ Abbildung 20.34).

Abbildung 20.34
Einen vertrauenswürdigen Speicherort erstellen

» Geben Sie in das Feld *Pfad* den Namen des Ordners ein, den Sie als vertrauenswürdigen Speicherort verwenden möchten, oder klicken Sie auf *Durchsuchen*, um nach dem Ordner zu suchen.

» Wenn Sie einen vertrauenswürdigen Speicherort erstellen möchten, der sich nicht auf Ihrem Computer befindet, aktivieren Sie das Kontrollkästchen *Vertrauenswürdige Speicherorte im Netzwerk zulassen*. Das ist aber nicht zu empfehlen.

» Wenn Sie Unterordner als vertrauenswürdige Speicherorte einschließen möchten, aktivieren Sie das Kontrollkästchen *Unterordner dieses Speicherorts sind ebenfalls vertrauenswürdig*.

» In das Feld *Beschreibung* können Sie einen beliebigen Text als Beschreibung für den Zweck des vertrauenswürdigen Speicherorts eingeben.

» Klicken Sie auf *OK*.

ACHTUNG Sie sollten nicht den gesamten Ordner *Dokumente* bzw. die Bibliothek oder der Ordner *Eigene Dateien* als vertrauenswürdigen Speicherort vorsehen. Andernfalls bieten Sie Hackern ein größeres potenzielles Ziel und erhöhen die Risiken für die Sicherheit. Erstellen Sie einen Unterordner in *Dokumente* oder *Eigene Dateien*, und bestimmen Sie nur diesen Ordner als vertrauenswürdigen Speicherort.

Einen vertrauenswürdigen Speicherort entfernen

Wenn Sie einen solchen Speicherort als nicht mehr vertrauenswürdig zurückstufen möchten, markieren Sie ihn unter *Pfad* in der Kategorie *Vertrauenswürdige Speicherorte* des *Sicherheitscenters*, klicken Sie auf *Entfernen* und dann auf *OK*.

20.3.5 Die Kategorie *Vertrauenswürdige Dokumente*

Wir hatten es schon erwähnt: Wenn Sie der Quelle der Datei jedoch vertrauen oder wissen, dass der aktive Inhalt sicher ist, können Sie den aktiven Inhalt der Datei durch einen Klick auf *Inhalt aktivieren* in der Statusleiste aktivieren. Hierdurch wird die Datei zu einem vertrauenswürdigen Dokument. Wenn Sie sie erneut öffnen, wird die Statusleiste nicht mehr angezeigt. Die Aufforderung erscheint jedoch, wenn Sie die Datei, nachdem sie zuletzt als vertrauenswürdig eingestuft wurde, verschoben wurde. Nachdem ein Dokument als vertrauenswürdig eingestuft wurde, wird es nicht mehr in der geschützten Ansicht geöffnet. Daher sollten Sie Dokumenten nur vertrauen, wenn Sie auch der Quelle der betreffenden Datei vertrauen.

Sie können die Einstellungen für vertrauenswürdige Dokumente im Sicherheitscenter über die Kategorie *Vertrauenswürdige Dokumente* anzeigen oder ändern.

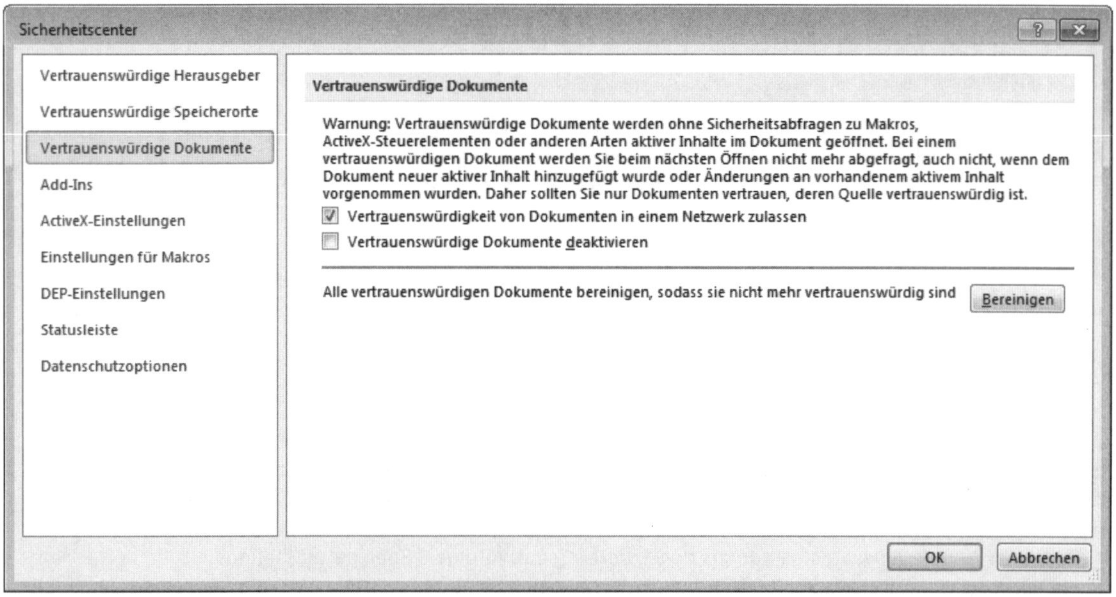

Abbildung 20.35 Die Kategorie *Vertrauenswürdige Dokumente*

» Wenn Sie *Vertrauenswürdigkeit von Dokumenten in einem Netzwerk zulassen* aktivieren, wird das Dialogfeld *Sicherheitswarnung* nicht mehr für Dateien an Netzwerkspeicherorten angezeigt.

» Über *Vertrauenswürdige Dokumente deaktivieren* wird das Dialogfeld *Sicherheitswarnung* bei jedem Öffnen von Dateien angezeigt.

» Durch einen Klick auf *Bereinigen* neben *Alle vertrauenswürdigen Dokumente bereinigen, sodass sie nicht mehr vertrauenswürdig sind* löschen Sie die - nicht sichtbare - Liste der Dokumente, die zuvor als vertrauenswürdig eingestuft wurden. Die Statusleiste wird dann wieder für diese Dokumente angezeigt.

20.3.6 Die Kategorie *Add-Ins*

Ähnlich wie Makros (→ Kapitel 14) können Add-Ins von Hackern ausgenutzt werden, um umfangreiche Schäden anzurichten, wie beispielsweise das Verbreiten eines Virus. Da es viele verschiedene Add-Ins gibt, die nicht von Microsoft stammen, müssen spezifische Kriterien erfüllt werden, ehe ein Add-In als vertrauenswürdig eingestuft wird. In der Kategorie *Add-Ins* im *Sicherheitscenter* können Sie die Einstellungen für Add-Ins allgemein regeln (→ Abbildung 20.36). Aktivieren Sie hier die gewünschten Optionen. Standardmäßig sind sie alle abgeschaltet. Änderungen darin werden erst nach dem Beenden und erneuten Starten des Programms wirksam.

» Aktivieren Sie das Kontrollkästchen *Anwendungs-Add-Ins müssen von einem vertrauenswürdigen Herausgeber signiert sein*, wenn das Vertrauenscenter überprüfen soll, ob eine digitale Signatur-Datei, die das Add-In enthält, vorhanden ist. Ist der Herausgeber nicht vertrauenswürdig, wird das Add-In vom Office-Programm nicht geladen. Auf der Statusleiste wird eine Benachrichtigung angezeigt, dass das Add-In deaktiviert wurde.

» Das Kontrollkästchen *Benachrichtigung für nicht signierte Add-Ins deaktivieren (Code bleibt deaktiviert)* ist nur verfügbar, wenn Sie das erste Kontrollkästchen aktiviert haben. In bestimmten Situationen ist die DLL-Datei, die das Add-In enthält, möglicherweise nicht signiert. In diesen Fällen werden von einem vertrauenswürdigen Herausgeber signierte Add-Ins aktiviert, während nicht signierte Add-Ins im Hintergrund deaktiviert werden.

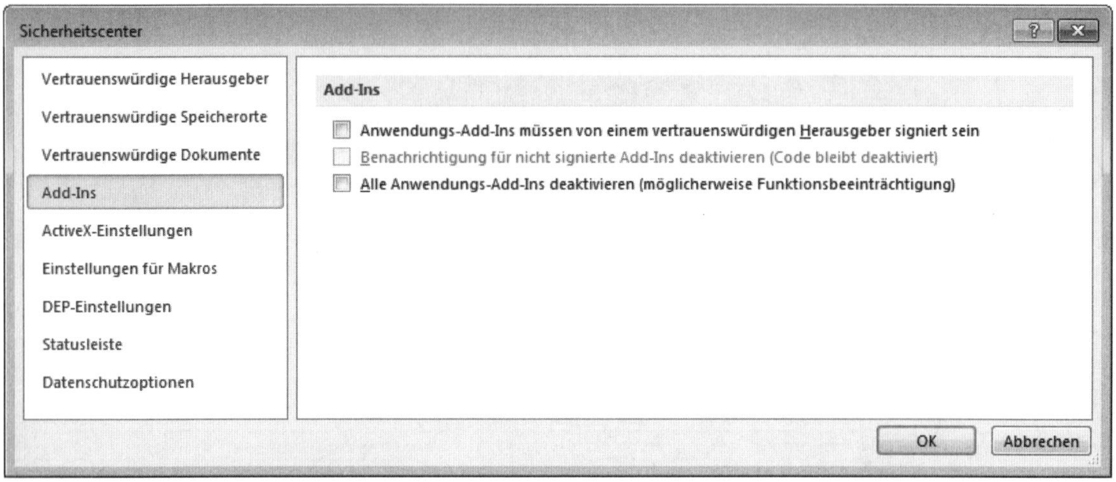

Abbildung 20.36 Die Kategorie *Add-Ins*

» Benutzen Sie *Alle Anwendungs-Add-Ins deaktivieren (möglicherweise Funktionsbeeinträchtigung)*, wenn Sie Add-Ins grundsätzlich nicht vertrauen. Alle Add-Ins werden ohne Benachrichtigung deaktiviert, und alle anderen Kontrollkästchen für Add-Ins stehen nicht mehr zur Verfügung.

20.3.7 Die Kategorie *ActiveX-Einstellungen*

Auch wenn Sie eine Datei öffnen, die ActiveX-Steuerelemente enthält, wird die gelbe Statusleiste angezeigt. Wenn Sie wissen, dass die Steuerelemente aus einer zuverlässigen Quelle stammen, klicken Sie auf der Statusleiste auf *Inhalt aktivieren*. Die Datei wird dann geöffnet und als vertrauenswürdiges Dokument behandelt (→ oben).

Sie können aber über das Sicherheitscenter die Reaktion auf derartige Steuerelemente über die Kategorie *ActiveX-Einstellungen* separat regeln (→ Abbildung 20.37). Die Einstellungen darin gelten für ActiveX-Steuerelemente in Dateien, die sich nicht an einem vertrauenswürdigen Speicherort befinden oder bei denen es sich nicht um vertrauenswürdige Dokumente handelt.

» Durch Wahl von *Alle Steuerelemente ohne Benachrichtigung deaktivieren* werden alle ActiveX-Steuerelemente in der Datenbank deaktiviert.

» Die Standardeinstellung ist *Eingabeaufforderung anzeigen, bevor alle Steuerelemente mit minimalen Einschränkungen aktiviert werden*. Die Wirkung hängt davon ab, ob VBA-Projekte in der Datenbank vorhanden sind oder nicht: Sind solche vorhanden, werden alle ActiveX-Steuerelemente deaktiviert, und die Statusleiste wird angezeigt. Sind keine vorhanden, werden die Steuerelemente mit einigen Einschränkungen aktiviert, und die Statusleiste wird nicht angezeigt.

» Mit *Alle Steuerelemente ohne Einschränkungen und ohne Eingabeaufforderung aktivieren (nicht empfohlen)* werden alle ActiveX-Steuerelemente in Dokumenten mit minimalen Einschränkungen aktiviert.

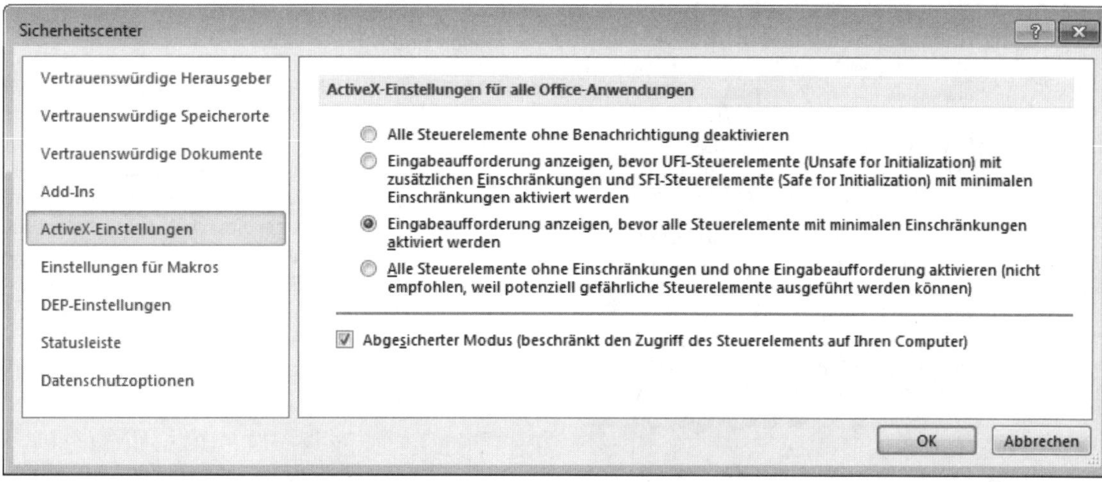

Abbildung 20.37 Die Kategorie *ActiveX-Einstellungen*

20.3.8 Die Kategorie *Einstellungen für Makros*

Der Zweck eines Makros besteht darin, häufig auszuführende Aufgaben zu automatisieren (→ Kapitel 14). Dahinter verbergen sich oft leistungsfähigere VBA-Programme, die einen Code verwenden, mit dem viele Befehle auf einem Computer ausgeführt werden können. Aus diesem Grund stellen Makros ein potenzielles Sicherheitsrisiko dar. Hacker können ein bösartiges Makro durch ein Dokument einschleusen, das nach dem Öffnen des Dokuments ausgeführt wird und möglicherweise einen Virus auf dem Computer verbreitet.

Die Gefahr geht dabei besonders von sogenannten *AutoMakros* aus, die automatisch in bestimmten Situationen – etwa beim Öffnen des Dokuments – ausgeführt werden. Deswegen kann ein Makro standardmäßig in einem Dokument erst aktiviert werden, nachdem das *Sicherheitscenter* die folgenden Punkte überprüft hat:

» Das Makro wurde vom Entwickler mit einer digitalen Signatur signiert, und die digitale Signatur ist gültig und aktuell – also nicht abgelaufen.

» Das der digitalen Signatur zugeordnete Zertifikat wurde von einer bekannten Zertifizierungsstelle ausgestellt.

» Der Entwickler, der das Makro signiert hat, ist ein vertrauenswürdiger Herausgeber.

Erkennt das Sicherheitscenter ein Problem bei einer dieser Voraussetzungen, wird das Makro standardmäßig deaktiviert, und ein Dialogfeld wird angezeigt, um Sie auf ein potenziell unsicheres Makro hinzuweisen (→ oben). Sie sollten das Makro nur aktivieren, wenn Sie sicher sind, dass es aus einer vertrauenswürdigen Quelle stammt. Je nach dem darin angezeigten Hinweis können unterschiedliche Verfahrensweisen notwendig sein (→ Tabelle 20.3).

Sie haben in der Kategorie *Einstellungen für Makros* im *Sicherheitscenter* die Möglichkeit, diese Standardverhaltensweise zu ändern. Vier Optionen stehen zur Verfügung (→ Abbildung 20.38):

Problem	Tipp
Makro ist nicht signiert	Da das Makro nicht digital signiert ist, kann die Identität des Makroherausgebers nicht überprüft werden. Es kann darum nicht festgestellt werden, ob das Makro sicher ist oder nicht. Vor dem Aktivieren nicht signierter Makros sollten Sie sicherstellen, dass das Makro aus einer vertrauenswürdigen Quelle stammt.
Makrosignatur ist nicht vertrauenswürdig	Das Makro ist potenziell unsicher, da das Makro digital signiert wurde, die Signatur gültig ist und Sie entschieden haben, dem Herausgeber, der das Makro signiert hat, nicht zu vertrauen. Sie können dem Makroherausgeber explizit vertrauen, indem Sie im Sicherheitsdialogfeld auf *Allen Dokumenten von diesem Herausgeber vertrauen* klicken. Damit wird der Herausgeber der Liste vertrauenswürdiger Herausgeber im Sicherheitscenter hinzugefügt. Diese Option wird aber nur angezeigt, wenn die Signatur gültig ist.
Ungültige Makrosignatur	Da Makros ist potenziell unsicher, da das Makro digital signiert wurde und die Signatur ungültig ist. Die Aktivierung von Makros mit ungültigen Signaturen wird nicht empfohlen. Ein möglicher Grund für die Ungültigkeit der Signatur liegt in einer möglichen Manipulation.
Abgelaufene Makrosignatur	Das Makro ist potenziell unsicher, da es digital signiert wurde und die Signatur abgelaufen ist. Vor dem Aktivieren von Makros mit abgelaufenen Signaturen sollten Sie sicherstellen, dass das Makro aus einer vertrauenswürdigen Quelle stammt. Wenn Sie das Dokument in der Vergangenheit ohne jegliche Sicherheitsprobleme verwendet haben, ist das Risiko geringer, das Makro zu aktivieren.

Tabelle 20.3 Mögliche Meldungen

» Aktivieren Sie *Alle Makros ohne Benachrichtigung deaktivieren*, wenn Sie Makros nicht vertrauen. Alle Makros sowie Sicherheitshinweise zu Makros werden deaktiviert. Dokumente mit nicht signierten Makros, die Sie für vertrauenswürdig halten, können Sie an einen vertrauenswürdigen Speicherort verschieben (→ oben). Diese werden dann ohne Überprüfung durch das Sicherheitssystem des Sicherheitscenters ausgeführt.

» Die Option *Alle Makros mit Benachrichtigung deaktivieren* ist die Grundeinstellung. Wählen Sie sie, wenn Makros deaktiviert werden sollen, Sie jedoch benachrichtigt werden möchten, falls Makros vorhanden sind.

» Die Einstellung *Alle Makros außer digital signierten Makros deaktivieren* ist mit der Option *Alle Makros mit Benachrichtigung deaktivieren* identisch, außer dass das Makro ausgeführt werden kann, wenn es von einem vertrauenswürdigen Herausgeber signiert wurde, dem Sie bereits vertrauen. Wenn Sie den Herausgeber nicht als vertrauenswürdig eingestuft haben, werden Sie benachrichtigt. So können Sie auswählen, ob Sie die signierten Makros aktivieren oder dem Herausgeber vertrauen möchten. Alle nicht signierten Makros werden ohne Benachrichtigung deaktiviert.

» Wählen Sie die Option *Alle Makros aktivieren (nicht empfohlen, weil potenziell gefährlicher Code ausgeführt werden kann)*, um die Ausführung aller Makros zuzulassen. Bei dieser Einstellung ist der Computer für Angriffe durch potenziell bösartigen Code gefährdet, deshalb ist sie nicht zu empfehlen.

ACHTUNG Wenn Sie die Makroeinstellungen im Sicherheitscenter ändern, werden sie ausschließlich für das Office-Programm geändert, das Sie derzeit verwenden, in unserem Fall also Access 2010. Die Makroeinstellungen für andere Office-Programme werden nicht geändert.

20.3.9 Die Kategorie *DEP-Einstellungen*

DEP steht für *Data Execution Prevention* – also Datenausführungsverhinderung. Das ist eine Sicherheitsfunktion, die Programme bei der Ausführung überwacht, um sicherzustellen, dass sie auf die Speicherbereiche in sauberer Form zugreifen. Wenn ein Programm versucht, Programmcodes auf eine nicht erlaubte Weise aufzurufen bzw. darauf zuzugreifen, wird das Programm beendet.

Dabei kann es vorkommen, dass DEP auch sauber arbeitende Programme mit einer *stop error*-Meldung beendet. Sie können dieses Verhalten abschalten, indem Sie die Option *Datenausführungsverhinderungs-Modus aktivieren* in der Kategorie *DEP-Einstellungen* des Sicherheitscenters abschalten (→ Abbildung 20.39).

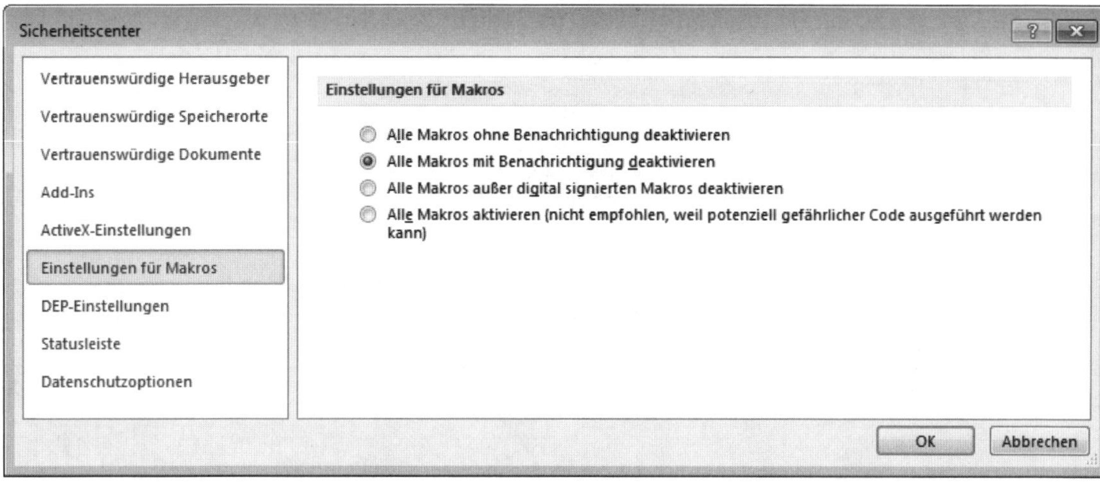

Abbildung 20.38 Die Kategorie *Einstellungen für Makros*

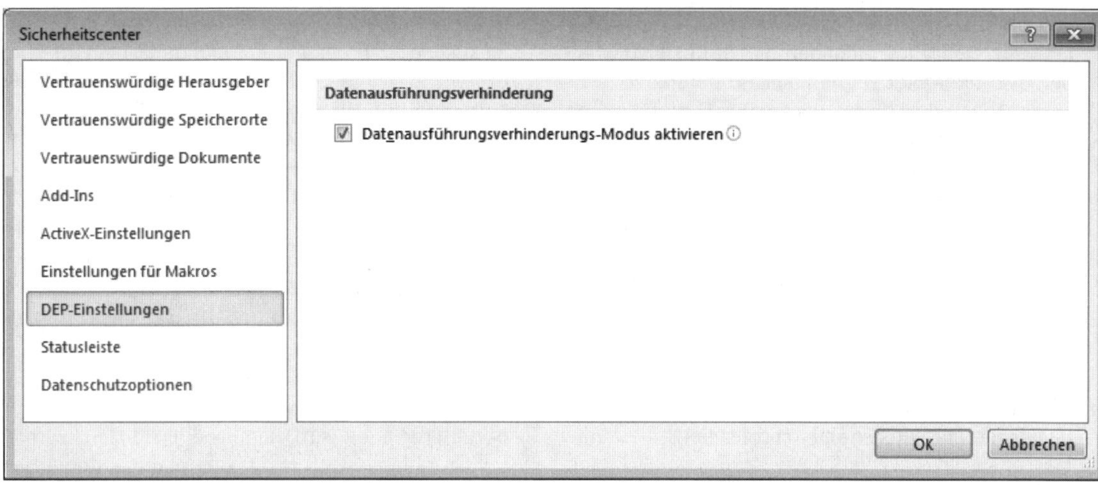

Abbildung 20.39 Die Kategorie *DEP-Einstellungen*

20.3.10 Die Kategorie *Statusleiste*

Auf der Statusleiste werden Sicherheitshinweise angezeigt, wenn potenziell unsichere, aktive Inhalte in dem von Ihnen geöffneten Dokument enthalten sind (→ oben). So kann das Dokument beispielsweise ein nicht signiertes Makro oder ein signiertes Makro mit einer ungültigen Signatur enthalten. Um Sie auf das Problem hinzuweisen, wird in solchen Fällen standardmäßig ein von Microsoft als *Statusleiste* bezeichnetes Element eingeblendet. Verwechseln Sie dies nicht mit der auch als Statusleiste bezeichneten Leiste am unteren Rande des Anwendungsfensters. Wenn Sie keine solchen Benachrichtigungen erhalten möchten, können Sie die Statusleiste deaktivieren. Dazu dient die Kategorie *Statusleiste* im *Sicherheitscenter* (→ Abbildung 20.40).

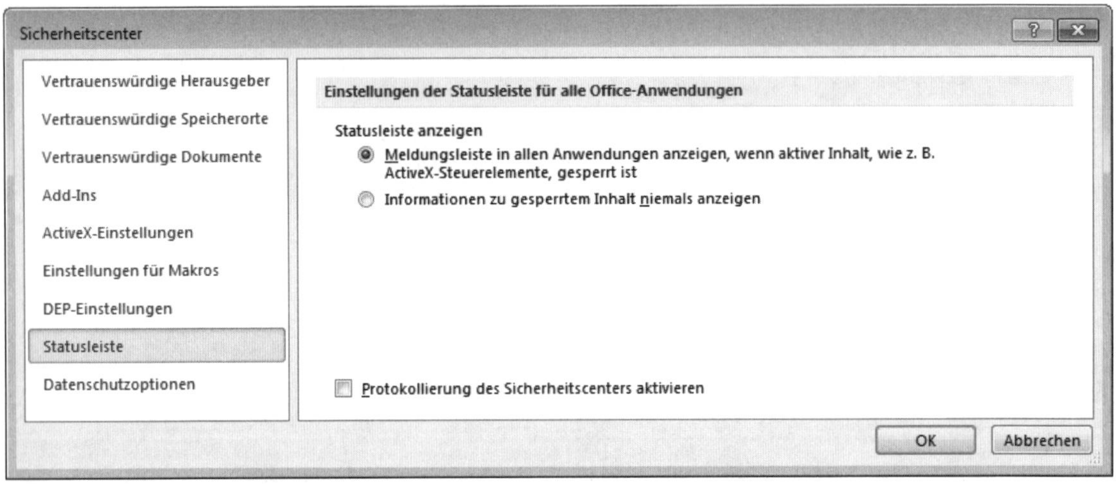

Abbildung 20.40 Die Kategorie *Statusleiste*

- Standardmäßig ist *Meldungsleiste in allen Anwendungen anzeigen, wenn aktiver Inhalt ... gesperrt ist* aktiviert. Benachrichtigungen der Statusleiste werden also angezeigt werden, sobald potenziell unsicherer Inhalt deaktiviert wurde. Das Optionsfeld ist übrigens nicht aktiviert, wenn Sie im *Sicherheitscenter* unter *Einstellungen für Makros* das Optionsfeld *Alle Makros ohne Benachrichtigung deaktivieren* aktiviert haben. Sie erhalten dann keine Benachrichtigungen der Statusleiste, das ist dann aber auch nicht notwendig.
- Mithilfe von *Informationen zu gesperrtem Inhalt niemals anzeigen* wird die Statusleiste deaktiviert. Unabhängig von den Sicherheitseinstellungen im Sicherheitscenter erhalten Sie keine Benachrichtigungen bei möglichen Sicherheitsproblemen.

20.3.11 Die Kategorie *Datenschutzoptionen*

Über die *Datenschutzoptionen* regeln Sie den für Sie im Allgemeinen unsichtbaren Kommunikationsfluss zwischen Ihrem Rechnersystem und Microsoft über das Internet (→ Abbildung 20.41). Extrem auf Sicherheit ausgerichtete Anwender sehen vielleicht auch hierin ein mögliches Risiko. Auf jeden Fall hat Microsoft damit eine zusammenfassende Stelle geschaffen, über die diese Kommunikation kontrolliert werden kann.

- Wenn Sie das Kontrollkästchen *Verbindung mit Office.com herstellen, um nach aktualisierten Inhalten zu suchen, wenn eine Verbindung mit dem Internet besteht* aktivieren, werden die aktuellsten Hilfeinhalte von der Microsoft Office.com-Website auf Ihren Computer heruntergeladen. Sie müssen mit dem Internet verbunden sein, um die Downloads empfangen zu können. Es wird nicht das gesamte Hilfesystem heruntergeladen, sondern nur der Artikel in der Hilfe, auf den Sie im Feld mit den Suchergebnissen klicken.
- Durch die Aktivierung des Kontrollkästchens *Datei in bestimmten Abständen herunterladen, mit der Systemprobleme bestimmt werden können* lassen Sie zu, dass eine Datei von Office.com auf den Computer heruntergeladen wird, damit bei instabilem Verhalten oder einem Absturz des Computers automatisch das Tool Microsoft Office-Diagnose ausgeführt wird, um das Problem zu diagnostizieren oder zu beheben.

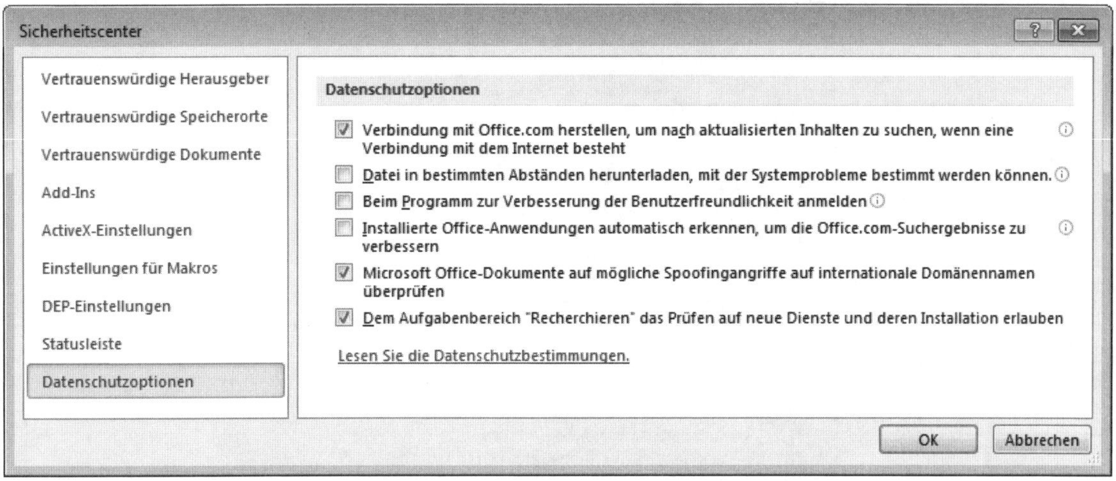

Abbildung 20.41 Die Kategorie *Datenschutzoptionen*

» Wenn Sie das Kontrollkästchen *Beim Programm zur Verbesserung der Benutzerfreundlichkeit anmelden* aktivieren, sammelt Microsoft automatisch Informationen von Ihrem Computer, einschließlich der Fehlermeldungen, die von der Software generiert werden, des Zeitpunkts, zu dem die Fehlermeldungen generiert werden, der Art der verwendeten Computerausstattung, etwaiger Schwierigkeiten Ihres Computers beim Ausführen von Microsoft-Software und ob die Hardware bzw. Software erwartungsgemäß und schnell reagiert. Im Allgemeinen werden diese Informationen einmal täglich gesammelt.

» Wenn Sie das Kontrollkästchen *Microsoft Office-Dokumente auf mögliche Spoofingangriffe auf internationale Domänennamen überprüfen* aktivieren, schalten Sie die Erkennung gefälschter Websites ein. Falls ein gefälschter Domänennamen erkannt wird, werden Sie über einen Sicherheitshinweis benachrichtigt. Die Prüfung auf Erkennung gefälschter Websites wird lokal auf dem Computer ausgeführt. Keine Informationen werden zurück an Microsoft gesendet.

20.3.12 Die Kategorie *Add-Ins*

Im Allgemeinen liefert ein *Add-In* zusätzliche Funktionalität zur Erweiterung der Office-Programme durch benutzerdefinierte Befehle und spezielle Werkzeuge. *COM-Add-Ins* sind Zusatzprogramme, die sich auf die Funktionalität mehrerer Programme erweitern. Add-Ins können dem Menübandbenutzerdefinierte Schaltflächen und Steuerelemente hinzufügen. Alle benutzerdefinierten Steuerelemente im Menüband weisen eine spezielle *QuickInfo* auf, aus der der Ursprung des Steuerelements hervorgeht.

Zur Verwaltung dieser Erweiterung dient die Kategorie *Add-Ins* unter den *Access-Optionen* (→ Abbildung 20.42).

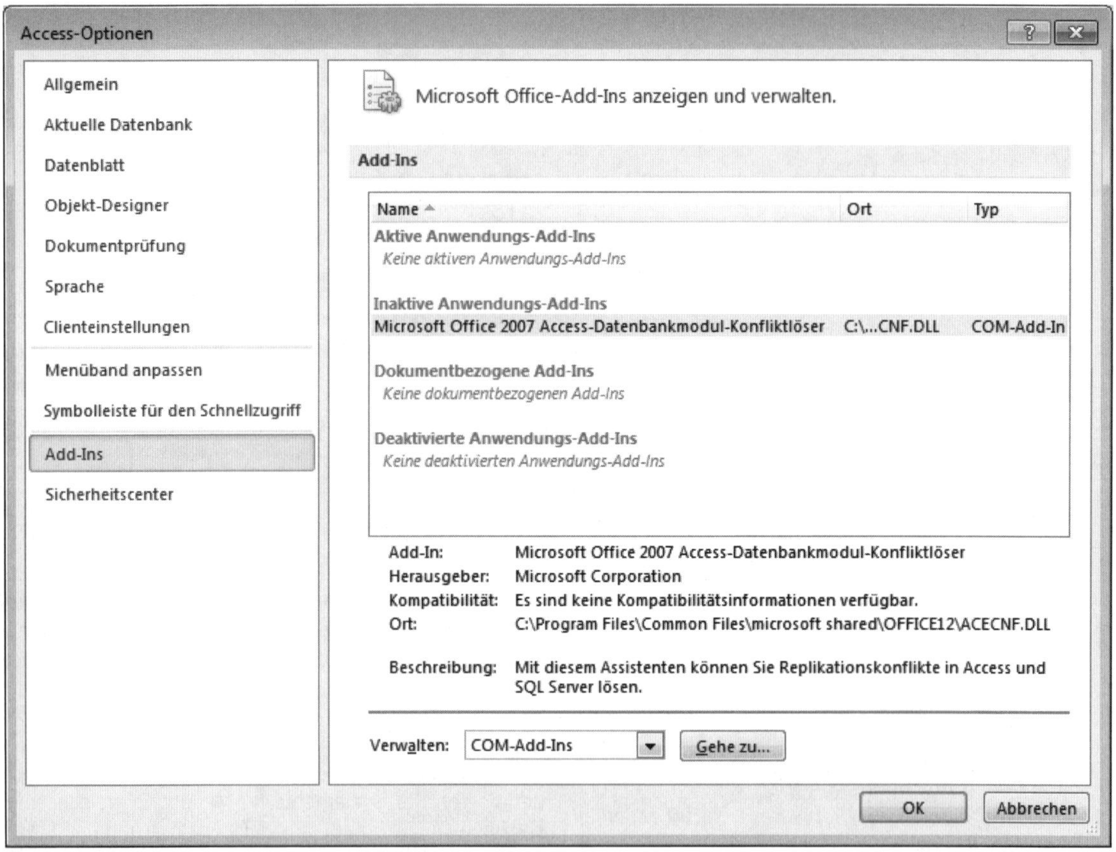

Abbildung 20.42 Die Kategorie *Add-Ins*

Bereits bei der Installation von Office 2010 werden verschiedene Add-Ins auf Ihrem Computer installiert. Diese werden in der Kategorie *Add-Ins* im *Sicherheitscenter* angezeigt. Zwischen drei Gruppen wird unterschieden:

» Unter *Aktive Anwendungs-Add-Ins* werden die Erweiterungen aufgelistet, die registriert sind und derzeit im Office-Programm ausgeführt werden.

» *Inaktive Anwendungs-Add-Ins* sind solche, die auf dem Computer vorhanden, derzeit jedoch nicht geladen sind. So sind beispielsweise *Aktionstags* oder *XML-Schemas* nur aktiv, wenn das Dokument geöffnet ist, das auf sie verweist.

» In *Dokumentbezogene Add-Ins* werden Vorlagendateien aufgelistet, auf die von derzeit geöffneten Dokumenten – also bei Access der aktuellen Datenbank – verwiesen wird.

» Unter *Deaktivierte Anwendungs-Add-Ins* werden Add-Ins aufgelistet, die automatisch deaktiviert wurden, da sie zu Fehlern bei den Office-Programmen führen.

20.4 Der Navigationsbereich

Der Navigationsbereich ersetzt bei Access 2010 das sogenannte Datenbankfenster der früheren Versionen des Programms. Sie können darüber verschiedene Aufgaben ausführen – wie beispielsweise Datenbankobjekte in verschiedenen Ansichten öffnen. Darüber hinaus verwenden Sie den Navigationsbereich auch zum Erstellen von benutzerdefinierten Gruppen der Objekte in einer Datenbank.

20.4.1 Die Elemente des Navigationsbereichs

Dieser Navigationsbereich beinhaltet eine Reihe von Details, die Sie kennen sollten, um damit effektiv arbeiten zu können. Der folgende Abschnitt liefert eine Übersicht. Auf Details dazu gehen wir anschließend ein.

» Der Navigationsbereich wird in Office Access 2010 standardmäßig beim Öffnen einer Datenbank angezeigt, auch bei Datenbanken, die in früheren Versionen von Access erstellt wurden. Sie können das standardmäßige Anzeigen des Navigationsbereichs verhindern, indem Sie eine globale Programmoption festlegen. Dazu wählen Sie in den *Access-Optionen* die Kategorie *Aktuelle Datenbank* und schalten unter *Navigation* die Option *Navigationsbereich anzeigen* aus (→ oben). Diese Option ist standardmäßig eingeschaltet. Wenn der Navigationsbereich ausgeblendet ist, können Sie ihn anzeigen, indem Sie auf den vertikalen Text *Navigationsbereich* klicken oder F11 drücken. Es wird empfohlen, den Navigationsbereich nur dann auszublenden, wenn Sie mit einem Formular oder einer Übersicht arbeiten oder eine andere Methode zum Öffnen von Datenbankobjekten verwenden.

» 

Über die *Schaltfläche zum Öffnen/Schließen der Verkleinerungsleiste* können Sie den Bereich kurzfristig verkleinern und wieder voll anzeigen lassen. Nutzen Sie diese Möglichkeit, wenn Sie mehr Platz auf dem Bildschirm benötigen. Der Bereich wird dabei nicht ganz ausgeblendet. Wenn Sie das erreichen wollen, deaktivieren Sie das Kontrollkästchen *Navigationsbereich anzeigen* in der Kategorie *Aktuelle Datenbank* unter den *Access-Optionen*.

» Die im Navigationsbereich angezeigten Gruppen können entweder nur mit ihrer Überschrift oder mit ihrem Inhalt angezeigt werden. Klicken Sie zum Wechsel zwischen diesen Formen auf die Schaltfläche mit den nach oben oder nach unten zeigenden Pfeilspitzen.

» Über das zum Navigationsbereich gehörende Menü legen Sie Kategorien fest, nach denen der Bereich die Datenbankobjekte gruppieren soll (→ Abbildung 20.43).

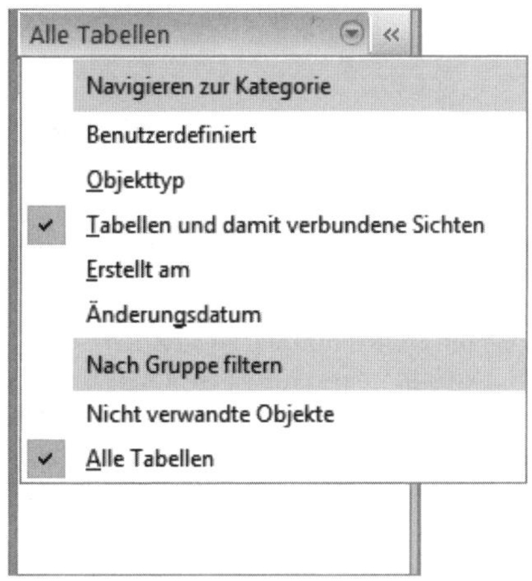

Abbildung 20.43 Das Menü zum Navigationsbereich

» Über das Kontextmenü zur Überschriftzeile des Navigationsbereichs können Sie diverse Befehle zur Einstellung des Navigationsbereichs wählen, beispielsweise das Öffnen des Dialogfelds *Navigationsoptionen*. (→ unten). Durch Klicken mit der rechten Maustaste weiter unten im Navigationsbereich können Sie eine Reihe von Aufgaben ausführen, die Sie aus dem Kontextmenü ausführen können (→ Abbildung 20.44). Sie können Kategorien ändern, die Elemente im Bereich sortieren und Details wie beispielsweise das Erstellungsdatum für die Objekte der einzelnen Gruppen ein- oder ausblenden.

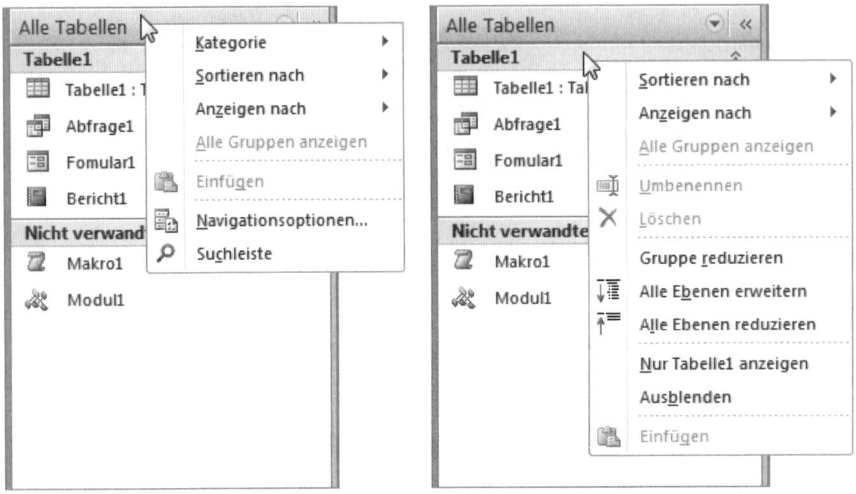

Abbildung 20.44
Beachten Sie die unterschiedlichen Kontextmenüs

» Auch wenn Sie ein Objekt markieren, können Sie mit der rechten Maustaste eine Aufgabe im Kontextmenü auswählen. Beachten Sie, dass sich die Befehle des Kontextmenüs je nach dem Typ des ausgewählten Objekts unterscheiden (→ Abbildung 20.45).

Wenn Sie beispielsweise auf eine Tabelle klicken, können Sie die Tabellendaten in Word veröffentlichen oder die Tabelle nach Excel exportieren. Wenn Sie dagegen ein Makro auswählen, stehen Ihnen weniger Befehle zur Verfügung.

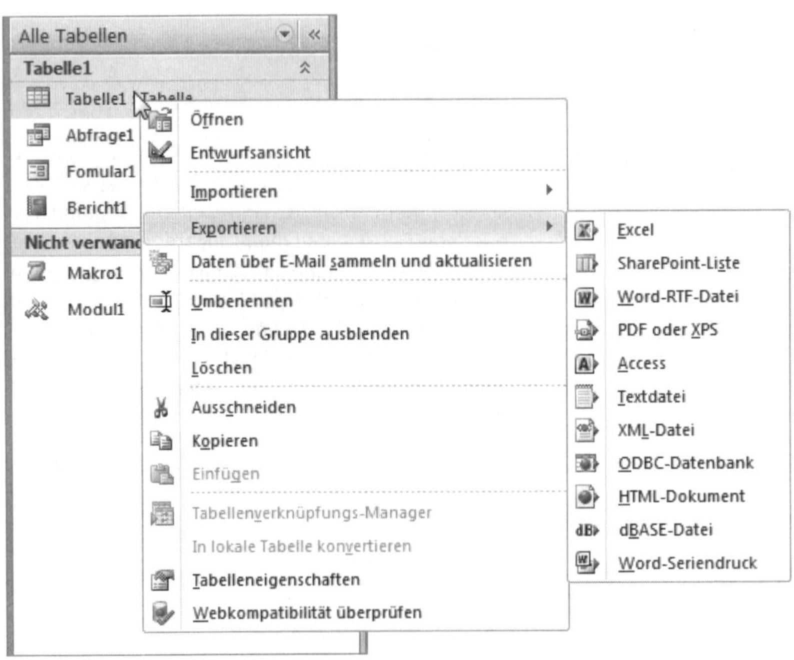

Abbildung 20.45
Das Kontextmenü zu einer Tabelle

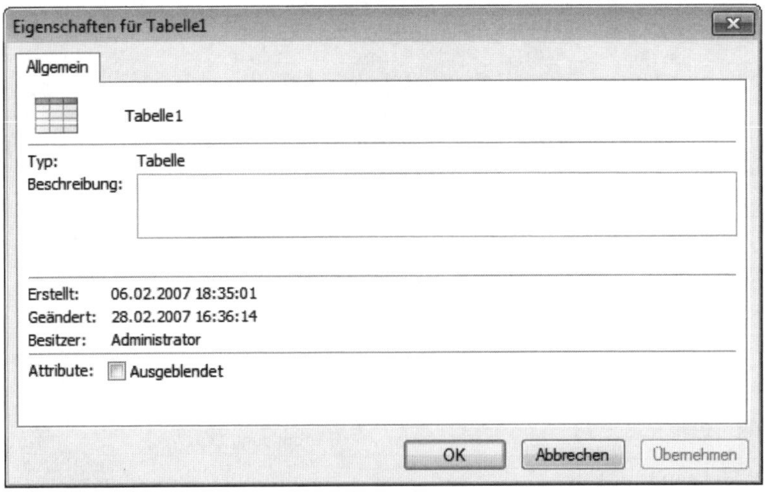

Abbildung 20.46
Die Eigenschaften eine Formulars

» Jedes Objekt in einer Access-Datenbank besitzt eine Reihe von Eigenschaften. Dazu gehören das Erstellungsdatum und der Typ des Objekts. In Access werden die meisten Eigenschaften automatisch generiert, Sie können den einzelnen Objekten jedoch auch eine Beschreibung hinzufügen. Klicken Sie im Navigationsbereich mit der rechten Maustaste auf das Element, für das Sie Eigenschaften anzeigen oder festlegen möchten, und klicken Sie auf *Eigenschaften*. Das Dialogfeld *Eigenschaften* wird angezeigt, wobei der Name des Objekts dem Titel des Dialogfelds angefügt wird. Geben Sie optional eine Beschreibung des Objekts in das Feld *Beschreibung* ein (→ Abbildung 20.46).

20.4.2 Kategorien und Gruppen

Der Navigationsbereich unterteilt die Datenbankobjekte in *Kategorien*, und diese Kategorien enthalten *Gruppen*. Diese Gruppen wiederum enthalten die einzelnen Datenbankobjekte, also Tabellen, Abfragen, Formulare und Berichte.

Die Standardform der Anzeige

Über die Wahl der Kategorie regeln Sie, wie die einzelnen Objekte der Datenbank im Navigationsbereich in Gruppen zusammengefasst werden:

» Die Standardkategorie für neu in Access 2010 erstellte Datenbanken lautet *Tabellen und damit verbundene Sichten*, und die Standardgruppe in dieser Kategorie ist *Alle Tabellen*. Dieser Standardgruppenname wird oben im Navigationsbereich angezeigt. Die Kategorie *Tabellen und damit verbundene Sichten* gruppiert die Objekte in einer Datenbank entsprechend den damit verbundenen Tabellen. Wenn beispielsweise eine Tabelle mit dem Namen *Tabelle1* an ein Formular, eine Abfrage und einen Bericht gebunden ist, werden diese Objekte im Navigationsbereich in einer Gruppe namens *Tabelle1* gruppiert (→ Abbildung 20.47 links).

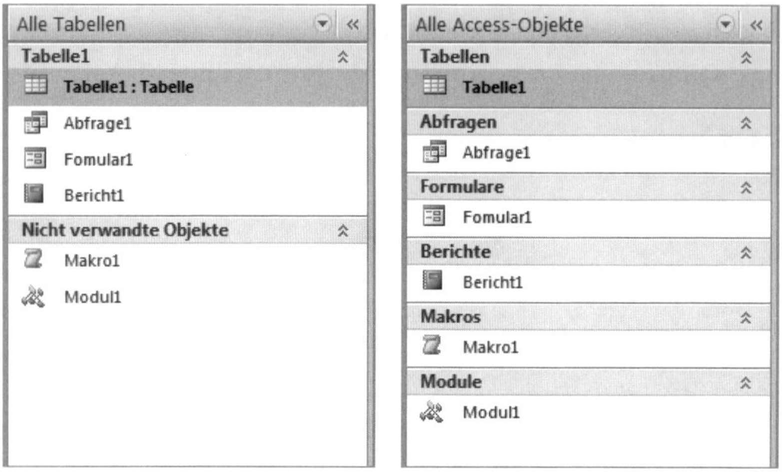

Abbildung 20.47
Alle Tabellen und *Alle Access-Objekte*

- Bei Datenbanken, die mit früheren Versionen von Access erstellt wurden, lautet die Standardkategorie *Objekttyp*, und die Standardgruppe ist *Alle Access-Objekte* (→ Abbildung 20.47 rechts). Dabei werden die Komponenten in der Datenbank nach dem Typ gruppiert. Die Tabellen befinden sich dabei in einer Gruppe mit der Bezeichnung *Tabellen*, die Abfragen in einer Gruppe *Abfragen* usw.
- Einige Objekte können mehrmals in der Kategorie *Tabellen und damit verbundene Sichten* vorkommen. Wenn ein Objekt auf mehr als einer Tabelle basiert, ist es jeweils in den für die einzelnen Tabellen erstellten Gruppen vorhanden. Wenn Sie verdoppelte Objekte ausblenden möchten, klicken Sie mit der rechten Maustaste auf das betreffende Objekt, und klicken Sie auf *In dieser Gruppe ausblenden*.
- Wenn Sie eine nicht vertrauenswürdige Datenbank öffnen, dann blockiert Access standardmäßig die möglicherweise schädlichen Inhalte. Die blockierten Objekte werden in einer Gruppe mit der Bezeichnung *Nicht verwandte Objekte* angezeigt. Sie müssen zunächst angeben, dass Sie der Datenbank vertrauen, um ein Objekt wieder seiner normalen Gruppe zuzuordnen oder deaktivierte Objekte zu öffnen.

Andere Formen der Anzeige

Wenn Sie die Objekte anders gruppieren möchten, können Sie über das Menü oben im Navigationsbereich eine andere Kategorie auswählen (→ Abbildung 20.48).

- Oben in diesem Menü finden Sie die Überschrift *Navigieren zur Kategorie*. Darunter werden die vordefinierten und benutzerdefinierten Kategorien der geöffneten Datenbank angezeigt. Das Häkchen gibt die aktuell ausgewählte Kategorie an. Wählen Sie die Kategorie aus, die sich am besten für eine logische Gruppierung der Datenbankobjekte eignet. Wenn Sie beispielsweise die Kategorie *Objekttyp* verwenden, erstellt der Bereich getrennte Gruppen für Tabellen, Formulare, Berichte usw. (→ Abbildung 20.47 rechts). In jeder Gruppe werden wiederum diejenigen Objekte angezeigt, die logisch dazugehören - die Tabellengruppe zeigt nur Tabellen an usw.
- In unteren Bereich des Menüs finden Sie die Überschrift *Nach Gruppe filtern*. Darunter werden die vordefinierten oder benutzerdefinierten Gruppen in einer oben bestimmten Kategorie aufgelistet. Sie erkennen die globale Gruppe für eine bestimmte Kategorie, da dem Gruppennamen das Wort *Alle* angefügt wird. Wenn Sie beispielsweise die Kategorie *Tabellen und Ansichten* auswählen, wird in Access eine globale Gruppe mit dem Namen *Alle Tabellen* erstellt. Darüber hinaus wird dieser Name als Menütitel verwendet, bis Sie eine andere Gruppe aus-

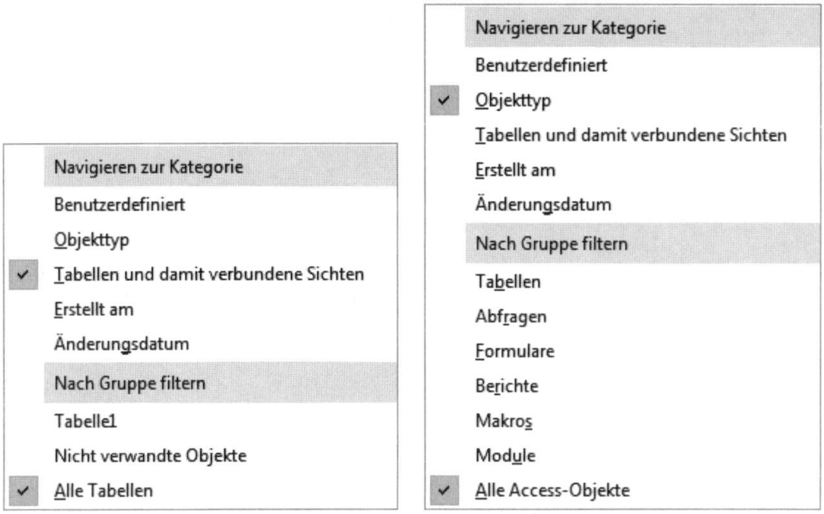

Abbildung 20.48
Das Menü zum Navigationsbereich

wählen. Wenn Sie andere Kategorien auswählen, ändern sich die Gruppen. Wenn Sie beispielsweise die Kategorie *Tabellen und damit verbundene Sichten* auswählen, wird in Access eine Gruppe mit der Bezeichnung *Alle Tabellen* angezeigt. Wählen Sie die Kategorie *Objekttyp*, finden Sie unten Gruppen für die einzelnen Typen.

TIPP Sie können die Elemente im Menü zwar nicht direkt filtern, jedoch ermöglichen die Kategorien und Gruppen eine Art von Filterung. Angenommen, Sie möchten nur *Abfragen* anzeigen. Dazu wählen Sie die Kategorie *Objekttyp* aus, und dann wählen Sie *Abfragen* im Gruppenbereich des Menüs aus.

20.4.3 Eigene Ordnungselemente erstellen

Falls die vordefinierten Kategorien und Gruppen Ihren Anforderungen nicht entsprechen, können Sie benutzerdefinierte Gruppen erstellen. Auch die Möglichkeit ist seit Access 2007 neu.

Erstellen von benutzerdefinierten Kategorien und Gruppen

Erstellen Sie benutzerdefinierte Kategorien und Gruppen, wann immer Sie die Gruppen und Objekte im Navigationsbereich beschränken oder anpassen möchten. Wenn Sie eine benutzerdefinierte Kategorie erstellen, wird sie für die geöffnete Datenbank erstellt und bleibt bei dieser Datenbank. Sie können benutzerdefinierte Kategorien und Gruppen nicht auf andere Datenbanken übertragen.

Benutzerdefinierte Kategorien und Gruppen werden im Dialogfeld *Navigationsoptionen* erstellt und verwaltet (→ Abbildung 20.49). Sie können es über die Access-Optionen oder das Kontextmenü zum Navigationsbereich auf den Bildschirm holen. Sie finden darin zwei Listenfelder – *Kategorien* und *Gruppen*. Wenn Sie eine Kategorie links ausgewählt haben, werden rechts die dazu vorhandenen Gruppen angezeigt.

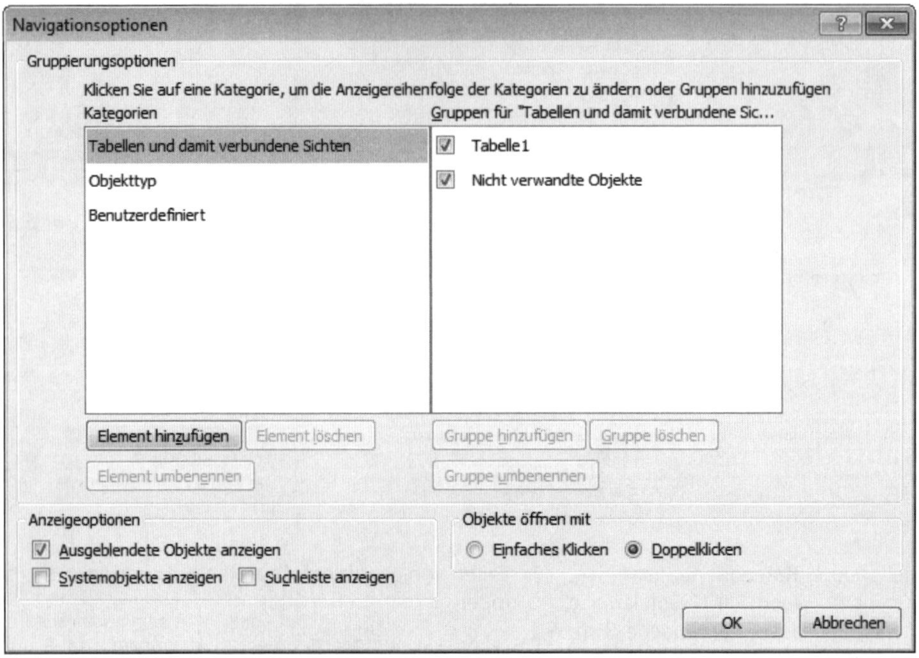

Abbildung 20.49 Die Navigationsoptionen

Um eine neue Ordnungselemente zu erstellen, verwenden Sie grob die folgenden Schritte (→ Abbildung 20.50):

» Zuerst erstellen Sie eine benutzerdefinierte Kategorie. Dazu klicken Sie auf die Schaltfläche *Element hinzufügen* und weisen der Kategorie anschließend einen Namen zu. Sie können auch die in Access bereitgestellte Kategorie *Benutzerdefiniert* verwenden und diese markieren und ihr nach einem Klick auf *Umbenennen* einen anderen Namen geben. Sie können einer Datenbank maximal zehn benutzerdefinierte Kategorien hinzufügen.

» Sorgen Sie dafür, dass mindestens eine Gruppe für die neue Kategorie definiert ist. Zunächst würden sich sämtliche Objekte der Kategorie in der standardmäßig vorhandenen Gruppe mit dem Namen *Nicht zugewiesene Objekte* befinden. Diese Gruppe wird in Access automatisch erstellt, wenn Sie eine benutzerdefinierte Kategorie anlegen. Sie können aber auch eigene Gruppen definieren. Dazu markieren Sie sie, falls notwendig, klicken auf *Gruppe hinzufügen* und benennen die Gruppe.

Schließen Sie das Dialogfeld *Navigationsoptionen*. Die neue benutzerdefinierte Gruppe können Sie jedoch im Navigationsbereich noch nicht sehen, da die neue benutzerdefinierte Gruppe noch nicht angezeigt wird. Sie müssen die neue Gruppe zuerst einblenden und der Gruppe *Objekte* hinzuzufügen:

» Öffnen Sie das Menü im Navigationsbereich, und klicken Sie im oberen Abschnitt des Menüs auf die neue benutzerdefinierte Kategorie. Die für die Kategorie erstellten Gruppen werden im unteren Bereich des Menüs zusammen mit der Gruppe *Nicht zugewiesene Objekte* angezeigt.

» Wählen Sie im Navigationsbereich in der Gruppe *Nicht zugewiesene Objekte* die Elemente aus, die Sie in der benutzerdefinierten Gruppe verwenden

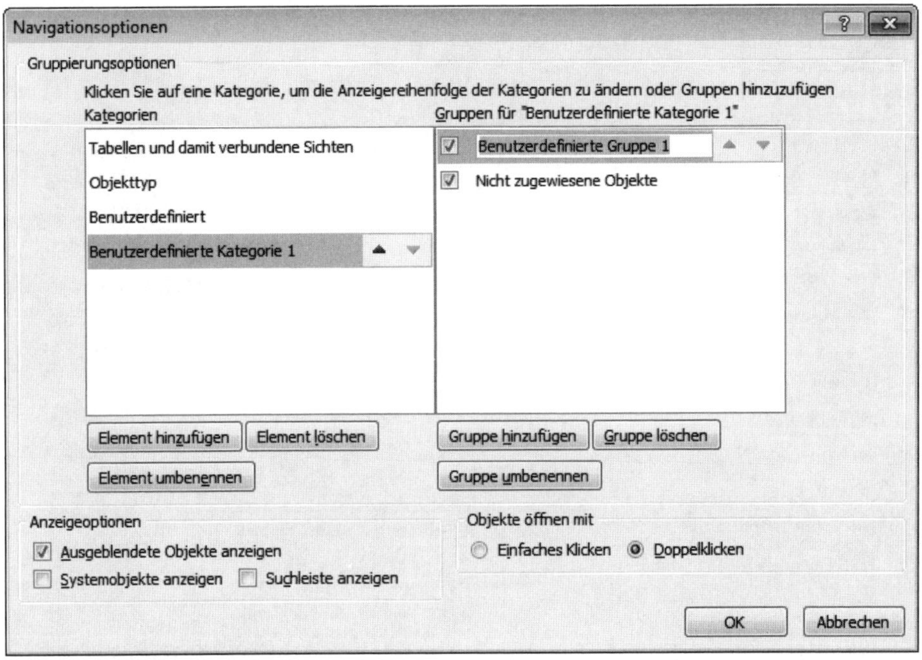

Abbildung 20.50 Eine neue Kategorie und eine neue Gruppe

möchten, und verschieben Sie sie in diese Gruppe. In Access gibt es verschiedene Möglichkeiten, die ausgewählten Elemente zu verschieben: Die einfachste besteht darin, den Befehl *Zur Gruppe hinzufügen* aus dem Kontextmenü zum Objekt zu verwenden (→ Abbildung 20.51). Sie können aber die Datenbankobjekte per Drag&Drop oder durch *Kopieren* und *Einfügen* zuweisen.

» Wenn Sie die benutzerdefinierten Gruppen mit den gewünschten Objekten aufgefüllt haben, könne Sie die Gruppe *Nicht zugewiesene Objekte* sowie alle anderen Gruppen, die nicht angezeigt werden sollen, ausblenden. Dazu aktivieren Sie im Kontextmenü für die Kategorie das Kontrollkästchen *Nur ... anzeigen*.

TIPP Wenn Sie einer benutzerdefinierten Gruppe ein Datenbankobjekt hinzufügen, wird eine Verknüpfung zu diesem Objekt erstellt. Sie verschieben oder kopieren also nicht das Objekt selbst. Wenn Sie eine Verknüpfung in einer benutzerdefinierten Gruppe umbenennen oder löschen, wirken sich diese Änderungen nicht auf das übergeordnete Objekt, sondern lediglich auf die Verknüpfung aus. Beachten Sie aber, dass Verknüpfungen nur in benutzerdefinierten Kategorien und Gruppen vorhanden sein können. Sobald Sie mit Objekten außerhalb einer benutzerdefinierten Gruppe arbeiten, verwenden Sie direkt das Objekt. Sie können beispielsweise problemlos eine Verknüpfung zu einer Tabelle in einer benutzerdefinierten Gruppe löschen. Wenn Sie jedoch eine vordefinierte Kategorie oder Gruppe öffnen und eine Tabelle löschen, beeinträchtigt das möglicherweise Teile der Funktionalität oder die gesamte Funktionalität der Datenbank.

Ändern oder Löschen von Kategorien und Gruppen

Die in Access bereitgestellten vordefinierten Kategorien können nicht gelöscht werden. Es ist nicht möglich, eine vordefinierte Kategorie zu löschen, eine Gruppe hinzuzufügen oder Gruppen zu entfernen. Diese Möglichkeiten haben Sie jedoch, wenn Sie eine benutzerdefinierte Kategorie erstellen und dieser Kategorie benutzerdefinierte Gruppen hinzufügen. Sie können außerdem jede der Gruppen in einer vordefinierten Kategorie und jedes der Objekte in diesen Gruppen ausblenden.

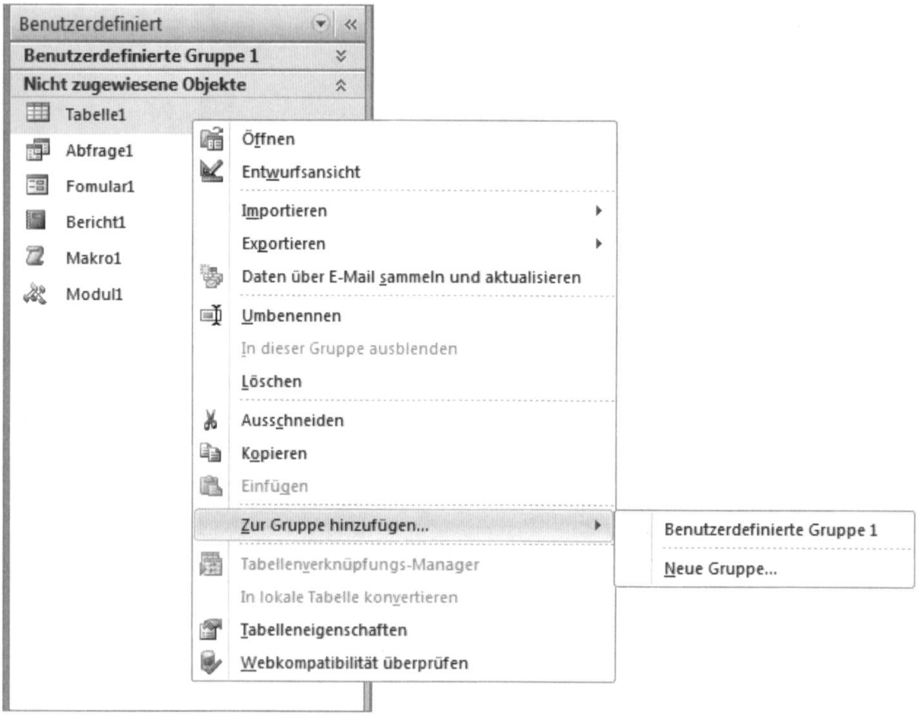

Abbildung 20.51
Eine Tabelle zuweisen

20.4.4 Verwaltungsaufgaben im Navigationsbereich

Mit der Mehrzahl der Aufgaben der Verwaltung im Navigationsbereich sind Sie durch die Arbeit an den vorherigen Kapiteln vermutlich vertraut:

Suchen im Navigationsbereich

Mithilfe des Feldes *Suchen* können Sie Objekte in großen Datenbanken schnell finden, indem Sie einen Teil des Objektnamens oder den ganzen Namen eingeben. Um diese Option nutzen zu können, müssen Sie im Dialogfeld *Navigationsoptionen* das Kontrollkästchen *Suchleiste anzeigen* aktivieren (→ Abbildung 20.52). Während der Eingabe werden im Navigationsbereich alle Gruppen ausgeblendet, die keine mit der Suche übereinstimmenden Objekte enthalten. Sollte der Bereich also plötzlich leer angezeigt werden, müssen Sie einen anderen Text eingeben.

Wenn Sie die Suche abbrechen und ausgeblendete Gruppen wiederherstellen möchten, löschen Sie den Suchtext, oder klicken Sie auf *Suchzeichenfolge löschen* rechts neben dem Feld *Suchen*.

Öffnen eines Datenbankobjekts

Wenn Sie ein einzelnes Datenbankobjekt wie ein Formular, einen Bericht oder eine Abfrage ausführen oder den Entwurf eines Objekttyps ändern möchten, öffnen Sie das entsprechende Element direkt im Navigationsbereich (→ Kapitel 2).

» Doppelklicken Sie im Navigationsbereich auf die Tabelle, die Abfrage, den Bericht oder das sonstige Objekt, das Sie öffnen möchten. Sie können ein Objekt stattdessen auch in den Arbeitsbereich von Access ziehen oder den Fokus darauf setzen und die Taste [↵] drücken.

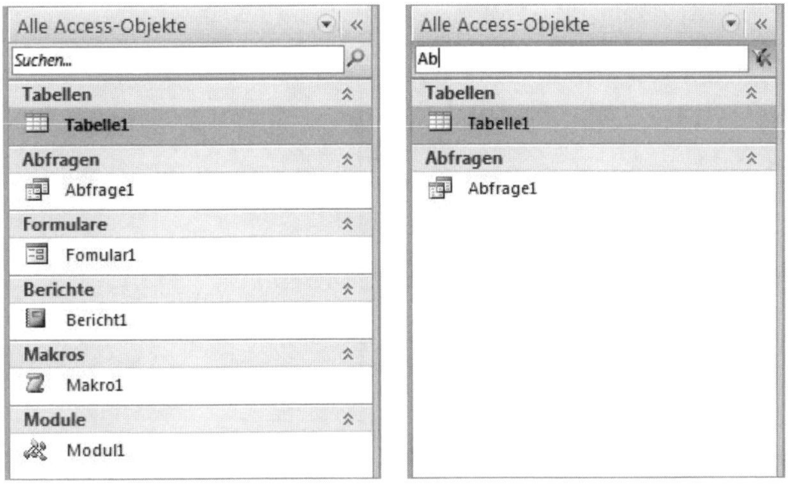

Abbildung 20.52
Suchen im Navigationsbereich

» Um ein Datenbankobjekt in der Entwurfsansicht anzuzeigen, klicken Sie im Navigationsbereich mit der rechten Maustaste auf das Datenbankobjekt und wählen dann im Kontextmenü den Befehl *Entwurfsansicht*. Sie können stattdessen auch das Objekt markieren und [Strg]+[↵] drücken.

TIPP In dem Bereich kann kein VBA-Code ausgeführt werden. Beim Doppelklicken auf ein Modul wird lediglich der Visual Basic-Editor gestartet. Sie können Makros in dem Bereich ausführen, sehen aber möglicherweise keine direkten Ergebnisse. Je nach Funktion des Makros wird möglicherweise auch ein Fehler verursacht.

Umbenennen oder Löschen von Objekten

Sie können jedes der Objekte in einer Datenbank über den Navigationsbereich umbenennen oder löschen:

» Zum Umbenennten markieren Sie das Objekt und drücken die [F2]-Taste, oder klicken Sie mit der rechten Maustaste auf das Objekt, und klicken Sie dann auf *Umbenennen*. Für den Objektnamen wird Schreibzugriff erteilt. Geben Sie den neuen Namen ein, und drücken Sie [↵]. Das Umbenennen ist relativ unproblematisch. Falls Sie den Namen eines Objekts ändern, wird versucht, diese Änderung an alle abhängigen Datenbankobjekte weiterzugeben. Namensänderungen können jedoch nicht über VBA-Code weitergegeben werden. Sie müssen die Weitergabe manuell vornehmen, sonst wird der Code beschädigt. Damit Namensänderungen weitergegeben werden können, müssen Sie außerdem die Objektnamenautokorrektur aktivieren (→ oben).

» Zum Löschen eines Datenbankobjekts klicken Sie im Navigationsbereich mit der rechten Maustaste auf das Objekt und wählen im zugehörigen Kontextmenü den Eintrag *Löschen*. Sie können es stattdessen auch markieren und [Entf] drücken. Berücksichtigen Sie jedoch, dass das Löschen eines Objekts die Funktionalität der Datenbank beeinträchtigen kann.

Ein- oder Ausblenden von Gruppen und Objekten

Die Gruppen in vordefinierten und benutzerdefinierten Kategorien können ausgeblendet werden. Das Ausblenden von Gruppen und Objekten beeinträchtigt die Funktionalität der Datenbank nicht. Außerdem können Sie einige oder alle Objekte einer bestimmten Gruppe ausblenden. Solche ausgeblendeten Gruppen und Objekte können vollständig unsichtbar gemacht oder im Navigationsbereich als halbtransparente, deaktivierte Symbole angezeigt werden. Die folgenden Hinweise liefern einige Beispiele dafür:

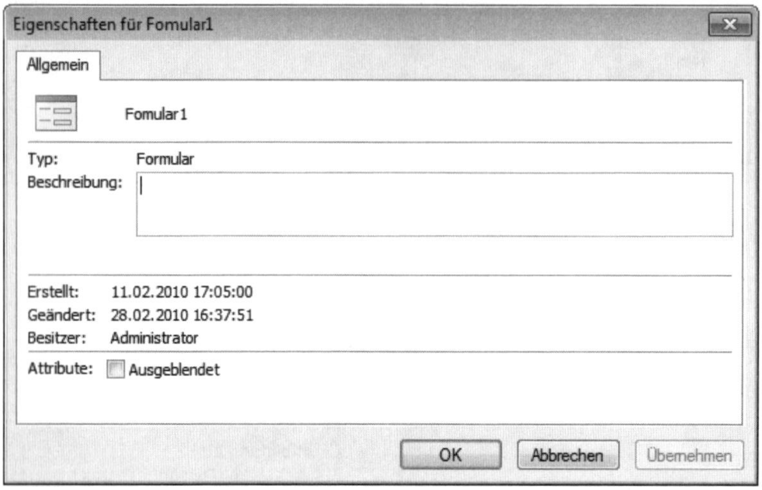

Abbildung 20.53
Die Eigenschaften eines Formulars

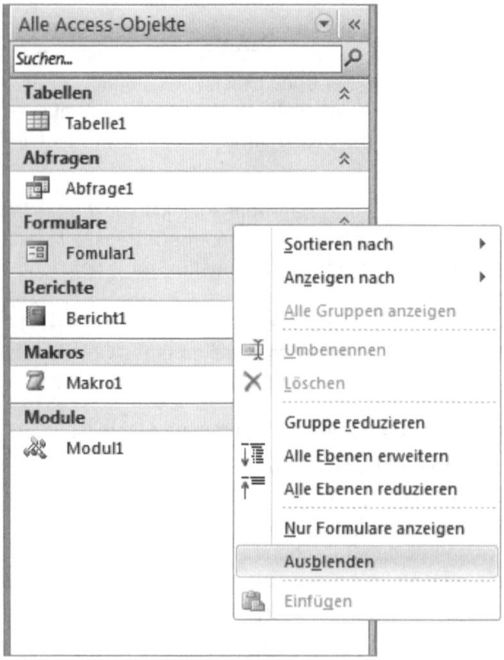

Abbildung 20.54 Einen Objekttyp ausblenden

» Wenn Sie nur ein einzelnes Objekt ausblenden wollen, wählen Sie den Befehl *Eigenschaften* – also *Tabelleneigenschaften*, *Abfrageeigenschaften* usw. – aus dem Kontextmenü zum im Navigationsbereich markierten Objekt. Schalten Sie im dazugehörenden Dialogfeld die Option *Ausgeblendet* ein, und bestätigen Sie (→ Abbildung 20.53).

» Um eine Gruppe in einer Kategorie auszublenden, klicken Sie im Navigationsbereich mit der rechten Maustaste auf die Titelleiste der auszublendenden Gruppe, und klicken Sie dann auf *Ausblenden*. Wenn Sie die ausgeblendeten Gruppen als halbtransparente, deaktivierte Symbole anzeigen möchten, klicken Sie mit der rechten Maustaste auf die ausgeblendete Gruppe, und klicken Sie dann auf *Einblenden*.

Ausschneiden, Kopieren und Einfügen von Objekten

Die Regeln für das Löschen eines Datenbankobjekts treffen auch auf das Ausschneiden eines Objekts zu. Falsches Ausschneiden beeinträchtigt möglicherweise Teile der Datenbank oder die gesamte Datenbank. Mithilfe von Kopieren und Einfügen können Sie folgende Aktionen ausführen:

» Zum *Ausschneiden* eines Objekts müssen Sie zuerst das Objekt schließen, falls es geöffnet ist. Klicken Sie im Navigationsbereich mit der rechten Maustaste auf das Objekt, das Sie ausschneiden möchten, und wählen Sie *Ausschneiden* aus dem Kontextmenü. Sie können auch die Tastenkombination [Strg]+[X] benutzen.

» Zum *Kopieren* eines Objekts wählen Sie im selben Kontextmenü den entsprechenden Befehl, oder drücken Sie [Strg]+[C].

» Für das Einfügen eines Objekts wählen Sie *Einfügen* aus dem Kontextmenü oder drücken [Strg]+[V]. Beim Ziel einer solchen Aktion kann es sich um eine Stelle im selben Navigationsbereich handeln oder um den Navigationsbereich einer anderen Datenbank. Sie müssen anschließend noch dem so eingefügten Objekt einen Namen geben (→ Abbildung 20.55).

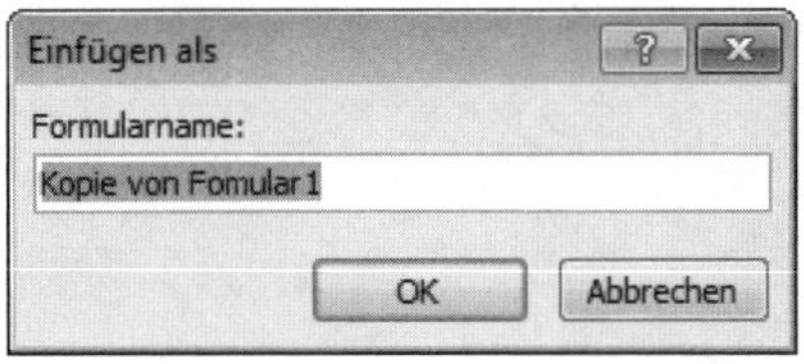

Abbildung 20.55 Geben Sie dem Objekt einen Namen.

Festlegen des Ansichtstyps

Sie können weitere Details für die Objekte in einer Gruppe anzeigen lassen, beispielsweise das Erstellungsdatum der einzelnen Objekte. Außerdem können Sie Objekte als Listen oder als Symbole anzeigen. Klicken Sie oben im Navigationsbereich auf das Menü, zeigen Sie auf *Anzeigen nach*, und klicken Sie dann auf *Details*, *Symbol* oder *Liste*.

Kapitel 21

Ausdrücke und Funktionen

In diesem Referenzkapitel wollen wir uns der Formulierung von Ausdrücken und Funktionen zuwenden, die Sie bei der Formulierung von Berechnungen in Access verwenden können.

» Zunächst wollen wir einige Worte über Ausdrücke im Allgemeinen verlieren und zeigen, wie man diese einfach mithilfe von IntelliSense und dem Ausdrucks-Generator auf einfache Weise konstruiert (→ Abschnitt 21.1). Es gibt dabei einige wichtige Dinge, die Sie kennen sollten.

» Anschließend haben wir die unserer Meinung nach wichtigsten Funktionen aus den Bereichen *Datum und Uhrzeit*, *Finanzmathematik*, *Inspektion*, *Mathematik und Geometrie*, *Meldungen* usw. zusammengestellt (→ Abschnitt 21.2).

21.1 Ausdrücke

Ausdrücke werden in Access an verschieden Stellen verwendet; sie funktionieren in mancher Hinsicht ähnlich wie Formeln in Microsoft Excel. Ein Ausdruck besteht aus einer Kombination der folgenden Elemente:

» *Bezeichner* wie beispielsweise die Namen von Feldern oder ganzen Datenbankobjekten.

» *Operatoren* wie beispielsweise die mathematischen Operatoren +, -, * und / oder aber die logischen Operatoren wie > oder <.

» *Funktionen* wie beispielsweise *Date()* oder *Time()*.

» Konstanten wie beispielsweise *12* oder *#15.07.2010#*.

Jeder Ausdruck liefert einen Wert. Ein Ausdruck kann eine einfache Form haben. Beispielsweise liefert der Ausdruck *>100* entweder den Wert *Wahr* oder *Falsch*. Er kann auch kompliziertere Formen annehmen. Beispielsweise bewirkt *=WENN([Preis]>100; [Preis]*1,1; [Preis])*, dass *[Preis]* um *10%* erhöht wird, wenn *[Preis]* größer ist als *100*.

21.1.1 Ausdrücke verwenden

Sie können einen Ausdruck an zahlreichen Stellen innerhalb einer Datenbank verwenden. Tabellen, Abfragen, Formulare, Berichte und Makros weisen alle Eigenschaften auf, die einen Ausdruck akzeptieren. Sie können beispielsweise Ausdrücke in der Eigenschaft *Steuerelementinhalt* für Steuerelemente verwenden (→ Abbildung 21.1). Sie können sie auch in der Eigenschaft *Gültigkeitsprüfungsregel* in Tabellenfeldern verwenden. Wenn Sie außerdem VBA-Code für eine Ereignisprozedur oder ein Modul schreiben, verwenden Sie häufig Ausdrücke, die denen in einem Access-Objekt verwendeten Ausdrücken ähneln.

Abbildung 21.1 Ein Ausdruck als Steuerelementinhalt in einem Formular

IntelliSense

IntelliSense hilft Ihnen bei der Formulierung von Ausdrücken: Wenn Sie mit der Eingabe eines Bezeichners oder einer Funktion beginnen, zeigt Access eine Liste der verfügbaren Bezeichner und Funktionen an, die für den aktuellen Kontext geeignet sind (→ Abbildung 21.2). Sie können die Eingabe fortsetzen, damit die Liste weiter eingegrenzt wird, oder Sie können ein Element auswählen, damit es für Sie eingefügt wird. Dies beschleunigt das Eingeben von Ausdrücken erheblich und verbessert die Genauigkeit der Ausdrücke, die Sie erstellen.

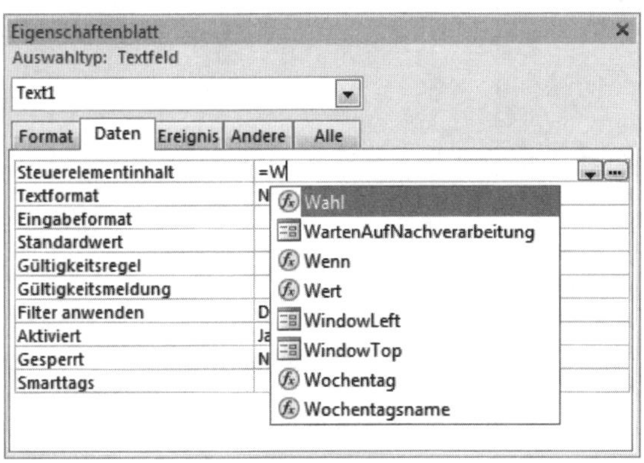

Abbildung 21.2 IntelliSense hilft Ihnen bei der Formulierung.

Diese Funktionalität wurde für fast jeden Kontext hinzugefügt, in dem Sie einen Ausdruck eingeben können. Das ist beispielsweise dann besonders nützlich, wenn Sie eine Webdatenbank erstellen. Nur bestimmte Funktionen sind mit Webdatenbanken kompatibel, und IntelliSense hindert Sie daran, nicht kompatible Funktionen zu verwenden.

21.1.2 Der Ausdrucks-Generator

Der *Ausdrucks-Generator* liefert Ihnen eine einfache Form des Zugriffs auf die Namen von Feldern und Steuerelementen sowie darüber hinaus Zugriff auf viele der integrierten Funktionen, die beim Erstellen von Ausdrücken zur Verfügung stehen. Überall dort, wo Sie diesen Generator benutzen können, finden Sie eine kleine Schaltfläche mit drei Punkten. Wenn Sie darauf klicken, wird ein Dialogfeld angezeigt, das das Nachschlagen und Einfügen der gerade zur Verfügung stehenden Komponenten ermöglicht und so die schnelle und präzise Eingabe von Ausdrücken vereinfacht. Beachten Sie gleich, dass der Ausdrucks-Generator die deutschsprachigen Varianten der Funktionen benutzt und auch gleich dafür sorgt, dass Ihnen immer nur die Elemente angeboten werden, die Sie für das aktuelle Datenbankobjekt benutzen können (→ Abbildung 21.3 und Abbildung 21.4). In den Feldern einer Tabelle vom Datentyp *Feld berechnen* können Sie beispielsweise nur einen eingeschränkten Teil dieser Funktionen einsetzen. Auch bei Webdatenbanken stehen nur bestimmte Funktionen zur Verfügung.

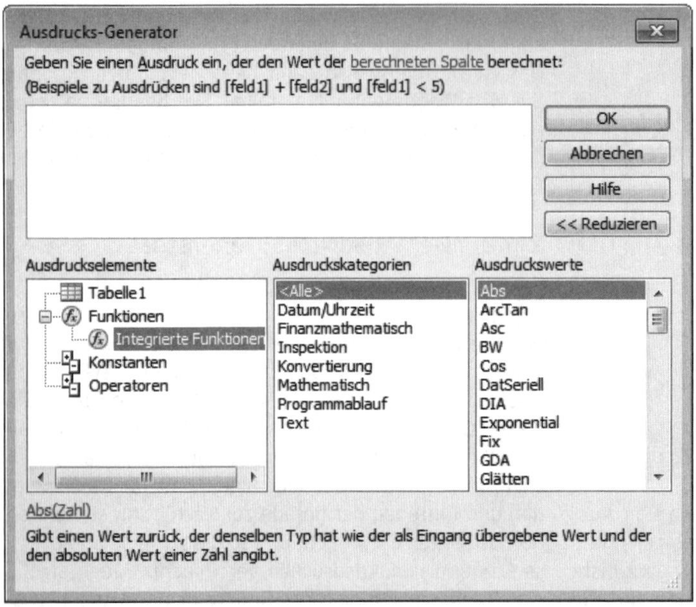

Abbildung 21.3
Der Ausdrucks-Generator für ein berechnetes Feld in einer Tabelle

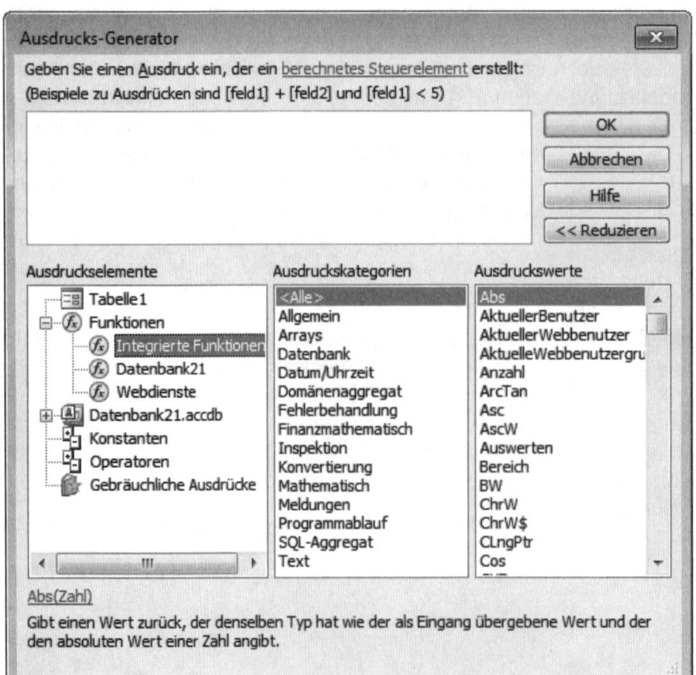

Abbildung 21.4
Der Ausdrucks-Generator in einem Formular

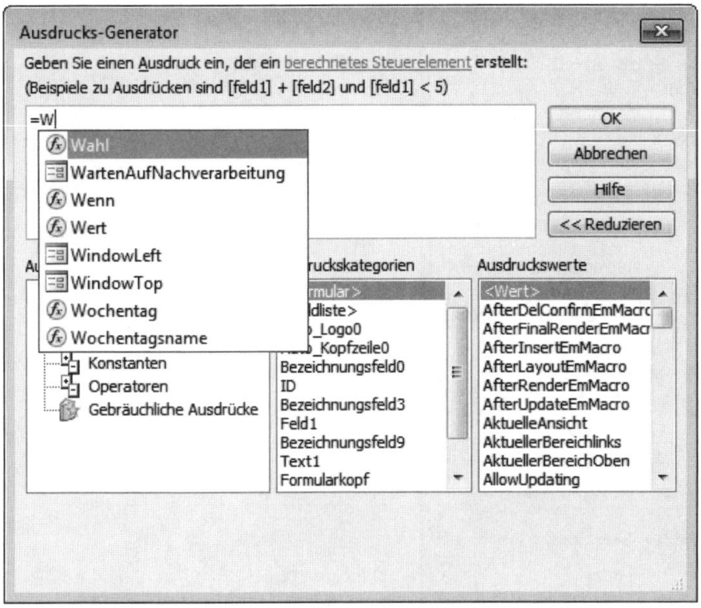

Abbildung 21.5
IntelliSense hilft Ihnen bei der Formulierung.

ACHTUNG Sie können durch Klicken auf *Reduzieren* bzw. *Erweitern* festlegen, ob der untere Bereich des Dialogfelds angezeigt werden soll oder nicht. Wenn Sie die Größe des Dialogfelds geändert haben, bleibt diese während der aktuellen Access-Sitzung erhalten.

IntelliSense im Ausdrucks-Generator

Sie finden in diesem Dialogfeld mehrere wichtige Teile: Der obere Bereich enthält ein Feld zum Erstellen von Ausdrücken. Sie können den Ausdruck in diesem Feld manuell eingeben und dabei die Hilfsfunktionen benutzen, die Ihnen IntelliSense zur Verfügung stellt: Wenn Sie mit einer Eingabe eines Bezeichners oder Funktionsnamens beginnen, wird eine Drop-down-Liste der möglichen Werte angezeigt (→ Abbildung 21.5). Sie können die Eingabe fortsetzen oder auf den korrekten Wert in der Liste doppelklicken, um ihn dem Ausdruck hinzuzufügen.

Ausdrücke zusammensetzen

In erweitertem Zustand enthält der untere Bereich des Ausdrucks-Generators drei Listen, aus denen Elemente für Ausdrücke ausgewählt werden können.

» In der Liste *Ausdruckselemente* werden die Elemente der obersten Ebene angezeigt, die zum Erstellen eines Ausdrucks zur Verfügung stehen, wie etwa Datenbankobjekte, Funktionen, Konstanten, Operatoren und allgemeine Ausdrücke. Die Inhalte dieser Liste unterscheiden sich je nach dem Kontext, in dem sie sich befinden. Wenn Sie z. B. einen Ausdruck in der Eigenschaft *Steuerelementinhalt* eines Formulars eingeben, enthält die Liste andere Elemente als bei der Eingabe eines Ausdrucks in der Eigenschaft *Gültigkeitsprüfungsregel* einer Tabelle.

» Die Liste *Ausdruckskategorien* enthält bestimmte Elemente oder Elementkategorien für die in der Liste *Ausdruckselemente* getroffene Auswahl. Wenn Sie z. B. in der Liste *Ausdruckselemente* auf *Integrierte Funktionen* klicken, werden in der Liste *Ausdruckskategorien* Funktionskategorien angezeigt.

» In der Liste *Ausdruckswerte* werden ggf. die Werte für die Elemente und Kategorien angezeigt, die in der linken und der mittleren Liste ausgewählt wurden. Wenn Sie beispielsweise in der linken Liste auf *Integrierte Funktionen* und dann in der mittleren Liste auf eine Funktionskategorie klicken, werden in der

Abbildung 21.6
Das Arbeiten im Ausdrucks-Generator

Liste *Ausdruckswerte* alle integrierten Funktionen für die ausgewählte Kategorie angezeigt.

Zum Erstellen eines Ausdrucks mithilfe des Generators gehen Sie in den nachfolgend beschriebenen Schritten vor (→ Abbildung 21.6):

» Klicken Sie auf ein Element in der Liste *Ausdruckselemente*. Wenn Sie beispielsweise eine integrierte Funktion einfügen möchten, klicken Sie erst auf *Funktionen* und dann auf *Integrierte Funktionen*. Die mittlere Liste *Ausdruckskategorien* ändert sich und zeigt die passenden Werte an – beispielsweise Gruppen von integrierten Funktionen.

» Klicken Sie auf eine Kategorie in der mittleren Liste – beispielsweise auf *Programmablauf*. Die rechte Liste *Ausdruckswerte* ändert sich und zeigt wiederum die passenden Werte an – in diesem Fall die integrierten Funktionen aus der Gruppe *Programmablauf*.

» Doppelklicken Sie auf ein Element in der rechten Liste – beispielsweise auf die Funktion *Wenn*. Oben im Ausdrucksfeld des Dialogfelds wird die Funktion eingefügt. Meist werden dabei Platzhalter verwendet. Ein Doppelklick auf *Wenn* erzeugt beispielsweise die Anzeige *Wenn (»Ausdruck«; »True-Teil«; »False-Teil«)*.

» Ersetzen Sie Platzhaltertext durch gültige Argumentwerte. Platzhaltertext wird durch spitze Klammern »...« angezeigt. Diese müssen durch entsprechende Argumente ersetzt werden. Klicken Sie dazu im Ausdrucksfeld auf den Platzhalter, und geben Sie das Argument entweder manuell ein, oder wählen Sie ein Element aus den Elementlisten aus.

» Wenn der Ausdruck vollständig ist, klicken Sie auf *OK*.

TIPP Wählen Sie zum Anzeigen eines Hilfethemas die betreffende Funktion in der Liste *Ausdruckswerte* aus, und klicken Sie dann auf den Link unten im Ausdrucks-Generator – beispielsweise *Wenn (Ausdruck; True-Teil; False-Teil)*.

21.2 Funktionen

In den folgenden Abschnitten haben wir die unserer Meinung nach wichtigsten Funktionen aus den Bereichen *Datum und Uhrzeit*, *Finanzmathematik*, *Inspektion*, *Mathematik und Geometrie* und anderen Einsatzbereichen zusammengefasst.

21.2.1 Einsatzbereiche

Diese Funktionen können Sie in mehreren Bereichen anwenden – beispielsweise beim Berechnen von Feldwerten in verschiedenen Datenbankobjekten oder aber innerhalb einer VBA-Prozedur. Sie müssen wissen, dass fast alle Funktionen über eine englisch- und eine deutschsprachige Variante verfügen. Wir haben in diesem Kapitel die englischsprachigen Varianten der Funktionen benutzt. Diese können Sie in VBA für Access einsetzen. Wenn Sie außerhalb des VBA-Editors die Funktion direkt über ein Datenbankobjekt eingeben, wird in der Mehrzahl der Fälle bei der Eingabe einer solchen englischsprachigen Variante die deutschsprachige Entsprechung verwendet.

Für den etwas weniger erfahrenen Anwender empfiehlt es sich aber, zur Eingabe einer Funktion über den *Ausdrucks-Generator* zu arbeiten, den Sie in den einzelnen Datenbankobjekten über diverse Stellen aufrufen können. Benutzen Sie im Bereich *Ausdruckselemente* die Ebene *Integrierte Funktionen* unterhalb von *Funktionen* (→ Abbildung 21.3 und Abbildung 21.4). Dieser Generator benutzt die deutschsprachigen Varianten und sorgt auch gleich dafür, dass Ihnen immer nur die Funktionen angeboten werden, die Sie für das aktuelle Datenbankobjekt benutzen können. In den Feldern einer Tabelle vom Datentyp *Feld berechnen* können Sie beispielsweise nur einen eingeschränkten Teil dieser Funktionen einsetzen.

21.2.2 Datum und Uhrzeit

Mithilfe der Funktionen aus dem Bereich *Datum und Uhrzeit* können Sie beispielsweise das Systemdatum übernehmen, einzelne Datumsbestandteile aus einem Datum herausfiltern, Wochentage ermitteln und mehr.

Allgemeine Parameter

Einige Parameter tauchen bei fast allen Funktionen auf:

» *Datum* ist ein Wert vom Typ *Date*, der das Datum darstellt, dem wiederum das Intervall hinzugefügt wird. Es kann sich dabei um einen Ausdruck, einen numerischen Wert oder eine Kombination aus beiden handeln. Wenn Sie dafür einen festen Wert eingeben, müssen Sie diesen als Datum kennzeichnen – beispielsweise mit *#01.03.2010#*.

» Das Argument *Zeit* ist ein Wert vom Typ *Datum*, ein numerischer Wert oder eine Kombination daraus, mit dem eine Uhrzeit dargestellt werden kann.

» Wenn Sie beispielsweise zu einem Zeitpunkt – also einem Datum oder einer Uhrzeit – eine Zeitspanne hinzufügen möchten, kommt das Argument *Intervall* ins Spiel. *Intervall* ist ein Zeichenfolgenausdruck, der das hinzuzufügende Zeitintervall beschreibt. *Intervall* verwendet die folgenden Einstellungen (→ Tabelle 21.1):

In VBA	Im Access-Objekt	Bedeutung
»yyyy«	*»jjjj«*	Jahr
»q«	*»q«*	Quartal
»m«	*»m«*	Monat
»y«	*»j«*	Tag des Jahres
»d«	*»t«*	Tag
»w«	*»«*	Wochentag
»ww«	*»ww«*	Woche
»h«	*»h«*	Stunde
»n«	*»n«*	Minute
»s«	*»s«*	Sekunde

Tabelle 21.1 Die Optionen für *Intervall*

» Einige Funktionen erwarten optional eine Angabe, welcher Tag der Woche als erster Tag verstanden werden soll. *ErsterWochentag* ist eine Konstante, die den ersten Tag der Woche angibt. Wenn kein anderer Wert angegeben ist, wird vom Sonntag ausgegangen. Ansonsten können Sie diese Konstante gezielt angeben (→ Tabelle 21.2).

Konstante	Wert	Beschreibung
vbUseSystem	*0*	Die Systemeinstellung wird verwendet.
vbSunday	*1*	Sonntag (Standard)
vbMonday	*2*	Montag
vbTuesday	*3*	Dienstag
vWednesday	*4*	Mittwoch
vbThursday	*5*	Donnerstag
vbFriday	*6*	Freitag
vbSaturday	*7*	Samstag

Tabelle 21.2 Die Parameter für *ErsterWochentag*

- Ähnliches gilt für die erste Woche des Jahres. *ErsteWoche* ist eine Konstante, die die erste Woche des Jahres angibt. Wenn kein anderer Wert angegeben ist, wird angenommen, dass es sich um die Woche handelt, die den 1. Januar enthält. Für andere Annahmen müssen Sie diese Konstante explizit setzen (→ Tabelle 21.3).

Konstante	Wert	Beschreibung
vbUseSystem	*0*	Verwendet die NLS API-Einstellung.
vbFirstJan1	*1*	Beginnt mit der Woche, die den 1. Januar enthält (Standardeinstellung).
vbFirstFourDays	*2*	Beginnt mit der ersten Woche, die mindestens vier Tage im neuen Jahr enthält.
vbFirstFullWeek	*3*	Beginnt mit der ersten vollständigen Woche des Jahres.

Tabelle 21.3 Die Parameter für *ErsteWoche*

Date()

Gibt einen Wert vom Typ *Date* zurück, der das aktuelle Systemdatum enthält. Die Angabe von Argumenten ist nicht erforderlich.

DateAdd(Interval; Anzahl; Datum)

Gibt einen Wert vom Typ *Date* zurück, bei dem einem Datum ein angegebenes Zeitintervall hinzugefügt wurde. *DateAdd(»jjjj«;1;#01.03.2010#)* ergibt beispielsweise den Wert *01.03.2010*. Sie können die *DateAdd*-Funktion also verwenden, um ein angegebenes Zeitintervall einem Datum hinzuzufügen oder von einem Datum zu subtrahieren. Die Funktion enthält die folgenden notwendigen Argumente:

- *Intervall* ist Zeichenfolgenausdruck, der das hinzuzufügende Zeitintervall darstellt (→Tabelle 21.1).
- *Anzahl* ist ein numerischer Ausdruck, der die Anzahl der hinzuzufügenden Intervalle darstellt. Er kann positiv – zum Abrufen von Datumsangaben in der Zukunft – oder negativ – zum Abrufen von Datumsangaben in der Vergangenheit – sein. Wenn es sich dabei nicht um einen Wert des Typs *Long* handelt, wird der Wert vor der Auswertung auf die nächste ganze Zahl gerundet.
- *Datum* in ein Ausdruck vom Typ *Date*, der das Datum darstellt, dem das Intervall hinzugefügt wird.

DateDiff(Intervall; Datum1; Datum2 [; ErsterWochentag] [; ErsteWoche])

Gibt einen Wert vom Typ *Long* zurück, der die Anzahl der Zeitintervalle zwischen zwei angegebenen Datumswerten angibt. Sie können die Funktion verwenden, um zu ermitteln, wie viele angegebene Zeitintervalle zwischen zwei Datumsangaben vorhanden sind. *DateDiff(»jjjj«;#01.03.2010#;#05.03.2011#)* ergibt beispielsweise *1* – für *1 Jahr*. Die Syntax enthält die folgenden notwendigen Argumente:

- *Intervall* ist ein Zeichenfolgenausdruck, der das Zeitintervall darstellt, mit dem Sie die Differenz zwischen *Datum1* und *Datum2* berechnen. Das Argument verwendet die gleichen Einstellungen wie bei der Funktion *DateAdd* (→Tabelle 21.1).
- *Datum1* und *Datum2* sind zwei *Datumsangaben* vom Typ *Date*, die bei der Berechnung verwendet werden sollen.

Außerdem können Sie noch zwei zusätzliche optionale Argumente verwenden:

- *ErsterWochentag* ist eine Konstante, die den ersten Tag der Woche angibt. Wenn kein anderer Wert angegeben ist, wird von Sonntag ausgegangen (→ Tabelle 21.2).
- *ErsteWoche* ist eine Konstante, die die erste Woche des Jahres angibt (→ Tabelle 21.3). Wenn kein ande-

rer Wert angegeben ist, wird angenommen, dass es sich um die Woche handelt, die den 1. Januar enthält.

TIPP Sie können entweder den Tag des Jahres (*y*) oder den Tag (*d*) verwenden, um die Anzahl von Tagen zwischen *Datum1* und *Datum2* zu berechnen. Wenn für *Intervall* ein Wochentag (*w*) angegeben ist, gibt *DateDiff* die Anzahl der Wochen zwischen den beiden Datumsangaben zurück. Wenn *Datum1* auf einen Montag fällt, zählt *DateDiff* die Anzahl der Montage bis *Datum2*. *Datum2* wird berücksichtigt, *Datum1* hingegen nicht. Wenn für *Intervall* jedoch Wochen (*ww*) festgelegt sind, gibt die *DateDiff*-Funktion die Anzahl der Kalenderwochen zwischen den beiden Datumsangaben zurück. Es wird die Anzahl der Sonntage zwischen *Datum1* und *Datum2* gezählt. *DateDiff* berücksichtigt *Datum2*, wenn es auf einen Sonntag fällt. *Datum1* hingegen wird nicht berücksichtigt, selbst wenn es auf einen Sonntag fällt.

DatePart(Intervall; Datum [; ErsterWochentag] [; ErsteWoche])

Gibt einen Wert vom Typ *Integer* zurück, der den angegebenen Teil eines bestimmten Datums enthält. Sie können die *DatePart*-Funktion verwenden, um ein Datum auszuwerten und ein bestimmtes Zeitintervall zurückzugeben. Beispielsweise gibt *DatePart(»m«;#01.03.2010#)* den Wert *3* zurück. Die Syntax enthält die zwei notwendigen Argumente:

» *Intervall* ist Zeichenfolgenausdruck, der das zurückzugebende Zeitintervall darstellt. Das Argument verwendet dieselben Einstellungen wie bei der Funktion *DateAdd* (→Tabelle 21.1).

» *Datum* ist der auszuwertende Wert vom Typ *Date*.

Außerdem können Sie noch zwei zusätzliche optionale Argumente verwenden:

» *ErsterWochentag* ist eine Konstante, die den ersten Tag der Woche angibt. Wenn kein anderer Wert angegeben ist, wird von Sonntag ausgegangen (→ Tabelle 21.2).

» *ErsteWoche* ist eine Konstante, die die erste Woche des Jahres angibt. Wenn kein anderer Wert angegeben ist, wird angenommen, dass es sich um die Woche handelt, die den 1. Januar enthält (→ Tabelle 21.3).

DateSerial(Jahr; Monat; Tag)

Gibt einen Wert vom Typ *Date* für ein angegebenes Jahr, einen Monat und einen Tag zurück. Der Ausdruck *DateSerial(2010;03;01)* liefert beispielsweise *01.03.2010*. Die Syntax enthält zwei notwendige Argumente:

» *Jahr* ist eine Zahl vom Typ *Integer* zwischen *100* und *9999* oder ein numerischer Ausdruck.

» *Monat* und *Tag* sind beliebige Zahlen vom Typ *Integer*. Im Allgemeinen wird man dafür den üblichen Wertebereich – also 1 bis 31 für *Tag* und 1 bis 12 für *Monat* – verwenden. Sie können jedoch auch relative Datumswerte für jedes Argument angeben, indem Sie einen beliebigen numerischen Ausdruck verwenden, der eine Anzahl von Tagen, Monaten oder Jahren vor oder nach einem bestimmten Datum darstellt.

DateValue(Datum)

Gibt einen Wert vom Typ *Date* zurück. *DateValue(»1.3.2010«)* liefert beispielsweise *01.03.2010*. Das erforderliche Argument *Datum* ist normalerweise ein Zeichenfolgenausdruck, der ein Datum zwischen dem *1. Januar 100* und dem *31. Dezember 9999* darstellt. *Datum* kann jedoch auch ein beliebiger Ausdruck sein, der ein Datum, eine Uhrzeit oder ein Datum plus Uhrzeit in diesem Bereich darstellt.

Day(Datum)

Gibt einen Wert vom Typ *Integer* zurück, der eine ganze Zahl zwischen 1 und 31 angibt, um den Tag des Monats darzustellen. *Day(»1.3.2010«)* liefert beispielsweise den Wert *1*. Das erforderliche Argument *Datum* besteht aus einem Wert vom Typ *Variant*, einem numerischen Ausdruck, einem Zeichenfolgenausdruck oder einer Kombination dieser Elemente, die jeweils ein Datum darstellen können.

Hour(Zeit)

Gibt einen Wert vom Typ *Integer* zurück, der eine ganze Zahl zwischen *0* und *23* inklusiv angibt, die die Stunde des Tages darstellt. *Hour(»12:30:05«)* liefert beispielsweise den Wert *12*. Das erforderliche Argument *Zeit* ist ein Wert vom Typ *Varoamt*, ein numerischer Wert oder eine Kombination daraus, mit dem eine Uhrzeit dargestellt werden kann.

Minute(Zeit)

Gibt einen Wert vom Typ *Integer* zurück, der eine ganze Zahl zwischen *0* und *59* einschließlich angibt und für die Minute der Stunde steht. *Minute(»12:30:05«)* liefert beispielsweise den Wert *30*. Das erforderliche Argument *Zeit* ist ein Wert vom Typ *Variant*, ein numerischer Ausdruck, ein Zeichenfolgenausdruck oder eine Kombination daraus, mit der eine Uhrzeit dargestellt werden kann.

Month(Datum)

Gibt einen Wert vom Typ *Integer* zurück, der eine ganze Zahl zwischen *1* und *12* angibt und für den Monat eines Jahres steht. *Month(»1.3.2010«)* liefert beispielsweise den Wert *3*. Das erforderliche Argument *Datum* ist ein Wert vom Typ *Variant*, ein numerischer Ausdruck, ein Zeichenfolgenausdruck oder eine Kombination daraus, mit der ein Datum dargestellt werden kann.

Now()

Gibt einen Wert vom Typ *Date* zurück, der das aktuelle Datum und die aktuelle Uhrzeit gemäß dem Systemdatum und der Systemzeit des Computers angibt.

MonthName(Monat [; Abkürzung])

Gibt eine Zeichenfolge zurück, die den angegebenen Monat angibt. *MonthName(1)* gibt beispielsweise *Januar* zurück.

- » Das Argument *Monat* ist erforderlich und eine numerische Bezeichnung des Monats – beispielsweise *1* für *Januar*, *2* für *Februar*.
- » *Abkürzung* ist optional und ein Wert vom Typ *Boolean*, der angibt, ob der Monatsname abgekürzt werden soll. Wenn dieses Argument nicht angegeben wird, ist der Standardwert *False*, d. h., der Name des Monats wird nicht abgekürzt.

Second(Zeit)

Gibt einen Wert vom Typ *Integer* zurück, der eine ganze Zahl zwischen *0* und *59* angibt und für die Sekunden der Minute steht. *Second(»12:30:05«)* liefert beispielsweise den Wert *5*. Das erforderliche Argument *Zeit* ist ein Wert vom Typ *Variant*, ein numerischer Ausdruck, ein Zeichenfolgenausdruck oder eine Kombination daraus, mit der eine Uhrzeit dargestellt werden kann.

Time()

Gibt einen Wert vom Typ *Date* zurück, der die aktuelle Systemzeit angibt.

Timer()

Gibt einen Wert vom Typ *Single* zurück, der die Anzahl der Sekunden darstellt, die seit Mitternacht verstrichen sind.

TimeSerial(Stunde; Minute; Sekunde)

Gibt einen Wert vom Typ *Date* zurück, der die Uhrzeit für eine bestimmte Stunde, Minute und Sekunde enthält. *TimeSerial(12; 30; 05)* liefert beispielsweise den Wert *12:30:05*.

- » *Stunde* ist ein *Wert* vom Typ *Integer* zwischen *0* – für *00:00* Uhr – und *23* – für *23:00* Uhr – einschließlich oder ein numerischer Ausdruck.
- » *Minute* und *Sekunde* sind Werte vom Typ *Integer* oder ein beliebiger numerischer Ausdruck. Wenn ein Argument den normalen Bereich für dieses Argument überschreitet, wird es zur nächsthöheren, geeigneten Einheit umgerechnet. *TimeSerial(12; 30; 65)* liefert beispielsweise den Wert *12:31:05*.

TimeValue(Zeit)

Gibt einen Wert vom Typ *Date* zurück, der die Uhrzeit enthält. Das erforderliche Argument *Zeit* ist normalerweise ein Ausdruck, der eine Uhrzeit zwischen *0:00:00* und *23:59:59* einschließlich darstellt.

Weekday(Datum [; ErsterWochentag])

Gibt einen Wert vom Typ *Integer* zurück, der eine ganze Zahl enthält, die den Tag der Woche darstellt. *Weekday(2010.03.01)* liefert *2*, der *1.3.2010* ist ein *Montag*, standardmäßig wird der *Sonntag* als erster Tag der Woche gezählt.

- » *Datum* ist erforderlich und ein Wert vom Typ *Date*, ein numerischer Ausdruck, ein Zeichenfolgenausdruck oder eine beliebige Kombination daraus, die ein Datum darstellen kann.

» *ErsterWochentag* ist optional; eine Konstante, die den ersten Tag der Woche angibt (→ Tabelle 21.2). Bei fehlender Angabe wird *vbSunday* angenommen.

WeekdayName(Wochentag [; Abkürzung] [; ErsterWochentag])

Gibt einen Wert vom Typ *String* zurück, der den angegebenen Wochentag angibt. *WeekdayName(2)* liefert standardmäßig den Text *Montag*.

» *Wochentag* ist erforderlich und die numerische Bezeichnung für den Wochentag. Der Wert der einzelnen Tage hängt von der Einstellung *ErsterWochentag* ab.

» *Abkürzung* ist optional und ein Wert vom Typ *Boolean*, der angibt, ob der Name des Wochentags abgekürzt werden soll. Bei fehlender Angabe gilt die Standardeinstellung *False*. Dabei wird der Name des Wochentags nicht abgekürzt.

» *ErsterWochentag* ist ebenfalls optional. Das ist ein numerischer Wert, der den ersten Tag der Woche angibt (→ Tabelle 21.2).

Year(Datum)

Gibt einen Wert vom Typ *Integer* zurück, der eine ganze Zahl enthält, die das Jahr darstellt. *Year(»01.03.2010«)* liefert beispielsweise *2010*. Das erforderliche *Datum*-Argument besteht aus einem Wert vom Typ *Date*, einem numerischen Ausdruck, einem Zeichenfolgenausdruck oder einer Kombination dieser Elemente, die jeweils ein Datum darstellen können.

21.2.3 Finanzmathematik

Bei der Mehrzahl der finanzmathematischen Funktionen handelt sich um solche, die bestimmte - meist über einen Zeitraum verteilte - Zahlungen mit einem Zinssatz verbinden. Ja nachdem, welches Element man aus den anderen errechnen möchte, muss eine andere Funktion benutzt werden:

» Wenn beispielsweise die über eine gewisse Zeit auf ein Sparkonto eingezahlten Beträge zu einem bestimmten Guthaben in der Zukunft führen, kann eine Funktion ermitteln, mit welchem Satz die Einzahlungen verzinst werden.

» Mithilfe einer anderen Funktion können Sie beispielsweise ermitteln, wie viel man monatlich einzahlen muss, um in der Zukunft über ein bestimmtes Guthaben zu verfügen, wenn das Geldinstitut einen bestimmten Zinssatz gewährt.

» Eine weitere Funktion müssen Sie verwenden, wenn Sie ausrechnen müssen, wie lange Sie zum Ansparen eines bestimmten Betrages brauchen, wenn der Zinssatz und die Höhe der monatlichen Einzahlungen vorgegeben sind.

Es handelt sich also dabei immer um das Berechnen eines Gleichgewichts zwischen Finanzströmen über Zeiträume und einen Zinssatz. Ausnahmen bilden die drei Funktionen *DBB*, *SLN* und *SYD*, die keine Finanzströme, sondern Abschreibungsbeträge berechnen. Wir haben diese Funktionen an das Ende der Liste der finanzmathematischen Funktionen gestellt.

Einige Grundlagen

Falls Sie mit Berechnungen mittels finanzmathematischer Funktionen noch nicht vertraut sein sollten, müssen Sie dabei einige dafür typische Begriffe kennen und auch immer bestimmte Randbedingungen berücksichtigen. Hier folgen die wichtigsten Dinge, die Sie wissen müssen:

» Unter einer *Annuität* versteht man eine Reihe von festen Barzahlungen, die über einen bestimmten Zeitraum erfolgen. Eine Annuität kann ein Darlehen - beispielsweise eine Immobilienhypothek - oder eine Kapitalanlage - beispielsweise ein monatlicher Sparplan - sein.

» Viele Funktionen verwenden die Argumente *Zins* und *Zeitraum*. Beachten Sie, dass sich ein Zinssatz immer auf einen Zeitraum bezieht. Unter diesem Zeitraum versteht man im Allgemeinen den Zeitraum eines Jahres, allerdings ist auch jede andere Zeitspanne - beispielsweise ein Monat - möglich. Man spricht in diesem Zusammenhang von Jahreszins und Monatszins. Wichtig ist, dass sich der Zinssatz auf die Einheit bezieht, die Sie auch für den Zeitraum benutzen. Bezieht sich der Zinssatz auf ein Jahr, müssen Sie auch den Zeitraum in Jahren eingeben. Machen Sie nicht den Fehler, aus einer Angabe für den Monatszins den Betrag einfach durch Multiplikation mit 12 auf den Jahreszins hochzurechnen.

Wenn Sie das tun, vergessen Sie den Zinseszins. Um den Jahreszins aus dem Monatszins zu berechnen, benutzen Sie die Formel *Jahreszins = (1 + Monatszins)^12 - 1*. Um den Monatszins aus dem Jahreszins zu berechnen, benutzen Sie die Formel *Monatszins = (1 + Jahreszins)^(1/12) - 1*.

- Man spricht in diesem Zusammenhang von einem *Gegenwarts-* oder *Barwert* und einem *Zukunftswert* des Geldes: Der Gegenwartswert oder Barwert ist der Betrag, der durch Verzinsung vermehrt werden soll - also der Betrag, bevor er in die betrachtete Investition fließt. Der Zukunftswert ist der Betrag nach der Verzinsung - also der aus der Investition zurückgeflossene Betrag.
- Bei fast allen Funktionen werden *Barauszahlungen* - beispielsweise die Auszahlung eines Sparvertrages - als negative Zahlen dargestellt. *Bareingänge* werden als positive Zahlen dargestellt. Gegebenenfalls müssen Sie ein Minuszeichen verwenden, um das zu ändern.
- Wichtig ist ferner, dass Zahlungen entweder am Anfang oder am Ende einer Zahlungsperiode geleistet werden können. Wenn Sie Ihrem Sparkonto beispielsweise monatliche Zahlungen hinzufügen, ergeben sich andere Ergebnisse, wenn Sie diesen Betrag am ersten oder am letzten Tag des Monats einzahlen. Einige Funktionen benutzen dafür einen besonderen Parameter *Typ*. Verwenden Sie *0*, wenn Zahlungen am Ende des Zahlungszeitraums fällig sind, oder verwenden Sie *1*, wenn Zahlungen zu Beginn des Zeitraums fällig sind. Wenn kein Wert angegeben ist, wird *0* verwendet.
- Einige finanzmathematische Funktionen verlangen die Eingabe eines *Schätzwertes*. Das klingt etwas eigenartig, der Grund dafür liegt aber in der Mathematik begründet. Die Funktionen können nämlich theoretisch mehrere Lösungen liefern. Geben Sie in solchen Fällen an, in welcher Größenordnung Sie das Ergebnis vermuten.
- Manche Funktionen verwenden einen Parameter *CashFlow()*. Cashflow ist das englische Wort für Zahlungsmittelfluss. Dabei handelt es sich um mehrere Zahlungen, die bei den Funktionen als Array angegeben werden müssen. Wenn beispielsweise auf drei Einzahlungen in Höhe von 10 eine Auszahlung in Höhe von 35 erfolgt, verwenden Sie einen Array wie *10, 10, 10, -35* für den Cashflow. Das Array muss immer mindestens einen negativen Wert - einen Auszahlungswert - und einen positiven Wert - einen Einzahlungswert - enthalten. Achten Sie darauf, dass Sie die Werte der Ein- und Auszahlungen in der richtigen Reihenfolge eingeben.

FV(Zins; Zeitraum; Zahlung [; Barwert] [; Typ])

Gibt einen Wert vom Typ *Double* zurück, der den zukünftigen Wert einer Annuität angibt, die auf regelmäßigen festen Zahlungen und einem festen Zinssatz basiert. *FV* verwendet die folgenden notwendigen Argumente:

- *Zins* ist ein Wert vom Typ *Double*, der den Zinssatz pro Zeitraum angibt.
- *Zeitraum* ist eine ganze Zahl, die die Gesamtzahl der Tilgungsperioden für die Annuität angibt.
- *Zahlung* ist ein Wert vom Typ *Double*, der die pro Zeitraum zu leistende Zahlung angibt. Zahlungen enthalten normalerweise Kapital und Zinsen, die sich über die Annuitätslaufzeit nicht ändern.

Zusätzlich können Sie die folgenden optionalen Argumente verwenden:

- *Barwert* ist ein Wert vom Typ *Double*, der den Barwert einer Folge zukünftiger Zahlungen angibt.
- *Typ* ist ein Wert vom Typ *Integer*, der die Fälligkeit von Zahlungen angibt. Verwenden Sie *0*, wenn Zahlungen am Ende des Zahlungszeitraums fällig sind, oder verwenden Sie *1*, wenn Zahlungen zu Beginn des Zeitraums fällig sind. Wenn kein Wert angegeben ist, wird *0* verwendet.

IPmt(Zins; Zahlung; Zeitraum; Barwert [; Zukunftswert] [; Typ])

Gibt einen Wert vom Typ *Double* zurück, der die Zinszahlung für einen bestimmten Zeitraum einer Annuität basierend auf regelmäßigen festen Zahlungen und einem festen Zinssatz angibt.

IPmt verwendet die folgenden notwendigen Argumente:

- *Zins* ist ein Wert vom Typ *Double*, der den Zinssatz pro Zeitraum angibt.
- *Zahlung* ist ein Wert vom Typ *Double*, der den Zahlungszeitraum im Bereich von *1* bis *Zeitraum* angibt.

- *Zeitraum* ist ein Wert vom Typ *Double*, der die Gesamtzahl der Tilgungsperioden für die Annuität angibt.
- *Barwert* ist ein Wert vom Typ *Double*, der den aktuellen oder heutigen Wert für eine Reihe zukünftiger Zahlungen angibt.

Zusätzlich können die folgenden optionalen Argumente verwendet werden:

- *Zukunftswert* ist ein Wert vom Typ *Double*, der den von Ihnen gewünschten zukünftigen Wert oder das Barguthaben angibt, nachdem Sie die letzte Zahlung geleistet haben.
- *Typ* ist ein Wert vom Typ *Integer*, der den Zeitpunkt der Fälligkeit von Zahlungen angibt. Verwenden Sie *0*, wenn Zahlungen am Ende des Zahlungszeitraums fällig sind, oder verwenden Sie *1*, wenn Zahlungen zu Beginn des Zeitraums fällig sind. Wenn kein Wert angegeben ist, wird *0* verwendet.

IRR(CashFlow() [; Schätzwert])

Gibt einen Wert vom Typ *Double* zurück, der den internen Ertragssatz für eine Folge regelmäßiger Cashflows angibt.

- *CashFlow()* ist ein erforderliches Array vom Typ *Double*, das Cashflow-Werte angibt. Das Array muss mindestens einen negativen Wert (also eine Zahlung) und einen positiven Wert (also einen Eingang) enthalten. Stellen Sie sicher, die Werte für Zahlungen und Eingänge in der korrekten Reihenfolge einzugeben.
- *Schätzwert* ist optional. Das ist ein Wert vom Typ *Double*, der den Wert angibt, der erwartungsgemäß von *IRR* zurückgegeben wird. Wenn kein Wert angegeben ist, beträgt *Schätzwert* 0,1 (10 Prozent).

ACHTUNG *IRR* wird mithilfe einer Iteration berechnet. Beginnend beim Schätzwert durchläuft IRR die Berechnung, bis das Ergebnis eine Genauigkeit von 0,00001 Prozent hat. Wenn IRR nach 20 Versuchen kein Ergebnis finden kann, schlägt die Funktion fehl.

MIRR(CashFlow(); Zins; Reinvestitionsrate)

Gibt einen Wert vom Typ *Double* zurück, der den modifizierten internen Ertragssatz für eine Folge regelmäßiger Cashflows angibt. Der modifizierte interne Ertragssatz ist der interne Ertragssatz, wenn Ein- und Auszahlungen mit unterschiedlichen Zinssätzen verrechnet werden. Die *MIRR*-Funktion berücksichtigt sowohl die Investitionskosten als auch den Zinssatz, der für die Wiederanlage von Kapital erzielt werden kann.

Die Syntax der *MIRR*-Funktion weist die folgenden Argumente auf:

- *CashFlow()* ist ein erforderliches Array vom Typ *Double*, das Cashflow-Werte angibt.
- *Zins* ist ein Wert vom Typ *Double*, der den Zinssatz für die Finanzierung der Anlage angibt.
- *Reinvestitionsrate* ist ein *Wert* vom Typ *Double*, der den Zinssatz angibt, der für die Wiederanlage von Kapital erzielt werden kann.

NPer(Zins; Zahlung; Barwert [; Zukunftswert] [; Typ])

Gibt einen Wert vom Typ *Double* zurück, der die Anzahl von Zeiträumen für eine Annuität bei regelmäßigen, konstanten Zahlungen und einem konstanten Zinssatz angibt.

Die Syntax der *NPer*-Funktion weist die folgenden notwendigen Argumente auf:

- *Zins* ist ein Wert vom Typ *Double*, der den Zinssatz pro Zeitraum angibt.
- *Zahlung* ist ein Wert vom Typ *Double*, der die Zahlungen pro Zeitraum angibt. Zahlungen enthalten normalerweise einen Betrag für Kapital und Zinsen, der sich während der Annuitätslaufzeit nicht verändert.
- *Barwert* ist ein Wert vom Typ *Double*, der den aktuellen oder heutigen Wert einer Folge von zukünftigen Ein- oder Auszahlungen angibt.

Außerdem sind folgende Argumente optional zulässig:

- *Zukunftswert* ist ein Wert vom Typ *Double*, der den zukünftigen Wert oder das Barguthaben angibt, das Sie sich nach der Schlusszahlung wünschen.

- *Typ* ist ein Wert vom Typ *Variant*, der angibt, wann Zahlungen fällig sind. Verwenden Sie den Wert *0*, wenn Zahlungen am Ende eines Zahlungszeitraums fällig sind, oder verwenden Sie den Wert *1*, wenn Zahlungen zu Beginn eines Zeitraums fällig sind. Wenn Sie nichts angeben, wird *0* angenommen.

NPV(Zins; CashFlow())

Gibt einen Wert vom Typ *Double* zurück, der den Nettobarwert oder Kapitalwert einer Investition angibt, die auf einer Folge regelmäßiger Cashflows und einem Abzinsungsfaktor basiert. Der Nettobarwert einer Investition ist der aktuelle Wert einer zukünftigen Folge von Ein- und Auszahlungen.

Die Syntax der *NPV*-Funktion weist die folgenden notwendigen Argumente auf:

- *Zins* ist ein Wert vom Typ *Double*, der den Abzinsungsfaktor bezogen auf die Länge des Zeitraums, als Dezimalzahl ausgedrückt, angibt.
- *CashFlow()* beinhaltet Werte vom Typ *Double*, die die Cashflow-Werte angeben.

Pmt(Zins; Anzahl; Barwert [; Zukunftswert] [; Typ])

Gibt einen Wert vom Typ *Double* zurück, der die Auszahlung für eine Annuität bei regelmäßigen, konstanten Auszahlungen und einem konstanten Zinssatz angibt.

Die Syntax der *Pmt*-Funktion weist die folgenden notwendigen Argumente auf:

- *Zins* ist ein Wert vom Typ *Double*, der den Zinssatz pro Zahlungszeitraum angibt.
- *Anzahl* ist ein Wert vom Typ *Integer*, der die Gesamtanzahl von Zahlungszeiträumen für die Annuität angibt.
- *Barwert* ist ein Wert vom Typ *Double* der den aktuellen Wert einer Folge von zukünftigen Zahlungen angibt.

Daneben sind die folgenden optionalen Argumente zulässig:

- *Zukunftswert* ist vom Typ *Double*, und gibt den zukünftigen Wert oder das Barguthaben an, das Sie sich nach der Schlusszahlung wünschen.
- *Typ* ist ein Wert vom Typ *Variant*, der angibt, wann Zahlungen fällig sind. Verwenden Sie den Wert *0*, wenn Zahlungen am Ende eines Zahlungszeitraums fällig sind, oder *verwenden* Sie den Wert *1*, wenn Zahlungen zu Beginn eines Zeitraums fällig sind. Wenn Sie nichts angeben, wird der Wert *0* angenommen.

PPmt(Zins; Periode; Anzahl; Barwert [; Zukunftswert] [; Typ])

Gibt einen Wert vom Typ *Double* zurück, der die Kapitalzahlung für einen bestimmten Zeitraum einer Annuität bei regelmäßigen, konstanten Zahlungen und einem konstanten Zinssatz angibt. Die Syntax weist die folgenden notwendigen Argumente auf:

- *Zins* ist ein Wert vom Typ *Double*, der den Zinssatz pro Zeitraum angibt.
- *Periode* ist ein Wert vom Typ *Integer*, der einen Zahlungszeitraum zwischen 1 und *Anzahl* angibt.
- *Anzahl* ist ein Wert vom Typ *Integer*, der die Gesamtanzahl von Zahlungszeiträumen für die Annuität angibt.
- *Barwert* ist ein Wert vom Typ *Double*, der den aktuellen oder heutigen Wert einer Folge von zukünftigen Ein- oder Auszahlungen angibt.

Außerdem sind folgende Argumente optional möglich:

- *Zukunftswert* ist ein Wert vom Typ *Double*, der den zukünftigen Wert oder das Barguthaben angibt, das Sie sich nach der Schlusszahlung wünschen.
- *Typ* ist ein Wert vom Typ *Integer*, der angibt, wann Zahlungen fällig sind. Verwenden Sie den Wert *0*, wenn Zahlungen am Ende eines Zahlungszeitraums fällig sind, oder verwenden Sie den Wert *1*, wenn Zahlungen zu Beginn eines Zeitraums fällig sind. Wenn Sie nichts angeben, wird der Wert *0* angenommen.

PV(Zins; Anzahl; Zahlung [; Zukunftswert] [; Typ])

Die Funktion gibt einen Wert vom Typ *Double* zurück, der den aktuellen Wert einer Annuität bei zukünftig regelmäßig und konstant zu leistenden Zahlungen und einem konstanten Zinssatz angibt.

Die Syntax der *PV*-Funktion weist die folgenden erforderlichen Argumente auf:

- *Zins* ist ein Wert vom Typ *Double*, der den Zinssatz pro Zeitraum angibt.
- *Anzahl* ist ein Wert vom Typ *Integer*, der die Gesamtanzahl von Zahlungszeiträumen für die *Annuität* angibt.
- *Zahlung* ist ein Wert vom Typ *Double*, der die Zahlungen pro Zeitraum angibt. Zahlungen enthalten normalerweise einen Betrag für Kapital und Zinsen, der sich während der Annuitätslaufzeit nicht verändert.

Daneben sind optionale Argumente möglich:

- *Zukunftswert* ist vom Typ *Double* und beschreibt den zukünftigen Wert oder das Barguthaben, das Sie sich nach der Schlusszahlung wünschen
- *Typ* ist ein Wert vom Typ *Variant*, der angibt, wann Zahlungen fällig sind. Verwenden Sie den Wert *0*, wenn Zahlungen am Ende eines Zahlungszeitraums fällig sind, oder verwenden Sie den Wert *1*, wenn Zahlungen zu Beginn eines Zeitraums fällig sind. Wenn Sie nichts angeben, wird der Wert *0* angenommen.

Rate(Anzahl; Zahlung; Barwert [; Zukunftswert] [; Typ] [; Schätzwert])

Die Funktion gibt einen Wert vom Typ *Double* zurück, der den Zinssatz pro Zeitraum für eine Annuität angibt.

Die Syntax der *Rate*-Funktion weist diese notwendigen Argumente auf:

- *Anzahl* ist ein Wert vom Typ *Double*, der die Gesamtanzahl von Zahlungszeiträumen für die Annuität angibt.
- *Zahlung* ist ein Wert vom Typ *Double*, der die Zahlungen pro Zeitraum angibt. Zahlungen enthalten normalerweise einen Betrag für Kapital und Zinsen, der sich während der Annuitätslaufzeit nicht verändert.
- *Barwert* ist ein Wert vom Typ *Double*, der den aktuellen oder heutigen Wert einer Folge von zukünftigen Ein- oder Auszahlungen angibt.

Außerdem sind die folgenden Argumente optional möglich:

- Zukunftswert ist ein Wert vom Typ *Double*, der den zukünftigen Wert oder das Barguthaben angibt, das Sie sich nach der Schlusszahlung wünschen.
- *Typ* ist ein Wert vom Typ *Integer*, der für die Fälligkeit von Zahlungen eine Zahl angibt. Verwenden Sie den Wert *0*, wenn Zahlungen am Ende eines Zahlungszeitraums fällig sind, oder verwenden Sie den Wert *1*, wenn Zahlungen zu Beginn eines Zeitraums fällig sind. Wenn Sie nichts angeben, wird der Wert *0* angenommen.
- *Schätzwert* ist ein Wert vom Typ *Variant*, der den von Ihnen geschätzten Wert angibt, der von *Rate* zurückgegeben wird. Wenn Sie dieses Argument nicht angeben, ist *Schätzwert* gleich 10 %.

ACHTUNG *Rate* wird iterativ berechnet. Beginnend mit dem Wert von *Schätzwert* wiederholt *Rate* die Berechnung so lange, bis das Ergebnis auf 0,00001 % genau ist. Wenn *Rate* nach 20 Wiederholungen kein Ergebnis ermitteln kann, wird die Funktion abgebrochen. Wenn Sie für *Schätzwert* den Wert *10 %* angegeben haben und die Funktion *Rate* kein Ergebnis ermitteln kann, versuchen Sie es mit einem anderen Wert für *Schätzwert*.

DDB(Aufwand; Restwert; Dauer; Periode [; Faktor])

DBB gibt einen Wert vom Typ *Double* zurück, der die Abschreibung eines Vermögenswerts für einen bestimmten Zeitraum angibt, wobei die degressive Saldomethode oder eine andere von Ihnen angegebene Methode verwendet wird. Die degressive Saldomethode berechnet die Abschreibung zu einem beschleunigten Satz. Die Abschreibung ist im ersten Zeitraum am höchsten und nimmt in den nachfolgenden Zeiträumen ab.

Die Syntax der *DDB*-Funktion enthält die folgenden erforderlichen Argumente:

- *Aufwand* ist ein Wert vom Typ *Double*, der die Anschaffungskosten des Postens angibt.
- *Restwert* ist ein Wert vom Typ *Double*, der den Wert der Anlage am Ende der Nutzungsdauer angibt.
- *Dauer* ist ein Wert vom Typ *Double*, der die Länge der Nutzungsdauer für die Anlage angibt.
- *Periode* ist ein Wert vom Typ *Double*, der den Zeitraum angibt, für den die Anlagenabschreibung berechnet wird.

Zusätzlich können Sie das optionale Argument *Faktor* verwenden. Das ist ein Wert vom Typ *Double*, der die Rate angibt, um die der Restbuchwert abnimmt. Wenn Sie diesen Wert auslassen, wird der Wert 2 - also degressive Doppelratenabschreibung - verwendet.

SLN(Aufwand; Restwert; Dauer)

Gibt einen Wert vom Typ *Double* zurück, der die lineare Abschreibung eines Postens für einen einzigen Zeitraum angibt.

Drei Argumente sind notwendig:

» *Aufwand* ist ein Wert vom Typ *Double*, der die Anschaffungskosten des Postens angibt.

» *Restwert* ist ein Wert vom Typ *Double*, der den Wert eines Postens am Ende der Nutzungsdauer angibt.

» *Dauer* ist ein Wert vom Typ *Double*, der die Länge der Nutzungsdauer des Postens angibt.

SYD(Aufwand; Restwert; Nutzungsdauer; Zeitraum)

Gibt einen Wert vom Typ *Double* zurück, womit die arithmetisch-degressive Abschreibung eines Postens für einen bestimmten Zeitraum angegeben wird.

Die folgenden Argumente sind notwendig:

» *Aufwand* ist ein Wert vom Typ *Double*, womit die Anschaffungskosten des Postens angegeben werden.

» *Restwert* ist vom Typ *Double*, womit der Wert eines Postens am Ende der Nutzungsdauer angegeben wird.

» *Nutzungsdauer* ist vom Typ *Double*, womit die Nutzungsdauer eines Postens angegeben wird.

» *Zeitraum* ist auch vom Typ *Double*, womit der Zeitraum angegeben wird, für den die Abschreibung des Postens berechnet wird.

21.2.4 Inspektion

Die Mehrzahl der Funktionen zu *Inspektion* - eigentlich alle mit Ausnahmen von *TypeName* und *VarType* - geben einen Wert vom Typ *Boolean* zurück, der angibt, ob eine Variable einen bestimmten Typ hat. Sie können diese Funktionen verwenden, um Werte zu prüfen.

IsArray(Variable)

Gibt an, ob eine Variable von Typ *Array* ist. Wenn die *Variable* ein Array ist, gibt *IsArray* den Wert *Wahr* zurück, andernfalls gibt es *Falsch* zurück.

IsDate(Ausdruck)

Gibt an, ob ein *Ausdruck* in ein Datum umgewandelt werden kann. Wenn der *Ausdruck* ein Datum oder wenn der Ausdruck als ein gültiges Datum erkennbar ist, gibt *IsDate* den Wert *Wahr* zurück. Andernfalls gibt es *Falsch* zurück.

IsEmpty(Ausdruck)

Gibt an, ob eine Variable initialisiert wurde. *IsEmpty* gibt *Wahr* zurück, wenn es sich um eine nicht initialisierte Variable handelt, oder wird ausdrücklich auf *Leer*

IsError(Ausdruck)

Gibt an, ob ein Ausdruck ein Fehlerwert ist.

IsNull(Ausdruck)

Gibt an, ob ein Ausdruck keine gültigen Daten enthält. *IsNull* gibt Wahr zurück, wenn *Ausdruck Null* ist. Andernfalls gibt *IsNull* den Wert *Falsch* zurück.

IsNumeric(Ausdruck)

Gibt einen Wert vom Typ *Boolean* zurück, der angibt, ob ein Ausdruck als Zahl ausgewertet werden kann. *IsNumeric* gibt *Wahr* zurück, wenn der gesamte Ausdruck als Zahl erkannt wird. Andernfalls gibt sie *Falsch* zurück.

TypeName(Variable)

Gibt einen Zeichenfolgenausdruck zurück, der Informationen zum Typ einer Variablen bereitstellt. Das erforderliche Argument *Variable* ist ein Wert vom Typ *Zeichenfolge*, der eine beliebige Variable mit Ausnahme einer Variablen eines benutzerdefinierten Typs enthält.

VarType(Variable)

Gibt eine ganze Zahl zurück, die den Untertyp einer Variablen angibt (→ Tabelle 21.4). Das erforderliche Argument *Variable* ist ein Wert vom Typ *Variant*, der eine beliebige Variable mit Ausnahme einer Variablen eines benutzerdefinierten Typs enthält.

Konstante	Wert	Beschreibung
vbEmpty	*0*	Leer
vbNull	*1*	Null
vbInteger	*2*	Ganze Zahl
vbLong	*3*	Lange ganze Zahl
vbSingle	*4*	Gleitkommazahl mit einfacher Genauigkeit
vbDouble	*5*	Gleitkommazahl mit doppelter Genauigkeit
vbCurrency	*6*	Währungswert
vbDate	*7*	Datumswert
vbString	*8*	Zeichenfolge
vbObject	*9*	Objekt
vbError	*10*	Fehlerwert
vbBoolean	*11*	Boolescher Wert

Tabelle 21.4 Einige mögliche Rückgabewerte von *VarType*

21.2.5 Text

Mithilfe einer Reihe von Textfunktionen können Sie beispielsweise prüfen, ob Zeichenfolgen in anderen Zeichenfolgen vorhanden sind, Leerzeichen entfernen oder aber auch kleine gegen große Buchstaben austauschen.

Die Mehrzahl dieser Funktionen benutzt das Argument *Zeichenfolge*. Dabei handelt es sich um einen Zeichenfolgenausdruck. Wenn Sie dafür einen festen Wert eingeben, müssen Sie diesen in Anführungszeichen setzen.

Asc(Zeichenfolge)

Gibt eine ganze Zahl zurück, die den Zeichencode darstellt, der dem ersten Buchstaben in einer Zeichenfolge entspricht. Das erforderliche Argument *Zeichenfolge* ist ein beliebiger gültiger Zeichenfolgenausdruck. Wenn das Argument keine Zeichen enthält, tritt ein Laufzeitfehler auf.

Chr(Zeichencode)

Gibt einen *String* mit dem angegebenen Zeichencode – beispielsweise im ANSI-Zeichensatz – zurück. Das erforderliche Argument *Zeichencode* ist ein Wert vom Typ *Long*, mit dem ein Zeichen identifiziert wird. Der normale Bereich dafür ist *0* bis *255*.

Eval(Zeichenfolge)

Sie können die *Eval*-Funktion verwenden, um einen Ausdruck auszuwerten, der zu einer Textzeichenfolge oder einem numerischen Wert führt. Beispielsweise gibt *Eval(»1 + 1«)* den Wert *2* oder *Eval(»Chr$(65)«)* gibt *A* zurück. *Zeichenfolge* ist ein Ausdruck, der in eine alphanumerische Textzeichenfolge umgewandelt wird. Das kann beispielsweise eine Funktion sein, die eine Zeichenfolge oder einen numerischen Wert ausgibt.

InStr([Start;] Zeichenfolge1; Zeichenfolge2 [; Vergleich])

Gibt einen Wert vom Typ *Long* zurück, der die Position des ersten Auftretens einer Zeichenfolge innerhalb einer anderen angibt.

Die *InStr*-Funktion verwendet die folgenden notwendigen Argumente:

» *Zeichenfolge1* ist der Ausdruck, der durchsucht werden soll.

» *Zeichenfolge2* ist der darin gesuchte Zeichenfolgenausdruck.

Zusätzlich können zwei optionale Parameter verwendet werden:

» *Start* ist ein numerischer Ausdruck, der die Anfangsposition für eine einzelne Suche festlegt. Wenn *Start* nicht angegeben wird, beginnt die Suche mit der ersten Zeichenposition. Das Argument *Start* ist erforderlich, wenn *Vergleich* angegeben ist.

» *Vergleich* gibt den Typ des Zeichenfolgenvergleichs an (→ Tabelle 21.5).

Konstante	Wert	Beschreibung
vbUseCompareOption	*-1*	Führt einen Vergleich mithilfe der Einstellung der *Option Compare*-Anweisung durch.
vbBinaryCompare	*0*	Führt einen binären Vergleich durch.
vbTextCompare	*1*	Führt einen Textvergleich durch.
vbDatabaseCompare	*2*	Führt einen Vergleich basierend auf den in der Datenbank enthaltenen Informationen durch.

Tabelle 21.5 Die Einstellungen des Arguments *Vergleich*

Beachten Sie die möglichen Rückgabewerte der Funktion (→ Tabelle 21.6):

Wenn	Rückgabewert
Zeichenfolge1 eine Länge von null aufweist	0
Zeichenfolge1 null ist	Null
Zeichenfolge2 eine Länge von null aufweist	*Start*
Zeichenfolge2 null ist	Null
Zeichenfolge2 nicht gefunden wird	0
Zeichenfolge2 in *Zeichenfolge1* gefunden wird	Position, an der Übereinstimmung gefunden wird
Start > *Zeichenfolge2*	0

Tabelle 21.6 Mögliche Rückgabewerte von *InStr*

InstrRev(Zeichenfolge1; Zeichenfolge2 [; Start] [; Vergleich])

Gibt die Position des Auftretens einer Zeichenfolge innerhalb einer anderen vom Ende der Zeichenfolge zurück.

Die *InstrRev*-Funktionssyntax verwendet die folgenden notwendigen Argumente:

- » *Zeichenfolge1* ist die Zeichenfolge, die durchsucht wird.
- » *Zeichenfolge2* ist der *Zeichenfolgenausdruck*, nach dem gesucht wird.

Zwei optionale Argumente sind möglich:

- » *Start* ist ein numerischer Ausdruck, der die Anfangsposition für die Suche festlegt. Wenn *Start* nicht angegeben wird, wird *-1* verwendet, was bedeutet, dass die Suche an der letzten Zeichenposition beginnt.
- » *Vergleich* ist ein numerischer Wert, der die Art des Vergleichs angibt, der beim Auswerten von Teilzeichenfolgen verwendet werden soll (→ Tabelle 21.5).

LCase(Zeichenfolge)

Gibt eine Zeichenfolge zurück, die in Kleinbuchstaben konvertiert wurde. Das erforderliche Argument *Zeichenfolge* ist jeder beliebige gültige Ausdruck. Nur Großbuchstaben werden in Kleinbuchstaben konvertiert, alle Kleinbuchstaben und Zeichen ohne Buchstaben bleiben unverändert.

Left(Zeichenfolge; Länge)

Gibt einen Wert vom Typ *String* zurück, der ausgehend von der linken Seite einer Zeichenfolge eine angegebene Anzahl von Zeichen enthält.

Die Syntax weist die folgenden notwendigen Argumente auf:

- » *Zeichenfolge* ist der Text, aus dem die Zeichen ausgehend von links zurückgegeben werden. Wenn Zeichenfolge den Wert null enthält, wird null zurückgegeben.
- » *Länge* ist ein Wert vom Typ *Long* - ein numerischer Ausdruck, der die Anzahl von Zeichen angibt, die zurückgegeben werden.

Wenn der Ausdruck größer oder gleich der Anzahl von Zeichen in Zeichenfolge ist, wird die gesamte Zeichenfolge zurückgegeben.

Len(Zeichenfolge)

Verwenden Sie die *Len*-Funktion, um die Anzahl von Zeichen in *Zeichenfolge* zu ermitteln. Sie gibt einen Wert vom Typ *Long* zurück, der die Anzahl von Zeichen in einer Zeichenfolge enthält. *Zeichenfolge* ist ein beliebiger gültiger Ausdruck.

LTrim(Zeichenfolge)

Gibt einen Wert vom Typ *String* zurück, der eine Kopie einer angegebenen Zeichenfolge ohne führende Leerzeichen enthält. Das erforderliche Argument *Zeichenfolge* ist ein beliebiger gültiger Ausdruck.

Mid(Zeichenfolge; Start [; Länge])

Gibt einen Wert vom Typ String zurück, der eine bestimmte Anzahl von Zeichen aus einer Zeichenfolge enthält.

Die Syntax der *Mid*-Funktion weist die folgenden notwendigen Argumente auf:

- » *Zeichenfolge* ist der Text, aus dem Zeichen zurückgegeben werden.
- » *Start* ist ein Wert vom Typ *Long*, der beschreibt, an welcher Zeichenposition in *Zeichenfolge* der zu ent-

nehmende Teil beginnt. Wenn *Start* größer ist als die Anzahl von Zeichen in *Zeichenfolge*, gibt *Mid* eine Zeichenfolge der Länge null zurück.

Das optionale Argument *Länge* ist vom Typ *Long*. Das ist die Anzahl von Zeichen, die zurückgegeben werden. Wenn dieses Argument nicht angegeben wird oder wenn im Text weniger Zeichen vorhanden sind als in *Länge* angegeben (einschließlich des Zeichens bei *Start*), werden alle Zeichen von der *Start*-Position bis zum Ende der Zeichenfolge zurückgegeben.

Replace(Ausdruck; Finden; Ersetzen [; Start] [; Anzahl])

Gibt einen Wert vom Typ *String* zurück, in der eine angegebene untergeordnete Zeichenfolge mit einer angegebenen Häufigkeit durch eine andere untergeordnete Zeichenfolge ersetzt wurde.

Die Syntax der *Replace*-Funktion weist die folgenden notwendigen Argumente auf:

» *Ausdruck* enthält die zu ersetzende Zeichenfolge.

» *Finden* enthält die Zeichenfolge, nach der gesucht wird.

» *Ersetzen* enthält die Ersatzzeichenfolge.

Folgende optionale Argumente sind möglich:

» *Start* ist die Position in *Ausdruck*, an der die Suche nach der untergeordneten Zeichenfolge beginnen soll. Wenn dieses Argument nicht angegeben wird, wird der Wert *1* verwendet.

» *Anzahl* ist die Anzahl der auszuführenden Ersetzungen. Wenn dieses Argument nicht angegeben wird, beträgt der Standardwert *-1*, d. h., alle möglichen Ersetzungen werden durchgeführt.

Right(Zeichenfolge; Länge)

Gibt einen Wert vom Typ *String* zurück, der ausgehend von der rechten Seite einer Zeichenfolge eine angegebene Anzahl von Zeichen enthält.

Die Syntax der *Right*-Funktion weist die folgenden Argumente auf:

» *Zeichenfolge* ist der Text, aus dem die Zeichen ausgehend von rechts zurückgegeben werden.

» *Länge* ist ein Wert vom Typ *Long*, der die Anzahl von Zeichen angibt, die zurückgegeben werden. Wenn der Ausdruck größer oder gleich der Anzahl von Zeichen in Zeichenfolge ist, wird die gesamte Zeichenfolge zurückgegeben.

RTrim(Zeichenfolge)

Gibt einen Wert vom Typ *String* zurück, der eine Kopie einer angegebenen Zeichenfolge ohne nachstehende Leerzeichen enthält. Das erforderliche Argument *Zeichenfolge* ist ein beliebiger gültiger Ausdruck.

Trim(Zeichenfolge)

Gibt einen Wert vom Typ *String* zurück, der eine Kopie einer angegebenen Zeichenfolge ohne führende und nachstehende Leerzeichen enthält. Das erforderliche Argument *Zeichenfolge* ist ein beliebiger gültiger Ausdruck.

StrReverse(Ausdruck)

Gibt eine Zeichenfolge zurück, in der die Zeichenreihenfolge einer angegebenen Zeichenfolge umgekehrt wird. Das erforderliche Argument *Ausdruck* ist die Zeichenfolge, deren Zeichen umgekehrt werden sollen.

String(Zahl; Zeichen)

Gibt eine Zeichenfolge zurück, die eine wiederholte Zeichenfolge in der angegebenen Länge enthält.

» *Zahl* ist ein *Long*-Datentyp und beschreibt die Länge der zurückgegebenen Zeichenfolge.

» Mit *Zeichen* wird das Zeichen oder der Ausdruck angegeben, dessen erstes Zeichen zum Erstellen der Rückgabezeichenfolge verwendet wird.

UCase(Zeichenfolge)

Gibt einen Wert vom Typ *String* zurück, der die angegebene, in Großbuchstaben konvertierte Zeichenfolge enthält. Nur Kleinbuchstaben werden in Großbuchstaben konvertiert, Großbuchstaben und sonstige Zeichen bleiben unverändert. Das erforderliche Argument *Zeichenfolge* ist ein beliebiger gültiger Zeichenfolgenausdruck.

Val(Zeichenfolge)

Gibt die Zahlen zurück, die in einer Zeichenfolge als numerischer Wert enthalten sind. Symbole und Zeichen, die häufig als Bestandteil numerischer Werte betrachtet werden, wie Dollarzeichen und Kommas, werden nicht erkannt. Das Argument *Zeichenfolge* ist ein beliebiger gültiger Ausdruck.

21.2.6 Mathematik und Geometrie

Die Funktionen für Mathematik und Geometrie sind vielseitig einsetzbar. Fast alle verlangen nach einem Argument *Zahl*, bei dem es sich oft um einen numerischen Ausdruck beliebigen Typs handelt. In manchen Fällen ist aber ein bestimmter Datentyp gefragt.

Beachten Sie bei den trigonometrischen Funktionen – also *Cos*, *Sin* und *Tan* –, dass diese ein Argument im Bogenmaß – also nicht in Grad – benutzen. Multiplizieren Sie zum Umwandeln der Gradzahl in Bogenmaß die Gradzahl mit ®/180. Zum Umwandeln des Bogenmaßes in die Gradzahl multiplizieren Sie das Bogenmaß mit 180/®.

Abs(Zahl)

Der absolute Wert einer Zahl ist deren Betrag ohne Vorzeichen. Beispielsweise geben *ABS(-7)* als auch *ABS(7)* beide *7* zurück. Die Funktion gibt einen Wert des Typs zurück, über den das Argument *Zahl* verfügt. Das erforderliche Argument *Zahl* kann aus jedem gültigen numerischen Ausdruck bestehen.

Atn(Zahl)

Gibt einen Wert vom Typ *Double* zurück, von dem der Arkustangens einer Zahl angegeben wird. Das erforderliche Argument *Zahl* ist ein Wert vom Typ *Double* oder ein beliebiger gültiger numerischer Ausdruck.

ACHTUNG *Atn* ist die umgekehrte trigonometrische Funktion von *Tan*. Verwechseln Sie nicht *Atn* mit dem Kotangens, bei dem es sich lediglich um einen umgekehrten Tangens handelt.

Cos(Zahl)

Gibt einen Wert vom Datentyp *Double* zurück, der den Kosinus eines Winkels angibt. Die *Cos*-Funktion übernimmt einen Winkel und gibt das Verhältnis von zwei Seiten eines rechtwinkligen Dreiecks zurück. Das Verhältnis ist die Länge der an den Winkel angrenzenden Seite geteilt durch die Länge der Hypotenuse. Das Ergebnis liegt im Bereich zwischen *-1* und *1*. Das erforderliche Argument *Zahl* ist ein Wert vom Datentyp *Double* oder ein anderer gültiger numerischer Ausdruck, der einen Winkel im Bogenmaß angibt.

Exp(Zahl)

Gibt einen Wert vom Typ *Double* zurück, der eine Potenz von e – die Basis natürlicher Logarithmen – angibt. Die Konstante e ist ca. 2,718282. Das erforderliche Argument *Zahl* ist vom Datentyp *Double* oder ein gültiger numerischer Ausdruck.

Fix(Zahl)

Gibt den ganzzahligen Anteil einer Zahl zurück. Das erforderliche Argument *Zahl* ist ein Wert vom Typ *Double* oder ein beliebiger, gültiger numerischer Ausdruck. Die Funktion entfernt also den Bruchteil von *Zahl* und gibt den resultierenden ganzzahligen Wert zurück.

TIPP Die nachfolgend beschriebene Funktion *Int* leistet Ähnliches: Der Unterschied zwischen *Int* und *Fix* besteht darin, dass *Int* bei einer negativen *Zahl* die erste negative ganze Zahl kleiner gleich *Zahl* zurückgibt, wohingegen *Fix* die erste negative ganze Zahl größer gleich *Zahl* zurückgibt.

Int(Zahl)

Gibt den ganzzahligen Anteil einer Zahl zurück. Das erforderliche Argument *Zahl* ist ein Wert vom Typ *Double* oder ein beliebiger, gültiger numerischer Ausdruck. Die Funktion entfernt also den Bruchteil von *Zahl* und gibt den resultierenden ganzzahligen Wert zurück.

TIPP Die vorher beschriebene Funktion *Fix* leistet Ähnliches: Der Unterschied zwischen *Int* und *Fix* besteht darin, dass *Int* bei einer negativen *Zahl* die erste negative ganze Zahl kleiner gleich *Zahl* zurückgibt, wohingegen *Fix* die erste negative ganze Zahl größer gleich *Zahl* zurückgibt.

Log(Zahl)

Gibt einen Wert vom Typ *Double* zurück, der den natürlichen Logarithmus einer Zahl angibt. Der natürliche Logarithmus ist der Logarithmus zur Basis e. Die Konstante e beträgt etwa 2,718282. Das erforderliche Argument *Zahl* ist ein Wert vom Typ *Double* oder ein gültiger numerischer Ausdruck größer als null.

Sin(Zahl)

Gibt einen Wert vom Typ *Double* zurück, der den Sinus eines Winkels angibt. Die *Sin*-Funktion nimmt einen Winkel und gibt das Verhältnis von zwei Seiten in einem rechtwinkligen Dreieck zurück. Das Verhältnis entspricht der Länge der dem Winkel gegenüberliegenden Seite dividiert durch die Länge der Hypotenuse. Das erforderliche Argument *Zahl* ist ein Wert vom Typ *Double* oder ein gültiger numerischer Ausdruck, der einen Winkel im Bogenmaß ausdrückt. Das Ergebnis liegt in dem Bereich von *-1* bis *1*.

Tan(Zahl)

Gibt einen Wert vom Typ Double zurück, der den Tangens eines Winkels angibt. *Tan* berechnet einen Winkel und gibt das Verhältnis zweier Seiten eines rechtwinkligen Dreiecks zurück. Das Verhältnis ergibt sich aus der Länge der Seite gegenüber dem Winkel, der von der Länge der dem Winkel angrenzenden Seite geteilt wird. Das erforderliche Argument *Zahl* ist ein Wert vom Typ *Double* oder ein gültiger numerischer Ausdruck, der einen Winkel im Bogenmaß ausdrückt.

Rnd[(Zahl)]

Gibt einen Wert vom Typ *Single* zurück, der eine Zufallszahl enthält. Die Funktion gibt einen Wert kleiner als 1, jedoch größer oder gleich null zurück. Das optionale Argument *Zahl* ist ein Wert vom Typ *Single* oder ein gültiger numerischer Ausdruck. Der Wert von *Zahl* bestimmt, wie *Rnd* eine Zufallszahl generiert (→ Tabelle 21.7):

Wert von Zahl	Rnd erzeugt
Kleiner als null	Immer dieselbe Zahl, wobei *Zahl* als Ausgangswert verwendet wird.
Größer als null	Die nächste Zufallszahl in der Folge.
Gleich null	Die zuletzt generierte Zahl.
Nicht angegeben	Die nächste Zufallszahl in der Folge.

Tabelle 21.7 Die Auswirkungen von *Zahl* auf das Ergebnis

Round(Ausdruck [; Stellenzahl])

Gibt eine Zahl zurück, die auf eine angegebene Anzahl von Dezimalstellen gerundet wurde.

- *Ausdruck* ist erforderlich und ein numerischer Ausdruck, dessen Inhalt gerundet wird.
- Die *Stellenzahl* ist optional. Sie gibt an, wie viele Stellen rechts vom Dezimalzeichen beim Runden *berücksichtigt* werden. Wenn dieses Argument nicht angegeben wird, rundet die Funktion auf die nächste ganze Zahl.

Sqr(Zahl)

Gibt *Double* zurück, womit die Quadratwurzel einer Zahl angegeben wird. Das erforderliche *Zahl*-Argument ist ein Wert vom Datentyp *Double* oder ein beliebiger gültiger numerischer Ausdruck größer als oder gleich null.

21.2.7 Meldungen

Zwei wichtige Funktionen ermöglichen den Austausch von Informationen zwischen Benutzer und Programm – *InputBox* und *MsgBox*.

InputBox(Prompt [, Titel] [, Standard] [, XPosition] [, YPosition] [, Hilfedatei] [, Kontext])

Zeigt eine Eingabeaufforderung in einem Dialogfeld an, wartet, bis der Benutzer Text eingibt oder auf eine Schaltfläche klickt, und gibt eine Zeichenfolge zurück, die den Inhalt des Textfelds enthält.

Die Funktionssyntax verwendet das notwendige Argument *Prompt*, das als Meldung im Dialogfeld angezeigt wird. Die maximale Länge von *Prompt* beträgt ca. 1.024 Zeichen, je nach Breite der verwendeten Zeichen. Wenn *Prompt* aus mehr als einer Zeile besteht, können Sie die Zeilen mit einem Zeilenumbruchzeichen *Chr(13)*, einem Zeilenvorschubzeichen *Chr(10)* oder einer Kombination aus Zeilenumbruch- und Zeilenvorschubzeichen zwischen jeder Zeile voneinander trennen.

Zusätzlich können Sie mehrere optionale Argumente verwenden:

- *Titel* ist ein Zeichenfolgenausdruck, der in der Titelleiste des Dialogfelds angezeigt wird. Wenn Sie *Titel* nicht angeben, wird der Name der Anwendung – also Access – in der Titelleiste angezeigt.
- *Standard* ist ein Zeichenfolgenausdruck, der im Textfeld als Standardantwort angezeigt wird, wenn keine andere Eingabe angegeben ist. Wenn Sie *Standard*

nicht angeben, wird das Textfeld ohne Text angezeigt.

- *XPosition* ist ein numerischer Wert, der den horizontalen Abstand zwischen dem linken Rand des Dialogfelds und dem linken Rand des Bildschirms angibt. Wenn *XPosition* nicht angegeben wird, wird das Dialogfeld horizontal zentriert.
- *YPosition* ist ein numerischer Ausdruck, der den vertikalen Abstand zwischen dem oberen Rand des Dialogfelds und dem oberen Rand des Bildschirms angibt. Wenn *YPosition* nicht angegeben wird, wird das Dialogfeld ca. bei einem Drittel des Bildschirms nach unten vertikal positioniert.
- *Hilfedatei* ist ein Zeichenfolgenausdruck, der die Hilfedatei bezeichnet, die für die kontextsensitive Hilfe eines Dialogfelds verwendet werden soll. Wenn eine *Hilfedatei* angegeben ist, muss auch ein *Kontext* angegeben sein.
- *Kontext* ist ein numerischer Ausdruck, der die Hilfekontextzahl darstellt, die dem entsprechenden Hilfethema vom Autor der Hilfe zugewiesen wird. Wenn *Kontext* bereitgestellt wird, muss auch eine *Hilfedatei* angegeben werden.

MsgBox(Prompt [, Schalter] [, Titel] [, Hilfedatei] [, Kontext])

Zeigt eine Meldung in einem Dialogfeld an, wartet, bis der Benutzer auf eine Schaltfläche klickt, und gibt einen Wert vom Typ *Integer* zurück, der angibt, auf welche Schaltfläche der Benutzer geklickt hat.

Die Syntax enthält das notwendige Argument *Prompt*, das als Meldung im Dialogfeld angezeigt wird. Die maximale Länge von *Prompt* beträgt je nach der Breite der verwendeten Zeichen etwa 1024 Zeichen. Wenn *Prompt* aus mehreren Zeilen besteht, können die Zeilen durch ein Zeilenumbruchzeichen *Chr(13)*, ein Zeilenvorschubzeichen *Chr(10)* oder eine Kombination aus Zeilenumbruch- und Zeilenvorschubzeichen zwischen den Zeilen getrennt werden.

Zusätzlich können Sie mehrere optionale Argumente verwenden:

- *Schalter* ist ein numerischer Ausdruck, der die Summe der Werte darstellt, die die Anzahl und den Typ der anzuzeigenden Schaltflächen, die Art des zu verwendenden Symbols, die Standardschaltfläche sowie die Bindung des Meldungsfelds angibt. Der Standardwert für *Schalter* ist *0*, wenn dieses Argument nicht angegeben wird. Sie können andere Werte angeben (→ Tabelle 21.8). Die erste Gruppe von Werten beschreibt die Anzahl und den Typ der im Dialogfeld angezeigten Schaltflächen. Die zweite Gruppe beschreibt die Symbolart.

Konstante	Wert	Beschreibung
vbOKOnly	*0*	Zeigt nur die Schaltfläche *OK* an.
vbOKCancel	*1*	Zeigt die Schaltflächen *OK* und *Abbrechen* an.
vbAbortRetryIgnore	*2*	Zeigt die Schaltflächen *Beenden*, *Wiederholen* und *Ignorieren* an.
vbYesNoCancel	*3*	Zeigt die Schaltflächen *Ja*, *Nein* und *Abbrechen* an.
vbYesNo	*4*	Zeigt die Schaltflächen *Ja* und *Nein* an.
vbRetryCancel	*5*	Zeigt die Schaltflächen *Wiederholen* und *Abbrechen* an.
vbCritical	*16*	Zeigt das Symbol *Wichtige Meldung* an.
vbQuestion	*32*	Zeigt das Symbol *Warnmeldung* an.
vbExclamation	*48*	Zeigt das Symbol *Warnmeldung* an.
vbInformation	*64*	Zeigt das Symbol *Informationen* an.

Tabelle 21.8 Einige Werte für Schalter

- *Titel* ist ein Zeichenfolgenausdruck, der in der Titelleiste des Dialogfelds angezeigt wird. Wenn Sie *Title* nicht angeben, wird der Name der Anwendung in der Titelleiste angezeigt.
- *Hilfedatei* ist ein Zeichenfolgenausdruck, der die Hilfedatei angibt, die verwendet werden soll, um für das Dialogfeld eine kontextbezogene Hilfe bereitzustellen. Wenn *Hilfedatei* angegeben wird, muss auch *Kontext* angegeben werden.
- *Kontext* ist ein numerischer Ausdruck, der die Hilfekontextnummer darstellt, die dem entsprechenden Hilfethema vom Autor der Hilfe zugeordnet wurde. Wenn *Kontext* angegeben wird, muss auch *Hilfedatei* angegeben werden.

21.2.8 Domänenaggregatfunktionen

Unter einer Domäne versteht man eine Gruppe von Datensätzen, die beispielsweise durch eine Abfrage definiert wird. *Domänenaggregatfunktionen* geben statistische Informationen zu einer bestimmten Domäne oder einer Gruppe von Datensätzen zurück. Alle vorhandenen Funktionen dieser Art benutzen dieselbe Form von Syntax. Die lautet *Domänenaggregatfunktion(Ausdruck, Domäne, Kriterien)*. Die ersten beiden Kriterien sind erforderlich, das dritte ist optional.

» *Ausdruck* identifiziert das Feld mit den numerischen Daten, die ausgewertet werden sollen. Meist können Sie hierfür einfach den Namen des Feldes verwenden.

» *Domäne* ist ein Zeichenfolgenausdruck, der die Datensätze identifiziert, die die Domäne bilden. Es *kann* sich um einen Tabellennamen oder um einen Abfragenamen für eine Abfrage handeln, die keinen Parameter erfordert.

» *Kriterien* ist ein *Zeichenfolgenausdruck* zur Beschränkung des Datenbereichs, für den die Funktion ausgeführt wird. Wenn dieses Argument nicht angegeben wird, wertet die Funktion die gesamte Domäne aus. Ein in *Kriterien* angegebenes Feld muss auch in Domäne enthalten sein.

Bei Verwendung dieser Funktionen werden nicht gespeicherte Änderungen an Datensätzen unter Domäne nicht berücksichtigt. Wenn Funktion auf den geänderten Werten basieren soll, müssen Sie die Änderungen zunächst speichern.

DAvg(Ausdruck; Domäne [; Kriterien])

Sie verwenden die *DAvg*-Funktion, um den Mittelwert einer Wertemenge in einer angegebenen Datensatzgruppe zu berechnen.

DCount(Ausdruck; Domäne [; Kriterien])

Sie verwenden die *DCount*-Funktion, um die Anzahl der Datensätze zu ermitteln, die in einer bestimmten Gruppe von Datensätzen enthalten sind.

DFirst(Ausdruck; Domäne [; Kriterien]) und DLast(Ausdruck; Domäne [; Kriterien])

Sie können die Funktionen *DFirst* und *DLast* verwenden, damit ein zufällig ausgewählter Datensatz aus einem bestimmten Feld in einer Tabelle oder einer Abfrage zurückgegeben wird, wenn Sie einfach irgendeinen Wert aus diesem Feld benötigen.

DMin(Ausdruck; Domäne [; Kriterien]) und DMax(Ausdruck; Domäne [; Kriterien])

Sie können die Funktionen *DMin* und *DMax* verwenden, um die Mindest- und Höchstwerte in einer bestimmten Datensatzgruppe zu ermitteln.

DStDev(Ausdruck; Domäne [; Kriterien]) und DStDevP(Ausdruck; Domäne [; Kriterien])

Um die Standardabweichung von Werten in einer angegebenen Datensatzgruppe einer Domäne zu schätzen, können Sie die *DStDev*- und die *DStDevP*-Funktionen verwenden. Verwenden Sie die *DStDevP*-Funktion, um eine Population auszuwerten, und die *DStDev*-Funktion, um ein Stichprobe der Population auszuwerten.

DSum(Ausdruck; Domäne [; Kriterien])

Um die Summe einer Wertemenge in einer angegebenen Datengruppe zu berechnen, können Sie die *DSum*-Funktionen verwenden.

DVar(Ausdruck; Domäne [; Kriterien]) und DVarP(Ausdruck; Domäne [; Kriterien])

Um die Varianz von Werten in einer angegebenen Datensatzgruppe (einer Domäne) zu schätzen, können Sie die *DVar*- und die *DVarP*-Funktionen verwenden. Verwenden Sie die *DVarP*-Funktion, um die Varianz für eine Population zu berechnen, und die *DVar*-Funktion, um die Varianz für eine Stichprobe einer Population zu berechnen.

21.2.9 Systemfunktionen

Es gibt auch einige Funktionen, mit deren Hilfe Sie Angaben hinsichtlich der aktuellen Umgebung machen können.

Command()

Gibt das Befehlszeilenargument zurück, mit dem Access gestartet wurde - also die zum Starten verwendete Zeichenfolge. Wenn das Programm über die Befehlszeile gestartet wird, wird jeder Teil der Befehlszeile hinter der Option */cmd* als Befehlszeilenargument an das Programm übergeben.

TIPP Sie können ein Befehlszeilenargument nach dem Öffnen einer Datenbank ändern: Klicken Sie in der Registerkarte *Datei* auf *Optionen*. Wählen Sie im Dialogfeld *Access-Optionen* die Kategorie *Clienteinstellungen*. Blättern Sie zum Abschnitt *Erweitert*, und geben Sie in das Feld *Befehlszeilenargumente* ein neues Argument ein.

CurDir[(Laufwerk)]

Gibt einen Wert vom Typ *String* zurück, der den aktuellen Pfad beschreibt. Das optionale Argument *Laufwerk* ist ein Zeichenfolgenausdruck, das ein vorhandenes Laufwerk angibt. Wenn kein Laufwerk angegeben oder wenn *Laufwerk* eine leere Zeichenfolge ist, gibt *CurDir* den Pfad des aktuellen Laufwerks zurück.

FileDateTime(Pfad)

Gibt einen Wert vom Typ *Date* zurück, der das Datum und die Uhrzeit der Erstellung oder der letzten Änderung einer Datei angibt. Das erforderliche Argument *Pfad* ist ein Zeichenfolgenausdruck, der einen Dateinamen angibt. Pfad kann das Verzeichnis oder den Ordner sowie das Laufwerk beinhalten.

FileLen(Pfad)

Gibt den Datentyp *Long* zurück, der die Länge einer Datei in Bytes angibt. Das erforderliche Argument *Pfad* ist ein Zeichenfolgenausdruck, der einen Dateinamen angibt. Pfad kann das Verzeichnis oder den Ordner sowie das Laufwerk beinhalten.

Dir[(Pfad [; Attribut])]

Gibt eine Zeichenfolge zurück, die den Namen einer Datei, eines Verzeichnisses, eines Ordners, der einem angegebenen Muster oder Dateiattribut entspricht, oder die Volumebezeichnung eines Laufwerks darstellt. Die Syntax besteht aus den folgenden Argumenten:

» *Pfad* ist ein Zeichenfolgenausdruck, der einen Dateinamen angibt. Diese Angabe kann ein Verzeichnis, einen Ordner und ein Laufwerk enthalten.

» *Attribut* ist eine Konstante oder ein numerischer Ausdruck, deren bzw. dessen Summe Dateiattribute angibt. Wird dieser Wert ausgelassen, werden Dateien zurückgegeben, die zwar *Pfad* entsprechen, aber keine Attribute enthalten. Dafür gelten folgende Einstellungen (→ Tabelle 21.9):

Konstante	Wert	Beschreibung
vbNormal	0	(Standardeinstellung) Gibt Dateien ohne Attribute an.
vbReadOnly	1	Gibt zusätzlich zu Dateien ohne Attribute auch schreibgeschützte Dateien an.
vbHidden	2	Gibt zusätzlich zu Dateien ohne Attribute auch versteckte Dateien an.
VbSystem	4	Gibt zusätzlich zu Dateien ohne Attribute auch Systemdateien an.
vbVolume	8	Gibt die Volumebezeichnung an. Wenn ein anderes Attribut angegeben ist, wird *vbVolume* ignoriert.
vbDirectory	16	Gibt zusätzlich zu Dateien ohne Attribute auch Verzeichnisse oder Ordner an.

Tabelle 21.9 Die Einstellungen für den Parameter *Attribut*

21.2.10 Programmablauf

Zwei wichtige Funktionen müssen noch erwähnt werden, die eine Auswahl aus mehreren Ergebnissen gestatten - *Choose* und *IIf*.

Choose(Index; Auswahl1 [; Auswahl2] ... [; AuswahlN])

Die Funktion wählt einen Wert aus einer Liste mit Argumenten aus und gibt ihn zurück. Die Funktion gibt einen Wert aus der Liste der Auswahlmöglichkeiten basierend auf dem Wert von *Index* zurück. Wenn *Index* den Wert *1* hat, wird die erste Auswahlmöglichkeit in der Liste zurückgegeben. Wenn *Index* den Wert *2* hat, wird die zweite Auswahlmöglichkeit zurückgegeben, und so weiter.

Die Syntax der *Choose*-Funktion hat die folgenden Argumente:

» *Index* ist ein numerischer Ausdruck oder Feld mit dem Ergebnis eines Werts zwischen 1 und der Anzahl der verfügbaren Auswahlmöglichkeiten.

» *Auswahl1* bis *AuswahlN* ist ein *Variant*-Ausdruck, der eine der möglichen Auswahlen enthält.

IIf(Ausdruck; WennWahr; WennFalsch)

Die Funktion gibt einen von zwei Teilen je nach Auswertung eines Ausdrucks zurück. Wenn der *Ausdruck* wahr ist, gibt *IIf* den Wert *WennWahr* zurück; wenn der *Ausdruck* falsch ist, gibt *IIf* den Wert *WennFalsch* zurück. Die Funktion kann an allen Stellen verwendet werden, an denen Ausdrücke genutzt werden. Sie verwendet die folgenden notwendigen Argumente:

» *Ausdruck* ist der Ausdruck, den Sie auswerten möchten.

» *WennWahr* ist der Wert oder Ausdruck, der zurückgegeben wird, wenn *Ausdruck* auf *Wahr* festgelegt ist.

» *WennFalsch* ist der Wert oder Ausdruck, der zurückgegeben wird, wenn *Ausdruck* auf *Falsch* festgelegt ist.

Ein Ausdruck kann als Teil einer *IIf*-Anweisung verwendet werden. *IIf*-Ausdrücke können zum Auswerten von abhängigen Ausdrücken auch geschachtelt werden.

Kapitel 22

Tastenkombinationen

Für den schnellen Zugriff auf häufig verwendete Befehle oder Vorgänge können Sie Tastenkombinationen verwenden. In den folgenden Abschnitten sind die in Microsoft Access 2010 verfügbaren Tastenkombinationen aufgeführt. Sie können Tastenkombinationen auch verwenden, um den Fokus zu einem Menü, einem Befehl oder einem Steuerelement zu bewegen, ohne die Maus zu verwenden. Die beschriebenen Tastenkombinationen beziehen sich auf das deutsche Tastaturlayout. Die Tasten anderer Tastaturlayouts stimmen möglicherweise nicht genau mit dem deutschen Tastaturlayout überein.

» Zunächst liefern wir Ihnen allgemeine Tastenkombinationen, die im Prinzip für alle Microsoft Office-Programme gelten.

» Im zweiten Teil dieses Referenzkapitels sind die wichtigsten Tastenkombinationen für Microsoft Access zusammengefasst.

HINWEIS Bei Tastenkombinationen, bei denen zwei oder mehr Tasten gleichzeitig gedrückt werden müssen, werden die zu drückenden Tasten durch ein Pluszeichen voneinander getrennt. Bei Tastenkombinationen, bei denen eine Taste direkt gefolgt von einer weiteren Taste gedrückt werden muss, werden die zu drückenden Tasten durch ein Komma voneinander getrennt. Um beispielsweise einen markierten Begriff fett zu formatieren, müssten Sie die Tastenkombination [Alt]+[R],[1] drücken.

22.1 Allgemeine Tasten für Office-Programme

Zunächst finden Sie in den folgenden Tabellen allgemeine Tastenkombinationen, die im Prinzip für alle Office-Programme gelten.

22.1.1 Arbeiten im Menüband

Im Menüband bieten Zugriffstasten eine Möglichkeit, einen Befehl schnell durch Drücken einiger Tasten zu verwenden, unabhängig davon, wo Sie sich im Programm befinden. Jeder Befehl in Access 2010 ist mit einer Zugriffstaste aufrufbar. Sie können die meisten Befehle mit zwei bis fünf Tastenanschlägen aufrufen:

» Drücken Sie die [Alt]-Taste. Die Zugriffstasteninfos werden für jede Funktion angezeigt, die in der aktuellen Ansicht verfügbar ist (→ Abbildung 22.1).

» Drücken Sie den Buchstaben, der in der Zugrifftasteninfo für die Funktion gezeigt wird, die Sie verwenden möchten.

» Je nachdem, welchen Buchstaben Sie drücken, werden zusätzliche Zugriffstasteninfos angezeigt (→ Abbildung 22.2). Wenn z. B. die Registerkarte *Start* aktiv ist und Sie [L] drücken, wird die Registerkarte *Erstellen* zusammen mit den Zugriffstasteninfos für die Gruppen auf der Registerkarte angezeigt.

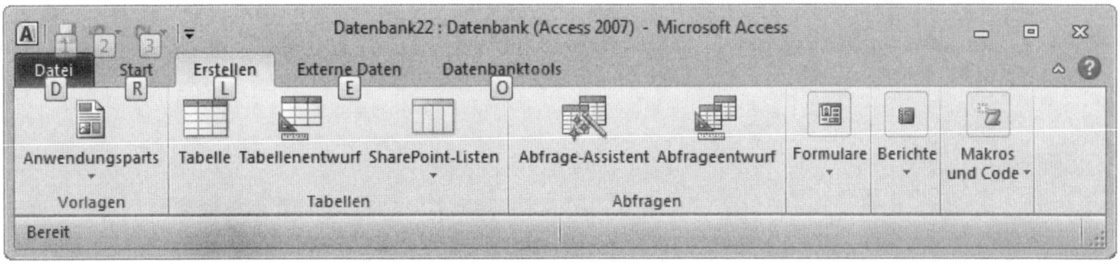

Abbildung 22.1 Die Zugriffstasten im Menüband – hier die oberste Ebene

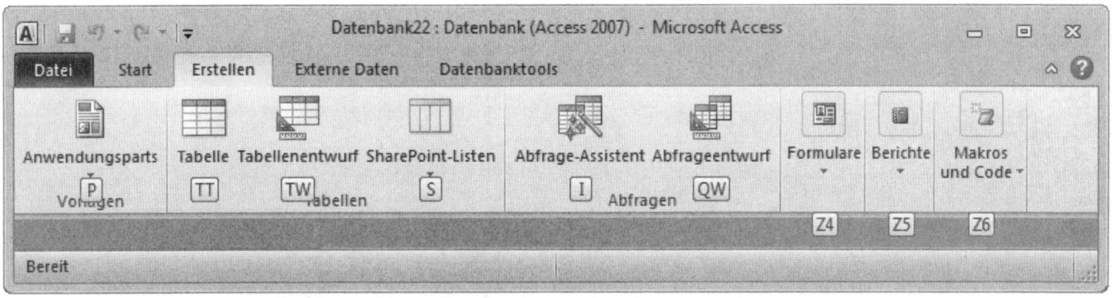

Abbildung 22.2 Die Zugriffstasten im Menüband – hier die nächste Ebene

» Die Infos zu Tastenkombinationen werden für jedes Element angezeigt, das in der aktuellen Ansicht verfügbar ist. Drücken Sie weiterhin Buchstaben, bis Sie den Buchstaben für den Befehl oder das Steuerelement drücken, den oder das Sie verwenden möchten. In einigen Fällen müssen Sie zunächst den Buchstaben der Gruppe drücken, die den Befehl enthält.

» Möchten Sie jeweils einen Schritt zurück gehen, drücken Sie die Esc-Taste.

» Drücken Sie Alt, um den aktuellen Vorgang abzubrechen und die Zugriffstasteninfos auszublenden.

Im Menüband können Sie auch mit der Tastatur den Fokus zwischen Registerkarten und Befehlen verlagern, bis Sie die gewünschte Funktion finden (→ Tabelle 22.1 und Tabelle 22.2).

Zweck	Tastenkombination
Auswählen der aktiven Registerkarte aus dem Menüband und Aktivieren der Zugriffstasten.	Alt oder F10. Drücken Sie die Taste erneut, um zum Dokument zurück zu wechseln.
Wechseln zu einer anderen Registerkarte im Menüband.	F10 zum Auswählen der aktiven Registerkarte und dann ← oder →
Ausblenden oder Anzeigen des Menübands	Strg+F1
Anzeigen des Kontextmenüs für den ausgewählten Befehl.	⇧+F10

Tabelle 22.1 Ändern des Tastaturfokus ohne Verwenden der Maus

Zweck	Tastenkombination
Verschieben des Fokus vorwärts bzw. rückwärts zu jedem Befehl im Menüband.	Tab oder ⇧+Tab
Wechseln nach unten, oben, links bzw. rechts zwischen den Elementen im Menüband.	↓, ↑, ← oder →
Aktivieren des ausgewählten Befehls oder Steuerelements im Menüband.	Leer oder ↵
Öffnen des ausgewählten Menüs oder Katalogs im Menüband.	Leer oder ↵
Aktivieren eines Befehls oder Steuerelements im Menüband zum Ändern eines Werts.	↵
Beenden der Änderung eines Werts in einem Steuerelement.	↵
Anzeigen der Hilfe für den ausgewählten Befehl oder das ausgewählte Steuerelement im Menüband.	F1

Tabelle 22.2 Auswählen von Steuerelementen im Menüband

22.1.2 Allgemeine Tasten für Microsoft Office

Es gibt außerdem einige Tastenkombinationen, die bei allen Office-Programmen auf dieselbe Weise eingesetzt werden können. Diese betreffen beispielsweise die Arbeit mit Fenstern, Dialogfeldern, allgemeine Aufgaben der Navigation oder das Arbeiten mit der Programmhilfe.

Anzeigen und Verwenden von Fenstern

Zweck	Tastenkombination
Wechseln zum nächsten Fenster	Alt+Tab
Wechseln zum vorherigen Fenster	Alt+⇧+Tab
Schließen des aktiven Fensters	Strg+W oder Strg+F4
Wechseln aus einem anderen Bereich im Programmfenster zu einem Aufgabenbereich (im Uhrzeigersinn)	F6 (Möglicherweise müssen Sie mehrmals F6 drücken.)
Wechseln zum nächsten Fenster, wenn mehrere Fenster geöffnet sind	Strg+F6
Wechseln zum vorherigen Fenster	Strg+⇧+F6
Minimieren eines Fensters in ein Symbol (nicht bei allen Microsoft Office-Programmen möglich).	Strg+F9
Maximieren oder Wiederherstellen eines ausgewählten Fensters	Strg+F10
Kopieren einer Bildschirmabbildung in die Zwischenablage	Druck
Kopieren einer Abbildung des ausgewählten Fensters in die Zwischenablage	Alt+Druck

Tabelle 22.3 Anzeigen und Verwenden von Fenstern

Arbeiten in Dialogfeldern

Zweck	Tastenkombination
Wechseln von einem geöffneten Dialogfeld zurück zum Dokument (für Dialogfelder, die dieses Verhalten unterstützen).	Alt+F6
Wechseln zur nächsten Option oder Optionsgruppe.	Tab
Wechseln zur nächsten Option oder Optionsgruppe.	⇧+Tab
Wechseln zur nächsten Registerkarte in einem Dialogfeld.	Strg+Tab
Wechseln zur vorherigen Registerkarte in einem Dialogfeld.	Strg+⇧+Tab
Wechseln zwischen Optionen in einer geöffneten Drop-down-Liste oder zwischen Optionen in einer Optionsgruppe.	Pfeiltasten
Aktivieren oder Deaktivieren des ausgewählten Kontrollkästchens.	Leer
Auswählen einer Option. Aktivieren oder Deaktivieren eines Kontrollkästchens.	Alt+unterstrichener Buchstabe einer Option
Öffnen einer ausgewählten Drop-down-Liste.	Alt+↓
Auswählen einer Option aus einer Drop-down-Liste.	Erster Buchstabe einer Option in einer Drop-down-Liste

Zweck	Tastenkombination
Abbrechen eines Befehls und Schließen eines Dialogfelds.	Esc
Ausführen des ausgewählten Befehls.	↵

Tabelle 22.4 Arbeiten in Dialogfeldern

Bearbeitungsfelder innerhalb von Dialogfeldern

Zweck	Tastenkombination
Bewegen zum Anfang des Eintrags.	Pos1
Bewegen zum Ende des Eintrags.	Ende
Bewegen um ein Zeichen nach links oder rechts.	← oder →
Bewegen um ein Wort nach links.	Strg + ←
Bewegen um ein Wort nach rechts.	Strg + →
Markieren oder Aufheben der Markierung eines Zeichens links von der Einfügemarke.	⇧ + ←
Markieren oder Aufheben der Markierung eines Zeichens rechts von der Einfügemarke.	⇧ + →
Markieren oder Aufheben der Markierung eines Wortes links von der Einfügemarke	Strg + ⇧ + ←
Markieren oder Aufheben der Markierung eines Wortes rechts von der Einfügemarke.	Strg + ⇧ + →
Markieren von der Einfügemarke bis zum Beginn des Eintrags.	⇧ + Pos1
Markieren von der Einfügemarke bis zum Ende des Eintrags.	⇧ + Ende

Tabelle 22.5 Bearbeitungsfelder innerhalb von Dialogfeldern

Navigation innerhalb von Daten

Zweck	Tastenkombination
Verschieben um einen Buchstaben nach links	←
Verschieben um einen Buchstaben nach rechts	→
Verschieben um eine Zeile nach oben	↑
Verschieben um eine Zeile nach unten	↓
Verschieben um ein Wort nach links	Strg + ←
Verschieben um ein Wort nach rechts	Strg + →
Springen an das Ende einer Zeile	Ende
Springen an den Anfang einer Zeile	Pos1
Verschieben um einen Absatz nach oben	Strg + ↑
Verschieben um einen Absatz nach unten	Strg + ↓
Springen an das Ende eines Textfelds	Strg + Ende
Springen an den Anfang eines Textfelds	Strg + Pos1
Wiederholen der letzten Aktion Suchen	⇧ + F4

Tabelle 22.6 Navigieren in Text oder Zellen

Navigation in Tabellen

Zweck	Tastenkombination
Wechseln zur nächsten Zelle	⇆
Wechseln zur vorherigen Zelle	⇧ + ⇆
Wechseln zur nächsten Zeile	↓
Wechseln zur vorherigen Zeile	↑
Einfügen einer Tabelle in einer Zelle	Strg + ⇆
Beginnen eines neuen Absatzes	↵
Hinzufügen einer neuen Zeile an das Ende der Tabelle	⇆ am Ende der letzten Zeile

Tabelle 22.7 Navigieren in Tabellen

Arbeiten mit Aufgabenbereichen

Zweck	Tastenkombination
Wechseln aus einem anderen Bereich im Programmfenster zu einem Aufgabenbereich.	F6 (Möglicherweise müssen Sie mehrmals F6 drücken.)
Wechseln zu einem Aufgabenbereich, wenn ein Menü oder eine Symbolleiste aktiv ist.	Strg+Tab (Möglicherweise müssen Sie mehrmals Strg+Tab drücken.)
Auswählen der nächsten oder vorherigen Option im Aufgabenbereich, wenn ein Aufgabenbereich aktiv ist	Tab oder ⇧+Tab
Anzeigen aller Befehle im Menü des Aufgabenbereichs	Strg+↓
Wechseln zwischen Optionen in einem ausgewählten Untermenü; Wechseln zwischen bestimmten Optionen in einer Gruppe von Optionen	↓ oder ↑
Öffnen des ausgewählten Menüs oder Ausführen des Vorgangs, der der ausgewählten Schaltfläche zugewiesen ist	Leer oder ↵
Öffnen eines Kontextmenüs oder Öffnen eines Drop-down-Menüs für das ausgewählte Katalogelement	⇧+F10
Auswählen des ersten oder letzten Befehls im Menü oder Untermenü, wenn ein Menü oder Untermenü geöffnet ist	Pos1 oder Ende
Durchführen eines Bildlaufs nach oben bzw. nach unten in der ausgewählten Katalogliste	Bild↑ oder Bild↓
Wechseln zum Anfang oder zum Ende der ausgewählten Katalogliste	Strg+Pos1 oder Strg+Ende

Tabelle 22.8 Verwenden von Aufgabenbereichen

Arbeiten im Hilfefenster

Zweck	Tastenkombination
Öffnen des Hilfefensters	F1
Schließen des Hilfefensters	Alt+F4
Wechseln zwischen dem Hilfefenster und dem aktiven Programm	Alt+Tab
Zurück zur Startseite von Programmname	Alt+Pos1
Auswählen des nächsten Elements im Hilfefenster	Tab
Auswählen des vorherigen Elements im Hilfefenster	⇧+Tab
Durchführen der Aktion für das ausgewählte Element	↵
Auswählen des nächsten oder vorherigen Elements im Abschnitt *‹Programmname›-Hilfe durchsuchen* des Hilfefensters	Tab oder ⇧+Tab
Ein- oder Ausblenden des ausgewählten Elements im Abschnitt *‹Programmname›-Hilfe durchsuchen* des Hilfefensters	↵
Auswählen des nächsten verborgenen Texts oder Hyperlinks einschließlich *Alle anzeigen* oder *Alle ausblenden* am Anfang eines Themas	Tab

Zweck	Tastenkombination
Auswählen des vorherigen verborgenen Texts oder Hyperlinks	[⇧]+[⇆]
Ausführen der Aktion, je nachdem, ob *Alle anzeigen*, *Alle ausblenden*, verborgener Text oder ein Hyperlink ausgewählt ist	[↵]
Wechseln zum vorherigen Hilfethema (entspricht der Schaltfläche *Zurück*)	[Alt]+[←] oder [Rück]
Wechseln zum nächsten Hilfethema (entspricht der Schaltfläche *Vorwärts*)	[Alt]+[→]
Ausführen eines Bildlaufs im momentan angezeigten Hilfethema nach unten oder oben in kleinen Schritten	[↑], [↓]
Ausführen eines Bildlaufs im momentan angezeigten Hilfethema nach unten oder oben in größeren Schritten	[Bild↑], [Bild↓]
Anzeigen eines Menüs mit Befehlen für das Hilfefenster. Hierfür muss sich der aktive Fokus im Hilfefenster befinden (klicken Sie in das Hilfefenster).	[⇧]+[F10]
Beenden der letzten Aktion (Schaltfläche *Beenden*)	[Esc]
Aktualisieren des Fensters (Schaltfläche *Aktualisieren*)	[F5]
Drucken des aktuellen Hilfethemas	[Strg]+[P]
Ändern des Verbindungsstatus	[F6], und dann [↵] zum Öffnen der Auswahlliste
Wechseln zwischen Bereichen im Hilfefenster, beispielsweise zwischen der Symbolleiste und der Liste *Suchen*	[F6]
Auswählen des nächsten oder vorherigen Elements in der Strukturansicht eines Inhaltsverzeichnisses	[↑], [↓]
Erweitern und Reduzieren des nächsten oder vorherigen Elements in der Strukturansicht eines Inhaltsverzeichnisses	[←], [→]

Tabelle 22.9 Arbeiten im Hilfefenster

22.2 Spezielle Aufgaben in Microsoft Access

Im zweiten Teil dieses Referenzkapitels sind die wichtigsten Tastenkombinationen für Microsoft Access im Speziellen zusammengefasst.

22.2.1 Allgemeine Tastenkombinationen

In den nachfolgenden Tabellen finden Sie die Tastenkürzel für einige Grundaufgaben.

Öffnen von Datenbanken

Zweck	Tastenkombination
Anlegen einer neuen Datenbank	[Strg]+[N]
Öffnen einer vorhandenen Datenbank	[Strg]+[O]
Beenden von Access 2010	[Alt]+[F4]

Tabelle 22.10 Öffnen von Datenbanken und Schließen von Access

Drucken und Speichern

Zweck	Tastenkombination
Drucken des aktuellen oder ausgewählten Objekts	Strg+P
Öffnen des Dialogfelds *Drucken* in der Seitenansicht	P oder Strg+P
Öffnen des Dialogfelds *Seite einrichten* in der Seitenansicht	S
Abbrechen der Seitenansicht oder Layoutvorschau	C oder Esc
Speichern eines vorher markierten Datenbankobjekts	Strg+S oder ⇧+F12
Öffnen des Dialogfelds *Speichern unter*	F12

Tabelle 22.11 Drucken und Speichern von Datenbankobjekten

Arbeiten mit Kombinations- oder Listenfeldern

Zweck	Tastenkombination
Öffnen eines Kombinationsfelds	F4 oder Alt+↓
Aktualisieren des Inhalts eines Nachschlagefelds in Form eines Listen- oder eines Kombinationsfelds	F9
Eine Zeile nach unten	↓
Eine Seite nach unten	Bild↓
Eine Zeile nach oben	↑
Eine Seite nach oben	Bild↑
Beenden des Kombinations- oder Listenfelds	⇆

Tabelle 22.12 Verwenden eines Kombinations- oder Listenfeldes

Suchen und Ersetzen

Zweck	Tastenkombination
Öffnen der Registerkarte *Suchen* im Dialogfeld *Suchen und Ersetzen* (nur Datenblattansicht und Formularansicht)	Strg+F
Öffnen der Registerkarte *Ersetzen* im Dialogfeld *Suchen und Ersetzen* (nur Datenblattansicht und Formularansicht)	Strg+H
Suchen des nächsten Vorkommens des Textes, der im Dialogfeld *Suchen und Ersetzen* angegeben wurde, wenn das Dialogfeld geschlossen ist (nur Datenblattansicht und Formularansicht)	⇧+F4

Tabelle 22.13 Suchen und Ersetzen von Text oder Daten

Arbeiten in der Entwurfsansicht

Zweck	Tastenkombination
Wechseln zwischen Bearbeitungsmodus (mit angezeigter Einfügemarke) und Navigationsmodus in einem Datenblatt. Drücken Sie zum Verlassen des Navigationsmodus Esc, wenn Sie in einem Formular oder in einem Bericht arbeiten.	F2
Wechseln zum Eigenschaftenblatt (in der Entwurfsansicht in Formularen und Berichten)	F4
Wechseln von der Entwurfsansicht für Formulare zur Formularansicht	F5
Wechseln zwischen dem oberen und unteren Bereich eines Fensters (Entwurfsansicht von Abfragen und Fenster *Spezialfilter/-sortierung*)	F6
Durchlaufen von Feldraster, Feldeigenschaften, Navigationsbereich, Tastenkombinationen im Tastaturzugriffssystem, Zoomsteuerelementen und Sicherheitsleiste (Entwurfsansicht von Tabellen)	F6
Öffnen des Dialogfelds *Generator auswählen* (Entwurfsansichtsfenster von Formularen und Berichten)	F7

Zweck	Tastenkombination
Öffnen des Visual Basic-Editors in einer ausgewählten Eigenschaft im Eigenschaftenblatt für ein Formular oder einen Bericht	F7
Wechseln vom Visual Basic-Editor zurück zur Entwurfsansicht eines Formulars oder Berichts	⇧+F7 oder Alt+F11

Tabelle 22.14 Arbeiten in der Entwurfsansicht

Bearbeiten von Steuerelementen

Zweck	Tastenkombination
Kopieren des ausgewählten Steuerelements in die Zwischenablage	Strg+C
Ausschneiden des ausgewählten Steuerelements und Kopieren in die Zwischenablage	Strg+X
Einfügen des Inhalts der Zwischenablage in die obere linke Ecke des ausgewählten Bereichs	Strg+V
Verschieben des ausgewählten Steuerelements nach rechts (außer Steuerelemente, die Teil des Layouts sind)	→ oder Strg+→
Verschieben des ausgewählten Steuerelements nach links (außer Steuerelemente, die Teil des Layouts sind)	← oder Strg+←
Verschieben des ausgewählten Steuerelements nach oben	↑ oder Strg+↑
Verschieben des ausgewählten Steuerelements nach unten	↓ oder Strg+↓
Vergrößern der Höhe des ausgewählten Steuerelements	⇧+↓
Vergrößern der Breite des ausgewählten Steuerelements. Bei Verwendung mit Steuerelementen in einem Layout wird die Größe des gesamten Layouts geändert.	⇧+→
Reduzieren der Höhe des ausgewählten Steuerelements	⇧+↑
Reduzieren der Breite des ausgewählten Steuerelements. Bei Verwendung mit Steuerelementen in einem Layout wird die Größe des gesamten Layouts geändert	⇧+←

Tabelle 22.15 Bearbeiten von Steuerelementen in der Entwurfsansicht für Formulare und Berichte

Arbeiten an Fenstern

Zweck	Tastenkombination
Ein-/Ausschalten des Navigationsbereichs	F11
Wechseln zwischen geöffneten Fenstern	Strg+F6
Wiederherstellen des ausgewählten minimierten Fensters, wenn alle Fenster minimiert werden	↵
Aktivieren des Wiederherstellen-Modus für das aktive Fenster, wenn es nicht maximiert ist. Drücken Sie die Pfeiltasten, um die Größe des Fensters zu ändern.	Strg+F8
Anzeigen des Systemmenüs	Alt+Leer
Anzeigen des Kontextmenüs	⇧+F10
Schließen des aktiven Fensters	Strg+W oder Strg+F4
Wechseln zwischen dem Visual Basic-Editor und dem vorherigen aktiven Fenster	Alt+F11

Tabelle 22.16 Fensteroperationen

Arbeiten mit Assistenten

Zweck	Tastenkombination
Wechseln zum nächsten Steuerelement des Assistenten	⇆
Wechseln zur nächsten Seite des Assistenten	Alt+N
Wechseln zur vorherigen Seite des Assistenten	Alt+B
Abschließen des Assistenten	Alt+F

Tabelle 22.17 Verwenden von Assistenten

Verwenden von Menüs

Zweck	Tastenkombination
Anzeigen des Kontextmenüs	⇧+F10
Anzeigen der Tastenkombinationen	Alt oder F10
Anzeigen des Menüs des Programmsymbols (in der Titelleiste des Programms)	Alt+Leer
Auswählen des nächsten oder vorherigen Befehls, wenn das Menü oder Untermenü sichtbar ist	↓ oder ↑
Auswählen des Menüs links oder rechts neben dem aktiven Menü. Oder, bei geöffnetem Untermenü, wechseln zwischen dem Hauptmenü und dem Untermenü	← oder →
Auswählen des ersten oder letzten Befehls im Menü oder Untermenü	Pos1 oder Ende
Gleichzeitiges Schließen des geöffneten Menüs und des Untermenüs	Alt
Schließen des geöffneten Menüs. Oder, bei geöffnetem Untermenü, nur Schließen des Untermenüs	Esc

Tabelle 22.18 Verwenden von Menüs

Weitere allgemeine Tastenkombinationen

Zweck	Tastenkombination
Anzeigen der vollständigen Hyperlinkadresse für einen ausgewählten Hyperlink	F2
Überprüfen der Rechtschreibung	F7
Öffnen des Zoomfelds, in dem Sie Ausdrücke und anderen Text mühelos in kleine Eingabebereiche eingeben können	⇧+F2
Anzeigen eines Eigenschaftenblatts in der Entwurfsansicht	Alt+↵
Beenden von Access oder Schließen eines Dialogfelds	Alt+F4
Aufrufen eines Generators	Strg+F2
Wechseln zwischen Ansichten in einer Tabelle, einer Abfrage, einem Formular, einem Bericht, einer PivotTable-Liste, einem PivotChart-Bericht oder einer gespeicherten Prozedur. Stehen weitere Ansichten zur Verfügung, wird bei jedem weiteren Drücken dieser Tastenkombination die nächste verfügbare Ansicht aufgerufen.	Strg+→ oder Strg+,
Zurückwechseln zwischen Ansichten in einer Tabelle, einer Abfrage, einem Formular, einem Bericht, einer Seite, einer PivotTable-Liste, einem PivotChart-Bericht oder einer gespeicherten Prozedur. Stehen weitere Ansichten zur Verfügung, wird bei jedem weiteren Drücken dieser Tastenkombination die vorherige Ansicht aufgerufen.	Strg+← oder Strg+. (Strg+. funktioniert nicht unter allen Bedingungen mit allen Objekten.)

Tabelle 22.19 Sonstige

22.2.2 Die Tastenkombinationen im Navigationsbereich

Besonders für die Arbeit im Navigationsbereich vereinfachen viele Tastenkombinationen die Arbeit.

Die Navigation

Zweck	Tastenkombination
Springen in das Suchfeld im Navigationsbereich von beliebiger Stelle in der Datenbank	Alt + Strg + F
Umbenennen eines ausgewählten Objekts	F2
Eine Zeile nach unten	↓
Ein Fenster nach unten	Bild ↓
Zum letzten Objekt	Ende
Eine Zeile nach oben	↑
Ein Fenster nach oben	Bild ↑
Zum ersten Objekt	Pos1

Tabelle 22.20 Bearbeiten der und Bewegen in der Objektliste

Datenbankobjekte öffnen

Zweck	Tastenkombination
Öffnen der ausgewählten Tabelle oder Abfrage in der Datenblattansicht	↵
Öffnen des ausgewählten Formulars oder Berichts	↵
Ausführen des ausgewählten Makros	↵
Öffnen der ausgewählten Tabelle, Abfrage, des Formulars, Berichts, der Datenzugriffsseite oder des Moduls in der Entwurfsansicht	Strg + ↵
Anzeigen des Direktfensters im Visual Basic-Editor	Strg + G

Tabelle 22.21 Bewegen zwischen Objekten und Öffnen von Objekten

Verwenden von Fenstern und Dialogfeldern

Zweck	Tastenkombination
Wechseln zum nächsten Programm	Alt + ⇆
Wechseln zum vorherigen Programm	Alt + ⇧ + ⇆
Anzeigen des Startmenüs von Windows	Strg + Esc
Schließen des aktiven Datenbankfensters	Strg + W
Wechseln zum nächsten Datenbankfenster	Strg + F6
Wechseln zum vorherigen Datenbankfenster	Strg + ⇧ + F6
Wiederherstellen des ausgewählten minimierten Fensters, wenn alle Fenster minimiert werden	↵

Tabelle 22.22 Verwenden eines Programmfensters

22.2.3 Eigenschaftenblätter und Feldlisten

Bei der Arbeit im Entwurf von Datenbankobjekten werden Sie oft mit Eigenschaftenblättern und Feldlisten arbeiten müssen.

Verwenden von Eigenschaftenblättern

Zweck	Tastenkombination
Ein-/Ausschalten des Eigenschaftenblattregisters	F4
Wechseln zum jeweils nächsten Element in der Drop-down-Liste des Steuerelements	↓ oder ↑
Navigieren um jeweils fünf Elemente in der Drop-down-Liste des Steuerelements	Bild ↓ oder Bild ↑
Wechseln zu den Eigenschaftenblattregistern über die Drop-down-Liste des Steuerelements	⇆
Navigieren zwischen den Registerkarten des Eigenschaftenblatts, wenn keine Eigenschaft ausgewählt ist	← oder →

Zweck	Tastenkombination
Navigieren um eine Eigenschaft nach unten auf einer Registerkarte, wenn bereits eine Eigenschaft ausgewählt ist	Tab
Navigieren um eine Eigenschaft nach oben auf einer Registerkarte, wenn eine Eigenschaft ausgewählt ist. Navigieren zur Registerkarte, falls sich der Cursor bereits am Anfang befindet.	⇧+Tab
Wechseln zur nächsten Registerkarte, wenn eine Eigenschaft ausgewählt ist	Strg+Tab
Wechseln zur vorherigen Registerkarte, wenn eine Eigenschaft ausgewählt ist	Strg+⇧+Tab

Tabelle 22.23 Verwenden eines Eigenschaftenblatts mit einem Formular oder einem Bericht in der Entwurfsansicht

Das Eigenschaftenblatt bei einer Tabelle oder einer Abfrage

Zweck	Tastenkombination
Ein-/Ausschalten des Eigenschaftenblattregisters	F4
Navigieren zwischen den Registerkarten des Eigenschaftenblatts, wenn eine Registerkarte, aber keine Eigenschaft ausgewählt ist	← oder →
Navigieren zu den Eigenschaftenblattregistern, wenn eine Eigenschaft ausgewählt ist	Strg+Tab
Navigieren zur ersten Eigenschaft einer Registerkarte, wenn keine Eigenschaft ausgewählt ist	Tab
Navigieren um eine Eigenschaft nach unten auf einer Registerkarte	Tab
Navigieren um eine Eigenschaft nach oben auf einer Registerkarte. Oder Auswählen der Registerkarte selbst, wenn sich der Cursor bereits am Anfang befindet.	⇧+Tab
Weiterwechseln zwischen den Registerkarten, wenn eine Eigenschaft ausgewählt ist	Strg+Tab
Zurückwechseln zwischen den Registerkarten, wenn eine Eigenschaft ausgewählt ist	Strg+⇧+Tab

Tabelle 22.24 Verwenden eines Eigenschaftenblatts mit einer Tabelle oder einer Abfrage

Arbeiten mit der Feldliste

Zweck	Tastenkombination
Ein-/Ausschalten des Bereichs *Feldliste*	Alt+F8
Hinzufügen des ausgewählten Felds zum Formular- oder Berichtdetailabschnitt	↵
Navigieren nach oben oder unten im Bereich *Feldliste*	↑ oder ↓
Navigieren vom unteren *Feldlisten*bereich zum oberen *Feldlisten*bereich	⇧+Tab
Navigieren vom oberen *Feldlisten*bereich zum unteren *Feldlisten*bereich	Tab

Tabelle 22.25 Verwenden des Bereichs *Feldliste*

22.2.4 Tasten zum Verwenden von Text und Daten

Wichtig sind auch die Tastenkombinationen zum Markieren und Bearbeiten von Daten in den Feldern eines Datenbankobjekts.

Markieren von Text in einem Feld

Zweck	Tastenkombination
Ändern der Größe der Auswahl um ein Zeichen nach rechts	⇧+→
Ändern der Größe der Auswahl um ein Wort nach rechts	Strg+⇧+→
Ändern der Größe der Auswahl um ein Zeichen nach links	⇧+←
Ändern der Größe der Auswahl um ein Wort nach links	Strg+⇧+←

Tabelle 22.26 Markieren von Text in einem Feld

Markieren eines Felds oder Datensatzes

Zweck	Tastenkombination
Markieren des nächsten Felds	Tab
Wechseln zwischen Bearbeitungsmodus (mit angezeigter Einfügemarke) und Navigationsmodus in einem Datenblatt.	F2

Zweck	Tastenkombination
Wechseln zwischen dem Markieren des aktuellen Datensatzes und dem Markieren des ersten Felds im aktuellen Datensatz im Navigationsmodus	⇧+Leer
Erweitern der Markierung auf den vorherigen Datensatz, wenn der aktuelle Datensatz markiert ist	⇧+↑
Erweitern der Markierung auf den nächsten Datensatz, wenn der aktuelle Datensatz markiert ist	⇧+↓
Markieren aller Datensätze	Strg+A oder Strg+⇧+Leer

Tabelle 22.27 Markieren eines Felds oder Datensatzes

TIPP Zum Aufheben einer Markierung verwenden Sie die jeweils entgegengesetzte Pfeiltaste.

Erweitern einer Markierung

Zweck	Tastenkombination
Aktivieren des Erweiterungsmodus (in der Datenblattansicht wird in der unteren rechten Ecke des Fensters *Erweitere Auswahl* angezeigt). Durch wiederholtes Drücken von F8 wird die Markierung auf das Wort, das Feld, den Datensatz bzw. auf alle Datensätze erweitert.	F8
Erweitern einer Markierung auf benachbarte Felder in derselben Zeile in der Datenblattansicht	← oder →
Erweitern einer Markierung auf benachbarte Zeilen in der Datenblattansicht	↑ oder ↓
Rückgängigmachen der zuletzt vorgenommenen Markierung	⇧+F8
Abbrechen des Erweiterungsmodus	Esc

Tabelle 22.28 Erweitern einer Markierung

Markieren und Verschieben von Spalten

Zweck	Tastenkombination
Markieren der aktuellen Spalte oder Aufheben der Spaltenmarkierung (nur im Navigationsmodus	Strg+Leer
Markieren der Spalte rechts von der aktuellen Spalte, wenn diese markiert ist	⇧+→
Markieren der Spalte links von der aktuellen Spalte, wenn diese markiert ist	⇧+←
Aktivieren des Verschiebemodus. Anschließend drücken Sie → oder ←, um ausgewählte Spalten nach rechts oder links zu verschieben.	Strg+⇧+F8

Tabelle 22.29 Markieren und Verschieben einer Spalte in der Datenblattansicht

Bearbeiten von Text und Daten

Zweck	Tastenkombination
Verschieben der Einfügemarke um ein Zeichen nach rechts	→
Verschieben der Einfügemarke um ein Wort nach rechts	Strg+→
Verschieben der Einfügemarke um ein Zeichen nach links	←
Verschieben der Einfügemarke um ein Wort nach links	Strg+←
Verschieben der Einfügemarke an das Ende des Felds bei einzeiligen Feldern. Oder Verschieben an das Ende der Zeile bei mehrzeiligen Feldern.	Ende
Verschieben der Einfügemarke an das Ende des Felds bei mehrzeiligen Feldern.	Strg+Ende
Verschieben der Einfügemarke an den Anfang des Felds bei einzeiligen Feldern oder Verschieben an den Anfang der Zeile bei mehrzeiligen Feldern.	Pos1
Verschieben der Einfügemarke an den Anfang des Felds bei mehrzeiligen Feldern.	Strg+Pos1

Tabelle 22.30 Bewegen der Einfügemarke in einem Feld

Kopieren, Verschieben oder Löschen von Text

Zweck	Tastenkombination
Kopieren der Auswahl in die Zwischenablage	Strg+C
Ausschneiden der Auswahl und Kopieren in die Zwischenablage	Strg+X
Einfügen des Inhalts der Zwischenablage an der Einfügemarke	Strg+V
Löschen der Auswahl oder des Zeichens links von der Einfügemarke	Rück
Löschen der Auswahl oder des Zeichens rechts von der Einfügemarke	Entf
Löschen aller Zeichen rechts von der Einfügemarke	Strg+Entf

Tabelle 22.31 Kopieren, Verschieben oder Löschen von Text

Rückgängigmachen von Änderungen

Zweck	Tastenkombination
Rückgängigmachen von Eingaben	Strg+Z oder Alt+Rück
Rückgängigmachen von Änderungen im aktuellen Feld oder aktuellen Datensatz. Wenn in beiden Änderungen vorgenommen wurden, drücken Sie zweimal Esc, um zuerst die Änderungen im aktuellen Feld und dann die Änderungen im aktuellen Datensatz rückgängig zu machen.	Esc

Tabelle 22.32 Rückgängigmachen von Änderungen

Eingeben von Daten

Zweck	Tastenkombination
Einfügen des aktuellen Datums	Strg+;
Einfügen der aktuellen Uhrzeit	Strg+:
Einfügen des Standardwerts für ein Feld	Strg+Alt+Leer
Einfügen des Werts aus demselben Feld im vorherigen Datensatz	Strg+,
Hinzufügen eines neuen Datensatzes	Strg++
Löschen des aktuellen Datensatzes in einem Datenblatt	Strg+-
Speichern der Änderungen am aktuellen Datensatz	⇧+↵
Wechseln zwischen den Werten in einem Kontrollkästchen oder einem Optionsfeld	Leer
Einfügen einer neuen Zeile	Strg+↵

Tabelle 22.33 Eingeben von Daten in die Datenblatt- oder die Formularansicht

Aktualisieren von Feldern

Zweck	Tastenkombination
Neuberechnen der Felder im Fenster	F9
Erneutes Durchführen einer Abfrage in den zugrunde liegenden Tabellen. In einem Unterformular ist für dieses erneute Abfragen nur die dem Unterformular zugrunde liegende Tabelle erforderlich.	⇧+F9
Aktualisieren des Inhalts eines Nachschlagefelds in Form eines Listen- oder eines Kombinationsfelds	F9

Tabelle 22.34 Aktualisieren von Feldern mit aktuellen Daten

22.2.5 Navigation

Wenn Sie bei der Eingabe von Daten schnell zwischen verschiedenen Datensätzen und Feldern wechseln sollten, sollten Sie zumindest einige der Tastenkombinationen zur Navigation beherrschen.

Tasten zum Navigieren in Datensätzen

Zweck	Tastenkombination
Wechseln zwischen Bearbeitungsmodus (mit angezeigter Einfügemarke) und Navigationsmodus	F2
Ein-/Ausschalten des Eigenschaftenblatts	F4
Wechseln von der Entwurfsansicht für Formulare zur Formularansicht	F5
Wechseln zwischen dem oberen und unteren Bereich eines Fensters (Entwurfsansicht von Makros, Abfragen und Fenster *Spezialfilter/-sortierung*).	F6
Vorwärtsnavigieren zwischen Entwurfsfenster, Eigenschaften, Navigationsbereich, Tastenkombinationen und Zoom-Steuerelementen (Entwurfsansicht von Tabellen, Formularen und Berichten)	F6
Öffnen des Visual Basic-Editors in einer ausgewählten Eigenschaft im Eigenschaftenblatt für ein Formular oder einen Bericht	F7
Aufrufen des Bereichs *Feldliste* in einem Formular, einem Bericht oder einer Datenzugriffsseite. Ist der Bereich *Feldliste* bereits geöffnet, erhält er den Fokus.	Alt+F8
Wechseln vom Visual Basic-Editor zur Formular- oder Entwurfsansicht bei geöffnetem Codemodul	⇧+F7
Wechseln vom Eigenschaftenfenster eines Steuerelements in der Entwurfsansicht eines Formulars oder Berichts zur Entwurfsoberfläche, ohne den Fokus des Steuerelements zu ändern	⇧+F7
Anzeigen eines Eigenschaftenblatts	Alt+↵
Kopieren des ausgewählten Steuerelements in die Zwischenablage	Strg+C
Ausschneiden des ausgewählten Steuerelements und Kopieren in die Zwischenablage	Strg+X
Einfügen des Inhalts der Zwischenablage in die obere linke Ecke des ausgewählten Bereichs	Strg+V
Verschieben des ausgewählten Steuerelements um ein Pixel nach rechts entlang des Seitenrasters	→
Verschieben des ausgewählten Steuerelements um ein Pixel nach links entlang des Seitenrasters	←
Verschieben des ausgewählten Steuerelements um ein Pixel nach oben entlang des Seitenrasters. Für Steuerelemente in einem gestapelten Layout wird hiermit die Position des ausgewählten Steuerelements mit dem unmittelbar darüber ausgewählten Steuerelement vertauscht, es sei denn, dies ist bereits das oberste Steuerelement im Layout.	↑
Verschieben des ausgewählten Steuerelements um ein Pixel nach unten entlang des Seitenrasters. Für Steuerelemente in einem gestapelten Layout wird hiermit die Position des ausgewählten Steuerelements mit dem unmittelbar darunter ausgewählten Steuerelement vertauscht, es sei denn, dies ist bereits das unterste Steuerelement im Layout.	↓
Verschieben des ausgewählten Steuerelements um ein Pixel nach rechts (ohne Rücksicht auf das Seitenraster)	Strg+→
Verschieben des ausgewählten Steuerelements um ein Pixel nach links (ohne Rücksicht auf das Seitenraster)	Strg+←
Verschieben des ausgewählten Steuerelements um ein Pixel nach oben (ohne Rücksicht auf das Seitenraster). Für Steuerelemente in einem gestapelten Layout wird hiermit die Position des ausgewählten Steuerelements mit dem unmittelbar darüber ausgewählten Steuerelement vertauscht, es sei denn, dies ist bereits das oberste Steuerelement im Layout.	Strg+↑
Verschieben des ausgewählten Steuerelements um ein Pixel nach unten (ohne Rücksicht auf das Seitenraster). Für Steuerelemente in einem gestapelten Layout wird hiermit die Position des ausgewählten Steuerelementes mit dem unmittelbar darunter ausgewählten Steuerelement vertauscht, außer dies ist bereits das unterste Steuerelement im Layout.	Strg+↓
Vergrößern der Breite des ausgewählten Steuerelements (nach rechts) um ein Pixel. Für Steuerelemente in einem gestapelten Layout wird hiermit die Breite des gesamten Layouts vergrößert.	⇧+→

Zweck	Tastenkombination
Verringern der Breite des ausgewählten Steuerelements (nach links) um ein Pixel. Für Steuerelemente in einem gestapelten Layout wird hiermit die Breite des gesamten Layouts verringert.	⇧+←
Verringern der Höhe des ausgewählten Steuerelements (von unten) um ein Pixel	⇧+↑
Vergrößern der Höhe des ausgewählten Steuerelements (von unten) um ein Pixel	⇧+↓

Tabelle 22.35 Navigieren in der Entwurfsansicht

Navigieren in der Datenblattansicht

Zweck	Tastenkombination
Wechseln zum nächsten Feld	↹ oder →
Wechseln zum letzten Feld im aktuellen Datensatz im Navigationsmodus	Ende
Wechseln zum vorherigen Feld	⇧+↹ oder ←
Wechseln zum ersten Feld im aktuellen Datensatz im Navigationsmodus	Pos1
Wechseln zum aktuellen Feld im nächsten Datensatz	↓
Wechseln zum aktuellen Feld im letzten Datensatz im Navigationsmodus	Strg+↓
Wechseln zum letzten Feld im letzten Datensatz im Navigationsmodus	Strg+Ende
Wechseln zum aktuellen Feld im vorherigen Datensatz	↑
Wechseln zum aktuellen Feld im ersten Datensatz im Navigationsmodus	Strg+↑
Wechseln zum ersten Feld im ersten Datensatz im Navigationsmodus	Strg+Pos1

Tabelle 22.36 Navigieren zwischen Feldern und Datensätzen

TIPP Zum Wechseln zu einem bestimmten Datensatz können Sie die Nummer des Datensatzes in das Feld eingeben. Anschließend drücken Sie die Taste ↵, Geben Sie dann die Datensatznummer ein, und drücken Sie ↵.

Navigieren zu anderen Datenseiten

Zweck	Tastenkombination
Navigieren um einen Bildschirm nach unten	Bild↓
Navigieren um einen Bildschirm nach oben	Bild↑
Navigieren um einen Bildschirm nach rechts	Strg+Bild↓
Navigieren um einen Bildschirm nach links	Strg+Bild↑

Tabelle 22.37 Navigieren zu einer anderen Datenseite auf dem Bildschirm

Navigieren zwischen Datenblatt und Unterdatenblatt

Zweck	Tastenkombination
Wechseln zum Unterdatenblatt aus dem letzten Feld des vorherigen Datensatzes im Datenblatt	↹
Wechseln zum Unterdatenblatt aus dem ersten Feld des nächsten Datensatzes im Datenblatt	⇧+↹
Beenden des Unterdatenblatts und Wechseln zum ersten Feld des nächsten Datensatzes im Datenblatt	Strg+↹
Beenden des Unterdatenblatts und Wechseln zum letzten Feld des vorherigen Datensatzes im Datenblatt	Strg+⇧+↹
Im letzten Feld des Unterdatenblatts: Wechseln zum nächsten Feld im Datenblatt	↹

Zweck	Tastenkombination
Im Datenblatt: Umgehen des Unterdatenblatts und Wechseln zum nächsten Datensatz im Datenblatt	↓
Im Datenblatt: Umgehen des Unterdatenblatts und Wechseln zum vorherigen Datensatz im Datenblatt	↑

Tabelle 22.38 Navigieren zwischen Datenblatt und Unterdatenblatt

TIPP Zum Navigieren zwischen den Feldern und Datensätzen in einem Unterdatenblatt können Sie die gleichen Tastenkombinationen wie in der Datenblattansicht verwenden.

Navigieren in Unterdatenblättern

Zweck	Tastenkombination
Einblenden des Unterdatenblatts für den Datensatz	Strg + ⇧ + ↓
Ausblenden des Unterdatenblatts	Strg + ⇧ + ↑

Tabelle 22.39 Ein- und Ausblenden des Unterdatenblatts

Navigieren in der Formularansicht

Zweck	Tastenkombination
Navigieren zum nächsten Feld	⇆
Navigieren zum vorherigen Feld	⇧ + ⇆
Navigieren zum letzten Steuerelement im Formular und Verbleiben im aktuellen Datensatz im Navigationsmodus	Ende
Navigieren zum letzten Steuerelement im Formular und Festlegen des Fokus im letzten Datensatz im Navigationsmodus	Strg + Ende
Navigieren zum ersten Steuerelement im Formular und Verbleiben im aktuellen Datensatz im Navigationsmodus	Pos1
Navigieren zum ersten Steuerelement im Formular und Festlegen des Fokus im ersten Datensatz im Navigationsmodus	Strg + Pos1

Zweck	Tastenkombination
Navigieren zum aktuellen Feld im nächsten Datensatz	Strg + Bild ↓
Navigieren zum aktuellen Feld im vorherigen Datensatz	Strg + Bild ↑

Tabelle 22.40 Navigieren zwischen Feldern und Datensätzen

Navigieren in mehrseitigen Formularen

Zweck	Tastenkombination
Navigieren um eine Seite nach unten. Am Ende des Datensatzes: Navigieren zur entsprechenden Seite des nächsten Datensatzes	Bild ↓
Navigieren um eine Seite nach oben. Am Ende des Datensatzes: Navigieren zur entsprechenden Seite des vorherigen Datensatzes	Bild ↑

Tabelle 22.41 Navigieren in mehrseitigen Formularen

Navigieren zwischen Hauptformular und Unterformular

Zweck	Tastenkombination
Wechseln zum Unterformular aus dem vorherigen Feld im Hauptformular	⇆
Wechseln zum Unterformular aus dem nächsten Feld im Hauptformular	⇧ + ⇆
Beenden des Unterformulars und Navigieren zum nächsten Feld im Hauptformular oder nächsten Datensatz	Strg + ⇆
Beenden des Unterformulars und Navigieren zum vorherigen Feld im Hauptformular oder vorherigen Datensatz	Strg + ⇧ + ⇆

Tabelle 22.42 Navigieren zwischen Hauptformular und Unterformular

22.2.6 Arbeiten in der Seitenansicht und in der Layoutvorschau

Bei der Arbeit in der Seitenansicht und in der Layoutvorschau sind auch teilweise andere Tastenkombinationen interessant.

Arbeiten in Dialogfeldern und Fenstern

Zweck	Tastenkombination
Öffnen des Dialogfelds *Drucken* aus einer Ansicht (für Datenblätter, Formulare und Berichte)	Strg + P
Öffnen des Dialogfelds *Seite einrichten* (nur für Formulare und Berichte)	Alt + S
Vergrößern oder Verkleinern eines Teils einer Seite	Alt + L
Abbrechen der Seitenansicht oder Layoutvorschau	Alt + C oder Esc

Tabelle 22.43 Vorgänge in Dialogfeldern und Fenstern

Anzeigen von Seiten

Zweck	Tastenkombination
Wechseln zum Feld *Seitenzahl*, geben Sie dann die Seitenzahl ein, und drücken Sie die ↵.	Alt + F5
Anzeigen der nächsten Seite (wenn *An Fenster anpassen* ausgewählt ist)	Bild ↓ oder ↓
Anzeigen der vorherigen Seite (wenn *An Fenster anpassen* ausgewählt ist)	Bild ↑ oder ↑

Tabelle 22.44 Anzeigen bestimmter Seiten

Navigieren in der Seitenansicht und Layoutvorschau

Zweck	Tastenkombination
Ausführen eines Bildlaufs nach unten in kleinen Schritten	↓
Ausführen eines Bildlaufs um eine Seite nach unten	Bild ↓
Navigieren zum unteren Seitenrand	Strg + ↓
Ausführen eines Bildlaufs nach oben in kleinen Schritten	↑
Ausführen eines Bildlaufs um eine Seite nach oben	Bild ↑
Navigieren zum oberen Seitenrand	Strg + ↑
Ausführen eines Bildlaufs nach rechts in kleinen Schritten	→
Navigieren zum rechten Seitenrand	Ende
Navigieren zur unteren rechten Ecke der Seite	Strg + Ende
Ausführen eines Bildlaufs nach links in kleinen Schritten	←
Navigieren zum linken Seitenrand	Pos1
Navigieren zur oberen linken Ecke der Seite	Strg + Pos1

Tabelle 22.45 Navigieren in der Seitenansicht und Layoutvorschau

Arbeiten mit dem Rasterbereich

Zweck	Tastenkombination
Wechseln zwischen Zellen	Pfeiltasten oder ⇆ oder ⇧ + ⇆
Navigieren zur letzten Zeile in der aktuellen Spalte	Strg + ↓
Navigieren zur ersten Zeile in der aktuellen Spalte	Strg + ↑
Navigieren zur Zelle oben links im sichtbaren Bereich des Rasters	Strg + Pos1
Navigieren zur Zelle rechts unten	Strg + Ende
Navigieren in einer Drop-down-Liste	↑ oder ↓
Auswählen einer ganzen Rasterspalte	Strg + Leer
Umschalten zwischen Bearbeitungsmodus und Zellenauswahlmodus	F2
Kopieren des ausgewählten Texts in einer Zelle in die Zwischenablage (im Bearbeitungsmodus)	Strg + C

Zweck	Tastenkombination
Ausschneiden des ausgewählten Texts in einer Zelle und Kopieren in die Zwischenablage (im Bearbeitungsmodus)	[Strg]+[X]
Einfügen von Text aus der Zwischenablage (im Bearbeitungsmodus)	[Strg]+[V]
Während der Bearbeitung einer Zelle umschalten zwischen Einfüge- und Überschreibmodus	[Einfg]
Aktivieren oder Deaktivieren des Kontrollkästchens in der Spalte *Ausgabe*. Wenn mehrere Elemente ausgewählt sind, wirkt sich das Drücken dieser Taste auf alle ausgewählten Elemente aus.	[Leer]
Löschen des ausgewählten Inhalts einer Zelle	[Entf]
Entfernen einer Zeile, die eine ausgewählte Datenspalte der Abfrage enthält. Wenn mehrere Elemente ausgewählt sind, wirkt sich das Drücken dieser Taste auf alle ausgewählten Elemente aus.	[Entf]
Löschen aller Werte für eine ausgewählte Rasterspalte	[Entf]
Einfügen einer Zeile zwischen vorhandene Zeilen (nach dem Auswählen der Rasterzeile)	[Einfg]
Hinzufügen einer Oder-Spalte (nach dem Auswählen einer Oder-Spalte)	[Einfg]

Tabelle 22.46 Rasterbereich

22.2.7 PivotTable und PivotChart

Die Tastenkombinationen für die Arbeit im PivotTable- und PivotChart-Ansichten brauchen Sie nur zu kennen, wenn Sie häufiger mit diesen Formen arbeiten.

Verwenden von PivotTable-Ansichten

Zweck	Tastenkombination
Verschieben der Auswahl von links nach rechts und dann nach unten	[⇆]
Verschieben der Auswahl von oben nach unten und dann nach rechts	[↵]
Auswählen der Zelle links. Wenn die aktuelle Zelle die Zelle äußerst links ist, wird durch [⇧]+[⇆] die letzte Zelle in der vorhergehenden Zeile ausgewählt.	[⇧]+[⇆]
Auswählen der Zelle über der aktuellen Zelle. Wenn die aktuelle Zelle die Zelle an oberster Position ist, wird durch [⇧]+[↵] die letzte Zelle in der vorhergehenden Spalte ausgewählt.	[⇧]+[↵]
Auswählen der Detailzellen für das nächste Element im Zeilenbereich	[Strg]+[↵]
Auswählen der Detailzellen für das vorhergehende Element im Zeilenbereich	[⇧]+[Strg]+[↵]
Verschieben der Auswahl in Pfeilrichtung. Ist ein Zeilen- oder Spaltenfeld ausgewählt, drücken Sie [↓], um zum ersten Datenelement im Feld zu gehen, und drücken Sie dann eine Pfeiltaste, um zum nächsten oder vorhergehenden Element oder zurück zum Feld zu gehen. Ist ein Detailfeld ausgewählt, drücken Sie [↓] oder [→], um zur ersten Zelle im Detailbereich zu gehen.	Pfeiltasten
Erweitern oder Reduzieren der Auswahl in Pfeilrichtung	[⇧]+Pfeiltasten
Verschieben der Auswahl zur letzten Zelle in Pfeilrichtung	[Strg]+Pfeiltasten
Verschieben des ausgewählten Elements in Pfeilrichtung	[⇧]+[Alt]+Pfeiltasten

Zweck	Tastenkombination
Auswählen der Zelle äußerst links in der aktuellen Zeile	Pos1
Auswählen der Zelle äußerst rechts in der aktuellen Zeile	Ende
Auswählen der Zelle äußerst links in der ersten Zeile	Strg+Pos1
Auswählen der letzten Zelle in der letzten Zeile	Strg+Ende
Erweitern der Auswahl auf die Zelle äußerst links in der ersten Zeile	⇧+Strg+Pos1
Erweitern der Auswahl auf die letzte Zelle in der letzten Zeile	⇧+Strg+Ende
Auswählen des Felds für das zurzeit ausgewählte Datenelement, die Summe oder den Detailbereich	Strg+Leer
Auswählen der gesamten Zeile mit der zurzeit ausgewählten Zelle	⇧+Leer
Auswählen der gesamten PivotTable-Ansicht	Strg+A
Anzeigen des nächsten Bildschirms	Bild↓
Anzeigen des vorherigen Bildschirms	Bild↑
Erweitern der Auswahl um einen Bildschirm nach unten	⇧+Bild↓
Reduzieren der Auswahl um einen Bildschirm	⇧+Bild↑
Anzeigen des nächsten Bildschirms rechts	Alt+Bild↑
Anzeigen des vorherigen Bildschirms links	Alt+Bild↓
Erweitern der Auswahl auf die Seite rechts	⇧+Alt+Bild↓
Erweitern der Auswahl auf die Seite links	⇧+Alt+Bild↑

Tabelle 22.47 Tasten zum Auswählen von Elementen in der PivotTable-Ansicht

Tasten zum Ausführen von Befehlen

Zweck	Tastenkombination
Anzeigen von Hilfethemen	F1
Anzeigen des Kontextmenüs für das ausgewählte Element in der PivotTable-Ansicht. Verwenden Sie die Kontextmenüs, um Befehle in der PivotTable-Ansicht auszuführen.	⇧+F10
Ausführen eines Befehls im Kontextmenü	Unterstrichener Buchstabe
Schließen des Kontextmenüs, ohne einen Befehl auszuführen	Esc
Anzeigen des Dialogfelds *Eigenschaften*	Alt+↵
Schließen des Dialogfelds *Eigenschaften*	Alt+F4
Abbrechen eines zurzeit ausgeführten Aktualisierungsvorgangs	Esc
Kopieren der ausgewählten Daten aus der PivotTable-Ansicht in die Zwischenablage	Strg+C
Exportieren des Inhalts der PivotTable-Ansicht nach Microsoft Excel 2010	Strg+E

Tabelle 22.48 Tasten zum Ausführen von Befehlen

Filtern oder Sortieren von Daten

Zweck	Tastenkombination
Anzeigen oder Ausblenden der Erweiterungssymbole (die Felder mit dem Plus- und dem Minuszeichen) neben den Elementen	Strg+8
Erweitern des zurzeit ausgewählten Elements	Strg++ (auf der Zehnertastatur)
Ausblenden des zurzeit ausgewählten Elements	Strg+- (auf der Zehnertastatur)
Öffnen der Liste für das zurzeit ausgewählte Feld	Alt+↓
Abwechselndes Navigieren zum zuletzt ausgewählten Element, zu der Schaltfläche *OK* und der Schaltfläche *Abbrechen* in der Drop-down-Liste für ein Feld	⇆
Navigieren zum nächsten Element in der Drop-down-Liste für ein Feld	Pfeiltasten
Aktivieren bzw. Deaktivieren des Kontrollkästchens für das aktuelle Element in der Drop-down-Liste für ein Feld	Leer
Schließen der Drop-down-Liste für ein Feld und Anwenden möglicherweise vorgenommener Änderungen	↵
Schließen der Drop-down-Liste für ein Feld, ohne Änderungen zu übernehmen	Esc
Ein- bzw. Ausschalten von AutoFilter	Strg+T
Sortieren von Daten im ausgewählten Feld oder der Summe in aufsteigender Reihenfolge	Strg+⇧+A
Sortieren von Daten im ausgewählten Feld oder der Summe in absteigender Reihenfolge	Strg+⇧+Z
Verschieben des ausgewählten Elements nach oben oder links	Alt+⇧+↑ oder Alt+⇧+←
Verschieben des ausgewählten Elements nach unten oder rechts	Alt+⇧+↓ oder Alt+⇧+→

Tabelle 22.49 Tasten zum Anzeigen, Ausblenden, Filtern oder Sortieren von Daten

Arbeiten mit der Feldliste

Zweck	Tastenkombination
Anzeigen des Bereichs *Feldliste* oder Aktivieren des Bereichs, falls er bereits angezeigt wird	Strg+L
Wechseln zum nächsten Element im Bereich *Feldliste*	Pfeiltasten
Wechseln zum vorhergehenden Element und Einschließen des Elements in die Auswahl	⇧+↑
Wechseln zum nächsten Element und Einschließen des Elements in die Auswahl	⇧+↓
Wechseln zum vorhergehenden Element, jedoch ohne das Element in die Auswahl einzuschließen	Strg+↑
Wechseln zum nächsten Element, jedoch ohne das Element in die Auswahl einzuschließen	Strg+↓
Entfernen des Elements aus der Auswahl, falls das Element den Fokus besitzt und in die Auswahl eingeschlossen ist, und umgekehrt	Strg+Leer
Erweitern des aktuellen Elements im Bereich *Feldliste* zum Anzeigen des Inhalts. Oder erweitern der Summen zum Anzeigen der verfügbaren Summenfelder.	+ (Zehnertastatur)

Zweck	Tastenkombination
Reduzieren des aktuellen Elements im Bereich *Feldliste* zum Ausblenden des Inhalts. Oder reduzieren der Summen zum Ausblenden der verfügbaren Summenfelder.	[-] (Zehnertastatur)
Abwechselndes Navigieren zum zuletzt ausgewählten Element, zur Schaltfläche *Hinzufügen zu* und zur Liste neben der Schaltfläche *Hinzufügen zu* im Bereich *Feldliste*.	[Tab]
Öffnen der Drop-down-Liste neben der Schaltfläche *Hinzufügen zu* im Bereich *Feldliste*. Wechseln Sie mithilfe der Pfeiltasten zum nächsten Element in der Liste, und drücken Sie dann die [↵], um ein Element auszuwählen.	[Alt]+[↓]
Hinzufügen des markierten Felds im Bereich *Feldliste* zu dem Bereich in der PivotTable-Ansicht, der in der Liste *Hinzufügen zu* angezeigt wird	[↵]
Schließen des Bereichs *Feldliste*	[Alt]+[F4]

Tabelle 22.50 Tasten zum Verwenden des Bereichs *Feldliste*

Hinzufügen von speziellen Feldern

Zweck	Tastenkombination
Hinzufügen eines neuen Summenfelds zur ausgewählten Liste in der PivotTable-Ansicht mithilfe der Zusammenfassungsfunktion *Summe*	[Strg]+[⇧]+[S]
Hinzufügen eines neuen Summenfelds zur ausgewählten Liste in der PivotTable-Ansicht mithilfe der Zusammenfassungsfunktion *Anzahl*	[Strg]+[⇧]+[C]
Hinzufügen eines neuen Summenfelds zur ausgewählten Liste in der PivotTable-Ansicht mithilfe der Zusammenfassungsfunktion *Min*	[Strg]+[⇧]+[M]
Hinzufügen eines neuen Summenfelds zur ausgewählten Liste in der PivotTable-Ansicht mithilfe der Zusammenfassungsfunktion *Max*	[Strg]+[⇧]+[X]
Hinzufügen eines neuen Summenfelds zur ausgewählten Liste in der PivotTable-Ansicht mithilfe der Zusammenfassungsfunktion *Mittelwert*	[Strg]+[⇧]+[E]
Hinzufügen eines neuen Summenfelds zur ausgewählten Liste in der PivotTable-Ansicht mithilfe der Zusammenfassungsfunktion *Standardabweichung (Stichprobe)*	[Strg]+[⇧]+[D]
Hinzufügen eines neuen Summenfelds zur ausgewählten Liste in der PivotTable-Ansicht mithilfe der Zusammenfassungsfunktion *Standardabweichung*	[Strg]+[⇧]+[T]
Hinzufügen eines neuen Summenfelds zur ausgewählten Liste in der PivotTable-Ansicht mithilfe der Zusammenfassungsfunktion *Varianz (Stichprobe)*	[Strg]+[⇧]+[V]
Hinzufügen eines neuen Summenfelds zur ausgewählten Liste in der PivotTable-Ansicht mithilfe der Zusammenfassungsfunktion *Varianz*	[Strg]+[⇧]+[R]
Einschalten oder Ausschalten von Teilergebnissen und Gesamtsummen für das ausgewählte Feld in der PivotTable-Ansicht	[Strg]+[⇧]+[B]
Hinzufügen eines berechneten Detailfelds	[Strg]+[F]

Tabelle 22.51 Tasten zum Hinzufügen von Feldern und Summen

Ändern des Layouts

Zweck	Tastenkombination
Verschieben des markierten Felds in der PivotTable-Ansicht in den Zeilenbereich	Strg + 1
Verschieben des markierten Felds in der PivotTable-Ansicht in den Spaltenbereich	Strg + 2
Verschieben des markierten Felds in der PivotTable-Ansicht in den Filterbereich	Strg + 3
Verschieben des markierten Felds in der PivotTable-Ansicht in den Detailbereich	Strg + 4
Verschieben des markierten Zeilen- oder Spaltenfelds in der PivotTable-Ansicht auf eine höhere Ebene	Strg + ←
Verschieben des markierten Zeilen- oder Spaltenfelds in der PivotTable-Ansicht auf eine tiefere Ebene	Strg + →

Tabelle 22.52 Tasten zum Ändern des Layouts

Formatieren

Zweck	Tastenkombination
Anwenden des allgemeinen Zahlenformats auf Werte im ausgewählten Summen- oder Detailfeld	Strg + ⇧ + ~
Anwenden des Währungsformats (mit zwei Dezimalstellen und negativen Zahlen in Klammern) auf Werte im ausgewählten Summen- oder Detailfeld	Strg + ⇧ + $
Anwenden des Prozentformats (ohne Dezimalstellen) auf Werte im ausgewählten Summen- oder Detailfeld	Strg + ⇧ + %
Anwenden des Exponentialzahlenformats (mit zwei Dezimalstellen) auf Werte im ausgewählten Summen- oder Detailfeld	Strg + ⇧ + ^
Anwenden des Datumsformats mit Tag, Monat und Jahr auf Werte im ausgewählten Summen- oder Detailfeld	Strg + ⇧ + #
Anwenden des Zeitformats mit Stunde und Minuten auf Werte im ausgewählten Summen- oder Detailfeld	Strg + ⇧ + @
Anwenden des Zahlenformats mit zwei Dezimalstellen, 1.000er-Trennzeichen und einem Minuszeichen für negative Werte auf Werte im ausgewählten Summen- oder Detailfeld	Strg + ⇧ + !
Fettformatierung im ausgewählten Feld in der PivotTable-Ansicht	Strg + ⇧ + F
Unterstreichung im ausgewählten Feld in der PivotTable-Ansicht	Strg + ⇧ + U
Kursivformatierung im ausgewählten Feld in der PivotTable-Ansicht	Strg + ⇧ + K

Tabelle 22.53 Tasten zum Formatieren von Elementen in der PivotTable-Ansicht

Auswählen von Elementen in einem Diagramm

Zweck	Tastenkombination
Auswählen des nächsten Elements im Diagramm	→
Auswählen des vorherigen Elements im Diagramm	←
Auswählen der nächsten Gruppe von Elementen	↓
Auswählen der vorherigen Gruppe von Elementen	↑

Tabelle 22.54 Tasten zum Auswählen von Elementen in einem Diagramm

Eigenschaften und Optionen einstellen

Zweck	Tastenkombination
Anzeigen des Dialogfelds *Eigenschaften*	Alt + ↵
Schließen des Dialogfelds *Eigenschaften*	Alt + F4
Auswählen des nächsten Elements auf der aktiven Registerkarte, wenn das Dialogfeld *Eigenschaften* aktiv ist	⇆
Auswählen der nächsten Registerkarte, wenn das Dialogfeld *Eigenschaften* aktiv ist	→
Auswählen einer vorherigen Registerkarte, wenn das Dialogfeld *Eigenschaften* aktiv ist	←
Anzeigen einer Liste oder Palette, wenn eine Schaltfläche ausgewählt ist, die eine Liste oder Palette enthält	↓
Anzeigen des Kontextmenüs	⇧ + F10
Ausführen eines Befehls im Kontextmenü	Unterstrichener Buchstabe
Schließen des Kontextmenüs, ohne einen Befehl auszuführen	Esc

Tabelle 22.55 Tasten zum Verwenden von Eigenschaften und Optionen

Felder verwenden

Zweck	Tastenkombination
Öffnen der Liste für das zurzeit ausgewählte Feld	Alt + ↓
Abwechselndes Navigieren in der Drop-down-Liste eines Felds zu dem zuletzt ausgewählten Element, der Schaltfläche *OK* und der Schaltfläche *Abbrechen*	⇆
Wechseln zum nächsten Element in der Drop-down-Liste für ein Feld	Pfeiltasten
Aktivieren bzw. Deaktivieren des Kontrollkästchens für das aktuelle Element in der Drop-down-Liste für ein Feld	Leer
Schließen der Drop-down-Liste für ein Feld und Anwenden möglicherweise vorgenommener Änderungen	↵
Schließen der Drop-down-Liste für ein Feld, ohne Änderungen zu übernehmen	Esc

Tabelle 22.56 Tasten zum Verwenden von Feldern

Arbeiten mit der Feldliste

Zweck	Tastenkombination
Anzeigen des Bereichs *Feldliste* oder Aktivieren des Bereichs, falls er bereits angezeigt wird	Strg + L
Wechseln zum nächsten Element im Bereich *Feldliste*	Pfeiltasten
Wechseln zum vorherigen Element und Einschließen des Elements in die Auswahl	⇧ + ↑
Wechseln zum nächsten Element und Einschließen des Elements in die Auswahl	⇧ + ↓
Wechseln zum vorherigen Element, jedoch ohne das Element in die Auswahl einzuschließen	Strg + ↑
Wechseln zum nächsten Element, jedoch ohne das Element in die Auswahl einzuschließen	Strg + ↓
Entfernen des Elements aus der Auswahl, falls das Element den Fokus hat und in die Auswahl eingeschlossen ist, und umgekehrt	Strg + Leer
Erweitern des aktuellen Elements im Bereich *Feldliste*, um den Inhalt anzuzeigen. Oder erweitern der Summen, um die verfügbaren Summenfelder anzuzeigen.	+ (auf der Zehnertastatur)
Reduzieren des aktuellen Elements im Bereich *Feldliste*, um den Inhalt auszublenden. Oder reduzieren der Summen, um die verfügbaren Summenfelder auszublenden.	- (auf der Zehnertastatur)
Abwechselndes Navigieren im Bereich *Feldliste* zum zuletzt ausgewählten Element, zur Schaltfläche *Hinzufügen zu* und zur Liste neben der Schaltfläche *Hinzufügen zu*	⇆
Öffnen der Drop-down-Liste neben der Schaltfläche *Hinzufügen zu* im Bereich *Feldliste*. Wechseln Sie mithilfe der Pfeiltasten zum nächsten Element in der Liste, und drücken Sie dann die Taste ↵, um ein Element auszuwählen.	Alt + ↓
Hinzufügen des markierten Felds im Bereich *Feldliste* zum Drop-down-Bereich, der in der Liste *Hinzufügen zu* angezeigt wird	↵
Schließen des Bereichs *Feldliste*	Alt + F4

Tabelle 22.57 Tasten zum Verwenden des Bereichs *Feldliste*

Stichwortverzeichnis zum Arbeiten mit Access

Um Sie nicht mit zu vielen Einträgen zu verwirren, haben wir das Stichwortverzeichnis in zwei Teile aufgeteilt. Im Abschnitt *Arbeiten mit Access* finden Sie Stichwörter zu Punkten, die Sie für die manuelle Arbeit an diesem Programm benötigen. Anschließend finden Sie den Abschnitt *Automatisieren von Access*. Darin finden Sie die Stichwörter für die Arbeit mit Makros, VBA und für die Anpassung der Oberfläche des Programms.

Arbeiten mit Access

B

Stichwortverzeichnis zum Automatisieren von Access

Um Sie nicht mit zu vielen Einträgen zu verwirren, haben wir das Stichwortverzeichnis in zwei Teile aufgeteilt. Im folgenden Abschnitt finden Sie die Stichwörter für die Arbeit mit Makros, VBA und für die Anpassung der Oberfläche des Programms. Stichwörter zu Punkten, die Sie für die manuelle Arbeit an diesem Programm benötigen, finden Sie im Abschnitt davor.

Automatisieren von Access